Hans Brox / Wolf-D. Walker   Zwangsvollstreckungsrecht

ACADEMIA IURIS

LEHRBÜCHER DER RECHTSWISSENSCHAFT

Carl Heymanns Verlag KG · Köln · Berlin · Bonn · München

Zwangs-vollstreckungsrecht

Dr. Hans Brox
Bundesverfassungsrichter a. D.
o. Professor der Rechte an der Universität Münster (Westf.)

Dr. Wolf-D. Walker
Hochschulassistent an der Universität Münster (Westf.)

Carl Heymanns Verlag KG · Köln · Berlin · Bonn · München

CIP-Kurztitelaufnahme der Deutschen Bibliothek

Brox, Hans:
Zwangsvollstreckungsrecht / Hans Brox ; Wolf-D.
Walker. — Köln ; Berlin ; Bonn ; München :
Heymann, 1986.
 (Academia iuris)
 ISBN 3-452-20617-3

NE: Walker, Wolf-D.:

© Carl Heymanns Verlag KG · Köln · Berlin · Bonn · München 1986

ISBN 3-452-20617-3

Gedruckt in der Fa. Scanner Kottenforst GmbH, Meckenheim

Vorwort

Dieses Buch wendet sich in erster Linie an den fortgeschrittenen Studenten und an den Referendar. Für den Studenten gehört das Zwangsvollstreckungsrecht in seinen Grundzügen zu den Pflichtfächern, in seinen Einzelheiten zu den Wahlfächern; während des Studiums ist dieses Rechtsgebiet aber schon deshalb von Bedeutung, weil im Vollstreckungsrecht häufig der Einstieg für Übungsarbeiten aus dem materiellen Recht liegt. Für den Referendar bildet das Vollstreckungsrecht im Rahmen der Arbeitsgemeinschaften einen Schwerpunkt der Ausbildung und ist in der Regel ein eigenes Prüfungsfach im Assessorexamen. Wenn das Buch ferner auch dem Rechtsanwalt, dem Richter, dem Rechtspfleger und dem Gerichtsvollzieher in einigen Fragen eine Hilfe sein kann, hat es seinen Zweck mehr als erfüllt.

Im Vordergrund des Buches steht die umfassende Darstellung der Zwangsvollstreckung nach dem Achten Buch der ZPO. Da bei Übungsarbeiten aus dem Zwangsvollstreckungsrecht regelmäßig nach den Erfolgsaussichten eines Rechtsbehelfs gefragt ist, sind die Voraussetzungen und die Durchführung der Zwangsvollstreckung in der Reihenfolge erörtert, in der sie auch im Rahmen der Begründetheit einer Erinnerung gegen eine Vollstreckungsmaßnahme geprüft werden; außerdem liegt in der Darstellung der Zulässigkeit und der Begründetheit aller vollstreckungsrechtlichen Rechtsbehelfe ein besonderer Schwerpunkt. Von dem einstweiligen Rechtsschutz ist neben der Vollziehung von Arrestbefehlen und einstweiligen Verfügungen zum besseren Verständnis auch das Arrest- und Verfügungsverfahren in seinen Grundzügen behandelt, obwohl es dabei um eine besondere Form des Erkenntnisverfahrens geht. Dagegen ist die Darstellung der Zwangsversteigerung und Zwangsverwaltung nach dem ZVG schon aus Raumgründen auf die für das Verständnis wesentlichen Teile beschränkt worden.

Mit dem Ziel, das Vollstreckungsrecht möglichst übersichtlich und verständlich darzustellen, wurde der Stoff stark untergliedert. Jedem größeren Abschnitt sind kleinere Fälle vorangestellt; sie sollen dem Leser vor allem ein Problembewußtsein für vollstreckungsrechtliche Fragestellungen vermitteln. Dieses Ziel wird nur erreicht, wenn der Leser mitarbeitet. Dazu gehört, daß er sich zunächst um eine eigene Lösung der Fälle bemüht oder sich jedenfalls nach Durcharbeitung des jeweiligen Abschnitts die Fallösungen noch einmal verdeutlicht. Vor allem muß der Leser aber die (zumindest in ihren Einzelheiten oft unbekannten) Gesetzesbestimmungen gründlich nachlesen.

Den Herren Assessoren *Wilhelm Pielsticker* und Dr. *Ulrich Foerste* sowie dem bis Mitte 1985 an der Herstellung des Manuskripts beteiligten Herrn Notarassessor *Gunter Schenckel* danken wir für ihre wertvolle Mitarbeit. Ferner haben wir Herrn stud. jur. *Andreas Feuerborn* für die Anfertigung des Sachregisters, den Herren stud. jur. *Rainer Kemper, Frank Bruske* und *Manfred Steinborn* für ihre Mithilfe bei den Korrekturen sowie Frau *Gisela Schafrin* und Frau *Gisela Burdich* für die technische Betreuung des Manuskripts zu danken.

Rechtsprechung und Schrifttum sind — ohne Anspruch auf Vollständigkeit — bis Januar 1986 berücksichtigt.

Münster, im Februar 1986   *Hans Brox*
                                                        Wolf-D. Walker

Inhalt

Inhalt

Inhalt

Inhalt

XXXIII

Abkürzungen

a.A.	anderer Ansicht
a.a.O.	am angegebenen Ort
Abs.	Absatz
AbzG	Abzahlungsgesetz
AcP	Archiv für die civilistische Praxis
a.E.	am Ende
AFG	Arbeitsförderungsgesetz
AG	Amtsgericht
AGB	Allgemeine Geschäftsbedingungen
AGBG	Gesetz zur Regelung des Rechts der Allgemeinen Geschäftsbedingungen
AktG	Aktiengesetz
AnfG	Anfechtungsgesetz
Anm.	Anmerkung
AnwBl.	Anwaltsblatt
AO	Abgabenordnung
AP	Arbeitsrechtliche Praxis
ArbG	Arbeitsgericht
ArbGG	Arbeitsgerichtsgesetz
ArbR	Brox, Grundbegriffe des Arbeitsrechts
arg.e	Argument aus
Art.	Artikel
AS	Brox, Allgemeines Schuldrecht
AT	Brox, Allgemeiner Teil des Bürgerlichen Gesetzbuchs
Aufl.	Auflage
AuR	Arbeit und Recht
AV	Ausführungsverordnung
BAföG	Bundesausbildungsförderungsgesetz
BAG	Entscheidungen des Bundesarbeitsgerichts
BAnz.	Bundesanzeiger
BayObLG	Bayerisches Oberstes Landesgericht
BB	Der Betriebsberater
Bd.	Band
Bearb.	Bearbeiter
Beil.	Beilage
betr.	betrifft
BetrVG	Betriebsverfassungsgesetz
BeurkG	Beurkundungsgesetz
BGB	Bürgerliches Gesetzbuch

BGBl.	Bundesgesetzblatt
BGH	Bundesgerichtshof
BGHZ	Entscheidungen des Bundesgerichtshofs in Zivilsachen
BL/	Baumbach/Lauterbach/Bearbeiter, ZPO
BRAGO	Bundesgebührenordnung für Rechtsanwälte
BS	Brox, Besonderes Schuldrecht
BSHG	Bundessozialhilfegesetz
BT-Drucks.	Bundestags-Drucksache
BundesbahnG	Bundesbahngesetz
BVerfG	Bundesverfassungsgericht
BVerfGE	Entscheidungen des Bundesverfassungsgerichts
BVerfGG	Gesetz über das Bundesverfassungsgericht
BVerwG	Bundesverwaltungsgericht
BVerwGE	Entscheidungen des Bundesverwaltungsgerichts
BVG	Bundesversorgungsgesetz
bzw.	beziehungsweise
DAR	Deutsches Autorecht
DAVorm.	Der Amtsvormund
DB	Der Betrieb
ders.	derselbe
DGVZ	Deutsche Gerichtsvollzieher-Zeitung
d.h.	das heißt
dies.	dieselben
Diss.	Dissertation
DNotZ	Deutsche Notar-Zeitschrift
DR	Deutsches Recht
DRiZ	Deutsche Richterzeitung
EG	Europäische Gemeinschaft
EGBGB	Einführungsgesetz zum Bürgerlichen Gesetzbuch
EGStGB	Einführungsgesetz zum Strafgesetzbuch
EGZVG	Einführungsgesetz zum Gesetz über die Zwangsversteigerung und die Zwangsverwaltung
Einf.	Einführung
Einl.	Einleitung
Einzelh.	Einzelheiten
entspr.	entsprechend
ErbbauVO	Verordnung über das Erbbaurecht
ErbR	Brox, Erbrecht
EuGH	Gerichtshof der Europäischen Gemeinschaften
EWG	Europäische Wirtschaftsgemeinschaft
f.	folgende
FamRZ	Zeitschrift für das gesamte Familienrecht
ff.	fortfolgende

XXXVI

FG	Freiwillige Gerichtsbarkeit
FGG	Gesetz über die Angelegenheiten der freiwilligen Gerichtsbarkeit
FGO	Finanzgerichtsordnung
FN	Fußnote
GBO	Grundbuchordnung
GebrMG	Gebrauchsmustergesetz
gem.	gemäß
GeschmMG	Geschmacksmustergesetz
GG	Grundgesetz
ggf.	gegebenenfalls
GKG	Gerichtskostengesetz
GmbH	Gesellschaft mit beschränkter Haftung
GmbHG	Gesetz betr. die Gesellschaft mit beschränkter Haftung
GmbH-Rdsch.	GmbH-Rundschau
Gruchot	Beiträge zur Erläuterung des Deutschen Rechts, begründet von Gruchot
Grundz.	Grundzüge
GRUR	Gewerblicher Rechtsschutz und Urheberrecht
Gv	Gerichtsvollzieher
GVG	Gerichtsverfassungsgesetz
GVGA	Geschäftsanweisung für Gerichtsvollzieher
GVKostG	Gesetz über Kosten der Gerichtsvollzieher
GVKostGr	Gerichtsvollzieherkostengrundsätze v. 1. 3. 1976 (bundeseinheitl. vereinbart)
GVO	Gerichtsvollzieherordnung
HaftpflG	Haftpflichtgesetz
Halbs.	Halbsatz
HausratsV	Verordnung über die Behandlung der Ehewohnung und des Hausrats
HGB	Handelsgesetzbuch
h.M.	herrschende Meinung
HO	Hinterlegungsordnung
HR	Brox, Handelsrecht und Wertpapierrecht
HRR	Höchstrichterliche Rechtsprechung
Hrsg.	Herausgeber
hrsgg.	herausgegeben
i.d.F.	in der Fassung
i.d.R.	in der Regel
insbes.	insbesondere
i.S.d. (v.)	im Sinne des, der (von)
i.V.m.	in Verbindung mit

NW	Nordrhein-Westfalen
NZA	Neue Zeitschrift für Arbeits- und Sozialrecht
OBG	Ordnungsbehördengesetz
OHG	Offene Handelsgesellschaft
OLG	Oberlandesgericht
OLG Rspr.	Die Rechtsprechung der Oberlandesgerichte auf dem Gebiete des Zivilrechts, herausgegeben von Mugdan und Falkmann
OLGZ	Entscheidungen der Oberlandesgerichte in Zivilsachen
PatG	Patentgesetz
PdW	Prüfe dein Wissen
PostG	Gesetz über das Postwesen
Prot.	Protokolle
RabattG	Rabattgesetz
RAG	Entscheidungen des Reichsarbeitsgerichts
RdA	Recht der Arbeit
Rdnr.	Randnummer
Recht	Das Recht
RG	Reichsgericht
RGBl.	Reichsgesetzblatt
RGZ	Entscheidungen des Reichsgerichts in Zivilsachen
Rpfleger	Der Deutsche Rechtspfleger
RPflG	Rechtspflegergesetz
RpflgJB	Rechtspflegerjahrbuch
RVO	Reichsversicherungsordnung
s.	siehe
SchG	Scheckgesetz
SchlHA	Schleswig-Holsteinische Anzeigen
SeuffArch.	Seufferts Archiv für Entscheidungen der obersten Gerichte in den deutschen Staaten
SGB-AT	Sozialgesetzbuch, Allgemeiner Teil
SGG	Sozialgerichtsgesetz
sog.	sogenannt (e, er, es)
StJ/	Stein/Jonas/Bearbeiter, ZPO
str.	streitig
StVG	Straßenverkehrsgesetz
u.	und
u.a.	unter anderem
UrhG	Urheberrechtsgesetz
usw.	und so weiter
u.U.	unter Umständen
UWG	Gesetz gegen den unlauteren Wettbewerb

v.	vom, von
VerglO	Vergleichsordnung
VerlG	Gesetz über das Verlagsrecht
VersR	Versicherungsrecht
VG	Verwaltungsgericht
vgl.	vergleiche
VO	Verordnung
VOBl.	Verordnungsblatt
Vorbem.	Vorbemerkung
VVG	Gesetz über den Versicherungsvertrag
VwGO	Verwaltungsgerichtsordnung
VwVfG	Verwaltungsverfahrensgesetz
VwVG	Verwaltungsvollstreckungsgesetz
Warn	Warneyer, Die Rechtsprechung des Reichsgerichts
WEG	Wohnungseigentumsgesetz
WG	Wechselgesetz
WM	Wertpapiermitteilungen
WRP	Wettbewerb in Recht und Praxis
WuM	Wohnungswirtschaft und Mietrecht
WZG	Warenzeichengesetz
ZAkDR	Zeitschrift der Akademie für Deutsches Recht
z.B.	zum Beispiel
ZBlJugR	Zentralblatt für Jugendrecht und Jugendwohlfahrt
ZHR	Zeitschrift für das gesamte Handelsrecht und Wirtschaftsrecht
ZIP	Zeitschrift für Wirtschaftsrecht und Insolvenzpraxis
zit.	zitiert
ZMR	Zeitschrift für Miet- und Raumrecht
ZPO	Zivilprozeßordnung
z.T.	zum Teil
ZugabeVO	Zugabeverordnung
ZVG	Gesetz über die Zwangsversteigerung und die Zwangsverwaltung
ZwVerVO	Verordnung über die Geschäftsführung und die Vergütung des Zwangsverwalters
z.Z.	zur Zeit
ZZP	Zeitschrift für Zivilprozeß

Paragraphen ohne Gesetzesangaben sind solche der ZPO.

Die Abkürzung AT Rdnr. ... verweist auf Brox, Allgemeiner Teil des Bürgerlichen Gesetzbuchs, die Abkürzung AS Rdnr. ... auf Brox, Allgemeines Schuldrecht, die Abkürzung BS Rdnr. ... auf Brox, Besonderes Schuldrecht, die Abkürzung ErbR Rdnr. ... auf Brox, Erbrecht, die Abkürzung HR ... auf Brox, Handelsrecht und Wertpapierrecht und die Abkürzung ArbR Rdnr. ... auf Brox, Grundbegriffe des Arbeitsrechts.

XL

Schrifttum

1. Lehrbücher, Grundrisse, Fallsammlungen

Alpmann, Josef

Vollstreckungsrecht (Bearb. von *Kurt Schmidt* und *Günter Raddatz*), Münster 1982;

Arens, Peter

Zivilprozeßrecht — Erkenntnisverfahren, Zwangsvollstreckung —, 3. Aufl., München 1984;

Baumann, Jürgen/ Brehm, Wolfgang

Zwangsvollstreckung, 2. Aufl., Bielefeld 1982;

Baur, Fritz/ Stürner, Rolf

Zwangsvollstreckungs-, Konkurs- und Vergleichsrecht, 11. Aufl., Heidelberg 1983;

Baur, Fritz/ Stürner, Rolf

Fälle und Lösungen nach höchstrichterlichen Entscheidungen — Zwangsvollstreckungs-, Konkurs- und Vergleichsrecht, 5. Aufl., Karlsruhe 1984;

Blomeyer, Arwed

Zivilprozeßrecht, Erkenntnisverfahren, 2. Aufl., Berlin 1985;

Blomeyer, Arwed

Zivilprozeßrecht, Vollstreckungsverfahren, Berlin, Heidelberg, New York 1975; Nachtrag 1979;

Blomeyer, Karl

Zwangsvollstreckung, 2. Aufl., Berlin 1956;

de Boor, Hans Otto/ Erkel, Günter

Zwangsvollstreckung, Konkurs und Vergleich, Wiesbaden 1962;

Bruns, Rudolf/ Peters, Egbert

Zwangsvollstreckungsrecht, 2. Aufl., München 1976;

v. Craushaar, Götz

Zivilprozeß und Zwangsvollstreckung, Stuttgart, Berlin, Köln, Mainz 1979;

Gerhardt, Walter

Grundbegriffe des Vollstreckungs- und Insolvenzrechts, Stuttgart, Berlin, Köln, Mainz 1985;

Gerhardt, Walter

Vollstreckungsrecht, 2. Aufl., Berlin, New York 1982;

Grunsky, Wolfgang

Grundzüge des Zwangsvollstreckungs- und Konkursrechts, 3. Aufl., Tübingen 1983;

Haegele, Karl/ David, Peter

Über den Umgang mit Schuldnern, 10. Aufl., Freiburg 1985;

XLI

Schrifttum

Hansen, Knut	Zivilprozeßrecht II, Zwangsvollstreckungsrecht, ASSEX, 3. Aufl., Köln 1981;
Henze, Gerhard/ Hagemann, Klaus	Zwangsvollstreckungsrecht, Bonn 1975;
Heussen, Benno	Zwangsvollstreckung für Anfänger, München 1986;
Hoche, Ulrich/ Wiener, Herbert	Zwangsvollstreckungsrecht, 4. Aufl., Darmstadt 1983;
Jauernig, Othmar	Zwangsvollstreckungs- und Konkursrecht, 17. Aufl., München 1985;
Lippross, Otto-Gerd	Vollstreckungsrecht, 4. Aufl., Bielefeld 1985;
Lüke, Gerhard	Fälle zum Zivilverfahrensrecht, Band I, München 1979 (zit.: Fälle);
Lüke, Gerhard	Zwangsvollstreckungsrecht, Prüfe dein Wissen, München 1985 (zit.: PdW);
Mohrbutter, Jürgen	Handbuch des gesamten Vollstreckungs- und Insolvenzrechts, 2. Aufl., Köln, Berlin, Bonn, München 1974;
Peters, Egbert	Zivilprozeßrecht einschließlich Zwangsvollstreckung und Konkurs, 3. Aufl., Frankfurt 1981;
Renkl, Günter	Zwangsvollstreckungs- und Konkursrecht, Stuttgart, Berlin, Köln, Mainz 1983;
Rosenberg, Leo	Lehrbuch des Deutschen Zivilprozeßrechts, 9. Aufl., München und Berlin 1961;
Rosenberg, Leo/ Schwab, Karl Heinz	Zivilprozeßrecht, 13. Aufl., München 1981;
Schlosser, Peter	Zivilprozeßrecht II, Zwangsvollstreckungs- und Insolvenzrecht, München 1984;
Schumann, Ekkehard	Die ZPO-Klausur, München 1981;
Schuschke, Winfried	Vollstreckungsrecht, 1979;
Stehle, Heinz-Eugen/ Bork, Reinhard	Grundriß der Zwangsvollstreckung, Düsseldorf 1984;
Tempel, Otto	Mustertexte zum Zivilprozeß Band II: Arrest, einstweilige Verfügung, Zwangsvollstreckung, Rechtsmittel und Prozeßvergleich — Relationstechnik, 2. Aufl., München 1981.

2. Kommentare

Baumbach, Adolf/ *Lauterbach, Wolfgang/* *Albers, Jan/* *Hartmann, Peter*	Zivilprozeßordnung, 44. Aufl., München 1986 (zit.: BL/ Bearbeiter);
Stein/Jonas	Kommentar zur Zivilprozeßordnung, 20. Aufl., (Vollstrek- kungsrecht bearb. von *Münzberg* und *Grunsky*), Tübingen 1977 ff. (zit.: StJ/Bearbeiter);
Thomas, Heinz/ *Putzo, Hans*	Zivilprozeßordnung, 13. Aufl., München 1985;
Wieczorek, Bernhard	Zivilprozeßordnung und Nebengebiete, 2. Aufl., (Vollstrek- kungsrecht bearb. von *Wieczorek* und *Schütze*), Berlin, New York 1981;
Zöller, Richard	Kommentar zur ZPO, 14. Aufl., (Vollstreckungsrecht bearb. von *Geimer, Schneider, Stöber* und *Vollkommer*), Köln 1984.

Schrifttum: *H.F. Gaul*, Zur Struktur der Zwangsvollstreckung, Rpfleger 1971, 1, 41, 81; *Henckel*, Prozeßrecht und materielles Recht, 1970; *Stein*, Grundfragen der Zwangsvollstreckung, 1913; *Stürner*, Grundlinien der Entwicklung des deutschen Vollstreckungsrechts, DGVZ 1985, 6.

Fälle:

a) G in Köln hat gegen S in Essen ein rechtskräftiges Urteil des AG Essen erstritten, wodurch S verurteilt worden ist, eine bestimmte Schreibmaschine an G herauszugeben. S weigert sich, dem Urteil Folge zu leisten, weil er es für falsch hält. G überlegt, ob er die Maschine ohne Wissen des S aus dessen Wohnung holen oder sich an das AG Essen wenden soll.

b) Bevor G im Fall a gegen S die Herausgabeklage erhoben hat, erfährt er, daß S die Schreibmaschine weiterveräußern will. Was soll er tun?

c) Der Gerichtsvollzieher (Gv) soll im Auftrag des G aus einem Urteil des AG Köln auf Zahlung von 500,– DM bei S in Hamm vollstrecken. Da er nach Ansicht des S zu viele Sachen pfändet, will S sich über ihn »beschweren«. Was soll er tun?

d) Weil der Gv zu viele Sachen bei S gepfändet und versteigert hat, ist dem S dadurch ein Schaden von 400,– DM entstanden. Diesen Schaden möchte S von G, Gv oder dem Staat ersetzt verlangen. Wen soll er verklagen? Bei welchem Gericht?

e) Im Fall c will G die Lohnforderung des S gegen dessen Arbeitgeber D pfänden. Muß er sich deshalb an das AG Köln oder an das AG Hamm wenden?

f) Die Klage des G auf Verurteilung des S, eine bestimmte Behauptung in seiner Werbung zu unterlassen, ist vom LG Köln abgewiesen worden. Auf die Berufung des G ist der Klage vom OLG Köln stattgegeben worden. Da S dennoch weiterhin die ihm verbotene Behauptung aufstellt, will G aus dem Urteil vollstrecken. Welches Gericht ist dafür zuständig?

I. Begriff, Funktion und Abgrenzung der Zwangsvollstreckung

1. Begriff und Funktion

Die Zwangsvollstreckung ist ein staatliches Verfahren zur zwangsweisen Durchsetzung oder Sicherung von privatrechtlichen Leistungsansprüchen des Gläubigers gegen den Schuldner. Das Recht der Zwangsvollstreckung ist vornehmlich im Achten Buch der ZPO geregelt.

a) Das *staatliche Verfahren* wird dem Gläubiger zur Verfügung gestellt, weil diesem eine Selbsthilfe — von Ausnahmen (z.B. in §§ 229 f., 561, 859 BGB) abgesehen — im Interesse des Rechtsfriedens verboten ist. Da dem Staat das Zwangsmonopol zusteht, hat der Gläubiger unter bestimmten Voraussetzungen einen verfassungsrechtlich geschützten Anspruch gegen den Staat auf Vollstreckung gegen den Schuldner. Dieser sog. Vollstreckungsanspruch des Gläubigers gegen den Staat gehört zum öffentlichen Recht und ist von dem durchzusetzenden privatrechtlichen Anspruch des Gläubigers gegen den Schuldner zu unterscheiden.

Im Fall a hat G kein Selbsthilferecht. Es steht ihm frei, das staatliche Verfahren zur Durchführung der Zwangsvollstreckung in Gang zu bringen. Zuständiges Vollstreckungsorgan ist der Gerichtsvollzieher (vgl. § 883 I; Rdnr. 1047).

2   b) *Privatrechtliche Leistungsansprüche* sollen durchgesetzt oder gesichert werden können.

(1) Zu den *Leistungsansprüchen* zählen nicht nur Ansprüche auf ein Tun (z.B. Zahlung eines Geldbetrages, Vornahme einer Handlung); es gehören auch Ansprüche auf ein Unterlassen (z.B. einer ehrenrührigen Behauptung) und auf ein Dulden (z.B. des Betretens eines Grundstücks) dazu (vgl. § 890; Rdnr. 1093 ff.). Dabei ist es nicht erforderlich, daß der zu vollstreckende Anspruch auch materiellrechtlich besteht; es genügt, daß der Anspruch sich aus einem Vollstreckungstitel (Hauptfall: Urteil) ergibt.

Aus einem Urteil ist nur dann eine Zwangsvollstreckung möglich, wenn es sich um ein Leistungsurteil handelt. Feststellungsurteile haben keinen vollstreckbaren Inhalt, weil sie kein Gebot enthalten, sondern nur das Bestehen oder Nichtbestehen eines Rechtsverhältnisses oder die Echtheit oder Unechtheit einer Urkunde feststellen (vgl. § 256); Gestaltungsurteile (z.B. Scheidung einer Ehe, Auflösung einer offenen Handelsgesellschaft) führen mit ihrer Rechtskraft die erstrebte Rechtsänderung selbst herbei, so daß ein weiteres staatliches Verfahren nicht erforderlich ist. Zwar enthalten Feststellungs- und Gestaltungsurteile in der Regel auch eine Kostenentscheidung; insoweit findet eine Zwangsvollstreckung aber aus einem Kostenfestsetzungsbeschluß statt (vgl. § 794 I Nr. 2; Rdnr. 92).

3   (2) Nur *privatrechtliche* Leistungsansprüche werden nach den Regeln der ZPO vollstreckt. Das sind solche, die sich aus den Urteilen der Zivilgerichte oder aus einem der in § 794 (Rdnr. 83 f.) genannten Vollstreckungstitel ergeben. Vor die Zivilgerichte gehören grundsätzlich alle bürgerlichen Rechtsstreitigkeiten (§ 13 GVG). Eine solche ist nicht nur gegeben, wenn der Streit eine unmittelbare Folge des Zivilrechts ist, sondern auch dann, wenn Rechtsstreitigkeiten ausdrücklich den Zivilgerichten zugewiesen worden sind.

Die wichtigsten Fälle der bürgerlich-rechtlichen Streitigkeiten kraft Zuweisung sind: Schadensersatzanspruch wegen Amtspflichtverletzung (Art. 34 GG, § 839

BGB), Enteignungsentschädigung (Art. 14 III GG), vermögensrechtlicher Anspruch aus Aufopferung oder öffentlich-rechtlicher Verwahrung (§ 42 II VwGO).

Bei der Zwangsvollstreckung aus Urteilen der Gerichte für Arbeitssachen ist nach § 62 II ArbGG grundsätzlich das Achte Buch der ZPO anwendbar; Vollstreckungsgericht ist also auch hier das Amtsgericht. Bei der Vollstreckung aus verwaltungsgerichtlichen und finanzgerichtlichen Entscheidungen ist das Achte Buch der ZPO entsprechend anwendbar, sofern das spezielle Prozeßgesetz nicht etwas anderes bestimmt (§ 167 I 1 VwGO, § 198 I SGG, § 151 I 1 FGO); Vollstreckungsgericht ist in diesen Fällen aber das Verwaltungs-, Sozial- oder Finanzgericht erster Instanz.

c) Eine Zwangsvollstreckung kommt nicht nur bei der *Durchsetzung,* sondern auch bei der bloßen *Sicherung* von privatrechtlichen Leistungsansprüchen in Betracht. Wenn der Anspruch — z.B. mangels eines Vollstreckungstitels — noch nicht durchsetzbar ist, kann ein Bedürfnis dafür bestehen, daß die künftige Vollstreckung schnell gesichert wird. Zur Sicherung einer Geldforderung gibt es den Arrest (§§ 916 ff.; Rdnr. 1493 ff.) und in sonstigen Sicherungsfällen die einstweilige Verfügung (§§ 935 ff.; Rdnr. 1579 ff.). 4

Im Fall b geht es um die Sicherung des Herausgabeanspruchs, der durch eine Veräußerung an einen Dritten gefährdet wird. Deshalb ist dem G zu raten, eine einstweilige Verfügung gegen S zu beantragen, wonach etwa die Maschine an eine Vertrauensperson herauszugeben ist, die sie verwahrt, bis der Rechtsstreit über den Herausgabeanspruch entschieden ist.

2. Abgrenzung 5

Das Zwangsvollstreckungsverfahren ist einerseits von dem Erkenntnisverfahren und andererseits als Einzelvollstreckung von der Gesamtvollstreckung im Konkurs abzugrenzen.

a) Das *Erkenntnisverfahren,* das zur Rechtsfindung führen soll und zeitlich bis zur Rechtskraft des Urteils geht, sowie das Vollstreckungsverfahren, das der Durchsetzung des Urteils dient, sind zusammen in der ZPO geregelt; sie sind Teile des Zivilprozeßrechts. Beide haben Gemeinsamkeiten hinsichtlich der Prozeßvoraussetzungen (z.B. Zulässigkeit des Rechtsweges, Parteifähigkeit, Rechtsschutzbedürfnis; Rdnr. 21 ff.); sie weisen aber auch Unterschiede auf.

So setzt das Erkenntnisverfahren eine Klageerhebung voraus; bei der Zwangsvollstreckung genügt ein Antrag des Gläubigers. Während die Klage nur unter bestimmten Voraussetzungen zurückgenommen werden kann (vgl. § 269), ist der Gläubiger stets Herr des Zwangsvollstreckungsverfahrens; er kann jederzeit ohne Grund und ohne erforderliche Einwilligung anderer seinen Vollstreckungsantrag zurücknehmen oder das Verfahren einstweilen nicht weiterbetreiben. Das Mündlichkeitsprinzip (vgl. § 128) gilt grundsätzlich für das Erkenntnisverfahren, nicht aber für das Vollstreckungsverfahren. Vor allem haben beide Verfahren verschiedene Organe (Rdnr. 11 ff.).

Das Zwangsvollstreckungsverfahren ist nicht eine notwendige Folge des Erkenntnisverfahrens; eine Zwangsvollstreckung erübrigt sich, wenn der verurteilte Beklagte dem Urteil freiwillig Folge leistet. Die Zwangsvollstreckung setzt andererseits nicht notwendigerweise ein Erkenntnisverfahren voraus, da es außer den Urteilen noch andere Titel gibt, aus denen die Zwangsvollstreckung möglich ist (§ 794; Rdnr. 83 ff.); so kann der Gläubiger eines Zahlungsanspruchs einen Mahnbescheid gegen den Schuldner beantragen und mangels Widerspruchs des Schuldners aus dem dann beantragten Vollstreckungsbescheid vollstrecken (vgl. §§ 688 ff., insbes. §§ 699, 794 I Nr. 4).

Es ist auch nicht erforderlich, daß das Erkenntnisverfahren abgeschlossen ist, bevor mit der Zwangsvollstreckung begonnen werden darf. Vielmehr können beide Verfahren gleichzeitig nebeneinander herlaufen. Das ist z.B. der Fall, wenn das Erkenntnisverfahren in der Berufungsinstanz schwebt und der Gläubiger aus dem erstinstanzlichen Urteil, das nach § 708 (Rdnr. 59 ff.) für vorläufig vollstreckbar erklärt worden ist, vollstreckt.

6   b) Das *Konkursverfahren* (Gesamtvollstreckung), das in der Konkursordnung geregelt ist, hat mit der Einzelzwangsvollstreckung gemeinsam das Ziel der Gläubigerbefriedigung. Bei der Einzelzwangsvollstreckung läßt der einzelne Gläubiger etwa aus einem Zahlungstitel durch den Gerichtsvollzieher beim Schuldner einzelne Sachen pfänden und versteigern. Pfänden mehrere Gläubiger eine Sache, dann richtet sich die Rangordnung der Pfandrechte nach dem Zeitpunkt der jeweiligen Pfändung (§ 804 III; Rdnr. 377). Der früher pfändende Gläubiger wird also vor einem später pfändenden befriedigt. Dieser Grundsatz der Priorität oder Prävention (»Wer zuerst kommt, mahlt zuerst«) kann zu einem »Wettlauf« der Gläubiger und letztlich zum »Kampf aller gegen alle« führen, wenn das Vermögen des Schuldners zur Befriedigung aller Gläubiger nicht ausreicht. Um das zu vermeiden, verfolgt das Konkursverfahren den Zweck, alle Gläubiger gleichzubehandeln. Das soll durch Liquidierung des ganzen Schuldnervermögens und gleichmäßige, quotale Verteilung des erzielten Erlöses unter die Gläubiger erreicht werden (vgl. § 3 KO).

Während für die Einzelzwangsvollstreckung vor allem ein Vollstreckungstitel (Rdnr. 46 ff.) erforderlich ist, setzt der Konkurs vornehmlich einen Konkursgrund voraus. Einziger Konkursgrund ist bei einer natürlichen Person, einer OHG und einer KG die Zahlungsunfähigkeit (vgl. §§ 102, 209 KO). Darunter versteht man das auf dem Mangel an Zahlungsmitteln beruhende andauernde Unvermögen des Schuldners, seine fälligen Geldverbindlichkeiten im wesentlichen noch zu begleichen. Die Zahlungsunfähigkeit wird vermutet, wenn der Schuldner die Zahlungen eingestellt hat. Bei einer juristischen Person ist außer der Zahlungsunfähigkeit auch die Überschuldung ein Konkursgrund (vgl. §§ 207, 213 KO). Eine Überschuldung liegt vor, wenn die Passiven die Aktiven überwiegen. Beim Konkurs über den Nachlaß eines Verstorbenen ist nur die Überschuldung ein Konkursgrund (vgl. § 215 KO).

Da der Konkurs die Existenzgrundlage des Schuldners zerstört, bemüht man sich vielfach, zwischen diesem und seinen Gläubigern einen Vergleich zu erreichen, in dem die Gläubiger etwa eine Stundung ihrer Forderungen bewilligen oder auf einen Teil ihrer Forderungen verzichten, um dadurch die wirtschaftliche Lebensfähigkeit des Schuldners zu erhalten. Ein solcher Vergleich kann außerhalb eines gerichtlichen Verfahrens, aber auch im Konkursverfahren (Zwangsvergleich; vgl. §§ 173 ff. KO) und in einem besonderen gerichtlichen Verfahren zur Abwendung des Konkurses zustande kommen. Dieses sog. *Vergleichsverfahren,* das in der Vergleichsordnung geregelt ist, setzt einen Vergleichsgrund (= Konkursgrund) voraus (vgl. §§ 2, 108 VerglO). Außerdem muß der Vergleichsantrag einen Vergleichsvorschlag enthalten (vgl. § 3 I VerglO); den Vergleichsgläubigern müssen mindestens 35 % ihrer Forderungen gewährt werden (vgl. § 7 VerglO).

II. Arten der Zwangsvollstreckung

7

Folgende Arten der Einzelzwangsvollstreckung kommen in Betracht:

1. Zwangsvollstreckung wegen Geldforderungen

Die Zwangsvollstreckung wegen Geldforderungen ist in den §§ 803—883 geregelt (Rdnr. 206 ff.). Beispiel: Es wird aus einem Urteil vollstreckt, wonach der Beklagte 3000,— DM zu zahlen hat.

a) *In das bewegliche Vermögen* (§§ 808—863; Rdnr. 207 ff.).

(1) *In körperliche Sachen* (§§ 808—827; Rdnr. 207 ff.). Beispiel: Es wird in einen Schrank vollstreckt. Vollstreckungsorgan ist der Gerichtsvollzieher. Die Vollstreckung erfolgt durch Pfändung und Verwertung der Sache.

(2) *In Forderungen und andere Vermögensrechte* (§§ 828—863; Rdnr. 500 ff.). Beispiele: Es wird in die Lohnforderung oder in die Hypothek des Schuldners vollstreckt. Vollstreckungsorgan ist das Amtsgericht als Vollstreckungsgericht. Die Vollstreckung erfolgt durch Pfändungs- und Überweisungsbeschluß.

b) *In das unbewegliche Vermögen* (§§ 864—871; §§ 1 ff. ZVG; Rdnr. 851 ff.). Beispiele: Es wird in das Grundstück, das Erbbaurecht oder das Wohnungseigentum des Schuldners vollstreckt.

(1) *Zwangsversteigerung* (§§ 15 ff. ZVG; Rdnr. 852 ff.). Sie erfolgt durch das Amtsgericht als Vollstreckungsgericht.

(2) *Zwangsverwaltung* (§§ 146 ff. ZVG; Rdnr. 1000 ff.). Sie erfolgt durch das Amtsgericht als Vollstreckungsgericht, das einen Zwangsverwalter bestellt.

(3) Eintragung einer *Sicherungshypothek* (§§ 867 f.; Rdnr. 1036 ff.). Sie erfolgt durch das Grundbuchamt als Vollstreckungsorgan.

8 2. Zwangsvollstreckung wegen anderer Ansprüche als Geldforderungen

a) Zwangsvollstreckung *zur Erwirkung der Herausgabe von Sachen* (§§ 883—886; Rdnr. 1046 ff.). Beispiel: Es wird aus einem Urteil vollstreckt, wonach der Beklagte eine bestimmte Schreibmaschine herauszugeben hat. Vollstreckungsorgan ist der Gerichtsvollzieher. Die Vollstreckung erfolgt dadurch, daß der Gerichtsvollzieher die Sache dem Schuldner wegnimmt und dem Gläubiger übergibt.

b) Zwangsvollstreckung *zur Erwirkung von Handlungen* (§§ 887 ff.; Rdnr. 1065 ff.):

(1) von *vertretbaren* (auch durch andere erbringbare) Handlungen (§ 887; Rdnr. 1065 ff.). Beispiel: Es wird aus einem Urteil vollstreckt, wonach der Beklagte eine bestimmte Maschine zu reparieren hat. Vollstreckungsorgan ist das Prozeßgericht erster Instanz, also das Amts- oder Landgericht, bei dem der Rechtsstreit (betr. die Verurteilung des Beklagten zur Reparatur der Maschine) in erster Instanz geschwebt hat. Die Vollstreckung erfolgt dadurch, daß der Gläubiger durch das Gericht ermächtigt wird, die Handlung auf Kosten des Schuldners vornehmen zu lassen.

(2) von *nicht vertretbaren* (von einem Dritten nicht erbringbare) Handlungen (§ 888; Rdnr. 1076 ff.). Beispiel: Es wird aus einem Urteil vollstreckt, wonach der Beklagte ein Zeugnis zu erteilen hat. Vollstreckungsorgan ist auch hier das Prozeßgericht erster Instanz, also z.B. das Arbeitsgericht, das den beklagten Arbeitgeber verurteilt hat, dem klagenden Arbeitnehmer ein Zeugnis zu erteilen. Die Vollstreckung erfolgt dadurch, daß das Gericht den Schuldner durch Beugemaßnahmen (Zwangsgeld, Zwangshaft) zu der Handlung anhält.

(3) von *Willenserklärungen* (§§ 894—898; Rdnr. 1111 ff.). Beispiele: Der Beklagte ist verurteilt worden, ein Angebot des Klägers anzunehmen oder eine Bewilligungserklärung abzugeben. Mit der Rechtskraft des Urteils gilt die Willenserklärung als abgegeben.

c) Zwangsvollstreckung *zur Erwirkung einer Unterlassung oder Duldung* (§ 890; Rdnr. 1092 ff.). Beispiele: Der Beklagte ist verurteilt worden, eine bestimmte Wettbewerbshandlung zu unterlassen oder das Betreten seines Grundstücks zu dulden. Vollstreckungsorgan ist das Prozeßgericht erster Instanz. Es bestraft den Schuldner bei einer Zuwiderhandlung gegen die Unterlassungs- oder Duldungspflicht durch Verhängung einer Ordnungsmaßnahme (Ordnungsgeld, Ordnungshaft).

III. Beteiligte   9

1. Gläubiger und Schuldner

Das Zwangsvollstreckungsverfahren ist ein Zweiparteienverfahren. Durchgesetzt oder gesichert wird ein Leistungsanspruch des Gläubigers gegen den Schuldner. Man spräche allerdings besser von einem Vollstreckungsgläubiger und einem Vollstreckungsschuldner. Denn es kommt nicht darauf an, ob der eine vom anderen eine Leistung zu fordern berechtigt ist (vgl. § 241 BGB); vielmehr reicht es für die Zwangsvollstreckung aus, daß der Anspruch — selbst wenn er nicht bestehen sollte — sich aus einem Vollstreckungstitel (etwa einem Urteil) ergibt.

Vollstreckungsgläubiger ist derjenige, der die Zwangsvollstreckung beim Vollstreckungsorgan beantragt (Antragsteller) und gegen den Vollstreckungsschuldner (Antragsgegner) betreibt. In dessen Sphäre greift das Vollstreckungsorgan ein. Zwischen Vollstreckungsgläubiger und -schuldner besteht ein Vollstreckungsverhältnis.

Meist ist der Kläger des Rechtsstreits Gläubiger und der Beklagte Schuldner; das ist der Fall, wenn der Kläger aus einem obsiegenden Urteil gegen den Beklagten vollstrecken läßt. Aber auch der Beklagte des Rechtsstreits kann Gläubiger und der Kläger kann Schuldner sein, wenn z.B. im Urteil die Klage abgewiesen worden ist und der Beklagte aus einem Kostenfestsetzungsbeschluß gegen den Kläger die Vollstreckung betreibt. Es ist sogar möglich, daß weder der Kläger noch der Beklagte des Erkenntnisverfahrens Gläubiger oder Schuldner des Zwangsvollstreckungsverfahrens sind, nämlich dann, wenn von dem Rechtsnachfolger einer Prozeßpartei gegen den Rechtsnachfolger der anderen Prozeßpartei vollstreckt wird (vgl. § 727; Rdnr. 115 ff.).

2. Dritte   10

Auch dritte Personen können aus verschiedenen Gründen von dem Zwangsvollstreckungsverfahren betroffen sein. So muß mit der Möglichkeit gerechnet werden, daß bei der Zwangsvollstreckung gegen den Schuldner eine Sache gepfändet wird, die sich im Gewahrsam eines Dritten befindet (Rdnr. 248 ff.) oder die einem Dritten gehört (Rdnr. 258 ff.). Bei der Zwangsvollstreckung in eine Forderung des Schuldners ist notwendigerweise ein Dritter beteiligt, nämlich der Schuldner dieser Forderung; wird vom Gläubiger z.B. die Lohnforderung des Schuldners gepfändet, die diesem als Arbeitnehmer gegen seinen Arbeitgeber zusteht, dann ist der Arbeitgeber als Schuldner des Arbeitnehmers Drittschuldner (Rdnr. 500).

11   IV. Organe der Zwangsvollstreckung

Schrifttum: *Baumgart,* Der Gerichtsvollzieher, 1964; *Burkhardt,* Handbuch für Gerichtsvollzieher, 1967; *Dütz,* Der Gerichtsvollzieher als selbständiges Organ der Zwangsvollstreckung, 1973; *ders.,* Freiheit und Bindung des Gerichtsvollziehers, DGVZ 1975, 49; *ders.,* Vollstreckungsaufsicht und verwaltungsgemäße Kostenkontrolle gegenüber Gerichtsvollziehern, DGVZ 1981, 97; *Eickmann,* Vollstreckungssysteme und Gerichtsvollzieherstellung in Europa, DGVZ 1980, 129; *Fahland,* Die freiwillige Leistung in der Zwangsvollstreckung und ähnliche Fälle, ZZP 92, 432; *Gaul,* Der Gerichtsvollzieher — ein organisationsrechtliches Stiefkind des Gesetzgebers, ZZP 87, 241; *Messer,* Die freiwillige Leistung des Schuldners in der Zwangsvollstreckung, 1966; *Niederée,* Zur Stellung des Gerichtsvollziehers, DGVZ 1981, 17; *Polzius,* Die Stellung des Gerichtsvollziehers als Beamter und als Vollstreckungsorgan gegenüber den Parteien, dem Vollstreckungsgericht und der Dienstaufsicht, DGVZ 1973, 161; *Zeiss,* Aktuelle vollstreckungsrechtliche Fragen aus der Sicht des Gerichtsvollziehers, JZ 1974, 564.

Organe der Zwangsvollstreckung sind der Gerichtsvollzieher, das Vollstreckungsgericht, das Prozeßgericht und das Grundbuchamt.

1. Gerichtsvollzieher

a) Der Gerichtsvollzieher ist das *funktionell zuständige Organ* der Zwangsvollstreckung, soweit diese nicht den Gerichten zugewiesen ist (§ 753 I). In die Zuständigkeit des Gerichtsvollziehers fallen vor allem solche Vollstreckungsmaßnahmen, bei denen unmittelbarer Zwang erforderlich sein kann. Das sind in erster Linie Zwangsvollstreckungen wegen Geldforderungen in bewegliche Sachen (§§ 808 ff.) und solche zur Erwirkung der Herausgabe von Sachen (§§ 883 ff.).

Ferner sieht das Gesetz eine Reihe von Hilfstätigkeiten des Gerichtsvollziehers vor. So ist er z.B. für die Verhaftung des Schuldners zuständig (§ 909), der sich weigert, eine Offenbarungsversicherung über sein Vermögen abzugeben (vgl. §§ 807, 899 ff.), eine unvertretbare Handlung vorzunehmen (vgl. § 888 I) oder eine bestimmte Handlung zu dulden (vgl. §§ 890 ff.).

12   b) Die *Rechtsstellung* des Gerichtsvollziehers ergibt sich aus den Beamtengesetzen und aus den (bundeseinheitlichen) Gerichtsvollzieherordnungen (GVO) der Länder (vgl. § 154 GVG). Der Gerichtsvollzieher ist Beamter im staats- und haftungsrechtlichen Sinn sowie Amtsträger im Sinne des Strafrechts. Als Beamter unterliegt er der Dienstaufsicht seines Dienstvorgesetzten; das ist der aufsichtsführende Richter (Direktor, Präsident) des Amtsgerichts, in dessen Bezirk der Gerichtsvollzieher beschäftigt ist. Er übt seine Tätigkeit als selbständiges Organ der Rechtspflege aus (so die Amtstheorie; vgl. StJ/*Münzberg,* § 753 Rdnr. 1; BL/*Hartmann,* § 753 Anm. 1 A m.w.N.).

Die Fachaufsicht übt das Vollstreckungsgericht im Rahmen des § 766 (Rdnr. 1160 ff.) aus.

Im Fall c steht es dem S frei, sich im Wege der Dienstaufsichtsbeschwerde an den Direktor des AG Hamm zu wenden und/oder Erinnerung gegen die Art und Weise der Zwangsvollstreckung durch den Gerichtsvollzieher (§ 766; vgl. § 803 I 2) beim AG Hamm als Vollstreckungsgericht einzulegen; über diese Erinnerung entscheidet der Richter beim AG Hamm, der nach dem Geschäftsverteilungsplan des AG Hamm die Zwangsvollstreckungssachen zu bearbeiten hat.

Zwischen dem Gerichtsvollzieher und dem Gläubiger besteht kein privatrechtliches, sondern ein öffentlich-rechtliches Rechtsverhältnis (so Vereinigte Zivilsenate des RG in RGZ 82, 85). Das zeigt schon ein Vergleich mit den Rechtsverhältnissen, die zwischen dem Gläubiger und den anderen Vollstreckungsorganen (z.B. Vollstreckungsgericht) bestehen. Zwar spricht die ZPO (vgl. §§ 753, 766 II) von einem »Auftrag«. Damit ist aber kein Auftrag i.S.v. § 662 BGB gemeint; vielmehr handelt es sich um einen prozessualen Antrag (Rdnr. 209 ff.). Der Gläubiger kann sich nicht einen ihm genehmen Gerichtsvollzieher aussuchen; er muß sich an den örtlich zuständigen Gerichtsvollzieher wenden. Er hat keinen privatrechtlichen Anspruch gegen den Gerichtsvollzieher, daß dieser tätig wird; er kann bei Untätigkeit des Gerichtsvollziehers das Vollstreckungsgericht anrufen (vgl. § 766 II).

Der Gerichtsvollzieher tritt gegenüber dem Schuldner nicht als Vertreter (i.S. des § 164 BGB) des Gläubigers auf. Er ist auch nicht dessen Erfüllungs- oder Verrichtungsgehilfe (vgl. §§ 278, 831 BGB). Deshalb haftet der Gläubiger auch nicht für ein (schuldhaftes) Verhalten des Gerichtsvollziehers. Bei einer schuldhaften Amtspflichtverletzung des Gerichtsvollziehers kommt unter den Voraussetzungen von Art. 34 GG, § 839 BGB eine Schadensersatzpflicht des Staates in Betracht.

Beispiele: Es besteht eine Amtspflicht des Gerichtsvollziehers gegenüber dem Gläubiger, daß er nicht zu wenig pfändet, gegenüber dem Schuldner, daß er nicht zu viel pfändet, gegenüber einem Dritten, daß er bei der Vollstreckung gegen den Schuldner nicht Sachen des Dritten beschädigt. Bei schuldhafter Verletzung dieser Pflicht kann dem Geschädigten (Gläubiger, Schuldner oder Dritten) ein Schadensersatzanspruch gegen den Staat zustehen.

Im Fall d hat S keinen Schadensersatzanspruch gegen G oder Gv, möglicherweise aber einen solchen Anspruch gegen das Land Nordrhein-Westfalen, dessen Beamter der Gv ist. Das Land wird im Rechtsstreit hier vertreten durch den Präsidenten des Oberlandesgerichts Hamm, dieser durch den Generalstaatsanwalt in Hamm (vgl. Vertretungsordnung JM NW, JMBl. NW 1984, 206 unter A I 1 c; ähnliche Regelungen auch in anderen Ländern). Sachlich zuständig ist ohne Rücksicht auf den Streitwert das Landgericht (§ 71 II GVG). Örtlich zuständig ist das LG Dortmund, da Hamm zum Landgerichtsbezirk Dortmund gehört. Die örtliche Zuständigkeit ergibt sich aus § 18, wonach der allgemeine Gerichtsstand des Fiskus durch den Sitz der Behörde bestimmt wird, die zur Vertretung des Fiskus berufen ist, oder aus § 32 (Gerichtsstand der unerlaubten Handlung). Die Klage gegen das Land hat aber dann keine Aussicht auf Erfolg, wenn S es fahrlässig unterlassen hat, den Schaden durch Gebrauch eines Rechtsmittels abzuwenden (§ 839 III BGB); das könnte der Fall sein, wenn S gegen die Zwangsvollstreckung des Gv keine Erinnerung (§ 766) eingelegt hat.

13 2. Vollstreckungsgericht

Das Vollstreckungsgericht ist neben dem Gerichtsvollzieher ein weiteres Vollstreckungsorgan. Vollstreckungsgericht ist das Amtsgericht, in dessen Bezirk die Zwangsvollstreckung stattfinden soll oder stattgefunden hat (§ 764 I, II). Dieses Gericht ist ausschließlich zuständig (§ 802); die Beteiligten können also nicht wirksam vereinbaren, daß ein unzuständiges Gericht zuständig sein soll.

Das Vollstreckungsgericht wird z.T. durch den Richter, in den meisten Fällen durch den Rechtspfleger tätig (vgl. §§ 3 Nr. 1 i, 20 Nr. 15–17 RPflG).

a) Der *Rechtspfleger* ist ein Beamter des gehobenen Dienstes (vgl. § 2 RPflG). Bei seinen Entscheidungen ist er unabhängig und nur dem Gesetz unterworfen (§ 9 RPflG). Er ist vor allem zuständig bei Zwangsvollstreckungen wegen Geldforderungen in Forderungen und andere Vermögensrechte sowie in das unbewegliche Vermögen (§§ 828 ff.; §§ 1 ff. ZVG).

Außerdem wird er etwa im Verteilungsverfahren tätig (§§ 872 ff.; Rdnr. 476 ff., 482) und ist für die Abnahme einer eidesstattlichen Offenbarungsversicherung zuständig (§§ 899 ff.; Rdnr. 1133).

Im Fall e ist für die Lohnpfändung das AG Hamm als Vollstreckungsgericht zuständig (vgl. auch § 828 II); der Erlaß eines Pfändungs- und Überweisungsbeschlusses gehört zum Aufgabengebiet des Rechtspflegers.

14 b) Dem *Richter* sind nur wenige Entscheidungen vorbehalten (vgl. § 20 Nr. 17a–c RPflG). Er ist vornehmlich für Erinnerungen gegen die Art und Weise der Zwangsvollstreckung durch den Gerichtsvollzieher sowie gegen Maßnahmen und Entscheidungen des Rechtspflegers zuständig (vgl. § 766; § 11 RPflG).

Vollstreckungshandlungen, für die der Rechtspfleger zuständig ist, können auch vom Richter wirksam vorgenommen werden (§ 8 I RPflG). Der Rechtspfleger hat ein ihm übertragenes Geschäft in bestimmten Fällen (z.B. dann, wenn sich bei der Bearbeitung rechtliche Schwierigkeiten ergeben) dem Richter vorzulegen (vgl. § 5 RPflG).

15 3. Prozeßgericht

In selteneren Fällen ist das Prozeßgericht erster Instanz Vollstreckungsorgan. Es ist für die Vollstreckung von (vertretbaren und unvertretbaren)

Handlungen (§§ 887 f.) sachlich und örtlich ausschließlich (§ 802) zuständig.

Als Prozeßgericht erster Instanz kommen in Betracht: das Amtsgericht, das erstinstanzlich tätig gewesene Landgericht und das Arbeitsgericht, nicht aber das Oberlandesgericht und das Landesarbeitsgericht, da sie zweitinstanzliche Gerichte sind. Tätig wird niemals der Rechtspfleger (vgl. § 20 Nr. 17 RPflG), sondern immer der Richter (beim Amts- oder Arbeitsgericht) bzw. die Zivilkammer oder die Kammer für Handelssachen (beim Landgericht).

Im Fall f ist für die Zwangsvollstreckung aus dem Unterlassungsurteil des OLG Köln nach § 890 nicht das Amtsgericht als Vollstreckungsgericht zuständig, sondern das Prozeßgericht des ersten Rechtszuges, also das LG Köln.

4. Grundbuchamt   16

Da die Entstehung einer Hypothek unter anderem eine entsprechende Eintragung im Grundbuch voraussetzt, ist für die nach §§ 866 ff. mögliche Eintragung einer Zwangshypothek (Sicherungshypothek) aufgrund eines auf Zahlung einer Geldforderung lautenden Vollstreckungstitels das Grundbuchamt das zuständige Vollstreckungsorgan. Die Eintragung erfolgt durch den Rechtspfleger (§ 3 Nr. 1 h RPflG).

Ferner sind dem Grundbuchamt verschiedene Hilfstätigkeiten im Rahmen der Zwangsvollstreckung zugewiesen (vgl. §§ 830 I 3, 857 VI).

Wird ein Gericht oder ein Gerichtsvollzieher aufgefordert, im Wege der
Zwangsvollstreckung tätig zu werden, hat das betreffende Organ zu prüfen,
ob die Voraussetzungen der Zwangsvollstreckung gegeben sind; anderenfalls wird es den bei ihm gestellten Antrag ablehnen. Auch wenn gegen die
Art und Weise der Zwangsvollstreckung Erinnerung nach § 766 eingelegt
worden ist, muß untersucht werden, ob die Zwangsvollstreckungsvorausset-
zungen vorgelegen haben.

Dabei ist zunächst an die allgemeinen Prozeßvoraussetzungen zu denken,
soweit sie auch für die Zwangsvollstreckung von Bedeutung sind (Rdnr.
18 ff.). Ferner müssen die allgemeinen Voraussetzungen der Zwangsvollstreckung (Vollstreckungstitel, -klausel, Zustellung) beachtet werden (Rdnr.
30 ff.). Ergeben sich aus dem Vollstreckungstitel besondere Voraussetzungen
für die Zwangsvollstreckung (z.B. eine vorherige Sicherheitsleistung), so ist
deren Vorliegen ebenfalls zu prüfen (Rdnr. 157 ff.). Schließlich muß untersucht werden, ob der Zwangsvollstreckung kein Vollstreckungshindernis
entgegensteht (Rdnr. 174 ff.).

Allerdings sind in einem Gutachten oder in einer Entscheidung nur die Punkte zu
erörtern, die Anlaß dazu bieten. Vor allem die Prozeßvoraussetzungen für die
Zwangsvollstreckung sind meist unproblematisch, so daß dann kein Wort darüber zu
verlieren ist.

§ 2   Die Prozeßvoraussetzungen

Schrifttum: *Arens,* Die Prozeßvoraussetzungen in der Zwangsvollstreckung, Festschrift f. Schiedermair, 1976, 1; *Brammsen,* Die Prüfung der Prozeßfähigkeit des Vollstreckungsschuldners durch die Vollstreckungsorgane, JurBüro 1981, 13; *Hoffmann,* Die Prüfung der Partei- und Prozeßfähigkeit im Vollstreckungsverfahren, KTS 1973, 149; *Kirberger,* Zur Zulässigkeit der Überprüfung der Prozeßfähigkeit des Schuldners durch die Vollstreckungsorgane, FamRZ 1974, 637; *Kube,* Hat der Gerichtsvollzieher bei der Zustellung eines Titels die Prozeßfähigkeit des Vollstreckungsschuldners selbständig zu prüfen?, MDR 1969, 10; *Kunz,* Der Minderjährige im Zwangsvollstreckungsverfahren, DGVZ 1979, 53; *Mager,* Zustellungen, Zwangsvollstreckungen und Proteste gegen Minderjährige, DGVZ 1970, 33; *Schüler,* »Erwachsene Personen« im Sinne der §§ 181, 759, 885 ZPO, DGVZ 1970, 81; *Schwenk,* Zustellung und Vollstreckung im nichtstrafrechtlichen Verfahren nach dem NATO-Truppenstatut, NJW 1964, 1000; *ders.,* Die zivilprozessualen Bestimmungen des NATO-Truppenstatuts und der Zusatzvereinbarungen, NJW 1976, 1562.

Fälle:

a) Rechtsbeistand R bittet im Namen seines Mandanten G den Gerichtsvollzieher Gv telefonisch, dieser möge aufgrund des ihm bereits vorliegenden Urteils bei S pfänden. Gv lehnt das ab, weil R den Antrag schriftlich zu stellen und dabei seine Vertretungsmacht nachzuweisen habe.

b) G hat gegen den ausländischen Staat S ein Versäumnisurteil auf Zahlung rückständigen Mietzinses erstritten. Er beantragt beim Amtsgericht die Pfändung und Überweisung einer Forderung des S gegen die inländische Bank B.

c) Das Finanzamt beantragt beim Gv unter Vorlage der entsprechenden Urkunden, bei S wegen rückständiger Einkommensteuer zu pfänden.

d) Der G-Verein beantragt beim Gv die Zwangsvollstreckung aus einem Urteil gegen die S-Kommanditgesellschaft. Dem Gv fällt auf, daß es sich bei G schon immer um einen nichtrechtsfähigen Verein gehandelt hat und die S-KG nach Erlaß des Urteils in Liquidation gegangen ist.

e) G beantragt beim Gv gegen den 17-jährigen, nicht von seinem Vormund vertretenen S die Zwangsvollstreckung.

f) Eine aus G_1, G_2 und G_3 bestehende ungeteilte Erbengemeinschaft hat ein Urteil auf Zahlung von 5000,— DM gegen S erstritten. G_1 beantragt beim Gv die Zwangsvollstreckung. Darf Gv vollstrecken, obwohl er weiß, daß G_2 und G_3 gegen eine Vollstreckung sind?

g) G bittet den Gv, unter Vorlage eines Zahlungsurteils, ein bestimmtes wertvolles Gemälde des S zu pfänden und zu versteigern, obwohl dem G an diesem Gemälde bereits ein vertragliches Pfandrecht eingeräumt worden ist.

I. Antrag des Gläubigers beim zuständigen Vollstreckungsorgan

1. Zuständiges Vollstreckungsorgan

Die Zwangsvollstreckung hat durch das zuständige Vollstreckungsorgan zu erfolgen.

a) Die *funktionelle* Zuständigkeit hängt davon ab, welche Zwangsvollstreckungsmaßnahme vom Gläubiger begehrt wird (vgl. Rdnr. 7 f.).
Soll etwa eine bewegliche Sache gepfändet werden, ist der Gerichtsvollzieher, soll eine Forderung gepfändet werden, ist das Amtsgericht als Vollstreckungsgericht funktionell zuständig; für die Erzwingung einer Handlung ist das Prozeßgericht erster Instanz, für die Eintragung einer Zwangshypothek ist das Grundbuchamt zuständiges Vollstreckungsorgan.

b) Die *örtliche* Zuständigkeit richtet sich regelmäßig nach dem Bezirk, in dem die Vollstreckung durchgeführt werden soll.

Beispiele: Der Gerichtsvollzieher ist für eine Pfändung einer beweglichen Sache in dem Bezirk zuständig, der ihm zugewiesen worden ist (§ 20 I GVO). Als Vollstreckungsgericht ist nach § 764 II das Amtsgericht anzusehen, in dessen Bezirk das Vollstreckungsverfahren stattfinden soll oder stattgefunden hat; das gilt jedoch nur dann, wenn das Gesetz nicht eine andere Regelung trifft. Das ist z.B. bei der Forderungspfändung der Fall; hier ist regelmäßig das Amtsgericht am Wohnsitz des Schuldners und nicht des Drittschuldners örtlich zuständig (vgl. § 828 II; Rdnr. 503). Für die Zwangsversteigerung oder Zwangsverwaltung ist Vollstreckungsgericht dasjenige Amtsgericht, in dessen Bezirk das Grundstück belegen ist (§ 1 ZVG).

c) Die Zuständigkeiten in der Zwangsvollstreckung sind *ausschließliche* (§ 802).

2. Antrag des Gläubigers   19

Die Zwangsvollstreckung findet auf Antrag des Gläubigers statt. Der Antrag bedarf keiner Form; er kann also auch mündlich gestellt werden. Aus ihm muß für das Vollstreckungsorgan erkennbar sein, welche Vollstreckungsmaßnahme von ihm verlangt wird.

Der Gläubiger braucht den Antrag auch nicht selbst zu stellen. Er kann sich z.B. durch einen Anwalt vertreten lassen. Sofern für eine Zwangsvollstreckung zur Erwirkung einer Handlung, Unterlassung oder Duldung das Landgericht, das als Prozeßgericht erster Instanz tätig war, als Vollstrekkungsgericht angerufen wird (§§ 887, 888, 890), ist § 78 zu beachten; demnach muß der Vollstreckungsantrag von einem bei dem Landgericht zugelassenen Anwalt gestellt werden (h.M.; vgl. BL/*Hartmann*, § 887 Anm. 4 B; *Thomas/Putzo*, § 887 Anm. 3 a cc, § 891 Anm. 1 m.w.N.; a.A. StJ/*Münzberg*, § 891 Anm. I 1).

Im Fall a genügt ein mündlicher Antrag. Die Vertretungsmacht des Rechtsbeistands R kann sich aus dem bei Gv vorliegenden Urteil ergeben; die Prozeßvollmacht erstreckt sich auch auf die Zwangsvollstreckung (vgl. § 81). Bei einem Rechtsanwalt ist die Vollmacht von Amts wegen nicht zu prüfen (§ 88 II). Sind die übrigen Voraussetzungen der Zwangsvollstreckung gegeben, ist dem R zu raten, wegen der Weigerung des Gv Erinnerung einzulegen (vgl. § 766 II).

20 **II. Deutsche Gerichtsbarkeit**

Der deutschen Zivilgerichtsbarkeit sind selbst auf dem Gebiet der Bundesrepublik Deutschland völkerrechtliche Grenzen gesetzt. Diese müssen auch bei Zwangsvollstreckungen aus deutschen Urteilen oder anderen deutschen Vollstreckungstiteln beachtet werden.

Von der deutschen Gerichtsbarkeit befreit sind die Mitglieder diplomatischer Missionen und ihr Gefolge (vgl. § 18 GVG) sowie die Konsuln und ihr Gefolge, soweit sie in Wahrnehmung konsularischer Aufgaben handeln (vgl. § 19 GVG); außerdem gibt es Befreiungen nach völkerrechtlichen Regeln (z.B. für fremde Staatsoberhäupter oder Regierungsmitglieder; vgl. § 20 GVG). Ausländische Staaten sind nach den allgemeinen Regeln des Völkerrechts befreit, die nach Art. 25 GG als Bundesrecht die deutschen Gerichte binden. Gegen die genannten Personen (sog. Exterritoriale, Exemte) darf nicht vollstreckt werden. Eine dennoch durchgeführte Zwangsvollstreckung ist nichtig.

Im Fall b ist gegen den Staat S ein Urteil über ein nichthoheitliches Verhalten (Mietzinsrückstand) ergangen. Die Zwangsvollstreckung kann nicht ohne Zustimmung des fremden Staates in einen Gegenstand (Bankkonto) betrieben werden, der hoheitlichen Zwecken dient (so BVerfGE 46, 342 zum Fall b).

Mitglieder einer Truppe oder eines zivilen Gefolges, die unter das NATO-Truppenstatut fallen, sind nicht von der Gerichtsbarkeit befreit; Urteile in einer aus der Ausübung des Dienstes herrührenden Angelegenheit dürfen jedoch nicht vollstreckt werden (Einzelheiten: Art. VIII NATO-Truppenstatut und Zusatzabkommen; siehe StJ/*Schumann*, Einl Rdnr. 665 ff.).

III. Zulässigkeit des Rechtsweges

Die Zulässigkeit des Rechtswegs für die Zwangsvollstreckung nach den Bestimmungen des Achten Buches der ZPO ist unschwer festzustellen. Wenn aus dem Urteil eines Zivilgerichts (§ 704) oder aus einem der in § 794 genannten Vollstreckungstitel die Zwangsvollstreckung betrieben werden soll, ist die Zulässigkeit des Rechtsweges zu bejahen. Gleiches gilt, wenn ein Gesetz für die Zwangsvollstreckung — z.B. aus Urteilen der Arbeitsgerichte (§ 62 ArbGG) — die Vorschriften der ZPO für anwendbar erklärt.

Im Fall c hat der Gv die Zwangsvollstreckung abzulehnen, da die Vollstreckung wegen der Steuerschuld nicht nach der ZPO, sondern durch das Finanzamt selbst als Vollstreckungsbehörde nach §§ 249 ff. AO erfolgt.

IV. Parteifähigkeit und Prozeßfähigkeit

1. Parteifähigkeit

a) Parteifähigkeit ist die *Fähigkeit, Subjekt eines Prozesses zu sein.* Parteifähig ist, wer nach materiellem Recht rechtsfähig ist (§ 50 I); das sind alle natürlichen und juristischen Personen (AT Rdnr. 655 f., 683 ff.). Außerdem erkennt das Gesetz die Parteifähigkeit auch bestimmten nichtrechtsfähigen Personenvereinigungen zu.

Beispiele: Die offene Handelsgesellschaft und die Kommanditgesellschaft sind parteifähig (§§ 124 I, 161 II HGB). Der nichtrechtsfähige Verein (AT Rdnr. 720 ff.) kann verklagt werden (§ 50 II), er ist also passiv parteifähig. Im arbeitsgerichtlichen Verfahren sind auch (nichtrechtsfähige) Arbeitgebervereinigungen und Gewerkschaften (aktiv und passiv) parteifähig (§ 10 ArbGG).

Die Parteifähigkeit muß nicht nur bei den Prozeßparteien im Erkenntnisverfahren, sondern auch beim Gläubiger und beim Schuldner im Vollstreckungsverfahren gegeben sein. Soweit das Gesetz die Parteifähigkeit sogar einer nichtrechtsfähigen Personenvereinigung (OHG, KG) zuerkennt, kann diese auch Gläubiger oder Schuldner in der Zwangsvollstreckung sein (vgl. § 124 II, § 161 II HGB). Da einer Gesellschaft des bürgerlichen Rechts (§ 705 BGB) die Parteifähigkeit fehlt, ist nach § 736 zur Vollstreckung in das Gesellschaftsvermögen ein gegen alle Gesellschafter ergangenes Urteil erforderlich. Weil der nichtrechtsfähige Verein passiv parteifähig ist (§ 50 II), bestimmt § 735 folgerichtig, daß zur Vollstreckung in das Vermögen eines solchen Vereins ein gegen den Verein ergangenes Urteil genügt.

Wenn der nichtrechtsfähige Verein zulässigerweise verklagt und die Klage gegen ihn abgewiesen worden ist, dann muß es ihm auch erlaubt sein, aus einem Kostenfestsetzungsbeschluß (§ 794 I Nr. 2) als Gläubiger gegen den Kläger als Schuldner die Zwangsvollstreckung zu betreiben. Der nichtrechtsfähige Verein kann auch dann Gläubiger in der Zwangsvollstreckung sein, wenn er auf seine Widerklage ein obsiegendes Urteil erstritten hat (vgl. StJ/*Leipold*, § 50 Rdnr. 23).

23   b) Das *Vollstreckungsorgan hat die Parteifähigkeit zu prüfen*, es sei denn, daß ihm diese Prüfung durch das Prozeßgericht abgenommen worden ist. Das ist der Fall, wenn im Urteil über die Klage in der Sache entschieden worden ist. Dann ist jedenfalls konkludent die Zulässigkeit der Klage und damit auch die Parteifähigkeit der Parteien bejaht (vgl. *Arens*, Festschrift f. Schiedermair, 7 ff.; *Baur/Stürner*, Rdnr. 152; *Jauernig*, § 1 VII; anders *Rosenberg*, § 179 IV 1). Das muß auch dann gelten, wenn das Gericht die Frage der Parteifähigkeit übersehen oder falsch beantwortet haben sollte. — Bei anderen Vollstreckungstiteln als Urteilen ist das Vollstreckungsorgan zur Prüfung verpflichtet.

Im Fall d hat das Gericht durch das Urteil die Parteifähigkeit des klagenden Vereins bejaht. Der Gv ist daran gebunden, selbst wenn das Gericht die Klage richtigerweise wegen mangelnder Parteifähigkeit des (nichtrechtsfähigen) Vereins als unzulässig hätte abweisen müssen.

24   c) Ebenso wie das Gericht an die Rechtskraft des Urteils dann nicht gebunden ist, wenn nach Abschluß der letzten mündlichen Verhandlung der letzten Tatsacheninstanz (vgl. § 767 II) neue Tatsachen eingetreten sind, so ist auch das *Vollstreckungsorgan in seiner Beurteilung der Parteifähigkeit frei*, wenn insoweit neue Tatsachen eingetreten sind.

Beispiele: Der Gläubiger verliert seine Parteifähigkeit durch Tod; die Parteifähigkeit der OHG endet dadurch, daß diese — etwa wegen Geschäftsrückgangs — eine Gesellschaft des bürgerlichen Rechts wird. Dann können nur die Erben des Gläubigers oder die Gesellschafter der BGB-Gesellschaft die Zwangsvollstreckung beantragen, nachdem der Vollstreckungstitel auf sie umgeschrieben und zugestellt worden ist (Rdnr. 115 ff.). Sofern aber die Zwangsvollstreckung schon begonnen hat und keine weitere Handlung des Gläubigers erforderlich wird, hat der Verlust der Parteifähigkeit keinen Einfluß auf die Fortführung der Zwangsvollstreckung.
Verliert der Schuldner seine Parteifähigkeit durch Tod, wird die zur Zeit des Todes bereits begonnene Zwangsvollstreckung in seinen Nachlaß fortgesetzt (§ 779 I). Anderenfalls ist eine Umschreibung des gegen den Erblasser ergangenen Titels und dessen Zustellung erforderlich (Rdnr. 118). — Eine OHG oder KG bleibt — ebenso wie eine juristische Person — selbst nach der Auflösung während der Dauer der Liquidation parteifähig, solange noch Vermögensstücke vorhanden sind (StJ/*Leipold*, § 50 Rdnr. 34; Fall d).
Im Fall d hat der Gv also zu vollstrecken.

2. Prozeßfähigkeit

a) Prozeßfähigkeit ist die *Fähigkeit, selbst oder durch selbstbestellte Vertreter im Prozeß wirksam handeln zu können.* Prozeßfähig ist, wer nach materiellem Recht geschäftsfähig ist (vgl. §§ 51 ff.).

Der beschränkt Geschäftsfähige ist also prozeßunfähig, es sei denn, daß die besonderen Voraussetzungen des § 112 BGB oder des § 113 BGB (AT Rdnr. 250 f.) vorliegen.

Die Prozeßfähigkeit muß nach einhelliger Meinung jedenfalls beim Gläubiger gegeben sein, da er eine Handlung (Antrag) vorzunehmen hat, um die Zwangsvollstreckung in Gang zu bringen. Fehlt ihm also die Prozeßfähigkeit, muß für ihn sein gesetzlicher Vertreter handeln.

Kein Streit besteht auch darüber, daß der Schuldner jedenfalls dann prozeßfähig oder durch seinen gesetzlichen Vertreter vertreten sein muß, wenn er im Zwangsvollstreckungsverfahren handelt (z.B. Erinnerung einlegt, die Offenbarungsversicherung abgibt).

Teilweise wird die Auffassung vertreten, daß der Schuldner dann nicht prozeßfähig sein müsse, wenn er die Zwangsvollstreckung nur über sich ergehen zu lassen brauche (*Rosenberg,* § 179 IV 2; BL/*Hartmann,* Grundz. § 704 Anm. 6 C b; *Thomas/Putzo,* Vorbem § 704 Anm. VII 2 d). Dagegen ist jedoch zu berücksichtigen, daß der Schuldner auch in solchen Fällen sich jedenfalls schlüssig werden muß, ob er gegen die Zwangsvollstreckung Einwendungen geltend machen will. Deshalb ist auch beim Schuldner grundsätzlich die Prozeßfähigkeit zu verlangen (vgl. aber Rdnr. 1088). Dafür spricht sich heute der wohl größere Teil des Schrifttums — teilweise unter Aufgabe der früher vertretenen Gegenmeinung — aus (*Arens,* a.a.O.; *Baumann/Brehm,* § 9 II 2 b; *Baur/Stürner,* Rdnr. 152; *A. Blomeyer,* § 8 II 2; *Jauernig,* § 1 VII; StJ/*Münzberg,* vor § 704 Rdnr. 79).

b) Zur *Prüfung der Prozeßfähigkeit durch das Vollstreckungsorgan* gilt das 26 bei der Parteifähigkeit Gesagte (Rdnr. 23 f.) entsprechend: Das Vollstreckungsorgan ist an ein Urteil gebunden, das in der Sache entschieden und damit — jedenfalls konkludent — die Prozeßfähigkeit bejaht hat. Nur wenn insoweit neue Tatsachen eingetreten sind (z.B. zwischenzeitliche Entmündigung des Gläubigers), ist Raum für eine selbständige Prüfung durch das Vollstreckungsorgan.

Ist im Fall e das Urteil gegen S ergangen, ohne daß dieser ausweislich des Urteils durch seinen gesetzlichen Vertreter vertreten war, sind auch für den Gv die Prozeßvoraussetzungen gegeben. Ergibt sich aus dem Urteil, daß S durch seinen Vormund vertreten war, muß der Gv darauf achten, daß S durch seinen Vormund auch bei der Zwangsvollstreckung vertreten ist. Das gilt nicht, wenn S inzwischen volljährig geworden sein sollte.

27 V. Prozeßführungsbefugnis

Prozeßführungsbefugnis ist die *Fähigkeit, einen Prozeß als Partei (im eigenen Namen) zu führen.* Sie steht regelmäßig den Trägern des streitigen Rechtsverhältnisses zu. Ausnahmsweise kann aber auch ein Dritter die Befugnis haben, über ein fremdes Recht im eigenen Namen einen Rechtsstreit zu führen. Diese Prozeßführungsbefugnis des Dritten (die sog. Prozeßstandschaft) ist zulässig, wenn sie auf einer gesetzlichen Regelung beruht (= gesetzliche Prozeßstandschaft) oder wenn sie dem Dritten vom Rechtsträger durch Rechtsgeschäft eingeräumt worden ist und der Dritte ein eigenes schutzwürdiges Interesse daran hat, das Recht im eigenen Namen geltend zu machen (= gewillkürte Prozeßstandschaft; h.M.: BGHZ 76, 4; BAG NJW 1983, 1751 f.; anders *Frank,* ZZP 92, 321).

Beispiele: Der Konkursverwalter klagt gegen den Besitzer eines Gemäldes auf Herausgabe zur Konkursmasse. — Der zu einer ungeteilten Erbengemeinschaft gehörende Miterbe klagt auf Bezahlung einer zum Nachlaß gehörenden Geldforderung an die Erbengemeinschaft (§ 2039 BGB; ErbR Rdnr. 485 ff.).

Die Prozeßführungsbefugnis ist nicht nur im Erkenntnisverfahren, sondern auch im Vollstreckungsverfahren zu prüfen. Diese Prüfung erübrigt sich aber dann, wenn der Dritte als Prozeßführungsbefugter (z.B. der Konkursverwalter, der Miterbe) bereits die Klage erhoben und ein auf seinen Namen lautendes obsiegendes Urteil erstritten hat; hier stellt sich für das Vollstreckungsorgan (z.B. den Gerichtsvollzieher) nicht das Problem der Prozeßstandschaft. Deren Zulässigkeit muß aber ausnahmsweise dann geprüft werden, wenn die Rechtsinhaber (z.B. alle Miterben im Fall f) geklagt haben, sie infolgedessen im Urteil als Kläger genannt sind und nunmehr nur einer von ihnen (z.B. ein einzelner Miterbe im Fall f) die Zwangsvollstreckung betreiben will.

Im Fall f wird Gv auf den Antrag des G_1 zwangsvollstrecken; denn die Anspruchsverfolgung für den Nachlaß ist ein eigenes Recht des Miterben, und dieser kann sie auch gegen den Willen der anderen Miterben betreiben. Das gilt auch für die Vollstreckung aus einem gemeinsam erwirkten Urteil gegen den Widerspruch der anderen Miterben (KG NJW 1957, 1154; ErbR Rdnr. 487).

28 VI. Rechtsschutzbedürfnis

Jede prozessuale Handlung und damit auch jede Tätigkeit eines Vollstreckungsorgans setzt ein Rechtsschutzbedürfnis (Rechtsschutzinteresse) dessen voraus, der die Tätigkeit begehrt. Das Rechtsschutzbedürfnis fehlt insbesondere dann, wenn der Gläubiger einfacher und billiger zum Vollstreckungsziel gelangen (*Thomas/Putzo,* Vorbem § 704 Anm. VII 2 f) oder dieses Ziel durch die beantragte Vollstreckung gar nicht erreichen kann (dazu Rdnr. 1483).

Im Fall g fehlt dem Antrag des G das Rechtsschutzbedürfnis nicht. Das Gesetz räumt dem Pfandgläubiger zur Pfandverwertung mehrere Möglichkeiten ein. So kann er anstelle des Privatverkaufs die Pfandsache auch nach Vollstreckungsrecht verwerten (§ 1233 BGB). Das ist aufgrund eines Titels auf Duldung der Zwangsvollstreckung, aber auch aufgrund eines Zahlungstitels und anschließender Pfändung durch den Gerichtsvollzieher möglich (MünchKomm/*Damrau*, § 1228 Rdnr. 3).

29 # Zweiter Abschnitt   Die allgemeinen Voraussetzungen der Zwangsvollstreckung

Jede Zwangsvollstreckung setzt zunächst einen Vollstreckungstitel voraus (Rdnr. 30 ff.); das ist eine öffentliche Urkunde, aus der sich ergibt, daß ein bestimmter materiellrechtlicher Anspruch besteht und dieser Anspruch im Wege der Zwangsvollstreckung durchgesetzt werden kann (Hauptbeispiel: Urteil).

Außerdem muß eine Vollstreckungsklausel vorliegen (Rdnr. 101 ff.); das ist eine amtliche Bescheinigung der Vollstreckbarkeit des Titels. Sie soll dem Vollstreckungsorgan die Prüfung abnehmen, ob der Titel wirksam und ob er vollstreckbar ist. Da das Original des Urteils bei den Prozeßakten bleibt, wird eine beglaubigte Abschrift (unter Weglassen von Tatbestand und Entscheidungsgründen; vgl. § 317 II 2) hergestellt, und auf die sog. Ausfertigung wird die Vollstreckungsklausel gesetzt (vollstreckbare Ausfertigung; § 724).

Schließlich muß eine Ausfertigung des Vollstreckungstitels spätestens bei dem Beginn der Vollstreckung dem Schuldner zugestellt werden (Rdnr. 147 ff.). Die Zustellung ist ein förmlicher Akt, durch welchen dem Adressaten Gelegenheit zur Kenntnisnahme (hier des Titels) verschafft wird. Die Zustellung des Titels soll den Schuldner eindringlich vor der Zwangsvollstreckung warnen.

30 # Erstes Kapitel   Die Vollstreckungstitel

§ 3   Allgemeine Voraussetzungen für die Vollstreckbarkeit von Vollstreckungstiteln

Fälle:

a) G läßt aus einem Urteil auf Zahlung von 10 000,— DM gegen die »Firma Simon Seger« vollstrecken. Der Gerichtsvollzieher (Gv) trifft im Ladenlokal der Firma Herrn Thomas Tamm (T) an. Dieser protestiert gegen die Zwangsvollstreckung, weil gegen ihn kein Urteil vorliege. Was macht Gv?

b) Aufgrund eines Zahlungsurteils gegen die Firma »Müller und Neumann OHG« pfändet Gv einen dem Gesellschafter Müller gehörenden Teppich, der im Verwaltungsgebäude der Gesellschaft liegt, sowie ein Gemälde, das der OHG gehört und in der Villa des Gesellschafters Neumann hängt. Rechte der Beteiligten?

c) Gv soll aus einem Urteil auf Zahlung von »1000,— DM brutto« rückständigen Arbeitslohns vollstrecken. Der Schuldner macht geltend, das Urteil sei mit der Bezeichnung »brutto« zu unbestimmt; im übrigen habe er von dem Betrag die insoweit entfallenden Beträge für Lohnsteuer und Sozialversicherungsbeiträge nachweisbar abgeführt.

d) Aus einem Urteil auf Zahlung von 10 000,— DM aus einem bestimmten Grundstück soll Gv auf Antrag des G vollstrecken.

Da aus einem Vollstreckungstitel die Zwangsvollstreckung betrieben werden soll, müssen sich aus ihm die Parteien, der Inhalt und der Umfang der Zwangsvollstreckung entnehmen lassen.

I. Parteien
31

Die Parteien, also Gläubiger und Schuldner (Rdnr. 9), müssen sich aus dem Vollstreckungstitel ergeben. Nur für und gegen sie findet die Zwangsvollstreckung statt (vgl. § 750 I). Soll ausnahmsweise von einem Rechtsnachfolger des Gläubigers oder gegen einen Rechtsnachfolger des Schuldners vollstreckt werden, muß der Titel auf ihn umgeschrieben werden (Rdnr. 115 ff.).

Besonderheiten ergeben sich, wenn der Vollstreckungstitel gegen eine Firma, gegen eine Mehrheit von Personen oder gegen eine Partei kraft Amtes (z.B. den Konkursverwalter) lautet.

1. Firma
32

Bei einem Urteil gegen eine Firma ist Beklagter diejenige Person, die bei der Klageerhebung Inhaber war. Wenn der Kaufmann unter seiner Firma (= Handelsname des Vollkaufmanns) klagen und verklagt werden kann (§ 17 II HGB), dann muß auch eine Zwangsvollstreckung aus dem auf die Firma lautenden Urteil gegen den Kaufmann zulässig sein. Entsprechendes gilt auch für andere Vollstreckungstitel.

Ist nun die Firma nicht mit dem Namen des Kaufmanns identisch, weil etwa der Inhaber des Unternehmens vor Jahren gewechselt hat (Fall der abgeleiteten Firma; HR Rdnr. 142), stellt sich z.B. dem Gerichtsvollzieher die Frage, ob und gegen wen er vollstrecken soll. Er ist nicht befugt, die Zwangsvollstreckung ohne weiteres gegen den Firmeninhaber zu betreiben, so daß es diesem überlassen bleibt, mit der Erinnerung (§ 766) nachzuweisen, nicht der Schuldner zu sein. Es ist vielmehr Sache des Gläubigers, dem Gerichtsvollzieher — etwa durch Vorlage eines Handelsregisterauszuges — darzutun, wer mit der Firma gemeint ist. Jedenfalls ist es nicht Aufgabe des

Gerichtsvollziehers, umfangreiche Ermittlungen anzustellen. Wenn sich für ihn nicht einwandfrei ergibt, wer sich hinter der Firma verbirgt, wird er den Vollstreckungsantrag des Gläubigers ablehnen. Letztlich bleibt diesem die Möglichkeit, die Vollstreckungsklausel durch einen klarstellenden Vermerk über die Person des Schuldners ergänzen zu lassen (§ 727 analog; vgl. KG Rpfleger 1982, 191; StJ/*Münzberg*, § 727 Rdnr. 34. Zur Titelumschreibung vgl. Rdnr. 115 ff.).

Im Fall a wird Gv den T fragen, ob er die im Titel genannte Firma führt. Sofern T das nicht bejaht, wird Gv den G bitten, ihm den Nachweis zu erbringen, daß die Firma der Name des Kaufmanns T ist. Führt das nicht zum Ziel, lehnt Gv die Vollstreckung ab.

33   2. Personenmehrheiten

Besonderheiten ergeben sich, wenn gegen mehrere Personen, insbesondere gegen Gesamthandsgemeinschaften, vollstreckt werden soll.

a) Bei einer *bürgerlich-rechtlichen Gesellschaft* steht das Gesellschaftsvermögen den Gesellschaftern zur gesamten Hand zu. Zur Zwangsvollstreckung in dieses Vermögen ist ein Vollstreckungstitel gegen alle Gesellschafter erforderlich (§ 736). Statt eines einzigen Titels gegen alle Gesellschafter genügt es, daß der Gläubiger wegen einer Forderung gegen die Gesellschaft je einen Titel gegen jeden der Gesellschafter erlangt hat. Entscheidend ist, daß gegen alle Personen, die im Zeitpunkt der Vollstreckung Gesellschafter sind, ein Vollstreckungstitel vorliegt.

Ist etwa gegen zwei Gesellschafter geklagt und ein Urteil erstritten worden und ist nach Klageerhebung eine weitere Person in die Gesellschaft eingetreten, muß der Gläubiger sich auch gegen diesen Gesellschafter einen Titel verschaffen, um in das Gesellschaftsvermögen vollstrecken zu können, da dem neuen Gesellschafter ein Anteil am Gesellschaftsvermögen angewachsen ist.

Liegt ein Titel nur gegen einen der Gesellschafter vor, so kann nur in dessen Privatvermögen vollstreckt werden; dazu gehört aber auch der Gesellschaftsanteil (vgl. § 859 I; Rdnr. 774 ff.).

Zur Zwangsvollstreckung gegen einen nichtrechtsfähigen Verein ist ein Titel gegen den Verein erforderlich (§ 735; Rdnr. 22); es genügen aber auch gleichlautende Titel wegen einer Vereinsschuld gegen alle Vereinsmitglieder.

34   b) Eine Personenhandelsgesellschaft *(offene Handelsgesellschaft, Kommanditgesellschaft)* ist auch im Vollstreckungsverfahren parteifähig. Zur Vollstreckung in das Gesellschaftsvermögen ist ein Vollstreckungstitel gegen die Gesellschaft erforderlich (§§ 124 II, 161 II HGB; Rdnr. 22); Titel gegen alle Gesellschafter reichen also nicht aus.

Obwohl den Gläubigern der Gesellschaft die Gesellschafter auch persönlich als Gesamtschuldner haften (§ 128 HGB), findet aus einem gegen die Gesellschaft gerichteten Vollstreckungstitel eine Zwangsvollstreckung gegen den einzelnen Gesellschafter nicht statt (§ 129 IV HGB).

Im Fall b ist die Pfändung durch den Gv nur gegen die OHG zulässig, da gegen diese das Urteil ergangen ist. Da der Gv sich an den Gewahrsam des Schuldners halten muß (§ 808 I; Rdnr. 234 ff.), darf er nur den im Gebäude der OHG sich befindenden Teppich pfänden; allerdings wird sich der Gesellschafter Müller als Eigentümer dagegen mit der Drittwiderspruchsklage wehren (§ 771; Rdnr. 1396 ff.).

Das Gemälde gehört zwar der OHG, steht aber nicht in deren Gewahrsam. Neumann kann als Gewahrsamsinhaber gegen die Pfändung mit der Erinnerung (§ 766; Rdnr. 1160 ff.) vorgehen.

c) Hinsichtlich des *Gesamtgutes der Gütergemeinschaft* besteht eine   **35** Gesamthandsgemeinschaft der Ehegatten (vgl. §§ 1416, 1419 BGB).

Zum Gesamtgut gehört grundsätzlich das gesamte Vermögen, das Mann und Frau zu Beginn der Gütergemeinschaft haben und das sie während der Gütergemeinschaft erwerben (§ 1416 BGB). Ausgenommen sind einmal die Gegenstände eines Ehegatten, die nicht durch Rechtsgeschäft übertragen werden können (sog. Sondergut; § 1417 BGB; z.B. nicht abtretbare und unpfändbare Forderungen). Zum anderen sind die Gegenstände vom Gesamtgut ausgeschlossen, die durch Ehevertrag oder durch Bestimmung eines Dritten bei unentgeltlicher Zuwendung (z.B. Schenkung, Testament) zum Vorbehaltsgut bestimmt worden sind, und ferner die Nutzungen und Surrogate dieser Gegenstände (sog. Vorbehaltsgut; § 1418 BGB).

(1) Soll bei *bestehender Gütergemeinschaft* in das Gesamtgut vollstreckt werden, ist ein Vollstreckungstitel gegen den Ehegatten, der das Gesamtgut allein verwaltet (vgl. §§ 1422 ff. BGB), erforderlich und genügend (§ 740 I). Bei gemeinschaftlicher Verwaltung durch beide Ehegatten (vgl. §§ 1450 ff. BGB) muß der Titel gegen beide gerichtet sein (§ 740 II).

Zur Erleichterung für den Gläubiger und zur Sicherung des Geschäftsverkehrs läßt § 741 für eine Vollstreckung in das Gesamtgut sogar einen Titel gegen den nicht allein verwaltenden Ehegatten genügen, wenn dieser selbständig ein Erwerbsgeschäft führt.

Die Einwilligung des anderen Ehegatten in das selbständige Betreiben des Erwerbsgeschäfts (vgl. §§ 1431, 1456 BGB) braucht der Gläubiger dem Vollstreckungsorgan nicht darzutun. Vielmehr ist es Sache des anderen Ehegatten, im Wege der Erinnerung (§ 766) den Mangel der Einwilligung geltend zu machen; der Einspruch oder der Widerruf der Einwilligung ist wirksam, wenn er bereits bei Eintritt der Rechtshängigkeit (bzw. der Errichtung der vollstreckbaren Urkunde) im Güterrechtsregister eingetragen war (§ 741 a.E.). Im übrigen kann der andere Ehegatte mit einer besonderen Drittwiderspruchsklage nach § 774 (Rdnr. 1429) den pfändenden Gläubiger mit der Begründung verklagen, das Gesamtgut hafte nicht für die fragliche Schuld.

36   (2) Bei *beendeter Gütergemeinschaft* besteht bis zur Auseinandersetzung das Gesamtgut fort, und es wird von beiden Ehegatten gemeinschaftlich verwaltet (§ 1472 I BGB). Deshalb sind Vollstreckungstitel gegen beide Ehegatten erforderlich; dabei genügt es, daß der Titel gegen den einen Gatten auf Leistung und der Titel gegen den anderen auf Duldung der Zwangsvollstreckung lautet (§ 743).

(3) Ist eine *fortgesetzte Gütergemeinschaft* im Ehevertrag vereinbart, dann setzen beim Tod eines Ehegatten der überlebende Ehegatte und die gemeinsamen Abkömmlinge die Gütergemeinschaft fort (§§ 1483 ff. BGB). Da der überlebende Gatte die rechtliche Stellung des das Gesamtgut allein verwaltenden Ehegatten hat (§ 1487 I BGB), ist zur Zwangsvollstreckung in das Gesamtgut ein Titel gegen den überlebenden Ehegatten erforderlich und genügend (§ 745 I; vgl. § 740 I). Nach Beendigung der fortgesetzten Gütergemeinschaft muß der Titel gegen den überlebenden Ehegatten und die anteilsberechtigten Abkömmlinge lauten (§ 745 II i.V.m. § 743).

Zur Möglichkeit, den Titel durch eine besondere Vollstreckungsklausel umschreiben zu lassen, vgl. §§ 742, 744, 745 II; Rdnr. 126.

37   d) Die *Miterbengemeinschaft* ist eine Gesamthandsgemeinschaft der (Mit-) Erben eines Erblassers (§ 2032 BGB). Zur Zwangsvollstreckung in den ungeteilten Nachlaß ist daher ein Titel gegen alle Miterben erforderlich (§ 747); ein einheitlicher Titel ist nicht notwendig. Liegt nur ein Titel gegen einen der Miterben vor, kann in dessen Miterbenanteil vollstreckt werden (§ 859 II; Rdnr. 785 ff.). Wird dennoch die Zwangsvollstreckung in den Nachlaß betrieben, steht jedem Miterben (auch dem, gegen den ein Titel gegeben ist) die Erinnerung (§ 766) zu; jeder Miterbe, gegen den kein Titel vorliegt, kann die Drittwiderspruchsklage (§ 771) erheben.

Wenn bereits ein Titel gegen den Erblasser vorhanden ist, muß er zur Zwangsvollstreckung in den Nachlaß gegen alle Miterben umgeschrieben werden (§ 727; Rdnr. 115 ff.). Sofern aber aufgrund des gegen den Erblasser lautenden Titels die Zwangsvollstreckung zur Zeit des Todes des Erblassers gegen diesen schon begonnen worden war, kann sie ohne weiteres — also auch ohne Titelumschreibung — in den Nachlaß fortgesetzt werden (§ 779 I).

38   e) Bei einem *Vermögens- oder Erbschaftsnießbrauch* kann ein Gläubiger des Bestellers ohne Rücksicht auf den Nießbrauch Befriedigung aus den Gegenständen verlangen, die dem Nießbrauch unterliegen; Voraussetzung ist nur, daß die Forderung des Gläubigers vor der Nießbrauchsbestellung entstanden ist (§ 1086, § 1089 BGB). Zur Zwangsvollstreckung in die dem Nießbrauch unterliegenden Gegenstände ist außer einem Leistungstitel gegen den Besteller ein Titel gegen den Nießbraucher auf Duldung der Zwangsvollstreckung erforderlich (§ 737). Gegen eine Zwangsvollstreckung trotz fehlenden Duldungstitels kann sich der Nießbraucher mit der Erinnerung (§ 766) wehren.

War über den Anspruch des Gläubigers bei der Nießbrauchsbestellung schon rechtskräftig entschieden, kann der Gläubiger eine vollstreckbare Ausfertigung gegen den Nießbraucher verlangen (§ 738; Rdnr. 125).

3. Partei kraft Amtes

39

a) Soll in die Konkursmasse vollstreckt werden, ist ein Vollstreckungstitel gegen den *Konkursverwalter* erforderlich. Eine Vollstreckung kommt nur wegen Aus- und Absonderungsrechten sowie wegen Masseschulden in Frage (vgl. §§ 43 ff., 47 ff., 57 ff. KO).

b) Bei der Vollstreckung in einen der Nachlaßverwaltung unterliegenden Gegenstand muß der Titel gegen den *Nachlaßverwalter* gerichtet sein (vgl. § 1984 I 3 BGB).

c) Soll in den Nachlaß vollstreckt werden und besteht eine Testaments- 40 vollstreckung, sind für die Frage, ob ein Vollstreckungstitel gegen den *Testamentsvollstrecker* notwendig ist, folgende Fallgruppen zu unterscheiden:

(1) Wenn der *ganze Nachlaß* der Verwaltung des Testamentsvollstreckers unterliegt, ist ein Titel gegen den Testamentsvollstrecker zur Zwangsvollstreckung in den Nachlaß erforderlich und genügend (§ 748 I). Aus einem Titel gegen den Erben kann nur in das private Vermögen des Erben vollstreckt werden, das nicht der Verwaltung des Testamentsvollstreckers unterliegt.

(2) Sofern nur *einzelne Nachlaßgegenstände* unter der Verwaltung des Testamentsvollstreckers stehen, ist außer einem Leistungstitel gegen den Erben (vgl. § 2213 I 2 BGB) noch ein Duldungstitel gegen den Testamentsvollstrecker erforderlich, wenn die Vollstreckung in Gegenstände erfolgen soll, die unter der Verwaltung des Testamentsvollstreckers stehen (§ 748 II).

(3) *Pflichtteilsansprüche* sind in jedem Falle, also auch, wenn der Testa- 41 mentsvollstrecker den ganzen Nachlaß verwaltet, nach § 2213 I 3 BGB gegen den Erben geltend zu machen. Zur Zwangsvollstreckung in Nachlaßgegenstände, die der Verwaltung des Testamentsvollstreckers unterliegen, ist auch hier neben dem Leistungstitel gegen den Erben ein Duldungstitel gegen den Testamentsvollstrecker notwendig (§ 748 III). — Das gilt auch für Erbersatzansprüche (§ 1934 b II 1).

(4) Steht dem Testamentsvollstrecker *kein Verwaltungsrecht* zu, genügt zur Zwangsvollstreckung ein Titel gegen den Erben.

Zur Umstellung der Vollstreckungsklausel für und gegen den Testamentsvollstrecker: § 749; Rdnr. 121 ff. Einzelheiten zur Zwangsvollstreckung bei Testamentsvollstreckung: ErbR Rdnr. 392—396.

42   II. Inhalt und Umfang der Zwangsvollstreckung

1. Inhalt

a) *Bestimmbarkeit des Inhalts:* Aus dem Vollstreckungstitel muß sich nicht nur für Gläubiger und Schuldner, sondern insbesondere auch für das Vollstreckungsorgan der Inhalt der Leistung ergeben, die erzwungen werden soll. Dieser Inhalt ist durch Auslegung des Titels zu ermitteln; er muß mindestens bestimmbar sein.

Ist der Schuldner verurteilt, »das dem Kläger gehörende Gemälde herauszugeben«, fehlt es an der Bestimmbarkeit des Titels; denn der Gerichtsvollzieher weiß nicht, welches der beim Schuldner befindlichen Gemälde er herausholen soll. Ebenfalls zu unbestimmt sind nach der Rechtsprechung etwa folgende Titel: Verurteilung zur Auflassung Zug um Zug gegen Zahlung eines bestimmten Geldbetrages nebst Auslagen, Gebühren und Grunderwerbsteuern, die mit einem bestimmten Vertrag und seiner Durchführung verbunden sind (BGHZ 45, 287 f.); mitzuwirken, daß der Pachtzins für ein bestimmtes Grundstück neu festgesetzt wird (BGH ZZP 86, 323); die Böschung an der Grundstücksgrenze so zu befestigen, daß das Nachbargrundstück wieder so belastet werden kann, wie es vor dem Abgraben der Böschung möglich war (BGH NJW 1978, 1584; WM 1982, 68).

Die Bestimmbarkeit ist zu bejahen, wenn der Inhalt aus der Urkunde des Vollstreckungstitels selbst zu ermitteln ist.

Beispiel: In dem Titel ist eine Verpflichtung zur Zinszahlung in Höhe eines bestimmten Prozentsatzes von einer bestimmten Summe enthalten. Der zu zahlende Zinsbetrag kann vom Gerichtsvollzieher unschwer errechnet werden.

Darüber hinaus reicht es für die Bestimmbarkeit aus, daß das Vollstreckungsorgan die zu erzwingende Leistung aus dem Titel in Verbindung mit anderen allgemein zugänglichen Daten feststellen kann.

Beispiele: Dem Vollstreckungsorgan wird zugemutet, die Zinsforderung in Höhe von 2% über dem jeweiligen Diskontsatz der Bundesbank auszurechnen, zumal der Diskontsatz im Bundesgesetzblatt veröffentlicht wird (vgl. BGHZ 22, 54, 61). Auch die Koppelung der Geldleistung an den Lebenshaltungskostenindex genügt dem Bestimmbarkeitserfordernis, da der Index vom statistischen Bundesamt in zugänglichen Tabellen festgesetzt wird (vgl. OLG Düsseldorf NJW 1971, 436, 437).

Vielfach wird für die Bestimmbarkeit darauf abgestellt, ob die Leistung vom Vollstreckungsorgan — und man denkt dabei vornehmlich an den Gerichtsvollzieher — leicht zu ermitteln ist und ob dem Organ diese Ermittlung zugemutet werden kann.

Aus diesem Grunde sind Wertsicherungsklauseln in Vollstreckungstiteln mangels Bestimmtheit z.B. dann als nicht vollstreckungsfähig angesehen worden, wenn die Leistung an ein jeweiliges Beamtengehalt gekoppelt war (»A 9 der 8. Dienstaltersstufe«, OLG Nürnberg NJW 1957, 1286; »die Hälfte der jeweiligen Höchstpension eines bayerischen Notars«, BGHZ 22, 54, 57 f.).

Die Grenze, ob die zu vollstreckende Leistung leicht oder nicht leicht zu **43** ermitteln ist, läßt sich nicht eindeutig ziehen. Es ist nicht recht einzusehen, warum etwa der Lebenshaltungskostenindex leicht, ein bestimmtes Beamtengehalt nicht leicht festzustellen ist; beides ist aus Listen ablesbar, die dem Vollstreckungsorgan zugänglich sind (vgl. *Baur/Stürner*, Rdnr. 232). Wenn man die Unzumutbarkeit für das Vollstreckungsorgan entscheidend sein läßt, um auf diese Weise umfangreiche und zeitraubende Ermittlungen des Organs zu verhindern, dann muß man bei der Prüfung der Unzumutbarkeit aber auch berücksichtigen, daß es vielfach (z.B. gerade bei Wertsicherungsklauseln) gar nicht möglich ist, etwa in einem Urteil oder in einer notariellen Urkunde die Leistung genauer zu bezeichnen. Gerade in solchen Fällen, in denen der Titel so genau wie überhaupt möglich gefaßt worden ist, muß es dem Vollstreckungsorgan zugemutet werden, die erforderlichen Ermittlungen anzustellen.

Nicht an der Bestimmtheit scheitert ein Vollstreckungstitel über einen *Bruttolohnbetrag* (Fall c). Der Arbeitgeber schuldet seinem Arbeitnehmer nämlich den Bruttolohn (BGH WM 1966, 758) und nicht nur die Zahlung des Nettobetrages, der vom Vollstreckungsorgan nicht bestimmt werden könnte. Schwierigkeiten können zwar bei der Zwangsvollstreckung entstehen, wenn der schuldende Arbeitgeber die entsprechende Lohnsteuer und die auf den Gläubiger entfallenden Sozialversicherungsbeiträge (ganz oder teilweise) bereits abgeführt hat. In einem solchen Fall ist es dem Schuldner aber möglich, die Zahlungen durch Quittung oder Postschein nachzuweisen (§ 775 Nr. 4, 5), so daß dann nur in Höhe des verbleibenden (Netto-) Betrages vollstreckt wird (vgl. BAG NJW 1964, 1338; 1979, 2634).

b) *Folge der Nichtbestimmbarkeit des Inhalts:* Führt die Auslegung des **44** Vollstreckungstitels nicht zum Ziel, ist er nicht vollstreckungsfähig. Er kann u.U. dadurch vollstreckungsfähig gemacht werden, daß ein Feststellungsurteil erstritten wird, das den Inhalt des Titels feststellt (vgl. BGHZ 36, 11, 14; BGH NJW 1972, 2268). Außerdem besteht die Möglichkeit, über denselben Gegenstand einen (neuen) Rechtsstreit zu führen. Dieser Klage fehlt nicht das Rechtsschutzbedürfnis; denn mit ihr soll ein neuer einwandfreier Titel erreicht werden, aus dem die Zwangsvollstreckung möglich ist (vgl. etwa *Baumann/Brehm*, § 10 I 2 b; *Baur/Stürner*, Rdnr. 156; *A. Blomeyer*, § 9 II 2 b; alle m.N.). Das Gericht ist bei seiner neuen Entscheidung an die materielle Rechtskraft des früheren Urteils, soweit deren Gegenstand trotz des unbestimmten Tenors feststellbar ist, gebunden.

45   2. Umfang

Die Zwangsvollstreckung erfaßt regelmäßig das gesamte Vermögen des Schuldners. Nur ausnahmsweise kann sich aus dem Titel hinsichtlich des sachlichen Umfanges der Vollstreckung eine Einschränkung ergeben. So beschränkt sich die Haftung auf eine besondere Vermögensmasse (z.B. Konkursmasse), wenn der Titel gegen eine Partei kraft Amtes (z.B. Konkursverwalter) lautet. Die Zwangsvollstreckung kann sogar nur einen einzigen Gegenstand erfassen, wenn der Titel z.B. dahin geht, die Zwangsvollstreckung in diesen Gegenstand zu dulden.

Im Fall d ist aus dem Urteilstenor »Zahlung von ... aus dem Grundstück ...« zu entnehmen, daß die Zwangsvollstreckung in das Grundstück geduldet werden soll (vgl. § 1147 BGB). Diese Zwangsvollstreckung erfolgt durch Zwangsversteigerung sowie Zwangsverwaltung; dafür ist der Gerichtsvollzieher aber funktionell nicht zuständig (Rdnr. 7), so daß Gv den Antrag des G ablehnt.

46   § 4   Die Endurteile

Schrifttum: *Baur,* Studien zum einstweiligen Rechtsschutz, 1967; *Böhm,* Ungerechtfertigte Zwangsvollstreckung und materiell-rechtliche Ausgleichsansprüche, 1971; *Dütz,* Einstweilige Abwendung von Vollstreckungsmaßnahmen in der Arbeitsgerichtsbarkeit, DB 1980, 1069, 1120; *Furtner,* Die vorläufige Vollstreckbarkeit, 1953; *ders.,* Welchen Einfluß hat die Aufhebung einer noch nicht rechtskräftigen Entscheidung auf bereits eingeleitete, aber noch nicht beendete Zwangsvollstreckungsmaßnahmen?, MDR 1959, 5; *ders.,* Vorläufige Vollstreckbarkeit von Urteilen, aufgrund deren eine Eintragung im Grundbuch vorgenommen werden soll, JZ 1964, 19; *Gelhaar,* Die Vollstreckung aus einem Betragsurteil vor Rechtskraft des Grundurteils, VersR 1964, 206; *Gilles,* Rechtsmittel im Zivilprozeß, 1972; *Gross,* Nochmals: Klageänderung und vorläufige Vollstreckbarkeit, NJW 1966, 2344; *Häsemeyer,* Schadenshaftung im Zivilrechtsstreit, 1979; *Moller,* Klageänderung und vorläufige Vollstreckbarkeit, NJW 1966, 1397; *Pecher,* Die Schadensersatzansprüche aus ungerechtfertigter Vollstreckung, 1967; *Schiedermair,* Die Wirkung der Anfechtung von Zwischenurteilen nach §§ 275, 304 ZPO auf das Endurteil, JuS 1961, 212.

Fälle:
Wie lautet in den Fällen a—f die Entscheidung über die vorläufige Vollstreckbarkeit?

a) Durch Versäumnisurteil wird der Beklagte verurteilt, 10 000,— DM an den Kläger zu zahlen und die Kosten des Rechtsstreits zu tragen.

b) Durch Urteil wird der Beklagte verurteilt, einen Kaufpreis von 1 500,— DM nebst 6% Zinsen seit dem ... zu zahlen und die Kosten des Rechtsstreits zu tragen.

c) Im Fall b lautet der zu zahlende Betrag 1 500,10 DM.

d) Der Beklagte wird verurteilt, an den Kläger 1 400,— DM Schadensersatz und 1 000,— DM Schmerzensgeld zu zahlen sowie die Kosten des Rechtsstreits zu tragen.

e) Der Kläger hatte gegen den Beklagten auf Zahlung von 6 000,— DM geklagt. Das Urteil lautet: Der Beklagte wird verurteilt, an den Kläger 2 000,— DM zu zahlen. Im übrigen wird die Klage abgewiesen. Die Kosten des Rechtsstreits werden zu ²⁄₃ dem Kläger und zu ¹⁄₃ dem Beklagten auferlegt.

f) Der Beklagte wird verurteilt, an den Kläger 3 000,— DM zu zahlen Zug um Zug gegen Lieferung einer Schreibmaschine Marke … Der Beklagte trägt die Kosten des Rechtsstreits.

g) Der Schuldner S verlangt von G Schadensersatz, weil G aus einem vorläufig vollstreckbaren, inzwischen aber aufgehobenen Urteil gegen ihn vollstreckt habe. Unter anderem sei sein Klavier gepfändet und versteigert worden, das er als Klavierlehrer zur Ausübung seines Berufes benötige. Dadurch habe er einen Einkommensverlust gehabt. G macht geltend, er habe bei der Vollstreckung rechtmäßig, jedenfalls nicht schuldhaft gehandelt. Außerdem treffe S an dem Verlust des Klaviers ein mitwirkendes Verschulden, weil er keine Erinnerung (wegen Verstoßes gegen § 811 Nr. 5) eingelegt habe.

h) Im Fall g macht die Ehefrau F des S den Schaden gegen G geltend, weil ihr das Klavier gehörte und sie Klavierlehrerin ist.

Die Zwangsvollstreckung findet aus einem rechtskräftigen Endurteil statt (§ 704 I; Rdnr. 47 ff.). Oft dauert es lange Zeit, bis ein Urteil rechtskräftig wird; das gilt vor allem dann, wenn ein Rechtsmittel eingelegt worden ist. Deshalb räumt das Gesetz dem Gläubiger die Möglichkeit ein, aus einem noch nicht rechtskräftigen, aber für vorläufig vollstreckbar erklärten Urteil die Zwangsvollstreckung zu betreiben (§§ 704 I, 708 ff.; Rdnr. 53 ff.).

I. Das rechtskräftige Endurteil   47
1. Begriff und Inhalt des Endurteils

a) *Begriff:* Endurteile sind solche Urteile, die den Rechtsstreit für die Instanz ganz oder teilweise beenden. Das Vollendurteil entscheidet über die ganze Klage oder das ganze Rechtsmittel, das Teil-(end-)urteil dagegen nur über einen Teil des Rechtsstreits (vgl. § 301).

Auch Versäumnisurteile (§§ 330 ff.) und Anerkenntnisurteile (§ 307) sind Endurteile. Vorbehaltsurteile (§ 302 und § 599) sind bedingte Endurteile.

b) *Inhalt:* Als Vollstreckungstitel kommen nur solche Endurteile in Betracht, die einen vollstreckungsfähigen Inhalt haben. Deshalb kann nur aus Leistungsurteilen, nicht aber aus Feststellungs- oder Gestaltungsurteilen die Zwangsvollstreckung betrieben werden (Rdnr. 2).

Es gibt aber auch Urteile, aus denen ausnahmsweise nicht vollstreckt werden kann, obwohl sie zu einer Leistung verurteilen (vgl. § 888 II; Rdnr. 1079 ff.; §§ 888 a, 510 b; Rdnr. 1091).

48   2. Begriff, Eintritt und Nachweis der Rechtskraft

a) Unter der Rechtskraft des Urteils ist hier nicht die materielle Rechtskraft (= Maßgeblichkeit des Inhalts der Entscheidung), sondern die formelle (oder äußere) Rechtskraft zu verstehen. Damit ist die *Unanfechtbarkeit des Urteils* gemeint. Kann dieses nicht mehr durch Einlegung eines Rechtsmittels (Berufung, Revision) oder eines Einspruchs (gegen ein Versäumnisurteil; § 338) angefochten werden, ist es formell rechtskräftig (§ 705).

b) Die formelle Rechtskraft des Urteils *tritt ein*

(1) bei einem letztinstanzlichen Urteil, gegen das ein Rechtsmittel nicht statthaft ist (z.B. Urteil des BGH; streitiges [nicht Versäumnis-] Urteil des LG in zweiter Instanz), mit der Verkündung bzw. der Zustellung (vgl. § 310 III) des Urteils,

(2) bei einem an sich statthaften Rechtsmittel oder Einspruch

(a) durch einen wirksamen Verzicht auf das Rechtsmittel oder den Einspruch,

(b) mit dem Ablauf der Rechtsmittel- oder Einspruchsfrist, sofern ein Rechtsmittel oder Einspruch nicht eingelegt oder zurückgenommen worden ist,

(3) mit der rechtskräftigen Zurückweisung des Rechtsmittels oder Einspruchs.

Urteile, gegen die an sich ein Rechtsmittel statthaft ist, werden nicht mit ihrer Verkündung rechtskräftig, selbst wenn es für die Zulässigkeit des Rechtsmittels am Beschwerdewert fehlt. Denn über die Zulässigkeit des Rechtsmittels entscheidet das Rechtsmittelgericht.

Wird innerhalb der Rechtsmittelfrist das Rechtsmittel als unzulässig verworfen, so ist das angefochtene Urteil damit noch nicht rechtskräftig; denn es besteht die Möglichkeit, daß vor Ablauf der Rechtsmittelfrist ein (zulässiges) Rechtsmittel eingelegt wird.

c) Der *Nachweis* der Rechtskraft des Urteils kann durch ein Rechtskraftzeugnis geführt werden. Es wird auf Antrag von dem Urkundsbeamten der

Geschäftsstelle des erstinstanzlichen Gerichts aufgrund der Prozeßakten erteilt; schwebt der Rechtsstreit in einer höheren Instanz, ist die dortige Geschäftsstelle für die Erteilung des Zeugnisses zuständig (§ 706 I).

Zum Nachweis dafür, daß gegen das Urteil kein Rechtsmittel eingelegt ist, dient das Notfristzeugnis der Geschäftsstelle des für das Rechtsmittel zuständigen Gerichts (vgl. § 706 II). Das Notfristzeugnis ist regelmäßig die Grundlage für das Rechtskraftzeugnis.

3. Einstellung der Zwangsvollstreckung aus einem rechtskräftigen Urteil   49

Wird ein rechtskräftiges Urteil angegriffen (durch Antrag auf Wiederaufnahme des Verfahrens, auf Wiedereinsetzung in den vorigen Stand), kann die Zwangsvollstreckung aus dem Urteil unter den Voraussetzungen des § 707 einstweilen eingestellt werden (Einzelheiten: Rdnr. 177).

4. Ausländische Urteile   50

Schrifttum: *Beitzke,* Anerkennung und Vollstreckung ausländischer gerichtlicher Entscheidungen in der Bundesrepublik Deutschland, JurA 1971, 30; *Bülow/Böckstiegel,* Internationaler Rechtsverkehr in Zivil- und Handelssachen, Bd. I, 2. Aufl., 1978; *Geimer,* Die Vollstreckbarerklärung ausländischer Urteile, NJW 1965, 1413; *Geimer/Schütze,* Internationale Urteilsanerkennung, Bd. II, 1971; *Grunsky,* Probleme des EWG-Übereinkommens über die gerichtliche Zuständigkeit und die Vollstreckung gerichtlicher Entscheidungen in Zivil- und Handelssachen, JZ 1973, 641; *Kallmann,* Anerkennung und Vollstreckung ausländischer Zivilurteile und gerichtlicher Vergleiche, 1946; *Nagel,* Internationales Zivilprozeßrecht für deutsche Praktiker, 2. Aufl., 1984; *Riezler,* Internationales Zivilprozeßrecht und prozessuales Fremdenrecht, 1949; *P. Schlosser,* Der EuGH und das Europäische Gerichtsstands- und Vollstreckungsübereinkommen, NJW 1977, 457; *Schütze,* Deutsches Internationales Zivilprozeßrecht, 1985; *A. Wolf,* Das Ausführungsgesetz zu dem EWG-Gerichtsstands- und Vollstreckungsübereinkommen, NJW 1973, 397.

a) Nach § 722 I findet aus dem Urteil eines ausländischen Gerichts die Zwangsvollstreckung nur statt, wenn ihre Zulässigkeit durch ein *Vollstreckungsurteil* ausgesprochen ist. Die Klage ist vom Gläubiger gegen den Schuldner vor dem deutschen Gericht zu erheben, das nach dem Streitwert sachlich (AG oder LG) und nach dem allgemeinen Gerichtsstand des Schuldners örtlich zuständig ist (§ 722 II). Das Vollstreckungsurteil ist erst zu erlassen, wenn das ausländische Urteil formell rechtskräftig ist (§ 723 II 1). Das Gericht prüft nicht die materielle Richtigkeit des Urteils (§ 723 I), wohl aber, ob die Voraussetzungen der Anerkennung des Urteils nach § 328 vorliegen (§ 723 II 2).

Danach ist eine Anerkennung vor allem dann ausgeschlossen, wenn die Gerichte des ausländischen Staates nach den deutschen Gesetzen international nicht zuständig sind (§ 328 I Nr. 1), wenn die Anerkennung gegen die guten Sitten oder den Zweck eines deutschen Gesetzes verstoßen würde (§ 328 I Nr. 4; vgl. Art. 30 EGBGB; Verstoß gegen den ordre public) oder wenn die Gegenseitigkeit nicht verbürgt ist (§ 328 I Nr. 5).

51   b) Die §§ 722, 723 sind jedoch nicht anwendbar, wenn in einem *Staatsvertrag* für die Anerkennung ein vereinfachtes Beschlußverfahren vorgesehen ist, das dem Verfahren zur Vollstreckbarerklärung von Schiedssprüchen (§§ 1042 a ff.) ähnelt.

Das *Europäische Übereinkommen* über die Zuständigkeit und Vollstreckung gerichtlicher Entscheidungen in Zivil- und Handelssachen v. 27. 9. 1968, das am 1. 2. 1973 in den sechs Gründerstaaten der EG in Kraft getreten ist, verlangt keine Vollstreckbarerklärung. Es sieht vielmehr nach dem Vorbild des deutsch-niederländischen Vollstreckungsvertrages von 1962 in Art. 31 ff. ein Verfahren zur Erteilung der Vollstreckungsklausel vor. Sie wird in Deutschland vom Vorsitzenden einer Kammer des Landgerichts erteilt, der die Erteilung der Klausel nur aus bestimmten Gründen verweigern darf.

Die multilateralen und die bilateralen Abkommen sind im einzelnen abgedruckt bei StJ/*Münzberg,* Anhang zu § 723.

52   c) Da die DDR kein Ausland ist (vgl. BVerfGE 36, 1, 30), sind die *Urteile von Gerichten der DDR* nicht als ausländische Urteile zu behandeln. Sie sind in der Bundesrepublik Deutschland vollstreckbar; ein Vollstreckungsurteil ist nicht erforderlich (BGH NJW 1982, 1947).

Verstößt ein Urteil etwa gegen den ordre public oder gegen eine der anderen Regeln des § 328, ist es dem Schuldner möglich, einen solchen Verstoß im Vollstreckungsverfahren durch eine Erinnerung (§ 766) geltend zu machen (vgl. BL/*Hartmann,* § 328 Einf. A).

53 **II. Das vorläufig vollstreckbare Endurteil**

1. Zweck der vorläufigen Vollstreckbarkeit

Wäre dem Gläubiger die Zwangsvollstreckung aus einem Urteil erst dann möglich, wenn dieses unanfechtbar (= formell rechtskräftig) geworden ist, müßte er mit der Vollstreckung jedenfalls so lange warten, bis die Rechtsmittelfrist ungenutzt verstrichen ist. Bei Einlegung eines Rechtsmittels würde sich die Vollstreckungsmöglichkeit (unter Umständen für die Dauer von Berufungs- und Revisionsinstanz) weiter hinausschieben. Gerade das könnte einen Schuldner veranlassen, aussichtslose Rechtsmittel einzulegen.

Der Gläubiger müßte befürchten, nach jahrelangem Prozeß zwar ein obsiegendes rechtskräftiges Urteil zu erlangen, aber mit diesem nichts mehr anfangen zu können, weil pfändbares Vermögen beim Schuldner nicht mehr vorhanden ist. Dem soll die vorläufige Vollstreckbarkeit des Urteils vorbeugen.

Die vorläufige Vollstreckbarkeit ist Voraussetzung für die Zulässigkeit der Zwangsvollstreckung vor Eintritt der formellen Rechtskraft. Sie dient damit in erster Linie den Interessen des Gläubigers. Auf der anderen Seite werden dabei die Interessen des Schuldners nicht außer acht gelassen. Er wird z.B. dadurch geschützt, daß der Gläubiger in bestimmten Fällen vor der Vollstreckung Sicherheit leisten muß (§ 709). Ferner kann er eine einstweilige Einstellung der Vollstreckung erreichen (§§ 719, 707). Schließlich kommt ein Schadensersatzanspruch gegen den vollstreckenden Gläubiger in Betracht, wenn das vorläufig vollstreckbare Urteil aufgehoben wird (§ 717 II; Rdnr. 75).

2. Anordnung und Dauer der vorläufigen Vollstreckbarkeit

54

a) *Anordnung:* Die vorläufige Vollstreckbarkeit wird vom Prozeßgericht am Ende des Erkenntnisverfahrens im Urteilstenor — neben der Entscheidung über den Klageantrag und die Kostentragungspflicht — von Amts wegen ausgesprochen. Unterbleibt ein solcher Ausspruch, ist das Urteil durch das Prozeßgericht auf Antrag zu ergänzen (§§ 716, 321).

Die erstinstanzliche Entscheidung (nicht die der Berufungsinstanz; § 718 II) über die vorläufige Vollstreckbarkeit kann selbständig angefochten werden. Richtet sich die Berufung sowohl gegen die Entscheidung in der Hauptsache als auch gegen die über die vorläufige Vollstreckbarkeit, ist auf Antrag einer Partei über die vorläufige Vollstreckbarkeit vorab zu verhandeln und zu entscheiden (§ 718 I).

In dem Umfang, in dem ein Urteil der Vorinstanz nicht angefochten ist, muß es auf Antrag vom Rechtsmittelgericht für vorläufig vollstreckbar erklärt werden, wenn das vorinstanzliche Urteil bisher nicht oder nur gegen Sicherheitsleistung vorläufig vollstreckbar war (vgl. § 534 für das Berufungsgericht, § 560 für das Revisionsgericht).

b) *Dauer:* Die vorläufige Vollstreckbarkeit beginnt mit der Verkündung des Urteils (§ 310 I, II) bzw. mit dessen Zustellung (§ 310 III). Sie endet nicht dadurch, daß ein Einspruch (gegen das Versäumnisurteil) oder ein Rechtsmittel (gegen das kontradiktorische Urteil) eingelegt wird; allerdings kann das Gericht auf Antrag die Zwangsvollstreckung einstweilen einstellen (§ 719 I i.V.m. § 707; § 719 II; Rdnr. 178). Die vorläufige Vollstreckbarkeit tritt mit der Verkündung, nicht erst mit der Rechtskraft einer abändernden Entscheidung außer Kraft (vgl. § 717 I; Rdnr. 74).

55   3. Gegenstand der vorläufigen Vollstreckbarkeit

a) *Regelmäßig* sind Urteile für vorläufig vollstreckbar zu erklären.

b) *Ausnahmsweise* unterbleibt eine solche Erklärung in folgenden Fällen:

(1) Die Erklärung wird durch § 704 II *verboten* bei Urteilen in Ehesachen (vgl. § 606 I 1) und in Kindschaftssachen (vgl. § 640 II) sowie bei der Verurteilung zur Zahlung des Regelunterhalts, wenn in der Entscheidung zugleich die nichteheliche Vaterschaft festgestellt wird (§ 704 II 2 i.V.m. § 643 I 1). Die genannten Urteile sind nicht einmal hinsichtlich der Kostenentscheidung für vorläufig vollstreckbar zu erklären, selbst wenn die Klage abgewiesen wird.

Ehefolgesachen zivilprozessualer Natur (z.B. Unterhalt, Zugewinnausgleich) sind aber keine Ehesachen i.S.d. §§ 704 II 1, 606 I 1, sondern Familiensachen (vgl. §§ 621, 623), so daß für sie das Verbot des § 704 II nicht gilt.

56   (2) Der Ausspruch der vorläufigen Vollstreckbarkeit *erübrigt sich*, wenn aus dem Urteil auch ohne eine solche Erklärung sofort vollstreckt werden kann.

Beispiele: Urteile, die mit der Verkündung sofort rechtskräftig sind (z.B. Urteile des BGH, des LG in zweiter Instanz; Rdnr. 48), bedürfen keiner Vollstreckbarerklärung; allerdings ist diese dennoch zulässig, zumal sie Zweifel hinsichtlich der Vollstreckbarkeit des Urteils ausräumen kann. Entscheidungen, die einen Arrest (eine einstweilige Verfügung) anordnen, sind ohnehin sofort vollstreckbar; das ergibt sich aus dem Sinn des Verfahrens. Urteile der Arbeitsgerichte sind von Gesetzes wegen vorläufig vollstreckbar, ohne daß insoweit ein Ausspruch des Gerichts erforderlich ist (vgl. §§ 62 I 1, 64 VII ArbGG); dagegen ist ein Versäumnisurteil des BAG für vorläufig vollstreckbar zu erklären (BAG BB 1982, 439).

57   (3) Eine Vollstreckbarerklärung scheidet schließlich insoweit aus, als eine *Zwangsvollstreckung aus dem Urteil nicht in Betracht* kommt.

Beispiele: Klageabweisende Urteile sowie Feststellungs- und Gestaltungsurteile haben keinen vollstreckungsfähigen Inhalt. Allerdings kann das Urteil hinsichtlich der Kostenentscheidung für vorläufig vollstreckbar erklärt werden, obwohl die Zwangsvollstreckung nicht aus dem Urteil, sondern aus dem Kostenfestsetzungsbeschluß erfolgt (vgl. § 794 I Nr. 2). Zu den Besonderheiten bei den prozessualen Gestaltungsklagen gem. § 767 und § 771 vgl. Rdnr. 1371 und 1467.

58   4. Sicherheitsleistung bei vorläufiger Vollstreckbarkeit

Das Gericht hat bei Anordnung der vorläufigen Vollstreckbarkeit zu prüfen, ob der Gläubiger ohne oder nur gegen Sicherheitsleistung vollstrecken darf und ob dem Schuldner die Möglichkeit einzuräumen ist, die Vollstrekkung durch Sicherheitsleistung abzuwenden. Die Sicherheitsleistung durch den Gläubiger dient dem Schutz des Schuldners davor, daß dessen späterer Schadensersatzanspruch wegen ungerechtfertigter Vollstreckung durch den Gläubiger (vgl. § 717 II; Rdnr. 75) nicht mehr durchsetzbar ist; deshalb muß die Höhe der Sicherheitsleistung so bestimmt sein, daß alle entstehenden Vollstreckungsschäden ersetzt werden können (z.B. zu vollstreckende Hauptforderung, Zinsanspruch, Anspruch auf Ersatz der Prozeß- und Vollstreckungskosten). Die Sicherheitsleistung durch den Schuldner soll den Gläubiger davor schützen, daß er erst später vollstrecken kann und ihm durch den Vollstreckungsaufschub ein Verzögerungsschaden entsteht oder sogar die Gefahr droht, daß er den eingeklagten (Zahlungs-) Anspruch überhaupt nicht mehr durchsetzen kann; danach muß sich die Höhe der Sicherheitsleistung richten.

Das Gericht hat im Urteil nach freiem Ermessen zu bestimmen, in welcher Art und Höhe die Sicherheit zu leisten ist (§ 108). Das Gesetz nennt als Regelfall die Sicherheitsleistung durch Hinterlegung von Geld oder (mündelsicheren) Wertpapieren. Heute wird die Sicherheit meist durch eine Bankbürgschaft geleistet, die vom Gericht auf Antrag als Sicherheit zugelassen wird (vgl. § 715 I 2). Die Höhe der Sicherheit kann sich bei Teilvollstreckungen nach der Höhe des jeweils beizutreibenden Betrages richten (KG NJW 1977, 2270).

Wird dem Gericht, das eine Sicherheitsleistung des Gläubigers angeordnet hat, die Rechtskraft des vorläufig vollstreckbaren Urteils durch ein Rechtskraftzeugnis nachgewiesen, ordnet es auf Antrag die Rückgabe der Sicherheit (bzw. das Erlöschen der Bürgschaft) an (vgl. § 715); denn nunmehr scheidet ein Ersatzanspruch des Schuldners wegen ungerechtfertigter Vollstreckung aus. Daneben ist auch das in § 109 vorgesehene Verfahren zulässig; dieses allein kommt bei der Rückgabe der Sicherheit des Schuldners in Betracht.

Das Gesetz sieht eine vorläufige Vollstreckbarkeit in manchen Fällen ohne Sicherheitsleistung des Gläubigers, in anderen dagegen nur gegen eine Sicherheitsleistung des Gläubigers vor. Außerdem gibt es eine Reihe von besonderen Schutzvorschriften, die den Überblick über die Gesamtregelung nicht gerade erleichtern.

a) Die Fälle der vorläufigen Vollstreckbarkeit *ohne Sicherheitsleistung des* **59** *Gläubigers* ergeben sich aus dem Katalog des § 708. Die Abwendungsbefugnis des Schuldners folgt aus § 711.

(1) *§ 708* sieht aus ganz verschiedenen Gründen von einer Sicherheitsleistung des Gläubigers ab.

(a) Der Schuldner bedarf wegen seines eigenen Verhaltens (Anerkenntnis, Verzicht, Säumnis, unzulässiger Einspruch z.B. wegen Fristversäumung) keines Schutzes durch Sicherheitsleistung von seiten des Gläubigers (§ 708 Nr. 1—3; Fall a: »Das Urteil ist vorläufig vollstreckbar«).

(b) Wenn das Erkenntnisverfahren auf Schnelligkeit angelegt ist (Urkunden-, Wechsel-, Scheckprozeß), soll auch die Vollstreckung zügig durchgeführt werden können (§ 708 Nr. 4, 5).

(c) Der Antragsgegner soll wegen seines Anspruchs auf Kostenersatz besonders geschützt werden, wenn Arreste oder einstweilige Verfügungen gegen ihn abgelehnt oder aufgehoben werden (§ 708 Nr. 6).

(d) Wegen des überwiegenden Interesses des Gläubigers an einer schnellen Durchsetzung seiner Ansprüche in Mietsachen, seiner Unterhalts- und Rentenansprüche sowie seiner Ansprüche wegen verbotener Eigenmacht soll der Gläubiger sofort gegen den Schuldner vorgehen können (vgl. § 708 Nr. 7, 8, 9).

60   (e) Urteile der Oberlandesgerichte in vermögensrechtlichen Streitigkeiten sind nicht allein deshalb ohne Sicherheitsleistung vorläufig vollstreckbar, weil der Gesetzgeber eine erhöhte Richtigkeitsgewähr dieser Urteile vermutet, sondern weil er auf diese Weise Revisionen verhindern und damit den BGH entlasten will (vgl. § 708 Nr. 10).

61   (f) Eine Sicherheitsleistung, die dem Schuldner zugute kommt, sofern das Urteil später zu seinen Gunsten abgeändert wird, ist dann nicht erforderlich, wenn der Gegenstand der Verurteilung in der Hauptsache 1 500,— DM nicht übersteigt (§ 708 Nr. 11, 1. Fall). Wegen des nicht besonders hohen Betrages kann im Regelfall davon ausgegangen werden, daß der Schuldner vom Gläubiger den Betrag zurückerhält, wenn das Urteil aufgehoben werden sollte.

Im Fall b (Kaufpreiszahlung) kommt aus dem Katalog des § 708 nur der in Nr. 11 genannte Tatbestand in Betracht. Da allein auf den Gegenstand der Verurteilung in der Hauptsache und nicht auch auf die Zinsen und die Kosten des Rechtsstreits abzustellen ist, greift die Vorschrift ein. Das Urteil ist also — ohne Sicherheitsleistung — vorläufig vollstreckbar. Allerdings ist noch § 711 (Rdnr. 62) zu beachten.

Ist — etwa bei einem klageabweisenden Urteil — nur die Entscheidung über die Kosten vollstreckbar, dann ist die Vollstreckung ebenfalls nicht von einer Sicherheitsleistung abhängig zu machen, wenn die Kosten den Betrag von 2 000,— DM nicht übersteigen (§ 708 Nr. 11, 2. Fall).

Die verschiedene Wertgrenze gegenüber dem stattgebenden Urteil erklärt sich daher, daß aus diesem nicht nur wegen der Klagesumme (1 500,— DM), sondern auch noch wegen der Kosten des Rechtsstreits (von etwa 500,— DM) vollstreckt werden kann.

62   (2) Wird ein Urteil wegen eines der in § 708 Nr. 4—11 genannten Tatbestände für vorläufig vollstreckbar erklärt, hat das Gericht — ebenfalls von

Amts wegen — auszusprechen, daß der <u>Schuldner</u> die Vollstreckung durch Sicherheitsleistung oder Hinterlegung <u>abwenden darf,</u> wenn nicht der Gläubiger vor der Vollstreckung Sicherheit leistet *(§ 711, 1).* Der Schuldner kann also durch Sicherheitsleistung erreichen, daß gegen ihn nicht vollstreckt wird. Diesen Schutz verdient der Schuldner wegen seines eigenen Verhaltens in den Fällen des § 708 Nr. 1—3 nicht (Rdnr. 59). Die Abwendungsbefugnis soll ihm auch dann nicht eingeräumt werden, wenn ein Rechtsmittel gegen das Urteil unzulässig ist (§ 713).

Im Fall b lautet die Entscheidung über die vorläufige Vollstreckbarkeit im Urteilstenor: »Das Urteil ist vorläufig vollstreckbar. Der Beklagte kann die Zwangsvollstreckung durch Sicherheitsleistung in Höhe von 2 000,— DM abwenden, wenn nicht der Kläger vor der Vollstreckung in dieser Höhe Sicherheit leistet.«

Solange der Schuldner die Sicherheit nicht leistet, darf der Gläubiger vollstrecken; allerdings ist gepfändetes Geld oder der <u>Pfändungserlös zu hinterlegen (§ 720).</u> Die Zwangsvollstreckung führt also dann, wenn der Schuldner von seiner Abwendungsbefugnis keinen Gebrauch macht, nur zur Sicherung, nicht aber zur Befriedigung des Gläubigers.

Leistet der Schuldner die Sicherheit, kann gegen ihn nicht vollstreckt werden. Der Gläubiger ist durch diese Sicherheitsleistung davor geschützt, daß ihm später ein Schaden deshalb entsteht, weil der Schuldner inzwischen vermögenslos geworden ist. Der <u>Gläubiger kann aber trotz der Sicherheitsleistung des Schuldners vollstrecken, wenn er selbst Sicherheit leistet,</u> wodurch der Schuldner davor bewahrt wird, daß sein etwaiger Schadensersatzanspruch wegen der Vollstreckung des Gläubigers nach Aufhebung des Urteils nicht durchsetzbar ist.

Ausnahmsweise ist nach § 711, 2 auf Antrag des Gläubigers (vgl. § 714; Rdnr. 70) das Urteil nur für vorläufig vollstreckbar (ohne Abwendungsbefugnis) zu erklären, obwohl die Voraussetzungen des § 711, 1 vorliegen. Dazu muß der Gläubiger glaubhaft machen (§ 714 II), daß er die Sicherheit nicht oder nur unter erheblichen Schwierigkeiten leisten kann und ihm die Aussetzung der Vollstreckung einen schweren Nachteil bringen würde (vgl. im einzelnen § 711, 2 i.V.m. § 710). Beispiel: Der arme Unterhaltsgläubiger klagt gegen den reichen Unterhaltsschuldner.

b) Die vorläufige Vollstreckbarkeit *gegen Sicherheitsleistung des Gläubigers* ist nach § 709 vom Gericht im Urteil von Amts wegen anzuordnen, wenn ein Tatbestand des § 708 nicht gegeben ist. In Ausnahmefällen braucht der Gläubiger jedoch keine Sicherheit zu leisten. 63

(1) Nach *§ 709* sind »andere Urteile« gegen eine der Höhe nach zu bestimmende Sicherheit für vorläufig vollstreckbar zu erklären. Gemeint sind damit alle Urteile, die nicht unter § 708 fallen.

64   (a) Bei der Prüfung, ob § 709, 1 anwendbar ist, stellt sich in der Praxis oft das Problem der Abgrenzung zu § 708 Nr. 11 (Rdnr. 61). Entscheidend ist dabei, ob der »Gegenstand der Verurteilung in der Hauptsache« 1 500,— DM nicht übersteigt (dann ohne Sicherheitsleistung vorläufig vollstreckbar) oder ob er über diesen Betrag hinausgeht (dann gegen Sicherheitsleistung vorläufig vollstreckbar). Der Wert der »Verurteilung« richtet sich gem. § 2 nach den Vorschriften der §§ 3 ff. Wenn der Kläger mit einer Klage nur zum Teil Erfolg hat und diese im übrigen abgewiesen wird, kann die eine Partei möglicherweise ohne und die andere nur gegen Sicherheitsleistung vollstrecken.

Im Fall c greift § 709, 1 ein, weil die Verurteilung in der Hauptsache den Betrag von 1 500,— DM — wenn auch nur in Höhe von 0,10 DM — übersteigt. Obwohl im Fall b aufgrund der Zinsforderung insgesamt wegen eines höheren Betrages vollstreckt werden kann als im Fall c, bleibt es im Fall b bei der vorläufigen Vollstreckbarkeit nach § 708 Nr. 11, da die Hauptforderung den Betrag von 1 500,— DM nicht übersteigt. Der Urteilstenor im Fall c lautet: »Das Urteil ist gegen Sicherheitsleistung in Höhe von 2 000,— DM vorläufig vollstreckbar.«

Im Fall d liegt jeder Betrag für sich unter 1 500,— DM. Entscheidend ist aber die Summe beider Beträge (§§ 2, 5), so daß das Urteil nach § 709, 1 gegen Sicherheitsleistung (etwa von 3 100,— DM) vorläufig vollstreckbar ist.

Im Fall e kann der Kläger in Höhe von 2 000,— DM und wegen seiner Kosten ($\frac{1}{3}$), der Beklagte wegen der Kostenforderung ($\frac{2}{3}$) vollstrecken. Im ersten Fall ist § 709, 1, im zweiten § 708 Nr. 11 anzuwenden. Der Urteilstenor lautet: »Das Urteil ist vorläufig vollstreckbar, für den Kläger allerdings nur gegen Sicherheitsleistung in Höhe von 2 500,— DM. Der Kläger darf die Vollstreckung durch Sicherheitsleistung in Höhe von 1 000,— DM abwenden, wenn nicht der Beklagte vor der Vollstreckung in gleicher Höhe Sicherheit leistet.«

65   Soll der Schuldner zur Leistung Zug um Zug gegen Erfüllung eines Gegenanspruchs verurteilt werden, dann ist bei der Frage, ob § 709, 1 oder § 708 Nr. 11 anzuwenden ist, nur vom Wert der Verurteilung auszugehen und davon nicht etwa der Wert des Gegenanspruchs abzuziehen. Sofern danach der Gläubiger nur gegen Sicherheitsleistung vollstrecken kann, ist auch die Höhe der Sicherheitsleistung nach der vom Schuldner zu erbringenden Leistung ohne Abzug der vom Gläubiger zu erbringenden Gegenleistung zu bemessen. Denn das Urteil bildet nur für den Gläubiger und nicht auch zugunsten des Schuldners einen Vollstreckungstitel. Der Ausspruch der vorläufigen Vollstreckbarkeit bezieht sich also nur auf die Verurteilung des Schuldners. Der Wert der Gegenleistung darf bei der Höhe der Sicherheitsleistung auch deshalb nicht abgezogen werden, weil gegen den Schuldner möglicherweise ohne Berücksichtigung der vom Gläubiger zu erbringenden Gegenleistung vollstreckt wird (z.B. bei Annahmeverzug des Schuldners; vgl. § 756; Rdnr. 172).

Im Fall f beträgt der Wert der Verurteilung 3 000,— DM; der Wert der Schreibmaschine bleibt unberücksichtigt. Deshalb ist das Urteil nach § 709, 1 gegen Sicherheitsleistung für vorläufig vollstreckbar zu erklären. Auch bei der Höhe der Sicherheitsleistung ist kein Abzug wegen des Wertes der Schreibmaschine zu machen. Demnach lautet der Tenor: »Das Urteil ist gegen Sicherheitsleistung in Höhe von 3 800,— DM vorläufig vollstreckbar.«

(b) Ein Versäumnisurteil ist nach § 708 Nr. 2 in jedem Falle ohne Sicherheitsleistung für vorläufig vollstreckbar zu erklären, also auch dann, wenn bei einem kontradiktorischen Urteil nach § 709, 1 eine vorläufige Vollstreckbarkeit nur gegen Sicherheitsleistung zulässig wäre. Wenn nun gegen ein Versäumnisurteil Einspruch eingelegt worden ist (vgl. §§ 338 ff.) und das Gericht entscheidet, daß das Versäumnisurteil aufrecht erhalten bleibt (vgl. § 343), dann ist nach § 709, 2 in diesem Urteil auszusprechen, daß die Vollstreckung aus dem Versäumnisurteil nur gegen Sicherheitsleistung fortgesetzt werden darf.   **66**

Das gilt jedoch nur dann, wenn das Versäumnisurteil als ein kontradiktorisches Urteil nach § 709, 1 zu behandeln gewesen wäre, so daß also eine Sicherheitsleistung hätte ausgesprochen werden müssen. Sofern das Urteil ohnehin (z.B. wegen § 708 Nr. 11) ohne Sicherheitsleistung vorläufig vollstreckbar gewesen wäre, ist kein Grund ersichtlich, weshalb es nunmehr nach § 709, 2 nur noch gegen Sicherheitsleistung vorläufig vollstreckbar sein soll.

(2) Dem Gläubiger mag es lästig, schwer oder gar unmöglich sein, die nach § 709, 1 festgesetzte Sicherheit zu leisten, um vollstrecken zu können. Das Gesetz hilft ihm auf zwei verschiedenen Wegen. Einmal kann der Gläubiger im Erkenntnisverfahren beantragen, daß das Urteil auch ohne Anordnung einer Sicherheitsleistung für vorläufig vollstreckbar erklärt wird *(§ 710)*. Zum anderen hat er die Möglichkeit, aus einem gegen Sicherheitsleistung vorläufig vollstreckbaren Urteil, das auf eine Geldzahlung lautet, auch ohne Sicherheitsleistung zu pfänden *(§ 720 a)*.   **67**

(a) Ist es dem Gläubiger überhaupt nicht oder nur unter erheblichen Schwierigkeiten möglich, die Sicherheit zu leisten, und würde die Aussetzung der Vollstreckung ihm einen schwer zu ersetzenden oder schwer abzusehenden Nachteil bringen, kann er nach *§ 710* auf seinen Antrag ein ohne Sicherheitsleistung für vorläufig vollstreckbar erklärtes Urteil erreichen. Dazu hat er die in § 710 genannten Voraussetzungen glaubhaft zu machen (§ 714 II). Das Gericht wird seinem Antrag vor allem dann stattgeben, wenn die Aussetzung der Vollstreckung für den Gläubiger unbillig wäre, insbesondere weil dieser die Leistung für seine Lebenshaltung oder Berufsausübung dringend benötigt.   **68**

Beispiele: Der Gläubiger braucht den im Urteil genannten Geldbetrag, ohne den er auf sein Auto, seinen Urlaub, notwendige Investitionen verzichten müßte.

69   (b) Die Sicherheitsleistung durch den Gläubiger dient dem Schutz des Schuldners (Rdnr. 58). Dieser ist aber dann hinreichend geschützt, wenn der Gläubiger wegen einer Geldforderung zwar Sachen des Schuldners pfänden darf, ihm aber die Verwertung der Pfandsache vorerst verwehrt ist. Andererseits mag es dem Gläubiger im Einzelfall genügen, daß er wegen seiner titulierten Geldforderung durch eine Pfändung gesichert ist, die ihm den Rang vor später pfändenden Gläubigern des Schuldners wahrt. Dieser Interessenlage trägt § 720 a Rechnung.

Aus einem nur gegen Sicherheit vorläufig vollstreckbaren Urteil, das den Schuldner zur Geldzahlung verurteilt, darf der Gläubiger ohne Sicherheitsleistung im Wege der Zwangsvollstreckung vorgehen (§ 720 a I). Die Vorschrift setzt also nur ein Zahlungsurteil und nicht — wie § 710 — weitere Tatbestandsmerkmale voraus.

Die Zwangsvollstreckung darf allerdings nur insoweit betrieben werden, als bewegliches Vermögen gepfändet und bei unbeweglichem Vermögen eine Sicherungshypothek (bzw. Schiffshypothek) eingetragen wird (§ 720 a I). Die Vollstreckung führt also nicht zur Befriedigung, sondern nur zur Sicherung des Gläubigers *(Sicherungsvollstreckung)*. Die Verwertung darf erst dann betrieben werden, wenn der Gläubiger die Sicherheit geleistet und nachgewiesen hat (§ 751 II) oder das Urteil etwa rechtskräftig geworden ist.

Gepfändetes Geld ist zu hinterlegen (§ 720 a II i.V.m. § 930 II). Eine gepfändete bewegliche Sache kann, wenn sie der Gefahr einer beträchtlichen Wertverringerung ausgesetzt ist oder ihre Aufbewahrung unverhältnismäßige Kosten verursachen würde, auf Anordnung des Vollstreckungsgerichts versteigert werden; dann ist aber der Erlös zu hinterlegen (§ 720 a II i.V.m. § 930 III). Hier zeigt sich besonders die Parallele der Sicherungsvollstreckung zum Arrest (Rdnr. 1541).

Der Schuldner kann nach § 720 a III die Sicherungsvollstreckung durch Sicherheitsleistung abwenden. Dazu ist ein Ausspruch im Urteil — wie bei § 711, 1 — nicht nötig. Die Sicherheit ist nur in Höhe des vollstreckbaren Hauptanspruchs zu erbringen. Leistet der Schuldner die Sicherheit innerhalb der Frist von zwei Wochen nach der Zustellung von Urteil und Vollstreckungsklausel (vgl. § 750 III), ist dem Gläubiger die Sicherungsvollstreckung nach § 720 a I verwehrt. Der Gläubiger hat aber die Möglichkeit, seinerseits die ihm obliegende Sicherheit zu leisten. Dadurch überwindet er die Abwendungsbefugnis des Schuldners, auch wenn dieser bereits Sicherheit geleistet hat (Einzelheiten: StJ/*Münzberg,* § 720 a Rdnr. 13; *Thomas/Putzo,* § 720 a Anm. 4).

70   c) Das Gesetz sieht *besondere Schutzvorschriften* zugunsten des Gläubigers, insbesondere aber zugunsten des Vollstreckungsschuldners vor. Diese setzen einen Antrag voraus, der spätestens vor dem Schluß der letzten mündlichen Verhandlung zu stellen ist (§ 714 I). Die tatsächlichen Voraussetzungen sind darzulegen und notfalls glaubhaft zu machen (§ 714 II), also wenigstens an Eides Statt zu versichern (vgl. § 294).

(1) Dem besonderen *Schutz des Gläubigers* dienen *§ 710* (Rdnr. 68) und *§ 711, 2* (Rdnr. 62 a.E.).

(2) Der *Schutz des Schuldners* vor der vorläufigen Vollstreckbarkeit wird   **71** vornehmlich durch *§ 712* erreicht. Er geht über den Schutz hinaus, der vom Gericht bereits von Amts wegen durch Anwendung der §§ 709, 711 (Rdnr. 63 ff., 62) gewährt wird. Der Schutz darf dem Schuldner allerdings nicht gewährt werden, wenn ein Rechtsmittel gegen das Urteil unzulässig ist (§ 713).

Folgende Fälle sind zu unterscheiden:

(a) Der Schuldner macht glaubhaft, daß die Vollstreckung ihm einen *nicht zu ersetzenden Nachteil* bringen würde (§ 712 I 1; Beispiel: Existenzvernichtung, nicht bloße Krediterschwerung). Ein schwer zu ersetzender Nachteil (wie in § 710; Rdnr. 68) reicht nicht.

Auf Antrag des Schuldners wird diesem vom Gericht gestattet, die Vollstreckung durch Sicherheitsleistung oder Hinterlegung abzuwenden. Der Gläubiger kann — anders als im Falle des § 711, 1 (Rdnr. 62) — nicht durch seine eigene Sicherheitsleistung verhindern, daß die Vollstreckung aufgeschoben bleibt (§ 712 I 1); das gilt auch dann, wenn der Gläubiger bereits vor der Sicherheitsleistung des Schuldners Sicherheit geleistet hat.

Urteilstenor: »Der Beklagte kann die Vollstreckung durch Sicherheitsleistung in Höhe von … DM abwenden.« Bis zur Sicherheitsleistung darf der Gläubiger zwar vollstrecken; jedoch muß gepfändetes Geld oder der Pfändungserlös hinterlegt werden (§ 720).

Hat der Schuldner die Voraussetzungen des § 712 I 1 nicht dargetan, ist nur in den Urteilsgründen auszuführen, warum dem Vollstreckungsschutzantrag, der häufig formularmäßig gestellt wird, nicht stattgegeben wurde.

(b) Der Schuldner macht außerdem glaubhaft, daß er *zur Sicherheitsleistung oder Hinterlegung nicht in der Lage* ist (§ 712 I 2). Es genügt nicht, daß   **72** die Sicherheit nur unter erheblichen Schwierigkeiten (so § 710) geleistet werden kann.

Das Gesetz räumt dem Gericht zwei Möglichkeiten ein (§ 712 I 2): Handelt es sich um ein Zahlungsurteil, wird das Gericht zunächst prüfen, ob zum Schutz des Schuldners eine Beschränkung der Zwangsvollstreckung gem. § 720 a I, II (= Sicherungsvollstreckung; Rdnr. 69) ausreicht. Ist das nicht der Fall, wird das Urteil nicht für vorläufig vollstreckbar erklärt.

Urteilstenor im ersten Fall: »Das Urteil ist gegen Sicherheitsleistung in Höhe von … DM vorläufig vollstreckbar. Die Zwangsvollstreckung ist auf die in § 720 a bezeichneten Maßregeln beschränkt.« (Die Anordnung der Sicherheitsleistung geht davon aus, daß § 709 eingreift.)

Urteilstenor im zweiten Fall: »Das Urteil ist nicht vorläufig vollstreckbar.« Es genügt auch, in den Urteilsgründen darauf einzugehen und in den Urteilstenor keinen Ausspruch über die vorläufige Vollstreckbarkeit aufzunehmen, da das Urteil dann eben nicht vorläufig vollstreckbar ist. Die Aufnahme in den Tenor ist aber bei arbeitsgerichtlichen Urteilen erforderlich, da diese ohne Entscheidung über die vorläufige Vollstreckbarkeit kraft Gesetzes vorläufig vollstreckbar sind (Rdnr. 56).

73   (c) Dem Schutzantrag des Schuldners können *überwiegende Interessen des Gläubigers* entgegenstehen; diese hat das Gericht von Amts wegen zu berücksichtigen (vgl. § 712 II 1).

Liegen die Voraussetzungen des § 712 II 1 vor, ist dem Antrag des Schuldners nicht zu entsprechen. Das Urteil ist also gem. § 708 oder § 709 ohne oder gegen Sicherheitsleistung für vorläufig vollstreckbar zu erklären, und in den Gründen wird ausgeführt, weshalb dem Antrag des Schuldners nicht stattgegeben wurde. Allerdings steht es im Ermessen des Gerichts, in den Fällen des § 708 (= vorläufige Vollstreckbarkeit ohne Sicherheitsleistung) anzuordnen, daß das Urteil nur gegen Sicherheitsleistung des Gläubigers vorläufig vollstreckbar ist (§ 712 II 2).

74   5. Folgen der Aufhebung des vorläufig vollstreckbaren Urteils

a) Die *vorläufige Vollstreckbarkeit tritt außer Kraft,* wenn das Urteil in der Hauptsache oder in dem Ausspruch über die vorläufige Vollstreckbarkeit aufgehoben wird. Diese Wirkung tritt mit der Verkündung des aufhebenden Urteils insoweit ein, als die Aufhebung ergeht (vgl. § 717 I). Die aufgrund des aufgehobenen Urteils bereits getroffenen Vollstreckungsmaßnahmen werden nicht ohne weiteres gegenstandslos; sie sind nach § 776, 1 i.V.m. § 775 Nr. 1 aufzuheben (Rdnr. 185).

Der Gläubiger darf nach der Urteilsverkündung die Zwangsvollstreckung nicht mehr betreiben; vollstreckt er dennoch aus dem aufgehobenen Urteil, haftet er dem Schuldner für den dadurch entstehenden Schaden nach den Vorschriften über die unerlaubte Handlung (§§ 823 ff. BGB).

75   b) Vollstreckt der Gläubiger aus dem vorläufig vollstreckbaren Urteil, muß er mit der Möglichkeit rechnen, daß das Urteil aufgehoben wird. Geht er dennoch dieses Risiko ein, soll er dem Schuldner *Ersatz des Schadens* leisten, der dem Schuldner durch die unberechtigte Vollstreckung des Gläubigers oder durch die zur Abwendung der Vollstreckung vom Schuldner erbrachte Leistung entsteht. Ein Schadensersatzanspruch gem. §§ 823 ff. BGB scheidet regelmäßig jedenfalls mangels Verschuldens des Gläubigers aus. Diesem ist nicht vorzuwerfen, daß er von der ihm gesetzlich eingeräumten Befugnis, bereits aus einem noch nicht rechtskräftigen Urteil zu vollstrecken, Gebrauch macht; außerdem muß er sich auf die Entscheidung des Gerichts, daß ihm der titulierte Anspruch zusteht, verlassen dürfen. Wenn der Gläubiger allerdings aus einem nur vorläufig vollstreckbaren Urteil vollstreckt, handelt er auf eigene Gefahr (BGH NJW 1982, 2813, 2815); er muß das Risiko tragen, daß das Urteil später aufgehoben wird. Deshalb bestimmt § 717 II eine (verschuldensunabhängige) *Risikohaftung* des Gläubigers gegenüber dem Schuldner.

(1) Der Schadensersatzanspruch des § 717 II hat folgende *Voraussetzungen:* 76

(a) Das vorläufig vollstreckbare *Urteil wird in der Hauptsache aufgehoben* (abgeändert). Dabei spielt der Grund der Aufhebung keine Rolle.

Auch eine Aufhebung des Urteils wegen Unzulässigkeit der Klage reicht aus. Wird allerdings aus prozessualen Gründen der Rechtsstreit unter Aufhebung des erstinstanzlichen Urteils zurückverwiesen und dann das frühere Urteil wiederhergestellt, soll der Gläubiger das Vollstreckungsrisiko nicht tragen. Das gilt ferner dann, wenn das zweitinstanzliche Urteil wieder aufgehoben wird. Schließlich ist der vollstreckende Gläubiger auch dann nicht schadensersatzpflichtig, wenn das erstinstanzliche Urteil wegen einer Einwendung aufgehoben wird, die erst nach der Vollstreckung entstanden ist (RGZ 145, 328, 332).

(b) Aus dem vorläufig vollstreckbaren Urteil ist *vollstreckt worden.* Dem steht eine zur Abwendung der Vollstreckung gemachte Leistung des Schuldners gleich (§ 717 II 1).

Beispiele: Weil die Zwangsvollstreckung droht, zahlt der Schuldner den im Urteil genannten Betrag. Um zahlen zu können, nimmt er einen Bankkredit auf. Er leistet Sicherheit, gibt Wertpapiere zum Pfand. Wegen eines Unterlassungsurteils stellt der Schuldner seine Produktion teilweise ein.

(c) Durch die Vollstreckung oder die zur Abwendung erbrachte Leistung 77
ist ein *Schaden* des Schuldners adäquat verursacht worden.

Beispiele: Der Gläubiger hat Sachen des Schuldners pfänden lassen, die unter Preis versteigert worden sind. Der Schaden kann in den vom Schuldner getragenen Kosten der Zwangsvollstreckung oder der Sicherheitsleistung, in den Zinsen für den Bankkredit, im Kursverlust, im entgangenen Gewinn liegen. Im Fall g besteht der Schaden des S in dem Verlust des Klaviers und dem Verdienstausfall.

(d) *Gläubiger* des Schadensersatzanspruchs ist nach dem Wortlaut des § 717 II der Beklagte, und *Schuldner* ist der Kläger. Es kann aber auch genau umgekehrt sein; man denke an den Fall, daß die Klage durch vorläufig vollstreckbares Urteil abgewiesen worden ist und der Beklagte seine Kostenforderung im Wege der Zwangsvollstreckung durchsetzt (vgl. BGH

NJW 1962, 806). Anspruchsberechtigt kann anstelle des Vollstreckungs-schuldners auch dessen Rechtsnachfolger sein. Hat ein Rechtsnachfolger des Vollstreckungsgläubigers die Zwangsvollstreckung betrieben, ist er zum Schadensersatz verpflichtet (BGH NJW 1967, 1966).

Im Fall h steht der Ehefrau des S kein Schadensersatzanspruch nach § 717 II zu, da sie nicht Prozeßpartei und auch nicht deren Rechtsnachfolgerin ist. Es kommen allen-falls Ansprüche aus §§ 823 ff., 812 ff. BGB in Betracht.

78   (2) Der *Umfang* des Anspruchs richtet sich — wie jeder Schadensersatz-anspruch — nach §§ 249—255 BGB. Es ist also der Zustand herzustellen, der bestehen würde, wenn der Vollstreckungsgläubiger nicht vollstreckt hätte. Dieser kann materiellrechtliche Einwendungen — wie mitwirkendes Verschulden (§ 254 BGB) des Vollstreckungsschuldners — geltend machen.

Im Fall g sind dem S alle durch die Zwangsvollstreckung erlittenen (unmittelbaren und mittelbaren) Schäden zu ersetzen. Jedoch ist ihm hinsichtlich des Verlustes des Klaviers und der dadurch bedingten Mindereinnahmen vorzuwerfen, daß er an der Vergrößerung des Schadens in zurechenbarer Weise mitgewirkt hat (vgl. AS Rdnr. 357 ff.). Das Klavier diente der Fortsetzung seiner Erwerbstätigkeit und durfte deshalb als unpfändbare Sache nach § 811 Nr. 5 (Rdnr. 285) nicht gepfändet werden. Das hätte S im Wege der Erinnerung nach § 766 (Rdnr. 1160 ff.) geltend machen und damit eine Versteigerung des Klaviers sowie den Ausfall von Klavierstunden verhin-dern können.

79   (3) Für die *Verjährung* des Schadensersatzanspruchs ist § 852 BGB ent-sprechend anzuwenden (vgl. BGH NJW 1957, 1926). Das wird damit begründet, daß es sich bei § 717 II — wegen des nicht erforderlichen Ver-schuldens — um einen Fall der Gefährdungshaftung handele (vgl. BGHZ 83, 190, 196; 85, 110, 113). Jedenfalls kann man von einer unerlaubten Handlung im weiteren Sinne sprechen (BGH NJW 1957, 1926; *A. Blomeyer*, § 13 I).

80   (4) Zur *prozessualen Geltendmachung* gibt es zwei Möglichkeiten:

(a) Der Anspruch kann *in einem besonderen Rechtsstreit* geltend gemacht werden. Örtlich zuständig ist das Gericht am Wohnsitz des Beklagten (§ 13), aber auch das Gericht, in dessen Bezirk die »unerlaubte Handlung« begangen ist (§ 32).

(b) Aber auch *im anhängigen Rechtsstreit,* in dem es um die Aufhebung des vorläufig vollstreckbaren Urteils geht, kann der Schadensersatzanspruch anhängig gemacht werden (§ 717 II 2).

Das spart Kosten und bringt noch einen weiteren Vorteil: Normalerweise tritt die Rechtshängigkeit eines Anspruchs, der im Laufe des Rechtsstreits erhoben wird, erst dann ein, wenn der Anspruch in der mündlichen Verhandlung oder durch Zustellung eines Schriftsatzes geltend gemacht wird (§ 261 II). Im Fall des § 717 II 2 treten dagegen die materiellrechtlichen Wirkungen der Rechtshängigkeit schon zur Zeit der Zahlung oder Leistung ein (§ 717 II 2 a.E.). Von diesem Zeitpunkt an besteht also beispielsweise eine Verzinsungspflicht (vgl. § 291 BGB).

(5) In zahlreichen Fällen kommt eine *entsprechende Anwendung* des   **81**
§ 717 II in Betracht. Sie ist teilweise vom Gesetz ausdrücklich bestimmt und teilweise zur Lückenfüllung bei gleicher Interessenlage geboten.

Beispiele für gesetzliche Regelung: Aufhebung des Vorbehaltsurteils im Nachverfahren (§ 302 IV 3, 4; § 600 II); Aufhebung eines von Anfang an ungerechtfertigten Arrestes oder einer einstweiligen Verfügung (§ 945; Rdnr. 1562 ff.); Aufhebung des vorläufig vollstreckbaren Beschlusses über die Vollstreckbarerklärung eines Schiedsspruchs oder Schiedsvergleichs (§§ 1042 c II 2; 1044 a III);

Beispiele für Analogie: Aufhebung eines Grundurteils (§ 304), so daß das Endurteil hinfällig wird, aus dem bereits vollstreckt worden ist; Aufhebung eines Zwischenurteils (§ 280), so daß das Endurteil davon betroffen wird (*Baur/Stürner*, Rdnr. 217; *Schiedermair*, JuS 1961, 212, 216); Aufhebung eines Kostenfestsetzungsbeschlusses   *(+)* (§ 794 I Nr. 2; BGH ZIP 1982, 1051, 1054).

Dagegen ist etwa bei Prozeßvergleichen und vollstreckbaren Urkunden (§ 794 I Nr. 1, 5) kein Raum für eine analoge Anwendung, da in einem solchen Fall der Gläu- *(−)* biger bei der Vollstreckung nicht mit der Möglichkeit rechnen muß, daß der Titel von einer höheren Instanz aufgehoben wird (*Jauernig*, § 2 IV H).

c) Vollstreckt der Gläubiger aus einem kontradiktorischen Urteil des   **82**
Oberlandesgerichts in einer vermögensrechtlichen Streitigkeit (vgl. § 708 Nr. 10) und wird dieses Urteil aufgehoben, steht dem Schuldner kein Schadensersatzanspruch, sondern nur ein *Bereicherungsanspruch* zu (§ 717 III). Diese Abweichung von § 717 II ergibt sich daraus, daß der Gesetzgeber Revisionen vermeiden und damit das Revisionsgericht entlasten will; außerdem vertraut er auf die Richtigkeit der Entscheidungen des Oberlandesgerichts. Diese Gründe treffen bei einem Versäumnisurteil des Oberlandesgerichts nicht zu.

(1) *Voraussetzungen* des Bereicherungsanspruchs sind: Das vorläufig vollstreckbare Urteil eines Oberlandesgerichts in einer vermögensrechtlichen Streitigkeit, das kein Versäumnisurteil ist, wird aufgehoben (abgeändert). Dem steht der Fall gleich, daß der Gläubiger mit der Vollstreckung aus dem erstinstanzlichen Urteil erst nach dessen Bestätigung durch das Oberlandesgericht beginnt und das OLG-Urteil vom BGH aufgehoben wird (BGH NJW 1978, 162, 163 f.). Durch die Vollstreckung oder die zur Abwendung gemachte Leistung ist der Gläubiger bereichert.

Bei § 717 III handelt es sich lediglich um eine Rechtsfolgenverweisung (RGZ 139, 17, 22; BAG NJW 1961, 1989, 1990), so daß nur die genannten Voraussetzungen und nicht auch noch die der §§ 812 ff. BGB gegeben sein müssen.

§ 818 BGB ist anwendbar. Jedoch kann der Gläubiger sich nicht auf den Wegfall der Bereicherung berufen (§ 818 III BGB), da er nicht darauf vertrauen durfte, das Erlangte behalten zu können (§ 717 III 4 i.V.m. § 818 IV BGB; BAG NJW 1961, 1989, 1990).

(2) Zur *prozessualen Geltendmachung* gilt das oben (Rdnr. 80) Gesagte entsprechend.

83 § 5   Andere Vollstreckungstitel

Schrifttum: *Baur,* Der schiedsrichterliche Vergleich, 1971; *ders.,* Einige Bemerkungen zur »Vollstreckbaren Urkunde«, Festschrift f. Demelius, 1973, 315; *Bökelmann,* Zum Prozeßvergleich mit Widerrufsvorbehalt, Festschrift f. Friedrich Weber, 1975, 101; *Bonin,* Der Prozeßvergleich unter besonderer Berücksichtigung seiner personellen Erstreckung, 1957; *Drischler,* Zur Zwangsvollstreckung aus vor einem Schiedsmann abgeschlossenen Vergleichen, Rpfleger 1984, 308; *Esser,* Heinrich Lehmann und die Lehre vom Prozeßvergleich, Festschrift f. H. Lehmann, 1956, Bd. II, 713; *Gerhardt,* Die Vollstreckung aus dem Vertrage zugunsten Dritter, JZ 1969, 691; *Hanisch,* Prozeßvergleiche über den Unterhalt der Kinder im Scheidungsprozeß der Eltern, NJW 1971, 1016; *Knöchlein,* Der vollstreckungsfähige Inhalt der notariellen Urkunde, JR 1958, 367; *Kümpel,* Persönliche Haftung und Vollstreckungsunterwerfung bei Grundpfandrechten und das AGB-Gesetz, WM 1978, 746; *H. Lehmann,* Der Prozeßvergleich, 1911; *Lüke,* Die Beseitigung des Prozeßvergleichs durch Vereinbarung — BGHZ 41, 310, JuS 1965, 482; *R. Petermann,* Die vollstreckbare Ausfertigung der gerichtlichen und notariellen Urkunde, 1938; *D. Reinicke,* Die Rechtsfolgen eines formwidrig abgeschlossenen Prozeßvergleichs, NJW 1970, 306; *Tempel,* Der Prozeßvergleich, Festschrift f. Schiedermair, 1976, 517; *Vollkommer,* Führen Protokollierungsmängel stets zur unheilbaren Nichtigkeit des Prozeßvergleichs?, Rpfleger 1973, 269; *O. Werner,* Die Rechtsnatur der notariellen Unterwerfungsklausel, DNotZ 1969, 713; *Wolfsteiner,* Die vollstreckbare Urkunde, 1978; *ders.,* Beweislastumkehr durch Zwangsvollstreckungsunterwerfung?, NJW 1982, 2851.

Fälle:

a) In dem Rechtsstreit des Vermieters V gegen den Mieter M wegen Räumung des Mietobjekts schließen die Parteien vor dem Prozeßgericht einen Vergleich, wonach sich M zur Räumung bis zum 1. 10. bereit erklärt, während V sich verpflichtet, zur Abfindung aller Ansprüche an den M sowie auch an den Untermieter U je 5 000,— DM zu zahlen. U möchte aus dem Vergleich gegen V vollstrecken.

b) In dem Rechtsstreit wegen Annahme eines Kaufangebots aus einem Vorvertrag, den der Beklagte B für nicht gültig hält, schließen die Parteien einen Vergleich, wonach B sich verpflichtet, ein um 10 000,— DM ermäßigtes Kaufangebot des Klägers K anzunehmen. Nunmehr verlangt K Erfüllung des Kaufvertrages. Er meint, mit

Abschluß des Vergleichs gelte — wie § 894 für das rechtskräftige Urteil vorsehe — die Annahmeerklärung als abgegeben.

c) S hat in einer notariellen Urkunde eine Höchstbetragshypothek (§ 1190 BGB) bewilligt und sich hinsichtlich des Höchstbetrags der sofortigen Zwangsvollstreckung unterworfen. Wirksam?

d) Als aus einer notariellen Urkunde gegen S vollstreckt wird, meint dieser, die Vollstreckung sei unzulässig, weil es sich um eine formularmäßige Unterwerfungserklärung handele, die nach § 9 AGBG unwirksam sei.

e) S soll von seiner Bank einen Kredit von 100 000,— DM erhalten. Die Bank verlangt, daß sie einen Vollstreckungstitel gegen S erhält und daß der Vater (V) des S ihr an seinem Grundstück eine Grundschuld in der genannten Höhe bestellt, aus der sie gegen V oder einen späteren anderen Grundstückseigentümer sofort vollstrecken kann. Was ist zu tun?

f) Das OLG hat durch Beschluß einem unentschuldigt nicht erschienenen Zeugen Z die durch das Ausbleiben verursachten Kosten auferlegt (vgl. § 380). Aufgrund dessen werden gegen ihn die Kosten festgesetzt. Z meint, die Zwangsvollstreckung dürfe gegen ihn nicht durchgeführt werden, weil es sich bei dem Titel nicht um eine mit der Beschwerde anfechtbare Entscheidung (§ 794 I Nr. 3) handele.

Außer den Urteilen kennt die ZPO in § 794 noch andere Vollstreckungstitel, die entweder beurkundete rechtsgeschäftliche Erklärungen (Rdnr. 84 ff.) oder gerichtliche Entscheidungen (Rdnr. 92 ff.) sind. Auf diese Titel sind grundsätzlich die allgemeinen Vorschriften (der §§ 724—793) entsprechend anzuwenden (vgl. § 795, 1). In anderen Gesetzen sind weitere Vollstreckungstitel geregelt (Rdnr. 99 f.).

I. Beurkundete rechtsgeschäftliche Erklärungen 84

In der Praxis wichtige Vollstreckungstitel sind der Prozeßvergleich (§ 794 I Nr. 1) und die vollstreckbare Urkunde (§ 794 I Nr. 5).

1. Prozeßvergleich

a) Der Prozeßvergleich hat eine *Doppelnatur* (h.M.; vgl. etwa BGHZ 86, 184, 186). Er ist einmal ein materiellrechtlicher Vergleich im Sinne des § 779 BGB, also ein gegenseitiger Schuldvertrag, durch den der Streit oder die Ungewißheit der Parteien über ein Rechtsverhältnis im Wege des gegenseitigen Nachgebens beseitigt wird (BS Rdnr. 342 ff.). Zum anderen ist der Prozeßvergleich auch Prozeßhandlung, und er unterliegt insoweit den Regeln des Prozeßrechts.

85   b) Folgende *Voraussetzungen* müssen nach § 794 I Nr. 1 erfüllt sein:

(1) Der Vergleich muß _vor einem deutschen Gericht_ geschlossen worden sein.

Damit ist einmal das Zivilgericht gemeint, und zwar nicht nur im Erkenntnisverfahren, sondern auch im Zwangsvollstreckungsverfahren oder im Verfahren über die Bewilligung der Prozeßkostenhilfe (vgl. § 118 I 3). Dazu gehören ebenfalls etwa die Gerichte der freiwilligen Gerichtsbarkeit, die Arbeitsgerichte (vgl. §§ 54 III, 57 II ArbGG), Verwaltungsgerichte (vgl. §§ 106, 168 I Nr. 3 VwGO) und sogar die Gerichte im Adhäsions- und Privatklageverfahren (StJ/ *Münzberg*, § 794 Rdnr. 19 m.N.). Zu den Besonderheiten bei dem Vergleich vor einer Gütestelle: § 797 a.

(2) Der Abschluß muß *während eines anhängigen Rechtsstreits zu dessen Beilegung* erfolgt sein.

Nach Rechtskraft des Urteils ist ein Prozeßvergleich nicht mehr möglich, da er dann nicht mehr der Beilegung des Rechtsstreits dient (BGHZ 15, 190). Es genügt, daß der Rechtsstreit teilweise beigelegt wird (Beispiel: Über einzelne Posten des eingeklagten Gesamtschadens wird ein Vergleich geschlossen.). Häufiger ist der umgekehrte Fall, daß die Parteien sich über mehr vergleichen als überhaupt eingeklagt ist (z.B. aus Kostengründen ist nur ein Teilbetrag eingeklagt; der Vergleich umfaßt den Gesamtbetrag). Auch das ist zulässig.

(3) Die *Parteien des Vergleichs* müssen mit denen des Rechtsstreits identisch sein. Allerdings kann ein Dritter dem Vergleich beitreten; für ihn soll kein Anwaltszwang (§ 78 I) bestehen (BGHZ 86, 160, 163).

Der Dritte kann aus dem Vergleich vollstrecken, wenn er diesem beigetreten ist. Zweifelhaft ist, ob ihm dieses Recht auch dann zusteht, wenn er — wie U im Fall a — nicht Partei des Prozeßvergleichs ist (bejahend: *Baur/Stürner*, Rdnr. 226 m.N.; verneinend: BL/ *Hartmann*, § 794 Anm. 2 C b bb m.N.; offengelassen: BGH FamRZ 1980, 342). Der Gesetzgeber hat das Problem für einen Spezialfall gelöst: Schließen Eheleute im Ehescheidungsprozeß über die Unterhaltsansprüche ihres Kindes einen gerichtlichen Vergleich, dann wirkt dieser auch für und gegen das Kind (§ 1629 III 2 BGB), das selbst aus dem Vergleich vollstrecken kann.

(4) Der Vergleich muß _formgerecht_ abgeschlossen worden sein.

Er ist in der mündlichen Verhandlung vor dem erkennenden Gericht zu erklären und in das Sitzungsprotokoll aufzunehmen. Dieses muß den Vertragsschließenden vorgelesen und von ihnen genehmigt werden. Im Protokoll ist zu vermerken, daß dies geschehen ist. Schließlich muß es vom Vorsitzenden und vom Urkundsbeamten unterschrieben werden (vgl. §§ 160 III Nr. 1, 162 I, 163).

86   c) Der Prozeßvergleich hat vollstreckungsrechtlich die *Wirkung,* daß aus ihm — wie aus einem Urteil — die Zwangsvollstreckung betrieben werden kann (§ 794 I Nr. 1).

Bei einem Prozeßvergleich über die Räumung von Wohnraum kann das Amtsgericht auf Antrag eine Räumungsfrist bewilligen (Fall a; Einzelheiten: § 794 a; vgl. auch Rdnr. 1059).

Wäre B im Fall b zur Abgabe der Willenserklärung (Annahme des Kaufangebots) verurteilt worden, dann hätte K recht; denn nach § 894 I 1 (Rdnr. 1111 ff.) gilt mit der Rechtskraft des Urteils die Willenserklärung als abgegeben. Da aber der Prozeßvergleich keine Rechtskraftwirkung entfaltet, scheidet § 894 hier aus. Der Anspruch des K gegen B geht auf Vornahme einer unvertretbaren Handlung (Abgabe der Willenserklärung), so daß sich die Zwangsvollstreckung nach § 888 (Rdnr. 1076 ff.) richtet (vgl. OLG Hamm MDR 1965, 584; OLG Köln MDR 1975, 586). K hätte sich vernünftigerweise auf einen solchen Vergleich nicht einlassen, sondern darauf bestehen sollen, daß B sich nicht nur verpflichtet, die Erklärung abzugeben, sondern daß B in dem Prozeßvergleich bereits die Willenserklärung selbst abgibt.

2. Vollstreckbare Urkunde 87

a) *Zweck* der vollstreckbaren Urkunde ist vornehmlich der Schutz des Gläubigers. Dieser erspart sich — und auch dem Gericht — ein Erkenntnisverfahren, um ein Urteil als Vollstreckungstitel zu erreichen. Er kann ohne Zeitverlust aus der vollstreckbaren Urkunde vollstrecken. Dem Schuldner wird die Möglichkeit genommen, insbesondere durch Prozeßverschleppung die Erfüllung seiner Zahlungsverpflichtung hinauszuschieben. Andererseits wird der Schuldner nicht rechtlos gelassen; er hat die Möglichkeit, Einwendungen gegen den titulierten Anspruch oder die Vollstreckungsklausel geltend zu machen (vgl. § 797 III, IV, V).

b) Die folgenden *Voraussetzungen* sind für die Zwangsvollstreckung aus 88 der Urkunde erforderlich (§ 794 I Nr. 5, II):

(1) Die Urkunde muß von einem deutschen *Notar* innerhalb seiner Amtsbefugnisse in der vorgeschriebenen *Form* aufgenommen sein.

Obwohl § 794 I Nr. 5 davon ausgeht, daß die Urkunde auch von einem deutschen Gericht aufgenommen werden kann, ist seit dem Inkrafttreten des Beurkundungsgesetzes am 1. 1. 1970 nur noch der Notar zuständig (§ 56 IV BeurkG). Lediglich in bestimmten Angelegenheiten, welche die nichteheliche Abstammung betreffen, ist nach § 62 BeurkG auch die Zuständigkeit der Amtsgerichte gegeben. Bei der Beurkundung hat der Notar die §§ 8 ff. BeurkG zu beachten.

(2) Die Urkunde muß grundsätzlich die *Zahlung einer bestimmten Geldsumme* oder die Leistung einer bestimmten Menge anderer vertretbarer Sachen oder Wertpapiere zum Gegenstand haben. Als ein Anspruch auf Zahlung eines Geldbetrages gilt auch der *Anspruch aus einer Hypothek, Grund- oder Rentenschuld* (§ 794 I Nr. 5 a.E.).

Es kann sich auch um einen bedingten oder künftigen Anspruch handeln. Dieser muß aber in jedem Fall bestimmbar sein (vgl. Rdnr. 42 f.). Daran fehlt es bei der Angabe eines Höchstbetrages (BGH DNotZ 1971, 233; Fall c); zulässig wäre es, wenn die Unterwerfungsklausel einen bestimmten Teilbetrag beträfe (OLG Frankfurt Rpfleger 1977, 220).

Nach § 794 II kann die Urkunde auch auf *Duldung der Zwangsvollstreckung* lauten. Wenn das Gesetz zur Zwangsvollstreckung in bestimmte Sondervermögen außer einem Leistungstitel gegen eine Person noch einen Duldungstitel gegen eine andere Person verlangt, kann dieser Titel nach § 794 II auch in einer vollstreckbaren Urkunde vorhanden sein. Erforderlich dazu ist, daß der Schuldner in einer nach § 794 I Nr. 5 aufgenommenen Urkunde die sofortige Zwangsvollstreckung in die seinem Recht unterworfenen Gegenstände bewilligt.

Diese Regelung gilt nach § 794 II für die Zwangsvollstreckung bei einem Vermögens- oder Erbschaftsnießbrauch (§ 737; Rdnr. 38) sowie bei (fortgesetzter) Gütergemeinschaft (§ 743, § 745 II; Rdnr. 36) und für die Vollstreckung in Nachlaßgegenstände, die unter der Verwaltung des Testamentsvollstreckers stehen, sofern dieser nur einzelne Nachlaßgegenstände verwaltet (§ 748 II; Rdnr. 40 a.E.).

89   (3) Der Schuldner muß sich in der Urkunde *der sofortigen Zwangsvollstreckung unterworfen* haben. Diese Unterwerfungserklärung ist kein Rechtsgeschäft, sondern eine einseitige Prozeßhandlung, die auf das Zustandekommen des Titels gerichtet ist (BGH WM 1981, 189). Deshalb setzt sie die Partei- und Prozeßfähigkeit voraus; sie kann nicht wie eine Willenserklärung wegen Irrtums angefochten werden.

Wenn eine Unterwerfungserklärung in Allgemeinen Geschäftsbedingungen enthalten ist, gilt das AGB-Gesetz (h.M.; *Baur/Stürner*, Rdnr. 233 m.N.; a.M. z.B. *Kümpel*, WM 1978, 746). Selbst wenn etwa ein Unwirksamkeitsgrund vorliegt (Fall d), kann jedoch vollstreckt werden. Es ist Sache des Schuldners, die Unwirksamkeit durch Vollstreckungsgegenklage (vgl. §§ 795, 797 IV, 767 I, 769) geltend zu machen (vgl. StJ/*Münzberg*, § 794 Rdnr. 93).

90   Eine Unterwerfung des Schuldners unter die sofortige Zwangsvollstreckung aus einer Hypothek, Grund- oder Rentenschuld hilft dem Gläubiger nicht mehr, wenn inzwischen ein anderer Eigentümer des Grundstücks geworden ist. Deshalb kann der Eigentümer sich in der Weise der sofortigen Zwangsvollstreckung unterwerfen, daß aus der Urkunde *gegen den jeweiligen Eigentümer vollstreckt* werden kann (§ 800 I 1). Voraussetzung für eine solche Vollstreckung ist außer der genannten Unterwerfungserklärung die Eintragung in das Grundbuch (§ 800 I 2); dadurch soll der Grundstückserwerber vor Überraschungen geschützt werden (weitere Einzelheiten: § 800 II, III). Das Gesagte gilt für eingetragene Schiffe und Schiffsbauwerke, die mit einer Schiffshypothek belastet sind, entsprechend (§ 800 a).

Im Fall e wird sich S in einer notariellen Urkunde wegen der Forderung der Bank der sofortigen Zwangsvollstreckung aus der Urkunde in sein ganzes Vermögen unterwerfen. V wird die Eintragung der Grundschuld beantragen und bewilligen sowie sich wegen der Ansprüche aus der Grundschuld der sofortigen Zwangsvollstreckung aus der Urkunde mit der Maßgabe unterwerfen, daß die Zwangsvollstreckung gegen den jeweiligen Eigentümer zulässig sein soll. Wird diese Unterwerfung ins Grundbuch eingetragen, wirkt sie gegenüber dem jeweiligen Eigentümer.

c) Das *Verfahren* bei vollstreckbaren Urkunden ergibt sich aus § 797. Die   91
Urschrift der Urkunde wird beim Notar verwahrt; dieser hat dem Gläubiger eine vollstreckbare Ausfertigung zu erteilen (vgl. § 797, §§ 25, 45 BNotO). Damit der Schuldner sich auf die Vollstreckung einstellen kann, darf diese erst eine Woche nach der Zustellung des Titels beginnen (§ 798).

Der eingetragene Rechtsnachfolger eines Grundpfandgläubigers (eines Gläubigers einer Schiffshypothek; § 800 a) braucht zur Zwangsvollstreckung dem Eigentümer nicht die Urkunden zustellen zu lassen, aus denen sich die Rechtsnachfolge ergibt (§ 799); diese Ausnahme von § 750 II (Rdnr. 151) erklärt sich daraus, daß dem Eigentümer die Eintragung des Rechtsnachfolgers bekanntgemacht worden ist (vgl. § 55 GBO).

II. Gerichtliche Entscheidungen   92

Auch gerichtliche Entscheidungen, die keine Urteile sind, können Vollstreckungstitel sein (vgl. § 794 I Nr. 2—4 a).

1. Kostenfestsetzungsbeschluß

Der Urteilstenor enthält auch einen Ausspruch darüber, welche Prozeßpartei (zu welchem Anteil) die Kosten des Rechtsstreits zu tragen hat. Aufgrund dieser Kostenentscheidung wird in einem besonderen Verfahren vom Rechtspfleger die Höhe des Kostenerstattungsanspruchs der einen gegen die andere Prozeßpartei ermittelt und in einem Kostenfestsetzungsbeschluß festgesetzt (vgl. §§ 103 ff.; § 21 I 1 RPflG). Aus diesem ist die Vollstreckung möglich (§ 794 I Nr. 2).

Dieser Beschluß kann unter den Voraussetzungen des § 105 auf das Urteil und die Ausfertigung gesetzt werden. Geschieht das, ist eine besondere Vollstreckungsklausel (Rdnr. 101 ff.) nicht erforderlich (§ 795 a).

Wird der Beschluß nicht auf das Urteil gesetzt, muß vor der Vollstreckung die einwöchige Wartefrist nach der Zustellung eingehalten werden (§ 798).

Der Kostenfestsetzungsbeschluß ist mit der (befristeten) Erinnerung anfechtbar (§ 104 III).

93   2. Regelunterhaltsbeschluß

Ist der nichteheliche Vater zur Zahlung des Regelunterhalts an das nichteheliche Kind verurteilt worden (vgl. § 642), kann aus einem solchen Urteil
nicht vollstreckt werden, da in ihm kein bestimmter Geldbetrag genannt ist.
Die Höhe des Regelunterhalts (vgl. §§ 1615 f. BGB i.V.m. der Regelunter-
halt-Verordnung — abgedruckt in *Schönfelder*, Deutsche Gesetze,
Nr. 49 a —) wird vom Amtsgericht durch Beschluß des Rechtspflegers festgesetzt (vgl. §§ 642 a—d, 643 II; § 20 Nr. 11 RPflG). Aus diesem Beschluß
kann die Zwangsvollstreckung betrieben werden (§ 794 I Nr. 2 a). Das
Gesagte gilt entsprechend für die Neufestsetzung des Unterhalts (§ 642 b).

Bei der Zwangsvollstreckung ist die Wartefrist des § 798 zu beachten.
Der Beschluß des Rechtspflegers ist mit der (befristeten) Erinnerung (§ 11 I 2
RPflG) und die daraufhin ergehende Entscheidung des Richters mit der sofortigen
Beschwerde (§ 642 a III) anfechtbar.

94   3. Unterhaltsabänderungsbeschluß

Bei Unterhaltsansprüchen Minderjähriger ist eine Abänderung von
Unterhaltstiteln wegen erheblicher Veränderungen der allgemeinen wirtschaftlichen Verhältnisse in einem vereinfachten Verfahren möglich (vgl.
§ 1612 a BGB i.V.m. der Anpassungsverordnung — zitiert in *Schönfelder*,
Deutsche Gesetze, Fußnote zu § 1612 a BGB —; §§ 641 l ff.). Die Abänderung erfolgt durch Beschluß des Amtsgerichts; zuständig ist der Rechtspfleger (vgl. § 641 p; § 20 Nr. 10 RPflG). Der Beschluß ist ein Vollstreckungstitel
(§ 794 I Nr. 2 b).

Die Zwangsvollstreckung aus einem solchen Beschluß darf nur beginnen, wenn
dieser mindestens einen Monat vorher zugestellt ist (§ 798 a, 1); damit soll die in
§ 641 q III bestimmte Monatsfrist für eine Klage nach § 641 q I, II abgewartet werden.
Gegen den Beschluß des Rechtspflegers kann (befristete) Erinnerung (§ 11 I 2
RPflG) und gegen den Beschluß des Richters sofortige Beschwerde eingelegt werden,
die nur auf bestimmte Gründe gestützt werden kann (§ 641 p III).

95   4. Beschwerdefähige Entscheidung

Nach § 794 I Nr. 3 kann die Zwangsvollstreckung aus Entscheidungen
betrieben werden, gegen die das Rechtsmittel der Beschwerde stattfindet.
Damit ist nicht gemeint, daß im konkreten Fall die Entscheidung mit der
Beschwerde anfechtbar sein muß. Es reicht aus, daß die Entscheidung
beschwerdefähig wäre, wenn sie in erster Instanz ergangen wäre. Es schadet
auch nicht, daß der Beschwerde etwa eine Erinnerung vorgeschaltet ist.

Im Fall f wäre der Beschluß mit der Beschwerde anfechtbar, wenn das Landgericht ihn erlassen hätte (vgl. § 380 III). Deshalb ist auch der Beschluß des Oberlandesgerichts zusammen mit dem entsprechenden Festsetzungsbeschluß ein Vollstreckungstitel.

5. Einstweilige Anordnung 96

Wenn das Prozeßgericht in einer Unterhaltssache einer Prozeßpartei die Pflicht zur Leistung eines Prozeßkostenvorschusses auferlegt (§ 127 a), so geschieht das im Wege der einstweiligen Anordnung durch Beschluß. Das gilt auch, wenn das Familiengericht in einer Ehesache die Beziehungen der Ehegatten vorläufig regelt (§§ 620, 620 b) oder wenn es in bestimmten anderen Familiensachen einen Kostenvorschuß bestimmt (§ 621 f). Sofern dieser Beschluß einen vollstreckungsfähigen Inhalt hat, kann aus ihm vollstreckt werden (§ 794 I Nr. 3 a).

Hat das Gericht ohne mündliche Verhandlung entschieden, muß es auf Antrag eine solche Verhandlung anberaumen und neu entscheiden (§ 620 b). Nur in wichtigen Angelegenheiten findet die sofortige Beschwerde statt (§ 620 c). Im übrigen sind die Beschlüsse, insbesondere wenn sie Zahlungsverpflichtungen regeln, unanfechtbar (vgl. §§ 127 a II, 620 c, 2, 621 f II).

6. Vollstreckungsbescheid 97

Hat der Antragsgegner gegen einen Mahnbescheid (§ 692) nicht rechtzeitig Widerspruch erhoben, erläßt das Gericht auf Antrag einen Vollstreckungsbescheid (§ 699). Dieser steht einem vorläufig vollstreckbaren Versäumnisurteil gleich (§ 700 I). Er ist ein Vollstreckungstitel (§ 794 I Nr. 4).

Einer Vollstreckungsklausel (Rdnr. 105) bedarf der Vollstreckungsbescheid im Regelfall nicht; nur dann, wenn die Vollstreckung für oder gegen eine andere als die im Bescheid genannte Person erfolgen soll, ist eine Klausel erforderlich (§ 796 I).
Gegen einen Vollstreckungsbescheid kann — wie gegen ein Versäumnisurteil — Einspruch eingelegt werden (vgl. § 700 III).

7. Für vollstreckbar erklärter Schiedsspruch oder Schiedsvergleich 98

Erläßt in einem schiedsrichterlichen Verfahren (nach dem Zehnten Buch der ZPO) das Schiedsgericht einen Schiedsspruch oder wird in diesem Verfahren ein Schiedsvergleich geschlossen, in dem eine Partei sich der sofortigen Zwangsvollstreckung unterwirft, so kann aus dem Schiedsspruch oder aus dem Schiedsvergleich nur vollstreckt werden, wenn der Spruch oder der

Vergleich durch das staatliche Gericht für vollstreckbar erklärt worden ist (§ 1042 I; § 1044 a I 1). Das geschieht ohne mündliche Verhandlung durch Beschluß, im Falle einer mündlichen Verhandlung durch Endurteil (§ 1042 a I; § 1044 a III). Der Beschluß ist für vorläufig vollstreckbar zu erklären (§ 1042 c I). Die Entscheidung des staatlichen Gerichts ist der Vollstreckungstitel (vgl. § 794 I Nr. 4 a).

Gegen den stattgebenden Beschluß gibt es den Widerspruch (§ 1042 c II), gegen das Urteil die Rechtsmittel nach den allgemeinen Regeln. Zur Aufhebungsklage vgl. § 1043.

8. Arrestbefehl und einstweilige Verfügung

Dazu wird auf §§ 928, 936 (Rdnr. 1492 ff.) verwiesen.

99   ### III. Vollstreckungstitel außerhalb der ZPO

1. Bundesgesetze

Eine Reihe von Vollstreckungstiteln sind außerhalb der ZPO in anderen Bundesgesetzen geregelt. Die wichtigsten davon sind:

a) der Zuschlagsbeschluß in der Zwangsversteigerung (§ 92 ZVG sowie §§ 162, 171 a, 180 I ZVG; Rdnr. 940 ff.),

b) die Konkurstabelle (§ 164 II KO) sowie der Zwangsvergleich im Konkurs (§ 194 KO),

c) der Vergleich im Vergleichsverfahren in Verbindung mit dem Gläubigerverzeichnis (§ 85 VerglO),

d) die Urkunde des Jugendamtes über die Verpflichtungserklärung des nichtehelichen Vaters (§§ 49 I Nr. 2, 3 u. 50 JWG),

e) die Entscheidung des Richters in der Freiwilligen Gerichtsbarkeit über den Zugewinn- oder Versorgungsausgleich sowie ein entsprechender gerichtlicher Vergleich (§§ 53 a, 53 f III FGG),

f) die Entscheidung des Richters über die Behandlung der Ehewohnung und den Hausrat nach der Hausratsverordnung sowie ein entsprechender gerichtlicher Vergleich (§ 16 III HausratsV),

g) die Entscheidung des Richters nach dem Wohnungseigentumsgesetz, etwa über die Rechte und Pflichten der Eigentümer und des Verwalters (vgl. § 43 I WEG) sowie ein entsprechender gerichtlicher Vergleich (§ 45 III WEG).

2. Landesgesetze

Der Landesgesetzgeber ist nach § 801 nicht gehindert, andere Vollstreckungstitel zuzulassen und insoweit von der ZPO abweichende Vorschriften über die Vollstreckung zu treffen. Solche landesrechtlichen Vollstreckungstitel sind im ganzen Bundesgebiet vollstreckbar (VO v. 15. 4. 1937 — RGBl. I 466 —).

Beispiel: <u>Vergleiche vor dem Schiedsmann</u> sind nach den meist gleichlautenden §§ 25, 32 der Schiedsmannsordnung bzw. des Schiedsmannsgesetzes des jeweiligen Bundeslandes vollstreckbar (vgl. StJ/*Münzberg,* § 801 FN 5).

Zweites Kapitel   Die Vollstreckungsklausel

Die Zwangsvollstreckung setzt außer einem Vollstreckungstitel eine Vollstreckungsklausel voraus (§ 724 I; Rdnr. 29). Diese wird unter eine Ausfertigung des Vollstreckungstitels gesetzt (Rdnr. 102 ff.). Bei den Arten der Vollstreckungsklauseln (Rdnr. 109 ff.) unterscheidet man zwischen der einfachen und den qualifizierten (titelergänzenden und titelübertragenden=titelumschreibenden) Klauseln. In dem Verfahren über die Erteilung der Vollstreckungsklausel gibt es besondere Rechtsbehelfe für den Gläubiger und den Schuldner (Rdnr. 128 ff.).

§ 6   Die Erteilung der Vollstreckungsklausel

Schrifttum: *Palm,* Erinnerung und Beschwerde bei Erteilung und Verweigerung einer Vollstreckungsklausel, Rpfleger 1967, 365; *R. Petermann,* Die vollstreckbare Ausfertigung der gerichtlichen und notariellen Urkunde, 1938; *P. Schlosser,* Die Vollstreckungsklausel der ZPO, Jura 1984, 88.

Fälle:

a) Der Gv lehnt die Vollstreckung trotz Vorlage einer vollstreckbaren Urteilsausfertigung ab, weil das Urteil weder rechtskräftig noch vorläufig vollstreckbar sei und deshalb die Vollstreckungsklausel nicht hätte erteilt werden dürfen. Zu Recht?

b) Gv will aus einem Vollstreckungsbescheid nicht vollstrecken, weil es an einer Vollstreckungsklausel fehle.

c) Als G die vollstreckbare Ausfertigung einer notariellen Urkunde beim Notar abholen will, um daraus gegen S zu vollstrecken, stellt er fest, daß der Notar nach Amerika ausgewandert ist.

d) G schreibt ans Landgericht und bittet um eine vollstreckbare Ausfertigung des landgerichtlichen Urteils, das er gegen S erstritten hat. Der Urkundsbeamte lehnt das mit dem Hinweis ab, daß beim Landgericht Anwaltszwang bestehe.

e) Im Fall d wird die Ablehnung damit begründet, daß S die im Urteil genannte Geldschuld längst bezahlt habe.

I. Begriff, Zweck und Erforderlichkeit der Vollstreckungsklausel

1. Begriff

Die Vollstreckungsklausel ist eine <u>amtliche Bescheinigung der Vollstreckbarkeit</u> des Vollstreckungstitels (Rdnr. 29). Sie besteht aus einem auf die Ausfertigung (= beglaubigte Abschrift) des Titels gesetzten Vermerk, aus dem sich ergibt, daß die Zwangsvollstreckung aus dem Titel durch den ausreichend bezeichneten Gläubiger zulässig ist. § 725 empfiehlt für die Klausel folgenden Wortlaut: »Vorstehende Ausfertigung wird dem usw. (Bezeichnung der Partei) zum Zwecke der Zwangsvollstreckung erteilt.« Außerdem ist der am Schluß der Ausfertigung beigefügte Vermerk von dem zuständigen Beamten zu unterschreiben und mit dem Siegel zu versehen.

103   2. Zweck

a) Die Vollstreckungsklausel soll einmal *dem <u>Vollstreckungsorgan</u> die <u>Arbeit erleichtern</u>*. Würde allein der Vollstreckungstitel als Voraussetzung der Zwangsvollstreckung ausreichen, dann müßte das Vollstreckungsorgan, etwa der Gerichtsvollzieher, die Wirksamkeit und die Vollstreckbarkeit des Titels überprüfen. Damit wäre das Vollstreckungsorgan aber überfordert, zumal es im Regelfall kein vollständiges Urteil (vgl. § 317 II 2) und erst recht keine Prozeßakten zur Hand hat. Besondere Schwierigkeiten ergäben sich für das Vollstreckungsorgan, wenn die Vollstreckung vom Eintritt einer bestimmten Tatsache abhängig ist (Rdnr. 110 ff.) oder wenn für oder gegen eine andere als die im Titel bezeichnete Person vollstreckt werden soll (Rdnr. 115 ff.). Das Vorliegen der genannten Voraussetzungen, im Regelfall also die <u>Wirksamkeit und Vollstreckbarkeit des Titels, werden im Klausel-</u>

verfahren geprüft. Wird daraufhin die Vollstreckungsklausel erteilt, darf und muß das Vollstreckungsorgan sich auf den Inhalt der Klausel verlassen.

Im Fall a ist Gv an die Vollstreckungsklausel gebunden; er ist nicht befugt, deren Rechtmäßigkeit zu überprüfen (KG JW 1937, 1509, 1510).

b) Durch das Erfordernis der Vollstreckungsklausel wird auch der *Schuldner geschützt*. Die soeben genannten Voraussetzungen werden von einer Stelle (Urkundsbeamter, Rechtspfleger oder Richter) geprüft, die sowohl in tatsächlicher als auch in rechtlicher Hinsicht dazu in der Lage ist. **104**

Da die vollstreckbare Ausfertigung den Gerichtsvollzieher zur Zwangsvollstreckung gegenüber dem Schuldner ermächtigt (§ 755), kann dieser mit befreiender Wirkung an den Gerichtsvollzieher leisten (vgl. § 754). Auf der vollstreckbaren Ausfertigung hat der Gerichtsvollzieher eine Teilleistung zu vermerken; bei vollständiger Leistung muß er die vollstreckbare Ausfertigung dem Schuldner aushändigen (§ 757).

Schließlich wird der Schuldner davor geschützt, daß von einem Vollstreckungstitel mehrere vollstreckbare Ausfertigungen vorhanden sind und er dadurch einer mehrfachen Zwangsvollstreckung ausgesetzt ist.

Zu diesem Zweck ist vor der Aushändigung der vollstreckbaren Urkunde auf der Urschrift des Vollstreckungstitels zu vermerken, für wen und wann die Ausfertigung erteilt ist (§ 734 für das Urteil, § 795 für die anderen Vollstreckungstitel). Ist ausnahmsweise eine zweite vollstreckbare Ausfertigung (z.B. wegen Verlustes der ersten) erforderlich, muß der Gläubiger ein berechtigtes Interesse dafür glaubhaft machen. Außerdem ist der Schuldner vor Erteilung einer weiteren vollstreckbaren Ausfertigung regelmäßig anzuhören (Einzelheiten: § 733).

3. Erforderlichkeit   **105**

a) *Grundsätzlich* ist die Vollstreckungsklausel für die Zwangsvollstreckung *erforderlich*, gleichgültig, um welche Art von Vollstreckungstitel es sich handelt. Das ergibt sich für das Urteil aus §§ 724 ff. und für die anderen Vollstreckungstitel, die in § 794 genannt sind (Rdnr. 83 ff.), aus § 795, der auf §§ 724 ff. verweist.

b) *Ausnahmsweise* ist eine Vollstreckungsklausel *nicht erforderlich*. Hierher gehören folgende Titel:

(1) der *Kostenfestsetzungsbeschluß*, der nach § 105 auf die Ausfertigung des Titels gesetzt ist (§ 795 a; Rdnr. 92). Grund: Er bildet mit dem Urteil (Vergleich) einen einheitlichen Titel.

(2) der *Vollstreckungsbescheid* (§ 796 I; Rdnr. 97; Fall b). Grund: Er spricht bereits die Vollstreckbarkeit des Mahnbescheids aus.

Dagegen ist eine Vollstreckungsklausel erforderlich, wenn für oder gegen eine Person vollstreckt werden soll, die nicht im Vollstreckungsbescheid genannt ist (§ 796 I; vgl. Rdnr. 97).

(3) der *Arrestbefehl* und die *einstweilige Verfügung* (§§ 929 I, 936), unabhängig davon, ob sie durch Beschluß oder Urteil angeordnet sind. Grund: Die Vollziehung muß schnell erfolgen.

Eine Vollstreckungsklausel ist aber dann notwendig, wenn die Vollziehung für oder gegen eine Person erfolgen soll, die nicht im Titel bezeichnet ist (§ 929 I).

(4) der *Haftbefehl* (§ 908), der vom Richter erlassen wird, weil der Schuldner im Termin zur Abgabe einer eidesstattlichen Versicherung nicht erscheint oder die Abgabe der Versicherung grundlos verweigert (§ 901). Grund: Der Haftbefehl ist eine Ausfertigung des Haftanordnungsbeschlusses (§ 901); er bildet — wie die vollstreckbare Ausfertigung eines Titels — die Grundlage der Vollstreckung.

(5) der *Pfändungsbeschluß* als Titel für die Wegnahme des Hypothekenbriefes (§ 830 I 2; Rdnr. 678) *und der Überweisungsbeschluß* als Titel für die Wegnahme einer Urkunde über die gepfändete Forderung (§ 836 III 2). Grund: In diesen Fällen der »Hilfsvollstreckung« ist der Pfändungs- bzw. Überweisungsbeschluß ausnahmsweise selbst ein Vollstreckungstitel.

106   II. Verfahren der Klauselerteilung

1. Zuständiges Organ

Welches Organ für die Erteilung der Vollstreckungsklausel zuständig ist, richtet sich vornehmlich nach der Art des Vollstreckungstitels.

a) Bei *Urteilen,* anderen *gerichtlichen Entscheidungen* und bei *Prozeßvergleichen* ist der Urkundsbeamte der Geschäftsstelle oder der Rechtspfleger zuständig.

(1) Soll eine einfache Klausel (Rdnr. 109) erteilt werden, wird der *Urkundsbeamte der Geschäftsstelle des erstinstanzlichen Gerichts* tätig (§ 724 II, § 795). Das ist ein Justizbeamter des mittleren Dienstes oder ein ihm gleichgestellter Justizangestellter. Da zur Erteilung der Klausel die Einsichtnahme in die Akten erforderlich ist, wird die Klausel vom Urkundsbeamten eines höheren Gerichts erteilt, wenn bei diesem der Rechtsstreit anhängig ist.

(2) Handelt es sich dagegen um einen qualifizierten Fall, also um eine titelergänzende (§ 726) oder titelübertragende (§§ 727 ff.) Klausel

(Rdnr. 110 ff. und Rdnr. 115 ff.), ist der *Rechtspfleger* des genannten Gerichts zuständig (§ 20 Nr. 12 RPflG).

b) Bei *gerichtlichen Urkunden* wird die Klausel vom Urkundsbeamten der Geschäftsstelle des Gerichts erteilt, das die Urkunde verwahrt (§ 797 I).

c) Bei *notariellen Urkunden* (§ 794 I Nr. 5; Rdnr. 87 ff.) ist der Notar zuständig, der die betreffende Urkunde verwahrt (§ 797 II 1). Wenn sich die Urkunde während der Abwesenheit des Notars bei einem anderen Notar (vgl. § 45 BNotO) oder wegen Erlöschens des Amtes (z.B. durch Tod, Entlassung) beim Amtsgericht (vgl. § 51 BNotO) befindet, hat der andere Notar bzw. der Urkundsbeamte der Geschäftsstelle des Amtsgerichts die vollstreckbare Ausfertigung zu erteilen (§ 797 II 2; Fall c).

2. Antrag   107

Erforderlich ist ein (formloser) Antrag der Person, die aus dem Titel zur Zwangsvollstreckung berechtigt ist. Selbst wenn die vollstreckbare Ausfertigung eines landgerichtlichen Urteils begehrt wird, besteht für den Antrag kein Anwaltszwang, da die Prozeßhandlung vor dem Urkundsbeamten vorgenommen wird (§ 78 II; Fall d).

3. Entscheidung über den Antrag   108

Der Urkundsbeamte (oder die sonst zuständige Stelle) prüft, ob ein gültiger Vollstreckungstitel gegeben ist, dieser einen vollstreckbaren Inhalt hat und rechtskräftig oder vorläufig vollstreckbar ist.

Er ist nicht befugt nachzuprüfen, ob etwa das Urteil zu Recht ergangen ist oder der darin enthaltene Anspruch (z.B. durch Zahlung) erloschen ist (Fall e).

Liegen die genannten Voraussetzungen vor, wird — bei Zweifeln nach Anhörung des Schuldners — die Vollstreckungsklausel mit dem Inhalt des § 725 erteilt, andernfalls der Antrag abgelehnt. Im ersten Fall stehen dem Schuldner, im zweiten dem Gläubiger Rechtsbehelfe zu (Rdnr. 128 ff.).

§ 7   Die Arten der Vollstreckungsklauseln   109

Schrifttum: *Baur*, Rechtsnachfolge in Verfahren und Maßnahmen des einstweiligen Rechtsschutzes?, Festschrift f. Schiedermair, 1976, 19; *Bettermann*, Die Vollstrekkung des Zivilurteils in den Grenzen seiner Rechtskraft, 1948; *J. Blomeyer,* Vollstreckbarkeit und Vollstreckung des für den Scheidungsfall geschlossenen Unterhaltsvergleichs, Rpfleger 1972, 385; 1973, 80; *Gabius,* Die Vollstreckung von Urteilen auf Leistung nach Empfang der Gegenleistung, NJW 1971, 866; *Greilich,* Titelumschreibung nach § 727 ZPO für den einlösenden Wechselaussteller?, MDR 1982, 15; *Heintzmann,* Vollstreckungsklausel für den Rechtsnachfolger bei Prozeßstandschaft?, ZZP 92, 61; *Helwich,* Rechtsnachfolgeklausel bei übergeleiteten Ansprüchen, Rpfleger 1983, 226; *Hornung,* Vollstreckungsvoraussetzungen bei scheidungsabhängigen Unterhaltsvergleichen, Rpfleger 1973, 77; *Kion,* Wer wird Vollstreckungsgläubiger im Fall des § 265 ZPO?, JZ 1965, 56; *Loritz,* Die Umschreibung der Vollstreckungsklausel, ZZP 95, 310; *K. Schmidt,* Titelumschreibung im wechselrechtlichen Remboursregreß?, ZZP 86, 188; *Sieg,* Klauselerteilungsverfahren bei Rechtsnachfolge, JR 1959, 167.

Fälle:

a) G kann gegen S wegen eines Anspruchs auf Zahlung von 20 000,— DM vollstrecken. Er möchte wissen, ob er eine Vollstreckungsklausel für das erst- oder aber für das zweitinstanzliche Urteil benötigt.

b) G möchte aus einem Urteil vollstrecken, in dem S zur Zahlung von 10 000,— DM Zug um Zug gegen Lieferung eines bestimmten Gemäldes verurteilt worden ist. Als G den Antrag auf Erteilung der Vollstreckungsklausel stellt, wird ihm mitgeteilt, daß er zuvor die Lieferung des Gemäldes nachweisen müsse.

c) S ist verurteilt worden, nach dem Tode seines Vaters (V) einen bestimmten Geldbetrag an G zu zahlen. Als G aus einer Todesanzeige der Zeitung entnimmt, daß V verstorben ist, möchte er gegen S vollstrecken.

d) In einem gerichtlichen Vergleich hat S sich verpflichtet, eine bestimmte Wohnung zu räumen, sobald ihm eine entsprechende Ersatzwohnung im selben Ort zur Verfügung gestellt wird. G bietet dem S eine Wohnung an, die S als nicht angemessen ablehnt. G möchte nun aus dem Vergleich vollstrecken.

e) G hat gegen S ein rechtskräftiges Urteil erstritten, wonach S dem G nach § 985 BGB ein bestimmtes Bild herauszugeben hat. Da G erfährt, daß S das Bild inzwischen an D veräußert hat, beantragt er eine vollstreckbare Ausfertigung des Urteils gegen D. Dieser schreibt dem Rechtspfleger, er habe zumindest kraft guten Glaubens Eigentum an dem Bild erworben.

f) Im Fall e hat D das Bild von S geliehen.

g) G hat ein rechtskräftiges Urteil auf Zahlung von 10 000,— DM gegen den Kaufmann S erstritten. Er erfährt, daß S nach Rechtskraft des Urteils den D in seine Firma als Gesellschafter aufgenommen hat. G möchte gegen D aus dem Urteil vollstrecken.

h) Auf die Klage des G ist S zur Zahlung von 20 000,— DM Schadensersatz wegen kreditschädigender Äußerungen verurteilt worden. Nachdem G in Konkurs gefallen ist, möchte der Konkursverwalter aus dem Urteil vollstrecken.

I. Die einfache Vollstreckungsklausel

Unter der einfachen Vollstreckungsklausel versteht man eine solche Klausel, die erteilt wird, wenn der Sachverhalt keine großen Rechtsprobleme aufwirft. Damit sind also einmal die Fälle ausgeklammert, in denen die Vollstreckung des Titels vom Eintritt einer bestimmten Tatsache abhängig ist (§ 726; Rdnr. 110 ff.). Zum anderen sind auch solche Fälle nicht gemeint, in denen eine Klausel für oder gegen eine andere Person begehrt wird als die, welche im Vollstreckungstitel genannt ist (§§ 727 ff.; Rdnr. 115 ff.).

Die einfache Vollstreckungsklausel, die i.d.R. vom Urkundsbeamten der Geschäftsstelle des zuständigen Gerichts auf die Ausfertigung des Titels gesetzt wird, hat eine rein formelle, lediglich deklaratorische Bedeutung.

Im Fall a kommt es für die Frage, welches Urteil mit der Vollstreckungsklausel zu versehen ist, darauf an, welches der beiden Urteile den Vollstreckungstitel bildet. Hat etwa das Landgericht die Verurteilung zur Zahlung ausgesprochen, das Oberlandesgericht die dagegen eingelegte Berufung zurückgewiesen, wird aus dem erstinstanzlichen Urteil vollstreckt. Ist dagegen die Klage in erster Instanz abgewiesen und die Verurteilung erst durch das Oberlandesgericht unter Abänderung des landgerichtlichen Urteils ausgesprochen worden, stellt das zweitinstanzliche Urteil den Vollstreckungstitel dar. Der Urkundsbeamte des Landgerichts, bei dem sich nach Abschluß des Rechtsstreits die Akten befinden (vgl. § 544 II), hat die vollstreckbare Ausfertigung des Urteils des Oberlandesgerichts aufgrund der in den Akten befindlichen beglaubigten Abschrift dieses Urteils zu erteilen.

II. Die titelergänzende Vollstreckungsklausel   110

1. Zweck der Regelung

Wenn die Zwangsvollstreckung nach dem Vollstreckungstitel von dem Eintritt einer Tatsache abhängig ist, soll die oft nicht einfach zu treffende Feststellung dieser Tatsache nicht dem Vollstreckungsorgan überlassen werden. Deshalb ist die Vollstreckungsklausel erst dann zu erteilen, wenn der Eintritt der Tatsache nachgewiesen worden ist (§ 726 I). In diesem besonderen Fall ist die Klauselerteilung nicht dem Urkundsbeamten der Geschäftsstelle, sondern dem Rechtspfleger übertragen (§ 20 Nr. 12 RPflG).

2. Ausnahmen   111

Bei einfachen Sachverhalten soll die Feststellung der Tatsache vom <u>Vollstreckungsorgan selbst</u> getroffen werden, weil dieses damit nicht überfordert wird. Das Gesetz nennt folgende Fälle, in denen die Vollstreckungsklausel auch dann erteilt wird, wenn die Tatsache nicht eingetreten ist:

a) Die Geltendmachung des Anspruchs ist von dem Eintritt eines bestimmten *Kalendertages* abhängig (§ 751 I; Rdnr. 158).

Dem steht der Fall gleich, daß die Vollstreckung erst nach <u>Ablauf einer bestimmten Frist</u> seit der Zustellung des Titels erfolgen soll (vgl. etwa §§ 798, 798 a).

b) Die Zwangsvollstreckung ist von einer dem Gläubiger obliegenden *Sicherheitsleistung* abhängig (§§ 726 I, 751 II; Rdnr. 164 ff.).

Gemeint ist die prozessuale Sicherheitsleistung, die mit der vorläufigen Vollstreckbarkeit ausgesprochen wird (Rdnr. 58 ff.).

112   c) Die Vollstreckung hängt von einer *Zug um Zug* zu bewirkenden Leistung des Gläubigers an den Schuldner ab (§ 726 II).

(1) Würde in einem solchen Fall dem Gläubiger die Vollstreckungsklausel erst erteilt werden, wenn er nachwiese, daß er seinerseits seine Leistung erbracht habe, dann würde anstelle der Zug-um-Zug-Leistung eine Vorleistung des Gläubigers treten. Deshalb wird die vollstreckbare Ausfertigung *ohne Nachweis der Leistung des Gläubigers* erteilt, und das Vollstreckungsorgan (etwa der Gerichtsvollzieher) muß prüfen, ob der Schuldner befriedigt oder in Annahmeverzug gesetzt worden ist (vgl. §§ 756, 765; Rdnr. 171 ff.).

Im Fall b ist also dem G die Vollstreckungsklausel zu erteilen. Auf seinen Antrag wird der zuständige Gerichtsvollzieher mit dem Gemälde den S aufsuchen, diesem das Bild aushändigen und dann aus dem Titel vollstrecken. Er wird auch dann die Zwangsvollstreckung betreiben, wenn S die Annahme des Gemäldes ablehnt.

(2) Eine Ausnahme von der Ausnahme der Zug-um-Zug-Regelung sieht § 726 II a.E. vor. Wenn nämlich der Schuldner zur <u>Abgabe einer Willenserklärung</u> (z.B. einer Auflassungserklärung) Zug um Zug gegen eine vom Gläubiger zu erbringende Leistung (z.B. Zahlung von 50 000,— DM) verurteilt ist, dann soll die <u>Vollstreckungsklausel erst</u> erteilt werden, *wenn der Gläubiger den Nachweis geführt hat,* daß der Schuldner befriedigt oder in Annahmeverzug gesetzt worden ist. Diese Regelung hängt mit <u>§ 894 I</u> zusammen. Ist der Schuldner zur Abgabe einer Willenserklärung verurteilt, so gilt die Erklärung mit der Rechtskraft des Urteils als abgegeben (§ 894 I 1; Rdnr. 1115 f.). Durch diese Fiktion wird also eine eigentliche Zwangsvollstreckung erspart. Das kommt einer tatsächlichen Vorleistung des Schuldners gleich. Deshalb tritt in den Fällen, in denen die Willenserklärung von einer Gegenleistung abhängig gemacht ist, die Fiktion der Abgabe der Willenserklärung nicht schon mit der Rechtskraft des Urteils, sondern erst dann ein, wenn eine vollstreckbare Ausfertigung des rechtskräftigen

Urteils erteilt ist (§ 894 I 2). Voraussetzung dafür aber ist der Beweis durch den Gläubiger, daß der Schuldner befriedigt oder im Verzug der Annahme ist (§ 726 II a.E.).

3. Verfahren der Klauselerteilung   113

a) Kann der Gläubiger den Beweis des Eintritts der im Titel genannten Tatsache durch öffentliche oder öffentlich beglaubigte Urkunden (vgl. §§ 415 ff.) führen, ist der *Rechtspfleger* für die Erteilung der titelergänzenden Klausel zuständig (§ 726 I, § 20 Nr. 12 RPflG). Dem stehen die Fälle gleich, in denen die Tatsache offenkundig ist (vgl. § 291) oder vom Schuldner zugestanden wird (vgl. OLG Frankfurt Rpfleger 1975, 326). Der Schuldner kann vor der Erteilung der vollstreckbaren Ausfertigung (schriftlich oder mündlich) gehört werden (§ 730).

Im Fall c (vgl. RGZ 90, 177, 180) ist die Zahlung des Geldbetrages vom Tod des V abhängig. Dabei handelt es sich nicht um eine Bedingung, sondern um eine Befristung; denn der Eintritt des Ereignisses ist gewiß, nur der Zeitpunkt des Eintritts ist ungewiß (AT Rdnr. 432 f.). Aber § 726 I ist nicht nur bei einer Bedingung, sondern auch bei einer (unbestimmten) Befristung anwendbar. G wird also beim Rechtspfleger des erstinstanzlichen Gerichts einen Antrag auf Erteilung der Vollstreckungsklausel stellen und zum Nachweis des Todes eine Sterbeurkunde des V vorlegen; eine Zeitungsanzeige ist keine öffentliche Urkunde. Dann wird der Rechtspfleger die vollstreckbare Ausfertigung erteilen.

b) Vielfach ist es dem Gläubiger nicht möglich, den Beweis des Eintritts   114
der Tatsache durch öffentliche oder öffentlich beglaubigte Urkunden zu erbringen. Dann bleibt ihm, insbesondere wenn der Schuldner nicht bereit ist, die Tatsache zuzugestehen, nur die Möglichkeit, *Klage* auf Erteilung der Vollstreckungsklausel zu erheben (§ 731; Rdnr. 131 ff.).

Im Fall d ist die Räumungsverpflichtung des S von der aufschiebenden Bedingung abhängig, daß ihm eine entsprechende Ersatzwohnung zur Verfügung gestellt wird. G kann nur in einem Rechtsstreit gegen S den Beweis erbringen, daß die angebotene Ersatzwohnung den im Vergleich genannten Voraussetzungen entspricht und damit die Bedingung eingetreten ist. Gelingt dieser Beweis, wird das Gericht entscheiden, daß die Vollstreckungsklausel zu dem genannten Prozeßvergleich zu erteilen ist.

III. Die titelübertragende (= titelumschreibende) Vollstreckungsklausel   115

1. Zweck der Regelung

Hat beispielsweise der Gläubiger in einem langwierigen Prozeß ein Zahlungsurteil gegen den Schuldner erstritten und stirbt dieser, bevor die

Zwangsvollstreckung gegen ihn begonnen hat, könnte der Gläubiger nicht gegen den Erben des Schuldners vollstrecken, weil gegen den Erben kein Vollstreckungstitel vorliegt. Dem Gläubiger bliebe nichts anderes übrig, als einen neuen Rechtsstreit nunmehr gegen den Erben anzustrengen, um dann gegen diesen aus einem obsiegenden Urteil vollstrecken zu können. Dieser umständliche Weg wird vom Gesetz vermieden, indem es dem Gläubiger die Möglichkeit einräumt, trotz des gegen den Schuldner lautenden Urteils eine vollstreckbare Ausfertigung des Urteils gegen den Erben des Schuldners als dessen Rechtsnachfolger zu erlangen (vgl. § 727 I). Entsprechendes ist möglich, wenn auf der Gläubigerseite ein Personenwechsel eingetreten ist. Dazu kann es etwa dadurch gekommen sein, daß der Gläubiger verstorben ist und nun sein Erbe aus dem Urteil vollstrecken will oder daß der Gläubiger die titulierte Forderung an eine andere Person abgetreten hat und diese aus dem Urteil die Zwangsvollstreckung betreiben will.

Durch eine titelübertragende Vollstreckungsklausel soll die Zwangsvollstreckung für oder gegen eine andere als die im Vollstreckungstitel genannte Person ermöglicht werden. Die Klausel wird für oder gegen eine andere Person »umgeschrieben«, wenn das Vorliegen eines der in §§ 727 ff. genannten Tatbestände nachgewiesen ist.

Würde im Ausgangsfall der Gläubiger nach dem Tode des Schuldners gegen dessen Erben die bereits titulierte Forderung erneut einklagen, um auch gegen den Erben einen Titel zu erhalten, fehlte für diese Klage das Rechtsschutzbedürfnis (BGH NJW 1957, 1111). Denn der Gläubiger könnte auf einem einfacheren Weg, nämlich durch eine titelumschreibende Klausel, die Voraussetzungen für eine Zwangsvollstreckung gegen den Erben schaffen. Das gilt auch dann, wenn es sich bei dem Titel gegen den Erblasser um einen anderen Vollstreckungstitel als ein Urteil handelt (vgl. § 795).

116   2. Verfahren der Klauselerteilung

Das Verfahren entspricht dem oben (Rdnr. 113) bei der titelergänzenden Vollstreckungsklausel behandelten.

a) Zuständig ist der *Rechtspfleger* (§ 20 Nr. 12 RPflG). Erforderlich ist ein entsprechender Antrag. Der in Betracht kommende Tatbestand muß offenkundig bzw. vom Schuldner zugestanden sein oder durch öffentliche oder öffentlich beglaubigte Urkunden (z.B. Erbschein) bewiesen werden (§ 727 I). Die Offenkundigkeit ist in der Vollstreckungsklausel zu erwähnen (§ 727 II). Auch hier kann der Schuldner gehört werden (§ 730).

b) Wenn der Nachweis nicht in der genannten Art erbracht werden kann, bleibt nur der Weg über eine *Klage* auf Erteilung der Vollstreckungsklausel (§ 731; Rdnr. 131 ff.).

3. Fallgruppen 117

a) Bei einer *Rechtsnachfolge* auf seiten des Gläubigers oder auf seiten des Schuldners sieht § 727 I eine titelübertragende Vollstreckungsklausel vor.

(1) Für einen *Rechtsnachfolger des Gläubigers* kommt eine Umschreibung in Betracht. Dabei spielt es keine Rolle, ob es sich um eine Gesamtrechtsnachfolge (z.B. Erbfall) oder um eine Einzelrechtsnachfolge (z.B. Abtretung der titulierten Forderung) handelt und ob die Rechtsnachfolge auf Rechtsgeschäft, Gesetz (z.B. §§ 268 III, 426 II, 774 I BGB) oder Staatsakt (z.B. Zwangsvollstreckung) beruht.

Die bloße Vollstreckungsermächtigung ohne Übertragung des titulierten Anspruchs ist dagegen keine Rechtsnachfolge i.S.v. § 727, denn sie beseitigt nicht die Sachlegitimation des Gläubigers. Die Anerkennung einer Vollstreckungsstandschaft kommt in einem solchen Fall nicht in Frage (BGH WM 1985, 70 f.).

Die Rechtsnachfolge muß bei der Vollstreckung aus Urteilen nach der Rechtshängigkeit (vgl. § 261 I) eingetreten sein (§ 727 I i.V.m. § 325 I); bei einer Vollstreckung aus anderen Titeln (z.B. vollstreckbaren Urkunden) ist anstelle der Klageerhebung der Zeitpunkt der Entstehung des Titels maßgebend.

Der im Titel genannte Gläubiger verliert sein Recht auf Erteilung der Klausel, sobald seinem Rechtsnachfolger die Klausel erteilt ist (BGH ZIP 1984, 370 f.). Hält sich der Rechtsvorgänger etwa weiterhin für den Inhaber der abgetretenen Forderung, weil die Abtretung (z.B. infolge Anfechtung wegen arglistiger Täuschung) nichtig sei, so fragt es sich, auf welchem Wege er das geltend machen kann. Das Gesetz gibt ihm kein Mittel an die Hand. Da der Rechtsvorgänger die Beseitigung der Vollstreckungsklausel erreichen will, bietet sich eine analoge Anwendung der §§ 732, 768 an (StJ/*Münzberg*, § 727 Rdnr. 48 m.N.; Einzelheiten zu diesen Vorschriften: Rdnr. 136 ff., 141 ff.).

(2) Bei einem *Rechtsnachfolger des Schuldners* sind zwei Fälle zu unterscheiden: **118**

(a) Gegen den *Gesamtrechtsnachfolger* wird eine titelumschreibende Klausel erteilt (§ 727 I).

Hauptbeispiel: Der Schuldner ist gestorben und von seiner Frau beerbt worden. Hatte allerdings die Zwangsvollstreckung zur Zeit des Todes des Schuldners schon begonnen, wird sie in den Nachlaß fortgesetzt (§ 779 I). Sonst ist eine Klauselumschreibung gegen den Alleinerben, bei ungeteilter Erbengemeinschaft gegen alle Miterben erforderlich (§ 747; Rdnr. 37). Ein Nachweis der Rechtsnachfolge ist dem Gläubiger durch Vorlage eines Erbscheins möglich; die Erteilung des Erbscheins kann der Gläubiger nach § 792 verlangen. Eine Umschreibung der Klausel gegen den Erben ist allerdings während des Schwebezustandes bis zur Annahme der Erbschaft wegen § 1958 BGB nicht zulässig (Einzelheiten: ErbR Rdnr. 306).

(b) Gegen den *Einzelrechtsnachfolger* des im Titel genannten Schuldners ist der Titel ebenfalls umzuschreiben, sofern dieser gegen ihn wirkt (§ 325).

Übernimmt beispielsweise ein Dritter die Schuld des Schuldners, so scheidet eine Rechtskrafterstreckung des Urteils nach § 325 aus, weil »Veräußerung«, »Abtretung« (§ 265) und »Rechtsnachfolger« (§ 325) nur als Übergang einer Berechtigung, nicht einer Schuld zu verstehen sind (vgl. BGHZ 61, 140, 143; StJ/*Münzberg*, § 727 Rdnr. 19 m.N.; a.A. BL/*Hartmann*, § 727 Anm. 1 B m.N.).

§ 727 I behandelt ausdrücklich die Umschreibung des Titels gegen den Besitzer der in Streit befangenen Sache, gegen den das Urteil nach § 325 wirksam ist. Wenn der Gläubiger als Eigentümer eine bestimmte Sache nach § 985 BGB vom Schuldner als Besitzer herausverlangt und dieser die Sache nach Rechtshängigkeit an einen Dritten veräußert hat, dann wirkt das vom Gläubiger erstrittene obsiegende Urteil gem. § 325 I gegen den Dritten (Fall e). Jedoch kann § 325 II eingreifen.

Danach gelten die Vorschriften des bürgerlichen Rechts zugunsten derjenigen, die Rechte von einem Nichtberechtigten herleiten, entsprechend. Der Erwerb vom Nichtberechtigten setzt einen guten Glauben an das Recht des Rechtsvorgängers (im Fall e an das Eigentum des S) und an das Nichtbestehen der Rechtshängigkeit (im Fall e an die Nichtexistenz des Rechtsstreits G—S) voraus. Demnach hat D im Fall e Eigentum an dem Bild erworben, sofern er nicht mindestens grobfahrlässig (vgl. § 932 II BGB) in bezug auf das Eigentum des S oder in bezug auf die Nichtrechtshängigkeit war.

Liegen die Voraussetzungen eines gutgläubigen Erwerbs gem. § 325 II vor, dann darf der Erwerber die in Streit befangene Sache, deren Eigentümer er geworden ist, behalten; er braucht sie also nicht — auch nicht im Wege der Zwangsvollstreckung — an den im Titel genannten Gläubiger herauszugeben. Allerdings kann der Dritte den Einwand, er habe gem. § 325 II gutgläubig erworben, nicht mit Erfolg im Klauselerteilungsverfahren geltend machen. Der Rechtspfleger wird vielmehr die titelumschreibende Klausel erteilen. Dann steht dem Dritten die Möglichkeit offen, seinen gutgläubigen Erwerb mit der Klauselerinnerung (§ 732; Rdnr. 136 ff.) oder der Klage (§ 768; Rdnr. 141 ff.) gegen die Erteilung der Vollstreckungsklausel geltend zu machen (*Baur/Stürner*, Rdnr. 250; Fall e). In diesem Verfahren muß der Gläubiger die Bösgläubigkeit des Dritten dartun, da die Gutgläubigkeit vermutet wird (vgl. etwa §§ 932 I 1; 892 I 1 BGB).

Im Fall f (Leihe) scheidet ein gutgläubiger Erwerb des D aus. Dieser kann sich also nicht gegen die Zwangsvollstreckung wehren. Allerdings kommt eine Umschreibung durch den Rechtspfleger nur in Betracht, wenn das Besitzmittlungsverhältnis (vgl. § 325 I a.E.) offenkundig, vom Dritten zugestanden oder vom Gläubiger durch öffentliche oder öffentlich beglaubigte Urkunden nachgewiesen ist (§ 727 I). Ansonsten bleibt nur die Klage des Gläubigers auf Erteilung der Klausel gegen den Dritten (§ 731; Rdnr. 131 ff.).

b) Bei einer *Nacherbfolge* ist eine besondere Regelung für die Titelum-   **119**
schreibung erforderlich. Nacherbe ist, wer Erbe werden soll, wenn zuvor ein
anderer (= Vorerbe) Erbe geworden ist (§ 2100 BGB). Bei einem Titel für
oder gegen den Vorerben ist im Falle des Eintritts des Nacherbfalls eine
Umschreibung für oder gegen den Nacherben nicht nach § 727 möglich;
denn diese Vorschrift würde voraussetzen, daß der Nacherbe Rechtsnachfolger des Vorerben wäre. Jedoch ist der Nacherbe wie der Vorerbe Rechtsnachfolger des Erblassers. Deshalb ist die Erteilung einer vollstreckbaren
Ausfertigung eines für oder gegen den Vorerben lautenden Titels für und
gegen den Nacherben in § 728 I besonders geregelt. Diese Vorschrift geht
von der Rechtskraftregelung des § 326 aus. Danach sind folgende Fälle zu
unterscheiden:

(1) Der Gläubiger klagt eine Nachlaßverbindlichkeit gegen den Vorerben
ein (*Passivprozeß* über eine Nachlaßverbindlichkeit).

(a) Das (klageabweisende) Urteil wirkt *zugunsten des Nacherben,* sofern   (r)
es vor dem Nacherbfall rechtskräftig wurde (§ 326 I). Der Nacherbe kann
den Titel auf sich umschreiben lassen (§ 728 I i.V.m. § 727; Nachweis durch
Erbschein).

(b) Das (der Klage stattgebende) Urteil wirkt *nicht gegen den Nacherben.*   (-)
§ 326 greift nicht ein; denn § 326 I behandelt nur den Passivprozeß mit
einem für den Nacherben günstigen Urteil, und § 326 II betrifft den Aktivprozeß. Demnach kann der Gläubiger das gegen den Vorerben erstrittene
Urteil nicht gegen den Nacherben umschreiben lassen.

(2) Der Vorerbe klagt gegen den Besitzer auf Herausgabe eines der Nach-   **120**
erbfolge unterliegenden Nachlaßgegenstandes (*Aktivprozeß* über einen der
Nacherbfolge unterliegenden Gegenstand).

(a) Das (der Klage stattgebende) Urteil wirkt *zugunsten des Nacherben,*   (+)
wenn der Nacherbfall erst nach der Rechtskraft des Urteils eingetreten ist
(§ 326 I). Eine Titelumschreibung auf den Nacherben ist möglich (§§ 728 I,
727).

(b) Das (die Klage abweisende) Urteil wirkt *gegen den Nacherben,* wenn   (+)
der Nacherbfall nach Rechtskraft des Urteils eintritt und der Vorerbe über
den Gegenstand ohne Zustimmung des Nacherben zu verfügen berechtigt
war (§ 326 II).

Die Fälle, in denen der Vorerbe ohne Zustimmung des Nacherben verfügungsbe-
fugt ist, sind dem materiellen Recht zu entnehmen (vgl. § 2112 BGB). Zustimmungs-
bedürftig sind insbesondere Verfügungen des Vorerben über zur Erbschaft gehörende

Grundstücke oder Grundstücksrechte, ferner unentgeltliche Verfügungen und Verfügungen zur Erfüllung eines vom Vorerben erteilten Schenkungsversprechens (Einzelheiten: §§ 2113 ff. BGB; ErbR Rdnr. 349 ff.; bei befreiter Vorerbschaft: § 2136 BGB; ErbR Rdnr. 369 ff.).

Bei Rechtskrafterstreckung gegen den Nacherben ist eine Titelumschreibung möglich (§§ 728 I, 727).

121   c) Bei einer *Testamentsvollstreckung* ist zu unterscheiden, ob ein für oder gegen den Erblasser lautender Vollstreckungstitel auf den Testamentsvollstrecker oder ob ein für oder gegen den Testamentsvollstrecker lautender Titel gegen den Erben umgeschrieben werden kann. In beiden Fällen greift nicht § 727 ein. Denn der Testamentsvollstrecker ist nicht Rechtsnachfolger des Erblassers, und der Erbe ist nicht Rechtsnachfolger des Testamentsvollstreckers.

(1) Beim Erbfall liegt bereits ein *auf den Erblasser lautender Vollstreckungstitel* vor.

(a) Ein Titel *für den Erblasser* kann für den Testamentsvollstrecker umgeschrieben werden, wenn das Recht der Verwaltung des Testamentsvollstreckers unterliegt (§ 749, 1 i.V.m. § 727 I). Der Nachweis ist durch Vorlage eines Testamentsvollstreckerzeugnisses möglich, aus dem sich die Beschränkungen des Testamentsvollstreckers in der Verwaltung des Nachlasses ergeben (vgl. § 2368 I BGB).

(b) Bei einem Titel *gegen den Erblasser* sind folgende Fälle zu unterscheiden:

(aa) Hatte die *Zwangsvollstreckung bereits vor dem Erbfall begonnen,* wird sie gegen den Nachlaß fortgesetzt (§ 779 I). Das gilt auch dann, wenn inzwischen ein Testamentsvollstrecker bestellt ist. Eine Umschreibung ist nicht erforderlich.

(bb) Wenn die *Zwangsvollstreckung zur Zeit des Erbfalls noch nicht begonnen* hatte und der *ganze Nachlaß* der Testamentsvollstreckung unterliegt, ist ein Titel gegen den Testamentsvollstrecker erforderlich (§ 748 I; Rdnr. 40). Hier kommt eine Umschreibung des gegen den Erblasser lautenden Titels gegen den Testamentsvollstrecker in Betracht (§ 749, 1 i.V.m. § 727).

(cc) Sofern aber die Zwangsvollstreckung gegen den Testamentsvollstrecker begonnen werden soll, der *nur einzelne Nachlaßgegenstände* verwaltet, so sind ein Titel gegen den Erben und ein Duldungstitel gegen den Testamentsvollstrecker erforderlich, wenn die Vollstreckung in Gegenstände erfolgen soll, die unter der Verwaltung des Testamentsvollstreckers stehen (§ 748 II). Hier ist eine Umschreibung des gegen den Erblasser lautenden

Titels gegen den Erben (§ 727 I) und gegen den Testamentsvollstrecker (§ 749, 2) möglich.

(2) Der Vollstreckungstitel lautet *für oder gegen den Testamentsvollstrek-* **122**
ker. In diesem Fall knüpft § 728 II für die Titelumschreibung auf den Erben an die in § 327 geregelte Rechtskrafterstreckung an (ErbR Rdnr. 393 f.). Nach § 327 I wirkt ein Urteil in einem Aktivprozeß (des Testamentsvollstreckers gegen einen Dritten) für und gegen den Erben, wenn das gerichtlich geltend gemachte Recht der Verwaltung des Testamentsvollstreckers unterliegt (vgl. § 2212 BGB). Gemäß § 327 II gilt das gleiche für das Urteil in einem Passivprozeß (eines Dritten gegen den Testamentsvollstrecker); das Urteil wirkt für und gegen den Erben, wenn der Testamentsvollstrecker zur Führung des Rechtsstreits berechtigt ist. Ob diese Voraussetzung vorliegt, ergibt sich aus § 2213 BGB.

Wenn der Titel nach § 327 gegenüber dem Erben wirksam ist, kann der auf den Testamentsvollstrecker lautende Titel auf den Erben umgeschrieben werden (§ 728 II 1). Die Umschreibung *für* den Erben ist erst nach dem Abschluß der Testamentsvollstreckung zulässig; *gegen* den Erben kann die Klausel jedoch sogleich erteilt werden (vgl. § 2212 BGB; § 728 II 2).

d) Bei einer *Vermögensübernahme* wird nach § 419 I BGB der Erwerber **123**
des Vermögens neben dem Veräußerer Schuldner des Gläubigers, der bisher für seine Forderung nur den Veräußerer als Schuldner in Anspruch nehmen konnte; § 419 I BGB trifft diese Regelung im Gläubigerinteresse, weil der Gläubiger seine Forderung gegen seinen alten Schuldner nicht mehr wird durchsetzen können, da dessen Vermögen als Zugriffsobjekt fehlt (AS Rdnr. 420 ff.). Hat der Gläubiger einen Vollstreckungstitel gegen seinen alten Schuldner erlangt und überträgt dieser nach der Rechtskraft des Urteils oder nach der Entstehung des Titels sein Vermögen auf einen Dritten, kann gegen diesen der Titel umgeschrieben werden (§ 729 I i.V.m. § 727). In der Klausel ist die Gesamthaftung zu erwähnen.

Da der Gläubiger durch die Vermögensübernahme keine weiteren Haftungsobjekte erhalten soll, braucht der Vermögensübernehmer nur mit dem übernommenen Vermögen zu haften (§ 419 II BGB). Diese gegenständlich beschränkte Haftung bleibt bei der Erteilung der Vollstreckungsklausel unberücksichtigt. Vollstreckt der Gläubiger bei dem Vermögensübernehmer etwa wegen einer Geldforderung in eine Sache, die nicht zum übernommenen Vermögen gehört, kann der Übernehmer dagegen mit der Klage nach §§ 786, 785, 767 vorgehen (Rdnr. 1395).

e) Bei der *Übernahme eines Handelsgeschäfts* unter Lebenden und Fort- **124**
führung der bisherigen Firma haftet der Erwerber für alle im Betrieb des Geschäfts begründeten Verbindlichkeiten des früheren Inhabers (§ 25 I 1 HGB; HR Rdnr. 166 ff.). Erfolgt die Übernahme bei der Vollstreckung aus einem Urteil nach dessen Rechtskraft, dann ist — wie bei der Vermögens-

übernahme — eine Titelübertragung gegen den Erwerber möglich (§ 729 II); bei der Vollstreckung aus einem anderen Titel ist der Zeitpunkt der Entstehung des Titels maßgebend. Der Nachweis des Erwerbs und der Firmenfortführung kann durch einen Handelsregisterauszug erbracht werden.

Im Fall g greift § 729 II nach dem Wortlaut nicht ein, weil D nicht das Geschäft des S fortführt, sondern in das Geschäft des Einzelkaufmanns S eingetreten ist (vgl. § 28 I 1 HGB). Aber wegen der gleichen Interessenlage ist § 729 II auf den Fall des § 28 I 1 HGB entsprechend anwendbar (allg. Meinung; vgl. etwa BL/*Hartmann*, § 729 Anm. 2 B; StJ/*Münzberg*, § 729 Rdnr. 8). Die Klausel ist gegen die Gesellschaft und gegen den neuen Gesellschafter zu erteilen.

125   f) Bei einem *Vermögens- oder Erbschaftsnießbrauch* kann der nach § 737 erforderliche Duldungstitel gegen den Nießbraucher (Rdnr. 38) durch Titelumschreibung erreicht werden, wenn die Bestellung des Nießbrauchs erst *nach* der Rechtskraft des Urteils gegen den Besteller erfolgt (§ 738).

126   g) Bei der *Gütergemeinschaft* (Rdnr. 35, 36) sieht das Gesetz in drei Fällen eine Titelumschreibung vor (§§ 742, 744, 745 II).

(1) Nach Rechtshängigkeit eines Rechtsstreits, in dem einer der Ehegatten Partei ist, tritt die Gütergemeinschaft ein. Der Rechtsstreit wird — ohne Zustimmung des anderen Gatten — fortgesetzt (§§ 1433, 1455 Nr. 7 BGB). Sofern der den Rechtsstreit führende Ehegatte das Gesamtgut nicht oder nicht allein verwaltet, kann — in entsprechender Anwendung des § 727 (Rechtsnachfolge) — eine vollstreckbare Ausfertigung *für* oder *gegen* den anderen Ehegatten erteilt werden (§ 742).

(2) Nach rechtskräftiger Beendigung eines Rechtsstreits des das Gesamtgut allein verwaltenden Ehegatten wird die Gütergemeinschaft beendet (Rdnr. 36). Nunmehr steht beiden Ehegatten zusammen die Verwaltung des Gesamtguts zu (§ 1472 BGB). Zur Zwangsvollstreckung in das Gesamtgut ist auch ein Titel gegen den anderen Ehegatten erforderlich. § 744 gibt die Möglichkeit, die Vollstreckungsklausel *gegen* diesen Gatten »in Ansehung des Gesamtguts« zu erteilen.

(3) Das soeben Gesagte *gilt entsprechend* für den Fall, daß nach Rechtskraft des Urteils die fortgesetzte Gütergemeinschaft (Rdnr. 36) beendet wird (§ 745 II i.V.m. § 744).

127   h) Gesetzlich nicht geregelt sind — abgesehen von der Testamentsvollstreckung — die Fälle, in denen an die Stelle des Gläubigers oder Schuldners eine *Partei kraft Amtes* (Rdnr. 39 ff.) tritt oder die Stellung als Partei kraft Amtes endet. Diese ist nicht Vertreter des Rechtsinhabers und auch nicht dessen Rechtsnachfolger. Dennoch ist die Vorschrift des § 727 über die Rechtsnachfolge entsprechend anwendbar. Das kann aus der gesetzlichen Regelung über die Titelumschreibung bei Testamentsvollstreckung entnommen werden. Bei Eintritt der Testamentsvollstreckung ist nach § 749 (Rdnr. 121) und bei deren Beendigung nach § 728 II die Bestimmung des § 727 entsprechend anzuwenden. Das muß bei der gleichen Interessenlage

auch in den anderen Fällen der Partei kraft Amtes gelten (vgl. etwa BL/ *Hartmann,* § 727 Anm. 1 A; StJ/*Münzberg,* § 727 Rdnr. 25 ff.).

(1) Beim *Konkursverwalter* sind zwei Fälle zu unterscheiden:

(a) Ein *Titel zugunsten des späteren Gemeinschuldners* kann nach Konkurseröffnung für den Konkursverwalter umgeschrieben werden, wenn das titulierte Recht der Verfügung des Konkursverwalters unterliegt (Fall h). Eine Umschreibung gegen den Konkursverwalter kommt nur in Betracht, wenn eine Zwangsvollstreckung gegen ihn zulässig ist. Das ist der Fall, wenn der Titel ein Aus- oder Absonderungsrecht (§§ 43 ff. KO; §§ 47 ff. KO) oder eine Masseschuld (vgl. § 59 I Nr. 3 KO) betrifft, nicht dagegen bei einer bloßen Konkursforderung (§ 3 KO), weil deretwegen eine Vollstreckung in die Konkursmasse nicht stattfindet (§ 14 KO). Der Konkursgläubiger muß seine Konkursforderung zur Konkurstabelle anmelden (vgl. §§ 138 ff. KO).

(b) Lautet der *Titel auf den Konkursverwalter* und endet die Konkursverwaltung, kann der Titel für oder gegen den bisherigen Gemeinschuldner umgeschrieben werden.

Wechselt während des Konkursverfahrens die Person des Konkursverwalters, ist eine Umschreibung auf den neuen Konkursverwalter nicht erforderlich; jedoch kann eine Klarstellung entsprechend § 727 jedenfalls dann erfolgen, wenn sich Schwierigkeiten bei der Zwangsvollstreckung ergeben.

(2) Auch bei einem *Zwangsverwalter* sowie einem *Nachlaßverwalter* sind hinsichtlich der Titelumschreibung die Regeln der Rechtsnachfolge entsprechend anwendbar.

Dagegen braucht ein Titel auf einen Nachlaßpfleger nicht umgeschrieben zu werden, da dieser Vertreter des Erben ist (vgl. § 1915 BGB).

§ 8   Die Rechtsbehelfe im Verfahren zur Erteilung der Vollstreckungsklausel   128

Schrifttum: *Baltzer,* Durchgriffserinnerung oder einfache Erinnerung gegen die Klauselerteilung nach §§ 726 ff. ZPO?, DRiZ 1977, 228; *Palm,* Erinnerung und Beschwerde bei Erteilung und Verweigerung einer Vollstreckungsklausel, Rpfleger 1967, 365; *Schneider,* Durchgriffserinnerung gegen die Erteilung der Vollstreckungsklausel?, JurBüro 1978, 1118.

Fälle:

a) In einem vor dem LG Köln geschlossenen Vergleich hat S sich verpflichtet, 10 000,— DM in monatlichen Raten von 1000,— DM jeweils bis zum fünften des

Monats zu zahlen; andernfalls soll der gesamte Restbetrag auf einmal fällig werden. G beantragt beim Urkundsbeamten der Geschäftsstelle des LG Köln die Erteilung der Vollstreckungsklausel wegen des noch ausstehenden Restbetrages von 7000,— DM. Er behauptet, S habe nach Zahlung von drei Raten schon monatelang keine Rate mehr gezahlt. Der Urkundsbeamte lehnt die Klauselerteilung ab, weil er nicht zuständig sei. Was soll G tun?

b) In dem gerichtlichen Vergleich hat G dem S einen Betrag von 4000,— DM erlassen. Diese Schuld soll jedoch wieder aufleben, wenn S mit seinen Ratenzahlungen in Rückstand kommt. G beantragt beim Rechtspfleger die Erteilung der Vollstreckungsklausel, weil S mit der Ratenzahlung in Rückstand geraten sei. Der Rechtspfleger lehnt die Klauselerteilung ab, weil G den Beweis des Zahlungsrückstandes nicht erbracht habe. Kann G mit Erfolg Erinnerung einlegen?

c) Im Fall a handelt es sich um eine notarielle Urkunde, und der Notar lehnt es ab, die Vollstreckungsklausel zu erteilen.

d) G_1 hat gegen S ein Urteil auf Zahlung von 5000,— DM erstritten. Da G_1 bereits während des Rechtsstreits diese Forderung an G_2 abgetreten hatte, hat G_2 eine Titelumschreibung auf sich beantragt, und der Rechtspfleger hat diesem Antrag stattgegeben. S will sich dagegen wehren, weil der Abtretungsvertrag wegen Geisteskrankheit des G_1 nichtig sei.

I. Rechtsbehelfe des Gläubigers

1. Erinnerung und Beschwerde

Ist die vom Gläubiger beantragte Vollstreckungsklausel versagt worden, hängt die Wahl des Rechtsbehelfs davon ab, wer die Erteilung der Vollstreckungsklausel verweigert hat.

a) Hat der *Urkundsbeamte der Geschäfsstelle* die Klauselerteilung abgelehnt, kann der Gläubiger die Entscheidung des Prozeßgerichts nachsuchen (*§ 576 I; Erinnerung*). Es besteht kein Anwaltszwang.
Hält der Urkundsbeamte die Erinnerung für begründet, ist er befugt und verpflichtet, der Erinnerung abzuhelfen. Das ergibt sich zwar nicht ausdrücklich aus dem Gesetz, ist aber für den Richter in § 571 sowie für den Rechtspfleger in § 11 II 1 RPflG bestimmt und dient der Prozeßwirtschaftlichkeit. Hilft der Urkundsbeamte nicht ab, hat er die Sache dem Richter vorzulegen.

Im Fall a ist dem G zu raten, Erinnerung nach § 576 I einzulegen. Diese ist auch begründet. Vereinbart wurde eine sog. Verfallklausel. Dem S sollte die Möglichkeit gegeben werden, durch termingerechte Zahlung die Vollstreckung abzuwenden (vgl. RGZ 134, 156, 160; BGH DB 1964, 1850). Nicht G muß nachweisen, daß S mit der Ratenzahlung in Verzug ist, sondern S muß dartun, daß er rechtzeitig erfüllt hat (vgl.

KG MDR 1967, 848). Es handelt sich also um einen Fall der einfachen Vollstreckungsklausel (Rdnr. 109), für deren Erteilung der Urkundsbeamte zuständig ist.

b) Hat der *Rechtspfleger*, der in den Fällen der titelergänzenden und der   **129**
titelübertragenden Vollstreckungsklausel zuständig ist (Rdnr. 110 ff.; 115 ff.),
die Klauselerteilung verweigert, steht dem Gläubiger die *Rechtspflegererin-*
nerung zu (§ 11 RPflG; Rdnr. 1273 ff.).
Der Rechtspfleger kann und muß der Erinnerung abhelfen
(§ 11 II 1 RPflG), wenn er diese als begründet ansieht. Andernfalls legt er sie
dem Richter vor (§ 11 II 2 RPflG). Hilft auch der Richter der Erinnerung
nicht ab, legt er sie dem Rechtsmittelgericht vor (§ 11 II 4 RPflG); in diesem
Fall gilt die Erinnerung als Beschwerde gegen die Entscheidung des Rechtspflegers (§ 11 II 5 RPflG; sog. Durchgriffserinnerung).

Im Fall b wäre die Erinnerung unbegründet. Vereinbart wurde eine Wiederaufle-
bensklausel. Dem S wurde die Forderung in Höhe von 4000,— DM erlassen. Diese
Forderung sollte unter der aufschiebenden Bedingung wieder aufleben, daß S mit der
Ratenzahlung in Rückstand kommt. Den Eintritt dieser Bedingung hat G nachzuweisen (vgl. KG MDR 1967, 848 m.N.). Wenn ihm der Beweis nicht durch öffentliche
oder öffentlich beglaubigte Urkunden (vgl. Rdnr. 113 f. zum Verfahren bei der titelergänzenden Klausel) gelungen ist, hat der Rechtspfleger die Erteilung der Vollstrek-
kungsklausel zu Recht abgelehnt.

c) Hat der *Richter* auf die genannten Rechtsbehelfe hin dem Begehren   **130**
des Gläubigers nicht stattgegeben, bleibt diesem die Möglichkeit der *Be-*
schwerde (§§ 576 II, 567 ff.). Dabei handelt es sich um eine einfache (= nicht
fristgebundene) Beschwerde und nicht um eine sofortige Beschwerde (vgl.
§ 793), da die Klauselerteilung nicht im Vollstreckungsverfahren, sondern zu
dessen Vorbereitung erfolgt (allg. Meinung; vgl. *Rosenberg,* § 176 I 1; BL/
Hartmann, § 724 Anm. 3 D; *Baur/Stürner,* Rdnr. 269).

d) Hat bei einer notariellen Urkunde der *Notar* die Erteilung der Vollstreckungsklausel abgelehnt, ist die *Beschwerde* gegeben; über sie entscheidet die Zivilkammer des Landgerichts, in dessen Bezirk der Notar seinen
Sitz hat (§ 54 BeurkG; §§ 19 ff. FGG; Fall c).

2. Klage auf Erteilung der Vollstreckungsklausel (§ 731)   **131**

Kann der Gläubiger in einem Fall der titelergänzenden oder titelübertragenden Vollstreckungsklausel (Rdnr. 110 ff.) den erforderlichen Nachweis
nicht durch öffentliche oder öffentlich beglaubigte Urkunden führen, bleibt
ihm nur die Klage auf Erteilung der Vollstreckungsklausel. Dabei handelt es
sich nach h.M. um eine prozessuale Feststellungsklage (BL/*Hartmann,*
§ 731 Anm. 1; *Baur/Stürner,* Rdnr. 275; *Thomas/Putzo,* § 731 Anm. 1 b),

nach anderer Ansicht um eine prozessuale Gestaltungsklage (StJ/*Münzberg,* § 731 Rdnr. 8).

a) *Partei des Rechtsstreits* ist auf der Klägerseite, wer die Vollstreckungs-klausel begehrt, und auf der Beklagtenseite derjenige, gegen den die Klausel begehrt wird.

Das sind im Fall der titelergänzenden Klausel die im Vollstreckungstitel genannten Gläubiger und Schuldner. Im Fall der titelübertragenden Klausel kann ein Dritter (etwa der Rechtsnachfolger des Gläubigers) Kläger und ein anderer (etwa der Rechtsnachfolger des Schuldners) Beklagter sein.

132   b) *Zuständiges Gericht* ist das Prozeßgericht des ersten Rechtszuges. Dabei handelt es sich um eine ausschließliche Zuständigkeit (§ 802), so daß die Vereinbarung eines anderen Gerichts unzulässig ist.

§ 731 gilt für Urteile (Rdnr. 46 ff.) und in Verbindung mit § 795 für gerichtliche Vergleiche (Rdnr. 84 ff.) sowie Entscheidungen nach § 794 II Nr. 2 bis 3a (Rdnr. 92—96). Bei einem Vollstreckungsbescheid (Rdnr. 97) ist für eine Klage auf Erteilung der Vollstreckungsklausel das Gericht zuständig, das für eine Entscheidung im Streitverfahren zuständig gewesen wäre (§ 796 III). Wenn es sich um die Klage auf Erteilung der Klausel für eine vollstreckbare Urkunde (Rdnr. 87 ff.) handelt, ist der allgemeine Gerichtsstand des Schuldners für die Zuständigkeit maßgebend (vgl. §§ 797 V, 12 f., 23).

133   c) Von den Prozeßvoraussetzungen hat das Gericht insbesondere das *Rechtsschutzbedürfnis* zu prüfen. Daran fehlt es, wenn der Kläger auf einem einfacheren Weg, nämlich durch einen Antrag beim Rechtspfleger auf Titelergänzung oder -umschreibung, sein Ziel erreichen kann. Ist also der Kläger in der Lage, die nach §§ 726 ff. erforderlichen Urkunden vorzulegen, soll er den Antrag beim Rechtspfleger stellen. Eine Klage nach § 731 ist demnach unzulässig. Andererseits ist dem Kläger ohne diese Urkunden nicht zuzumuten, zunächst den einfacheren Weg in der Hoffnung zu beschreiten, der Schuldner könne die zu beweisende Tatsache zugestehen, so daß sich der Nachweis erübrigt. Erst recht kann vom Kläger nicht verlangt werden, gegen einen die Klauselerteilung ablehnenden Beschluß des Rechtspflegers auch noch Erinnerung einzulegen, um dann — nach einer für ihn ungünstigen Entscheidung des Richters — zulässigerweise Klage auf Erteilung der Klausel erheben zu können. Das würde zu einer Verdoppelung der gerichtlichen Verfahren führen und damit dem Gedanken der Prozeßwirtschaftlichkeit entgegenstehen (vgl. StJ/*Münzberg,* § 731 Rdnr. 1 ff.).

Ist G im Fall b außerstande, den Zahlungsrückstand des S durch öffentliche oder öffentlich beglaubigte Urkunden nachzuweisen, kann er sich eine Erinnerung gegen die Entscheidung des Rechtspflegers ersparen und sofort die Klauselklage erheben.

134   d) Bei der *Begründetheit der Klage* hat das Gericht insbesondere zwei Fragen zu prüfen:

(1) Es müssen vom Kläger die von ihm *behaupteten Tatsachen bewiesen* werden, so daß die Voraussetzungen für die Erteilung einer titelergänzenden oder titelübertragenden Vollstreckungsklausel gegeben sind. Für die Beweisaufnahme gelten die Vorschriften, die auch sonst im Zivilprozeß maßgebend sind (§§ 355 ff.).

Im Fall b käme für den Beweis, daß S in Zahlungsrückstand geraten und damit die aufschiebende Bedingung des Wiederauflebens der Forderung eingetreten ist, etwa Zeugenbeweis, notfalls Parteivernehmung in Betracht.

(2) Erhebt der Beklagte *Einwendungen* (z.B. daß kein vollstreckungsfähiger Titel vorliege oder daß er — der Beklagte — aufgerechnet habe), muß das Gericht dem nachgehen. Ist die Einwendung begründet, macht sie die Zwangsvollstreckung unzulässig (Rdnr. 140). Das muß schon bei der Klage aus § 731 berücksichtigt werden. Denn es geht nicht an, daß zunächst die Vollstreckungsklausel erteilt wird und dann auf eine Erinnerung des Schuldners nach § 732 oder auf eine Klage nach § 767 die Zwangsvollstreckung für unzulässig erklärt wird.

e) Ist die Klage begründet, lautet das *Urteil* entsprechend dem Klageantrag: »Die Erteilung der Vollstreckungsklausel zum (genaue Bezeichnung des Vollstreckungstitels) für den Kläger gegen den Beklagten ist zulässig.« Die Kostenentscheidung ist aus §§ 91 ff., die Entscheidung über die vorläufige Vollstreckbarkeit aus § 708 (Rdnr. 53 ff.) zu entnehmen. **135**

Das Prozeßgericht erteilt also nicht selbst die Klausel. Vielmehr muß die Klausel aufgrund des (vorläufig vollstreckbaren oder rechtskräftigen) Urteils erteilt werden. Nach einer Ansicht soll der Rechtspfleger (StJ/*Münzberg*, § 731 Rdnr. 7), nach einer anderen der Urkundsbeamte der Geschäftsstelle (*Thomas/Putzo*, § 731 Anm. 7) zuständig sein. Der letzten Ansicht ist zuzustimmen, weil es sich nach Erlaß des Urteils um einen einfachen Fall handelt, der keine großen Rechtsprobleme aufwirft.

Gegen das Urteil gibt es die gewöhnlichen Rechtsmittel. Durch die Rechtskraft des Urteils sind die Erinnerung nach § 732 und die Klage nach § 768 ausgeschlossen. Das gilt auch für die Vollstreckungsgegenklage gem. § 767 hinsichtlich solcher Einwendungen, die bis zum Schluß der letzten mündlichen Verhandlung in dem Rechtsstreit nach § 731 vorgebracht werden konnten (vgl. § 767 II).

II. Rechtsbehelfe des Schuldners   **136**

1. Erinnerung (§ 732)

Ist die Vollstreckungsklausel erteilt worden, dann steht dem Schuldner oder demjenigen, gegen den die Klausel erteilt worden ist (z.B. dem Rechtsnachfolger des im Titel genannten Schuldners), die Erinnerung nach § 732 I zu. Dieser Rechtsbehelf tritt an die Stelle einer Beschwerde des Schuldners gegen die Klauselerteilung; damit wird der Devolutiveffekt einer Beschwerde vermieden; wenn der Schuldner sich gegen die Zulässigkeit der bereits erteilten Vollstreckungsklausel wendet, dann soll darüber das Gericht entscheiden, dessen Urkundsbeamter der Geschäftsstelle oder dessen Rechtspfleger die Klausel erteilt hat. § 732 I schließt als Spezialregel die Rechtspflegererinnerung und damit die Durchgriffserinnerung aus (h.M.; OLG Karlsruhe Rpfleger 1983, 118; *Baur/Stürner*, Rdnr. 270; *Bruns/Peters*, § 8 I 5 FN 12; *Thomas/Putzo*, § 732 Anm. 1 b; a.A. OLG Hamburg FamRZ 1981, 980).

137   a) Folgende *Voraussetzungen* für die Zulässigkeit und Begründetheit der Erinnerung hat das Gericht vornehmlich zu prüfen:

(1) *Zuständig* ist das Gericht, dessen Urkundsbeamter oder Rechtspfleger die Klausel erteilt hat (§ 732 I 1).

Bei notariellen Urkunden (Rdnr. 87 ff.) entscheidet das Amtsgericht, in dessen Bezirk der Notar seinen Sitz hat (vgl. § 797 III), bei einem Gütestellenvergleich (§ 797a) das Amtsgericht, in dessen Bezirk die Gütestelle ihren Sitz hat (vgl. § 797a II, IV 3).

(2) Es muß ein *Antrag* des Schuldners oder dessen, gegen den der Titel umgeschrieben worden ist, vorliegen. Die Erinnerung muß — wie eine Beschwerde — schriftlich oder zu Protokoll der Geschäftsstelle eingelegt werden (§ 569 II analog). Ein Anwaltszwang besteht nicht.

(3) Ein *Rechtsschutzinteresse* für den Antrag ist vom Zeitpunkt der Klauselerteilung bis zur Beendigung der Zwangsvollstreckung gegeben.

Solange dem Gläubiger noch keine Klausel erteilt worden ist, kann der Schuldner seine Einwendungen gegen die Klausel bei einer Anhörung (vgl. § 730) oder im Rechtsstreit auf Erteilung der Klausel (§ 731) geltend machen.

138   (4) Es muß eine *Einwendung gegen die Zulässigkeit der Vollstreckungsklausel* geltend gemacht werden. Dem Gericht muß dargetan werden, daß die Vollstreckungsklausel zu Unrecht erteilt worden ist. Dabei kommen zwei Arten von Einwendungen in Betracht:

(a) *Formelle* Einwendungen sind solche, mit denen ein formeller Fehler im Klauselerteilungsverfahren gerügt wird.

Beispiele: Es fehlt an einem wirksamen Vollstreckungstitel. Das Urteil ist weder rechtskräftig noch vorläufig vollstreckbar. Der Nachweis des Eintritts der Bedingung (§ 726 I; Rdnr. 110 ff.) oder der Rechtsnachfolge (§ 727 I; Rdnr. 115 ff.) ist nicht durch öffentliche oder öffentlich beglaubigte Urkunden erbracht (Rdnr. 113, 116); es ist fälschlicherweise davon ausgegangen worden, daß der Schuldner die in Rede stehende Tatsache zugestanden hat.

(b) *Materielle* Einwendungen sind solche, mit denen geltend gemacht   **139**
wird, daß die materiellen Voraussetzungen für die Erteilung einer titelergänzenden oder titelübertragenden Klausel nicht vorliegen.

Beispiele: Die Tatsachen, die bei der Erteilung einer qualifizierten Klausel
zugrunde gelegt wurden, sind nicht gegeben. Es hat keine Rechtsnachfolge stattgefunden, weil der Abtretungsvertrag wegen Geisteskrankheit des Zedenten nichtig ist
(Fall d) oder weil er wirksam angefochten worden ist.

Diese materiellen Einwendungen gegen die Erteilung einer titelergänzenden oder titelübertragenden Klausel können auch mit der Klage nach § 768
(Rdnr. 141 ff.) vorgebracht werden. Sie sind streng zu unterscheiden von den
materiellen Einwendungen, die sich gegen den titulierten Anspruch selbst
richten. Diese sind weder nach § 732 noch nach § 768, sondern durch Vollstreckungsgegenklage (§ 767; Rdnr. 1312 ff.) geltend zu machen.

Ist bei einem Vollstreckungstitel mit einer Verfallklausel (Fall a) die Vollstrek-
kungsklausel erteilt worden und will der Schuldner gegenüber dem vollstreckbaren
Anspruch die rechtzeitige Erfüllung einwenden, steht ihm dafür nicht der Weg des
§ 732 oder der des § 768 offen; vielmehr sind die Einwendungen des Schuldners
gegen den Eintritt des Verfalls solche nach § 767 (so mit Recht BGH DNotZ 1965,
544).

b) Die *Entscheidung des Gerichts*, die ohne mündliche Verhandlung erge-   **140**
hen kann (§ 732 I 2), erfolgt durch Beschluß. Für sie ist nicht entscheidend,
ob die Klausel bei ihrer Erteilung zulässig war; vielmehr ist der Zeitpunkt
der Entscheidung maßgebend.

Weist der Beschluß den Antrag (die Erinnerung) zurück, hat der Antragsteller (Schuldner) die einfache Beschwerde (§ 567). Gibt der Beschluß dem
Antrag statt, lautet der Tenor: »Die Zwangsvollstreckung aus der vollstreckbaren Ausfertigung des (genaue Bezeichnung des Vollstreckungstitels) ist
unzulässig.« Dagegen steht dem Gläubiger die einfache Beschwerde zu.

c) Das Gericht kann vor der Entscheidung (von Amts wegen oder auf
Antrag) eine *einstweilige Anordnung* erlassen (§ 732 II), da die Erinnerung
keine aufschiebende Wirkung hat.

Es kann die Zwangsvollstreckung (gegen oder ohne Sicherheitsleistung) einstweilen einstellen oder bestimmen, daß die Vollstreckung nur gegen Sicherheitsleistung
fortzusetzen sei (§ 732 II). Die Anordnung ist unanfechtbar; sie tritt mit der Entscheidung über die Erinnerung außer Kraft.

2. Klage gegen die Vollstreckungsklausel (§ 768)   **141**

Ist eine qualifizierte (also titelergänzende oder titelumschreibende) Vollstreckungsklausel erteilt worden und bestreitet der Schuldner, daß die mate-

riellen Voraussetzungen für die Erteilung einer solchen Klausel gegeben sind, hat er die Möglichkeit, Klage nach § 768 zu erheben.

a) *Abzugrenzen* ist die Klage nach § 768 von anderen Klagen und Rechtsbehelfen.

(1) Die Klage nach § 768 ist das Gegenstück zur Klage nach *§ 731*. In beiden Fällen geht es um eine qualifizierte Klausel. Mit der Klage nach § 731 erstrebt der Gläubiger die Erteilung einer Vollstreckungsklausel gegen den Schuldner (vgl. Rdnr. 131). Mit der Klage nach § 768 begehrt der Schuldner gegen den Gläubiger ein Urteil, wonach die Zwangsvollstreckung aus der bereits erteilten Vollstreckungsklausel unzulässig ist. Daraus folgt, daß die Klage aus § 768 nicht auf Einwendungen gestützt werden kann, die in dem rechtskräftigen Urteil auf die Klage aus § 731 zurückgewiesen worden sind (*Rosenberg,* § 176 II 2).

142   (2) Die Klage nach § 768 ist ein Spezialfall der Vollstreckungsgegenklage nach *§ 767*. Diese richtet sich gegen den titulierten Anspruch, die Klage nach § 768 gegen die erteilte Vollstreckungsklausel (vgl. Rdnr. 139).

143   (3) Die Klage nach § 768 und die Erinnerung nach *§ 732* haben insoweit die gleichen Voraussetzungen, als in beiden Fällen gerügt werden kann, daß die materiellen Voraussetzungen für die Erteilung einer qualifizierten Klausel nicht vorliegen (vgl. § 732, 2; Rdnr. 139). § 768 und § 732 unterscheiden sich jedoch dadurch, daß die Einwendungen hinsichtlich der formellen Voraussetzungen (Rdnr. 138) nur mit der Erinnerung, nicht aber mit der Klage nach § 768 geltend gemacht werden können. Außerdem betrifft § 732 Einwendungen gegen alle Arten von Klauseln; mit der Klage nach § 768 können nur Einwendungen gegen qualifizierte Klauseln geltend gemacht werden. § 768 hat also engere Voraussetzungen als § 732.

Soweit eine materielle Einwendung gegen die erteilte Vollstreckungsklausel erhoben werden soll, kann der Schuldner wählen, welchen Weg er beschreiten will. Entscheidet er sich für die Erinnerung nach § 732 und unterliegt er in diesem Verfahren, soll ihm dennoch die Klage nach § 768 möglich sein, da es sich bei der Erinnerung um ein mehr summarisches Verfahren handele und der Entscheidung nach § 732 nur vorläufige Bedeutung zukomme (vgl. RGZ 50, 373, 374; BGH LM Nr. 19 zu Art. 101 GG; BL/ *Hartmann,* § 768 Anm. 1; *Baur/Stürner,* Rdnr. 279). Der Prozeßwirtschaftlichkeit dient diese »Doppelspurigkeit« nicht. Ist dagegen die Klage nach § 768 abgewiesen worden, bleibt kein Raum mehr für ein Verfahren nach § 732.

144   b) *Partei des Rechtsstreits* ist auf der Klägerseite, wer die materiellen Voraussetzungen für die Klauselerteilung bestreitet, und auf der Beklagtenseite derjenige, für den die Klausel erteilt worden ist (vgl. für die Klage nach § 731 Rdnr. 131).

Im Fall d klagt S gegen G_2.

c) *Zuständiges Gericht* ist das Prozeßgericht erster Instanz (§§ 768, 767 I; vgl. im übrigen Rdnr. 132).

d) Das Gericht prüft nach den Prozeßvoraussetzungen die *Begründetheit*   **145** des Klageantrags. Diese ist zu bejahen, wenn eine materielle Voraussetzung für die Erteilung einer qualifizierten Klausel im Zeitpunkt der Entscheidung nicht vorliegt. Ist eine rechtserhebliche Tatsache streitig, muß Beweis darüber erhoben werden. Die Beweislast trägt nicht schlechthin der Kläger; sie richtet sich nicht nach der Parteirolle, sondern danach, wer bei der Erteilung der Klausel den Nachweis zu führen hat (StJ/*Münzberg*, § 768 Rdnr. 6 m.N.; a.A. BL/*Hartmann*, § 768 Anm. 2).

Im Fall d müßte der Beklagte (G_2) beweisen, daß ein Abtretungsvertrag geschlossen worden ist, wenn das unter den Prozeßparteien streitig wäre. S bestreitet aber den Abtretungsvertrag nicht, sondern macht geltend, dieser sei wegen Geisteskrankheit des G_1 nichtig. Dafür ist S beweispflichtig.

e) Das klagestattgebende *Urteil* lautet etwa: »Die Zwangsvollstreckung   **146** aufgrund der zum (genaue Bezeichnung des Vollstreckungstitels) erteilten Vollstreckungsklausel wird für unzulässig erklärt.«

f) Vor der Entscheidung kann das Gericht eine *einstweilige Anordnung* erlassen (§ 769; vgl. Rdnr. 140 u. 1359 ff.).

Drittes Kapitel   147

§ 9   Die Zustellung

Schrifttum: *Berner*, Ist der vorherige Verzicht auf die Zustellung des Schuldtitels nicht mehr zulässig?, Rpfleger 1966, 134; *Kabisch*, Die Wirksamkeit eines Verzichts auf die Zustellung eines Schuldtitels nach § 750 I ZPO und zur Frage einer Zustellung des Titels nach § 212b ZPO, DGVZ 1963, 195; *Kirchner*, Zur Frage der Wirksamkeit des Verzichts auf Zustellung des vollstreckbaren Titels (§ 750 Abs. 1 ZPO), DGVZ 1962, 4; *Münzberg*, Zustellung der Vollstreckungsklausel als Voraussetzung der Sicherungsvollstreckung?, Rpfleger 1983, 58; *Schalhorn*, An wen muß ein Urteil zweiter Instanz zugestellt sein, wenn aus diesem die Zwangsvollstreckung gegen den Verurteilten vorgenommen werden soll?, JurBüro 1971, 596; *Schumacher*, Die vorherige Zustellung des Vollstreckungstitels, DRiZ 1962, 326; *Seip,* Zustellung der Vollstreckungsklausel als Voraussetzung der Sicherungsvollstreckung?, Rpfleger 1983, 56; *Stephan,* Zweck und Umfang des Zustellungsnachweises gem. § 750 Abs. 2 ZPO bei der Zwangsvollstreckung aus bedingten und kündigungsbedürftigen Vollstreckungstiteln, Rpfleger 1968, 106.

Fälle:

a) Das landgerichtliche Urteil wird im Auftrag des G dem S persönlich zugestellt, obwohl dieser durch Rechtsanwalt R vertreten wurde. S meint, die Zustellung und die Zwangsvollstreckung seien unwirksam. G macht geltend, R habe sein Mandat während des Rechtsstreits niedergelegt.

b) G übergibt dem Gv ein mit der Vollstreckungsklausel versehenes Urteil gegen S auf Zahlung von 10 000,— DM. Gv stellt das Urteil dem S zu und pfändet anschließend ein Gemälde. Als S zwei Monate später gegen das Urteil Berufung einlegt, macht G geltend, die Berufung sei unzulässig, da die Berufungsfrist (§ 516) nicht eingehalten worden sei.

c) Da das Zahlungsurteil den Prozeßparteien von Amts wegen zugestellt worden ist, möchte G wissen, ob er zwecks Durchführung der Zwangsvollstreckung das Urteil noch durch den Gv zustellen lassen müsse.

d) Gv erklärt dem S, er wolle das Urteil zustellen und sodann vollstrecken; leider habe er das Urteil vergessen. S antwortet, er lege auf Urteilszustellung keinen Wert, Gv solle nur ruhig vollstrecken. Später ändert S seine Meinung und will gegen die Pfändung vorgehen.

Jede Zwangsvollstreckung setzt außer einem Vollstreckungstitel (Rdnr. 30 ff.) und einer Vollstreckungsklausel (Rdnr. 101 ff.) eine Zustellung des Titels (sowie in bestimmten Fällen noch weiterer Urkunden) voraus.

148   I. Begriff und Zweck der Zustellung

Zustellung ist der in gesetzlicher Form zu bewirkende und zu beurkundende Akt, durch den dem Adressaten Gelegenheit zur Kenntnisnahme eines Schriftstücks verschafft wird (*Rosenberg/Schwab,* § 73 I 1). Das geschieht regelmäßig durch Übergabe eines Schriftstücks von einem amtlichen Organ an den Empfänger unter Beurkundung dieses Vorgangs.

Damit soll zum einen dem Adressaten Gelegenheit gegeben werden, von dem Inhalt der Schrift Kenntnis zu nehmen; zum anderen soll dem Veranlasser der Zustellung die Möglichkeit eingeräumt werden, durch die Zustellungsurkunde (§ 190) nachzuweisen, daß, wann und an wen die Schrift übergeben worden ist.

II. Adressat, Empfänger und Gegenstand der Zustellung 149

1. Zustellungsadressat

Zustellungsadressat ist die Person, an die zugestellt werden soll (§ 191 Nr. 3). Das ist der im Vollstreckungstitel genannte Schuldner. Sofern es sich dabei um eine nicht prozeßfähige Person (z.B. Aktiengesellschaft, minderjähriges Kind) handelt, ist der gesetzliche Vertreter (z.B. Vorstand, Eltern) Zustellungsadressat (§ 171). Wenn ein Prozeßbevollmächtigter bestellt worden ist, muß an ihn zugestellt werden (§§ 176, 178, 87).

Im Fall a hätte an R zugestellt werden müssen. Dieser war für den Rechtsstreit vor dem Landgericht als Prozeßbevollmächtigter bestellt. Zu dem Rechtszug gehört auch die Zwangsvollstreckung (§ 178). Die Prozeßvollmacht erlischt nicht mit der Niederlegung des Mandats, sondern im Anwaltsprozeß erst durch die Anzeige der Bestellung eines anderen Anwalts (§ 87 I). S kann den Mangel der Zustellung mit der Erinnerung nach § 766 (Rdnr. 1160 ff.) rügen.

2. Zustellungsempfänger 150

Zustellungsempfänger ist die Person, der tatsächlich zugestellt wird (§ 191 Nr. 4). Das kann der Zustellungsadressat sein. Ist dieser eine natürliche Person, kommt auch eine Ersatzzustellung (z.B. an einen zur Familie gehörenden erwachsenen Hausgenossen, § 181; durch Niederlegung auf der Geschäftsstelle des Amtsgerichts, § 182; durch Zustellung an einen im Geschäftsraum anwesenden Gewerbegehilfen, § 183) in Betracht. Bei einer juristischen Person kann die Zustellung an einen im Geschäftslokal anwesenden Bediensteten bewirkt werden, wenn der gesetzliche Vertreter an der Annahme verhindert ist (§ 184).

3. Gegenstand der Zustellung 151

a) Im *Regelfall* ist *nur* der *Vollstreckungstitel* zuzustellen. Das ergibt sich für das Urteil aus § 750 I 1, für die sonstigen Vollstreckungstitel (Rdnr. 83 ff.) aus § 795. Bei der durch den Gläubiger betriebenen Zustellung des Urteils braucht die Ausfertigung den Tatbestand und die Entscheidungsgründe nicht zu enthalten (§ 750 I 2).

b) *Ausnahmsweise* muß außer dem Titel *auch* noch die *Vollstreckungsklausel* zugestellt werden. Das ist in den Fällen der titelergänzenden (Rdnr. 110 ff.) und der titelübertragenden (Rdnr. 115 ff.) Vollstreckungsklausel durch § 750 II geboten.

c) Sofern in den genannten Ausnahmefällen die Vollstreckungsklausel aufgrund öffentlicher oder öffentlich beglaubigter Urkunden erteilt worden ist, muß auch eine Abschrift dieser *Urkunden* spätestens mit dem Beginn der Zwangsvollstreckung zugestellt werden (§ 726 II a.E.).

Von der Vorschrift, daß auch die Urkunden zuzustellen sind, macht das Gesetz einmal eine Ausnahme, wenn der Rechtsnachfolger des Gläubigers eines Grundpfandrechts oder einer Schiffshypothek vollstreckt (§§ 799, 800a; Rdnr. 91). Eine Urkundenzustellung ist ferner nicht erforderlich, wenn aus einer vollstreckbaren Urkunde gegen einen späteren Eigentümer eines Grundstücks, eingetragenen Schiffes oder Schiffsbauwerks die Zwangsvollstreckung betrieben werden soll (§§ 800 II, 800a; Rdnr. 90).

152   III. Arten der Zustellung

1. Zustellung von Amts wegen

Die Zustellung von Amts wegen ist für alle Urteile und u.a. für solche Beschlüsse vorgeschrieben, die einen Vollstreckungstitel bilden (§§ 317 I, 329 III). Für die Zustellung hat die Geschäftsstelle zu sorgen (§ 209). Diese läßt durch den Gerichtswachtmeister, meist durch die Post zustellen (vgl. § 211; Einzelheiten: §§ 208—213a).

Im Fall b ist die Berufungsfrist noch nicht abgelaufen. Sie beginnt mit der Zustellung des Urteils (§ 516). Dazu ist eine Zustellung von Amts wegen erforderlich; eine Zustellung durch den Gerichtsvollzieher reicht nicht aus.

153   2. Zustellung im Parteibetrieb

Die Zustellung auf Betreiben einer Partei genügt als Voraussetzung der Zwangsvollstreckung (§ 750 I 2). Sie erfolgt auf Antrag einer Partei durch den Gerichtsvollzieher (§ 166). Dieser kann die Zustellung selbst besorgen (§ 166 I); regelmäßig bedient er sich jedoch der Post (§§ 193 ff.).

Durch die Zustellung im Parteibetrieb soll der Gläubiger in die Lage versetzt werden, aus dem Titel möglichst schnell zu vollstrecken. Er braucht also mit der Vollstreckung nicht zu warten, bis die Zustellung von Amts wegen erfolgt ist. Nach einer Zustellung von Amts wegen ist zum Zwecke der Zwangsvollstreckung eine zusätzliche Zustellung im Parteibetrieb nicht erforderlich (Fall c).

Der Gläubiger muß aber dem Vollstreckungsorgan (z.B. dem Gerichtsvollzieher) nachweisen, daß eine Amtszustellung erfolgt ist; das geschieht durch Vorlage einer entsprechenden Bescheinigung der Geschäftsstelle (vgl. § 213a).

Hat der Gläubiger den Gerichtsvollzieher nicht nur um Zustellung des Vollstreckungstitels gebeten, sondern bei ihm auch die Durchführung der Zwangsvollstreckung beantragt (Rdnr. 19), kann der Gerichtsvollzieher gleichzeitig zustellen und mit der Vollstreckung beginnen (§ 750 I 1).

Sofern der Gläubiger vom Gerichtsvollzieher nur die Zustellung verlangt, weil er etwa eine Forderungspfändung für aussichtsreicher als eine Sachpfändung hält, benötigt er zum Nachweis der Zustellung gegenüber dem Vollstreckungsorgan (z.B. Vollstreckungsgericht) eine Zustellungsurkunde, die ihm der Gerichtsvollzieher übermittelt (vgl. § 190 IV). Eine gleichzeitige Zustellung des Vollstreckungstitels reicht bei einer Forderungspfändung nicht aus; vielmehr muß die Zustellung vor Erlaß des Pfändungsbeschlusses dargetan werden.

IV. Einhaltung von Wartefristen nach der Zustellung und Entbehrlichkeit der Zustellung
154

1. Einhaltung von Wartefristen

a) *Regelmäßig* kann mit der Zustellung des Vollstreckungstitels gleichzeitig die Zwangsvollstreckung beginnen (§ 750 I); es ist also *keine Wartefrist* zwischen Titelzustellung und Zwangsvollstreckung einzuhalten.

b) *Ausnahmsweise* ist zum Schutz des Schuldners die *Einhaltung einer Wartefrist* geboten:

(1) Eine *Sicherungsvollstreckung* (§ 720a; Rdnr. 69) darf erst zwei Wochen nach der Zustellung beginnen (§ 750 III), damit der Schuldner Zeit hat, durch eigene Sicherheitsleistung die Vollstreckung abzuwenden (vgl. § 720a III).

(2) Aus einem *Kostenfestsetzungsbeschluß*, der nicht auf das Urteil gesetzt worden ist (vgl. § 794 I Nr. 2; Rdnr. 92), einem Regelunterhaltsbeschluß (vgl. § 794 I Nr. 2a; Rdnr. 93) sowie einer vollstreckbaren Urkunde (vgl. § 794 I Nr. 5; Rdnr. 87 ff.) darf erst eine Woche nach Zustellung vollstreckt werden (§ 798); dem Schuldner soll Gelegenheit gegeben werden, sich auf die Vollstreckung einzustellen.

(3) Zwischen der Zustellung eines *Unterhaltsabänderungsbeschlusses* (vgl. § 794 I Nr. 2b; Rdnr. 94) und dem Beginn der Zwangsvollstreckung muß eine Frist von mindestens einem Monat liegen (§ 798a); in dieser Zeit kann der Schuldner Abänderungsklage (§ 641q) erheben.

155   2. Entbehrlichkeit der Zustellung

a) *Kraft Gesetzes* ist eine Zustellung vor Beginn der Zwangsvollstreckung wegen der Eilbedürftigkeit in folgenden Fällen entbehrlich:

(1) Die *Vollziehung eines Arrestes* (Rdnr. 1533 ff.) *oder einer einstweiligen Verfügung* (Rdnr. 1652 ff.) ist vor deren Zustellung an den Schuldner zulässig (§§ 929 III 1; 936). Jedoch muß die Zustellung innerhalb einer Woche nach der Vollziehung nachgeholt werden; anderenfalls ist die Vollziehung wirkungslos (§ 929 III 2; zu beachten ist auch die Frist in § 929 II; Rdnr. 1537 ff.).

(2) Die *Vorpfändung* (§ 845; Rdnr. 610, 627 f.) setzt keine vorherige Zustellung des Schuldtitels an den Schuldner voraus (§ 845 I 3). Sie hat die Wirkung eines Arrestes, sofern die Pfändung der Forderung innerhalb von drei Wochen nach der Zustellung der Benachrichtigung an den Drittschuldner bewirkt wird (§ 845 II).

b) Ein *Verzicht* des Schuldners auf die Zustellung macht diese ebenfalls entbehrlich. Da der Schuldner eine Zwangsvollstreckung ohne Zustellung des Vollstreckungstitels gegen sich gelten lassen kann, wenn er den Mangel der Zustellung nicht rügt, muß der Nichtrüge ein nachträglicher Verzicht des Schuldners auf die Zustellung (oder auf die Einhaltung einer Wartefrist) gleichstehen. Nach h.M. soll ein vorheriger Verzicht (etwa in einer vollstreckbaren Urkunde) unwirksam sein (StJ/*Münzberg*, § 750 Rdnr. 8 f. m.N.). Dem ist nicht zu folgen. Das Gebot der Zustellung und der Einhaltung von Wartefristen dient allein dem Schutz des Schuldners. Dieser kann wirksam auf den Schutz verzichten; er hat möglicherweise sogar ein beachtenswertes Interesse daran, daß der Schuldtitel etwa seinen Familienangehörigen verborgen bleibt und nicht durch Zustellung bekannt wird.

Im Fall d ist der Verzicht auf die Zustellung wirksam. Er kann später nicht rückgängig gemacht werden. Gv hat rechtmäßig gehandelt.

156   V. Zustellungsmängel und Rechtsbehelf

Ist die Zustellung mangelhaft (vgl. Übersicht bei *Rosenberg/Schwab*, § 76 II 1) oder fehlt sie ganz, sind dennoch durchgeführte Vollstreckungsakte nicht nichtig, sondern bis zur Aufhebung wirksam (BGHZ 66, 79; StJ/ *Münzberg*, § 750 Rdnr. 7). Die Aufhebung kann durch Erinnerung (§ 766; Fall a) erreicht werden.

Dritter Abschnitt   Die besonderen Voraussetzungen der   157
                     Zwangsvollstreckung und die Voll-
                     streckungshindernisse

§ 10   Die besonderen Voraussetzungen der Zwangsvoll- streckung

Schrifttum: *Baur,* Die Rechtsgrundlage der Vorratspfändung, NJW 1962, 574; *Berner,* Dauerpfändungen und Vorzugs-(Vorrats-)pfändungen, Rpfleger 1962, 237; *Gabius,* Die Vollstreckung von Urteilen auf Leistung nach Empfang der Gegenleistung, NJW 1971, 866; *Gilleßen/Jakobs,* Das wörtliche Angebot bei der Zug-um-Zug-Vollstreckung in der Praxis des Gerichtsvollziehers, DGVZ 1981, 49; *Jakobs,* Vorläufige Vollstreckbarkeit gegen Sicherheitsleistung unter besonderer Berücksichtigung der Prozeßbürgschaft, DGVZ 1973, 107, 129; *Kandler,* Das Verhältnis des Prioritätsgrundsatzes zum § 850d ZPO, NJW 1958, 2048; *Noack,* Die Prozeßbürgschaft als Sicherheitsleistung und besondere Voraussetzung für die Zwangsvollstreckung, MDR 1972, 287; *Schilken,* Wechselbeziehungen zwischen Vollstreckungsrecht und materiellem Recht bei Zug-um-Zug-Leistungen, AcP 181, 355; *E. Schneider,* Sicherheitsleistung durch Bankbürgschaft, JurBüro 1969, 487; *ders.,* Beanstandung der Gegenleistung bei der Zwangsvollstreckung Zug um Zug, JurBüro 1965, 178; *ders.,* Das »Angebot« bei der Zwangsvollstreckung Zug um Zug, JurBüro 1966, 817; *ders.,* Prüfung der Gegenleistung durch den Gerichtsvollzieher, DGVZ 1978, 65.

Fälle:

a) S ist verurteilt worden, an G wegen einer Körperverletzung eine monatliche Rente von 700,— DM, zahlbar an jedem ersten Tag des Kalendermonats, zu entrichten. An welchem Tag darf Gv wegen der Rente für den Monat Februar frühestens bei S pfänden?

b) Im Fall a möchte G die Lohnforderungen des S gegen dessen Arbeitgeber pfänden lassen. Da S mit seinen Zahlungen bisher immer in Rückstand geraten ist, möchte G wegen des bestehenden Zahlungsrückstandes und wegen der künftig fälligen Raten den künftig fällig werdenden Lohn schon jetzt auf Vorrat pfänden lassen. Zulässig?

c) S ist verurteilt worden, an G einen bestimmten Geldbetrag zu zahlen. In dem Urteil heißt es u.a.: »Das Urteil ist gegen Sicherheitsleistung in Höhe von 4000,— DM vorläufig vollstreckbar.« Was soll G tun, damit Gv vollstreckt?

d) Im Fall c lautet der Urteilstenor weiter: »Die Sicherheitsleistung kann durch eine selbstschuldnerische Bürgschaft der X-Bank in Höhe von 4000,— DM erbracht werden.« Was ist erforderlich, wenn G von dieser Möglichkeit Gebrauch machen will?

e) Gv will aus dem Urteil »Zahlung eines Kaufpreises von 2000,— DM Zug um Zug gegen Lieferung eines (individuell bestimmten) Schreibtisches« vollstrecken. S macht den Gv darauf aufmerksam, daß die Schreibtischplatte erhebliche Kratzer aufweise und deshalb die Zwangsvollstreckung zu unterbleiben habe. Gv erklärt, er könne die vermeintlichen Kratzer nicht feststellen und abgesehen davon gingen sie ihn nichts an. S will sich gegen die durchgeführte Pfändung wehren.

f) In dem Rechtsstreit, der dem Urteil im Fall e vorausgegangen ist, hatte S Klageabweisung beantragt, weil überhaupt kein Kaufvertrag zustande gekommen sei, und nur hilfsweise Zug um Zug Verurteilung begehrt. In dem Urteil ist ausgeführt, daß ein gültiger Kaufvertrag geschlossen worden sei. G übergibt das Urteil dem Gv und meint, aus dem Urteil sei zu entnehmen, daß S sich mit der Annahme des Schrankes im Verzug befinde, so daß Gv jetzt ohne Anbieten des Schrankes vollstrecken könne.

Ist die Zwangsvollstreckung von dem Eintritt einer im Vollstreckungstitel genannten Tatsache abhängig, darf regelmäßig die Vollstreckungsklausel erst erteilt werden, wenn der Eintritt der Tatsache nachgewiesen ist (§ 726; Rdnr. 110). Davon macht das Gesetz in drei Fällen, in denen ein einfacher Sachverhalt festzustellen ist, eine Ausnahme. Dann soll die Vollstreckungsklausel ohne Nachweis erteilt werden, und erst das Vollstreckungsorgan muß vor Beginn der Vollstreckung feststellen, ob die Tatsache eingetreten ist (Rdnr. 111). Bei diesen besonderen Voraussetzungen der Vollstreckung geht es um den Eintritt eines Kalendertages, den Nachweis der Sicherheitsleistung durch den Gläubiger und die Zug um Zug zu bewirkende Leistung des Gläubigers.

158   I. Eintritt eines Kalendertages

1. Regel

Ist die Geltendmachung des Anspruchs von dem Eintritt eines Kalendertages abhängig, darf die Zwangsvollstreckung nur beginnen, wenn der Kalendertag abgelaufen ist (§ 751 I). Der Tag muß mit Hilfe des Kalenders ohne das Hinzutreten anderer Tatsachen bestimmbar sein (z.B. bestimmtes Datum, 14 Tage nach Ostern 1986). Da das Vollstreckungsorgan auch die Zustellung des Vollstreckungstitels zu prüfen hat, muß etwa eine Frist »14 Tage nach Zustellung« wie eine kalendermäßige behandelt werden.

Im Fall a ist die Pfändung frühestens am 2. Februar zulässig. Fällt der 1. Februar auf einen Sonn- oder Feiertag, muß auch der nächste Werktag abgelaufen sein (vgl. § 193 BGB).

Praktisch wichtige Fälle sind die Urteile auf künftige Leistung (§§ 257 ff.), insbesondere bei Renten- und Unterhaltsansprüchen, die Prozeßvergleiche und vollstreckbaren Urkunden, in denen die Fälligkeit an bestimmten

Kalendertagen vereinbart ist, sowie die gerichtlichen Entscheidungen über die Gewährung einer Räumungsfrist bei Wohnraum (§ 721).

In einem Urteil auf Räumung von Wohnraum (nicht von Geschäftsraum) kann vom Prozeßgericht dem Schuldner eine den Umständen nach angemessene Räumungsfrist gewährt werden (vgl. § 721 I).

Wenn das Gericht über eine künftige Räumung erkannt und über eine Räumungsfrist noch nicht entschieden hat, kann auf Antrag des Schuldners durch Beschluß des Gerichts erster Instanz (vgl. aber § 721 IV) eine angemessene Räumungsfrist gewährt werden (§ 721 II). Diese kann auf Antrag verlängert oder verkürzt werden (§ 721 III). Insgesamt darf die Räumungsfrist nicht mehr als ein Jahr betragen (§ 721 V).

Der erstinstanzliche Ausspruch über die Räumungsfrist ist mit der sofortigen Beschwerde anfechtbar (§ 721 VI).

Die Regelung über die Gewährung einer Räumungsfrist ist nach § 721 VI in den Fällen nicht anwendbar, in denen der Mieter keine Fortsetzung des Mietverhältnisses fordern kann (§ 564c II BGB).

2. Ausnahme

159

Der Beginn der Zwangsvollstreckung wird bei der *Vorratspfändung* (§ 850d III) gegenüber der Regel des § 751 I vorverlegt. Im Interesse des Gläubigers kann vor allem wegen künftig fällig werdender Unterhaltsansprüche schon jetzt das künftige Arbeitseinkommen des Schuldners gepfändet und überwiesen werden. Bereits mit der Zustellung des Pfändungsbeschlusses (§ 829 III; Rdnr. 608), also schon vor der Fälligkeit der künftigen Unterhaltsansprüche, wird die Pfändung der künftigen Lohnforderungen des Schuldners wirksam. Von dem Zeitpunkt der Zustellung und nicht von dem der Fälligkeit der Rate hängt der Rang der Pfändung (vgl. § 804 III; Rdnr. 377) ab, so daß Verfügungen nach der Pfändung die Rechte des pfändenden Gläubigers nicht beeinträchtigen. Andererseits werden durch eine solche Vorratspfändung Schuldner (= Arbeitnehmer) und Drittschuldner (= Arbeitgeber) nicht ungebührlich belastet, da erst dann zu zahlen ist, wenn der Unterhaltsanspruch des Gläubigers und der Lohnanspruch des Schuldners fällig geworden sind.

a) Die *Voraussetzungen* der Vorratspfändung sind in § 850d III genannt: 160

(1) Es muß sich bei den beizutreibenden Forderungen um *künftig fällig werdende gesetzliche Unterhaltsansprüche* (§ 850d I 1) *oder Rentenansprüche* aus Anlaß der Verletzung des Körpers bzw. der Gesundheit (vgl. § 850b I Nr. 1) handeln.

Andere künftig fällig werdende Ansprüche, z.B. aus einem Mietvertrag oder einem Grundstückskaufvertrag »auf Rentenbasis«, genießen nicht den Schutz des § 850d III (vgl. aber Rdnr. 630).

161   (2) Es muß mit demPfändungsbeschluß *wegen wenigstens einer bereits fälligen Rate vollstreckt* werden. Wenn nämlich eine schon fällige Rate noch
nicht bezahlt worden ist und deshalb eine Pfändung erforderlich wird, so
kann das ein Anhaltspunkt dafür sein, daß der Schuldner auch künftig in
Zahlungsrückstand geraten wird.

Eine Vorratspfändung kommt also dann nicht in Betracht, wenn die bisher fälligen
Raten beglichen worden sind, so daß wegen fälliger Ansprüche ein Pfändungsbeschluß ausscheidet (vgl. OLG Frankfurt NJW 1954, 1774; KG MDR 1960, 931). —
Wenn dagegen eine Vorratspfändung wegen eines bestehenden Rückstandes zu Recht
erfolgt ist, rechtfertigt die Zahlung der Rückstände und der fällig werdenden Raten
allein noch nicht eine Aufhebung der Vorratspfändung (OLG Hamm JMBl. NW
1956, 234). Deren Aufrechterhaltung kann jedoch mißbräuchlich sein (z.B. Rückstand
beruhte auf einem Irrtum, und künftige pünktliche Zahlung ist gewährleistet); dann
kommt eine Aufhebung des Beschlusses nach § 765a (Rdnr. 1470 ff.) in Betracht
(OLG Düsseldorf MDR 1977, 147).

162   (3) Es muß sich bei dem Vollstreckungsgegenstand um *Arbeitseinkommen* des Schuldners handeln. Dem stehen fortlaufende Sozialleistungen in
Geld gleich (vgl. Art. I § 54 III SGB-AT).

Andere Ansprüche auf wiederkehrende Leistungen (z.B. Miet- oder Pachtzinsen)
und auf einmalig fällige Forderungen (z.B. Spareinlage; OLG München Rpfleger
1972, 321) sind nicht »auf Vorrat« pfändbar.
Da im Fall b alle genannten Voraussetzungen erfüllt sind, ist eine Vorratspfändung
nach § 850d III zulässig.

163   b) *Abzugrenzen* ist die Vorratspfändung von der Vorauspfändung
(= Dauerpfändung). Diese ist keine Ausnahme von § 751 I.

Sie kommt in Betracht, wenn die Voraussetzungen des § 850d III nicht gegeben
sind, weil es sich bei den zu vollstreckenden Forderungen nicht um Unterhalts- oder
Rentenansprüche, sondern etwa um Mietzins- oder Leibrentenansprüche handelt
oder weil die Forderungen, in die vollstreckt werden soll, nicht Ansprüche aus dem
Arbeitsverhältnis, sondern etwa aus Miet- oder Pachtverträgen sind. In diesen Fällen
müßte nach § 751 I jeweils wieder neu gepfändet werden. Dieser umständliche Weg
soll durch die in der Rechtspraxis entwickelte Vorauspfändung vermieden werden.

Die Vorauspfändung ist eine aus Vereinfachungsgründen im voraus ausgesprochene Pfändung mit aufschiebend bedingter Wirksamkeit; die Pfändung
wird somit erst jeweils dann wirksam, wenn die titulierte Rate fällig wird.
Zum Zeitpunkt der Zustellung des Pfändungsbeschlusses ist also — anders
als bei der Vorratspfändung — die Pfändung hinsichtlich der künftig fällig
werdenden Raten nicht rangwahrend, so daß bis zur Fälligkeit der jeweiligen Rate zwischenzeitliche Verfügungen gegenüber dem pfändenden Gläubiger wirksam sind (vgl. OLG München Rpfleger 1972, 321; *Baur/Stürner*,
Rdnr. 324 m.N.; *A. Blomeyer*, § 55 III 2).

II. Nachweis der Sicherheitsleistung durch den Gläubiger

164

Wenn das Urteil nur gegen eine Sicherheitsleistung des Gläubigers vorläufig vollstreckbar ist (vgl. § 709, Rdnr. 63 ff.; § 711, Rdnr. 62; § 712 II 2, Rdnr. 73), darf mit der Zwangsvollstreckung nur begonnen werden, wenn die Sicherheitsleistung durch eine öffentliche oder öffentlich beglaubigte Urkunde nachgewiesen und eine Abschrift dieser Urkunde bereits zugestellt ist oder gleichzeitig zugestellt wird (§ 751 II).

Eine Sicherheitsleistung des Gläubigers ist trotz einer entsprechenden Anordnung ausnahmsweise dann nicht erforderlich, wenn aus einem Zahlungsurteil nur eine Sicherungsvollstreckung (§ 720a; Rdnr. 69) betrieben werden soll.

Die Sicherheit kann durch Hinterlegung von Geld oder Wertpapieren (§ 108), aber auch durch eine Bürgschaft geleistet werden (vgl. Rdnr. 58).

1. Sicherheitsleistung durch Hinterlegung

165

Die Sicherheitsleistung hat durch Hinterlegung von Geld oder bestimmten Wertpapieren zu erfolgen, sofern nichts anderes bestimmt ist (§ 108 I 2).

a) Das *Verfahren* der Hinterlegung richtet sich nach der Hinterlegungsordnung von 1937 (*Schönfelder*, Deutsche Gesetze, Nr. 121). Hinterlegungsstelle ist das Amtsgericht (§ 1 HO).

Geld geht mit der Hinterlegung in das Eigentum des Justizfiskus über (§ 7 I HO). Eine Überweisung auf das Konto der Gerichtskasse genügt.

Wertpapiere sind zur Sicherheitsleistung geeignet, wenn sie Inhaber- oder blankoindossierte Orderpapiere (HR Rdnr. 485 ff., 571) sind, einen Kurswert haben und mündelsicher (vgl. § 1807 Nr. 2—4 BGB) sind (§ 108 I i.V.m. § 234 BGB); mit ihnen kann Sicherheit nur in Höhe von drei Vierteilen des Kurswerts geleistet werden (§ 234 III BGB). Der Hinterleger bleibt Eigentümer der Papiere, die unverändert aufbewahrt werden (§ 9 HO).

b) Der *Nachweis* der Hinterlegung ist durch eine öffentliche oder öffentlich beglaubigte Urkunde zu erbringen. In der Regel wird er durch eine Bescheinigung der Hinterlegungsstelle über die Annahme erbracht (vgl. § 83 Nr. 4 GVGA).

166

c) Die *Zustellung* (Rdnr. 147 ff.) einer (vollständigen) Abschrift dieser Urkunde muß spätestens zu Beginn der Vollstreckung erfolgt sein.

167

Im Fall c ist also dem G zu raten, 4000,— DM beim Amtsgericht zu hinterlegen, die darüber ausgestellte Bescheinigung dem Gerichtsvollzieher zu übergeben und diesen zu bitten, vor der Zwangsvollstreckung das mit der Vollstreckungsklausel versehene Urteil sowie eine Abschrift der Bescheinigung der Hinterlegungsstelle dem Schuldner zuzustellen.

168   2. Sicherheitsleistung durch Bürgschaft

Die häufigste und zweckmäßigste Art der Sicherheitsleistung ist die der Erbringung einer selbstschuldnerischen (§§ 239 II, 773 I Nr. 1 BGB) Bürgschaft (meist einer Bank oder einer Sparkasse). Eine solche Sicherheitsleistung setzt voraus, daß sie vom Gericht ausdrücklich zugelassen worden ist (vgl. § 108 I; Fall d).

a) Die Bürgschaft setzt einen *Vertragsschluß* zwischen dem Bürgen und dem Gläubiger eines Dritten voraus (§ 765 I BGB; BS Rdnr. 325 f.). Bei der Sicherheitsleistung des Vollstreckungsgläubigers durch Bürgschaft ist der Vollstreckungsschuldner der »Gläubiger eines Dritten«. Damit hätte der Vollstreckungsschuldner es in der Hand, durch Nichtannahme des Bürgschaftsversprechens die Zwangsvollstreckung gegen sich zu verhindern. Dieses mißliche Ergebnis kann nicht unter Hinweis auf § 151, 1 BGB vermieden werden. Zwar ist nach dieser Bestimmung ein Zugang der Annahmeerklärung nicht erforderlich, wenn eine Erklärung der Annahme nach der Verkehrssitte nicht zu erwarten ist (AT Rdnr. 187); aber der Vollstreckungsschuldner kann dem entgegenwirken, indem er das Bürgschaftsangebot ausdrücklich ablehnt. Dem Gläubiger wäre wenig gedient, wenn man den Schuldner aufgrund der gerichtlichen Anordnung für verpflichtet hielte, das Bürgschaftsangebot anzunehmen (vgl. *Thomas/Putzo,* § 108 Anm. 5 d cc); gegen einen solchen Kontrahierungszwang spricht, daß die Annahmeerklärung noch durchgesetzt werden müßte, was einem zügigen Beginn der Zwangsvollstreckung entgegenstünde. Nach dem Zweck, eine Vollstreckung nach Sicherheitsleistung durch Bürgschaft zuzulassen, darf es auf den Willen des Vollstreckungsschuldners nicht ankommen; deshalb wird durch die gerichtliche Anordnung die Annahme der Bürgschaftserklärung durch den Vollstreckungsschuldner ersetzt (OLG Hamm MDR 1975, 763 m.N.; StJ/ *Leipold,* § 108 Rdnr. 22 m.N.). Daher kommt nach h.M. schon mit der Zustellung der Bürgschaftserklärung der Bürgschaftsvertrag zustande (Theorie des Zwangsvertrages; vgl. BL/*Hartmann,* § 108 Anm. 3 m.N.).

Die Willenserklärung des Bürgen bedarf zum Schutz des Bürgen vor Übereilung der Schriftform (§ 766, 1 BGB). Diese Formvorschrift gilt auch für die Prozeßbürgschaft. Das Angebot des Bürgen muß dem Vertragspartner, also hier dem Vollstreckungsschuldner, zugehen (§ 130 I BGB). Der Zugang kann durch Vermittlung des Gerichtsvollziehers bewirkt werden (§ 132 BGB).

169   b) Der *Nachweis* der Sicherheitsleistung ist nach dem Wortlaut des § 751 II durch öffentliche oder öffentlich beglaubigte Urkunden zu führen.

Streitig ist jedoch, ob diese Form auch für die Sicherheitsleistung durch Bürgschaft erforderlich ist. Aus der Entstehungsgeschichte des § 751 II ergibt sich, daß diese Vorschrift nur die Sicherheitsleistung bei der Hinterlegungsstelle betraf, deren Bescheinigung dem Formerfordernis entspricht; die Sicherheitsleistung durch eine gegenüber dem Vollstreckungsschuldner vorzunehmende Handlung (Bürgschaftserklärung) wurde erst 1924 ermöglicht, ohne daß § 751 II der Neuregelung angepaßt wurde. Die insoweit bestehende Lücke des Gesetzes kann entsprechend der Regelung des § 756 für die Zug-um-Zug-Leistung geschlossen werden. Demnach genügt es, daß der Gerichtsvollzieher zu Beginn der Vollstreckungshandlung dem Schuldner die Bürgschaftserklärung übergibt oder zustellt; ein Nachweis erübrigt sich deshalb, weil der Gerichtsvollzieher selbst bei der Sicherheitsleistung mitwirkt (h.M.; StJ/*Münzberg*, § 751 Rdnr. 12; *Thomas/Putzo*, § 108 Anm. 5 d bb; OLG Hamm MDR 1975, 763; OLG Düsseldorf MDR 1978, 489, alle m.w.N.; a.A. BL/*Hartmann*, § 751 Anm. 2 B). Sofern nicht der Gerichtsvollzieher, sondern ein anderes Vollstreckungsorgan die Zwangsvollstreckung durchführen soll, muß diesem Organ vor Vollstreckungsbeginn durch öffentliche oder öffentlich beglaubigte Urkunden die Tatsache nachgewiesen werden, daß die Bürgschaftserklärung dem Vollstreckungsschuldner übergeben oder zugestellt worden ist. Das kann in der Regel nur durch die Zustellung bewiesen werden; dazu genügt die Zustellungsurkunde (StJ/*Münzberg*, a.a.O.).

Aus dem Umstand, daß die Sicherheitsleistung nachgewiesen werden muß, folgt, daß auch die Bürgschaftserklärung von Vollkaufleuten (Banken) entgegen § 350 HGB schriftlich abgegeben wird. — Ein Nachweis erübrigt sich, wenn die Bürgschaft vom Vollstreckungsschuldner zugestanden wird.

c) Eine *Zustellung* der Nachweisurkunde über die Sicherheitsleistung ist — entgegen dem Wortlaut des § 751 II — entbehrlich (OLG Hamm MDR 1975, 763; OLG Düsseldorf MDR 1978, 489; StJ/*Münzberg*, a.a.O.; *Thomas/Putzo*, § 751 Anm. 3a; a.A. *Wieczorek*, § 751 Anm. C II b). Sie wäre unnötiger Formalismus, wenn dem Vollstreckungsschuldner schon die Bürgschaftserklärung selbst zugestellt und dem Vollstreckungsorgan die Urkunde über die Zustellung übergeben worden ist.   **170**

Im Fall d genügt es, daß G sich eine schriftliche Bürgschaftserklärung der X-Bank besorgt und diese außer dem mit der Vollstreckungsklausel versehenen Urteil dem Gv zur Zwangsvollstreckung übergibt. Will G etwa eine Forderung des S pfänden, muß G dem Vollstreckungsgericht u.a. nachweisen, daß die Bürgschaftserklärung des S zugestellt worden ist.

III. Zug um Zug zu bewirkende Leistung des Gläubigers   **171**

Hängt die Zwangsvollstreckung von einer Zug um Zug zu bewirkenden Leistung des Gläubigers an den Schuldner ab, wird die Vollstreckungsklausel ohne Nachweis, daß die Leistung erbracht ist, erteilt (§ 726 II; Rdnr. 112).

Dabei wird hier von dem Sonderfall abgesehen, daß der Schuldner zur Abgabe einer Willenserklärung (Zug um Zug gegen eine Leistung des Gläubigers) verurteilt worden ist (vgl. §§ 726 II, 894 I 2; Rdnr. 112).

Die Überprüfung der vom Gläubiger zu erbringenden Gegenleistung erfolgt im Regelfall durch das Vollstreckungsorgan. Dabei ist danach zu unterscheiden, ob die Zwangsvollstreckung durch den Gerichtsvollzieher (Rdnr. 11 f.) betrieben werden soll oder ob eine Vollstreckung vorgesehen ist, für die ein anderes Vollstreckungsorgan (Rdnr. 13—16) funktionell zuständig ist. Das Gesetz geht davon aus, daß der Gerichtsvollzieher vor Beginn der Zwangsvollstreckung regelmäßig die Gegenleistung des Gläubigers dem Schuldner tatsächlich anbietet (vgl. § 756). Diese Möglichkeit haben die anderen Vollstreckungsorgane (Vollstreckungsgericht, Prozeßgericht, Grundbuchamt) nicht; deshalb ist ihnen die Befriedigung oder der Annahmeverzug des Schuldners nachzuweisen (vgl. § 765, 1). Ein solcher Nachweis ist auch gegenüber dem Gerichtsvollzieher zulässig, damit dieser ohne Angebot der Gegenleistung vollstreckt (vgl. § 756 a.E.).

172   1. Angebot der Leistung durch den Gerichtsvollzieher

Der Gerichtsvollzieher darf die Zwangsvollstreckung erst beginnen, wenn er dem Schuldner die diesem gebührende Leistung in einer den Verzug der Annahme begründenden Weise angeboten hat (§ 756).
Es sind zwei Fallgruppen zu unterscheiden:

a) Die Gegenleistung des Gläubigers wird *vom Schuldner angenommen*. Dann beginnt der Gerichtsvollzieher mit der Zwangsvollstreckung.

b) Der Schuldner *nimmt die Gegenleistung nicht an*. Dann hat der Gerichtsvollzieher zu prüfen, ob der Vollstreckungsschuldner in Annahmeverzug gekommen ist. Bejaht er den Annahmeverzug, beginnt er mit der Vollstreckung; anderenfalls hat er sie zu unterlassen.
Ob *Annahmeverzug* des Vollstreckungsschuldners gegeben ist, richtet sich nach materiellem Recht (AS Rdnr. 304 ff.).

Danach ist die Leistung dem Vollstreckungsschuldner normalerweise tatsächlich anzubieten (§ 294 BGB). Ausnahmsweise reicht ein wörtliches Angebot aus (§ 295 BGB; wenn etwa zur Leistungsbewirkung eine Handlung des Vollstreckungsschuldners [z.B. Abholen] notwendig ist). Vor allem gerät der Vollstreckungsschuldner schon dann in Annahmeverzug, wenn er zwar die Leistung des Vollstreckungsgläubigers annehmen, aber die Leistung, zu der er verurteilt ist, nicht erbringen will (§ 298 BGB). Auch wenn der Vollstreckungsschuldner den Vollstreckungsgläubiger nicht vollständig befriedigt, darf der Gerichtsvollzieher ohne Gegenleistung vollstrecken (BGHZ 73, 320).

Ein Annahmeverzug des Vollstreckungsschuldners liegt dann nicht vor, wenn die angebotene Gegenleistung nicht der geschuldeten entspricht, weil sie z.B. nicht vollständig oder mangelhaft ist. Deshalb muß der Gerichtsvollzieher auch prüfen, ob die angebotene Gegenleistung richtig und vollständig ist (§ 84 GVGA); notfalls hat er einen Sachverständigen hinzuzuziehen (LG Heidelberg DGVZ 1977, 91; AG Pirmasens MDR 1975, 62).

Zweifelhaft ist, wie weit die Prüfungspflicht des Gerichtsvollziehers geht, wenn die Gegenleistung des Vollstreckungsgläubigers in der Lieferung einer individuell bestimmten Sache besteht und der Vollstreckungsschuldner eine Verschlechterung dieser Sache rügt (Fall e). Nach zutreffender Meinung braucht der Gerichtsvollzieher nur die Identität der angebotenen mit der im Titel genannten Sache zu prüfen (so LG Bremen DGVZ 1977, 157, 158; *Lippross,* § 6 Fall 13; StJ/*Münzberg,* § 756 Rdnr. 10); er ist gar nicht in der Lage, im Vollstreckungsverfahren festzustellen, ob sich die zu liefernde Sache gegenüber ihrem früheren Zustand inzwischen verschlechtert hat (a:A. AG Bremen DGVZ 1977, 157, 158; *Thomas/Putzo,* § 756 Anm. 2a).

2. Nachweis der Befriedigung oder des Annahmeverzuges des Schuldners   173

Das Vollstreckungsorgan darf die Zwangsvollstreckung beginnen, wenn die Befriedigung oder der Annahmeverzug des Vollstreckungsschuldners durch öffentliche oder öffentlich beglaubigte Urkunden geführt wird und eine Abschrift dieser Urkunden bereits zugestellt ist oder gleichzeitig zugestellt wird (§ 756; § 765, 1).

a) Die *Befriedigung* des Vollstreckungsschuldners ist beispielsweise durch eine notariell beglaubigte Quittung nachweisbar, die der Vollstreckungsgläubiger nach § 368 II BGB verlangen kann. Auch das schriftliche Empfangsbekenntnis bei der Zustellung von Anwalt zu Anwalt nach § 198 reicht aus (*Zöller/Stöber,* § 765 Rdnr. 3). Ein Nachweis ist überflüssig, wenn der Vollstreckungsschuldner zugesteht, daß die Gegenleistung erbracht ist.

b) Der *Annahmeverzug* des Vollstreckungsschuldners kann durch jeden Vollstreckungstitel, insbesondere durch das Urteil nachgewiesen werden, aus dem vollstreckt werden soll (vgl. BGH NJW 1982, 1049). Jedenfalls reicht es aus, daß der Annahmeverzug bereits vor dem Erlaß des Vollstreckungstitels eingetreten ist; ein erneutes Angebot vor dem Beginn der Zwangsvollstreckung ist nicht erforderlich (h.M.; KG NJW 1972, 2052; BL/ *Hartmann,* § 756 Anm. 3 A; *Schilken,* AcP 181, 372; a.A. *Rosenberg,* § 175 IV 3a). Allerdings muß es für das Vollstreckungsorgan aus den Urteilsgründen unschwer zu erkennen sein, daß ein Annahmeverzug gegeben ist (StJ/*Münzberg,* § 756 Rdnr. 7). Dafür reicht es nicht aus, daß der Vollstreckungsschuldner im Prozeß einen Klageabweisungsantrag gestellt hat (OLG Frankfurt Rpfleger 1979, 432; zu Fall f). Am sichersten ist der Nachweis für den Gläubiger, wenn das Prozeßgericht auf seinen Antrag im Urteil festgestellt hat, daß der Beklagte (Schuldner) sich im Annahmeverzug befinde.

174   § 11   Die Vollstreckungshindernisse

Schrifttum: *Bohn,* Die Zulässigkeit des vereinbarten Vollstreckungsausschlusses, ZZP 69, 20; *Bürck,* Erinnerung oder Klage bei Nichtbeachtung von Vollstreckungsvereinbarungen durch die Vollstreckungsorgane?, ZZP 85, 391; *Emmerich,* Zulässigkeit und Wirkungsweise der Vollstreckungsverträge, ZZP 82, 413; *Gaul,* Zulässigkeit und Geltendmachung vertraglicher Vollstreckungsbeschränkung — BGH, NJW 1968, 700, JuS 1971, 347; *Kirberger,* Vollstreckungsverfahren nach Einstellung der Zwangsvollstreckung durch das Prozeßgericht, Rpfleger 1976, 8; *Lippross,* Grundlagen und System des Vollstreckungsschutzes, 1983; *Noack,* Die vorläufige Einstellung und die Fortsetzung der Zwangsvollstreckung gem. § 775 Ziff. 4 u. 5 ZPO, DGVZ 1976, 149; *Scherf,* Vollstreckungsverträge, 1971.

Fälle:

a) Als Gv wegen einer titulierten Forderung nebst Kosten vollstrecken will, legt S ihm einen Lastschriftzettel vor, nach dem der in Rede stehende Betrag an G überwiesen worden ist. Auf telefonische Anfrage des Gv erklärt G, es handele sich bei dem Betrag um eine alte, nicht um die titulierte Forderung. Was soll Gv tun?

b) Nachdem Gv bei S aus einem Zahlungsurteil ein Klavier gepfändet hatte, wird das Urteil in der Berufungsinstanz aufgehoben. S will die Versteigerung des Klaviers verhindern.

c) S weist dem Gv durch einen Hinterlegungsschein die Sicherheitsleistung nach, durch die er die Zwangsvollstreckung abwenden kann (vgl. § 775 Nr. 3); deshalb entfernt Gv das Pfandsiegel von dem gepfändeten Schrank. Später stellt sich heraus, daß überhaupt keine Sicherheitsleistung erfolgt war. Kann G erreichen, daß das Pfandrecht am Schrank mit dem früheren Rang wieder entsteht, wenn der Schrank zwischenzeitlich für einen anderen Gläubiger gepfändet worden ist?

d) Als Gv aus einem Zahlungsurteil des G gegen S vollstrecken will, erfährt er, daß S in Konkurs gefallen ist. Darf er das Klavier pfänden, das S nach der Konkurseröffnung geerbt hat?

e) Das nichteheliche Kind G möchte gegen seinen in Konkurs gefallenen Vater S wegen seiner Unterhaltsansprüche vollstrecken, die teils vor und teils nach Konkurseröffnung entstanden sind.

f) Nach Abschluß des Rechtsstreits vereinbaren die Parteien, daß G nicht vor Beginn des nächsten Jahres und dann auch nicht in die Münzsammlung des S vollstrecken darf. S ist damit einverstanden, daß G auch die Bibliothek pfändet, die S als Schriftsteller zur Ausübung seines Berufes braucht (vgl. § 811 Nr. 5). G hält sich nicht an die Abmachung und läßt durch Gv schon vor Jahresende die Münzsammlung und einen Teil der Bibliothek pfänden.

Von den bisher behandelten (allgemeinen und besonderen) Vollstreckungsvoraussetzungen sind die Vollstreckungshindernisse zu unterscheiden. Darunter versteht man solche Tatbestände, die einer Zwangsvollstreckung entgegenstehen. Das Vollstreckungsorgan muß das Vorliegen von Vollstreckungshindernissen nicht immer, sondern nur dann prüfen, wenn konkrete Anhaltspunkte für ein solches Hindernis gegeben sind. Das ist der Fall, sofern ein Beteiligter sich darauf beruft oder das Vollstreckungsorgan von einem Vollstreckungshindernis dienstlich Kenntnis erlangt. Liegt ein Vollstreckungshindernis vor, wird die bereits begonnene Zwangsvollstreckung nicht fortgesetzt (= eingestellt) oder sogar beseitigt (= aufgehoben); eine noch nicht begonnene Vollstreckung darf nicht eingeleitet werden. Wird trotz des Vollstreckungshindernisses eine Vollstreckung vorgenommen, ist diese nicht schon nichtig, sondern nur anfechtbar (§ 766).

I. Einstellung oder Beschränkung der Zwangsvollstreckung nach § 775   175

1. Tatbestände

§ 775 nennt in Nr. 1—5 die Tatbestände, bei deren Vorliegen die Zwangsvollstreckung einzustellen oder zu beschränken ist.

a) *§ 775 Nr. 1* behandelt die *vollstreckungshindernden Entscheidungen* (Urteile, Beschlüsse, nicht aber Vergleiche). Sie können folgenden Inhalt haben:

(1) Das zu vollstreckende *Urteil wird* durch eine Entscheidung in der Sache (ganz oder teilweise) *aufgehoben*.

Beispiele für eine solche Entscheidung: Urteil in der Rechtsmittelinstanz, im Wiederaufnahmeverfahren, im Nachverfahren (§§ 300 IV, 600 II), im Abänderungsrechtsstreit (§ 323).

(2) Die *vorläufige Vollstreckbarkeit* des zu vollstreckenden Urteils *wird aufgehoben*.

Beispiele: Vorabentscheidung nach § 718 I (Rdnr. 54), Aufhebung oder Abänderung der Vollstreckbarkeitserklärung nach § 717 I (Rdnr. 74).

(3) Die Zwangsvollstreckung wird *für unzulässig erklärt*.

Beispiele: Das einer Vollstreckungsgegenklage (§ 767; Rdnr. 1312 ff.) stattgebende Urteil erklärt die Zwangsvollstreckung aus dem Vollstreckungstitel für unzulässig. Das einer Drittwiderspruchsklage (§§ 771 ff.; Rdnr. 1396 ff.) stattgebende Urteil erklärt die Zwangsvollstreckung in eine bestimmte Sache für unzulässig.

(4) Die *endgültige Einstellung der Zwangsvollstreckung* wird angeordnet.

Beispiele: Der Beschluß gibt einer Erinnerung des Schuldners nach § 732 (Rdnr. 136 ff.) oder nach § 766 (Rdnr. 1160 ff.) statt.

176   b) *§ 775 Nr. 2* behandelt die Entscheidungen, die eine *einstweilige Einstellung* anordnen oder eine Fortsetzung der Vollsteckung *nur gegen Sicherheitsleistung zulassen.* Im einzelnen geht es dabei um folgende Fälle:

(1) Die Anordnung der *einstweiligen Einstellung* kann die Vollstreckung insgesamt oder nur eine einzelne Vollstreckungsmaßregel betreffen.

Beispiele: Einstweilige Anordnung des Gerichts vor Entscheidung über die Beschwerde (§ 572 III), über die Erinnerung nach § 732 (§ 732 II; Rdnr. 140 a.E.) oder nach § 766 (§ 766 I 2 i.V.m. § 732 II; Rdnr. 1232), über die Vollstreckungsgegenklage (§ 769; Rdnr. 1359 ff.).

Insbesondere sind die drei folgenden Regelungen zu erwähnen:

177   (a) *§ 707* regelt die einstweilige Einstellung der Zwangsvollstreckung in solchen Fällen, in denen ein Vollstreckungstitel mit dem Ziel der Beseitigung angegriffen wird. Hier besteht die Gefahr, daß die Zwangsvollstreckung gegen den Schuldner schon abgeschlossen ist, ehe der Vollstreckungstitel aufgehoben worden ist. Das kann vom Gericht auf Antrag des Schuldners verhindert werden.

(aa) Die Vorschrift *setzt voraus*, daß eine Wiedereinsetzung in den vorigen Stand (§§ 233 ff.; z.B. weil die Berufungsfrist versäumt worden ist), eine Wiederaufnahme des Verfahrens (§§ 578 ff.; weil das rechtskräftige Urteil auf einem Nichtigkeits- oder Restitutionsgrund beruht) oder die Fortsetzung des Rechtsstreits nach Verkündung eines Vorbehaltsurteils (§ 302 beim Vorbehalt der Entscheidung über die Aufrechnung; §§ 599, 600 im Urkunden- und Wechselprozeß) begehrt wird. Abgesehen von diesen in § 707 I genannten Tatbeständen ist die Bestimmung in vielen anderen Fällen entsprechend anwendbar (vgl. BL/*Hartmann*, § 707 Anm. 5 A).

Außerdem muß ein Antrag des Schuldners auf eine einstweilige Anordnung vorliegen. Er kann schriftlich (auch zu Protokoll der Geschäftsstelle beim Verfahren vor dem Amtsgericht; § 496) sowie in der mündlichen Verhandlung gestellt werden; beim Anwaltsprozeß besteht Anwaltszwang (§ 78 I).

(bb) Ausschließlich *zuständig* ist das Gericht, das für die Entscheidung über den Rechtsbehelf oder für das Nachverfahren zuständig ist. Das Gericht entscheidet nach Anhörung des Gläubigers unter Berücksichtigung des voraussichtlichen Erfolgs der Klage; eine mündliche Verhandlung ist nicht erforderlich (§ 707 II 1). Bei einer aussichtslosen Klage ist der Antrag auf Erlaß einer einstweiligen Anordnung abzulehnen; denn das Verfahren darf nicht vom Schuldner dazu mißbraucht werden, sich möglichst lange der Zwangsvollstreckung zu entziehen.

(cc) Es steht im Ermessen des Gerichts, *welche einstweilige Anordnung* es erläßt. Regelmäßig kommt eine einstweilige Einstellung der Zwangsvollstreckung gegen Sicherheitsleistung des Schuldners in Betracht. Eine Einstellung ohne Sicherheitsleistung setzt voraus, daß glaubhaft gemacht wird, der Schuldner sei zur Sicherheitsleistung nicht in der Lage und die Vollstreckung würde einen nicht zu ersetzenden Nachteil bringen (§ 707 I 2). Möglich ist auch die Anordnung, daß die Zwangsvollstreckung nur gegen Sicherheitsleistung des Gläubigers stattfinden oder fortgesetzt werden darf. Ferner kann das Gericht eine Aufhebung von bereits erfolgten Vollstreckungsmaßnahmen gegen Sicherheitsleistung des Schuldners bestimmen.

(dd) Nach § 707 II 2 findet *keine Anfechtung des Beschlusses* statt. Allerdings kann das Gericht seinen Beschluß auf Antrag ändern oder aufheben (OLG Celle MDR 1970, 243, 244). Im übrigen läßt die Praxis gegen § 707 II 2 die sofortige Beschwerde zu, wenn das Gericht den ihm eingeräumten Ermessensspielraum überschritten oder von seinem Ermessen einen unsachgemäßen Gebrauch gemacht hat (vgl. etwa OLG Celle NJW 1967, 401; OLG Bremen NJW 1969, 1260; OLG Karlsruhe FamRZ 1982, 400, 401).

(b) *§ 719* behandelt den Fall, daß gegen ein vorläufig vollstreckbares Urteil Einspruch oder ein Rechtsmittel eingelegt wird. Auch hier muß mit der Möglichkeit gerechnet werden, daß das Urteil aufgehoben wird und vorher aus diesem schon die Zwangsvollstreckung betrieben worden ist. Deshalb ist hier § 707 entsprechend anwendbar (§ 719 I 1).   **178**

(aa) § 707 gilt allerdings uneingeschränkt nur für den Fall der *Berufung* (vgl. § 719 I, II).

In der Praxis wird oft nur deshalb ein Antrag auf einstweilige Einstellung der Zwangsvollstreckung gestellt, um auf diese Weise die Erfolgsaussichten für die Berufung zu »testen«; wird der Erlaß einer einstweiligen Anordnung mangels Erfolgsaussicht der Berufung abgelehnt, ist das vielfach der Anlaß dafür, die Berufung zurückzunehmen.

(bb) Beim *Einspruch* gegen ein Versäumnisurteil oder gegen einen gleichstehenden (§ 700 I) Vollstreckungsbescheid darf die Zwangsvollstreckung regelmäßig nur gegen Sicherheitsleistung eingestellt werden; eine Ausnahme von der Anordnung einer Sicherheitsleistung kommt nur in Betracht, wenn das Versäumnisurteil nicht in gesetzlicher Weise ergangen ist oder die säumige Partei glaubhaft macht, daß ihre Säumnis unverschuldet war (§ 719 I 2).

(cc) Für die *Revision* schließt § 719 II die Regelung des § 707 aus, um die Einstellungsmöglichkeiten einzuschränken und dadurch verzögernde Revi-

sionen zu verhindern (BL/*Hartmann,* § 719 Anm. 2 A). Die Zwangsvollstreckung ist vom Revisionsgericht nur dann einstweilen einzustellen, wenn
sie dem Schuldner einen nicht zu ersetzenden Nachteil bringen würde und
nicht ein überwiegendes Interesse des Gläubigers entgegensteht (§ 719 II 1).

Die Parteien haben die tatsächlichen Voraussetzungen glaubhaft zu machen
(§ 719 II 2). Ein nicht zu ersetzender Nachteil ist nur dann zu bejahen, wenn der
durch die Vollstreckung herbeigeführte Zustand nicht mehr wieder rückgängig
gemacht werden kann (BGHZ 21, 377, 378). Nicht unersetzlich sind solche Nachteile,
die der Schuldner selbst vermeiden kann; deshalb scheidet eine Einstellung aus, wenn
der Schuldner in der Berufungsinstanz keinen Schutzantrag nach § 712 gestellt (BGH
NJW 1982, 1821) oder ihn nicht begründet hat (BGH NJW 1983, 455, 456).

179   (c) *§ 765a* behandelt u.a. den Fall, daß die Zwangsvollstreckung aufgehoben oder einstweilen eingestellt werden kann, wenn sie für den Schuldner
eine sittenwidrige Härte bedeuten würde (allgemeine Härteklausel).

Der nach § 765a vorgesehene Vollstreckungsschutz kommt auf Antrag
des Schuldners nur dann in Betracht, wenn die Vollstreckungsmaßnahme
»unter voller Würdigung des Schutzbedürfnisses des Gläubigers wegen ganz
besonderer Umstände eine *Härte bedeutet, die mit den guten Sitten nicht vereinbar ist*«. Bei der vom Vollstreckungsgericht vorzunehmenden Interessen-
abwägung ist also davon auszugehen, daß der Gläubiger ein schutzwürdiges
Interesse daran hat, aus dem von ihm erstrittenen Titel auch vollstrecken zu
können. Dem gehen die Interessen des Schuldners ausnahmsweise dann vor,
wenn die Maßnahme eine sittenwidrige Härte für ihn bedeuten würde (z.B.
Gefahr lebensgefährlicher Schädigung des Schuldners durch eine Räumungsvollstreckung; BVerfGE 52, 214, 221).

Einzelheiten: Rdnr. 1470 ff.

180   (2) Außer der Anordnung der einstweiligen Einstellung nennt § 775 Nr. 2
die nachträgliche Anordnung, daß die Vollstreckung *nur gegen Sicherheitsleistung des Gläubigers fortgesetzt* werden darf.

Beispiele: Entscheidung, nach der die Vollstreckung aus dem Versäumnisurteil nur
gegen Sicherheitsleistung fortgesetzt werden darf (§ 709, 2; Rdnr. 66); einstweilige
Anordnung nach § 732 II, daß die Zwangsvollstreckung nur gegen Sicherheitsleistung
fortzusetzen ist (Rdnr. 140); ferner entsprechende Entscheidungen nach §§ 707 I,
719 I.

181   c) *§ 775 Nr. 3* behandelt die Fälle, in denen der Schuldner, dem nachgelassen war, die Zwangsvollstreckung durch Sicherheitsleistung oder Hinterlegung abzuwenden, die *Sicherheitsleistung oder Hinterlegung* durch eine
öffentliche Urkunde nachweist. Eine öffentlich beglaubigte Urkunde genügt
nicht.

Dem Schuldner wird diese Befugnis beispielsweise in den Fällen eingeräumt, in
denen das Urteil für vorläufig vollstreckbar erklärt wird, ohne daß der Gläubiger

Sicherheit leisten muß (§§ 711, 708 Nr. 4—11; Rdnr. 62). Außerdem gestattet das Gericht dem Schuldner, durch Sicherheitsleistung die Vollstreckung abzuwenden, wenn diese dem Schuldner einen nicht zu ersetzenden Nachteil bringen würde (§ 712 I 1; Rdnr. 71). Schließlich kann die Sicherungsvollstreckung (§ 720a; Rdnr. 67 ff.) durch Sicherheitsleistung des Schuldners verhindert werden (§ 720a III; Rdnr. 69 a.E.).

d) *§ 775 Nr. 4* behandelt die Fälle, in denen eine *öffentliche Urkunde* oder eine vom Gläubiger ausgestellte *Privaturkunde* vorgelegt wird, aus der sich die nach Erlaß des Titels erfolgte *Befriedigung* des Gläubigers oder die von diesem bewilligte *Stundung* ergibt. **182**

War die Leistung einem Dritten zu erbringen (z.B. der Arbeitgeber, der zur Zahlung des Bruttolohnes verurteilt worden ist, zahlt die Lohnsteuer und die Sozialversicherungsbeiträge an die zuständigen Stellen), so genügt eine Quittung des Dritten.

e) *§ 775 Nr. 5* nennt ausdrücklich nur die *Vorlage eines Postscheins,* aus dem sich ergibt, daß nach Erlaß des Vollstreckungstitels die zur Befriedigung des Gläubigers erforderliche Summe bei der Post zwecks Zahlung an den Gläubiger eingezahlt ist. Einem solchen Schein stehen aber andere Quittungen der Post oder Bescheinigungen einer Bank gleich, sofern sich aus ihnen der Gläubiger als Empfänger ergibt. **183**

Es genügt nicht, wenn der Schuldner den Einlieferungsschein eines Wertbriefes, einen Überweisungsdurchschlag oder eine Scheckabbuchung vorlegt; denn diese Papiere beweisen nicht, daß der genannte Betrag für den Gläubiger geleistet worden ist.

2. Folgen **184**

a) Die Zwangsvollstreckung ist *unzulässig,* wenn schon vor ihrem Beginn ein Tatbestand des § 775 erfüllt ist.

Im Fall a ist es nicht Sache des Gv nachzuprüfen, ob die titulierte Forderung durch die Überweisung erloschen ist. Deshalb hat er zu vollstrecken (h.M.; vgl. *Thomas/Putzo,* § 775 Anm. 8 b; OLG Hamm MDR 1973, 857; a.A. LG Mannheim MDR 1967, 222). Es bleibt dem S die Möglichkeit, Klage nach § 767 zu erheben und einstweilige Einstellung der Zwangsvollstreckung nach § 769 zu beantragen (Rdnr. 1359 ff.).

b) Hatte die Zwangsvollstreckung bereits begonnen, sind nach § 776, 1 die schon getroffenen Vollstreckungsmaßregeln in den Fällen des § 775 Nr. 1 und Nr. 3 *aufzuheben.* **185**

(1) Ist eine vollstreckungshindernde Entscheidung (*§ 775 Nr. 1;* Rdnr. 175) ergangen, setzt nicht diese, sondern erst das Vollstreckungsorgan die Vollstreckung außer Kraft.

Im Fall b wird S dem Gv das Berufungsurteil vorlegen. Dieser nimmt das Pfandsiegel ab oder ermächtigt eine andere Person (z.B. den S) dazu und hebt einen bereits anberaumten Versteigerungstermin auf.

(2) Weist der Schuldner, dem nachgelassen war, die Zwangsvollstreckung durch Sicherheitsleistung abzuwenden, diese durch eine öffentliche Urkunde nach (§ 775 Nr. 3; Rdnr. 181), muß das Vollstreckungsorgan ebenfalls die Vollstreckung aufheben.

186   c) Nach bereits begonnener Zwangsvollstreckung ist bei Vorlage einer Urkunde über die Befriedigung oder Stundung (§ 775 Nr. 4; Rdnr. 182) oder eines Postscheins (§ 775 Nr. 5; Rdnr. 183) die Zwangsvollstreckung nicht aufzuheben, sondern nur *einzustellen*; die bereits getroffenen Vollstreckungsmaßregeln bleiben also einstweilen bestehen (§ 776, 2).

Der Gerichtsvollzieher beläßt es mithin bei der Pfändung; er versteigert das Pfand aber nicht. Gibt der Gläubiger das Pfand nicht frei, ist es Sache des Schuldners, eine vollstreckungshindernde Entscheidung herbeizuführen und damit die Aufhebung der Zwangsvollstreckung zu erreichen. Mißlingt ihm das, wird das Pfand versteigert; der Gläubiger ist nämlich nach wie vor durch das Pfandrecht gesichert.

Auch in den Fällen des § 775 Nr. 2 (Rdnr. 176 ff.) bleiben die getroffenen Vollstreckungsmaßregeln normalerweise bestehen. Das gilt nur dann nicht, wenn die Entscheidung die Aufhebung der bisherigen Vollstreckungshandlungen anordnet (§ 776, 2 a.E.).

Hat S gegen ein Zahlungsurteil Berufung eingelegt und einen Beschluß über die einstweilige Einstellung der Zwangsvollstreckung erreicht (§ 719; Rdnr. 178), wird S regelmäßig dem Gv eine Ausfertigung dieses Beschlusses vorlegen und auf diese Weise eine Versteigerung des bereits gepfändeten Gegenstandes verhindern. Ist die Vorlage bis zum Beginn der Versteigerung aus zeitlichen Gründen nicht möglich, muß es genügen, daß der Gerichtsvollzieher auf andere Weise (z.B. Prozeßakten; Information durch die Geschäftsstelle) von dem Einstellungsbeschluß Kenntnis erlangt (vgl. etwa BGHZ 25, 60, 63; StJ/*Münzberg*, § 775 Rdnr. 23 m.N.; anders *A. Blomeyer*, § 24 III).

187   3. Rechtsbehelfe

Gegen eine Maßnahme des Gerichtsvollziehers oder des Vollstreckungsgerichts gibt es die Erinnerung (§ 766). Gegen eine Entscheidung des Vollstreckungsgerichts kommt die sofortige Beschwerde (§ 793) oder, falls dort der Rechtspfleger tätig wird, die befristete Durchgriffserinnerung (§ 11 I RPflG) in Betracht (zur Unterscheidung von Maßnahme und Entscheidung vgl. Rdnr. 1177 ff., 1181 ff.).

Beschwert ist der Gläubiger, wenn das Vollstreckungsorgan die Zwangsvollstreckung ablehnt, einstellt, beschränkt oder aufhebt. Der Schuldner ist beschwert, wenn die Zwangsvollstreckung durchgeführt, nicht eingestellt, nicht beschränkt oder nicht aufgehoben wird.

Im Fall c ist die Pfändung zu Unrecht aufgehoben worden. G kann also nach § 766 erreichen, daß der Schrank erneut gepfändet wird. Jedoch lebt die alte Vollstreckungsmaßnahme nicht wieder auf, so daß der durch die Aufhebung verlorene Rang des Pfandrechts nicht wieder erreicht werden kann (vgl. BGH NJW 1976, 1453). Deshalb geht das durch die zwischenzeitliche Pfändung begründete Pfandrecht dem des G vor.

II. Vollstreckungshindernis bei Eröffnung des Konkurs- oder Vergleichsverfahrens

188

Ein Vollstreckungshindernis kann in der Eröffnung des Konkurs- oder Vergleichsverfahrens über das Vermögen des Schuldners liegen.

1. Konkursverfahren

a) Folgende *Tatbestände* kommen in Betracht:

(1) Der Gläubiger hat einen zur Zeit der Eröffnung des Konkursverfahrens begründeten Vermögensanspruch gegen den (Gemein-) Schuldner. Wegen dieser *Konkursforderung* (§ 3 I KO) darf die Zwangsvollstreckung weder in die Konkursmasse (vgl. § 1 I KO) noch in das sonstige Vermögen des Gemeinschuldners erfolgen (§ 14 I KO). Dieses Verbot bezweckt den Schutz der Konkursgläubiger; außerdem soll auch dem Gemeinschuldner die Möglichkeit eingeräumt werden, sich eine neue Existenz zu schaffen.

Im Fall d stellt also der Konkurs des S ein Vollstreckungshindernis dar. Auch das konkursfreie Vermögen des S (Erbschaftsklavier) darf nicht gepfändet werden.

(2) Bei der Vollstreckung aus einem Titel über eine Forderung, die *keine*   189 *Konkursforderung* darstellt, sind folgende Fälle zu unterscheiden:

(a) Bestimmte Gläubiger sind bevorrechtigt; sie dürfen eine Einzelzwangsvollstreckung betreiben. Dazu gehören die *Aussonderungsberechtigten* (§§ 43—46 KO; z.B. der herausgabeberechtigte Eigentümer, Vermieter einer in der Konkursmasse befindlichen Sache), die *Absonderungsberechtigten* (§§ 47—51 KO; z.B. der Pfändungsgläubiger) sowie die *Massegläubiger* (§§ 58 f. KO; z.B. der Gläubiger eines Anspruchs aus einem Geschäft des Konkursverwalters).

Sofern der Titel des Aus- oder Absonderungsberechtigten gegen den (späteren) Gemeinschuldner lautet, kommt eine Titelumschreibung gegen den Konkursverwalter in Betracht (Rdnr. 127).

190   (b) Wegen *anderer Forderungen*, die keine Konkursforderungen sind (z.B. Unterhaltsansprüche, die nach Konkurseröffnung entstehen; § 3 II KO), kann nicht in die Konkursmasse vollstreckt werden. Das ergibt sich aus § 15 KO. Danach können Rechte an den zur Konkursmasse gehörigen Gegenständen nicht mit Wirkung gegenüber den Konkursgläubigern erworben werden; das gilt auch für das Pfändungspfandrecht.

    Im Fall e kann der Anspruch auf rückständigen Unterhalt als Konkursforderung angemeldet werden; für die erst nach Konkurseröffnung entstehenden Unterhaltsansprüche kommt nur eine Vollstreckung in das konkursfreie Vermögen des S in Betracht.

191   (3) Wenn das Konkursgericht nach Zulassung des Konkursantrages ein *allgemeines Veräußerungsverbot* an den Schuldner erlassen hat (vgl. § 106 I KO), ist eine Zwangsvollstreckung in das Schuldnervermögen, das mit der Konkurseröffnung zur Konkursmasse gehört, unzulässig. Denn bei dem Verbot handelt es sich um ein relatives Veräußerungsverbot (§ 136 BGB), so daß ein Pfändungspfandrecht gegenüber den Konkursgläubigern unwirksam wäre.

192   b) Ist einer der genannten Tatbestände erfüllt, so hat das zur *Folge*, daß das Vollstreckungsorgan das Vollstreckungshindernis von Amts wegen zu beachten hat. Es darf keine Zwangsvollstreckung einleiten und muß eine bereits begonnene Vollstreckung einstellen.

193   c) Sofern das Vollstreckungsorgan trotz des Vollstreckungshindernisses vollstreckt, kommen folgende *Rechtsbehelfe* in Frage:

    (1) Wird unter Verletzung des *§ 14 KO* in die Konkursmasse vollstreckt, kann der Konkursverwalter Erinnerung (§ 766; Rdnr. 1209, 1215) einlegen oder Drittwiderspruchsklage (§ 771; Rdnr. 1409) erheben. Bei einer Vollstreckung ins konkursfreie Vermögen hat der Gemeinschuldner die Möglichkeit der Erinnerung.

    (2) Bei einem Verstoß gegen *§ 15 KO* oder gegen ein Veräußerungsverbot gem. § 106 I KO steht dem Konkursverwalter ebenfalls die Erinnerung oder die Drittwiderspruchsklage zu.

194   **2. Vergleichsverfahren**

    a) Ein *Vollstreckungsverbot* besteht für alle Vergleichsgläubiger während des Vergleichsverfahrens (§ 47 VerglO).

    (1) *Vergleichsgläubiger* sind grundsätzlich alle Gläubiger des Schuldners, die nicht bevorrechtigte Konkursgläubiger wären, wenn anstelle des Vergleichs der Konkurs eröffnet worden wäre (§ 25 VerglO). Dazu gehören auch die Gläubiger, die innerhalb einer Sperrfrist (= später als am 30. Tag

vor der Stellung des Eröffnungsantrags) eine zwangsweise Sicherung erlangt haben (§ 28 VerglO).

Abgesehen von den Vergleichsgläubigern gilt das Vollstreckungsverbot nach § 47 VerglO auch für die in § 29 VerglO bezeichneten Gläubiger.

(2) Das Vergleichsverfahren *dauert* von seiner Eröffnung (§ 21 VerglO) bis zur Rechtskraft der das Verfahren abschließenden Entscheidung (§ 47 VerglO).

Diese Entscheidung kann eine Bestätigung des Vergleichs (§ 78 VerglO), eine Versagung der Bestätigung unter gleichzeitiger Entscheidung über die Konkurseröffnung (§ 80 VerglO) sowie eine Einstellung des Verfahrens (§§ 99 ff. VerglO) sein.

(3) Die *Zwangsvollstreckung* in das ganze Schuldnervermögen *ist unzulässig*. Das Gesetz trennt beim Vergleich — anders als beim Konkurs — nicht zwischen zwei Vermögensmassen.

Die trotz des Vollstreckungsverbots durchgeführte Vollstreckungsmaßnahme ist mit der Erinnerung (§ 766) anfechtbar.

b) Eine *Einstellung* wird vom Gesetz für Zwangsvollstreckungen **195** bestimmt, die zur Zeit der Eröffnung des Vergleichsverfahrens zugunsten eines Vergleichsgläubigers (oder eines in § 29 Nr. 3, 4 VerglO genannten Gläubigers) bereits anhängig sind (§ 48 I VerglO).

Verstöße sind nach § 766 zu rügen (vgl. StJ/*Münzberg*, § 775 Rdnr. 35).

c) Eine *Aufhebung* der vor Eröffnung des Vergleichsverfahrens getroffenen Zwangsvollstreckungsmaßnahme kann auf Antrag des Vergleichsverwalters das Vergleichsgericht anordnen, wenn es dem Schuldner im Interesse der Vergleichsgläubiger möglich sein muß, über den von der Vollstreckung betroffenen Gegenstand zu verfügen (§ 48 II VerglO).

Diese Ermessensentscheidung ist unanfechtbar (StJ/*Münzberg*, § 775 Rdnr. 36).

III. Sonstige gesetzliche Vollstreckungshindernisse   **196**

1. Zwangsvollstreckung gegen den Erben vor Annahme der Erbschaft

Solange der Erbe die Erbschaft noch nicht angenommen hat, werden sein persönliches Vermögen (= Eigenvermögen) und der Nachlaß als getrennte Vermögensmassen behandelt. Deshalb bestimmt § 778 für die Zwangsvollstreckung (vgl. ErbR Rdnr. 306):

a) Ein *Nachlaßgläubiger* darf vor Annahme der Erbschaft nur in den Nachlaß, also *nicht in das persönliche Vermögen des Erben* vollstrecken (§ 778 I).

Wird dennoch ins persönliche Vermögen des Erben vollstreckt, steht diesem die Erinnerung gegen die Art und Weise der Zwangsvollstreckung (§ 766; Rdnr. 1207) und (wahlweise) die Drittwiderspruchsklage gegen den pfändenden Gläubiger (§ 771; Rdnr. 1409) zu. Da durch eine solche Zwangsvollstreckung auch die persönlichen Gläubiger des Erben beschwert werden, können auch sie sich dagegen mit der Erinnerung wehren.

Sofern die Zwangsvollstreckung schon zur Zeit des Todes des Erblassers begonnen hatte, wird sie in den Nachlaß fortgesetzt (§ 779 I; Rdnr. 37, 118, 121). Dazu ist in einigen Fällen dem Erben ein einstweiliger besonderer Vertreter zu bestellen (vgl. § 779 II).

b) Ein *persönlicher Gläubiger* des vorläufigen Erben darf im Interesse des endgültigen Erben und der Nachlaßgläubiger vor Annahme der Erbschaft nur in das persönliche Vermögen des Erben, also *nicht in den Nachlaß* vollstrecken (§ 778 II).

Bei Vollstreckung in den Nachlaß kann der Erbe nach § 766 oder § 771 vorgehen. Nachlaßgläubiger und gegebenenfalls Nachlaßpfleger, Nachlaßverwalter, Testamentsvollstrecker (soweit sein Verwaltungsrecht reicht) haben die Möglichkeit, Erinnerung (§ 766) einzulegen.

197   2. Ablauf der Vollziehungsfrist bei Arrest und einstweiliger Verfügung

Die Vollziehung eines Arrestbefehls (Rdnr. 1533 ff.) oder einer einstweiligen Verfügung (Rdnr. 1652 ff.) ist unstatthaft, wenn seit dem Tage des Erlasses ein Monat verstrichen ist (§§ 929 II, 936). Dadurch soll der Schuldner geschützt werden, gegen den in einem vereinfachten Verfahren ein Vollstreckungstitel ergangen ist; er braucht nach Ablauf der kurzen Frist nicht mehr mit einer Vollstreckung zu rechnen. Außerdem trägt die Frist dem Umstand Rechnung, daß die Sachlage sich innerhalb kurzer Zeit wesentlich ändern kann.

Die Frist beginnt bei einem Urteil mit dessen Verkündung, bei einem Beschluß mit dessen Zustellung an den Gläubiger (§ 929 II).

198   3. Beschlagnahme des Schuldnervermögens nach § 290 I StPO

Ist gegen einen Abwesenden öffentliche Klage erhoben worden und liegen die Voraussetzungen für einen Haftbefehl vor, kann durch Gerichtsbeschluß sein inländisches Vermögen beschlagnahmt werden (§ 290 I StPO). Dadurch wird bezweckt, daß der Abwesende sich stellt. Eine Beschlagnahme scheidet jedoch aus, wenn die Straftaten nur mit Freiheitsstrafe bis zu sechs Monaten oder mit Geldstrafe bis zu 180 Tagessätzen bedroht sind (§ 290 II StPO).

Durch die Beschlagnahme verliert der Schuldner zwar das Recht, über das in Beschlag genommene Vermögen unter Lebenden zu verfügen (§ 292 I StPO). Darin liegt jedoch kein Vollstreckungshindernis (a.M. *Stehle/Bork*, Rdnr. 59); denn der Gläubiger hat die Möglichkeit, einen Titel gegen den zur Verwaltung des beschlagnahmten Vermögens bestellten Pfleger (§ 292 II StPO) zu erwirken und gegen diesen die Zwangsvollstreckung zu betreiben.

IV. Vollstreckungsverträge   199

1. Begriff und Arten

a) Unter Vollstreckungsverträgen versteht man *Vereinbarungen zwischen dem Vollstreckungsgläubiger und dem Vollstreckungsschuldner über die Durchführung der Zwangsvollstreckung.* Soweit sie rechtlich zulässig sind und die Vollstreckung einschränken, sind sie Vollstreckungshindernisse.

Nicht zu den Vollstreckungsverträgen werden Abmachungen gerechnet, die das materielle Recht betreffen (z.B. Stundung, Erlaß der Forderung). Ihre Gültigkeit ist nach materiellem Recht (z.B. § 138 BGB) zu beurteilen. Sie sind bereits im Erkenntnisverfahren vorzutragen und damit beim Urteil zu berücksichtigen. Sofern sie im Erkenntnisverfahren noch nicht vorgebracht werden konnten, sind sie mit der Vollstreckungsgegenklage (§ 767) geltend zu machen.

b) Hinsichtlich ihrer Wirkung sind folgende *Arten* von Vollstreckungs-   200 verträgen oder einzelnen in ihnen getroffenen Abreden zu unterscheiden:

(1) *Vollstreckungsbeschränkende* Absprachen sind solche, welche die dem Gläubiger gesetzlich eingeräumte Vollstreckungsbefugnis einschränken.

Beispiele: Der Gläubiger soll nicht vor einem bestimmten Termin, nicht in einen bestimmten Gegenstand (Fall f), nur in bestimmte Gegenstände vollstrecken; er soll nicht die Abnahme einer eidesstattlichen Versicherung des Schuldners beantragen.

(2) *Vollstreckungsausschließende* Absprachen sind solche, welche die Vollstreckungsbefugnis des Gläubigers ganz ausschließen.

Der Gläubiger verzichtet auf jegliche Zwangsvollstreckung aus dem Vollstreckungstitel.

(3) *Vollstreckungserweiternde* Absprachen sind solche, welche die Vollstreckungsbefugnis des Gläubigers über die vom Gesetz vorgesehenen Rechte hinaus erweitern.

Beispiele: Der Gläubiger soll ohne Vollstreckungsklausel und in unpfändbare Gegenstände vollstrecken dürfen. Der Schuldner verzichtet von vornherein auf den Vollstreckungsschutz nach § 765a.

201   2. Zulässigkeit

a) Für die vollstreckungsrechtlichen Vereinbarungen gilt die Privatautonomie, soweit *nicht zwingende gesetzliche Normen entgegenstehen*. Das ist aber oft der Fall, da die Prozeßgesetze meist im öffentlichen Interesse bestehen; so sind die Voraussetzungen und die Grenzen der Vollstreckungshandlungen den Abmachungen der Parteien entzogen (RGZ 128, 81, 85).

Beispiele: Vereinbarung über eine Änderung der vorgesehenen Vollstreckungsart (Eine vertretbare Handlung [vgl. § 887; Rdnr. 1065 ff.] soll durch Verhängung eines Zwangsgeldes [vgl. § 888; Rdnr. 1077 ff.] erzwungen werden, vgl. OLG Hamm MDR 1968, 333 f.); Absprache über eine vom Gesetz abweichende funktionelle Zuständigkeit des Vollstreckungsorgans (Der Gerichtsvollzieher soll eine Forderung pfänden); Abmachung über eine Abänderung der vom Vollstreckungsorgan zu beachtenden Verfahrensregeln (Der Gerichtsvollzieher soll ohne Klausel oder ohne Zustellung vollstrecken).

b) Ob es sich im *Einzelfall* um eine gültige oder um eine nichtige Vollstreckungsvereinbarung handelt, kann regelmäßig danach beurteilt werden, ob die Vollstreckung eingeschränkt oder erweitert werden soll.

(1) *Vollstreckungsbeschränkende* Absprachen engen die Rechte des Gläubigers ein. Dieser ist weniger schutzwürdig als der Schuldner. Der Gläubiger ist der Herr des Verfahrens; er kann das Vollstreckungsverfahren einleiten, anhalten, beenden. Deshalb muß es ihm auch möglich sein, auf seinen Schutz wirksam zu verzichten. Daher sind vertragliche Beschränkungen der Zwangsvollstreckung zulässig.

Beispiele: Ausschluß der Vollstreckung bis zur Rechtskraft (vgl. BGH NJW 1968, 700), für eine bestimmte Zeit (OLG Hamm MDR 1977, 675), in bestimmte Gegenstände (*Zöller/Stöber*, Vor § 704 Rdnr. 25).

202   (2) *Vollstreckungsausschließende* Absprachen sind jedenfalls dann zulässig, wenn es sich dabei um einen nachträglichen Verzicht auf die Vollstreckung aus einem bereits vorliegenden Vollstreckungstitel handelt (vgl. BGH NJW 1955, 1556; *Baur/Stürner*, Rdnr. 135).

Streitig ist, ob das auch für einen vorherigen Verzicht gilt. Teilweise wird die Wirksamkeit eines solchen Verzichts verneint, da ein gänzlicher Ausschluß der Vollstreckbarkeit über die Dispositionsfreiheit des Gläubigers hinausgehe (vgl. BGH NJW 1968, 700; *Arens*, Rdnr. 579; *Baur/Stürner*, Rdnr. 135). Jedoch ist demgegenüber darauf hinzuweisen, daß dem Gläubiger ein entsprechender materiellrechtlicher Verzicht möglich wäre; auch zwingende prozeßrechtliche Normen stehen einem Verzicht auf die Zwangsvollstreckung nicht entgegen (vgl. *Gerhardt*, § 4 I 2 m.N. in FN 11).

203   (3) *Vollstreckungserweiternde* Absprachen führen zu einem Eingriff in die Rechte des Schuldners. Sie sind nichtig, wenn sie den gesetzlich zwingend vorgeschriebenen Schuldnerschutz (z.B. in §§ 765a, 811, 850 ff.) verringern.

Wirksam sind die Vereinbarungen, wenn sie vom Gesetz zugelassen werden (z.B. in §§ 816 I, 825, 876, 2).

Im Fall f ist das Einverständnis zur Vollstreckung in die Bibliothek wegen § 811 Nr. 5 unwirksam. Das führt dazu, daß die Abreden über den Zeitpunkt der Vollstreckung sowie über die Nichtpfändung der Münzsammlung, die an sich gültig sind, ebenfalls unwirksam sind, sofern es sich bei den Abmachungen der Parteien um Teile eines gegenseitigen Vertrages handelt; denn dann führt die Nichtigkeit des einen Teils zur Nichtigkeit des ganzen Vertrages (§ 139 BGB).

3. Geltendmachung

Da ein gültiger Vollstreckungsvertrag ein Vollstreckungshindernis darstellt, kann der Schuldner schon im Vollstreckungsverfahren verhindern, daß unter Verstoß gegen die Abmachung vollstreckt wird. Zweifelhaft ist, auf welchem Wege er den die Vollstreckung hindernden Vertrag geltend machen kann. Die Erinnerung (§ 766) paßt unmittelbar nicht, weil das Vollstreckungsorgan nicht gegen eine gesetzliche Vorschrift verstößt, wenn es trotz der Abmachung vollstreckt. Die Vollstreckungsgegenklage (§ 767) betrifft Einwendungen gegen den materiellrechtlichen Anspruch, nicht dagegen die Geltendmachung vollstreckungsrechtlicher Hindernisse. Es kommt nur eine analoge Anwendung des § 766 (so etwa *Baur/Stürner*, Rdnr. 136; *Jauernig*, § 1 VI 3) oder des § 767 (so etwa BGH NJW 1968, 700; *Rosenberg*, § 180 III 1 b) in Betracht.

Nach richtiger Ansicht steht dem Schuldner grundsätzlich die Erinnerung zu. Denn im Ergebnis rügt er die Art und Weise der Zwangsvollstreckung, wenn er sich auf die Nichtbeachtung eines Vollstreckungsvertrages beruft. Sofern der Schuldner dem Vollstreckungsorgan die Vereinbarung durch eine Urkunde nachweist, liegt eine entsprechende Anwendung des § 775 Nr. 4 (Rdnr. 182) nahe, dessen Verletzung mit der Erinnerung geltend gemacht werden kann.

Diese Lösung, für die auch der Gesichtspunkt der Praktikabilität spricht, darf aber nicht dazu führen, daß das Vollstreckungsorgan eine umfangreiche Prüfung (und möglicherweise sogar eine Beweisaufnahme) vornehmen muß, wenn der Abschluß oder der Inhalt des behaupteten Vollstreckungsvertrages streitig ist. In solchen Fällen ist das Vollstreckungsorgan befugt, ohne Berücksichtigung des Vollstreckungsvertrages die Zwangsvollstreckung durchzuführen. Dem Schuldner bleibt die Möglichkeit, das Vorliegen des Vollstreckungsvertrages klageweise geltend zu machen; dafür bietet sich eine analoge Anwendung des § 767 an. Entgegen § 767 II (Rdnr. 1339 ff.) ist eine solche Klage jedoch auch dann zulässig, wenn der Vollstreckungsvertrag schon vor Schluß der letzten mündlichen Verhandlung im Erkenntnisverfahren geschlossen wurde; denn der Schuldner konnte sich auf den Vollstreckungsvertrag im Erkenntnisverfahren nicht mit Erfolg berufen.

Auf welche Art die Zwangsvollstreckung erfolgt und welche Vorschriften dabei zu beachten sind, richtet sich zunächst danach, weswegen vollstreckt werden soll (*Zwangsvollstreckung wegen*). Dabei ist zu unterscheiden zwischen der Zwangsvollstreckung wegen Geldforderungen (Rdnr. 206 ff.) einerseits und der Zwangsvollstreckung zur Erwirkung der Herausgabe von Sachen (Rdnr. 1046 ff.) und zur Erwirkung von Handlungen oder Unterlassungen (Rdnr. 1092 ff.) andererseits.

Innerhalb der Zwangsvollstreckung wegen Geldforderungen ist ferner danach zu unterscheiden, in welche Vermögensobjekte des Schuldners die Vollstreckung erfolgt (*Zwangsvollstreckung in*); es kommt eine Vollstreckung in das bewegliche (Rdnr. 206 ff.) und in das unbewegliche (Rdnr. 851 ff.) Vermögen in Betracht. Zum beweglichen Vermögen i.S.d. Zwangsvollstreckungsrechts gehören körperliche Sachen, Forderungen und andere Vermögensrechte.

206 **Erster Abschnitt   Die Zwangsvollstreckung wegen Geldforderungen in körperliche Sachen**

Die Zwangsvollstreckung wegen Geldforderungen ist in den §§ 803—882a geregelt; die Vollstreckung in körperliche Sachen richtet sich nach §§ 808—827.

Eine Vollstreckung wegen Geldforderungen kommt zur Durchsetzung von solchen Titeln in Frage, durch die der Schuldner zur Zahlung eines bestimmten Geldbetrages oder zur Duldung der Zwangsvollstreckung wegen einer Geldforderung (vgl. etwa § 1147 BGB) verpflichtet wird. Dabei spielt es keine Rolle, ob der Schuldner das Geld an den Gläubiger oder an einen Dritten zu zahlen hat.

Geht es um die Zwangsvollstreckung wegen einer Wahlschuld (§ 262 BGB), bei der eine Leistungsmöglichkeit in der Zahlung von Geld besteht, und ist der Gläubiger wahlberechtigt, kann er bis zum Vollstreckungsbeginn die Geldleistung wählen und die Zwangsvollstreckung nach den §§ 803 ff. betreiben. Ist der Schuldner wahlberechtigt und hat er sein Wahlrecht bis zum Beginn der Zwangsvollstreckung nicht ausgeübt, so ist der Gläubiger nach § 264 I BGB befugt, die Vollstreckung wegen einer Geldforderung zu wählen; allerdings kann sich der Schuldner auch dann noch durch Erbringung der anderen Leistung befreien, solange nicht der Gläubiger die gewählte Leistung ganz oder zum Teil erhalten hat.

Streitig ist, ob auch aus einem Titel, der auf Befreiung von einer Geldschuld gerichtet ist, nach §§ 803 ff. vollstreckt werden kann (bejahend *Baur/Stürner*, Rdnr. 422; verneinend die h.M.; BGHZ 25, 1, 7; StJ/*Münzberg*, vor § 803 Rdnr. 6 m.w.N.). Dagegen spricht, daß der Schuldner verschiedene Möglichkeiten hat, die Befreiung herbeizuführen (durch Zahlung, Schuldübernahme, Abschluß eines Erlaßvertrages mit dem Gläubiger der Geldforderung); diese Wahlmöglichkeit würde ihm durch eine Vollstreckung nach §§ 803 ff. genommen. Deshalb muß in solchen Fällen die Zwangsvollstreckung nach § 887 erfolgen (Rdnr. 1065 ff.).

Die Zwangsvollstreckung wegen Geldforderungen in körperliche Sachen erfolgt durch Pfändung und Verwertung der gepfändeten Sachen.

207 **Erstes Kapitel   Die Pfändung beweglicher Sachen**

Die Pfändung von körperlichen Sachen wird nach § 808 I dadurch bewirkt, daß der Gerichtsvollzieher sie in Besitz nimmt.

§ 12   Die Voraussetzungen der Pfändung

I. Zuständigkeit des Gerichtsvollziehers

Schrifttum: Vgl. die Nachweise bei Rdnr. 11.

1. Funktionelle Zuständigkeit

Funktionell zuständig für die Pfändung körperlicher Sachen ist der Gerichtsvollzieher (§§ 753, 808).

Wird der Gerichtsvollzieher tätig, obwohl ihm die funktionelle Zuständigkeit fehlt, ist die Vollstreckungshandlung nichtig. Das ist etwa anzunehmen, wenn der Gerichtsvollzieher eine Forderung oder ein Grundstück pfändet; denn dafür ist das Amtsgericht als Vollstreckungsgericht funktionell zuständig (vgl. § 828, Rdnr. 503; § 869, § 1 ZVG, Rdnr. 853).

Umstritten ist, ob die Vollstreckungsmaßnahme auch dann nichtig ist, wenn der Gerichtsvollzieher Grundstückszubehör pfändet, das er für eine selbständige bewegliche Sache hält; dieses unterliegt nach § 865 II 1 ausschließlich der Zwangsvollstreckung in das unbewegliche Vermögen, für die der Gerichtsvollzieher funktionell nicht zuständig ist. Zum Teil wird eine solche Pfändung für »schlechthin und absolut nichtig und wirkungslos« (RGZ 135, 197, 206; vgl. auch OLG München MDR 1957, 428; BL/*Hartmann*, § 865 Anm. 4; *Zöller/Stöber*, § 865 Rdnr. 11) gehalten. Nach einer anderen Meinung ist die Pfändung bei einem Verstoß gegen § 865 ZPO zwar fehlerhaft, aber wirksam (*Baur/Stürner*, Rdnr. 442; StJ/*Münzberg*, § 865 Anm. V). Für diese Ansicht spricht, daß der Gerichtsvollzieher grundsätzlich für die Pfändung beweglicher Sachen zuständig ist und häufig kaum beurteilen kann, ob eine Sache als Grundstückszubehör anzusehen ist und deshalb nach § 865 II ausnahmsweise der Pfändung entzogen ist. Er muß sich aber beim Zugriff auf Pfandobjekte schnell entscheiden; zu einer umfangreichen Prüfung, ob es sich um eine selbständige bewegliche Sache, um einen Grundstücksbestandteil oder um Zubehör des Grundstücks handelt, ist er nicht in der Lage. Die Rechte des Schuldners oder eines Grundpfandgläubigers, der an dem Zubehör als Haftungsgrundlage interessiert ist, werden dadurch nicht vernachlässigt; diese Personen können bei Verstoß gegen § 865 II 1 Erinnerung nach § 766 einlegen (Rdnr. 1216). Der Grundpfandgläubiger hat zudem die Möglichkeit, Drittwiderspruchsklage gem. § 771 zu erheben (Rdnr. 1418).

208   2. Örtliche Zuständigkeit

Örtlich zuständig ist der Gerichtsvollzieher, dem der Bezirk, in dem die
Pfändung erfolgen soll, vom dienstaufsichtsführenden Richter des Amtsgerichtsbezirks zugewiesen ist (§ 154 GVG; § 20 GVO).

Wird ein örtlich unzuständiger Gerichtsvollzieher tätig, führt das nicht
zur Nichtigkeit seiner Amtshandlung. Diese ist allerdings mit der Erinnerung nach § 766 anfechtbar.

209   II. Vollstreckungsantrag

Schrifttum: *Dütz*, Freiheit und Bindung des Gerichtsvollziehers, DGVZ 1975,
49, 65, 81; *E. Schneider*, Prüfungspflicht des Gerichtsvollziehers bei Vollstreckung
von Restforderungen, DGVZ 1982, 149; *Seip*, Wie soll der Vollstreckungsauftrag aussehen?, DGVZ 1971, 102.

Fälle:

a) G beauftragt den Gv, aus einem Zahlungstitel gegen S zu vollstrecken. Er weist
den Gv an, bei S den Videorecorder zu pfänden, da dieser günstig versteigert werden
könne. Ist Gv an diese Weisung gebunden?

b) Im Fall a pfändet Gv jedoch das Radio des S. Diese Pfändung wird auf Erinnerung des S für unzulässig erklärt (§§ 811 Nr. 1, 766). Als Gv nunmehr den Videorecorder des S pfänden will, hat dieser ihn inzwischen veräußert und den Erlös verbraucht.
Weiteres pfändbares Vermögen hat S nicht. Rechte des G?

Der Gerichtsvollzieher wird nicht von Amts wegen tätig. Vielmehr hat er
nach § 753 die Zwangsvollstreckung »im Auftrag des Gläubigers« durchzuführen. Insoweit gilt auch im Vollstreckungsverfahren die Dispositionsmaxime. Diese kommt ferner darin zum Ausdruck, daß der Gläubiger den Auftrag jederzeit zurücknehmen kann; dann hat der Gerichtsvollzieher weitere
Tätigkeiten zur Durchführung des Auftrags zu unterlassen. Mit »Auftrag«
i.S.d. §§ 753 f. ist nicht der rechtsgeschäftliche Auftrag nach §§ 662 ff. BGB
gemeint; es handelt sich vielmehr um einen prozessualen Antrag, der Voraussetzung für den Beginn der Amtstätigkeit des Gerichtsvollziehers ist.

210   1. Form und Inhalt des Antrags

Der Antrag ist nicht formbedürftig. Er kann daher schriftlich oder mündlich (auch telefonisch) gestellt werden. Er ist an den örtlich zuständigen
Gerichtsvollzieher zu richten. Da dieser dem Gläubiger in der Regel nicht
bekannt ist, kann der Gläubiger die Mitwirkung der Geschäftsstelle des

Amtsgerichts in Anspruch nehmen (§ 753 II). Sofern in einem Amtsgerichtsbezirk mehrere Gerichtsvollzieher tätig sind, ist bei dem Amtsgericht eine Verteilungsstelle für Gerichtsvollzieher-Aufträge eingerichtet; an sie kann der Gläubiger seinen Antrag ebenfalls richten.

Der Antrag muß inhaltlich hinreichend bestimmt sein. In welchem Umfang vollstreckt werden soll, kann der Gerichtsvollzieher grundsätzlich aus dem Titel ersehen; eine vollstreckbare Ausfertigung des Titels muß der Gläubiger dem Antrag beifügen (§ 754). Der Gläubiger ist jedoch auch befugt, die Zwangsvollstreckung nur wegen eines Teils der titulierten Forderung zu betreiben. Dabei darf er aber nicht rechtsmißbräuchlich handeln; das ist etwa dann anzunehmen, wenn der Gläubiger wegen einer Forderung von 1000,— DM zwanzigmal die Zwangsvollstreckung wegen jeweils 50,— DM beantragt.

Beantragt der Gläubiger die Vollstreckung nur wegen eines bezifferten Teils der   **211**
titulierten Forderung, ist es umstritten, ob er seinem Antrag eine genaue Berechnung seiner Gesamtforderung (Hauptforderung, Zinsen, Kosten) und eine Aufstellung der vom Schuldner schon geleisteten Beträge beifügen muß. Das wird z.T. deshalb bejaht, weil der Schuldner berechtigt sei, auch bei einer Teilvollstreckung die Gesamtforderung gegen Aushändigung der vollstreckbaren Ausfertigung zu tilgen; dazu müsse sowohl für den Schuldner wie auch für den Gerichtsvollzieher die Höhe der noch offenen Gesamtforderung erkennbar sein (LG Aachen JurBüro 1984, 297 m.w.N.). Nach richtiger Ansicht kann jedoch bei der Vollstreckung wegen einer bezifferten Teilforderung eine Berechnung der Gesamtforderung vom Gläubiger nicht verlangt werden (LG Oldenburg Rpfleger 1980, 236; StJ/*Münzberg*, § 754 Rdnr. 1,2; *Stöber*, Rdnr. 464). In welchem Umfang der Gerichtsvollzieher noch vollstrecken kann und welche Zahlungen der Schuldner zur Tilgung der Gesamtforderung leisten muß, richtet sich allein nach der im Titel ausgewiesenen Höhe der Forderung. Dabei können auch Teilleistungen des Schuldners, die dieser an den Gerichtsvollzieher erbracht hat, berücksichtigt werden; denn solche Teilleistungen sind auf der vollstreckbaren Ausfertigung vermerkt (§ 757 I 2. Halbs.). Hat der Schuldner Teilleistungen erbracht, die weder auf dem Titel vermerkt sind noch in den Formen des § 775 Nr. 4,5 nachgewiesen werden können, bleibt ihm wie bei allen anderen materiellen Einwendungen gegen die Vollstreckbarkeit des Titels nur die Möglichkeit, Vollstreckungsgegenklage (§ 767) zu erheben.

2. Rechtsfolgen des Antrags   **212**

Durch den Antrag entsteht zwischen dem Gläubiger und dem Gerichtsvollzieher eine öffentlich-rechtliche Beziehung.

a) Der Gerichtsvollzieher ist nunmehr *verpflichtet, die Zwangsvollstrekkung zu betreiben*, sofern die Vollstreckungsvoraussetzungen vorliegen; andernfalls hat er den Antrag zurückzuweisen. Nach § 754 ist der Gerichts-

Zwangsvollstreckungsauftrag

An die **Verteilungsstelle für Gerichtsvollzieher-Aufträge**
beim Amtsgericht   Datum: 3. Nov. 1985

Herrn **Ober-Gerichtsvollzieher**   Bei allen Zuschriften und Zahlungen bitte angeben:

                                                     Glaub ./. Schuld
4400 Münster

In Sachen   Glaub ./. Schuld, Simon, Mittelweg 19, 4400 Münster

wird anliegend vollstreckbare Ausfertigung des   Urteils
des   Amts gerichts in   Münster   vom 1. Okt. 1985
(Gesch.-Nr. 7 C 925/85   )
überreicht mit dem Auftrag, folgende Beträge im Wege der Zwangsvollstreckung (einschl. Taschenpfändung) einzuziehen:

1.315,83 DM	Hauptforderung	
46,43 DM	4 % Zinsen seit dem 15.12.1984	für die Hauptforderung
10,00 DM	vorgerichtliche Mahnkosten – ~~Mahnkosten~~ – des Gläubigers	
DM	festgesetzte Kosten	
DM	Kosten des Mahnbescheids	
DM	Kosten des Vollstreckungsbescheids	
DM	4 % Zinsen seit dem	aus den Kosten gem. § 104, 1 ZPO
DM	Kosten früherer Vollstreckungsmaßnahmen gem. Anlage	
DM		
DM		
1.372,26 DM	Zwischensumme	

	30,90 DM	Zwangsvollstreckungsgebühr (§ 57 BRAGO)
	5,00 DM	
	DM	weitere Porto- und Telefonauslagen – Pauschale –
40,93 DM	5,03 DM	Mehrwertsteuer
1.413,19 DM	Gesamtsumme	**Hinzu kommen die weiteren Zinsen**

Es wird beantragt,
☐ a) den Titel nebst beigefügter begl. Abschrift(en) zuzustellen,
   falls der Schuldner eine freiwillige Durchsuchung seiner Wohnung, Geschäftsräume und Behältnisse nicht gestattet,
   b) dies im Protokoll zu vermerken und die Vollstreckungsunterlagen zurückzusenden,
☒ c) im Namen des Gläubigers bei dem zuständigen Vollstreckungsgericht einen Antrag auf richterliche Anordnung zur Durchsuchung gem. § 758 ZPO zu stellen,
☐ d) den vorsorglich beigefügten Antrag nach § 758 ZPO mit dem Datum zu versehen und zusammen mit Ihrem Protokoll und
   den Vollstreckungsunterlagen dem zuständigen Vollstreckungsgericht vorzulegen,
☐ e) die Sicherungszwangsvollstreckung gem. § 720 a ZPO zu betreiben,
   f) Abstandnahme von der Pfändung solcher Sachen, an denen Eigentum Dritter bekannt oder zweifelsfrei nachgewiesen ist,
   g) Verlegung des Versteigerungstermins um 3 bis 4 Wochen, sofern angemessene Teilzahlungen geleistet werden und dies
   nach den sonstigen Umständen angebracht ist (in sinngemäßer Anwendung von § 665 Satz 1 BGB),
   h) Feststellung des Arbeitgebers sowie sonstiger Ansprüche und Vermögenswerte im Falle erfolgloser oder unzureichender
   Pfändung,
   i) Erlaß und Zustellung eines Zahlungsverbotes gemäß § 845 ZPO, sofern Ansprüche des Schuldners gegen Dritte bekannt
   werden und eine sofortige Beschlagnahme geboten erscheint,
   j) Benachrichtigung von den getroffenen Maßnahmen und Feststellungen durch Abschrift des Vollstreckungsprotokolls,
   k) bei Zahlung durch Scheck nach pflichtgemäßem Ermessen zu entscheiden, ob trotzdem sofortige Pfändung erforderlich
   ist; ebenso bei kurzfristiger Zahlungszusage.
Die eingezogenen Beträge sind auf das oben angegebene Konto zu überweisen. Die Geldempfangsvollmacht liegt an, soweit
sie sich nicht schon aus dem Titel ergibt.

Reimann

Rechtsanwalt

Form.-Nr. **Z 505** Zwangsvollstreckungsauftrag (9572 - XI/84 C) vollzieher aufgrund des Vollstreckungsauftrags befugt, Zahlungen oder sonstige im Titel vorgesehene Leistungen des Schuldners, selbst wenn es sich nur um Teilleistungen handelt, entgegenzunehmen, dem Schuldner eine Quittung dafür zu erteilen und ihm nach Erfüllung seiner Pflichten die vollstreckbare Ausfertigung auszuliefern. Diese Befugnisse des Gerichtsvollziehers können vom Gläubiger nicht ausgeschlossen werden. Dagegen darf der Gerichtsvollzieher eine andere als die geschuldete Leistung an Erfüllungs Statt (Sache statt Geld) oder erfüllungshalber (Wechsel) nicht annehmen, sofern er nicht vom Gläubiger dazu ermächtigt ist.

b) Da der Gerichtsvollzieher als selbständiges Organ der Rechtspflege **213** hoheitlich tätig wird, ist er *an Weisungen des Gläubigers nur soweit gebunden*, wie diese sich im Rahmen der gesetzlichen Vorschriften halten und den Dienstanweisungen des Gerichtsvollziehers, die sich aus der Geschäftsanweisung für Gerichtsvollzieher (GVGA) ergeben, nicht widersprechen (RGZ 161, 109, 115; StJ/*Münzberg*, § 753 Rdnr. 5). So muß (darf) er keine Sache pfänden, die er für unpfändbar (§ 811, vgl. Rdnr. 276 ff.) hält. Andererseits hat er sich an den Umfang des Vollstreckungsauftrags (z.B. Vollstreckung wegen eines Teils der titulierten Forderung) zu halten. Außerdem kann der Gläubiger bestimmen, daß die Vollstreckung nicht vor einem bestimmten Zeitpunkt beginnen soll. Er hat auch die Möglichkeit, bestimmte im Gewahrsam des Schuldners befindliche Gegenstände von der Vollstreckung auszuschließen.

So kann er etwa ein berechtigtes Interesse daran haben, daß der Gerichtsvollzieher keine Gegenstände pfändet, die sich zwar im Gewahrsam des Schuldners befinden, an denen der Gläubiger aber (Sicherungs-) Eigentum hat. Der Grund dafür besteht darin, daß der Gläubiger in diese Gegenstände unter bestimmten Voraussetzungen die Zwangsvollstreckung wegen eines Herausgabeanspruchs nach §§ 883 ff. betreiben kann. Diese kann für ihn günstiger sein als die Zwangsvollstreckung wegen Geldforderungen, da die Pfändungsverbote des § 811, die bei der Vollstreckung wegen Geldforderungen zu beachten sind, bei der Herausgabevollstreckung nicht eingreifen (vgl. dazu auch Rdnr. 1055).

Schließlich kann der Gläubiger den Gerichtsvollzieher auch anweisen, daß nur ein bestimmter Gegenstand gepfändet werden soll (Fall a; *Baur/ Stürner*, Rdnr. 86; *Wieczorek*, § 753 Anm. A I b 2; a.M. LG Berlin MDR 1977, 146). Daran ist der Gerichtsvollzieher aber nur dann gebunden, wenn die Pfändung dieses Gegenstandes nicht gegen die berechtigten Interessen des Schuldners verstößt und keine überflüssigen Kosten oder Schwierigkeiten verursacht (vgl. § 104 GVGA).

Mißachtet der Gerichtsvollzieher bei der Zwangsvollstreckung eine bindende Weisung des Gläubigers, indem er etwa eine Sache pfändet, die der Gläubiger von der Zwangsvollstreckung ausgeschlossen hat, kann dieser sich dagegen mit der Erinnerung nach § 766 wehren. Außerdem steht ihm unter den Voraussetzungen des § 839 BGB, Art. 34 GG ein Anspruch auf Schadensersatz zu (Fall b); denn auch die Pflicht des Gerichtsvollziehers, bindende Weisungen des Gläubigers zu beachten, ist eine Amtspflicht (StJ/ *Münzberg,* § 753 Rdnr. 5).

214   III. Gegenstand der Pfändung

Schrifttum: *Hoche,* Zum Widerspruchsrecht des Hypothekengläubigers gegen die Pfändung von Grundstückserzeugnissen, NJW 1952, 961; *Liermann,* Anwartschaft auf Eigentumserwerb und Zwangsvollstreckung, JZ 1962, 658; *Möschel,* Die Eigentumsanwartschaft an Zubehörstücken in der Grundstückszwangsversteigerung, BB 1970, 237; *Münzel,* Zwangsvollstreckung in ungetrennte Früchte, 1939; *Noack,* Die Pfändung von Früchten auf Grundstücken, Rpfleger 1969, 113; *ders.,* Zur Mobiliarvollstreckung in Gebäude als bewegliche körperliche Sachen, ZMR 1982, 97; *ders.,* Wirtschaftliche und rechtliche Zusammengehörigkeit zwischen einem Grundstück und seinem Zubehör. Verbot der Einzelvollstreckung nach § 808 ZPO in Zubehör durch die Regelung in § 865 ZPO, §§ 20, 55, 90 ZVG, §§ 97, 98, 1120 f. BGB, DGVZ 1983, 177.

Fälle:
a) Darf Gv bei S ein Gewächshaus pfänden, das dieser auf einem gepachteten Grundstück zum Betrieb einer Gärtnerei errichtet hat?

b) Gv will bei S, der einen Waschsalon betreibt, eine Waschmaschine pfänden, die S gemietet hat.

c) S_1 betreibt auf seinem Grundstück eine Kfz-Werkstatt, zu deren Inventar auch ein Batterieladegerät gehört. Am 1. 5. veräußert er dieses Gerät an den Tankstellenpächter S_2, der es am 2. 5. abholt. Am 3. 5. wird dem S_1 ein Beschluß zugestellt, durch den auf Antrag des G_1 die Zwangsversteigerung des Grundstücks des S_1 angeordnet wird. Darf der Gv am 4. 5. das Gerät für einen Gläubiger G_2 des S_2 pfänden?

d) Im Fall c wird das Gerät am 1. 5. durch S_2 abgeholt. Am 2. 5. wird auf Antrag des G_1 die Anordnung der Zwangsversteigerung im Grundbuch eingetragen. Am 3. 5. einigen S_1 und S_2 sich über den Eigentumsübergang an dem Gerät. Darf der Gerichtsvollzieher am 4. 5. für G_2 pfänden, wenn S_2 von der Anordnung der Zwangsversteigerung keine Kenntnis hatte?

e) Im Fall c wird das Batterieladegerät am 1. 5. von S_1 an S_2 veräußert, weil es veraltet ist und S_1 sich ein neues Gerät zugelegt hat. S_2 holt es am selben Tag ab. Schon im April war die Anordnung der Zwangsversteigerung des dem S_1 gehörenden Grundstücks im Grundbuch eingetragen worden. Darf Gv das Gerät am 5. 5. für den Gläubiger G_2 des S_2 pfänden?

f) Landwirt S hat auf seinem Grundstück zur gewöhnlichen Erntezeit Kartoffeln geerntet und zum Verkauf außerhalb seines Grundstücks eingelagert. Anschließend wird auf Antrag des G_1 die Zwangsverwaltung über sein Grundstück angeordnet. Nunmehr will Gv die Kartoffeln für den Gläubiger G_2 des S pfänden.

g) Im Fall f hat S die Kartoffeln auf seinem eigenen Grundstück eingelagert und nach der Anordnung der Zwangsverwaltung im Rahmen ordnungsgemäßer Wirtschaft an einen Dritten veräußert.

h) Landwirt S hat auf einem gepachteten Grundstück Mais angebaut. Am 1. 9. wird die Zwangsversteigerung des Grundstücks angeordnet. Darf Gv den Mais, der im Oktober geerntet wird, am 30. Sept. für einen Gläubiger G des S pfänden?

i) Landwirt S hat auf einem eigenen Grundstück Rüben angebaut. Gv will die Rüben für den Gläubiger G des S kurz vor der Erntezeit pfänden. Spielt es für die Zulässigkeit der Pfändung eine Rolle, ob S die Rüben nach der Ernte verkaufen oder ob er sie an das eigene Vieh verfüttern will?

1. Pfändbarkeit beweglicher Sachen

Der Pfändung durch den Gerichtsvollzieher unterliegen körperliche Sachen (§ 808 I). Damit sind die beweglichen Sachen i.S.d. §§ 90 ff. BGB gemeint. Dagegen können Forderungen und Rechte sowie das unbewegliche Vermögen nicht vom Gerichtsvollzieher gepfändet werden. Zum unbeweglichen Vermögen gehören Grundstücke mit ihren wesentlichen Bestandteilen, grundstücksähnliche Berechtigungen wie das Erbbaurecht und das Wohnungseigentum sowie die im Schiffsregister eingetragenen Schiffe und die im Schiffsbauregister eintragbaren Schiffsbauwerke (vgl. §§ 864, 870, 870a).

Wesentliche Bestandteile eines Grundstücks sind Sachen, die entweder mit dem Grund und Boden fest verbunden (§ 94 I BGB) oder zur Herstellung eines Gebäudes eingefügt sind (§ 94 II BGB), sofern das Gebäude seinerseits wesentlicher Bestandteil des Grundstücks ist (vgl. AT Rdnr. 767). Deshalb kann etwa ein im Boden eingelassenes Schwimmbecken (BGH NJW 1983, 567; feste Verbindung) oder eine Zentralheizung in einem Wohngebäude (BGHZ 53, 324, 326; zur Herstellung eingefügt) nicht vom Gerichtsvollzieher gepfändet werden.

Zu den wesentlichen Bestandteilen eines Grundstücks gehören solche Sachen nicht, die nur zu einem vorübergehenden Zweck mit dem Grund und Boden verbunden oder in ein Gebäude eingefügt sind (sog. *Scheinbestandteile*; § 95 BGB; AT Rdnr. 771). Das gilt regelmäßig etwa für ein Gebäude, das jemand auf einem gepachteten Grundstück errichtet, selbst wenn er es mit einem festen Fundament versieht (Fall a; vgl. RG Recht 1921 Nr. 2537). Solche Scheinbestandteile sind nach dem Gesetz selbständige bewegliche Sachen, die nach § 808 vom Gerichtsvollzieher gepfändet werden können.

215   ## 2. Einschränkungen der Pfändbarkeit

Der Grundsatz, daß alle beweglichen Sachen i.S.d. §§ 90 ff. BGB der Zwangsvollstreckung nach §§ 808 ff. unterliegen, erfährt Einschränkungen.

Das Zubehör eines Grundstücks (§§ 97 f. BGB; AT Rdnr. 773 ff.) sowie die vom Grundstück getrennten Erzeugnisse (§ 99 BGB; AT Rdnr. 780) und sonstigen Bestandteile (§§ 93 ff. BGB; AT Rdnr. 761 ff.) sind selbständige bewegliche Sachen. Trotzdem ist ihre Pfändbarkeit nach § 865 i.V.m. § 1120 BGB eingeschränkt. Der Grund dafür liegt darin, daß sie mit dem Grundstück eine wirtschaftliche Einheit bilden, die durch eine gesonderte Pfändung nicht auseinandergerissen werden soll.

216   a) *Grundstückszubehör* ist nach § 865 II 1 unpfändbar. Damit ist nur solches Zubehör gemeint, auf das sich bei einem Grundstück die Hypothek erstreckt; das ergibt sich aus § 865 I, auf den in § 865 II verwiesen wird (»Diese Gegenstände«). Dieses Zubehör ist allerdings nur von der Pfändung durch den Gerichtsvollzieher ausgeschlossen; es unterliegt zusammen mit dem Grundstück der Zwangsvollstreckung in das unbewegliche Vermögen (§ 865 I).

Die Frage, ob das Zubehör zum Haftungsverband einer Hypothek gehört, richtet sich nach den §§ 1120 ff. BGB. Sie ist abstrakt zu prüfen, also unabhängig davon, ob im konkreten Fall das Grundstück mit einer Hypothek belastet ist.

(1) Nach § 1120 BGB erstreckt sich die Hypothek nur auf solche *Zubehörstücke*, die *im Eigentum des Grundstückseigentümers* stehen. Deshalb fallen etwa Maschinen, die der Grundstückseigentümer gemietet hat, nicht unter § 1120 BGB, selbst wenn sie dem wirtschaftlichen Zweck des Grundstücks zu dienen bestimmt sind. Sie sind daher auch nicht nach § 865 II 1, I von der Pfändung durch den Gerichtsvollzieher ausgeschlossen (Fall b). Der Eigentümer kann allerdings gegen die Pfändung Drittwiderspruchsklage (Rdnr. 1396 ff.) erheben.

Eine Besonderheit besteht, wenn der Grundstückseigentümer Zubehörteile unter Eigentumsvorbehalt erworben hat. Bis zur Zahlung des vollständigen Kaufpreises ist er zwar nicht Eigentümer des Zubehörs; er hat aber ein *Anwartschaftsrecht* erlangt (BGH NJW 1961, 1349). Dieses Anwartschaftsrecht verkörpert als Vorstufe zum Eigentum schon einen wirtschaftlichen Wert und wird vom Haftungsverband des § 1120 BGB erfaßt (*Brox,* JuS 1984, 657, 663). Umstritten ist, ob deshalb nicht nur das Anwartschaftsrecht, sondern auch die unter Eigentumsvorbehalt erworbene Sache selbst nach § 865 II 1 von der Pfändung ausgeschlossen ist. Das wird zum Teil mit der Begründung verneint, die Sache selbst sei trotz des Anwartschaftsrechts für den Erwerber noch eine fremde Sache, auf die sich nach § 1120 BGB die Hypothek nicht erstrecke (*Baur/Stürner,* Rdnr. 442). Gegen diese Ansicht spricht, daß zwischen dem Grundstück und der unter Eigentumsvorbehalt erworbenen Zubehörsache schon vor Erwerb des Eigentums eine wirtschaftliche Einheit besteht, die — anders als etwa bei gemieteten Zubehörsachen — durch das Anwartschaftsrecht des Vorbehaltskäufers auch rechtlich geschützt ist. Da § 865 verhindern will, daß wirtschaftliche Einheiten zerschlagen werden, sind nach dieser Vorschrift in Verbindung mit § 1120 BGB auch Zubehörstücke, an denen der Grundstückseigentümer nur ein Anwartschaftsrecht hat, von der Pfändung durch den Gerichtsvollzieher ausgeschlossen (ebenso *Lippross*, S. 34 f.; *Liermann*, JZ 1962, 658, 659).

(2) *Grundstückszubehör*, das an sich nach § 1120 BGB von einer Hypo-   **217** thek erfaßt wird, ist trotzdem durch den Gerichtsvollzieher pfändbar, wenn es *aus dem Haftungsverband der Hypothek ausgeschieden* ist. Denn dann fällt es nicht mehr unter den Anwendungsbereich des § 865 I, so daß auch das Pfändungsverbot des § 865 II 1 nicht eingreift. Die Enthaftung des Zubehörs kann unter den Voraussetzungen der §§ 1121, 1122 II BGB erfolgen.

(a) Nach § 1121 I BGB werden Zubehörstücke von der Haftung frei, wenn sie *veräußert und* vom Grundstück *entfernt* werden, *bevor sie* zugunsten des Gläubigers *in Beschlag genommen worden sind.* Mit »Gläubiger« i.S.d. § 1121 I BGB ist der Hypothekengläubiger, mit »Beschlagnahme« ist eine solche der Zubehörstücke als Folge der Beschlagnahme des Grundstücks gemeint. Diese erfolgt durch Anordnung der Zwangsversteigerung (§ 20 I, II ZVG; Rdnr. 858 ff.) oder der Zwangsverwaltung (§ 146 I ZVG; Rdnr. 1003 ff.); sie erstreckt sich auch auf das dem Grundstückseigentümer gehörende Zubehör (§ 20 II ZVG, § 1120 BGB).

Für die Veräußerung reicht der Abschluß eines schuldrechtlichen Vertrages nicht aus; erforderlich ist die Übertragung des Eigentums am Zubehör nach §§ 929 ff. BGB. Entfernung i.S.v. § 1121 I BGB ist die tatsächliche, auf Dauer angelegte Wegschaffung der Zubehörsachen vom Grundstück. Ohne Bedeutung ist es, in welcher Reihenfolge Veräußerung und Entfernung erfolgen; entscheidend für § 1121 I BGB ist nur, daß beides vor der Beschlagnahme des Grundstücks geschieht.

Im Fall c darf Gv das Gerät für G$_2$ pfänden; denn dieses ist vor der Beschlagnahme zugunsten des G$_1$ aus dem Haftungsverband hinsichtlich des dem S$_1$ gehörenden Grundstücks ausgeschieden. Bei S$_2$ ist das Gerät nicht in den Haftungsverband der Hypothek am Tankstellengrundstück gefallen, da es nicht dem Grundstückseigentümer, sondern dem Pächter S$_2$ gehört.

(b) Nach § 1122 II BGB werden Zubehörstücke abweichend von der   **218** Grundregel des § 1121 I BGB auch ohne Veräußerung und Entfernung von der Haftung frei, wenn *vor der Beschlagnahme ihre Zubehöreigenschaft innerhalb der Grenzen einer ordnungsmäßigen Wirtschaft aufgehoben* wird. Wenn etwa eine landwirtschaftliche Maschine nach Ablauf ihrer Nutzungsdauer stillgelegt wird, fällt sie aus dem Haftungsverband der Hypothek heraus. § 1122 II BGB ist eine konsequente Ergänzung zu § 1120 BGB; denn wenn ursprüngliches Grundstückszubehör nicht mehr dazu bestimmt ist, dem wirtschaftlichen Zweck des Grundstücks zu dienen, gehört es nicht mehr zu dem Zubehör, auf das sich die Hypothek erstreckt.

219   (c) Nach den §§ 1121 I, 1122 II BGB ist eine Enthaftung des Zubehörs nur *vor* der Beschlagnahme möglich. Davon gibt es drei *Ausnahmen:*

(aa) Die Zubehörsache wird zwar vor der Beschlagnahme vom Grundstück entfernt, jedoch erst nachher veräußert (*Entfernung-Beschlagnahme-Veräußerung;* Fall d). Die der Beschlagnahme nachfolgende Veräußerung ist grundsätzlich gegenüber dem Hypothekengläubiger, der die Beschlagnahme erwirkt hat, unwirksam. Denn von dem Zeitpunkt der Beschlagnahme an, durch die der Hypothekar sein Recht geltend macht, auf das zuzugreifen, was von der Hypothek erfaßt wird, ist der Haftungsverband der Hypothek gefestigt. Das wird dadurch gesichert, daß die Beschlagnahme ein relatives Veräußerungsverbot i.S.d. §§ 135 f. BGB zugunsten des Hypothekars bewirkt (§§ 23 I 1, 146 ZVG). Die dennoch erfolgte Veräußerung ist unwirksam und führt nicht dazu, daß die Zubehörgegenstände enthaftet werden.

Etwas anderes gilt nach § 135 II BGB aber dann, wenn ein Dritter die Gegenstände gutgläubig erwirbt. Diese scheiden dann trotz vorangegangener Beschlagnahme aus dem Haftungsverband der Hypothek aus. Der Erwerber muß in Ansehung der Beschlagnahme gutgläubig sein; denn diese ist der Grund dafür, daß die Verfügungsbefugnis des Veräußerers eingeschränkt wird und eine Enthaftung des Gegenstandes grundsätzlich nicht mehr möglich ist. Gutgläubig ist der Erwerber dann, wenn ihm die Beschlagnahme weder bekannt noch infolge grober Fahrlässigkeit unbekannt ist (vgl. § 932 II BGB). Allerdings steht einer Kenntnis der Beschlagnahme die Kenntnis des Antrags auf Zwangsversteigerung oder Zwangsverwaltung gleich (§§ 23 II 1, 146 ZVG), und die Beschlagnahme gilt als bekannt, wenn der Versteigerungs- oder Verwaltungsvermerk im Grundbuch eingetragen ist (§§ 23 II 2, 146 ZVG).

Im Fall d hat S₂ gem. § 23 II 2 ZVG das Gerät nicht gutgläubig erworben. Dieses fiel deshalb nicht aus dem Haftungsverband der Hypothek heraus. Es darf nach § 865 II 1 von Gv nicht gepfändet werden.

220   (bb) Die Veräußerung der Zubehörteile ist zwar vor der Beschlagnahme erfolgt, nicht aber ihre Entfernung vom Grundstück *(Veräußerung-Beschlagnahme-Entfernung).* Nach der Grundregel des § 1121 I BGB erstreckt sich in diesem Fall die Beschlagnahme auch auf die veräußerte Sache.

§ 135 II BGB greift hier nicht ein: Für den Eigentumsübergang kommt es auf den guten Glauben des Erwerbers nicht an, da bei der Veräußerung mangels Beschlagnahme noch kein Veräußerungsverbot galt, und die Tatsache, daß die Entfernung vom Grundstück entgegen § 1121 I BGB erst nach der Beschlagnahme erfolgte, kann mit § 135 II BGB nicht überwunden werden, da die tatsächliche Wegschaffung keine Verfügung i.S.d. § 135 BGB (unmittelbare Einwirkung auf den Bestand eines Rechts durch Übertragung, Aufhebung, Belastung oder Änderung) ist.

Hier hilft § 1121 II 2 BGB: Wenn der Erwerber bei der Entfernung in Ansehung der Beschlagnahme gutgläubig ist, fällt der Zubehörgegenstand aus dem Haftungsverband der Hypothek heraus. Er unterliegt dann nicht mehr dem Pfändungsverbot des § 865 II 1. Auch hier gilt für die Gutgläubigkeit § 23 II ZVG. Zwar ist der Wortlaut dieser Vorschrift nicht erfüllt, da nicht durch eine Verfügung, sondern durch die tatsächliche Entfernung gegen die Beschlagnahme verstoßen wird. Es besteht jedoch kein sachlicher Grund, bei der Veräußerung strengere Voraussetzungen an die Gutgläubigkeit des Erwerbers zu stellen als bei der Entfernung, da nach §§ 1120 ff. BGB Veräußerung und Entfernung gegenüber einer vorangehenden oder nachfolgenden Beschlagnahme des Grundstücks die gleiche rechtliche Bedeutung haben.

(cc) Sowohl die Veräußerung von Zubehörteilen als auch ihre Entfernung **221** vom Grundstück erfolgen nach der Beschlagnahme *(Beschlagnahme-Veräußerung-Entfernung* oder *Beschlagnahme-Entfernung-Veräußerung)*. In diesem Fall müssen sowohl die Voraussetzungen des § 135 II BGB als auch die des § 1121 II 2 BGB vorliegen, damit eine Enthaftung des Zubehörs eintreten kann. Nach § 135 II BGB muß der Erwerber zur Zeit der Veräußerung des Zubehörs und nach § 1121 II 2 BGB zur Zeit der Entfernung des Zubehörs vom Grundstück in Ansehung der Beschlagnahme gutgläubig sein.

Auf den guten Glauben des Erwerbers kommt es trotz vorangegangener Beschlagnahme durch Anordnung der Zwangsversteigerung nicht an, wenn die Veräußerung des Zubehörs sich innerhalb der Grenzen einer ordnungsgemäßen Wirtschaft hält (§ 23 I 2 ZVG). Davon ist etwa dann auszugehen, wenn eine Maschine veräußert wird, weil sie nach Anschaffung einer anderen Maschine oder nach einer Nutzungsänderung des Grundstücks nicht mehr benötigt wird (Fall e). Da der Wortlaut des § 23 I 2 ZVG sich nur auf die Verfügungsbefugnis des Grundstückseigentümers bezieht, ermöglicht er auch nur die *Veräußerung* von Zubehörsachen nach vorangegangener Beschlagnahme. Das bedeutet jedoch nicht, daß die *Entfernung* des Zubehörs vom Grundstück schon vor der Beschlagnahme erfolgt sein muß. § 23 I 2 ZVG regelt, unter welchen Voraussetzungen trotz Anordnung der Zwangsversteigerung die Wirkungen der Beschlagnahme nicht eingreifen; in diesen Fällen ist eine Enthaftung auch durch nachträgliche Veräußerung und Entfernung der Zubehörteile vom Grundstück möglich. § 23 I 2 ZVG gilt nicht bei der Beschlagnahme durch Anordnung der Zwangsverwaltung

(§ 148 I 2 ZVG). Der Grund für diese unterschiedliche Regelung liegt darin, daß bei der Zwangsverwaltung dem Grundstückseigentümer die Verwaltung und Benutzung des Grundstücks ingesamt entzogen ist (§ 148 II ZVG), während sie bei der Anordnung der Zwangsversteigerung in den Grenzen einer ordnungsmäßigen Wirtschaft bei ihm verbleibt (§ 24 ZVG).

222   b) *Erzeugnisse (§ 99 BGB) und sonstige Bestandteile eines Grundstücks (§§ 93—96 BGB),* auf die sich bei Grundstücken die Hypothek erstreckt, können vom Gerichtsvollzieher nur gepfändet werden, solange nicht ihre Beschlagnahme im Wege der Zwangsvollstreckung in das unbewegliche Vermögen angeordnet ist (§ 865 II 2). Darin liegt ein wesentlicher Unterschied gegenüber der Pfändbarkeit von Zubehör. Während dieses durch den Gerichtsvollzieher nicht gepfändet werden darf, solange es zum Haftungsverband einer Hypothek gehört, sind Erzeugnisse und sonstige Bestandteile trotz Zugehörigkeit zum Haftungsverband pfändbar, bis sie durch Zwangsvollstreckung in das Grundstück beschlagnahmt werden.

Die Voraussetzungen, unter denen eine Beschlagnahme von Erzeugnissen und sonstigen Bestandteilen erfolgt, sind gegenüber der Beschlagnahme von Zubehör teils eingeschränkt, teils erweitert. Während die Beschlagnahme von Grundstückszubehör durch Anordnung der Zwangsversteigerung oder der Zwangsverwaltung des Grundstücks erfolgt (§§ 20, 21, 148 ZVG), werden die vom Boden getrennten Erzeugnisse nur bei Anordnung der Zwangsverwaltung beschlagnahmt (§§ 148 I 1, 21 I ZVG; Fall f). Andererseits können diese Gegenstände auch beschlagnahmt werden, indem der Gläubiger eines Grundstückseigentümers aufgrund eines dinglichen Titels (§ 1147 BGB) die Zwangsvollstreckung in das Grundstück dadurch betreibt, daß er getrennte Erzeugnisse und Bestandteile durch den Gerichtsvollzieher pfänden läßt. Dann sind die gepfändeten Gegenstände der Zwangsvollstreckung in das unbewegliche Vermögen (§ 1147 BGB: Duldung der Zwangsvollstreckung in das Grundstück) zugeordnet und können nicht mehr wegen einer Geldforderung vom Gerichtsvollzieher gepfändet werden. Diese Möglichkeit, nämlich Pfändung von einzelnen Erzeugnissen oder Bestandteilen durch den Gerichtsvollzieher aufgrund eines dinglichen Titels, besteht nicht bei Grundstückszubehör; hier gilt das Pfändungsverbot des § 865 II 1.

223   (1) Zum *Haftungsverband* einer Hypothek gehören nach § 1120 BGB die vom Grundstück getrennten Erzeugnisse und sonstige Bestandteile, soweit sie nicht mit der Trennung nach den §§ 954—957 BGB in das Eigentum eines anderen als des Eigentümers oder Eigenbesitzers des Grundstücks gelangt sind. § 1120 BGB beschränkt sich auf die vom Grundstück getrennten Sachen, da diese vor ihrer Trennung schon als wesentliche oder nichtwesentliche Bestandteile des Grundstücks (§§ 93, 94 BGB) von der Hypothek erfaßt werden. § 1120 BGB will die Haftungsmasse der Hypothek grundsätzlich erhalten; sie soll nicht dadurch geschmälert werden, daß etwa bei

der Ernte landwirtschaftliche Erzeugnisse vom Boden getrennt werden. Jedoch sind wie beim Zubehör auch bei den Erzeugnissen und sonstigen Bestandteilen die Eigentumsverhältnisse zu beachten; der Hypothekengläubiger darf nicht auf solche Gegenstände zugreifen, die einem Dritten gehören.

Erwirbt also nach § 953 BGB der Eigentümer des Grundstücks das Eigentum an den vom Grundstück getrennten Erzeugnissen und sonstigen Bestandteilen, bleiben diese auch nach ihrer Trennung vom Grundstück im Haftungsverband und können nicht gepfändet werden. Gleiches gilt, wenn nach § 955 BGB der Eigenbesitzer des Grundstücks Eigentümer der getrennten Gegenstände wird; er wird hinsichtlich des Haftungsverbandes aufgrund des Eigenbesitzes (§ 872 BGB) wie ein Eigentümer behandelt. Falls dagegen nach § 954 BGB der Nießbraucher oder nach § 956 BGB der Pächter des Grundstücks, die beide Fremdbesitzer sind, mit der Trennung der Erzeugnisse und Bestandteile Eigentum daran erwirbt, fallen diese aus dem Haftungsverband heraus; sie können auf Antrag der Gläubiger des Nießbrauchers oder Pächters vom Gerichtsvollzieher gepfändet werden.

(2) Auch Erzeugnisse und sonstige Bestandteile eines Grundstücks können nachträglich aus dem Haftungsverband der Hypothek herausfallen *(Enthaftung)*.   **224**

(a) Nach *§ 1121 I BGB* tritt eine Enthaftung ein, wenn die getrennten Erzeugnisse und sonstigen Bestandteile veräußert und vom Grundstück entfernt werden, bevor sie zugunsten des (Hypotheken-) Gläubigers in Beschlag genommen worden sind. Für die Veräußerung und die Entfernung gilt das gleiche wie beim Zubehör (Rdnr. 217). Bei der Beschlagnahme sind die oben (Rdnr. 222) genannten Besonderheiten zu beachten.

(b) Abweichend davon werden die Erzeugnisse und sonstige Bestandteile des Grundstücks nach *§ 1122 I BGB* auch ohne Veräußerung von der Hypothekenhaftung frei, wenn sie in den Grenzen einer ordnungsmäßigen Wirtschaft vom Grundstück getrennt und vor der Beschlagnahme auf Dauer vom Grundstück entfernt werden.   **225**

Im Fall f sind die Kartoffeln nach § 1122 I BGB vor der Beschlagnahme von der Hypothekenhaftung frei geworden; sie dürfen daher von Gv gepfändet werden.

(c) Von den §§ 1121 I, 1122 I BGB, wonach eine Enthaftung der Erzeugnisse und Bestandteile nur *vor* der Beschlagnahme möglich ist, gibt es wie beim Zubehör drei *Ausnahmen:*   **226**

(aa) Erzeugnisse oder Bestandteile werden zwar vor der Beschlagnahme vom Grundstück entfernt, jedoch erst nachher veräußert *(Entfernung-Beschlagnahme-Veräußerung)*. Wenn in diesem Fall eine Enthaftung nach § 1122 I BGB noch nicht eingetreten ist, etwa weil die Trennung vom Boden nicht im Rahmen einer ordnungsmäßigen Wirtschaft erfolgt ist, kommt eine Enthaftung in Frage, sofern der Erwerber in Ansehung der Beschlagnahme gutgläubig war (§ 135 II BGB). Für die Beurteilung der Gutgläubigkeit gelten die §§ 146, 23 II ZVG (vgl. Rdnr. 219).

227   (bb) Die Veräußerung der Erzeugnisse oder Bestandteile ist zwar vor der Beschlagnahme erfolgt, nicht aber die Entfernung vom Grundstück *(Veräu-ßerung-Beschlagnahme-Entfernung)*. Hier gilt das gleiche wie beim Zubehör: Die Gegenstände fallen nach § 1121 II 2 BGB aus dem Haftungsverband der Hypothek heraus, wenn der Erwerber bei Entfernung der Sachen vom Grundstück in Ansehung der Beschlagnahme gutgläubig (§ 23 II ZVG) ist (vgl. Rdnr. 219).

228   (cc) Sowohl die Veräußerung von Erzeugnissen oder Grundstücksbestandteilen als auch deren Entfernung vom Grundstück erfolgen nach der Beschlagnahme *(Beschlagnahme-Veräußerung-Entfernung)* oder *(Beschlagnahme-Entfernung-Veräußerung)*. Die Enthaftung tritt ein, wenn der Erwerber bei der Veräußerung (§ 135 II BGB) und bei der Entfernung (§ 1121 II 2 BGB) in Ansehung der Beschlagnahme gutgläubig ist.

Eine Enthaftung nach § 23 I 2 ZVG, die unabhängig vom guten Glauben des Erwerbers dadurch erfolgt, daß der Eigentümer nach der Beschlagnahme über einzelne bewegliche Sachen innerhalb der Grenzen einer ordnungsmäßigen Wirtschaft verfügt, ist — anders als beim Zubehör (Rdnr. 221) — bei Erzeugnissen und Bestandteilen des Grundstücks nicht möglich (Fall g). Denn § 23 I 2 ZVG gilt nur bei der Beschlagnahme durch Anordnung der Zwangsversteigerung (§ 148 I 1 ZVG). Die Zwangsversteigerung spielt aber bei den vom Boden getrennten Erzeugnissen oder Bestandteilen, um die es hier geht, gar keine Rolle, da diese Gegenstände nur bei der Anordnung der Zwangsverwaltung beschlagnahmt werden (§§ 148 I 1, 21 I ZVG).

229   Zu a) und b): Die *Rechtsfolgen bei einem Verstoß des Gerichtsvollziehers gegen § 865* sind umstritten.

Pfändet der Gerichtsvollzieher *Zubehör* des Grundstücks, das nach § 865 II 1 unpfändbar ist, wird zum Teil angenommen, die Pfändung sei wegen funktioneller Unzuständigkeit des Gerichtsvollziehers nichtig. Nach zutreffender Ansicht ist die Pfändung jedoch nur rechtswidrig und damit anfechtbar (vgl. Rdnr. 207). Der Schuldner kann Erinnerung nach § 766 einlegen; das gilt auch für den Grundpfandgläubiger, weil ihm das Zubehör zusammen mit dem Grundstück als Haftungsgrundlage dient. Der Grundpfandgläubiger hat außerdem die Möglichkeit, Drittwiderspruchsklage nach § 771 zu erheben.

Werden *Erzeugnisse* und *sonstige Bestandteile* des Grundstücks vom Gerichtsvollzieher entgegen § 865 II 2 gepfändet, obwohl bereits ihre Beschlagnahme im Wege der Zwangsvollstreckung in das unbewegliche Vermögen erfolgt ist, können sich der

Schuldner und der Grundpfandgläubiger ebenfalls mit der Erinnerung wehren; dem Grundpfandgläubiger steht zudem die Drittwiderspruchsklage zu.

3. Erweiterungen der Pfändbarkeit

230

Der Grundsatz, daß nur bewegliche Sachen der Zwangsvollstreckung durch den Gerichtsvollzieher unterliegen, erfährt auch Erweiterungen.

a) Früchte, die vom Boden noch nicht getrennt sind *(Früchte auf dem Halm)*, gehören zu den wesentlichen Bestandteilen des Grundstücks (§ 94 I 2 BGB) und damit zu den unbeweglichen Sachen. Trotzdem können sie unter den Voraussetzungen des § 810 I wie bewegliche Sachen durch den Gerichtsvollzieher gepfändet werden.

(1) *Voraussetzungen* für eine Pfändung nach § 810 I sind:

231

(a) Es muß sich um Früchte handeln, die *periodisch geerntet* werden (Obst, Gemüse, Getreide). Deshalb fallen etwa Bäume und Bodenbestandteile wie Kohle, Torf und Mineralien nicht unter den Anwendungsbereich des § 810 (StJ/*Münzberg,* § 810 Rdnr. 3; BL/*Hartmann,* § 810 Anm. 1 B; *Thomas/Putzo,* § 810 Anm. 2 a).

(b) Die Pfändung darf *nicht früher als einen Monat vor der gewöhnlichen Zeit der Reife* erfolgen (§ 810 I 2). Von diesem Zeitpunkt an kann man davon ausgehen, daß die Trennung der Früchte vom Boden kurz bevorsteht, mit der die Früchte ohnehin zu beweglichen Sachen würden.

(c) Die Pfändung der Früchte ist *nicht mehr zulässig,* wenn deren Beschlagnahme im Wege der Zwangsvollstreckung in das unbewegliche Vermögen erfolgt ist. Insoweit gilt für die ungetrennten Früchte nach § 810 I die gleiche Regelung wie für die getrennten Erzeugnisse nach § 865 II 2. Da die ungetrennten Früchte wesentliche Bestandteile des Grundstücks sind, werden sie durch die Anordnung der Zwangsversteigerung oder der Zwangsverwaltung des Grundstücks beschlagnahmt (§§ 20, 21 I, 148 ZVG).

Eine wichtige Ausnahme gilt allerdings, wenn das beschlagnahmte Grundstück im Besitz eines Pächters ist; denn dieser, und nicht der Grundstückseigentümer, würde nach § 956 BGB Eigentümer der Früchte. Deshalb bestimmt § 21 III ZVG, daß von der Beschlagnahme des Grundstücks das Recht des Pächters auf Fruchtgenuß nicht berührt wird. Für Gläubiger des Pächters kann der Gerichtsvollzieher auch nach der Beschlagnahme des Grundstücks die Früchte auf dem Halm pfänden (Fall h).

(d) Die vom Boden noch nicht getrennten Früchte können vom Gerichtsvollzieher allerdings nur dann gepfändet werden, wenn sie auch nach ihrer Trennung der Zwangsvollstreckung in das bewegliche Vermögen unterliegen würden. Das ist nicht der Fall, wenn sie für die Zeit nach ihrer Trennung dazu bestimmt sind, dem wirtschaftlichen Zweck des Grundstücks zu dienen; denn dann würden sie nach der Ernte zum Grundstückszubehör (§§ 97, 98 Nr. 2 BGB). Auf solches *zukünftiges Grundstückszubehör* ist § 865 II 1 entsprechend anzuwenden (*Baur/Stürner*, Rdnr. 441; StJ/*Münzberg*, § 810 Rdnr. 3; *Zöller/Stöber*, § 810 Rdnr. 3); deshalb dürfen etwa Rüben, die der Schuldner als Futter für das eigene Vieh verwenden will, nicht vom Gerichtsvollzieher gepfändet werden (Fall i).

232   (2) Die *Rechtsfolge bei einem Verstoß des Gerichtsvollziehers gegen § 810 I* (etwa Pfändung der Früchte auf dem Halm nach Beschlagnahme oder mehr als einen Monat vor der gewöhnlichen Zeit der Reife) besteht darin, daß die Pfändung rechtswidrig und anfechtbar ist. Sowohl der Vollstreckungsschuldner als auch jeder Grundpfandgläubiger können Erinnerung nach § 766 einlegen. Grundpfandgläubiger haben außerdem die Möglichkeit, Drittwiderspruchsklage nach § 771 zu erheben.

Selbst einer nach § 810 I zulässigen Pfändung kann ein Grundpfandgläubiger, der ein Recht auf Befriedigung aus dem Grundstück hat, durch Erhebung der Drittwiderspruchsklage nach § 771 widersprechen, sofern nicht die Pfändung für einen im Falle der Zwangsvollstreckung in das Grundstück vorgehenden Anspruch erfolgt ist (§ 810 II). Die Rangordnung der Ansprüche, die ein Recht auf Befriedigung aus dem Grundstück gewähren, ergibt sich aus § 10 ZVG.

Den Grundpfandgläubigern steht die Drittwiderspruchsklage ausnahmsweise nicht zu, wenn die Früchte auf dem Halm von Gläubigern des Grundstückspächters gepfändet werden; denn in diesem Fall hätten die Grundpfandgläubiger nach § 21 III ZVG selbst nach der Beschlagnahme des Grundstücks keinen Zugriff auf die Früchte.

233   b) *Wertpapiere* sind Urkunden, in denen ein privates Recht in der Weise verbrieft ist, daß zur Geltendmachung des Rechts die Innehabung der Urkunde notwendig ist (HR Rdnr. 375 ff.). Sie sind als Urkunden körperliche Sachen und können deshalb vom Gerichtsvollzieher gepfändet werden (vgl. §§ 808 II 1, 821). Insoweit spielt es keine Rolle, ob es sich um Inhaber-, Order- oder Rektapapiere handelt (vgl. HR Rdnr. 484 ff.).

Aber auch die in den Urkunden verbrieften Rechte werden von der Pfändung der Urkunden durch den Gerichtsvollzieher miterfaßt, obwohl es sich bei ihnen nicht um körperliche Sachen handelt (vgl. §§ 821, 831). Sie brauchen nicht zusätzlich nach den Regeln der Forderungspfändung (§§ 829 ff.; Rdnr. 500 ff.) durch Pfändungsbeschluß des Vollstreckungsgerichts gepfändet zu werden (zur Verwertung vgl. aber Rdnr. 692 f., 695).

Das gilt zunächst für die *Inhaberpapiere* (Inhaberschuldverschreibungen, Inhaberzeichen, Inhaberaktien, Inhaberinvestmentanteilscheine, Inhabergrundschuldbriefe, Inhaberrentenschuldbriefe, Inhaberschecks) und die

Orderpapiere (Wechsel, Scheck, Namensaktie, Namensinvestmentanteil-schein, handelsrechtliche Orderpapiere mit Orderklausel nach § 363 HGB). Bei ihnen steht ohnehin das Recht an der Urkunde im Vordergrund und ist ausschlaggebend für das Recht an der in der Urkunde verbrieften Forderung (Das Recht aus dem Papier folgt dem Recht am Papier; HR Rdnr. 487, 491).

Bei den *Rektapapieren* (Hypotheken-, Grundschuld-, Rentenschuldbrief, Kux, bürgerlich-rechtliche Anweisung, handelsrechtliche Orderpapiere ohne Orderklausel, Wechsel und Scheck mit negativer Orderklausel) ist zwar die Inhaberschaft des verbrieften Rechts ausschlaggebend für das Recht an der Urkunde (Das Recht am Papier folgt dem Recht aus dem Papier, § 952 BGB; HR Rdnr. 496). Da aber auch sie Träger der Forderung sind und die Geltendmachung der Forderung nur durch Vorlage der Urkunde möglich ist, werden grundsätzlich auch die in ihnen verbrieften Forderungen nicht nach §§ 829 ff., sondern zusammen mit der Urkunde durch den Gerichts-vollzieher gepfändet (*A. Blomeyer*, § 43, 3; StJ/*Münzberg*, § 821 Rdnr. 3; *Zöller/Stöber*, § 821 Rdnr. 4; a.M. *Lippross*, S. 32). Das läßt sich mittelbar dem § 822 entnehmen, wonach der Gerichtsvollzieher ermächtigt werden kann, gepfändete Namenspapiere bei der Verwertung auf den Namen des Käufers umzuschreiben (vgl. Rdnr. 423). Eine Ausnahme besteht allerdings nach §§ 830, 857 VI für Hypotheken-, Grundschuld- und Rentenschuldfor-derungen; sie werden durch Pfändungsbeschluß des Vollstreckungsgerichts gepfändet. Der Hypotheken-, Grundschuld- oder Rentenschuldbrief kann nur im Wege der Hilfspfändung vom Gerichtsvollzieher weggenommen werden (vgl. §§ 830 I 2, 883 ff.; Rdnr. 678).

Von den Wertpapieren in diesem Sinne sind die Legitimationspapiere abzugrenzen, die selbst nicht Träger des verbrieften Rechts sind (z.B. Sparkassenbücher, Pfand-, Versicherungs- und Depotscheine; vgl. §§ 154 Nr. 2 S. 2, 156 GVGA). Ihre Inbesitz-nahme durch den Gerichtsvollzieher bewirkt keine Pfändung der Forderung, sondern erfolgt lediglich im Wege der Hilfspfändung (Rdnr. 647, 698) neben der Forderungs-pfändung durch das Vollstreckungsgericht.

Eine Ausnahme besteht nur beim Postsparbuch, das an sich auch zu den Legitima-tionspapieren gehört. Nach § 23 IV 4 PostG gilt für die Pfändung des Anspruchs auf Auszahlung des Postsparguthabens § 831. Deshalb erfolgt — wie bei der Pfändung von Wechseln und anderen indossablen Papieren — die Pfändung des im Postspar-buch verbrieften Anspruchs dadurch, daß der Gerichtsvollzieher das Postsparbuch in Besitz nimmt (Rdnr. 697).

IV. Gewahrsam an den zu pfändenden Sachen   234

Schrifttum: *Brox*, Zur Frage der Verfassungswidrigkeit der §§ 1362 BGB, 739 ZPO, FamRZ 1981, 1125; *Furtner*, Fortsetzung der Vollstreckung durch Abholung von Gegenständen, an denen ein Dritter nach der Pfändung Gewahrsam erlangt hat,

DGVZ 1965, 49; *Göhler,* Die Herausgabebereitschaft des Gewahrsamsinhabers im Falle der mehrfachen Pfändung nach §§ 809, 826 ZPO, MDR 1965, 339; *Herde,* Probleme der Pfandverfolgung, 1978; *H. Müller,* Zwangsvollstreckung gegen Ehegatten, 1970; *Noack,* Aktuelle Fragen der Pfändungsvollstreckung gegen Ehegatten, JurBüro 1978, 1425; *Pawlowski,* Zum sog. Verfolgungsrecht des Gerichtsvollziehers, AcP 175, 189; *ders.,* Drittgewahrsam und Verstrickung, DGVZ 1976, 33; *Sonnenberger,* Kann der Gewahrsamsinhaber seine Herausgabebereitschaft gemäß § 809 ZPO beschränken?, MDR 1962, 22; *Wasner,* Die gewaltsame Wegnahme gepfändeter Sachen, die vom Schuldner zum Dritten geschafft sind, ZZP 79, 113; *W. Weimar,* Ist die entsprechende Anwendung des § 739 ZPO auf eheähnliche Gemeinschaften begründet?, JR 1982, 323; *Winterstein,* Probleme der Zwangsvollstreckung gegen Personen- und Kapitalgesellschaften, DGVZ 1984, 1.

Fälle:

a) Gv will für G in der Wohnung des S ein Klavier pfänden. Die in derselben Wohnung lebende Ehefrau F widerspricht der Pfändung mit der Begründung, sie sei Alleineigentümerin des Klaviers.

b) Im Fall a erhält Gv nicht nur vom Gläubiger G des S, sondern auch vom Gläubiger G_1 der F den Auftrag, das Klavier in der gemeinsamen Wohnung von S und F zu pfänden.

c) Die Studenten A, B, C bilden eine Wohngemeinschaft. Ihre Wohnungseinrichtung und ihre Studienbücher haben sie gemeinsam angeschafft. Gläubiger G des A beauftragt Gv, in der Wohnung einen Kassettenrecorder zu pfänden. B und C widersprechen.

d) Im Fall c will G wegen einer Forderung vollstrecken, für die ein Titel gegen A, B und C vorliegt.

e) A ist sowohl Geschäftsführer der Bauplanungs-GmbH als auch der Baufinanz-GmbH. Für beide Gesellschaften ist er in denselben Geschäftsräumen tätig. Gv will für einen Gläubiger G der Bauplanungs-GmbH Einrichtungsgegenstände in diesen Geschäftsräumen pfänden. A widerspricht der Pfändung im Namen der Baufinanz-GmbH.

f) G beauftragt Gv mit der Zwangsvollstreckung gegen S. Dieser hat als einzigen pfändbaren Gegenstand einen Micro-Computer. Als er von der bevorstehenden Pfändung erfährt, schafft er den Computer zu seinem Freund D. Gv will den Computer für G bei D pfänden. D widerspricht und weist darauf hin, daß er den Computer so lange verwahren wolle, bis mit einer Pfändung nicht mehr zu rechnen sei.

g) Gv will für G aus einem Titel gegen S eine Sache pfänden, die sich bei D befindet. D ist zur Herausgabe bereit, weil er irrtümlich davon ausgeht, er habe die Sache von S geliehen. Nach der Pfändung merkt er, daß die gepfändete Sache ihm selbst gehört. Kann er jetzt noch mit Erfolg Drittwiderspruchsklage erheben?

Von den Gegenständen, die der Zwangsvollstreckung in körperliche Sachen unterliegen, darf der Gerichtsvollzieher nur solche Sachen pfänden, die sich im Gewahrsam des Schuldners (§ 808 I), des Gläubigers oder eines zur Herausgabe bereiten Dritten (§ 809) befinden.

Zwar haftet dem Gläubiger wegen seiner Forderungen nur das Vermögen des Schuldners. Der Gerichtsvollzieher ist jedoch zu einer Prüfung, ob die für die Pfändung in Betracht kommenden beweglichen Sachen zum Vermögen des Schuldners gehören, meist nicht in der Lage. Dagegen kann er die tatsächlichen Herrschaftsverhältnisse an diesen Sachen i.d.R. ohne weiteres feststellen. Da zudem nach der allgemeinen Lebenserfahrung der Gewahrsamsinhaber meist auch der Eigentümer der Sache ist, knüpft das Gesetz bei den Voraussetzungen für die Pfändung nicht an die Eigentums-, sondern an die Gewahrsamsverhältnisse an. Eine Ausnahme besteht nur dann, wenn eine Sache offensichtlich nicht zum Vermögen des Schuldners gehört (Rdnr. 259).

1. Begriff des Gewahrsams

235

a) Unter »Gewahrsam« ist nicht die rechtliche Beziehung zwischen einer Person und einer Sache zu verstehen, sondern die *tatsächliche Sachherrschaft.* Der Begriff des Gewahrsams ist enger als der des Besitzes. So ist der mittelbare Besitzer, der keine tatsächliche Sachherrschaft hat, nicht Gewahrsamsinhaber. Gewahrsam i.S.v. §§ 808, 809 entspricht in etwa dem unmittelbaren Besitz (§ 854 BGB) und hat eine ähnliche Bedeutung wie in § 246 StGB.

b) *Nicht* unter den Begriff des Gewahrsams fallen jedoch der Erbenbesitz und die tatsächliche Gewalt, die der Besitzdiener über Sachen hat.

236

(1) Der *Erbe* wird mit dem Erbfall zwar unmittelbarer Besitzer (§ 854 BGB) der Sachen des Erblassers, sofern dieser selbst unmittelbaren Besitz hatte; denn nach § 857 BGB geht der Besitz so auf den Erben über, wie er beim Erblasser bestand. Jedoch fingiert diese Vorschrift einen Besitz nur, um den Erben vor dem Verlust von Nachlaßsachen zu schützen: Weil der Erbe nach § 857 BGB als Besitzer gilt, kommen ihm Nachlaßsachen, über die ein Nichtberechtigter verfügt, abhanden; deshalb kann ein Dritter nicht gutgläubig Eigentum daran erwerben (vgl. § 935 I BGB), und der Erbe ist berechtigt, die Sachen herauszuverlangen. Bei dem Erbenbesitz handelt es sich also um einen fiktiven Besitz ohne Sachherrschaft (*Palandt/Bassenge,* § 857 Anm. 1). Daher ist der bloße Erbenbesitzer nicht Gewahrsamsinhaber nach §§ 808 f.

Solange nach dem Tod eines Erblassers niemand die tatsächliche Herrschaft an dessen Sachen erlangt hat, ist die Pfändung dieser Sachen nicht möglich. Dieser Fall dürfte nur selten vorkommen, zumal der Erbe spätestens mit der Annahme der Erbschaft den Nachlaß in Besitz nehmen oder eine Besitzergreifung durch Dritte veranlassen wird.

(2) Der *Besitzdiener* (§ 855 BGB) hat zwar die tatsächliche Gewalt über Sachen, aber er übt diese Gewalt erkennbar für einen anderen aus, dessen Weisungen er zu befolgen hat. Deshalb hat er auch keinen eigenen Gewahrsam i.S.d. §§ 808 f. an diesen Sachen, selbst wenn der andere aus räumlichen Gründen nicht unmittelbar auf die Sache einwirken kann (h.M.; *Baur/Stürner*, Rdnr. 444; *Zöller/Stöber*, § 808 Rdnr. 8; a.M. *Rosenberg*, § 191 I 1 a für den sog. selbständigen Besitzdiener).

Darin liegt ein Unterschied zur Bedeutung des Gewahrsams in § 246 StGB; denn strafrechtlich kann auch der Besitzdiener Gewahrsamsinhaber sein und eine Unterschlagung der Sachen, an denen er (für einen anderen) die tatsächliche Gewalt ausübt, begehen.

237   2. Gewahrsam des Schuldners

a) Nach der *Grundregel* des § 808 I pfändet der Gerichtsvollzieher Sachen, die im Alleingewahrsam des Schuldners stehen. Hat ein Dritter Mitgewahrsam an der Sache, scheidet eine Pfändung nach § 808 I aus. Ob die Sachen im (Allein-) Gewahrsam des Schuldners stehen, muß der Gerichtsvollzieher aufgrund des äußeren Erscheinungsbildes (OLG Frankfurt OLGZ 1969, 461, 463) und nach allgemeiner Lebensauffassung (*Baur/Stürner*, Rdnr. 445) beurteilen. So hat der Schuldner in der Regel Gewahrsam an Sachen, die er bei sich führt (Taschen, Armbanduhr, Schmuck, Geld) oder die sich in seiner Wohnung befinden (Möbel, Radio- und Fernsehgeräte, Schreibmaschine). Etwas anderes gilt dann, wenn solche Sachen erkennbar unter der Sachherrschaft eines anderen stehen (Geldbombe, die der Ladenangestellte zur Bank bringt).

238   b) Bei der Prüfung der Gewahrsamsverhältnisse muß der Gerichtsvollzieher folgende *Besonderheiten* beachten:

(1) Ist der Schuldner verheiratet und lebt er mit seinem *Ehegatten* in einer Wohnung, haben beide Ehegatten Gewahrsam an den in der Wohnung befindlichen Sachen. Trotzdem darf der Gerichtsvollzieher auch gegen den Widerspruch des anderen Ehegatten pfänden; denn unter den Voraussetzungen des § 739 gilt bei Ehegatten nur derjenige als Gewahrsamsinhaber, der Vollstreckungsschuldner ist. Deshalb erfolgt die Pfändung nach § 808; das Einverständnis des anderen Ehegatten (vgl. § 809) ist nicht erforderlich (Fall a).

(a) § 739 gilt nur, *soweit die Vermutung des § 1362 I 1 BGB eingreift*. Danach wird einmal zugunsten von Gläubigern des Ehemannes vermutet, daß die im Besitz eines oder beider Ehegatten befindlichen beweglichen Sachen dem Ehemann gehören; in gleicher Weise wird zugunsten von Gläubigern der Ehefrau vermutet, daß ihr die Sachen gehören. In beiden Fällen wird im Interesse des Vollstreckungsgläubigers der Gewahrsam des Ehegatten des Vollstreckungsschuldners nicht geschützt. Deshalb kann sich der Ehegatte wegen seines (Mit-) Gewahrsams auch nicht mit der Erinnerung (§ 766) gegen die Pfändung wehren.

Fehlt eine der Voraussetzungen für die Vermutung des § 1362 I 1 BGB, ist § 739 nicht anwendbar. Das ist dann anzunehmen, wenn die Ehegatten getrennt leben und die Sachen sich im Besitze des Ehegatten befinden, der nicht Schuldner ist (§ 1362 I 2 BGB). Ferner wird für solche Sachen, die ausschließlich zum persönlichen Gebrauch eines Ehegatten bestimmt sind (z.B. Kleider, Schmuck, Arbeitsgeräte) vermutet, daß sie dem Ehegatten gehören, für dessen Gebrauch sie bestimmt sind (§ 1362 II BGB).

(b) Nach h.M. handelt es sich bei § 739 um eine *unwiderlegbare Vermutung*, die selbst dann eingreift, wenn die widerlegbare Vermutung des § 1362 I 1 BGB entkräftet wird (MünchKomm/ *Wacke*, § 1362 Rdnr. 32 f.; *Palandt/Diederichsen*, § 1362 Anm. 4; StJ/ *Münzberg*, § 739 Rdnr. 22; *Brox*, FamRZ 1981, 1125 FN 2 m.w.N.; a.M. *Baur*, FamRZ 1958, 252, 253 f.; *Erman/Heckelmann* § 1362 Rdnr. 13 f.; MünchKomm/ *Gernhuber*, § 1363 Rdnr. 19). Der Grund dafür liegt darin, daß die Eigentumsverhältnisse, an die § 1362 BGB anknüpft, vom Gerichtsvollzieher bei der Pfändung nicht überprüft werden (OLG Düsseldorf ZIP 1981, 538). Der Ehegatte des Vollstreckungsschuldners kann nur im Wege der Drittwiderspruchsklage (§ 771) einwenden, er sei Eigentümer der Sachen, die der Gerichtsvollzieher für Gläubiger des Vollstreckungsschuldners gepfändet hat (Fall a). **239**

(c) Die Vermutung des § 739 gilt *sowohl für Gläubiger des Mannes als auch für die der Frau*, selbst wenn die Gläubiger von beiden in dieselbe Sache vollstrecken wollen. Die Vermutungen heben sich dann nicht gegenseitig auf; vielmehr darf der Gerichtsvollzieher für alle Gläubiger pfänden (Fall b). Diese haben die Möglichkeit, im Wege der Drittwiderspruchsklage (§ 771) oder im Verteilungsverfahren (Rdnr. 476 ff.) die zugunsten des Gläubigers des anderen Ehegatten sprechende Vermutung des § 1362 I 1 BGB zu widerlegen. Gelingt das keinem der Gläubiger, so geht das durch die erste Pfändung begründete Pfandrecht denjenigen vor, die durch spätere Pfändungen begründet wurden (entsprechend § 804 III; BL/ *Hartmann*, § 739 Anm. 3; *Brox*, FamRZ 1968, 406, 408; StJ/ *Münzberg*, § 739 Rdnr. 23). **240**

(2) Umstritten ist, ob der Anwendungsbereich des § 739 i.V.m. § 1362 BGB auf Personen ausgedehnt werden kann, die in einer *eheähnlichen Lebensgemeinschaft* oder in einer Wohngemeinschaft zusammenleben (bejahend etwa MünchKomm/ *Wacke*, § 1362 Rdnr. 11). Dafür könnte sprechen, **241**

daß auch in solchen Lebensgemeinschaften wie in einer Ehe »aus einem Topf gewirtschaftet« wird und durch Vermischung der beweglichen Habe infolge des Zusammenlebens die Zwangsvollstreckung für Gläubiger eines einzelnen Mitglieds der Gemeinschaft erschwert wird. Gegen diese Lösung läßt sich jedoch einwenden, daß dann der Gerichtsvollzieher gezwungen wäre, in jedem Einzelfall zu prüfen, ob eine analoge Anwendung des § 739 gerechtfertigt ist. Bei einer solchen Prüfung müssen aber Wertungen vorgenommen werden, die der Gerichtsvollzieher in der Eile des Vollstreckungsverfahrens nicht treffen kann. — Auch der Wortlaut und die Entstehungsgeschichte des § 739 sprechen gegen eine analoge Anwendung auf nichteheliche Lebensgemeinschaften. Dem Gesetzgeber war bei Neufassung der Vorschrift durch das Gleichberechtigungsgesetz vom 18. 6. 1957 die Problematik der nichtehelichen Lebensgemeinschaften bekannt; trotzdem hat er sich ausdrücklich auf eine Regelung für Eheleute beschränkt. Deshalb entspricht es der h.M., daß die Vermutung des § 739 i.V.m. § 1362 I 1 BGB sich nicht auf die Mitglieder von eheähnlichen Lebensgemeinschaften oder von Wohngemeinschaften erstreckt (*Baur/Stürner*, Rdnr. 288; *Brox*, FamRZ 1981, 1125, 1127 m.w.N.; StJ/*Münzberg*, § 739 Rdnr. 11; *Thomas/Putzo*, § 739 Anm. 2 c; *Weimar*, JR 1982, 324).

Demnach darf Gv im Fall c den Kassettenrecorder nicht gegen den Widerspruch von B und C pfänden.

Dadurch werden Eheleute in der Zwangsvollstreckung schlechter gestellt als andere Personen. Das widerspricht der Wertentscheidung des Art. 6 I GG, wonach Ehe und Familie besonderen staatlichen Schutz genießen. Deshalb wird von einer verbreiteten Meinung § 739 i.V.m. § 1362 BGB für verfassungswidrig gehalten (*Brox*, FamRZ 1981, 1125, 1127; *Baur/Stürner*, Rdnr. 288; *Jauernig*, § 17 II).

242   (3) Eine *juristische Person* übt den Gewahrsam durch ihre Organe aus. Deren tatsächliche Sachherrschaft wird rechtlich der juristischen Person zugeordnet. Deshalb kann der Gerichtsvollzieher aus einem Titel gegen die juristische Person nach § 808 solche Sachen pfänden, die sich im *Organbesitz* befinden. Ein Widerspruch des Organs ist dann unbeachtlich; § 809 greift nicht ein.

(a) Allerdings haben die Organe von juristischen Personen bewegliche Sachen auch im *Eigengewahrsam*. Im Einzelfall kann deshalb problematisch sein, ob sich eine Sache im Organgewahrsam der juristischen Person oder im Eigengewahrsam des Organs befindet. Die Abgrenzung hat der Gerichtsvollzieher nach solchen Kriterien vorzunehmen, die für ihn möglichst leicht und sicher zu beurteilen sind. Deshalb kommt es weniger auf den oft nur schwer erkennbaren Gewahrsamswillen des Organs an, zumal dieses sonst allein durch Äußerung eines entsprechenden Willens die Zwangsvollstrekkung verhindern könnte. Maßgeblich für die Gewahrsamszuordnung sind vielmehr die äußeren Umstände unter Berücksichtigung der allgemeinen Lebensauffassung. So sind z.B. die Einrichtungsgegenstände und Arbeitsgeräte im Büro des Geschäftsführers einer GmbH in der Regel dem Gewahrsam der Gesellschaft zuzuordnen (vgl. StJ/*Münzberg*, § 808 Rdnr. 14); dagegen steht die Aktentasche des Geschäftsführers in dessen Eigengewahrsam, selbst wenn er sie im Büro aufbewahrt.

Trotzdem lassen sich Zweifelsfälle nicht vermeiden (z.B. Handdiktiergerät, das der Geschäftsführer einer GmbH bei sich führt). Um eine Zwangsvollstreckung nicht unnötig zu erschweren, muß der Gerichtsvollzieher solche Sachen sowohl aufgrund eines Titels gegen die juristische Person als auch aufgrund eines Titels gegen das Organ nach § 808 pfänden können. Steht die Sache nicht im Eigentum des jeweiligen Vollstreckungsschuldners, kann der Eigentümer sich mit der Drittwiderspruchsklage (§ 771) wehren.

(b) Jemand kann auch *Organ zweier juristischer Personen* sein, für die er **243** in denselben gemeinschaftlich genutzten Geschäftsräumen tätig ist. Hier hat der Gerichtsvollzieher aufgrund der erkennbaren äußeren Umstände (Schilder beider Gesellschaften am Gebäude oder an den Türen der Geschäftsräume) davon auszugehen, daß das Organ den Gewahrsam an den Einrichtungsgegenständen für beide juristische Personen ausübt, so daß diese Mitgewahrsam haben (OLG Frankfurt MDR 1969, 676). Dann findet nicht § 808, sondern § 809 Anwendung, so daß die juristische Person, die nicht Vollstreckungsschuldner ist, der Pfändung durch den Gerichtsvollzieher widersprechen kann (Fall e; a.M. OLG Frankfurt MDR 1969, 676).

(4) Auch bei der Pfändung aus Titeln, die gegen *Personenhandelsgesell-* **244** *schaften* (OHG, KG) gerichtet sind (§§ 124, 161 II HGB), stellt sich die Frage, auf wessen Gewahrsam es ankommt.

(a) Für die *geschäftsführenden Gesellschafter* gelten die gleichen Regeln wie für Organe bei juristischen Personen: Der Gesellschaftergewahrsam (abzugrenzen vom Eigengewahrsam der Gesellschafter) gilt als Gewahrsam der Gesellschaft (StJ/*Münzberg*, § 808 Rdnr. 16; BGH JZ 1968, 69; vgl. auch § 118 GVGA).

(b) Umstritten ist, ob auch der Gewahrsam der *Kommanditisten* voll- **245** streckungsrechtlich der KG zuzurechnen ist. Das wird zum Teil abgelehnt, weil der Kommanditist von der Geschäftsführung der KG ausgeschlossen ist (BL/*Hartmann*, § 808 Anm. 3 B »Geschäftsraum« unter Berufung auf BGHZ 57, 166, 168; StJ/*Münzberg*, § 808 Rdnr. 16, FN 53). Nach anderer Ansicht (KG NJW 1977, 1160) ist dagegen bei der Zwangsvollstreckung grundsätzlich davon auszugehen, daß auch ein Kommanditist, der im Besitz eines als zum Vermögen der KG gehörig gekennzeichneten Gegenstandes ist, den Besitz für die Gesellschaft wahrnimmt.

Dieser Meinungsstreit dürfte häufig ohne Bedeutung sein. Selbst wenn man mit der ersten Meinung einen Gesellschaftsgewahrsam des Kommanditisten kraft seiner Kommanditistenstellung ablehnt, weil dieser kein Organ und kein gesetzlicher Vertreter (vgl. in diesem Zusammenhang § 118 Nr.1 GVGA) ist, schließt das nicht aus, daß der Kommanditist seinen Gewahrsam für die KG ausübt. Wenn ihm Sachen im Zusammenhang mit Gesellschaftsangelegenheiten aus dem Gesellschaftsvermögen überlassen sind, die er erkennbar für die Gesellschaft im Besitz hat, ist er — wie ein Angestellter der KG — als Besitzdiener der Gesellschaft anzusehen (vgl. dazu OLG Hamm JMBl. NW 1962, 293). Wenn der Kommanditist etwa bei Geschäftsbesuchen einen auf die KG zugelassenen Firmenwagen benutzt, steht dieser aus der Sicht des Gerichtsvollziehers im Gewahrsam der KG.

246   (5) Hat der Schuldner einen *gesetzlichen Vertreter* und ist dieser kraft Gesetzes zur Verwaltung und zum Besitz an Sachen des Schuldners berechtigt, ist der Verwaltungsbesitz des gesetzlichen Vertreters wie der Organbesitz bei juristischen Personen zu behandeln: Der Gewahrsam des gesetzlichen Vertreters an Sachen des Schuldners ist Schuldnergewahrsam i.S.v. § 808 (BL/*Hartmann*, § 808 Anm. 3 B »Gesetzlicher Vertreter«; StJ/*Münzberg*, § 808 Rdnr.15; *Thomas/Putzo*, § 808 Anm. 2 c; vgl. auch § 118 Nr.1 GVGA).

Die Zwangsvollstreckung aus einem Titel gegen ein Kind kann daher ohne Zustimmung der Eltern in das Kindesvermögen betrieben werden, selbst wenn dieses sich in der Gewalt der Eltern befindet. Auch bei einer Vollstreckung in das Vermögen eines Mündels braucht der Gerichtsvollzieher den entgegenstehenden Willen des Vormundes nicht zu beachten.

247   3. Gewahrsam des Gläubigers oder eines zur Herausgabe bereiten Dritten

a) Auch Sachen, die sich im *Gewahrsam des Gläubigers* befinden, dürfen vom Gerichtsvollzieher gepfändet werden (§ 809, 1. Fall). Unter dem Gläubiger ist der Vollstreckungsgläubiger (Rdnr. 9) zu verstehen. Für § 809 ist es unerheblich, ob der Gläubiger den Gewahrsam rechtmäßig (z.B. aufgrund eines Leih- oder Mietvertrages) oder rechtswidrig (z.B. durch verbotene Eigenmacht) erlangt hat; denn das kann vom Gerichtsvollzieher in der Regel ohnehin nicht überprüft werden.

248   b) Sachen im *Gewahrsam eines Dritten* darf der Gerichtsvollzieher nach § 809, 2. Fall nur dann pfänden, wenn der Dritte zur Herausgabe bereit ist.

(1) § 809, 2. Fall ist anwendbar, wenn ein *Dritter Gewahrsam* an den zu pfändenden Sachen hat.

(a) *Dritter* i.S.v. § 809 ist jeder Gewahrsamsinhaber, der weder Gläubiger noch Schuldner ist (Rdnr. 9 f.) und den Gewahrsam auch nicht für den Gläubiger oder den Schuldner ausübt. Organe juristischer Personen, gesetzliche

Vertreter und Besitzdiener, deren Gewahrsam dem Schuldner zugerechnet wird, sind also nicht Dritte.

(b) Es kommt nicht darauf an, ob der Dritte Allein- oder nur *Mitgewahr-*   **249** *sam* hat. Deshalb ist die Pfändung von Sachen, an denen der Schuldner und einer oder mehrere Dritte Mitgewahrsam haben, nur zulässig, wenn der oder alle Dritte herausgabebereit sind.

Wenn z.B. die Mitglieder einer Wohngemeinschaft Mitgewahrsam an den in den gemeinsam genutzten Räumen befindlichen Sachen haben, darf der Gerichtsvollzieher diese Sachen nicht pfänden, wenn nur einer aus der Gemeinschaft nicht damit einverstanden ist. — Etwas anderes gilt nur dann, wenn aus einem Titel vollstreckt wird, der sich gegen alle Mitglieder der Wohngemeinschaft richtet; denn dann sind sie alle Schuldner, so daß sich die Pfändung nicht nach § 809, sondern nach § 808 richtet (Fall d).

(c) Der *Gerichtsvollzieher selbst* kann *Dritter* i.S.v. § 809 sein, wenn er   **250** bereits die tatsächliche Sachherrschaft über die zu pfändenden Sachen hat. Das ist etwa dann der Fall, wenn er gepfändete Sachen in seine Pfandkammer geschafft hat oder wenn ihm als Sequester (Rdnr. 710) Sachen zur Verwahrung übergeben wurden. Der Gerichtsvollzieher ist aber ein selbständiges Organ der Rechtspflege, und er hat den Gewahrsam nur in dieser Eigenschaft zu bestimmten Zwecken erhalten. Dadurch dürfen dem pfändenden Gläubiger weder Vor- noch Nachteile entstehen. Deshalb darf der Gerichtsvollzieher nicht frei darüber bestimmen, ob und welchen Gläubigern gegenüber er zur Herausgabe der Sachen und damit zur Pfändung bereit ist. Er muß vielmehr prüfen, ob die Pfändung der Sachen zulässig gewesen wäre, bevor er den Gewahrsam erlangt hat, und ob die Pfändung dem Zweck, zu dessen Verfolgung er den Gewahrsam erlangt hat, nicht widerspricht (vgl. dazu *Gerlach*, ZZP 89, 294, 320 ff.; StJ/*Münzberg*, § 809 Rdnr. 2). Dabei sind folgende Fälle zu unterscheiden:

(aa) Der Gerichtsvollzieher hat für den Gläubiger (G_1) bei dem Schuldner (S_1) nach § 808 gepfändet. Nunmehr erhält er von einem anderen Gläubiger (G_2) den Auftrag, die Sache auch für ihn zu pfänden.

Handelt es sich bei G_2 um einen Gläubiger des S_1, muß der Gerichtsvollzieher als Drittgewahrsamsinhaber seine Herausgabebereitschaft bejahen und für G_2 pfänden (§ 809). Denn wenn die Sache bei S_1 geblieben wäre, hätte der Gerichtsvollzieher sie nach § 808 ebenfalls für G_2 pfänden können.

Ist G_2 dagegen der Gläubiger eines anderen Schuldners (S_2), darf der Gerichtsvollzieher für G_2 nicht pfänden. Denn wenn die Sache im Gewahrsam des S_1 geblieben wäre, wäre dieser gegenüber G_2 und S_2 Dritter i.S.v. § 809. Deshalb kommt es auf die Herausgabebereitschaft des S_1 an, die der Gerichtsvollzieher als Organ der Rechtspflege nicht durch eine in seinem Belieben stehende Entscheidung ersetzen kann.

251 (bb) Der Gerichtsvollzieher hat für den Gläubiger (G_1) nicht bei dem Schuldner (S), sondern bei einem Dritten (D) mit dessen Zustimmung nach § 809 gepfändet. Nunmehr beauftragt ihn ein anderer Gläubiger (G_2), die Sache nochmals zu pfänden.

Ist G_2 Gläubiger des S, darf der Gerichtsvollzieher nicht aufgrund eigener Herausgabebereitschaft pfänden; denn die Herausgabebereitschaft des D bezog sich nur auf die Pfändung zugunsten des G_1. Für G_2 darf der Gerichtsvollzieher nur pfänden, wenn D auch insoweit herausgabebereit ist.

Handelt es sich bei G_2 dagegen um einen Gläubiger des D, kann der Gerichtsvollzieher aufgrund eigener Entscheidung selbst gegen den Willen des D pfänden. Denn wäre D Gewahrsamsinhaber geblieben, hätte der Gerichtsvollzieher für den Gläubiger G_2 des D nach § 808 pfänden können, und § 809 wäre gar nicht zur Anwendung gekommen.

252 (cc) Aufgrund einer einstweiligen Verfügung hat der Schuldner S zur Sicherstellung eines Herausgabeanspruchs des X eine Sache dem Gerichtsvollzieher als Sequester zur Verwahrung übergeben. Nunmehr will G, ein Gläubiger des S, die Sache pfänden lassen. Obwohl eine Pfändung nach § 808 möglich gewesen wäre, falls S den Gewahrsam an der Sache behalten hätte, muß der Gerichtsvollzieher als Drittgewahrsamsinhaber (§ 809) seine Herausgabebereitschaft versagen und damit auch die von G begehrte Pfändung ablehnen. Denn er hat den Gewahrsam nur zu dem Zweck erhalten, den Herausgabeanspruch des X gegen S sicherzustellen. Dieser Zweck würde aber vereitelt, wenn die Sache nunmehr zwecks späterer Verwertung zugunsten des G gepfändet würde.

Wenn G nicht Gläubiger des S, sondern Gläubiger des X wäre, dürfte der Gerichtsvollzieher ebenfalls nicht aufgrund eigener Herausgabebereitschaft pfänden. Denn dann wäre vor der Gewahrsamserlangung des Gerichtsvollziehers der S Dritter i.S.d. § 809 gewesen, so daß es auf seine Herausgabebereitschaft ankommt.

253 (2) Der Dritte, in dessen Gewahrsam sich die zu pfändende Sache befindet, muß *zur Herausgabe bereit* sein.

(a) »*Bereitschaft zur Herausgabe*« ist wörtlich zu verstehen. Es reicht also nicht aus, daß der Dritte in die Pfändung durch Anlegung eines Pfandsiegels einwilligt. Er muß vielmehr damit einverstanden sein, daß die Sache entweder schon bei der Pfändung oder später zum Zwecke der Verwertung aus seinem Gewahrsam weggeschafft wird. Ob der Dritte zur Herausgabe bereit ist, kann der Gerichtsvollzieher auf Nachfrage feststellen. Die Herausgabebereitschaft muß weder ausdrücklich noch vor der Pfändung erklärt werden. Vielmehr reicht es etwa aus, wenn ein entsprechender Wille des Dritten aus seiner widerspruchslosen Unterzeichnung des Pfändungsprotokolls geschlossen werden kann (vgl. *Zöller/Stöber*, § 809 Rdnr. 6).

(b) Umstritten ist, ob die Herausgabebereitschaft des Dritten *ausnahms-*   **254**
weise entbehrlich ist, wenn dieser die Sache nach materiellem Recht unstreitig an den Schuldner herausgeben muß (so BL/*Hartmann*, § 809 Anm. 1 A;
StJ/*Münzberg*, § 809 Rdnr. 4; a.A. *Baur/Stürner*, Rdnr. 449; *Thomas/Putzo*,
§ 809 Anm. 3 a) oder wenn er sich den Gewahrsam im (kollusiven) Zusammenwirken mit dem Schuldner nur zu dem Zweck verschafft hat, die Sache
dem Vollstreckungszugriff zu entziehen (so BL/*Hartmann*, § 809 Anm. 1 A;
a.M. *Baur/Stürner*, Rdnr. 449; StJ/*Münzberg*, § 809 Rdnr. 4; *Thomas/*
Putzo, § 809 Anm. 3 a; LG Oldenburg DGVZ 1984, 91, 92).

Für die Lösung dieses Streits ist entscheidend, daß der Gerichtsvollzieher
bei der Pfändung nicht die Aufgabe hat, materielle Rechtsfolgen (z.B. Her-
ausgabepflicht des Dritten) zu prüfen und subjektive Tatsachen (z.B. kollu-
sives Zusammenwirken; Absicht der Vollstreckungsvereitelung) aufzuklären.
Er muß sich auf leicht und sicher erkennbare äußere Tatsachen verlassen
können. Deshalb hat er regelmäßig auch dann den entgegenstehenden Willen des Dritten zu beachten, wenn der begründete Verdacht besteht, daß der
Dritte seine Herausgabebereitschaft unter Verstoß gegen Treu und Glauben
verweigert.

Allenfalls in dem seltenen Fall, daß der Dritte aus der Sicht des Gerichtsvollziehers
offensichtlich rechtsmißbräuchlich handelt, etwa weil er sich selbst einer Gewahrsamsverschiebung zum Zwecke der Vollstreckungsvereitelung berühmt, darf der
Gerichtsvollzieher auch gegen den Willen des Dritten Sachen in dessen Gewahrsam
pfänden (Fall f).

(c) Die Herausgabebereitschaft des Dritten hat zwar zur *Folge*, daß der   **255**
Gerichtsvollzieher die Sache nach § 809 pfänden darf. Der Dritte kann nicht
mehr mit Erfolg Erinnerung einlegen. Das bedeutet jedoch nicht ohne
weiteres, daß der Dritte, falls er ein die Veräußerung hinderndes Recht
an der gepfändeten Sache hat, auch die Möglichkeit verliert, Drittwiderspruchsklage (§ 771) zu erheben.

Hat er dem Gerichtsvollzieher etwa irrtümlich eine ihm selbst gehörende Sache
zur Pfändung herausgegeben, steht ihm nach Aufklärung seines Irrtums die Möglichkeit der Drittwiderspruchsklage offen (BGH LM Nr. 2 zu § 809 ZPO; Fall g). Etwas
anderes gilt dann, wenn der Dritte nicht Eigentümer der Sache, sondern lediglich zum
Besitz berechtigt ist; denn mit der Bereitschaft zur Herausgabe verzichtet er bewußt
auf sein Besitzrecht. Ebenso dürfte zu entscheiden sein, wenn der Dritte in Kenntnis
seines Eigentums eine Sache zur Pfändung zur Verfügung stellt, etwa um dem Schuldner zu helfen; dann kann er nicht später Drittwiderspruchsklage erheben.

(d) Ist der Dritte *nicht herausgabebereit*, kann der Gläubiger die Sache im   **256**
Gewahrsam des Dritten nicht pfänden lassen. Wenn er trotzdem auf diese
Sache, die möglicherweise das einzige verwertbare Vermögen des Schuldners
darstellt, zugreifen will, muß er zunächst den Anspruch des Schuldners

gegen den Dritten auf Herausgabe der Sache pfänden lassen (§§ 846 f.; Rdnr. 700 ff.). Falls der Dritte nunmehr immer noch die Herausgabe verweigert, muß der Gläubiger gegen ihn aufgrund des gepfändeten Anspruchs auf Herausgabe klagen. Die Vollstreckung aus dem stattgebenden Urteil erfolgt dann nach § 883 (Rdnr. 1048 ff.). Erst wenn der Gerichtsvollzieher dem Dritten nach § 883 I die Sache weggenommen hat, kann der Gläubiger die Sache selbst pfänden und verwerten lassen.

257   (e) *Verstößt* der Gerichtsvollzieher gegen § 809, indem er eine Sache im Gewahrsam eines Dritten pfändet, obwohl der Dritte nicht zur Herausgabe bereit ist, kann dieser Erinnerung (§ 766) einlegen. Daneben besteht für ihn die Möglichkeit, Drittwiderspruchsklage (§ 771) zu erheben, wenn er etwa Eigentümer der Sache ist oder ein anderes die Veräußerung hinderndes Recht hat.

258 **V. Pfändung schuldnerfremder Sachen**

Schrifttum: *J. Blomeyer,* Der Zugriff des Gläubigers auf ein vom Schuldner nach § 3 AnfG anfechtbar veräußertes und vom Erwerber bebautes Grundstück, KTS 1976, 81; *Böhle-Stamschräder/Kilger,* Anfechtungsgesetz, 6. Aufl., München 1984; *Costede/Kaehler,* Haftungszuweisung und Haftungszugriff Dritten gegenüber, ZZP 84, 395; *Frisinger,* Zur Unmöglichkeit der »Rückgewähr« in § 7 Anfechtungsgesetz nach Weiterveräußerung eines anfechtbar erworbenen Gegenstandes, MDR 1970, 557; *Gerhardt,* Die systematische Einordnung der Gläubigeranfechtung, 1969; *ders.,* Grundprobleme der Gläubigeranfechtung und Spezialfragen der Übertragung eines belasteten Miteigentumsanteils, ZIP 1984, 397; *Jaeger,* Die Gläubigeranfechtung außerhalb des Konkurses auf der Grundlage des Gesetzes vom 21. Juli 1879, 2. Aufl., Berlin 1938; *Lent,* Das Urteil auf Duldung der Zwangsvollstreckung, ZZP 70, 401; *A. Müller,* Der Ehegatte im Konkurs- und Anfechtungsrecht, NJW 1961, 1442; *Pakuscher,* Der einstweilige Schutz des Anfechtungsgläubigers, JR 1959, 288; *Paulus,* Sinn und Formen der Gläubigeranfechtung, AcP 155, 277; *Plander,* Die Stellung des Anfechtungsgegners bei der Anfechtung von Erfüllungsgeschäften außerhalb des Konkurses, KTS 1972, 158; *Wacke,* Zur Geschichte und Dogmatik der Gläubigeranfechtung, ZZP 83, 418; *Warneyer/Bohnenberg,* Anfechtungsgesetz, 4. Aufl., Köln-Berlin 1955; *Weimar,* Die Anfechtbarkeit der Veräußerung eines Handelsgeschäftes nach dem Anfechtungsgesetz und der KO, MDR 1964, 566.

Fälle:
 a) G hat einen Zahlungstitel gegen S, dessen pfändbares Vermögen nur aus einem Pkw besteht. S veräußert den Pkw in der Absicht, diesen der Zwangsvollstreckung zu entziehen und den Kaufpreis zu verjubeln, für ein angemessenes Entgelt an seinen Freund F, dem das Motiv des S bekannt ist. Kann G die Zwangsvollstreckung in den Pkw betreiben?

b) Als dem S die Zwangsvollstreckung droht, kauft er gegen Barzahlung von 1500,— DM, die sein einziges pfändbares Vermögen darstellen, von seiner Tochter T einen alten Pkw. Dieser ist zwar noch fahrbereit, hat aber keinen Veräußerungswert mehr. Ist dem G zu einer Anfechtungsklage zu raten, wenn er nicht nachweisen kann, daß S die Absicht hatte, ihn zu benachteiligen, und der T diese Absicht bekannt war?

c) Kurz bevor Gv den einzigen pfändbaren Gegenstand des S für G_1 pfänden kann, übergibt S den Gegenstand an Erfüllungs Statt zur Tilgung einer Geldforderung an G_2. Diesem war die Pfändungsabsicht des G_1 bekannt.

d) Im Fall a schenkt S dem F seinen Pkw, um diesen der Zwangsvollstreckung zu entziehen. F kann beweisen, daß er von der Absicht des S nichts wußte. Hat eine Anfechtungsklage des G gegen F trotzdem Erfolg?

e) G hat am 1.1.1985 gegen S einen vollstreckbaren Titel auf monatliche Zahlung von 100,— DM, zahlbar am 15. des Monats, erstritten. Im Dezember 1985 erfährt G, daß S zahlungsunfähig geworden ist und ab Januar 1986 keine Zahlungen mehr leisten wird. Außerdem wird ihm bekannt, daß S im Januar 1985 einen wertvollen Teppich an seinen Freund F verschenkt hat. Kann G mit Erfolg Anfechtungsklage gegen F erheben?

Von dem Grundsatz, daß für die Pfändung durch den Gerichtsvollzieher nur die Gewahrsamsverhältnisse maßgeblich sind und die materielle Berechtigung Dritter an den gepfändeten Gegenständen nur im Wege der Drittwiderspruchsklage nach § 771 geltend gemacht werden kann, gibt es Ausnahmen. In bestimmten Fällen muß der Gerichtsvollzieher schon bei der Pfändung die Eigentumsverhältnisse an den zu pfändenden Sachen beachten.

1. Bedeutung der Zugehörigkeit zum Schuldnervermögen für die Pfändung   259

a) Wenn eine Sache im Gewahrsam des Schuldners *offensichtlich* nicht zu dessen Vermögen gehört und damit dem Gläubiger auch nicht für seine Forderung gegen den Schuldner haftet, hat der Gerichtsvollzieher eine Pfändung zu unterlassen (§ 199 Nr. 2, 3 GVGA; BGH BB 1957, 163). In diesem Fall wird dem Gerichtsvollzieher eine komplizierte Prüfung des materiellen Rechts, die grundsätzlich gegen eine Berücksichtigung der Eigentumsverhältnisse an den zu pfändenden Sachen spricht, nicht zugemutet.

Beispiele: Juristische Bücher, die sich in der Wohnung eines Studenten befinden und mit dem Stempel der Universitätsbibliothek gekennzeichnet sind, darf der Gerichtsvollzieher nicht pfänden. Auch im Fall a wird Gv den Pkw nicht pfänden, selbst wenn dieser sich im Gewahrsam des S befindet, aber offensichtlich im Eigentum des F steht. Verstößt er gegen dieses Verbot, kann F nicht nur Drittwiderspruchsklage (§ 771) erheben, sondern auch Erinnerung (§ 766) einlegen.

260   b) Bei einer *Pfändung nach § 809* besteht für den Gerichtsvollzieher nicht die tatsächliche Vermutung, daß die zu pfändende Sache zum Vermögen des Schuldners gehört; denn diese Vermutung besteht nur, wenn der Schuldner selbst Gewahrsam an der Sache hat. Deshalb muß sich der Gerichtsvollzieher ausnahmsweise vergewissern, daß die Sachen, auf die er zugreifen will, dem Schuldner gehören (BL/*Hartmann,* § 809 Anm. 1 A; StJ/*Münzberg,* § 809 Rdnr. 4).

261   **2. Anfechtbarkeit des Dritteigentums nach dem Anfechtungsgesetz**

        a) *Zweck:* Der Umstand, daß in den genannten Fällen die zu pfändenden Sachen zum Vermögen des Schuldners gehören müssen, darf aber nicht dazu führen, daß der Schuldner seine Vermögensgegenstände nur rechtzeitig auf einen Dritten zu übertragen braucht, um sie von vornherein der Pfändung durch den Gerichtsvollzieher entziehen zu können. Andernfalls hätte er die Möglichkeit, seine Gläubiger etwa durch Schenkungen an nahe Angehörige oder durch Befriedigung anderer Gläubiger zu benachteiligen. Deshalb können nach dem sog. Anfechtungsgesetz vom 21. 7. 1879 (*Schönfelder,* Deutsche Gesetze, Nr. 111) Rechtshandlungen des Schuldners außerhalb des Konkursverfahrens zum Zwecke der Befriedigung eines Gläubigers als diesem gegenüber unwirksam angefochten werden (§ 1 AnfG). Mit der Anfechtung kann der Gläubiger verlangen, daß dasjenige, was durch die anfechtbare Handlung aus dem Vermögen des Schuldners veräußert, weggegeben oder aufgegeben ist, vom Empfänger zurückgewährt wird (§ 7 AnfG).

        Die Anfechtung ist von derjenigen nach §§ 119 ff. BGB zu unterscheiden. Das BGB regelt die Anfechtung einer Willenserklärung, die entweder irrtümlich (§§ 119, 123 I, 1. Fall BGB) oder aufgrund einer widerrechtlichen Drohung (§ 123 I, 2. Fall BGB) abgegeben wurde; diese Anfechtung ist ein Gestaltungsrecht, durch das eine Willenserklärung vernichtet werden kann (§ 142 I BGB). Dagegen geht es im Anfechtungsgesetz um die Anfechtung fremder Rechtshandlungen, durch die der Schuldner sein Vermögen geschmälert hat. Durch diese Anfechtung entsteht ein gesetzliches Rückgewährschuldverhältnis zwischen dem Gläubiger und dem Anfechtungsgegner. Das Anfechtungsgesetz bezweckt, die aus dem Vermögen des Schuldners ausgeschiedenen Sachen dem Vollstreckungszugriff des Gläubigers wieder zu erschließen (*Böhle-Stamschräder/Kilger,* AnfG, Einf. Anm. II 1). Die Regelungen des AnfG ähneln denen der §§ 29 ff. KO über die Konkursanfechtung; danach kann der Konkursverwalter bestimmte Rechtshandlungen des Gemeinschuldners, welche dieser vor der Konkurseröffnung vorgenommen hat und die zu einer Schmälerung der Konkursmasse geführt haben, anfechten.

262   b) Die *Geltendmachung des Anfechtungsrechts* erfolgt durch Klage auf Rückgewähr der aus dem Schuldnervermögen ausgeschiedenen Gegen-

stände (§ 7 AnfG; zur Möglichkeit, das Anfechtungsrecht einredeweise geltend zu machen, vgl. Rdnr. 1433 ff.).

(1) *Anfechtungsgegner* und damit Beklagter ist der Empfänger dieser Gegenstände oder sein Erbe (§ 11 I AnfG), unter bestimmten Voraussetzungen auch sein Einzelrechtsnachfolger (§ 11 II AnfG).

(2) In dem *Klageantrag* ist bestimmt zu bezeichnen, in welchem Umfang   263
und in welcher Weise die Rückgewähr seitens des Empfängers bewirkt werden soll (§ 9 AnfG). Durch die Anfechtung darf jedoch weder der Gläubiger noch der Schuldner eine stärkere Rechtsstellung erhalten, als sie vor der Verringerung des Schuldnervermögens hatten. Der Gläubiger ist lediglich so zu stellen, als sei die anfechtbare Rechtshandlung nicht erfolgt und der zurückzugewährende Gegenstand nicht aus dem Schuldnervermögen ausgeschieden (RGZ 143, 231, 235 f.). In diesem Fall würde der Gegenstand für die Forderung des Gläubigers gegen den Schuldner haften und könnte vom Gerichtsvollzieher für den Gläubiger gepfändet werden. Deshalb ist unter »Rückgewähr« i.S.d. §§ 7, 9 AnfG nicht eine tatsächliche Rückgabe an den Schuldner oder eine Übertragung an den Gläubiger zu verstehen; gemeint ist nur, daß der Anfechtungsgegner die Zwangsvollstreckung in den anfechtbar erworbenen Gegenstand dulden muß. Der Antrag der Anfechtungsklage lautet somit auf Duldung der Zwangsvollstreckung in den (genau zu bezeichnenden) anfechtbar erworbenen Gegenstand (BGH LM Nr. 25 zu § 419 BGB unter II 2 a; *Böhle-Stamschräder/Kilger*, AnfG, § 9 Anm. III 2 und § 7 Anm. III 2, 3).

Im Fall a kann G Anfechtungsklage gegen F erheben mit dem Antrag, den F zu verurteilen, die Zwangsvollstreckung in den (genau bezeichneten) Pkw zu dulden.

Ist dagegen eine Zwangsvollstreckung in den Gegenstand nicht möglich, etwa weil dieser untergegangen ist, muß der Empfänger zur Erfüllung des Rückgewähranspruches Wertersatz leisten (BGH LM Nr. 25 zu § 419 BGB unter II 2 a; *Böhle-Stamschräder/Kilger*, AnfG, § 7 Anm. III 10). Der Gläubiger hat dann einen entsprechenden Zahlungsantrag zu stellen. Besteht der anfechtbar erworbene Gegenstand in einer Geldsumme (Fall b), ist der Klageantrag von vornherein auf Zahlung statt auf Duldung der Zwangsvollstreckung zu richten (*Böhle-Stamschräder/Kilger*, AnfG, § 9 Anm. III 1); denn gepfändetes Geld müßte der Gerichtsvollzieher ohnehin an den Gläubiger abliefern (§ 815 I).

Im Fall b könnte G im Wege der Anfechtungsklage beantragen, die T zu verurteilen, 1 500,—DM an ihn zu zahlen, falls er gegen S eine titulierte Forderung in Höhe von mindestens 1 500,— DM hat.

c) Für die *Zulässigkeit der Anfechtungsklage* müssen neben den allgemei-   264
nen Prozeßvoraussetzungen die besonderen Zulässigkeitsvoraussetzungen des § 2 AnfG erfüllt sein.

(1) Der Gläubiger muß einen *fälligen Hauptanspruch* gegen den Schuldner haben. Ein Anspruch auf künftige Leistungen oder eine aufschiebend bedingte Forderung reicht nicht aus. Maßgeblicher Zeitpunkt für die Fälligkeit ist der Schluß der letzten mündlichen Verhandlung.

Im Fall e ist die Forderung des G für die Zeit ab Januar 1986 im Dezember 1985 noch nicht fällig. Vor der Fälligkeit kann G nicht mit Erfolg Anfechtungsklage gegen F erheben.

265   (2) Ferner muß der Gläubiger einen *vollstreckbaren Schuldtitel* gegen den Schuldner haben; denn der Streit, ob die titulierte Forderung überhaupt besteht, soll nicht im Anfechtungsprozeß zwischen dem Gläubiger und dem Erwerber der Sache ausgetragen werden (BGHZ 66, 91).

Der Anfechtungsgegner ist nicht in der Lage, dem titulierten materiellen Anspruch des Gläubigers gegen den Schuldner Einwendungen entgegenzusetzen, die bereits der Schuldner im Ausgangsprozeß hätte geltend machen können und mit denen der Schuldner selbst nach § 767 II ausgeschlossen ist (BGH LM Nr. 1, 2 zu § 2 AnfG; BGH JZ 1983, 150, 151; *Böhle-Stamschräder/Kilger*, AnfG, § 2 Anm. VI 2; *Baur/Stürner*, Rdnr. 409; a.A. *Gerhardt*, § 12 III 4). Andernfalls wäre es dem Anfechtungsgegner möglich, die Rechtskraft des Urteils zwischen dem Gläubiger und dem Schuldner zu unterlaufen. Der Anfechtungsgegner kann allerdings solche Einwendungen gegen den materiellen Anspruch des Gläubigers erheben, die nach Schluß der letzten mündlichen Verhandlung des Ausgangsprozesses entstanden sind (arg. e § 767 II); denn dazu wäre auch der Schuldner in der Lage, und der Anfechtungsgegner darf als Dritter der Zwangsvollstreckung durch den Gläubiger nicht stärker ausgesetzt sein als der Schuldner selbst.

Als Titel i.S.v. § 2 AnfG kommen alle Vollstreckungstitel in Frage; auch ein vorläufig vollstreckbares Urteil oder ein Vorbehaltsurteil reicht aus. In diesen Fällen ist allerdings die Vollstreckung des stattgebenden Anfechtungsurteils im Urteilstenor davon abhängig zu machen, daß der Titel des Gläubigers gegen den Schuldner rechtskräftig oder vorbehaltlos wird (§ 10 AnfG).

Hinsichtlich der Kosten der Zwangsvollstreckung ist ein besonderer Titel nicht erforderlich. Nach § 788 I 1 werden die Kosten zugleich mit dem zur Zwangsvollstreckung stehenden Anspruch beigetrieben. Diese Regelung ist auch bei den Voraussetzungen des § 2 AnfG zu berücksichtigen.

266   (3) Zu den besonderen Zulässigkeitsvoraussetzungen der Anfechtungsklage gehört auch die *Unzulänglichkeit des Schuldnervermögens*. Die Zwangsvollstreckung in das Vermögen des Schuldners muß entweder bereits erfolglos versucht worden oder jedenfalls ihre Aussichtslosigkeit vorauszusehen sein.

Für die Feststellung der Unzulänglichkeit reicht es etwa aus, daß der Gerichtsvollzieher beim Schuldner pfändbares Vermögen nicht vorgefunden hat, andere Gläubiger bereits vergebliche Vollstreckungsversuche unternommen haben oder der Schuldner glaubhaft bestreitet, pfändbares Vermögen zu besitzen; die Abgabe einer eidesstattlichen Versicherung des Schuldners ist nicht erforderlich (BGH NJW 1983, 1678). Maßgeblicher Zeitpunkt für die Beurteilung der Unzulänglichkeit des Schuldnervermögens ist der Schluß der letzten mündlichen Verhandlung in der Tatsacheninstanz; das gilt selbst dann, wenn die Möglichkeit besteht, daß das Schuldnervermögen zu einem späteren Zeitpunkt für eine Befriedigung des Gläubigers ausreichen wird (RGZ 155, 42, 45; *Böhle-Stamschräder/Kilger*, AnfG, § 2 Anm. V 5).

(4) Die Erhebung der Anfechtungsklage ist *unzulässig*, wenn über das Vermögen des Schuldners das *Konkursverfahren* eröffnet worden und der zur Anfechtung berechtigte Gläubiger Konkursgläubiger ist.   267

Dann geht das Anfechtungsrecht auf den Konkursverwalter über (§ 13 I AnfG). Dieser kann Rückgewähr der aus dem Vermögen des Gemeinschuldners ausgeschiedenen Sachen zur Konkursmasse verlangen (§ 37 KO). War der Anfechtungsprozeß eines einzelnen Gläubigers bereits vor Konkurseröffnung rechtshängig, wird er mit der Konkurseröffnung unterbrochen (§ 13 II AnfG, § 239) und kann nur vom Konkursverwalter aufgenommen werden.

d) Die *Begründetheit der Anfechtungsklage* setzt eine anfechtbare Rechtshandlung des Schuldners, das Vorliegen eines Anfechtungsgrundes und die Geltendmachung der Anfechtung innerhalb bestimmter Fristen voraus.   268

(1) *Rechtshandlungen* i.S.d. AnfG sind nicht nur Willenserklärungen, sondern alle Willensbetätigungen, die rechtliche Wirkungen haben. Dazu gehören auch bewußte Unterlassungen (z.B. der Schuldner läßt ein Versäumnisurteil gegen sich ergehen). Anfechtbar sind diese Rechtshandlungen des Schuldners nur dann, wenn sie zu einer *objektiven Benachteiligung des Gläubigers* geführt haben (*Böhle-Stamschräder/Kilger,* AnfG, § 1 Anm. IV 1); denn der Zweck des Anfechtungsgesetzes, die vor der angefochtenen Rechtshandlung bestehende Vollstreckungsmöglichkeit zugunsten des Gläubigers wiederherzustellen, greift nur dann ein, wenn durch die Rechtshandlung des Schuldners eine Gläubigerbenachteiligung eingetreten ist, die wieder rückgängig gemacht werden soll.

Daran fehlt es etwa, wenn der Schuldner Gegenstände aus seinem Vermögen weggegeben hat, die wirtschaftlich wertlos oder unpfändbar waren; denn auf diese Sachen hätte der Gläubiger auch dann nicht zugreifen können, wenn sie im Vermögen des Schuldners geblieben wären.

Eine Gläubigerbenachteiligung liegt ferner nicht vor, wenn der Schuldner für die weggegebene Sache eine vollwertige Gegenleistung erhält, die in gleicher Weise dem Vollstreckungszugriff des Gläubigers unterliegt. Das gilt selbst dann, wenn die erhaltene Gegenleistung aus dem Schuldnervermögen später infolge eines weiteren Umstandes ausscheidet, der mit der Rechtshandlung des Schuldners nichts zu tun hat (BGH LM Nr. 2 zu § 30 KO; z.B. durch Diebstahl).

Nicht ausreichend ist es dagegen, wenn im Fall c die Gegenleistung darin besteht, daß die Forderung eines anderen Gläubigers (G_2) gegen den Schuldner getilgt wird; denn dadurch erhält der anfechtende Gläubiger (G_1) kein Vollstreckungsobjekt, auf das er in gleicher Weise wie auf den weggegebenen Gegenstand zugreifen könnte. Andernfalls hätte der Schuldner es in der Hand, einen ihm genehmen Gläubiger auf eine Weise zu befriedigen, auf welche dieser keinen Anspruch hat (z.B. Übereignung einer Sache an Zahlungs Statt), und gleichzeitig andere Gläubiger durch die Verminderung seines Vermögens zu benachteiligen.

Grundsätzlich genügt es, daß die Rechtshandlung des Schuldners mittelbar dadurch zu einer Benachteiligung des Gläubigers geführt hat, daß zu der Rechtshandlung noch andere Umstände hinzugetreten sind, durch welche die Rechtshandlung erst ihre benachteiligende Wirkung erhalten hat. Lediglich der Fall des § 3 I Nr. 2 AnfG (Absichtsanfechtung gegenüber nahen Angehörigen des Schuldners; Rdnr. 270) setzt voraus, daß der Gläubiger unmittelbar durch den Vertragsschluß des Schuldners mit einem Dritten benachteiligt worden ist.

Im Fall a liegt eine unmittelbare Gläubigerbenachteiligung nicht vor, da S für seinen Pkw ein angemessenes Entgelt erhalten hat. Mittelbar ist G durch die Veräußerung des Pkw jedoch benachteiligt, da S das von F erhaltene Geld dem Vollstreckungszugriff des G sofort entzogen hat.

269   (2) Die *Anfechtungsgründe* sind in §§ 3 ff. AnfG geregelt. Danach gibt es neben den in den §§ 3a, 3b AnfG geregelten Sonderfällen zwei Arten von Anfechtungsgründen: die Absichtsanfechtung und die Schenkungsanfechtung.

Diese beiden Anfechtungsgründe berechtigen auch den Konkursverwalter zur Anfechtung, wenn der Gemeinschuldner kurz vor oder noch nach der Zahlungseinstellung Vermögensgegenstände weggibt und dadurch die Konkursmasse schmälert (vgl. §§ 31, 32 KO). Bei der Konkursanfechtung gibt es jedoch gegenüber der Gläubigeranfechtung außerhalb des Konkurses zusätzlich zur Schenkungs- und Absichtsanfechtung die besondere Konkursanfechtung nach § 30 KO. Danach sind Rechtsgeschäfte, die während der sog. Krise (zwischen Zahlungseinstellung oder Antrag auf Konkurseröffnung und der Eröffnung des Konkursverfahrens) vorgenommen werden, anfechtbar, wenn durch sie die Gläubiger benachteiligt werden und dem anderen Vertragsteil die Krise bekannt war. Ferner sind solche Rechtshandlungen anfechtbar, durch die ein Gläubiger in Kenntnis der Krise gesichert oder befriedigt wurde oder in Unkenntnis der Krise eine Sicherheit oder Befriedigung erhalten hat, auf die er keinen Anspruch hatte (Einzelheiten: *Baur/Stürner*, Rdnr. 1126 ff.).

270   (a) § 3 I Nr. 1 und 2 AnfG regeln die *Absichtsanfechtung*. Nach Nr. 1 sind solche den Gläubiger benachteiligenden Rechtshandlungen anfechtbar, die der Schuldner in der dem Erwerber der Sachen bekannten Absicht vorgenommen hat, den Gläubiger zu benachteiligen. Für die Absicht des Schuldners genügt Wissen und Wollen der Gläubigerbenachteiligung; dolus even-

tualis reicht aus. Auf seiten des Anfechtungsgegners ist positive Kenntnis der Absicht des Schuldners erforderlich; grob fahrlässige Unkenntnis schadet nicht. Eine Benachteiligungsabsicht des Anfechtungsgegners braucht nicht vorzuliegen (BGH WM 1985, 923 ff.). Alle Tatbestandsmerkmale dieses Anfechtungsgrundes hat der anfechtende Gläubiger zu beweisen; dabei bereitet der Nachweis der subjektiven Voraussetzungen besondere Schwierigkeiten.

Im Fall a wäre eine Anfechtungsklage des G gegen F auf Verurteilung zur Duldung der Zwangsvollstreckung in den Pkw nach § 3 I Nr. 1 AnfG begründet. F kann dem G auch nicht entgegenhalten, er habe einen Kaufpreis an S gezahlt. Denn der Anfechtungsgegner kann sich wegen Erstattung einer Gegenleistung nicht an den anfechtenden Gläubiger, sondern nur an den Schuldner halten (§ 8 AnfG). — Im Fall c muß G_1 die Benachteiligungsabsicht des S und die Kenntnis des G_2 behaupten und notfalls beweisen.

Gegenüber dem Grundfall des § 3 I Nr. 1 AnfG gewährt § 3 I Nr. 2 AnfG Beweiserleichterungen. Bei entgeltlichen Verträgen, die der Schuldner im letzten Jahr vor der Anfechtung mit einem nahen Angehörigen geschlossen hat, werden die Absicht des Schuldners und die Kenntnis des Angehörigen vermutet. § 3 I Nr. 2 AnfG enthält also eine Umkehr der Beweislast hinsichtlich der subjektiven Tatbestandsmerkmale.

Im Fall b kommt es für den Erfolg einer Anfechtungsklage nicht darauf an, ob G die Benachteiligungsabsicht des S und die Kenntnis der T von dieser Absicht nachweisen kann, sofern die Bezahlung innerhalb des letzten Jahres erfolgte.

(b) § 3 I Nr. 3 und 4 AnfG regeln die *Schenkungsanfechtung*. Nach Nr. 3   **271** sind die im letzten Jahr vor der Anfechtung vom Schuldner vorgenommenen unentgeltlichen Verfügungen anfechtbar, sofern sie sich nicht auf gebräuchliche Gelegenheitsgeschenke bezogen. Unentgeltliche Verfügungen zugunsten des Ehegatten des Schuldners sind nach Nr. 4 sogar anfechtbar, wenn sie in den letzten zwei Jahren vor der Anfechtung erfolgten. Es kommt nicht darauf an, ob der Schuldner den Gläubiger durch die unentgeltliche Verfügung benachteiligen wollte. Der Grund für die gesetzliche Regelung besteht vielmehr darin, daß das Interesse des Empfängers einer unentgeltlichen Zuwendung am Behaltendürfen weniger schutzwürdig ist als das Befriedigungsinteresse des vollstreckenden Gläubigers. Die Voraussetzungen der Schenkungsanfechtung muß der anfechtende Gläubiger beweisen.

Im Fall d nützt dem F seine Gutgläubigkeit nichts. Er muß die Zwangsvollstreckung in den von S erhaltenen Pkw dulden.

(3) Die Begründetheit der Klage setzt schließlich voraus, daß bestimmte   **272** *Anfechtungsfristen* eingehalten werden.

(a) Die Absichtsanfechtung nach *§ 3 I Nr. 1 AnfG* kann nur innerhalb von 10 Jahren nach dem Zeitpunkt erfolgen, in dem der Gläubiger den vollstreckbaren Schuldtitel erlangt hatte und seine Forderung fällig war; wenn die Rechtshandlung des Schuldners nach diesem Zeitpunkt vorgenommen wurde, beginnt die Frist mit Vornahme der Handlung (§ 12 I, II AnfG). Die Anfechtung ist ausgeschlossen, wenn seit der Vornahme der Rechtshandlung 30 Jahre verstrichen sind (§ 12 III AnfG). Die in § 12 AnfG geregelten Fristen sind Ausschlußfristen. Mit ihrem Ablauf geht das Anfechtungsrecht des Gläubigers unter. Eine Anfechtungsklage ist dann unbegründet.

Die Wahrung der Frist durch Anfechtung erfordert gerichtliche Geltendmachung der Anfechtbarkeit. Bei einer Anfechtung durch Klage (§§ 7, 9 AnfG) kommt es auf den Zeitpunkt der Klageerhebung an. Bei einer einredeweisen Geltendmachung gegenüber der Drittwiderspruchsklage dessen, der die Sachen anfechtbar vom Schuldner erworben hat (§ 5 AnfG), ist der Zeitpunkt maßgebend, in dem die Einrede erhoben wird (vgl. § 262 II).

273   (b) Neben den Ausschlußfristen des § 12 AnfG muß der Gläubiger auch die kurzen Fristen beachten, die sich in den Fällen der §§ 3 I Nr. 2—4 und 3b AnfG bereits aus dem Anfechtungsgrund ergeben. Danach können bestimmte Rechtshandlungen ohnehin nur angefochten werden, wenn sie nicht länger als ein oder zwei Jahre vor der Anfechtung erfolgten. Ist innerhalb dieser kurzen Fristen eine Anfechtung nicht zulässig, etwa weil die Forderung des Gläubigers gegen den Schuldner noch nicht fällig ist, hat der Gläubiger nach § 4 AnfG die Möglichkeit, den Erwerber der aus dem Schuldnervermögen weggegebenen Sachen von seiner Anfechtungsabsicht durch Zustellung eines Schriftsatzes in Kenntnis zu setzen. Dann wird die kurze Frist nicht erst ab Klageerhebung, sondern bereits ab Zustellung des Ankündigungsschriftsatzes zurückgerechnet, sofern der Schuldner schon zu dieser Zeit zahlungsunfähig war und bis zum Ablauf von zwei Jahren seit diesem Zeitpunkt die Anfechtung erfolgt ist.

Im Fall e wäre im Dezember 1985 eine Anfechtungsklage des G unzulässig, weil seine Forderung für die Zeit ab Januar 1986 noch nicht fällig ist. Eine Anfechtungsklage nach dem 15. Januar 1986 wäre zwar zulässig, aber unbegründet, weil dann die unentgeltliche Verfügung des S länger als ein Jahr vor der gerichtlichen Geltendmachung zurückliegen würde. G kann aber nach § 4 AnfG dem S schon im Dezember 1985 durch Zustellung eines Schriftsatzes mitteilen, daß er die unentgeltliche Übertragung des Teppichs anfechten werde. Dann erfolgt die Anfechtungsklage noch rechtzeitig, sofern sie bis zum Ablauf von zwei Jahren nach der Anfechtungsankündigung erhoben wird.

274   (4) Die Begründetheit der Anfechtungsklage scheitert nicht daran, daß für die anzufechtende Rechtshandlung ein vollstreckbarer Schuldtitel erlangt oder daß diese Rechtshandlung zwangsweise durchgesetzt worden ist *(§ 6 AnfG)*. Diese Umstände spielen nur im Verhältnis zwischen Schuldner und

Anfechtungsgegner eine Rolle und haben weder Auswirkungen auf die Beziehung zwischen Gläubiger und Schuldner noch auf die zwischen Gläubiger und Anfechtungsgegner.

e) Mit dem *stattgebenden Urteil* im Anfechtungsprozeß erhält der Gläubiger einen Vollstreckungstitel gegen den Empfänger der Sachen aus dem Schuldnervermögen; er kann diese Sachen wegen seiner Forderung gegen den Schuldner vom Gerichtsvollzieher pfänden lassen (Fall a).   275

VI. Unpfändbare Sachen (§ 811)   276

Schrifttum: *Alisch,* Die sozialen Schutzbestimmungen des Vollstreckungsrechts, Rpfleger 1979, 290; *App,* Pfändbarkeit von Arbeitsmitteln einer GmbH, DGVZ 1985, 97; *Bohn,* § 811 Abs. 1 ZPO in der Praxis, DGVZ 1973, 167; *Gilleßen/Jakobs,* Pfändungsschutz nach § 811 Nr. 8 ZPO, DGVZ 1978, 129; *Hartmann,* Kritische Bemerkungen zur gesetzlichen Regelung der Austauschpfändung, NJW 1953, 1856; *Lippross,* Grundlagen und System des Vollstreckungsschutzes, 1983; *Münzberg/ Brehm,* Privilegierte Sachpfändungen nach französischem Vorbild, DGVZ 1980, 72; *Noack,* Warenbestände, Rohstoffe und Halbfertigfabrikate in der Pfändungsvollstreckung, DB 1977, 195; *Pardey,* Zur Pfändbarkeit eines Fernsehgerätes, DGVZ 1978, 102; *E. Schneider/Becher,* Probleme der »unpfändbaren Sachen« in der Judikatur (§ 811 ZPO), DGVZ 1980, 177; *Seip,* Eigentumsvorbehalt und Unpfändbarkeit, DGVZ 1975, 113; *Ziege,* Die Zulassung der Austauschpfändung: Voraussetzungen und Verfahren, NJW 1955, 48.

Fälle:

a) G beauftragt den Gv mit der Zwangsvollstreckung gegen S. Bei diesem findet Gv eine ältere Tiefkühltruhe vor. Wird er sie pfänden?

b) S wohnt in 10 km Entfernung von seiner Arbeitsstelle, die er mit öffentlichen Verkehrsmitteln nicht erreichen kann. Da er auch nicht die Möglichkeit hat, sich einer Fahrgemeinschaft anzuschließen, benutzt er täglich seinen Pkw. Gläubiger G des S beauftragt den Gv, den Pkw des S zu pfänden.

c) Im Fall b beauftragt ein Gläubiger der Ehefrau des S, den Pkw zu pfänden.

d) G will aus einem Zahlungstitel gegen S dessen Farbfernsehgerät im Wert von 2 500,— DM pfänden lassen. Gv hält dieses Gerät für unpfändbar (§ 811 Nr. 1), zumal S auch kein Radio hat. Kann G trotzdem auf das Farbfernsehgerät zugreifen?

e) Im Fall d hat G dem S im Wege der Austauschpfändung ein Schwarzweiß-Fernsehgerät zur Verfügung gestellt, dessen Wert vom Vollstreckungsgericht auf 500,— DM festgesetzt wird (§ 811 a II 3). Kurz darauf stellt S fest, daß das Gerät defekt ist. Rechte des S?

f) Im Fall b legt S unter Berufung auf § 811 Nr. 5 Erinnerung ein. Während des Erinnerungsverfahrens gewinnt er in einer Lotterie einen Pkw. Wie wird das Vollstreckungsgericht entscheiden?

g) Handelsvertreter S hat zwei Pkw. Einer davon wird durch den Gv gepfändet. Danach wird dem S der noch verbliebene Pkw gestohlen. Nunmehr legt S gegen die Pfändung Erinnerung ein, da er den Pkw zur Fortsetzung seiner Tätigkeit benötige.

h) Im Fall g hatte S den gepfändeten Pkw schon vor der Pfändung dem G zur Sicherung einer Darlehensforderung übereignet. G will den Pkw pfänden lassen, da S das Darlehen nicht zurückzahlt.

i) Als Gv im Auftrag des G bei S vollstrecken will, findet er dort unter anderem ein Klavier vor. S ist mit der Pfändung des Klaviers einverstanden. Später legt er Erinnerung mit der Begründung ein, er sei Klavierlehrer und benötige das Klavier zur weiteren Berufsausübung.

Grundsätzlich haftet dem Gläubiger das gesamte Vermögen des Schuldners. Dennoch darf der Gerichtsvollzieher nicht alle Sachen des Schuldners pfänden, selbst wenn die Voraussetzungen der §§ 808 f. erfüllt sind. Bestimmte Sachen sind nach § 811 unpfändbar.

277   1. Zweck der Pfändungsverbote

Die Zwangsvollstreckung erfolgt durch Ausübung staatlicher Hoheitsgewalt. Diese ist nach Art. 1 III GG an die Grundrechte und damit auch an das Sozialstaatsprinzip (Art. 20, 28 GG) gebunden. Danach muß jedem Menschen ein Existenzminimum, das er zur eigenverantwortlichen Führung eines menschenwürdigen Lebens benötigt, gewährleistet werden. Würde ein Schuldner durch Zwangsvollstreckung sein gesamtes Vermögen und alle Einkunftsquellen verlieren, müßte der Staat ihm auf andere Weise (Sozialhilfe) sein Existenzminimum verschaffen. Die Kosten dafür wären von der Allgemeinheit zu tragen. Daraus wird deutlich, daß bei der Zwangsvollstreckung nicht nur die Interessen des Gläubigers, sondern auch die des Schuldners und die der Allgemeinheit betroffen sind.

Auszugehen ist von den Interessen des Gläubigers. Wenn dieser seine Ansprüche schon nicht im Wege der Selbsthilfe durchsetzen kann, sondern auf die staatliche Zwangsvollstreckung angewiesen ist, dann muß die Zwangsvollstreckung vorrangig der Verwirklichung seiner Rechte dienen. Die Grenze liegt dort, wo es um das Existenzminimum des Schuldners geht. Dann folgt aus dem Sozialstaatsprinzip, daß das Vollstreckungsinteresse des Gläubigers hinter den Interessen des Schuldners und der Allgemeinheit zurücktreten muß. Aus diesem Grund hat der Gesetzgeber bestimmte Sachen für unpfändbar erklärt.

2. Einzelne Pfändungsverbote

Bei der Pfändung beweglicher Sachen wird der im öffentlichen Interesse liegende Schutz des Schuldners durch § 811 gewährleistet. Diese Vorschrift verbietet eine Kahlpfändung des Schuldners, indem sie bestimmte Gegenstände von der Pfändung ausschließt. Dabei handelt es sich allerdings nicht ausschließlich um Gegenstände, die der Schuldner für seine wirtschaftliche Existenz benötigt, sondern auch um solche, die für den Schuldner von besonderer persönlicher Bedeutung sind (§ 811 Nr. 10—14).

a) Nach *§ 811 Nr. 1* sind solche Sachen der Pfändung nicht unterworfen, die dem persönlichen Gebrauch oder dem Haushalt des Schuldners dienen, soweit dieser sie zu einer angemessenen, bescheidenen Lebens- oder Haushaltsführung benötigt.

Dazu gehören etwa Kleidungsstücke, Möbel, Küchengeräte wie Herd und Kühlschrank, Waschmaschine (str.; vgl. Nachweise bei *Wieczorek*, § 811 Anm. D III b 3 und StJ/*Münzberg*, § 811 Rdnr. 28 FN 123); dagegen dürften etwa eine Geschirrspülmaschine (*Bohn*, DGVZ 1973, 167, 168) und eine Tiefkühltruhe (LG Kiel DGVZ 1978, 115; AG Itzehoe DGVZ 1984, 30; Fall a) regelmäßig pfändbar sein (vgl. aber noch Rdnr. 279).

»Bescheiden« i.S.v. § 811 Nr. 1 bedeutet einerseits, daß der Schuldner unabhängig von seiner sozialen Stellung eine Einschränkung seiner Lebensführung hinnehmen muß, andererseits aber auch, daß der Schuldner nicht auf den Stand äußerster Dürftigkeit herabgedrückt werden darf (StJ/*Münzberg*, § 811 Rdnr. 26; *Zöller/Stöber*, § 811 Rdnr. 13).

Der unbestimmte Rechtsbegriff »angemessen« ermöglicht es, die beruflichen Verhältnisse des Schuldners, seine persönlichen Belastungen, seinen Gesundheitszustand sowie die Anzahl und das Alter der mit ihm zusammenlebenden Personen zu berücksichtigen.

So kann etwa ein Pkw bei einem auf dem Land wohnenden Schuldner, der den Pkw mangels öffentlicher Verkehrsverbindungen zum Einkauf und zur Besorgung seiner persönlichen Angelegenheiten benötigt, unpfändbar sein, während er bei einem Stadtbewohner pfändbar wäre.

Bei der Beurteilung der Angemessenheit ist der fortschreitenden Entwicklung des Lebensstandards Rechnung zu tragen. Während früher etwa ein Fernsehgerät allenfalls dann als unpfändbar galt, wenn daneben keine andere Informations-, Bildungs- und Unterhaltungsquelle (Radio) vorhanden war (vgl. etwa OLG Frankfurt NJW 1970, 152; LG Berlin DGVZ 1973, 156), wird heute zunehmend angenommen, daß ein Schwarz-weiß-Fernsehgerät über einen angemessenen und bescheidenen Lebensstandard nicht hinausgeht und daher stets unpfändbar ist (LG Nürnberg-Fürth NJW 1978, 113; LG Lahn-Gießen NJW 1979, 769; vgl. auch *Zöller/Stöber*, § 811 Rdnr. 15).

279   b) § 811 Nr. 1 wird ergänzt durch das Pfändungsverbot des *§ 812*. Danach sollen Hausratsgegenstände nicht gepfändet werden, wenn der zu erwartende Verwertungserlös außer Verhältnis zu dem Wert steht, den die Sachen für den Schuldner haben. Dazu können etwa gebrauchte und daher nur schwer zu verwertende Einrichtungsgegenstände und Kleidungsstücke gehören, auch wenn sie der Schuldner zu einer bescheidenen Lebensführung nicht unbedingt benötigt, so daß sie nicht unter den Pfändungsschutz des § 811 Nr. 1 fallen (Fall a). Bei § 812 handelt es sich trotz des Wortlauts (soll) um ein echtes Pfändungsverbot; wenn die Voraussetzungen vorliegen, darf der Gerichtsvollzieher nicht pfänden.

280   c) *§ 811 Nr. 2* bestimmt, daß Nahrungs-, Beleuchtungs- und Feuerungsvorräte für vier Wochen oder die zu ihrer Beschaffung erforderlichen Geldbeträge unpfändbar sind. Der dem Schuldner zu belassende Umfang der Vorräte richtet sich nicht nur nach der Anzahl der Familienmitglieder, sondern auch nach der Zahl der Personen, die zur Leistung häuslicher Dienste beim Schuldner angestellt sind und mit ihm in einer häuslichen Gemeinschaft leben.

281   d) Unpfändbar ist nach *§ 811 Nr. 3* eine beschränkte Zahl von Kleintieren, die zur Ernährung der Hausgemeinschaft des Schuldners erforderlich sind, sowie ein bestimmter Vorrat an Futter.

282   e) Landwirte und Arbeitnehmer in landwirtschaftlichen Betrieben genießen nach *§ 811 Nr. 4 und Nr. 4a* einen besonderen Vollstreckungsschutz. Den Landwirten sollen Geräte, Vieh, Dünger und Erzeugnisse soweit erhalten bleiben, wie das für den Wirtschaftsbetrieb und für die Unterhaltssicherung erforderlich ist. Wenn es sich bei diesen Sachen um Grundstückszubehör (§ 98 II BGB) handelt, welches dem Schuldner gehört, greift gleichzeitig auch das Pfändungsverbot des § 865 II 1 i.V.m. § 1120 BGB ein (Rdnr. 216).

283   f) Von besonderer Bedeutung ist *§ 811 Nr. 5*. Danach dürfen bei Personen, die aus ihrer körperlichen oder geistigen Arbeit oder aus sonstigen persönlichen Leistungen ihren Erwerb ziehen, die zur Fortsetzung dieser Erwerbstätigkeit dienenden Gegenstände nicht gepfändet werden. Die Vorschrift dient der Sicherung des Familienunterhalts. Sie schützt deshalb nicht nur den Schuldner selbst, sondern auch dessen Ehegatten und seine Familienangehörigen. Denn die Erwerbstätigkeit des einen Ehegatten soll dem anderen zugute kommen (OLG Hamm WM 1984, 671, 672; StJ/*Münzberg*, § 811 Rdnr. 55; a.M. OLG Stuttgart FamRZ 1963, 297; vgl. Rdnr. 539 ff.).

284   (1) Unpfändbar sind nur die zur *persönlichen Erwerbstätigkeit* erforderlichen Sachen; dadurch soll dem Schuldner die Möglichkeit belassen werden, den Lebensunterhalt für sich und seine Familie selbst zu verdienen. Im Gegensatz dazu unterliegen solche Sachen, die für die bloße Ausnutzung fremder Tätigkeit oder sachlicher Betriebsmittel (kapitalistische Erwerbstätigkeit; z.B. die Fahrzeuge des Betreibers einer Kfz-Vermietung) benötigt werden, nicht dem Pfändungsschutz; das Interesse des Schuldners, unternehmerisch tätig zu sein, ist nicht Bestandteil seines geschützten Existenzminimums und muß hinter dem Vollstreckungsinteresse des Gläubigers zurückstehen.

Die Beschränkung des Pfändungsschutzes auf Sachen für die persönliche Erwerbstätigkeit bedeutet, daß § 811 Nr. 5 juristischen Personen nicht zugute kommt. Für Personenhandelsgesellschaften (OHG, KG) gilt das dagegen trotz ihrer Annäherung an juristische Personen (vgl. §§ 124, 161 II HGB) nicht immer; wenn bei allen Gesellschaftern die persönliche Tätigkeit im Vordergrund steht, hat der Gerichtsvollzieher auch bei der Pfändung gegen die Gesellschaft selbst § 811 Nr. 5 zu beachten (BL/*Hartmann*, § 811 Anm. 8 B; StJ/ *Münzberg*, § 811 Rdnr. 43; *Zöller/Stöber*, § 811 Rdnr. 26; a.A. *Thomas/ Putzo*, § 811 Anm. 5a). Nach dem Gewicht der persönlichen Tätigkeit ist auch bei Kaufleuten zu unterscheiden: Ziehen diese ihren Erwerb überwiegend aus dem Warenumsatz, der Nutzung ihrer Betriebsanlagen und der Arbeitskraft ihrer Arbeitnehmer, was in der Regel bei Vollkaufleuten der Fall sein dürfte, können sie sich selbst dann nicht auf § 811 Nr. 5 berufen, wenn sie persönlich in ihrem Betrieb mitarbeiten. Andererseits genießen sie den Pfändungsschutz dieser Vorschrift, wenn ihre persönliche Arbeitsleistung für ihren Erwerb von überwiegender Bedeutung ist; dann ist es sogar unschädlich, wenn sie Mitarbeiter bei sich beschäftigen (BL/*Hartmann*, § 811 Anm. 8 A; StJ/*Münzberg*, § 811 Rdnr. 45, 47; *Thomas/Putzo*, § 811 Anm. 5 b cc; *Zöller/Stöber*, § 811 Rdnr. 25).

(2) Unpfändbar sind nur die Gegenstände, die *zur Fortsetzung der Erwerbstätigkeit erforderlich* sind. § 811 Nr. 5 setzt nicht voraus, daß diese Gegenstände für den Schuldner unentbehrlich sind; es reicht vielmehr aus, wenn sie Voraussetzung für die Fortsetzung der persönlichen Erwerbstätigkeit in der bisherigen Weise sind. Zu den unpfändbaren Gegenständen können danach etwa die Bibliothek des Schriftstellers, die Schreibmaschine des Rechtsanwalts und das Werkzeug des Installateurs gehören (vgl. die umfangreichen Nachw. bei *Zöller/ Stöber*, § 811 Rdnr. 28). Dagegen ist der Schreibautomat in einem kleinen Anwaltsbüro ohne Notariat pfändbar (vgl. auch OLG Hamburg DGVZ 1984, 57 f.). **285**

Dem Pfändungsschutz unterliegen nicht nur solche Gegenstände, die unmittelbar bei der Arbeitstätigkeit benötigt werden. Auch ein Fahrzeug, das ein Arbeitnehmer für die täglichen Fahrten zu seinem Arbeitsplatz benutzt, weil er weder zu Fuß gehen noch auf öffentliche Verkehrsmittel ausweichen, noch sich einer Fahrgemeinschaft anschließen kann, ist durch § 811 Nr. 5 geschützt (OLG Hamm WM 1984, 671 m.w.N.; Fall b); denn auch ein solches Fahrzeug ist zur Fortsetzung der persönlichen Erwerbstätigkeit erforderlich.

Für das Merkmal der Erforderlichkeit ist es unerheblich, ob der Schuldner in der Lage ist, sich für den zu pfändenden Gegenstand einen Ersatz zu besorgen; denn dieser Umstand kann vom Gerichtsvollzieher ohnehin nicht nachgeprüft werden. Wenn der Schuldner neben Gegenständen, die er zur Fortsetzung seiner persönlichen Erwerbstätigkeit benötigt, etwa ein Sparguthaben oder sonstiges Vermögen besitzt, darf der Gläubiger nur auf diese anderen Vermögensgegenstände zugreifen.

286   (3) Da sich der Schutzbereich des § 811 Nr. 5 auch auf den Ehegatten und *auf die Familienangehörigen des Schuldners erstreckt,* kommt es nicht darauf an, ob der Schuldner selbst die Sache benötigt. Unpfändbar sind vielmehr auch solche Sachen, ohne die der Ehegatte des Schuldners seine persönliche Erwerbstätigkeit nicht fortsetzen kann. Deshalb darf etwa der Gläubiger der Ehefrau nicht den Pkw pfänden, auf den der Ehemann für seine weitere Berufsausübung angewiesen ist (OLG Hamm WM 1984, 671, 672 m.w.N.; Fall c). Der Pfändungsschutz des Ehegatten wird durch die Gewahrsamsregelung des § 739 (Rdnr. 238 ff.) nicht verdrängt.

287   g) *§ 811 Nr. 6* ergänzt § 811 Nr. 5. Wenn die Witwe oder der minderjährige Erbe einer der von Nr. 5 geschützten Personen Vollstreckungsschuldner ist, können sie sich selbst dann auf § 811 Nr. 5 berufen, wenn sie die vom Erblasser begonnene Erwerbstätigkeit nicht persönlich, sondern auf eigene Rechnung durch einen Stellvertreter fortführen lassen.

h) *§ 811 Nr. 7* ist eine Konkretisierung von § 811 Nr. 5. Danach sind insbesondere Dienstkleidungsstücke sowie Dienstausrüstungsgegenstände, die der Schuldner bei Verrichtung seines Dienstes benötigt, unpfändbar.

i) Nach *§ 811 Nr. 8* sind Geldbeträge, die dem unpfändbaren Teil von Gehalts-, Lohn- oder Rentenansprüchen des Schuldners entsprechen, auch nach ihrer Auszahlung unpfändbar. Die Vorschrift ergänzt den Pfändungsschutz der §§ 850 ff. (Rdnr. 539 ff.).

j) *§ 811 Nr. 9* schließt die zum Betrieb einer Apotheke unentbehrlichen Gegenstände von der Pfändung aus. Die Vorschrift dient dem Interesse der Bevölkerung an einem geordneten Apothekenwesen.

k) *§ 811 Nr. 10 bis 14* verbietet die Pfändung von bestimmten Gegenständen aus der persönlichen Lebenssphäre des Schuldners, an denen dieser ein besonderes persönliches oder ideelles Interesse hat. Dazu zählen etwa religiöse Bücher, Geschäftsbücher, Familienpapiere, Trauringe, Orden, künstliche Gliedmaßen und andere körperliche Hilfsmittel, Bestattungsgegenstände, die der Schuldner wegen eines Todesfalls in seiner Familie benötigt sowie Haustiere, die nicht zur Veräußerung bestimmt sind und deren Wert 500,— DM nicht übersteigt.

l) Zu den *weiteren Pfändungsverboten* außerhalb der ZPO vgl. die Zusammenstellung in den Fußnoten zu § 811 ZPO in *Schönfelder,* Deutsche Gesetze.

288   ## 3. Austausch- und Vorwegpfändung

a) In eine nach § 811 Nr. 1, 5 oder 6 unpfändbare Sache kann unter den Voraussetzungen des § 811a im Wege der *Austauschpfändung* vollstreckt werden. Dazu muß der Gläubiger dem Schuldner für die zu pfändende Sache ein Ersatzstück zur Verfügung stellen. § 811a ist dann von Bedeutung, wenn die Sachen, die der Schuldner für eine angemessene Lebensführung oder für die Fortsetzung seiner Erwerbstätigkeit benötigt, von hohem Wert sind und der Schuldner auch mit gleichartigen Sachen von geringerem Wert auskommen kann. In diesem Fall soll der den Schuldnerschutz übersteigende Sachwert für den Gläubiger verwertbar sein. § 811a dient also dem Vollstreckungsinteresse des Gläubigers, ohne den in § 811 geregelten Schuldnerschutz zu beeinträchtigen.

(1) *Gegenstand der Austauschpfändung* sind nur die in § 811 Nr. 1, 5 und 6 **289** aufgezählten Sachen. Eine analoge Anwendung des § 811a ist nicht möglich, wenn (auch) ein anderes Pfändungsverbot eingreift.

So darf etwa der Pkw eines Handelsvertreters im Wert von 50 000,— DM gepfändet werden, wenn der Gläubiger ihm dafür einen anderen Pkw im Wert von 25 000,— DM zur Verfügung stellt und der Handelsvertreter damit seine bisherige Erwerbstätigkeit fortsetzen kann. — Das gilt dagegen nicht für den wertvollen Traktor eines Landwirts, sofern der Traktor nach § 811 Nr. 4 unpfändbar ist. Die verschiedene rechtliche Behandlung der Fälle des § 811, bei denen es nicht gerade um den Schutz besonderer persönlicher oder ideeller Interessen des Schuldners an bestimmten Sachen geht, ist nicht berechtigt (*Schumacher*, ZZP 67, 255), aber angesichts des eindeutigen Gesetzeswortlauts hinzunehmen.

Greift dagegen neben § 811 auch das Pfändungsverbot des § 865 II 1 ein, etwa weil der Traktor des Landwirts zum Grundstückszubehör zu rechnen ist, leuchtet es ein, daß eine Austauschpfändung nicht in Betracht kommt; denn durch § 865 II 1 soll die bestehende wirtschaftliche Einheit zwischen Grundstück und Zubehör auch im Wert geschützt werden.

(2) Die Austauschpfändung setzt voraus, daß der Gläubiger dem Schuld- **290** ner für die zu pfändende Sache ein *Ersatzstück* anbietet, das dem geschützten Verwendungszweck genügt. So kann der Gerichtsvollzieher etwa ein Farbfernsehgerät beim Schuldner pfänden, wenn der Gläubiger dem Schuldner dafür ein Schwarzweiß-Fernsehgerät zur Verfügung stellt (LG Nürnberg-Fürth NJW 1978, 113; LG Lahn-Gießen NJW 1979, 769; LG Bochum JurBüro 1983, 301; Fall d). Der Gläubiger hat auch die Möglichkeit, dem Schuldner statt eines Eratzstücks den zur Beschaffung eines solchen erforderlichen Geldbetrag zu überlassen. Ist der Gläubiger nicht in der Lage, den erforderlichen Geldbetrag selbst aufzubringen, kann dazu unter den engen Voraussetzungen des § 811a I 2. Halbs. der Vollstreckungserlös verwendet werden.

Weist das zur Verfügung gestellte Ersatzstück Sachmängel auf, gelten die §§ 459 ff. BGB entsprechend, soweit das nicht dem Sinn des § 811a widerspricht (StJ/*Münzberg*, § 811a Rdnr. 28; *Thomas/Putzo*, § 811a Anm. 4 c; *Zöller/Stöber*, § 811a Rdnr. 11). Der Schuldner kann im Wege der Minderung verlangen, daß der Gläubiger ihm die Differenz zwischen dem vom Vollstreckungsgericht festgesetzten Wert (§ 811a II 3) und dem tatsächlichen Wert zahlt (Fall e). Diesen Betrag kann der Schuldner zur Reparatur oder zur Anschaffung eines mangelfreien Ersatzstücks verwenden.

291 (3) Der Gerichtsvollzieher führt die Austauschpfändung grundsätzlich nicht von Amts wegen durch. Sie muß vielmehr zuvor vom Vollstreckungs- gericht (§ 764) auf *Antrag des Gläubigers* angeordnet werden (§ 811a II 1). Über den Antrag entscheidet der Rechtspfleger (§ 20 Nr. 17 RPflG) durch Beschluß. Er gibt dem Antrag nur statt, wenn der zu erwartende Erlös den Wert des Ersatzstücks erheblich übersteigt (§ 811a II 2); denn der Gläubiger hat an dem Zugriff auf die nach § 811 Nr. 1, 5, 6 unpfändbaren Gegenstände allenfalls dann ein schützenwertes Interesse, wenn sich diese Art der Voll- streckung für ihn wirtschaftlich lohnt.

Unter den Voraussetzungen des § 811b kann der Gerichtsvollzieher die Aus- tauschpfändung von sich aus schon vor der Entscheidung des Vollstreckungsgerichts durchführen. Diese *vorläufige Austauschpfändung* kommt in Betracht, wenn ein statt- gebender Zulassungsbeschluß des Gerichts zu erwarten ist. Der Gerichtsvollzieher hat den Gläubiger von der Pfändung zu benachrichtigen. Stellt der Gläubiger nicht innerhalb von zwei Wochen nach dieser Benachrichtigung beim Vollstreckungsgericht den Antrag auf Austauschpfändung oder wird der Antrag rechtskräftig zurückgewie- sen, muß der Gerichtsvollzieher die (Austausch-) Pfändung wieder aufheben.

292 b) Auch die *Vorwegpfändung* nach § 811c ermöglicht ausnahmsweise den Zugriff auf unpfändbare Sachen, wenn erwartet werden kann, daß die Sachen demnächst pfändbar werden. Das ist anzunehmen, wenn der beste- hende Pfändungsschutz in naher Zukunft (längstens innerhalb eines Jahres; § 811c II) entfällt, etwa weil der Schuldner seine Erwerbstätigkeit, für deren Fortsetzung er einen nach § 811 Nr. 5 unpfändbaren Pkw benötigt, dem- nächst einstellen wird. Da der Schuldner die Sache aber bis zum Eintritt der Pfändbarkeit benötigt und insoweit Pfändungsschutz genießt, darf der Gerichtsvollzieher die Sache vorerst nur pfänden, nicht aber verwerten; außerdem muß er sie im Gewahrsam des Schuldners belassen.

§ 811c gilt im Gegensatz zu § 811a für alle unpfändbaren Sachen. Die Vor- schrift bezweckt insbesondere, den Gläubiger davor zu schützen, daß der Schuldner die unpfändbare Sache kurz vor Eintritt der Pfändbarkeit veräu- ßert und damit dem Vollstreckungszugriff entzieht. Die Voraussetzungen für eine Vorwegpfändung hat der Gerichtsvollzieher von Amts wegen zu prüfen.

293 ## 4. Maßgeblicher Zeitpunkt für die Beurteilung der Pfändbarkeit

Der Gerichtsvollzieher muß die Pfändungsverbote von Amts wegen beachten. Die Prüfung, ob eine Sache unpfändbar ist, muß er im Zeitpunkt der Pfändung vornehmen. Die tatsächlichen Verhältnisse, die für die Beur- teilung der Pfändbarkeit von Bedeutung sind, können sich jedoch nach der Pfändung ändern. So besteht etwa die Möglichkeit, daß der zur Zeit der

Pfändung nach § 811 Nr. 5 unpfändbare Pkw eines Handelsvertreters nachträglich pfändbar geworden ist, weil dieser seine Erwerbstätigkeit eingestellt hat. Umgekehrt kann der Pkw, der ursprünglich pfändbar war, weil der Handelsvertreter noch einen Zweitwagen hatte, nachträglich gem. § 811 Nr. 5 unpfändbar geworden sein, weil der Zweitwagen bei einem Unfall zerstört wurde. Wenn in solchen Fällen der Schuldner gegen die Pfändung unter Berufung auf § 811 oder ein anderes Pfändungsverbot Erinnerung eingelegt hatte, stellt sich die Frage, ob es für die Begründetheit der Erinnerung auf den Zeitpunkt der Pfändung oder auf den der Entscheidung des Vollstreckungsgerichts ankommt.

a) Fallen die Voraussetzungen des Pfändungsverbots *nachträglich weg*, so **294** daß die Sache nunmehr pfändbar wäre, ist der Zeitpunkt der Entscheidung über die Erinnerung maßgeblich (*Baur/Stürner*, Rdnr. 341; *Thomas/Putzo*, § 811 Anm. 2 b; StJ/*Münzberg*, § 811 Rdnr. 17; *Zöller/Stöber*, § 811 Rdnr. 9). Das hat der Gesetzgeber in § 811c zum Ausdruck gebracht. Denn auch bei der Vorwegpfändung kommt es für die Pfändbarkeit nicht auf den Zeitpunkt der Pfändung an. Es reicht vielmehr aus, daß die Sache nachträglich pfändbar wird. Bei dieser Lösung wird auch ein Gläubiger, der sich bei der Pfändung zunächst über ein Pfändungsverbot hinwegsetzt, gegenüber anderen Gläubigern, die das Pfändungsverbot beachten, nicht unbillig bevorzugt. Der zuerst pfändende Gläubiger geht den Gläubigern, die später pfänden, im Rang nach; denn nach der herrschenden gemischten Pfandrechtstheorie (Rdnr. 382 ff.) entsteht das Pfändungspfandrecht erst in dem Zeitpunkt, in dem der zunächst wegen Verstoßes gegen § 811 vorhandene Verfahrensmangel geheilt wird (Rdnr. 390, 383, 497). Der durch § 811 bezweckte Schuldnerschutz wird ebenfalls nicht beeinträchtigt; denn der Schuldner könnte sich auch gegen eine erst nach Eintritt der Pfändbarkeit durchgeführte Pfändung nicht mit Erfolg zur Wehr setzen.

Im Fall f wird das Gericht die Erinnerung zurückweisen.

b) Treten die Voraussetzungen der Unpfändbarkeit *erst nach der Pfändung* **295** *ein*, soll nach der h.M. der Zeitpunkt der Pfändung maßgeblich sein. Andernfalls habe der Schuldner es in der Hand, sich nach der Pfändung »gesetzlich einzurichten«, indem er etwa den ihm nach der Pfändung eines Pkw verbliebenen Zweitwagen veräußere (LG Bochum DGVZ 1980, 37, 38; BL/*Hartmann*, § 811 Anm. 2 B; *Baur/Stürner*, Rdnr. 341; *Jauernig*, § 32 II E; *Thomas/Putzo*, § 811 Anm. 2 b; *Zöller/Stöber*, § 811 Rdnr. 9). Nach anderer Ansicht ist demgegenüber auch in diesem Fall auf den Zeitpunkt der Entscheidung des Vollstreckungsgerichts über die Erinnerung abzustellen (*Bruns/Peters*, § 21 IV 2; StJ/*Münzberg*, § 811 Rdnr. 17; *Wieczorek*, § 811 Anm. B II a). Ein arglistiges Verhalten des Schuldners dürfe nämlich nicht allgemein unterstellt, sondern müsse im Einzelfall geprüft werden.

Dabei habe allerdings der Schuldner zu beweisen, daß er die nachträgliche Unpfändbarkeit nicht mißbräuchlich herbeigeführt habe (StJ/*Münzberg*, § 811 Rdnr. 17).

Richtigerweise ist auch in diesem Fall auf den Zeitpunkt der Entscheidung über die Erinnerung abzustellen. Die Zwangsvollstreckung muß nicht nur bei der Vornahme des Pfändungsakts, sondern während des ganzen Vollstreckungsverfahrens rechtmäßig sein. Da Mängel der Zwangsvollstreckung zwischen Pfändung und Verwertung geheilt werden können, muß es umgekehrt möglich sein, daß die Zwangsvollstreckung aufgrund einer nachträglichen Änderung der tatsächlichen Verhältnisse für unzulässig erklärt wird. Auch der Erfolg von Klagen gegen die Zwangsvollstreckung (Vollstreckungsgegenklage, § 767; Drittwiderspruchsklage, § 771) hängt davon ab, ob die jeweilige Klage im Zeitpunkt der letzten mündlichen Verhandlung zulässig und begründet ist. Gleiches gilt im öffentlichen Recht bei der Rechtmäßigkeitsprüfung von Verwaltungsakten: Für die Widerspruchsbehörde ist die Sach- und Rechtslage im Zeitpunkt der Entscheidung über den Widerspruch maßgeblich (*Kopp*, VwGO, § 68 Rdnr. 14 m.w.N.). Der Gefahr, daß der Schuldner rechtsmißbräuchlich die Voraussetzungen für die Unpfändbarkeit nachträglich herbeiführt, kann durch die Umkehr der Beweislast wirksam begegnet werden.

Im Fall g hat die Erinnerung Erfolg.

Die h.M., nach der in diesem Fall ausnahmsweise der Zeitpunkt der Pfändung für die Beurteilung der Unpfändbarkeit maßgeblich sein soll, geht im Ergebnis immer von dem Zeitpunkt aus, der für den Vollstreckungsgläubiger am günstigsten ist. Das ist sachlich nicht berechtigt und widerspricht dem Grundgedanken des Pfändungsschutzes.

296 5. Pfändungsverbot bei gläubigereigenen Sachen

a) Für die Unpfändbarkeit ist es *unerheblich, ob die Gegenstände dem Schuldner gehören.* Denn durch § 811 wird nicht das Eigentum, sondern allein der Besitz und die Benutzungsmöglichkeit des Schuldners geschützt (OLG Hamm WM 1984, 671, 672 f.; StJ/*Münzberg*, § 811 Rdnr. 14). § 811 bezweckt, daß der Schuldner die Sachen, die er zu einer bescheidenen Lebensführung oder zur Fortsetzung seiner Erwerbstätigkeit benötigt oder an denen er ein besonderes persönliches Interesse hat, weiter benutzen kann. Dieser Schutzzweck kommt auch in § 811c zum Ausdruck; danach müssen bei der Vorwegpfändung die gepfändeten Sachen bis zum Eintritt der Pfändbarkeit im Gewahrsam des Schuldners bleiben, damit dieser sie weiterbenutzen kann. Dem Gerichtsvollzieher soll — wie bei der Pfändung überhaupt — auch bei der Beurteilung der Pfändbarkeit die Prüfung der Eigentumsverhältnisse nicht zugemutet werden.

Deshalb kommt es für den Pfändungsschutz nicht darauf an, ob die zu pfändende Sache etwa einem Dritten gehört, zumal der Schuldner gegenüber dem Dritteigentümer zum Besitz und zur Nutzung berechtigt sein kann. Will der Dritte sich gegen die Pfändung unter Berufung auf sein Eigentum wehren, muß er Drittwiderspruchsklage (§ 771) erheben.

b) Zu überlegen ist allerdings, ob der Pfändungsschutz ausnahmsweise **297** dann nicht eingreift, wenn der *Vollstreckungsgläubiger offensichtlich Eigentümer der zu pfändenden Sache* ist und ohne Zweifel einen fälligen Herausgabeanspruch gegen den Schuldner hat.

(1) Dazu kann es etwa dann kommen, wenn der Schuldner dem Gläubiger eine *Sache zur Sicherung übereignet* hat (§ 930 BGB) und dieser die — im Gewahrsam des Schuldners verbliebene — Sache wegen der gesicherten Geldforderung pfänden lassen will (Fall h).

Zum Teil wird vertreten, der Schuldner handele arglistig, wenn er sich auf **298** die Unpfändbarkeit berufe, obwohl der Gläubiger einen fälligen und nicht einredebehafteten Herausgabeanspruch habe. In diesem Fall sei der Gläubiger nämlich nicht auf die Vollstreckung wegen der gesicherten Geldforderung angewiesen; er könne vielmehr wegen des Herausgabeanspruchs (§ 985 BGB) auch die Vollstreckung zur Erwirkung der Herausgabe nach § 883 (Rdnr. 1046 ff.) betreiben, bei der die Pfändungsverbote nicht eingreifen. Da der Schuldner ohnehin nicht gegen den Verlust des Besitzes und der Gebrauchsmöglichkeit an der Sache geschützt sei, dürfe er sich auch gegenüber der Vollstreckung aus dem Zahlungstitel nicht auf den Pfändungsschutz berufen (OLG München MDR 1971, 580; LG Bonn NJW 1961, 367; BL/*Hartmann*, § 811 Anm. 1 C b bb; *Bruns/Peters*, § 21 IV 2; *Wieczorek*, § 811 Anm. A III d).

Nach h.M. ist § 811 bei der Zwangsvollstreckung wegen Geldforderungen auch dann zu beachten, wenn der Gläubiger in eine offensichtlich ihm selbst gehörende Sache vollstreckt, die er jederzeit herausverlangen kann (OLG Hamm WM 1984, 671, 673 m.w.N.; LG Oldenburg MDR 1979, 1032; LG Detmold DGVZ 1979, 59; AG Trier DGVZ 1984, 94; *Baur/Stürner*, Rdnr. 336; StJ/*Münzberg*, § 811 Rdnr. 15; *Thomas/Putzo*, § 811 Anm. 2 c). Zur Begründung wird angeführt, der Gerichtsvollzieher sei zur Prüfung der materiellen Rechtslage nicht zuständig. Über den Herausgabeanspruch des Sicherungseigentümers, die Fälligkeit dieses Anspruchs und etwaige Gegenrechte des Schuldners, die ein Leistungsverweigerungsrecht begründen können, habe allein das Prozeßgericht zu entscheiden.

Der h.M. ist zuzustimmen. Zwar muß der Gerichtsvollzieher in anderem **299** Zusammenhang auch nach der h.M. die materielle Rechtslage berücksichtigen. So darf er Sachen, die offensichtlich nicht zum Vermögen des Schuldners gehören, trotz Gewahrsams des Schuldners nicht pfänden (Rdnr. 259). Bei Beachtung der Eigentumsverhältnisse im Rahmen von § 808 trifft der Gerichtsvollzieher jedoch keine Entscheidung, die einem anderen Rechtspflegeorgan zugewiesen ist. Denn dem Gläubiger haftet wegen seiner Geldforderung allein das Vermögen des Schuldners, auch wenn der Gerichtsvollzieher im Interesse einer zügigen Durchführung der Zwangsvollstreckung nur die Gewahrsamverhältnisse berücksichtigen muß. Wenn der Gerichtsvollzieher dagegen bei der Beurteilung der Unpfändbarkeit prüfen müßte, ob der Gläubiger einen fälligen und nicht einredebehafteten Herausgabeanspruch hat, würde er eine Entscheidung treffen, die dem Prozeßgericht vorbehalten ist. Denn ob und unter welchen Voraussetzungen der Schuldner Sachen an den Gläubiger herausgeben muß, ist nicht im Vollstreckungsverfahren, sondern im Erkenntnisverfahren vom Prozeßgericht als Voraussetzung für die Zwangsvollstreckung zu klären.

Entscheidend für die h.M. spricht noch ein anderer Gesichtspunkt. Für den Gläubiger kann die Zwangsvollstreckung wegen einer Geldforderung günstiger sein als die Vollstreckung wegen eines Herausgabeanspruchs; so besteht für ihn die Möglichkeit, sich etwa im Mahn- oder Urkundsverfahren besonders schnell einen Titel über die Geldforderung zu besorgen. Wählt er aus diesem Grund die Zwangsvollstreckung nach §§ 803 ff., muß er auch die Nachteile dieser Vollstreckung in Kauf nehmen. Andernfalls könnte er durch Pfändung letztlich seinen Herausgabeanspruch durchsetzen, ohne einen entsprechenden Titel zu haben. Insoweit wäre es ihm möglich, sich aus zwei verschiedenen Vollstreckungsarten die jeweils für ihn günstigeren Regeln herauszusuchen. Das widerspricht dem Zweck des Pfändungsschutzes, zumal auf diese Weise der Schuldner durch Sicherungsübereignung an den Gläubiger automatisch auf seinen Pfändungsschutz nach § 811 verzichten würde (OLG Hamm WM 1984, 671, 673; *Jauernig*, § 32 II A).

Im Fall h kann S mit Erfolg Erinnerung gegen die Pfändung einlegen.

Der Gläubiger wird durch die Lösung der h.M. auch nicht benachteiligt. Wenn er als Eigentümer nach materiellem Recht die Herausgabe einer Sache verlangen kann, mag er sich einen Herausgabetitel besorgen und die Zwangsvollstreckung nach § 883 betreiben. Dann greifen die Pfändungsverbote nicht ein.

300   (2) Das bisher Ausgeführte zur Pfändung einer Sache, die im Sicherungseigentum des Gläubigers steht, gilt gleichermaßen für den Fall, daß der Gläubiger dem Schuldner eine *Sache unter Eigentumsvorbehalt verkauft* hat und diese Sache nach dem Rücktritt vom Kaufvertrag wegen einer Geldforderung pfänden will. Auch dann ist § 811 zu beachten (StJ/*Münzberg*, § 811 Rdnr. 15).

Will der Gläubiger eine unter Eigentumsvorbehalt gelieferte Sache pfänden, die er dem Schuldner auf Abzahlung verkauft hat, ergeben sich abgesehen von der Berücksichtigung des Pfändungsschutzes noch besondere Fragen, die mit den Käuferschutzvorschriften des Abzahlungsgesetzes zusammenhängen (vgl. dazu Rdnr. 437 ff.).

6. Pfändungsschutz bei Vollstreckung aus einem Duldungstitel   301

§ 811 gilt bei der Zwangsvollstreckung wegen Geldforderungen in bewegliche Sachen. Dazu gehört auch die Vollstreckung aus solchen Titeln, die auf Duldung der Zwangsvollstreckung wegen einer Geldforderung lauten (Rdnr. 206). Fraglich ist allerdings, ob § 811 auch dann zu beachten ist, wenn der Gläubiger aus einem Duldungstitel nach § 7 AnfG (Rdnr. 262 f.) vollstreckt.

Wenn der Gläubiger die Zwangsvollstreckung gegen seinen Schuldner betreibt und der Schuldner seine pfändbaren Gegenstände rechtzeitig auf einen Dritten überträgt, um sie dem Zugriff des Gläubigers zu entziehen, kann der Gläubiger diese Übertragung unter den Voraussetzungen des Anfechtungsgesetzes anfechten. Nach § 7 AnfG hat der Gläubiger gegen den Dritten einen Anspruch auf Rückgewähr der Sachen, die der Dritte durch die angefochtene Rechtshandlung des Schuldners erworben hat. Dieser Rückgewähranspruch wird durch Klage auf Duldung der Zwangsvollstreckung in den Gegenstand geltend gemacht (Rdnr. 263). Der Gläubiger hat die Möglichkeit, aus dem Duldungstitel gegen den Anfechtungsgegner zu vollstrecken.

Richtigerweise kann sich der Anfechtungsgegner nicht auf den Pfändungsschutz des § 811 berufen (vgl. BGH JZ 1962, 24; OLG Hamm NJW 1962, 1827; *Lippross*, § 11 Fall 31; *Wieczorek*, § 811 Anm. A I). Andernfalls würde der Zweck des Anfechtungsgesetzes, den Gläubiger vor ihn benachteiligenden Rechtshandlungen des Schuldners zu schützen, vereitelt. Das Anfechtungsgesetz geht davon aus, daß die Sache durch die anfechtbare Rechtshandlung des Schuldners materiell nicht aus dem Vermögen des Schuldners ausgeschieden ist, so daß sich die Zwangsvollstreckung nur formell gegen den Anfechtungsgegner, materiell aber nach wie vor gegen den Schuldner richtet. Deshalb hat nur dieser die Möglichkeit, sich auf § 811 zu berufen.

Im weitesten Sinne ist dieser Fall damit zu vergleichen, daß sich der Drittgewahrsamsinhaber ausnahmsweise nicht auf § 809 berufen kann, wenn er offensichtlich mit dem Schuldner bei einer arglistigen Gewahrsamsverschiebung zum Zwecke der Vollstreckungsvereitelung zusammengewirkt hat (Rdnr. 254).

302   **7. Verzicht des Schuldners auf den Pfändungsschutz**

Bei der Frage, ob der Schuldner wirksam auf den Pfändungsschutz des § 811 verzichten kann, wird allgemein zwischen der Zeit vor der Pfändung und der Zeit bei oder nach der Pfändung unterschieden.

a) *Vor der Pfändung* ist dem Schuldner ein Verzicht auf den Pfändungsschutz nicht möglich (RGZ 72, 181, 183; 128, 81, 85; BayObLG NJW 1950, 697; KG NJW 1960, 682; *Baur/Stürner*, Rdnr. 130; BL/*Hartmann*, § 811 Anm. 1 C b aa; StJ/*Münzberg*, § 811 Rdnr. 8; *Thomas/Putzo*, § 811 Anm. 2 d; *Zöller/Stöber*, § 811 Rdnr. 10). Das ergibt sich zum einen daraus, daß § 811 als Konkretisierung des Sozialstaatsprinzips auch öffentlichen Interessen dient (Rdnr. 277), über die der Schuldner nicht durch einen Verzicht verfügen kann. Zum anderen muß es dem Schuldner auch in seinem eigenen Interesse verboten sein, im voraus wirksam auf die Einhaltung der Pfändungsschutzvorschriften zu verzichten; andernfalls bestände die Gefahr, daß der Schuldner unter dem Druck seiner Geldgeber gar keine andere Möglichkeit hätte, als auf den Pfändungsschutz zu verzichten, um Kredit eingeräumt zu bekommen (vgl. auch *Bruns/Peters*, § 21 IV 5).

Etwas anderes kann allenfalls dann anzunehmen sein, wenn der Schuldner durch seinen vorherigen Verzicht den Gläubiger vorsätzlich davon abgehalten hat, andere Vollstreckungsmaßnahmen zu ergreifen, um sich inzwischen durch Beiseiteschaffen von noch vorhandenen pfändbaren Sachen »gesetzlich einzurichten«. In solchen Fällen besteht die Möglichkeit, daß das öffentliche Interesse an der Einhaltung der Pfändungsverbote hinter dem schutzwürdigen Vertrauen des Gläubigers auf die Redlichkeit des Rechtsverkehrs zurücktreten muß (BayObLG NJW 1950, 697, 699). Nur in diesem engen Ausnahmefall ist die Pfändung nicht wegen Verstoßes gegen § 811 mit der Erinnerung anfechtbar.

303   b) Ob der Schuldner *bei oder nach der Pfändung* wirksam auf seinen Pfändungsschutz verzichten kann, ist umstritten.

Zum Teil wird ein solcher Verzicht für zulässig gehalten (*Arens*, Rdnr. 615; *Baur/Stürner*, Rdnr. 131; BL/*Hartmann*, § 811 Anm. 1 C a; *Jauernig*, § 32 II A; KG NJW 1960, 682). Das wird damit begründet, daß der Schuldner es in der Hand habe, die unpfändbare Sache wirksam zu veräußern oder zu verpfänden; dann sei nicht einzusehen, warum der Verzicht auf den Pfändungsschutz unwirksam sein solle, obwohl dieser wirtschaftlich der rechtsgeschäftlichen Verfügung gleichkomme. Im Gegensatz zum Verzicht vor der Pfändung, bei dem der Schuldner möglicherweise unter dem Druck seiner Gläubiger handele und noch darauf vertraue, es werde schon nicht zu einer Zwangsvollstreckung kommen, habe der Schuldner bei oder nach der konkreten Pfändung die Folgen seines Verzichts klar vor Augen; wenn er dennoch verzichte, sei er nicht schutzwürdig (*Gaul*, Rpfleger 1971, 1, 3 FN 27).

Nach anderer Ansicht steht auch der Wirksamkeit eines bei oder nach der Pfändung erklärten Verzichts das öffentliche Interesse an der Einhaltung der Pfändungsschutzvorschriften entgegen (BayObLG NJW 1950, 697, 698 f.; *A. Blomeyer*, § 44 III 4 b; *Bruns/Peters*, § 21 IV 5; StJ/*Münzberg*, § 811 Rdnr. 8; *Thomas/Putzo*, § 811 Anm. 2 d; *Zöller/Stöber*, § 811 Rdnr. 10). Im übrigen könne dem Gerichtsvollzieher nicht die Prüfung zugemutet werden, ob der Verzicht als rechtsgeschäftliche Willenserklärung wirksam sei und ob etwa die Familienangehörigen des Schuldners, denen der Schutz des § 811 ebenfalls zugute komme, mit dem Verzicht einverstanden seien (StJ/ *Münzberg*, § 811 Rdnr. 8).

Dem Zweck des § 811, eine Kahlpfändung des Schuldners im öffentlichen **304** Interesse zu verhindern, wird allein die zuletzt genannte Ansicht gerecht. Insbesondere die Begründung, ein bei oder nach der Pfändung erklärter Verzicht müsse wegen der Verfügungsmöglichkeit des Schuldners möglich sein, überzeugt nicht. Denn dieses Argument würde auch einen Verzicht vor der Pfändung rechtfertigen, was jedoch zu Recht allgemein abgelehnt wird. Wohl ist es zutreffend, daß zwischen dem Verzicht vor der Pfändung einerseits und dem Verzicht bei oder nach der Pfändung andererseits insofern ein Unterschied besteht, als der Schuldner i.d.R. erst vom Zeitpunkt der konkreten Pfändung an das Bewußtsein haben wird, daß ihn die Zwangsvollstreckung tatsächlich trifft. Das kann jedoch allenfalls bedeuten, daß der Schuldner bei oder nach der Pfändung weniger schutzwürdig ist als vor der Pfändung, wenn er dennoch den Verzicht erklärt. Dagegen besteht das öffentliche Interesse an der Beachtung der Pfändungsverbote, über das der Schuldner nicht verfügen kann, unverändert fort (BayObLG NJW 1950, 697, 698). Dieses öffentliche Interesse läßt sich zwar ohnehin nicht unbegrenzt schützen; denn einerseits kann der Schuldner sein Existenzminimum auch durch rechtsgeschäftliche Verfügung aufs Spiel setzen, und andererseits kann er nicht gezwungen werden, gegen eine unter Verstoß gegen § 811 vorgenommene Pfändung Erinnerung einzulegen. Dieser Gesichtspunkt rechtfertigt es jedoch nicht, die öffentlichen Interessen auch noch dadurch zu gefährden, daß der Gerichtsvollzieher als staatliches Organ der Zwangsvollstreckung durch Zugriff auf unpfändbare Sachen bewußt die Voraussetzungen für die Sozialhilfeberechtigung des Schuldners schafft.

Im Fall i wird das Gericht die Pfändung des Klaviers für unzulässig erklären.

8. Verstoß gegen Pfändungsverbote **305**

Für den Gerichtsvollzieher ist es u.U. schwer zu beurteilen, ob und welche Sachen, die er beim Schuldner vorfindet, nach § 811 unpfändbar sind. Unterläßt er die vom Gläubiger beantragte Pfändung, steht diesem dagegen die Erinnerung zu (§ 766 II). Durch seine Weigerung, den Pfändungsauftrag durchzuführen, kann der Gerichtsvollzieher aber auch eine Amtspflichtverletzung gegenüber dem Gläubiger begehen. § 120 Nr. 1 GVGA bestimmt, daß der Gerichtsvollzieher in Zweifelsfällen pfänden muß, sofern nicht andere pfändbare Sachen in ausreichendem Maße vorhanden sind. Verstößt der Gerichtsvollzieher dabei gegen § 811, ist die Pfändung nicht unwirksam, aber anfechtbar. Der Schuldner und auch ein Dritter, zu dessen Schutz das Pfändungsverbot dient, können sich gegen die Pfändung mit der Erinnerung wehren (§ 766 I).

Diese Möglichkeit haben sie bis zur Beendigung der Zwangsvollstreckung (*Baur/ Stürner*, Rdnr. 342; StJ/*Münzberg*, § 811 Rdnr. 22; *Zöller/Stöber*, § 811 Rdnr. 40). Ist die Sache bereits versteigert, setzt sich die Unpfändbarkeit der Sache am Versteigerungserlös fort (OLG Kiel JW 1934, 177). Mit dem Erlös kann der Schuldner sich Ersatz für die gepfändete Sache besorgen. Deshalb besteht für den Schuldner bis zu dem Zeitpunkt, in dem sich der Erlös beim Gerichtsvollzieher befindet, die Möglichkeit, mit der Erinnerung die Freigabe des Erlöses zu erreichen (OLG Kiel JW 1934, 177; *Baur/Stürner*, Rdnr. 342; StJ/*Münzberg*, § 811 Rdnr. 22). Nach Auskehrung des Erlöses an den Gläubiger kann der Schuldner allenfalls noch materiellrechtliche Ansprüche gegen den Gläubiger haben (dazu Rdnr. 456 ff.).

306 § 13   Die Durchführung der Pfändung

Schrifttum: *Alisch*, Die strafrechtliche Bedeutung des § 759 ZPO, DGVZ 1984, 108; *Bischof*, Die vollstreckungsrichterliche Durchsuchungsanordnung (§ 758 ZPO) in der gerichtlichen Praxis, ZIP 1983, 522; *Brehm*, Das Pfändungsverbot des § 803 Abs. 2 ZPO bei der Anschlußpfändung, DGVZ 1985, 65; *Christmann*, Die Anwesenheit des Gläubigers bei der Mobiliarpfändung in der Wohnung des Schuldners, DGVZ 1984, 83; *Ewers*, Ist in einem richterlichen Herausgabetitel bereits eine Durchsuchungsanordnung im Sinne des Art. 13 Abs. 2 GG enthalten?, DGVZ 1982, 52; *W. Frank*, Vollstreckungsdurchsuchung und Grundgesetz, JurBüro 1983, 801; *Gerlach*, Die Anschlußpfändung nach § 826 ZPO gegenüber einem anderen Schuldner, ZZP 89, 294; *Guntau*, Verfassungsrechtliche Probleme der Vollstreckung gegen Schuldner in Wohngemeinschaften, DGVZ 1982, 17; *ders.*, Die rechtliche Wirkung der an den Gerichtsvollzieher geleisteten freiwilligen Zahlung zur Abwendung der Zwangsvollstreckung aus für vorläufig vollstreckbar erklärten Zahlungstiteln, DGVZ 1984, 17; *Gusy*, Grundrechtsschutz gegen Wohnungsdurchsuchungen durch den Gerichtsvollzieher, JuS 1980, 718; *Henze*, § 761 ZPO — Rechtspflegersache?, Rpfleger 1974, 283; *Kühne*, Grundrechtlicher Wohnungsschutz und Vollstreckungsdurchsuchungen, 1980; *Midderhoff*, Zum Umfang des Pfändungsprotokolls bei fruchtloser Pfändung, DGVZ 1983, 4; *Mümmler*, Überpfändung und zwecklose Pfändung, JurBüro 1976, 25; *ders.*, Zweifelsfragen bei der Durchführung einer Anschlußpfändung,

DGVZ 1973, 20; *Noack,* Fehlen einer richterlichen Erlaubnis nach § 761 ZPO und einer richterlichen Anordnung nach Art. 13 GG und die Wirkung auf die Rechtmäßigkeit der Amtsausübung des Gerichtsvollziehers und auf einen vollzogenen Pfändungsakt, DGVZ 1980, 33; *ders.,* Zwangsvollstreckung an Sonntagen, allgemeinen Feiertagen und zur Nachtzeit, MDR 1973, 549; *Pawlowski,* Zur Vollstreckung in Wohngemeinschaften, NJW 1981, 670; *E. Peters,* Die richterliche Anordnung zur Zwangsvollstreckung nach § 758 ZPO — Wege und Irrwege, Festschrift f. Baur, 1981, 549; *Rößler,* Zwangsvollstreckung und Unverletzlichkeit der Wohnung, NJW 1983, 661; *Schmidt-Bleibtreu,* Nochmals zum Richtervorbehalt bei Durchsuchungsanordnungen im Rahmen der Zwangsvollstreckung, DB 1981, 1917; *Schmidt-v. Rhein,* Die Hinterlegung der vom Schuldner entgegengenommenen Sicherheitsleistung durch den Gerichtsvollzieher, DGVZ 1981, 145; *Schneider,* Die vollstreckungsrichterliche Durchsuchungsanordnung, NJW 1980, 2377; *Schüler,* Zum Umfang des Protokolls über eine erfolglose Pfändung, DGVZ 1983, 81; *Seip,* Vollstreckungsdurchsuchung und Grundgesetz — Keine Aussicht auf Änderung?, DGVZ 1980, 60, 82; *Wieser,* Die zwecklose Sachpfändung, DGVZ 1985, 37.

Fälle:

a) Der Gv will im Auftrag des G gegen S die Zwangsvollstreckung betreiben. Er trifft S jedoch bei zwei Vollstreckungsversuchen nicht in dessen Wohnung an. Was kann G unternehmen?

b) Der Gv fordert S auf, die Zwangsvollstreckung durch freiwillige Leistung abzuwenden. S zahlt ihm den Betrag der Hauptforderung und der Zinsen, weigert sich aber, auch die Kosten der Zwangsvollstreckung zu begleichen. Darf Gv dem S die vollstreckbare Ausfertigung aushändigen, wenn er der Ansicht ist, die vom Gläubiger bezifferten Kosten der Zwangsvollstreckung seien nicht notwendig gewesen?

c) Zur Abwendung der Zwangsvollstreckung zahlt S freiwillig den geschuldeten Betrag nebst Zinsen und Kosten an den Gv. Diesem wird das Geld gestohlen, bevor er es an G ausliefern kann. Muß S noch einmal zahlen?

d) G findet bei der Zwangsvollstreckung gegen S in dessen Wohnung keine pfändbaren Sachen vor. Als er deshalb den Pkw des S pfänden will, weigert dieser sich, die Garage aufzuschließen.

e) Gv will in dem Zimmer des S, der als Untermieter ein Zimmer in der Wohnung des D bewohnt, nach pfändbaren Sachen suchen. D weigert sich, den Gv ohne richterliche Durchsuchungsanordnung in seine Wohnung zu lassen.

f) S hat ein Schließfach bei der Bank, das nur unter gleichzeitiger Benutzung eines Schlüssels des S und eines solchen der Bank geöffnet werden kann. Als Gv das Schließfach mit dem Schlüssel des S öffnen will, weigert sich die Bank, bei der Öffnung mitzuwirken.

g) Gv will einen Schrank des S pfänden. Reicht es aus, wenn er eine Pfandmarke lose auf den Schrank legt, in eine Schublade oder an die Rückwand des Schrankes klebt?

h) S hat in einem abschließbaren Raum 200 Kartons mit Schuhen gelagert. Die Kartons sind mit Seriennummern versehen. Wie können 100 der Kartons gepfändet werden?

i) Wie werden Früchte auf dem Halm (Getreidefeld) gepfändet?

j) Gv pfändet bei S durch Aufkleben von Pfandsiegeln zwei antike Kommoden. Später stellt sich heraus, daß schon der Wert einer Kommode die Höhe der Vollstreckungsforderung und der Vollstreckungskosten deutlich übersteigt. Darf Gv trotzdem beide Kommoden versteigern?

I. Zeitliche Grenzen der Pfändung

Vom Schuldner kann nicht verlangt werden, sich zu jeder Tages- und Nachtzeit auf eine Zwangsvollstreckung einzustellen; er muß vor einer Vollstreckung zur Unzeit geschützt werden. Andererseits hat der Gläubiger ein schützenswertes Interesse daran, daß auch gegen den Schuldner, der zur üblichen Zeit nicht erreichbar ist, vollstreckt werden kann. Diesen Interessenkonflikt regelt § 761. Danach darf eine Vollstreckungshandlung zur Nachtzeit sowie an Sonntagen und allgemeinen Feiertagen nur mit Erlaubnis des Richters erfolgen. § 761 gilt für alle Vollstreckungshandlungen des Gerichtsvollziehers, selbst wenn es sich um eine Maßnahme im Rahmen einer schon vorher begonnenen Vollstreckung handelt.

307 **1. Vollstreckung zur Nachtzeit sowie an Sonntagen und allgemeinen Feiertagen**

Für die Dauer der Nachtzeit gilt die Legaldefinition des § 188 I 2. Danach umfaßt die Nachtzeit die Zeit von 21.00 Uhr bis 4.00 Uhr morgens im Sommer und bis 6.00 Uhr morgens im Winter. Zu den Feiertagen gehören sowohl die bundeseinheitlich als auch die durch Landesgesetze unterschiedlich festgesetzten Feiertage (vgl. hierzu die Übersicht bei *Zöller/Stephan*, § 188 Rdnr. 3). Weder zu den Feiertagen noch zu den Sonntagen gehören die arbeitsfreien Sonnabende.

308 **2. Erlaubnis des Richters**

a) *Zuständig* für die Erteilung der Erlaubnis ist der Amtsrichter, in dessen Bezirk die Vollstreckungshandlung vorgenommen werden soll. § 20 Nr. 17 RPflG, wonach die Geschäfte im Vollstreckungsverfahren, soweit sie von dem Vollstreckungsgericht zu erledigen sind, auf den Rechtspfleger übertragen sind, greift nicht ein; denn bei der in § 761 geregelten Erlaubnis handelt es sich nicht um ein Geschäft des »Gerichts« oder des »Vollstrekkungsgerichts« (vgl. etwa den Wortlaut der §§ 764, 765a, 766), sondern um eine Tätigkeit, die nach dem Gesetz der »Richter beim Amtsgericht« ausübt (h.M.; OLG Düsseldorf NJW 1978, 2205; a.M. BL/*Hartmann*, § 761 Anm. 1 A). Die Zuständigkeit des Richters ist wegen des besonderen Eingriffs in die Sphäre des Schuldners sachgerecht.

b) Der Richter erteilt die Erlaubnis nicht von Amts wegen, sondern nur auf *Antrag*. Dieser Antrag kann vom Gläubiger, aber auch vom Gerichtsvollzieher gestellt werden (*Zöller/Stöber*, § 761 Rdnr. 5; vgl. § 65 Nr. 3 GVGA; a.A. AG Düsseldorf DGVZ 1981, 90); denn diesem obliegt die Durchführung der Zwangsvollstreckung.

c) Der Richter entscheidet über den Antrag nach pflichtgemäßem Ermessen. *Materielle Voraussetzung* für die Erteilung der Erlaubnis ist, daß für eine wirksame und wirtschaftliche Zwangsvollstreckung die Vornahme einer Vollstreckungshandlung zur Nachtzeit, an Sonntagen oder an Feiertagen erforderlich ist. Das kann etwa dann angenommen werden, wenn zuvor der Schuldner bei mehreren Vollstreckungsversuchen zur üblichen Zeit nicht angetroffen wurde. Diese Voraussetzungen muß der Antragsteller darlegen und gegebenenfalls glaubhaft machen.

Im Fall a kann also entweder der G oder der Gv beim zuständigen Amtsrichter die Erteilung der Erlaubnis zur Nacht-, Sonntags- oder Feiertagsvollstreckung beantragen. Der Antrag muß damit begründet werden, daß mehrere Vollstreckungsversuche zur üblichen Zeit daran gescheitert sind, daß der S nicht angetroffen wurde.

3. Rechtsbehelfe   309

a) Eine Vollstreckungshandlung, die ohne richterliche Erlaubnis zur Nachtzeit, an Sonn- oder Feiertagen erfolgt, ist wirksam, aber mit der *Erinnerung* (§ 766) anfechtbar. Gegen die Ansicht, nach der eine Anfechtung ausscheiden soll (StJ/*Münzberg*, § 761 Rdnr. 4), läßt sich anführen, daß dann die Vorschrift des § 761 leerlaufen würde; außerdem würde der Gläubiger, der unter Verstoß gegen § 761 als erster vollstreckt, gegenüber später vollstreckenden Gläubigern durch den besseren Rang (vgl. § 804 III) bevorzugt.

b) Bei der Erteilung und der Verweigerung der beantragten Erlaubnis handelt es sich um eine richterliche Entscheidung, die ohne mündliche Verhandlung ergehen kann. Als Rechtsbehelf gegen diese Entscheidung kommt deshalb für den Gläubiger wie auch für den Schuldner die *Beschwerde* in Betracht. Nach der einen Ansicht handelt es sich dabei um die einfache Beschwerde (§ 567; *Zöller/Stöber*, § 761 Rdnr. 9); nach anderer Ansicht soll dagegen die sofortige Beschwerde im Zwangsvollstreckungsverfahren

(Rdnr. 1252) gegeben sein (§ 793; OLG Hamm NJW 1984, 1972; Rpfleger 1984, 151; StJ/*Münzberg,* § 761 Rdnr. 3).

Die Vertreter der Meinung, welche die einfache Beschwerde für das richtige Rechtsmittel halten, führen gegen die Anwendbarkeit des § 793 an, die Entscheidung über die Erlaubnis nach § 761 gehöre nicht zur Zwangsvollstreckung, sondern gehe dieser voraus. Diese Begründung überzeugt jedoch nicht. Zwar ist die Entscheidung nach § 761 keine Vollstreckungsmaßnahme; sie steht jedoch in einem untrennbaren Zusammenhang mit der Vollstreckungshandlung und ergeht deshalb »im Zwangsvollstreckungsverfahren« (StJ/*Münzberg,* § 761 Rdnr. 3; OLG Hamm NJW 1984, 1972; LG Berlin MDR 1981, 941 f.). Insbesondere bei einer schon begonnenen Zwangsvollstreckung, bei der nur für einen späteren Vollstreckungsakt (etwa die Wegschaffung der bereits gepfändeten Sache zum Zwecke der Verwertung) die Erlaubnis nach § 761 beantragt wird, erscheint es wenig sachgerecht, von einer gerichtlichen Entscheidung außerhalb des Zwangsvollstreckungsverfahrens zu sprechen. Deshalb kann gegen die Entscheidung die sofortige Beschwerde nach § 793 eingelegt werden.

c) Entscheidet über den Antrag nach § 761 nicht der Richter, sondern fälschlicherweise der Rechtspfleger, können Gläubiger und Schuldner dagegen die *Rechtspflegererinnerung* nach § 11 I 2 RPflG einlegen (Rdnr. 1273 ff.).

310 II. Leistungsaufforderung an den Schuldner

1. Aufforderung zur freiwilligen Leistung

Bevor der Gerichtsvollzieher mit dem eigentlichen Pfändungsakt beginnt, muß er den Schuldner auffordern, die Zwangsvollstreckung durch freiwillige Leistung des geschuldeten Geldbetrages einschließlich der Zinsen und der Kosten der Zwangsvollstreckung abzuwenden. Das ist zum einen in § 105 Nr. 2 GVGA geregelt, ergibt sich zum anderen aber auch daraus, daß in dem Vollstreckungsauftrag die Beauftragung und damit auch die Ermächtigung des Gerichtsvollziehers liegt, Zahlungen des Schuldners entgegenzunehmen (§ 754).

311 2. Folgen der freiwilligen Leistung

a) *Verfahrensrechtlich* hat die freiwillige Leistung des Schuldners an den Gerichtsvollzieher zur Folge, daß der Gerichtsvollzieher dem Schuldner die vollstreckbare Ausfertigung nebst einer Quittung auszuliefern hat (§ 757 I). Der Schuldner kann daneben auch eine Quittung vom Gläubiger selbst

(§ 368 BGB) verlangen (§ 757 II). Hat der Schuldner einen Teil der Forderung durch freiwillige Zahlung beglichen, darf die vollstreckbare Ausfertigung dem Schuldner nicht ausgehändigt werden, da der Gerichtsvollzieher sie für die Beitreibung des Restes benötigt. Der Gerichtsvollzieher hat die Teilleistung aber auf der vollstreckbaren Ausfertigung zu vermerken und dem Schuldner eine Quittung zu erteilen (§ 757 I).

Eine vollständige Leistung des Schuldners liegt nur vor, wenn neben der Hauptforderung und den Zinsen auch die notwendigen Kosten der Zwangsvollstreckung beglichen werden; denn diese Kosten sind nach § 788 I 1 zugleich mit dem zur Zwangsvollstreckung stehenden Anspruch beizutreiben. Ob und in welchem Umfang die Kosten der Zwangsvollstreckung notwendig waren und deshalb beigetrieben werden können, hat der Gerichtsvollzieher selbständig zu prüfen (StJ/*Münzberg*, § 788 Rdnr. 25; *Zöller/Stöber*, § 788 Rdnr. 15). — Im Fall b darf Gv deshalb die vollstreckbare Ausfertigung dem S aushändigen. G kann gegen die Weigerung des Gv, die Kosten der Zwangsvollstreckung beizutreiben, Erinnerung einlegen (§ 766 II).

b) *Materiellrechtlich* hängt die Bedeutung der freiwilligen Zahlung des Schuldners an den Gerichtsvollzieher davon ab, ob der Schuldner aufgrund eines rechtskräftigen oder eines vorläufig vollstreckbaren Titels zahlt. **312**

(1) Soll aus einem *rechtskräftigen* Urteil vollstreckt werden, zahlt der Schuldner bei seiner freiwilligen Leistung zum Zwecke der Erfüllung.

(a) Obwohl die Zahlung nicht an den Gläubiger, sondern an den Gerichtsvollzieher erfolgt, handelt es sich um eine Leistung an den Berechtigten. Denn dem Schuldner gegenüber ist der Gerichtsvollzieher zur Entgegennahme der Leistung (nicht aber einer Ersatzleistung; vgl. Rdnr. 212) durch den Besitz der vollstreckbaren Ausfertigung ermächtigt (§ 755, 1). Selbst wenn der Gerichtsvollzieher im Innenverhältnis gegenüber dem Gläubiger nicht zum Empfang freiwilliger Leistungen berechtigt ist (etwa weil der Gläubiger seinen Vollstreckungsauftrag zurückgenommen hat), kann der Schuldner zur Erfüllung an den Gerichtsvollzieher leisten, falls dieser die vollstreckbare Ausfertigung vorlegt (§ 755, 2). Das gilt sogar dann, wenn der Schuldner den Mangel des Auftrags kennt; unter den Voraussetzungen des § 755 wird die Ermächtigung des Gerichtsvollziehers unwiderleglich vermutet.

(b) Umstritten ist, *auf welche Weise und zu welchem Zeitpunkt* bei der freiwilligen Leistung die *Erfüllungswirkung eintritt*. Das ist dafür von Bedeutung, ob der Schuldner von seiner Zahlungspflicht frei wird, wenn er das Geld zwar an den Gerichtsvollzieher auszahlt, dieser es an den Gläubiger aber nicht weiterleitet (Fall c). **313**

Nach der sog. *Amtstheorie* handelt der Gerichtsvollzieher auch bei der Entgegennahme freiwilliger Leistungen hoheitlich in seiner Eigenschaft als Amtsperson (*Baur/ Stürner*, Rdnr. 87; BL/*Hartmann*, § 815 Anm. 3 B; *Zöller/Stöber*, § 754 Rdnr. 3);

denn die freiwillige Leistung geschehe unter dem Druck der drohenden Pfändung, die der Gerichtsvollzieher als selbständiges Rechtspflegeorgan betreibe. Deshalb werde der Gläubiger erst Eigentümer des freiwillig gezahlten Geldes, wenn er es vom Gerichtsvollzieher kraft Hoheitsakts zugewiesen bekomme. Erst dann trete die Erfüllungswirkung ein.

Demgegenüber handelt der Gerichtsvollzieher nach der sog. *Vertretertheorie* bei der Entgegennahme freiwilliger Leistungen als Vertreter des Gläubigers (OLG Frankfurt NJW 1963, 773, 774; *A. Blomeyer*, § 47 II 2; StJ/*Münzberg*, § 754 Rdnr. 7; *Thomas/Putzo*, § 815 Anm. 1c); denn die freiwillige Leistung erfolge nicht innerhalb des Zwangsvollstreckungsverfahrens, sondern zu dessen Abwendung. Der Gerichtsvollzieher nehme das Übereignungsangebot des Schuldners für den Gläubiger an und erwerbe den Besitz an dem übergebenen Geld als Besitzmittler des Gläubigers. Danach tritt bereits mit Auszahlung des Geldes an den Gerichtsvollzieher Erfüllungswirkung gegenüber dem Gläubiger ein.

314   Richtigerweise sollte der Gerichtsvollzieher auch bei der Entgegennahme freiwilliger Leistungen des Schuldners als Organ staatlicher Zwangsgewalt angesehen werden. Die Aufforderung zur freiwilligen Leistung ist zwar formal der Durchführung des eigentlichen Pfändungsakts vorgeschaltet, erfolgt aber im unmittelbaren Zusammenhang mit der Durchführung der Pfändung, so daß sie als Bestandteil des Zwangsvollstreckungsverfahrens anzusehen ist. Deshalb wird der Gläubiger erst Eigentümer des Geldes, wenn der Gerichtsvollzieher es ihm aushändigt. Das darf aber nicht dazu führen, daß der Schuldner nochmals zahlen muß, wenn dem Gerichtsvollzieher das Geld vor Aushändigung an den Gläubiger abhanden kommt oder wenn er es unterschlägt. Denn dann stände der Schuldner bei der freiwilligen Leistung schlechter als bei der zwangsweisen Wegnahme, die nach § 815 III als befreiende Zahlung des Schuldners gilt. Deshalb ist § 815 III bei der freiwilligen Leistung des Schuldners analog anzuwenden (*Baur/Stürner*, Rdnr. 87; *Jauernig*, § 8 II 1c; *Lippross*, S. 51; a.A. BL/*Hartmann*, § 815 Anm. 3 B; *Zöller/Stöber*, § 815 Rdnr. 9). Für das Ergebnis spielt der genannte Theorienstreit also keine Rolle.

Die analoge Anwendung des § 815 III bewirkt, daß mit der freiwilligen Leistung des Schuldners an den Gerichtsvollzieher die Verlustgefahr auf den Gläubiger übergeht. Im Fall c ist S von seiner Verpflichtung zur Zahlung frei geworden und braucht nicht nochmals zu leisten. G ist auf einen Anspruch aus Amtspflichtverletzung angewiesen.

315   (2) Soll aus einem *vorläufig vollstreckbaren* Titel vollstreckt werden, will der Schuldner durch die Zahlung in der Regel lediglich die drohende Zwangsvollstreckung abwenden, nicht aber das Geld endgültig an den Gläubiger übereignen. Dann erfolgt die Zahlung unter der Bedingung, daß der Titel rechtskräftig wird. Bis zum Eintritt der Rechtskraft hat die Zahlung materiellrechtlich keine Erfüllungswirkung. Wird das vorläufig vollstreckbare Urteil später aufgehoben, kann der Schuldner den gezahlten Betrag nach § 812 BGB vom Gläubiger herausverlangen.

Ist das Geld vor Aushändigung an den Gläubiger beim Gerichtsvollzieher abhanden gekommen, hat der Gläubiger nach der Amtstheorie nichts erlangt, so daß nicht er, sondern der Gerichtsvollzieher zur Herausgabe oder zum Wertersatz verpflichtet ist; nach der Vertretertheorie hat der Gläubiger selbst durch den Gerichtsvollzieher Besitz am Geld erlangt, das er herausgeben oder ersetzen muß. Weder der Gerichtsvollzieher noch der Gläubiger können sich auf den Wegfall der Bereicherung berufen (§ 820 I 2 BGB analog); denn sie mußten sich von vornherein darauf einrichten, das Geld bei Aufhebung des vorläufig vollstreckbaren Titels zurückzahlen zu müssen (vgl. BGH JZ 1961, 699 f.).

3. Vollstreckung ohne vorherige Leistungsaufforderung 316

Beginnt der Gerichtsvollzieher mit der Pfändung, ohne dem Schuldner zuvor Gelegenheit gegeben zu haben, die Zwangsvollstreckung durch freiwillige Leistung abzuwenden, kann der Schuldner gegen die Pfändung Erinnerung (§ 766) einlegen. Die Kosten, die durch voreilige und unnötige Vollstreckungsmaßnahmen entstehen, sind nicht notwendig i.S.v. § 788 I 1 und müssen daher vom Gläubiger getragen werden. Diesem kann bei einem rechtswidrigen Verhalten des Gerichtsvollziehers ein Schadensersatzanspruch wegen Amtspflichtverletzung zustehen.

III. Pfändungsakt 317

Wenn der Schuldner trotz Aufforderungen durch den Gerichtsvollzieher nicht bereit oder nicht in der Lage ist, den geschuldeten Geldbetrag freiwillig zu zahlen, beginnt der eigentliche Pfändungsakt. Die Pfändung erfolgt dadurch, daß der Gerichtsvollzieher bewegliche Sachen, die sich im Gewahrsam des Schuldners befinden, in Besitz nimmt (§ 808 I); soll eine bereits gepfändete Sache erneut gepfändet werden, genügt ein entsprechender Vermerk im Pfändungsprotokoll (§ 826). Zum Zweck der Pfändung darf der Gerichtsvollzieher den Gewahrsamsbereich des Schuldners nach pfändbaren Sachen durchsuchen und bei Widerstand Gewalt anwenden (§ 758), wobei er unter bestimmten Voraussetzungen Zeugen hinzuziehen muß (§ 759). Über jede Vollstreckungshandlung hat der Gerichtsvollzieher ein Protokoll aufzunehmen (§§ 762 f.).

318   **1. Zwangsbefugnisse des Gerichtsvollziehers**

In tatsächlicher Hinsicht setzt die Pfändung voraus, daß der Gerichtsvollzieher an pfändbare Sachen beim Schuldner herankommt. Dabei ergeben sich keine Probleme, wenn der Schuldner dem Gerichtsvollzieher freiwillig Einlaß in seine Wohnung gewährt. Weigert sich der Schuldner dagegen, dem Gerichtsvollzieher den Zutritt zu seinem Gewahrsamsbereich zu gestatten und ihm den Zugriff auf pfändbare Sachen zu ermöglichen, müssen dem Gerichtsvollzieher Zwangsbefugnisse zustehen, um den titulierten Anspruch des Gläubigers durchsetzen zu können.

319   a) Die einzelnen *Zwangsbefugnisse des Gerichtsvollziehers* ergeben sich aus § 758.

(1) Nach *§ 758 I* ist der Gerichtsvollzieher befugt, die Wohnung und die Behältnisse des Schuldners zum Zwecke des Auffindens pfändbarer Sachen, die der Schuldner von sich aus nicht vorzeigen und herausgeben will, zu durchsuchen. Dabei sind unter »Wohnung« auch Arbeits- und Geschäftsräume sowie Hof, Garten und Garage zu verstehen. Behältnisse sind alle Räumlichkeiten, die dem Schuldner zur Aufbewahrung von Sachen dienen, einschließlich der Taschen in Kleidungsstücken. Deshalb darf der Gerichtsvollzieher auch Kleidungstaschen durchsuchen, um eine sog. Taschenpfändung vorzunehmen.

320   (2) Der Gerichtsvollzieher ist nach *§ 758 II* befugt, zum Zwecke der Durchsuchung verschlossene Haustüren, Zimmertüren und Behältnisse öffnen zu lassen. Der Schuldner kann also nicht dadurch eine Durchsuchung verhindern, daß er zu keiner Zeit in seiner Wohnung vom Gerichtsvollzieher anzutreffen ist oder daß er die Öffnung seiner Wohnung oder von Behältnissen verweigert. Der Gerichtsvollzieher muß die Öffnung sachgerecht vornehmen lassen, so daß eine Beschädigung möglichst vermieden wird. Ein gewaltsames Aufbrechen hat aber zu unterbleiben, wenn der Vollstreckungsauftrag auch auf andere Weise erfüllt werden kann (BGH LM Nr. 2 zu § 808 ZPO) oder wenn die zu erwartende Beschädigung außer Verhältnis zu dem beizutreibenden Geldbetrag steht. Die Öffnung soll dem Schuldner schriftlich angekündigt werden (§ 107 Nr. 7 GVGA). Erfolgt die Öffnung oder die Durchsuchung, ohne daß der Schuldner oder eine zu seiner Familie gehörende oder in der Familie dienende erwachsene Person anwesend ist, muß der Gerichtsvollzieher zwei erwachsene Personen, einen Polizei- oder Gemeindebeamten als Zeugen zuziehen (§ 759). Dadurch werden drei Zwecke verfolgt: Die Gesetzmäßigkeit der Zwangsvollstreckung soll gewährleistet, der Gerichtsvollzieher vor falschen Verdächtigungen geschützt und der Beweis für den Ablauf des Verfahrens gesichert werden.

Im Fall d kann der Gerichtsvollzieher die Garage des S von einem Schlüsseldienst oder einem Schlosser öffnen lassen, um den in der Garage befindlichen Pkw pfänden zu können (vgl. aber noch Rdnr. 322 ff.). Die dadurch verursachten Kosten sind notwendig i.S.v. § 788 I 1 und müssen von S getragen werden. Den Schaden, der trotz sachkundiger Öffnung entsteht, kann S nicht ersetzt verlangen.

(3) Leistet der Schuldner gegenüber der Durchsuchung oder Öffnung von Türen und Behältnissen Widerstand, ist der Gerichtsvollzieher nach § 758 III zur Anwendung von Gewalt befugt. Davon ist bei jedem Verhalten auszugehen, das erwarten läßt, die Vollstreckung werde sich nicht ohne Gewaltanwendung durchführen lassen (vgl. § 108 Nr. 3 GVGA). Ob der Gerichtsvollzieher persönlich Gewalt anwendet oder um polizeiliche Unterstützung nachsucht, steht in seinem Ermessen. Nimmt er keine polizeiliche Hilfe in Anspruch, muß er entweder zwei (möglichst unbeteiligte; § 108 Nr. 2 GVGA) erwachsene Personen, einen Gemeinde- oder Polizeibeamten als Zeugen zuziehen (§ 759). Die Gewalt darf nur gegen den Widerstand leistenden Schuldner und gegen solche Dritte angewendet werden, die den Schuldner unterstützen. Leistet dagegen ein Dritter unter Berufung auf eigene Rechte (z.B. § 809) Widerstand, ist der Gerichtsvollzieher nicht befugt, diesen Widerstand durch Gewaltanwendung zu überwinden (StJ/*Münzberg*, § 758 Rdnr. 8; *Zöller/Stöber*, § 758 Rdnr. 27). **321**

b) Der Wortlaut des § 758 enthält keine weiteren Voraussetzungen für die Zwangsbefugnisse des Gerichtsvollziehers. Jedoch steht die Unverletzlichkeit der Wohnung unter dem besonderen Schutz von Art. 13 GG. Nach Art. 13 II GG dürfen Durchsuchungen nur *auf Anordnung des Richters* erfolgen, wenn nicht Gefahr im Verzuge ist. Während es bis 1979 umstritten war, ob sich Art. 13 II GG auch auf die Durchsuchung durch den Gerichtsvollzieher bezieht, steht seit der Entscheidung des Bundesverfassungsgerichts (BVerfGE 51, 97; vgl. dort auch Nachweise zum damaligen Meinungsstand) fest, daß Art. 13 II GG Auslegungs- und Prüfungsmaßstab für § 758 ist. **322**

Das Bundesverfassungsgericht hat ausgeführt, daß Art. 13 II GG sich weder nach seinem Wortlaut noch nach seinem Schutzzweck und seiner Entstehungsgeschichte auf strafprozessuale Durchsuchungen beschränke, sondern für alle behördlichen Durchsuchungen gelte. Dem einzelnen solle das Recht, »in Ruhe gelassen zu werden«, in seinen Wohnräumen gesichert werden. Deshalb müsse vor der Durchsuchung eine neutrale, mit richterlicher Unabhängigkeit ausgestattete Instanz prüfen, ob die gesetzlichen Voraussetzungen für die Durchsuchung vorliegen. Diese richterliche Prüfung liege auch nicht bereits dem Urteil zugrunde, durch das der Schuldner zur Zahlung einer Geldsumme verpflichtet wird; denn die gerichtliche Feststellung einer Leistungspflicht ziehe nicht zwangsläufig die Wohnungsdurchsuchung zum Zwecke der Pfändung nach sich. Gegenüber dieser verfassungsrechtlichen Regelung müßten Praktikabilitätserwägungen, die gegen das Erfordernis einer richterlichen Durchsuchungsanordnung sprechen könnten, zurückstehen.

Die Entscheidung ist zum großen Teil auf heftigen Widerspruch gestoßen (vgl. nur *Bischof,* ZIP 1983, 522; *Schneider,* NJW 1980, 2377; *Thomas/ Putzo,* § 758 Anm. 1 b: unpraktikable Übertreibung der Rechtsstaatsidee), da durch sie die Zwangsvollstreckung in der Praxis verzögert, wesentlich erschwert und in Einzelfällen wirkungslos gemacht wird. Nach § 31 II BVerfGG sind jedoch die Gerichte und Behörden (Vollstreckungsorgane) an die Entscheidung gebunden. Deshalb ist bei der Zwangsvollstreckung wegen einer Geldforderung in bewegliche Sachen für die Durchsuchung der Wohnung des Schuldners zum Zwecke der Pfändung eine richterliche Durchsuchungsanordnung erforderlich, sofern nicht Gefahr im Verzuge ist.

323 (1) Art. 13 II GG enthält folgende *Voraussetzungen für die Erforderlichkeit der richterlichen Durchsuchungsanordnung:*

(a) *»Wohnung«* i.S.d. Art. 13 GG ist nach h.M. wie in § 758 weit auszulegen. Dazu gehören auch Arbeits- und Geschäftsräume sowie Nebenräume und sonstiges befriedetes Besitztum (BVerfGE 32, 54). Deshalb wird auch bei der Durchsuchung solcher Räume eine richterliche Anordnung für erforderlich gehalten (LG München I NJW 1983, 2390; StJ/*Münzberg,* § 758 Rdnr. 2 FN 2; *Zöller/Stöber,* § 758 Rdnr. 4). Nach anderer Ansicht ist der Schuldner bei Vollstreckungsmaßnahmen außerhalb seines eigentlichen Wohnbereichs weniger schutzwürdig; deshalb soll insoweit eine richterliche Anordnung entbehrlich sein (BL/*Hartmann,* § 758 Anm. 2 C f; *Thomas/ Putzo,* § 758 Anm. 2 a). Diese Ansicht wird zwar den berechtigten Interessen des Gläubigers an einem effektiven Rechtsschutz in der Zwangsvollstreckung eher gerecht; sie ist jedoch nicht mit der Rechtsprechung des Bundesverfassungsgerichts vereinbar, nach der die Art. 13 GG wie die anderen Grundrechte im Zweifel so auszulegen ist, daß die juristische Wirkungskraft der Grundrechtsnorm am stärksten ist (BVerfGE 51, 97, 110). Da das Bundesverfassungsgericht sich einmal für die Anwendung des Art. 13 GG auf die Durchsuchung nach § 758 entschieden hat, ist es konsequent, auch bei der Durchsuchung von Arbeits- und Geschäftsräumen am Erfordernis der richterlichen Anordnung festzuhalten.

Art. 13 GG greift auch dann ein, wenn der Gerichtsvollzieher eine Taschenpfändung beim Schuldner vornehmen will, dazu aber in die Räumlichkeiten des Schuldners eindringen muß.

Soll die Durchsuchung in einer Wohnung erfolgen, in der neben dem Schuldner noch andere Personen wohnen, können diese sich zwar auch auf das Grundrecht des Art. 13 GG berufen; das bedeutet jedoch nicht, daß gegen jede von ihnen eine richterliche Durchsuchungsanordnung ergehen muß (*Zöller/Stöber,* § 758 Rdnr. 5 m.N.). Andernfalls wäre eine Pfändung in den Räumlichkeiten von Familien- oder Wohngemeinschaften kaum möglich. Die richterliche Durchsuchungsanordnung gegen den Schuldner enthält auch die Erlaubnis, solche Räume zu durchsuchen, die nicht nur von dem Schuldner, sondern auch von Dritten benutzt werden (a.M. *Pawlowski*, NJW 1981, 670). Deshalb kann sich ein Mitbewohner einer durch richterliche Anordnung erlaubten Durchsuchung gegen den Schuldner nicht unter Berufung auf Art. 13 GG widersetzen. Allerdings bleibt ihm die Möglichkeit, unter den Voraussetzungen des § 809 gegen die Vollstreckung Erinnerung einzulegen.

(b) Für den Begriff der »*Durchsuchung*« ist kennzeichnend das ziel- und zweckgerichtete Suchen staatlicher Organe nach Personen oder Sachen oder zur Ermittlung eines Sachverhalts, um etwas aufzuspüren, was der Inhaber der Wohnung von sich aus nicht offenlegen oder herausgeben will (BVerfGE 51, 97; BVerwGE 47, 31, 37).   **324**

(aa) Danach liegt eine Durchsuchung i.S.v. Art. 13 II GG nicht vor, wenn der Schuldner dem Gerichtsvollzieher den Zugang zu seinen Räumen *freiwillig gestattet*. Eine rechtserhebliche Gestattung des Schuldners setzt voraus, daß dieser sich nicht nur dem Druck staatlicher Organe beugt, sondern in dem Bewußtsein handelt, dem Gerichtsvollzieher den Zutritt auch verweigern zu können. Auf dieses Recht soll der Gerichtsvollzieher den Schuldner vor der Durchsuchung hinweisen.

(bb) Mit Rücksicht auf den Schutzzweck des Art. 13 II GG, nach dem der Schuldner in seinem Gewahrsamsbereich in Ruhe gelassen werden soll, ist von einer anordnungsbedürftigen Durchsuchung auch dann auszugehen, wenn innerhalb der Wohnung pfändbare Sachen nicht mehr gesucht werden müssen, sondern *offen zutage liegen*. Das gilt selbst dann, wenn der Gerichtsvollzieher eine bestimmte Sache zu pfänden beabsichtigt, von der er genau weiß, daß sie sich in der Wohnung befindet (a.A. *Rößler*, NJW 1979, 2137, 2138); denn auch in diesem Fall will der Gerichtsvollzieher in der von Art. 13 II GG geschützten Wohnung des Schuldners eine Sache pfänden, die der Schuldner von sich aus nicht herausgibt.   **325**

(cc) Fraglich ist, ob der Gerichtsvollzieher eine richterliche Durchsuchungsanordnung auch insoweit benötigt, als er die Wohnung eines Dritten *nur durchschreiten* muß, um in einen Raum des Schuldners zu gelangen und dort zu pfänden. Dagegen spricht, daß in der Wohnung des Dritten weder etwas gesucht noch auf eine Sache zugegriffen werden soll, deren Offenlegung oder Herausgabe der Dritte verweigert. Bloßes Durchschreiten ist kein Durchsuchen i.S.v. Art. 13 II GG. Zwar wird in den Gewahrsamsbereich des Dritten auch beim Durchschreiten seiner Wohnung eingegriffen (vgl. Art. 13 III GG); dieser Eingriff erfolgt jedoch auf der gesetzlichen Grundlage des § 758 (StJ/*Münzberg*, § 758 Rdnr. 2; BVerwG JZ 1974, 754). Der Dritte kann sich auch nicht unter Berufung auf § 809 gegen das Durch-   **326** schreiten wehren, da die zu pfändende Sache nicht in seinem Gewahrsam steht.

Im Fall e darf Gv gegen den Willen des D dessen Wohnung ohne richterliche Anordnung betreten, um das Zimmer des S zu durchsuchen, falls S ihm den Zutritt zu seinem Zimmer gestattet. Weigert sich dagegen auch S, den Gv in sein Zimmer zu lassen, muß die Durchsuchung vor ihrer Durchführung vom Richter angeordnet werden.

Mehr als ein bloßes Durchschreiten liegt dagegen vor, wenn der Dritte bei der Vollstreckung gegen den Schuldner mitwirken muß. Die Mitwirkungshandlung darf der Gerichtsvollzieher selbst dann, wenn eine richterliche Durchsuchungsanordnung vorliegt, nicht durch Gewaltanwendung ersetzen, da § 758 keine Ermächtigung für Zwangsmaßnahmen gegen Dritte enthält.

Im Fall f darf der Gv das Schließfach nicht aufbrechen lassen, um es durchsuchen zu können. Der Gläubiger muß vielmehr den Anspruch des S gegen die Bank auf Mitwirkung bei der Öffnung gem. §§ 857 III, 829, 835 pfänden und sich zur Ausübung überweisen lassen sowie ggf. aus diesem Anspruch gegen die Bank auf Mitwirkung klagen und vollstrecken (LG Berlin DR 1940, 1639; *Baur/Stürner*, Rdnr. 446). Die Bank kann sich nicht auf § 809 berufen, da sie zwar Mitgewahrsam am Schließfach, nicht aber an dessen zu pfändenden Inhalt hat.

327   (c) Bei »*Gefahr im Verzug*« ist die Durchsuchungsanordnung ausnahmsweise entbehrlich. Ein solcher Fall ist gegeben, wenn die Einholung der richterlichen Anordnung den Erfolg der Durchsuchung gefährden würde (BVerfGE 51, 97). Dafür reicht die allgemeine Befürchtung, der gewarnte Schuldner werde sich möglicherweise der Zwangsvollstreckung entziehen, nicht aus; vielmehr muß der Gerichtsvollzieher konkrete Anhaltspunkte für eine beabsichtigte Vollstreckungsvereitelung haben.

328   (2) Die *Voraussetzungen für die Erteilung* der richterlichen Durchsuchungsanordnung sind gesetzlich nicht geregelt; sie entsprechen denen, die für die richterliche Erlaubnis nach § 761 (Rdnr. 306 ff.) vorliegen müssen (BVerfGE 51, 97).

(a) Der Gläubiger muß die *Durchsuchungsanordnung beim zuständigen Richter beantragen*. Ausschließlich zuständig für die Anordnung der Durchsuchung ist wie nach § 761 der Richter des Amtsgerichts, in dessen Bezirk die Durchsuchung vorgenommen werden soll. Die Zuständigkeit ist nicht auf den Rechtspfleger übertragen; das ergibt sich hier unmittelbar aus Art. 13 GG. Zu der Antragstellung kann der Gläubiger auch den Gerichtsvollzieher ermächtigen; der Gerichtsvollzieher ist allerdings nicht verpflichtet, den Antrag für den Gläubiger zu stellen (*Zöller/Stöber*, § 758 Rdnr. 17).

(b) Die Entscheidung des Richters über den Antrag des Gläubigers hängt   **329**
zunächst davon ab, ob die Durchsuchungsanordnung für eine erfolgversprechende Zwangsvollstreckung *erforderlich* ist. An dieser Voraussetzung fehlt
es etwa, wenn der Schuldner die Durchsuchung der Wohnung freiwillig
gestattet. Deshalb muß der Gläubiger in der Regel zuvor einen Vollstrek-
kungsversuch unternommen haben, der mangels Einwilligung des Schuldners in die Durchsuchung erfolglos geblieben ist. Die Erforderlichkeit ist
allerdings auch dann zu bejahen, wenn der Schuldner erkennbar zum Ausdruck gebracht hat, er werde sich einer Vollstreckung ohne richterliche
Anordnung widersetzen (LG Darmstadt und LG München II JurBüro 1980,
775 f.).

Ferner steht die Erteilung der richterlichen Durchsuchungsanordnung
unter dem allgemeinen Rechtsgrundsatz der *Verhältnismäßigkeit* (BVerfGE
51, 97; 57, 346). Wenn etwa der Schuldner oder einer seiner Familienangehörigen so erkrankt ist, daß die Durchsuchung für den Schuldner eine unverhältnismäßige Härte bedeuten würde, wird der Richter die beantragte
Durchsuchung nicht anordnen. Die Verhältnismäßigkeit ist allerdings nicht
schon dann zu verneinen, wenn für den Gläubiger nur eine Bagatellforderung beigetrieben werden soll; denn gerade bei geringen Forderungen hat
der Schuldner es in der Hand, durch freiwillige Zahlung oder Mitwirkung
bei der Zwangsvollstreckung die bei einer Durchsuchung auftretenden Härten zu verhindern (vgl. etwa OLG Düsseldorf NJW 1980, 1171).

(3) Der *Umfang einer richterlichen Durchsuchungsanordnung* wird durch   **330**
den Vollstreckungsauftrag begrenzt, auf den sich die Anordnung bezieht. Sie
gilt also nur für die Zwangsvollstreckung aus einem bestimmten Titel gegen
einen bestimmten Schuldner in einer bestimmten Wohnung. Erhält der
Gläubiger nach Erteilung der Durchsuchungsanordnung einen weiteren
Titel gegen den Schuldner, aus dem der Gerichtsvollzieher gleichzeitig vollstrecken soll, ist insoweit eine erneute richterliche Anordnung erforderlich.
Hat der Schuldner mehrere Wohnungen oder wechselt er seine Wohnung,
darf nur diejenige durchsucht werden, die in der Anordnung genannt ist.
Die Anordnung erstreckt sich allerdings nicht nur auf einen einmaligen Vollstreckungsversuch und eine einzelne Vollstreckungsmaßnahme; sie gilt vielmehr auch für die spätere Abholung einer aufgrund der Durchsuchungsanordnung gepfändeten Sache (vgl. § 107 Nr. 8 GVGA; *Zöller/Stöber*, § 758
Rdnr. 24).

c) Die *Rechtsbehelfe*, die dem Gläubiger und dem Schuldner im Zusam-   **331**
menhang mit der Ausübung von Zwangsbefugnissen durch den Gerichtsvollzieher zustehen, entsprechen denen bei der Vollstreckung zur Nachtzeit
sowie an Sonn- und Feiertagen (§ 761; Rdnr. 308 f.):

(1) Eine Durchsuchung, die ohne richterliche Anordnung erfolgt ist, ist
wirksam, aber mit der *Erinnerung* (§ 766) anfechtbar (*Baur/Stürner*,

Der Antrag wird gerichtet an das **Amtsgericht** PLZ, Ort	Wird vom Gericht ausgefüllt:
4400 Münster	Geschäftsnummer d. AO Datum
	Zutreffendes bitte ankreuzen [X] bzw. ausfüllen

Durchsuchungsanordnung in der Zwangsvollstreckungssache

(volles Rubrum wie Schuldtitel)

des Kaufmanns Georg Glaub, Hauptstr. 1, 4400 Münster   – Gläubiger –
Prozeßbevollmächtigter: Rechtsanwalt Reimann, 4400 Münster

gegen

den Schlosser Simon Schuld, Mittelweg 19, 4400 Münster
– Schuldner –

Auf Antrag des ☐ Gläubigers [x] Gläub.-Vertr. ☐ Gerichtsvollziehers   wird auf Grund des vollstreckbaren

(Bezeichnung des Schuldtitels nach Art, Gericht, Tag und Geschäftsnummer)

Urteils des Amtsgerichts Münster vom 1. Okt. 1985
– 7 C 925/85

[X] wegen einer Geldforderung

☐ wegen Herausgabe von

gemäß § 758 ZPO in Verbindung mit Art. 13 Abs. 2 GG die Durchsuchung der obengenannten Wohnung bzw. Geschäftsräume und Behältnisse des Schuldners durch den Gerichtsvollzieher angeordnet und die Öffnung verschlossener Haus- und Zimmertüren und Behältnisse gestattet.

[X] Diese Anordnung gilt zugleich für das Abholen der Pfandstücke.

☐ Daneben wird die Erlaubnis erteilt, für drei Monate ab heute zur Nachtzeit sowie an Sonn- und Feiertagen zu vollstrecken (§ 761 ZPO).

	Verfügung der Geschäftsstelle des Amtsgerichts:
Krause	1. Ausfertigung des Beschlusses an ASt. übersenden unter Rückgabe der vorgelegten Unterlagen 2. Keine Kosten 3. Weglegen
Richter am Amtsgericht	Datum: Unterschrift:

Antrag   Ort, Datum   4400 Münster, 3. Nov. 1985

Eingangsstempel des Gerichts

Es wird beantragt, aufgrund der vorstehenden Angaben und des/der beiliegenden

☐ Pfändungsprotokolls

Anschrift des Antragstellers

[X] Mitteilung des Gerichtsvollziehers

☐ Gerichtsvollzieher-Akten

Herrn
Rechtsanwalt Reimann
Monhofsfeld 76
4400 Münster

☐ Anordnung nach § 761 ZPO

eine [X] Durchsuchungsanordnung
zu erlassen. Der Schuldtitel ist angeschlossen.

Reimann
Rechtsanwalt

Rdnr. 92; *Thomas/Putzo,* § 758 Anm. 2 h; *Zöller/Stöber,* § 758 Rdnr. 25; a.M. StJ/*Münzberg,* § 758 Rdnr. 1).

(2) Die Entscheidung des Richters über den Antrag auf Durchsuchungsanordnung setzt keine mündliche Verhandlung voraus und ergeht durch Beschluß. Sie steht ebenso wie die Erlaubnis nach § 761 in einem unmittelbaren Zusammenhang mit der Durchführung des Vollstreckungsauftrags und gehört deshalb zum Zwangsvollstreckungsverfahren (vgl. Rdnr. 309). Daher kommt als Rechtsbehelf für den Gläubiger wie für den Schuldner die *sofortige Beschwerde* im Zwangsvollstreckungsverfahren (§ 793) in Betracht (OLG Hamm NJW 1984, 1972; Rpfleger 1984, 151; OLG Koblenz Rpfleger 1985, 496).

2. Inbesitznahme und Kenntlichmachung   332

Nachdem der Gerichtsvollzieher den Schuldner vergeblich zur freiwilligen Leistung aufgefordert und sich Zugang zu den im Gewahrsam des Schuldners stehenden Sachen verschafft hat, pfändet er. Die Durchführung der Pfändung richtet sich nach § 808 (zu den Besonderheiten bei der Anschlußpfändung vgl. Rdnr. 344 f.).

a) Die Pfändung von beweglichen Sachen wird dadurch bewirkt, daß der Gerichtsvollzieher diese *in Besitz nimmt* (§ 808 I). Dazu muß der Gerichtsvollzieher sich unmittelbaren Besitz verschaffen und dem Schuldner den Besitz entziehen.

Wenn der Gerichtsvollzieher an ein verschlossenes Behältnis oder an die verschlossene Tür eines Raumes oder Gebäudes ein Pfandsiegel klebt, ist das keine wirksame Pfändung der im Behältnis oder Gebäude befindlichen Sachen, sofern der Gerichtsvollzieher nicht auch den Schlüssel zu dem Raum oder Behältnis hat; denn in diesem Fall erlangt der Gerichtsvollzieher keinen unmittelbaren Besitz an den verschlossenen Sachen. Es ist auch nicht ausreichend, wenn der Gerichtsvollzieher von einem Raum des Schuldners, in dem sich Warenvorräte befinden, eine Tür verschließt, dem Schuldner aber die Möglichkeit läßt, den Raum durch eine zweite Tür zu betreten; denn dadurch verliert der Schuldner seinen Besitz nicht (RGZ 118, 276). In diesen Fällen ist die Pfändung mangels Inbesitznahme nicht nur anfechtbar, sondern unwirksam.

b) Weitere Voraussetzung für die Wirksamkeit der Pfändung ist, daß der   333
Gerichtsvollzieher die Inbesitznahme nach außen *erkennbar macht.* Hierzu gibt ihm das Gesetz zwei Möglichkeiten: Entweder schafft er die in Besitz genommenen Gegenstände weg, oder er läßt sie zwar im Gewahrsam des Schuldners, legt aber an sie ein Siegel oder eine sonstige Pfandanzeige an (vgl. § 808 II).

334   (1) *Geld, Kostbarkeiten und Wertpapiere* hat der Gerichtsvollzieher wegzuschaffen (§ 808 II 1). Gepfändetes Geld liefert er dem Gläubiger ab
(§ 815 I, Ausnahme: § 815 II). Kostbarkeiten und Wertpapiere verwahrt der
Gerichtsvollzieher grundsätzlich selbst in seiner Pfandkammer. Ist dem
Gerichtsvollzieher die eigene Verwahrung der weggenommenen Sachen
nicht möglich, kann er sie auch bei einem Dritten einlagern (BGH LM Nr. 1
zu § 808 ZPO; vgl. auch § 138 Nr. 2 GVGA). Den Verwahrungsvertrag
schließt der Gerichtsvollzieher nicht im Namen des Justizfiskus, sondern im
eigenen Namen. Er ist aus dem Vertrag persönlich verpflichtet. Die ihm entstehenden notwendigen Kosten kann er ebenso wie bei der Verwahrung in
der eigenen Pfandkammer vom Schuldner ersetzt verlangen (vgl. § 140 Nr. 2
GVGA; *Baur/Stürner*, Rdnr. 459 FN 44).

Der Gerichtsvollzieher ist zur sachgemäßen Unterbringung und sorgfältigen
Behandlung der Sachen verpflichtet. Werden die von ihm verwahrten Gegenstände
durch sein Verschulden oder das seiner Hilfspersonen beschädigt oder zerstört, kann
der Geschädigte Schadensersatz wegen Amtspflichtverletzung verlangen.

§ 808 II 1 ist nicht unabdingbar. So kann der Gerichtsvollzieher etwa
wertvolle Kunstgegenstände, deren Abtransport nicht ohne Gefahr für die
Sachen möglich ist, mit Einwilligung des Gläubigers im Gewahrsam des
Schuldners belassen (BL/*Hartmann,* § 808 Anm. 4 A; *Zöller/Stöber*, § 808
Rdnr. 16).

335   (2) *Andere Sachen* als Geld, Kostbarkeiten und Wertpapiere sind im
Gewahrsam des Schuldners zu belassen, sofern nicht hierdurch die Befriedigung des Gläubigers gefährdet wird (§ 808 II 1; § 132 Nr. 1 S. 4 GVGA). Die
Möglichkeit der Gläubigergefährdung muß der Gerichtsvollzieher selbständig prüfen. Wenn etwa ein konkreter Anlaß zu der Befürchtung besteht, der
Schuldner werde die gepfändeten Sachen beiseite schaffen, falls sie in seinem
Gewahrsam verbleiben, muß der Gerichtsvollzieher diese Sachen wegnehmen. Das gilt auch, wenn die Räumlichkeiten des Schuldners keine Gewähr
dafür bieten, daß die Gegenstände dort gefahrlos gelagert werden können.
Selbst wenn der Gerichtsvollzieher die in Besitz genommenen Sachen
zunächst im Gewahrsam des Schuldners belassen hat und später eine
Gefährdung der Gläubigerbefriedigung eintritt, muß der Gerichtsvollzieher
diese Sachen nachträglich wegschaffen.

Die Möglichkeit, die gepfändeten Sachen im Gewahrsam des Schuldners zu belassen, bedeutet nicht, daß der Gerichtsvollzieher auf die Inbesitznahme (§ 808 I) verzichten darf, sondern nur, daß er nach der Besitzergreifung den unmittelbaren Besitz
auf den Schuldner zurückübertragen kann (BL/*Hartmann,* § 808 Anm. 2 D).

Beläßt der Gerichtsvollzieher die in Besitz genommenen Sachen im
Gewahrsam des Schuldners, muß er die Pfändung auf andere Weise als durch
Wegschaffung erkennbar machen. Die Wirksamkeit der Pfändung ist dann

davon abhängig, daß durch Anlegung von Siegeln oder auf sonstige Weise die Pfändung ersichtlich gemacht wird (§ 808 II 2). Der Gerichtsvollzieher hat die Art der Kenntlichmachung selbst zu wählen.

(a) Falls die Anlegung eines *Pfandsiegels* zur Kenntlichmachung geeignet ist, wird der Gerichtsvollzieher sich für diese Möglichkeit entscheiden. Da die Kenntlichmachung zum Ausdruck bringen soll, welche Gegenstände gepfändet sind, ist jeder gepfändete Gegenstand mit einer Siegelmarke zu versehen. Sollen allerdings mehrere Sachen gepfändet werden, die sich in einem Behältnis oder in einem abgesonderten Raum befinden, braucht nicht jeder Gegenstand mit einer Pfandmarke versehen zu werden. Es genügt, wenn eine gemeinschaftliche Pfandmarke so an dem Verschluß des Behältnisses oder dem Schloß der Zimmertür angelegt wird, daß kein Stück ohne Beschädigung der Pfandmarke aus dem Behältnis oder Raum entfernt werden kann (§ 132 Nr. 2 S. 8 GVGA). **336**

(aa) Die Kenntlichmachung durch Anlegung eines Pfandsiegels muß *von gewisser Haltbarkeit* sein. Deshalb ist die Pfandmarke mit dem Pfandstück mechanisch zu verbinden (§ 132 Nr. 2 S. 5, 6 GVGA). Dabei darf allerdings die Sache nicht beschädigt werden. **337**

Im Fall g reicht es nicht aus, wenn Gv eine Pfandmarke lediglich lose auf den Schrank legt. Die Pfändung ist dann mangels hinreichender Kenntlichmachung unwirksam. Wenn er allerdings die Pfandmarke an den Schrank anklebt, ist es für die Wirksamkeit der Pfändung unschädlich, wenn die Marke später abfällt oder widerrechtlich abgenommen wird.

(bb) Die Pfandmarke ist an einer solchen Stelle anzubringen, daß sie einerseits die Interessen des Schuldners nicht mehr als nötig beeinträchtigt; nicht jeder Besucher des Schuldners braucht sofort zu sehen, daß und welche Sachen gepfändet sind. Andererseits ist die Pfandmarke im Gläubigerinteresse so anzubringen, daß sie jedem Dritten *bei Beachtung der verkehrsüblichen Sorgfalt erkennbar* ist. **338**

Im Fall g kann es ausreichen, wenn Gv die Pfandmarke auf der Rückseite des Schrankes anklebt, sofern sie dort einem an dem Schrank interessierten Dritten auch ohne gezieltes Suchen ins Auge fällt (vgl. BL/*Hartmann*, § 808 Anm. 4 D b; *Baur/ Stürner*, Rdnr. 454). Unzureichend ist es dagegen, wenn Gv die Pfandmarke von innen in ein Schrankfach klebt (RG DR 1941, 847).

(b) Wenn eine große Zahl gleichartiger Sachen, die sich nicht in einem verschlossenen Behältnis oder einem abgesonderten Raum befinden, gepfändet werden soll, ist die Anlegung einzelner Pfandmarken an jeden einzelnen Gegenstand unpraktisch. Dann kann der Gerichtsvollzieher die Kenntlichmachung dadurch herbeiführen, daß er an dem Ort, an dem sich die Pfandstücke befinden, eine deutlich sichtbare *Pfandanzeige* anbringt. **339**

Darin sind die Pfandstücke genau zu bezeichnen. Die Pfandanzeige hat der Gerichtsvollzieher zu unterschreiben und mit seinem Dienstsiegel zu versehen.

340   (aa) Will der Gerichtsvollzieher aus einer Menge gleichartiger Sachen nur einen *bestimmten Teil* pfänden (z.B. einen Teil des Warenvorrats), ist entweder eine äußerliche Trennung der zu pfändenden Sachen von dem restlichen Teil erforderlich, oder der gepfändete Teil ist in der Pfandanzeige unmißverständlich zu bezeichnen.

Im Fall h reicht es etwa aus, wenn Gv in dem Teil des Raumes, in dem die gepfändeten Kartons gelagert sind, einen gut sichtbaren Anschlag an der Wand anbringt, in dem er erklärt, daß die 100 Kartons mit den Seriennummern von 1 bis 100 gepfändet sind. Wären die Kartons dagegen nicht mit Seriennummern oder sonstigen Identitätsmerkmalen versehen, müßte Gv 100 Kartons abgesondert lagern und an dieser Stelle eine entsprechende Pfandanzeige anbringen.

341   (bb) Bei der Pfändung von *Früchten auf dem Halm* ist eine Kenntlichmachung durch Anlegung von Pfandsiegeln nicht nur unpraktisch, sondern unmöglich. Hier muß der Gerichtsvollzieher durch Pfandanzeige auf die Pfändung hinweisen. Das geschieht durch Aufstellung von Pfandtafeln, an die der Gerichtsvollzieher eine von ihm unterschriebene und mit Dienstsiegel versehene Pfandanzeige heftet (§ 152 Nr. 2 GVGA).

Im Fall i kann der Gv die erforderliche Kenntlichmachung dadurch herbeiführen, daß er an jeder Seite des Getreidefeldes eine oder bei einem größeren Feld mehrere gut sichtbare Pfandtafeln mit Pfandanzeigen aufstellt. Falls es erforderlich ist, wird der Gerichtsvollzieher das Feld einzäunen und gegebenenfalls einen Hüter (Aufseher, Wächter) bestellen (§ 152 Nr. 2 S. 3 GVGA). Außerdem soll er einen landwirtschaftlichen Sachverständigen zuziehen, falls der Wert der Früchte 1 000,— DM übersteigt (§ 813 III; § 152 Nr. 3 GVGA).

342   **3. Benachrichtigung des Schuldners**

Der Gerichtsvollzieher hat den Schuldner von der erfolgten Pfändung in Kenntnis zu setzen (§§ 808 III, 763). Ist der Schuldner bei der Pfändung abwesend, wird ihm deshalb (auch ohne Anforderung) eine Abschrift des Pfändungsprotokolls erteilt (§ 135 Nr. 5 GVGA). Dagegen erhält der Gläubiger eine Abschrift des Protokolls nur auf Anforderung. Außerdem ist jeder Person, die bei dem Vollstreckungsverfahren beteiligt ist, auf Antrag Akteneinsicht zu gestatten (§ 760).

Ferner erklärt der Gerichtsvollzieher dem Schuldner oder in dessen Abwesenheit einer zur Familie des Schuldners gehörenden oder beim Schuldner beschäftigten erwachsenen Person, daß der Besitz der Pfandstücke auf ihn (den Gerichtsvollzieher) übergegangen sei. Er weist ihn darauf hin, daß der Schuldner und jeder andere alles zu unterlassen haben, was diesen Besitz beeinträchtigt (z.B. Veräußerung, Wegschaffung oder Verbrauch der gepfändeten Sachen), daß jede Beschädigung oder Zerstörung der Pfandzeichen untersagt ist und daß Zuwiderhandlungen gegen diese Bestimmungen strafbar sind (§ 132 Nr. 5 GVGA).

Bei der Pflicht zur Benachrichtigung und Belehrung des Schuldners handelt es sich lediglich um eine Ordnungsvorschrift. Verstößt der Gerichtsvollzieher dagegen, hat das auf die Wirksamkeit der Pfändung keinen Einfluß.

4. Pfändungsprotokoll

343

Über jede Handlung, die der Gerichtsvollzieher zum Zwecke der Zwangsvollstreckung vornimmt, hat er ein Protokoll aufzunehmen (§ 762). Das Protokoll muß insbesondere Ort, Zeit und Gegenstand der Vollstreckungshandlung sowie die an dieser Handlung beteiligten Personen enthalten (Einzelheiten: § 762 II und § 135 GVGA). Auch die mündlich erlassenen Aufforderungen und Mitteilungen, die zu den Vollstreckungshandlungen gehören, sind vollständig in das Protokoll aufzunehmen (§ 763 I). Das Protokoll ist eine öffentliche Urkunde und dient lediglich Beweiszwecken. Deshalb ist die ordnungsgemäße Protokollierung keine Wirksamkeitsvoraussetzung für die jeweilige Vollstreckungshandlung (anders bei der Anschlußpfändung).

5. Anschlußpfändung

344

Soll eine bereits gepfändete Sache für denselben oder einen anderen Gläubiger nochmals gepfändet werden (Anschlußpfändung), ist eine weitere selbständige Pfändung nach § 808 zwar möglich, aber nicht erforderlich. Vielmehr genügt es, wenn der Gerichtsvollzieher eine Erklärung in das Protokoll aufnimmt, daß er die Sache für seinen Auftraggeber pfände (§ 826 I).

a) *Voraussetzung* für eine Anschlußpfändung nach § 826 ist, daß sie sich gegen denselben Schuldner richtet wie die Erstpfändung (h.M.; vgl. *Baur/Stürner*, Rdnr. 464 m.N.). Ihre Wirksamkeit hängt davon ab, daß schon die Erstpfändung wirksam war. Hat der Gerichtsvollzieher daran begründeten Zweifel, soll er die Pfändung in der Form der Erstpfändung (§ 808) vornehmen (§ 167 Nr. 4 GVGA). Ohne Bedeutung für die Wirksamkeit der Anschlußpfändung ist es dagegen, wenn die Erstpfändung nachträglich aufgehoben wird.

Hat der Gerichtsvollzieher die Erstpfändung beim Schuldner vorgenommen und befindet sich die Sache seitdem im Gewahrsam des Gerichtsvollziehers, kommt es für die Zulässigkeit einer Anschlußpfändung nicht darauf an, ob der Gerichtsvollzieher zur Herausgabe bereit ist (§ 809); denn der Gerichtsvollzieher hat den Gewahrsam nur in seiner Eigenschaft als Rechtspflegeorgan erhalten und kann nicht frei darüber bestimmen, ob und welchen Gläubigern gegenüber er zur Pfändung bereit ist. Wäre die gepfändete Sache beim Schuldner geblieben, hätte die zweite Pfändung ebenfalls nach § 808 durchgeführt werden können. — Hat der Gerichtsvollzieher die Erstpfändung nicht beim Schuldner, sondern nach § 809 bei einem Dritten vorgenommen, kommt eine Anschlußpfändung nur in Betracht, wenn der Dritte auch für die weitere Pfändung herausgabebereit ist. Gleiches gilt, wenn die gepfändete Sache nach der Erstpfändung im Gewahrsam des Dritten geblieben ist (§ 167 Nr. 3 S. 5 GVGA; Rdnr. 248 ff.).

345   b) Die *Durchführung* der Pfändung erfolgt, indem die Erklärung der Anschlußpfändung unter genauer Bezeichnung der Zeit, zu der sie abgegeben wird, in das Pfändungsprotokoll aufgenommen wird. Das Pfändungsprotokoll ist bei der Anschlußpfändung — anders als bei der Erstpfändung — Wirksamkeitsvoraussetzung; denn die Protokollierung ist hier die einzige Handlung, durch welche die Pfändung nach außen in Erscheinung tritt. Die Angabe des Zeitpunktes ist für die Feststellung der Rangfolge der Pfändungsgläubiger (§ 804 III) erforderlich.

Wurde die Erstpfändung von einem anderen Gerichtsvollzieher vorgenommen, ist diesem eine Abschrift des Pfändungsprotokolls zuzustellen. Hat derselbe Gerichtsvollzieher die Erstpfändung und die Anschlußpfändung bewirkt, muß er sicherstellen, daß bei der weiteren Bearbeitung, insbesondere bei einer Versteigerung, keine der Pfändungen übersehen werden kann (Einzelheiten: § 167 Nr. 2 GVGA).

346   ## IV. Umfang der Pfändung

Der Gerichtsvollzieher darf nicht beliebig viele Sachen des Schuldners pfänden. Die Zwangsvollstreckung dient nur dazu, die titulierten Ansprüche des Gläubigers gegen den Schuldner durchzusetzen. Daraus ergeben sich die Grenzen für die Pfändung; denn die Interessen des Schuldners sollen durch die Zwangsvollstreckung nicht weiter als erforderlich beeinträchtigt werden.

1. Verbot der Überpfändung

Die Pfändung darf nicht weiter ausgedehnt werden, als es zur Befriedigung des Gläubigers und zur Deckung der Kosten der Zwangsvollstreckung erforderlich ist (§ 803 I 2).

a) Aus diesem Grund muß der Gerichtsvollzieher der *Vollstreckungsfor-*   347
derung und den zu erwartenden Kosten der Zwangsvollstreckung den voraussichtlich zu erzielenden *Erlös* bei der Verwertung der für die Pfändung
in Frage kommenden Sachen *gegenüberstellen.*

(1) Für die *Höhe der Vollstreckungsforderung* ist allein der Titel maßgebend. Die (Teil-)Erfüllung der Forderung durch den Schuldner ist daher nur
dann zu berücksichtigen, wenn sie auf dem Titel vermerkt ist (§ 757;
Rdnr. 311), durch öffentliche oder vom Gläubiger ausgestellte Urkunden
oder durch Postschein nachgewiesen wird (vgl. § 775 Nr. 4, 5). Andernfalls
ist wegen der Vollstreckungsforderung in voller Höhe zu pfänden. Erfolgt in
einem solchen Fall die Zwangsvollstreckung trotz (Teil-)Erfüllung, kann der
Schuldner sich dagegen nur mit der Vollstreckungsgegenklage (§ 767) wehren.

(2) Der bei der Verwertung voraussichtlich zu erzielende *Erlös* wird vom   348
Gerichtsvollzieher geschätzt; die Schätzung von Kostbarkeiten überträgt
der Gerichtsvollzieher einem Sachverständigen (§ 132 Nr. 8 GVGA). Der ge-
schätzte Verkaufswert ist nicht identisch mit dem Schätzwert der Sachen
(§ 813); denn die zwangsweise Verwertung einer Sache erfolgt in der Regel
unter dem tatsächlichen Sachwert.

Bei der Feststellung des zu erwartenden Erlöses muß der Gerichtsvollzieher
berücksichtigen, ob überhaupt mit einer Verwertung aller bereits gepfändeten Gegenstände gerechnet werden kann. Wenn etwa der Schuldner mit einer vertretbaren
Begründung ankündigt, er werde sich gegen bereits vorgenommene Pfändungen mit
der Erinnerung wehren, muß der Gerichtsvollzieher im Zweifel weitere Pfändungen
vornehmen. Gleiches gilt, wenn der Gerichtsvollzieher aus konkretem Anlaß davon ausgehen muß, daß Dritte sich gegen schon erfolgte und an sich zur Gläubigerbefriedigung ausreichende Pfändungen wehren (§ 771; Rdnr. 1396 ff.) oder vorgehende Rechte an den gepfändeten Gegenständen geltend machen werden (§ 805;
Rdnr. 1451 ff.).

b) Stellt sich nach der Pfändung heraus, daß der Gerichtsvollzieher eine   349
Überpfändung vorgenommen hat, ist insoweit die *Pfändung aufzuheben.*

Im Fall ℎ muß der Gv von einer der gepfändeten Kommoden das Pfandsiegel
abnehmen und das Möbelstück dadurch freigeben. — Erkennt der Gerichtsvollzieher
dagegen erst nach der Pfändung, daß der zu erwartende Erlös geringer als zunächst
geschätzt ausfallen wird, etwa weil die antiken Kommoden nicht das angenommene
Alter haben, hat er eine Nachpfändung vorzunehmen (§ 132 Nr. 9 GVGA). Eines
besonderen Auftrags des Gläubigers bedarf es dazu nicht; die (Amts-)Pflicht zur
Nachpfändung ergibt sich bereits aus dem ursprünglichen Generalauftrag des Gläubigers.

c) Das *Verbot der Überpfändung greift ausnahmsweise nicht ein,* wenn   350
lediglich ein einziger pfändbarer Gegenstand beim Schuldner vorhanden ist.

Diesen muß der Gerichtsvollzieher pfänden, selbst wenn der Verkaufswert des Gegenstandes die Höhe der Vollstreckungsforderung nebst den Kosten der Zwangsvollstreckung erheblich übersteigt (StJ/*Münzberg*, § 803 Rdnr. 25; *Thomas/Putzo*, § 803 Anm. 7a).

351   d) Ein Verstoß gegen das Verbot der *Überpfändung berührt die Wirksamkeit der Pfändung nicht.* Der Schuldner kann sich jedoch mit der Erinnerung (§ 766) dagegen wehren. Ändern sich die für die Feststellung der Überpfändung bedeutsamen Umstände zwischen der Pfändung und der Entscheidung über die Erinnerung, sind die Verhältnisse zur Zeit der Erinnerungsentscheidung maßgebend (Rdnr. 1233 f.; StJ/*Münzberg*, § 803 Rdnr. 28).

352   **2. Pfändung trotz anderweitiger Sicherung**

§ 803 I 2 greift nur ein, wenn eine Übersicherung durch Pfändung erfolgt; die Vorschrift betrifft dagegen nicht den Fall, daß der Gläubiger schon nach materiellem Recht eine ausreichende Sicherheit für seine titulierte Forderung hat. Gegen eine derartige Übersicherung kann der Schuldner sich jedoch nach § 777 wehren:

a) Hat der Gläubiger eine bewegliche Sache des Schuldners im unmittelbaren oder mittelbaren Besitz, an der ihm ein (vertragliches oder gesetzliches) *Pfandrecht* oder ein *Zurückbehaltungsrecht* (§§ 273, 1000 BGB) für seine titulierte Forderung zusteht, und läßt er durch den Gerichtsvollzieher andere Sachen im Gewahrsam des Schuldners pfänden, kann dieser sich dagegen mit der Erinnerung wehren. Die Erinnerung ist begründet, wenn alle Forderungen des Gläubigers, deretwegen diesem ein Pfand- oder Zurückbehaltungsrecht an Sachen des Schuldners zusteht, durch den Wert dieser Sachen gedeckt sind.

353   b) § 777 greift entsprechend ein, wenn der Gläubiger zwar nicht durch Pfand- oder Zurückbehaltungsrechte, aber durch *Sicherungseigentum* gesichert ist.

Jedoch ist es umstritten, ob der Schuldner auch dann mit Erfolg Erinnerung nach § 777 einlegen kann, wenn der Gläubiger nur mittelbarer Besitzer der in seinem Sicherungseigentum stehenden Sache ist und der Schuldner unmittelbaren Besitz hat (für die Anwendung des § 777 *Bruns/Peters*, § 21 III 1; gegen die Anwendung des § 777 *A. Blomeyer*, § 26 II 6; BL/*Hartmann*, § 777 Anm. 1; StJ/*Münzberg*, § 777 Rdnr. 3). Die besseren Gründe sprechen dafür, § 777 in diesem Fall nicht anzuwenden. Dem Gläubiger ist es nur dann zuzumuten, sich aus solchen Sachen zu befriedigen, an denen er materiell berechtigt ist, wenn er selbst oder ein herausgabebereiter Dritter diese Sachen im unmittelbaren Besitz hat. Solange dagegen der Schuldner als unmittelbarer Besitzer den Gläubiger am jederzeitigen Zugriff auf die Sache hindern kann, fehlt dem Gläubiger eine ausreichende Sicherheit; deshalb muß es ihm möglich sein, in das übrige Vermögen des Schuldners zu vollstrecken.

c) Nach § 777 kann der Schuldner sich gegen eine Pfändung des bereits **354** materiellrechtlich gesicherten Gläubigers nur mit der Erinnerung wehren, wenn der Gläubiger auf *Gegenstände aus dem übrigen Vermögen* des Schuldners zugreift; dagegen ist der Gläubiger nicht daran gehindert, die Sachen, an denen er bereits ein Pfand- oder Zurückbehaltungsrecht hat, zusätzlich durch den Gerichtsvollzieher pfänden zu lassen.

3. Verbot der zwecklosen Pfändung   355

a) Dem Vollstreckungsinteresse des Gläubigers wäre nicht gedient, wenn der bei der Verwertung der gepfändeten Gegenstände *erzielte Erlös allenfalls die Vollstreckungskosten decken* würde. In solchen Fällen der zwecklosen Pfändung besteht auch kein Anlaß, den Schuldner mit einer Zwangsvollstreckung zu belasten. Deshalb hat eine Pfändung zu unterbleiben, wenn sich von der Verwertung der zu pfändenden Gegenstände ein Überschuß über die Kosten der Zwangsvollstreckung nicht erwarten läßt (§ 803 II). Ob diese Voraussetzungen vorliegen, hat der Gerichtsvollzieher durch Schätzung des voraussichtlichen Erlöses zu ermitteln. Stellt sich die Zwecklosigkeit erst nach der Pfändung heraus, ist die Pfändung aufzuheben. Läßt sich voraussehen, daß der Erlös die Vollstreckungskosten nur geringfügig überschreiten wird, greift das Verbot der zwecklosen Pfändung nicht ein; sofern es in einem solchen Fall um die Pfändung von Hausratsgegenständen geht, ist jedoch das Pfändungsverbot des § 812 (Rdnr. 279) zu beachten.

Der Gerichtsvollzieher darf die Pfändung nicht unter Berufung auf § 803 II unterlassen, wenn der Gläubiger glaubhaft versichert, selbst an der Versteigerung teilzunehmen und ein die Kosten übersteigendes Mindestgebot abzugeben (StJ/*Münzberg*, § 803 Rdnr. 32).

b) Der Anwendungsbereich des § 803 II erfaßt nur die Erstpfändung, **356** nicht dagegen die Anschlußpfändung nach § 826, selbst wenn der voraussichtliche Erlös allenfalls zur Begleichung der Vollstreckungskosten und der Forderung, deretwegen die Erstpfändung erfolgte, ausreicht. Denn es besteht immer die Möglichkeit, daß die Erstpfändung nachträglich wegfällt und somit die Anschlußpfändung zur Erstpfändung wird. Das Verbot der zwecklosen Pfändung erfaßt die Anschlußpfändung allerdings dann, wenn diese auch als Erstpfändung nach § 803 II unzulässig wäre.

c) Pfändet der Gerichtsvollzieher unter Verstoß gegen § 803 II, ist die **357** Pfändung zwar wirksam, aber vom Schuldner mit der Erinnerung (§ 766 I) anfechtbar. Verweigert der Gerichtsvollzieher die Pfändung unter Berufung auf § 803 II zu Unrecht, kann der Gläubiger nach § 766 II ebenfalls Erinnerung einlegen.

358 § 14 Die Rechtswirkungen der Pfändung

Schrifttum: *Arndt*, Entsteht bei der Pfändung schuldnerfremder Sachen ein Pfändungspfandrecht?, MDR 1961, 368; *A. Blomeyer*, Zur Lehre vom Pfändungspfandrecht, Festschrift f. v. Lübtow, 1970, 803; *Emmerich*, Pfandrechtskonkurrenzen, 1909; *Fahland*, Das Verfügungsverbot nach §§ 135, 136 BGB in der Zwangsvollstreckung und seine Beziehung zu den anderen Pfändungsfolgen, 1976; *Fragistas*, Das Präventionsprinzip in der Zwangsvollstreckung, 1931; *Furtner*, Heilung von fehlerhaften Vollstreckungshandlungen, MDR 1964, 460; *Gaul*, Zur Struktur der Zwangsvollstreckung, Rpfleger 1971, 1; *Geib*, Die Pfandverstrickung. Grundfragen der Zwangsvollstreckung in das bewegliche Vermögen, 1969; *Henckel*, Prozeßrecht und materielles Recht, 1970, 309; *Kuchinke*, Pfändungspfandrecht und Verwertungsrecht bei der Mobiliarzwangsvollstreckung, JZ 1958, 198; *Lent*, Öffentlich-rechtliche Gestaltung des Zwangsvollstreckungsrechts, ZAkDR 1937, 329; *Lindacher*, Fehlende oder irreguläre Pfändung und Wirksamkeit des vollstreckungsrechtlichen Erwerbs, JZ 1970, 360; *Lüke*, Der Inhalt des Pfändungspfandrechts, JZ 1955, 484; *ders.*, Die Rechtsnatur des Pfändungspfandrechts, JZ 1957, 239; *Marotzke*, Öffentlichrechtliche Verwertungsmacht und Grundgesetz, NJW 1978, 133; *Noack*, Die staatliche Verstrickung und das Pfändungspfandrecht, JurBüro 1978, 19; *P. Schlosser*, Vollstreckungsrechtliches Prioritätsprinzip und verfassungsrechtlicher Gleichheitssatz, ZZP 97, 121; *K. Schmidt*, Pfandrechtsfragen bei erlaubtem und unerlaubtem Eingriff der Mobiliarvollstreckung in schuldnerfremde Rechte, JuS 1970, 545; *Schwinge*, Der fehlerhafte Staatsakt im Mobiliarvollstreckungsrecht, 1930 (Neudruck 1963); *Stein*, Grundfragen der Zwangsvollstreckung, 1913; *Werner*, Die Bedeutung der Pfändungspfandrechtstheorien, JR 1971, 278.

Fälle:

a) G erklärt dem S, daß er auf eine Vollstreckung in den Videorecorder, den Gv bei S für G durch Siegelanlegung gepfändet hat, verzichte. Darauf löst S das Pfandsiegel ab. Später erklärt G die Anfechtung seines Verzichts und weist den Gv an, den Videorecorder zu versteigern. Zu Recht?

b) Im Fall a veräußert S den Videorecorder nach Ablösung des Pfandsiegels an D, dem die Pfändung nicht bekannt ist. Gv erfährt davon und will das Gerät bei D abholen. Darf er es verwerten, wenn D zwar geltend macht, lastenfreies Eigentum erworben zu haben, den Videorecorder aber an den Gv herausgibt?

c) Darf Gv im Fall b das Gerät auch gegen den Willen des D mitnehmen?

d) Gv pfändet bei S einen Schrank, der dem D gehört. Bei der Versteigerung erhält der Ersteher E den Zuschlag. Erwirbt E Eigentum am Schrank? Kommt es darauf an, ob E wußte, daß der Schrank dem S nicht gehörte?

e) Gv pfändet bei S einen Schrank, den S an D verkauft und nach § 930 BGB übereignet hatte. Nach der Pfändung fällt S in Konkurs. Der Konkursverwalter ficht den Kaufvertrag nach § 119 BGB wirksam an, und D übereignet den Schrank zurück. G verlangt Absonderung.

f) Arbeitnehmer G hat gegen seinen ehemaligen Arbeitgeber S einen Titel auf Zahlung von 1500,— DM Restlohn Zug um Zug gegen Rückgabe von Arbeitsgerät. Gv pfändet für G bei S ein Gemälde, obwohl G ihm die Rückgabe des Arbeitsgerätes nicht in der Form des § 756 nachgewiesen hat. Nach der Pfändung fällt S in Konkurs. Nunmehr erbringt G durch eine öffentlich beglaubigte Urkunde den Nachweis, das Arbeitsgerät zurückgegeben zu haben, und läßt diese Urkunde zustellen. Kann G Absonderung verlangen?

g) G_1 läßt durch Gv bei S ein Klavier pfänden, ohne ihm vorher oder gleichzeitig den Titel zuzustellen. Danach pfändet G_2 ordnungsgemäß das Klavier. Später holt G_1 die Zustellung nach. Weil der Erlös für das Klavier zur Befriedigung beider Gläubiger nicht ausreicht, kommt es zum Verteilungsverfahren nach §§ 872 ff. Im Verteilungsplan erhält G_1 den ersten, G_2 den zweiten Rang. Hat eine Widerspruchsklage des G_2 (§ 878) Erfolg?

I. Besitzverhältnisse an den gepfändeten Sachen

359

Durch die Pfändung ändern sich die Besitzverhältnisse an den gepfändeten Sachen. Das ist etwa für die Fragen von Bedeutung, wem die Besitzschutzrechte nach §§ 861 ff. BGB zustehen und wem eine gepfändete Sache möglicherweise abhanden kommt (vgl. § 935 BGB; dazu RG JW 1919, 448 Nr. 9), wenn sie an einen Dritten veräußert wird.

Die Besitzverhältnisse nach der Pfändung hängen davon ab, auf welche Weise der Gerichtsvollzieher die Pfändung durchführt.

1. Besitzverhältnisse bei Pfändung durch Wegnahme

Erfolgt die Pfändung dadurch, daß der Gerichtsvollzieher die Sache in Besitz nimmt und wegschafft (Rdnr. 334), wird er unmittelbarer Fremdbesitzer. Als solcher ist er zur ordnungsgemäßen Verwahrung verpflichtet. Der Gerichtsvollzieher übt den Besitz im Interesse des vollstreckenden Gläubigers aus; deshalb wird dieser durch die Pfändung mittelbarer Fremdbesitzer erster Stufe (RGZ 126, 21, 25), obwohl er — anders als von § 868 BGB vorausgesetzt — nicht unmittelbarer Besitzer werden kann. Da der Gläubiger aber keine Möglichkeit hat, selbst oder durch Weisungen auf die Sache einzuwirken, treffen ihn auch keine mit dem Besitz verbundenen Pflichten. Der Gläubiger vermittelt den Besitz schließlich dem Schuldner, der auch nach der Pfändung Eigentümer der Sache geblieben ist. Der Schuldner ist somit letztstufiger mittelbarer Eigenbesitzer. Gläubiger und Schuldner haben nach § 869 BGB die Besitzschutzrechte der §§ 861 f. BGB, so daß sie bei Besitzentziehung Wiedereinräumung des Besitzes an den Gerichtsvollzieher als unmittelbaren Besitzer verlangen können.

360   2. Besitzverhältnisse bei Pfändung durch Siegelanlegung

Beläßt der Gerichtsvollzieher die Sache im Gewahrsam des Schuldners (Rdnr. 335), wird er ebenfalls zunächst unmittelbarer Besitzer. Denn nach § 808 I ist es eine Voraussetzung für die Wirksamkeit der Pfändung, daß der Gerichtsvollzieher die Sache in (unmittelbaren Allein-) Besitz nimmt. Lediglich für die äußere Kenntlichmachung der Inbesitznahme kann der Gerichtsvollzieher auf die Wegschaffung verzichten und statt dessen die im Gewahrsam des Schuldners belassene Sache durch Anlegung eines Pfandsiegels (Rdnr. 336 ff.) oder auf andere Weise (Rdnr. 339 ff.) als gepfändet kennnen (§ 808 II 2).

Dadurch, daß der Gerichtsvollzieher den in Besitz genommenen Gegenstand im Gewahrsam des Schuldners läßt, räumt er diesem den unmittelbaren Besitz wieder ein (RGZ 94, 341 f.; 118, 276, 277). Damit entsteht zwischen dem Schuldner und dem Gerichtsvollzieher ein »ähnliches Verhältnis« i.S.d. § 868 BGB, kraft dessen der Schuldner zum unmittelbaren Besitz der Sache auf Zeit berechtigt und sogar verpflichtet wird, weil es ihm strafrechtlich (vgl. §§ 136, 288 StGB) verboten ist, die Sache der Verstrickung (Rdnr. 361 ff.) zu entziehen. Als unmittelbarer Besitzer darf der Schuldner die Sache weiter für sich benutzen. Da der Schuldner zwar Eigentümer der Sache ist, den unmittelbaren Besitz an ihr aber im fremden Interesse ausübt, ist er unmittelbarer Fremdbesitzer. Der Gerichtsvollzieher ist mittelbarer Fremdbesitzer erster Stufe. Er hat aufgrund der Pfändung gegenüber dem Schuldner als unmittelbarem Besitzer allerdings insofern eine verstärkte Rechtsstellung, als der Schuldner dem Gerichtsvollzieher gegenüber keine Besitzschutzrechte hat, wenn dieser die Sache zur Verwertung oder (bei Gefährdung der Gläubigerbefriedigung; § 808 II 1) zur Sicherung abholen will. Der Gerichtsvollzieher übt seinen mittelbaren Besitz im Interesse des Gläubigers aus, der mittelbarer Fremdbesitzer zweiter Stufe ist (RGZ 94, 341, 342). Der Schuldner ist als Eigentümer der Sache mittelbarer Eigenbesitzer letzter Stufe; in seiner Person fallen also unmittelbarer Fremdbesitz und letztstufiger mittelbarer Eigenbesitz zusammen (StJ/*Münzberg*, § 808 Rdnr. 34).

II. Verstrickung

Die Pfändung im Rahmen des staatlichen Vollstreckungsverfahrens führt zur Verstrickung der gepfändeten Sachen.

1. Begriff und Bedeutung

Verstrickung ist eine Form der staatlichen Beschlagnahme und bedeutet, daß über die gepfändete Sache ein öffentlich-rechtliches Gewaltverhältnis zum Zwecke der Zwangsvollstreckung besteht. Die Verstrickung ist die Grundlage für alle nachfolgenden Vollstreckungsakte, also auch für die Verwertung (vgl. dazu aber Rdnr. 381). Durch die Verstrickung wird dem Schuldner die Möglichkeit genommen, die weitere Vollstreckung durch Verfügungen über die gepfändete Sache zu vereiteln; der Schuldner bleibt zwar weiterhin Eigentümer der Sache, darf aber nicht mehr über sie verfügen. Während das bei der Forderungspfändung und bei der Rechtspfändung in den §§ 829 I 1, 857 I ausdrücklich ausgesprochen ist, ergibt sich das bei der Sachpfändung schon aus der Besitzentziehung durch den Gerichtsvollzieher (vgl. § 808 I). Das Verfügungsverbot für den Schuldner wird durch die §§ 136, 135 BGB gesichert. Danach hat die Verstrickung als behördliches Veräußerungsverbot zur Folge, daß Verfügungen des Schuldners über die gepfändeten Sachen relativ (dem vollstreckenden Gläubiger gegenüber) unwirksam sind. Daneben steht das durch die Verstrickung begründete öffentlich-rechtliche Gewaltverhältnis auch unter strafrechtlichem Schutz (§ 136 StGB; vgl. auch §§ 133, 288 StGB).

2. Entstehung der Verstrickung

Die Verstrickung entsteht durch jede wirksame Pfändung, selbst wenn die Pfändung fehlerhaft und damit anfechtbar ist. Nur eine nichtige Pfändung bewirkt keine Verstrickung. Ein solcher Fall ist selten; denn nichtig sind Vollstreckungshandlungen nach allgemeiner Meinung »nur ganz ausnahmsweise, nämlich bei grundlegenden schweren Mängeln« (BGH NJW 1979, 2045 f. m.w.N.).

a) In folgenden Fällen ist die *Pfändung lediglich anfechtbar*, so daß die   363
Sache trotz des Pfändungsmangels verstrickt ist:

(1) Die Vollstreckung erfolgt in den ungeteilten Nachlaß, obwohl nur ein Titel gegen einen der Miterben vorliegt (Rdnr. 37), oder sie richtet sich gegen eine Person, die im Titel nicht genannt ist (BGHZ 30, 173, 175).

(2) Es wird ein dem Nießbrauch unterliegender Gegenstand gepfändet, ohne daß ein Duldungstitel gegen den Nießbraucher vorliegt (Rdnr. 38).

(3) Es wird aus einem ausländischen Urteil oder dem eines Gerichts der DDR vollstreckt, obwohl der Titel gegen den ordre public verstößt (Rdnr. 52).

(4) Die vor der Pfändung erforderliche Zustellung des Titels ist nicht ordnungsgemäß erfolgt (Rdnr. 156).

(5) Die Pfändung wird trotz eines Vollstreckungshindernisses vorgenommen (Rdnr. 174, 187, 193, 204).

(6) Der Gerichtsvollzieher pfändet entgegen § 865 II 1 Grundstückszubehör (str.; zum Meinungsstand Rdnr. 207, 229).

(7) Der Gerichtsvollzieher ist örtlich unzuständig (Rdnr. 208).

(8) Der Gerichtsvollzieher pfändet eine bestimmte Sache entgegen einer bindenden Weisung des Gläubigers (Rdnr. 213).

(9) Der Gerichtsvollzieher pfändet Früchte auf dem Halm, obwohl die Voraussetzungen des § 810 nicht vorliegen (Rdnr. 232).

(10) Es wird die Sache im Gewahrsam eines Dritten gepfändet, der nicht zur Herausgabe bereit ist (Rdnr. 257).

(11) Die gepfändeten Sachen gehören offensichtlich nicht dem Schuldner (Rdnr. 259). Auch eine dem Gläubiger gehörende Sache wird also verstrickt.

(12) Der Gerichtsvollzieher pfändet eine nach § 811 unpfändbare Sache (Rdnr. 305).

(13) Die Pfändung erfolgt ohne richterliche Erlaubnis zur Nachtzeit, an Sonn- oder Feiertagen (Rdnr. 309) oder bei einer Durchsuchung, die ohne richterliche Anordnung durchgeführt wurde (Rdnr. 331).

(14) Der Gerichtsvollzieher pfändet, ohne den Schuldner vorher zur freiwilligen Leistung aufzufordern (Rdnr. 316).

(15) Der Gerichtsvollzieher unterläßt es, den Schuldner von der Pfändung zu benachrichtigen (Rdnr. 342).

(16) Bei der Pfändung wird gegen das Verbot der Überpfändung (Rdnr. 351) oder gegen das Verbot der zwecklosen Pfändung (Rdnr. 357) verstoßen.

364   b) In folgenden Fällen ist dagegen die *Pfändung nichtig*, so daß keine Verstrickung eintritt:

(1) Die Vollstreckung richtet sich gegen eine Person, die der deutschen Gerichtsbarkeit nicht unterliegt (Rdnr. 20).

(2) Der Gerichtsvollzieher pfändet, obwohl er funktionell unzuständig ist (Rdnr. 207).

(3) Die Pfändung erfolgt, ohne daß überhaupt ein Vollstreckungstitel vorhanden ist (BGHZ 70, 313, 317).

(4) Der Gerichtsvollzieher pfändet, ohne die Sache nach § 808 I in Besitz zu nehmen (Rdnr. 332) oder die Pfändung durch Wegschaffen der Sache, durch Siegelanlegung oder durch eine sonstige Pfandanzeige nach § 808 II ordnungsgemäß kenntlich zu machen (Rdnr. 333, 337 f.).

(5) Eine Anschlußpfändung wird ohne eine wirksame Erstpfändung oder ohne ordnungsgemäße Protokollierung durchgeführt (Rdnr. 344 f.).

3. Beendigung der Verstrickung   365

Bei der Beendigung der Verstrickung erlischt das öffentlich-rechtliche Gewaltverhältnis über die gepfändete Sache, und das relative Veräußerungsverbot der §§ 136, 135 BGB verliert seine Wirkung. Mit der Verstrickung entfällt die Grundlage für die Verwertung, so daß für eine Vollstreckung in die entstrickte Sache eine erneute Pfändung erforderlich ist.

a) Die Verstrickung endet, sobald die *Verwertung der gepfändeten Sache abgeschlossen* ist. Dafür ist es ohne Bedeutung, auf welche Weise die Verwertung erfolgt.

Allerdings wird nur die gepfändete Sache selbst entstrickt; an ihre Stelle tritt im Wege der dinglichen Surrogation entsprechend § 1247, 2 BGB der bei der Verwertung erzielte Erlös (vgl. Rdnr. 452). Er ist solange verstrickt, bis er dem vollstreckenden Gläubiger ausgehändigt ist (§ 819).

b) Die Verstrickung endet ferner durch *Aufhebung* (Entstrickung). Diese   366
erfolgt durch das Vollstreckungsorgan, bei der Pfändung in bewegliche Sachen also durch den Gerichtsvollzieher.

(1) Die *Durchführung der Aufhebung* geschieht dadurch, daß die tatsächlichen Akte, die zur Entstehung der Verstrickung geführt haben, rückgängig gemacht werden. Deshalb muß der Gerichtsvollzieher den Besitz, den er bei der Pfändung ergriffen hat (§ 808 I), wieder aufgeben. Dazu gibt er entweder die weggeschaffte Sache dem Schuldner (bei einer Pfändung nach § 809 dem Dritten) zurück, oder er entfernt bei der im Gewahrsam des Schuldners belassenen Sache das Pfandsiegel. Zur Ablösung des Pfandsiegels kann der Gerichtsvollzieher auch den Schuldner selbst oder einen Dritten ermächtigen.

Eine Entstrickung tritt dagegen nicht ein, wenn die Pfandmarke von selbst abfällt oder vom Schuldner oder einem Dritten eigenmächtig entfernt wird; denn darin liegt keine willentliche Aufgabe des öffentlich-rechtlichen Gewaltverhältnisses.

(2) Der Gerichtsvollzieher ist zur *Aufhebung berechtigt und verpflichtet*,   367
wenn er dazu vom Gläubiger oder vom Vollstreckungsgericht angewiesen wird oder wenn die Voraussetzungen der §§ 776, 775 (Rdnr. 175 f.) vorliegen.

(a) Der *Gläubiger* hat die Möglichkeit, jederzeit seinen Vollstreckungsauftrag zurückzunehmen oder einzuschränken und auf diese Weise zu veranlassen, daß der Gerichtsvollzieher die Verstrickung aufheben muß (vgl. § 111 Nr. 1 GVGA).

(b) Eine *gerichtliche Anweisung* zur Aufhebung einer Pfändung kann etwa in dem Beschluß enthalten sein, der einer Erinnerung des Schuldners stattgibt (StJ/*Münzberg*, § 766 Rdnr. 41; *Thomas/Putzo*, § 766 Anm. 4 d). In einem solchen Fall liegen die Voraussetzungen der §§ 776, 775 Nr. 1 vor, so daß der Gerichtsvollzieher von Amts wegen zur Aufhebung der Pfändung verpflichtet ist (vgl. auch § 112 Nr. 1 GVGA).

Dafür reicht es aus, daß die gerichtliche Entscheidung vollstreckbar ist; sie braucht nicht rechtskräftig zu sein. Hat der Gerichtsvollzieher die Pfändung aufgrund einer nur vorläufig vollstreckbaren Entscheidung aufgehoben und wird danach diese Entscheidung auf ein Rechtsmittel hin abgeändert oder aufgehoben, lebt die erloschene Verstrickung nicht wieder auf; die Sache muß vielmehr erneut gepfändet werden, so daß eine zwischenzeitlich erfolgte Pfändung durch einen anderen Gläubiger im Rang vorgeht (vgl. Rdnr. 187).

(c) Schließlich muß der Gerichtsvollzieher die Verstrickung nach §§ 776, 775 Nr. 3 aufheben, wenn der Schuldner durch eine öffentliche Urkunde nachweist, daß er die zur Abwendung der Zwangsvollstreckung erforderliche Sicherheitsleistung erbracht hat (Einzelheiten: Rdnr. 181).

368   (3) Zur *eigenmächtigen Aufhebung* der Verstrickung ist der Gerichtsvollzieher nicht berechtigt. Das gilt selbst dann, wenn er feststellt, daß die Pfändung fehlerhaft ist; er muß es dem Schuldner überlassen, durch Erinnerung die Voraussetzungen für eine Aufhebung herbeizuführen. Aber auch dann, wenn der Gerichtsvollzieher ohne Berechtigung die Pfändung durch Rückübertragung des Besitzes oder durch Entfernen des Pfandsiegels rückgängig macht, fällt die Verstrickung weg; denn für die Entstrickung kommt es ausschließlich auf die tatsächliche Besitzaufgabe an (RGZ 161, 109, 114).

Durch ein solches eigenmächtiges Handeln begeht der Gerichtsvollzieher jedoch eine Amtspflichtverletzung; erleidet der Gläubiger etwa wegen der unberechtigten Aufhebung der Verstrickung einen Rangverlust, kann er einen Anspruch auf Schadensersatz haben.

369   c) Ob allein die *Freigabeerklärung des Gläubigers* zum Wegfall der Verstrickung führt, ist umstritten.

Zum Teil wird das bejaht; die Verstrickung entfalle, wenn der Schuldner mit Zustimmung des Gläubigers die Kenntlichmachung der Pfändung an der in seinem Gewahrsam verbliebenen Sache beseitige (RGZ 57, 323, 325 f.; 161, 109, 114; BGH KTS 59, 156, 157 f.; *A. Blomeyer,* § 45 III 2). Das wird mit der entsprechenden Anwendung des § 843 begründet; danach kann der Gläubiger bei der Forderungspfändung auf die durch Pfändung und Überweisung erworbenen Rechte mit der Wirkung verzichten, daß die Verstrickung der Forderung erlischt.

Nach h.M. muß die Verstrickung dagegen selbst bei einer Freigabeerklärung des Gläubigers noch durch den Gerichtsvollzieher vollzogen werden (*Baur/Stürner,* Rdnr. 126, 426; *Bruns/Peters,* § 19 III 1 d; *Rosenberg,* § 187 II 1; StJ/*Münzberg,* § 803 Rdnr. 18). Dieser Ansicht ist zuzustimmen. Dem Gläubiger räumt das Gesetz nicht die Möglichkeit ein, schon durch seine Freigabe die Verstrickung zu beseitigen. Es würde zu einer großen Rechtsunsicherheit führen, wenn der Fortbestand des öffentlich-rechtlichen Gewaltverhältnisses nur von der Verzichtserklärung des Gläubigers abhinge. Ferner wäre es nicht sachgerecht, den im öffentlichen Interesse liegenden strafrechtlichen Schutz des § 136 StGB zur Verfügung des Gläubigers zu stellen.

§ 843 kann nicht (entsprechend) angewendet werden. Das gilt unabhängig davon, wem gegenüber der Gläubiger die Freigabe der Pfandsache erklärt. Bei einer Freigabeerklärung gegenüber dem Gerichtsvollzieher scheitert eine entsprechende Anwendung schon daran, daß nicht dieser, sondern der Schuldner Adressat der Verzichtserklärung ist. Im übrigen muß selbst eine gerichtliche Anordnung an den Gerichtsvollzieher, die Zwangsvollstreckung aufzuheben, noch von diesem vollzogen werden; deshalb wäre es nicht gerechtfertigt, wenn die Freigabeerklärung des Gläubigers gegenüber dem Gerichtsvollzieher auch ohne dessen Mitwirkung zum Wegfall der Verstrickung führte. Aber selbst bei einer Freigabeerklärung gegenüber dem Schuldner greift § 843 nicht ein. Entscheidend ist, daß — im Gegensatz zur Forderungspfändung — der Gerichtsvollzieher bei der Sachpfändung durch Inbesitznahme ein öffentlich-rechtliches Gewaltverhältnis begründet, das grundsätzlich nur er durch Besitzaufgabe wieder beseitigen kann.

Im Fall a ist die Verstrickung des Videorecorders dadurch, daß S nach der Verzichtserklärung des G das Pfandsiegel abgelöst hat, nicht weggefallen. Es fehlt an der Besitzaufgabe durch Gv. Dieser kann aufgrund der fortdauernden Verstrickung den Videorecorder verwerten.

Erklärt der Gläubiger gegenüber einem Dritten die Freigabe der verstrickten Sache, kann darin allenfalls entsprechend § 185 BGB die Ermächtigung des Dritten liegen, diese Erklärung an den Gerichtsvollzieher weiterzugeben, der dann zur Aufhebung der Verstrickung berechtigt ist.

d) Schließlich stellt sich die Frage, ob die Verstrickung der gepfändeten Sache durch den *gutgläubigen Erwerb* eines Dritten entfallen kann und welche rechtlichen Folgen sich für die weitere Vollstreckung daraus ergeben.   **370**

(1) Da die Verstrickung ein relatives Veräußerungsverbot nach den §§ 136, 135 BGB begründet (Rdnr. 361), ist nach h.M. *§ 135 II BGB anwendbar*, wenn der Schuldner über die gepfändete Sache verfügt (BL/*Hartmann*, § 804 Anm. 1 D; *Gaul*, Rpfleger 1971, 1, 7; *Lippross*, S. 66; *Münzberg*, ZZP 78, 287, 297 f.; StJ/*Münzberg*, § 804 Rdnr. 43; *Thomas/Putzo*, § 803 Anm. 6 b dd; a.M. *Lüke*, JZ 1955, 484, 486 f., der meint, das öffentlich-rechtliche Gewaltverhältnis sei durch guten Glauben nicht zu überwinden). § 135 II BGB verweist auf die Vorschriften über den gutgläubigen Erwerb, also auf die §§ 932 ff. BGB. Danach entfällt die Verstrickung, wenn ein Drit-

ter die gepfändete Sache nach § 936 BGB gutgläubig lastenfrei (frei von der Verstrickung) erwirbt.

Im Fall b hat D den Videorecorder gutgläubig lastenfrei erworben. § 935 BGB steht dem nicht entgegen; denn S war unmittelbarer Besitzer des in seinem Gewahrsam verbliebenen gepfändeten Geräts (vgl. Rdnr. 360), und ihm ist die Sache nicht abhanden gekommen (vgl. RG JW 1919, 448, Nr. 9).

371   (2) Fraglich ist, *ob der Gerichtsvollzieher* den Wegfall der Verstrickung durch *gutgläubigen Erwerb beachten muß*. Das ist dafür von Bedeutung, ob er die Vollstreckung in die entstrickte Sache fortführen darf. Für die Beachtlichkeit des gutgläubigen Erwerbs spricht, daß die Verstrickung Voraussetzung für die weiteren Vollstreckungsakte ist (Rdnr. 361). Andererseits ist es jedoch nicht Aufgabe des Gerichtsvollziehers, vor oder bei Durchführung der Zwangsvollstreckung komplizierte materiellrechtliche Fragen zu prüfen. Er kann sich bei der Pfändung im Interesse einer zügigen Durchführung des Vollstreckungsverfahrens auf die Gewahrsamsverhältnisse verlassen. Wenn er aber bei der Begründung der Verstrickung die Eigentumsverhältnisse nicht zu prüfen braucht, ist es folgerichtig, daß er dazu auch bei der Fortführung der wirksam begonnenen Vollstreckung nicht verpflichtet ist. Gegen die Pfändung kann sich der Eigentümer der Sache mit der Drittwiderspruchsklage nach § 771 wehren; genauso muß derjenige, der eine wirksam gepfändete Sache gutgläubig lastenfrei erwirbt, seine Rechte nach § 771 geltend machen. Solange er von dieser Möglichkeit keinen Gebrauch macht, darf der Gerichtsvollzieher die Vollstreckung fortführen, als ob die Sache noch verstrickt wäre (*Münzberg*, ZZP 78, 287, 297, 305).

Im Fall b braucht Gv die Behauptung des D, an dem Videorecorder lastenfreies Eigentum erworben zu haben, nicht zu überprüfen. Er darf das Gerät vielmehr verwerten. Dagegen kann D sich durch Erhebung der Drittwiderspruchsklage wehren.

372   (3) Umstritten ist, ob der Gerichtsvollzieher dem Dritten, der gutgläubig lastenfreies Eigentum an der gepfändeten Sache erworben hat, auch gegen dessen Willen die Sache wegnehmen und verwerten darf. Dabei geht es um die Frage, ob dem Gerichtsvollzieher ein sog. *Verfolgungsrecht* zusteht.

Ein Verfolgungsrecht des Gerichtsvollziehers scheitert nicht an § 750 I. Danach darf die Zwangsvollstreckung zwar nur gegen solche Personen stattfinden, die im Titel oder in der Klausel namentlich bezeichnet sind (Rdnr. 31); diese Voraussetzung liegt nicht vor, wenn der Gerichtsvollzieher bei einem Dritten wegnehmen will, in dessen Besitz die Sache nach der Pfändung gelangt ist. Jedoch ist § 750 I nach seinem ausdrücklichen Wortlaut nur eine Voraussetzung für den Beginn, nicht dagegen für die Fortsetzung einer bereits begonnenen Zwangsvollstreckung. — Aus dem gleichen Grund würde auch gegen § 809 nicht verstoßen, wenn der Gerichtsvollzieher ein Verfolgungsrecht hätte. Denn § 809 setzt die Herausgabebereitschaft des Dritten nur bei Pfändung, nicht dagegen bei nachfolgenden Vollstreckungsakten voraus. Deshalb und im Interesse einer effektiven Zwangsvollstreckung wird von einer verbreiteten Meinung ein Verfolgungsrecht des Gerichtsvollziehers bejaht (LG Köln MDR 1965, 213; LG Stuttgart MDR 1969, 675; LG Saarbrücken DGVZ 1975, 170; *Bruns/Peters*, § 20 V 1 b; *Jauernig*, § 17 III; *Rosenberg*, § 191 I 1 b; *Wasner*, ZZP 79, 113, 119).

Ein Verfolgungsrecht setzt eine Ermächtigungsgrundlage für die Ausübung von Zwang gegen dritte Personen, die zur freiwilligen Herausgabe nicht bereit sind, voraus. Die Zwangsbefugnisse des Gerichtsvollziehers sind abschließend in § 758 (Rdnr. 319 ff.) geregelt. In dieser Vorschrift sind Zwangsmaßnahmen gegen Dritte nicht erwähnt. Deshalb kann § 758 allenfalls Ermächtigungsgrundlage für solche Maßnahmen sein, die nur der Zwangsanwendung gegen den Schuldner dienen, wenn auch Dritte von ihr betroffen sind; dabei ist etwa an das Durchschreiten fremden Gewahrsams zu denken, das erforderlich ist, um eine Durchsuchung beim Schuldner vornehmen zu können (Rdnr. 326). Dagegen lassen sich Zwangsmaßnahmen, mit denen die Vollstreckung gegen Dritte durchgesetzt werden soll, aus § 758 nicht rechtfertigen. Deshalb ist auch ein sog. Verfolgungsrecht des Gerichtsvollziehers abzulehnen (vgl. VG Köln NJW 1977, 825; *Baur/ Stürner*, Rdnr. 461; *Gerhardt*, § 8 I 2 b (2); *Lippross*, S. 68; *Pawlowski*, AcP 175, 189, 197 f.; StJ/*Münzberg*, § 808 Rdnr. 37). 373

Ein Verfolgungsrecht des Gerichtsvollziehers kann allenfalls in dem seltenen Fall bejaht werden, in dem der Dritte nicht etwa gutgläubig lastenfreies Eigentum erworben hat, sondern sich den Gewahrsam an der gepfändeten Sache offensichtlich nur zum Zwecke der Vollstreckungsvereitelung verschafft hat. Da es dann ausnahmsweise bei der Pfändung nach § 809 nicht auf seine Herausgabebereitschaft ankommt (Rdnr. 254), muß dem Gerichtsvollzieher auch eine Wegnahme der bereits gepfändeten Sache gegen den Willen des Dritten möglich sein. Allerdings darf der Gerichtsvollzieher selbst dann in die Wohnung des Dritten nur aufgrund richterlicher Anordnung eindringen.

Im Fall c ist Gv nicht berechtigt, den Videorecorder gegen den Willen des D mitzunehmen. Gv hat nur die Möglichkeit, eine andere Sache bei S zu pfänden. Falls S schuldhaft gehandelt hat, kann er dem G zum Schadensersatz verpflichtet sein und sich zudem strafbar gemacht haben.

III. Pfändungspfandrecht 374

Durch die Pfändung erwirbt der Gläubiger ein Pfandrecht an dem gepfändeten Gegenstand (§ 804 I).

1. Bedeutung

Kraft ausdrücklicher gesetzlicher Regelung hat das Pfändungspfandrecht folgende Bedeutung:

a) Im Verhältnis zu den anderen Gläubigern gewährt das Pfandrecht dem Vollstreckungsgläubiger dieselben *Rechte wie ein Faustpfandrecht* (§ 804 II, 1. Halbs.). Diese Vorschrift verweist also auf die §§ 1204 ff. BGB. Bei den Rechten des Gläubigers geht es insbesondere darum, ihn gegen Beeinträchtigungen des Pfandrechts zu schützen. Nach § 1227 BGB wird dieser Schutz dadurch gewährleistet, daß dem Pfandgläubiger die gleichen Rechte wie dem Eigentümer eingeräumt werden.

Deshalb kann der Gläubiger die gepfändete Sache wie ein Eigentümer von einem anderen Gläubiger herausverlangen (§§ 1227, 985 BGB); da er aber — anders als der Inhaber eines vertraglichen Pfandrechts — nicht unmittelbarer, sondern nur mittelbarer Besitzer der Sache ist (Rdnr. 359 f.), kann er nur die Herausgabe an den Gerichtsvollzieher oder an einen von diesem beauftragten Verwahrer verlangen, nicht dagegen an sich selbst (vgl. § 869 I 2 BGB). Ferner steht dem Vollstreckungsgläubiger gegen andere Gläubiger der Unterlassungs- und Beseitigungsanspruch des § 1004 BGB zu. Schließlich kann er unter den Voraussetzungen des § 823 I BGB Schadensersatz wegen Verletzung des Pfändungspfandrechts (absolutes Recht) verlangen.

Daneben werden dem Vollstreckungsgläubiger aufgrund des Pfändungspfandrechts die Besitzschutzrechte der §§ 859, 861, 862 BGB eingeräumt (*Thomas/Putzo*, § 804 Anm. 3 c bb). Diese Rechte ergeben sich allerdings nicht erst aus dem Pfändungspfandrecht, sondern bereits aufgrund der Verstrickung. Denn durch jede wirksame Pfändung (auch wenn ausnahmsweise kein Pfändungspfandrecht entsteht; dazu Rdnr. 383) wird der Vollstreckungsgläubiger berechtigter mittelbarer Fremdbesitzer (Rdnr. 359 f.).

375   b) Eine besondere Bedeutung kommt dem Pfändungspfandrecht bei der Verteilung des Erlöses zu. Wenn nach der Verwertung der gepfändeten Sache die Inhaber anderer Pfand- oder Vorzugsrechte beanspruchen, vorzugsweise (vor dem Vollstreckungsgläubiger) aus dem Erlös befriedigt zu werden (§ 805; vgl. Rdnr. 1451 ff.), und der Erlös nicht zur Befriedigung aller ausreicht, richtet sich die Verteilung des Erlöses nach dem Rang der Rechte. Das gleiche gilt, wenn die Vollstreckung für mehrere Pfändungspfandgläubiger erfolgt und von dem Erlös nicht alle befriedigt werden können (§§ 872 ff.; vgl. Rdnr. 476 ff.). Für den *Rang des Pfändungspfandrechts* im Verhältnis zu anderen Rechten ist zu unterscheiden:

(1) Solchen *Pfand- und Vorzugsrechten* gegenüber, die für den Fall des Konkurses den *Faustpfandrechten nicht gleichgestellt* sind, geht das Pfändungspfandrecht immer vor, selbst wenn es später entstanden ist (§ 804 II, 2. Halbs.). Welche Rechte dazu gehören, ergibt sich im Umkehrschluß aus § 49 KO. Danach sind etwa die Zurückbehaltungsrechte nach § 273 BGB, die nicht von § 49 I Nr. 3 KO erfaßt werden, gegenüber dem Pfändungspfandrecht nachrangig.

(2) Mit den *Pfand- und Vorzugsrechten*, die in § 49 KO für den Fall des   376
Konkurses den *Faustpfandrechten gleichgestellt* sind (z.B. die gesetzlichen
Pfandrechte des Vermieters, Verpächters und Werkunternehmers), steht das
Pfändungspfandrecht dagegen in Rangkonkurrenz. Damit ist gemeint, daß
das früher begründete Recht den später entstandenen Rechten im Rang vor-
geht (BGHZ 52, 99).

Von diesem Grundsatz gibt es zwei Ausnahmen: Die in § 49 I Nr. 1 KO genannten
Rechte auf öffentliche Abgaben gehen dem Faustpfandrecht und den in § 49 I
Nr. 2—4 KO gleichgestellten Rechten vor (§ 49 II KO). Deshalb stehen sie auch mit
dem Pfändungspfandrecht nicht in Rangkonkurrenz, sondern sind ihm gegenüber
selbst dann vorrangig, wenn sie später entstanden sind.

Ferner gehen das Faustpfandrecht und die in § 49 KO genannten Rechte selbst
einem älteren Pfändungspfandrecht im Rang vor, wenn sie im guten Glauben daran
erworben wurden, daß ein Pfändungspfandrecht an der Sache nicht bestehe (§ 1208
BGB; BL/*Hartmann*, § 804 Anm. 4 C; StJ/*Münzberg*, § 804 Rdnr. 34; *Thomas/
Putzo*, § 804 Anm. 4 c bb).

(3) Für das *Rangverhältnis zwischen mehreren Pfändungspfandrechten* gilt   377
das Präventions- oder Prioritätsprinzip: Das durch eine frühere Pfändung
begründete Pfandrecht geht demjenigen vor, das durch eine spätere Pfändung begründet wird (§ 804 III). Das gilt auch dann, wenn der Gläubiger des
später entstandenen Pfandrechts gutgläubig davon ausging, es bestehe kein
vorrangiges Pfandrecht; denn das Pfändungspfandrecht entsteht nicht
rechtsgeschäftlich, und deshalb hat die Gutgläubigkeit des Vollstreckungsgläubigers keine Bedeutung.

Zu beachten ist allerdings, daß sich der Rang des Pfändungspfandrechts nicht
immer nach dem Zeitpunkt der Pfändung richtet. Erfolgt die Pfändung aufgrund
einer Forderung, für die der Gläubiger an der gepfändeten Sache bereits ein dingliches Recht hat (etwa ein gesetzliches oder ein vertragliches Pfandrecht), erhält das Pfändungspfandrecht den Rang des früher entstandenen dinglichen Rechts. Es geht dann
dem Pfändungspfandrecht eines Dritten, der zwar vor der eigenen Pfändung, aber
nach Begründung des dinglichen Rechts gepfändet hat, vor (StJ/*Münzberg*, § 804
Rdnr. 39; *Wieczorek*, § 804 Anm. C IV c m.N.).

c) Im Konkurs des Schuldners berechtigt das Pfändungspfandrecht den   378
Gläubiger zur *Absonderung* (§ 49 I Nr. 2 KO). Der Gläubiger kann also den
gepfändeten Gegenstand außerhalb des Konkursverfahrens verwerten lassen
und sich wegen seiner Geldforderung aus dem Erlös befriedigen (vgl. § 127 I
KO).

2. Rechtliche Einordnung, Entstehung und Untergang   379

Welche weitergehende Bedeutung das Pfändungspfandrecht hat, hängt
davon ab, wie es im Verhältnis zu den rechtsgeschäftlichen und gesetzlichen

Pfandrechten rechtlich einzuordnen ist. Dazu werden drei Pfandrechtstheorien vertreten. Diese unterscheiden sich auch in den Voraussetzungen, unter denen ein Pfändungspfandrecht entsteht und untergeht.

a) Es gibt folgende *Pfändungspfandrechtstheorien*:

380   (1) Die *privatrechtliche Theorie* (RGZ 60, 70, 72; 61, 330, 333; 97, 37, 40; 104, 300, 301 f.; 126, 21, 26; *Wolff/Raiser*, Sachenrecht, § 167 III FN 7; *Marotzke*, NJW 1978, 133, 136).

Danach ist das Pfändungspfandrecht in seiner Bedeutung dem vertraglichen und dem gesetzlichen Pfandrecht gleichzustellen. Es handele sich um eine dritte Art des privatrechtlichen Pfandrechts. Wie sich aus § 804 ergebe, sei das Pfändungspfandrecht als die wesentliche Folge der Pfändung anzusehen. Die ganze weitere Vollstreckung stelle sich als Verwirklichung des Pfändungspfandrechts dar. Fehle es, könne deshalb der Ersteher an der versteigerten Sache nicht kraft wirksamer Verwertung, sondern allenfalls kraft guten Glaubens (vgl. § 1244 BGB) Eigentum erwerben. Auch die Entstehung und der Untergang des Pfändungspfandrechts seien davon abhängig, ob die materiellrechtlichen Voraussetzungen dafür erfüllt seien. Deshalb entstehe das Pfändungspfandrecht etwa dann nicht, wenn die gepfändete Sache nicht dem Schuldner gehöre oder die der Vollstreckung zugrundeliegende Forderung nicht bestehe.

Die privatrechtliche Theorie wird heute kaum noch vertreten. Sie stammt aus einer Zeit, in der man die Zwangsvollstreckung noch als privatrechtlichen Vorgang verstand, der lediglich durch staatliche Organe ausgeführt wurde. Heute ist man sich dagegen einig, daß die Vollstreckung entgegen dem Wortlaut der §§ 753, 754 nicht privatrechtlich »im Auftrag« des Gläubigers, sondern als staatliches Verfahren (Rdnr. 1) durchgeführt wird; zwischen dem Vollstreckungsgläubiger und dem Vollstreckungsorgan besteht eine öffentlich-rechtliche Beziehung (Rdnr. 209, 212 f.).

Aus diesem Grund ist die privatrechtliche Theorie abzulehnen und wird im folgenden nicht mehr berücksichtigt.

381   (2) Die sog. *öffentlich-rechtliche Theorie* (BL/*Hartmann*, § 804 Anm. 1 B, 3 B; *Lüke*, JZ 1955, 484 und 1957, 239 ff.; StJ/*Münzberg*, § 804 Rdnr. 1 ff.; *Thomas/Putzo*, § 804 Anm. 2,3 und § 803 Anm. 5 b).

(a) Die *Bedeutung* des Pfändungspfandrechts richte sich nicht nach §§ 1204 ff. BGB, sondern allein nach öffentlichem Recht; denn das Pfändungspfandrecht habe mit dem privatrechtlichen Pfandrecht nichts zu tun. Das öffentlich-rechtliche Pfändungspfandrecht berechtige den Gläubiger zur Verwertung. Hierbei handele es sich aber nur um das prozessuale Recht, die Verwertung zu betreiben und den Erlös zu empfangen, nicht dagegen um das Recht, den erhaltenen Erlös auch zu behalten. Das Pfändungspfandrecht sei nicht geeignet, den Erlös materiellrechtlich endgültig zuzuordnen.

(b) Auch die *Entstehung* des Pfändungspfandrechts sei nach öffentlichem Recht zu beurteilen. Es entstehe unter den gleichen Voraussetzungen, unter denen eine Sache verstrickt werde, also bei jeder wirksamen Pfändung. Verfahrensmängel, die nicht die Unwirksamkeit, sondern nur die Anfechtbarkeit der Pfändung zur Folge hätten (Rdnr. 363), seien für die Entstehung des Pfändungspfandrechts ohne Bedeutung. Da dieses von materiellen Voraussetzungen nicht abhängig sei, entstehe es auch an solchen gepfändeten Sachen, die dem Schuldner nicht gehören. Gleiches gelte, wenn die Forderung, deretwegen die Vollstreckung betrieben werde, nach materiellem Recht nicht bestehe.

(c) Der *Untergang* des Pfändungspfandrechts sei mit dem Wegfall der Verstrickung verbunden. Es erlösche also mit dem Abschluß der Verwertung, bei der Aufhebung der Pfändung durch das Vollstreckungsorgan und bei gutgläubigem lastenfreien (frei von der Verstrickung) Erwerb der gepfändeten Sache durch einen Dritten (Rdnr. 370).

(3) Die sog. gemischt privatrechtlich-öffentlich-rechtliche Theorie (= *gemischte Theorie;* RGZ 156, 395, 398; BGHZ 23, 293, 299; 56, 339, 351; *Baur/Stürner,* Rdnr. 432; *Bruns/Peters,* § 19 III; *Gaul,* Rpfleger 1971, 1,4; *Gerhardt,* § 7 II; *Lippross,* S. 63 f.; *Säcker,* JZ 1971, 156, 162; *Stehle/Bork,* Rdnr. 83; *Werner,* JR 1971, 278, 283).   **382**

(a) Die *Bedeutung* des Pfändungspfandrechts richte sich nach materiellem Recht. Danach sei das Pfändungspfandrecht die Grundlage für die materielle Berechtigung des Vollstreckungsgläubigers an der gepfändeten Sache und nach der Verwertung am erhaltenen Erlös. Das privatrechtlich zu erklärende Pfändungspfandrecht sei jedoch nicht Grundlage der Verwertung. Denn bei dieser handele es sich um einen öffentlich-rechtlichen Vorgang, und die Rechtmäßigkeit der Verwertung hänge nicht vom Pfändungspfandrecht, sondern von der Verstrickung ab.

(b) Die *Entstehung* des privatrechtlich zu erklärenden Pfändungspfandrechts richte sich — abgesehen von dem Begründungsakt — nach den Voraussetzungen, die für die Entstehung eines rechtsgeschäftlichen oder gesetzlichen Pfandrechts erforderlich seien.   **383**

Das hat folgende Konsequenzen:

Da das privatrechtliche Pfandrecht in seinem Bestand von der zu sichernden Forderung abhängig ist (Akzessorietät), entsteht auch das Pfändungspfandrecht nur dann, wenn die Forderung, deretwegen der Gläubiger vollstreckt, besteht.

Die gemischte Theorie erkennt jedoch — im Gegensatz zur privatrechtlichen Theorie — an, daß diese materielle Voraussetzung für die Entstehung des Pfändungspfandrechts vollstreckungsrechtlich modifiziert ist. Deshalb reicht es nach der gemischten Theorie aus, wenn sich die Vollstreckungsforderung aus einem rechtskräftigen Titel ergibt, selbst wenn dieser mit der materiellen Rechtslage nicht übereinstimmt (*Baur/Stürner*, Rdnr. 432, 434).

Ferner ist nach materiellem Recht grundsätzlich nur der Eigentümer einer Sache zur rechtsgeschäftlichen Pfandrechtsbestellung berechtigt (vgl. §§ 1205, 1207 BGB); die gesetzlichen Pfandrechte entstehen ebenfalls nur an den Sachen, die dem Schuldner gehören (vgl. etwa § 557 BGB: Sachen des Mieters; § 647 BGB: Sachen des Bestellers). Deshalb entsteht auch das Pfändungspfandrecht nicht an schuldnerfremden Sachen. Selbst ein gutgläubiger Erwerb ist — anders als nach § 1207 BGB bei der rechtsgeschäftlichen Verpfändung — ausgeschlossen. Denn zum einen gleicht das Pfändungspfandrecht hinsichtlich seiner Entstehung eher dem gesetzlichen Pfandrecht, bei dem nach h.M. ebenfalls ein gutgläubiger Erwerb ausscheidet (BGHZ 34, 122, 124, 127; 34, 153). Außerdem gibt es eine Gutglaubensvorschrift wie den § 898 nur bei der Zwangsvollstreckung nach §§ 894, 897, nicht aber bei der Pfändung beweglicher Sachen (vgl. zum gutgläubigen Erwerb RGZ 60, 70, 72; 90, 193, 198; 97, 34, 40).

Allerdings ist bei der Pfändung schuldnerfremder Sachen § 185 II BGB, der für Verfügungen eines Nichtberechtigten gilt, entsprechend anwendbar. Danach erwirbt der Vollstreckungsgläubiger auch an schuldnerfremden Sachen ein Pfändungspfandrecht, wenn der Schuldner den gepfändeten Gegenstand erwirbt (§ 185 II 1, 2. Fall BGB; BGHZ 56, 339, 351) oder wenn der Eigentümer die Pfändung genehmigt (§ 185 II 1, 1. Fall BGB; *Baur/Stürner*, Rdnr. 439). Im letzten Fall ist nur streitig, zu welchem Zeitpunkt das Pfändungspfandrecht entsteht (vgl. dazu Rdnr. 390).

Kein Pfändungspfandrecht entsteht auch dann, wenn der Gläubiger eine ihm gehörende Sache pfändet. Zwar ist er als Eigentümer grundsätzlich zur Verfügung über die Sache befugt, doch ist dem Gesetz ein Pfandrecht des Gläubigers an eigenen Sachen fremd (vgl. § 1256 BGB). Die Sache wird durch die Pfändung also lediglich verstrickt.

Da beim Pfändungspfandrecht an die Stelle der rechtsgeschäftlichen Verpfändung die Pfändung durch den Gerichtsvollzieher tritt, ist für die Entstehung des Pfändungspfandrechts statt der wirksamen Einigung und Übergabe der Pfandsache die rechtmäßige Pfändung erforderlich. Danach muß die Pfändung nicht nur wirksam sein; vielmehr müssen alle wesentlichen Vollstreckungsvoraussetzungen vorliegen, selbst wenn ihr Fehlen nicht zur Unwirksamkeit, sondern nur zur Anfechtbarkeit der Pfändung führen würde. Lediglich die Verletzung von bloßen Ordnungsvorschriften ist für die Entstehung des Pfändungspfandrechts unschädlich.

Wenn etwa die allgemeinen (Rdnr. 29 ff.) oder die besonderen (Rdnr. 157 ff.) Vollstreckungsvoraussetzungen nicht erfüllt sind oder wenn ein Vollstreckungshindernis (Rdnr. 174 ff.) vorliegt, fehlt es an einer wesentlichen Vollstreckungsvoraussetzung, so daß kein Pfändungspfandrecht entsteht.

Pfändet der Gerichtsvollzieher dagegen, ohne die nach § 761 erforderliche richterliche Anordnung einzuholen (Rdnr. 308 f.), ohne den Schuldner vorher zur freiwilligen Leistung aufzufordern (Rdnr. 316), ohne ihn von der Pfändung zu benachrichtigen (Rdnr. 342) oder ohne bei der Pfändung nach § 808 ein gem. § 762 ordnungsgemäßes Protokoll aufzunehmen (Rdnr. 343; anders aber bei der Anschlußpfändung nach § 826, vgl. Rdnr. 345), verletzt er dadurch lediglich Ordnungsvorschriften, so daß trotzdem ein Pfändungspfandrecht entsteht.

(c) Für den *Untergang* des Pfändungspfandrechts kommen nach der **384** gemischten Theorie mehrere Ursachen in Frage.

(aa) Auch nach dieser Theorie ist das Pfändungspfandrecht von einer wirksamen Pfändung und damit von der Verstrickung abhängig. Das ergibt sich unmittelbar aus § 804 I. Deshalb führt die *Beendigung der Verstrickung* auch zum Wegfall des Pfändungspfandrechts.

(bb) Das privatrechtlich erklärte Pfändungspfandrecht erlischt ferner **385** unter den *Voraussetzungen, unter denen ein rechtsgeschäftliches oder gesetzliches Pfandrecht untergehen würde*, selbst wenn die Verstrickung fortbesteht.
   Erlischt die titulierte Forderung, etwa weil der Schuldner sie tilgt oder weil der Gläubiger sie dem Schuldner erläßt, geht entsprechend § 1252 BGB auch das Pfändungspfandrecht unter (Akzessorietät).
   Nach § 1255 BGB fällt das Pfändungspfandrecht ebenfalls weg, wenn der Gläubiger gegenüber dem Schuldner erklärt, daß er das Pfandrecht aufgebe (Verzicht).
   Allerdings geht nur das Pfandrecht unter; die Verstrickung der gepfändeten Sache bleibt dagegen bestehen, bis sie vom Vollstreckungsorgan aufgehoben wird (Rdnr. 369).
   Entfernt der Gläubiger das Pfandsiegel an der gepfändeten Sache oder ermächtigt er den Schuldner dazu, geht das Pfandrecht entsprechend § 1253 BGB unter. Denn der freiwillige Verzicht des Gläubigers auf die Publizität der Pfändung ist der freiwilligen Rückgabe der Pfandsache gleichzustellen (RGZ 57, 323, 326).
   In diesem Fall dürfte regelmäßig auch ein Verzicht des Gläubigers auf das Pfandrecht (§ 1255 BGB) vorliegen. Auch hier bleibt die Sache verstrickt, weil das öffentlich-rechtliche Gewaltverhältnis nur durch das Vollstreckungsorgan beseitigt werden kann.

Schließlich kann das Pfändungspfandrecht auch durch gutgläubigen lastenfreien Erwerb (§§ 136, 135 II, 932, 936 BGB) eines Dritten erlöschen. Bezieht sich der gute Glaube des Erwerbers auf die Verstrickung, so daß diese kraft guten Glaubens überwunden wird (Rdnr. 370 f.; Fall b), geht das Pfändungspfandrecht schon wegen Wegfalls der Verstrickung unter. Dann kommt es auf die Gutgläubigkeit hinsichtlich des Pfändungspfandrechts nicht mehr an. Im umgekehrten Fall, in dem sich der gute Glaube nicht auf die Verstrickung, sondern nur auf das Pfändungspfandrecht bezieht, geht dieses ebenfalls unter. Der Erwerber wird dann Eigentümer einer zwar nach wie vor verstrickten, aber nicht mehr mit einem Pfändungspfandrecht belasteten Sache (*Baur/Stürner*, Rdnr. 435).

An sich müßte nach der gemischtem Theorie das Pfändungspfandrecht auch dann untergehen, wenn nachträglich eine wesentliche Vollstreckungsvoraussetzung entfällt. Diese Konsequenz wird jedoch nicht gezogen. Vielmehr wird § 868 analog angewandt. Danach verliert der Vollstreckungsgläubiger seine Sicherungshypothek, wenn der Schuldner nach § 776 die Aufhebung der Zwangsvollstreckung verlangen kann. Dementsprechend soll auch das Pfändungspfandrecht nur dann erlöschen, wenn aufgrund eines nachträglich eingetretenen Vollstreckungshindernisses des § 775 die Pfändung nach § 776 aufzuheben ist (vgl. RGZ 121, 349, 351; OLG Hamm JMBl. NW 1955, 175; OLG Oldenburg MDR 1955, 300; *Baur/Stürner*, Rdnr. 435; *Lippross*, S. 68; *Rosenberg*, § 190 II 2 b). Das ist etwa der Fall, wenn der Vollstreckungstitel oder seine vorläufige Vollstreckbarkeit in der Berufungsinstanz aufgehoben wird (§§ 776, 775 Nr. 1).

386   b) Die *Auswirkungen* der Pfandrechtstheorien sind gering.

(1) *Zu gleichen Ergebnissen* kommen die Theorien in folgenden Fällen:

(a) Die *Rechte der Pfändungsgläubiger gegenüber Dritten*, die nicht Gläubiger i.S.d. § 804 II 1. Halbs. sind, ergeben sich nach der gemischten Theorie aus den §§ 1204 ff. BGB, weil das Pfändungspfandrecht als ein privatrechtliches Pfandrecht verstanden wird. Deshalb ist § 1227 BGB unmittelbar anzuwenden. Danach hat der Gläubiger gegenüber Dritten die gleichen Heraus-, Abwehr- und Ersatzansprüche wie gegenüber anderen Gläubigern (Rdnr. 374; *Baur/Stürner*, Rdnr. 436).

Nach der öffentlich-rechtlichen Theorie greift § 1227 BGB zwar unmittelbar nicht ein, weil danach das Pfändungspfandrecht nur ein prozessuales Recht ist. Allerdings handelt es sich bei diesem prozessualen Verwertungsrecht auch nach der öffentlich-rechtlichen Theorie um eine schützenswerte, pfandrechtsähnliche Rechtsstellung (BL/*Hartmann*, § 804 Anm. 3 B; StJ/*Münzberg*, § 804 Rdnr. 18, 20 f.). Deshalb sollen dem Gläubiger des Pfändungspfandrechts zu seinem Schutz gegen Dritte entsprechend § 1227 BGB die Rechte eines Eigentümers zustehen.

Es wäre auch nicht einzusehen, wenn der Gläubiger nach § 804 II 1. Halbs. i.V.m. § 1227 BGB zwar gegen Beeinträchtigungen durch andere Gläubiger, nicht aber gegen Beeinträchtigungen durch sonstige Dritte geschützt wäre.

387   (b) Die *Bedeutung des Pfändungspfandrechts für die Verwertung* zeigt sich bei der Frage, ob der Ersteher an der ersteigerten Sache auch dann, wenn ein Pfändungspfandrecht nicht besteht, auf jeden Fall Eigentum erwirbt oder ob er allenfalls nach den Vorschriften über den gutgläubigen Erwerb vom

Nichtberechtigten Eigentümer werden kann. Auch insoweit kommen die Theorien — wenn auch mit verschiedener Begründung — zum gleichen Ergebnis. Nach der herrschenden gemischten Theorie ist nicht das Pfändungspfandrecht, sondern die Verstrickung der Sache rechtliche Grundlage für die Verwertung. Der Ersteher erwirbt also — unabhängig von seiner Gut- oder Bösgläubigkeit — kraft Hoheitsaktes Eigentum, selbst wenn kein Pfändungspfandrecht besteht. Maßgeblich ist allein, daß die Sache verstrickt, also wirksam gepfändet war.

Insoweit unterscheidet sich die gemischte Theorie von der oben bereits abgelehnten privatrechtlichen Theorie. Nach dieser hängt die Wirksamkeit der Verwertung vom Vorliegen eines Pfändungspfandrechts ab; deshalb soll der Ersteher bei Fehlen eines Pfändungspfandrechts gem. § 1244 BGB nur dann Eigentum erwerben, wenn er gutgläubig vom Vorliegen eines Pfändungspfandrechts ausgeht. Gerade dieses Ergebnis der privatrechtlichen Theorie läßt sich aber mit dem heutigen Verständnis von dem öffentlich-rechtlichen Charakter der Zwangsvollstreckung nicht vereinbaren (schon RGZ 156, 395, 398).

Nach der öffentlich-rechtlichen Theorie ist zwar das prozessuale Pfändungspfandrecht die rechtliche Voraussetzung dafür, daß der Gläubiger die Sache verwerten lassen darf. Da dieses prozessuale Verwertungsrecht aber immer entsteht, wenn die Sache durch die Pfändung verstrickt wird, erwirbt im Ergebnis auch nach dieser Theorie der Ersteher an jeder verstrickten Sache Eigentum.

(c) Von der *Bedeutung des Pfändungspfandrechts für die materielle Rechtslage* nach Abschluß der Verwertung hängt es ab, ob der Gläubiger den Verwertungserlös selbst bei Fehlen eines Pfändungspfandrechts nach materiellem Recht zu Recht erhalten hat und deshalb auch behalten darf. Nach der gemischten Theorie gibt das Pfändungspfandrecht wie ein rechtsgeschäftlich bestelltes Pfandrecht Aufschluß über die materielle Berechtigung des Gläubigers an der gepfändeten Sache. Soweit dem Gläubiger das Pfandrecht zusteht, hat er danach auch Anspruch auf den Erlös, und er darf den erhaltenen Erlös nach materiellem Recht behalten (vgl. § 1247 BGB; dazu *Baur*, Sachenrecht, § 55 B IV 2 d). Wenn zwar die Verwertung der gepfändeten Sache wirksam ist, so daß der Ersteher Eigentümer wird, jedoch kein Pfändungspfandrecht entstanden ist, fehlt dem Gläubiger die materielle Berechtigung an der Pfandsache und damit auch am Erlös. Danach hat er den Erlös ohne Rechtsgrund erhalten und muß ihn nach Bereicherungsrecht an den ursprünglichen Eigentümer der Sache herausgeben.

Nach der öffentlich-rechtlichen Theorie kann der Fall, daß trotz wirksamer Verstrickung kein Pfändungspfandrecht entsteht, nicht vorkommen. Jede Verstrickung hat vielmehr notwendig ein Pfändungspfandrecht zur Folge. Dieses wird aber dem öffentlichen Recht zugeordnet, und aus ihm wird kein materielles Recht des Gläubigers an der Sache und am Erlös, son-

388

dern nur ein prozessuales Verwertungsrecht hergeleitet. Ob der Gläubiger den Verwertungserlös behalten darf, richtet sich nicht nach dem Pfändungspfandrecht, sondern danach, ob der Vollstreckungsschuldner auch nach materiellem Recht Schuldner des Vollstreckungsgläubigers ist und Eigentümer der verwerteten Sache war. Besteht nach materiellem Recht keine Forderung des Gläubigers gegen den Schuldner oder war der Schuldner nicht Eigentümer der Sache, hat der Gläubiger den Erlös ohne Rechtsgrund erlangt und muß ihn nach Bereicherungsrecht an den früheren Eigentümer der Sache herausgeben. Da aber in diesen Fällen nach der gemischten Theorie kein Pfändungspfandrecht entsteht (kein Pfandrecht ohne schuldrechtlichen Anspruch; kein Pfandrecht an schuldnerfremden Sachen; vgl. Rdnr. 383), kommen die Theorien auch insoweit zum gleichen Ergebnis: Bei der Versteigerung einer schuldnerfremden Sache ist der Vollstreckungsgläubiger dem früheren Eigentümer zur Herausgabe des Erlöses verpflichtet (dazu im einzelnen noch Rdnr. 464 ff.).

389   (2) *Zu verschiedenen Ergebnissen* kommen die Theorien lediglich in solchen Fällen, deren Lösung vom Entstehungszeitpunkt des Pfändungspfandrechts abhängt.

(a) Das ist insbesondere *im Konkurs des Schuldners* der Fall. Nach § 49 I Nr. 2 KO ist der Vollstreckungsgläubiger im Konkurs des Schuldners zur Absonderung berechtigt, wenn er vor Konkurseröffnung (vgl. § 14 KO) ein Pfändungspfandrecht erworben hat. Da die öffentlich-rechtliche Theorie an die Entstehung des Pfändungspfandrechts geringere Voraussetzungen knüpft als die anderen Theorien, kann der Fall eintreten, daß der Vollstreckungsgläubiger nur nach der öffentlich-rechtlichen Theorie Absonderung verlangen kann.

Im Fall e hat G zunächst eine schuldnerfremde Sache pfänden lassen. Nach der öffentlich-rechtlichen Theorie ist trotzdem mit der wirksamen Verstrickung des Schrankes ein Pfändungspfandrecht entstanden. Aufgrund dieses vor Konkurseröffnung erworbenen Pfändungspfandrechts kann G im Konkurs des S Absonderung des Schrankes verlangen. — Nach der gemischten Theorie ist dagegen bei der Pfändung kein Pfändungspfandrecht entstanden, weil S zu dieser Zeit nicht Eigentümer des Schrankes war. Entsprechend § 185 II 1 BGB konnte G ein Pfändungspfandrecht erst erwerben, als S den Schrank von G zurückübereignet erhielt (*Werner*, JR 1971, 278, 286). In diesem Zeitpunkt war jedoch bereits das Konkursverfahren über das Vermögen des S eröffnet, so daß das Vollstreckungshindernis des § 14 KO (Rdnr. 188) der Entstehung eines zur Absonderung berechtigenden Pfändungspfandrechts entgegenstand.

Im Fall f erfolgte die Pfändung, obwohl die besondere Vollstreckungsvoraussetzung des § 756 (Rdnr. 171 ff.) nicht vorlag. Nach der öffentlich-rechtlichen Theorie erwarb G trotzdem vor Konkurseröffnung ein Pfändungspfandrecht; denn die Pfändung war nicht unwirksam, so daß das Gemälde verstrickt wurde. Danach ist G zur Absonderung berechtigt. — Nach der gemischten Theorie ist dagegen ein

Pfändungspfandrecht zunächst nicht entstanden, weil eine wesentliche Vollstrekkungsvoraussetzung fehlte. Durch den späteren Nachweis der Rückgabe des Arbeitsgeräts könnte G allenfalls nachträglich (ex nunc) ein Pfändungspfandrecht erworben haben; eine rückwirkende Heilung des Mangels (ex tunc) kommt nicht in Betracht, da sich andernfalls der gesetzwidrig vorgehende Gläubiger einen ungerechtfertigten Vorteil verschaffen würde (*Baur/Stürner*, Rdnr. 144, 439). Der Erwerb eines Pfändungspfandrechts im Zeitpunkt des Nachweises scheitert aber an der zwischenzeitlichen Konkurseröffnung über das Vermögen des S.

(b) Auch *bei der Bestimmung des Rangverhältnisses* zwischen mehreren Gläubigern können die Pfändungspfandrechtstheorien zu verschiedenen Ergebnissen kommen. Wenn nämlich das Pfändungspfandrecht nach allen Theorien endgültig rangwahrende Wirkung hat, kommt es auf den Entstehungszeitpunkt der Pfandrechte an (§ 804 III). Der Entstehungszeitpunkt wird von den Theorien dann unterschiedlich beurteilt, wenn bei einer anfechtbaren Pfändung der Vollstreckungsmangel nachträglich geheilt wird.

Nach der gemischten Theorie entsteht in solchen Fällen das Pfändungspfandrecht erst im Zeitpunkt der Heilung (Rdnr. 389).

Nach der öffentlich-rechtlichen Theorie wird das Pfandrecht dagegen bereits mit der Verstrickung begründet (Rdnr. 381), und für die Bestimmung der Rangstelle wird aus Gründen der materiellen Gerechtigkeit nur dann auf den späteren Zeitpunkt der Heilung abgestellt, wenn der Gläubiger auch bei Einhaltung aller Formvorschriften erst zu diesem späteren Zeitpunkt hätte vollstrecken dürfen (z.B. bei Pfändung vor Ablauf des im Titel bestimmten Kalendertages, vgl. § 751 I); besteht der Verfahrensmangel dagegen lediglich in der Verletzung einer formellen Vorschrift (z.B. fehlende oder fehlerhafte Zustellung, vgl. § 750 I; fehlender Nachweis der tatsächlich erbrachten Sicherheitsleistung, vgl. § 751 II), wird durch seine Heilung der bei der Pfändung begründete Rang (ex tunc) endgültig gesichert (StJ/*Münzberg*, § 750 Rdnr. 11—13; *Zöller/Stöber*, § 878 Rdnr. 10; vgl. auch BL/*Hartmann*, Einf §§ 750—751 Anm. 2; siehe auch Rdnr. 497).

Im Fall g hat G_1 nach der öffentlich-rechtlichen Theorie vor dem G_2 ein Pfändungspfandrecht erworben. Der dadurch für die Verteilung des Erlöses begründete Vorrang ist zwar nicht endgültig, sondern unterliegt der nachträglichen Korrektur, wenn G_2 sich mit Erfolg auf einen Vollstreckungsmangel berufen kann (Rdnr. 495 ff.). Jedoch läßt sich die unterlassene Zustellung nachholen und dadurch der Vollstrekkungsmangel heilen. Deshalb wurde durch die spätere Zustellung der vorläufige Rang des G_1 endgültig gesichert; es besteht kein Vollstreckungsmangel mehr. Die öffentlich-rechtliche Theorie führt also dazu, daß die Heilung von lediglich formellen Mängeln für die Bestimmung des Ranges rückwirkende Kraft hat.

Nach der gemischten Theorie wird dagegen durch die nachgeholte Zustellung der Mangel nur mit Wirkung ex nunc geheilt. Die Heilung hat keine rückwirkende Kraft (*Baur/Stürner*, Rdnr. 144, 326; vgl. auch RGZ 83, 336, 340). Das ursprünglich wegen Fehlens einer wesentlichen Vollstreckungsvoraussetzung (Zustellung) nicht entstan-

390

dene Pfändungspfandrecht wurde deshalb nach dieser Theorie erst im Zeitpunkt der Zustellung, also später als das Pfändungspfandrecht des G_2, begründet. Nach der gemischten Theorie kann G_2 daher mit Erfolg Widerspruchsklage gem. § 878 erheben (vgl. auch Rdnr. 497).

391   c) In den Fällen, die nach allen Theorien gleich gelöst werden, kann der Theorienstreit offenbleiben. Lediglich dann, wenn die Pfandrechtstheorien zu verschiedenen Ergebnissen führen, ist eine *Entscheidung zwischen den Theorien* erforderlich.

(1) Die entscheidenden *Bedenken gegen die privatrechtliche Theorie* wurden bereits genannt (Rdnr. 380). Gegen sie spricht vor allem, daß wegen des öffentlich-rechtlichen Charakters der Zwangsvollstreckung die Wirksamkeit der Verwertung und der Eigentumserwerb des Erstehers nicht von einem privaten Pfändungspfandrecht abhängen können.

392   (2) Die *Schwäche der öffentlich-rechtlichen Theorie* besteht darin, daß sie aus dem Pfändungspfandrecht, welches bei jeder Verstrickung entstehen soll, nur eine prozessuale Verwertungsbefugnis des Vollstreckungsgläubigers herleitet; dagegen soll das Pfandrecht dem Gläubiger kein materielles Recht geben, sich durch Verwertung der Sache zu befriedigen. Nach dieser Theorie hat also das Pfändungspfandrecht (jedenfalls bei der Verwertung) gegenüber der Verstrickung, mit der es unlösbar verbunden sein soll, keine eigene Funktion. Deshalb wird es auch von manchen Vertretern der öffentlich-rechtlichen Theorie als überflüssig angesehen (BL/*Hartmann*, § 804 Anm. 1 A; StJ/*Münzberg*, § 804 Rdnr. 1). Das ist aber mit der gesetzlichen Regelung des Pfändungspfandrechts kaum zu vereinbaren. Gleiches gilt, soweit selbst der durch das Pfändungspfandrecht begründete Rang nicht endgültig sein soll, sondern im Verteilungsverfahren (Rdnr. 476 ff.) noch nach materiellem Recht korrigierbar sei (StJ/*Münzberg*, § 878 Anm. II; vgl. auch Rdnr. 494); diese Ansicht wird der Regelung des § 804 III nicht gerecht. Im übrigen läßt sich aus der Tatsache, daß die Zwangsvollstreckung ein staatliches Verfahren ist, nicht herleiten, daß dem Pfändungspfandrecht keine materiellrechtliche Wirkung zukommen kann. Vielmehr gibt etwa § 49 I Nr. 2 KO dem Gläubiger des Pfändungspfandrechts ausdrücklich ein (materielles) Recht zur abgesonderten Befriedigung. Deshalb ist es nicht einzusehen, warum das Pfändungspfandrecht außerhalb des Schuldnerkonkurses dem Vollstreckungsgläubiger kein materielles Recht zur Befriedigung gewähren soll.

393   (3) Demgegenüber ist die *gemischte Theorie* in sich widerspruchsfrei. Dem öffentlich-rechtlichen Charakter des Verfahrens trägt sie dadurch Rechnung, daß sie in der öffentlich-rechtlichen Verstrickung die rechtliche Grundlage für die Wirksamkeit aller weiteren Vollstreckungsakte einschließlich der Verwertung sieht. Die Bedeutung des Pfändungspfandrechts, wie sie

der Gesetzgeber etwa in § 49 I Nr. 2 KO und auch in § 804 II, III zum Ausdruck gebracht hat, wird nach der gemischten Theorie durch die privatrechtliche Einordnung des Pfändungspfandrechts einleuchtend erklärt. Fälle, in denen man dem Theorienstreit nicht ausweichen kann, sind daher nach der gemischten Theorie zu lösen (vgl. die Nachw. in Rdnr. 382).

Zweites Kapitel Die Verwertung der gepfändeten beweglichen Sachen

394

Der Gläubiger, der die Zwangsvollstreckung wegen einer Geldforderung betreibt, will im Ergebnis durch Geldzahlung befriedigt werden. Dafür reicht allein die Pfändung beim Schuldner nicht aus. Die gepfändete Sache muß erst noch zu Geld gemacht und das Geld an den Gläubiger ausgekehrt werden. Zu diesem Zweck erfolgt die Verwertung der Sache.

§ 15 Die Durchführung der Verwertung

Die Verwertung ist in den §§ 813a bis 825, 827 geregelt. Sie schließt sich als zweiter Teil der Zwangsvollstreckung an die Pfändung an, ohne daß es eines Antrags des Gläubigers bedarf.

Lediglich dann, wenn die Zwangsvollstreckung nicht der Befriedigung, sondern nur der Sicherung des Gläubigers dient, werden die gepfändeten Sachen nicht verwertet. Das ist etwa bei der bloßen Sicherungsvollstreckung nach § 720a (Rdnr. 69) und bei der Vollziehung eines Arrestes in bewegliches Vermögen nach § 930 (Rdnr. 1541 ff.) der Fall.

Sowohl der Gläubiger als auch der Schuldner können allerdings auf Antrag die Aussetzung der Verwertung erreichen. Das ergibt sich für den Gläubiger daraus, daß er jederzeit den Vollstreckungsauftrag ganz zurücknehmen kann (Dispositionsmaxime; Rdnr. 209); deshalb muß für ihn erst recht die Möglichkeit bestehen, die vorübergehende Aussetzung der Zwangsvollstreckung herbeizuführen (vgl. dazu § 141 Nr. 2 GVGA). Davon wird er etwa dann Gebrauch machen, wenn der Schuldner sich zur Ratenzahlung bereiterklärt oder die Zahlung zu einem bestimmten Termin zusagt. Auf Antrag des Schuldners kann zwar nicht der Gerichtsvollzieher, wohl aber das Vollstreckungsgericht einen zeitweiligen Verwertungsaufschub anordnen. Voraussetzung ist gem. § 813a I, daß die Aussetzung nach der Person und den wirtschaftlichen Verhältnissen des Schuldners sowie nach der Schuld angemessen erscheint und nicht überwiegende Belange des Gläubigers entgegenstehen (Ausnahme in Wechselsachen, § 813a VI).

Der Schuldner muß den Antrag grundsätzlich binnen zwei Wochen nach der Pfändung stellen (§ 813a II). Über ihn entscheidet das Vollstreckungsgericht durch den Rechtspfleger (§ 20 Nr. 17 RPflG). Der Gläubiger ist vor der Entscheidung grundsätzlich zu hören (§ 813a V). Die Verwertung kann durch das Vollstreckungsgericht mehrmals ausgesetzt (§ 813a III), allerdings nicht länger als für insgesamt ein Jahr nach der Pfändung hinausgeschoben werden (§ 813a IV). Gegen die Entscheidung des Rechtspflegers findet die befristete Erinnerung nach § 11 I 2 RPflG statt. Die Entscheidung des Richters ist unanfechtbar (§ 813a V 4), allerdings nur, soweit die Ermessensausübung gerügt wird; andere Mängel (z.B. Zuständigkeit) können mit der sofortigen Beschwerde nach § 793 geltend gemacht werden.

Falls eine Aussetzung nicht erfolgt, bestehen für die Durchführung der Verwertung die folgenden Möglichkeiten.

395   I. Öffentliche Versteigerung

Schrifttum: *Alisch*, Die Berücksichtigung von Drittinteressen durch den Gerichtsvollzieher bei der Pfandverwertung, DGVZ 1979, 81; *Dünkel*, Öffentliche Versteigerung und gutgläubiger Erwerb, 1970; *Frank/Veh*, Gutgläubiger Erwerb beweglicher Sachen im Wege öffentlicher Versteigerung, JA 1983, 249; *v. Gerkan*, Der Erwerb einer schuldnerfremden beweglichen Pfandsache durch den Vollstreckungsgläubiger als Ersteher, MDR 1962, 784; *Huber*, Die Versteigerung gepfändeter Sachen, 1970; *Lindacher*, Fehlende oder irreguläre Pfändung und Wirksamkeit des vollstreckungsrechtlichen Erwerbs, JZ 1970, 360; *Lüke*, Die Übereignung der gepfändeten Sache durch den Gerichtsvollzieher, ZZP 67, 356; *ders.*, Die Versteigerung der gepfändeten Sache durch den Gerichtsvollzieher, ZZP 68, 341; *Noack*, Das Versteigerungsgeschäft und die Bedeutung des Mindestgebots für die Verwertung, DGVZ 1967, 34; *Pinger*, Der Gläubiger als Ersteigerer einer schuldnerfreien Sache, JR 1973, 94; *Schreiber*, Die Verschleuderung von Schuldnervermögen (§ 817a ZPO), JR 1979, 236; *Tiedtke*, Gutgläubiger Erwerb im bürgerlichen Recht, im Handels- und Wertpapierrecht sowie in der Zwangsvollstreckung, 1985.

Fälle:

a) G vollstreckt wegen einer Forderung von 1 000,— DM in einen Teppich des S, der einen Verkaufswert von 1 500,— DM hat. G und S bieten bei der Versteigerung selbst mit. G bietet 800,— DM, S 900,— DM. Beide sind aber nicht bereit, im Versteigerungstermin mehr als die Kosten der Zwangsvollstreckung in bar zu entrichten. Wird Gv einem von ihnen den Zuschlag an dem Teppich erteilen?

b) E gibt das Meistgebot von 500,— DM für einen Schrank ab und erhält den Zuschlag. Danach stellt er fest, daß der Schrank wegen seiner Ausmaße nicht in seine

Wohnung paßt, und er verweigert die Bezahlung. Deshalb versteigert Gv den Schrank erneut. Das Meistgebot beträgt jetzt nur 400,— DM. Muß E Ersatz leisten? An wen?

c) E erhält aufgrund seines Gebots den Zuschlag für eine gebrauchte Waschmaschine. Später stellt er fest, daß die Maschine nicht wasserdicht und deshalb nur nach einer Reparatur zu gebrauchen ist. Kann E wandeln oder mindern?

d) Gv versteigert einen »echten Perserteppich«, dessen Verkaufswert er auf 1 000,— DM festsetzt. E ersteigert den Teppich für 600,— DM. Später stellt er fest, daß der Teppich »unecht« ist und allenfalls einen Verkaufswert von 500,— DM hat. Kann E sein Gebot anfechten?

e) Im Fall b war E geschäftsunfähig.

f) Gv hat in einem Lager des S 100 Kartons mit Schuhen durch Aufstellen einer Pfandanzeige gepfändet. Auf Anweisung des G gibt er 50 nach Seriennummern bezeichnete Kartons wieder frei und vermerkt das auf der Pfandanzeige. Trotzdem werden versehentlich alle 100 Kartons bei S abgeholt, in der Versteigerung dem E zugeschlagen und abgeliefert. S verlangt die 50 freigegebenen Kartons von E heraus.

g) Gv unterläßt es, Zeit und Ort der Versteigerung öffentlich bekanntzumachen. Bei der Versteigerung ist sein Freund E, den Gv unterrichtet hat, der einzige Bieter und erhält den Zuschlag. Erwirbt E nach Ablieferung Eigentum an der versteigerten Sache?

h) Im Fall a gehörte der Teppich nicht dem S, sondern dem D. Erwirbt G Eigentum am Teppich, obwohl er das Meistgebot nicht in bar entrichtet?

Die gepfändeten Sachen sind von dem Gerichtsvollzieher öffentlich zu versteigern (§ 814). Die öffentliche Versteigerung ist die vom Gesetz vorgesehene Regelform der Verwertung. Sie ist wie die Pfändung ein staatlicher Hoheitsakt. Zuständig für die Durchführung ist der Gerichtsvollzieher, der die erste Pfändung vorgenommen hat. Er führt die Versteigerung nicht nur für den Gläubiger durch, für den er zuerst gepfändet hat, sondern für alle beteiligten Gläubiger (§ 827 I).

1. Termin und Ort der öffentlichen Versteigerung   396

Der zuständige Gerichtsvollzieher bestimmt den Termin und den Ort der Versteigerung.

a) Der *Termin* darf nicht vor Ablauf einer Woche seit der Pfändung anberaumt werden, sofern das nicht dem übereinstimmenden Willen von Gläubiger und Schuldner entspricht oder aus wirtschaftlichen Gründen erforderlich ist (§ 816 I). Durch diese Frist soll der Schuldner Gelegenheit erhalten, die Verwertung durch rechtzeitige Zahlung abzuwenden. Die Versteigerung soll aber im Interesse einer zügigen Abwicklung der Zwangsvollstreckung und zur Vermeidung einer Wertminderung der gepfändeten Sachen auch nicht später als einen Monat nach der Pfändung stattfinden (§ 142 Nr. 3 GVGA).

Eine Sonderregelung für den Termin der Versteigerung trifft § 824. Danach dürfen gepfändete Früchte, die vom Boden noch nicht getrennt sind (§ 810, Rdnr. 231), erst nach der tatsächlichen Reife versteigert werden. Zu weiteren Besonderheiten bei der Versteigerung von Früchten vgl. § 153 GVGA.

397   b) Der *Ort* der Versteigerung muß in der Gemeinde liegen, in der die Pfändung geschehen ist, oder an einem anderen Ort im Bezirk des Vollstreckungsgerichts, sofern sich Gläubiger und Schuldner nicht über einen dritten Ort einigen (§ 816 II).

Der Gerichtsvollzieher kann als Versteigerungslokal etwa eine Gaststätte oder sein Pfandlager bestimmen. In der Wohnung oder den Geschäftsräumen des Schuldners darf die Versteigerung allerdings nur stattfinden, wenn der Schuldner damit einverstanden ist (OLG Hamm NJW 1985, 75); das ergibt sich aus Art. 13 GG.

Wechselt der Schuldner seinen Wohnsitz zwischen Pfändung und Verwertung und nimmt er die in seinem Gewahrsam verbliebenen Pfandstücke mit, gibt der Gerichtsvollzieher den Vollstreckungsauftrag an den für den neuen Wohnsitz des Schuldners zuständigen Gerichtsvollzieher weiter (BL/*Hartmann*, § 816 Anm. 2 B b; StJ/*Münzberg*, § 816 Rdnr. 2).

398   c) Zeit und Ort der Versteigerung sind unter allgemeiner Bezeichnung der zu versteigernden Sachen *öffentlich bekannt zu machen* (§ 816 III). Dadurch sollen die Personen, die im Einzelfall als Bieter in Betracht kommen, möglichst umfassend auf die bevorstehende Versteigerung hingewiesen werden, um durch Heranziehung zahlreicher Bieter ein günstiges Versteigerungsergebnis zu erzielen.

Die Art der Bekanntmachung bestimmt der Gerichtsvollzieher nach pflichtgemäßem Ermessen. Er wird je nach Ortsüblichkeit Aushänge machen oder/und Zeitungsanzeigen aufgeben. Die Bekanntmachung muß spätestens einen Tag vor dem Versteigerungstermin erfolgen, sofern das nicht unmöglich ist, etwa weil die Sachen wegen der Gefahr des Verderbs sofort versteigert werden müssen (vgl. § 143 Nr. 1 GVGA). Sie soll auch den Hinweis enthalten, wann und wo die Pfandstücke vor der Versteigerung besichtigt werden können.

Abgesehen von der öffentlichen Bekanntmachung hat der Gerichtsvollzieher die beteiligten Gläubiger und den Schuldner von dem Versteigerungstermin besonders zu benachrichtigen (§ 142 Nr. 4 GVGA).

399   2. Ablauf des Versteigerungstermins

a) Nachdem der Gerichtsvollzieher die zu versteigernden Sachen zum Verkauf und zur Besichtigung durch Kauflustige bereitgestellt hat (§ 144

Nr. 1 GVGA), folgt die *Eröffnung des Termins*. Dieser beginnt damit, daß der Gerichtsvollzieher die Versteigerungsbedingungen (vgl. §§ 817, 817a) bekannt gibt (§ 145 Nr. 1 GVGA). Anschließend bietet er nacheinander die einzelnen Pfandstücke aus und fordert die Interessenten auf, Gebote abzugeben. Dabei gibt er den gewöhnlichen Verkaufswert der Sache und das Mindestgebot bekannt. Dieses beträgt die Hälfte des gewöhnlichen Verkaufswertes (§ 817a I); bei Gold- und Silbersachen ist der Gold- oder Silberwert maßgebend, falls er über der Hälfte des Verkaufswertes liegt (§ 817a III).

b) Das *Gebot* enthält das Angebot, die jeweilige Pfandsache gegen Zahlung des genannten Betrages zu erwerben. Jedes Gebot erlischt, sobald ein höheres Gebot (Übergebot) abgegeben wird (§ 817 I i.V.m. § 156, 2 BGB).   **400**

Aufgrund des Gebots hat der Gerichtsvollzieher jedoch keinen Erfüllungsanspruch auf Zahlung. Das ergibt sich aus § 817 III. Danach ist die Sache erneut zu versteigern, wenn der Meistbietende, dem der Zuschlag erteilt wurde, seine Zahlungspflicht nicht erfüllt. Der Meistbietende haftet dann lediglich für den Ausfall, wenn bei der erneuten Versteigerung das ursprüngliche Meistgebot nicht erreicht wird (§ 817 III 2).

An der Abgabe von Geboten kann sich jedermann beteiligen; denn die Versteigerung ist öffentlich (§ 814). Auch der vollstreckende Gläubiger und der Schuldner können mitbieten (Fall a). Das ergibt sich aus § 1239 I 1 BGB, auf den § 816 IV verweist. Allerdings muß der Schuldner den gebotenen Betrag sofort in bar hinterlegen; andernfalls wird sein Gebot zurückgewiesen (Fall a; § 816 IV i.V.m. § 1239 II BGB).

Nicht mitbieten dürfen dagegen der Gerichtsvollzieher selbst, seine Hilfspersonen und seine Angehörigen (§§ 456, 458 BGB; § 141 Nr. 4 GVGA); dadurch soll die unparteiliche Durchführung der Versteigerung gewährleistet werden. Ferner kann der Gerichtsvollzieher Händlerringe und andere Personen von der Versteigerung ausschließen, wenn er Anhaltspunkte dafür hat, daß diese Personen durch Absprachen andere davon abhalten, Gebote abzugeben, damit einer von ihnen die Sache im gemeinsamen Interesse zu einem niedrigen Gebot ersteigern kann (§ 145 Nr. 3 GVGA).

c) Bleiben die Gebote unter dem Mindestgebot des § 817a I, hat das die   **401**
Versagung des Zuschlags zur Folge, sofern nicht alle beteiligten Gläubiger und der Schuldner mit der Erteilung des Zuschlags einverstanden sind oder die sofortige Versteigerung aus wirtschaftlichen Gründen dringend geboten ist (§ 145 Nr. 2 c GVGA). Das Pfandrecht des Gläubigers bleibt bestehen (§ 817a II 1). Die abgegebenen Gebote erlöschen (§ 817 I i.V.m. § 156, 2 BGB). Der Gerichtsvollzieher hat auf Antrag des Gläubigers einen neuen Versteigerungstermin anzuberaumen; der Gläubiger kann aber auch die Anordnung anderweitiger Verwertung nach § 825 (Rdnr. 425 ff.) beantragen

(§ 817a II). Bleibt die Versteigerung auch im neuen Termin oder der Versuch anderweitiger Verwertung ohne Erfolg, kann der Gerichtsvollzieher nach Anhörung des Gläubigers die Pfändung aufheben (§ 145 Nr. 2 c GVGA).

402　　d) Die *Erteilung des Zuschlags* setzt voraus, daß das Mindestgebot erreicht wird. Der Gerichtsvollzieher hat den Zuschlag demjenigen zu erteilen, der das höchste Gebot abgibt (dem Meistbietenden). Dem Zuschlag soll ein dreimaliger Aufruf vorausgehen (§ 817 I).

403　　e) Die *Übergabe der Sache* an den Ersteher erfolgt nach Erteilung des Zuschlags. Sie setzt allerdings voraus, daß der Ersteher bare Zahlung leistet (§ 817 II). Verweigert er die rechtzeitige Zahlung, wird die zugeschlagene Sache anderweit versteigert. Dabei wird der Meistbietende der ersten Versteigerung zu einem weiteren Gebot nicht zugelassen (§ 817 III).

Wird der Zuschlag dem Gläubiger erteilt, ist dieser von der Pflicht zur Barzahlung insoweit befreit, als der Erlös zu seiner Befriedigung zu verwenden ist (§ 817 IV 1). Auf diese Weise wird ein unnötiges Hin- und Herschieben von Geld vermieden. Der Gläubiger muß nur die Beträge bar bezahlen, die zur Deckung der Zwangsvollstreckungskosten erforderlich sind oder sich nach seiner Befriedigung als Überschuß ergeben. Sofern aber dem Schuldner nachgelassen ist, durch Sicherheitsleistung oder durch Hinterlegung die Vollstreckung abzuwenden, muß auch der ersteigernde Gläubiger Barzahlung leisten (§ 817 IV 1).

Im Fall a wird Gv dem G den Zuschlag erteilen und ihm den Teppich übergeben; denn der Erlös von 800,— DM ist in voller Höhe zur Befriedigung des G zu verwenden, ohne daß ein Überschuß verbleibt. Es reicht also aus, wenn G die Kosten der Zwangsvollstreckung in bar bezahlt.

404　　f) Der *Versteigerungserlös* ist vom Gerichtsvollzieher nach Abzug der Vollstreckungskosten in der Höhe an den Gläubiger abzuliefern, die zu dessen Befriedigung erforderlich ist. Verbleibt ein Überschuß, gebührt er dem Schuldner. Zu Einzelheiten der Auskehr des Erlöses vgl. noch Rdnr. 447 ff.

g) Die *Einstellung der Versteigerung* erfolgt, sobald der Erlös zur Befriedigung des Gläubigers und zur Deckung der Kosten der Zwangsvollstreckung hinreicht (§ 818).

Die Versteigerung endet schon vorher, wenn alle Pfandstücke versteigert sind oder die Versteigerung vergeblich versucht wurde.

h) Über den Ablauf der Versteigerung hat der Gerichtsvollzieher ein *Protokoll* aufzunehmen (§ 762). Für den Inhalt des Protokolls enthält § 146 GVGA ausführliche Regelungen.

3. Rechtliche Einordnung der Versteigerungsakte 405

Abgesehen von der Einhaltung der Formalien besteht die Versteigerung der gepfändeten Sache aus drei Akten: der Abgabe von Geboten, der Erteilung des Zuschlags und der Ablieferung der Sache an den Ersteher. Die rechtliche Einordnung dieser Versteigerungsakte ist dafür von Bedeutung, unter welchen Voraussetzungen und in welchem Zeitpunkt der Ersteher Eigentümer der Sache wird und ob er die Sache nach materiellem Recht auch behalten darf.

a) Allein durch die Erteilung des Zuschlags wird der Meistbietende nicht Eigentümer der versteigerten Sache. Diese muß erst noch abgeliefert werden (vgl. § 817 II). Deshalb haben *Gebot und Zuschlag* keine dingliche, sondern nur eine schuldrechtliche Bedeutung. Der Zuschlag ist die Antwort auf das in dem Gebot liegende Angebot, die Pfandsache gegen Zahlung des genannten Betrages zu erwerben.

(1) Über die rechtliche Bewertung von Gebot und Zuschlag gibt es einen 406 *Meinungsstreit.* Einig ist man sich zwar heute darüber, daß es sich bei diesen Erklärungen wegen der hoheitlichen Tätigkeit des Gerichtsvollziehers nicht um privatrechtliche Willenserklärungen handeln kann, die zu einem Pfandverkauf nach §§ 1228 ff. BGB führen (so aber noch *Wolff/Raiser*, Sachenrecht, § 167 III). Umstritten ist dagegen, ob durch Gebot und Zuschlag überhaupt ein Vertrag zustandekommt. Teilweise wird vertreten, daß zwischen dem Meistbietenden und dem Staat, vertreten durch den Gerichtsvollzieher, ein kaufrechtsähnlicher öffentlich-rechtlicher Vertrag geschlossen wird (OLG München DGVZ 1980, 122, 123; BL/*Hartmann*, § 817 Anm. 2 B; *Baur/Stürner*, Rdnr. 472; *Thomas/Putzo*, § 817 Anm. 2). Nach a.A. handelt es sich bei dem Zuschlag um einen auf das Meistgebot reagierenden einseitigen staatlichen Hoheitsakt (StJ/*Münzberg*, § 817 Rdnr. 20).

(2) Dieser Meinungsstreit hat jedoch *keine praktische Bedeutung;* denn 407 auch nach der Ansicht, die von einem kaufrechtsähnlichen Vertrag ausgeht, finden weder die kaufrechtlichen Regelungen noch die allgemeinen Vorschriften über Willenserklärungen ohne weiteres Anwendung (vgl. nur *Baur/Stürner*, Rdnr. 472).

(a) So hat der Meistbietende aufgrund des Zuschlags zwar einen Anspruch auf Ablieferung der Sache; jedoch kann er diesen Anspruch — im Gegensatz zum Käufer — nicht mit der Leistungsklage geltend machen. Denn die Weigerung des Gerichtsvollziehers, nach Erteilung des Zuschlags die Pfandsache abzuliefern, betrifft die Art und Weise der Zwangsvollstreckung. Einwendungen dagegen kann der Ersteher nur mit dem speziellen Rechtsbehelf der Erinnerung (§ 766) erheben.

Dem Staat, vertreten durch den Gerichtsvollzieher, steht aufgrund des Gebotes überhaupt kein Erfüllungsanspruch zu (vgl. § 817 III; Rdnr. 400).

Im Fall b ist E nicht zur Bezahlung des Schrankes verpflichtet. Er haftet jedoch nach § 817 III 2 für den Ausfall in Höhe von 100,– DM, der dadurch entsteht, daß bei der erneuten Versteigerung des Schrankes nur ein Höchstgebot von 400,– DM erzielt wird. Aus dem Gesetz ergibt sich nicht, wer Gläubiger dieses Ausfallanspruchs ist. Da es sich bei § 817 III 2 im Ergebnis um einen Schadensersatzanspruch handelt, steht er demjenigen zu, der durch das geringere Höchstgebot bei der zweiten Versteigerung einen Schaden erlitten hat. Das ist der, dem der höhere Betrag bei der ersten Versteigerung zugute gekommen wäre, also der Schuldner, wenn die Versteigerung zu einem Übererlös geführt hätte, oder der Gläubiger, wenn der höhere Betrag zu seiner Befriedigung verwendet worden wäre (*Lippross*, S. 73 f.; StJ/*Münzberg*, § 817 Rdnr. 17).

408   (b) Ferner hat der Ersteher — im Gegensatz zum Kaufrecht — *keine Gewährleistungsrechte* bei Sach- oder Rechtsmängeln der ersteigerten Sache (§ 806; vgl. auch § 461 BGB).

Im Fall c kann E weder wandeln noch mindern. Er hat die gebrauchte Waschmaschine auf eigenes Risiko ersteigert.

409   (c) Eine *Anfechtung* des Gebots nach §§ 119 ff. BGB ist *ausgeschlossen,* wenn man in dem Gebot nur eine Prozeßhandlung sieht, die allein nach Verfahrensrecht zu beurteilen ist (StJ/*Münzberg*, § 806 Rdnr. 3). Aber selbst die Vertreter der Meinung, nach der in dem Gebot ein materiellrechtliches Vertragsangebot liegt, lehnen jedenfalls eine Anfechtungsmöglichkeit wegen Irrtums ab (*Baur/Stürner*, Rdnr. 472; *Lippross*, S. 74). Das läßt sich mit § 806 begründen; denn eine Anfechtung darf nicht zu einem Ergebnis führen, das durch den Gewährleistungsausschluß des § 806 gerade verhindert werden soll.

Im Fall d kommt eine Anfechtung des E wegen Irrtums über die Echtheit des Teppichs (§ 119 II BGB) nicht in Betracht. Durch den Ausschluß der Anfechtungsmöglichkeit ist E jedoch nicht rechtlos gestellt. Wenn etwa Gv die Echtheit des Teppichs fahrlässig falsch beurteilt und damit den Verkaufswert und das Mindestgebot falsch festgesetzt hat, kann ein Schadensersatzanspruch des E wegen Amtspflichtverletzung gegeben sein.

410   (d) Wird das *Meistgebot von einem Geschäftsunfähigen* abgegeben und erhält dieser den Zuschlag, ist zunächst das Gebot *unwirksam,* und zwar unabhängig davon, ob man es nur als Prozeßhandlung oder als materiellrechtliches Angebot zum Vertragsschluß ansieht. Aber auch der Zuschlag ist in einem solchen Fall unwirksam, und zwar ebenfalls unabhängig davon, ob man ihn als staatlichen Hoheitsakt oder als (öffentlich-rechtliche) Vertragsannahme einordnet. Denn ein wirksamer Zuschlag hat zumindest die Möglichkeit der Ausfallhaftung nach § 817 III 2 zur Folge; das ist aber mit dem Schutz des Geschäftsunfähigen nicht vereinbar.

Im Fall e kann E daher von niemandem zur Ausfallhaftung in Höhe von 100,— DM herangezogen werden.

b) Durch die *Ablieferung der zugeschlagenen Sache* (§ 817 II) wird das Eigentum übertragen. Ablieferung bedeutet Übertragung des unmittelbaren Besitzes; bei Sachen, die wegen ihrer Beschaffenheit oder wegen ihrer Größe außerhalb des Versteigerungsorts eingelagert sind, reicht ausnahmsweise die Übertragung des mittelbaren Besitzes aus (StJ/*Münzberg*, § 817 Rdnr. 21).   **411**

(1) Bei der Ablieferung handelt es sich nicht um eine privatrechtliche Übereignung nach §§ 929 ff. BGB (so aber die Vertreter der privatrechtlichen Theorie; Rdnr. 380); denn auch die Ablieferung der Sache gehört als Teil der staatlichen Zwangsvollstreckung zur hoheitlichen Tätigkeit des Gerichtsvollziehers. Die Eigentumsübertragung erfolgt vielmehr sowohl nach der gemischten als auch nach der öffentlich-rechtlichen Theorie durch *staatlichen Hoheitsakt* (RGZ 156, 395, 397 ff.; BGHZ 55, 20, 25; *Baur/ Stürner*, Rdnr. 473; *A.Blomeyer*, § 49 V; *Jauernig*, § 18 IV A; StJ/*Münzberg*, § 817 Rdnr. 21; *Thomas/Putzo*, § 817 Anm. 4).

Die öffentlich-rechtliche Erklärung des Eigentumsübergangs hat zur Folge, daß der Ersteher — anders als nach § 1244 BGB bei der bürgerlich-rechtlichen Pfandverwertung — unabhängig von seinem guten Glauben auch dann Eigentum erwirbt, wenn ein Pfändungspfandrecht nicht entstanden war (vgl. Rdnr. 387). Deshalb kommt es für den Eigentumsübergang nicht darauf an, wer vorher Eigentümer der Sache war (*Baur/Stürner*, Rdnr. 473; *Lippross*, S. 76 f.; StJ/*Münzberg*, § 817 Rdnr. 21; *Thomas/Putzo*, § 817 Anm. 4 b; *Tiedtke*, S. 293 ff.).

Davon abweichend wird z.T. vertreten, der öffentlich-rechtliche Charakter der Eigentumsübertragung dürfe nicht dazu führen, daß auch der bösgläubige Ersteher zu Lasten des bisherigen Eigentümers die Sache erwerbe. Der Schutz des Bösgläubigen sei auch in der Zwangsvollstreckung nicht erforderlich und verstoße zudem gegen Art. 14, 20 GG (*Bruns/Peters*, § 22 IV 4; *Marotzke*, NJW 1978, 133, 134 f.; *Pinger*, JR 1973, 94, 98; *Säcker*, JZ 1971, 156, 159). Deshalb sei § 1244 BGB entsprechend anzuwenden. Diese Vorschrift gelte zwar nur für die bürgerlich-rechtliche Pfandversteigerung, knüpfe aber wie die Versteigerung nach der ZPO an die Tätigkeit eines Gerichtsvollziehers oder einer anderen öffentlich dazu ermächtigten Person an (vgl. §§ 1235, 383 III, 1221 BGB).

Dem ist entgegenzuhalten, daß bei der öffentlichen Versteigerung nach § 1235 BGB Verkäufer der Pfandgläubiger ist, der bei Abschluß des Kaufvertrages nur durch eine Versteigerungsperson vertreten wird. Diese hat allein die Funktion, eine ordnungsgemäße Pfandverwertung zu gewährleisten. Da Verkäufer der Gläubiger ist, kommt es für die Wirksamkeit der Übereignung auch auf seine Berechtigung oder jedenfalls auf den darauf bezogenen guten Glauben an. Demgegenüber erfolgt die Versteigerung nach der ZPO hoheitlich und nicht etwa für den vollstreckenden Gläubiger. Deshalb kommt es für die Wirksamkeit der Übereignung auf die Berechtigung des Gerichtsvollziehers an. Diese ist aber von materiellen Voraussetzungen, die der Gerichtsvollzieher gar nicht zu überprüfen hat, nicht abhängig. Es wäre deshalb nicht sachgerecht, dem Ersteher, der etwa aus grober Fahrlässigkeit keine Kenntnis von der Schuldnerfremdheit der Sache hat, den Eigentumserwerb zu versagen. Er muß sich auf die Wirksamkeit des staatlichen Vollstreckungsverfahrens verlassen können. Erwirbt er die Sache nur, um den früheren Eigentümer vorsätzlich sittenwidrig zu schädigen, kann gegen ihn ein Schadensersatzanspruch nach § 826 BGB in Betracht kommen.

412   (2) Allerdings reicht — wie bei der rechtsgeschäftlichen Übereignung — allein die tatsächliche Ablieferung der zugeschlagenen Sache für den Übergang des Eigentums nicht aus. Die hoheitliche Eigentumsübertragung ist von folgenden *Wirksamkeitsvoraussetzungen* abhängig:

(a) Die versteigerte Sache muß wirksam verstrickt worden sein (Rdnr. 362 ff.), und die *Verstrickung* muß z.Z. der Versteigerung noch fortbestehen. Nach der gemischten Theorie ist die durch Verstrickung bewirkte staatliche Beschlagnahme die rechtliche Voraussetzung für alle weiteren Vollstreckungsakte. Nach der öffentlich-rechtlichen Theorie beruht die Verwertungsbefugnis des Gerichtsvollziehers zwar auf dem öffentlich-rechtlichen Pfändungspfandrecht; da nach dieser Theorie das Pfandrecht aber bei jeder Verstrickung entsteht, ist auch hier die Verstrickung Wirksamkeitsvoraussetzung für den Eigentumsübergang bei der Versteigerung (Rdnr. 387).

Einige Vertreter dieser Theorien nehmen allerdings an, daß derjenige, der gutgläubig auf den Schein der wirksamen Vollstreckung vertraut, entsprechend § 1244 BGB auch an einer nichtverstrickten Sache Eigentum erwerben könne (*Bruns/Peters*, § 22 IV 4 c; *Lindacher*, JZ 1970, 360, 362). Für dieses Ergebnis mag zwar sprechen, daß der Ersteher Begründung und Fortbestand der Verstrickung kaum nachprüfen kann. Entscheidend gegen diese Ansicht spricht jedoch, daß der gute Glaube an die Wirksamkeit von Hoheitsakten nach dem Gesetz nicht geschützt ist.

Im Fall f war die Pfändung wirksam (Rdnr. 339 f.); dadurch wurden alle 100 Kartons verstrickt. 50 Kartons hat Gv durch den Vermerk in der Pfandanzeige wieder entstrickt (Rdnr. 366). Nach der Ansicht, die § 1244 BGB entsprechend anwenden will, wäre E Eigentümer geworden, wenn er gutgläubig vom Fortbestand der Verstrickung ausging. Nach h.M. war dagegen die Versteigerung der nicht mehr verstrickten Kartons unwirksam, und E hat kein Eigentum daran erworben. Er muß diese nach § 985 BGB an S herausgeben. Allerdings kann Gv die Kartons dem E nicht gegen seinen Willen wegnehmen; denn sie unterliegen seit der Entstrickung nicht mehr der staatlichen Beschlagnahme. Gegenüber dem Anspruch des S kann E sich wegen der Bezahlung des Meistgebotes nicht auf ein Zurückbehaltungsrecht berufen; denn falls nicht gerade ein Übererlös erzielt worden ist, hat nicht S, sondern G den Versteigerungserlös erhalten. Dem E steht insoweit nur ein Anspruch gegen G zu. Falls er nicht durchsetzbar ist, kommt ein Schadensersatzanspruch wegen Amtspflichtverletzung in Betracht.

(b) Die Wirksamkeit der hoheitlichen Eigentumsübertragung setzt ferner **413** nach allen Theorien die *Einhaltung der wesentlichen Verfahrensvorschriften* bei der Versteigerung voraus.

Von den wesentlichen Verfahrensvorschriften sind die bloßen Ordnungsvorschriften abzugrenzen. Dazu gehören etwa die Regeln über Zeit, Ort und ordnungsgemäße Bekanntmachung (vgl. dazu aber Rdnr. 414) der Versteigerung (§ 816 I—III; Rdnr. 396 ff.), über die Berechnung des Mindestgebotes (§ 817a I; Rdnr. 399) und den dreimaligen Aufruf vor der Zuschlagserteilung (§ 817 I). Ein Verstoß gegen solche Ordnungsvorschriften hat auf die Wirksamkeit der Eigentumsübertragung keinen Einfluß. Er kann nur mit der Erinnerung nach § 766 geltend gemacht werden und zudem einen Schadensersatzanspruch wegen Amtspflichtverletzung begründen.

(aa) Die öffentliche Versteigerung nach § 814 ist nur wirksam, wenn die **414** *Öffentlichkeit* gewahrt ist. Es muß also einem unbegrenzten Personenkreis der Zutritt zu der Versteigerung gewährt werden, soweit es die räumlichen Gegebenheiten zulassen. Diese Voraussetzung bezweckt, durch zahlreiche Bieter ein günstiges Versteigerungsergebnis zu erzielen und der Öffentlichkeit eine Kontrolle über den ordnungsgemäßen Ablauf der Versteigerung zu ermöglichen.

Das Öffentlichkeitserfordernis ist nicht verletzt, wenn der Gerichtsvollzieher einzelne Personen von der Versteigerung ausschließt (Rdnr. 400). Das muß selbst dann gelten, wenn der Ausschluß zu Unrecht erfolgt ist. Umgekehrt kann ein wesentlicher Verfahrensverstoß vorliegen, wenn zwar jedermann Zutritt zur Versteigerung gewährt wird, eine Bekanntmachung von Versteigerungsort und -zeit aber bewußt unterblieben ist, um die Öffentlichkeit durch Geheimhaltung der Versteigerung von der Teilnahme daran abzuhalten.

Im Fall g erwirbt E kein Eigentum an der versteigerten Sache. Zwar führt ein Verstoß gegen die Pflicht zur öffentlichen Bekanntmachung der Versteigerung grundsätzlich nicht zu deren Unwirksamkeit; falls darin aber ein mittelbarer Ausschluß der Öffentlichkeit liegt, bedeutet das einen Verstoß gegen eine wesentliche Versteigerungsvoraussetzung.

(bb) Um eine zwingende Vorschrift (»darf nicht«) handelt es sich auch bei **415** dem *Barzahlungsgebot* des § 817 II. Liefert der Gerichtsvollzieher die zugeschlagene Sache dem Ersteher ab, obwohl dieser keine Barzahlung leistet, findet kein Eigentumsübergang statt. Durch das Barzahlungsgebot soll gewährleistet werden, daß der Zweck der Versteigerung, nämlich Befriedigung des Gläubigers aus dem erzielten Erlös, nicht durch einen zahlungsunwilligen oder -unfähigen Ersteiger gefährdet und zudem das vollstreckbare Schuldnervermögen durch Eigentumserwerb des Erstehers weiter verringert wird. Nur wenn der Gläubiger selbst den Zuschlag erhält, braucht er insoweit keine Barzahlung zu leisten, als der Erlös zu seiner Befriedigung zu verwenden ist (§ 817 IV 1; Rdnr. 403).

Im Fall h ist es für den Eigentumserwerb des G zwar grundsätzlich ohne Bedeutung, daß es sich bei dem Teppich um eine schuldnerfremde Sache handelte (Rdnr. 411, 387). Allerdings hatte G nach der gemischten Theorie kein Pfändungspfandrecht, nach der öffentlich-rechtlichen Theorie kein materielles Verwertungsrecht an dem Teppich; deshalb ist der Versteigerungserlös materiellrechtlich nicht zur Befriedigung des G zu verwenden, sondern er gebührt dem D als dem Eigentümer des Teppichs (Rdnr. 388). Aus diesem Grund stellt sich die Frage, ob G nicht doch Barzahlung hätte leisten müssen, um Eigentum am Teppich zu erwerben (so *Schmitz*, NJW 1962, 853 f., 2335 f.). Es wäre aber nicht sachgerecht, gerade das Erfordernis der Barzahlung von den Eigentumsverhältnissen abhängig zu machen, obwohl diese sonst für den Eigentumserwerb des Erstehers ohne Bedeutung sind (*Baur/Stürner*, Rdnr. 484; *v. Gerkan*, NJW 1963, 1140 f.; *Lippross*, S. 78; StJ/*Münzberg*, § 817 Rdnr. 15 FN 21). Ob der Versteigerungserlös i.S.v. § 817 IV 1 zur Befriedigung des Gläubigers zu verwenden wäre, ist deshalb nicht materiellrechtlich, sondern verfahrensrechtlich zu beurteilen. Für den Eigentumserwerb des G trotz fehlender Barzahlung reicht es also aus, daß — ohne Berücksichtigung der materiellen Rechtslage — an ihn der Versteigerungserlös ausgezahlt worden wäre.

416   (cc) Umstritten ist, ob die *Einhaltung des Mindestgebots* (§ 817a I 1) Voraussetzung für einen Eigentumsübergang auf den Ersteher ist.

Teilweise wird vertreten, ein Verstoß gegen § 817a I 1 sei nur dann unbeachtlich, wenn der Gerichtsvollzieher das Mindestgebot irrtümlich falsch festgesetzt oder nicht bekannt gemacht habe; in solchen Fällen könne der Ersteher den Mangel der Vollstreckung entweder gar nicht erkennen oder er sei angesichts des Schätzungsspielraums des Gerichtsvollziehers mit der Ungewißheit belastet, ob er Eigentum erwerbe. Die willkürlich falsche Festsetzung durch den Gerichtsvollzieher oder die Nichteinhaltung des bekanntgegebenen Mindestgebots stehe dagegen dem Eigentumsübergang entgegen (vgl. OLG München NJW 1959, 1832; StJ/*Münzberg*, § 817 Rdnr. 23).

Nach einer anderen Meinung soll die Nichteinhaltung des Mindestgebots für die hoheitliche Eigentumszuweisung unschädlich sein (OLG Frankfurt VersR 1980, 50; *Schreiber*, JR 1979, 236, 237 f.; *Thomas/Putzo*, § 817a Anm. 3 u. § 817 Anm. 4 b; *Zöller/Stöber*, § 817a Rdnr. 6 u. § 817 Rdnr. 9). Dieser Ansicht ist zuzustimmen. Ob der Ersteher den Verstoß gegen § 817a I erkennen kann, ist — wie bei anderen Verfahrensvorschriften auch (Rdnr. 413) — für die Wirksamkeit des Hoheitsakts nicht entscheidend. Würde man darauf abstellen, müßte im übrigen gerade die Nichtbekanntgabe eines Mindestgebots die Bieter mißtrauisch machen. § 817a I stellt keine so wesentliche Verfahrensvorschrift dar, daß auf seine Beachtung für die Wirksamkeit der Eigentumszuweisung nicht verzichtet werden könnte. Durch einen Verstoß gegen § 817a I wird der Zweck der Zwangsvollstreckung nicht vereitelt. Die Vorschrift soll die Verschleuderung von Vermögenswerten verhindern und dient damit vor allem dem Schutz des Schuldners (vgl. BVerfGE 46, 325, 332 f.). Dieser ist aber selbst bei Wirksamkeit der Eigentumszuweisung unter dem Mindestgebot geschützt, da ihm bei Verstoß gegen § 817a I ein Schadensersatzanspruch wegen Amtspflichtverletzung zustehen kann.

II. Sonderformen der Verwertung

417

Schrifttum: *Berner*, Die Pfändung von Investmentzertifikaten und ihre Verwertung, Rpfleger 1960, 33; *Hadamus*, Die Zuweisung gemäß § 825 ZPO in Abzahlungsfällen, Rpfleger 1980, 420; *Herminghausen*, Überweisung zu Eigentum gemäß § 825 ZPO und Abzahlungsgesetz, NJW 1954, 667; *Landgrebe*, Die Übereignung der Pfandsache nach § 825 ZPO, DGVZ 1964, 83; *Lüke*, Die Verwertung der gepfändeten Sache durch eine andere Person als den Gerichtsvollzieher (§ 825 ZPO), NJW 1954, 254; *ders.*, Die Zwangsvollstreckung des Verkäufers in die auf Abzahlung verkaufte Sache, JZ 1959, 114; *Müller-Laube*, Die »Rücktrittsfiktion« beim Abzahlungskauf, JuS 1982, 797; *Noack*, Aktuelle Fragen der anderweitigen Verwertung gemäß § 825 ZPO, JR 1968, 49; *ders.*, Die Übereignung gem. § 825 ZPO der auf Abzahlung verkauften Sache an den Verkäufer, MDR 1969, 180; *Nöldeke*, Zur Zwangsüberweisung einer Abzahlungssache an den Abzahlungsverkäufer gemäß § 825 ZPO, NJW 1964, 2243; *Prost*, Die Pfändung und zwangsweise Verwertung von Schecks im Inlandverkehr, NJW 1958, 1618; *Selb*, Zwangsvollstreckung des Abzahlungsverkäufers in die verkaufte Sache und Wiederansichnahme im Sinne des § 5 des Abzahlungsgesetzes, JZ 1959, 585; *Wangemann*, Zur Bedeutung des § 5 AbzG für den Zuweisungsantrag gemäß § 825 ZPO, NJW 1956, 732; *W. Weimar*, Die Zwangsvollstreckung in Wertpapiere und sonstige Urkunden, JurBüro 1982, 357.

Fälle:

a) G hat gegen S eine titulierte Forderung über 250,— DM. Gv pfändet bei S durch Wegnahme drei Geldscheine über jeweils 100,— DM. Auf dem Rückweg wird dem Gv das Geld gestohlen. Darf er wegen derselben Forderung erneut bei S pfänden?

b) Im Fall a gehörte das weggenommene Geld nicht dem S, sondern dem D.

c) Das Vollstreckungsgericht hat auf Antrag des G angeordnet, daß ein bei S gepfändetes Ölgemälde durch den Kunsthändler H freihändig verkauft werden soll. H verkauft und übergibt das Gemälde unter Anpreisung des »hervorragenden Zustandes« an E. Dieser stellt später durch einen Sachverständigen schwere Beschädigungen fest und will wandeln.

d) G hat an S ein Fernsehgerät unter Eigentumsvorbehalt verkauft. Als S seine Ratenzahlung einstellt, läßt G das Gerät wegen des noch offenen Teils der Kaufpreisforderung pfänden. Er beantragt beim Vollstreckungsgericht, ihm das Gerät gegen Zahlung von 1 000,— DM zu Eigentum zuzuweisen. Mit Erfolg? Kann S vorbringen, er habe bereits drei Kaufpreisraten gezahlt und wolle dieses Geld zurückhaben?

e) G hat bei S ein Schweißgerät pfänden lassen. Er hält eine öffentliche Versteigerung für aussichtslos und beantragt beim Vollstreckungsgericht, den freihändigen

Verkauf anzuordnen. S wendet ein, er benötige das Gerät zur Fortsetzung seiner Erwerbstätigkeit.

Neben der gesetzlich vorgesehenen Regelform der Verwertung durch öffentliche Versteigerung stellt das Gesetz Sonderformen der Verwertung beweglicher Sachen zur Verfügung.

418   **1. Ablieferung gepfändeten Geldes**

a) Da die Zwangsvollstreckung wegen einer Geldforderung dazu dient, den Gläubiger durch Geld zu befriedigen, ist eine besondere Verwertung nicht erforderlich, wenn der Gerichtsvollzieher von vornherein Geld gepfändet hat. Nach § 815 I ist deshalb gepfändetes Geld dem Gläubiger abzuliefern. *Ablieferung* bedeutet Übereignung kraft Hoheitsaktes.

Von dem Geld hat der Gerichtsvollzieher allerdings den Betrag einzubehalten, der den Kosten der Zwangsvollstreckung (§ 788) entspricht. Das ist zwar nicht ausdrücklich gesetzlich geregelt, ergibt sich aber aus § 817 IV und daraus, daß die Kosten der Zwangsvollstreckung zugleich mit dem Vollstreckungsanspruch beizutreiben sind (§ 788 I 1, 2. Halbs.).

419   b) In zwei Fällen erfolgt keine Ablieferung, sondern eine *Hinterlegung* des gepfändeten Geldes:

(1) Wenn dem Schuldner in einem vorläufig vollstreckbaren Urteil nachgelassen ist, die Vollstreckung *durch Sicherheitsleistung oder Hinterlegung abzuwenden* (§ 711, Rdnr. 62; § 712 I 1, Rdnr. 71), muß das gepfändete Geld hinterlegt werden (§ 720). Besteht also für den Schuldner eine Abwendungsbefugnis, darf die Vollstreckung nur zur Sicherung, nicht aber zur Befriedigung des Gläubigers führen. § 720 gilt bei einer Vollstreckbarkeitsentscheidung nach § 712 I 1 uneingeschränkt, bei einer Entscheidung nach § 711 dagegen nur, solange der Gläubiger nicht seinerseits Sicherheit geleistet hat; denn nach Sicherheitsleistung des Gläubigers ist der Schuldner nicht mehr zur Abwendung der Vollstreckung befugt.

420   (2) Wird dem Gerichtsvollzieher *glaubhaft gemacht*, daß an gepfändetem Geld *ein die Veräußerung hinderndes Recht eines Dritten* bestehe, hat der Gerichtsvollzieher das Geld ebenfalls zu hinterlegen (§ 815 II). Als Rechte eines Dritten kommen sowohl solche i.S.v. § 771 (etwa Eigentum; Rdnr. 1411 ff.) als auch solche i.S.v. § 805 (z.B. besitzloses Pfandrecht; Rdnr. 1459 f.) in Betracht (vgl. § 136 Nr. 4 GVGA). § 815 II bezweckt, dem berechtigten Dritten die Erhebung der Drittwiderspruchsklage nach § 771 vor Ablieferung des Geldes zu ermöglichen; denn nach Ablieferung ist die Zwangsvollstreckung beendet und die Drittwiderspruchsklage nicht mehr zulässig.

Der Dritte kann die Zwangsvollstreckung jedoch nicht beliebig lange unterbrechen. Wenn er nicht binnen zwei Wochen seit der Pfändung dem Gerichtsvollzieher eine Entscheidung des nach § 771 I für die Drittwiderspruchsklage zuständigen Gerichts über die Einstellung der Zwangsvollstreckung nach §§ 771 III, 769 vorlegt, hat der Gerichtsvollzieher das Geld an den Gläubiger abzuliefern (§ 815 II 2).

c) Ist das Geld nicht zu hinterlegen, gilt nicht erst die Ablieferung, son- **421** dern schon die Wegnahme des Geldes durch den Gerichtsvollzieher als Zahlung von seiten des Schuldners (§ 815 III). Diese Vorschrift regelt nicht den Zeitpunkt des Eigentumsübergangs; das Eigentum am Geld erwirbt der Gläubiger erst, wenn der Gerichtsvollzieher es ihm tatsächlich abliefert. Durch die Worte »gilt als Zahlung« wird nur bestimmt, daß der Schuldner von seiner Leistungspflicht gegenüber dem Gläubiger frei wird, selbst wenn der Gläubiger kein Eigentum erlangt. In dieser Zahlungsfiktion liegt also eine *Gefahrtragungsregel*. Dadurch wird der Schuldner vor der außerhalb seines Einflußbereichs liegenden Gefahr des Untergangs geschützt.

Im Fall a ist der Titel durch die Wegnahme der Geldscheine verbraucht. Eine erneute Pfändung bei S wegen derselben Forderung ist nicht möglich. Den Verlust des Geldes hat G zu tragen. Zwar kann dem Gläubiger grundsätzlich ein Schadensersatzanspruch wegen Amtspflichtverletzung zustehen, wenn der Gerichtsvollzieher das weggenommene Geld etwa unterschlägt oder verliert. Im Fall a scheitert ein solcher Anspruch aber am fehlenden Verschulden des Gv.

Die Gefahrtragungsregel des § 815 III gilt allerdings nur soweit, wie der Schuldner auch durch eine tatsächliche Ablieferung des Geldes an den Gläubiger diesem gegenüber von seiner Leistungspflicht frei würde. Deshalb ist die umstrittene Frage, ob § 815 III auch dann eingreift, wenn der Gerichtsvollzieher schuldnerfremdes Geld weggenommen hat, zu verneinen (a.A. BL/*Hartmann*, § 815 Anm. 3 A a; *Gloede*, MDR 1972, 291; *Günther*, AcP 178, 456 ff.). Die Gefahrtragungsregel soll den Schuldner davor schützen, daß gegen ihn nach dem zwangsweisen Zugriff auf sein Vermögen nochmals vollstreckt wird; dieses Schutzes bedarf der Schuldner aber nicht, wenn sein Vermögen durch die Pfändung gar nicht betroffen wurde (*Bruns/Peters*, § 22 III 1; StJ/*Münzberg*, § 815 Rdnr. 16). Schutzbedürftig ist in einem solchen Fall allein der Eigentümer des weggenommenen Geldes. Sein Schutz ist bereits durch § 815 II gesichert. Falls der Dritte die rechtzeitige Erhebung der Drittwiderspruchsklage versäumt, stehen ihm nach Beendigung der Zwangsvollstreckung materielle Ausgleichsansprüche gegen den Gläubiger zu (Rdnr. 464 ff.).

Im Fall b ist S gegenüber G von seiner Leistungspflicht nicht frei geworden. Falls Gv dem S die vollstreckbare Ausfertigung ausgehändigt hat, kann G bei der Geschäftsstelle des zuständigen Gerichts (§ 724 II; Rdnr. 106) nach § 733 die Erteilung einer weiteren vollstreckbaren Ausfertigung mit der Begründung beantragen, seine Ausfertigung sei dem S zu Unrecht ausgehändigt worden (dazu OLG Hamm Rpfleger 1979, 431). Hat Gv den Titel noch nicht an S ausgehändigt, aber etwa die Tilgung eines Teilbetrages darauf vermerkt, kann G notfalls die gerichtliche Feststellung beantragen, daß der Titel trotz des Tilgungsvermerks noch in voller Höhe vollstreckbar sei (Einzelheiten: StJ/*Münzberg*, § 815 Rdnr. 17 FN 28, 29).

422 2. Freihändiger Verkauf von Wertpapieren, Gold- und Silbersachen

a) *Wertpapiere* sind bewegliche Sachen und werden vom Gerichtsvollzieher gepfändet (Rdnr. 233). Die Form der Verwertung richtet sich nach der Art des Wertpapieres.

(1) Forderungen aus Wechseln und anderen Papieren, die durch Indossament übertragen werden können (*Orderpapiere*; HR Rdnr. 489, 462 ff.), werden nicht vom Gerichtsvollzieher, sondern wie Forderungen vom Vollstreckungsgericht verwertet (Einzelheiten: Rdnr. 695).

423 (2) *Andere Wertpapiere* werden vom Gerichtsvollzieher freihändig verkauft, wenn sie einen Börsen- oder Marktpreis haben; sofern sie einen solchen Preis nicht haben, werden sie vom Gerichtsvollzieher öffentlich versteigert (§ 821).

Zu den Wertpapieren i.S.v. § 821 gehören *Inhaberpapiere* (Inhaberschuldverschreibung, Inhaberzeichen, auf Inhaber lautende Investmentanteilscheine, Inhaberaktien, Inhabergrundschuldbriefe und Inhaberschecks; HR Rdnr. 485 ff.), *Orderpapiere, die keine Forderung verbriefen* und deshalb nicht unter § 831 fallen (z.B. Namensaktie) sowie von den Rektapapieren (HR Rdnr. 494 ff.) der *Rektawechsel* und der *Rektascheck* (nicht dagegen Hypotheken-, Grund- und Rentenschuldbriefe, für die § 830 gilt; Rdnr. 677, 736, 754).

Der freihändige Verkauf erfolgt durch den Gerichtsvollzieher, eine von ihm eingeschaltete Bank oder einen Börsenmakler. Bei der Veräußerung von Inhaberpapieren genügt die Übergabe des veräußerten Papiers an den Erwerber, um das im Papier verbriefte Recht auf diesen übergehen zu lassen. Dagegen sind Orderpapiere, die keine Forderung verbriefen und deshalb nicht unter § 831 fallen, zum Zweck der Übertragung mit dem Indossament zu versehen (z.B. Namensaktien). Rektapapiere sind mit der Abtretungserklärung zu versehen. Das Indossament oder die Abtretungserklärung müßte an sich vom Schuldner abgegeben werden. Nach § 822 kann hierzu jedoch der Gerichtsvollzieher durch das Vollstreckungsgericht ermächtigt werden. Die Ermächtigung hat der Gerichtsvollzieher selbst zu beantragen; dabei muß er den Schuldtitel und das Pfändungsprotokoll seinem Antrag beifügen (§ 155 Nr. 3 GVGA).

Ebenso kann der Gerichtsvollzieher durch das Vollstreckungsgericht zur Abgabe der Erklärung ermächtigt werden, die für die Rückverwandlung einer auf den Namen umgeschriebenen Schuldverschreibung in eine Inhaberschuldverschreibung erforderlich ist (vgl. § 823).

b) Wird bei der Versteigerung von *Gold- oder Silbersachen* ein den Zuschlag gestattendes Mindestgebot nicht abgegeben, kann der Gerichtsvollzieher diese Sachen ebenfalls freihändig verkaufen. Dieser Verkauf darf jedoch nicht zu einem schlechteren Ergebnis führen, als es bei Abgabe des Mindestgebots in einer öffentlichen Versteigerung erzielt würde. Deshalb dürfen Gold- und Silbersachen nur zu dem Preis verkauft werden, der den Gold- oder Silberwert erreicht und zudem nicht unter der Hälfte des gewöhnlichen Verkaufswertes liegt (§ 817a III).

424

3. Anderweitige Verwertung (§ 825)

425

Auf Antrag des Gläubigers oder des Schuldners kann das Vollstreckungsgericht eine andere als in den §§ 814—824 bestimmte Verwertung anordnen (§ 825). Dadurch soll die Möglichkeit geschaffen werden, die Verwertung so durchzuführen, daß sie im Einzelfall die Erzielung eines möglichst hohen Erlöses erwarten läßt.

a) Folgende *Abweichungen von den übrigen Verwertungsarten* sind nach § 825 möglich:

(1) Das Vollstreckungsgericht kann anordnen, daß die *Verwertung an einem anderen Ort*, als in § 816 II bestimmt ist (Rdnr. 397), stattzufinden habe.

Das wird sich dann anbieten, wenn in der Gemeinde, in der die Pfändung geschehen ist, und auch in den anderen Orten, die zum Bezirk des Vollstreckungsgerichts gehören, keine oder nicht genügend Interessenten für die zu versteigernde Sache zu erwarten sind. So wird eine Spezialmaschine dort kaum verwertbar sein, wo außer dem Schuldner kein anderer eine solche Maschine verwenden kann.

(2) Ferner kann angeordnet werden, daß die *Versteigerung durch eine andere Person* als den Gerichtsvollzieher vorzunehmen sei.

426

Das ist etwa dann sinnvoll, wenn die Verwertung der Sache eine besondere Sachkunde erfordert.

So werden möglicherweise bei der Versteigerung wertvoller Kunstgegenstände die Interessenten einem Kunsthändler oder einem in diesem Bereich anerkannten Auktionator mehr Vertrauen entgegenbringen als dem Gerichtsvollzieher.

In einem solchen Fall erfolgt die Versteigerung nicht hoheitlich, sondern privatrechtlich (*BGH MDR* 1964, 999; *Baur/Stürner*, Rdnr. 480; StJ/*Münzberg*, § 825 Rdnr. 13; *Zöller/Stöber*, § 825 Rdnr. 19). Die schuldrechtliche Einigung mit dem Erwerber, die bei der Versteigerung mit dem Zuschlag zustandekommt (§ 156 BGB), unterliegt ebenso wie die Eigentumsübertragung den Vorschriften des BGB (§§ 433 ff., 929 ff.). Wird eine schuldnerfremde Sache versteigert, ist für den Eigentumsübergang Gutgläubigkeit des Erwerbers erforderlich. Der Gewährleistungsausschluß des § 806 gilt nur dann, wenn der Versteigerer darauf hingewiesen hat, daß es sich um eine Verwertung aufgrund eines Beschlusses nach § 825 handele. Unterbleibt dieser Hinweis, erfolgt aber die Verwertung in öffentlicher Versteigerung nach § 1235 I BGB, greift der Gewährleistungsausschluß des § 461 BGB ein.

Nur wenn die Verwertung durch freihändigen Verkauf ohne Hinweis auf § 825 durchgeführt wird, stehen dem Erwerber die Gewährleistungsrechte der §§ 459 ff. BGB zu. Anspruchsgegner ist der Versteigerer, nicht dagegen der Gläubiger, da die Verwertung nicht in seinem Namen erfolgt. Wenn also H im Fall c das Bild verkauft hat, ohne darauf hinzuweisen, daß es sich um eine Pfandverwertung handele, kann E wandeln.

427   (3) Schließlich läßt § 825 die Anordnung einer *Verwertung in anderer Weise*, als in den §§ 814 ff. bestimmt ist, zu. Diese Generalklausel eröffnet im wesentlichen folgende Möglichkeiten:

(a) Selbst wenn die Voraussetzungen der §§ 821, 817a III 2 nicht vorliegen, kann die *Verwertung durch freihändigen Verkauf* angeordnet werden.

Das ist etwa dann ratsam, wenn zu erwarten ist, daß der Gerichtsvollzieher durch Verhandlungen mit Interessenten einen hohen Erlös erzielen wird.

Der Gerichtsvollzieher darf die Sache nicht unter dem Preis verkaufen, der dem Mindestgebot (§ 817a I) entspricht. Das Gericht kann sogar einen höheren Preis bestimmen. Den freihändigen Verkauf führt der Gerichtsvollzieher wie die öffentliche Versteigerung hoheitlich durch. Er schließt mit dem Käufer also keinen privatrechtlichen Vertrag. Gewährleistungsrechte stehen dem Erwerber nach § 806 nicht zu. Die Übereignung erfolgt ebenfalls wie bei der öffentlichen Versteigerung dadurch, daß der Gerichtsvollzieher die verkaufte Sache dem Käufer abliefert; auch dabei handelt es sich um einen staatlichen Hoheitsakt, so daß schuldnerfremde Sachen unabhängig vom guten Glauben des Erwerbers auf diesen übergehen (Rdnr. 411). Voraussetzung für die Wirksamkeit der Übereignung ist allerdings, daß die Sache wirksam verstrickt ist, die wesentlichen Verfahrensvorschriften (§ 817 II; Rdnr. 415) eingehalten und besondere Anordnungen des Gerichts beachtet werden.

Vom Barzahlungsgebot kann das Gericht Ausnahmen zulassen (vgl. § 148 Nr. 3 GVGA). Für das Protokoll beim freihändigen Verkauf enthält § 149 GVGA Sonderregelungen.

(b) Das Gericht kann die *Verwertung durch Übereignung an eine*   **428**
bestimmte Person gegen Zahlung eines bestimmten Betrages (nicht unter
dem Mindestgebot) anordnen.

Eine solche Anordnung kommt dann in Betracht, wenn nur ein einziger Interes-
sent vorhanden ist, der den Erwerb zu einem bestimmten Preis angeboten hat. Auf
diese Weise kann der mit einer öffentlichen Versteigerung verbundene Aufwand vermieden werden.

Die gerichtliche Anordnung ersetzt den Zuschlag (Rdnr. 405 ff.); sie ist
deshalb nur möglich, wenn zuvor ein dem Gebot bei der Versteigerung entsprechendes Angebot abgegeben wurde (*Zöller/Stöber*, § 825 Rdnr. 16). Die
Übereignung der Sache erfolgt unter den gleichen Wirksamkeitsvoraussetzungen und auf die gleiche Weise wie bei der öffentlichen Versteigerung
(Rdnr. 411): Der Gerichtsvollzieher hat die Sache an den Erwerber abzuliefern.

Einen Sonderfall der gerichtlichen Eigentumszuweisung stellt die   **429**
Zwangsüberweisung der Pfandsache an den Gläubiger dar. Das Wort
»Zwangsüberweisung« ist mißverständlich; denn dem Gläubiger kann die zu
verwertende Sache nicht gegen seinen Willen aufgezwungen werden. Erforderlich ist vielmehr, daß der Gläubiger die Zuweisung selbst beantragt (LG
Koblenz MDR 1981, 236; StJ/*Münzberg*, § 825 Rdnr. 16). Auch hier muß
der Betrag des Mindestgebots (§ 817a I) erreicht werden. Deshalb ist der
Antrag des Gläubigers auf Eigentumszuweisung abzulehnen, wenn dieser
nur ein geringeres Angebot abgegeben hat. Von der Barzahlungspflicht ist
der Gläubiger entsprechend § 817 IV unter den gleichen Voraussetzungen
wie beim Erwerb der Sache in der öffentlichen Versteigerung befreit; er muß
also nur die Kosten der Zwangsvollstreckung und einen möglichen Übererlös in bar bezahlen.

Es besteht kein Grund, die gerichtliche Anordnung der Zwangsüberweisung an
den Gläubiger rechtlich anders zu bewerten als bei der Überweisung an eine dritte
Person. Deshalb geht das Eigentum noch nicht mit der gerichtlichen Anordnung auf
den Gläubiger über (vgl. aber RGZ 126, 21, 25). Das geschieht vielmehr erst durch die
Ablieferung an den Gläubiger (OLG Celle NJW 1961, 1730; StJ/*Münzberg*, § 825
Rdnr. 15; *Thomas/Putzo*, § 825 Anm. 4 a; *Zöller/Stöber*, § 825 Rdnr. 17). Ist die
hoheitliche Eigentumsübertragung durch den Gerichtsvollzieher erfolgt, wird sie von
einer späteren Aufhebung der gerichtlichen Anordnung nicht mehr berührt (*Thomas/
Putzo*, § 825 Anm. 4 a).

b) Die Anordnung einer anderweitigen Verwertung nach § 825 erfolgt   **430**
nicht von Amts wegen, sondern nur auf Antrag. Ob das Vollstreckungsgericht dem Antrag stattgibt, hängt von der *Zulässigkeit und Begründetheit des
Antrags* ab.

(1) Für die *Zulässigkeit* des Antrags sind folgende Voraussetzungen von Bedeutung:

(a) Ausschließlich *zuständig* (§ 802) für die Entscheidung nach § 825 ist das Amtsgericht, in dessen Bezirk sich die zu verwertende Sache zur Zeit des Antrags befindet (vgl. § 764 II). Wo die Pfändung stattgefunden hat und wo die (anderweitige) Verwertung erfolgen soll, spielt für die Zuständigkeit keine Rolle. Das Vollstreckungsgericht entscheidet durch den Rechtspfleger (§ 20 Nr. 17 RPflG).

431   (b) Der *Antrag* muß nach § 825 vom Gläubiger oder vom Schuldner gestellt sein.

Bei einer Personenmehrheit auf Gläubiger- oder Schuldnerseite ist jeder einzelne antragsberechtigt. Gehört die zu verwertende Sache zur Konkursmasse des Schuldners, kann der Konkursverwalter den Antrag stellen (vgl. § 127 KO).

Der Antrag kann bis zu dem Zeitpunkt gestellt werden, in dem bei der öffentlichen Versteigerung der Zuschlag erfolgt. Er ist nur dann hinreichend bestimmt, wenn er einen genau bezeichneten Verwertungsvorschlag enthält. Dazu gehört bei einem Antrag auf Eigentumszuweisung auch die Angabe des Erwerbspreises. Ein allgemein gehaltener Antrag »auf anderweitige Verwertung« ist unzulässig.

432   (c) Für den Antrag muß ein *Rechtsschutzbedürfnis* bestehen. Daran fehlt es, wenn Gläubiger und Schuldner sich bereits über die von der gesetzlichen Regelung abweichende Zeit oder den anderen Ort der Versteigerung geeinigt haben; denn eine solche Vereinbarung muß der Gerichtsvollzieher ohnehin beachten (§ 816 I, II), so daß es einer entsprechenden Anordnung des Vollstreckungsgerichts nicht bedarf.

Dagegen fehlt ein Rechtsschutzinteresse nicht, wenn der Gläubiger die Eigentumszuweisung an sich selbst beantragt, obwohl ihm die gepfändete Sache bereits gehört. Denn durch die hoheitliche Eigentumszuweisung nach § 825 findet ein originärer Eigentumserwerb statt, durch den Rechte Dritter an der Sache erlöschen.

Im Fall d war die Pfändung des dem G selbst gehörenden Gerätes wirksam (vgl. BGHZ 15, 171, 173; 55, 59, 62 ff.; *Baur/Stürner*, Rdnr. 434); denn dafür spielen die Eigentumsverhältnisse keine Rolle (Rdnr. 234, 363). Es ist allerdings kein materielles Pfandrecht zugunsten des G entstanden, weil es ein Pfandrecht an eigenen Sachen nicht gibt (vgl. § 1256 BGB; Rdnr. 383). G hat auch ein schützenswertes Interesse daran, daß ihm das Fernsehgerät nach § 825 zugewiesen wird; denn bei einer Eigentumszuweisung erlischt das Anwartschaftsrecht des S. Der Antrag des G ist somit zulässig.

433   (2) Die *Begründetheit* des Antrags ist von folgenden Voraussetzungen abhängig:

(a) Eine Anordnung nach § 825 erfolgt nur, wenn die allgemeinen Wirksamkeitsvoraussetzungen für die Verwertung erfüllt sind. Deshalb setzt die Begründetheit des Antrags voraus, daß die *Sache noch verstrickt* ist (Rdnr. 412, 362 ff.).

(b) § 825 erweitert die Verwertungsmöglichkeiten zu dem Zweck, ein **434** möglichst günstiges Verwertungsergebnis zu erzielen. Die Vorschrift räumt dagegen nicht die Möglichkeit ein, die Verwertung zu jedem Preis, also auch zu einem Schleuderpreis, zu betreiben. Deshalb ist der Antrag nur begründet, wenn die *Einhaltung des Mindestgebots* (§ 817a I; Rdnr. 399, 416) gewährleistet ist (§ 817a II 3).

Hatte im Fall d das Fernsehgerät einen Wert von über 2 000,— DM, liegen die von G angebotenen 1 000,— DM unter dem Mindestgebot. Dann ist sein Antrag unbegründet. Das Vollstreckungsgericht kann dem Antrag auch nicht unter Berücksichtigung eines höheren Erwerbspreises stattgeben; es ist an den Antrag gebunden (vgl. § 308) und muß ihn daher abweisen.

(c) Nach § 825 »kann« das Vollstreckungsgericht eine anderweitige Verwertung anordnen; es entscheidet nach pflichtgemäßem Ermessen. Deshalb **435** setzt die Begründetheit des Antrags nach § 825 voraus, daß *kein Ermessensverstoß* vorliegt, wenn das Gericht dem Antrag stattgibt.

(aa) § 825 ermöglicht Ausnahmen von den gesetzlich vorgesehenen Verwertungsformen allein zu dem Zweck, ein günstigeres Verwertungsergebnis zu erzielen. Deshalb darf einem Antrag auf anderweitige Verwertung nur stattgegeben werden, wenn diese *Vorteile gegenüber der Regelverwertung* verspricht (BL/*Hartmann*, § 825 Anm. 2 D; *Thomas/Putzo*, § 825 Anm. 2 d; *Zöller/Stöber*, § 825 Rdnr. 2). Davon ist auszugehen, wenn bereits ein erfolgloser Versteigerungsversuch durchgeführt wurde oder eine Versteigerung aus besonderen Gründen von vornherein keinen Erfolg verspricht.

(bb) Sofern der Schuldner sich auf die Unpfändbarkeit der Sache beruft **436** oder einen anderen Sachverhalt vorträgt, der zur *Anfechtung der Pfändung* berechtigt, stellt sich die Frage, ob der Rechtspfleger diesen Vortrag bei seiner Entscheidung über den Antrag berücksichtigen muß. Das wird z.T. mit der Begründung bejaht, es wäre formalistisch, wenn der Schuldner solche Einwände gesondert mit der Erinnerung geltend machen müßte, obwohl auch für die Entscheidung über die Erinnerung das Vollstreckungsgericht zuständig sei (*Lüke*, JuS 1970, 629, 630). Gegen diese Ansicht spricht jedoch, daß über den Antrag nach § 825 der Rechtspfleger entscheidet (§ 20 Nr. 17 RPflG), während die Erinnerungsentscheidung dem Richter vorbehalten ist (§ 20 Nr. 17 a RPflG). Diese Verteilung der funktionellen Zuständigkeit hat Vorrang vor prozeßwirtschaftlichen Überlegungen (StJ/*Münzberg*, § 825 Rdnr. 5; *Zöller/Stöber*, § 825 Rdnr. 7). Im übrigen könnte der Rechtspfleger allenfalls den Antrag nach § 825 zurückweisen, nicht aber die

Pfändung aufheben; damit wäre dem Schuldner jedoch kaum gedient, da sich der Einwand der Unpfändbarkeit nicht nur gegen eine bestimmte Verwertungsart, sondern gegen die Verwertung überhaupt richtet.

Im Fall e wird der Rechtspfleger den Antrag des G nicht deshalb zurückweisen, weil S sich auf Unpfändbarkeit (§ 811 Nr. 5; Rdnr. 283 ff.) beruft. Er wird den Einwand des S als Erinnerung auslegen und die Sache dem zuständigen Richter vorlegen. Dieser kann gleichzeitig über die Erinnerung des S und den Antrag des G auf anderweitige Verwertung entscheiden, falls er es für sachdienlich hält (§ 5 I Nr. 4 RPflG). Wenn er jedoch die Erinnerung des S zurückweist, kann er die Entscheidung über den Antrag nach § 825 auch dem Rechtspfleger zurückgeben (§ 5 II RPflG).

437   (d) Umstritten ist, welche Rolle der *Schutz des Abzahlungsgesetzes* für die Begründetheit des Antrags nach § 825 hat.

(aa) Wenn bei einem Abzahlungsgeschäft der Verkäufer die unter Eigentumsvorbehalt verkaufte Sache wieder an sich nimmt, gilt das nach § 5 AbzG als *Rücktritt vom Vertrag*. Nach §§ 1 I, 2 I, 3 AbzG muß er in diesem Fall Zug um Zug gegen Herausgabe der Sache, Ersatz seiner Aufwendungen und Zahlung einer Nutzungsvergütung dem Käufer die bisher gezahlten Kaufpreisraten zurückgewähren. § 5 AbzG bezweckt den Schutz des Abzahlungskäufers. Dieser soll davor bewahrt werden, daß er trotz Verlustes der Sache weiter die Kaufpreisraten zahlen muß. Nach diesem Zweck ist § 5 AbzG weit auszulegen. Die Vorschrift greift deshalb auch dann ein, wenn der Verkäufer die Sache zwar nicht an sich nimmt, aber durch Betreiben der Zwangsvollstreckung in diese Sache dafür sorgt, daß dem Käufer der Besitz an der Sache endgültig entzogen wird. Dafür ist es unerheblich, auf welche Weise die Sache verwertet wird und insbesondere ob ein Dritter oder der Verkäufer (= Vollstreckungsgläubiger) selbst die verwertete Sache erhält (BGHZ 15, 241; 55, 59; *Baur/Stürner*, Rdnr. 476; StJ/*Münzberg*, § 814 Rdnr. 12). In diesem Fall steht dem Käufer (= Vollstreckungsschuldner) also der Zug um Zug gegen Verwertung der Sache zu erfüllende Rückzahlungsanspruch nach §§ 1 I, 3 AbzG zu.

438   (bb) Beruft der Schuldner sich darauf, die Sache dürfe nur Zug um Zug gegen Rückzahlung seiner Kaufpreisraten (abzüglich des von ihm zu zahlenden Aufwendungs- und Nutzungsersatzes) verwertet werden, macht er eine *materielle Einwendung gegen die Durchführung der Zwangsvollstreckung* geltend. Dazu stellt das Gesetz in § 767 die Vollstreckungsgegenklage (Rdnr. 1312 ff.) zur Verfügung; bis zum Erlaß des Urteils kann der Vollstreckungsschuldner durch einstweilige Anordnungen vor Nachteilen, die ihm durch eine zwischenzeitliche Verwertung entstehen könnten, geschützt werden (vgl. § 769; Rdnr. 1359 ff.).

439   Umstritten ist allerdings der *Zeitpunkt der Rücktrittsfiktion des § 5 AbzG*, der dafür von Bedeutung ist, wann der Schuldner die Vollstreckungsgegenklage erheben kann. Abzulehnen sind die Ansichten, der Rücktritt werde bereits bei der Pfändung (*Staudinger/Ostler*, 11. Aufl., § 455 Rdnr. 62), bei der Wegnahme (LG Mönchengladbach NJW 1958, 66 f.), bei der Anberaumung des Versteigerungstermins (*Serick*, Eigentumsvorbehalt und Sicherungsübertragung, Bd. I, § 9 II 3 c) oder bei der Stellung des Antrags auf anderweitige Verwertung nach § 825 (*Lüke*, JZ 1959, 117; *Ostler/Weidner*, AbzG, § 5 Anm. 140) fingiert; zu diesen Zeitpunkten steht noch nicht fest, ob dem Abzahlungskäufer der Besitz an der Sache endgültig entzogen wird. Der Käufer hat noch die Möglichkeit, die Verwertung durch Zahlung abzuwenden, und auch der Gläubiger kann seinen Antrag nach § 825 noch zurücknehmen. Die endgültige Besitzentziehung als Voraussetzung für die Rücktrittsfiktion liegt sowohl bei der öffentlichen Versteigerung als auch bei der Verwertung nach § 825 in der Ablieferung der Sache nach Zuschlagserteilung oder gerichtlicher Eigentumszuweisung (vgl. BGHZ 15, 241, 249; *Brehm*, JZ 1972, 153, 156; StJ/*Münzberg*, § 814 Rdnr. 13).

Allerdings würde in diesem Zeitpunkt dem Vollstreckungsschuldner die **440** Erhebung einer Vollstreckungsgegenklage regelmäßig nichts mehr nützen; der endgültige Besitzverlust wäre ohne die nach § 3 AbzG Zug um Zug zu leistende Rückzahlung eingetreten. Das wäre mit dem Schutzzweck des Abzahlungsgesetzes nicht vereinbar. Deshalb muß es dem Abzahlungskäufer möglich sein, die *Einrede des § 3 AbzG schon gegenüber der Verwertung* mit der Vollstreckungsgegenklage geltend zu machen, also bevor ihm aufgrund der Rücktrittsfiktion des § 5 AbzG der materielle Gegenanspruch nach § 1 I AbzG zusteht (*Brehm*, JZ 1972, 153; StJ/*Münzberg*, § 814 Rdnr. 14; *Zöller/Stöber*, § 817 Rdnr. 15). Er kann auf diese Weise vorbeugend beantragen, daß eine vom Vorbehaltsverkäufer betriebene Verwertung der Sache nur Zug um Zug gegen Erstattung der gezahlten Raten (abzüglich des Aufwendungs- und Nutzungsersatzes) für zulässig erklärt wird. Obsiegt er mit diesem Antrag, gelten für die weitere Verwertung die Voraussetzungen des § 756 (Rdnr. 171 ff.).

(cc) Die *Bedeutung des Abzahlungsgesetzes für die gerichtliche Entschei-* **441** *dung nach § 825* ist umstritten.

Bei der öffentlichen Versteigerung durch den Gerichtsvollzieher ist dagegen unstreitig die Vollstreckungsgegenklage für den Abzahlungskäufer die einzige Möglichkeit, sich auf seine Rechte nach dem Abzahlungsgesetz zu berufen; denn der Gerichtsvollzieher hat materiellrechtliche Fragen nicht zu prüfen.

Bei einer Verwertung nach § 825 wird z.T. die Meinung vertreten, das Vollstreckungsgericht dürfe dem Antrag auf Zuweisung des Eigentums an der Abzahlungssache nicht stattgeben, weil andernfalls der Schutz des Abzahlungsgesetzes umgangen würde (LG Mönchengladbach MDR 1960, 680; LG Krefeld MDR 1964, 1013; LG Göttingen MDR 1953, 370; *A. Blo-*

meyer, § 50 II 4 c). Das ist jedoch abzulehnen, da der Abzahlungskäufer in manchen Fällen gar nicht schutzwürdig ist. Jedenfalls dann, wenn er etwa noch gar keine Kaufpreisrate gezahlt hat, steht ihm auch kein Gegenanspruch nach § 1 I 1 AbzG zu.

442   Nach einer zweiten Ansicht soll es für die Entscheidung des Vollstreckungsgerichts darauf ankommen, ob sich bei summarischer Prüfung ein Verstoß gegen die §§ 1—3 AbzG ergebe (LG Bielefeld NJW 1970, 337; *Bruns/Peters*, § 21 IV 4; BL/*Hartmann*, § 825 Anm. 2 E a; *Hadamus*, Rpfleger 1980, 420, 421; *Herminghausen*, NJW 1954, 667 f.; *Wangemann*, NJW 1952, 1318 ff.). Eine gerichtliche Eigentumszuweisung sei deshalb nur dann zulässig, wenn dem Vorbehaltskäufer entweder gar kein Rückzahlungsanspruch zustehe oder dieser Anspruch jedenfalls geringer sei als der Aufwendungs- und Nutzungsersatzanspruch des Vorbehaltsverkäufers nach § 2 AbzG. Diese Meinung unterscheidet zwar nach der Schutzwürdigkeit des Verkäufers, hat aber den Nachteil, daß sie den Rechtspfleger im Rahmen einer ausschließlich vollstreckungsrechtlichen Entscheidung unnötig mit materiellrechtlichen Fragen belastet.

443   Deshalb wird von einer dritten Ansicht vertreten, der Schutz des Abzahlungsgesetzes sei — wie bei der öffentlichen Versteigerung — auch für die Entscheidung des Vollstreckungsgerichts nach § 825 ohne Bedeutung. Der Vorbehaltskäufer könne Vollstreckungsgegenklage erheben und einstweiligen Rechtsschutz nach § 769 beantragen (OLG München MDR 1969, 60; LG Berlin MDR 1974, 1025; *Lüke*, JZ 1959, 114, 118; StJ/*Münzberg*, § 825 Rdnr. 17 u. § 814 Rdnr. 13, 14; *Zöller/Stöber*, § 825 Rdnr. 18; vgl. auch *Baur/Stürner*, Rdnr. 476). Diese Ansicht verdient Zustimmung. Das Gesetz stellt mit § 767 einen besonderen Rechtsbehelf für materielle Einwendungen gegen die Zwangsvollstreckung zur Verfügung. Die Entscheidung darüber hat es dem Prozeßgericht zugewiesen. Durch die Möglichkeit, einstweilige Anordnungen nach § 769 zu treffen, kann das Gericht den Schuldner auch rechtzeitig vor einer für ihn nachteiligen Verwertung schützen. Deshalb besteht kein Grund, bei einem Antrag nach § 825 von der ausdrücklichen gesetzlichen Regelung des § 767 abzuweichen und die Berücksichtigung des Käuferschutzes nach dem Abzahlungsgesetz in ein anderes Verfahren und auf ein anderes Organ zu verlagern.

Im Fall d wird das Vollstreckungsgericht dem Antrag des G stattgeben, sofern bei einer öffentlichen Versteigerung des Fernsehgerätes nur ein geringerer Erlös als 1 000,— DM zu erwarten wäre. Sollte S sich auf §§ 1 I, 3 AbzG berufen, wäre das für die Entscheidung des Vollstreckungsgerichts ohne Bedeutung, und zwar unabhängig davon, ob der Rückzahlungsanspruch des S nach § 1 I AbzG höher ist als der Nutzungsersatzanspruch des G nach § 2 I AbzG. S kann allenfalls durch Vollstreckungsgegenklage erreichen, daß die Zwangsvollstreckung nur Zug um Zug gegen Rückzahlung der Kaufpreisraten für zulässig erklärt wird.

c) Die *Entscheidung des Vollstreckungsgerichts* über den Antrag auf ander-   **444**
weitige Verwertung kann ohne mündliche Verhandlung ergehen (§ 764 III).
Aus dem Anspruch auf rechtliches Gehör (Art. 103 I GG) folgt allerdings,
daß der Antragsgegner vorher anzuhören ist, sofern dadurch nicht die
Durchführung der Vollstreckung gefährdet wird (*Baur/Stürner*, Rdnr. 478;
BL/*Hartmann*, § 825 Anm. 2 C; *Bruns/Peters*, § 22 VI; StJ/*Münzberg*, § 825
Rdnr. 5; *Zöller/Stöber*, § 825 Rdnr. 10; vgl. auch OLG Frankfurt Rpfleger
1980, 303).

Der Rechtspfleger entscheidet durch Beschluß. Wird dem Antrag stattgegeben, ist genau anzuordnen, wie die anderweitige Verwertung erfolgen soll.

Eine Kostenentscheidung enthält der Beschluß nur, wenn der Antrag zurückgewiesen wird; die Kosten sind dann nach § 91 vom Antragsteller zu tragen. Gibt der
Rechtspfleger dem Antrag statt, sind die im Verfahren nach § 825 entstandenen Kosten solche der Zwangsvollstreckung. Falls sie notwendig waren, hat sie nach § 788
der Schuldner zu tragen. Eine besondere Kostenentscheidung ist dann nicht erforderlich.

d) Als *Rechtsbehelfe* gegen den Beschluß des Vollstreckungsgerichts   **445**
kommen die Vollstreckungserinnerung (§ 766) und die befristete Rechtspflegererinnerung (§ 11 I 2 RPflG i.V.m. § 793) in Betracht. Welcher Rechtsbehelf im Einzelfall gegeben ist, hängt davon ab, ob der Rechtspfleger eine
Zwangsvollstreckungsmaßnahme (dann § 766) oder eine Entscheidung im
Zwangsvollstreckungsverfahren (dann § 11 I 2 RPflG) getroffen hat (zur
Abgrenzung vgl. auch Rdnr. 1177 ff., 1181 ff.).

Teilweise wird vertreten, der Beschluß nach § 825 sei niemals eine Zwangsvollstreckungsmaßnahme, sondern ordne eine solche lediglich verbindlich an. Es handele
sich also immer um eine Entscheidung, die nur mit der befristeten Rechtspflegererinnerung angegriffen werden könne (LG Nürnberg-Fürth Rpfleger 1978, 332, 333;
Thomas/Putzo, § 825 Anm. 5 a; StJ/*Münzberg*, § 825 Rdnr. 7; *Zöller/Stöber*, § 825
Rdnr. 12). Gegen diese Ansicht spricht jedoch, daß der Beschluß nach § 825 Vollstrek-
kungsakte nicht nur anordnen, sondern auch ersetzen kann; so ersetzt die Eigentumszuweisung an den Gläubiger oder einen Dritten den Zuschlag bei der öffentlichen Versteigerung. Es kann sich bei dem Beschluß also durchaus um eine Zwangsvollstreckungsmaßnahme handeln.

Zutreffenderweise ist nach allgemeinen Regeln zu unterscheiden (ebenso   **446**
Baur/Stürner, Rdnr. 478; BL/*Hartmann*, § 825 Anm. 4):

(1) Lehnt der Rechtspfleger den Antrag nach § 825 ab oder gibt er ihm
nach Anhörung des Antragsgegners statt, handelt es sich bei dem Beschluß
nach der Art seines Zustandekommens um eine Entscheidung. Rechtsbehelf
ist die *befristete Rechtspflegererinnerung* nach § 11 I 2 RPflG. Das dürfte der
bei weitem häufigere Fall sein, da der Gegner in der Regel vor Erlaß des
Beschlusses zu hören ist (Rdnr. 444).

(2) Gibt der Rechtspfleger dem Antrag ohne vorherige Anhörung des Gegners und somit ohne Würdigung des beiderseitigen Vorbringens statt, trifft er keine Entscheidung, sondern eine Vollstreckungsmaßnahme. Dagegen kann der unterliegende Teil *Vollstreckungserinnerung* nach § 766 einlegen.

447 § 16   Die Auskehr des Erlöses

Die Zwangsvollstreckung wegen einer Geldforderung endet damit, daß der bei der Verwertung erzielte Erlös ausgekehrt wird.

I. Aufteilung des Erlöses

Schrifttum: *Hantke*, Rangverhältnis und Erlösverteilung bei der gleichzeitigen Pfändung durch den Gerichtsvollzieher für mehrere Gläubiger, DGVZ 1978, 105; *Klein*, Die Erlösverteilung nach gleichzeitiger Pfändung, DGVZ 1972, 54; *Mühl*, Nochmals: Die Erlösverteilung nach gleichzeitiger Pfändung, DGVZ 1972, 166; *Mümmler*, Nochmals: Die Erlösverteilung nach gleichzeitiger Pfändung, DGVZ 1972, 100; *Noack*, Der Erlös gepfändeter versteigerter körperlicher Sachen, MDR 1973, 988.

Fälle:
a) Gv pfändet einen Pkw des S gleichzeitig für G_1 wegen einer Forderung von 1 000,— DM, für G_2 wegen einer Forderung von 2 000,— DM und für G_3 wegen einer Forderung von 3 000,— DM. Wie ist der auszukehrende Erlös von 3 600,— DM zu verteilen?

b) Gv pfändet wegen zweier titulierter Geldforderungen des G gegen S über jeweils 1 000,— DM einen Pkw. Der auszukehrende Erlös beträgt 1 000,— DM. G will den Erlös nur auf eine der beiden Forderungen angerechnet haben, da die andere Forderung noch durch eine Bürgschaft gesichert sei.

448 1. Aufteilung auf Gläubiger und Schuldner nach Abzug der Kosten

Das Ziel der Zwangsvollstreckung wegen einer Geldforderung besteht zwar darin, den Gläubiger durch Auskehrung des Erlöses der verwerteten Sache zu befriedigen. Die Gläubigerbefriedigung durch Zwangsvollstreckung darf aber nicht auf Kosten des Staates geschehen. Deshalb hat der Gerichtsvollzieher von dem Erlös zunächst die Kosten der Zwangsvollstreckung einzubehalten (§§ 21, 6 GVKostG; § 169 Nr. 2 S. 1 GVGA). Von dem verbleibenden Erlös kehrt der Gerichtsvollzieher den Betrag an den Gläubiger aus, der zu dessen Befriedigung erforderlich ist. Reicht der nach Abzug der Vollstreckungskosten verbleibende Erlös zur vollständigen Befriedigung des Gläubigers nicht aus, ist er analog § 367 BGB zunächst auf die Kosten des Gläubigers, sodann auf die Zinsen der beizutreibenden Forderung und zuletzt auf die Vollstreckungsforderung selbst zu verrechnen (§ 169 Nr. 2 S. 3 GVGA). Nur wenn bei der Verwertung ein Erlös erzielt wurde, der über den zur Gläubigerbefriedigung erforderlichen Betrag hinausgeht, wird dieser Übererlös vom Gerichtsvollzieher an den Schuldner abgeführt (§ 170 Nr. 2 S. 1 GVGA).

2. Aufteilung auf konkurrierende Gläubiger   449

a) War die verwertete Sache zugunsten mehrerer Gläubiger gepfändet und reicht der Erlös nicht zur Befriedigung aller aus, richtet sich die Verteilung des Erlöses nach dem *Rang der Pfändungspfandrechte* (§ 804 III; Rdnr. 375, 377). Danach wird der Erlös an die Gläubiger in der Reihenfolge ausgekehrt, in der die Gläubiger ihre Pfandrechte erworben haben (vgl. § 167 Nr. 7 S. 2 GVGA).

Verlangt ein nachrangiger Gläubiger eine Verteilung des Erlöses in einer anderen Reihenfolge, hat der Gerichtsvollzieher die Sachlage unter Hinterlegung des Erlöses dem Vollstreckungsgericht anzuzeigen (§ 827 II). Dieses führt anschließend das Verteilungsverfahren nach §§ 872 ff. (Rdnr. 476 ff.) durch.

b) Haben die Gläubiger ihre *Pfandrechte gleichzeitig erworben*, weil der   450 Gerichtsvollzieher dieselbe Pfändung im Auftrag mehrerer Gläubiger durchgeführt hat, wird der Erlös an alle gleichrangigen Gläubiger nach dem Verhältnis ihrer Vollstreckungsforderungen ausgekehrt (§ 168 Nr. 5 S. 2 GVGA).

Im Fall a wird der Erlös entsprechend den Vollstreckungsforderungen im Verhältnis von 1 zu 2 zu 3 auf die Gläubiger verteilt. Danach erhält G_1 600,— DM, G_2 1 200,— DM und G_3 1 800,— DM. Falls einer der Gläubiger ohne die Zustimmung der anderen volle Befriedigung verlangt, hat der Gerichtsvollzieher den Erlös zu hinterlegen (§ 827 III), und es kommt zum Verteilungsverfahren (Rdnr. 476 ff.).

3. Aufteilung auf mehrere Forderungen desselben Gläubigers   451

Gesetzlich nicht geregelt ist der Fall, daß der Gerichtsvollzieher die Pfändung nur für einen Gläubiger, aber gleichzeitig wegen verschiedener titulierter Forderungen durchführt. Wenn dann der Erlös nicht zur Tilgung aller Forderungen ausreicht, stellt sich die Frage, ob auch hier der Erlös verhältnismäßig auf alle Forderungen zu verrechnen ist (so etwa BL/*Hartmann*, § 827 Anm. 3) oder ob der Gläubiger entsprechend § 366 II BGB bestimmen kann, auf welche Forderung der Erlös verrechnet werden soll (so etwa MünchKomm/*Heinrichs*, § 366 Rdnr. 5). An einem Bestimmungsrecht wird der Gläubiger etwa dann interessiert sein, wenn er eine seiner Forderungen auch auf andere Weise als durch Zwangsvollstreckung durchsetzen kann. Für eine entsprechende Anwendung des § 366 II BGB läßt sich jedenfalls anführen, daß der Gläubiger auch die Möglichkeit hätte, den Vollstreckungsauftrag hinsichtlich einzelner Forderungen zurückzunehmen; auf diese Weise könnte er ebenfalls erreichen, daß durch den Erlös nur eine bestimmte von mehreren Forderungen getilgt wird.

Würde im Fall b der Erlös verhältnismäßig auf beide Forderungen angerechnet, könnte G die Bürgschaft für die eine Forderung nur in Höhe des noch offenen Betrages von 500,— DM ausnutzen. Falls S kein pfändbares Vermögen mehr hat, könnte er ferner die noch nicht getilgten 500,— DM der ungesicherten Forderung nicht beitreiben. Billigt man ihm dagegen ein Bestimmungsrecht nach § 366 II BGB zu, werden die 1 000,— DM Erlös allein auf die ungesicherte Forderung verrechnet, und G kann die gesicherte Forderung in voller Höhe gegen den Bürgen geltend machen.

452   II. Rechtswirkungen der Erlöszahlung

1. Rechtswirkungen der Zahlung an den Gerichtsvollzieher

a) Wenn der Ersteher den Erlös gegen Aushändigung der Sache an den Gerichtsvollzieher auszahlt, tritt der Erlös an die Stelle der gepfändeten Sache. Diese *dingliche Surrogation* ist derjenigen des § 1247, 2 BGB bei der bürgerlich-rechtlichen Pfandverwertung vergleichbar (RGZ 156, 395, 399; *Gerhardt*, § 8 II 2).

Ohne Bedeutung ist der Streit, ob die dingliche Surrogation mit einer analogen Anwendung des § 1247, 2 BGB zu begründen (*Thomas/Putzo*, § 819 Anm. 1) oder ob sie als selbstverständlich von der ZPO vorausgesetzt ist (StJ/*Münzberg*, § 819 Rdnr. 1).

Dingliche Surrogation bedeutet, daß der ursprüngliche Eigentümer der Pfandsache nunmehr Eigentümer des Erlöses wird, nicht etwa der Gläubiger oder der Gerichtsvollzieher.

War der bisherige Sacheigentümer nicht der Schuldner, hat er auch jetzt noch die Möglichkeit, unter Berufung auf sein Eigentum als ein die Veräußerung hinderndes Recht im Wege der Drittwiderspruchsklage (§ 771; Rdnr. 1396 ff.) zu beantragen, die Zwangsvollstreckung in den Gegenstand für unzulässig zu erklären. Dadurch kann er allerdings nur noch erreichen, daß der Erlös an ihn statt an den Gläubiger ausgezahlt wird; denn das Eigentum an der Sache hat er an den Ersteher verloren (Rdnr. 411).

Die Rechte, die an der Pfandsache bestanden haben, setzen sich am Erlös fort. Deshalb ist der Erlös verstrickt und mit dem Pfändungspfandrecht des Gläubigers sowie etwaigen anderen Rechten belastet.

b) Die Empfangnahme des Erlöses durch den Gerichtsvollzieher *gilt als*   453
Zahlung von seiten des Schuldners, sofern nicht dem Schuldner nachgelassen ist, durch Sicherheitsleistung oder durch Hinterlegung die Vollstreckung abzuwenden (§ 819). Das entspricht der Regelung des § 815 III bei der Wegnahme gepfändeten Geldes (Rdnr. 421). § 819 bestimmt nicht den Zeitpunkt des Eigentumsübergangs am Erlös; in der Zahlungsfiktion liegt vielmehr eine *Gefahrtragungsregel*. Der Schuldner wird also von seiner Zahlungspflicht gegenüber dem Gläubiger frei, selbst wenn der Erlös dem Gerichtsvollzieher abhanden kommt.

Das gilt jedoch nicht, wenn eine schuldnerfremde Sache versteigert wurde und deshalb der Schuldner nicht Eigentümer des Erlöses geworden ist. In diesem Fall wurde durch die Pfändung das Vermögen des Schuldners nicht belastet, so daß dieser auch nicht vor einem außerhalb seiner Sphäre erfolgenden Untergang des Erlöses geschützt zu werden braucht (Rdnr. 421).

Die Befreiung des Schuldners von seiner Leistungspflicht bedeutet aber nicht, daß der Gläubiger den später vom Gerichtsvollzieher erhaltenen Erlös auf jeden Fall behalten darf; § 819 enthält (ebenso wie § 815 III) keinen Rechtsgrund i.S.v. § 812 BGB (*Lippross*, S. 87; StJ/*Münzberg*, § 819 Rdnr. 11). Hatte der Gläubiger kein Pfändungspfandrecht, weil die Forderung nicht (mehr) bestand, ist er dem Schuldner nach Bereicherungsrecht zur Herausgabe des Erlöses verpflichtet (vgl. Rdnr. 470).

2. Rechtswirkungen der Auskehr des Erlöses durch den Gerichtsvollzieher   454

Für die Frage, wie sich die Rechtsverhältnisse am Erlös nach der Auskehr durch den Gerichtsvollzieher ändern, ist zu unterscheiden:

a) Durch eine *Auskehr an den Gläubiger* erwirbt dieser kraft Hoheitsaktes Eigentum am Erlös. Das gilt unabhängig davon, ob die Vollstreckungsforderung (noch) bestand und ob die verwertete Sache dem Schuldner gehörte oder der Gläubiger jedenfalls gutgläubig war. Diese Gesichtspunkte sind nur dafür von Bedeutung, ob der Gläubiger zu Recht Eigentum am Erlös erworben hat oder ob er schuldrechtlich zur Herausgabe an den wahren Berechtigten verpflichtet ist (vgl. Rdnr. 470).

b) In der *Auskehr an den Schuldner* (etwa eines erzielten Übererlöses)   455
liegt dagegen keine hoheitliche Eigentumsübertragung, sondern nur eine Besitzübertragung. Gehörte dem Schuldner die verwertete Sache, setzte sich

sein Eigentum ohnehin am Erlös fort. Falls eine schuldnerfremde Sache versteigert wurde, fiel der Erlös ins Eigentum des früheren Sacheigentümers. Dieser verlor sein Eigentum am Übererlös auch nicht durch die Besitzübertragung an den Schuldner; denn dem Gerichtsvollzieher fehlte der Wille zur Eigentumsübertragung.

456   III. Materieller Ausgleich nach der Verwertung schuldnerfremder Sachen

Schrifttum: *Böhm*, Ungerechtfertigte Zwangsvollstreckung und materiellrechtliche Ausgleichsansprüche, 1971; *Gloede*, Haftet der Vollstreckungsgläubiger, der in schuldnerfremde bewegliche Sachen vollstrecken ließ, deren früherem Eigentümer aus ungerechtfertigter Bereicherung?, MDR 1972, 291; *ders.*, Nochmals: Vollstreckung in schuldnerfremde Sachen und Bereicherungsausgleich, JR 1973, 99; *Günther*, Abermals: Mobiliarzwangsvollstreckung in schuldnerfremde Sachen und Bereicherungsausgleich, AcP 178, 456; *Kaehler*, Vollstreckung in schuldnerfremde Sachen und Bereicherungsausgleich, JR 1972, 445; *Lüke*, Die Bereicherungshaftung des Gläubigers bei der Zwangsvollstreckung in eine dem Schuldner nicht gehörige bewegliche Sache, AcP 153, 533.

Fälle:

a) Gv hat bei S einen Lkw gepfändet, der dem D nach § 930 BGB zur Sicherheit übereignet war. Bei der Versteigerung erhält E den Zuschlag. Den Erlös kehrt Gv nach Abzug der Vollstreckungskosten an G aus. D, der erst jetzt von der Zwangsvollstreckung in den Lkw erfährt, will wissen, welche Ansprüche er gegen E und G hat. Beide berufen sich darauf, vom Eigentum des D nichts gewußt zu haben.

b) Im Fall a hatte der Lkw einen Verkaufswert von 15 000,— DM. Bei der Versteigerung wurde ein Erlös von 10 000,— DM erzielt. Davon hat Gv 600,— DM Vollstreckungskosten einbehalten und 9 400,— DM an G ausgezahlt. Welchen Betrag kann D von G verlangen?

c) Im Fall a hat G den Lkw selbst ersteigert. Ihm war bekannt, daß S den Lkw zur Sicherheit an D übereignet hatte.

Von der Pfändung und der Verwertung einer schuldnerfremden Sache wird wirtschaftlich das Vermögen des Sacheigentümers betroffen, obwohl dieser nicht Vollstreckungsschuldner ist.

Dagegen kann sich der Eigentümer bis zur Beendigung der Zwangsvollstreckung (Auskehr des Erlöses; Rdnr. 447 ff.) mit der Drittwiderspruchsklage nach § 771 wehren (Rdnr. 1396 ff.) und erreichen, daß die Zwangsvollstreckung in die ihm gehörende Sache für unzulässig erklärt wird. Es handelt sich bei der Drittwiderspruchsklage also um einen vorbeugenden Schutz gegen eine den Eigentümer benachteiligende Vollstreckung.

Falls der Eigentümer die rechtzeitige Erhebung der Drittwiderspruchsklage versäumt hat, etwa weil er von der Zwangsvollstreckung nichts wußte (Fall a), wird er in erster Linie daran interessiert sein, die verwertete Sache von dem Erwerber herauszubekommen. Besteht diese Möglichkeit nicht, kann er einen Schadensersatzanspruch gegen den Erwerber haben. Ferner kommt ein Anspruch des Eigentümers gegen den Vollstreckungsgläubiger auf Schadensersatz oder Herausgabe des Erlöses in Betracht.

1. Ansprüche des Eigentümers gegen den Erwerber der Sache   457

a) Ein *Anspruch nach § 985 BGB auf Herausgabe* der Sache kommt nur in Frage, wenn durch die Verwertung das Sacheigentum nicht auf den Erwerber übergegangen ist. Jede wirksame Verwertung führt jedoch zu einer Eigentumsübertragung kraft staatlichen Hoheitsaktes. Dafür ist es wegen der öffentlich-rechtlichen Erklärung der Eigentumsübertragung ohne Bedeutung, ob die Sache dem Schuldner oder einem Dritten gehörte; selbst auf den guten Glauben des Erwerbers kommt es nach h.M. nicht an (Rdnr. 411). Erforderlich ist nur, daß die Sache z.Z. der Verwertung (noch) verstrickt war (Rdnr. 412) und daß die wesentlichen Verfahrensvorschriften bei der Verwertung eingehalten wurden (Rdnr. 413 ff.).

Eine Ausnahme gilt lediglich dann, wenn die Verwertung auf Anordnung des Vollstreckungsgerichts (§ 825) nicht durch den Gerichtsvollzieher, sondern durch eine Privatperson durchgeführt wurde. Die Eigentumsübertragung erfolgt in diesem Fall nicht kraft Hoheitsaktes, sondern privatrechtlich nach §§ 929 ff. BGB. Deshalb erwirbt der Ersteher nur dann Eigentum, wenn er gutgläubig davon ausging, die Sache gehöre dem Vollstreckungsschuldner (Rdnr. 426).

Im Fall a ist E durch den Zuschlag und die Ablieferung des Lkw kraft Hoheitsaktes Eigentümer geworden. D hat deshalb keinen Herausgabeanspruch nach § 985 BGB. Selbst wenn es nicht um die Versteigerung eines Lkw durch den Gerichtsvollzieher, sondern um die Versteigerung eines Gemäldes durch einen Kunsthändler gegangen wäre, hätte E wegen seines guten Glaubens Eigentum erworben (§ 932 BGB).

Wäre dagegen schon die Pfändung etwa wegen fehlender Kenntlichmachung unwirksam gewesen (Rdnr. 333 ff., 364) oder hätte E bei Ablieferung des Lkw keine Barzahlung geleistet (Rdnr. 415), dann wäre mangels Verstrickung oder wegen Verletzung einer wesentlichen Verfahrensvorschrift das Eigentum nicht auf E übergegangen, und D könnte den Lkw nach § 985 BGB herausverlangen.

b) Ein *Herausgabeanspruch nach § 1007 I, II BGB* scheitert ebenfalls,   458
wenn der Erwerber Eigentümer der Sache geworden ist (§ 1007 II 1, 2. Halbs. BGB).

c) Ein *possessorischer Herausgabeanspruch nach §§ 869, 861 BGB* kommt   459
nicht in Betracht, weil bei einer rechtmäßigen Pfändung und Verwertung die

Sache dem unmittelbaren Besitzer nicht durch verbotene Eigenmacht (§ 858 BGB) entzogen wird.

460   d) Der Eigentümer hat ferner keinen *Übereignungsanspruch nach den Regeln der Geschäftsführung ohne Auftrag* (§§ 681, 667 BGB). Eine direkte Anwendung der §§ 677 ff. BGB scheidet aus, weil der Erwerber keinen Fremdgeschäftsführungswillen hat. Auch § 687 II BGB greift selbst bei Bösgläubigkeit des Erwerbers nicht ein; denn der Eigentumserwerb in der Zwangsvollstreckung ist kein Geschäft des früheren Sacheigentümers.

461   e) *Deliktische Schadensersatzansprüche* des früheren Eigentümers gegen den Erwerber können ebenfalls auf Rückübereignung (Naturalrestitution gem. § 249 BGB) gerichtet sein.

(1) Ein Anspruch nach *§ 823 I BGB* setzt voraus, daß die Verletzung des Eigentums durch die Zwangsvollstreckung auf einem widerrechtlichen und schuldhaften Verhalten des Erwerbers beruht. Der Eigentumsverlust ist jedoch auf die rechtmäßige hoheitliche Eigentumsübertragung durch den Gerichtsvollzieher oder die rechtmäßige rechtsgeschäftliche Eigentumsübertragung durch eine Privatperson (Rdnr. 426) zurückzuführen. Da der Eigentumserwerb des Erstehers untrennbar mit dem rechtmäßigen Übertragungsakt verbunden ist, fehlt es auch bei dem Verhalten des Erwerbers an der Rechtswidrigkeit; auf dessen Bösgläubigkeit kommt es nicht an.

462   (2) In seltenen Fällen kann ein Rückübereignungsanspruch nach *§§ 826, 249 BGB* in Betracht kommen. Dann muß der Erwerber den früheren Sacheigentümer vorsätzlich sittenwidrig geschädigt haben. Das ist etwa dann anzunehmen, wenn er sein formales Erwerbsrecht in der Zwangsvollstreckung dazu mißbraucht, dem Eigentümer einen Schaden zuzufügen (vgl. BGH NJW 1979, 162, 163 m.w.N.).

Im Fall a liegen dafür keine Anhaltspunkte vor. Selbst wenn E von dem Eigentum des D gewußt hätte (Fall c), würde das allein für eine vorsätzlich sittenwidrige Schädigung des D nicht ausreichen.

463   f) Ein *bereicherungsrechtlicher Rückübereignungsanspruch* gegen den Erwerber steht dem früheren Eigentümer ebenfalls nicht zu. Die Voraussetzungen des § 816 I 1 BGB liegen nicht vor, weil der Erwerber bei seinem Eigentumserwerb nicht über die Sache verfügt hat. § 816 II BGB greift nicht ein, da die Eigentumsübertragung auf den Erwerber keine Verfügung an einen »Nichtberechtigten« darstellt. Schließlich kommt auch ein Anspruch nach § 812 BGB nicht in Betracht; denn der Erwerber hat das Eigentum mit Rechtsgrund (Zuschlag des Gerichtsvollziehers; gerichtliche Eigentumszuweisung nach § 825) erlangt.

Im Fall a stehen dem D gegen E somit keine Ansprüche zu.

2. Ansprüche des Eigentümers gegen den Vollstreckungsgläubiger   464

Der Vollstreckungsgläubiger ist weder Eigentümer noch Besitzer der Sache geworden (zu dem Sonderfall, daß der Gläubiger selbst erworben hat, vgl. Rdnr. 473 ff.). Deshalb kann der frühere Eigentümer von ihm weder Herausgabe noch Rückübereignung der Sache, sondern allenfalls Schadensersatz oder Herausgabe des Erlöses verlangen.

a) Ein *Schadensersatzanspruch nach §§ 990 I, 989 BGB* wegen Unmöglich-   465
keit der Herausgabe ist zu erwägen, wenn (wie im Fall c) der Vollstreckungsgläubiger von der Schuldnerfremdheit der Sache wußte. Selbst bei Bösgläubigkeit des Vollstreckungsgläubigers kommt ein solcher Anspruch jedoch nicht in Betracht; denn dafür wäre Voraussetzung, daß der Eigentümer vor dem Eintritt der Unmöglichkeit einen Herausgabeanspruch nach § 985 BGB gegen den Gläubiger hatte. Das scheitert aber daran, daß der materielle Herausgabeanspruch während des Vollstreckungsverfahrens durch die Möglichkeit, Drittwiderspruchsklage nach § 771 zu erheben, ausgeschlossen ist (RGZ 108, 260, 263; BGHZ 58, 207, 214; *Berg*, NJW 1972, 1996).

b) Ein *Schadensersatzanspruch wegen Verletzung von Pflichten aus einem*   466
gesetzlichen Schuldverhältnis setzt voraus, daß zwischen dem Sacheigentümer und dem Vollstreckungsgläubiger eine als Schuldverhältnis zu bewertende rechtliche Sonderbeziehung besteht. Das hat der BGH (NJW 1972, 1048, 1049; 1977, 384 f.) bejaht. Im Rahmen dieses Rechtsverhältnisses sei der Vollstreckungsgläubiger verpflichtet, die Rechte, die Dritte an der gepfändeten Sache geltend machen, gewissenhaft zu prüfen.

Die Annahme eines gesetzlichen Schuldverhältnisses zwischen Eigentümer und Vollstreckungsgläubiger wird damit gerechtfertigt, daß der Eigentümer während des Vollstreckungsverfahrens gegen den Gläubiger nach § 1004 BGB einen Anspruch auf Beseitigung seiner Eigentumsbeeinträchtigung habe. Dieser Anspruch könne lediglich so lange nicht geltend gemacht werden, wie der Eigentümer die Möglichkeit habe, Drittwiderspruchsklage zu erheben. Das schließe jedoch nicht aus, daß der Eigentümer nach Beendigung der Zwangsvollstreckung Schadensersatz wegen nicht rechtzeitiger Freigabe der gepfändeten Sache verlangen könne (*Henckel*, JZ 1973, 32).

Die Bejahung eines gesetzlichen Schuldverhältnisses ist von Bedeutung, weil dann — anders als im Deliktsrecht — § 278 BGB anwendbar ist. Deshalb ist dem Gläubiger ein Verschulden seiner Erfüllungsgehilfen (etwa eines Rechtsanwalts) ohne Entlastungsmöglichkeit zuzurechnen (*Bruns/Peters*, § 15 II 5).

Im Fall a scheidet ein solcher Anspruch aus gesetzlichem Schuldverhältnis aus, weil G gar keinen Anhaltspunkt dafür hatte, daß D Eigentümer des Lkw war. Deshalb kann er auch keine gegenüber dem D bestehende Prüfungspflicht verletzt haben.

467   c) Bei schuldhafter Eigentumsverletzung steht dem früheren Eigentümer gegen den Vollstreckungsgläubiger ein *deliktischer Schadensersatzanspruch* nach §§ 823 I, 249 BGB, bei vorsätzlich sittenwidriger Schädigung auch nach § 826 BGB zu. Das Verhalten des betreibenden Gläubigers ist — anders als das des Erwerbers (Rdnr. 461) — bei der Vollstreckung in eine schuldnerfremde Sache rechtswidrig. Die rechtliche Wirksamkeit der Verwertung ändert nichts daran, daß der Gläubiger die Vollstreckung zu Unrecht in eine dem Schuldner nicht gehörende Sache betreibt.

Die fehlende Berechtigung des Gläubigers beruht nach der gemischten Theorie darauf, daß er an einer schuldnerfremden Sache kein Pfändungspfandrecht erwirbt (Rdnr. 383). Nach der öffentlich-rechtlichen Theorie soll zwar ein Pfändungspfandrecht entstehen; dieses berechtige den Gläubiger aber nur prozessual, nicht dagegen materiell zur Verwertung (Rdnr. 381).

Im Fall c liegen die Voraussetzungen für einen deliktischen Schadensersatzanspruch des D vor. Im Fall a fehlt es dagegen am Verschulden des G, weil er vom Eigentum des D nichts wußte. Die Voraussetzungen des § 826 BGB liegen erst recht nicht vor. Der Gläubiger verhält sich nur dann schuldhaft, wenn der Eigentümer ihm sein Recht glaubhaft darlegt, so daß der Gläubiger begründete Zweifel an der Zugehörigkeit der Sache zum Schuldnervermögen haben muß (vgl. BGHZ 55, 26, 30).

468   d) Der frühere Eigentümer kann einen *Herausgabe- und einen Schadensersatzanspruch nach §§ 687 II, 681, 667, 678 BGB* gegen den Vollstreckungsgläubiger haben. Dadurch, daß der Gläubiger die Vollstreckung in eine schuldnerfremde Sache betreibt, führt er ein fremdes Geschäft; denn die Verwertung einer Sache ist ein Geschäft des Eigentümers oder eines Gläubigers des Eigentümers. Der Vollstreckungsgläubiger ist auch nicht zur Geschäftsführung berechtigt, da er kein Pfändungspfandrecht / kein materielles Verwertungsrecht an der schuldnerfremden Sache hat. Weitere Voraussetzung für § 687 II BGB ist allerdings, daß der Vollstreckungsgläubiger von seiner fehlenden Berechtigung Kenntnis hat; andernfalls finden die §§ 677 ff. BGB keine Anwendung (§ 687 I BGB).

Daran scheitert im Fall a ein Anspruch des D gegen G wegen sog. angemaßter Eigengeschäftsführung. Hätte G dagegen Kenntnis vom Eigentum des D gehabt, müßte er dem D nach §§ 687 II, 681, 667 BGB den erhaltenen Erlös herausgeben und zudem nach §§ 687 II, 678 BGB die Differenz zwischen dem Wert des Lkw und dem Verwertungserlös als Schadensersatz zahlen (Fall b; zu Fall c vgl. aber Rdnr. 474 f.).

469   e) Bei *bereicherungsrechtlichen Ansprüchen* des Eigentümers gegen den Vollstreckungsgläubiger auf Herausgabe des Erlöses ist zu unterscheiden:

(1) Ein Anspruch nach *§ 816 I 1 BGB* scheidet deshalb aus, weil der Gläubiger durch das Betreiben der Zwangsvollstreckung weder über die Pfandsache noch über den Erlös verfügt. Die Verfügung trifft vielmehr der Gerichtsvollzieher durch die hoheitliche Eigentumsübertragung (vgl. RGZ 156, 395, 399; BGHZ 55, 25; StJ/*Münzberg*, § 771 Rdnr. 73).

(2) In Betracht kommt aber ein Anspruch nach *§ 812 I 1, 2. Fall BGB*   470
(Eingriffskondiktion).

(a) Der Gläubiger erlangt den Erlös nicht durch Leistung, sondern kraft
Hoheitsaktes (RGZ 156, 395, 400). Darin liegt ein Eingriff in das Vermögen
des früheren Sacheigentümers, weil sich dessen Eigentum nach der Verwertung am Erlös fortgesetzt hat (Rdnr. 452). Der Gläubiger erhält den Erlös
somit *in sonstiger Weise auf Kosten des Eigentümers* (StJ/*Münzberg*, § 771
Rdnr. 73, § 819 Rdnr. 10 FN 22). Da dem Gläubiger an der schuldnerfremden Sache und damit auch am Erlös kein Pfändungspfandrecht/kein materielles Befriedigungsrecht zustand, erwirbt er den Erlös *ohne Rechtsgrund*.
Der Zuschlag oder die gerichtliche Eigentumszuweisung nach § 825 stellt
lediglich einen Rechtsgrund für die Übertragung des Eigentums an der
Sache auf den Erwerber dar.
Von einer Mindermeinung wird vertreten, daß die Erlöszuweisung auch
bei der Verwertung schuldnerfremder Sachen mit Rechtsgrund geschehe.

Das wird z.T. mit den §§ 815 III, 817 IV 2, 819 begründet. Diesen Vorschriften sei
zu entnehmen, daß der Gläubiger durch die Auskehr des Erlöses auf jeden Fall (auch
bei der Versteigerung schuldnerfremder Sachen) wegen seiner Vollstreckungsforderung befriedigt werde (*Gloede*, MDR 1972, 291, 293; BL/*Hartmann*, § 815
Anm. 3 A a, § 819 Anm. 1). Eine andere Begründung geht davon aus, der Eigentümer
verliere sein Recht an der Sache und am Erlös, wenn er nicht rechtzeitig Drittwiderspruchsklage erhebe; dann trete eine »materielle Vollstreckungskraft« ein, die auch
gegen den Eigentümer wirke (vgl. *Böhm*, Ungerechtfertigte Zwangsvollstreckung und
materielle Ausgleichsansprüche, 1971, S. 18 ff.). Beide Ansichten besagen im Ergebnis,
daß der Eigentümer keinen bereicherungsrechtlichen Herausgabeanspruch gegen den
Gläubiger, sondern einen Bereicherungsanspruch gegen den Schuldner habe, der auf
Kosten des Eigentümers zu Unrecht von seiner Schuld gegenüber dem Vollstrek-
kungsgläubiger befreit worden sei.

Diese Mindermeinung stößt jedoch auf Bedenken. Die §§ 815 III,
817 IV 2, 819 dienen allein dem Schutz des Schuldners. Sie greifen deshalb
bei der Verwertung schuldnerfremder Sachen gar nicht ein; denn dann ist
das Vermögen des Schuldners nicht betroffen, so daß dieser keines Schutzes
bedarf (Rdnr. 421, 453). Auch die Begründung mit der »materiellen Vollstreckungskraft« als Parallele zur materiellen Rechtskraft überzeugt nicht;
denn der Eigentümer ist am Vollstreckungsverfahren gar nicht beteiligt und
hat möglicherweise noch nicht einmal Kenntnis davon. Dann kann er sein
Eigentumsrecht im Vollstreckungsverfahren nicht geltend machen. Deshalb
wäre es nicht sachgerecht, wenn die »materielle Vollstreckungskraft« trotzdem gegen ihn wirkte. Außerdem ist die materielle Berechtigung an der gepfändeten Sache nicht Gegenstand des Vollstreckungsverfahrens und kann
deshalb auch nicht von der »materiellen Vollstreckungskraft« erfaßt werden

(vgl. zur Kritik auch *Kaehler*, JR 1972, 445; *Lippross*, S. 71 f.; StJ/*Münzberg*, § 771 Rdnr. 74; *Gaul*, AcP 173, 323, 334).

Der Rechtsgrund für das Behaltendürfen des Erlöses liegt also weder in einem den §§ 815 III, 817 IV 2, 819 zu entnehmenden Rechtsgedanken noch in der »materiellen Vollstreckungskraft«, sondern allein in dem Pfändungspfandrecht bzw. dem materiellen Verwertungsrecht des Gläubigers.

471   (b) Nach § 812 BGB kann der frühere Sacheigentümer vom Gläubiger *Herausgabe des Erlangten* beanspruchen. Fraglich ist, ob der Umfang dieses Anspruchs nur den tatsächlich an den Gläubiger ausgekehrten (Netto-) Erlös oder den gesamten (Brutto-) Erlös erfaßt.

Nach einer Mindermeinung hat der Gläubiger auch in Höhe der Vollstreckungskosten etwas erlangt, nämlich die Befreiung von seiner Verbindlichkeit gegenüber der Staatskasse (§§ 3, 6 GVKostG). Deshalb könne der Eigentümer den Bruttoerlös herausverlangen (*A. Blomeyer*, § 39 II 1; *Nicklisch*, NJW 1966, 434; StJ/*Münzberg*, § 771 Rdnr. 75). Dagegen spricht, daß die Verbindlichkeit des Gläubigers gegenüber der Staatskasse nicht endgültig ist; der Gläubiger muß die Kosten lediglich vorschießen. Im Ergebnis hat die notwendigen Kosten der Zwangsvollstreckung der Schuldner zu tragen, so daß dieser bereichert ist.

Die h.M. vertritt zu Recht die Auffassung, daß die Vollstreckungskosten nicht zum herauszugebenden Betrag gehören (RGZ 40, 288, 293; BGH NJW 1976, 1090; BL/*Hartmann*, Einf §§ 771—774 Anm. 2 B; *Lent*, NJW 1955, 674; *Lüke*, AcP 153, 533, 545 FN 45; *Palandt/Thomas*, § 812 Anm. 5 B a bb; *Zöller/Schneider*, § 771 Rdnr. 23). Es handelt sich dabei um Aufwendungen, die der Gläubiger tätigen muß, um das Verwertungsrecht zu erwerben. Diese stellen nicht etwa eine Gegenleistung für den Erwerb des Erlöses dar, die den Bereicherungsanspruch nicht mindern könnte, weil sie auch für den Herausgabeanspruch nach § 985 BGB ohne Bedeutung wäre. Es geht vielmehr — ähnlich wie z.B. bei einer Vermittlungsprovision — um Erwerbskosten, die anläßlich des Eigentumserwerbs am Erlös anfallen und nach allgemeinen bereicherungsrechtlichen Grundsätzen vom herauszugebenden Betrag abzuziehen sind (BGH NJW 1976, 1090, 1092 m.w.N.).

Im Fall b kann D daher nach h.M. gem. § 812 I 2, 2. Fall BGB nur 9 400,— DM von G herausverlangen. Ein Anspruch auf weitere 600,— DM steht ihm nach Bereicherungsrecht nur gegen S zu, weil dieser zu Unrecht auf Kosten des D von seiner Pflicht zur Zahlung der Vollstreckungskosten befreit wurde. Hätte G dagegen Kenntnis vom Eigentum des D gehabt, lägen die Voraussetzungen für einen Schadensersatzanspruch nach §§ 687 II, 678 BGB und nach §§ 823 I, 249 BGB vor; dann hätte D gegen G sogar einen Anspruch auf Zahlung von 15 000,— DM.

472   (c) Auf den *Wegfall der Bereicherung* (§ 818 III BGB) kann sich der Gläubiger sich nicht mit der Begründung berufen, er habe seine titulierte Forderung

gegen den Schuldner verloren. Denn die Vollstreckung in eine schuldner-fremde Sache führt nicht zur Befriedigung des Gläubigers, so daß auch die Vollstreckungsforderung nicht erlischt. Falls der Gerichtsvollzieher dem Schuldner die vollstreckbare Ausfertigung bereits ausgehändigt hat, kann der Gläubiger nach § 733 die Erteilung einer weiteren vollstreckbaren Ausfertigung beantragen und erneut gegen den Schuldner vollstrecken (vgl. Rdnr. 421).

3. Ansprüche des Eigentümers gegen den Vollstreckungsgläubiger und gleichzeitigen Erwerber der Sache

473

Falls der Vollstreckungsgläubiger in der öffentlichen Versteigerung den Zuschlag erhält oder durch Beschluß des Vollstreckungsgerichts das Eigentum an der Pfandsache zugewiesen bekommt, ist er außerdem Erwerber der Sache. Hinsichtlich der materiellen Ansprüche, die nach der Vollstreckung in eine schuldnerfremde Sache dem früheren Sacheigentümer zustehen, ist jedoch genau zu unterscheiden, in welcher Eigenschaft der Gläubiger in Anspruch genommen wird. Dabei gilt das gleiche, was für den Fall der Personenverschiedenheit von Gläubiger und Erwerber ausgeführt wurde. Lediglich folgende *Besonderheiten* sind zu beachten:

a) Wird der Vollstreckungsgläubiger *in seiner Eigenschaft als Erwerber* nach §§ 985, 1007 BGB auf Herausgabe der Sache in Anspruch genommen, kommt es auch hier darauf an, ob er Eigentümer der Sache geworden ist. Das ist nicht der Fall, wenn die Eigentumszuweisung wegen Verstoßes gegen eine wesentliche Verfahrensvorschrift, etwa wegen Nichteinhaltung der Barzahlungspflicht nach § 817 II, unwirksam war.

474

Im Fall c hat G im Hinblick auf § 817 IV 1 keine Barzahlung geleistet, weil er davon ausging, der Erlös sei zu seiner Befriedigung zu verwenden. Nach materiellem Recht gebührte ihm der Erlös aber gar nicht, weil er an der schuldnerfremden Sache kein Pfandrecht/kein materielles Verwertungsrecht hatte. Dennoch liegt darin kein Verstoß gegen § 817 II, weil § 817 IV 1 verfahrensrechtlich zu verstehen ist. Danach kommt es für die Befreiung von der Barzahlungspflicht nur darauf an, ob der Erlös nach Prozeßrecht an den ersteigernden G auszuzahlen wäre (Rdnr. 415). G ist also Eigentümer des Lkw geworden.

b) Bei einer Inanspruchnahme des Vollstreckungsgläubigers *in seiner Eigenschaft als Gläubiger* auf Schadensersatz nach §§ 823 I, 249 BGB stellt sich die Frage, ob der Anspruch auf Rückübereignung (Naturalrestitution) oder auf Geldzahlung gerichtet ist. Bei Personenverschiedenheit von Gläubiger und Erwerber könnte der frühere Eigentümer vom Gläubiger nur Geldersatz verlangen (Rdnr. 464). Bei Personenidentität gelangt man dagegen zu

475

einem anderen Ergebnis; denn dann ist der Gläubiger Eigentümer der Sache geworden, so daß er Naturalrestitution leisten kann.

Im Fall c hat G das Sacheigentum zwar trotz Bösgläubigkeit in seiner Eigenschaft als Ersteher durch Hoheitsakt wirksam und aufgrund des Zuschlags mit Rechtsgrund erworben. Das schließt jedoch nicht aus, daß er als Gläubiger wegen schuldhafter Eigentumsverletzung deliktsrechtlich zur Rückübereignung verpflichtet ist. Denn für die Rechtsfolge der §§ 823 I, 249 BGB kommt es nicht darauf an, auf welche Weise G Eigentümer geworden ist; entscheidend ist, daß nach den §§ 249, 251 BGB die Pflicht zur Naturalrestitution Vorrang vor der Möglichkeit zum Geldersatz hat, solange ihre Erfüllung dem Schuldner nicht unmöglich oder unzumutbar ist. D kann von G also die Herausgabe des Lkw verlangen.

476 IV. Verteilungsverfahren

Schrifttum: *Henckel,* Prozeßrecht und materielles Recht, 1970, 339 ff.; *A. Martin,* Pfändungspfandrecht und Widerspruchsklage im Verteilungsverfahren, 1963; *Pagenstecher,* Zur Rangordnung im Verteilungsverfahren, Prozeßprobleme, 1930, 1—75; *Pappenheim,* Rangstreitigkeiten im Verteilungsverfahren nach der Zivilprozeßordnung, 1931; *H. Schneider,* Das zivilprozessuale Verteilungsverfahren (§§ 872 ff. ZPO) sowie das Verfahren nach § 13 der Hinterlegungsordnung, DAVorm 1982, 517.

Fälle:

a) Ein Teppich des S wird für G_1 wegen einer titulierten Forderung von 11 000,— DM und eine Woche später für G_2 wegen einer titulierten Forderung von 9 000,— DM gepfändet. Nach Abzug der Kosten verbleibt ein Versteigerungserlös von 10 000,— DM. Gv will das Geld dem G_1 auszahlen. G_2 macht gegenüber Gv geltend, die Pfändung durch G_1 sei aus verschiedenen Gründen unwirksam. Was soll Gv tun?

b) Da Gv den Erlös hinterlegt und dem Vollstreckungsgericht den Sachverhalt anzeigt, stellt dieses einen Teilungsplan auf und lädt zur Verhandlung. G_1 und G_2 teilen dem Gericht mit, sie hätten sich den Schaden geteilt. Jeder solle von dem Erlös 5 000,— DM erhalten. Darf das Gericht darauf eingehen?

c) Im Verteilungsverfahren widerspricht G_2 dem Teilungsplan und macht geltend, er müsse vor G_1 befriedigt werden, da die zu dessen Gunsten erfolgte Pfändung deshalb fehlerhaft sei, weil die zugrunde liegende Forderung nicht mehr bestehe und der Vollstreckungstitel vor der Pfändung nicht zugestellt worden sei. Da G_1 das Vorbringen des G_2 bestreitet, will dieser nach erfolglosem Widerspruch sein Recht im Prozeß durchsetzen. Wie?

d) Gv pfändet am 1. Juli für G_1 einen Schrank, ohne dem S vorher oder gleichzeitig den Titel zuzustellen. Am 3. Juli pfändet er denselben Schrank für G_2. Am 5. Juli wird dem G_1 der Titel zugestellt. Nach der Verwertung des Schrankes kommt es zum Verteilungsverfahren, und G_1 erhält den ersten Rang. G_2 widerspricht und beantragt, im Rang vor G_1 befriedigt zu werden.

e) Wie wirkt es sich im Fall d aus, wenn zwar die Zustellung rechtzeitig erfolgt ist, der Vollstreckungsanspruch des G_1 jedoch aufgrund des Urteils erst am 5. Juli geltend gemacht werden durfte?

f) Gv pfändet für G_1 am 10.10. und für G_2 am 20.10. bei S einen Lkw. Diesen hatte S schon vorher zur Sicherung eines Darlehens an D übereignet. Nach Rückzahlung des Darlehens erhält S am 30.10. das Eigentum am Lkw zurück. Als G_1 nach der Versteigerung des Lkw im Verteilungsverfahren den ersten Rang erhält, erhebt G_2 Widerspruchsklage und beantragt, im gleichen Rang wie G_1 befriedigt zu werden.

1. Zweck des Verteilungsverfahrens

Ist eine Sache von mehreren Gläubigern gepfändet worden, sind diese aus dem Versteigerungserlös zu befriedigen. Das macht keine Schwierigkeiten, wenn der Erlös zur Befriedigung aller Gläubiger ausreicht oder wenn die Gläubiger sich über die Verteilung des Erlöses einigen. Im übrigen wird der Gerichtsvollzieher bei einem unzureichenden Versteigerungserlös die Pfändungsgläubiger nach dem Rang ihrer Pfandrechte (§ 804 III; Rdnr. 377) bei der Auszahlung berücksichtigen.

Schwierigkeiten entstehen für den Gerichtsvollzieher aber dann, wenn der Erlös zur Deckung aller Forderungen nicht genügt und die Gläubiger über die Verteilung streiten (Fall a). Dann hat der Gerichtsvollzieher den Erlös zu hinterlegen und die Sachlage dem Vollstreckungsgericht anzuzeigen (§ 827 II); das gilt auch, wenn die Pfändung für mehrere Gläubiger gleichzeitig bewirkt ist (§ 827 III). Dem Gerichtsvollzieher soll die Entscheidung über den (oft schwierigen) Streit zwischen den Gläubigern abgenommen werden. Deshalb wird von Amts wegen ein gerichtliches Verteilungsverfahren (§§ 872 ff.) eingeleitet. Zweck dieses Verfahrens ist es also, in einem besonderen gerichtlichen Verfahren die *Rangfolge der Gläubiger endgültig zu klären* und damit über die Verteilung des Erlöses zu entscheiden.

2. Geltungsbereich der §§ 872 ff.   477

Die Vorschriften der §§ 872 ff. sind nicht nur bei der Zwangsvollstreckung in bewegliche Sachen (§ 827 II, III), sondern auch in den Fällen der §§ 854 II, III und 853 anwendbar; sie gelten jedoch nicht bei der Verteilung im Zwangsversteigerungs- und Zwangsverwaltungsverfahren sowie für die Hinterlegung nach § 372 BGB.

a) Ein Verteilungsverfahren nach §§ 872 ff. *kommt in drei Fällen zur Anwendung;* es wird in zwei Fällen vom Gerichtsvollzieher und im dritten durch den Drittschuldner bei der Forderungspfändung ausgelöst.

(1) Der Gerichtsvollzieher versteigert die gepfändete *bewegliche Sache,* hinterlegt den unzureichenden Erlös wegen eines Streites der Gläubiger und zeigt die Sachlage dem Vollstreckungsgericht an (§ 827 II, III; Fall a).

(2) Der *Anspruch des Schuldners auf Herausgabe oder Leistung* einer beweglichen Sache ist von mehreren Gläubigern gepfändet worden (vgl. §§ 846 ff.; Rdnr. 700 ff.). Wird die Sache vom Drittschuldner an den Gerichtsvollzieher herausgegeben, entstehen Pfandrechte an der Sache. Wenn diese dann vom Gerichtsvollzieher versteigert wird (vgl. § 847 II), kann er in dieselbe Lage kommen, wie wenn er die Sache gepfändet hätte; dem tragen die Vorschriften des § 854 II, III Rechnung, die wörtlich dem § 827 II, III entsprechen.

(3) Ist eine *Geldforderung des Schuldners* gegen einen Drittschuldner von mehreren Gläubigern gepfändet worden (vgl. § 829; Rdnr. 607), können für den Drittschuldner Zweifel aufkommen, an welchen Gläubiger und wieviel er zu zahlen hat. Deshalb hat er nach § 853 das Recht und — wenn ein Gläubiger es verlangt — die Pflicht, den Betrag zu hinterlegen. Mit der Hinterlegung hat eine Anzeige der Sachlage und eine Aushändigung der zugestellten Beschlüsse an das Amtsgericht zu erfolgen, dessen Beschluß zuerst zugestellt worden ist (§ 853 a.E.). Reicht der hinterlegte Betrag zur Befriedigung aller Gläubiger nicht aus, schließt sich ein Verfahren nach §§ 872 ff. an.

478   b) *Nicht anwendbar* sind §§ 872 ff. in folgenden Fällen:

(1) Für die *Zwangsversteigerung* und die *Zwangsverwaltung* gelten Spezialregeln (§§ 105 ff., 156 II, 157 I ZVG).

(2) Für die *Hinterlegung nach BGB* sind die §§ 372 ff. BGB zu beachten; das Verfahren richtet sich im wesentlichen nach der Hinterlegungsordnung von 1937. Der wahre Gläubiger hat gegen die übrigen Prätendenten einen Anspruch aus § 812 I 1, 2. Fall BGB auf Aufgabe der »Sperrstellung« (vgl. AS Rdnr. 171).

479   **3. Voraussetzungen des Verfahrens**

a) Es wird eine *Zwangsvollstreckung in das bewegliche Vermögen* betrieben.

b) Es ist ein *Geldbetrag hinterlegt* worden (§§ 827, 853, 854).

480   c) Der Geldbetrag ist *zur Befriedigung der Pfändungspfandgläubiger nicht ausreichend.*

§ 872 spricht von den beteiligten Gläubigern. Das sind diejenigen, für welche die Pfändung erfolgte. Dazu gehören auch die Arrestgläubiger

(§ 930; Rdnr. 1541 ff.) und die Gläubiger, die eine Vorpfändung (§ 845; Rdnr. 627 f.) bewirkten.

Dagegen sind Gläubiger mit einem vertraglichen oder gesetzlichen Pfandrecht nicht gemeint; sie können ihr Recht durch eine Klage auf vorzugsweise Befriedigung (§ 805; Rdnr. 1451 ff.) geltend machen. Wer ein die Veräußerung hinderndes Recht am Versteigerungserlös zu haben glaubt, mag Drittwiderspruchsklage (§ 771; Rdnr. 1396 ff.) erheben. Schließlich ist auch der Schuldner am Verteilungsverfahren nicht beteiligt: Richtet sich sein Vorbringen gegen die Vollstreckungsklausel, kann er nach §§ 732, 768 (Rdnr. 136 ff.) vorgehen; für seine Einwendungen gegen den materiellen Anspruch des Gläubigers gibt es die Vollstreckungsgegenklage gem. § 767 (Rdnr. 1312).

Die Unzulänglichkeit des Geldbetrages ist für eine Hinterlegung durch den Drittschuldner nicht erforderlich (§ 853). Reicht der Betrag zur Gläubigerbefriedigung aus, ordnet das Gericht die Zahlung an die Gläubiger — ohne ein Verteilungsverfahren — an.

d) *Keine Voraussetzung* für ein Verteilungsverfahren ist ein *Antrag* etwa eines Gläubigers. Vielmehr wird das Verfahren von Amts wegen betrieben.   481

Die Gläubiger haben lediglich die Möglichkeit, durch eine Einigung über die Verteilung das Verfahren zu beenden (Fall b).

4. Durchführung des Verfahrens   482

a) Funktionell *zuständig* ist das Amtsgericht als Verteilungsgericht (vgl. §§ 873, 879 I) und dort der Rechtspfleger (§ 20 Nr. 17 RPflG). Örtlich zuständig ist das Amtsgericht, an das die Anzeige über die Sachlage (§§ 827, 853, 854) zu richten war (§ 873).

b) Das Gericht erläßt eine *Aufforderung an jeden beteiligten Gläubiger*, binnen zwei Wochen eine Berechnung der Forderung an Kapital, Zinsen, Kosten und sonstigen Nebenforderungen einzureichen (§ 873).   483

Die Frist kann weder abgekürzt noch verlängert werden; sie ist auch keine Notfrist, so daß eine Wiedereinsetzung in den vorigen Stand ausscheidet.

c) Nach Ablauf der Frist erfolgt die *Aufstellung eines Teilungsplanes* durch das Gericht (§ 874 I). Dabei wird der Betrag der Verfahrenskosten vorweg vom Bestand der Masse abgezogen (§ 874 II).   484

In den Plan werden die Forderungen aller Pfändungsgläubiger in der Reihenfolge der Pfändungen aufgenommen. Eine Prüfung der sachlichen Berechtigung des Anspruchs oder der Zulässigkeit der Pfändung darf das Gericht nicht vornehmen. Grundlage für die Aufstellung des Planes sind die Anmeldungen der Gläubiger sowie die Anzeige des Gerichtsvollziehers oder des Drittschuldners nebst den Unterlagen;

auf diese Weise wird nach § 874 III 1 auch die Forderung eines Gläubigers berechnet, der bis zur Anfertigung des Teilungsplanes keine Berechnung eingereicht hat. Eine nachträgliche Ergänzung der Forderung findet nicht statt (§ 874 III 2).

485   d) Der Aufstellung des Planes folgt *die Terminsbestimmung zur Erklärung über den Teilungsplan und zur Durchführung der Verteilung* (§ 875 I 1). Der Plan muß spätestens drei Tage vor dem Termin auf der Geschäftsstelle zur Einsicht niedergelegt werden (§ 875 I 2).

Zu dem Termin sind alle beteiligten Gläubiger und der Schuldner zu laden (Ladungsfrist nach § 217 : drei Tage). Der Schuldner braucht nicht geladen zu werden, wenn die Zustellung der Ladung im Ausland oder durch öffentliche Zustellung erfolgen müßte (§ 875 II).

486   e) Im *Verteilungstermin* wird über den Teilungsplan verhandelt. Dabei hat jeder beteiligte Gläubiger die Möglichkeit, Widerspruch gegen den Teilungsplan zu erheben, um dadurch eine Änderung des Plans zu seinen Gunsten und somit zu Lasten eines oder mehrerer Gläubiger zu erreichen (Fall c). Es ergeben sich verschiedene Möglichkeiten:

(1) Wird *kein Widerspruch* gegen den Plan erhoben, ist dieser auszuführen (§ 876, 1).

Dabei wird nach § 877 I unwiderleglich vermutet, daß der Gläubiger mit der Ausführung des Planes einverstanden ist, wenn er weder im Termin erschienen ist noch vor dem Termin beim Gericht Widerspruch erhoben hat. Dem steht der Fall gleich, daß der im Termin erschienene Gläubiger keinen Widerspruch erhebt (RGZ 166, 249, 252 f.).

487   (2) Erfolgt ein *Widerspruch,* hat jeder beteiligte Gläubiger sich sofort zu erklären (§ 876, 2).

Ist ein zum Termin nicht erschienener Gläubiger an dem Widerspruch eines anderen Gläubigers beteiligt (z.B. weil dieser geltend macht, er müsse vor dem nicht erschienenen Gläubiger befriedigt werden), so stellt § 877 II eine andere unwiderliche Vermutung auf. Danach wird vermutet, daß der nicht erschienene Gläubiger den Widerspruch des anderen als nicht begründet ansieht.

(a) Wird der Widerspruch von den Beteiligten als begründet anerkannt oder kommt eine *Einigung* zustande, dann ist der Teilungsplan entsprechend zu berichtigen (§ 876, 3).

Kommt die Einigung der Gläubiger im Fall b erst im Verteilungstermin nach einem Widerspruch des G_2 zustande, ist der Teilungsplan dahin zu berichtigen, daß jeder Gläubiger 5 000,— DM erhält.

(b) Wenn ein Widerspruch *mangels Einigung* der Gläubiger sich nicht erledigt, wird der Plan insoweit ausgeführt, als er durch den Widerspruch nicht betroffen wird (§ 876, 4).

f) Die *Ausführung des Teilungsplanes* geschieht dadurch, daß das Gericht   **488**
die Hinterlegungsstelle ersucht, die entsprechenden Zahlungen vorzunehmen. Soweit über den Widerspruch keine Einigung erzielt wird, bleibt ein
Schwebezustand bestehen, der dann vorzeitig endet, wenn der Widersprechende nicht innerhalb eines Monats die Erhebung der Widerspruchsklage
nachweist (§ 878 I).

Im übrigen ersucht das Gericht erst nach der Rechtskraft des Urteils über die
Widerspruchsklage die Hinterlegungsstelle um Auszahlung, oder es wird ein anderweitiges Verteilungsverfahren angeordnet (§ 882).

5. Widerspruchsklage   **489**

a) *Zweck:* Hat ein Gläubiger Widerspruch gegen den Teilungsplan eingelegt und kommt es unter den beteiligten Gläubigern zu keiner Einigung,
muß die Frage, wer das bessere Recht auf den Erlös hat, in einem besonderen Rechtsstreit nach §§ 878 ff. unter den streitenden Gläubigern entschieden werden, damit nach Abschluß dieses Erkenntnisverfahrens der Versteigerungserlös verteilt werden kann (Fall c).

b) *Parteien des Rechtsstreits:* Kläger ist der widersprechende Gläubiger,   **490**
Beklagter ist der Gläubiger, gegen den sich der Widerspruch richtet und der
diesen nicht als begründet anerkannt hat.

Sofern das bei mehreren Gläubigern zutrifft (vgl. auch § 877 II), müssen sie alle
— nicht notwendigerweise in einem einzigen Rechtsstreit — verklagt werden; mehrere
Beklagte sind einfache Streitgenossen (§ 61).

c) *Zulässigkeit:* Abgesehen davon, daß die Klage nur dann zulässig ist,   **491**
wenn der Kläger rechtzeitig Widerspruch erhoben hat, sind folgende Zulässigkeitsfragen besonders zu beachten:

(1) Der *Rechtsweg* vor den ordentlichen Gerichten ist auch dann gegeben,
wenn eine oder mehrere der Forderungen nicht privatrechtlicher, sondern
öffentlich-rechtlicher Natur sind (RGZ 116, 368, 369 f.; *A. Blomeyer*,
§ 71 IV 1).

(2) Die nach § 802 ausschließliche *Zuständigkeit* für die Widerspruchsklage richtet sich nach deren Streitwert. Bei einem solchen bis einschließlich 5 000,— DM ist das Amtsgericht zuständig, bei dem das Verteilungsverfahren schwebt (§ 879 I; § 23 Nr. 1 GVG); ansonsten ist die Zuständigkeit des Landgerichts gegeben, in dessen Bezirk das Verteilungsgericht
seinen Sitz hat (§ 879 I).

Bei mehreren Widerspruchsprozessen ist das Landgericht für alle zuständig, wenn
auch nur bei einem der Widersprüche der Streitwert 5 000,— DM übersteigt, sofern

nicht alle beteiligten Gläubiger die Zuständigkeit des Verteilungsgerichts vereinbaren (§ 879 II). Damit soll erreicht werden, daß über alle Widersprüche von einem einzigen Gericht entschieden wird.

(3) Ein *Rechtsschutzbedürfnis* für die Widerspruchsklage besteht vom Ende des Verteilungstermins an, wenn sich der Widerspruch des Gläubigers nicht erledigt hat. Es entfällt, wenn der Teilungsplan ausgeführt worden ist; denn dann ist das Ziel der Klage, daß im Verteilungsverfahren der Kläger vor dem Beklagten befriedigt werde, nicht mehr zu erreichen.

Entfällt das Rechtsschutzbedürfnis während des Rechtsstreits, bleibt dem Kläger die Möglichkeit, seinen Antrag umzustellen, indem er nunmehr Herausgabe der Bereicherung verlangt (§ 812 BGB; § 878 II).

(4) Für die Widerspruchsklage besteht *keine Ausschlußfrist.* Die in § 878 I genannte Monatsfrist hat nur für die Ausführung des Verteilungsplans Bedeutung.

492   d) *Klageantrag:* Der Kläger muß die begehrte Änderung des Teilungsplanes so genau bezeichnen, wie ihm das möglich ist (vgl. § 880, 2). Er wird also beantragen, das Gericht möge anordnen, daß der Kläger mit seiner Forderung in Höhe von ... DM vor derjenigen des Beklagten in Höhe von ... DM zu befriedigen sei.

493   e) *Klagebegründung:* Der Kläger muß dartun, daß er ein besseres Recht auf den Erlös hat als der Beklagte. Dabei kann er sich einmal auf Mängel des an sich vorrangigen Pfandrechts des Beklagten berufen; diese haben ihre Ursache im Verhältnis zwischen dem Beklagten und dem Schuldner. Zum anderen kann der Kläger ein Vorrecht geltend machen, das sich aus dem Verhältnis zwischen ihm selbst und dem Beklagten ergibt. Jedenfalls darf er die Klage nur mit solchen Tatsachen begründen, die bis zum Abschluß des Verteilungstermins entstanden sind (BGH NJW 1974, 702).

494   (1) *Mängel im Verhältnis zwischen dem Beklagten und dem Schuldner* können einmal den Vollstreckungstitel betreffen und zum anderen in der Pfändung zugunsten des Beklagten ihre Ursache haben.

(a) Der Kläger kann seine Klage mit den *Einwendungen gegen die titulierte Forderung* begründen, auf die sich auch der Schuldner selbst berufen könnte (RGZ 121, 349, 352). Deshalb ist der Kläger in der Lage, sich auf den Wegfall der titulierten Forderung des Beklagten zu berufen (Fall c).

Nach der gemischten Pfändungspfandrechtstheorie macht er damit geltend, das zunächst vorrangige Pfandrecht des Beklagten sei erloschen (Rdnr. 385). Nach der öffentlich-rechtlichen Theorie wird zwar das prozessual verstandene Pfändungspfandrecht vom Untergang der Vollstreckungsforderung nicht berührt (Rdnr. 381); sein Rang ist aber nicht endgültig, sondern kann im Verteilungsverfahren noch nach materiellem Recht (etwa Wegfall der Forderung) korrigiert werden (Rdnr. 392; StJ/ *Münzberg,* § 878 Anm. II 2; *Zöller/Stöber,* § 878 Rdnr. 6).

Allerdings darf der Kläger nicht mehr Rechte haben als der Schuldner. Dieser würde mit der Vollstreckungsgegenklage (§ 767; Rdnr. 1312 ff.) gegen die Vollstreckung aus dem angegriffenen Titel vorgehen. Ist die Forderung in einem Urteil tituliert, wäre die Klage aber nur zulässig, wenn die Gründe für die Einwendung erst nach der letzten mündlichen Verhandlung des Vorprozesses entstanden sind (vgl. § 767 II; Rdnr. 1339 ff.). Deshalb hat der Kläger mit der Widerspruchsklage nach § 878 keinen Erfolg, wenn § 767 II einer entsprechenden Klage des Schuldners entgegenstünde (vgl. RGZ 153, 200, 204; *Baur/Stürner,* Rdnr. 562; *A. Blomeyer,* § 71 IV 4 b; *Bruns/Peters,* § 26 IV 3 a bb; *Zöller/Stöber,* § 878 Rdnr. 11).

So kann er etwa nicht geltend machen, die titulierte Forderung sei von vornherein nicht entstanden. Im Fall c kann G_2 nur dann mit Erfolg den Wegfall der Forderung vorbringen, wenn diese erst nach der letzten mündlichen Verhandlung des Rechtsstreits zwischen G_1 und S erloschen ist.

Für die Begründetheit der Widerspruchsklage reicht es nicht aus, wenn der Kläger sich darauf beruft, die gepfändete Sache gehöre nicht dem Schuldner. In diesem Fall ist zwar für keinen Gläubiger ein Pfändungspfandrecht bzw. ein materielles Verwertungsrecht entstanden. Jedoch geht es im Widerspruchsverfahren nur darum, ob der Kläger auf den Erlös ein relativ besseres Recht als der Beklagte hat. Dafür ist das Eigentum des Dritten ohne Bedeutung.

(b) Zum anderen hat der Kläger die Möglichkeit, sich auf *Mängel der Pfändung* zugunsten des Beklagten zu berufen.   **495**

(aa) Dazu gehört zunächst die *Nichtigkeit der Pfändung* (etwa wegen fehlender Inbesitznahme nach § 808 I; Rdnr. 332); denn dann ist keine Verstrickung eingetreten (Rdnr. 364) und damit auch kein rangwahrendes Pfändungspfandrecht entstanden (Rdnr. 381, 383 f.).

(bb) Ferner kann der Kläger die *Anfechtbarkeit der Pfändung* geltend   **496**
machen, sofern es um den Verstoß gegen eine wesentliche Verfahrensvorschrift geht. Denn nach der gemischten Theorie ist in einem solchen Fall kein Pfändungspfandrecht entstanden (Rdnr. 383). Nach der öffentlichrechtlichen Theorie ist das Pfändungspfandrecht zwar wegen der wirksamen Verstrickung entstanden (Rdnr. 381); der Einwand der Anfechtbarkeit reicht aber aus, wenn eine erfolgreiche Erinnerung zur Aufhebung der Pfändung (§ 776; Rdnr. 185 f., 367) führen würde (StJ/*Münzberg,* § 878 II 1 c FN 32; *Zöller/Stöber,* § 878 Rdnr. 9).

Beispiele: Pfändung trotz Vorliegens eines Vollstreckungshindernisses (Rdnr. 174 ff.); Zwangsvollstreckung ohne Zustellung des Vollstreckungstitels (Fall c);

Erschleichung einer öffentlichen Zustellung des Vollstreckungstitels (BGHZ 57, 108; dazu *Baur/Stürner,* Fälle und Lösungen, Fall 1; *Münzberg,* JZ 1972, 215).

Dagegen ist die Widerspruchsklage nicht begründet, wenn der Kläger lediglich geltend macht, bei der Pfändung sei gegen Ordnungsvorschriften verstoßen worden; denn aus diesem Grund scheitert auch nach der gemischten Theorie die Entstehung eines Pfändungspfandrechts nicht (Rdnr. 383).

Beispiele: Pfändung ohne vorherige Leistungsaufforderung (Rdnr. 316), unter Verstoß gegen § 759 (Rdnr. 321), gegen § 760 (Rdnr. 342), gegen § 761 (Rdnr. 331), gegen § 762 (Rdnr. 343).

497   (cc) *Besondere Probleme* ergeben sich *bei der Heilung von Pfändungsmängeln.* Wenn der bei der Pfändung durch den Beklagten unterlaufene Verfahrensfehler, mit dem der Kläger sein besseres Recht am Erlös begründet, nach der späteren Pfändung des Klägers geheilt wurde, kommt es für die Begründetheit der Widerspruchsklage nach den verschiedenen Pfandrechtstheorien auf die Art des Mangels an.

Im Fall d ist nach der gemischten Theorie das Pfändungspfandrecht des G_1 erst (ex nunc) entstanden, als der Verfahrensmangel durch die nachträgliche Zustellung geheilt wurde. Danach hat die Widerspruchsklage des G_2 Erfolg. — Nach der öffentlichrechtlichen Theorie ist das prozessuale Pfändungspfandrecht des G_1 bereits mit der Verstrickung entstanden. Der dadurch begründete vorläufige Rang des G_1 wurde durch die spätere Zustellung endgültig gesichert (Rdnr. 390), so daß die Widerspruchsklage des G_2 nicht begründet ist.

Zu einem anderen Ergebnis kommt die öffentlich-rechtliche Theorie allerdings dann, wenn der Beklagte nicht nur gegen eine bloße Formvorschrift verstoßen hat, sondern selbst bei Beachtung aller formellen Regelungen erst zu einem späteren Zeitpunkt hätte vollstrecken dürfen und sich nur durch seine Voreiligkeit gegenüber dem Kläger einen mit dem materiellen Recht nicht zu vereinbarenden Vorrang verschafft hat (vgl. StJ/*Münzberg,* § 878 Anm. II 1 d; *Zöller/Stöber,* § 878 Rdnr. 10).

Im Fall e ist die Pfändung des G_1 zu einem Zeitpunkt erfolgt, in dem G_1 nach dem Inhalt des Titels noch gar nicht vollstrecken durfte (§ 751 I; Rdnr. 158). Aus Gründen der materiellen Gerechtigkeit (Chancengleichheit der beteiligten Gläubiger) soll hier nach der öffentlich-rechtlichen Theorie trotz Heilung des Mangels durch Zeitablauf der zu Unrecht begründete Vorrang des G_1 nicht endgültig gesichert werden; G_1 erhält vielmehr den Rang, den er bei einer Pfändung unter Beachtung von § 751 I erhalten hätte. Im Fall e ist die Widerspruchsklage des G_2 deshalb nach allen Meinungen begründet.

Verschieden gelöst werden schließlich auch die Fälle, in denen die gepfändete Sache sowohl bei der ersten Pfändung durch den Beklagten als auch bei der zweiten Pfändung durch den Widerspruchskläger schuldnerfremd war und erst später vom Schuldner erworben wurde.

Im Fall f haben G_1 und G_2 nach der öffentlich-rechtlichen Theorie durch die Pfändung jeweils ein prozessuales Pfandrecht erworben. Durch den Eigentumserwerb des S am 30. 10. »erstarkten« die prozessualen Rechte zu materiellen Verwertungsrechten. Da die ursprünglichen Mängel bei beiden Pfändungen gleichwertig gewesen seien, richte sich der Rang der Gläubiger nach der Priorität der Pfändungen (StJ/*Münzberg*, § 878 Anm. II 5). Danach ist die Widerspruchsklage des G_2 unbegründet.

Nach der gemischten Theorie ist weder durch die Pfändung des G_1 noch durch die des G_2 in den damals schuldnerfremden Lkw ein Pfändungspfandrecht entstanden. Allerdings haben G_1 und G_2 entsprechend § 185 II 1, 2. Fall BGB ein Pfändungspfandrecht am 30. 10. erworben, als S Eigentümer des Lkw wurde (Rdnr. 383). Daraus wird zum Teil geschlossen, beide seien gleichrangig am Erlös berechtigt (RGZ 60, 70, 73; *Pawlowski*, ZZP 90, 81, 85; *Werner*, JR 1971, 278, 286). Danach hat die Klage des G_2 Erfolg. Nach überwiegender Ansicht soll dagegen trotz gleichzeitigen Entstehens der Pfandrechte die vorrangige Pfändung das bessere Recht am Erlös vermitteln. Das ergebe sich aus der entsprechenden Anwendung des § 185 II 2 BGB, wonach bei mehreren nicht miteinander in Einklang stehenden Verfügungen über den Gegenstand nur die frühere Verfügung wirksam wird, wenn der Verfügende den Gegenstand erwirbt. Die Vorschrift sei nicht nur auf mehrere rechtsgeschäftliche Verpfändungen durch einen Nichtberechtigten, sondern gleichermaßen bei mehreren Pfändungen in eine schuldnerfremde Sache anwendbar (*A. Blomeyer*, § 71 IV 4 c; MünchKomm/*Thiele*, § 185 Rdnr. 72; *K. Schmidt*, ZZP 87, 316, 325). Danach ist die Klage des G_2 unbegründet.

f) *Entscheidung:* Das Gericht entscheidet durch Urteil. Hält das Gericht   **498** den Widerspruch für unbegründet, weist es die Klage ab. Dann wird der Teilungsplan so ausgeführt, als ob kein Widerspruch erhoben worden wäre. Die Rechtskraftwirkung des klageabweisenden Urteils steht auch einer erfolgreichen Klage des Klägers gegen den Beklagten auf Herausgabe der Bereicherung entgegen.

Bei Säumnis des Klägers ist nach allgemeinen Regeln auf Antrag des Beklagten ein Versäumnisurteil zu erlassen. Jedoch wird in Abweichung von § 330, wonach die Klage abzuweisen ist, nach § 881 entschieden, daß der Widerspruch als zurückgenommen gilt. Damit bleibt Raum für eine Bereicherungsklage nach § 878 II (ebenso: *A. Blomeyer*, § 71 IV 6; *Bruns/Peters*, § 26 IV 6; a.A. z.B. BL/*Hartmann*, § 881 Anm. 1; *Zöller/Stöber*, zu § 881).

Ist der Widerspruch ganz oder teilweise begründet, kann das Gericht selbst eine Änderung des Planes vornehmen oder den Widerspruch für begründet erklären sowie die Anfertigung eines neues Planes und ein anderes Verteilungsverfahren anordnen (§ 880).

In diesem Fall ist das Urteil nur wegen der Kosten für vorläufig vollstreckbar zu erklären. Denn aus § 882, nach dem aufgrund des erlassenen Urteils die Auszahlung oder das anderweite Verteilungsverfahren angeordnet wird, ist zu entnehmen, daß eine Vollstreckung in der Hauptsache erst nach Rechtskraft des Urteils in Betracht kommt (BL/*Hartmann*, § 882 Anm. 1; *Thomas/Putzo*, zu § 882; *Zöller/Stöber*, zu § 882).

Beispiel für einen Urteilstenor: Der Widerspruch des Klägers gegen den Teilungsplan des AG ... vom ... ist begründet. Der Kläger ist mit seiner Forderung in Höhe von ... DM vor derjenigen des Beklagten in Höhe von ... DM zu befriedigen.

Der Beklagte trägt die Kosten des Rechtsstreits. Das Urteil ist wegen der Kosten vorläufig vollstreckbar.

499   6. Sonstige Rechtsbehelfe

a) Einem beteiligten *Gläubiger*, der lediglich einen *Verfahrensverstoß* (z.B. Unzuständigkeit des Gerichts, Verweigerung der Ausführung des Teilungsplanes) rügen will, steht die *befristete Durchgriffserinnerung* zu (§ 11 I 2 RPflG; § 793). Diese schließt eine Widerspruchsklage, in der sachliche Mängel vorgebracht werden, nicht aus (OLG Köln MDR 1969, 401).

Ein Bereicherungsanspruch des widersprechenden Gläubigers gegen den aufgrund des Teilungsplans bereicherten Gläubiger ist nicht nur dann gegeben, wenn der widersprechende Gläubiger die Klagefrist versäumt hat (§ 878 II), sondern auch dann, wenn er keinen Widerspruch erhoben hat oder im Verteilungstermin gar nicht erschienen ist (vgl. BGHZ 39, 242).

b) Der *Schuldner*, dem das Gesetz kein Widerspruchsrecht einräumt, kann Verfahrensmängel nach § 766 rügen und Einwände gegen den materiellen Anspruch durch Vollstreckungsgegenklage (§ 767) geltend machen.

c) *Andere Pfandgläubiger* können die Klage nach § 805 und *Drittwiderspruchsberechtigte* die nach § 771 erheben.

Zweiter Abschnitt   Die Zwangsvollstreckung wegen   500
Geldforderungen in Forderungen
und andere Vermögensrechte

Schrifttum: *Stöber,* Forderungspfändung, 7. Aufl., 1984.

Die Zwangsvollstreckung wegen Geldforderungen ist auch in Forderungen (z.B. Lohnforderungen) des Schuldners gegen einen Dritten (= Schuldner des Schuldners; Drittschuldner) und in andere Vermögensrechte (z.B. Urheberrechte) des Schuldners möglich (§§ 828—863). Bei den Forderungen des Schuldners kann es sich um Geldforderungen (z.B. Kaufpreisanspruch nach § 433 II BGB) und um Ansprüche auf Herausgabe (z.B. Eigentumsherausgabeanspruch nach § 985 BGB) oder Leistung körperlicher Sachen (z.B. Anspruch auf Übereignung der Kaufsache nach § 433 I BGB) handeln.

Erstes Kapitel   Die Zwangsvollstreckung in   501
Geldforderungen

Die Pfändung einer Geldforderung erfolgt durch einen Pfändungsbeschluß, der die Forderung beschlagnahmt, und die Verwertung durch einen Überweisungsbeschluß, der die Forderung dem Gläubiger überweist. In aller Regel beantragt der Gläubiger gleichzeitig einen Pfändungs- und Überweisungsbeschluß, der dann vom Vollstreckungsgericht in einer einzigen Urkunde erlassen wird.

502 **§ 17   Die Pfändung von Geldforderungen**

I. Antrag des Gläubigers beim zuständigen Vollstreckungsorgan

1. Antrag

Der Antrag des Gläubigers (vgl. Rdnr. 19, 210) bedarf auch bei der Forderungspfändung keiner Form. Ein mündliches Gesuch ist zu protokollieren (vgl. § 496).

Die zu pfändende Forderung muß im Antrag so bestimmt bezeichnet sein, daß sie von anderen Forderungen einwandfrei unterschieden werden kann (BGHZ 80, 181; 86, 338); erforderlich ist also die Angabe des Gläubigers und des Schuldners der Forderung, die gepfändet werden soll, sowie des Schuldgrundes. So ist etwa der Antrag auf Pfändung einer Forderung des Gläubigers gegen den Schuldner »aus jedem Rechtsgrund« mangels hinreichender Bestimmtheit der Forderung abzulehnen.

Der Gläubiger hat die zu vollstreckende Gesamtforderung im einzelnen aufzuschlüsseln (z.B. Hauptforderung, Nebenforderungen wie Zinsen, Kosten der Rechtsverfolgung). — Zur Pfändung wegen eines Rest- oder Teilbetrages vgl. Rdnr. 211.

503   **2. Zuständiges Vollstreckungsorgan**

a) Den Pfändungsantrag hat der Gläubiger an das zuständige Vollstreckungsorgan zu richten. Funktionell zuständig ist das *Amtsgericht als Vollstreckungsgericht* (§ 828). Die Geschäfte bei der Pfändung von Forderungen sind dem Rechtspfleger übertragen (§ 20 Nr. 16 RPflG). Örtlich zuständig ist das Amtsgericht, bei dem der Schuldner im Inland seinen allgemeinen Gerichtsstand hat (§ 828 II); nur hilfsweise ist das Amtsgericht am Wohnsitz des Drittschuldners zuständig (§ 828 II i.V.m. § 23, 2). Das Amtsgericht ist auch zuständig für die Durchsetzung von Vollstreckungstiteln, die von einem Familien- oder einem Arbeitsgericht erlassen worden sind.

504   b) Die *Zuständigkeitsprüfung* erfolgt von Amts wegen.

(1) Erkennt das angegangene Gericht seine Unzuständigkeit, muß es gem. § 281 die Sache auf Antrag des Gläubigers, aber ohne Anhörung des Schuldners (beachte § 834) *an das zuständige Gericht verweisen.* Stellt der Gläubiger den entsprechenden Antrag nicht, weist das Gericht das Pfändungsgesuch als unzulässig zurück.

(2) Ergeht ein Pfändungsbeschluß unter Verletzung der Zuständigkeitsbestimmungen, ist zu unterscheiden:

An **das Amtsgericht** Münster

Es wird beantragt, den nachstehend entworfenen Beschluß zu erlassen

- [x] die Zustellung zu vermitteln *)
- [x] an Drittschuldner mit der Aufforderung nach § 840 ZPO *)
- [ ] Zustellung wird selbst veranlaßt *)

Schuldtitel und .... Vollstreckungsbelege anbei.

4400 Münster , den 3. Nov. 1985

Reimann (Unterschrift)

Amtsgericht

Münster, 04.11.1985
Ort und Tag

Geschäfts-Nr.: 46 M 513/85
Bitte bei allen Schreiben angeben!

Anschrift und Fernruf

Dem Gläubiger ist Prozeßkostenhilfe – nicht **) – bewilligt (§ 114 ZPO)

Pfändungs- und Überweisungsbeschluß

in der Zwangsvollstreckungssache des Kaufmanns Georg Glaub, Hauptstr.1, 4400 Münster

Gläubiger

Prozeßbevollmächtigter Rechtsanwalt Reimann, Monhofsfeld 76, 4400 Münster,

gegen den Schlosser Simon Schuld, Mittelweg 19, 4400 Münster

Schuldner

Prozeßbevollmächtigte

Nach dem vollstreckbaren Urteil des
Amts gerichts Münster vom 1. Okt. 1985
(Gesch. Nr. 7 C 925/85) ~~und dem Kostenfestsetzungsbeschluß vom~~
kann der Gläubiger von dem Schuldner beanspruchen:

1 315,83 DM (i. B.: eintausenddreihundertfünfzehn ------ DM, Pf wie vorstehend)
dazu 4 v. H. Zinsen seit dem 15.12.1984
46,43 DM
10,00 DM vorgerichtliche Kosten des Gläubigers
DM – Kosten des Mahnverfahrens – festgesetzte Kosten – **)
dazu 4 v. H. Zinsen seit dem
81,05 DM bisherige Vollstreckungskosten

abzüglich am

Wegen dieser Ansprüche sowie wegen der Kosten für diesen Beschluß (vgl. nachstehende Kostenrechnungen I und II) und der Zustellungskosten für diesen Beschluß (siehe unter III) wird die angebliche Forderung des Schuldners an den Arbeitgeber

Genaue Bezeichnung des **Drittschuldners** – Firmenbezeichnung bzw. Vor- und Zuname, Vertretungsberechtigte, genaue Anschrift –

Fa. Dirk Drittmann, Bachstr. 45, 4400 Münster

Drittschuldner

*) Zutreffendes ankreuzen **) Unzutreffendes streichen

I. Gerichtskosten

Gebühr (Nr. 1149 Kost.-Verz.
GKG) . . . . DM 12,–
Summe I: DM 12,–

II. Anwaltskosten

Gegenstandswert: DM
1. Gebühr (§§ 11, 31, 57 BRAGO) . DM 30,90
2. Auslagen – Pauschale – **) . . . . DM 5,00
3. Mehrwertsteuer . . . . DM 5,03
Summe II: DM 40,93

III. Zustellungskosten (Gesetz über Kosten der Gerichtsvollzieher)

1. Gebühr für die Zustellung (§ 16) a) an den Drittschuldner DM 5,00
   b) an den Schuldner . DM 2,00
2. Gebühr für Beglaubigung (§ 16 Abs. 7) DM
3. Schreibauslagen, Seiten (§ 35 Abs. 1 Nr. 1, § 36) . DM 8,00
4. Pauschsatz für Vordruckkosten (§ 35 Abs. 1 Nr. 2) . . . DM 1,00
5. Postgebühren (§ 35 Abs. 1 Nr. 3)
   a) für die Zustellung an Schuldner/Drittschuldner . . . DM 5,00
   b) für die Rücksendung der Urkunden an den Gläubiger unter Kosteneinziehung durch Nachnahme . . . . . DM 4,50
6. Wegegeld (§ 37) . . . . DM 1,50
   dazu: Postgebühr des Gläubigers für die Übersendung des Kostenvorschusses an den Gerichtsvollzieher DM
   Summe III: DM 27,00

Form.-Nr. Z 510 Pfändung und Überweisung von Arbeitseinkommen (§§ 829, 832, 835, 850 a, 850 c, 850 e ZPO) (9541 - IV/84) auf Zahlung des gesamten Arbeitseinkommens (einschließlich des Geldwertes von Sachbezügen sowie die derzeitig und zukünftig zu gewährende Arbeitnehmer-Sparzulage zur gesetzlichen Vermögensbildung der Arbeitnehmer) so lange gepfändet, bis der Gläubigeranspruch gedeckt ist.

Der Arbeitgeber (Drittschuldner) darf, soweit die Forderung gepfändet ist, nicht mehr an den Schuldner zahlen.

Der Schuldner darf den gepfändeten Teil des Arbeitseinkommens nicht mehr verlangen, ihn auch nicht verpfänden oder abtreten.

Soweit die Forderung des Schuldners an den Arbeitgeber gepfändet ist, wird sie dem Gläubiger zur Einziehung überwiesen.

A. Berechnung des pfändbaren Arbeitseinkommens

Von der Pfändung sind ausgenommen und nicht mitzurechnen:

1. Beträge, die unmittelbar aufgrund steuer- oder sozialrechtlicher Vorschriften zur Erfüllung gesetzlicher Verpflichtungen des Schuldners abzuführen sind, ferner auf den Auszahlungszeitraum entfallende Beträge, die der Schuldner nach den Vorschriften der Sozialversicherungsgesetze zur Weiterversicherung entrichtet oder an eine Ersatzkasse oder an ein Unternehmen der privaten Krankenversicherung leistet, soweit diese Kassenbeiträge den Rahmen des Üblichen nicht übersteigen.

2. Aufwandsentschädigungen, Auslösungsgelder und andere soziale Zulagen für auswärtige Beschäftigung, das Entgelt für selbstgestelltes Arbeitsmaterial, Gefahren-, Schmutz- und Erschwerniszulagen (alle Bezüge jedoch nur in üblicher Höhe),

3. Die **Hälfte** der für die Leistung von Mehrarbeitsstunden gezahlten Teile des Arbeitseinkommens,

4. Weihnachtsvergütungen bis zur **Hälfte** des monatlichen (Brutto-) Einkommens, höchstens aber bis 470,– DM,

5. die in § 850 a Nr. 2, 5 bis 8 ZPO genannten Bezüge (z. B. Urlaubs- und Treuegelder, Heirats- und Geburtsbeihilfen, Erziehungsgelder, Sterbe- und Gnadenbezüge sowie Blindenzulagen).

B. Berechnung des pfändbaren Betrages

1. Das nach A errechnete Nettoeinkommen des Schuldners ist unpfändbar, wenn es, je nach dem Zeitraum, für den es gezahlt wird, nicht mehr beträgt als
   754,– DM monatlich,
   174,– DM wöchentlich oder
   34,80 DM täglich.

   Gewährt der Schuldner aufgrund einer gesetzlichen Verpflichtung seinem Ehegatten, einem früheren Ehegatten oder einem Verwandten oder nach §§ 1615 l, 1615 n BGB der Mutter eines nichtehelichen Kindes Unterhalt, so erhöht sich der Betrag, bis zu dessen Höhe Arbeitseinkommen unpfändbar ist, auf bis zu
   2 028,– DM monatlich, 468,– DM wöchentlich oder 93,60 DM täglich
   und zwar um
   338,– DM monatlich, 78,– DM wöchentlich oder 15,60 DM täglich für die erste Person, der Unterhalt gewährt wird
   und um
   je 234,– DM monatlich, 54,– DM wöchentlich oder 10,80 DM täglich für die zweite bis fünfte Person.

2. Übersteigt das Arbeitseinkommen den Betrag, bis zu dessen Höhe es je nach der Zahl der Personen, denen der Schuldner Unterhalt gewährt, nach Absatz 1 unpfändbar ist, so ist es hinsichtlich des übersteigenden Betrages zu einem Teil unpfändbar, und zwar in Höhe von
   drei Zehnteln, wenn der Schuldner keiner der in Absatz 1 genannten Personen Unterhalt gewährt,
   zwei weiteren Zehnteln für die erste Person, der Unterhalt gewährt wird, und
   je einem weiteren Zehntel für die zweite bis fünfte Person.
   Der Teil des Arbeitseinkommens, der 3 302,– DM monatlich (762,– DM wöchentlich, 152,40 DM täglich) übersteigt, bleibt bei der Berechnung des unpfändbaren Betrages unberücksichtigt.

3. Bei der Berechnung des nach Absatz 2 pfändbaren Teils des Arbeitseinkommens ist dieses Arbeitseinkommen gegebenenfalls nach Abzug des nach Absatz 2 Satz 2 pfändbaren Betrages, nach unten abzurunden, und zwar bei Auszahlung für Monate auf einen durch 20,– DM, bei Auszahlung für Wochen auf einen durch 5,– DM oder bei Auszahlung für Tage auf einen durch 1,– DM teilbaren Betrag.

4. Hat eine Person, welcher der Schuldner aufgrund gesetzlicher Verpflichtung Unterhalt gewährt, eigene Einkünfte, so kann das Vollstreckungsgericht auf Antrag des Gläubigers nach billigem Ermessen bestimmen, daß diese Person bei der Berechnung des unpfändbaren Teils des Arbeitseinkommens ganz oder teilweise unberücksichtigt bleibt; soll die Person nur teilweise berücksichtigt werden, so ist Absatz 3 Satz 2 nicht anzuwenden.

C. Der pfändbare Betrag unter Berücksichtigung von Unterhaltspflichten des Schuldners ergibt sich aus der Tabelle zu § 850 c Absatz 3 ZPO (in der Fassung des fünften Gesetzes zur Änderung der Pfändungsfreigrenzen vom 8. März 1984 BGBl. I Seite 364).

_____   *Rechst*
                                Rechtspfleger

Ausgefertigt

....
als Urkundsbeamter der Geschäftsstelle

Bei einem Verstoß gegen die *örtliche* Zuständigkeit ist der Pfändungsakt wirksam, aber mit der Erinnerung (§ 766) anfechtbar.

Ein Verstoß gegen die *funktionelle* Zuständigkeit kann dagegen zur Nichtigkeit des Vollstreckungsaktes führen, wenn z.B. der Gerichtsvollzieher anstelle des Vollstreckungsgerichts einen Pfändungsbeschluß erläßt.

II. Gegenstand der Pfändung   505

Schrifttum: *Baßlsperger*, Das Girokonto in der Zwangsvollstreckung, Rpfleger 1985, 177; *Ehlenz/Diefenbach*, Pfändung in Bankkonten und andere Vermögenswerte, 1985; *Fenn*, Die Bedeutung verwandtschaftlicher Beziehungen für die Pfändung des »Arbeitseinkommens« nach § 850h II ZPO, AcP 167, 148; *v. Gerkan*, Zur Pfändbarkeit von Geldforderungen, die dem Vollstreckungsschuldner gegen den Vollstreckungsgläubiger zustehen, Rpfleger 1963, 369; *Gröger*, Die zweifache Doppelpfändung des Kontokorrents, BB 1984, 25; *Grunsky*, Gedanken zum Anwendungsbereich von § 850h Abs. 2 ZPO, Festschrift f. Baur, 1981, 403; *ders.*, Zur Durchsetzung einer Geldforderung durch Kreditaufnahme des Schuldners in der Zwangsvollstreckung, ZZP 95, 264; *Häuser*, Die Reichweite der Zwangsvollstreckung bei debitorischen Girokonten, ZIP 1983, 891; *Lempenau*, Direkterwerb oder Durchgangserwerb bei Übertragung künftiger Rechte, 1968; *Olzen*, Die Zwangsvollstreckung in Dispositionskredite, ZZP 97, 1; *Rutke*, Drittschuldnerschutz für die Bank bei der Kontenpfändung, ZIP 1984, 538; *Wagner*, Pfändung der Deckungsgrundlage — ungeklärte Fragen bei der Zwangsvollstreckung in Girokonten, ZIP 1985, 849; *ders.*, Zur Pfändbarkeit nicht zweckgebundener Kontokorrentkreditforderungen, JZ 1985, 718; *Werner/Machunsky*, Zur Pfändung von Ansprüchen aus Girokonten — insbesondere beim debitorisch geführten Kontokorrent, BB 1982, 1581; *Zunft*, Teilweise Verpfändung und Pfändung von Forderungen, NJW 1955, 441; *Zwicker*, Die Pfändung kontokorrentzugehöriger Forderungen, DB 1984, 1713.

Fälle:

a) S läßt auf seinem Grundstück Wohnungen errichten, die später vermietet werden sollen. G will die künftig zu erwartenden Mietzinsansprüche des S pfänden lassen.

b) G beantragt, die Kaufpreisforderung des S gegen den Käufer D zu pfänden. S teilt dem Vollstreckungsgericht mit, er habe diese Forderung schon längst an X abgetreten.

c) S und T sind Miterben zu je 1/2. Zum Nachlaß gehört ein Kaufpreisanspruch in Höhe von 10 000,— DM gegen D. G, der Gläubiger des S, möchte die Forderung in Höhe von 5 000,— DM pfänden.

d) G will bei S, der sein landwirtschaftliches Grundstück verpachtet hat, eine schon vor 18 Monaten fällig gewordene Pachtzinsforderung pfänden lassen, obwohl vor wenigen Tagen die Zwangsverwaltung über das Grundstück angeordnet worden ist.

e) G pfändet den Spesenanspruch des Handelsvertreters S gegen D. Zulässig? Spielt es eine Rolle, ob G wegen einer Kaufpreisforderung oder wegen entstandener Hotelübernachtungskosten vollstreckt?

f) S hat bei der Bank D ein Girokonto. Der Gläubiger G möchte »in dieses Konto pfänden«.

g) Der Friseurmeister S leitet den Frisiersalon seiner Ehefrau D. Nach der von den Eheleuten getroffenen Vereinbarung erhält S 20% des Gewinns; das sind etwa 600,— DM monatlich. Der Gläubiger G des S möchte eine Forderung des S gegen D pfänden, die dem üblichen Lohn eines angestellten Friseurmeisters entspricht.

506   1. Geldforderungen des Schuldners

Gegenstand der Pfändung sind Geldforderungen, die dem Schuldner zustehen.

a) Die Forderungen müssen *auf Leistung eines bestimmten Geldbetrages* gerichtet sein. Es ist unerheblich, ob die Geldschuld auf eine in- oder ausländische Währung lautet und ob sie ihren Entstehungsgrund im privaten oder öffentlichen Recht hat.

Nicht zu den Geldforderungen zählen die Geldstück- und die Geldsortenschuld. Sie begründen die Verpflichtung, bestimmte Geldstücke zu leisten. Dabei handelt es sich um eine Stückschuld (Speziesschuld) und nicht um eine Wertsummenschuld, so daß eine Vollstreckung insoweit nach den Regeln einer Zwangsvollstreckung wegen Geldforderungen in Leistungs- oder Herausgabeansprüche gem. §§ 846 ff. (Rdnr. 700) zu beurteilen ist.

Geldforderungen sind schon *vor ihrer Fälligkeit* pfändbar.

Beispiel: Bei einem verzinslichen Darlehen ist der Rückzahlungsanspruch schon vor dem vereinbarten Rückzahlungstermin (= Fälligkeitstermin) pfändbar.

507   Pfändbar sind auch Forderungen, die *von einer Gegenleistung abhängig* sind.

Beispiel: Die Kaufpreisforderung ist schon pfändbar, obgleich der Verkäufer selbst noch nicht geliefert hat und der Käufer daher die Zahlung des Kaufpreises gem. § 320 I 1 BGB verweigern kann.

Ferner unterliegen Forderungen, die unter einer aufschiebenden *Bedingung* stehen (vgl. § 158 BGB), schon vor Eintritt der Bedingung der Zwangsvollstreckung.

Beispiel: Es wird ein Kaufvertrag über ein Kraftfahrzeug mit der Maßgabe geschlossen, daß der Käufer bei der kommenden Lottoausspielung einen dem Kaufpreis entsprechenden Gewinn erzielt. Ein Gläubiger des Verkäufers kann schon vor

der Lottoausspielung in die Kaufpreisforderung vollstrecken. Tritt allerdings die
Bedingung nicht ein, geht die Pfändung ins Leere. — Auch die Pfändung einer auflösend bedingten Forderung ist möglich; sie wird jedoch bei Bedingungseintritt gegenstandslos.

Auf *befristete* (betagte) Forderungen kann der Gläubiger ebenfalls schon   **508**
vor Eintritt des vereinbarten Termins zugreifen (vgl. § 163 BGB).

Beispiel: Bei einem am 2.1. über eine Maschine geschlossenen Mietvertrag, dessen
Laufzeit am 1.4. beginnen soll, ist der Gläubiger des Vermieters schon unmittelbar
nach dem Zustandekommen des Vertrages in der Lage, den Mietzinsanspruch zu
pfänden.

Auch *künftige* (noch nicht bestehende) Forderungen sind pfändbar. Vor-   **509**
aussetzung dafür ist aber nach ganz h.M., daß bei Vollstreckungsbeginn zwischen Schuldner und Drittschuldner eine Rechtsbeziehung besteht, aus der
die künftige Forderung nach ihrem Rechtsgrund und der Person des Drittschuldners bestimmt werden kann (vgl. etwa *Bruns/Peters*, § 23 III; StJ/
Münzberg, § 829 Rdnr. 6 m.w.N.; BGH NJW 1982, 2193, 2195). Damit wird
die Pfändung einer künftigen Forderung gegenüber der Abtretung einer solchen Forderung nur unter engeren Voraussetzungen zugelassen. Demgegenüber soll nach einer Mindermeinung eine künftige Forderung im Umfang
ihrer Abtretbarkeit auch pfändbar sein (vgl. *Gerhardt*, § 9 I 1).
Der h.M. ist zu folgen. Ließe man die Pfändung jeder Forderung zu,
deren Entstehung überhaupt denkbar erscheint, würden Schuldner und
Drittschuldner vielfach in unzumutbarer Weise belästigt, und das Gericht
würde bemüht, obwohl das künftige Entstehen der Forderung ganz ungewiß ist. Außerdem wäre eine wirksame Pfändung in den Fällen, in denen der
Drittschuldner (z.B. der künftige Mieter) nicht bekannt ist, schon deshalb
nicht möglich, weil die erforderliche Zustellung an den Drittschuldner (vgl.
§ 829 III; Rdnr. 608 ff.) nicht erfolgen kann.

Pfändbar sind demnach z.B. künftige Lohnansprüche bei bestehendem Arbeitsvertrag, künftige Provisionsansprüche aus noch nicht abgeschlossenen Geschäften bei
bestehendem Handelsvertretervertrag, Forderungen aus einem bestehenden Versiche-
rungsverhältnis vor Eintritt des Versicherungsfalles, künftige Guthaben aus einem
laufenden Kontokorrent.
Im Fall a ist die Pfändung der künftigen Mietzinsforderungen nicht zulässig, da
eine Rechtsbeziehung zwischen S und seinen noch unbekannten Mietern nicht
besteht. Dagegen könnte S diese Forderungen schon jetzt abtreten.

b) Die Geldforderungen müssen *dem Vollstreckungsschuldner zustehen.*   **510**

(1) Da es jedoch den Forderungen im Gegensatz zu den beweglichen
Sachen an einem äußerlich in Erscheinung tretenden Tatbestand (wie dem
Gewahrsam) fehlt, hat das Vollstreckungsorgan keine hinreichenden
Anhaltspunkte für den Bestand der zu pfändenden Forderung und für deren

Zugehörigkeit zum Schuldnervermögen. Deshalb muß das Vollstreckungsgericht sich mit der Prüfung begnügen, ob *nach dem schlüssigen Vortrag des Gläubigers* die Forderung des Schuldners vorhanden ist; infolgedessen pfändet das Gericht auch nur die *»angebliche« Forderung* des Schuldners. Sofern die Forderung in Wirklichkeit nicht besteht oder dem Schuldner nicht zusteht, ist die erfolgte Pfändung wirkungslos.

Im Fall b wird das Gericht deshalb die Forderung pfänden. X kann als Forderungsinhaber Drittwiderspruchsklage (§ 771) erheben. Er ist auf diese Weise in der Lage, der Gefährdung seines Rechts zu begegnen, die dadurch droht, daß der Drittschuldner (D) etwa aufgrund des Anscheins einer wirksamen Pfändung an den vollstreckenden Gläubiger leistet.

511   (2) Die Zugehörigkeit zum Schuldnervermögen kann *in folgenden Fällen fraglich* sein:

(a) Bei einer *Forderungstreuhand* überträgt der Gläubiger der Forderung als Treugeber diese auf den Treuhänder (= Treunehmer). Das kann zu Sicherungszwecken geschehen; dem Treuhänder soll durch Sicherungsabtretung eine Sicherung für seine Forderung gegen den Treugeber verschafft werden. Die Abtretung der Forderung erfolgt aber oft auch im Interesse des Treugebers; der Treuhänder soll etwa die Forderung für den Treugeber einziehen (Inkassozession; AS Rdnr. 393). In beiden Fällen erlangt der Treuhänder formal die Stellung des Forderungsinhabers, während die Forderung wirtschaftlich weiterhin dem Vermögen des Treugebers zuzurechnen ist.

Der Gläubiger des Treu*gebers* kann die Forderung nicht pfänden, da der Treuhänder Inhaber der Forderung ist (BGHZ 11, 37, 41).

Wenn dem Treugeber aber ein (künftiger) Rückübertragungsanspruch oder ein (künftiger) Anspruch auf Herausgabe des Erlangten (§§ 667, 675 BGB) gegen den Treuhänder zusteht, könnte der Gläubiger des Treugebers in diesen Anspruch die Zwangsvollstreckung betreiben.

Der Gläubiger des Treu*händers* ist in der Lage, die diesem zustehende Forderung zu pfänden. Jedoch wird dem Treugeber regelmäßig die Drittwiderspruchsklage zustehen (§ 771; Rdnr. 1415 f.), weil die Forderung wirtschaftlich zu seinem Vermögen gehört.

512   (b) Eine *gemeinschaftliche Forderung* gehört zum Vermögen mehrerer Personen. Hat der Gläubiger nur gegen eine von ihnen einen Vollstreckungstitel, so kann er mit diesem die Zwangsvollstreckung betreiben, wenn sein Schuldner Teilgläubiger (§ 420 BGB; AS Rdnr. 427) oder Gesamtgläubiger (§ 428 BGB; AS Rdnr. 434) der Forderung ist; in beiden Fällen steht dem Vollstreckungsschuldner ein eigenes Forderungsrecht zu, in das der Gläubiger zu vollstrecken vermag.

Sofern aber diese Voraussetzungen nicht gegeben sind, die Forderung also etwa einer Bruchteils- oder Gesamthandsgemeinschaft zusteht, setzt die Zwangsvollstreckung in die Forderung einen Titel gegen alle Forderungsmitinhaber voraus. Aus einem Titel gegen einen von ihnen könnte nur dessen Anteil (an der Forderung bzw. an der Gesamthand) gepfändet werden.

Im Fall c ist eine Pfändung des Anteils des Miterben S an einem einzelnen Nachlaßgegenstand nicht möglich (§ 859 II, I 2; Rdnr. 785; § 2033 II BGB). Zur Vollstreckung in den ungeteilten Nachlaß ist ein Titel gegen alle Miterben erforderlich (§ 747; Rdnr. 37).

(c) Eine *Forderung des Vollstreckungsschuldners gegen den Vollstreckungs-*   **513**
gläubiger gehört ebenfalls zum Schuldnervermögen. Gegen die Pfändung einer solchen Forderung könnte sprechen, daß der Vollstreckungsgläubiger in der Lage ist, auf einem einfacheren Weg, nämlich durch Aufrechnung, sein Ziel zu erreichen. Jedoch kann die Aufrechnung durch Parteivereinbarung oder Gesetz (z.B. §§ 392 ff. BGB) ausgeschlossen sein (AS Rdnr. 188 ff.). Abgesehen davon sind berechtigte Interessen des Gläubigers an einer Pfändung denkbar (z.B. größere Rechtssicherheit gegenüber konkurrierenden Gläubigern; Herausgabetitel für die beim Vollstreckungsschuldner befindlichen Schuldurkunden, vgl. § 836 III 2; Rdnr. 647).

Da der Vollstreckungsgläubiger in diesem Sonderfall gleichzeitig auch Drittschuldner ist, muß ihm der Pfändungsbeschluß zugestellt werden (§ 829 III; Rdnr. 608).

(d) Eine *gläubigereigene Forderung* gehört nicht zum Schuldnervermö-   **514**
gen. Ihre Pfändung durch den Gläubiger wird teilweise für unzulässig (*Baur/Stürner*, Rdnr. 491; LG Bremen Rpfleger 1956, 199), teilweise jedoch für zulässig erachtet (RGZ 86, 135, 137; StJ/*Münzberg*, § 829 Rdnr. 22, § 804 Rdnr. 13; *Thomas/Putzo*, § 829 Anm. 3 b; OLG Köln WM 1978, 383, 385). Für die Zulässigkeit der Pfändung einer eigenen Forderung durch den Gläubiger könnte schon eine Parallele zur Pfändung einer eigenen beweglichen Sache des Gläubigers sprechen. Vor allem ist aber zu berücksichtigen, daß durch eine solche Pfändung nur Interessen des Gläubigers berührt werden, so daß mit einem Widerspruch gegen eine solche Pfändung nicht zu rechnen ist. Die Entscheidung, ob die Pfändung einer eigenen Forderung zulässig sein soll oder nicht, muß vielmehr unter dem Gesichtspunkt des Rechtsschutzbedürfnisses gefällt werden.

Ist beispielsweise eine Forderung des Schuldners gegen einen Dritten kurz vor der Pfändung durch den Gläubiger an diesen abgetreten worden, dann hat der Gläubiger als Forderungsinhaber mehr Rechte, als er durch die Pfändung und Verwertung der Forderung erreichen könnte; die Abtretung müßte auch beachtet werden, wenn später andere Gläubiger des Vollstreckungsschuldners diese Forderung pfänden lassen. Dennoch erhält der Gläubiger durch die Pfändung seiner eigenen Forderung oft eine stärkere Stellung gegenüber später vollstreckenden Gläubigern; denn die Pfändung ist für ihn leichter nachweisbar als eine (möglicherweise formlose) Abtretung. Ferner kann der Gläubiger bei Pfändung der eigenen Forderung die beim Schuldner vorhandenen Schuldurkunden zwangsweise herausholen lassen, ohne zuvor auf deren Herausgabe klagen zu müssen. Deshalb sollte man das Rechtsschutzinteresse bejahen (ebenso OLG Köln WM 1978, 383, 385).

515   2. Einschränkungen der Pfändbarkeit

Die Pfändbarkeit von Forderungen kann wie die Pfändbarkeit von beweglichen Sachen (Rdnr. 215 ff.) eingeschränkt sein.

a) Nach *§ 865 II 2* können Forderungen, auf die sich bei Grundstücken die Hypothek erstreckt (§ 1120 BGB), vom Vollstreckungsgericht nur gepfändet werden, solange nicht ihre Beschlagnahme im Wege der Zwangsvollstreckung in das unbewegliche Vermögen erfolgt ist.

516   (1) Zum *Haftungsverband der Hypothek* gehören die in den §§ 1123, 1126, 1127 BGB genannten Forderungen.

(a) Nach § 1123 I BGB werden *Miet- und Pachtzinsforderungen* von der Hypothek erfaßt. Grund dafür ist, daß die Rechte der Mieter und Pächter auf Benutzung und Fruchtziehung durch die Anordnung der Zwangsversteigerung (§§ 57, 21 III ZVG) und durch die Anordnung der Zwangsverwaltung (§ 152 II ZVG) nicht berührt werden. Zum Ausgleich dafür sollen dem Hypothekengläubiger die Miet- und Pachtzinsforderungen des Grundstückseigentümers haften.

(b) Nach § 1126 BGB werden ferner *Rechte auf wiederkehrende Leistungen,* die mit dem Eigentum am Grundstück verbunden sind, vom Haftungsverband der Hypothek erfaßt. Dabei handelt es sich etwa um Reallasten, Erbbauzinsrechte sowie Überbau- und Notwegrenten. Solche Rechte gehören nach § 96 BGB zu den Grundstücksbestandteilen, so daß § 1126 BGB lediglich eine Sondervorschrift gegenüber § 1120 BGB darstellt, wonach Gegenstände, die mit dem Grundstück eine (wirtschaftliche) Einheit bilden, zum Haftungsverband der Hypothek gehören.

(c) Schließlich erstreckt sich nach § 1127 BGB die Hypothek auf *Versicherungsforderungen* hinsichtlich der versicherten Gegenstände, die zum Haftungsverband gehören. Diese Forderungen treten als Surrogate an die Stelle der untergegangenen Sachen, die dem Hypothekar zunächst hafteten.

Wie bewegliche Sachen können auch die von der Hypothek erfaßten Forderungen wieder aus dem Haftungsverband ausscheiden (vgl. §§ 1123 II, 1124, 1126, 2, 3, 1127 II, 1129 BGB; Einzelheiten bei *Baur,* Sachenrecht, § 39 V 3). Nach der *Enthaftung* greift das Pfändungsverbot des § 865 II 2 nicht mehr ein, und die Forderungen können vom Vollstreckungsgericht nach §§ 828 ff. gepfändet werden.

Im Fall d ist eine Pfändung der Forderung zulässig, da diese vor mehr als einem Jahr fällig geworden und daher gem. § 1123 II 1 BGB aus dem Haftungsverband der Hypothek herausgefallen ist.

(2) Die Voraussetzungen, unter denen eine *Beschlagnahme* dieser Forderungen erfolgt, entsprechen im wesentlichen denen bei der Beschlagnahme von Erzeugnissen und sonstigen Bestandteilen eines Grundstücks (Rdnr. 222 ff.). **517**

(a) Alle genannten Forderungen werden bei der Anordnung der *Zwangsverwaltung* beschlagnahmt (§§ 148 I 1, 21 II ZVG); bei der Zwangsverwaltung soll der Gläubiger gerade durch die Grundstücksnutzungen befriedigt werden.

(b) Eine Beschlagnahme der vom Hypothekenverband erfaßten Forderungen erfolgt ferner, wenn der Gläubiger eines Grundstückseigentümers *aufgrund eines dinglichen Titels* (§ 1147 BGB) die Zwangsvollstreckung in das Grundstück dadurch betreibt, daß er die zum Haftungsverband der Hypothek gehörenden Forderungen nach §§ 828 ff. *pfänden läßt* (zu dieser Möglichkeit vgl. RGZ 81, 146, 148; 103, 137, 139; MünchKomm/*Eickmann*, § 1123 Rdnr. 22). Die gepfändeten Forderungen sind dann der Zwangsvollstreckung in das unbewegliche Vermögen (§ 1147 BGB: Duldung der Zwangsvollstreckung in das Grundstück) zugeordnet und können nicht mehr nach §§ 828 ff. für einen persönlichen Gläubiger gepfändet werden. **518**

Eine erneute Pfändung für einen anderen dinglichen Gläubiger ist dagegen möglich, weil diese Pfändung dann wiederum der Zwangsvollstreckung in das unbewegliche Vermögen zugeordnet ist. Der Rang der Pfandrechte richtet sich in diesem Fall nicht nach der Reihenfolge der Pfändungen (Prioritätsprinzip, § 804 III), sondern nach dem Rangverhältnis der dinglichen Gläubiger im Grundbuch (§ 879 BGB; MünchKomm/*Eickmann*, § 1123 Rdnr. 23 und § 1124 Rdnr. 39; *Stöber*, Rdnr. 233).

Selbst wenn zuerst ein persönlicher Gläubiger die Forderung pfändet, verliert diese Pfändung durch die spätere Pfändung eines dinglichen Gläubigers ihre Wirkung, soweit die gepfändete Forderung sich auf eine spätere Zeit als den z.Z. der Beschlagnahme laufenden Kalendermonat bezieht (vgl. § 1124 II BGB; MünchKomm/*Eickmann*, § 1123 Rdnr. 26). Auch insoweit ist das Prioritätsprinzip des § 804 III durchbrochen.

(c) Dagegen werden bei der Anordnung der *Zwangsversteigerung* des Grundstücks die Miet- und Pachtzinsforderungen sowie die Rechte auf wiederkehrende Leistungen nicht beschlagnahmt (§ 21 II ZVG); bei der Zwangsversteigerung steht für den Gläubiger die Verwertung der Substanz des Grundstücks im Vordergrund. Lediglich die Versicherungsforderungen (§§ 1127 ff. BGB) werden auch durch die Anordnung der Zwangsversteigerung beschlagnahmt; denn sie treten an die Stelle der Gegenstände, die mit **519** der Substanz des Grundstücks eine wirtschaftliche Einheit bilden. Deshalb können sie nach Anordnung der Zwangsversteigerung nicht mehr gem. §§ 828 ff. gepfändet werden.

520   b) Forderungen, die in Wertpapieren verbrieft sind und bei denen das Recht aus dem Papier dem Recht am Papier folgt (*Inhaber- und Orderpapiere*), werden zusammen mit der Urkunde durch den Gerichtsvollzieher gepfändet (Rdnr. 233). Sie sind der Pfändung durch das Vollstreckungsgericht nach §§ 828 f. entzogen.

521   c) Eine Einschränkung der Pfändbarkeit kann sich — abgesehen von den Pfändungsverboten aus sozialpolitischen Gründen (Rdnr. 539 ff.) — aus der *Unübertragbarkeit einer Forderung* ergeben. Nach § 851 I ist die Forderung insoweit nicht pfändbar, als sie nicht übertragbar ist. Diese Vorschrift entspricht dem § 400 BGB, nach dem eine unpfändbare Forderung nicht abgetreten werden kann.
Die Unübertragbarkeit einer Forderung kann auf einem oder mehreren der folgenden Gründe beruhen:

(1) Die Abtretbarkeit einer Forderung kann durch eine *Gesetzesbestimmung ausdrücklich ausgeschlossen* sein. Meist verhindert das Gesetz die Übertragung einer Forderung deshalb, weil diese höchstpersönlicher Natur ist oder/und einem bestimmten Zweck dienen soll, der bei einer Abtretung nicht erreicht werden kann.

Beispiel: Nach § 847 I 2 BGB ist der Schmerzensgeldanspruch nicht übertragbar, solange er nicht durch Vertrag anerkannt oder rechtshängig geworden ist.

522   (2) Aus der *Zweckbindung der Forderung* kann sich deren Unübertragbarkeit ergeben, wenn nach Abtretung der Forderung der Zweck nicht erreichbar ist. Sofern aber dieser Zweck durch die Übertragung der Forderung ausnahmsweise nicht beeinträchtigt wird, ist die Forderungsübertragung zulässig.

Beispiele: Das Baudarlehen ist zweckgebunden; es soll der Errichtung des Bauwerks dienen. Deshalb ist der Anspruch auf Auszahlung des Darlehens (sog. Baugeldforderung) nicht abtretbar und nicht pfändbar, es sei denn, daß dadurch das Geld für den Bau verwandt wird (vgl. *Palandt/Putzo*, Einf. v. § 607 Anm. 3 g; *Stöber*, Rdnr. 79 ff.). Daher ist der Anspruch einem Bauhandwerker abtretbar und von ihm pfändbar; dagegen kann eine am Bau nicht beteiligte Person den Anspruch nicht pfänden. — Auch Ansprüche auf einen Prozeßkostenvorschuß gem. § 1360a BGB unterliegen »treuhänderischer Zweckbindung« und können daher nicht gepfändet werden (BGH JZ 1985, 803, 804).
Im Fall e ist der Spesenanspruch des S gegen D infolge seiner Zweckbindung nicht wegen eines Kaufpreisanspruchs pfändbar. Wegen rückständiger Hotelkosten ist dagegen eine Pfändung zulässig (*Bruns/Peters*, § 24 IX 1 b).

(3) Nach § 399, 1. *Fall BGB* ist eine Forderung im Interesse des Schuld- **523**
ners nicht abtretbar, wenn die Leistung an einen anderen nicht ohne Veränderung ihres Inhalts erfolgen kann. Deshalb ist die Forderung des Schuldners auch nicht pfändbar. Hierher gehören meist Forderungen, die nicht auf
eine Geldzahlung gerichtet sind. Besonders zu nennen ist der Anspruch auf
Schuldbefreiung.

Beispiel: Dem Arbeitnehmer, der bei seiner Arbeitsleistung einen Betriebsfremden
leicht fahrlässig verletzt hat, steht ein Anspruch darauf zu, daß der Arbeitgeber dem
Dritten dessen Schaden (ganz oder teilweise) ersetzt. Diesen sog. Freistellungsanspruch gegen den Arbeitgeber kann der Arbeitnehmer nicht an einen anderen abtreten; der Anspruch ist also auch nicht pfändbar. Jedoch ist der Freistellungsanspruch
an den geschädigten Betriebsfremden abtretbar, weil gerade ihm der Anspruch zugute
kommen soll; dann verwandelt dieser sich in einen Zahlungsanspruch (ArbR
Rdnr. 103; BAG AP Nr. 37,45 zu § 611 BGB Haftung des Arbeitnehmers). In diesem
Fall ist der Freistellungsanspruch auch pfändbar.
Entsprechendes gilt für den Schuldbefreiungsanspruch gegen den Haftpflicht- und
den Rechtsschutzversicherer (vgl. *Stöber*, Rdnr. 145 ff.).

(4) Nach § 399, 2. *Fall BGB* kann die Abtretung einer Forderung durch **524**
Vereinbarung zwischen dem Forderungsgläubiger und dem Forderungs-
schuldner ausgeschlossen werden. Gem. § 851 I hätte das zur Folge, daß die
Forderung auch unpfändbar wäre. Dann aber könnten Gläubiger und
Schuldner der Forderung durch Vereinbarung der Nichtübertragbarkeit die
Forderung der Pfändung entziehen.
Das will § 851 II im Interesse des Vollstreckungsgläubigers verhindern.
Danach kann eine nach § 399, 2. Fall BGB (durch Vereinbarung) nicht über-
tragbare Forderung insoweit gepfändet und zur Einziehung (nicht an Zah-
lungs Statt; vgl. § 835 I, Rdnr. 663) überwiesen werden, als der geschuldete
Gegenstand (bei einer Geldforderung also das Geld) der Pfändung unter-
worfen ist.

§ 851 II gilt entsprechend, wenn der Eigentümer und der Nießbraucher eines
Grundstücks die Überlassung des Nießbrauchs zur Ausübung (§ 1059, 2 BGB; vgl.
Rdnr. 762) vertraglich ausschließen (BGH WM 1985, 1234).

(5) Besonderheiten ergeben sich beim *Kontokorrent.* **525**

(a) Nach dem bisher Gesagten müßte eine einzelne in das Kontokorrent
eingestellte Forderung pfändbar sein.

Ein Kontokorrent (= laufendes Konto, laufende Rechnung) liegt nach § 355 I
HGB vor, wenn jemand mit einem Kaufmann derart in Geschäftsverbindung steht,
daß die aus der Verbindung entstehenden Ansprüche und Leistungen nebst Zinsen in
Rechnung gestellt und in regelmäßigen Zeitabschnitten durch Verrechnung und Feststellung des für den einen oder anderen Teil sich ergebenden Überschusses ausgeglichen werden (HR Rdnr. 330—333).

Das Kontokorrent beruht auf einer Kontokorrentabrede (HR Rdnr. 336 ff.). Diese enthält u.a. die Vereinbarung, daß die einzelnen Ansprüche und Leistungen nebst Zinsen in Rechnung gestellt werden. Dadurch wird die einzelne Forderung ein bloßer Rechnungsposten; sie verliert ihre rechtliche Selbständigkeit und ist nicht abtretbar. Dennoch wäre nach § 399, 2. Fall BGB, § 851 II die einzelne Forderung pfändbar; denn der Ausschluß der Abtretung beruht auf einer Vereinbarung zwischen Gläubiger und Schuldner der Forderung. Aber dem *§ 357 HGB,* der die Pfändung des Kontokorrentsaldos behandelt, ist zu entnehmen, daß *die einzelne in das Kontokorrent eingestellte Forderung nicht pfändbar* ist (BGHZ 80, 172, 175). § 357 HGB geht als Spezialvorschrift der allgemeineren Bestimmung des § 851 II vor. Demnach bewirkt die Vereinbarung zwischen Gläubiger und Schuldner nicht nur die Unzulässigkeit der Abtretung (§ 399, 2. Fall BGB), sondern — im Gegensatz zu § 851 II — auch die Unpfändbarkeit der ins Kontokorrent gestellten Einzelforderung.

526   (b) *Zulässig* ist dagegen die *Pfändung des gegenwärtigen Saldos und künftiger Salden.*

(aa) Die Pfändung des *gegenwärtigen Saldos* erfaßt den Anspruch auf Zahlung des Saldos, der im Zeitpunkt der Zustellung des Pfändungsbeschlusses an den Drittschuldner besteht (Zustellungssaldo). Allerdings kann der Vollstreckungsgläubiger vom Drittschuldner Zahlung erst nach Ablauf der laufenden Kontokorrentperiode verlangen. Denn durch die Zwangsvollstreckung soll die Stellung des Drittschuldners nicht verschlechtert werden; er muß sich auf die mit dem Vollstreckungsschuldner getroffene Vereinbarung über die Verrechnung in bestimmten Zeitabschnitten verlassen können und braucht erst zum vereinbarten Zeitpunkt zu zahlen. Auf der anderen Seite darf die Rechtsstellung des Vollstreckungsgläubigers durch die Einstellung neuer Posten weder verbessert noch verschlechtert werden; insbesondere dürfen Schuldposten, die erst nach der Pfändung durch neue Geschäfte entstehen, nicht in Rechnung gestellt werden (§ 357, 1 HGB), damit der gepfändete Saldo nicht durch Schaffung neuer Schulden zum Nachteil des Vollstreckungsgläubigers verringert wird.

Allerdings sind nach § 357, 2 HGB bei der Saldierung spätere Geschäfte zu berücksichtigen, wenn sie aufgrund eines schon vor der Pfändung bestehenden Rechts oder einer schon vor diesem Zeitpunkt bestehenden Verpflichtung des Drittschuldners vorgenommen worden sind (z.B. Kontoführungskosten; Rückbelastungen bei gebuchten und nicht eingelösten Schecks).

(bb) Die Pfändung des *künftigen Saldos* ist — wie die Pfändung einer künftigen Forderung — zulässig. Das gilt auch für die Pfändung aller zukünftigen Salden bis zur vollständigen Befriedigung des Vollstreckungsgläubigers (BGHZ 80, 172, 178); das muß allerdings im Pfändungsbeschluß hinreichend deutlich zum Ausdruck kommen. Die Pfändung erfaßt aber erst den Saldo, der beim Ablauf der vereinbarten Rechnungsperiode besteht. Der Vollstreckungsschuldner kann bis dahin also dafür »sorgen«, daß beim Rechnungsabschluß kein positiver Saldo mehr vorhanden ist.

In der Praxis ist es üblich, die Pfändung des gegenwärtigen Saldos nach § 357 HGB mit der Pfändung des zukünftigen Saldos zu verbinden (sog. Doppelpfändung; zu Fall f).

(c) Von der Pfändung beim Bankkontokorrent ist die Pfändung von *An-*   **527** *sprüchen aus dem Girovertrag* zu unterscheiden.

Der Girovertrag ist der Vertrag zwischen einer Bank oder Sparkasse mit ihrem Kunden über die Führung eines Girokontos (Giro= Kreislauf) zum Zahlungsverkehr nach Weisung des Kunden. Dieses Konto wird regelmäßig als Kontokorrent geführt; insoweit gilt das zuvor zur Pfändung beim Kontokorrent Gesagte. Pfändbar ist also nicht die ins Kontokorrent eingestellte Forderung, sondern nur der Saldo am Ende der Rechnungsperiode. Die von der Bank dem Kunden übersandten Tagesauszüge enthalten keinen periodischen Saldo, der gepfändet werden könnte. Vielmehr soll damit der Bank die Kontrolle über die vom Kunden getroffenen Dispositionen und dem Kunden die Übersicht über den Kontostand erleichtert werden (BGHZ 50, 277, 280).

(aa) Aus dem Girovertrag hat der Bankkunde gegen die Bank den *Anspruch auf fortlaufende Auszahlung des sich zwischen den Rechnungsabschlüssen ergebenden Guthabens,* über das er verfügen kann. Dieser Anspruch ist pfändbar (BGHZ 84, 325); er hat mit der Kontokorrentbindung nichts zu tun. § 357 HGB ist nicht anwendbar; denn es wird kein Posten aus dem Kontokorrent, sondern der Anspruch aus dem Girovertrag auf (fortlaufende) Auszahlung des Guthabens gepfändet. Dabei handelt es sich nicht um einen Dienstleistungsanspruch, sondern um eine Geldforderung (BGHZ 84, 371, 374), die nach § 829 pfändbar ist.
Durch die Pfändung des Anspruchs auf fortlaufende Auszahlung des Guthabens wird dem Vollstreckungsschuldner die bei der Pfändung des zukünftigen Saldos bestehende Möglichkeit genommen, die Pfändung leerlaufen zu lassen.

Deshalb ist dem G im Fall f zu raten, auch den Anspruch auf fortlaufende Auszahlung des Tagesguthabens zu pfänden. Das muß ausdrücklich beantragt und im Pfändungsbeschluß ausgesprochen werden.

Die Pfändung des Auszahlungsanspruchs bewirkt, daß die Bank als Drittschuldnerin Barauszahlungen an den Vollstreckungsschuldner und Überweisungsaufträge nicht mehr durchführen darf. Das Kontokorrentverhältnis wird durch die Pfändung nicht berührt.

528   (bb) Aus dem Girovertrag hat der Bankkunde ferner den *Anspruch auf Gutschrift aller Neueingänge,* der ebenfalls gepfändet werden kann (BGH WM 1973, 892, 893). Dadurch soll verhindert werden, daß der Vollstrekkungsschuldner die Buchung eingehender Geldbeträge verhindert und diese damit dem Zugriff des Vollstreckungsgläubigers entzieht (Einzelheiten: StJ/ *Münzberg,* § 829 Rdnr. 12).

529   (cc) Der Bankkunde kann aus der Vereinbarung mit der Bank einen *Anspruch auf Überziehung seines Kontos* bis zu einer bestimmten Höhe haben (»Kreditlinie«). Dieser Anspruch ist jedenfalls dann nicht pfändbar, wenn für den Kredit ein bestimmter Verwendungszweck vorgesehen ist; denn durch die Pfändung würde die Erreichung des Zwecks vereitelt. Sofern der Kredit ohne Zweckbestimmung zugesagt worden ist, scheidet eine Pfändung ebenfalls aus. Die Entscheidung, den eingeräumten Kredit in Anspruch zu nehmen, steht allein dem Schuldner zu (*Häuser,* ZIP 1983, 891, 899 f.; *Olzen,* ZZP 97, 1, 8 ff.; LG Dortmund Rpfleger 1985, 497; LG Münster WM 1984, 1312 f.; a.A. LG Düsseldorf JurBüro 1985, 470; offengelassen in BGH NJW 1985, 1218). Der Schuldner kann im Wege der Zwangsvollstreckung nicht gezwungen werden, seine Gläubiger durch Eingehung neuer Verbindlichkeiten zu befriedigen. Im übrigen spielt die Pfändung dieses Anspruchs in der Praxis keine Rolle, weil der Bank nach ihren Geschäftsbedingungen ein Lösungsrecht, jedenfalls nach § 610 BGB ein Widerrufsrecht zusteht, so daß sie an den Vollstreckungsgläubiger nicht zu zahlen braucht.

530   d) Nach *§ 852* ist eine Pfändung bestimmter Forderungen solange unzulässig, als diese noch nicht vertraglich anerkannt und auch noch nicht rechtshängig geworden sind. Dazu gehören der Pflichtteilsanspruch (§§ 2303 ff. BGB), zu dem auch der Pflichtteilsergänzungsanspruch zu rechnen ist (ErbR Rdnr. 537 f.), der Rückforderungsanspruch des verarmten Schenkers (§ 528 BGB) sowie der Anspruch auf Zugewinnausgleich (§ 1378 BGB). In diesen Fällen soll es dem Gläubiger der Forderung überlassen bleiben, ob er diese geltend macht. Durch § 852 soll verhindert werden, daß ein anderer (der Vollstreckungsgläubiger) die Forderung pfändet, die der Vollstrekkungsschuldner bisher nicht geltend gemacht hat.

531   e) *Rechtsbehelfe:* Liegt einer der in a) bis d) genannten Tatbestände vor, darf kein Pfändungsbeschluß erlassen werden. Gegen einen dennoch ergangenen Beschluß kommt als Rechtsbehelf die Vollstreckungserinnerung (§ 766) oder die Durchgriffserinnerung (§ 11 I 2 RPflG) in Betracht (zur Abgrenzung vgl. Rdnr. 1176 ff.). Beschwert können der Schuldner, der Drittschuldner sowie ein sonstiger Dritter sein, dessen Belange durch die Unpfändbarkeitsregelung auch geschützt werden sollen (z.B. ein später pfändender Gläubiger, dem die zweckgebundene Forderung letztlich zugute kommen soll).

3. Erweiterungen der Pfändbarkeit 532

Der Vollstreckungsgläubiger muß davor geschützt werden, daß der Vollstreckungsschuldner die Pfändung seiner Forderungen gegen einen Drittschuldner vereitelt. Der Vollstreckungsschuldner könnte sein Ziel, den Vollstreckungsgläubiger leer ausgehen zu lassen, etwa dadurch zu erreichen versuchen, daß er trotz Arbeitsleistung keine pfändbare Lohnforderung erwirbt oder daß er eine ihm zustehende Forderung auf anfechtbare Weise einem anderen überträgt. Einem solchen zu mißbilligenden Plan des Vollstreckungsschuldners sollen § 850h und die Vorschriften des Anfechtungsgesetzes (Rdnr. 261 ff.) entgegenwirken. Durch diese Regelungen wird die Pfändbarkeit erweitert.

a) *§ 850h* behandelt die Lohnschiebung und die Lohnverschleierung. 533

(1) Ein *Lohnschiebungsvertrag* nach § 850h I 1 liegt vor, wenn der Schuldner mit dem Drittschuldner (dem Arbeitgeber) eine Vereinbarung trifft, wonach die Vergütung für die Leistung des Schuldners ganz oder teilweise nicht an diesen, sondern an eine andere Person, den Drittberechtigten (z.B. an die Ehefrau oder an einen Verwandten des Schuldners), zu bewirken ist. Es handelt sich also um einen echten Vertrag zugunsten eines Dritten (§ 328 BGB), so daß diesem die Forderung zusteht. Damit der Vollstreckungsgläubiger, der einen Zahlungstitel gegen den Vollstreckungsschuldner und nicht gegen den Drittberechtigten hat, dennoch diese Forderung pfänden kann, fingiert § 850h I 1 im Verhältnis zwischen Vollstreckungsgläubiger und Drittschuldner, daß die Forderung dem Vollstreckungsschuldner zusteht.

(a) Im Interesse eines wirksamen Gläubigerschutzes sind die *Voraussetzungen* des § 850h I weit gefaßt. So ist es nicht erforderlich, daß die Leistung des Vollstreckungsschuldners aufgrund eines Arbeits- oder Dienstvertrages erbracht wird; es genügt auch eine einmalige oder vorübergehende Tätigkeit. Unter der Vergütung ist jeder Vermögensvorteil zu verstehen, der die Gegenleistung für die Tätigkeit des Vollstreckungsschuldners darstellt; die Bezeichnung dieser Gegenleistung spielt keine Rolle, so daß auch etwa eine Gewinnbeteiligung oder eine überhöhte Verzinsung eines (angeblich) gewährten Darlehens ausreicht. Obwohl dem Vollstreckungsgläubiger regelmäßig auf die geschilderte Weise die Forderung als Vollstreckungsobjekt entzogen werden soll, setzt § 850h I eine Gläubigerbenachteiligungsabsicht nicht voraus (BGH WM 1968, 1254; NJW 1979, 1600, 1602).

(b) Für das *Pfändungsverfahren* stehen dem Vollstreckungsgläubiger zwei 534
Wege offen:
Er kann den Anspruch des Drittberechtigten pfänden (§ 850h I 1), obwohl er gegen diesen keinen Vollstreckungstitel hat; denn der Drittberechtigte ist nur Strohmann des Vollstreckungsschuldners.

Eine vorherige Zustellung des Titels an den Drittberechtigten oder eine Titelumschreibung ist nicht erforderlich, da er nicht Vollstreckungsschuldner ist. Das Vollstreckungsgericht erläßt den Pfändungsbeschluß, sofern die Angaben des Vollstreckungsgläubigers den Tatbestand des § 850h I 1 erfüllen. Eine Überprüfung dieser Angaben und eine Anhörung des Schuldners oder des Drittberechtigten erfolgen nicht.

Der Drittberechtigte kann mit der Drittwiderspruchsklage gegen den Vollstreckungsgläubiger (§ 771) geltend machen, ihm stehe die Forderung zu, da eine Lohnschiebung nicht gegeben sei.

Der Vollstreckungsgläubiger hat auch die Möglichkeit, den Vergütungsanspruch des Schuldners zu pfänden; denn diese Pfändung umfaßt wegen der genannten Fiktion ohne weiteres den Anspruch des Drittberechtigten (§ 850h I 2).

In beiden Fällen wird die Pfändung mit der Zustellung des Pfändungsbeschlusses an den Drittschuldner wirksam (§ 829 III; Rdnr. 608). Der Beschluß ist auch dem Schuldner und dem Drittberechtigten zuzustellen (§ 850h I 3); das ist jedoch keine Wirksamkeitsvoraussetzung.

Zahlt der Drittschuldner nicht, kann der Vollstreckungsgläubiger die Forderung gegen den Drittschuldner einklagen (Rdnr. 640 f.). In diesem Rechtsstreit prüft das Prozeßgericht (meist das Arbeitsgericht), ob die Voraussetzungen des § 850h I vorliegen.

535   (2) Eine *Lohnverschleierung* nach § 850h II ist gegeben, wenn der Vollstreckungsschuldner mit dem Drittschuldner vereinbart, daß seine Leistung, die üblicherweise vergütet wird, unentgeltlich oder gegen eine unverhältnismäßig geringe Vergütung erbracht wird. Hier wird zugunsten des Vollstreckungsgläubigers eine angemessene Vergütung in Geld fingiert, die er pfänden kann.

Beispiele: Der Ehemann arbeitet gegen ein unverhältnismäßig geringes Entgelt (etwa ein Taschengeld) oder unentgeltlich im Geschäft seiner Frau (Fall). Der verschuldete Sohn »kellnert gegen Kost und Logis« in der Gastwirtschaft seines Vaters.

(a) *Voraussetzung* des § 850h II ist zunächst, daß der Vollstreckungsschuldner Arbeiten oder Dienste in einem ständigen Verhältnis leistet. Das muß nicht auf einem Arbeits- oder Dienstvertrag beruhen; es reicht auch ein Werk- oder sonstiger (z.B. Gesellschafts-)Vertrag aus. Ein Vertrag braucht sogar überhaupt nicht vorzuliegen; es genügt ein »ständiges Verhältnis«. Das ist aber auch erforderlich, so daß eine einmalige Leistung ausscheidet.

Ferner muß die Leistung, die üblicherweise vergütet wird, unentgeltlich oder gegen eine unverhältnismäßig geringe Vergütung erbracht werden. Dabei ist nach dem Zweck der Vorschrift ein objektiver Maßstab anzulegen (vgl. BAG NJW 1978, 343). Eine Benachteiligungsabsicht ist auch hier nicht erforderlich. Naturalleistungen sind in Geld umzurechnen.

Gegen die Anwendung des § 850h II sprechen nicht von vornherein verwandtschaftliche Bindungen oder familienrechtliche Mitarbeitspflichten. Sie betreffen das Innenverhältnis zwischen Schuldner und Drittschuldner; im Verhältnis zwischen Schuldner und Vollstreckungsgläubiger sind sie regelmäßig nur für die Höhe des Entgelts bedeutsam (BAG NJW 1978, 343). Das kann anders sein, wenn die Leistung etwa der Ausdruck der besonderen Familienbande ist und deshalb eine unentgeltliche Tätigkeit (z.B. Krankenpflege, Unterstützung im privaten Haushalt) gerechtfertigt erscheint (*Zöller/Stöber*, § 850h Rdnr. 3 m.N.).

Wenn etwa der Neffe im landwirtschaftlichen Betrieb des Onkels jahrelang unentgeltlich in der Erwartung mitarbeitet, demnächst den Betrieb zu erben, so spricht das nicht gegen eine Anwendung des § 850h II; denn die Vergütungserwartung ist aus objektiver Sicht in der Gegenwart kein Entgelt für die erbrachte Leistung (*Fenn*, AcP 167, 148, 161 ff.; StJ/*Münzberg*, § 850h Rdnr. 25).

(b) Sind die Voraussetzungen des § 850h II erfüllt, greift im Verhältnis des Vollstreckungsgläubigers zum Empfänger der Leistung die Fiktion ein, daß eine *angemessene Vergütung geschuldet wird.* Bei der Höhe dieses pfändbaren Anspruchs sind — wie bei dessen Grund — alle Umstände des Einzelfalles zu berücksichtigen, insbesondere die Art der Arbeitsleistung (Tariflohn als Anhaltspunkt), aber auch die verwandtschaftlichen und sonstigen Beziehungen (z.B. nichteheliche Lebensgemeinschaft) und die wirtschaftliche Leistungsfähigkeit des Empfängers der Leistung (z.B. kapitalschwacher Familienbetrieb). Auch eine familienrechtliche Mitarbeitspflicht kann den pfändbaren Anspruch mindern. **536**

Im Fall g hat S eine Arbeit geleistet, die üblicherweise vergütet wird. Dem steht nicht entgegen, daß S seine Arbeitskraft zugunsten seiner Frau eingesetzt hat; denn die Leistung ist erwerbsbezogen. G kann also eine zu seinen Gunsten fingierte Forderung des S gegen D pfänden. Die Höhe entspricht dem Gehalt eines angestellten Friseurmeisters in leitender Stellung in einem Betrieb vergleichbarer Größe. Sofern das Geschäft von einer BGB-Gesellschaft der Eheleute betrieben wird, ändert das nichts an einer Anwendung des § 850h II, wenn die Gewinnverteilung unter den Gesellschaftern in keinem Verhältnis zu deren Beiträgen (Kapitaleinlage, Arbeitsleistung) steht (vgl. OLG Düsseldorf OLGZ 1979, 223).

(c) Die *Pfändung* des Arbeitseinkommens wird wie bei jeder Forderungspfändung mit der Zustellung des Pfändungsbeschlusses an den Drittschuldner bewirkt (§ 829 III; Rdnr. 608). Sie erfaßt sowohl den tatsächlich bestehenden Lohnanspruch des Vollstreckungsschuldners als auch den nach § 850h II fingierten Vergütungsanspruch. **537**

Streitig ist, ob auch Rückstände des fingierten Lohnes gepfändet werden können (bejahend: BL/*Hartmann*, § 850h Anm. 3 C; StJ/*Münzberg*, § 850h Rdnr. 35; verneinend: *A. Blomeyer*, § 56 IX 2 d; *Grunsky*, Festschrift f. Baur, 403, 406; *Stöber*, Rdnr. 1228). Dazu ist einmal erforderlich, daß der Pfändungsbeschluß auch Rückstände erfaßt, was durch Auslegung zu ermitteln ist. Im übrigen hängt die Beantwortung der Streitfrage davon ab, ob man vornehmlich auf die Lage des Drittschuldners

oder die des Vollstreckungsgläubigers abstellt. Geht man davon aus, daß der Drittschuldner keine Vorteile aus der Leistung des Vollstreckungsschuldners behalten soll,
spricht das für eine Pfändbarkeit rückständiger fingierter Ansprüche. Betont man
dagegen, daß der Vollstreckungsgläubiger durch die Fiktion des § 850h II nicht besser
gestellt werden soll, als er bei einem tatsächlich vereinbarten Entgelt stehen würde,
spricht das gegen eine Pfändbarkeit; denn es ist regelmäßig davon auszugehen, daß
ein tatsächlich vereinbartes Entgelt vom Drittschuldner laufend gezahlt und vom
Vollstreckungsschuldner verbraucht worden wäre.

538   b) Die *Vorschriften des Anfechtungsgesetzes* (Rdnr. 261 ff.) sind bei der
Forderungspfändung zum Schutz des Vollstreckungsgläubigers bedeutsam.
Hat der Vollstreckungsschuldner eine ihm zustehende Forderung an einen
anderen abgetreten, ist diese Forderung dem Vollstreckungsgläubiger als
Pfändungsobjekt entzogen. Wenn aber der Schuldner, gegen den nicht mit
Erfolg vollstreckt werden kann, diese Abtretung zum Zwecke der Gläubigerbenachteiligung oder schenkungshalber vorgenommen hat, soll dem
Vollstreckungsgläubiger daraus kein Schaden erwachsen. Er kann den jetzigen Forderungsinhaber auf Duldung der Zwangsvollstreckung in die Forderung verklagen oder — falls die Geldforderung bereits eingezogen worden
ist — von ihm Zahlung des Geldbetrages verlangen. Im einzelnen gilt das,
was oben (Rdnr. 261 ff.) zur Anfechtbarkeit des Dritteigentums nach dem
Anfechtungsgesetz gesagt worden ist, entsprechend.

Hat der Arbeitnehmer seinen Lohnanspruch gegen den Arbeitgeber an einen
anderen in Gläubigerbenachteiligungsabsicht abgetreten, kann der Gläubiger des
Arbeitnehmers gegen den jetzigen Forderungsinhaber nach dem Anfechtungsgesetz
vorgehen. Wenn der Arbeitnehmer aber mit seinem Arbeitgeber vereinbart hat, daß
der Lohn von vornherein einem anderen zustehen soll, kommt für den Vollstrek-
kungsgläubiger § 850h I in Betracht.

Hat der Schuldner seiner Frau sein Geschäft zum Zwecke der Gläubigerbenachteiligung übertragen und ist er dann von ihr gegen ein Taschengeld als Verkäufer eingestellt worden, so gibt das Anfechtungsgesetz dem Vollstreckungsgläubiger die Möglichkeit, in das Geschäftsvermögen zu vollstrecken. Daneben kann er nach § 850h II
die fingierte Lohnforderung des Schuldners gegen dessen Frau pfänden.

539   III. Pfändungsbeschränkungen aus sozialpolitischen Gründen

Schrifttum: *Behr,* Probleme der Unterhaltsvollstreckung in Arbeitseinkommen,
Rpfleger 1981, 382; *Bohn,* Die Zwangsvollstreckung in Rechte des Versicherungsnehmers aus dem Versicherungsvertrag und der Konkurs des Versicherungsnehmers,
Festschrift f. Schiedermair, 1976, 33; *Bracht,* Unpfändbarkeit der Grundrente bei der
sozialen Entschädigung, NJW 1980, 1505; *Denck,* Die nicht ausgeschöpfte Lohnab-
tretung, DB 1980, 1396; *Fischer,* Pfändbarkeit des Kindergeldes?, DB 1983, 1902; *Frisinger,* Privilegierte Forderungen in der Zwangsvollstreckung und bei der Aufrech-

nung, 1967; *Grunsky,* Probleme des Pfändungsschutzes bei mehreren Arbeitsein-
kommen des Schuldners, ZIP 1983, 908; *Hein,* Gestaltungswirkung einer Herabset-
zung der Pfändungsfreigrenze, Rpfleger 1984, 260; *Hornung,* Säumnisfolgen für die
Billigkeitsprüfung bei Pfändung von Sozialgeldansprüchen?, Rpfleger 1979, 84; *ders.,*
Billigkeitspfändung von Sozialgeldleistungen, Rpfleger 1981, 423 und 1982, 45; *ders.,*
Keine Pfändung des Kindergeldes (Zählkindvorteils) wegen des Unterhalts eines
Zählkindes, Rpfleger 1983, 216; *ders.,* Fünftes Gesetz zur Änderung der Pfändungs-
freigrenzen, Rpfleger 1984, 125; *Lippross,* Grundlagen und System des Vollstrek-
kungsschutzes, 1983; *Mellinghoff,* Probleme der Kindergeldpfändung wegen gesetzlicher Unterhaltsansprüche von Zählkindern, Rpfleger 1984, 50; *Müller/Wolff,*
Pfändbarkeit von Kindergeldansprüchen, NJW 1979, 299; *Mümmler,* Berücksichtigung von Freibeträgen für Unterhaltsberechtigte im Rahmen einer Lohnpfändung,
JurBüro 1981, 177; *ders.,* Pfändung von Sozialgeldleistungen für nichtprivilegierte
Geldforderungen, JurBüro 1982, 961; *ders.,* Pfändung von Arbeitslosengeld, JurBüro
1983, 499; *Rupp/Fleischmann,* Zum Pfändungsschutz für Schadensersatzansprüche
wegen Unterhaltsverpflichtungen, Rpfleger 1983, 377; *Schreiber,* Die Pfändung von
Sozialleistungsansprüchen, NJW 1977, 279; *Terpitz,* Pfändungsschutz bei Kon-
tenpfändung nach § 55 des Ersten Buches des Sozialgesetzbuches, BB 1976, 1564;
Wolber, Die Fürsorgepflicht der Leistungsträger bei Pfändung von Sozialleistungsan-
sprüchen, NJW 1980, 24; sowie die Kommentare zu Art. I §§ 54, 55 SGB-AT von
Heinze in: Bochumer Kommentar zum Sozialgesetzbuch, Allgemeiner Teil, 1979; *v.
Maydell* in: *Burdenski/v. Maydell/Schellhorn,* Kommentar zum Sozialgesetzbuch —
Allgemeiner Teil, 2. Aufl. 1981; StJ/*Münzberg,* § 850i Rdnr. 37 ff.; *Stöber,*
Rdnr. 1334 ff. und *Zöller/Stöber,* § 850i Rdnr. 5 ff.

Fälle:

a) Dem Arbeitgeber A des S wird ein Pfändungsbeschluß zugestellt, wonach der
Lohn des S in Höhe des Betrages gepfändet wird, der sich aus der amtlichen Tabelle
zu § 850c ergibt. A ist ratlos.

b) Im Fall a hat A bei der Ermittlung des unpfändbaren Grundbetrages zugunsten
des S mitberücksichtigt, daß dieser verheiratet ist. Der Gläubiger G hält das für unge-
recht, weil Frau S aus ihrer Tätigkeit als Ärztin viel mehr verdient als ihr Mann. Was
soll G tun?

c) Die geschiedene Frau (F_1) des S will aus einem Unterhaltstitel in das Arbeitseinkommen des S vollstrecken. S ist aber auch seiner jetzigen Ehefrau (F_2) unterhaltspflichtig. Da das pfändbare Arbeitseinkommen für die Unterhaltszahlung an beide
Frauen nicht ausreicht, meint S, F_1 erhalte nichts, weil er in erster Linie zur Unterhaltszahlung an seine jetzige Frau (F_2) verpflichtet sei.

d) Nach der Pfändung des Arbeitseinkommens des S durch dessen Enkelkind E
vollstreckt die volljährige und verheiratete Tochter T ebenfalls wegen eines Unterhaltsanspruchs in das Einkommen. E und T streiten sich, wer wem bei der Befriedigung vorgehe.

e) Der Lebensmittelhändler G hat gegen den Dieb S einen Vollstreckungsbescheid erwirkt. In dem Mahnbescheid ist als Schuldgrund angegeben: »Schadensersatzanspruch wegen Diebstahls«. G möchte nunmehr in größtmöglichem Umfang das Arbeitseinkommen des S pfänden. Was ist ihm zu raten?

f) Der Arbeiter S soll bei seinem vorzeitigen Ausscheiden aus dem Arbeitsverhältnis eine Abfindung von 25 000,— DM erhalten. Als G den Anspruch pfändet, macht S geltend, er benötige das Geld zum Unterhalt für seine große Familie.

g) Der Angestellte S bekommt sein Gehalt auf sein Konto bei der D-Bank überwiesen. Als G das Guthaben pfänden läßt, meint S, ihm stehe der Pfändungsschutz für Arbeitseinkommen zu.

h) G möchte den Anspruch des S auf Arbeitslosengeld pfänden. Zulässig?

Wie bei der Sachpfändung (§ 811; Rdnr. 277 ff.) gibt es auch bei der Forderungspfändung Pfändungsbeschränkungen aus sozialpolitischen Gründen. Sie betreffen die Pfändung von Arbeitseinkommen (Rdnr. 540 ff.) und Sozialleistungen (Rdnr. 589 ff.), von bestimmten Ansprüchen der Landwirte (Rdnr. 598 f.), der Vermieter und der Verpächter (Rdnr. 600) sowie von Erbschaftsnutzungen (Rdnr. 601).

Bei einem Verstoß des Vollstreckungsgerichts gegen eine dieser Vorschriften kann der dadurch Beschwerte Vollstreckungserinnerung (§ 766) oder Rechtspflegererinnerung (§ 11 I RPflG) einlegen (zur Abgrenzung vgl. Rdnr. 1176 ff.).

540   1. Pfändungsbeschränkungen beim Arbeitseinkommen

Der größte Teil der Bevölkerung hat kein nennenswertes Vermögen, auf das der Gläubiger in der Zwangsvollstreckung zugreifen könnte. Diesem bleibt oft nur die Vollstreckung in eine Forderung des Schuldners gegen den Arbeitgeber auf Zahlung des Lohnes. Da aber das Arbeitseinkommen meist die Existenzgrundlage des Schuldners ist, muß diese bei der Lohnpfändung im Interesse des Schuldners und im Interesse der Allgemeinheit (Sozialhilfe!) erhalten bleiben. Demnach ist dem Schuldner trotz der Lohnpfändung eine bescheidene Lebensführung zu ermöglichen. Wieviel dem Schuldner von seinem Lohn verbleiben muß, kann vom Gesetz nicht generell festgelegt werden. Die Höhe der Pfändungsgrenze ist vielmehr von den Unterhaltsverpflichtungen des Schuldners abhängig zu machen; anderenfalls würden etwa der Familienvater und seine Familie zu Unrecht schlechter gestellt als der ledige Schuldner. Außerdem ist auch die Höhe des Lohnes oder Gehalts des Schuldners bei der Pfändungsgrenze zu berücksichtigen; denn davon hängt der Lebensstandard des Schuldners ab. Würde etwa dem besser verdienenden leitenden Angestellten nach der Pfändung nur ebenso viel Geld verbleiben, wie dem ungelernten Arbeiter, führte das zu seinem sozialen Abstieg und zum Nachlassen seiner Arbeitsfreude.

Auf der anderen Seite sind Gläubiger, die wegen gesetzlicher Unterhaltsansprüche vollstrecken, besser gestellt als andere Gläubiger; gegenüber Unterhaltsgläubigern gelten die dem Schuldner eingeräumten Pfändungsfreibeträge nicht, und manche sonst unpfändbaren Bezüge sind pfändbar. Dem Schuldner ist nur so viel zu belassen, als er für seinen notwendigen Unterhalt und zur Erfüllung seiner laufenden Unterhaltspflichten bedarf.

Nach § 850 I kann das in Geld zahlbare Arbeitseinkommen nur nach Maßgabe der §§ 850a bis 850k gepfändet werden. In diesen Vorschriften hat der Gesetzgeber die Interessen des Gläubigers, des Schuldners und der Allgemeinheit gegeneinander abgewogen. Außerdem ermöglicht eine Reihe von Generalklauseln eine gerechte Entscheidung durch das Gericht im Einzelfall.

Soweit die Forderung nicht mehr besteht, weil der Geldbetrag bereits an den Vollstreckungsschuldner ausgezahlt worden ist, kommt eine Sachpfändung des Geldes in Betracht, bei welcher der Vollstreckungsschutz nach § 811 Nr. 8 (Rdnr. 287) zu beachten ist. Bei einer Überweisung auf ein Bankkonto des Schuldners kann § 850k (Rdnr. 585 ff.) eingreifen.

a) Arbeitseinkommen und gleichgestellte Bezüge (§§ 850 ff.)   541

Der Begriff »Arbeitseinkommen« i.S.d. § 850 ist nach allgemeiner Meinung weit auszulegen. Gemeint ist eine stetig fließende Einnahmequelle, die aus einer Arbeitsleistung herrührt (BGH NJW 1978, 756; 1981, 2465, 2466), letztlich also alles, was der Lohnsteuer unterliegt. Die in § 850 II, III genannten Tatbestände sind nur Beispielsfälle. Auf die Benennung oder Berechnung der Vergütung kommt es nicht an (§ 850 IV).

Das Gesetz erwähnt folgende Fälle:

(1) *Dienst- und Versorgungsbezüge der Beamten.* Dazu gehören auch die Bezüge der Minister und Parlamentarischen Staatssekretäre, der Richter, der Geistlichen in den öffentlich-rechtlichen Religionsgemeinschaften sowie der Soldaten und der Zivildienstleistenden. Es spielt keine Rolle, ob es sich um einen Beamten auf Lebenszeit, auf Zeit, auf Probe oder auf Widerruf (Unterhaltszuschuß!) handelt.

Die Bezüge ergeben sich aus den Beamten-, Besoldungs- und Versorgungsgesetzen. In Betracht kommen außer dem Grundgehalt z.B. Amts- und Stellenzulagen, der Ortszuschlag, Übergangs- und Wartegelder sowie alle Versorgungsbezüge.

(2) *Arbeits- und Dienstlöhne.* Dabei handelt es sich um Vergütungsansprüche aus Arbeits- und Dienstverträgen. Unerheblich ist es, ob der Anspruchsberechtigte etwa Angestellter, Arbeiter oder Auszubildender ist, ob das Vertragsverhältnis kürzere oder längere Zeit dauert und ob es eine Teilzeit- oder Ganztagsbeschäftigung ist. Auch die Ansprüche der arbeitneh-   542

merähnlichen Personen (z.B. der Heimarbeiter, Hausgewerbetreibenden und Einfirmenvertreter; ArbR Rdnr. 33–36) gehören hierher.

Zu dem Lohn- oder Gehaltsanspruch, der sich nach der Dauer der geleisteten Arbeitszeit (Zeitlohn) oder nach dem Arbeitsergebnis (Akkordlohn) richten kann, gehören der Grundlohn und Lohnzuschläge wie Prämien, Gratifikationen, Tantiemen und Zulagen.

Nicht hierher gehören öffentlich-rechtliche Sozialleistungen, die mit dem Arbeitsverhältnis in Verbindung stehen (z.B. Kurzarbeitergeld, Arbeitslosengeld und -hilfe, Konkursausfallgeld; Rdnr. 590 ff.).

543   (3) *Ruhegelder* und ähnliche nach dem einstweiligen oder dauernden Ausscheiden aus dem Dienst- oder Arbeitsverhältnis gewährte fortlaufende Einkünfte. Damit sind alle Ansprüche gemeint, die sich aus der betrieblichen Altersversorgung ergeben. Zur Zahlung des Ruhegeldes kann der Arbeitgeber selbst, aber auch etwa eine selbständige Pensionskasse verpflichtet sein.

Im letzten Fall ist die rechtsfähige Versorgungseinrichtung Drittschuldnerin, so daß dieser der Pfändungsbeschluß zugestellt werden muß.

544   (4) *Hinterbliebenenbezüge.* Das sind die Ansprüche, die bestimmten Personen (meist Witwen, Waisen) nach dem Tod des Beamten oder Arbeitnehmers aufgrund Gesetzes oder Vertrages zustehen.

Zu den Bezügen aus Witwen-, Waisen- und ähnlichen Kassen vgl. § 850b l Nr. 4, zu den Sterbe- und Gnadenbezügen vgl. § 850a Nr. 7.

545   (5) *Sonstige Vergütungen für Dienstleistungen aller Art,* die die Erwerbstätigkeit des Schuldners vollständig oder zu einem wesentlichen Teil in Anspruch nehmen. Entscheidend ist, daß es sich um wiederkehrend zahlbare Vergütungen handelt, die etwa aufgrund eines freien Dienstvertrages, Werk- oder Maklervertrages gezahlt werden.

Beispiele: Ansprüche des Handels- oder Versicherungsvertreters auf Fixum und Provision (BAG NJW 1962, 1221), des Vorstandsmitglieds einer Aktiengesellschaft auf Dienstbezüge (BGH NJW 1981, 2465, 2466), des Kassenarztes aus dem kassenärztlichen Verhältnis, wenn die Tätigkeit als Kassenarzt ihn zu einem wesentlichen Teil in Anspruch nimmt (OLG Hamm Rpfleger 1958, 279, 280).

546   (6) *Bezüge zum Ausgleich für Wettbewerbsbeschränkungen* für die Zeit nach Beendigung des Dienstverhältnisses (§ 850 III a).

Beispiele: Ansprüche des Handlungsgehilfen auf Karenzentschädigung (§§ 74 ff. HGB), des Handelsvertreters auf einen angemessenen Ausgleich (§ 89b HGB) und angemessene Entschädigung für die Dauer der Wettbewerbsbeschränkung (§ 90a HGB). — Bei einer einmaligen Abfindung kommt § 850i in Betracht.

(7) *Versicherungsrenten,* wenn die Verträge zur Versorgung des Versiche-   547
rungsnehmers oder seiner unterhaltsberechtigten Angehörigen eingegangen
sind (§ 850 III b). Die Renten der Lebens- und Unfallversicherung sollen
(ganz oder teilweise) Ruhegelder oder Hinterbliebenenbezüge ersetzen.
Deshalb werden sie wie diese pfändungsrechtlich als Arbeitseinkommen
behandelt.

Beispiel: Der Arbeitgeber hat zwecks betrieblicher Altersversorgung mit einer
Versicherungsgesellschaft Versicherungsverträge zur Versorgung des Arbeitnehmers
und seiner Familienangehörigen abgeschlossen. — Auch eine Berufsunfähigkeitsrente
(OLG Nürnberg JR 1970, 386) und die Tagegelder aus Krankenversicherungen (*Stöber,* Rdnr. 893) gehören hierher.

(8) Die *in § 850b genannten Renten* und rentenähnlichen Bezüge   548
(Rdnr. 554 ff.) werden pfändungsrechtlich dem Arbeitseinkommen gleichgestellt, obwohl diese Geldleistungen mit einem Arbeitsverhältnis nicht in
Zusammenhang stehen. Sie bilden jedoch — wie der Arbeitslohn — meist
die Existenzgrundlage für den Schuldner und seine Familie, so daß auch in
solchen Fällen eine vergleichbare Schutzbedürftigkeit des Schuldners
besteht.

(9) Selbst eine *nicht wiederkehrend zahlbare Vergütung für persönlich*   549
geleistete Arbeiten oder Dienste wird nach § 850i (Rdnr. 583) zum Arbeitseinkommen gezählt. Dadurch sollen die freiberuflich Tätigen (z.B. Ärzte,
Rechtsanwälte, Schriftsteller, selbständige Handwerker) davor geschützt
werden, daß ihnen durch Pfändung der Ansprüche aus ihrer Tätigkeit das
Existenzminimum genommen wird.

Gleichgestellt sind nach § 850i II die Vergütungen, welche für die Gewährung von
Wohngelegenheit oder eine sonstige Sachbenutzung geschuldet werden, wenn die
Vergütung zu einem nicht unwesentlichen Teil als Entgelt für neben der Sachbenutzung gewährte Dienstleistungen anzusehen ist (z.B. Vermietung möblierter Zimmer
einschließlich Reinigung und Frühstück).

b) Unpfändbare Bezüge   550

Unpfändbar sind die in § 850a aufgeführten Bezüge. Wenn aber wegen
eines gesetzlichen Unterhaltsanspruchs vollstreckt wird, sind nach § 850d I 1
auch die in § 850a Nr. 1, 2 und 4 genannten Bezüge, also Überstundenvergü-
tung, Urlaubsgeld und Treugeld sowie die Weihnachtsvergütung, pfändbar;
allerdings hat dem Schuldner von diesen Bezügen mindestens die Hälfte der
an sich unpfändbaren Bezüge zu verbleiben (§ 850d I 2, 2. Halbs.).
Unpfändbar sind

(1) zur Hälfte die für die Leistung von Mehrarbeitsstunden gezahlten
Teile des Arbeitseinkommens *(Nr. 1).*

Gemeint ist die Vergütung für die Überarbeit (= die Arbeit, welche die für das konkrete Arbeitsverhältnis normale Arbeitszeit überschreitet; ArbR Rdnr. 83). Unpfändbar ist nicht die Hälfte des Zuschlags, sondern der Gesamtvergütung für die Überstunden.

551   (2) die für die Dauer eines Urlaubs über das Arbeitseinkommen hinaus gewährten Bezüge, Zuwendungen aus Anlaß eines besonderen Betriebsereignisses und Treugelder, soweit sie den Rahmen des Üblichen nicht übersteigen *(Nr. 2)*.

Diese Bezüge sind wegen ihrer Zweckbindung unpfändbar. Mit den Urlaubsbezügen ist nicht gemeint das Urlaubsentgelt, also der Lohn, der während des Urlaubs weitergezahlt wird, sondern das Urlaubsgeld, also der Zuschuß zur Bestreitung des Urlaubs. Der Urlaubsabgeltungsanspruch (am Ende des Abeitsverhältnisses für nicht genommenen Urlaub) fällt nicht unter § 850a Nr. 2, soll aber nach § 851 I unpfändbar sein, um dem Arbeitnehmer nach seinem Ausscheiden eine Erholungszeit zu ermöglichen (BAG BB 1959, 340; *Stöber,* Rdnr. 988; a.A. StJ/*Münzberg,* § 850a Rdnr. 15). Den Schutz des § 850a Nr. 2 genießen Zuwendungen etwa aus Anlaß eines Geschäfts- oder Dienstjubiläums, nicht dagegen eine Erfolgsbeteiligung (Tantieme).

552   (3) Aufwandsentschädigungen, Auslösungsgelder und sonstige soziale Zulagen für auswärtige Beschäftigungen, das Entgelt für selbstgestelltes Arbeitsmaterial, Gefahrenzulagen sowie Schmutz- und Erschwerniszulagen, soweit diese Bezüge den Rahmen des Üblichen nicht übersteigen *(Nr. 3)*.

Sofern die »Spesen« den Rahmen des Üblichen überschreiten, genießen sie keinen Pfändungsschutz. Was aber das Finanzamt bei der Lohnsteuer als steuerfrei anerkennt, kann als »üblich« angesehen werden (BAG DB 1971, 1923). Das Wohnungsgeld ist ein Teil des Gehalts und fällt nicht unter § 850a Nr. 3.

553   (4) Weihnachtsvergütungen bis zum Betrage der Hälfte des monatlichen Arbeitseinkommens, höchstens bis zum Betrage von 470,— DM *(Nr. 4)*.

Es reicht aus, daß die Vergütung aus Anlaß des Weihnachtsfestes gewährt wird, so daß auch ein 13. Monatsgehalt als eine solche Vergütung angesehen werden kann (*Stöber,* Rdnr. 999 f. m.N.).

(5) Heirats- und Geburtsbeihilfen, sofern die Vollstreckung wegen anderer als der aus Anlaß der Heirat oder der Geburt entstandenen Ansprüche betrieben wird *(Nr. 5)*.

Die Üblichkeit und die Höhe der Beihilfe spielt hier keine Rolle. — Pfändbar ist die Beihilfe etwa wegen der Kaufpreisansprüche für Möbel, die anläßlich der Hochzeit angeschafft worden sind, oder für die Säuglingsausstattung.

(6) Erziehungsgelder, Studienbeihilfen und ähnliche Bezüge *(Nr. 6)*.

Es macht keinen Unterschied, ob die Zuwendung von einer privaten oder öffentlichen Stelle vergeben wird und ob der Jugendliche selbst oder etwa sein unterhaltspflichtiger Elternteil anspruchsberechtigt ist.

Für die Pfändung von Ansprüchen nach dem BAföG gelten Art. I §§ 18, 54 f. SGB-AT.

(7) Sterbe- und Gnadenbezüge aus Arbeits- oder Dienstverhältnissen *(Nr. 7).*

Gemeint sind die (einmalig oder wiederholt zahlbaren) Hinterbliebenenbezüge von Beamten oder Arbeitnehmern. Die Hinterbliebenen brauchen nicht Erben zu sein.

(8) Blindenzulagen *(Nr. 8).*

Für Blindenzulagen nach § 35 BVersG greift der Pfändungsschutz nach Art. I §§ 54 f. SGB-AT (Rdnr. 589 ff.) ein.

c) Bedingt pfändbare Bezüge   554

Die in § 850b aufgeführten Renten werden als bedingt pfändbare Bezüge bezeichnet, weil sie zwar grundsätzlich unpfändbar (§ 850b I am Anfang), beim Eintritt der in § 850b II genannten Bedingungen aber doch pfändbar sind. Durch die Unpfändbarkeit soll der Schuldner geschützt werden, der mit der Rente seinen Lebensunterhalt bestreitet. Auf der anderen Seite bezweckt die Regelung der bedingten Pfändbarkeit den Schutz des Gläubigers; dieser soll die Rente ausnahmsweise pfänden können, wenn eine Zwangsvollstreckung in das sonstige bewegliche Vermögen des Schuldners nicht zum Erfolg geführt hat und wenn außerdem die Pfändung der Rente der Billigkeit entspricht. Ob diese Voraussetzungen vorliegen, hat das Vollstreckungsgericht zu entscheiden, das zuvor die Beteiligten hören soll (§ 850b III).

(1) Nach § 850b I sind *folgende Bezüge bedingt pfändbar:*   555

(a) Renten, die wegen einer Verletzung des Körpers oder der Gesundheit zu entrichten sind *(Nr. 1).*

Beispiele: Rentenansprüche aus § 843 BGB, § 618 III BGB, § 62 III HGB, § 8 HaftpflG, § 13 StVG, nicht dagegen Schmerzensgeldansprüche und sozialversicherungsrechtliche Ansprüche, die besonders geregelt sind. Der Rentenanspruch fällt auch dann unter § 850b I Nr. 1, wenn er auf Vertrag (BGHZ 70, 206) oder auf einer Verfügung von Todes wegen beruht und damit ein Körper- oder Gesundheitsschaden ausgeglichen werden soll.

(b) Unterhaltsrenten, die auf gesetzlicher Vorschrift beruhen, sowie die   556
wegen Entziehung einer solchen Forderung zu entrichtenden Renten *(Nr. 2).*

Kraft Gesetzes unterhaltspflichtig sind die Verwandten in gerader Linie und die (geschiedenen) Eheleute (Rdnr. 569). Zu den Geldrenten wegen Entziehung einer Unterhaltsrente gehören z.B. die Ansprüche gem. §§ 844 II, 845 BGB.

557   (c) fortlaufende Einkünfte, die ein Schuldner aus Stiftungen oder sonst auf Grund der Fürsorge und Freigebigkeit eines Dritten oder auf Grund eines Altenteils oder Auszugsvertrags bezieht *(Nr. 3)*.

Die fortlaufende Zuwendung eines Dritten kann durch Vertrag, aber auch durch eine Verfügung von Todes wegen (Vermächtnis) erfolgen. Erforderlich ist die Absicht des Dritten, die Lebenshaltung des Schuldners zu verbessern und zu erleichtern (StJ/ *Münzberg*, § 850b Rdnr. 15 m.N.). — Altenteils- und Auszugsansprüche sind Versorgungsansprüche des Übergebers eines landwirtschaftlich, aber auch eines anders genutzten Grundstücks gegen den Übernehmer anläßlich des Generationenwechsels (z.B. Anspruch des weichenden Erben); geschützt sind auch Rentenrückstände aus dem Altenteil (BGHZ 53, 41). Nicht hierher gehört der Verkauf eines Grundstücks »auf Rentenbasis« (vgl. OLG Hamm OLGZ 1970, 49).

558   (d) Bezüge aus Witwen-, Waisen-, Hilfs- und Krankenkassen, die ausschließlich oder zu einem wesentlichen Teil zu Unterstützungszwecken gewährt werden, ferner Ansprüche aus Lebensversicherungen, die nur auf den Todesfall des Versicherungsnehmers abgeschlossen sind, wenn die Versicherungssumme 3 600,— DM nicht übersteigt *(Nr. 4)*.

Nach dem Wortlaut der Vorschrift kann diese selbst bei einem einmaligen Bezug eingreifen (LG Oldenburg Rpfleger 1983, 33). Dem Unterstützungszweck dient auch ein Krankentagegeld für Verdienstausfall, allerdings nur bis zur Pfändungsfreigrenze (§§ 850c, 850d). Sozialversicherungsrechtliche Ansprüche gehören nicht hierher (vgl. Rdnr. 589 ff.). — Die Leistungen aus der Lebensversicherung sollen die aus Anlaß des Todesfalls entstehenden Kosten decken (vgl. OLG Bamberg JurBüro 1985, 1739); die Vorschrift greift nicht ein, wenn die Versicherungssumme auch bei Erreichen eines bestimmten Alters fällig werden soll (BGHZ 35, 261, 263).

559   (2) Die genannten Ansprüche sind *nur unter folgenden Voraussetzungen pfändbar* (§ 850b II):

(a) Die Zwangsvollstreckung in das sonstige bewegliche Vermögen, wozu körperliche Sachen, Forderungen und andere Vermögensrechte (nicht Grundstücke) gehören, hat zu einer vollständigen *Befriedigung des Gläubigers nicht geführt* und wird voraussichtlich nicht dazu führen.

Der Gläubiger muß diese Voraussetzungen dartun, wobei Glaubhaftmachung genügt (vgl. § 807). Meist legt er eine sog. Fruchtlosigkeitsbescheinigung oder eine amtliche Auskunft des Gerichtsvollziehers vor.

560   (b) Die Pfändung muß *der Billigkeit entsprechen*. Bei der Billigkeitsprüfung sind die gesamten Umstände des Falles zu berücksichtigen und die Verhältnisse des Gläubigers und die des Schuldners gegeneinander abzuwägen.

Auch hier trifft den Gläubiger die Darlegungslast; jedoch sind insoweit keine übertriebenen Anforderungen zu stellen (*Hornung*, Rpfleger 1981, 423 m.N.). Zu seinen Gunsten kann z.B. berücksichtigt werden, daß er sich in einer besonderen Notlage befindet (BGHZ 53, 41) oder daß er einen Anspruch aus einer vorsätzlich begangenen unerlaubten Handlung des Schuldners durchsetzen will (BL/*Hartmann*, § 850b Anm. 6 A b).

d) Berechnung des pfändbaren Arbeitseinkommens   561

Das pfändbare Arbeitseinkommen ist gem. § 850e zu berechnen; danach richtet es sich, in welcher Höhe das Einkommen unpfändbar ist (§ 850c, Rdnr. 565 ff.; § 850d, Rdnr. 568 ff.). § 850e geht vom Nettoeinkommen aus und enthält Regelungen beim Zusammentreffen mehrerer Einkommen sowie bei Naturalleistungen.

(1) *Nicht mitzurechnen* sind die nach § 850a (Rdnr. 550 ff.) unpfändbaren Bezüge, ferner Beträge, die vom Arbeitgeber nach dem Steuer- und Sozialrecht einbehalten (§ 850e Nr. 1, S. 1) werden (also Lohn- und Kirchensteuer; Beiträge zur gesetzlichen Kranken-, Renten-, Arbeitslosenversicherung).

Als Soziallasten sind ebenfalls abzuziehen die Beträge zur Weiterversicherung in der Sozialversicherung sowie die Beträge an eine Ersatzkasse oder eine private Krankenversicherung (auch für Krankenhausaufenthalt und Tagegeld), soweit sie den Rahmen des Üblichen nicht übersteigen (§ 850e Nr. 1, S. 2).

(2) *Zusammengerechnet* werden mehrere Arbeitseinkommen (§ 850e   **562** Nr. 2), Arbeitseinkommen und Ansprüche auf laufende Geldzahlungen nach dem Sozialgesetzbuch (§ 850e Nr. 2a) sowie Einkommen in Geld und Naturalleistungen (§ 850e Nr. 3).

(a) *Mehrere Arbeitseinkommen* sind auf Antrag vom Vollstreckungsgericht zusammenzurechnen. Der unpfändbare Grundbetrag ist in erster Linie dem Einkommen zu entnehmen, das die wesentliche Grundlage der Lebenshaltung des Schuldners bildet (§ 850e Nr. 2, S. 2; meist das höhere Einkommen).

Im Beschluß ist auszusprechen, welcher der Drittschuldner den unpfändbaren Betrag zu berücksichtigen hat. Dieser wird nach dem Gesamtnettoeinkommen des Schuldners bestimmt. Dabei werden auch die nicht gepfändeten Bezüge mitgezählt; gepfändet sind diese dadurch aber nicht.
Das Vollstreckungsgericht ordnet nur die Zusammenrechnung an. Durchzuführen ist diese vom Drittschuldner.

(b) Die Ansprüche auf *laufende Geldleistungen nach dem Sozialgesetz-*   **563** *buch* sind *mit dem Arbeitseinkommen* auf Antrag vom Gericht nur dann zusammenzurechnen, wenn das der Billigkeit entspricht; dabei sind alle

Umstände des Falles, insbesondere die Einkommens- und Vermögensverhältnisse des Leistungsberechtigten, die Art des beizutreibenden Anspruchs sowie die Höhe und die Zweckbestimmung der Geldleistung zu berücksichtigen (§ 850e Nr. 2a).

Die Billigkeitsgesichtspunkte entsprechen denen bei der Billigkeitsprüfung nach § 54 II, III SGB-AT (Rdnr. 591, 594). Die Lohnersatzfunktion einer Sozialleistung spricht für deren Berücksichtigung. Dagegen ist eine Zusammenrechnung der Sozialhilfe mit dem Arbeitseinkommen ausgeschlossen, weil sich dadurch nur der Fürsorgebedarf des Schuldners zu Lasten der Allgemeinheit erhöhen würde.

564   (c) Der Anspruch des Schuldners auf *Naturalleistungen* (z.B. Wohnung, Kost, Deputate) ist zwar regelmäßig unpfändbar; jedoch wird sein Geldwert bei der Pfändung des Arbeitseinkommens *mit dem (Netto-) Einkommen* in Geld zusammengerechnet (§ 850e Nr. 3, S. 1).

Der Wert der dem Schuldner verbleibenden Naturalleistungen ist zunächst auf den nach § 850c (Rdnr. 565) unpfändbaren Teil des Gesamteinkommens zu verrechnen (§ 850e Nr. 3, S. 2). Die Naturalleistungen verbleiben in jedem Fall dem Schuldner, selbst wenn deren Wert höher ist als der unpfändbare Grundbetrag.

Die Berechnung erfolgt durch den Arbeitgeber. Schulden jedoch verschiedene Drittschuldner Geld- und Naturalleistungen, wird auf Antrag das Vollstreckungsgericht nach § 850e Nr. 2 tätig. Bei Zweifeln oder Streit über den Wert der Naturalleistungen kann eine klarstellende Entscheidung des Vollstreckungsgerichts begehrt werden, die das Prozeßgericht bindet.

565   **e) Pfändungsgrenze bei Vollstreckung von gewöhnlichen Geldforderungen**

(1) Grundsätzlich wird der dem Schuldner eingeräumte *Pfändungsfreibetrag pauschal* und nicht nach individuellen Merkmalen festgelegt (§ 850c I—III).

(a) Zu unterscheiden sind der unpfändbare *Grundbetrag und der unpfändbare Teil des Mehreinkommens.*

Der *Grundbetrag* richtet sich nach der Höhe des pfändbaren Einkommens und der Zahl der Personen, denen der Schuldner kraft Gesetzes Unterhalt gewährt (vgl. § 850c I). Der pfändungsfreie Betrag kann aus der Lohnpfändungstabelle entnommen werden, die als Anlage 2 der ZPO beigefügt ist.

Übersteigt das Nettoeinkommen den Grundbetrag, ist ein bestimmter Teil des überschießenden Betrages *(Mehreinkommen)* ebenfalls unpfändbar (§ 850c II), um dem Schuldner nicht jeden Anreiz zur Erzielung eines höheren Einkommens zu nehmen. Pfändungsfrei sind 3/10 des (Netto-) Mehrbetrages, wenn der Schuldner keiner Person Unterhalt gewährt; es kommen weitere 2/10 hinzu bei Unterhaltsgewährung an eine Person und je 1/10 für die Unterhaltsleistung an die zweite bis fünfte Person. § 850c II 2 nennt Höchstbeträge, bei deren Überschreiten die Spitze des Einkommens stets pfändbar ist.

(b) Für das *Verfahren* sieht § 850c III 2 einen *Blankettbeschluß* unter   **566** Bezugnahme auf die Pfändungstabelle vor. Die betragsmäßige Feststellung des gepfändeten Teils des Arbeitseinkommens ist Aufgabe des Drittschuldners.

Im Fall a sind dem A das Bruttoeinkommen des S, die Abzüge (Lohn-, Kirchensteuer, Sozialversicherungsbeträge) und die nach § 850a unpfändbaren Bezüge bekannt. Demnach kann er das pfändbare Nettoeinkommen errechnen. Aus der Lohnsteuerkarte wird ihm die Zahl der unterhaltsberechtigten Personen bekannt sein. Damit ist er in der Lage, aus der Tabelle den unpfändbaren Grundbetrag zu entnehmen. Den etwaigen pfändungsfreien Betrag des Mehreinkommens kann er dann berechnen. Der Drittschuldner, dem ohnehin schon viel zugemutet wird, ist dagegen nicht verpflichtet, die Angaben des Schuldners über dessen Unterhaltsverpflichtungen auf ihre Richtigkeit zu überprüfen (LAG Frankfurt BB 1985, 2246).

(2) Ausnahmsweise können die besonderen *Verhältnisse des Einzelfalles*   **567** berücksichtigt werden (§ 850c IV). Zwar werden nach § 850c I 2 die kraft Gesetzes unterhaltsberechtigten Personen bei Ermittlung des unpfändbaren Grundbetrages mitgezählt; sofern aber eine von ihnen eigene Einkünfte beliebiger Art hat, kann das Vollstreckungsgericht auf Antrag des Gläubigers nach billigem Ermessen bestimmen, daß diese Person bei der Berechnung des unpfändbaren Teils des Arbeitseinkommens (ganz oder teilweise) unberücksichtigt bleibt (§ 850c IV; Fall b).

Erforderlich ist immer ein Antrag, den der Gläubiger zusammen mit dem Pfändungsgesuch, aber auch später stellen kann. Der Rechtspfleger (§ 20 Nr. 17 RPflG) entscheidet nach billigem Ermessen. Dabei ist die Höhe der Einkünfte des Unterhaltungsberechtigten unter Berücksichtigung des Lebensbedarfs, den er aus dem Einkommen des Schuldners zu bestreiten hat, maßgebend. Soll ein Unterhaltsberechtigter nur teilweise berücksichtigt werden, ist der pfändungsfreie Betrag im Beschluß anzugeben; eine Bezugnahme auf die Tabelle ist unzulässig (§ 850c IV a.E.). Wird erst nach der Pfändung entschieden, erfaßt der Beschluß das danach pfändbare Einkommen des Schuldners mit dem ursprünglichen Rang (§ 804 III), ohne daß insoweit eine neue Pfändung erforderlich wäre (StJ/*Münzberg*, § 850c Rdnr. 35; *Stöber*, Rdnr. 1071). Immer wirkt der Beschluß nur für oder gegen den Antragsteller, nicht gegenüber anderen Gläubigern des Schuldners (*Zöller/Stöber*, § 850c Rdnr. 18; BAG MDR 1985, 82).

568   f) Pfändungsgrenze bei Vollstreckung von Unterhaltsansprüchen

Der Gläubiger eines gesetzlichen Unterhaltsanspruchs ist wegen seiner Bedürftigkeit in besonderem Maße vom Unterhaltsschuldner abhängig. Deshalb kann nach § 850d der Unterhaltsgläubiger vom Arbeitseinkommen des Unterhaltsschuldners mehr pfänden lassen, als das einem gewöhnlichen Vollstreckungsgläubiger möglich ist. Dem Schuldner soll nur das für eine Deckung der Mindestbedürfnisse Notwendige belassen werden. Diese Regelung dient den Interessen des Unterhaltsgläubigers und der Allgemeinheit, welcher der Gläubiger bei Nichtzahlung des Unterhalts in der Regel zur Last fallen würde.

569   (1) *Bevorrechtigte Forderungen* sind die gesetzlichen Unterhaltsansprüche.

(a) Zu dem *bevorzugten Personenkreis* gehören die mit dem Schuldner in gerader Linie Verwandten (§§ 1601 ff. BGB) einschließlich der nichtehelichen Kinder (§ 1615a BGB), der Ehegatte (§§ 1360 ff. BGB) und die früheren Ehegatten des Schuldners (§§ 1569 ff. BGB) sowie die Mutter eines nichtehelichen Kindes (§§ 1615b, 1615n BGB).

Geht der Unterhaltsanspruch auf einen Dritten über (z.B. der Anspruch auf rückständigen Unterhalt auf den Erben), ist dieser nicht so schutzwürdig wie der Unterhaltsgläubiger; deshalb geht das Vorrecht verloren. Erwirbt der Dritte aber die Forderung, weil er dem Unterhaltsberechtigten Unterhalt gewährt, gehört er nach richtiger Ansicht zu dem bevorzugten Personenkreis, da seine Leistung auch der Allgemeinheit zugute kommt und die Vorschrift u.a. dem Schutz der Allgemeinheit dient (OLG Hamm Rpfleger 1977, 109; StJ/*Münzberg*, § 850d Rdnr. 11; *Zöller/Stöber*, § 850d Rdnr. 4 m.N.).

570   (b) Nur *gesetzliche* Unterhaltsansprüche genießen die Vorzugsstellung, vertragliche dagegen nicht.

Wenn aber in einem Vertrag (z.B. in einem von Ehegatten in notarieller Urkunde geschlossenen Unterhaltsvergleich) ein gesetzlicher Unterhaltsanspruch näher geregelt wird, ist dieser vertragliche Anspruch ebenfalls bevorzugt, sofern die vertragliche und die gesetzliche Unterhaltspflicht identisch sind. Soweit jedoch der vertragliche den gesetzlichen Anspruch übersteigt, besteht kein Vorrecht.

571   (c) Auch *rückständige* Unterhaltsansprüche sind bevorrechtigt, wenn sie nicht länger als ein Jahr vor dem Antrag auf Erlaß des Pfändungsbeschlusses fällig geworden sind; hinsichtlich weiter zurückliegender Ansprüche wird der Gläubiger nur geschützt, wenn der Schuldner sich seiner Zahlungspflicht absichtlich entzogen hat (§ 850d I 4).

Soweit die Ansprüche nicht unter § 850d fallen, werden sie als gewöhnliche Forderungen nach § 850c behandelt.

(2) Der *Umfang der Pfändung* durch einen Unterhaltsgläubiger richtet sich zunächst danach, welche Bezüge des Schuldners von § 850d I erfaßt werden. Das sind vor allem das Arbeitseinkommen und die diesem gleichgestellten Bezüge (§ 850 ff.; Rdnr. 541 ff.). Außerdem rechnen dazu auch die in § 850a Nr. 1, 2 und 4 genannten Mehrarbeitsstundenvergütungen, Urlaubsgelder, Treuegelder und Weihnachtsvergütungen, soweit sie sonst unpfändbar wären (§ 850d I 1; Rdnr. 550 f., 553); jedoch hat dem Schuldner die Hälfte der an sich unpfändbaren Bezüge zu verbleiben (§ 850d I 2, 2. Halbs.). Schließlich sind die bedingt pfändbaren Bezüge (§ 850b; Rdnr. 555 ff.) zu nennen; aber auch einem Unterhaltsgläubiger ist die Pfändung solcher Bezüge nur unter den Voraussetzungen des § 850b II (Rdnr. 559 f.) möglich. **572**

(a) Bei der Pfändung wegen einer Unterhaltsforderung ist dem Schuldner jedenfalls so viel zu belassen, als er für seinen *notwendigen Unterhalt* bedarf (§ 850d I 2). Dieser liegt unter dem angemessenen Unterhalt (vgl. §§ 1360a I, 1610 I BGB) und umfaßt den Lebensbedarf an Wohnung, Nahrung, Kleidung usw. Anhaltspunkte ergeben sich aus den §§ 22 ff. BSHG nebst den landesrechtlichen Regelsätzen (vgl. OLG Hamm JurBüro 1984, 1900). **573**

(b) Außerdem ist dem Schuldner zu belassen, was er zur Erfüllung seiner *laufenden gesetzlichen Unterhaltspflichten* gegenüber den dem Gläubiger vorgehenden Berechtigten oder zur gleichmäßigen Befriedigung der dem Gläubiger gleichstehenden Berechtigten bedarf (§ 850d I 2). **574**

Mehrere Unterhaltsberechtigte sind nach der in § 850d II festgelegten Reihenfolge zu berücksichtigen; mehrere gleich nahe Berechtigte haben untereinander gleichen Rang. Die Vorschrift teilt die unterhaltsberechtigten Angehörigen in drei Gruppen ein; die zur ersten Gruppe zählenden Personen gehen denen der anderen Gruppen, die der zweiten Gruppe denen der dritten Gruppe vor.

Zur *ersten* Gruppe gehören die minderjährigen unverheirateten Kinder, der Ehegatte, ein früherer Ehegatte und die Mutter eines nichtehelichen Kindes mit ihrem Anspruch nach §§ 1615 l, 1615n BGB.

Im Fall c sind F_1 und F_2 Angehörige der ersten Gruppe. Allerdings verweist § 850d II a auf § 1582 BGB, der die Unterhaltsansprüche eines geschiedenen und eines neuen Ehegatten regelt. Danach geht bei einem leistungsschwachen Unterhaltsverpflichteten (§ 1581 BGB) der geschiedene Ehegatte dem neuen Gatten z.B. dann vor, wenn dieser kinderlos, gesund und in der Lage ist, einer Erwerbstätigkeit nachzugehen. Das Vollstreckungsgericht kann das Rangverhältnis auf Antrag in anderer Weise festsetzen (vgl. § 850d II a, 2. Halbs.).

In die *zweite* Gruppe fallen die übrigen Abkömmlinge, also die volljährigen und verheirateten Kinder, Enkel, Großenkel usw. Die Kinder gehen den anderen Abkömmlingen vor.

Im Fall d ist § 804 III (Rdnr. 377, 616) zu beachten; danach hängt der Rang vom Zeitpunkt der Pfändung ab. Deshalb geht E der T im Rang vor. Jedoch ergibt sich aus § 850d II b die umgekehrte Rangfolge. Um den für sie günstigeren Rang zu erreichen, kann T nach § 850g (Rdnr. 582) beantragen, daß das Vollstreckungsgericht den ersten Pfändungsbeschluß unter Berücksichtigung des § 850d II b abändert. Durch einen solchen auf die speziellere Rangvorschrift des § 850d II b gestützten Abänderungsbeschluß wird der Prioritätsgrundsatz des § 804 III durchbrochen.

Zur *dritten* Gruppe zählen die Verwandten aufsteigender Linie, wobei die näheren Grade den entfernteren vorgehen.

Beispiele: Vater vor Großvater, dieser vor Urgroßvater; gleicher Rang von Vater und Mutter.

575   (c) Der dem Schuldner verbleibende Teil seines Arbeitseinkommens darf den Betrag nicht übersteigen, der ihm nach § 850c gegenüber nicht bevorrechtigten Gläubigern verbliebe (§ 850d I 3). Diese *Obergrenze* soll verhindern, daß der vom Gesetz bezweckte Schutz des Unterhaltsgläubigers sich zu dessen Nachteil auswirkt.

576   (3) Das *Verfahren* bei einer Pfändung nach § 850d setzt einen Antrag voraus, in dem der Gläubiger erkenntlich zu machen hat, daß er das Vorrecht beansprucht. Aus dem Titel muß sich für das Gericht ergeben, daß es sich um eine gesetzliche Unterhaltsforderung handelt. Der Gläubiger hat die weiteren Unterhaltsberechtigten anzugeben.

Das Vollstreckungsgericht (der Rechtspfleger; § 20 Nr. 17 RPflG) setzt in dem Pfändungsbeschluß den unpfändbaren Teil des Schuldnereinkommens ziffernmäßig fest; ein Blankettbeschluß ist hier nicht zulässig. Der Pfändungsbeschluß bindet auch das Prozeßgericht im Einziehungserkenntnisverfahren (Rdnr. 640) zwischen Gläubiger und Drittschuldner. Deshalb können die Parteien in dem Erkenntnisverfahren nicht geltend machen, der unpfändbare Betrag sei vom Vollstreckungsgericht falsch festgesetzt worden. Sie haben — wie auch der Schuldner und ein zurückgesetzter Unterhaltsberechtigter — die Möglichkeit, gegen den Pfändungsbeschluß Erinnerung gem. § 766 oder Rechtspflegererinnerung nach § 11 I RPflG einzulegen (zur Abgrenzung: Rdnr. 1176 ff.).

577   (4) Beim *Zusammentreffen* einer Pfändung wegen einer *Unterhaltsforderung* und einer Pfändung wegen einer *gewöhnlichen Forderung* sind folgende Fälle zu unterscheiden:

(a) Wird *zuerst wegen der gewöhnlichen Forderung* gepfändet, geht diese Pfändung der späteren wegen einer Unterhaltsforderung vor (§ 804 III). Der Unterhaltsgläubiger kann nur auf die Differenz zwischen dem notwendigen Unterhalt (§ 850d) und dem allgemeinen Pfändungsfreibetrag (§ 850c) zugreifen.

(b) Wird *zuerst wegen der Unterhaltsforderung* nur der Teil des Einkommens gepfändet, der auch wegen einer gewöhnlichen Forderung gepfändet werden kann (§ 850c), käme der später pfändende gewöhnliche Gläubiger möglicherweise nicht zum Zuge. Um das zu verhindern, bestimmt § 850e Nr. 4, daß der Anspruch des Unterhaltsgläubigers zunächst aus dem Teil des Einkommens zu befriedigen ist, der nur dem Zugriff eines bevorrechtigten Gläubigers offensteht (§ 850d).

Die Verrechnung nimmt auf Antrag eines Beteiligten das Vollstreckungsgericht vor (§ 850e Nr. 4, S. 2). Die Beteiligten sind zu hören. Ihnen ist der Beschluß zuzustellen. Solange die Entscheidung des Vollstreckungsgerichts dem Dritten nicht zugestellt worden ist, kann dieser nach dem früheren Pfändungsbeschluß mit befreiender Wirkung leisten (§ 850e Nr. 4, S. 3).

Entsprechendes gilt, wenn auf eine Abtretung eines Teils des Einkommens zugunsten eines Bevorrechtigten eine Pfändung wegen einer gewöhnlichen Forderung folgt.

(5) Zur *Vorratspfändung* (§ 850d III) siehe Rdnr. 159 ff.

g) Pfändungsgrenze in besonderen Fällen 578

§ 850 f verschiebt in zwei Fällen zum Schutz des Gläubigers (§ 850f II, III) und in einem Falle zum Schutz des Schuldners (§ 850f I) die Pfändungsgrenze.

(1) Ein *Schutz des Gläubigers* ist dann vorgesehen, wenn dieser die Zwangsvollstreckung wegen einer Forderung aus einer vorsätzlich begangenen unerlaubten Handlung betreibt oder wenn das Einkommen des Schuldners bestimmte Beträge übersteigt.

(a) Bei einer *vorsätzlich begangenen unerlaubten Handlung* sollen dem 579 Schuldner nicht die Pfändungsfreigrenzen des § 850c zugute kommen. Dem Schuldner ist — wie dem Unterhaltsschuldner — so viel zu belassen, wie er für seinen notwendigen Unterhalt und zur Erfüllung seiner laufenden gesetzlichen Unterhaltspflichten bedarf (§ 850f II).

Voraussetzung ist, daß die unerlaubte Handlung (§§ 823 ff. BGB) vorsätzlich begangen worden ist; grobe Fahrlässigkeit reicht nicht aus. Daß der Tatbestand erfüllt ist, muß sich aus dem Vollstreckungstitel (etwa den Entscheidungsgründen des Urteils) ergeben. Ist das nicht der Fall, muß das Vollstreckungsgericht ein entsprechendes Vorbringen des Gläubigers prüfen (OLG Hamm NJW 1973, 1332; StJ/*Münzberg*, § 850f Rdnr. 11; *Stöber*, Rdnr. 1193).

Liegen die Voraussetzungen vor, hat das Vollstreckungsgericht auf Antrag des Gläubigers unter Abwägung der Interessen von Gläubiger und Schuldner über eine Erweiterung der Pfändbarkeit zu entscheiden. Dabei sind z.B.

der Unrechtsgehalt der Tat, der vom Schuldner erzielte Vorteil und das Ausmaß des Schadens zu berücksichtigen.

Im Fall e ist dem G zu raten, beim Vollstreckungsgericht einen Antrag nach § 850f II zu stellen. Den Nachweis, daß der titulierte Anspruch aus einer vorsätzlich begangenen unerlaubten Handlung herrührt, soll er nach Ansicht des OLG Düsseldorf (NJW 1973, 1133 f.) mit dem Mahnbescheid führen können, weil S die Möglichkeit gehabt hat, gegen die Angabe im Mahnbescheid mit dem Widerspruch vorzugehen. Das ist abzulehnen; denn dem Schuldner ist es nicht zuzumuten, allein wegen der Bezeichnung des Anspruchs im Mahnbescheid Widerspruch einzulegen und sich mit den dadurch entstehenden Kosten zu belasten. Vielmehr muß der Gläubiger zur Begründung eines Antrags nach § 850f II über die Angaben im Mahnbescheid hinaus dem Vollstreckungsgericht dartun, daß der titulierte Anspruch auf einer vorsätzlich begangenen unerlaubten Handlung beruht.

580   (b) Bei einem *höheren Arbeitseinkommen* des Schuldners soll der Gläubiger mehr pfänden können, als nach § 850c in Betracht kommt. Voraussetzung ist, daß das Einkommen des Schuldners bestimmte (in § 850f III genannte) Beträge übersteigt und daß der Gläubiger nicht schon durch § 850f II oder § 850d bessergestellt ist.

Auf Antrag des Gläubigers hat das Vollstreckungsgericht die Pfändbarkeit unter Berücksichtigung der Belange des Gläubigers und des Schuldners nach freiem Ermessen festzusetzen. Dabei sind dem Schuldner jedoch bestimmte Mindestbeträge zu belassen (§ 850f III 2).

581   (2) Den *Schutz des Schuldners* regelt § 850f I. Die gewöhnlichen Pfändungsfreigrenzen (vgl. § 850c) können im Einzelfall zu einer besonderen Härte für den Schuldner führen, ihn sogar schlechter stellen, als er nach dem BSHG stünde. Deshalb räumt § 850f I die Möglichkeit ein, bestimmten außergewöhnlichen Belastungen eines Schuldners angemessen Rechnung zu tragen. Das Vollstreckungsgericht kann dem Schuldner von dem nach § 850c (Rdnr. 565 ff.), § 850e (Rdnr. 561 ff.) und § 850i (Rdnr. 583) pfändbaren Teil des Arbeitseinkommens einen Teil belassen, wenn folgende Voraussetzungen gegeben sind:

(a) *Besondere Bedürfnisse des Schuldners* aus persönlichen oder beruflichen Gründen oder der besondere Umfang der gesetzlichen Unterhaltspflichten des Schuldners, insbesondere die Zahl der Unterhaltsberechtigten, müssen die Begünstigung des Schuldners erfordern.

Beispiele: Aufwendungen wegen Krankheit oder Umschulung des Schuldners; überdurchschnittliche Kosten wegen körperlicher Behinderung oder Ausbildung der Kinder des Schuldners.
Es können allerdings nur solche Bedürfnisse des Schuldners berücksichtigt werden, die nicht schon bei der Bemessung der Freibeträge (§ 850c; § 850d) beachtet worden sind (OLG Hamm Rpfleger 1977, 224).

(b) *Überwiegende Belange des Gläubigers* dürfen nicht entgegenstehen.

Zu berücksichtigen sind z.B. Aufwendungen des Gläubigers wegen Krankheit oder Umschulung sowie finanzielle Verpflichtungen des Gläubigers.

h) Änderung der Unpfändbarkeitsvoraussetzungen   582

Ändern sich nach Erlaß des Pfändungsbeschlusses die Voraussetzungen für die Bemessung des unpfändbaren Teils des Arbeitseinkommens, eröffnet § 850g die Möglichkeit, den Beschluß den veränderten Verhältnissen anzupassen.

Beispiele: Ein Unterhaltsberechtigter kommt (z.B. durch Heirat, Geburt) hinzu oder fällt (z.B. durch eigenes Einkommen, durch Tod) weg.

Nach einem Unterhaltsgläubiger pfändet ein anderer mit einem gem. § 850d II besseren Rang (Rdnr. 574).

Wenn aber das Arbeitseinkommen des Vollstreckungsschuldners sich erhöht oder vermindert und die Pfändung durch Blankettbeschluß erfolgte, muß der Drittschuldner den pfandfreien Betrag (nach der Tabelle) neu berechnen, so daß kein Raum für § 850g ist.

Liegen die Voraussetzungen des § 850g vor, hat das Vollstreckungsgericht auf Antrag den Pfändungsbeschluß entsprechend zu ändern (§ 850g, 1). Antragsberechtigt ist jeder, dem die beantragte Änderung zugute kommt, also auch ein Dritter, dem der Schuldner kraft Gesetzes Unterhalt zu gewähren hat (§ 850g, 2). Der Drittschuldner kann nach dem Inhalt des bisherigen Pfändungsbeschlusses mit befreiender Wirkung leisten, solange ihm der Änderungsbeschluß noch nicht zugestellt worden ist (§ 850g, 3).

i) Pfändungsgrenze bei sonstigen Vergütungen   583

§ 850i behandelt vier verschiedene Gruppen von Einkommen:

(1) *Nicht wiederkehrend zahlbare Vergütungen für persönlich geleistete Arbeiten oder Dienste* werden wie Arbeitseinkommen behandelt (§ 850i I; Rdnr. 549). Dadurch sollen insbesondere freiberuflich Tätige, aber auch die Inhaber von Abfindungsansprüchen (z.B. §§ 9 ff. KSchG; §§ 112 f. BetrVG; Fall f) geschützt werden.

Die Vorschrift setzt voraus, daß es sich um eine Vergütung für persönlich geleistete Dienste des Vollstreckungsschuldners handelt; der Anspruch darauf kann sich aus einem Dienst-, Werk-, Werklieferungs- oder einem sonstigen Vertrag ergeben. Eine Tätigkeit durch vom Schuldner abhängige Arbeitskräfte reicht aber nicht aus. Der Schutz wird nur auf Antrag gewährt; antragsberechtigt sind der Vollstreckungsschuldner und seine unterhaltsberechtigten Angehörigen.

Das Vollstreckungsgericht hat dem Schuldner so viel zu belassen, als er während eines angemessenen Zeitraums für seinen und seiner unterhaltsberechtigten Angehörigen (Rdnr. 573 f.) notwendigen Unterhalt bedarf (§ 850i I 1). Bei der Entscheidung sind die wirtschaftlichen Verhältnisse des Schuldners, insbesondere seine sonstigen Verdienstmöglichkeiten, frei zu würdigen (§ 850i I 2). Zu berücksichtigen sind auch die Belange des Gläubigers (vgl. § 850i I 4; z.B. Notlage). Die Obergrenze für die dem Schuldner zu belassende Vergütung richtet sich danach, was ihm bei laufendem Arbeitseinkommen verbliebe (§ 850i I 3).

Im Fall f ist dem S zu raten, einen Antrag gem. § 850i I beim Vollstreckungsgericht zu stellen. Dieses wird die wirtschaftlichen Verhältnisse des S und seine Unterhaltspflichten würdigen und insbesondere zu ermitteln suchen, wann und in welcher Höhe demnächst Einkünfte des S zu erwarten sind. Sache des G ist es, seine entgegenstehenden Belange darzutun.

584   (2) Für die *wiederkehrenden Vergütungen aus Verträgen über Sachnutzung und Dienstleistung* gilt das Gesagte entsprechend (§ 850i II; Rdnr. 549).

(3) Für die *Entgeltansprüche der in Heimarbeit Beschäftigten* und der gleichgestellten Personen gelten die Vorschriften über den Pfändungsschutz bei Arbeitseinkommen entsprechend (§ 850i III i.V.m. § 27 Heimarbeitsgesetz; zu den Begriffen vgl. ArbR Rdnr. 33 ff.). Handelt es sich dabei um ein dauerndes Beschäftigungsverhältnis, sind insbesondere §§ 850c, 850d entsprechend anzuwenden; bei einmaliger Zahlung kommt § 850i in Betracht.

(4) Über die Pfändung von *Sozialleistungen* bestimmt § 850i IV nur, daß § 850i die Sondervorschriften Art. I §§ 54, 55 SGB-AT unberührt läßt (dazu Rdnr. 589 ff.).

585   **j) Pfändungsgrenze bei Kontoguthaben aus wiederkehrenden Einkünften**

Der Vollstreckungsschuldner wird durch §§ 850 ff. bei der Pfändung seines Lohnanspruchs und durch § 811 Nr. 8 (Rdnr. 287) bei der Pfändung des an ihn ausgezahlten Lohnes geschützt. § 850k will den Schuldner ebenso schützen, wenn der Lohn vom Arbeitgeber auf ein Lohn- oder Gehaltskonto des Schuldners überwiesen worden ist.

(1) Der *Pfändungsschutz nach § 850k I* greift ein, wenn das Kontoguthaben des Schuldners bereits gepfändet worden ist (Fall g).

(a) Folgende *Voraussetzungen* sind erforderlich:

(aa) Es muß sich um *wiederkehrende Einkünfte* der in §§ 850 bis 850b bezeichneten Art handeln. Vergütungen aus Heimarbeit gehören dazu, nicht aber etwa einmalige Vergütungen (§ 850i).

(bb) Die Einkünfte müssen *auf ein Konto des Schuldners* überwiesen worden sein. Es ist nicht erforderlich, daß es sich um ein reines Lohn- oder Gehaltskonto handelt; es schadet also auch nicht, wenn außer dem Lohn noch andere Beträge auf das Konto gelangt sind.

(cc) Das Konto muß bei einem *Geldinstitut* geführt werden. Als Drittschuldner kommen danach Banken, Sparkassen, Postgiroämter und Postsparkassenämter in Betracht.

(b) Das *Verfahren* wird nur auf Antrag des Schuldners eingeleitet. Anderen Personen — wie etwa unterhaltsberechtigten Angehörigen des Schuldners — steht kein Antragsrecht zu. **586**

Der Antrag ist nicht fristgebunden. Allerdings muß der Schuldner damit rechnen, daß das Geldinstitut nach Ablauf der in § 835 III 2 genannten Sperrfrist von zwei Wochen seit Zustellung des Überweisungsbeschlusses (Rdnr. 637) an den Gläubiger zahlt.

Zuständig ist das Vollstreckungsgericht (Rechtspfleger; § 20 Nr. 17 RPflG). Es hat den Gläubiger zu hören. Der Schuldner muß die Voraussetzungen des § 850k darlegen und notfalls beweisen.

Das Gericht hat bei der Ermittlung des freizugebenden Teils des Guthabens von dem pfändungsfreien Betrag (§ 850c oder § 850d bei einem Unterhaltsgläubiger) auszugehen und §§ 850e, 850f zu beachten. Maßgebend ist dabei die Zeit von der Pfändung bis zum nächsten Zahlungstermin (§ 850k I a.E.). Der Schuldner ist letztlich so zu stellen, wie er stünde, wenn statt des Kontoguthabens der Lohnanspruch gegen den Arbeitgeber gepfändet worden wäre. In dem Beschluß, der mit der befristeten Rechtspflegererinnerung (§ 11 I RPflG; Rdnr. 1177, 1182) anfechtbar ist, muß der Betrag angegeben werden, in dessen Höhe die Pfändung des Guthabens aufgehoben wird (vgl. LG Köln ZIP 1985, 642); insoweit kann der Schuldner über das Konto verfügen.

(2) Der *Vorabschutz nach § 850k II* bezweckt, den notwendigen Lebensbedarf für den Schuldner und seine unterhaltsberechtigten Angehörigen bis zur Entscheidung nach § 850k I sicherzustellen. Gedacht ist dabei an außerordentliche Eilfälle, in denen eine einstweilige Anordnung (§ 850k III) nicht ausreicht (*Zöller/Stöber*, § 850k Rdnr. 13). **587**

Der Schuldner hat das Vorliegen der in § 850k II 1 genannten Voraussetzungen, insbesondere die Dringlichkeit, glaubhaft zu machen (§ 850k II 3). Eine Anhörung des Gläubigers unterbleibt, wenn der damit verbundene Aufschub dem Schuldner nicht zuzumuten ist (§ 850k II 4). Der durch Beschluß des Vollstreckungsgerichts vorab freizugebende Teil des Guthabens darf den Betrag nicht übersteigen, der dem Schuldner voraussichtlich nach § 850k I zu belassen ist (§ 850k II 2).

588   (3) Gemäß § 850k III i.V.m. § 732 II (Rdnr. 140) kann das Vollstreckungsgericht nach Eingang eines Antrags auf Pfändungsaufhebung von Amts wegen eine *einstweilige Anordnung* erlassen, wonach die Leistung des Drittschuldners bis zur Entscheidung über den Antrag des Schuldners zu unterbleiben hat. Eine solche Anordnung empfiehlt sich insbesondere dann, wenn die Sperrfrist des § 835 III 2 vor der Entscheidung abläuft.

589 **2. Pfändungsbeschränkungen bei Sozialleistungsansprüchen**

Art. I §§ 54, 55 SGB-AT verfolgen den Zweck, die Sozialgeldansprüche zwangsvollstreckungsrechtlich ähnlich wie Arbeitseinkommen zu behandeln. Das ist gerechtfertigt, weil diesen Ansprüchen vielfach Lohnersatzfunktion zukommt. Das Gesetz unterscheidet zwischen Ansprüchen auf Dienst- und Sachleistungen, solchen auf einmalige und auf laufende Geldleistungen, die dem Vollstreckungsschuldner gegen einen öffentlich-rechtlichen Leistungsträger als Drittschuldner zustehen. Außerdem behandelt es die Pfändung eines Kontoguthabens, wenn dieses durch die Gutschrift einer Sozialgeldleistung entstanden ist.

a) *Ansprüche auf Dienst- und Sachleistungen* können nicht gepfändet werden (§ 54 I SGB-AT). Dienstleistungen sind tätigkeitsbezogene Leistungen, gleichgültig, ob es sich dabei um Dienst- oder Werkleistungen handelt; auch die persönliche und erzieherische Hilfe gehört dazu (§ 11, 2 SGB-AT). Sachleistungen sind solche, welche die Gewährung des Gebrauchs einer Sache zum Inhalt haben.

Beispiele: Ärztliche und zahnärztliche Behandlung; Pflege kranker und behinderter Personen; Arzneien, Heil- und Hilfsmittel.

Diese Leistungen sind auf die Bedürfnisse des Empfängers abgestellt. Deshalb sind die Ansprüche darauf höchstpersönlich und infolgedessen weder abtretbar noch verpfändbar (§ 53 I SGB-AT), noch pfändbar.

590   b) *Ansprüche auf einmalige Geldleistungen* können nur gepfändet werden, soweit die Pfändung der Billigkeit entspricht (§ 54 II SGB-AT). Das Vorbild dieser Regelung ist die Vorschrift des § 850b über die bedingt pfändbaren Bezüge.

(1) Unter den *einmaligen Geldleistungen* sind — in Anlehnung an § 850i — die »nicht wiederkehrend zahlbaren« Geldleistungen zu verstehen. Entscheidend ist die einmalige Verpflichtung zur Geldzahlung; unerheblich ist es, wie die Auszahlung tatsächlich erfolgt.

Beispiele: Kapitalabfindungen, Sterbe- und Bestattungsgelder.

(2) Für die *Billigkeitsprüfung* führt das Gesetz einige (nicht abschließend   **591**
gemeinte) Kriterien an.
Vorrangig werden die Einkommensverhältnisse des Leistungsberechtigten
(= Vollstreckungsschuldners) genannt. Jedenfalls muß ihm für eine angemessene Zeit so viel verbleiben, wie er nach § 850c behielte; möglicherweise
ist auch die Härteklausel (§ 850f I) zu beachten.

Aber auch die Vermögenslage des Gläubigers (z.B. besondere Notlage) muß,
obwohl sie im Gesetz nicht ausdrücklich genannt wird, wie im Rahmen des § 850b
berücksichtigt werden.

Ferner ist auf die Art des beizutreibenden Anspruchs abzustellen. Wird
etwa wegen eines gesetzlichen Unterhaltsanspruchs vollstreckt, muß die
Wertung des § 850d beachtet werden.

Das Befriedigungsinteresse des Gläubigers ist auch dann besonders zu berücksichtigen, wenn aus einem Titel auf Rückzahlung eines Darlehens vollstreckt wird, das im
Vorgriff auf fällige Sozialleistungen gegeben wurde (vgl. § 53 II Nr. 1 SGB-AT), oder
wenn die Zwangsvollstreckung wegen einer vorsätzlich begangenen unerlaubten
Handlung betrieben wird (vgl. § 850f II).

Schließlich sind die Höhe und die Zweckbestimmung der Geldleistung
maßgebend. Jedoch kann der Anspruch auf die einmalige Leistung bereits
derart zweckbestimmt sein, daß die Geldleistung bei Pfändung und Überweisung an den Vollstreckungsgläubiger eine Inhaltsänderung (i.S.v. § 399
BGB) erfährt; dann ist die Forderung von vornherein unpfändbar, so daß
eine Berücksichtigung im Rahmen der Billigkeitsprüfung bereits ausgeschlossen ist (*Heinze,* Bochumer Kommentar, SGB-AT, § 54 Rdnr. 24).

Beispiele: Krankenkassenbeitragszuschuß nach § 381 IVa RVO, Sterbegeld.

c) *Ansprüche auf laufende Geldleistungen* sind grundsätzlich wie Arbeits-   **592**
einkommen pfändbar (§ 54 III SGB-AT).

(1) *Laufende Geldleistungen* sind solche, auf die der Vollstreckungsschuldner einen wiederkehrenden Anspruch hat. Nicht gemeint ist also ein
einmalig zahlbarer Anspruch, selbst wenn die Zahlung in Raten erfolgt.

Beispiele: Berufsunfähigkeits-, Erwerbsunfähigkeitsrente, Altersruhegeld, Wohn-
geld, Ausbildungsförderung nach BAföG, Kindergeld (dazu ausführlich: *Stöber,*
Rdnr. 1386 ff.; OLG Hamm Rpfleger 1984, 152).
Hierher gehören auch Kurzarbeiter-, Winter- und Schlechtwettergeld nach dem
AFG; Drittschuldner ist in diesen Fällen nicht der Leistungsträger, sondern der
Arbeitgeber (§§ 72 IVa 2, 81 III 4, 88 IV AFG).

(2) Das Gesetz unterscheidet danach, *wegen welcher Ansprüche* die   **593**
Zwangsvollstreckung in laufende Geldleistungen betrieben wird.

(a) Wird *wegen eines gesetzlichen Unterhaltsanspruchs* vollstreckt (§ 54 III Nr. 1 SGB-AT), ist § 850d (Rdnr. 568 ff.) anwendbar.

Aus § 850d I 1 ergeben sich u.a. die anspruchsberechtigten Angehörigen und die Höhe des dem Vollstreckungsschuldner zu belassenden Betrages. Bei mehreren Unterhaltsgläubigern ist die Reihenfolge des § 850d II zu beachten. Eine Vorratspfändung ist zulässig (§ 850d III).

594   (b) Wird *wegen anderer Ansprüche* vollstreckt, ist die Pfändung nur dann zulässig, wenn diese der Billigkeit entspricht und der Vollstreckungsschuldner dadurch nicht hilfsbedürftig i.S.d. Vorschriften des BSHG über die Hilfe zum Lebensunterhalt wird (§ 54 III Nr. 2 SGB-AT). Demnach sind hier drei Tatbestandsmerkmale zu prüfen: Erstens ist nach § 850c die Pfändungsgrenze festzustellen; dabei sind auf Antrag gem. § 850e Nr. 2a alle Arbeitseinkommen und Ansprüche auf laufende Geldleistungen nach dem SGB zusammenzurechnen. Zweitens hat eine Billigkeitsprüfung stattzufinden, bei der die in § 54 II SGB-AT genannten Kriterien zu beachten sind. Drittens ist zu prüfen, ob der Vollstreckungsschuldner durch die Pfändung nicht hilfsbedürftig (§§ 11 ff. BSHG) wird; dabei ist die jeweilige Anpassung der Regelsätze nach § 22 BSHG zu berücksichtigen.

Laufende Sozialgeldleistungen, die — wie das Arbeitseinkommen — den Lebensunterhalt des Vollstreckungsschuldners und seiner Familie sichern sollen (z.B. Arbeitslosengeld in Fall k, Altersruhegeld) sind pfändbar, soweit sie den für Arbeitseinkommen geltenden unpfändbaren Betrag übersteigen (vgl. § 53 III SGB-AT; BGH Rpfleger 1985, 155, 157; *Stöber,* Rdnr. 1353). Dagegen kann die Zweckbestimmung einer Sozialleistung dazu führen, daß bei der Billigkeitsprüfung hohe Maßstäbe anzulegen sind; so ist etwa die Grundrente eines Schwerkriegsbeschädigten (§ 31 BVG) regelmäßig nicht pfändbar, weil sie den Kriegsverletzten ideell für den Verlust seiner körperlichen Integrität entschädigen und materiell die Mehraufwendungen ausgleichen soll, die ihm infolge der Schädigung gegenüber einem gesunden Menschen erwachsen (OLG Hamm Rpfleger 1983, 409, 410 m.N. auch der abweichenden Ansichten).

595   d) *Ansprüche gegen ein Geldinstitut,* die dadurch entstehen, daß Sozialgeldleistungen auf das Konto des Vollstreckungsschuldners überwiesen werden, sind unter bestimmten Voraussetzungen unpfändbar (§ 55 SGB-AT). Ohne eine solche Regelung wäre der Pfändungsschutz des § 54 SGB-AT unvollständig; er ist aber erforderlich, zumal § 47 SGB-AT die Überweisung auf ein Konto des Empfängers bei einem Geldinstitut vorsieht. § 55 SGB-AT bezweckt, daß die Lebensgrundlage nicht dadurch beeinträchtigt wird, daß sich die Forderung des Vollstreckungsschuldners infolge der Überweisung auf das Konto nicht mehr gegen den Leistungsträger, sondern gegen das kontoführende Geldinstitut richtet (vgl. auch § 850k; Rdnr. 585 ff.).

Der Schutz wird auch dann gewährt, wenn der Vollstreckungsschuldner von seinem Konto Geld abgehoben oder den Geldleistungsbetrag unmittelbar in bar ausgezahlt erhalten hat und bei ihm im Wege der Sachpfändung *Bargeld* gepfändet wird (vgl. § 55 IV SGB-AT sowie § 811 Nr. 8).

§ 55 SGB-AT räumt bei der Kontenpfändung einen *zweistufigen Pfändungsschutz* ein:

(1) *Für die Dauer von sieben Tagen* seit der Gutschrift der Überweisung   **596**
ist die Forderung gegen das Geldinstitut unpfändbar (§ 55 I 1 SGB-AT).
Während dieser Zeit soll der Kontoinhaber zur Sicherung des Lebensunterhalts über das Guthaben frei verfügen können. Diese Unpfändbarkeit gilt auch zu Lasten eines Unterhaltsgläubigers i.S.d. § 850d.
Wird das Kontoguthaben ohne inhaltliche Beschränkung im Pfändungsbeschluß gepfändet, ergibt sich die Unpfändbarkeit während der genannten Frist unmittelbar aus dem Gesetz; nach Ablauf der Frist entfällt dann dieser Pfändungsschutz (vgl. § 55 I 2 SGB-AT). Innerhalb der sieben Tage kann der Vollstreckungsschuldner von seinem Konto Beträge abheben und Überweisungen vornehmen. Allerdings muß das Geldinstitut, dem der Pfändungs- und Überweisungsbeschluß zugestellt worden ist, davor geschützt werden, daß es während der sieben Tage an den Vollstreckungsschuldner zahlt, ohne daß eine Unpfändbarkeit nach § 55 I 1 SGB-AT gegeben ist; denn andernfalls müßte das Geldinstitut nochmals (an den Vollstreckungsgläubiger) zahlen. Deshalb ist nach § 55 II 1 SGB-AT das Geldinstitut zur Leistung an den Schuldner nur soweit verpflichtet, als dieser nachweist oder als dem Geldinstitut (z.B. aus dem Gutschriftenbelegabschnitt) bekannt ist, daß das Guthaben von der Pfändung nicht erfaßt ist. Leistet das Geldinstitut trotz der Unpfändbarkeit des Guthabens an den Vollstreckungsgläubiger, ist die Leistung dem Vollstreckungsschuldner gegenüber unwirksam (§ 55 III SGB-AT), so daß dieser trotz der Leistung seine Forderung gegen das Geldinstitut behält.

Besteht das Guthaben aus Sozialgeld- und aus anderen Leistungen, wird der Teil des Gesamtguthabens, welcher der Gutschrift der Sozialgeldleistung entspricht, von der Pfändung nicht erfaßt. Der unpfändbare Betrag vermindert sich in dem Maße, in dem der Vollstreckungsschuldner innerhalb der Sieben-Tage-Frist verfügt (§ 55 II 2 SGB-AT; Einzelheiten: *Stöber*, Rdnr. 1436).

(2) *Nach Ablauf der Sieben-Tage-Frist* besteht nach § 55 SGB-AT für *ein-*   **597**
malige Geldleistungen kein Pfändungsschutz. Eine entsprechende Anwendung des § 54 II SGB-AT bietet sich an (*Zöller/Stöber*, § 850i Rdnr. 53).
Bei *laufenden* Geldleistungen gewährt § 55 IV SGB-AT einen verlängerten Kontenschutz. Dieser entspricht dem Pfändungsschutz, der bei der Forderung gegen den Sozialleistungsträger bestünde, wenn die Überweisung nicht erfolgt wäre.

Diese Pfändungsbeschränkung tritt nicht kraft Gesetzes ein; der Schuldner muß sie durch Vollstreckungserinnerung (§ 766) geltend machen.

598   **3. Pfändungsbeschränkungen bei Forderungen aus dem Verkauf landwirtschaftlicher Erzeugnisse**

§ 851a schützt den Landwirt, der mit dem Erlös aus dem Verkauf seiner landwirtschaftlichen Erzeugnisse den Lebensunterhalt bestreiten und die Landwirtschaft fortführen muß. Die Forderungen aus den Kaufverträgen sind kein Arbeitseinkommen; deshalb gilt für ihre Pfändung eine Sondervorschrift (vgl. für eine Sachpfändung: § 811 Nr. 4 und 4a; Rdnr. 282).

a) *Voraussetzungen:* Der Schuldner (Verkäufer) muß Landwirt (im Haupt- oder Nebenberuf) sein; er braucht nicht Eigentümer des Bodens zu sein. Erforderlich ist, daß die Erzeugnisse aus dem Betrieb des Schuldners stammen.
Die Einkünfte aus dem Verkauf der landwirtschaftlichen Erzeugnisse (z.B. Milchgeld, Viehverkauf) müssen zum Unterhalt des Schuldners, seiner Familie und seiner Arbeitnehmer oder zur Aufrechterhaltung einer geordneten Wirtschaftsführung unentbehrlich sein; daß sie zu diesen Zwecken gebraucht werden, genügt nicht.

Ein Pfändungsschutz scheidet nach dem Zweck der Vorschrift aus, wenn die Einziehung der Forderung zwar für die Fortführung des Betriebes unentbehrlich ist, der Gläubiger aber in diese Forderung etwa wegen laufender Pachtzinsforderungen vollstreckt.

599   b) *Verfahren:* Ist die Pfändung bereits erfolgt, kann der Schuldner einen Antrag auf deren (volle oder teilweise) Aufhebung beim Vollstreckungsgericht stellen. Er hat die Voraussetzungen für eine Aufhebung darzutun. Der Rechtspfleger entscheidet durch Beschluß, der mit der befristeten Rechtspflegererinnerung anfechtbar ist (§ 11 I RPflG).
Wenn von vornherein offenkundig ist, daß die Voraussetzungen für eine Aufhebung der Pfändung vorliegen, soll die Pfändung unterbleiben (§ 851a II).

600   **4. Pfändungsbeschränkungen bei Miet- und Pachtzinsforderungen**

§ 851b betrifft den Pfändungsschutz bei Miet- und Pachtzinsforderungen, die zur Unterhaltung des Grundstücks und zur Ablösung der auf diesem ruhenden Lasten unentbehrlich sind.

a) *Voraussetzungen*: Dem Schuldner (Vermieter oder Verpächter) müssen Miet- oder Pachtzinsforderungen zustehen; er braucht nicht Eigentümer der vermieteten oder verpachteten Sache zu sein. Geschützt werden auch die Barmittel und Guthaben, die aus Miet- oder Pachtzinszahlungen herrühren (§ 850 I 2).

Die Einkünfte aus Miete oder Pacht müssen für den Schuldner zur laufenden Unterhaltung des Grundstücks, zur Vornahme notwendiger Instandsetzungsarbeiten und zur Befriedigung solcher Ansprüche unentbehrlich sein, die dem Anspruch des pfändenden Gläubigers nach § 10 ZVG vorgehen würden.

Beispiele: Straßenreinigungs- und Müllabfuhrgebühren, Feuer- und Haftpflichtversicherungsprämien, Kosten für Hausmeister und Fahrstuhlunterhaltung.

Unentbehrlichkeit liegt vor, wenn der Schuldner auf keine anderen Geldmittel zurückgreifen kann, um diese Ausgaben zu bestreiten (KG NJW 1969, 1860).

b) *Verfahren*: Die Regelung des § 851b entspricht der des § 851a (Rdnr. 599).

§ 851b II 1 verweist auf eine Reihe von Vorschriften des § 813a (Rdnr. 394). Danach ist der Antrag des Schuldners, sofern er nicht binnen zwei Wochen nach der Pfändung gestellt wird, ohne sachliche Prüfung zurückzuweisen, wenn das Vollstreckungsgericht der Überzeugung ist, daß der Schuldner den Antrag aus Verschleppungsabsicht oder aus grober Nachlässigkeit nicht früher gestellt hat. Der Schuldner hat die notwendigen Tatsachen glaubhaft zu machen. Der Gläubiger ist regelmäßig zu hören.

5. Pfändungsbeschränkungen bei Erbschaftsnutzungen   601

§ 863 schützt den Abkömmling des Erblassers, dem dieser in guter Absicht Beschränkungen auferlegt hat. Danach sind die Nutzungen der Erbschaft und der Anspruch des Abkömmlings auf den jährlichen Reinertrag des Nachlasses der Pfändung durch Eigengläubiger des Abkömmlings nicht unterworfen, soweit die Nutzungen oder der Anspruch zur Bestreitung des standesgemäßen Unterhalts des Abkömmlings oder zur Erfüllung von dessen gesetzlichen Unterhaltpflichten gegenüber seinem (früheren) Ehegatten und seinen Verwandten erforderlich sind.

a) *Voraussetzungen*: Der Erblasser muß den Schuldner als Erben wegen Verschwendungssucht oder Überschuldung gem. § 2338 BGB durch Einsetzung eines Nacherben oder eines Testamentsvollstreckers beschränkt haben, um ihm den Unterhalt zu sichern und den Nachlaß vor Verschwendung und Überschuldung zu schützen. Der Grund dieser Beschränkung muß in der Verfügung von Todes wegen angegeben sein.

§ 863 gilt entsprechend, wenn der Anteil eines Abkömmlings am Gesamtgut der fortgesetzten Gütergemeinschaft (Rdnr. 782 ff.) nach § 1513 II BGB einer der genannten Beschränkungen unterliegt (§ 863 III).

b) *Rechtsbehelf:* Der Schuldner, ein Unterhaltsberechtigter und der Testamentsvollstrecker (OLG Bremen FamRZ 1984, 213) können einen Verstoß gegen § 863 mit der Vollstreckungserinnerung (§ 766) geltend machen.

602   IV. Durchführung der Pfändung

Schrifttum: *Bauer*, Unwesentliche Unrichtigkeiten in der Bezeichnung des Drittschuldners und des Schuldners, JurBüro 1966, 907; *J. Blomeyer*, Der Anwendungsbereich der Vollstreckungserinnerung, Rpfleger 1969, 279, 281 f.; *Christmann*, Arrestatorium und Inhibitorium (§ 829 Abs. 1 ZPO) bei der Vollstreckung gepfändeter Urteilsforderungen, DGVZ 1985, 81; *Eickmann*, Das rechtliche Gehör in Verfahren vor dem Rechtspfleger, Rpfleger 1982, 449, 456; *Münzberg*, Zur Pfändung titulierter Ansprüche, DGVZ 1985, 145; *Noack*, Zustellung und Ersatzzustellung eines Pfändungs- und Überweisungsbeschlusses an Drittschuldner und Schuldner. Folgen einer fehlerhaften Ersatzzustellung für das Entstehen eines Pfändungspfandrechts an der gepfändeten Forderung, DGVZ 1981, 33; *E. Schneider*, Weitere Beschwerde wegen Verletzung des § 834 ZPO (OLG Celle MDR 1972, 958), MDR 1972, 912; *Vollkommer*, Verfassungsmäßigkeit des Vollstreckungszugriffs, Rpfleger 1982, 1,6 f.

Fälle:

a) Da das Vollstreckungsgericht vor Erlaß des Pfändungsbeschlusses den Vollstreckungsschuldner S nicht angehört hat, will dieser die Verletzung des rechtlichen Gehörs rügen.

b) Das Beschwerdegericht, das sich mit der Ablehnung eines Pfändungsantrages zu befassen hat, steht vor der Frage, ob es den S hören muß oder darf.

c) S führt für D im Rahmen einer laufenden Geschäftsverbindung an verschiedenen Orten Bohrungen durch, die einzeln abgerechnet werden. Auf Antrag des G wird ein Pfändungsbeschluß erlassen, wonach die »Forderungen aus Lieferungen und Leistungen (Bohrarbeiten)« gepfändet werden. S hält die Pfändung für zu unbestimmt und deshalb wirkungslos.

d) G hat einen Pfändungsbeschluß erwirkt, wonach der Lohnanspruch des S gegen seinen Arbeitgeber D gepfändet wird. Zum Zwecke der Zustellung an D händigt der Gerichtsvollzieher den Pfändungsbeschluß an S aus, der von D zur Entgegennahme von Post bevollmächtigt ist. S verbrennt den Beschluß, so daß D an S den Lohn zahlt. G verlangt von D Zahlung an sich.

Auf Antrag des Gläubigers (Rdnr. 502) prüft das Vollstreckungsgericht, ob die Voraussetzungen für den Erlaß eines Pfändungsbeschlusses vorliegen. Ist das zu bejahen, wird der Pfändungsbeschluß erlassen. Dieser ist alsdann zuzustellen.

1. Prüfung durch das Vollstreckungsgericht

a) Das Vollstreckungsgericht hat *dreierlei zu prüfen:*

(1) Seine *Zuständigkeit.* Sie ergibt sich aus § 828 (Rdnr. 503).

(2) Die *Voraussetzungen der Zwangsvollstreckung.* Dazu gehören die Prozeßvoraussetzungen (Rdnr. 18—28), die allgemeinen Voraussetzungen (Titel, Klausel, Zustellung; Rdnr. 29—156) sowie die besonderen Voraussetzungen der Zwangsvollstreckung (Rdnr. 157—173). Ferner darf kein Vollstreckungshindernis (Rdnr. 174—204) vorliegen.

(3) Die *Schlüssigkeit des Vorbringens des Gläubigers.* Es genügt die Prüfung, ob nach seinen Angaben — ihre Richtigkeit unterstellt — die zu pfändende Forderung des Schuldners gegen den Drittschuldner besteht und pfändbar ist. Da nur die »angebliche« Forderung (Rdnr. 510) des Vollstreckungsschuldners gepfändet wird, ist es nicht Sache des Vollstreckungsgerichts festzustellen, ob die Forderung tatsächlich existiert und dem Schuldner zusteht.

Abzulehnen ist das Pfändungsgesuch des Gläubigers, wenn sich aus seinem Vorbringen ergibt, daß die zu pfändende Forderung nicht bestehen kann. Streitig ist nur, ob der Antrag mangels Rechtsschutzbedürfnisses (so z.B. *Stöber,* Rdnr. 488; *Thomas/ Putzo,* § 829 Anm. 2 c) oder als unbegründet (so. z.B. *Mes,* Rpfleger 1968, 292; *Wiezorek,* § 829 Anm. D II b) abzuweisen ist.

Notfalls hat das Gericht gem. § 139 auf eine Ergänzung der Angaben hinzuwirken, ehe es den Antrag ablehnt.

b) Vor der Pfändung ist der *Schuldner über das Pfändungsgesuch nicht zu hören* (§ 834). Dadurch soll verhindert werden, daß der Schuldner Kenntnis von der ihm drohenden Zwangsvollstreckung erlangt und die Forderung durch Verfügungen (z.B. durch Abtretung, Erlaß, Einziehung) dem Vollstreckungszugriff entzieht. Der Anspruch des Schuldners auf rechtliches Gehör (Art. 103 I GG) wird durch § 834 nicht verletzt, weil der Schuldner sich durch Erinnerung gegen die Pfändung wehren kann und er in dem Erinnerungsverfahren gehört wird (vgl. BVerfGE 57, 346, 358; Fall a).

Im Fall b ist § 834 auch vom Beschwerdegericht zu beachten. Der Zweck dieser Vorschrift, den Schuldner vor Erlaß des Pfändungsbeschlusses nicht zu warnen, gilt auch für das Rechtsmittelgericht, das selbst Pfändungen anordnen darf (KG NJW 1980, 1341 f.; a.A. BL/*Hartmann,* § 834 Anm. 2 D). Deshalb darf S im Fall b nicht angehört werden.

Wird der Schuldner unter Verstoß gegen § 834 gehört, hat das keinen Einfluß auf die Pfändung. Jedoch kann sich ein Schadensersatzanspruch des Gläubigers wegen Amtspflichtverletzung ergeben, wenn infolge der Anhörung des Schuldners die Zwangsvollstreckung ins Leere geht.

§ 834 greift als Schutzvorschrift zugunsten des Vollstreckungsgläubigers dann nicht ein, wenn dieser auf seinen Schutz verzichtet und beantragt, den Schuldner zu hören.

Abweichend von § 834 sieht § 850b III eine Anhörung vor, um dem Vollstreckungsgericht die Beurteilung zu erleichtern, ob die Pfändung der bedingt pfändbaren Bezüge der Billigkeit entspricht (§ 850b II). Die dadurch bewirkte Kenntnis des Vollstreckungsschuldners von der bevorstehenden Zwangsvollstreckung gefährdet den Zugriff des Gläubigers nicht in gleichem Maße wie bei der Pfändung sonstiger Forderungen, weil der Schuldner über die in § 850b genannten Ansprüche nicht im voraus verfügen kann (vgl. § 400 BGB).

605 **2. Pfändungsbeschluß**

Liegen die genannten Voraussetzungen vor, erläßt das Vollstreckungsgericht einen Pfändungsbeschluß.

a) Der Pfändungsbeschluß muß *dreierlei enthalten*:

(1) Den *Ausspruch der Pfändung*.

(a) Erforderlich ist die *genaue Angabe des Vollstreckungsgläubigers und des Vollstreckungsschuldners* (nebst deren Vertreter). Außerdem ist die *Geldforderung*, wegen der die Zwangsvollstreckung betrieben wird, nach Höhe (Hauptforderung, Nebenforderungen wie Zinsen, Kosten) und zugrunde liegendem Vollstreckungstitel anzuführen.

(b) Ferner muß der Pfändungsbeschluß *die zu pfändende Forderung so bestimmt bezeichnen*, daß sie von anderen unterschieden werden kann und eine Verwechslung ausgeschlossen ist. Dazu gehört neben der Angabe des Gläubigers (= Vollstreckungsschuldners) und des Schuldners (= Drittschuldners) dieser Forderung auch deren möglichst genaue Beschreibung. Allerdings dürfen allzu hohe Anforderungen an die Bestimmtheit der Bezeichnung nicht gestellt werden; vielmehr müssen gewisse Ungenauigkeiten hingenommen werden, zumal dem Vollstreckungsgläubiger die Verhältnisse des Vollstreckungsschuldners meist nicht genau bekannt sind. Entscheidend ist, ob durch Auslegung des Beschlusses die gepfändete Forderung hinreichend klar bestimmt werden kann. Dabei kommt es nicht allein darauf an, ob das dem Gläubiger, Schuldner und Drittschuldner möglich ist; auch andere Personen müssen klar erkennen können, welche Forderung gepfändet ist (vgl. BGHZ 13, 42). Fehlt es an dieser Bestimmtheit, ist die Pfändung nichtig.

Zu unbestimmt sind z.B. Pfändungen von Forderungen »aus jedem Rechtsgrunde« (BGHZ 13, 42), »aus Bankverbindung« (OLG Frankfurt NJW 1981, 468). Im Fall c ist die Forderung dagegen genügend bestimmt; es braucht im Pfändungsbeschluß nicht jeder einzelne Werkvertrag aus der Geschäftsverbindung angegeben zu werden (BGH NJW 1983, 886).

(2) Das *Verbot an den Drittschuldner, dem Schuldner zu zahlen* (§ 829 I 1;   **606** sog. Arrestatorium). Ohne dieses Verbot ist die Pfändung unwirksam (*Zöller/Stöber*, § 829 Rdnr. 7).

(3) Das *Gebot an den Schuldner*, sich jeder Verfügung über die Forderung zu enthalten (§ 829 I 2; sog. Inhibitorium). Dazu gehört insbesondere die Aufforderung an den Schuldner, die Einziehung der Forderung zu unterlassen.

b) Bei der *Pfändung einer bereits gepfändeten Forderung* unterscheidet der   **607** Pfändungsbeschluß sich nicht von dem Beschluß bei einer Erstpfändung.

Die erneute Pfändung ist — anders als die Anschlußpfändung einer beweglichen Sache (§ 826 I; Rdnr. 344 f.) — gesetzlich nicht besonders geregelt. Sie ist zulässig, wenn die zuvor genannten Voraussetzungen gegeben sind. Sie scheidet aus, wenn die Forderung nach dem Vortrag des Gläubigers inzwischen eingezogen worden ist.

3. Zustellung des Pfändungsbeschlusses   608

Der Vollstreckungsgläubiger hat eine Ausfertigung des Pfändungsbeschlusses an den Drittschuldner und an den Schuldner im Parteibetrieb zustellen zu lassen (§ 829 II).

a) Die *Zustellung an den Drittschuldner* ist Wirksamkeitsvoraussetzung für die Pfändung (§ 829 III). Da der Zeitpunkt der Zustellung für den Rang der Pfändung wichtig sein kann, ist er in der Zustellungsurkunde nach Stunde und Minute anzuführen (vgl. § 173 Nr. 1 GVGA).

(1) Die Zustellung erfolgt *auf Betreiben des Gläubigers* durch den Gerichtsvollzieher (§ 829 II 1; §§ 166 ff.). Dieser kann sie selbst besorgen, bedient sich jedoch regelmäßig der Post (§§ 193 ff.; Rdnr. 153). Eine öffentliche Zustellung (§§ 203 ff.) scheidet aus, da der Drittschuldner nicht Partei i.S.d. § 203 I ist.

Die Zustellung erfolgt nicht von Amts wegen. Wenn allerdings der Vollstreckungsgläubiger nicht zum Ausdruck bringt, daß er selbst beim Gerichtsvollzieher die Zustellung beantragen wolle (»ich stelle selbst zu«), vermittelt das Vollstreckungsgericht die Zustellung, indem es den Gerichtsvollzieher mit der Zustellung beauftragt (§§ 166 II, 168). Die Geschäftsstelle des Gerichts kann auch unmittelbar die Post um Bewirkung der Zustellung ersuchen (§ 196).

Eine Ersatzzustellung an den Schuldner ist unzulässig, da im Verhältnis des Schuldners zum Drittschuldner die Gefahr einer Interessenkollision besteht (BAG NJW 1981, 1399; a.A. *Stöber*, Rdnr. 530 m.N.).

Im Fall d ist keine wirksame Zustellung an D erfolgt. Die Aushändigung an den Gewerbegehilfen S (§ 183) hatte zu unterbleiben (§ 185; BAG a.a.O.).

609   (2) Eine *fehlerhafte* Zustellung an den Drittschuldner führt zur Unwirksamkeit der Pfändung. Der Gerichtsvollzieher hat erneut zuzustellen (vgl. § 173 Nr. 5 GVGA).

Möglich ist allerdings eine Heilung des Zustellungsmangels, wenn sich nachweisen läßt, daß der Pfändungsbeschluß dem Drittschuldner tatsächlich zugegangen ist (§ 187). Da der Vollstreckungsgläubiger im Streitfall den Zugang sowie dessen Zeitpunkt zu beweisen hat und dieser Beweis möglicherweise schwer zu führen ist, muß ihm zu einer erneuten Zustellung geraten werden.

610   (3) Bei einer *Vorpfändung* (§ 845; Einzelh.: Rdnr. 627 f.) kommt es für deren Wirksamkeit ebenfalls allein auf eine Zustellung an den Drittschuldner an. Da die Vorpfändung eine private Zwangsvollstreckungsmaßnahme zum Schutz des Vollstreckungsgläubigers vor einer Verzögerung des Erlasses eines Pfändungsbeschlusses darstellt, braucht das Vollstreckungsgericht überhaupt noch nicht tätig geworden zu sein. Es genügt die Zustellung einer schriftlichen Benachrichtigung (mit dem in § 845 I 1 genannten Inhalt) an Drittschuldner und Schuldner, wobei es zur Wirksamkeit genügt, daß die Benachrichtigung dem Drittschuldner zugestellt ist (§ 845 II 1).

611   b) Die *Zustellung an den Schuldner* ist keine Wirksamkeitsvoraussetzung für die Pfändung. Sie soll den Schuldner von der Pfändung in Kenntnis setzen, damit er sich dagegen wehren kann.

Der Gerichtsvollzieher hat ohne einen weiteren Antrag und sogar gegen den Willen des Gläubigers den Beschluß zusammen mit einer Abschrift der Zustellungsurkunde dem Schuldner sofort zuzustellen (§ 829 II 2). War der Schuldner im vorangegangenen Rechtsstreit durch einen Prozeßbevollmächtigten vertreten, ist diesem zuzustellen, da die Prozeßvollmacht auch die Vertretung im Zwangsvollstreckungsverfahren umfaßt (§§ 176, 178). Die Geschäftsstelle des Gerichts muß für die Zustellung an den Schuldner Sorge tragen, wenn sie die Post um die Zustellung an den Drittschuldner unmittelbar ersucht hat (§ 829 II 3).

Ist die Zustellung an den Schuldner im Ausland zu bewirken, erfolgt sie durch Aufgabe zur Post (§§ 829 II 4, 175, 192). Sie unterbleibt, wenn sie durch öffentliche Bekanntmachung (§§ 203 ff.) erfolgen müßte (§ 829 II 2).

612   4. Rechtsbehelfe

a) Wird der *Antrag des Gläubigers* auf Erlaß eines Pfändungsbeschlusses abgelehnt oder der Pfändungsbeschluß wieder aufgehoben, kann der Gläubiger die befristete Rechtspflegererinnerung einlegen (§ 11 I 2 RPflG).

b) Wird ein *Pfändungsbeschluß erlassen*, steht dem Schuldner die Erinnerung (§ 766) zu; sofern dieser ausnahmweise gehört worden ist, hat er die Möglichkeit der befristeten Rechtspflegererinnerung. Diese Rechtsbehelfe hat auch der Drittschuldner, der Mängel der Pfändung geltend machen will.

c) *Lehnt der Gerichtsvollzieher es ab*, einen Pfändungsbeschluß zuzustellen, kann der Gläubiger Erinnerung nach § 766 II einlegen.

V. Rechtswirkungen und Umfang der Pfändung   613

Schrifttum: *Baur*, Einige Bemerkungen zur Pfändung künftiger Lohnforderungen, DB 1968, 251; *Benöhr*, Einredeverzicht des Drittschuldners?, NJW 1976, 174; *Feiber*, Zur Auskunftsklage gegen den Drittschuldner bei Sicherungspfändung, DB 1978, 477; *Flieger*, Die Behauptungslast bei Abgabe der Erklärung des Drittschuldners nach § 840 Abs. 1 ZPO, MDR 1978, 797; *Leiminger*, Lohnpfändung bei Unterbrechung des Arbeitsverhältnisses, BB 1958, 122; *Linke*, Die Erklärungspflicht des Drittschuldners und die Folgen ihrer Verletzung, ZZP 87, 284; *Marburger*, Das Anerkenntnis des Drittschuldners nach § 840 Abs. 1 Ziff. 1 ZPO, JR 1972, 7; *Mümmler*, Betrachtungen zur Vorpfändung (§ 845 ZPO), JurBüro 1975, 1413; *Münzberg*, Die Vorpfändung des Gerichtsvollziehers, DGVZ 1979, 161; *Noack*, Die Bedeutung der Vorpfändung (§ 845 ZPO), Rpfleger 1967, 136; *Osthold*, Der Umfang der Lohnpfändung, DB 1957, 357; *Prost*, Die Stellung des Drittschuldners bei fehlerhaften Vollstreckungsakten, NJW 1958, 485; *Reetz*, Die Rechtsstellung des Arbeitgebers als Drittschuldner in der Zwangsvollstreckung, 1985; *Riedel*, Vom Fortwirken der Forderungspfändungen bei suspendierten Arbeitsverhältnissen, MDR 1958, 897; *Rixecker*, Der Irrtum des Drittschuldners über den Umfang der Lohnpfändung, JurBüro 1982, 1762; *E. Schneider*, Erstreckung des Pfandrechts nach § 832 ZPO bei Unterbrechung des Arbeitsverhältnisses, JurBüro 1965, 354; *ders.*, Heilung einer »Privat-Zustellung« des Gläubigers über § 187 ZPO?, DGVZ 1983, 33; *Schütz*, Vorpfändung und endgültige Pfändung, NJW 1965, 1009; *Seibert*, Drittschuldnerschutz — Grenzen des Zahlungsverbots bei der Lohnpfändung, WM 1984, 521; *Tiedtke*, Pfändungspfandrecht an einer nach Pfändung wiedererworbenen Forderung?, NJW 1972, 746; *Zunft*, Teilweise Verpfändung und Pfändung von Forderungen, NJW 1955, 441.

Fälle:

a) S wird Alleinerbe seines vor drei Wochen gestorbenen Vaters und damit Inhaber eines Kaufpreisanspruchs, den G pfänden läßt. S möchte den Kaufpreis lieber seiner einzigen Tochter als dem G zukommen lassen.

b) S hat gegen seinen Schuldner D eine Forderung eingeklagt, die während des Rechtsstreits von G gepfändet wird. Da der Richter von der Pfändung nichts weiß, wird D zur Zahlung an S verurteilt. Wird D von seiner Leistungspflicht frei, wenn er an S zahlt?

c) G pfändet die vermeintliche Mietzinsforderung der S-GmbH gegen D. Dieser erklärt dem G, die Forderung sei begründet. Deshalb sieht G von einer Zwangsversteigerung des Hausgrundstücks der S ab. Später stellt sich heraus, daß die Vermieterin des D mit der S-GmbH nicht identisch ist. Inzwischen ist diese in Vermögensverfall geraten, so daß G bei S nichts mehr pfänden lassen kann. Hat D dem G dessen Schaden zu ersetzen?

d) G erfährt, daß der verschuldete S soeben einen gutbezahlten Trainervertrag bei dem Fußballclub D unterschrieben hat. Er möchte so schnell wie möglich auf den Vergütungsanspruch des S zugreifen, um anderen Gläubigern zuvorzukommen.

e) G läßt die gegenwärtigen und künftigen Lohnansprüche des S gegen dessen langjährigen Arbeitgeber D pfänden. Nach Zustellung des Pfändungsbeschlusses muß S eine sechsmonatige Freiheitsstrafe verbüßen und ist anschließend einen Monat lang arbeitslos. Dann arbeitet er wieder bei D. Bezieht sich der Pfändungsbeschluß auch auf den nach der Wiedereinstellung zu zahlenden Lohn?

f) G will wegen eines Anspruchs in Höhe von 1 000,— DM in eine Forderung des S gegen D in Höhe von 2 000,— DM vollstrecken. Möglich?

614   1. Rechtswirkungen der Pfändung

Wie bei der Sachpfändung (Rdnr. 361 ff.) führt die Pfändung einer Forderung zu deren Beschlagnahme und zur Entstehung eines Pfändungspfandrechts. Die Pfändung allein gibt dem Gläubiger jedoch noch keine Befriedigungsmöglichkeit; dazu ist eine zusätzliche gerichtliche Verwertungsanordnung (Überweisungsbeschluß nach § 835; Rdnr. 634 ff.) erforderlich. Diese beiden Vollstreckungsakte, die meist in einem einzigen Beschluß enthalten sind, müssen in ihren Rechtswirkungen streng voneinander getrennt werden.

a) Mit der Zustellung des Pfändungsbeschlusses an den Drittschuldner wird die *Beschlagnahme (Verstrickung)* der zu pfändenden Geldforderung bewirkt. Mängel im Pfändungsverfahren stehen einer wirksamen Verstrikkung i.d.R. nicht entgegen; sie machen den Vollstreckungsakt lediglich anfechtbar, nicht aber nichtig (BGH Rpfleger 1979, 299; vgl. zur Sachpfändung Rdnr. 362 ff.).

(1) Die Beschlagnahme begründet ein staatliches Herrschaftsverhältnis; das führt zu einer *Sicherstellung der Forderung* im Interesse des Vollstreckungsgläubigers.

Darin erschöpft sich die Bedeutung der Sicherungsvollstreckung (§ 720a; Rdnr. 69) und der Arrestvollziehung (§ 930; Rdnr. 1541 ff.). Hier soll der Gläubiger im Gegensatz zum Regelfall der Zwangsvollstreckung den gepfändeten Geldanspruch gerade nicht verwerten können; eine derartige Vollstreckung hat nur eine (vorläufige) Sicherung des Gläubigers zum Ziel.

615   (2) Eine wirksame Beschlagnahme setzt voraus, daß die gepfändete *Forderung des Vollstreckungsschuldners besteht*. Im Unterschied zur Sachpfän-

dung (vgl. Rdnr. 234), die an die Gewahrsamsverhältnisse einer Sache anknüpfen kann, handelt es sich bei der Forderung nur um eine rechtliche Beziehung; deshalb geht die Pfändung einer nicht bestehenden oder schuldnerfremden Forderung ins Leere.

Der wahre Inhaber der Forderung braucht daher nicht seine Berechtigung gerichtlich geltend zu machen. Gleichwohl wird ihm die Drittwiderspruchsklage (§ 771; Rdnr. 1396 ff.) zugebilligt, da sein Recht durch die (scheinbare) Pfändung gefährdet ist (vgl. StJ/*Münzberg*, § 771 Rdnr. 20; *A. Blomeyer*, vor § 35; RGZ 49, 347; BGH WM 1981, 648). Eine Erinnerung (§ 766) wäre jedoch nicht begründet; denn das Vollstreckungsgericht pfändet ohnehin nur die »angebliche« Forderung.

Steht die Forderung im Zeitpunkt der Pfändung dem Vollstreckungsschuldner nicht zu, soll nach überwiegender Meinung dieser Mangel auch nicht dadurch geheilt werden, daß der Schuldner diese Forderung später erwirbt; § 185 II BGB sei nicht entsprechend anwendbar, weil die Pfändung einer dem Schuldner nicht zustehenden Forderung von vornherein ins Leere gehe (so BGHZ 56, 339, 350 f.; BL/*Hartmann*, § 829 Anm. 1 B; *Baur/Stürner*, Rdnr. 502). Nach dieser Auffassung muß der Vollstreckungsgläubiger also die nunmehr dem Vollstreckungsschuldner zustehende Forderung erneut pfänden. Dieser umständliche Weg wird vermieden, wenn mit dem Erwerb der Forderung durch den Vollstreckungsschuldner die zunächst unwirksame Pfändung wirksam wird. Das kann durch analoge Anwendung des § 185 II BGB, der auch der Rechtsvereinfachung dienen soll, erreicht werden. Jedenfalls stehen dem Ergebnis keine schutzwürdigen Interessen der Beteiligten und keine öffentlichen Belange entgegen (vgl. *Tiedtke*, NJW 1972, 746; *K. Schmidt*, ZZP 87, 316, 326 ff.; *A. Blomeyer*, § 55 II).

b) Durch die Pfändung erwirbt der Vollstreckungsgläubiger ein *Pfändungspfandrecht* an der Forderung (§ 804 I). **616**

(1) Die *Pfändungspfandrechtstheorien* (Rdnr. 380 ff.) wirken sich hier im Ergebnis noch weniger aus als bei der Sachpfändung. Denn bei der Forderungspfändung stellt sich nicht die Frage, ob ein Pfändungspfandrecht an einer schuldnerfremden Forderung entsteht, weil eine solche Pfändung ins Leere geht und nicht einmal eine Verstrickung bewirkt.

Selbst wenn man das Pfändungspfandrecht dem öffentlichen Recht unterstellt, kommt man wegen der unzulänglichen Regelung des Pfändungspfandrechts an Forderungen in der ZPO ohne einen Rückgriff auf die privatrechtlichen Bestimmungen über das Pfandrecht an Rechten (§§ 1273 ff. BGB) nicht aus. Deshalb ist jedenfalls eine entsprechende Anwendung dieser Vorschriften auf das Pfändungspfandrecht in Betracht zu ziehen (BGH NJW 1968, 2069 f.; *Zöller/Stöber*, § 804 Rdnr. 2).

(2) Die *Bedeutung* des Pfändungspfandrechts liegt vor allem in seiner *rangwahrenden Funktion*. Wird eine Forderung von mehreren Gläubigern

gepfändet, bestimmt sich das Rangverhältnis nach der zeitlichen Reihenfolge der Pfändungen (Präventions- oder Prioritätsgrundsatz gem. § 804 III; Rdnr. 377); die Rangordnung ist entscheidend dafür, in welcher Reihenfolge die Gläubiger aus der Forderung befriedigt werden.

617   c) Die Pfändung der Forderung wirkt sich auf die *Rechtsstellung der Beteiligten* (des Vollstreckungsgläubigers, des Vollstreckungsschuldners und des Drittschuldners) wie folgt aus:

(1) Der *Vollstreckungsgläubiger* hat im wesentlichen die gleiche Rechtsstellung wie ein Pfandgläubiger nach §§ 1273 ff. BGB vor Fälligkeit der gesicherten Forderung (= vor der Pfandreife).

(a) Ihm sind solche Rechtshandlungen *erlaubt*, die den Zugriff auf die gepfändete Forderung sichern und die Verwertung vorbereiten.

Er ist demnach befugt, auf Feststellung des Bestehens der gepfändeten Forderung gegen den Drittschuldner zu klagen, bei Gefährdung einen Arrest zu erwirken (Rdnr. 1493 ff.) oder den Forderungserwerb Dritter anzufechten (Rdnr. 261 ff.).

(b) Dem Vollstreckungsgläubiger sind solche Handlungen *verboten*, die seine Befriedigung bewirken. Deshalb ist es ihm z.B. versagt, die gepfändete Forderung einzuziehen und zu diesem Zweck (etwa durch Kündigung eines Darlehens) von sich aus die Fälligkeit herbeizuführen oder in sonstiger Weise (z.B. durch Abtretung, Aufrechnung) darüber zu verfügen.

Er hat dagegen die Möglichkeit, bei Fälligkeit der gepfändeten Forderung von dem Drittschuldner Leistung an sich und den Vollstreckungsschuldner gemeinsam oder Hinterlegung für beide zu verlangen (vgl. § 1281 BGB).

618   (2) Der *Vollstreckungsschuldner* bleibt auch nach der Pfändung Gläubiger der gepfändeten Forderung.

(a) Für ihn besteht aber ein *relatives Veräußerungsverbot* (Inhibitorium); er darf nicht zum Nachteil des Vollstreckungsgläubigers über die Forderung verfügen und insbesondere diese nicht einziehen (§ 829 I 2).

Aus dem Einziehungsverbot folgt etwa, daß der Vollstreckungsschuldner, der vor der Pfändung seinen Schuldner auf Zahlung verklagt hat, seine Klage nach der Pfändung auf Zahlung an den Pfändungsgläubiger oder auf Hinterlegung des geschuldeten Betrages umstellen muß.

Da durch das Verfügungsverbot nur das Vollstreckungsinteresse des Vollstreckungsgläubigers geschützt werden soll, ist nur diesem gegenüber eine dem Verbot zuwiderlaufende Verfügung unwirksam (relative Unwirksamkeit gem. §§ 135, 136 BGB; AT Rdnr. 300 ff.). Ein gutgläubiger lastenfreier Erwerb (vgl. § 135 II BGB) scheidet aus, weil das Gesetz bei Forderungen keinen Gutglaubensschutz des Erwerbers vorsieht. Allerdings ist die Verfügung des Vollstreckungsschuldners wirksam, wenn der Vollstreckungsgläubiger zustimmt.

Dritten gegenüber ist eine Verfügung des Vollstreckungsschuldners wirksam. Wenn also ein Vollstreckungsgläubiger eine bereits von einem anderen gepfändete und danach vom Vollstreckungsschuldner abgetretene Forderung pfändet, schlägt dieser Vollstreckungsversuch fehl, weil die Forderungsabtretung gegenüber dem später pfändenden Gläubiger wirksam ist. Dieser kann allenfalls nach dem AnfG vorgehen (vgl. Rdnr. 261 ff.).

(b) *Erlaubt* sind dem Vollstreckungsschuldner alle Maßnahmen und Verfügungen, soweit dadurch das Pfandrecht des Vollstreckungsgläubigers nicht beeinträchtigt wird.   **619**

Beispiele: Antrag auf Anordnung des Arrestes gegen den Drittschuldner; Anmeldung der Forderung im Konkurs des Drittschuldners; Klage gegen den Drittschuldner auf Zahlung (allerdings nicht an den Vollstreckungsschuldner selbst).

Unberührt von der Pfändung bleibt das zwischen Schuldner und Drittschuldner bestehende Rechtsverhältnis, aus dem sich die gepfändete Forderung ergibt. Der Vollstreckungsschuldner ist also befugt, einseitig (z.B. durch Kündigung des Mietvertrages) oder im Einvernehmen mit dem Drittschuldner (z.B. durch Abänderung des Mietvertrages) auf das Rechtsverhältnis derart einzuwirken, daß dadurch auch die gepfändete Forderung beeinflußt wird.

Im Fall a kann S durch Ausschlagung der Erbschaft (vgl. §§ 1944, 1953 BGB) erreichen, daß seine Tochter erbt und damit die Pfändung des G wirkungslos wird.

(3) Den *Drittschuldner* trifft ein Zahlungsverbot und eine Auskunftspflicht. Im übrigen wird seine Rechtsstellung durch die Pfändung weder verbessert noch verschlechtert.   **620**

(a) Dem Drittschuldner ist es *verboten, an den Vollstreckungsschuldner zu zahlen* (Arrestatorium; vgl. § 829 I 1). Leistet er dennoch verbotswidrig an den Vollstreckungsschuldner, wird er dadurch gegenüber dem Vollstreckungsgläubiger nicht frei. Dieser kann nach Erlaß des Überweisungsbeschlusses nochmalige Zahlung an sich verlangen.

Zahlt der Drittschuldner in Unkenntnis des Pfändungsbeschlusses (z.B. weil eine Ersatzzustellung erfolgte) an den Vollstreckungsschuldner, muß der Vollstreckungsgläubiger diese Zahlung in entsprechender Anwendung des § 407 BGB (AS Rdnr. 398) gegen sich gelten lassen. Der Drittschuldner darf bei der Pfändung nicht schlechter gestellt werden als der Schuldner einer Forderung bei (rechtsgeschäftlichem oder gesetzlichem) Forderungsübergang oder bei einer Verpfändung (§ 1275 BGB; BGHZ 86, 337 ff.).

Im Fall b wird D nur dann von seiner Zahlungspflicht gegenüber G frei, wenn ihm die Pfändung unbekannt geblieben ist. Auf seine Verurteilung zur Zahlung an S kann er sich nicht berufen; sofern er die Pfändung kannte, hätte er sie im Rechtsstreit geltend machen müssen, so daß die Verurteilung unterblieben wäre (vgl. BGH a.a.O.).

621   (b) Der Drittschuldner hat auf Verlangen des Vollstreckungsgläubigers diesem binnen zwei Wochen nach der Zustellung des Pfändungsbeschlusses *Auskunft über die Forderung* zu geben (vgl. § 840 I). Durch diese Auskunft soll der Vollstreckungsgläubiger in die Lage versetzt werden, sein weiteres Vorgehen zur Durchsetzung seiner Forderung sinnvoll zu planen.

(aa) *Voraussetzungen* der Auskunftspflicht sind einmal eine wirksame Pfändung der Forderung und zum anderen eine Aufforderung des Vollstreckungsgläubigers an den Drittschuldner, die Erklärung abzugeben. Diese Aufforderung muß in die Zustellungsurkunde aufgenommen werden (§ 840 II 1); es ist also eine Zustellung durch den Gerichtsvollzieher erforderlich. Er ist zur Entgegennahme der Erklärung des Drittschuldners befugt (Einzelheiten: § 840 III). Eine Aufforderung erst nach Zustellung des Pfändungsbeschlusses bedarf zu ihrer Wirksamkeit einer gesonderten Zustellung.

622   (bb) Der *Inhalt der Erklärung* hat nach § 840 I Angaben des Drittschuldners darüber zu enthalten, ob und inwieweit er die Forderung als begründet anerkenne und Zahlung zu leisten bereit sei, ob und welche Ansprüche andere Personen an die Forderung machen sowie ob und wegen welcher Ansprüche die Forderung bereits für andere Gläubiger gepfändet sei.

Erklärt der Drittschuldner, daß er die gepfändete Forderung anerkenne, ist darin kein deklaratorisches Schuldanerkenntnis zu sehen (so aber OLG München NJW 1975, 174; OLG Braunschweig NJW 1977, 1888), sondern eine Wissenserklärung (BGHZ 69, 328 m.N.). Der Drittschuldner will nur einer gesetzlichen Auskunftspflicht genügen, sich aber nicht gegenüber dem Vollstreckungsgläubiger vertraglich verpflichten oder etwa auf Gegenrechte verzichten. Allerdings werden die Interessen des Gläubigers dadurch gewahrt, daß sich die Beweislast umkehrt; der Drittschuldner hat zu beweisen, daß die von ihm zunächst anerkannte Forderung nicht besteht.

623   (cc) Gibt der Drittschuldner dem Vollstreckungsgläubiger die verlangte Auskunft, muß dieser ihm die *Kosten der Auskunft* erstatten. Das folgt aus einer analogen Anwendung der §§ 261 III, 811 II BGB (BL/*Hartmann*, § 840 Anm. 2 C; *Baur/Stürner*, Rdnr. 506; a.A. BAG NJW 1985, 1181 f.; vgl. auch BGH JurBüro 1985, 708).

Den erstatteten Betrag kann der Vollstreckungsgläubiger vom Vollstreckungsschuldner als Kosten der Zwangsvollstreckung ersetzt verlangen (§ 788 I).

624   (dd) Erfüllt der Drittschuldner seine Auskunftspflicht nicht, ist eine *Klage auf Erfüllung der Auskunftspflicht unzulässig* (BGH NJW 1984, 1901 m.N.). Es handelt sich lediglich um eine nichtklagbare Obliegenheit und nicht um eine einklagbare Handlungspflicht; denn eine solche ist aus § 840 nicht zu entnehmen. Abgesehen davon ist der Vollstreckungsgläubiger durch den Schadensersatzanspruch gem. § 840 II 2 hinreichend geschützt.

(ee) Gibt der Drittschuldner keine oder aber eine falsche, unvollständige, **625** verspätete Auskunft, ist er dem Vollstreckungsgläubiger zum *Schadensersatz* verpflichtet.
Die Schadensersatzverpflichtung beruht auf einem gesetzlichen Schuldverhältnis nach § 840 II 2. Sie setzt u.a. ein Verschulden des Drittschuldners voraus; dieser muß im Streitfall sein mangelndes Verschulden beweisen (BGHZ 79, 275, 277). Das Verschulden eines Erfüllungsgehilfen (z.B. seines Angestellten, der eine unvollständige Auskunft erteilt) hat er nach § 278 BGB zu vertreten. Der Vollstreckungsgläubiger muß sich ein eigenes Verschulden nach § 254 BGB anrechnen lassen (BGH ZIP 1982, 1482 f.).

Im Fall c hat D fahrlässig eine falsche Auskunft gegeben. Aber der Schadensersatzpflicht steht ein überwiegendes Mitverschulden des G gegenüber. Dieser hat sich allein auf die Pfändung der Mietzinsforderung beschränkt, deren Wegfall durch vorzeitige Beendigung des Mietverhältnisses nahelag, und erfolgversprechende Vollstreckungsversuche unterlassen (vgl. BGH a.a.O.).

Der Drittschuldner hat den Vermögensschaden zu ersetzen, der dem Vollstreckungsgläubiger infolge der unzulänglichen Auskunft entsteht. Dieser kann insbesondere nutzlos aufgewendete Kosten der Rechtsverfolgung geltend machen. Dazu gehören etwa die Prozeßkosten, die dem Gläubiger entstanden sind, weil er die gepfändete Forderung erfolglos eingeklagt hat. Der Gläubiger ist so zu stellen, wie er bei rechtzeitiger, vollständiger und richtiger Auskunft des Drittschuldners gestanden hätte. Er kann also als Schadensersatz nach § 840 II 2 nicht verlangen, so gestellt zu werden, als ob die Forderung gegen den Drittschuldner bestünde. Es wird ihm auch nicht das Risiko genommen, daß seine Klage auf Zahlung der gepfändeten Forderung etwa wegen des Bestehens einer Einwendung oder Einrede abgewiesen wird. Ihm ist aber der Vermögensnachteil auszugleichen, der sich daraus ergibt, daß er infolge der unzulänglichen Auskunft andere Vollstreckungsmöglichkeiten versäumt hat (BGHZ 69, 328, 333).

Erteilt der Drittschuldner ohne wirksame Aufforderung eine Auskunft, muß diese wahr sein. Gibt er schuldhaft eine falsche Auskunft, hat er analog § 840 II 2 Schadensersatz zu leisten, weil er den Anschein erweckt, dem § 840 genügen zu wollen (StJ/*Münzberg*, § 840 Rdnr. 32 m.N.).

Hat der Vollstreckungsgläubiger nach mangelhafter Auskunft des Drittschuldners gegen diesen eine Klage auf Zahlung der gepfändeten Forderung erhoben und stellt sich dann das Nichtbestehen der Forderung heraus, muß er seinen Klageantrag ändern, um eine Klageabweisung zu vermeiden. Es ist ihm nicht zuzumuten, die Klage zurückzunehmen oder für erledigt zu erklären, um in einem neuen Rechtsstreit den Schadensersatzanspruch nach

§ 840 II 2 einzuklagen. Vielmehr kann er in dem alten Rechtsstreit die Ersatzpflicht des Drittschuldners feststellen lassen oder sofort einen bezifferten Antrag auf Zahlung von Schadensersatz stellen (vgl. BGHZ 79, 275, 278 ff.).

626   d) Das *Erlöschen der Verstrickung und des Pfändungspfandrechts* kann durch eine Aufhebung des Pfändungsbeschlusses, aber auch durch einen Verzicht des Vollstreckungsgläubigers (§ 843) erreicht werden.

Die Verzichtserklärung des Gläubigers gegenüber dem Vollstreckungsschuldner ist eine Prozeßhandlung. Sie bedarf der Schriftform und ist dem Schuldner zuzustellen (§ 843, 2). Auch die Zustellung an den Drittschuldner ist geboten (§ 843, 3); sie stellt jedoch keine Wirksamkeitsvoraussetzung dar.

Durch den Verzicht erlöschen Verstrickung und Pfandrecht, ohne daß es dazu noch eines Aufhebungsbeschlusses bedürfte. Nachrangige Pfandgläubiger rücken in die freigewordene Stelle nach. Unberührt bleibt durch den Verzicht der titulierte Anspruch des Vollstreckungsgläubigers (§ 843, 1).

627   e) Die *Vorpfändung* nach § 845 (Rdnr. 610) soll es dem Vollstreckungsgläubiger ermöglichen, schon vor Erlaß eines Pfändungsbeschlusses eine Forderung zu beschlagnahmen, um die Nachteile zu vermeiden, die für den Gläubiger bis zum Erlaß des Pfändungsbeschlusses eintreten können.

(1) Die Vorpfändung *wirkt* von dem Zeitpunkt an, in dem die Benachrichtigung dem Drittschuldner zugestellt wird, wie ein Arrest (§ 930; Rdnr. 1541 ff.), sofern die Pfändung der Forderung (durch das Vollstreckungsgericht) innerhalb drei Wochen bewirkt wird (§ 845 II 1). Da es sich bei der Arrestvollziehung um eine Beschlagnahme im Wege der Zwangsvollstreckung handelt (BGHZ 87, 166, 168), besteht für den Vollstreckungsschuldner das Gebot, sich einer Verfügung über die Forderung zu enthalten, und für den Drittschuldner das Verbot, an den Vollstreckungsschuldner zu zahlen.

(a) Die genannte Wirkung tritt aber nur ein, wenn die *Pfändung binnen drei Wochen* nachfolgt (auflösende Bedingung). Diese Frist, deren Berechnung nach § 222 erfolgt, beginnt mit dem Tage, an dem die Benachrichtigung zugestellt ist (§ 845 II 2). Wird innerhalb der Frist gepfändet, erstarkt das Arrestpfandrecht zum endgültigen Pfandrecht. Dessen Rang bestimmt sich nach dem Zeitpunkt des Wirksamwerdens der Vorpfändung, soweit Vorpfändung und gerichtliche Pfändung in ihrem Umfang übereinstimmen.

Im Fall d ist dem G, sofern er einen Schuldtitel gegen S in Händen hat, zu einer schnellen Vorpfändung zu raten, weil er dadurch die Möglichkeit erhält, gegenüber den anderen Gläubigern einen besseren Rang zu erlangen.

Vorläufiges Zahlungsverbot

gemäß § 845 Zivilprozeßordnung

Datum: 3.Nov. 1985

Der Kaufmann Georg Glaub, Hauptstr. 1, 4400 Münster,

(Gläubiger)

vertreten durch Rechtsanwalt Reimann, Monhofsfeld 76, 4400 Münster,

hat gegen den Schlosser Simon Schuld, Mittelweg 19, 4400 Münster

(Schuldner)

aus dem vollstreckbaren Urteil

des Amts- gerichts Münster vom 1.Okt.1985

(Gesch.-Nr. 7 C 925/85) ~~und dem Kostenfestsetzungsbeschluß vom~~

einen Anspruch auf Zahlung folgender Beträge:

1.315,83 DM Hauptforderung

46,43 dazu 4 % Zinsen seit dem 15.12.1984

DM festgesetzte Kosten – Kosten des Mahnverfahrens

dazu 4% Zinsen seit dem und etwa

81,05 DM Kosten der Zwangsvollstreckung

Wegen dieses Anspruchs steht die gerichtliche Pfändung der umseitig aufgeführten angeblichen Forderungen des Schuldners an

Genaue Bezeichnung des **Drittschuldners** – Firmenbezeichnung bzw. Vor- und Zuname, Vertretungsberechtigte, genaue Anschrift –

Fa. Dirk Drittmann, Bachstr. 45, 44 Münster

Drittschuldner

auf

siehe Anspruch A auf der Rückseite

– einschließlich der künftig fällig werdenden Beträge aus dem gleichen Rechtsgrunde – bevor.

Als Bevollmächtigter des Gläubigers benachrichtige ich hiermit Drittschuldner und Schuldner gemäß § 845 der Zivilprozeßordnung von der bevorstehenden Pfändung mit der Aufforderung,

an den **Drittschuldner,** nicht an den Schuldner zu zahlen, und

an den **Schuldner,** sich jeder Verfügung über die Forderung, insbesondere ihrer Einziehung, zu enthalten.

Diese Benachrichtigung hat die Wirkung eines Arrestes (§§ 845, 930 der Zivilprozeßordnung).

Nach der Zustellung des gerichtlichen Pfändungsbeschlusses hat der Drittschuldner nach § 840 der Zivilprozeßordnung die Verpflichtung zur Erklärung,

1. ob und inwieweit er die Forderung als begründet anerkennt und Zahlung zu leisten bereit ist,
2. ob und welche Ansprüche andere Personen an die Forderung stellen,
3. ob und wegen welcher Ansprüche die Forderung bereits für andere Gläubiger gepfändet ist.

Im Interesse einer vereinfachten Abwicklung bitte ich, diese Fragen binnen 2 Wochen zu beantworten.

An die
Verteilungsstelle für Gerichtsvollzieher-Aufträge
beim Amtsgericht
mit der Bitte um Zustellung an

1. Fa. Dirk Drittmann
Bachstr. 45, 44 Münster **(Drittschuldner)**

Reimann
Rechtsanwalt

2. Schlosser Simon Schuld,
Mittelweg 19, 4400 Münster **(Schuldner)**

Form.-Nr. **Z 507** Vorläufiges Zahlungsverbot für Geldforderung
(Arbeitseinkommen, Lohnsteuer, Lebensversicherung, Vermögensbildung, Bankguthaben pp.) (9511-VIII/83)

[X] Anspruch A (an Arbeitgeber/Arbeitsamt)

[X] auf Zahlung des gesamten gegenwärtigen und künftigen Arbeitseinkommens (einschließlich des Geldwertes von Sachbezügen.

[ ] auf Zahlung aller laufenden Leistungen nach dem Sozialgesetzbuch, insbesondere aus Arbeitslosenunterstützung gemäß den für die Pfändung von Arbeitseinkommen geltenden Vorschriften der §§ 850 ff. ZPO in Verbindung mit der Tabelle zu § 850 C ZPO.

Berechnung des pfändbaren Arbeitseinkommens

Von der Pfändung ausgenommen sind Steuern, Beiträge zur Sozialversicherung, ebenso Beiträge in üblicher Höhe, die der Schuldner laufend an eine Ersatzkasse, eine private Krankenversicherung oder zur Weiterversicherung zahlt, ferner die in § 850 a bis c und e Ziffer 1 ZPO genannten Bezüge.

Von dem errechneten Nettoeinkommen ergibt sich der pfändbare Betrag unter Berücksichtigung von Unterhaltspflichten des Schuldners aus der Tabelle zu § 850 c Absatz 3 ZPO in der jeweils gültigen Fassung.

[ ] Anspruch B (an Arbeitgeber)

auf Zahlung der Arbeitnehmersparzulage nach § 12 des 3. VermBG (unbeschränkt).

[ ] Anspruch C (an Arbeitgeber)

auf Herausgabe der Lohnsteuerkarte mit Lohnsteuerbescheinigung zum Jahresende zwecks Stellung des Antrags beim Finanzamt auf Erstattung des Lohnsteuerjahresausgleichs bzw. von Einkommensteuerüberzahlungen sowie auf Auszahlung von Steuererstattungsansprüchen für das laufende Jahr und die folgenden Jahre, sofern diese durch den Arbeitgeber infolge Vornahme des Lohnsteuerjahresausgleichs ausgezahlt oder verrechnet werden.

Dem Gläubiger wird aufgegeben, die Lohnsteuerkarte nach Gebrauch, jedoch spätestens bis zum 30. 9. nächsten Jahres, dem zuständigen Finanzamt einzureichen.

[ ] Anspruch D (an Finanzamt)

auf Durchführung des Lohnsteuerjahresausgleichs bzw. Auszahlung insbesondere von Lohn- und Kirchensteuer sowie auf Erstattungen von Einkommen-, Kirchen- und Vermögensteuer, und zwar für das Jahr

[ ] Anspruch E (an Banken etc.)

1. auf Zahlungen und Leistungen jeglicher Art aus der gesamten Geschäftsverbindung, insbesondere gegenwärtig und zukünftig entstehende Guthaben bzw. gegenwärtig und zukünftig zu seinen Gunsten entstehende Salden, aus der laufenden Rechnung (Kontokorrent) bestehenden Geschäftsverbindung (insbesondere über das Konto Nr._____) jeweils gebührt, einschließlich aller Ansprüche aus dem zugrundeliegenden Girovertrag auf Gutschrift aller künftigen Eingänge und auf **fortlaufende Auszahlung** der Guthaben sowie auf Durchführung von Überweisungen an Dritte.

2. aus seinen bei der Drittschuldnerin geführten Sparkonten, auf Auszahlung des Guthabens und der bis zum Tage der Auszahlung aufgelaufenen Zinsen sowie auf fristgerechte bzw. vorzeitige Kündigung der Spargutahben.
   Zugleich wird angeordnet, daß der Schuldner das über die jeweiligen Sparguthaben ausgestellte Sparbuch/Sparurkunde an den Gläubiger – zu Händen des Gerichtsvollziehers als Sequester – herauszugeben hat.

3. Anspruch auf Zahlungen und Leistungen jeglicher Art aus dem zu dem Wertpapierkonto gehörenden Geldkonto, auf dem die Zinsgutschriften für die festverzinslichen Wertpapiere gutgebracht sind.

4. Anspruch auf Zutritt zu dem Bankstahlfach und Mitwirkung bei der Öffnung zum Zwecke der Entnahme des Inhalts. Zugleich wird angeordnet, daß ein vom Gläubiger zu beauftragender Gerichtsvollzieher anstelle des Gläubigers Zutritt zu den Schließfächern zu nehmen hat, um nach Öffnen der Fächer den Inhalt derselben für den Gläubiger zu pfänden.

5. Anspruch auf Rückübertragung aller gegebenen Sicherheiten, einschließlich des Anspruchs auf Auszahlung des evtl. Übererlöses.
   Auf § 835 Absatz 3 Satz 2 ZPO und § 55 SGB wird der Drittschuldner hingewiesen.

[ ] Anspruch F (an Lebensversicherungsgesellschaft)

1. auf dem mit der Drittschuldnerin abgeschlossenen Lebensversicherungsvertrag, Versicherungs-Nr. sowie auf Gewinnanteile und auf Zahlung des Rückkaufwertes.

2. auf das Recht zur Bestimmung desjenigen, zu dessen Gunsten im Todesfall die Versicherungssumme ausgezahlt wird, bzw. zur Bestimmung einer anderen Person anstelle der vom Schuldner vorgesehenen,

3. auf das Recht zur Kündigung des Lebensversicherungsvertrages,

4. auf Umwandlung der Lebensversicherung in eine prämienfreie Versicherung,

5. auf das Recht zur Aushändigung der Versicherungspolice.

Der Schuldner hat die Versicherungspolice und die letzte Prämienquittung – zu Händen des Gerichtsvollziehers als Sequester – herauszugeben.

(b) *Verstreicht die Frist* von drei Wochen, ohne daß die Pfändung erfolgt, verliert die Vorpfändung ihre Wirkung.

Eine Wiederholung der Vorpfändung ist zwar zulässig; jedoch wirkt sie nur vom Zeitpunkt ihrer Zustellung an. Durch sie kann eine Verlängerung der durch die erste Vorpfändung in Lauf gesetzten Frist nicht erreicht werden.

(2) *Mängel* der Vorpfändung führen regelmäßig nicht nur zur Anfecht- **628** barkeit, sondern zur Nichtigkeit; die Vorpfändung genießt als private Zwangsvollstreckungsmaßnahme nicht den Bestandsschutz eines staatlichen Zwangsvollstreckungsaktes.

Schuldner und Drittschuldner können einen rechtlichen Mangel der Vorpfändung mit der Erinnerung (§ 766) rügen. Ist allerdings die Vorpfändung schon deshalb wirkungslos, weil ihr keine rechtzeitige Pfändung nachgefolgt ist, fehlt für die Erinnerung das Rechtsschutzbedürfnis. Wenn die Pfändung rechtzeitig bewirkt ist, wird regelmäßig nur sie Gegenstand der Erinnerung sein, sofern nicht ausnahmsweise ein berechtigtes Interesse daran besteht, wegen des Ranges gegen die Vorpfändung vorzugehen (vgl. *Zöller/Stöber*, § 845 Rdnr. 8). Abgesehen davon kann auch eine Drittwiderspruchsklage (§ 771) zulässig sein.

Lehnt der Gerichtsvollzieher die Anfertigung (§ 845 I 2) oder die Zustellung (§ 845 I 1) einer Benachrichtigung ab, steht dem Gläubiger die Erinnerung (§ 766) zu.

2. Umfang der Pfändung   629

a) Die Pfändung bezieht sich regelmäßig auf eine *gegenwärtige Forderung*. Allerdings kann auch eine *künftige Forderung* gepfändet werden.

(1) Die Pfändung erfaßt die im Pfändungsbeschluß bezeichnete und *im Zeitpunkt der Pfändung tatsächlich bestehende* Forderung des Schuldners. Sie ergreift ohne weiteres auch die zur Hauptforderung gehörenden Nebenrechte wie Zinsen oder akzessorische Sicherungs- und Vorzugsrechte (vgl. § 401 BGB; z.B. Pfandrechte, Bürgschaftsansprüche).

Auf selbständige Sicherungsrechte (z.B. Sicherungseigentum, Sicherungsgrundschuld) erstreckt sich die Pfändung nicht; sie sind für sich gesondert zu pfänden.

(2) Soll sich die Pfändung auf einen *künftigen Anspruch* erstrecken, ist das **630** grundsätzlich im Pfändungsbeschluß ausdrücklich anzuordnen.

Ausnahmsweise werden durch den Pfändungsbeschluß auch die nach der Pfändung fällig werdenden Beträge ohne einen besonderen Ausspruch miterfaßt, wenn es sich um eine Gehaltsforderung oder eine ähnliche *in fortlaufenden Bezügen bestehende Forderung* handelt (§ 832). Diese Regelung dient der Verfahrensvereinfachung; dem Vollstreckungsgläubiger soll es erspart werden, bei jeder künftig entstehenden Forderung eine neue Pfändung auszubringen.

Unter § 832 fallen insbesondere die wiederkehrend zahlbaren Vergütungen der §§ 850 ff., also das Arbeitseinkommen, die rentenähnlichen Bezüge nach § 850b sowie die ständigen Sozialgeldleistungen, aber auch etwa Miet- und Pachtzinsforderungen. Die Vorschrift setzt voraus, daß die nach der Pfändung fällig werdenden Bezüge auf dem Rechtsverhältnis beruhen, das im Pfändungsbeschluß genannt ist. Die Einheitlichkeit des Rechtsverhältnisses beurteilt sich nach der Verkehrsauffassung (BAG NJW 1957, 439).

So ändern etwa Unterbrechungen eines Arbeitsverhältnisses von kurzfristiger Dauer (z.B. Saisonarbeit) an der Einheitlichkeit des Rechtsverhältnisses nichts. Ist dagegen nach der Auflösung eines Arbeitsverhältnisses eine Wiedereinstellung erfolgt, ohne daß das voraussehbar gewesen wäre, fehlt es an dem notwendigen Zusammenhang von altem und neuem Arbeitsverhältnis (*Zöller/Stöber*, § 832 Rdnr. 3).

Im Fall e ist nach der Verkehrsauffassung eine Einheitlichkeit des Beschäftigungsverhältnisses noch anzunehmen. Die Unterbrechung des Arbeitsverhältnisses bei D kommt lediglich einer Suspendierung gleich. S war durch äußere Umstände an der Fortführung seiner Arbeit verhindert (vgl. LAG Düsseldorf BB 1969, 137).

Nach § 833 erfaßt die Pfändung auch das Arbeitseinkommen, das der Schuldner durch Versetzung, Übertragung eines anderen Aufgabenbereichs oder infolge einer Gehaltserhöhung bezieht. Das gilt für öffentlich-rechtliche Dienstverhältnisse sowie — trotz des einschränkenden Gesetzeswortlauts — für private Arbeits- und Dienstverhältnisse.

Allerdings greift § 833 nicht bei einem Arbeitgeberwechsel ein (§ 833 II). Dem Vollstreckungsgläubiger bleibt nichts anderes übrig, als den Lohnanspruch des Vollstreckungsschuldners gegen den neuen Arbeitgeber pfänden zu lassen.

Keine Änderung des Drittschuldners liegt vor, wenn dieser sich eine andere Rechtsform gibt (z.B. aus einer OHG wird eine KG) oder wenn eine Betriebsübernahme (§ 613a BGB) erfolgt (LAG Hamm DB 1976, 440).

631   b) Die Pfändung kann die Forderung des Vollstreckungsschuldners gegen den Drittschuldner *ganz* oder *nur zum Teil* erfassen.

(1) Wenn sich aus dem Pfändungsbeschluß nichts anderes ergibt, ergreift die Pfändung die *Forderung vollständig*. Das kann zu einer Überpfändung führen.

Beispiele: Wegen einer titulierten Forderung von 100,— DM wird eine Forderung von 2 000,— DM oder werden mehrere Forderungen von insgesamt 2 000,— DM gepfändet. — Obwohl eine Sachpfändung zur Befriedigung des Vollstreckungsgläubigers ausreicht, wird auch noch eine Forderung des Schuldners gepfändet.

Das Verbot der Überpfändung (§ 803 I 2; Rdnr. 346 ff.) gilt auch für die Forderungspfändung. Jedoch liegt nicht schon dann eine Überpfändung vor, wenn der Nennbetrag der gepfändeten Forderung den der zu vollstreckenden Forderung übersteigt. Selbst wenn der Betrag der gepfändeten Forderung höher ist, kann es sein, daß diese im Einzelfall etwa mangels wirtschaftlichen Wertes oder mangels Durchsetzbarkeit zur Befriedigung des Vollstreckungsgläubigers nicht ausreicht. Deshalb wird das Vollstreckungsgericht die Forderung nicht nur in Höhe der zu vollstreckenden Forderung pfänden (sog. Teilpfändung; so *Jonas*, JW 1937, 2134; *Baur/Stürner*, Rdnr. 507); vielmehr wird es die Forderung in voller Höhe erfassen (sog. Vollpfändung; so *A. Blomeyer*, § 55 III 3 b; StJ/*Münzberg*, § 829 Rdnr. 74; BGH NJW 1975, 738; Fall f). Die Vollpfändung ist auch deshalb geboten, weil das Vollstreckungsgericht nur die »angebliche« Forderung pfändet, ohne den Bestand und die Durchsetzbarkeit zu prüfen.

Liegt allerdings im Einzelfall tatsächlich eine Überpfändung vor, kann der Vollstreckungsschuldner das mit der Erinnerung (§ 766) geltend machen. Diese steht ihm auch bei einer Übersicherung des Vollstreckungsgläubigers zu (§ 777; Rdnr. 352 ff.).

(2) Soll nur ein *Teil der Forderung* gepfändet werden, muß das im Pfändungsbeschluß ausdrücklich bestimmt werden. Der übrige Teil der Forderung bleibt pfandfrei und für den Vollstreckungsschuldner verfügbar.   632

Wenn nach dem üblichen Wortlaut des Pfändungsbeschlusses »wegen und bis zur Höhe« der zu vollstreckenden Forderung gepfändet wird, soll nach Ansicht des BGH (NJW 1975, 738) eine Teilpfändung vorliegen (str.; vgl. *Stöber*, Rdnr. 762 m.N.).

Will der Vollstreckungsgläubiger bei einer Teilpfändung erreichen, daß der von ihm gepfändete Forderungsteil Vorrang vor dem übrigen Teil der Forderung haben soll, muß er einen entsprechenden Antrag stellen, und das Vollstreckungsgericht hat diesen Vorrang im Pfändungsbeschluß anzuordnen (*Stöber*, Rdnr. 761).

§ 18   Die Verwertung von Geldforderungen   633

Schrifttum: *Benöhr*, Einredeverzicht des Drittschuldners?, NJW 1976, 174; *Denck*, Einwendungsverlust bei pfändungswidriger Zahlung des Drittschuldners an den Schuldner?, NJW 1979, 2375; *ders.*, Einwendungen des Arbeitgebers gegen die titulierte Forderung bei Lohnpfändung, ZZP 92, 71; *ders.*, Drittschuldnerschutz nach § 836 II ZPO — BGHZ 66, 394, JuS 1979, 408; *H.F. Gaul*, Zur Rechtsstellung der Kreditinstitute als Drittschuldner in der Zwangsvollstreckung, 1978; *Joost*, Risikoträchtige Zahlungen des Drittschuldners bei der Forderungspfändung, WM 1981, 82; *Lieb*, Bereicherungsrechtliche Fragen bei Forderungspfändungen, ZIP 1982, 1153; *Münzberg*, Anhörung vor Überweisung an Zahlungs Statt, Rpfleger 1982, 329; *Pohle*, Kann der Drittschuldner der Klage aus einem Pfändungsbeschluß die Pfändungsverbote der §§ 850 ff. ZPO entgegenhalten?, JZ 1962, 344; *D. Reinicke*, Die zweckentfremdete Aufrechnung, NJW 1972, 793; *ders.*, Zweckentfremdete Aufrechnung?, NJW 1972, 1698; *Rimmelspacher/Spellenberg*, Pfändung einer Gegenforderung und Aufrechnung, JZ 1973, 271; *Rixecker*, Der Irrtum des Drittschuldners über den Umfang der Lohnpfändung, JurBüro 1982, 1761; *Rutke*, Drittschuldnerschutz für die Bank bei der Kontenpfändung, ZIP 1984, 538; *P. Schlosser*, Forderungspfändung und Bereicherung, ZZP 76, 73; *E. Schneider*, Zur Prozeßführungsbefugnis des Schuldners nach Pfändung und Überweisung einer Forderung zur Einziehung, JurBüro 1966, 191; *Schopp*, Zahlungsvermerke auf Überweisungsbeschlüssen über Gläubigerforderungen, Rpfleger 1966, 326; *Seibert*, Drittschuldnerschutz — Grenzen des Zahlungsverbots bei der Lohnpfändung, WM 1984, 521; *Werner*, Zweckentfremdete Aufrechnung?, NJW 1972, 1697.

Fälle:

a) Auf Antrag des G ist eine Werklohnforderung des S gegen D gepfändet und dem G zur Einziehung überwiesen worden. Da D nicht zahlt, beauftragt G unter Vorlage des Pfändungs- und Überweisungsbeschlusses den Gerichtsvollzieher Gv, bei D zu pfänden. Gv lehnt das ab.

b) S nimmt G auf Schadensersatz in Anspruch, weil G mit der Einziehung der Forderung des S gegen D monatelang gewartet hat, bis bei D keine Mark mehr beizutreiben ist. G meint, es sei allein seine Sache, ob und wann er von seinem Einziehungsrecht Gebrauch mache.

c) Nach Pfändung und Überweisung der Forderung des S gegen D macht dieser gegenüber dem G geltend, er sei nur gegen Rückgabe des ausgestellten Schuldscheins zur Zahlung bereit und verpflichtet. S gibt den Schein nicht an G heraus. Was ist diesem zu raten?

d) D zahlt an G aufgrund eines Pfändungs- und Überweisungsbeschlusses, obwohl dieser inzwischen wegen Unpfändbarkeit der Forderung wieder aufgehoben worden ist, was dem D allerdings bei der Zahlung nicht bekannt ist. S verlangt von D, hilfsweise von G Zahlung.

e) Die Forderung des S gegen D ist zunächst für G_1 und dann für G_2 gepfändet und ihnen überwiesen worden. Nach Aufhebung des zugunsten von G_1 erlassenen Beschlusses zahlt D in Unkenntnis der Aufhebung an G_1. Rechte des G_2?
Wie ist die Rechtslage, wenn D vor der Zahlung an G_1 von der Aufhebung des Pfändungs- und Überweisungsbeschlusses erfahren, die Aufhebung inzwischen aber vergessen hat?

f) Bevor G die Forderung des S gegen D pfänden und sich überweisen läßt, tritt S diese Forderung an den Zessionar Z ab. D zahlt an G. Rechtslage?

g) G klagt die ihm überwiesene Forderung des S gegen D ein. Dieser macht im Prozeß geltend,
1. es fehle für den Pfändungs- und Überweisungsbeschluß an einem Vollstreckungstitel,
2. die gepfändete Forderung sei nach § 850b unpfändbar,

3. er rechne mit einer Gegenforderung auf, die ihm schon vor der Pfändung gegen S zugestanden habe,

4. er habe nach Zustellung des Pfändungs- und Überweisungsbeschlusses an S gezahlt; hilfsweise rechne er mit einer ihm schon lange gegen S zustehenden Gegenforderung auf.

h) G läßt sich den gepfändeten Kaufpreisanspruch des S gegen D an Zahlungs Statt überweisen. Im Rechtsstreit des G gegen D auf Zahlung des Kaufpreises erhebt D mit Erfolg die Verjährungseinrede. Als G dann in einen anderen Vermögensgegenstand des S vollstrecken will, meint dieser, G sei schon durch Überweisung der Kaufpreisforderung befriedigt worden.

Durch die Pfändung erlangt der Gläubiger nur ein Pfandrecht an der Forderung des Schuldners gegen den Drittschuldner. Will er wegen seiner Forderung gegen den Schuldner aus der gepfändeten Forderung befriedigt werden, muß ihm vom Vollstreckungsgericht ein Recht zur Verwertung eingeräumt werden. Dazu sieht das Gesetz drei verschiedene Wege vor, nämlich die Überweisung der gepfändeten Forderung zur Einziehung (Rdnr. 634 ff.), die Überweisung an Zahlungs Statt (Rdnr. 663 ff.) und für besondere Fälle die Anordnung einer anderen Verwertung (Rdnr. 666 ff.). Meistens ist der Überweisungsbeschluß zusammen mit dem Pfändungsbeschluß in einem einzigen Formular enthalten.

Der Grund für die gesetzliche Trennung von Pfändungs- und Überweisungsbeschluß liegt darin, daß dadurch die Zwangsvollstreckung allein auf die Pfändung beschränkt werden kann, wenn etwa — wie bei der Arrestvollziehung (§ 930 I; Rdnr. 1541) oder Sicherungsvollstreckung (§ 720a; Rdnr. 69) — nur eine Sicherung (und keine Befriedigung) des Gläubigers vorgesehen ist.

I. Überweisung zur Einziehung 634

1. Bedeutung und Abgrenzung

a) Durch die Überweisung zur Einziehung wird die gepfändete Forderung nicht auf den Vollstreckungsgläubiger übertragen; Inhaber der Forderung bleibt vielmehr der Vollstreckungsschuldner. Aber der Vollstreckungsgläubiger wird *ermächtigt, die Forderung einzuziehen* (vgl. § 836 I). Mit der Überweisung zur Einziehung wird der Vollstreckungsgläubiger wegen seiner Forderung gegen den Vollstreckungsschuldner noch nicht befriedigt; die Überweisung beendet also die Zwangsvollstreckung nicht. Die Vollstreckungsforderung erlischt nur, wenn und soweit die gepfändete Forderung durch Zahlung an den Vollstreckungsgläubiger getilgt wird. Führt der Versuch des Vollstreckungsgläubigers, die gepfändete Forderung einzuziehen, nicht zum Erfolg, kann der Gläubiger aus dem Vollstreckungstitel weiter vollstrecken. Die Überweisung zur Einziehung erfolgt also nur erfüllungs-halber (vgl. § 364 II BGB; AS Rdnr. 165).

635   b) Die Überweisung zur Einziehung ist *von der Überweisung an Zahlungs Statt abzugrenzen.* Mit der Überweisung an Zahlungs Statt geht die Forde-rung — wie bei deren Abtretung (§ 398 BGB; AS Rdnr. 381 ff.) — auf den Vollstreckungsgläubiger über. Dieser ist — ebenfalls anders als bei der Über-weisung zur Einziehung — wegen seiner Vollstreckungsforderung gegen den Vollstreckungsschuldner insoweit als befriedigt anzusehen, als die gepfän-dete Forderung besteht (§ 835 II; vgl. § 364 I BGB). Mit der Befriedigung des Vollstreckungsgläubigers durch Überweisung an Zahlungs Statt ist die Zwangsvollstreckung beendet. Stellt sich dann heraus, daß der Drittschuld-ner nicht zahlen kann, ist es dem Vollstreckungsgläubiger verwehrt, aus dem Vollstreckungstitel in andere Vermögensstücke des Vollstreckungsschuldners zu vollstrecken. Der Vollstreckungsgläubiger trägt demnach zwar nicht das Risiko des Bestehens der Forderung, wohl aber das der Zahlungsfähigkeit des Drittschuldners. Deshalb wird er in aller Regel von einem Antrag auf Überweisung der gepfändeten Forderung an Zahlungs Statt absehen und eine Überweisung zur Einziehung begehren; im Zweifel ist sein Antrag auch dementsprechend auszulegen.

636   **2. Durchführung der Überweisung zur Einziehung**

a) Auf Antrag des Gläubigers hat das Vollstreckungsgericht (der Rechts-pfleger) einen *Überweisungsbeschluß* zu erlassen. In diesem ist auszuspre-chen, daß die gepfändete Forderung dem Gläubiger zur Einziehung über-wiesen wird. Aus dem Beschluß muß dem Drittschuldner erkennbar sein, wie und an wen er die Leistung zu erbringen hat.

So ist der Drittschuldner in dem Beschluß darauf hinzuweisen, daß er den Geldbe-trag zu hinterlegen oder an eine andere Person zu zahlen hat, wenn sich aus dem Voll-streckungstitel ergibt, daß die titulierte Forderung auch vom Schuldner zu hinterlegen oder an eine andere Person zu leisten ist (vgl. *Stöber*, Rdnr. 580 f.).

637   b) Der Überweisungsbeschluß wird *mit der Zustellung an den Dritt-schuldner wirksam* (§§ 835 III 1, 829 III); die Zustellung erfolgt im Parteibe-trieb (§§ 835 III 1, 829 II 1). Wie beim Pfändungsbeschluß ist auch hier die Zustellung des Überweisungsbeschlusses an den Schuldner keine Vorausset-zung für die Wirksamkeit der Überweisung (Einzelh. zur Zustellung: Rdnr. 148 ff.; 608 ff.).

Wird ein bei einem Geldinstitut gepfändetes Guthaben eines Schuldners, der eine natürliche Person ist, dem Gläubiger überwiesen, darf erst zwei Wochen nach der Zustellung aus dem Guthaben an den Gläubiger geleistet oder der Betrag hinterlegt werden (§ 835 III 2). Damit soll dem Vollstreckungsschuldner ausreichend Zeit eingeräumt werden, um einen Pfändungsschutzantrag nach § 850k (Rdnr. 585 ff.) zu stellen.

3. Rechtswirkungen der Überweisung zur Einziehung   638

Die Überweisung der gepfändeten Forderung zur Einziehung wirkt sich auf die Rechtsstellung des Vollstreckungsgläubigers, die des Vollstreckungsschuldners und die des Drittschuldners aus.

a) Der *Vollstreckungsgläubiger* erwirbt mit der Überweisung ein Einziehungsrecht, und es entstehen für ihn bestimmte Pflichten.

(1) Das *Einziehungsrecht* des Gläubigers wird mit der Überweisung durch Hoheitsakt begründet. Wenn nach materiellem Recht die Ermächtigung zur Einziehung der Forderung in einer besonderen Form erfolgen muß (z.B. beim Inkassoindossament nach Art. 18 I WG; HR Rdnr. 576), wird diese durch die Überweisung ersetzt (§ 836 I).

Das Einziehungsrecht ist *nicht selbständig pfändbar* (*Baur/Stürner*, Rdnr. 516; *Lippross*, S. 131; *Stöber*, Rdnr. 590; OLG Stuttgart Rpfleger 1983, 409; a.A. StJ/ *Münzberg*, § 835 Rdnr. 26 m.N.). Es geht wegen seiner Akzessorietät nur dann auf den Gläubiger des Vollstreckungsgläubigers über, wenn er die Forderung des Vollstreckungsgläubigers gegen den Vollstreckungsschuldner pfändet.

(a) Der *Inhalt des Einziehungsrechts* besteht darin, daß der Gläubiger   639
befugt ist, im eigenen Namen (nicht etwa als Vertreter des Schuldners) und für eigene Rechnung die gepfändete Forderung und die dazu gehörenden Nebenrechte (§ 401 BGB) gegenüber dem Drittschuldner geltend zu machen. Er ist ermächtigt, alle Handlungen vorzunehmen, die im Recht des Schuldners begründet und der Befriedigung des Anspruchs dienlich sind (BGHZ 82, 28, 31).

Der Gläubiger kann beispielsweise die noch nicht fällige Forderung kündigen, den Drittschuldner durch Mahnung in Verzug setzen, mit der gepfändeten Forderung aufrechnen, eine Leistung an Zahlungs Statt vereinbaren.
Damit der Gläubiger seine Rechte gegenüber dem Drittschuldner bestmöglich wahrnehmen kann, ist der Schuldner zur Auskunftserteilung und Herausgabe der über die Forderung vorhandenen Urkunden verpflichtet (§ 836 III; Rdnr. 646 f.).

Da die gepfändete Forderung der Befriedigung des Vollstreckungsgläubigers dienen soll, ist das Einziehungsrecht der Höhe nach durch den Betrag der titulierten Forderung begrenzt.

Ist die gepfändete Forderung höher als die titulierte, ist der Gläubiger auch nicht befugt, den Mehrbetrag unter Vorbehalt der Erstattung an den Schuldner einzuziehen (*Stöber*, Rdnr. 603).

Der Gläubiger ist dagegen zu solchen Handlungen nicht befugt, welche die Einziehung der Forderung erschweren oder gar vereiteln.

So kann der Gläubiger mit Wirkung gegenüber dem Vollstreckungsschuldner z.B. nicht die gepfändete Forderung stunden, erlassen oder abtreten.

Eine Wirkung gegenüber dem Vollstreckungsschuldner tritt nur dann ein, wenn dieser der Verfügung des Vollstreckungsgläubigers zustimmt oder wenn die Interessen des Schuldners nicht berührt werden. Das ist etwa der Fall, wenn der Gläubiger sich wegen des erlassenen Teils der Forderung dem Schuldner gegenüber für befriedigt erklärt (RGZ 169, 54, 56) oder die Nachteile einer bewilligten Stundung übernimmt (BGH NJW 1978, 1914, 1915).

640   (b) Das Einziehungsrecht umfaßt ferner die Befugnis des Vollstreckungsgläubigers, die Forderung des Vollstreckungsschuldners gegen den Drittschuldner *im eigenen Namen einzuklagen.* Auf dieses Klagerecht ist der Gläubiger bei Zahlungsunwilligkeit des Drittschuldners auch angewiesen. Der Pfändungs- und Überweisungsbeschluß stellt nämlich keinen Vollstreckungstitel gegen den Drittschuldner dar; denn allein aufgrund der Angaben des Vollstreckungsgläubigers ist ohne Anhörung von Schuldner und Drittschuldner die »angebliche« Forderung des Schuldners gegen den Drittschuldner gepfändet und dem Gläubiger überwiesen worden (Fall a). Bestreitet also der Drittschuldner das Bestehen der Forderung oder verweigert er aus einem anderen Grund die Zahlung, muß der Gläubiger ihn auf Zahlung verklagen, um einen Titel gegen ihn zu erlangen und daraus gegen ihn vollstrecken zu können.

Für eine Klage des Gläubigers gegen den Drittschuldner fehlt jedoch das Rechtsschutzbedürfnis, wenn der Gläubiger auf einem einfacheren Wege zu einem Titel kommen kann. Das ist der Fall, wenn der Vollstreckungsschuldner schon einen Vollstreckungstitel hinsichtlich der gepfändeten Forderung erlangt hat; dann kommt gem. § 727 (Rdnr. 116 f.) eine Umschreibung auf den Vollstreckungsgläubiger als Rechtsnachfolger des Vollstreckungsschuldners in Betracht.

Schwebt zu dem Zeitpunkt, in dem der Pfändungs- und Überweisungsbeschluß wirksam wird, ein Rechtsstreit zwischen dem Vollstreckungsschuldner und dem Drittschuldner über die gepfändete Forderung, kann der Vollstreckungsgläubiger mit Zustimmung des Drittschuldners den Prozeß als Kläger anstelle des Vollstreckungsschuldners übernehmen (vgl. § 265 II 2). Ohne Zustimmung des Drittschuldners bleibt der Vollstreckungsschuldner Kläger; er muß nunmehr beantragen, den Beklagten zur Zahlung an den Vollstreckungsgläubiger zu verurteilen. Dieser kann dem Kläger als Streitgehilfe (= Nebenintervenient) beitreten, weil er am Obsiegen des Klägers ein rechtliches Interesse hat (§ 66 I). Er darf dann alle Angriffs- und Verteidigungsmittel geltend machen und Prozeßhandlungen wirksam vornehmen, soweit seine Erklärungen und Handlungen nicht mit denen des Klägers in Widerspruch stehen (§ 67).

641   (aa) Für den Rechtsstreit des Vollstreckungsgläubigers gegen den Drittschuldner sind der *Rechtsweg* und die *Zuständigkeit* des Gerichts gegeben,

die für eine Klage des Vollstreckungsschuldners gelten würden. Der *Antrag* lautet auf Zahlung eines bestimmten Geldbetrages.

Wenn aber die Überweisung nur zur Einziehung und nur mit der Wirkung stattfindet, daß der Drittschuldner den Schuldbetrag zu hinterlegen hat (§ 839), muß der Klageantrag auf Verurteilung des Drittschuldners zur Hinterlegung des geschuldeten Betrages gerichtet sein. Das ist der Fall, wenn der Schuldner die Vollstreckung durch Sicherheitsleistung oder Hinterlegung abwenden darf (§ 711, 1, Rdnr. 62; § 712 I 1, Rdnr. 71).

(bb) Ist die Forderung des Schuldners gegen den Drittschuldner *von meh-*   **642** *reren Gläubigern gepfändet* und jedem von ihnen überwiesen worden, ist jeder Gläubiger berechtigt, gegen den Drittschuldner Klage auf Hinterlegung des geschuldeten Betrages zu erheben (§ 856 I; § 853).

Jeder Gläubiger, für den der Anspruch gepfändet ist, kann sich dem klagenden Gläubiger als Streitgenosse anschließen (§ 856 II). Der beklagte Drittschuldner muß beim Gericht beantragen, daß die Gläubiger, welche die Klage nicht erhoben und sich dem Kläger nicht angeschlossen haben, beigeladen werden (§ 856 III). Das Urteil wirkt zugunsten aller Gläubiger (§ 856 IV); gegen einen Gläubiger wirkt es nur dann, wenn er sich am Verfahren beteiligt hat oder beigeladen worden ist (§ 856 V).

(2) Die *Pflichten* des Vollstreckungsgläubigers gegenüber dem Vollstrek-   **643** kungsschuldner sind den §§ 841 f. zu entnehmen.

(a) Der Gläubiger ist nicht nur zur Einziehung der Forderung berechtigt; er ist gegenüber dem Schuldner auch verpflichtet, die zur Einziehung überwiesene *Forderung beizutreiben.* Das ergibt sich aus § 842, wonach der Gläubiger dem Schuldner den Schaden zu ersetzen hat, der dadurch entsteht, daß der Gläubiger die Beitreibung verzögert.

Der Gläubiger muß also eine außergerichtliche Einziehung der Forderung versuchen und — wenn das erfolglos bleibt — die Forderung einklagen sowie aus dem erstrittenen Urteil die Zwangsvollstreckung gegen den Drittschuldner betreiben. Unterläßt oder verzögert er das schuldhaft, hat er dem Schuldner dessen dadurch entstandenen Schaden zu ersetzen (Fall b). Von dieser Beitreibungspflicht kann sich der Gläubiger durch Verzicht auf seine durch Pfändung und Überweisung erworbenen Rechte befreien (vgl. § 843; Rdnr. 626).

(b) Beim Rechtsstreit des Gläubigers gegen den Drittschuldner ist der   **644** Gläubiger zur *Streitverkündung an den Schuldner* verpflichtet (§ 841). Dadurch soll erreicht werden, daß der Schuldner, dessen Interessen durch eine für den Gläubiger nachteilige Entscheidung berührt werden, an dem Rechtsstreit als Streithelfer teilnehmen kann. Gleichgültig, ob der Schuldner von dieser Möglichkeit Gebrauch macht, entfaltet die Streitverkündung gem. §§ 74, 68 eine Interventionswirkung im Verhältnis des Gläubigers zum Schuldner; dieser wird nicht damit gehört, daß der Rechtsstreit des Gläubigers gegen den Drittschuldner unrichtig entschieden oder mangelhaft geführt worden sei (vgl. § 68).

Verletzt der Gläubiger (oder sein Prozeßbevollmächtigter; vgl. § 85 II) seine Pflicht zur Streitverkündung, ist er dem Schuldner zum Ersatz des daraus entstehenden Schadens verpflichtet, sofern der Gläubiger nicht behauptet und bei Bestreiten beweist, daß er den Rechtsstreit gegen den Drittschuldner auch bei ordnungsgemäßer Streitverkündung verloren hätte.

Die Pflicht zur Streitverkündung besteht dagegen nicht, wenn eine Zustellung im Ausland oder eine öffentliche Zustellung erforderlich wird (§ 841).

645   b) Dem *Vollstreckungsschuldner* verbleiben trotz der Überweisung seiner Forderung bestimmte Rechte, und es entstehen für ihn bestimmte Pflichten.

(1) *Inhaber der Forderung* ist auch nach der Überweisung zur Einziehung weiterhin der Vollstreckungsschuldner. Dieser kann also hinsichtlich der Forderung alle Gläubigerrechte ausüben, sofern er dadurch nicht die Rechte des Vollstreckungsgläubigers beeinträchtigt. Er ist somit nach wie vor befugt, die gepfändete Forderung gegen den Drittschuldner einzuklagen; allerdings muß er beantragen, den Drittschuldner zu verurteilen, an den Vollstreckungsgläubiger zu zahlen (BGH NJW 1968, 2059, 2060).

646   (2) Die *Pflichten* des Vollstreckungsschuldners gegenüber dem Vollstreckungsgläubiger ergeben sich aus § 836 III.

(a) Die *Pflicht zur Auskunftserteilung* besteht für den Schuldner, damit der Gläubiger in die Lage versetzt wird, die gepfändete Forderung gegenüber dem Drittschuldner geltend zu machen (vgl. auch § 402 BGB).

Erfüllt der Schuldner diese Pflicht nicht, macht er sich gegenüber dem Gläubiger nach materiellem Recht schadensersatzpflichtig. Dieser hat auch — anders als bei der Auskunftspflicht des Drittschuldners gem. § 840 (Rdnr. 624) — einen einklagbaren Anspruch gegen den Schuldner auf Auskunftserteilung. Dieser Anspruch ist nicht — wie der Anspruch auf Herausgabe von Urkunden — im anhängigen Vollstreckungsverfahren erzwingbar (vgl. § 836 III 1 u. 2); vielmehr muß der Gläubiger auf Auskunft klagen und aus dem Urteil gem. § 888 (Rdnr. 1076 f.) vollstrecken (vgl. StJ/*Münzberg*, § 836 Rdnr. 12).

647   (b) Die *Pflicht zur Herausgabe der Urkunden*, die über die gepfändete Forderung vorhanden sind, wird dem Schuldner auferlegt, um dem Gläubiger die Einziehung der Forderung zu ermöglichen.

Beispiele: Das gepfändete und überwiesene Sparguthaben wird die Sparkasse nur gegen Vorlage des Sparbuchs an den Gläubiger auszahlen; deshalb muß der Schuldner das Buch an den Gläubiger herausgeben (Rdnr. 698 f.). Entsprechendes gilt für die Lohnsteuerkarte des Schuldners, wenn der Anspruch des Schuldners auf Durchführung des Lohnsteuerjahresausgleichs gepfändet und überwiesen worden ist; denn der

Gläubiger braucht die Lohnsteuerkarte zur Geltendmachung des Erstattungsanspruchs beim Finanzamt (Einzelh.: *Stöber*, Rdnr. 373 ff., 390 f.).

Im Fall c braucht D nur Zug um Zug gegen Rückgabe des Schuldscheins an G zu zahlen (§§ 273 I, 370 BGB). Deshalb benötigt G den Schuldschein; er kann ihn von S herausverlangen.

Ist der Schuldner zur Herausgabe einer bestimmten Urkunde verpflichtet, kann der Gläubiger seinen Herausgabeanspruch im Wege der Zwangsvollstreckung gegen den Schuldner durchsetzen (§ 836 III 2; sog. Hilfspfändung). Vollstreckungstitel dafür ist der Überweisungsbeschluß, in dem die herauszugebende Urkunde bezeichnet sein muß (vgl. OLG Frankfurt Rpfleger 1977, 221; *Thomas/Putzo*, § 836 Anm. 3 b; *Zöller/Stöber*, § 836 Rdnr. 9). Ist das nicht der Fall, muß das Vollstreckungsgericht auf Antrag des Gläubigers einen entsprechenden Ergänzungsbeschluß erlassen. Die Vollstreckung erfolgt durch den Gerichtsvollzieher nach §§ 883, 886 (Rdnr. 1046 ff.).

Im Fall c ist dem G zu raten, einen Ergänzungsbeschluß zu beantragen, in dem der Schuldschein genau bezeichnet ist, und den Gerichtsvollzieher mit der Zustellung und der Vollstreckung zu beauftragen. Einer Klage des G gegen den S auf Herausgabe des Schuldscheins fehlte das Rechtsschutzbedürfnis, weil G auf dem beschriebenen einfacheren Wege zum Ziel kommen kann.

Eine Hilfspfändung nach § 836 III scheidet aus, wenn dem Gläubiger eine Forderung überwiesen worden ist, die durch ein Pfandrecht an einer beweglichen Sache gesichert ist, und der Gläubiger vom Schuldner das Pfand herausverlangt (h.M.: *A. Blomeyer*, § 57 II 2; StJ/*Münzberg*, § 838 Rdnr. 1; *Stöber*, Rdnr. 704; a.A.: BL/*Hartmann*, § 838 Anm. 1 B). Der Gläubiger, der den Besitz an der Pfandsache schon deshalb benötigt, um diese dem Drittschuldner bei Zahlung zurückgeben zu können, ist befugt, vom Schuldner Herausgabe des Pfandes zu verlangen (vgl. § 1251 I BGB). Dieser Anspruch ist notfalls im Klagewege durchzusetzen. Gibt der Schuldner die Pfandsache heraus, läuft er Gefahr, nach § 1251 II 2 BGB für Schäden ersatzpflichtig zu sein, die dem Verpfänder durch Pflichtverletzungen des Vollstreckungsgläubigers entstehen. Deshalb gibt § 838 dem Schuldner eine Einrede gegenüber dem Herausgabebegehren des Gläubigers; der Schuldner kann die Leistung verweigern, bis ihm eine entsprechende Sicherheit für die Schadenshaftung geleistet wird.

c) Der *Drittschuldner* hat ohne seine Mitwirkung die Pfändung und Überweisung der Forderung des Vollstreckungsschuldners über sich »ergehen lassen« müssen. Seine Stellung ist der eines Schuldners vergleichbar, ohne dessen Zutun die gegen ihn gerichtete Forderung vom Gläubiger an einen anderen abgetreten worden ist. Wie der Schuldner bei der Abtretung ist der Drittschuldner bei der Pfändung und Überweisung besonders schutzwürdig. Das zeigt sich einmal dann, wenn der Drittschuldner — wie der Schuldner nach der Abtretung — in Unkenntnis an einen Nichtberechtigten zahlt. Zum anderen müssen dem Drittschuldner bei der Überweisung — wie dem Schuldner bei der Abtretung — gegenüber der Klage des neuen

648

Gläubigers (des Vollstreckungsgläubigers) die Rechte zustehen, die ihm gegenüber dem alten Gläubiger (dem Vollstreckungsschuldner) zustanden.

649 (1) *Vertrauensschutz* verdient der Drittschuldner in folgenden Fällen:

(a) Dem Vollstreckungsschuldner gegenüber gilt ein Überweisungsbeschluß, auch wenn er zu Unrecht erlassen ist, zugunsten des Drittschuldners so lange als rechtsbeständig, bis er aufgehoben wird und die Aufhebung zur Kenntnis des Drittschuldners gelangt (§ 836 II). Damit soll das *Vertrauen des Drittschuldners auf die Wirksamkeit des Überweisungsbeschlusses* geschützt werden (vgl. § 409 I 1 BGB). Ist im Rechtsstreit des Schuldners gegen den Drittschuldner streitig, ob dieser bei der Zahlung an den Gläubiger die Aufhebung des Beschlusses kannte, hat der Schuldner die Beweislast für die Kenntnis des Drittschuldners (vgl. BGHZ 66, 394, 398). Der Drittschuldner verdient aber dann keinen Schutz, wenn er von einer der Aufhebung vorausgehenden einstweiligen Einstellung der Zwangsvollstreckung weiß (StJ/ *Münzberg*, § 836 Rdnr. 3).

Im Fall d ist D gem. § 836 II von seiner Leistungspflicht frei geworden. Da D an den Nichtberechtigten G eine Leistung bewirkt hat, die dem Berechtigten S gegenüber wirksam ist, muß G nach § 816 II BGB dem S das Geleistete herausgeben.

650 (b) Gegenüber einem nachpfändenden Vollstreckungsgläubiger (vgl. Fall e) greift § 836 II seinem Wortlaut nach nicht ein. Dennoch will die h.M. die Vorschrift entsprechend anwenden, weil der Pfandgläubiger an die Stelle des Vollstreckungsschuldners getreten sei (BGHZ 66, 394, 396; BL/*Hartmann*, § 836 Anm. 2 B; *Baur/Stürner*, Rdnr. 520; *Lippross*, S. 131; *Stöber*, Rdnr. 618). Demgegenüber wird zwar vorgebracht, der Drittschuldner sei nicht schutzwürdig, da er bei mehrfacher Pfändung gem. § 853 hinterlegen könne (StJ/*Münzberg*, § 836 Rdnr. 9). Jedoch ist es dem Drittschuldner nicht vorzuwerfen, wenn er sich bei mehrfacher Pfändung auf die zeitliche Reihenfolge verläßt und dementsprechend leistet, ohne von der umständlichen Hinterlegung Gebrauch zu machen. Mit der h.M. ist in erweiternder Auslegung des § 836 II auch das *Vertrauen des Drittschuldners auf den Rang der Vollstreckungsgläubiger* zu schützen, so daß der Drittschuldner mit befreiender Wirkung im Verhältnis zum nachpfändenden Gläubiger leistet, wenn er den erstpfändenden vor dem nachpfändenden Gläubiger befriedigt.

Beispiele: Der Überweisungsbeschluß zugunsten des erstpfändenden Gläubigers wird aufgehoben, ohne daß der Drittschuldner davon Kenntnis hat (Fall e). Dem Pfandrecht des nachpfändenden Gläubigers kommt der Vorrang vor dem des erstpfändenden Gläubigers zu, was dem Drittschuldner unbekannt ist. Zahlt in diesen Fällen der Drittschuldner gutgläubig an den erstpfändenden Gläubiger, wird er analog § 836 II auch gegenüber dem nachpfändenden Gläubiger frei.
Im Fall e kann G_2 also von D, dem die Aufhebung nicht zur Kenntnis gelangt ist, nichts fordern; G_2 hat einen Anspruch aus § 816 II BGB gegen G_1.— Dagegen ist der

vergeßliche D (Frage 2) durch Zahlung an G₁ dem G₂ gegenüber nicht frei geworden. Dieser hat gegen D einen Zahlungsanspruch. D kann das an G₁ Geleistete nach § 812 I 1, 1. Fall BGB (Leistungskondiktion) von G₁ zurückverlangen (vgl. BGHZ 82, 28; a.A. OLG München NJW 1978, 1438).

c) Jedoch kann sich der Drittschuldner gegenüber einem Dritten, der   **651** Inhaber der gepfändeten und überwiesenen Forderung ist (vgl. Fall f), nicht auf § 836 II berufen, wenn er an den Vollstreckungsgläubiger leistet. Diese Vorschrift *schützt nicht das Vertrauen des Drittschuldners auf das Bestehen der gepfändeten Forderung.* Allerdings können materiellrechtliche Schutzvorschriften zugunsten des Drittschuldners eingreifen.

Im Fall f wird D nach §§ 408 II, 407 I BGB (AS Rdnr. 400) gegenüber Z als dem Inhaber der Forderung von seiner Leistungspflicht frei, wenn er bei der Zahlung an G von der Abtretung an Z keine Kenntnis hat (vgl. BGHZ 66, 394). Z hat also keinen Anspruch gegen D; ihm steht aber gegen G ein Anspruch aus § 816 II BGB zu (BGHZ 66, 150, 151 läßt offen, ob sich der Anspruch aus § 816 oder aus § 812 BGB ergibt).

Wenn D an G allerdings in Kenntnis der Abtretung zahlt, kann Z von D Zahlung verlangen. D hat wegen der an G geleisteten Zahlung einen Bereicherungsanspruch gegen G. Dieser ist — wie der neue Gläubiger bei der Abtretung einer Forderung — der Leistungsempfänger, so daß er Schuldner der Leistungskondiktion ist (so h.M.: LG Bremen NJW 1971, 1366 m. zust. Anm. *Medicus; Schlosser,* ZZP 76, 73; vgl. auch BGHZ 82, 28; a.A. OLG Karlsruhe JW 1932, 667, 668).

(2) Bei der *Verteidigung des Drittschuldners* gegenüber dem vom Voll-   **652** streckungsgläubiger erhobenen Anspruch kann man wie folgt unterscheiden:

(a) Der Drittschuldner macht geltend, der *Pfändungs- und Überweisungsbeschluß sei aus verfahrensrechtlichen Gründen unwirksam.* Damit bestreitet er die Sachlegitimation des Gläubigers (BGHZ 66, 79, 80; *Jauernig,* § 19 VI 2; a.A. *Baumann/Brehm,* § 20 III 3 FN 82).

(aa) Bei *Nichtigkeit* der Pfändung oder der Überweisung (Fall g, 1.) ist der Anspruch des Vollstreckungsgläubigers unbegründet.

Gleiches gilt, wenn die Zwangsvollstreckung aus dem Vollstreckungstitel nach der Überweisung der Forderung (einstweilen) eingestellt ist; denn dann ist die Ausübung aller aus der Überweisung folgenden Rechte gehemmt (StJ/*Münzberg,* § 835 Rdnr. 11).

(bb) Ob auch die *Anfechtbarkeit* der Pfändung oder Überweisung vom   **653** Drittschuldner im Einziehungsverfahren geltend gemacht werden kann, ist umstritten.

Beispiel: Im Fall g, 2. ist D wegen der Unpfändbarkeit der Forderung befugt, Erinnerung gem. § 766 einzulegen (BGHZ 69, 144, 148; Rdnr. 539 a.E.). Zweifelhaft ist, ob er mit seinem Vorbringen, die gepfändete Forderung sei unpfändbar, auch im Einziehungsrechtsstreit gehört wird.

Die eine Auffassung bejaht die Streitfrage mit der Begründung, wenn die Vollstreckung gegen eine zwingende Verfahrensvorschrift (z.B. Übersehen der Unpfändbarkeit der Forderung) verstoße, entstehe kein Pfandrecht und kein Einziehungsrecht. Darauf könne sich der Drittschuldner berufen (*Baumann/Brehm*, § 6 II 6 b γ; *Baur/Stürner*, Rdnr. 374; *dies.*, Fälle und Lösungen, Fall 6).

Die Gegenansicht geht davon aus, daß das Prozeßgericht an einen anfechtbaren Pfändungs- und Überweisungsbeschluß gebunden sei, solange dieser nicht vom Vollstreckungsgericht aufgehoben worden ist (BGHZ 66, 79, 80 f.; *A. Blomeyer*, § 55 IV 1; BL/*Hartmann*, § 829 Anm. 7 B a; *Lüke*, PdW, Nr. 200; StJ/*Münzberg*, § 829 Rdnr. 107).

Beide Auffassungen haben sich in folgenden Punkten einander angenähert: Die erstgenannte Meinung verlangt ebenfalls eine Entscheidung des Vollstreckungsgerichts (§ 766), allerdings nur in den Fällen, in denen das Gericht durch rechtsgestaltenden Beschluß die Pfändungsgrenze festsetzt (z.B. nach § 850 f; Rdnr. 578 ff.); an diesen Beschluß soll das Prozeßgericht gebunden sein (*Baur/Stürner*, Rdnr. 374). Die Ansicht, die grundsätzlich nur die Erinnerung für zulässig hält, will im Einziehungsprozeß das Vorbringen der Unpfändbarkeit dann beachten, wenn diese auf materiellem Recht (z.B. nach § 399 BGB) beruht (vgl. *Jauernig*, § 33 I J; *Stöber*, Rdnr. 752; BGH Rpfleger 1978, 248 f.).

Richtiger Ansicht nach sollten für die Beantwortung der Streitfrage prozeßökonomische Gesichtspunkte maßgebend sein: Der Streit über eine materiellrechtlich begründete Unpfändbarkeit paßt nicht in das vereinfachte Erinnerungsverfahren (BGH a.a.O.); er muß im Erkenntnisverfahren entschieden werden. Bei einer vollstreckungsrechtlich begründeten Unpfändbarkeit ist das Vollstreckungsgericht besonders sachkundig; deshalb sollte darüber im Erinnerungsverfahren befunden werden. Wird eine Unpfändbarkeit nach §§ 850a ff. im Rechtsstreit geltend gemacht, setzt das Prozeßgericht den Rechtsstreit gem. § 148 bis zur Entscheidung im Erinnerungsverfahren aus.

Wird ein Pfändungs- und Überweisungsbeschluß trotz Unpfändbarkeit der Forderung nicht mit der Erinnerung angefochten, bleibt es bei einer wirksamen Verstrickung und einem Pfändungspfandrecht (str.; StJ/*Münzberg*, § 850 Rdnr. 19 m.N. in FN 24, 25). Zahlt der Drittschuldner an den Vollstreckungsgläubiger, steht dem Vollstreckungsschuldner gegen den Vollstreckungsgläubiger kein Bereicherungsanspruch zu (*Jauernig*, § 33 I J; StJ/*Münzberg*, a.a.O. FN 23; a.A. *Gerhardt*, § 9 II 3 b). Selbst wenn man einen solchen Anspruch bejaht, muß gegen diesen der Gläubiger mit der titulierten Forderung aufrechnen können (vgl. *A. Blomeyer*, § 56 X 5; *Baur/Stürner*, Rdnr. 372, 343; *Bruns/Peters*, § 19 III 2 b ee).

654   (b) Der Drittschuldner kann ferner gegenüber dem Zahlungsbegehren des Gläubigers — wie bei der Abretung — *alle Einwendungen und Einreden, die er gegen den Vollstreckungsschuldner hatte* (vgl. § 404 BGB; AS

Rdnr. 395), geltend machen; die Rechtsstellung des Drittschuldners wird nämlich durch die Zwangsvollstreckung nicht verschlechtert. So kann er sich darauf berufen, die gepfändete Forderung sei nicht entstanden, untergegangen oder rechtlich nicht durchsetzbar.

Bei der *Aufrechnung* des Drittschuldners mit einer ihm gegen den Vollstreckungsschuldner zustehenden Gegenforderung sind folgende Fälle zu unterscheiden:

(aa) Hat der Drittschuldner die *Gegenforderung erst nach der Pfändung erworben*, ist eine Aufrechnung ausgeschlossen (§ 392 BGB; AS Rdnr. 190).   **655**

Grund: Da es dem Drittschuldner verboten ist, die gepfändete Forderung durch Zahlung an den Vollstreckungsschuldner zu erfüllen, muß auch eine Aufrechnung ausscheiden.

(bb) Ausgeschlossen ist für den Drittschuldner die Aufrechnung auch   **656**
dann, wenn die *Gegenforderung erst nach der Beschlagnahme und später als die gepfändete Forderung fällig geworden* ist (§ 392 BGB). Dadurch soll es dem Drittschuldner verwehrt sein, die ihm obliegende Erfüllung der gepfändeten Forderung bis zur Fälligkeit seiner Gegenforderung zu verzögern und sich somit das Recht zur Aufrechnung zu verschaffen (Prot. I, 374).

(cc) Aufrechnen kann der Drittschuldner jedoch, wenn sich die gepfän-   **657**
dete *Forderung und die Gegenforderung bereits vor der Pfändung aufrechenbar gegenüberstanden* (Fall g, 3.; § 392 BGB; vgl. § 406 BGB). Das Gesetz stellt im Interesse des Drittschuldners auf die Aufrechnungslage ab, weil die Forderungen nach wirtschaftlicher Betrachtungsweise schon damals »verrechnet« werden konnten (vgl. § 389 BGB).

(dd) *Zahlt der Drittschuldner trotz der Pfändung an den Vollstreckungs-*   **658**
schuldner, ist die Erfüllung gegenüber dem Vollstreckungsgläubiger (relativ) unwirksam (§§ 135, 136 BGB; Rdnr. 618). Streitig ist, ob der Drittschuldner mit einer vor der Pfändung bestehenden Gegenforderung gegenüber dem Vollstreckungsgläubiger noch aufrechnen kann (Fall g, 4.).
Nach der einen Auffassung ist die Aufrechnung unzulässig, weil der Drittschuldner infolge seiner Zahlung an den Vollstreckungsschuldner diesem gegenüber nicht mehr aufrechnen könne. Außerdem erfülle die Aufrechnungserklärung hier nicht ihren Zweck, die Erfüllung gegenseitiger Forderungen zu vereinfachen; sie diene vielmehr nur dem Zweck, die Pfändung der Forderung durch den Vollstreckungsgläubiger gegenstandslos zu machen (vgl. etwa *Baur/Stürner*, Rdnr. 521; *dies.*, Fälle und Lösungen, Fall 5; *Reinicke*, NJW 1972, 793 u. 1698; *Thomas/Putzo*, § 829 Anm. 6 d).
Nach h.M. kann der Drittschuldner aufrechnen, sofern die Aufrechnung nach § 392 BGB zulässig ist. Die Zahlung des Drittschuldners an den Vollstreckungsschuldner sei gem. §§ 135, 136 BGB unwirksam; die gepfändete Forderung gelte also im Verhältnis zum Vollstreckungsgläubiger noch als

fortbestehend und sei demgemäß aufrechenbar (vgl. BGHZ 58, 25, 27 f.; 86, 337, 338; BL/*Hartmann*, § 829 Anm. 7 B b; *A. Blomeyer*, § 55 IV 1 a; StJ/ *Münzberg*, § 829 Rdnr. 111; *Stöber*, Rdnr. 573).

Der h.M. sollte der Vorzug gegeben werden. Wenn die Zahlung an den Vollstreckungsschuldner dem Vollstreckungsgläubiger gegenüber unwirksam ist, dann muß es dem Drittschuldner erlaubt sein, das zu tun, wozu er ohne eine Zahlung berechtigt wäre, nämlich unter den Voraussetzungen des § 392 BGB aufzurechnen.

Im Fall g, 4. ist D durch die Zahlung an S gegenüber dem G nicht frei geworden. Erst durch seine Aufrechnung erlischt im Verhältnis zu G die gepfändete Forderung.

Dagegen hat die Aufrechnung im Verhältnis zwischen D und S keine Wirkung; denn die Forderung des S, gegen welche D die Aufrechnung erklärt hat, war schon vorher durch die Zahlung erloschen. Demnach steht die Forderung des D gegen S dem D — trotz der Aufrechnung — weiterhin zu.

659   (ee) *Aufrechnungsvereinbarungen*, die zwischen Vollstreckungsschuldner und Drittschuldner vor der Pfändung getroffen worden sind, muß der Vollstreckungsgläubiger auch dann gegen sich gelten lassen, wenn die für das Erlöschen der Forderung vereinbarte Bedingung erst nach der Pfändung eintritt; denn diese ergreift die Forderung nur in dem Zustand, in dem sie sich zur Zeit der Pfändung befindet (BGH NJW 1968, 835; *Palandt/ Heinrichs*, § 392 Anm. 2; *Stöber*, Rdnr. 575). Dagegen ist ein nach der Pfändung geschlossener Aufrechnungsvertrag gegenüber dem Vollstreckungsgläubiger unwirksam.

660   (c) Auch *alle Einwendungen und Einreden, die dem Drittschuldner gegen den Vollstreckungsgläubiger zustehen*, kann der Drittschuldner gegenüber dem einziehenden Vollstreckungsgläubiger geltend machen.

Beispiele: Der Drittschuldner ist in der Lage, mit einer Forderung, die ihm gegen den Vollstreckungsgläubiger zusteht, gegen die gepfändete Forderung aufzurechnen; denn mit der Überweisung entsteht die gem. § 387 BGB erforderliche Gegenseitigkeit (StJ/*Münzberg*, § 835 Rdnr. 34 FN 88; § 829 Rdnr. 111). Der Drittschuldner kann sich auch auf eine Stundung berufen, die der Vollstreckungsgläubiger gewährt hat (BGH NJW 1978, 1914 f.). Schließlich kann der Drittschuldner einem Vollstreckungsgläubiger, der Befriedigung wegen eines an ihn abgetretenen Anspruchs sucht, entgegenhalten, der frühere Inhaber des titulierten abgetretenen Anspruchs sei verpflichtet, ihn von der gepfändeten Forderung des Schuldners freizustellen; das folgt aus dem Schutzgedanken des § 404 BGB (BGH NJW 1985, 1768).

661   (d) Dagegen stehen dem Drittschuldner gegenüber dem Vollstreckungsgläubiger *keine Einwendungen und Einreden aus dem Rechtsverhältnis zwischen Vollstreckungsgläubiger und Vollstreckungsschuldner* zu (BGHZ 81, 311, 321; StJ/*Münzberg*, § 829 Rdnr. 115; *Stöber*, Rdnr. 577, 664). Es ist allein Sache des Vollstreckungsschuldners, sich gegen den Vollstreckungstitel zu wehren.

Zur Zulässigkeit des Einwands im Einziehungsprozeß, der Prozeßvergleich sei sittenwidrig, vgl. aber BAG NJW 1964, 687 f.

(3) Der Drittschuldner kann seine Rechte auf folgende Weise *gerichtlich geltend* machen: **662**

(a) Regelmäßig wird er sich gegenüber der Klage des Vollstreckungsgläubigers *im Einziehungsrechtsstreit* darauf berufen, daß dem Kläger kein Einziehungsrecht zustehe oder die gepfändete Forderung nicht bestehe bzw. nicht durchsetzbar sei.

(b) Berühmt sich der Vollstreckungsgläubiger eines Einziehungsrechtes, ist der Drittschuldner nicht darauf angewiesen, eine entsprechende Klage des Vollstreckungsgläubigers abzuwarten. Für ihn kann eine *negative Feststellungsklage* gem. § 256 in Betracht kommen. Dabei ist jedoch — wie bei jeder (negativen) Feststellungsklage — das Rechtsschutzbedürfnis besonders zu prüfen (vgl. BGHZ 69, 144).

Daran fehlt es z.B., wenn der Vollstreckungsgläubiger — widerklagend — auf Leistung (Zahlung) klagt oder wenn dem Drittschuldner zur Erreichung seines Zieles ein einfacherer und billigerer Weg zur Verfügung steht (BGH a.a.O.).

(c) Hält der Drittschuldner den Pfändungs- und Überweisungsbeschluß für unwirksam, steht ihm die *Erinnerung* (§ 766) zu. Diese wird gegenüber einer Klage der einfachere Weg der Rechtsverfolgung sein.

II. Überweisung an Zahlungs Statt   **663**

1. Bedeutung und Zulässigkeit

a) Durch die Überweisung an Zahlungs Statt *geht die Forderung auf den Vollstreckungsgläubiger über*; dieser ist insoweit als befriedigt anzusehen, als die gepfändete Forderung besteht (§ 835 II). Wegen des sich daraus ergebenden Risikos (Rdnr. 635) ist die Überweisung an Zahlungs Statt in der Praxis kaum von Bedeutung.

b) Die Überweisung an Zahlungs Statt darf nur zum Nennwert erfolgen (§ 835 I). Deshalb ist sie in den Fällen *unzulässig*, in denen die gepfändete Forderung keinen Nennwert hat. Daher kommt eine solche Überweisung nur bei Geldforderungen in Betracht.

Unzulässig ist eine Überweisung an Zahlungs Statt etwa dann, wenn die Forderung von einer Gegenleistung abhängig oder nur nach § 851 II (Rdnr. 524) pfändbar ist (vgl. *Stöber*, Rdnr. 594).

Zudem schließt das Gesetz in einigen Fällen ausdrücklich eine Überweisung an Zahlungs Statt aus.

So erfolgt eine Überweisung an Zahlungs Statt nicht, wenn der Schuldner nach § 711, 1, § 712 I 1 die Vollstreckung durch Sicherheitsleistung oder Hinterlegung abwenden darf (§ 839; Rdnr. 641) oder wenn Ansprüche auf Herausgabe oder Leistung körperlicher Sachen gepfändet worden sind (§ 846, § 849; Rdnr. 708).

664   2. Durchführung der Überweisung an Zahlungs Statt

Wie bei einer Überweisung zur Einziehung erläßt das Vollstreckungsgericht (Rechtspfleger) auf Antrag des Vollstreckungsgläubigers einen entsprechenden Überweisungsbeschluß, der dem Drittschuldner zuzustellen ist (§§ 835 I 1, 829 III; Rdnr. 637).

Vor dem Erlaß des Überweisungsbeschlusses ist auch hier der Vollstreckungsschuldner nicht anzuhören (vgl. § 834; Rdnr. 604). Damit wird ihm das rechtliche Gehör nicht verwehrt, da er den Beschluß nach § 766 so lange anfechten kann, als die Forderung vom Vollstreckungsgläubiger noch nicht eingezogen und vom Drittschuldner noch nicht freiwillig beglichen worden ist (*Stöber*, Rdnr. 598 FN 12; OLG Düsseldorf Rpfleger 1982, 192; a.A. *Münzberg*, Rpfleger 1982, 329; StJ/*Münzberg*, § 835 Rdnr. 43 f.).

665   3. Wirkungen der Überweisung an Zahlungs Statt

a) Der Vollstreckungsgläubiger wird — wie bei der Abtretung — *Inhaber der überwiesenen Forderung* nebst den dazugehörenden Nebenrechten (vgl. § 401 BGB), jedoch nur in Höhe der zu vollstreckenden Forderung.

Der Überweisungsbeschluß ist allerdings auch hier kein Vollstreckungstitel gegen den Drittschuldner; diesen muß der Vollstreckungsgläubiger notfalls auf Leistung verklagen.

b) Der Vollstreckungsgläubiger ist insoweit *als befriedigt anzusehen*, als die überwiesene Forderung besteht (§ 835 II).
Die Vollstreckungsforderung erlischt also, wenn die überwiesene Forderung rechtlich existiert und ihr keine Einwendungen des Drittschuldners entgegenstehen. Ist diese Forderung deshalb nicht durchsetzbar, weil der Drittschuldner zahlungsunfähig ist, bleibt es beim Erlöschen der Vollstreckungsforderung.

Im Fall h hindert die Verjährungseinrede die rechtliche Durchsetzbarkeit des überwiesenen Anspruchs. Deshalb ist G befugt, aus anderen Vermögensgegenständen des S Befriedigung zu suchen.

III. Anordnung einer anderen Art der Verwertung   666

Wie § 825 (Rdnr. 425 ff.) bei beweglichen Sachen sieht § 844 I bei Forderungen die Möglichkeit vor, daß das Vollstreckungsgericht eine andere Verwertungsart anordnet. Diese kommt anstelle der Überweisung in Betracht, wenn sie im Einzelfall geeignet ist, einen höheren Erlös zu erbringen. Das kann insbesondere bei der Vollstreckung in Wertpapiere (Rdnr. 691 ff.) oder in andere Vermögensrechte (§§ 857 ff.; Rdnr. 716 ff.) der Fall sein.

1. Voraussetzungen und Verfahren   667

a) Zusätzlich zu den *Voraussetzungen*, die auch für den Erlaß eines Überweisungsbeschlusses gegeben sein müssen, erfordert § 844 I, daß die gepfändete Forderung bedingt oder betagt oder ihre Einziehung wegen der Abhängigkeit von einer Gegenleistung oder aus anderen Gründen mit Schwierigkeiten verbunden ist.

Beispiele: Die Forderung wird erst künftig fällig; sie hängt von der Gebrauchsüberlassung der Mietsache ab; der Drittschuldner ist vorübergehend zahlungsunfähig oder schon in Konkurs gefallen.

b) Das *Verfahren* wird nur auf Antrag eingeleitet (§ 844 I); antragsberechtigt sind der Schuldner, der Gläubiger und auch der nachpfändende Gläubiger, nicht aber der Drittschuldner.   668

Zuständig ist das Vollstreckungsgericht (§ 828) und dort der Rechtspfleger (§ 20 Nr. 17 RPflG). Er hat vor dem Beschluß, durch welchen dem Antrag stattgegeben wird, den Gegner zu hören, sofern nicht eine Zustellung im Ausland oder eine öffentliche Zustellung erforderlich wird (§ 844 II). Dagegen ist eine Anhörung nicht geboten, wenn der Antrag abgelehnt wird.

Gegen den Beschluß des Vollstreckungsgerichts steht jedem Beschwerten (also gegebenenfalls auch dem Drittschuldner) nach § 11 I 2 RPflG die befristete Rechtspflegererinnerung zu, wenn die Entscheidung nach Anhörung des Gegners erfolgte; unterblieb diese (zu Unrecht), ist gegen eine stattgebende Entscheidung die Erinnerung nach § 766 zulässig (vgl. Rdnr. 445 f.).

2. Arten der Verwertung   669

Folgende Verwertungsarten kommen in Betracht:

a) Das Gericht kann eine *Versteigerung der gepfändeten Forderung* anordnen. Damit wird ein Gerichtsvollzieher oder eine Privatperson beauftragt.

Die Tätigkeit des Gerichtsvollziehers richtet sich nach §§ 816 ff. (vgl. Rdnr. 396 ff.). Der Ersteher erwirbt die Forderung noch nicht mit dem Zuschlag, sondern erst durch die nachfolgende Übertragungserklärung des Gerichtsvollziehers (vgl. Rdnr. 411 für die Ablieferung der zugeschlagenen Sache); durch diese hoheitliche Übertragung der Forderung wird eine materiellrechtlich gebotene Form ersetzt (§ 836 I analog).

Für eine private Versteigerung gilt § 156 BGB.

670   b) Ein *freihändiger Verkauf der Forderung* durch einen Gerichtsvollzieher oder eine Privatperson kann vom Gericht ebenfalls angeordnet werden (vgl. auch Rdnr. 427 f.). Es ist sogar möglich, in dem Beschluß schon einen bestimmten Käufer zu benennen.

Eine besondere Art des freihändigen Verkaufs ist die Diskontierung von Wechseln (Rdnr. 695).

671   c) Eine *Überweisung an Zahlungs Statt zu einem Schätzwert*, der unter dem Nennwert der gepfändeten Forderung liegt, wird angeordnet, wenn die Forderung sonst nicht zu veräußern ist.

Beispiele: Die Forderung ist von einer Gegenleistung abhängig oder befristet, so daß ein Nennwert nicht vorhanden oder nicht zu erzielen ist. Wird sie zu einem (niedrigeren) Schätzwert an Zahlungs Statt überwiesen, ist der Vollstreckungsgläubiger nur in Höhe des Schätzwertes befriedigt.

672   Zweites Kapitel   Die Zwangsvollstreckung in besondere Geldforderungen

Bei der Zwangsvollstreckung wegen Geldforderungen in besondere Geldforderungen geht es vornehmlich um die Pfändung und Verwertung von Hypothekenforderungen sowie von verbrieften Forderungen.

§ 19   Die Zwangsvollstreckung in Hypothekenforderungen

Schrifttum: *Bohn*, Die Pfändung von Hypotheken, Grundschulden, Eigentümerhypotheken und Eigentümergrundschulden, 6. Aufl., 1964; *Haegele*, Die Pfändung einer Buchhypothek, JurBüro 1954, 255; *ders.*, Die Pfändung einer Briefhypothek, JurBüro 1955, 81; *Hahn*, Die Pfändung der Hypothek, JurBüro 1958, 161; *Pöschl*, Vollstreckungsmöglichkeiten bei Hypotheken und Grundschulden, BB 1956, 508;

Stöber, Pfändung hypothekarischer Rechte und Ansprüche, RpflJB 1962, 303; *Tempel*, Zwangsvollstreckung in Grundpfandrechte, JuS 1967, 75, 117, 167.

Fälle:

a) G hat einen Pfändungsbeschluß über die durch eine Buchhypothek gesicherte Forderung des S gegen D erwirkt. Da die Eintragung im Grundbuch auf sich warten läßt, befürchtet G, daß D an S zahlt; er möchte verhindern, daß D mit der Zahlung an S von seiner Schuld frei wird.

b) G, der die Briefhypothekenforderung des S gegen D pfänden will, verlangt unter Vorlage eines entsprechenden Pfändungsbeschlusses von S vergeblich die Übergabe des Hypothekenbriefes. Was soll er tun?

c) Gv, der von G beauftragt worden ist, wegen eines Zahlungstitels bei S Mobilien zu pfänden, findet in der Wohnung des S einen Hypothekenbrief und nimmt ihn mit. Zu Recht?

d) Was soll G im Fall b tun, wenn der Hypothekenbrief sich im Besitz des X oder des Grundbuchamts befindet?

Die Pfändung und Verwertung von Hypothekenforderungen erfolgt regelmäßig durch Pfändungs- und Überweisungsbeschluß; dabei ist für die Pfändung § 830 (Rdnr. 673 ff.), für die Verwertung § 837 (Rdnr. 684 ff.) zu beachten. In einigen Sonderfällen (Rdnr. 688 ff.) sind diese Vorschriften allerdings nicht anwendbar.

I. Pfändung   673

§ 830 regelt die Pfändung einer hypothekarisch gesicherten Forderung. Diese Vorschrift ist an die Bestimmung über die (rechtsgeschäftliche) Verpfändung einer Hypothekenforderung angelehnt.

Nach § 1274 I 1 BGB erfolgt die Bestellung des Pfandrechts an einem Recht nach den für die Übertragung des Rechtes geltenden Vorschriften. Für die Übertragung einer hypothekarisch gesicherten Forderung bestimmt § 1153 BGB, daß Forderung und Hypothek nur zusammen übertragen werden können. Die Verpfändung einer Buchhypothekenforderung erfolgt durch Einigung und Eintragung im Grundbuch (§§ 1154 III, 873 BGB); eine Briefhypothekenforderung wird durch Einigung mit schriftlicher Verpfändungserklärung und Übergabe des Hypothekenbriefes verpfändet (§ 1154 I BGB).

Dementsprechend setzt jede Pfändung einer Hypothekenforderung einen Pfändungsbeschluß und zusätzlich bei einer Buchhypothek die Eintragung im Grundbuch, bei einer Briefhypothek die Übergabe des Hypothekenbriefs voraus.

674   1. Pfändungsbeschluß

a) Auf Antrag des Vollstreckungsgläubigers erläßt das zuständige Amtsgericht als Vollstreckungsgericht den Pfändungsbeschluß (vgl. Rdnr. 502 ff., 602 ff.). Zum *Inhalt des Beschlusses* gehört außer der Angabe des Vollstreckungsgläubigers und des Vollstreckungsschuldners (= des Gläubigers der Hypothekenforderung) insbesondere eine genaue Bezeichnung des zu pfändenden Rechts (= der gesicherten Forderung und der Hypothek; vgl. Rdnr. 605—607).

Die möglichst genaue Bezeichnung der Hypothek ist notwendig, damit bei einer Buchhypothek das Grundbuchamt die erforderliche Eintragung im Grundbuch vornehmen kann und bei einer Briefhypothek der Gerichtsvollzieher weiß, welchen Hypothekenbrief er wegnehmen soll (Rdnr. 678).

Ferner hat der Pfändungsbeschluß dem Vollstreckungsschuldner zu gebieten, sich jeder Verfügung über das Recht zu enthalten, und dem Drittschuldner zu verbieten, an den Schuldner zu leisten (Rdnr. 606).

Drittschuldner ist der Schuldner der gepfändeten Forderung. Sofern der Grundstückseigentümer nicht der persönliche Schuldner ist, gibt es zwei Drittschuldner, nämlich den persönlichen und den dinglichen Schuldner.

675   b) Die *Zustellung* des Pfändungsbeschlusses an den Drittschuldner ist hier — im Gegensatz zu § 829 III (Rdnr. 608) — *keine Wirksamkeitsvoraussetzung*. Denn die Pfändung ist damit noch nicht bewirkt, weil die Grundbucheintragung oder die Briefübergabe hinzukommen muß. Dennoch ist die Zustellung des Pfändungsbeschlusses an den Drittschuldner nicht bedeutungslos; mit der vor der Eintragung oder Briefübergabe bewirkten Zustellung an den Drittschuldner gilt diesem gegenüber die Pfändung als bewirkt (§ 830 II). Dadurch sind Verfügungen des Drittschuldners, die dieser zwischen Zustellung und Eintragung oder Briefübergabe vornimmt, dem Vollstreckungsgläubiger gegenüber unwirksam.

Im Fall a ist also dem G zu raten, den Pfändungsbeschluß dem D zustellen zu lassen. Dadurch kann dieser an S nicht mehr mit befreiender Wirkung gegenüber G leisten, sofern später die Eintragung im Grundbuch erfolgt. Zwischen Zustellung und Eintragung besteht ein Schwebezustand, in dem der D nur an G und S gemeinsam leisten oder aber hinterlegen kann.

Um zu verhindern, daß der Vollstreckungsschuldner bis zur Pfändung über die Hypothek verfügt, kommt für den Vollstreckungsgläubiger eine *Vorpfändung* nach § 845 (Rdnr. 627) in Betracht. Allerdings verliert diese drei Wochen nach Zustellung ihre Wirksamkeit, sofern nicht bis dahin die Pfändung bewirkt wird. — Da wegen dieser Frist die Vorpfändung oft nichts nützt, ist dem Vollstreckungsgläubiger zu raten, eine *einstweilige Verfügung* zu beantragen, wonach gegen den Vollstreckungsschuldner ein Verfügungsverbot nach § 938 II (Rdnr. 1586) ausgesprochen wird. Verfügt der Vollstreckungsschuldner trotz eines solchen Verbots, so ist diese Verfügung dem Vollstreckungsgläubiger gegenüber relativ unwirksam (§§ 135, 136 BGB); um einen gutgläubigen Erwerb Dritter gem. §§ 135 II, 892 BGB auszuschließen, ist dem Vollstreckungsgläubiger zu empfehlen, das Verfügungsverbot im Grundbuch eintragen zu lassen (vgl. Rdnr. 1586).

2. Grundbucheintragung oder Briefübergabe

676

a) Zur Pfändung der durch eine *Buchhypothek* gesicherten Forderung ist außer dem Pfändungsbeschluß die *Eintragung der Pfändung in das Grundbuch* erforderlich; die Eintragung erfolgt aufgrund des Pfändungsbeschlusses (§ 830 I 3).

Die Voraussetzungen für die Eintragung richten sich nach der GBO. Erforderlich ist ein Antrag des Vollstreckungsgläubigers (§ 13 GBO). Die Eintragungsbewilligung (§ 19 GBO) wird durch den Pfändungsbeschluß ersetzt. § 39 GBO verlangt die Voreintragung des Betroffenen, hier also die Eintragung des Vollstreckungsschuldners als Hypothekengläubiger. Fehlt es daran infolge Unrichtigkeit des Grundbuchs, ist der Vollstreckungsgläubiger befugt, Berichtigung des Grundbuchs zu verlangen (§ 14 GBO), und er muß dazu etwa öffentliche Urkunden vorlegen; notfalls kann er den Grundbuchberichtigungsanspruch des Hypothekengläubigers pfänden und sich zur Einziehung überweisen lassen.

Mit der Eintragung der Pfändung (in der Veränderungsspalte des Grundbuchs) ist die Pfändung bewirkt. Bei einer Gesamthypothek ist das der Fall, wenn die Pfändung beim letzten Grundstück eingetragen ist (RGZ 63, 74).

Die Pfändung einer Forderung, für die eine *Schiffshypothek* besteht, erfolgt wie die Pfändung bei einer Buchhypothek (vgl. § 830a).

b) Bei einer durch eine *Briefhypothek* gesicherten Forderung ist neben dem Pfändungsbeschluß die *Übergabe des Hypothekenbriefes* an den Gläubiger Wirksamkeitsvoraussetzung für die Pfändung (§ 830 I 1). Der Vollstreckungsgläubiger oder sein Besitzmittler (z.B. Notar, Gerichtsvollzieher oder die Hinterlegungsstelle, welcher der Gläubiger die Annahme erklärt; § 376 II Nr. 2 BGB) muß den unmittelbaren Besitz an dem Brief so erlangen, daß der Schuldner den unmittelbaren Besitz verliert (h.M.; StJ/*Münzberg*, § 830 Rdnr. 10 m.N.; a.A. *Tempel*, JuS 1967, 119).

677

Es genügt also, daß der Schuldner oder ein anderer Besitzer den Brief dem Gläubiger freiwillig aushändigt. Ist dieser bereits im Besitz des Briefes, erübrigt sich eine Übergabe (BL/*Hartmann*, § 830 Anm. 3 B).

Wird der Hypothekenbrief nicht freiwillig an den Vollstreckungsgläubiger herausgegeben, sind folgende Fälle zu unterscheiden:

678

(1) Befindet sich der Brief beim *Vollstreckungsschuldner*, nimmt der Gerichtsvollzieher auf Antrag des Vollstreckungsgläubigers dem Schuldner

den Brief zum Zwecke der Ablieferung an den Gläubiger weg (vgl. § 830 I 2; sog. *Hilfspfändung*; Rdnr. 647). Dabei handelt es sich nicht um eine Zwangsvollstreckung wegen einer Geldforderung in eine bewegliche Sache nach § 808, sondern um eine Vollstreckung zur Herausgabe einer Sache (hier des Hypothekenbriefs) nach §§ 883 ff. (Rdnr. 1046 ff.). Deshalb liegt der erforderliche Vollstreckungstitel nicht in dem auf eine Geldzahlung lautenden Schuldtitel, sondern in dem Pfändungsbeschluß (BGH NJW 1979, 2045). Dieser braucht die Pflicht des Schuldners zur Herausgabe des Briefes nicht ausdrücklich auszusprechen; es genügt die genaue Bezeichnung der Hypothek, so daß dem Gerichtsvollzieher erkennbar ist, welchen Brief er wegzunehmen hat. Der Pfändungsbeschluß bedarf keiner Vollstreckungsklausel; erforderlich ist nur, daß eine Ausfertigung des Beschlusses dem Schuldner vor der Wegnahme zugestellt wird (§ 750 I). Mit der Wegnahme durch den Gerichtsvollzieher gilt die Übergabe an den Gläubiger als erfolgt (§ 830 I 2); damit wird also die Pfändung wirksam. Es entstehen eine Verstrickung und ein Pfändungspfandrecht (OLG Hamm Rpfleger 1980, 483; Fall b).

Im Fall c scheidet eine Pfändung des Hypothekenbriefes als Mobilie aus. Eine Wegnahme des Briefes durch Gv setzt einen Pfändungsbeschluß voraus. Aber Gv ist nach § 156, 3 GVGA befugt, den Brief vorläufig in Besitz zu nehmen (sog. *vorläufige Hilfspfändung*; vgl. *A. Blomeyer*, § 57 I 4 a). Er teilt dem G die vorläufige Wegnahme unverzüglich mit. Jedoch ist der Brief dem Vollstreckungsschuldner zurückzugeben, wenn der Vollstreckungsgläubiger nicht alsbald, spätestens binnen zwei Wochen, einen entsprechenden Pfändungsbeschluß vorlegt (§ 156, 5 GVGA).

679   (2) Befindet sich der Hypothekenbrief bei einem *Dritten* (Fall d), hat der Vollstreckungsschuldner gegen diesen einen Anspruch auf Herausgabe des Briefes nach §§ 985, 952 BGB. Diesen Anspruch kann der Vollstreckungsgläubiger aufgrund des Pfändungsbeschlusses pfänden und sich überweisen lassen. Die Pfändung dient der Vollstreckung des Anspruchs auf Herausgabe des Briefes, so daß sie nach § 886 (Rdnr. 1046 ff.) und nicht nach § 847 (Rdnr. 700 ff.) erfolgt (vgl. BGH NJW 1979, 2045). Ist der Dritte nicht zur Herausgabe bereit, bleibt dem Gläubiger nur die Klage auf Herausgabe des Briefes. Erst mit der (erzwungenen) Herausgabe wird die Pfändung wirksam (*A. Blomeyer*, § 57 I 4 b; StJ/*Münzberg*, § 830 Rdnr. 20 m.N.; a.A. *Tempel*, JuS 1967, 122).

680   (3) Liegt der Hypothekenbrief beim *Grundbuchamt* (Fall d), lassen sich folgende Fälle denken:

(a) Das Grundbuchamt hat die Hypothek im Grundbuch eingetragen, den *Hypothekenbrief aber noch nicht ausgehändigt*. Dann ist dem Grundstückseigentümer der Brief auszuhändigen (§ 60 I GBO). Der Hypothekengläubiger erwirbt die Hypothek erst, wenn ihm der Brief vom Grundstückseigentümer übergeben wird (§ 1117 I 1 BGB); vorher besteht die Hypothek noch nicht. Infolgedessen ist nur eine Forderungspfändung (§ 829) möglich. Entsteht später die Hypothek, sichert sie die mit dem Pfandrecht belastete Forderung.

(b) Der Grundstückseigentümer hat mit dem Hypothekengläubiger vereinbart, daß dieser *berechtigt sein soll, sich den Brief vom Grundbuchamt aushändigen zu lassen* (§ 1117 II BGB). Dann ist bereits mit der Eintragung im Grundbuch die Hypothek entstanden, und der Hypothekengläubiger hat einen Anspruch gegen das Grundbuchamt auf Herausgabe des Briefes. Diesen Anspruch kann der Vollstreckungsgläubiger pfänden lassen; das Grundbuchamt ist Dritter i.S.d. § 886 (StJ/*Münzberg*, § 830 Rdnr. 18).   **681**

(c) Das Grundbuchamt kann auch dadurch in den Besitz des Hypothekenbriefes gelangen, daß der Vollstreckungsgläubiger nur eine *Teilpfändung* ausbringt. Er hat dann keinen Anspruch auf Übergabe des auf die ganze Forderung lautenden Hypothekenbriefes. Die Briefübergabe kann auch nicht dadurch ersetzt werden, daß der Vollstreckungsschuldner den nicht geteilten Brief als Eigenbesitzer für sich und als Fremdbesitzer für den Vollstreckungsgläubiger besitzt (BGHZ 85, 263). Es müssen vielmehr Teilbriefe gebildet werden.   **682**

Der Vollstreckungsgläubiger hat gegen den Vollstreckungsschuldner einen Anspruch auf Vorlage des Briefes beim Grundbuchamt zwecks Bildung des Teilbriefs (OLG Oldenburg Rpfleger 1970, 100, 101). Der Pfändungsbeschluß ist als Titel auf Herausgabe an das Grundbuchamt aufzufassen, was auch im Beschluß ausdrücklich ausgesprochen werden kann. Der Gerichtsvollzieher nimmt den Brief beim Vollstreckungsschuldner weg und leitet ihn an das Grundbuchamt weiter.

Wird der dann gebildete Teilbrief an den Vollstreckungsgläubiger ausgehändigt, ist die Pfändung wirksam; das gilt auch, wenn der Gerichtsvollzieher den Teilbrief in Besitz nimmt (vgl. § 830 I 2).

(4) Bei *Verlust oder Vernichtung des Hypothekenbriefes* kann dieser im Wege des Aufgebotsverfahrens für kraftlos erklärt (§ 1162 BGB) und an seiner Stelle ein neuer Brief erteilt werden (§ 67 GBO). Diese Ansprüche des Vollstreckungsschuldners als Hypothekengläubiger kann der Vollstreckungsgläubiger pfänden und sich zur Einziehung überweisen lassen (vgl. OLG Frankfurt NJW 1962, 640; a.A. *Stöber*, Rdnr. 1830).   **683**

II. Verwertung   **684**

Die Verwertung einer hypothekarisch gesicherten Forderung erfolgt regelmäßig durch Überweisung; es kann aber auch eine andere Art der Verwertung angeordnet werden.

1. Überweisung

a) Zur Überweisung einer gepfändeten Hypothekenforderung ist — wie bei einer nicht gesicherten Forderung (Rdnr. 636) — ein *Überweisungsbeschluß* erforderlich (§ 837 I 1). Dieser kann auch hier zusammen mit dem Pfändungsbeschluß ergehen.

685   b) Die *Wirksamkeit der Überweisung* tritt nicht erst mit der Zustellung an den Drittschuldner (so § 835 III 1 i.V.m. § 829 III; Rdnr. 637) ein. Vielmehr ist zu unterscheiden:

(1) Bei einer *Briefhypothek* genügt zur Wirksamkeit schon die Aushändigung des Überweisungsbeschlusses an den Vollstreckungsgläubiger (§ 837 I 1). Das gilt sowohl für die Überweisung zur Einziehung als auch für die an Zahlungs Statt. Bei der Überweisung an Zahlungs Statt ersetzt der Überweisungsbeschluß die öffentlich beglaubigte Abtretungserklärung nach § 1155 BGB (§ 836 I).

Allerdings kann die Überweisung nicht früher als die Pfändung wirksam werden. Wenn die Pfändung und die Überweisung zusammen in einem Beschluß ausgesprochen werden, tritt die Wirkung der Überweisung erst mit der Wirkung der Pfändung, also erst mit der Briefübergabe an den Vollstreckungsgläubiger (§ 830 I), ein.

686   (2) Bei einer *Buchhypothek* (wie bei einer Schiffshypothek; vgl. § 837a) kommt es darauf an, ob die Überweisung zur Einziehung oder an Zahlungs Statt erfolgt:

(a) Für die *Überweisung zur Einziehung* (Rdnr. 634 ff.) gilt das soeben für die Briefhypothek Gesagte entsprechend. Sie wird ebenfalls mit der Aushändigung des Beschlusses wirksam, allerdings nicht vor der Pfändung. Für diese ist die Eintragung im Grundbuch erforderlich. Dagegen ist eine Eintragung der Überweisung im Grundbuch unzulässig (BGHZ 24, 329, 332; BL/ *Hartmann*, § 837 Anm. 1 B a).

(b) Die *Überweisung an Zahlungs Statt* setzt zur Wirksamkeit auch eine Eintragung der Überweisung im Grundbuch voraus (§ 837 I 2, 1. Halbs.), da hier der Inhaber der Hypothek wechselt.

Die Grundbucheintragung erfolgt auf Antrag des Vollstreckungsgläubigers aufgrund des Überweisungsbeschlusses (§ 837 I 2, 2. Halbs.).

687   ## 2. Anderweitige Verwertung

Wie bei der Pfändung einer nicht gesicherten Forderung (§ 844; Rdnr. 666 ff.) kann das Vollstreckungsgericht auch hier auf Antrag eine andere Art der Verwertung anordnen. Dabei ist an eine freihändige Veräußerung oder an eine Versteigerung zu denken.

III. Sonderfälle

1. Zwangsvollstreckung in rückständige Hypothekenzinsen

Rückständige Zinsen, Nebenleistungen, Kosten (vgl. § 1159 I BGB) werden nach den für die Übertragung von Forderungen geltenden allgemeinen Vorschriften abgetreten. Dementsprechend erfolgen auch die Pfändung und Überweisung solcher Forderungen wie bei einer gewöhnlichen (nicht gesicherten) Forderung (§§ 830 III 1, 837 II).

Bei noch nicht fälligen Zinsen erfolgen Pfändung und Verwertung wie die der Hypothekenforderung.

2. Zwangsvollstreckung in eine Sicherungshypothek für Inhaber- und Orderpapiere

Eine Forderung aus einem Inhaber- (HR Rdnr. 485 ff.) oder einem Orderpapier (HR Rdnr. 489 ff.), die durch eine (Sicherungs-) Hypothek gesichert ist, wird wie eine ungesicherte Forderung übertragen (§ 1187, 3 BGB). Sie wird zusammen mit der Hypothek durch den Gerichtsvollzieher gepfändet (§ 808; Rdnr. 233) und nach § 821 (Inhaberpapiere; Rdnr. 423) bzw. § 835 (Orderpapiere; Rdnr. 695) verwertet.

3. Zwangsvollstreckung in eine durch eine Höchstbetragshypothek gesicherte Forderung

Die durch eine Höchstbetragshypothek gesicherte Forderung kann von der Hypothek losgelöst und nach den für die Übertragung von Forderungen geltenden allgemeinen Vorschriften, also durch Abtretung nach § 398 BGB, übertragen werden (§ 1190 IV 1 BGB). Dann geht nur die Forderung auf den neuen Gläubiger über (§ 1190 IV 2 BGB); die Hypothek wird, soweit die Forderung abgetreten worden ist, zur Eigentümergrundschuld. Dementsprechend kann die Hauptforderung nach den allgemeinen Vorschriften (§§ 829, 835) gepfändet und überwiesen werden, wenn der Vollstreckungsgläubiger die Überweisung der Forderung ohne die Hypothek an Zahlungs Statt beantragt (§ 837 III).

Wenn der Vollstreckungsgläubiger diesen Antrag nicht stellt, bleibt es für die Pfändung bei § 830 und für die Überweisung bei § 837.

691 **§ 20   Die Zwangsvollstreckung
in verbriefte Forderungen**

Schrifttum: *Bauer*, Die Zwangsvollstreckung in Postsparguthaben, DGVZ 1952, 5; *ders.*, Die Zwangsvollstreckung in Aktien und andere Rechte des Aktiengesetzes, JurBüro 1976, 869; *Berner*, Die Pfändung von Investmentzertifikaten und ihre Verwertung, Rpfleger 1960, 33; *Deumer*, Geldvollstreckung in Wertpapiere, 1908; *Feudner*, Die Zwangsvollstreckung in Blankowechsel, NJW 1963, 1239; *Loges*, Die Pfändung eines Postsparguthabens, JurBüro 1950, 24; *Prost*, Die Pfändung und zwangsweise Verwertung von Schecks im Inlandsverkehr, NJW 1958, 1618; *Schmalz*, Die Zwangsvollstreckung in Blankowechsel, NJW 1964, 141; *W. Weimar*, Die Zwangsvollstreckung in Wertpapiere und sonstige Urkunden, JurBüro 1982, 357; *ders.*, Rechtsfragen zum Blankowechsel, MDR 1965, 20.

Fälle:

a) Gv findet bei S einen an die Order des S ausgestellten und von D angenommenen Wechsel vor. Wird er diesen pfänden und verwerten?

b) Im Fall a ist die Wechselsumme noch nicht in der Wechselurkunde eingetragen.

c) Dem G ist bekannt, daß S ein Postsparbuch hat. Wie kann er im Wege der Zwangsvollstreckung darauf zugreifen?

d) Wie ist es, wenn G nicht in ein Postsparguthaben, sondern in den Anspruch des S gegen die Sparkasse auf Auszahlung seines Sparguthabens vollstrecken will?

Die Besonderheit bei der Zwangsvollstreckung in verbriefte Forderungen besteht darin, daß zwar in Forderungen vollstreckt wird, diese aber in beweglichen Sachen (Urkunden) verbrieft sind. Deshalb kommt sowohl eine Anwendung der §§ 828 ff. über die Forderungspfändung durch das Vollstreckungsgericht als auch der §§ 808 ff. über die Pfändung beweglicher Sachen durch den Gerichtsvollzieher in Betracht. Durch welches Vollstreckungsorgan und auf welche Weise die Zwangsvollstreckung erfolgt, kann nicht für alle verbrieften Forderungen einheitlich beantwortet werden.

692   I. Inhaberpapiere

1. Pfändung

Die Pfändung von Forderungen, die in Inhaberpapieren (HR Rdnr. 485 ff.) verbrieft sind, erfolgt wie die Pfändung beweglicher Sachen dadurch, daß der Gerichtsvollzieher die Urkunde in Besitz nimmt (§ 808, § 154 GVGA; Rdnr. 233). Denn das Recht am Papier ist maßgebend für das Recht an der Forderung.

2. Verwertung

Die Verwertung der in einem Inhaberpapier verbrieften Forderung erfolgt durch Verwertung des Papiers. Diese geschieht auf die gleiche Weise wie die Verwertung anderer beweglicher Sachen. Deshalb wird sie vom Gerichtsvollzieher durchgeführt. Falls das Papier einen Börsen- oder Marktpreis hat, wird es durch freihändigen Verkauf, andernfalls durch öffentliche Versteigerung verwertet (§ 821, § 155 GVGA; Rdnr. 423).

II. Rektapapiere

693

1. Pfändung

Die Pfändung von Rektapapieren (HR Rdnr. 494 ff.) erfolgt ebenfalls dadurch, daß der Gerichtsvollzieher nach § 808 die Urkunde in Besitz nimmt (Rdnr. 233). Zwar weisen die Rektapapiere — im Gegensatz zu den Inhaberpapieren — den Inhaber des Papiers nicht als Berechtigten des verbrieften Rechts aus; dieser muß sein Recht vielmehr nachweisen. Insoweit ist also das Recht an der Forderung für das Recht am Papier maßgebend. Jedoch ist auch das Rektapapier Träger des verbrieften Rechts; deshalb ist die Zwangsvollstreckung in die Forderung nur durch Zugriff auf das Papier möglich. Dieser erfolgt wie die Pfändung anderer beweglicher Sachen durch den Gerichtsvollzieher (vgl. § 154 Nr. 2 GVGA).

2. Verwertung

Die Verwertung des Rektapapiers kann zwar — im Gegensatz zur Verwertung einer beweglichen Sache — nicht allein durch Übertragung des Papiers erfolgen; vielmehr ist eine Abtretung des verbrieften Rechts erforderlich. Jedoch ist auch diese Abtretung dem Gerichtsvollzieher überlassen (vgl. § 822). Dieser verwertet die Rektapapiere nach § 821 durch freihändigen Verkauf oder durch öffentliche Versteigerung; dabei versieht er die Papiere anstelle des Schuldners mit der erforderlichen Abtretungserklärung, nachdem das Vollstreckungsgericht ihn dazu ermächtigt hat (§ 822, § 155 Nr. 2, 3 GVGA; Rdnr. 423).

III. Orderpapiere

694

Die Zwangsvollstreckung in Forderungen aus Wechseln, Schecks und anderen Wertpapieren, die durch Indossament übertragen werden können

(Orderpapiere; HR Rdnr. 489 ff.), ist in § 831 geregelt. Sie erfolgt durch ein Zusammenwirken des Gerichtsvollziehers und des Vollstreckungsgerichts.

Da § 831 nur die Pfändung bestimmter verbriefter »Forderungen« regelt, fallen Namensaktien (§ 67 AktG) nicht unter den Anwendungsbereich dieser Vorschrift. Sie können zwar nach § 68 I 1 AktG durch Indossament übertragen werden, verbriefen aber keine Forderung, sondern Mitgliedschaftsrechte. Die Zwangsvollstreckung in solche indossablen Wertpapiere, die keine Forderung verbriefen, erfolgt wie bei Inhaber- und Rektapapieren nach §§ 808, 821 (Rdnr. 423).

1. Pfändung

Die Pfändung von Forderungen aus Papieren, die durch Indossament übertragen werden können, wird dadurch bewirkt, daß der Gerichtsvollzieher diese Papiere in Besitz nimmt (§ 831, § 175 Nr. 1 S. 2 GVGA). Ein gerichtlicher Pfändungsbeschluß ist nicht erforderlich.

Wenn die Zahlungsfähigkeit des Drittschuldners nicht unzweifelhaft feststeht, sind die gepfändeten Forderungen aus indossablen Papieren von ungewissem Wert; deshalb soll der Gerichtsvollzieher nach § 175 Nr. 2 GVGA solche Forderungen nur pfänden, wenn ihn der Gläubiger ausdrücklich dazu angewiesen hat oder wenn andere Pfandstücke entweder nicht vorhanden sind oder zur Befriedigung des Gläubigers nicht ausreichen.

Da im Fall a Gv die Zahlungsfähigkeit des D nicht beurteilen kann, wird er den Wechsel nur pfänden, sofern er genügend andere pfändbare Sachen bei S nicht vorfindet.

695   ### 2. Verwertung

Über die Verwertung einer nach § 831 vom Gerichtsvollzieher gepfändeten Forderung enthält das Gesetz keine ausdrückliche Regelung. Aus der Stellung des § 831 im Abschnitt über die Zwangsvollstreckung in Forderungen und andere Vermögensrechte ergibt sich jedoch, daß die Verwertung wie bei nicht verbrieften Forderungen nach §§ 835 ff. (Rdnr. 633 ff.) erfolgt. Zuständig für die Verwertung ist demnach nicht der Gerichtsvollzieher, sondern das Vollstreckungsgericht. Es verwertet die verbriefte Forderung regelmäßig durch Überweisungsbeschluß (§ 835 I); auf Antrag des Gläubigers oder des Schuldners kommt auch die gerichtliche Anordnung des freihändigen Verkaufs oder der öffentlichen Versteigerung in Betracht (§ 844 I). Eine besondere Form des freihändigen Verkaufs ist die Diskontierung des Wechsels (HR Rdnr. 518).

Die Verwertung setzt einen besonderen Antrag des Gläubigers an das zuständige Vollstreckungsgericht voraus. Der Gerichtsvollzieher verwahrt die weggenommene Urkunde solange, bis das Gericht diese einfordert oder bis dem Gerichtsvollzieher ein Beschluß des Vollstreckungsgerichts vorgelegt wird, durch den die Überweisung der Forderung an den Gläubiger ausgesprochen oder eine andere Art der Verwertung der Forderung angeordnet wird (§ 175 Nr. 4 GVGA). Werden vor einer solchen gerichtlichen Entscheidung gepfändete Schecks oder Wechsel zahlbar, sorgt der Gerichtsvollzieher in Vertretung des Gläubigers für die rechtzeitige Vorlegung und Protesterhebung (§ 175 Nr. 5 GVGA; zur Protesterhebung vgl. HR Rdnr. 590 ff.). Wird der Wechsel bei Vorlage bezahlt, hinterlegt der Gerichtsvollzieher den gezahlten Betrag und benachrichtigt den Gläubiger und den Schuldner hiervon (§ 175 Nr. 5 S. 2 GVGA).

3. Sonderfälle

696

a) Entsprechend § 831 werden auch *Blankowechsel* (Art. 10 WG; HR Rdnr. 548 ff.) und *Blankoschecks* (Art. 13 SchG; HR Rdnr. 665) gepfändet. Zwar setzt § 831 voraus, daß die zu pfändende Forderung in einer gültigen Urkunde verbrieft ist, und bei den genannten Blankourkunden handelt es sich wegen Fehlens eines wesentlichen Formerfordernisses noch um in der Entstehung befindliche Wertpapiere. Jedoch ist der Nehmer des Blanketts befugt, dieses durch Ausfüllung rückwirkend zu einem vollständigen und damit gültigen Wertpapier zu machen oder das Blankett nebst Ausfüllungsrecht auf einen Dritten zu übertragen. Dieses Ausfüllungsrecht des jeweils berechtigten Inhabers der Urkunde ist ein Vermögensrecht, das unmittelbar mit der berechtigten Inhaberschaft an der Urkunde zusammenhängt. Deshalb wird es gem. §§ 857, 831 zusammen mit dem Blankett durch den Gerichtsvollzieher gepfändet (*Schmalz*, NJW 1964, 141 f.; *Stöber, Rdnr. 2090; a.M. A. Blomeyer,* § 43, 2; *Feudner*, NJW 1963, 1239 f.). Die Verwertung erfolgt dann durch Überweisungsbeschluß des Vollstreckungsgerichts nach § 835.

Im Fall b kann Gv den Blankowechsel durch Inbesitznahme pfänden. Zur Verwertung muß G einen gerichtlichen Überweisungsbeschluß beantragen. Die Überweisung erfolgt nur zur Einziehung und nicht an Zahlungs Statt, da das Ausfüllungsrecht keinen Nennwert hat. Aufgrund der Überweisung kann G das dem S zustehende Ausfüllungsrecht ausüben und anschließend die mit der Ausfüllung entstandene Wechselforderung bei D einziehen.

b) Die Zwangsvollstreckung in *Postsparguthaben* erfolgt ebenfalls nach § 831. Zwar betrifft diese Vorschrift nur Forderungen, die in indossablen Papieren verbrieft sind, und dazu gehört das Postsparbuch als Legitimationspapier nicht. Jedoch erklärt § 23 IV 4 PostG für die Pfändung des Postsparguthabens die Vorschriften über die Pfändung von Forderungen aus indossablen Papieren für entsprechend anwendbar.

697

Im Fall c wäre ein Antrag des G an das Vollstreckungsgericht auf Erlaß eines Pfändungsbeschlusses ohne Erfolg, da das Vollstreckungsgericht für die Pfändung von Postsparguthaben funktionell unzuständig ist. G muß den Gerichtsvollzieher beauftragen, das Postsparbuch zu pfänden, und er kann anschließend beim Vollstreckungsgericht den Erlaß eines Überweisungsbeschlusses beantragen.

698   IV. Legitimationspapiere

Papiere, die nur eine Forderung beweisen, nicht aber Träger des Rechts sind (z.B. Sparkassenbücher, Pfandscheine, Versicherungsscheine und Depotscheine, ferner Hypotheken- und solche Grundschuld- und Rentenschuldbriefe, die nicht auf den Inhaber lauten), gehören weder zu den Wertpapieren i.S.v. § 821 noch zu denen nach § 831. Die durch sie bewiesenen Forderungen können deshalb auch nicht dadurch gepfändet werden, daß der Gerichtsvollzieher die Urkunden in Besitz nimmt.

1. Pfändung

Die Pfändung von Forderungen, über die Legitimationspapiere ausgestellt sind, erfolgt nach §§ 829 ff. durch Pfändungsbeschluß des Vollstreckungsgerichts.

Es besteht allerdings die Möglichkeit, daß der Gläubiger zur Geltendmachung der Forderung darauf angewiesen ist, sich durch ein Legitimationspapier ausweisen zu können. Dann benötigt er auch die Urkunde selbst, die er allein durch den Pfändungsbeschluß nicht erhält. Zwar kann er nach Überweisung der Forderung im Wege der Herausgabevollstreckung auch auf die zur Geltendmachung der Forderung notwendigen Urkunden zugreifen (§ 836 III 2, Rdnr. 647; §§ 883 ff., Rdnr. 1046 ff.). Da jedoch bis zu diesem Zeitpunkt die Gefahr besteht, daß der Drittschuldner mit befreiender Wirkung an den Inhaber des Legitimationspapiers leistet und damit die Vollstreckung vereitelt, wird dem Gläubiger das Recht eingeräumt, schon vor der Pfändung und Überweisung der Forderung auf das Papier zuzugreifen. Ein solcher Zugriff ist zwar nicht durch Inbesitznahme des Gerichtsvollziehers nach § 808 möglich, da das Legitimationspapier selbst keinen Vermögenswert hat. Jedoch kann der Gerichtsvollzieher derartige Papiere im Wege der *Hilfspfändung* (Rdnr. 647) vorläufig in Besitz nehmen (§ 156, 3 GVGA). Diese Hilfspfändung dient allein der Sicherung und Vorbereitung der Forderungsvollstreckung und begründet kein Pfändungspfandrecht. Der Gerichtsvollzieher teilt dem Gläubiger die vorläufige Wegnahme des Papiers unverzüglich mit. Legt der Gläubiger darauf nicht spätestens innerhalb von zwei Wochen den Pfändungsbeschluß über die dem Papier zugrunde liegende Forderung vor, hat der Gerichtsvollzieher das Papier dem Schuldner zurückzugeben (§ 156, 4, 5 GVGA).

Im Fall d kann der Anspruch des S auf Auszahlung des Sparguthabens nicht dadurch gepfändet werden, daß der Gerichtsvollzieher das Sparkassenbuch als körperliche Sache pfändet. G muß vielmehr einen Pfändungsbeschluß beim Vollstreckungsgericht beantragen. Der Gerichtsvollzieher kann das Sparkassenbuch allenfalls zur Sicherung der Forderungspfändung im Wege der Hilfspfändung vorläufig in Besitz nehmen.

2. Verwertung

699

Die Verwertung der Forderung, über die ein Legitimationspapier ausgestellt ist, erfolgt wie bei nichtverbrieften Forderungen durch gerichtlichen Überweisungsbeschluß (§ 835 I) oder durch gerichtliche Anordnung einer anderen Verwertungsart (§ 844 I). Der Schuldner ist aufgrund des Überweisungsbeschlusses verpflichtet, dem Gläubiger die zur Geltendmachung der Forderung erforderlichen Urkunden herauszugeben (§ 836 III 1). Der Gläubiger kann die Herausgabe im Wege der Zwangsvollstreckung erzwingen (§§ 836 III 2, 883 ff.).

Falls der Gerichtsvollzieher im Fall d das Sparbuch nicht bereits im Wege der Hilfspfändung vorläufig in Besitz genommen hat, kann G nach Überweisung der Forderung auf Auszahlung des Sparguthabens von S Herausgabe des Sparbuches verlangen. Falls S sich weigert, ist der Gerichtsvollzieher befugt, das Sparbuch aufgrund des Überweisungsbeschlusses wegzunehmen.

Drittes Kapitel

700

§ 21 Die Zwangsvollstreckung in Ansprüche auf Herausgabe oder Leistung von Sachen

Schrifttum: *Hieber*, Die »dingliche Anwartschaft« bei der Grundstücksübereignung, DNotZ 1959, 350; *Hoche*, Verpfändung und Pfändung des Anspruchs des Grundstückskäufers, NJW 1955, 161; *Mümmler*, Zur Pfändung des Rückauflassungsanspruchs, JurBüro 1978, 1762; *Noack*, Aktuelle Fragen zur Pfändung von Ansprüchen auf Herausgabe beweglicher Sachen gegen Dritte (§§ 847, 886 ZPO), DGVZ 1978, 97.

Fälle:
a) Gv hat bei einer erfolglosen Pfändung aus einem Urteil auf Zahlung von 1 000,— DM erfahren, daß S sein Klavier bei D untergestellt hat, dieser aber zur Her-

ausgabe des Klaviers an Gv nicht bereit ist. Was soll G tun, um das Klavier versteigern zu lassen?

b) Im Fall a gehört das Klavier dem D, das dieser für 1 200,— DM an S verkauft hat. S schuldet dem D noch einen Kaufpreisrest von 150,— DM.

c) G möchte aus einem rechtskräftigen Urteil gegen S auf Zahlung von 30 000,— DM die Zwangsversteigerung eines Grundstücks betreiben, das dem S von D verkauft, aber noch nicht aufgelassen worden ist.

d) Im Fall c weigert sich D, das Grundstück an S aufzulassen. Da S sich um die Sache nicht kümmert, möchte G die Auflassung an S erzwingen.

Die Zwangsvollstreckung in Ansprüche auf Herausgabe oder Leistung körperlicher Sachen erfolgt durch Pfändungs- und Überweisungsbeschluß. Die Besonderheiten ergeben sich aus §§ 846 ff.

I. Zweck der Vollstreckung

Aus einem Zahlungstitel kann nicht nur in eine Geldforderung des Schuldners gegen den Drittschuldner, sondern auch in einen Anspruch des Schuldners gegen einen Dritten auf Herausgabe oder Leistung körperlicher Sachen vollstreckt werden. Der Herausgabeanspruch ist ein Anspruch auf Besitzübertragung (z.B. nach § 985 BGB), der Anspruch auf Leistung einer Sache ist ein solcher auf Übereignung (z.B. nach § 433 I 1 BGB).

Bei der hier zu behandelnden Zwangsvollstreckung geht es also nicht darum, daß der Vollstreckungsgläubiger gegen den Vollstreckungsschuldner aus einem Vollstreckungstitel auf Herausgabe einer Sache vollstreckt (vgl. §§ 883 ff.; Rdnr. 1046 ff.). Vielmehr will der Vollstreckungsgläubiger aus einem Titel auf Zahlung (z.B. von 1 000,— DM Werklohn) die Vollstreckung betreiben. Sofern sich eine pfändbare Sache im Gewahrsam des Vollstreckungsschuldners oder eines zur Herausgabe bereiten Dritten (vgl. § 809; Rdnr. 248 ff.) befindet, kann der Gläubiger sie vom Gerichtsvollzieher pfänden und versteigern lassen. Hat jedoch ein nicht zur Herausgabe bereiter Dritter Gewahrsam, wird der Vollstreckungsgläubiger den Anspruch des Vollstreckungsschuldners gegen den Dritten (z.B. auf Herausgabe des Klaviers im Fall a) pfänden und sich zur Einziehung überweisen lassen. Dadurch will er erreichen, daß der Gerichtsvollzieher in den Besitz der vom Dritten an den Vollstreckungsschuldner herauszugebenden Sache (des Klaviers) kommt, damit diese dann versilbert wird, als ob der Gerichtsvollzieher die Sache beim Vollstreckungsschuldner vorgefunden und gepfändet hätte (vgl. Rdnr. 256). Der Vollstreckungsgläubiger hat also keinen Anspruch auf die Sache selbst, sondern nur ein Interesse daran, daß sein titulierter Zahlungsanspruch durch Verwertung der Sache erfüllt wird.

II. Ansprüche auf Herausgabe oder Leistung beweglicher Sachen

1. Pfändung

a) *Gegenstand der Pfändung* sind Ansprüche auf bewegliche Sachen, soweit deren Pfändung nicht ausgeschlossen ist.

(1) Zu den *pfändbaren Ansprüchen* gehören:

(a) *Herausgabeansprüche* (dinglicher oder schuldrechtlicher Art) gehen auf Verschaffung des unmittelbaren Besitzes.

Beispiele: Herausgabeanspruch des Eigentümers (§ 985 BGB), Mieters (§ 556 BGB), Verpächters (§§ 581, 556 BGB), Verleihers (§ 604 I BGB), Hinterlegers (§ 695 BGB).

(b) *Ansprüche auf Leistung körperlicher Sachen* gehen auf Übertragung des Eigentums.

Beispiele: Übereignungsanspruch des Käufers (§ 433 I 1 BGB), des Vermächtnisnehmers (§ 2174 BGB).

(2) *Nicht pfändbar* sind Ansprüche, welche auf die Herausgabe oder Leistung einer solchen Sache gerichtet sind, die nicht Gegenstand der weiteren Zwangsvollstreckung sein kann (*Zöller/Stöber*, § 847 Rdnr. 1).

Beispiele: Die Sache selbst ist nach § 811 (Rdnr. 276 ff.) unpfändbar (OLG Celle JW 1935, 1718; OLG Düsseldorf DR 1941, 639). Sie unterliegt als Zubehör der Zwangsvollstreckung in das unbewegliche Vermögen (vgl. Rdnr. 216 ff.). Sie hat — wie etwa der Kraftfahrzeugbrief — keinen eigenen Vermögenswert (LG Berlin DGVZ 1962, 186).

b) Zur *Durchführung der Pfändung* sind nach §§ 829 ff. der Erlaß und die Zustellung eines Pfändungsbeschlusses erforderlich.

(1) Der *Pfändungsbeschluß* wird auf Antrag des Vollstreckungsgläubigers erlassen. In dem Beschluß ist dem Drittschuldner zu verbieten, an den Schuldner zu leisten, und dem Schuldner zu gebieten, sich jeder Verfügung über den gepfändeten Anspruch zu enthalten (§§ 846, 829 I; Rdnr. 606). Außerdem ist im Beschluß — auch ohne entsprechenden Antrag des Gläubigers — anzuordnen, daß die Sache an einen vom Gläubiger zu beauftragenden Gerichtsvollzieher herauszugeben (bzw. zu leisten) ist (§ 847 I). Dieser Ausspruch erfolgt, weil der Vollstreckungsgläubiger keinen Anspruch auf die Sache selbst hat und der Gerichtsvollzieher in die Lage versetzt werden soll, die Sache zu versteigern. Da die Anordnung der Herausgabe an den Gerichtsvollzieher nach allgemeiner Meinung kein Wirksamkeitserfordernis für die Pfändung ist (vgl. StJ/*Münzberg*, § 847 Rdnr. 4 FN 17), kann sie auch durch einen späteren Beschluß nachgeholt werden (LG Berlin MDR 1977, 59; BL/*Hartmann*, § 847 Anm. 2 A).

(2) Die *Zustellung des Pfändungsbeschlusses* erfolgt im Parteibetrieb durch den Gerichtsvollzieher (vgl. Rdnr. 608 ff.). Wirksam ist die Pfändung mit der Zustellung des Beschlusses an den Drittschuldner (§§ 846, 829 III).

703   c) Die *Wirkungen der Pfändung* bestehen darin, daß der Anspruch beschlagnahmt (verstrickt; Rdnr. 614 f.) und mit einem Pfändungspfandrecht belastet wird (Rdnr. 616).

Gepfändet ist nur der Anspruch auf Herausgabe der Sache und nicht die Sache selbst. Pfändet also ein anderer Gläubiger des Vollstreckungsschuldners die Sache bei dem Drittschuldner (vgl. § 809; Rdnr. 248), entsteht selbst dann ein erstrangiges Pfandrecht an der Sache, wenn zuvor der Anspruch des Vollstreckungsschuldners gegen den Drittschuldner auf Herausgabe dieser Sache gepfändet worden ist. Daran ändert sich nichts, wenn der Drittschuldner später die Sache an den Gerichtsvollzieher abliefert und damit auch für den Vollstreckungsgläubiger ein Pfandrecht an der Sache entsteht (BL/*Hartmann*, § 847 Anm. 2 B; StJ/*Münzberg*, § 847 Rdnr. 13; *Stöber*, Rdnr. 2031; BGHZ 72, 334, 336).

Die Pfändung des Anspruchs auf Herausgabe oder Leistung der Sache wirkt sich wie die Pfändung einer Geldforderung auf die Rechtsstellung des Vollstreckungsgläubigers, des Vollstreckungsschuldners und des Drittschuldners aus (vgl. Rdnr. 617 ff.). Allerdings kann der Drittschuldner bei der Pfändung eines Anspruchs (auf Herausgabe, Leistung) mit befreiender Wirkung nicht an Gläubiger und Schuldner gemeinsam (vgl. § 1281 BGB), sondern nur an den Gerichtsvollzieher leisten (vgl. § 847 I).

704   (1) *Bei der Ablieferung der Sache* durch den Drittschuldner an den Gerichtsvollzieher handelt es sich entweder um die Erfüllung eines Anspruchs auf Besitzverschaffung oder um die eines Übereignungsanspruchs.

(a) Ist ein *Anspruch auf Besitzverschaffung* gepfändet und gibt der Drittschuldner die Sache an den Gerichtsvollzieher heraus, kommt es darauf an, ob dem Vollstreckungsschuldner die Sache gehört. Ist das der Fall, entstehen anstelle der Verstrickung und des Pfandrechts an dem Herausgabeanspruch nunmehr durch Surrogation eine Verstrickung und ein Pfandrecht an der dem Vollstreckungsschuldner gehörenden Sache (arg. e § 848 II 2; BGHZ 67, 378, 383; 72, 334, 336).

Wenn aber der Drittschuldner — etwa wegen mehrfacher Pfändung des Herausgabeanspruchs — die Sache ohne Mitwirkung des Gerichtsvollziehers hinterlegt, ist die Sache mangels Inbesitznahme durch den Gerichtsvollzieher nicht gepfändet (BGHZ 72, 334, 336).

Sofern der Vollstreckungsschuldner nicht Eigentümer der Sache ist (weil er etwa als Mieter die Sache an den Drittschuldner untervermietet hat), entsteht nach Pfändung des Herausgabeanspruchs mit der Ablieferung der

Sache an den Gerichtsvollzieher nur eine Verstrickung der Sache, jedoch kein Pfandrecht. Die Rechtslage ist nicht anders, als wenn der Gerichtsvollzieher die schuldnerfremde Sache gepfändet hätte (vgl. Rdnr. 382 f.).

(b) Ist ein *Übereignungsanspruch* des Schuldners gegen den Drittschuldner gepfändet und händigt dieser die Sache dem Gerichtsvollzieher aus, dann erwirbt der Schuldner nach § 929 BGB das Eigentum an der Sache. In der Übergabe liegt die (stillschweigende) Erklärung des Drittschuldners, daß er in Erfüllung seiner Übereignungspflicht handele, und der Gerichtsvollzieher nimmt die Übereignungserklärung für den Schuldner (stillschweigend) an. Gleichzeitig entstehen Verstrickung und Pfandrecht an der Sache (entspr. Anwendung der §§ 847a II, 848 II; § 1287 BGB). 705

Erklärt der Drittschuldner bei der Aushändigung der Sache an den Gerichtsvollzieher jedoch, daß er das Eigentum nicht oder nur unter einer aufschiebenden Bedingung übertrage, erwirbt der Schuldner kein Eigentum. Deshalb entsteht — ebenso wie bei der Pfändung einer schuldnerfremden Sache — kein Pfändungspfandrecht (vgl. Rdnr. 382 ff.); wohl aber wird die Sache verstrickt (vgl. Rdnr. 361 ff.).

(2) *Bei Nichtablieferung der Sache* ist der Vollstreckungsgläubiger nicht befugt, die im Pfändungsbeschluß genannte Sache vom Gerichtsvollzieher dem Drittschuldner wegnehmen zu lassen. Gepfändet ist nicht die Sache, sondern der angebliche Anspruch des Vollstreckungsschuldners auf Herausgabe oder Leistung der Sache. Ob dieser Anspruch überhaupt besteht oder ob ihm Gegenrechte entgegenstehen, muß notfalls im Erkenntnisverfahren geklärt werden. 706

Die Klage gegen den Drittschuldner auf Herausgabe der Sache an den Gerichtsvollzieher kann vom Vollstreckungsschuldner wie auch vom Vollstreckungsgläubiger erhoben werden.

Der Vollstreckungsgläubiger ist nach richtiger Ansicht auch schon dann klagebefugt, wenn ihm die Forderung noch nicht zur Einziehung überwiesen worden ist (*Hoche*, NJW 1955, 161 f.; StJ/*Münzberg*, § 847 Rdnr. 10; *Zöller/Stöber*, § 847 Rdnr. 4; a.A. *Jauernig*, § 20 II 1). Das kann mit einer entsprechenden Anwendung des § 1281 BGB begründet werden. Auch bei einer Sicherungsvollstreckung (§ 720a; Rdnr. 69) und bei einer Arrestvollziehung (§ 930; Rdnr. 1541 ff.) muß dem Gläubiger im Interesse seiner besseren Sicherung das Recht zustehen, Herausgabe der Sache an den Gerichtsvollzieher zu verlangen, zumal er dadurch noch nicht befriedigt wird.

Der Klageantrag und das der Klage stattgebende Urteil lauten auf Herausgabe der (genau zu bezeichnenden) Sache an den vom Kläger zu beauftragenden Gerichtsvollzieher. Sofern der Anspruch auf Übereignung einer Sache gepfändet worden ist, muß ferner beantragt und im Urteil ausgesprochen werden, daß der Beklagte verurteilt wird, die Sache dem Schuldner zu übereignen. Die Vollstreckung des Urteils erfolgt dadurch, daß der

Gerichtsvollzieher die Sache dem Drittschuldner wegnimmt. Wenn der Beklagte auch zur Übereignung, also zur Abgabe einer Willenserklärung, verurteilt ist, greift § 894 (Rdnr. 1111 ff.) ein.

Im Fall a wird G nach Pfändung des Herausgabeanspruchs des S gegen D diesen zur Herausgabe des Klaviers an Gv auffordern und — bei Erfolglosigkeit der Aufforderung — eine entsprechende Klage erheben. Dem S muß er den Streit verkünden (§ 841; Rdnr. 644).

Im Fall b hat D die Möglichkeit, sich gegenüber dem Übereignungsanspruch des S nach § 433 I BGB auf die Einrede des nicht erfüllten Vertrages gem. § 320 BGB zu berufen. Diese Einrede kann D auch gegenüber dem G erheben, da durch eine Pfändung des Anspruchs die Rechtsstellung des Drittschuldners nicht verschlechtert wird. Der Klageantrag des G wird zweckmäßigerweise lauten, den Beklagten (D) zur Übereignung des Klaviers Zug um Zug gegen Zahlung von 150,— DM zu verurteilen (zur Pfändung des Anwartschaftsrechts des Vorbehaltskäufers vgl. Rdnr. 807 ff.).

707   d) Bei *mehrfacher Pfändung* eines Anspruchs auf Herausgabe oder Leistung einer Sache richtet sich die Rangordnung nach der zeitlichen Reihenfolge der Pfändungen (§§ 804 III, 854 II), obwohl die Pfandrechte an der Sache selbst gleichzeitig (mit Inbesitznahme der Sache durch den Gerichtsvollzieher) entstehen (StJ/*Münzberg*, § 847 Rdnr. 13 m.N.).

§ 854 trifft für das Verfahren eine dem § 853 (Rdnr. 642) entsprechende Regelung; nur tritt an die Stelle der Hinterlegung die Herausgabe an den Gerichtsvollzieher.

708   ## 2. Verwertung

a) Die Verwertung der im Besitz des Gerichtsvollziehers befindlichen Sache erfolgt gem. § 847 II nach den Vorschriften über die Verwertung gepfändeter Sachen, also nach §§ 814 ff. (Rdnr. 395 ff.) *regelmäßig durch öffentliche Versteigerung.*

b) Das Gesetz sieht als Voraussetzung der Verwertung eine Überweisung des gepfändeten Anspruchs zur Einziehung vor (vgl. §§ 846, 835, 849, 854); lediglich eine Überweisung an Zahlungs Statt ist nach § 849 unzulässig, weil die Ansprüche keinen Nennwert haben (vgl. Rdnr. 663).

Jedoch ist eine *Überweisung nicht erforderlich,* da die Vollstreckung nicht aus dem Pfändungsbeschluß, sondern aus dem ursprünglichen Zahlungstitel betrieben wird (vgl. StJ/*Münzberg*, § 847 Rdnr. 10; *Zöller/Stöber*, § 847 Rdnr. 4). Die anderslautende Formulierung des Gesetzes beruht noch auf der inzwischen überholten Ansicht, daß der Vollstreckungsgläubiger nur dann vom Drittschuldner Herausgabe an den Gerichtsvollzieher verlangen könne, wenn der Anspruch nicht nur gepfändet, sondern dem Gläubiger auch zur Einziehung überwiesen worden sei (vgl. auch Rdnr. 706).

Im übrigen kommt es in der Praxis nicht darauf an, ob für die Verwertung auch noch eine Überweisung zur Einziehung erforderlich ist, da in aller Regel die Überweisung zusammen mit der Pfändung antragsgemäß in einem einzigen Beschluß ausgesprochen wird.

III. Ansprüche auf Herausgabe oder Leistung unbeweglicher Sachen 709

1. Pfändung

a) *Gegenstand der Pfändung* sind Ansprüche auf Herausgabe des Besitzes oder auf Übertragung des Eigentums an Grundstücken (§ 848).

Vergleichbare Regelungen gibt es für eingetragene Schiffe, eingetragene und eintragungsfähige Schiffsbauwerke sowie für eingetragene Luftfahrzeuge (§ 847a; § 99 I des Gesetzes über Rechte an Luftfahrzeugen).

b) Die *Durchführung der Pfändung* erfolgt auch hier durch Zustellung 710
eines Pfändungsbeschlusses. § 848 I entspricht dem § 847 I. Allerdings besteht eine Besonderheit. Die Herausgabe ist nicht — wie bei Mobilien — an einen vom Gläubiger zu beauftragenden Gerichtsvollzieher anzuordnen, sondern an einen auf Antrag des Gläubigers zu bestellenden Sequester (§ 848 I).

Der Sequester ist ein Treuhänder. Zuständig für seine Bestellung ist das Amtsgericht, in dessen Bezirk das Grundstück liegt; es entscheidet der Rechtspfleger (§ 20 Nr. 17 RPflG). Ist ein bestimmtes Amtsgericht sowohl für die Sequesterbestellung als auch für den Erlaß des Pfändungsbeschlusses zuständig, kann die Bestellung im Pfändungsbeschluß erfolgen.

Im Fall c muß G die Pfändung des Auflassungsanspruchs beantragen, da die Zwangsversteigerung des Grundstücks nur angeordnet werden darf, wenn S als Grundstückseigentümer eingetragen ist (vgl. § 17 ZVG). Im Pfändungsbeschluß wird die Auflassung an den Sequester als Vertreter des S angeordnet.

c) Die *Wirkungen der Pfändung* bestehen darin, daß der Anspruch ver- 711
strickt und mit einem Pfändungspfandrecht belastet wird.

Leistet der Drittschuldner dem Pfändungsbeschluß freiwillig keine Folge, kann der Vollstreckungsgläubiger ihn auf Herausgabe und/oder Auflassung an den Sequester als Vertreter des Vollstreckungsschuldners verklagen. Ergeht ein entsprechendes Urteil, hat der Vollstreckungsgläubiger die Möglichkeit, aus diesem Urteil gegen den Drittschuldner zu vollstrecken. Zur Erzwingung der Herausgabe beauftragt er den Gerichtsvollzieher; dieser setzt den Drittschuldner aus dem Besitz und weist den Sequester in den Besitz des Grundstücks ein (§ 885 I; Rdnr. 1057). Lautet das Urteil auch auf Auflassung an den Sequester als Vertreter des Schuldners (§ 848 II 1), wird mit der Rechtskraft des Urteils die Einigungserklärung des Drittschuldners fingiert. Gibt der Sequester dann die Annahmeerklärung vor einem Notar ab, kann er gem.

§ 13 GBO die Eintragung des Schuldners als Eigentümer ins Grundbuch beantragen (Fall d).

Im einzelnen ist danach zu unterscheiden, ob ein Herausgabeanspruch oder ein Übereignungsanspruch gepfändet worden ist.

712   (1) Bei der Pfändung eines *Herausgabeanspruchs* ist die Vollstreckung beendet, wenn der Sequester Besitz an dem Grundstück erlangt hat. Ein (Grund-)Pfandrecht an der Sache (dem Grundstück) entsteht nicht (arg. e § 848 II 2).

Die Pfändung eines Herausgabeanspruchs spielt in der Praxis kaum eine Rolle. Die Zwangsvollstreckung wird nach den Vorschriften bewirkt, die für die Vollstreckung ins unbewegliche Vermögen gelten (§ 848 III). Eine Zwangsversteigerung des Grundstücks setzt heute nicht mehr den Besitz des Schuldners oder eines Sequesters voraus; es genügt die Eintragung des Schuldners im Grundbuch (§ 17 ZVG; Rdnr. 855). Das gilt auch für die Eintragung einer Zwangshypothek (§ 39 GBO; Rdnr. 1037). Für die Zwangsverwaltung kann die Pfändung eines Herausgabeanspruchs des Schuldners gegen den im Besitz des Grundstücks befindlichen Drittschuldner von Bedeutung sein, um das Grundstück dem Zwangsverwalter übergeben zu können (vgl. § 150 II ZVG; *Stöber,* Rdnr. 2041).

713   (2) Bei Pfändung eines *Anspruchs auf Grundstücksübereignung* (Auflassungsanspruchs) geht mit der Auflassung und Eintragung des Schuldners das Eigentum am Grundstück auf den Schuldner über. Damit erlangt der Gläubiger für seine Forderung (nebst Vollstreckungskosten) kraft Gesetzes eine Sicherungshypothek (vgl. § 1184 BGB) am Grundstück des Schuldners (§ 848 II 2). Das Grundbuch ist insoweit unrichtig geworden. Die Sicherungshypothek wird auf Antrag des Gläubigers oder Sequesters (§ 13 GBO) und auf (Berichtigungs-)Bewilligung des Sequesters (§ 19 GBO, § 848 II 3) im Grundbuch eingetragen.

Es empfiehlt sich, zugleich mit dem Antrag auf Eintragung des Schuldners als Eigentümer auch den Antrag auf Eintragung der Sicherungshypothek zu stellen, damit beide Eintragungen zur selben Zeit erfolgen, um dadurch einen lastenfreien Erwerb durch einen Gutgläubigen (§ 892 BGB) zu Lasten des Vollstreckungsgläubigers zu verhindern (zu Fall d).

Von der Pfändung des Übereignungsanspruchs ist die Pfändung des (dinglichen) Anwartschaftsrechts des Vollstreckungsschuldners zu unterscheiden, die dann in Betracht kommt, wenn das Grundstück bereits aufgelassen ist und der Vollstreckungsschuldner seine Eintragung als Eigentümer beantragt hat (Rdnr. 819 ff.).

714   d) Bei *mehrfacher Pfändung* eines Anspruchs, der eine unbewegliche Sache betrifft, gilt gem. § 855 das oben zu § 854 (Rdnr. 707) Gesagte entsprechend. Nur hat die Herausgabe an den Sequester zu erfolgen.

Diese Regelung sieht § 855a auch für eingetragene Schiffe und eingetragene sowie eintragungsfähige Schiffsbauwerke vor (vgl. auch § 99 I des Gesetzes über Rechte an Luftfahrzeugen).

2. Verwertung

715

Die Verwertung erfolgt durch Zwangsversteigerung oder Zwangsverwaltung (§ 848 III). Sie beruht nicht auf dem Pfändungsbeschluß, sondern auf dem Vollstreckungstitel, der auf Zahlung eines Geldbetrages lautet (*Hoche*, NJW 1955, 161, 164). Deshalb ist auch hier die vom Gesetz vorgesehene Überweisung zur Einziehung ohne Bedeutung (vgl. *Bruns/Peters*, § 25 II 2; StJ/*Münzberg*, § 848 Rdnr. 12; oben Rdnr. 708).

Viertes Kapitel Die Zwangsvollstreckung in andere Vermögensrechte

716

Die Zwangsvollstreckung in andere Vermögensrechte erfolgt nach § 857. Für die Vollstreckung in einzelne Rechte enthalten die §§ 858 ff. Sonderregelungen.

§ 22 Der Anwendungsbereich und die Durchführung der Zwangsvollstreckung nach § 857

Fälle:

a) G hat einen Titel gegen S, der Inhaber der Firma Schuld ist. G beantragt beim Vollstreckungsgericht, das Recht zur Benutzung des Firmennamens Schuld zu pfänden und ihm zu überweisen.

b) G möchte in eine durch Buchhypothek gesicherte Forderung des S gegen D vollstrecken. Im Grundbuch ist als Hypothekengläubiger fälschlich der X eingetragen, und S weigert sich, von X Grundbuchberichtigung zu verlangen. Kann G den Grundbuchberichtigungsanspruch des S gegen X pfänden und sich überweisen lassen?

Für die Zwangsvollstreckung in andere Vermögensrechte verweist § 857 im wesentlichen auf die §§ 829 ff. über die Zwangsvollstreckung in Geldforderungen.

I. Anwendungsbereich

Zu den »anderen Vermögensrechten« gehören nach § 857 I nur solche Rechte, die nicht Gegenstand der Zwangsvollstreckung in das unbewegliche Vermögen (§§ 864 ff.; Rdnr. 851 ff.) sind. Im übrigen ergibt sich aus Wortlaut und Stellung des § 857, daß diese Vorschrift alle Vermögensrechte erfaßt, die weder zu den beweglichen Sachen (§§ 808 ff.; Rdnr. 214 ff.) noch zu den Geldforderungen (§§ 829 ff.; Rdnr. 506 ff.), noch zu den Herausgabeansprüchen (§§ 846 ff.; Rdnr. 701 ff.) gehören. Insoweit bildet § 857 also einen Auffangtatbestand.

Das bedeutet jedoch nicht, daß § 857 die Zwangsvollstreckung in alle nicht anderweitig geregelten Vollstreckungsobjekte ermöglicht. Vielmehr kann nur in selbständige Vermögensrechte vollstreckt werden, die übertragbar sind oder deren Ausübung wenigstens einem anderen überlassen werden kann. Dazu gehören etwa Ansprüche auf Einräumung oder Übertragung von Rechten (z.B. Rückübertragung einer Sicherungsgrundschuld), Ansprüche auf Abgabe von Willenserklärungen (z.B. Grundbuchberichtigungsanspruch), Rechte an Grundstücken (z.B. Grundschuld), Rechte an beweglichen Sachen (z.B. Anwartschaftsrecht), Immaterialgüterrechte (z.B. Patentrecht) sowie Anteilsrechte (z.B. Gesellschaftsanteil).

717   1. Vermögensrechte

a) Vollstreckungsobjekt muß ein *Recht* sein.

(1) Dazu gehören *nicht tatsächliche, rechtlich ungeschützte Aussichten.* Sie lassen sich nicht verwerten und unterliegen deshalb auch nicht der Zwangsvollstreckung.

So ist die Aussicht, Erbe zu werden, nicht pfändbar (BL/*Hartmann*, § 857 Anm. 1 B a; RGZ 67, 425, 428), da der Erblasser zu seinen Lebzeiten die Erbfolge ändern kann. Ein entsprechender Vollstreckungsantrag des Gläubigers wäre mangels Rechtsschutzinteresses (Rdnr. 28) abzulehnen; denn das Vollstreckungsziel der Gläubigerbefriedigung kann nicht durch einen Zugriff auf eine rechtlich ungeschützte Aussicht erreicht werden.

718   (2) Zu den Rechten gehören ferner *nicht tatsächliche Verhältnisse,* selbst wenn sie rechtlich umschrieben werden können.

So ist die Rechtsstellung des Alleinerben kein Recht, sondern nur die allgemeine Bezeichnung für die Inhaberschaft am bisherigen Vermögen des Erblassers (StJ/ *Münzberg*, § 857 Anm. I 1). Dagegen hat etwa der Nacherbe nach Eintritt des Erbfalls, aber vor Eintritt des Nacherbfalls ein Recht auf den Nachlaß (ErbR Rdnr. 344 ff.). Das ergibt sich z.B. aus § 2108 II BGB, wonach dieses Recht vererblich ist. Das Nacherbenrecht gehört also zu den Rechten, in die nach § 857 vollstreckt werden kann (ErbR Rdnr. 346). Wird es gepfändet, setzt sich das Pfandrecht bei Eintritt des Nacherbfalls an dem Herausgabeanspruch des Nacherben gegen den Vorerben gem. § 2130 BGB und an den zum Nachlaß gehörenden Forderungen fort, die mit dem Nacherbfall ohne weiteres auf den Nacherben übergehen.

(3) Abzugrenzen von den bloßen Erwerbsaussichten und tatsächlichen Verhältnissen sind *künftige Rechte*. Sofern deren Rechtsgrund bereits besteht und damit eine rechtliche Grundlage für die Bestimmung des Vollstreckungsgegenstandes vorhanden ist, unterliegen sie wie künftige Forderungen (Rdnr. 509) der Zwangsvollstreckung.

So kann etwa die künftige Eigentümergrundschuld, in die sich eine derzeit noch einem Dritten zustehende Hypothek bei Wegfall der gesicherten Forderung verwandeln wird (§§ 1163, 1177 BGB), gepfändet werden.

b) Ein Recht kann nur dann Gegenstand der Zwangsvollstreckung wegen **719** Geldforderungen sein, wenn es einen *Vermögenswert* hat. Das ergibt sich nicht nur aus dem Wortlaut des § 857, sondern auch daraus, daß der Schuldner dem Gläubiger für dessen Geldforderungen überhaupt nur mit seinem Vermögen haftet.

(1) Zu den Vermögensrechten gehören grundsätzlich *nicht die persönlichen Rechte*. Gemeint sind etwa das Recht, einen bestimmten Namen oder Titel zu führen, und die Familienrechte wie z.B. das elterliche Sorgerecht (§ 1626 BGB).

(2) Es gibt allerdings Grenzfälle, in denen *persönliche Rechte Gegenstand* **720** *entgeltlicher Rechtsgeschäfte* sein können. Dabei ist etwa an die Firma, also an den Handelsnamen des Kaufmanns, zu denken. Sie kann zusammen mit dem Handelsgeschäft veräußert werden (§ 23 HGB) und hat vermögensrechtliche Bedeutung (vgl. BGHZ 85, 221, 223 m.N.). Dennoch ist der Firmenname unpfändbar. Das ergibt sich für die Firma eines Einzelkaufmanns daraus, daß dieser gezwungen ist, seinen Familiennamen als Firma zu führen (§ 18 I HGB); aufgrund dieses notwendigen personalen Bezuges gehen die namensrechtlichen Interessen des Kaufmanns dem Vollstreckungsinteresse seiner Gläubiger vor.

Im Fall a wird das Vollstreckungsgericht den Antrag des G zurückweisen. G könnte allein mit dem Firmennamen des S ohnehin nichts anfangen, da er unter diesem Namen ein eigenes Geschäft nicht führen darf, wenn er nicht auch das Handelsgeschäft des S übernimmt (vgl. § 23 HGB).

Aber selbst dann, wenn jemand seinen Familiennamen für die Firma einer juristischen Person ohne Notwendigkeit (vgl. § 4 I AktG; § 4 I GmbHG; HR Rdnr. 140) zur Verfügung gestellt und dadurch freiwillig die Möglichkeit geschaffen hat, daß sein Name auf Dritte übertragen wird, ist die Firma kein pfändbares Vermögensrecht. Das beruht allerdings nicht darauf, daß die persönlichen Interessen des Namensinhabers Vorrang vor den Gläubigerinteressen genießen; vielmehr kann etwa im Konkurs der GmbH der Konkursverwalter die Firma der GmbH zusammen mit dem Handelsgeschäft veräußern (BGHZ 85, 221, 223 ff.). Die Firma fällt nur deshalb nicht unter den Anwendungsbereich des § 857, weil sie nicht vom Handelsgeschäft gelöst (§ 23 HGB) und daher auch nicht selbständig gepfändet werden kann.

Da in das Handelsgeschäft als solches ebenfalls nicht vollstreckt werden kann, sondern nur in die einzelnen zum Geschäft gehörenden Sachen, Forderungen und Rechte, unterliegt der Firmenname überhaupt nicht der Einzelzwangsvollstreckung.

721   2. Selbständigkeit und Übertragbarkeit

a) Nur *selbständige* Vermögensrechte sind nach § 857 pfändbar. Demnach scheidet in folgenden Fällen eine Zwangsvollstreckung aus:

(1) In *akzessorische Rechte,* deren Bestand von einem (Haupt-)Recht abhängt und die ihren Vermögenswert erst in Verbindung mit diesem Recht haben, kann nicht gesondert vollstreckt werden. Solche Rechte werden vielmehr von der Zwangsvollstreckung in das (Haupt-)Recht erfaßt.

Die Hypothek kann also nur zusammen mit der gesicherten Forderung gepfändet werden (vgl. § 830; Rdnr. 673 ff.). Gleiches gilt für das Pfandrecht und die Bürgschaft, die nach §§ 412, 401 BGB von der Zwangsvollstreckung in die gesicherte Forderung erfaßt werden.

722   (2) In einem anderen Sinne ist auch der *Anspruch auf Grundbuchberichtigung* (§ 894 BGB) gegenüber dem dinglichen Recht des Schuldners (z.B. Eigentum, Hypothek) nicht selbständig; denn allein durch zwangsweisen Zugriff auf diesen Anspruch und ohne Vollstreckung in das dingliche Recht kann der Gläubiger keine Befriedigung erlangen. Allerdings besteht die Möglichkeit, daß die Durchsetzung des Grundbuchberichtigungsanspruchs für die Vollstreckung in das dingliche Recht erforderlich ist. So setzt etwa die Pfändung einer durch Buchhypothek gesicherten Forderung die Voreintragung des Vollstreckungsschuldners als Hypothekengläubiger im Grundbuch voraus (§ 39 GBO; Rdnr. 676). Deshalb kann zwecks nachfolgender Vollstreckung in das dingliche Recht auf den Grundbuchberichtigungsanspruch im Wege der Hilfspfändung zugegriffen werden (BGHZ 33, 76, 83; StJ/*Münzberg,* § 857 Anm. I 1 d; *Stöber,* Rdnr. 1514; vgl. aber noch Rdnr. 725).

Im Fall b ist zur Pfändung der hypothekarisch gesicherten Forderung die Eintragung der Pfändung im Grundbuch erforderlich (§ 830 I 3). Dafür verlangt § 39 GBO die Voreintragung des S. Falls G, der nach § 14 GBO berechtigt ist, die Berichtigung des Grundbuchs zugunsten des S zu beantragen, die Unrichtigkeit des Grundbuchs nicht durch öffentliche Urkunden nachweisen kann (§§ 22, 29 GBO), muß er zunächst im Wege der Hilfspfändung den Grundbuchberichtigungsanspruch des S gegen X pfänden und sich zur Einziehung überweisen lassen. Die Vollstreckung erfolgt nach § 857. Aufgrund dieses Anspruchs kann G — notfalls durch Klage gegen X auf Berichtigungsbewilligung — erreichen, daß S im Grundbuch eingetragen und damit die Pfändung der hypothekarisch gesicherten Forderung gegen D ermöglicht wird.

(3) Schließlich handelt es sich auch bei den *Gestaltungsrechten* wie Kündigung, Rücktritt und Anfechtung um unselbständige Rechte, die untrennbar mit dem Hauptrecht verbunden und nur zusammen mit diesem der Zwangsvollstreckung unterworfen sind.   723

So erhält der Gläubiger etwa das Recht zur Kündigung des Darlehensvertrages (§ 609 BGB) nur, wenn er den Darlehensrückzahlungsanspruch des Schuldners gegen den Drittschuldner pfänden und sich überweisen läßt.

b) Andere Vermögensrechte sind der Pfändung nach § 857 nur insoweit unterworfen, als sie *übertragen oder wenigstens zur Ausübung überlassen* werden können.   724

(1) Nach §§ 857 I, 851 I gilt hinsichtlich der *Übertragbarkeit* für andere Vermögensrechte die gleiche Pfändungsbeschränkung wie für Forderungen (Rdnr. 521 ff.).

So ist etwa der Anspruch auf Dienstleistung zwar ein selbständiges Recht. Er hat auch einen Vermögenswert; denn Dienstleistungen sind grundsätzlich zu vergüten (§§ 611, 612 BGB). Dennoch kann der Anspruch auf Dienstleistung nicht gepfändet werden, da er — sofern nichts anderes vereinbart ist — nicht übertragbar ist (§ 613, 2 BGB); dem Arbeitnehmer soll gegen seinen Willen kein neuer Vertragspartner aufgezwungen werden.

Ferner sind das Recht zur Anfechtung einer letztwilligen Verfügung (§§ 2078 ff. BGB) und das Recht zur Geltendmachung der Erbunwürdigkeit (§§ 2339 ff. BGB) selbständige Rechte. Sie haben auch nicht lediglich persönliche, sondern vermögensrechtliche Bedeutung; denn anfechtungsberechtigt sind gerade die Personen, denen die Aufhebung der letztwilligen Verfügung oder der Wegfall des Erbunwürdigen (unmittelbar) zustatten kommen würde (vgl. §§ 2080, 2341 BGB). Jedoch sind diese Rechte unter Lebenden nicht übertragbar (ErbR Rdnr. 233, 277); denn die Entscheidung, ob das Anfechtungsrecht ausgeübt wird, hängt meist von sehr persönlichen Erwägungen ab (MünchKomm/*Leipold*, § 2080 Rdnr. 10). Deshalb sind diese Anfechtungsrechte auch nicht pfändbar.

(2) Allerdings sind nicht alle unübertragbaren Rechte der Pfändung nach § 857 entzogen. Gemäß § 857 III ist ein unveräußerliches Recht der Pfändung insoweit unterworfen, als seine *Überlassung zur Ausübung* möglich ist.   725

Einen solchen Fall bildet etwa der Grundbuchberichtigungsanspruch nach § 894 BGB (vgl. Rdnr. 722). Da er von dem dinglichen Recht, das durch die Unrichtigkeit des Grundbuches beeinträchtigt wird, nicht zu trennen ist, kann er auch nicht selbständig abgetreten werden (BGH WM 1972, 384 f.). Deshalb würde nach §§ 857 I, 851 I sogar eine Hilfspfändung ausscheiden. Da aber — im Gegensatz zu den höchstpersönlichen Vermögensrechten — kein Grund besteht, die Geltendmachung des Anspruchs gerade an die Person des Berechtigten zu binden, kann der Berichtigungsanspruch zur Ausübung abgetreten werden (*Palandt/Bassenge*, § 894 Anm. 6 a). Insoweit ist er nach § 857 III auch der (Hilfs-)Pfändung unterworfen (Fall b).

726   **II. Pfändung**

1. Pfändungsbeschluß

§ 857 I erklärt für die Zwangsvollstreckung in andere Vermögensrechte die »vorstehenden Vorschriften« für entsprechend anwendbar. Danach erfolgt die Pfändung wie bei der Zwangsvollstreckung in Geldforderungen durch Pfändungsbeschluß des Vollstreckungsgerichts (§ 829; Rdnr. 605 ff.).

a) Der Pfändungsbeschluß enthält das Gebot an den Schuldner, sich jeder Verfügung über das Recht zu enthalten (§ 829 I 2; *Inhibitorium*).

b) Das Verbot für den Drittschuldner, an den Schuldner zu leisten (§ 829 I 1; *Arrestatorium*), ist ausnahmsweise entbehrlich, wenn ein Drittschuldner (z.B. bei Immaterialgüterrechten) nicht vorhanden ist. Dann ist aber das Gebot an den Schuldner, sich jeder Verfügung über das Recht zu enthalten, bei der Pfändung nach § 857 Wirksamkeitsvoraussetzung (vgl. § 857 II).

727   **2. Zustellung des Pfändungsbeschlusses**

Der Pfändungsbeschluß wird grundsätzlich mit Zustellung an den Drittschuldner wirksam (§ 829 III; Rdnr. 608). Gegenüber der Forderungspfändung sind hier jedoch zwei *Besonderheiten* zu beachten:

a) *Drittschuldner* ist bei den nach § 857 pfändbaren Rechten — anders als bei Forderungen (Rdnr. 500) — nicht nur der Schuldner des Vollstreckungsschuldners, sondern jeder, der an dem gepfändeten Vermögensrecht irgendwie beteiligt ist (RGZ 49, 405, 407; BGHZ 49, 197, 204). Das liegt daran, daß bei den Vermögensrechten i.S.v. § 857 die Beteiligten sich häufig nicht als Gläubiger und Schuldner gegenüberstehen, sondern als gleichberechtigte Rechtssubjekte Teilhaber desselben Rechts sind.

So sind Drittschuldner bei der Pfändung eines Miteigentumsanteils alle anderen Miteigentümer, bei der Pfändung eines Anteils am Nachlaß alle Miterben. Die Pfändung dieser Anteile wird mithin erst wirksam, wenn der Pfändungsbeschluß dem letzten Mitberechtigten zugestellt ist.

b) Es gibt Vermögensrechte, bei denen auch bei weiter Auslegung des   728
Begriffs *kein Drittschuldner vorhanden* ist. Dazu gehören die Patent-, Urhe-
ber-, Gebrauchsmuster- und Geschmacksmusterrechte; denn die Ausübung
dieser Rechte ist weder von der Mitwirkung Dritter abhängig noch berührt
sie deren Rechtsstellung. In solchen Fällen kann die Wirksamkeit der Pfändung auch nicht von der Zustellung an den Drittschuldner abhängen. Deshalb ist nach § 857 II die Pfändung als mit dem Zeitpunkt bewirkt anzusehen, in welchem dem Schuldner der Pfändungsbeschluß mit dem Gebot,
sich jeder Verfügung über das Recht zu enthalten, zugestellt ist.

3. Vorpfändung   729

Da zu den »vorstehenden Vorschriften« i.S.v. § 857 I unter anderem § 845
gehört, ist auch eine Vorpfändung (Rdnr. 610, 627 f.) der anderen Vermögensrechte möglich. Anders als bei der Forderungspfändung darf allerdings
der Gerichtsvollzieher die Benachrichtigung, daß die Pfändung bevorstehe,
und die Aufforderungen nach § 829 I an den Drittschuldner und an den
Schuldner (Rdnr. 606) nicht selbst anfertigen, auch wenn der Gläubiger ihn
hierzu ausdrücklich beauftragt hat (§ 857 VII i.V.m. § 845 I 2). Der Gesetzgeber ist davon ausgegangen, daß die Vorpfändung anderer Vermögensrechte
mit erheblichen rechtlichen Schwierigkeiten verbunden sein kann, und er hat
aus diesem Grund die Befugnisse des Gerichtsvollziehers in § 857 VII eingeschränkt (BT-Drucks. 7/3838, S. 10 f.).

III. Verwertung   730

Für die Verwertung bedeutet der Verweis in § 857 I, daß die §§ 835, 844
(Rdnr. 633 ff.) anwendbar sind. Danach werden die Vermögensrechte i.S.v.
§ 857 durch Überweisungsbeschluß oder aufgrund gerichtlicher Anordnung
einer anderen Verwertungsart verwertet.

1. Überweisung zur Einziehung

Eine Überweisung zur Einziehung (§ 835 I; Rdnr. 634 ff.) kommt nur bei
den Vermögensrechten in Betracht, die der Vollstreckungsgläubiger anstelle
des Vollstreckungsschuldners einziehen kann. Das ist — anders als bei Geldforderungen — nicht bei allen Vermögensrechten i.S.v. § 857 der Fall.

So scheidet eine Überweisung zur Einziehung etwa bei einem gepfändeten
Geschäftsanteil an einer GmbH (vgl. Rdnr. 796 ff.) aus, sofern nicht im Gesellschaftsvertrag die Kündigung als besonderer Auflösungsgrund (§ 60 II GmbHG) festgesetzt

ist. Da es nämlich bei der GmbH an einer gesetzlichen Kündigungsmöglichkeit fehlt, hätte der Gläubiger keine Möglichkeit, sich durch Einziehung des Gesellschaftsanteils zu befriedigen.

731   2. Überweisung an Zahlungs Statt

Eine Überweisung an Zahlungs Statt (§ 835 I; Rdnr. 663) setzt voraus, daß das gepfändete Vermögensrecht einen Nennwert hat. Daran fehlt es bei manchen Vermögensrechten nicht nur dann, wenn sie von einer Gegenleistung abhängig sind (vgl. Rdnr. 663), sondern schon nach dem Inhalt des Rechts.

So läßt sich etwa das Nacherbenrecht nicht mit einem bestimmten Geldbetrag bemessen, zumal der Wert des Nachlasses sich zwischen Erbfall und Nacherbfall laufend verändern kann. Bei einer Überweisung des gepfändeten Nacherbenrechts an Zahlungs Statt ließe sich deshalb nicht feststellen, in welcher Höhe der Vollstreckungsgläubiger wegen seiner Forderung gegen den Vollstreckungsschuldner befriedigt wäre. Aus diesem Grund kommt eine Überweisung an Zahlungs Statt nicht in Betracht.

Dagegen hat etwa der Anspruch auf Abtretung einer nicht von einer Gegenleistung abhängigen Geldforderung einen Nennwert. Gleiches gilt für eine Eigentümergrundschuld, deren Nennwert aus dem Grundbuch ersichtlich ist. Diese Rechte können an Zahlungs Statt überwiesen werden.

732   3. Andere Verwertungsarten

Ist eine Überweisung des gepfändeten Rechts nicht möglich oder die Einziehung mit Schwierigkeiten verbunden, kann das Vollstreckungsgericht — wie bei der Verwertung von Geldforderungen (Rdnr. 666) — auf Antrag des Gläubigers oder des Schuldners eine andere Art der Verwertung anordnen (§ 844 I).

a) Unter den *Anwendungsbereich* fallen etwa die Verwertung des Nacherbenrechts und des GmbH-Anteils.

Das Nacherbenrecht kann zwar grundsätzlich zur Einziehung überwiesen, vom Gläubiger aber nicht ohne weiteres verwertet werden; die Verwertung wäre vielmehr bis zum Eintritt des Nacherbfalls aufgeschoben. Im Interesse des Gläubigers kann das Gericht deshalb eine sofort durchführbare Verwertung anordnen.

Bei der Zwangsvollstreckung in einen GmbH-Anteil kommt eine Überweisung zur Einziehung von vornherein nicht in Frage (Rdnr. 798); hier kann die Verwertung nur nach § 844 erfolgen.

733   b) § 857 enthält zwei *Sonderregeln hinsichtlich der möglichen Verwertungsarten:*

(1) Ist die Veräußerung des Rechts selbst zulässig, kann auch die *Verwertung durch Veräußerung* angeordnet werden (§ 857 V). Damit sind die öffentliche Versteigerung, der freihändige Verkauf und die Überweisung an Zahlungs Statt zum Schätzwert gemeint (Einzelh.: *Stöber*, Rdnr. 1472 ff.).

(2) Wenn das gepfändete Recht zwar nicht veräußert, aber einem anderen zur Ausübung überlassen werden kann (Rdnr. 725), hat das Vollstreckungsgericht die Möglichkeit, *besondere Anordnungen* zu erlassen (§ 857 IV 1). Insbesondere kann es bei der Zwangsvollstreckung in Nutzungsrechte eine Verwaltung anordnen.

Soll etwa in das aus einem Mietvertrag über einen Lkw folgende Nutzungsrecht des Schuldners, das dieser aufgrund Vereinbarung mit dem Vermieter einem Dritten überlassen darf (§ 549 I 1 BGB), vollstreckt werden, kann das Vollstreckungsgericht einen Verwalter damit beauftragen, den Lkw einem Dritten zur Nutzung zu überlassen und das Nutzungsentgelt nach Abzug der Verwaltungskosten an den Gläubiger abzuführen.

§ 23 Die Zwangsvollstreckung in Rechte an Grundstücken

734

Schrifttum: *Bohn*, Die Pfändung von Hypotheken, Grundschulden, Eigentümerhypotheken und Eigentümergrundschulden, 6. Aufl., 1964; *Capeller*, Die Zwangsvollstreckung in die durch den Schuldner zur Sicherheit eines Kontokorrentkredits bestellte Grundschuld, MDR 1953, 153; *Dempewolf*, Die Pfändung eines Anspruchs auf Rückgewähr einer Sicherungsgrundschuld, NJW 1959, 556; *Frantz*, Die Hilfsvollstreckung zur Erlangung des Briefs zwecks Pfändung einer Brief-Eigentümergrundschuld, NJW 1955, 169; *Gadge*, Die Pfändung von Eigentümergrundschulden, JurBüro 1956, 225; *Huber*, Die Pfändung der Grundschuld, BB 1965, 609; *Mümmler*, Die Zwangsvollstreckung in Eigentümergrundpfandrechte, JurBüro 1969, 789; *Schneider*, Die Pfändung einer nicht valutierten oder nicht vollvalutierten Sicherungsgrundschuld, JW 1938, 1630; *Simon*, Die Pfändung von Eigentümergrundschulden, JurBüro 1956, 73; *Sottung*, Die Pfändung der Eigentümergrundschuld, 1957; *Stöber*, Pfändung einer Grundschuld und der durch sie gesicherten Forderung, BB 1964, 1457; *ders.*, Die Pfändung des (Rück-)Übertragungsanspruches bei Sicherungsgrundschulden, Rpfleger 1959, 84; *ders.*, Zweifelsfragen bei Pfändung von Eigentümergrundschulden und Eigentümerhypotheken, Rpfleger 1958, 251; *Tempel*, Zwangsvollstreckung in Grundpfandrechte, JuS 1967, 75, 117, 167, 215, 268.

Fälle:
a) S ist als Inhaber einer Grundschuld an einem ihm gehörenden Grundstück im Grundbuch eingetragen. Am 1. 5. wird ihm ein Pfändungsbeschluß über diese Grundschuld zugunsten des G₁, am 3. 5. ein Pfändungsbeschluß zugunsten des G₂ zugestellt.

Die Pfändung für G_2 wird zeitlich vor derjenigen für G_1 im Grundbuch eingetragen. Welcher Gläubiger geht dem anderen im Rang vor?

b) D ist Inhaber einer Briefhypothek am Grundstück des S, mit der ein Darlehens-rückzahlungsanspruch des D von 100 000,— DM gesichert wird. S hat diesen Anspruch bereits in Höhe von 40 000,— DM getilgt. G will in die dadurch entstandene Eigentümergrundschuld vollstrecken.

c) G läßt eine Sicherungsgrundschuld, die der Grundstückseigentümer E dem S zur Sicherung einer Forderung des S gegen X bestellt hat, pfänden und sich überweisen. Nach Zustellung des Pfändungs- und Überweisungsbeschlusses an E erfüllt X die Forderung des S. Kann G den E mit Erfolg aus der Grundschuld auf Duldung der Zwangsvollstreckung in Anspruch nehmen?

d) G betreibt die Zwangsvollstreckung in den Nießbrauch des S am Grundstück des E. Nach Zustellung des Pfändungsbeschlusses an E und S verzichtet S gegenüber E auf den Nießbrauch. Rechte des G?

Nicht in alle Rechte an Grundstücken wird nach § 857 vollstreckt. Hypotheken werden wegen ihrer Akzessorietät nach § 830 zusammen mit der gesicherten Forderung gepfändet (Rdnr. 672 ff.). Für die Vollstreckung nach § 857 verbleiben somit die Grund- und Rentenschulden (§§ 1191 ff. BGB), die Reallasten (§§ 1105 ff. BGB), die Dienstbarkeiten (§§ 1018 ff. BGB) sowie das Vorkaufsrecht (§§ 1094 ff. BGB).

735   I. Grundschulden

Grundschulden geben dem Inhaber einen Anspruch auf Zahlung einer bestimmten Geldsumme aus dem Grundstück (§ 1191 BGB). Bei ihnen handelt es sich um selbständige und übertragbare Vermögensrechte. Auf die Zwangsvollstreckung in eine Grundschuld sind nach § 857 VI die Vorschriften über die Zwangsvollstreckung in eine Forderung, für die eine Hypothek besteht, entsprechend anzuwenden. Im einzelnen ist zwischen Fremd- und Eigentümergrundschulden zu unterscheiden; außerdem sind Besonderheiten bei der Sicherungsgrundschuld zu beachten.

736   1. Fremdgrundschuld

Die Fremdgrundschuld (§§ 1191 ff. BGB) wird wie eine hypothekarisch gesicherte Forderung gepfändet und verwertet.

a) Für die *Pfändung* ist also neben dem Pfändungsbeschluß bei der Buchgrundschuld die Eintragung der Pfändung im Grundbuch (Rdnr. 676), bei der Briefgrundschuld die Übergabe des Grundschuldbriefes (Rdnr. 677 ff.)

erforderlich. Drittschuldner ist bei der Grundschuld — anders als bei der Hypothek (Rdnr. 674) — allein der Grundstückseigentümer. Es gibt nämlich neben dem dinglichen Schuldner keinen persönlichen Schuldner, weil die Grundschuld eine gesicherte Forderung nicht voraussetzt.

Lediglich die Pfändung einer Inhabergrundschuld (§ 1195 BGB) richtet sich nicht nach §§ 857 VI, 830, sondern nach §§ 821, 808. Die Pfändung erfolgt also dadurch, daß der Gerichtsvollzieher den Inhabergrundschuldbrief wie eine bewegliche Sache in Besitz nimmt (§ 808, § 154 GVGA; Rdnr. 233, 692).

b) Zur *Verwertung* der Grundschuld ist ein Überweisungsbeschluß erforderlich. Eine Überweisung zur Einziehung berechtigt den Gläubiger, auf Duldung der Zwangsvollstreckung gegen den Grundstückseigentümer zu klagen (§ 1147 BGB) und aus einem obsiegenden Urteil die Zwangsvollstreckung in das Grundstück zu betreiben.

2. Eigentümergrundschuld   737

Die Eigentümergrundschuld kann entweder von vornherein für den Grundstückseigentümer bestellt werden (§ 1196 I BGB) oder aus einer Fremdhypothek entstehen, wenn die gesicherte Forderung nicht entstanden oder erloschen ist (§§ 1163 I, 1177 I BGB). Zwar kann der Inhaber der Grundschuld nicht zum Zwecke seiner Befriedigung in sein eigenes Grundstück vollstrecken (§ 1197 I BGB); jedoch hat er bei einer Zwangsversteigerung des Grundstücks entsprechend dem Rang seiner Grundschuld einen Anspruch auf Auszahlung des Erlöses. Ferner hat er die Möglichkeit, die Grundschuld auf einen Dritten zu übertragen. Auch die Eigentümergrundschuld ist somit ein selbständiges und damit pfändbares Vermögensrecht.

a) Umstritten ist, ob sich die *Pfändung* der Eigentümergrundschuld nach § 857 II oder nach § 857 VI richtet.

(1) Teilweise wird auf die Pfändung einer Eigentümergrundschuld *§ 857 II* angewandt, weil wegen der Identität von Grundstückseigentümer und Inhaber der Grundschuld ein Drittschuldner nicht vorhanden sei (LG Frankfurt NJW 1952, 629; *Baur/Stürner*, Rdnr. 553; *Bruns/Peters*, § 25 III; *Jauernig*, § 20 III 3; *Lippross*, S. 143; wohl auch StJ/*Münzberg*, § 857 Anm. II 6). Für die Zwangsvollstreckung sei die wahre Natur der Eigentümergrundschuld als schuldnerloses Recht maßgebend. Dadurch würden die Schwierigkeiten vermieden, die bei einer Anwendung des § 857 VI auftreten können (Rdnr. 739 ff.).

Wenn sich die Pfändung nach § 857 II richtet, ist sie nicht erst bei Eintragung im Grundbuch oder bei Briefübergabe (Rdnr. 676 ff.) wirksam. Sie ist vielmehr schon mit dem Zeitpunkt als bewirkt anzusehen, in welchem dem

Vollstreckungsschuldner als Inhaber der Eigentümergrundschuld der Pfändungsbeschluß zugestellt ist.

Im Fall a geht nach dieser Ansicht G_1 dem G_2 im Rang vor, da seine Pfändung durch die frühere Zustellung an S zuerst wirksam geworden ist.

738 (2) Nach überwiegender Ansicht wird *§ 857 VI* für anwendbar gehalten, weil auch die Eigentümergrundschuld eine Grundschuld sei und § 857 VI nicht zwischen verschiedenen Arten von Grundschulden unterscheide (RGZ 59, 313, 316; BGH NJW 1961, 601; BL/*Hartmann*, § 857 Anm. 5 C; *Stöber*, Rdnr. 1929; *Tempel*, JuS 1967, 215; *Thomas/Putzo*, § 857 Anm. 3 b; ausdrücklich dazu neigend auch BGH NJW 1979, 2045, wenn auch im Ergebnis offengelassen). Danach wird die Pfändung einer Eigentümergrundschuld nicht schon mit der Zustellung des Pfändungsbeschlusses, sondern erst mit Übergabe des Grundschuldbriefes (Briefgrundschuld) oder mit Eintragung der Pfändung im Grundbuch (Buchgrundschuld) wirksam.

(a) Diese Ansicht führt bei der *offenen Eigentümergrundschuld,* bei welcher der Vollstreckungsschuldner (= Grundstückseigentümer) als Inhaber der Grundschuld im Grundbuch eingetragen ist oder den Grundschuldbrief in Besitz hat, zu keinen besonderen Schwierigkeiten. Die Pfändung erfolgt dann genauso wie bei der Fremdgrundschuld und bei der Hypothek.

Im Fall a hätte G_2 nach §§ 857 VI, 830 I den besseren Rang (§ 804 III); denn seine Pfändung wurde aufgrund der früheren Eintragung zuerst wirksam.

739 (b) Bei einer *verdeckten Eigentümergrundschuld* wirft die Pfändung nach §§ 857 VI, 830 besondere Schwierigkeiten auf. Eine solche Grundschuld entsteht etwa aus einer Fremdhypothek, wenn die gesicherte Forderung erlischt (§§ 1163 I, 1177 I BGB). Dann ist der Grundschuldinhaber weder im Grundbuch eingetragen noch im Besitz des Grundschuldbriefes. In diesen Fällen ist die zur Pfändung erforderliche Eintragung im Grundbuch oder die Übergabe des Grundschuldbriefes nicht ohne weiteres möglich:

(aa) Bevor die Pfändung einer verdeckten Eigentümer*buch*grundschuld im Grundbuch eingetragen werden kann, muß der Vollstreckungsgläubiger wegen § 39 GBO erst die Voreintragung des Vollstreckungsschuldners herbeiführen. Dazu reicht es aus, wenn er dem Grundbuchamt die Unrichtigkeit des Grundbuchs durch öffentliche oder öffentlich beglaubigte Urkunden (§ 29 GBO; z.B. löschungsfähige Quittung) nachweist. Ist der Vollstreckungsschuldner im Besitz einer solchen Urkunde, kann der Vollstreckungsgläubiger die Herausgabe nach § 836 III 2 mit Hilfe des Gerichtsvollziehers erzwingen (Rdnr. 647). Andernfalls muß der Vollstreckungsgläubiger den Anspruch des Vollstreckungsschuldners gegen den zu Unrecht eingetragenen früheren Hypothekengläubiger auf Erteilung einer löschungsfähigen

Quittung (§ 1144 BGB) oder auf Grundbuchberichtigung (§ 894 BGB) pfänden und sich überweisen lassen sowie ihn gerichtlich geltend machen.

(bb) Zur Pfändung einer verdeckten Eigentümer*brief*grundschuld muß   **740**
der Vollstreckungsgläubiger sich den Grundschuldbrief verschaffen. Hat der
Schuldner den Brief in Besitz und gibt er ihn nicht freiwillig heraus, kann
der Gläubiger ihn nach § 857 VI, 830 I 2 vom Gerichtsvollzieher wegnehmen lassen (Rdnr. 678). Befindet sich der Brief noch beim früheren
Hypothekengläubiger, hat der Vollstreckungsgläubiger die Möglichkeit, in
den Herausgabeanspruch des Schuldners (§§ 952, 985 BGB) gegen den früheren Hypothekar zu vollstrecken und anschließend wegen des Briefs die
Herausgabevollstreckung zu betreiben.

Falls der Brief abhanden gekommen oder vernichtet ist, muß der Gläubiger das Recht des Schuldners auf Beantragung des Aufgebotsverfahrens
(§ 1162 BGB; §§ 1003 ff., 946 ff.) pfänden und sich zur Einziehung überweisen lassen. Danach kann er den Brief für kraftlos erklären und vom Grundbuchamt einen neuen Brief herstellen lassen (§§ 67 f., 70 GBO). Mit Übergabe des neuen Briefes ist die Pfändung wirksam (vgl. KG HRR 1931
Nr. 1708).

(cc) Besonders umständlich ist die Pfändung einer verdeckten *Teileigentü-*   **741**
merbriefgrundschuld. Davon spricht man, wenn die im Grundbuch eingetragene Fremdhypothek sich durch teilweisen Wegfall der gesicherten Forderung in Höhe dieses Teils kraft Gesetzes in eine Eigentümergrundschuld
umwandelt.

Im Fall b ist durch die teilweise Tilgung des Darlehensrückzahlungsanspruchs die
hypothekarisch gesicherte Forderung in Höhe von 40 000,— DM erloschen (§ 362
BGB). In dieser Höhe ist die Hypothek des D kraft Gesetzes auf S übergegangen
(§ 1163 I 2 BGB) und hat sich in eine Eigentümergrundschuld umgewandelt (§ 1177 I 1
BGB).

In einem solchen Fall besteht ein Brief über die Teileigentümergrundschuld noch nicht, und die Herausgabe des über die gesamte Hypothek ausgestellten Briefes kann weder der Vollstreckungsgläubiger noch der Vollstreckungsschuldner vom Hypothekar verlangen (§ 1145 I 1 BGB). Der Vollstreckungsschuldner ist aber in Höhe der entstandenen Eigentümergrundschuld Miteigentümer des Hypothekenbriefes geworden (§§ 952, 1008
BGB). Er hat gegen den Hypothekar einen Anspruch auf Aufhebung der
Miteigentumsgemeinschaft am Hypothekenbrief (§§ 749 I, 752 BGB), einen
Anspruch auf Vorlage des Briefes beim Grundbuchamt oder beim Notar
zwecks Bildung eines Teilbriefes (§§ 1145 I 2, 1152 BGB) sowie auf Aushändigung des Teilbriefes und einen Anspruch auf Grundbuchberichtigung
(§ 894 BGB).

Deshalb muß der Vollstreckungsgläubiger pfänden und sich überweisen lassen:

— die Teileigentümergrundschuld,
— das Miteigentum des Vollstreckungsschuldners am Hypothekenbrief,
— den Anspruch des Vollstreckungsschuldners gegen den Hypothekar auf Aufhebung der Miteigentumsgemeinschaft am Hypothekenbrief,
— den Anspruch des Vollstreckungsschuldners gegen den Hypothekar auf Vorlage des Briefes beim Grundbuchamt oder Notar zwecks Herstellung eines Teilbriefes,
— den Anspruch des Vollstreckungsschuldners auf Aushändigung des Teilbriefes,
— den Anspruch des Vollstreckungsschuldners gegen den Hypothekar auf Grundbuchberichtigung.

Anschließend kann er gegen den Hypothekar auf Vorlage des Briefes beim Grundbuchamt oder beim Notar klagen und einen Antrag auf Bildung und Aushändigung eines Teilbriefes stellen. Erst mit der Empfangnahme des Teilbriefes ist nach §§ 857 VI, 830 I die Pfändung wirksam (vgl. RGZ 59, 313, 318).

742   (3) *Nach zutreffender Ansicht* erfolgt die Pfändung einer Eigentümergrundschuld gem. §§ 857 VI, 830 durch *Pfändungsbeschluß und Eintragung im Grundbuch oder Briefübergabe.* Für die Durchführung der Pfändung ist weder allein die Einordnung der Eigentümergrundschuld als Grundschuld noch die Tatsache maßgebend, daß es sich um ein drittschuldnerloses Recht handelt. Entscheidend ist vielmehr, daß § 857 II eine Sonderregelung ausschließlich für das Erfordernis der Zustellung des Pfändungsbeschlusses enthält; bei Fehlen eines Drittschuldners soll — abweichend von § 829 III — die Zustellung an den Schuldner ausreichen. Dagegen werden die sonstigen Pfändungsvoraussetzungen von § 857 II nicht berührt, und eine Befreiung von anderen Erfordernissen als der Zustellung an den Drittschuldner war auch vom Gesetzgeber nicht beabsichtigt. Deshalb gilt für die Eigentümergrundschuld das gleiche wie für die Fremdgrundschuld und die Hypothek: Sie wird so gepfändet, wie sie rechtsgeschäftlich verpfändet und übertragen wird (vgl. §§ 1291, 1274, 1192, 1197, 1154, 873 BGB). Danach ist neben dem Pfändungsbeschluß die Eintragung der Pfändung im Grundbuch oder die Briefübergabe erforderlich (§ 830 I).

Zwar können dadurch die gezeigten Schwierigkeiten insbesondere bei der Pfändung einer Teileigentümerbriefgrundschuld auftreten. Aber abgesehen davon, daß diese auch bei der rechtsgeschäftlichen Verpfändung bestehen, halten sich die praktischen Schwierigkeiten in Grenzen; denn die unter Umständen erforderliche Hilfspfändung der verschiedenen Ansprüche des Vollstreckungsschuldners gegen den früheren Hypothekar kann gleichzeitig und formularmäßig zusammen mit der ohnehin erforderlichen Pfändung der Eigentümergrundschuld erfolgen. Zwar müssen diese gepfändeten Ansprüche anschließend möglicherweise noch eingeklagt und durchgesetzt werden, bevor die Pfändung der Teileigentümerbriefgrundschuld wirksam werden kann; auch das ist jedoch keine Besonderheit der Eigentümergrundschuld. Vergleichbar umständlich ist vielmehr auch die Pfändung von Teilfremdgrundpfandrechten und die Teilpfändung einer Fremdhypothek (z.B. Pfändung einer 100 000,— DM-Hypothek in Höhe von 40 000,— DM; vgl. Rdnr. 682), die ebenfalls erst nach Bildung und Aushändigung eines Teilbriefes wirksam werden (vgl. OLG Oldenburg Rpfleger 1970, 100, 101). Deshalb besteht kein Grund, gerade die Pfändung einer Eigentümergrundschuld dadurch zu erleichtern, daß auf die Eintragung im Grundbuch oder die Briefübergabe verzichtet wird (vgl. *Tempel,* JuS 1967, 215 ff.).

b) Die *Verwertung* einer Eigentümergrundschuld erfolgt wie bei einer **743** Fremdgrundschuld durch Überweisungsbeschluß (§§ 837, 835; Rdnr. 684 ff.), sofern das Vollstreckungsgericht nicht ausnahmsweise eine andere Art der Verwertung wie den freihändigen Verkauf oder die öffentliche Versteigerung anordnet (§ 844; Rdnr. 687).

(1) Die *Überweisung an Zahlungs Statt* führt dazu, daß der Vollstreckungsgläubiger Inhaber der Grundschuld wird. Die vorher dem Vollstreckungsschuldner zustehende Eigentümergrundschuld verwandelt sich dadurch in eine Fremdgrundschuld. Der Vollstreckungsgläubiger kann sich dann als Grundschuldgläubiger durch Zwangsvollstreckung in das Grundstück befriedigen. Er trägt aber — wie immer bei einer Überweisung an Zahlungs Statt — das Beitreibungsrisiko (Rdnr. 635).

(2) Bei der *Überweisung zur Einziehung* bleibt der Vollstreckungsschuld- **744** ner Inhaber der Eigentümergrundschuld. Der Vollstreckungsgläubiger wird aber ermächtigt, anstelle des Schuldners aus der Grundschuld die Zwangsvollstreckung in das Grundstück zu betreiben. Das scheint dem § 1197 I BGB zu widersprechen; danach kann der Inhaber einer Eigentümergrundschuld nicht in sein eigenes Grundstück zum Zwecke seiner Befriedigung vollstrecken. Deshalb wurde früher die Überweisung zur Einziehung für unzulässig gehalten (RG Recht 1916 Nr. 1910; OLG Düsseldorf NJW 1960, 1723; *Horber,* NJW 1955, 184). Jedoch verbietet § 1197 I BGB die Zwangsvollstreckung in das Grundstück lediglich dem Eigentümer selbst; es soll nämlich nur verhindert werden, daß der Eigentümer durch eine Zwangsvollstreckung gegen sich selbst andere Rechte, die seiner Eigentümergrundschuld im Rang nachgehen, gem. § 52 I 2 ZVG zum Erlöschen bringen kann (Mot. III, 679; Prot. III, 573). Diese Gefahr der mißbräuchlichen Gläubigerbenachteiligung durch den Eigentümer ist aber ausgeschlossen, wenn nicht der Eigentümer, sondern ein Vollstreckungsgläubiger die Zwangsvollstreckung aus der ihm zur Einziehung überwiesenen Eigentümergrundschuld betreibt. Deshalb steht § 1197 I BGB der Überweisung einer Eigentümergrundschuld zur Einziehung nicht entgegen (OLG Köln NJW 1959, 2167;

Baur/Stürner, Rdnr. 555; *A. Blomeyer,* § 62 V 3 b; *Stöber,* Rdnr. 1960; *Tempel,* JuS 1967, 268, 270; *H. Westermann,* NJW 1960, 1723).

745   **3. Vorläufige und künftige Eigentümergrundschuld**

a) Eine *vorläufige Eigentümergrundschuld* steht dem Eigentümer zu, solange die Forderung, zu deren Sicherung er eine Hypothek bestellt hat, noch nicht entstanden ist (etwa weil das Darlehen noch nicht ausgezahlt ist); bei einer Briefhypothek ist der Eigentümer zudem bis zur Briefübergabe an den Gläubiger Inhaber einer Eigentümergrundschuld (§§ 1163 I 1, II, 1177 I BGB).

Diese vorläufige (auflösend bedingte) Eigentümergrundschuld hat für den Inhaber einen selbständigen Vermögenswert. Er kann sie zur Sicherung eines Zwischenkredits (zusammen mit dem Anspruch auf Auszahlung des Darlehens) übertragen. Bei Auszahlung des Darlehens entsteht für den Kreditgeber der Darlehensrückzahlungsanspruch, und die vorläufige Eigentümergrundschuld verwandelt sich in eine Hypothek des Kreditgebers. Dadurch verliert der Zwischenkreditgeber zwar seine Sicherheit; jedoch wird er aus dem (ihm abgetretenen) Hauptdarlehen befriedigt.

Da die vorläufige Eigentümergrundschuld auflösend bedingt ist und sich bei Entstehen der Forderung in eine Fremdhypothek umwandelt, hat sie als Vollstreckungsobjekt nur dann einen Wert, wenn die zu sichernde Forderung nicht zur Entstehung gelangt, so daß aus der vorläufigen eine endgültige Eigentümergrundschuld wird.

746   (1) Die Pfändung einer vorläufigen Eigentümer*buch*grundschuld ist nicht möglich; denn die dafür erforderliche Eintragung im Grundbuch kann nicht herbeigeführt werden. Dazu wäre nach § 39 GBO die Voreintragung des Grundschuldinhabers (Vollstreckungsschuldners) erforderlich. Als Gläubiger der Hypothek ist jedoch der Gläubiger der (noch nicht entstandenen) gesicherten Forderung eingetragen, und der Eigentümer kann auch nicht Grundbuchberichtigung verlangen, solange seine Eigentümergrundschuld durch die Entstehung der Forderung auflösend bedingt und das Grundbuch deshalb nicht dauernd unrichtig ist (vgl. RGZ 61, 374, 379 f.; 120, 110, 112; *Stöber,* Rdnr. 1950; *Tempel,* JuS 1967, 215, 217).

Zu einem anderen Ergebnis kommt die Ansicht, nach der die Pfändung einer Eigentümergrundschuld gem. § 857 II allein durch Zustellung des Pfändungsbeschlusses an den Schuldner wirksam wird (Rdnr. 737). Danach kann auch eine vorläufige Eigentümerbuchgrundschuld gepfändet werden (*Baur/Stürner,* Rdnr. 554).

747   (2) Die Pfändung einer vorläufigen Eigentümer*brief*grundschuld ist dagegen möglich, sofern die dafür erforderliche Briefübergabe erfolgen kann (BGHZ 53, 60). Das ist der Fall, wenn sich der Brief noch beim Grundstückseigentümer (Vollstreckungsschuldner) befindet. Gibt dieser den Brief nicht freiwillig heraus, kann der Gläubiger ihn durch den Gerichtsvollzieher

wegnehmen lassen (§ 830 I 2; Rdnr. 678). Hat dagegen bereits der Hypothekar Besitz am Brief und ist er zur Herausgabe nicht bereit, kann ihm der Brief auch nicht weggenommen werden, da er nicht Vollstreckungsschuldner ist. Der Vollstreckungsschuldner hat in diesem Fall auch keinen durchsetzbaren Herausgabeanspruch gegen den Hypothekar. Eine Pfändung kann deshalb mangels Briefübergabe nicht wirksam werden (*A. Blomeyer*, § 62 V 3 a; OLG Frankfurt NJW 1955, 1483).

(3) Einen Sonderfall der vorläufigen Eigentümergrundschuld bildet die *Eigentümergrundschuld bei der Höchstbetragshypothek* (§ 1190 BGB). Solange der Höchstbetrag noch nicht voll valutiert ist oder nach Valutierung z.T. wieder zurückgezahlt ist, steht dem Eigentümer in Höhe des nicht (mehr) valutierten Teils nach §§ 1163 I 1, 2, 1177 I BGB eine vorläufige Eigentümergrundschuld zu. Diese ist auflösend bedingt, bis das zugrundeliegende Kreditverhältnis beendet und eine weitere Inanspruchnahme der gesicherten Forderung nicht mehr möglich ist; denn bis dahin kann sich die Eigentümergrundschuld jederzeit wieder in eine Fremdhypothek verwandeln.   **748**

Die Höchstbetragshypothek ist immer eine Buchhypothek (§§ 1190 III, 1185 BGB). Deshalb kann auch die aus ihr folgende vorläufige Eigentümergrundschuld nicht gepfändet werden, weil die Eintragung der Pfändung im Grundbuch nicht möglich ist.

b) Eine *künftige Eigentümergrundschuld* steht dem Grundstückseigentümer insofern zu, als sich eine auf seinem Grundstück lastende Fremdhypothek bei Erlöschen der gesicherten Forderung nach §§ 1163 I 2, 1177 I BGB in eine Eigentümergrundschuld umwandeln wird. Diese Rechtsposition des Eigentümers beruht auf einer konkreten rechtlichen Grundlage und ist ihrem Inhalt nach genau bestimmbar; sie stellt deshalb schon jetzt ein Vermögensrecht dar, das grundsätzlich der Pfändung nach § 857 VI unterworfen ist (Rdnr. 718).   **749**

Dagegen steht dem Eigentümer eine künftige Eigentümergrundschuld nicht zu, wenn er einem Dritten keine Hypothek, sondern eine Sicherungsgrundschuld bestellt hat; denn wegen der fehlenden Akzessorietät der Grundschuld verwandelt sich diese beim Erlöschen der gesicherten Forderung nicht kraft Gesetzes in eine Eigentümergrundschuld. Der Eigentümer hat vielmehr aufgrund der Sicherungsabrede nur einen schuldrechtlichen Anspruch auf Rückübertragung oder Aufhebung (§§ 1192, 1183, 875 BGB) der Grundschuld oder darauf, daß der Gläubiger auf die Grundschuld verzichtet (§§ 1192, 1168 BGB). Der Vollstreckungsgläubiger kann den künftigen Rückübertragungsanspruch nach §§ 857 I, 829 pfänden und sich zur Einziehung überweisen lassen (BGH NJW 1975, 980) und bei Fälligkeit des Anspruchs die Rückübertragung der Grundschuld an den Vollstreckungsschuldner verlangen (§ 1281 BGB). Sein Pfandrecht am Rückgewähranspruch wandelt sich entsprechend § 1287 BGB in ein Pfandrecht an der Eigentümergrundschuld um (*Baur*, Sachenrecht, § 45 V 1 a; OLG Hamm ZIP 1983, 806, 807). Wird das Grundstück versteigert und erlischt die Grundschuld nach § 91 I ZVG (Rdnr. 930 f.), setzt sich das am Rückgewähranspruch bestehende Pfandrecht an dem Teil des Versteigerungserlöses fort, der dem Schuldner gebührt (vgl. BGH NJW 1977, 247, 248; *Baur/Stürner*, Rdnr. 556).

750   (1) Die Pfändung einer künftigen Eigentümer*buch*grundschuld durch Pfändungsbeschluß ist zwar möglich; sie wird aber erst wirksam, wenn nach Entstehung des Eigentümerrechts die Pfändung im Grundbuch eingetragen wird.

(2) Die Pfändung einer künftigen Eigentümer*brief*grundschuld ist ebenfalls möglich. Sie wird jedoch erst mit der Briefübergabe nach Entstehung des Eigentümerrechts wirksam.

(3) Einen Sonderfall der künftigen Eigentümergrundschuld bildet die *Eigentümergrundschuld bei einer Höchstbetragshypothek,* die sich bei Beendigung des gesicherten Kreditverhältnisses aus der Differenz zwischen dem Höchstbetrag und dem endgültig valutierten Betrag ergibt. Ihre Pfändung kann erst nach Beendigung des Kreditverhältnisses eingetragen und wirksam werden.

751 4. Sicherungsgrundschuld

Bei einer Sicherungsgrundschuld wird zwischen dem Gläubiger und dem Schuldner vereinbart, daß die Grundschuld der Sicherung einer Forderung dienen soll. Auf diese Weise wird zwischen der zu sichernden Forderung und der dinglich davon unabhängigen Grundschuld eine schuldrechtliche Verbindung hergestellt.

a) Wenn der Vollstreckungsgläubiger *nur die Pfändung der Grundschuld* bewirkt, besteht für ihn wegen der schuldrechtlichen Verbindung zwischen Grundschuld und Forderung die Gefahr, daß er sich aus der Grundschuld nicht befriedigen kann.

(1) Ist etwa die gesicherte *Forderung zur Zeit der Grundschuldpfändung bereits getilgt,* besteht auch der Sicherungszweck der Grundschuld nicht mehr. Deshalb hat der Grundstückseigentümer aufgrund der Sicherungsabrede einen Anspruch auf Rückübertragung der Grundschuld. Dieser Anspruch gibt dem Eigentümer gegen den Grundschuldgläubiger bei Geltendmachung der Grundschuld eine dauernde Einrede (*Reinicke/Tiedtke,* Gesamtschuld und Schuldsicherung, S. 206 f.); diese wirkt nach §§ 1192, 1157, 1 BGB auch gegenüber dem Pfändungsgläubiger des Grundschuldinhabers. Das gilt selbst dann, wenn der Vollstreckungsgläubiger bei der Pfändung von der Sicherungsabrede keine Kenntnis hat; denn einen gutgläubigen einredefreien Erwerb (vgl. § 1157, 2 BGB) gibt es in der Zwangsvollstreckung nicht. Der Gläubiger kann sich aufgrund der dauernden Einrede nicht aus der Grundschuld befriedigen.

752   (2) Die gleiche Gefahr besteht selbst dann, wenn die gesicherte *Forderung zur Zeit der Pfändung noch besteht.* Der persönliche Schuldner ist nämlich nicht Drittschuldner bei der Grundschuldpfändung, so daß ihm die Leistung

an den Gläubiger der gesicherten Forderung (= Vollstreckungsschuldner) nicht verboten ist.

Im Fall c ist der Sicherungszweck der gepfändeten Grundschuld durch die Leistung von X an S entfallen. Aufgrund der Sicherungsabrede kann E von S Rückübertragung der Grundschuld verlangen und der Durchsetzung der Grundschuld eine dauernde Einrede entgegensetzen. Diese Einrede steht ihm nach §§ 1192, 1157, 1 BGB auch gegen G zu, dem die Pfändung der Grundschuld also nichts nützt.

b) Wegen dieser Gefahr ist dem Vollstreckungsgläubiger die *Pfändung der*   **753**
Sicherungsgrundschuld nur zusammen mit der gesicherten Forderung zu
raten. Denn dann ist es dem persönlichen Schuldner als Drittschuldner der gepfändeten Forderung verboten, an den Gläubiger der Forderung (= Vollstreckungsschuldner) zu leisten (§ 829 I 1) und dadurch den Sicherungszweck der Grundschuld zu vereiteln. In diesem Fall besteht deshalb nicht die Gefahr, daß der Durchsetzung der Grundschuld die dauernde Einrede des Forderungswegfalls entgegensteht.

II. Rentenschulden und Reallasten   754

1. Rentenschuld

Die Rentenschuld ist eine besondere Art der Grundschuld und dient wie diese vornehmlich der Kreditsicherung. Sie wird in der Weise bestellt, daß in regelmäßig wiederkehrenden Terminen eine bestimmte Geldsumme aus dem belasteten Grundstück zu zahlen ist (§ 1199 I BGB).

a) Die *Zwangsvollstreckung in eine Rentenschuld* erfolgt nach § 857 VI auf die gleiche Weise wie die Vollstreckung in Grundschulden und hypothekarisch gesicherte Forderungen. Für die Pfändung ist also neben dem Pfändungsbeschluß die Eintragung der Pfändung im Grundbuch oder die Übergabe des Rentenschuldbriefes erforderlich (§ 830 I). Die Verwertung durch Überweisung zur Einziehung berechtigt den Vollstreckungsgläubiger, die künftig fällig werdenden Leistungen geltend zu machen und sich daraus zu befriedigen.

b) Soll dagegen nicht in die Rentenschuld selbst, sondern in den *Anspruch*   **755**
des Rentenschuldgläubigers auf einzelne Leistungen vollstreckt werden, finden nach § 1200 I BGB die für Hypothekenzinsen geltenden Vorschriften entsprechende Anwendung. Im einzelnen ist zu unterscheiden:

(1) Ansprüche auf *rückständige Leistungen* werden gem. § 1159 I BGB nach den für die Übertragung von Forderungen geltenden allgemeinen Vorschriften abgetreten. Dementsprechend erfolgt auch die Pfändung und Überweisung solcher Ansprüche wie bei einer gewöhnlichen Forderung

(§§ 830 III 1, 837 II; Rdnr. 688). Deshalb ist die Zustellung des Pfändungsbeschlusses an den Grundstückseigentümer als Drittschuldner erforderlich; einer Eintragung der Pfändung im Grundbuch oder einer Briefübergabe bedarf es dagegen nicht.

(2) Die Vollstreckung in Ansprüche auf *zukünftige Leistungen* erfolgt wie die Pfändung der Rentenschuld selbst nach §§ 857 VI, 830. Das ergibt sich daraus, daß § 1159 I BGB eine Sonderregelung nur für Forderungen auf Rückstände von Hypothekenzinsen trifft.

756   2. Reallast

Die Reallast (z.B. Altenteils-, Stromlieferungsrecht) gibt demjenigen, zu dessen Gunsten sie bestellt ist, einen Anspruch auf wiederkehrende Leistungen aus dem Grundstück (§ 1105 I BGB).

a) Die *subjektiv-dingliche* Reallast wird zugunsten des jeweiligen Eigentümers eines anderen Grundstücks bestellt (§ 1105 II BGB). Sie kann nicht von dem Eigentum an diesem Grundstück getrennt werden (§ 1110 BGB), ist also nicht selbständig übertragbar und deshalb auch nicht pfändbar (§ 851 I).

757   b) Die *subjektiv-persönliche* Reallast wird zugunsten einer bestimmten Person bestellt (§ 1105 I BGB). Sie ist dagegen nicht unlösbar mit dem Eigentum am Grundstück verbunden (§ 1111 I BGB), kann also grundsätzlich selbständig übertragen werden und unterliegt deshalb auch der Zwangsvollstreckung. Diese erfolgt nach §§ 857 VI, 830 wie die Vollstreckung in hypothekarisch gesicherte Forderungen. Da die Reallast — anders als die Grund- und Rentenschuld — immer ein Buchrecht ist, muß neben dem Pfändungsbeschluß stets die Eintragung der Pfändung im Grundbuch erfolgen; eine Briefübergabe kommt nicht in Betracht.

Die Pfändbarkeit der subjektiv-persönlichen Reallast ist allerdings nach § 851 I ausgeschlossen, wenn der Anspruch auf die einzelne Leistung nicht übertragbar ist (§ 1111 II BGB). Dazu gehören etwa Ansprüche auf fortlaufende Einkünfte aufgrund eines Altenteils (§ 850b I Nr. 3; vgl. Rdnr. 557).

758   c) Für die Vollstreckung in *Ansprüche des Reallastberechtigten auf einzelne Leistungen* gelten die gleichen Regeln wie bei der Rentenschuld:

(1) Ansprüche auf *rückständige Leistungen* werden nach §§ 1107, 1159 BGB i.V.m. § 830 III wie gewöhnliche Forderungen gepfändet und verwertet.
(2) Ansprüche auf *zukünftige Leistungen* werden von den §§ 1107, 1159 BGB nicht erfaßt. Die Vollstreckung erfolgt insoweit nach §§ 857 VI, 830.

III. Dienstbarkeiten 759

1. Grunddienstbarkeit

Die Grunddienstbarkeit (z.B. Wegerecht, Bierbezugsdienstbarkeit) berechtigt den jeweiligen Eigentümer eines anderen Grundstücks, das belastete Grundstück in einer bestimmten Weise zu nutzen oder die Unterlassung von bestimmten mit dem belasteten Grundstück verbundenen Nutzungen oder Rechtsausübungen zu verlangen (vgl. § 1018 BGB). Sie ist also — wie die subjektiv-dingliche Reallast — untrennbar mit dem Eigentum an dem anderen Grundstück verbunden und kann deshalb weder selbständig übertragen noch gepfändet werden (§ 851 I).

2. Beschränkte persönliche Dienstbarkeit 760

Die beschränkte persönliche Dienstbarkeit hat den gleichen Inhalt wie die Grunddienstbarkeit, wird aber im Gegensatz zu dieser nicht zugunsten des jeweiligen Eigentümers eines anderen Grundstücks, sondern zugunsten einer bestimmten Person bestellt (§ 1090 I BGB). Sie ist daher auch nicht mit dem Eigentum an einem anderen Grundstück verbunden. Jedoch ist ihre Übertragbarkeit gesetzlich ausgeschlossen (§ 1092 I 1 BGB), so daß auch ihre Pfändung grundsätzlich ausscheidet (§ 851 I). Allerdings kann die Überlassung zur Ausübung der beschränkten persönlichen Dienstbarkeit an einen anderen gestattet werden (§ 1092 I 2 BGB). In diesem Fall kommt eine Pfändung der Dienstbarkeit zur Ausübung nach § 857 III in Betracht.

a) Die *Pfändung* der beschränkten persönlichen Dienstbarkeit erfolgt nicht nach §§ 857 VI, 830, sondern nach §§ 857 I, 829. Danach ist die Zustellung des Pfändungsbeschlusses an den Grundstückseigentümer als den Drittschuldner, nicht aber die Eintragung der Pfändung im Grundbuch erforderlich.

b) Zur *Verwertung* der beschränkten persönlichen Dienstbarkeit kann 761 diese wegen ihrer Unübertragbarkeit nicht selbst an den Vollstreckungsgläubiger überwiesen werden, sondern lediglich die Befugnis zu ihrer Ausübung. Aufgrund dieser Überweisung zur Einziehung ist der Vollstreckungsgläubiger berechtigt, die Rechte aus der Dienstbarkeit persönlich auszuüben oder einem anderen gegen Entgelt zu überlassen.

Ist als beschränkte persönliche Dienstbarkeit etwa nach § 1093 BGB das Recht bestellt worden, ein Gebäude als Wohnung zu benutzen *(Wohnungsrecht)*, kann der Vollstreckungsgläubiger nach Überweisung des Ausübungsrechts die Wohnung einem Dritten vermieten und den Mietzins zu seiner Befriedigung verwenden.

Nicht zu verwechseln mit dem Wohnungsrecht nach § 1093 BGB sind das *Dauerwohn- und Dauernutzungsrecht* nach § 31 WEG. Diese Rechte sind veräußerlich (§ 33 I WEG) und deshalb pfändbar (§ 851 I). Zur Pfändung ist entsprechend §§ 857 VI, 830 die Eintragung im Grundbuch erforderlich (*A. Blomeyer*, § 62 I 2; StJ/ *Münzberg*, § 857 Anm. III 1 c; *Weitnauer*, DNotZ 1951, 486,497). Die Verwertung erfolgt in der Regel nach §§ 857 V, 844.

762   3. Nießbrauch

Der Nießbrauch berechtigt dazu, alle Nutzungen aus der belasteten Sache zu ziehen (§ 1030 I BGB). Er ist nicht übertragbar (§ 1059, 1 BGB) und deshalb nach § 851 I auch nicht pfändbar. Jedoch kann die Ausübung des Nießbrauchs einem anderen überlassen werden (§ 1059, 2 BGB). Insoweit ist er deshalb nach § 857 III der Pfändung unterworfen.

Das Recht, den Nießbrauch einem anderen zur Ausübung zu überlassen, kann zwar vertraglich ausgeschlossen werden; der vertragliche Ausschluß steht aber gem. §§ 857 III, I, 851 II der Pfändung nicht entgegen (BGH WM 1985, 1234).

763   a) Für die *Pfändung* des Nießbrauchs gelten folgende Besonderheiten:

(1) Umstritten ist, ob *Gegenstand der Pfändung* der Nießbrauch als dingliches Recht ist (heute h.M.; BGHZ 62, 133, 136 ff.; *A. Blomeyer*, § 62 I 3 a; *Zöller/Stöber*, § 857 Rdnr. 12) oder nur das schuldrechtliche Recht auf Ausübung des Nießbrauchs (so OLG Frankfurt NJW 1961, 1928; *Palandt/ Bassenge*, § 1059 Anm. 3). Das ist von Bedeutung dafür, welche Rechte der Nießbraucher nach erfolgter Pfändung noch hat.

Ist im Fall d entsprechend der h.M. der Nießbrauch selbst von der Pfändung erfaßt, wurde er verstrickt. Zu Lasten des S entstand ein relatives Verfügungsverbot nach §§ 135, 136 BGB. Dann war der Verzicht des S auf den Nießbrauch dem G gegenüber unwirksam (Rdnr. 618, 361), und G kann die Verwertung des Nießbrauchs betreiben.

Ist dagegen nur die schuldrechtliche Befugnis zur Ausübung des Nießbrauchs gepfändet, unterliegt S hinsichtlich des dinglichen Rechts keinem Verfügungsverbot. Er konnte dann trotz der Pfändung wirksam auf den Nießbrauch verzichten. Dadurch ist auch die Pfändung des Ausübungsrechts gegenstandslos geworden, und G kann sich nicht aus dem Nießbrauch befriedigen.

Der h.M. ist zuzustimmen. Nach dem Wortlaut des § 857 III ist das unveräußerliche Recht selbst, also der Nießbrauch als dingliches Recht, der Pfändung unterworfen. In der Person des Nießbrauchers besteht auch neben dem dinglichen Recht kein schuldrechtlicher Ausübungsanspruch; der Nießbraucher kann einen solchen Anspruch nach § 1059, 2 BGB lediglich einem Dritten einräumen. Dem steht nicht entgegen, daß die Pfändung nur insoweit möglich ist, als die Ausübung des Rechts einem anderen überlassen werden kann; daraus ergibt sich nur, daß andere unveräußerliche Rechte überhaupt nicht pfändbar sind. Außerdem folgen aus dieser Formulierung Einschränkungen für die Verwertung unveräußerlicher Rechte (Rdnr. 733). Entscheidend für die h.M. spricht, daß andernfalls der Nießbraucher die Vollstreckung trotz des Pfändungsbeschlusses jederzeit durch Verfügungen über den Nießbrauch (z.B. Verzicht) vereiteln könnte. Bei einer derart unsicheren Rechtsstellung des Vollstreckungsgläubigers wäre aber die Vollstreckung in den Nießbrauch nahezu aussichtslos. Diesem Ergebnis widerspräche es, daß der Gesetzgeber die Zwangsvollstreckung in unveräußerliche, aber zur Ausübung übertragbare Rechte ausdrücklich zugelassen hat (§ 857 III, IV).

(2) Zur *Durchführung der Pfändung* ist die Zustellung des Pfändungsbe-   **764**
schlusses an den Drittschuldner (Grundstückseigentümer) erforderlich (§§ 857 I, 829 III). Dagegen muß die Pfändung nicht im Grundbuch eingetragen werden; denn in § 857 VI ist der Nießbrauch nicht genannt. Auch eine entsprechende Anwendung dieser Vorschrift scheidet aus, weil weder der Grundstückseigentümer noch Dritte ein schutzwürdiges Interesse an der Eintragung haben. Der Eigentümer erfährt durch die Zustellung des Pfändungsbeschlusses ohnehin von der Pfändung, und eine Übertragung des Nießbrauchs an Dritte, die in diesem Fall ein Interesse an der Richtigkeit des Grundbuchs haben könnten, ist nach § 1059, 1 BGB nicht möglich (vgl. BGHZ 62, 133, 140).

b) Die *Verwertung des Nießbrauchs* unterliegt Einschränkungen. Der   **765**
Vollstreckungsgläubiger darf in der Zwangsvollstreckung nicht mehr Rechte erhalten, als ihm der Schuldner durch Rechtsgeschäft übertragen könnte. Wegen der Unveräußerlichkeit des Nießbrauchs scheidet deshalb eine Verwertung durch Überweisung zur Einziehung oder an Zahlungs Statt ebenso aus wie eine Versteigerung und ein freihändiger Verkauf. Da der Nießbraucher durch Rechtsgeschäft nur die Ausübung einem anderen überlassen kann, hat auch der Vollstreckungsgläubiger nur die Möglichkeit, sich durch Ausübung des Nießbrauchs zu befriedigen (BGHZ 62, 133, 136 f.). Ihm ist also die Befugnis zur Ausübung zu überweisen. Aufgrund der Überweisung ist der Vollstreckungsgläubiger berechtigt, die Nutzungen aus dem Grundstück zu ziehen. Dazu kann das Vollstreckungsgericht besondere Anordnungen treffen (§ 857 IV 1), insbesondere die Verwaltung anordnen (§ 857 IV 2). Der Verwalter hat dafür zu sorgen, daß die Nutzungen gezogen, zur Erhaltung des Grundstücks verwendet (§§ 1041 ff. BGB) und im übrigen dem Vollstreckungsgläubiger abgeliefert werden, soweit das zu seiner Befriedigung erforderlich ist.

766   IV. Sonstige Rechte an Grundstücken

1. Erbbaurecht

Das Erbbaurecht ist das veräußerliche und vererbliche Recht, auf oder unter der Erdoberfläche des belasteten Grundstücks ein Bauwerk zu haben (§ 1 I ErbbauVO). Es wird vom Gesetz im wesentlichen wie ein Grundstück behandelt (§ 11 ErbbauVO) und unterliegt deshalb nicht der Zwangsvollstreckung in Vermögensrechte, sondern der Zwangsvollstreckung in das unbewegliche Vermögen (Rdnr. 851).

767   2. Dingliches Vorkaufsrecht

Das dingliche Vorkaufsrecht ist das Recht, beim Verkauf des Grundstücks durch den Eigentümer von diesem die Übereignung des Grundstücks zu den im Kaufvertrag mit dem Dritten vereinbarten Bedingungen zu verlangen (§§ 1094, 1098 I, 504 ff. BGB).

a) Das *subjektiv-dingliche* Vorkaufsrecht wird zugunsten des jeweiligen Eigentümers eines anderen Grundstücks bestellt (§ 1094 II BGB). Es kann nicht vom Eigentum an diesem Grundstück getrennt (§ 1103 I BGB) und deshalb auch nicht gepfändet werden (§ 851 I).

768   b) Das *subjektiv-persönliche* Vorkaufsrecht wird zugunsten einer bestimmten Person bestellt (§ 1094 I BGB) und ist nicht mit dem Eigentum an einem Grundstück verbunden (§ 1103 II BGB). Es ist jedoch nach §§ 1098 I, 514, 1 BGB lediglich dann übertragbar, wenn die Vertragsparteien das vereinbaren; nur in diesem Fall unterliegt es der Zwangsvollstreckung.

(1) Die *Pfändung* erfolgt nach §§ 857 I, 829 durch Zustellung des Pfändungsbeschlusses an den Drittschuldner (Grundstückseigentümer).

(2) Die *Verwertung* erfolgt durch Überweisung zur Einziehung. Dadurch wird der Gläubiger zur Ausübung des Vorkaufsrechts berechtigt. Nach Übereignung des Grundstücks an den Vollstreckungsschuldner erlangt der Vollstreckungsgläubiger eine Sicherungshypothek an dem Grundstück (§ 848 I, II; Rdnr. 713).

Allerdings braucht der Vorkaufsverpflichtete die Auflassung des Grundstücks nur Zug um Zug gegen Zahlung des Kaufpreises zu erklären; weil der Vollstreckungsschuldner aber dazu im Zweifel nicht in der Lage ist, hat die Vollstreckung in das Vorkaufsrecht für den Vollstreckungsgläubiger allenfalls dann einen Sinn, wenn er bereit ist, den Kaufpreis für das Grundstück notfalls selbst aufzubringen.

3. Rangvorbehalt   769

Mit dem Rangvorbehalt behält sich der Eigentümer bei Belastung seines Grundstücks die Befugnis vor, später ein anderes, dem Umfang nach bestimmtes Recht mit besserem Rang eintragen zu lassen (§ 881 I BGB). Der Rangvorbehalt ist untrennbar mit dem Eigentum am Grundstück verbunden (vgl. § 881 III BGB) und deshalb weder selbständig abtretbar noch pfändbar (BGHZ 12, 238, 241).

4. Vormerkung   770

Durch die Vormerkung (z.B. Auflassungsvormerkung) wird ein schuldrechtlicher Anspruch auf dingliche Rechtsänderung (z.B. vertraglicher Anspruch auf Grundstücksübereignung) gesichert (vgl. § 883 I BGB). Sie ist ein unselbständiges Nebenrecht der gesicherten Forderung und von deren Bestand abhängig. Daher kann sie weder selbständig übertragen noch gepfändet werden.

Die Vormerkung wird aber von der Zwangsvollstreckung in den Hauptanspruch miterfaßt (§§ 401, 412 BGB). Die Pfändung eines durch Vormerkung gesicherten Anspruchs kann als Grundbuchberichtigung (§ 22 GBO) im Grundbuch eingetragen werden. (*Stöber*, Rdnr. 1784, 2048).

5. Widerspruch   771

Der Widerspruch sichert die Durchsetzung des Grundbuchberichtigungsanspruchs (§ 894 BGB) und damit das nicht oder nicht richtig eingetragene Recht (vgl. § 899 BGB). Er ist — wie die Vormerkung — ein unselbständiges Sicherungsmittel und deshalb nicht pfändbar.

Der Vollstreckungsgläubiger kann aber nach Pfändung des dem Vollstreckungsschuldner zustehenden Grundbuchberichtigungsanspruchs (Rdnr. 725) die Eintragung eines Widerspruchs zugunsten des Vollstreckungsschuldners beantragen.

§ 24   Die Zwangsvollstreckung in Anteilsrechte   772

Wenn das Recht an einem einzelnen Vermögensgegenstand oder an einem Vermögen als Ganzem dem Vollstreckungsschuldner nicht allein, sondern nur gemeinsam mit anderen Personen zusteht, scheidet eine Zwangsvollstreckung in den Vermögensgegenstand oder in das Vermögen aus; denn dadurch würden auch die Rechte der übrigen Mitberechtigten betroffen, obwohl diese nicht Vollstreckungsschuldner sind. Vielmehr unterliegt der Zwangsvollstreckung nur die Mitberechtigung des Vollstreckungsschuldners an dem einzelnen Vermögensgegenstand oder an dem Vermögen. Unter welchen Voraussetzungen und auf welche Weise die Zwangsvollstreckung in Anteilsrechte erfolgt, richtet sich nach der Art der Mitberechtigung.

773   I. Gesamthandsgemeinschaften

Schrifttum: *Bauer,* Die Zwangsvollstreckung in einen Nachlaßanteil, JurBüro 1958, 95; *Clasen,* Vollstreckungs- und Kündigungsrecht des Gläubigers einer OHG gegen Gesellschaft und Gesellschafter, NJW 1965, 2141; *Eickmann,* Die Versteigerung eines Erbanteils durch den Gerichtsvollzieher, DGVZ 1984, 65; *Furtner,* Pfändung der Mitgliedsrechte bei Personengesellschaften, MDR 1965, 613; *R. Lehmann,* Die Konkurrenz zwischen Vertragspfandrecht und nachrangigem Pfändungspfandrecht am Anteil eines Miterben, NJW 1971, 1545; *Liermann,* Zweifelsfragen bei der Verwertung eines gepfändeten Miterbenanteils, NJW 1962, 2189; *Löscher,* Grundbuchberichtigung bei Erbteilspfändung, JurBüro 1962, 391; *Mümmler,* Zwangsvollstreckung in das Gesellschaftsvermögen und in Gesellschaftsanteile der Gesellschaft des bürgerlichen Rechts und der offenen Handelsgesellschaft, JurBüro 1982, 1607; *ders.,* Pfändung eines Miterbenanteils, JurBüro 1983, 817; *Noack,* Die Gesellschaft des bürgerlichen Rechts in der Zwangsvollstreckung (Einzelfragen), MDR 1974, 811; *ders.,* Die Kommanditgesellschaft (KG) im Prozeß und in der Vollstreckung, DB 1973, 1157; *Ripfel,* Das Pfändungspfandrecht am Erbteil, NJW 1958, 692; *Rupp/ Fleischmann,* Probleme bei der Pfändung von Gesellschaftsanteilen, Rpfleger 1984, 223; *K. Schmidt,* Der unveräußerliche Gesamthandsanteil — ein Vollstreckungsgegenstand?, JR 1977, 177; *Stöber,* Antrag auf Teilungsversteigerung nach Pfändung eines Miterbenanteils und Einstellungsantrag nach § 180 Abs. 2 ZVG des Pfändungsschuldners, Rpfleger 1963, 337; *ders.,* Grundbucheintragung der Erben nach Pfändung des Erbteils, Rpfleger 1976, 197; *Winnefeld,* Übertragung und Pfändung des Kapital-Entnahmeanspruchs i.S. des § 122 Abs. 1 HGB, DB 1977, 897.

Fälle:

a) S ist Mitglied einer BGB-Gesellschaft. G läßt den Anspruch des S auf das Auseinandersetzungsguthaben pfänden und sich überweisen. Anschließend überträgt S seinen Gesellschaftsanteil mit Zustimmung der übrigen Gesellschafter an X. Kann G die Vollstreckung fortsetzen?

b) S ist als stiller Gesellschafter mit einer Einlage von 20 000,— DM am Handelsgewerbe des D beteiligt. Kann G auf diesen Betrag im Wege der Zwangsvollstreckung zugreifen?

c) S ist Mitglied einer Erbengemeinschaft. Zum Nachlaß gehört ein Flügel. Nachdem G den Anteil des S an der Erbengemeinschaft hat pfänden lassen, verschenken alle Miterben den Flügel an E, der von der Pfändung des Anteils keine Kenntnis hat. G verlangt von E Herausgabe des Flügels an die Erbengemeinschaft.

Bei der Gesamthandsgemeinschaft hat jedes Mitglied einen Anteil an dem Gesamthandsvermögen als Ganzem; zu einer Verfügung über das Vermögen oder über einzelne Vermögensgegenstände ist nur die Gesamtheit aller Mitglieder berechtigt. Das Gesetz kennt drei Arten von Gesamthandsgemeinschaften, nämlich die Gesellschaft bürgerlichen Rechts (§§ 705 ff. BGB), die eheliche Gütergemeinschaft (§§ 1415 ff., 1483 ff. BGB) und die Miterbengemeinschaft (§§ 2033 ff. BGB).

Umstritten ist, ob auch die Schiffspart (= Anteil des Mitreeders an einer Reederei; §§ 491 I 2, 489 I HGB) zu den Gesamthandsgemeinschaften gehört oder ob es sich dabei um eine Bruchteilsgemeinschaft handelt. Ihre rechtliche Einordnung ist aber für die Zwangsvollstreckung ohne Bedeutung. Nach §§ 858 I, 857, 829 wird in die Schiffspart durch Pfändungsbeschluß vollstreckt; die Verwertung der gepfändeten Schiffspart erfolgt nur im Wege der Veräußerung (§ 858 IV 1). Einzelheiten: *Stöber*, Rdnr. 1744 ff.

1. Gesellschaft bürgerlichen Rechts

774

Der Gesellschaftsanteil als Ganzes umfaßt alle Mitgliedschaftsrechte. Er kann nur mit Zustimmung der anderen Gesellschafter übertragen werden, weil diesen sonst gegen ihren Willen ein neuer Vertragspartner aufgezwungen werden könnte. Der Anteil am Gesellschaftsvermögen ist ein Bestandteil der Mitgliedschaft; er kann nicht von ihr getrennt und deshalb auch nicht selbständig übertragen werden (§ 719 I BGB). Daher könnte nach § 851 I in ihn nicht vollstreckt werden. Dann wäre jedoch dem Gläubiger eines Gesellschafters der Zugriff auf den unter Umständen beträchtlichen Vermögenswert versperrt, der in einem Gesellschaftsanteil steckt. Deshalb erklärt § 859 I 1 den Anteil am Gesellschaftsvermögen für pfändbar.

Zwar unterliegen die Ansprüche des Gesellschafters auf den Gewinnanteil und auf dasjenige, was dem Gesellschafter bei der Auseinandersetzung zukommt (Auseinandersetzungsguthaben), ohnehin der Zwangsvollstreckung; denn diese Ansprüche sind nach § 717, 2 BGB übertragbar. Durch die Pfändung dieser Ansprüche kann aber nicht verhindert werden, daß der Schuldner vor Entstehung der Ansprüche mit Zustimmung der übrigen Gesellschafter über seinen Gesellschaftsanteil verfügt; dann wird die Pfändung der künftigen Einzelansprüche gegenstandslos (vgl. Münch-Komm/*Ulmer*, § 717 Rdnr. 35 f., § 725 Rdnr. 5 f.).

Im Fall a konnte S wegen der wirksamen Übertragung des Gesellschaftsanteils auf X zu keinem Zeitpunkt Auszahlung eines Auseinandersetzungsguthabens verlangen. Der für G gepfändete künftige Anspruch des S war bei der Pfändung noch ein künftiger Anspruch; er ist vor der Übertragung des Anteils auf X nicht entstanden. G hätte sich nur durch die Pfändung des Anteils am Gesellschaftsvermögen ausreichend sichern können; denn aufgrund der Verstrickung des Anteils wäre die Übertragung von S auf X dem G gegenüber unwirksam.

775   a) Die *Pfändung* des Gesellschaftsanteils erfolgt nach §§ 857 I, 829. Sie erfaßt alle Vermögensrechte, die sich aus dem Gesellschaftsanteil ergeben, also insbesondere das Recht auf den Gewinnanteil und das Auseinandersetzungsguthaben. Sie wird wirksam mit Zustellung des Pfändungsbeschlusses an den Drittschuldner. Das ist nicht die Gesamthand, sondern das sind alle übrigen Gesellschafter; denn die Rechte, die sich aus dem gepfändeten Anteil ergeben, stehen dem Anteilsinhaber gegen die Mitgesellschafter zu (*Baur/Stürner*, Rdnr. 543; *Stöber*, Rdnr. 1557; a.M. *K. Schmidt*, JR 1977, 177, 179). Deshalb reicht eine Zustellung nur an die geschäftsführenden Gesellschafter nicht aus (MünchKomm/ *Ulmer*, § 725 Rdnr. 8 m.N.).

Aufgrund der Pfändung tritt der Vollstreckungsgläubiger nicht etwa als Gesellschafter an die Stelle des Vollstreckungsschuldners; ihm stehen nach § 725 II auch grundsätzlich nicht die Gesellschafterrechte zu. Durch diese Vorschrift wird verhindert, daß den übrigen Gesellschaftern im Wege der Zwangsvollstreckung mit dem Vollstreckungsgläubiger doch ein neuer Vertragspartner aufgedrängt wird. Der Vollstreckungsgläubiger hat aber die Möglichkeit, die Gesellschaft ohne Einhaltung einer Frist zu kündigen, sofern der Schuldtitel nicht bloß vorläufig vollstreckbar ist (§ 725 I BGB). Auf diese Weise kann bei einem endgültig vollstreckbaren Titel bereits die Pfändung — und nicht erst die Überweisung (a.M. *Stöber*, Rdnr. 1566 f.) — zu einem nicht mehr rückgängig zu machenden Eingriff in die Gesellschafterstellung des Vollstreckungsschuldners führen. Denn nach der Kündigung wird die Gesellschaft in dem vom Gesetz vorgesehenen Regelfall aufgelöst; dann findet die Auseinandersetzung unter den Gesellschaftern statt (§ 730 I 2 BGB). Wird die Gesellschaft aber aufgrund einer Fortsetzungsklausel im Gesellschaftsvertrag (§ 736 BGB) unter den übrigen Gesellschaftern fortgesetzt, findet eine Auseinandersetzung zwischen ihnen und dem ausscheidenden Gesellschafter (= Vollstreckungsschuldner) statt (§ 738 I BGB). Das Pfändungspfandrecht des Vollstreckungsgläubigers setzt sich an dem nach Kündigung entstehenden Anspruch des Vollstreckungsschuldners auf Auszahlung des Auseinandersetzungsguthabens oder auf Zahlung nach § 738 I 2 BGB fort. Den übrigen Gesellschaftern ist es als Drittschuldnern verboten, an den Vollstreckungsschuldner zu leisten.

776   b) Die *Verwertung* des gepfändeten Anteils am Gesellschaftsvermögen erfolgt grundsätzlich durch Überweisung zur Einziehung. Erst aufgrund des Überweisungsbeschlusses kann der Vollstreckungsgläubiger die Vermögensrechte geltend machen, die dem Vollstreckungsschuldner zustehen. Vor der Kündigung des Gesellschaftsvertrages kann der Vollstreckungsgläubiger sich also aus dem Anspruch des Schuldners auf den Gewinnanteil (§ 725 II), nach

der Kündigung aus dem Anspruch auf das Auseinandersetzungsguthaben befriedigen.

2. Personenhandelsgesellschaften   777

Zu den Personenhandelsgesellschaften gehören die offene Handelsgesellschaft (§§ 105 ff. HGB), die Kommanditgesellschaft (§§ 161 ff. HGB) und die stille Gesellschaft (§§ 335 ff. HGB).

a) Auf die *offene Handelsgesellschaft* finden, soweit im HGB nicht ein anderes vorgeschrieben ist, die Vorschriften des BGB über die Gesellschaft Anwendung (§ 105 II HGB). Der Gläubiger eines Gesellschafters kann dessen Anteil an einer OHG nach §§ 859 I, 857 I, 829, 835 pfänden und sich zur Einziehung überweisen lassen, den Gesellschaftsvertrag kündigen und sich aus dem Auseinandersetzungsguthaben befriedigen.

Von der Vollstreckung in den Gesellschaftsanteil an einer OHG ist die Vollstreckung in das Gesellschaftsvermögen selbst zu unterscheiden. Die OHG ist zwar nicht rechtsfähig, kann aber — anders als die Gesellschaft bürgerlichen Rechts — selbst Träger von Rechten und Verbindlichkeiten sein, klagen und verklagt werden und deshalb auch Schuldner in der Zwangsvollstreckung sein (vgl. § 124 I HGB). Zur Zwangsvollstreckung in das Gesellschaftsvermögen reicht allerdings ein Titel gegen einen Gesellschafter nicht aus; vielmehr ist ein Titel gegen die Gesellschaft erforderlich (§ 124 II HGB).

Aufgrund der handelsrechtlichen Vorschriften ergeben sich für die Zwangsvollstreckung in den Gesellschaftsanteil an einer OHG folgende *Besonderheiten:*

(1) Für die Wirksamkeit der Pfändung reicht nach h.M. — anders als bei   778
der Gesellschaft bürgerlichen Rechts — die *Zustellung des Pfändungsbeschlusses an die OHG* aus (vgl. *Baur/Stürner*, Rdnr. 543; BL/*Hartmann*, Anh. § 859 Anm. 1; *A. Blomeyer*, § 65 II 2; StJ/*Münzberg*, § 859 Anm. II 1). Dafür spricht neben praktischen Gesichtspunkten die in § 124 HGB zum Ausdruck kommende rechtliche Verselbständigung der OHG.

Nach anderer Ansicht soll auch hier die Zustellung an alle übrigen Gesellschafter erforderlich sein, weil die Ansprüche, die sich aus dem Gesellschaftsanteil ergeben, gegen die übrigen Gesellschafter gerichtet seien (so *Zöller/Stöber*, § 859 Rdnr. 7).

(2) Abweichend von § 725 BGB ist nach § 135 HGB das dem Vollstrek-   779
kungsgläubiger zustehende *Recht zur Kündigung eingeschränkt.* Es kann zum einen nicht schon aufgrund der Pfändung, sondern erst nach der Überweisung des Anteils ausgeübt werden. Außerdem muß innerhalb der letzten sechs Monate vom Vollstreckungsgläubiger oder einem Dritten die Zwangs-

vollstreckung in das bewegliche Vermögen des Gesellschafters erfolglos versucht worden sein. Schließlich kann die Gesellschaft entgegen § 725 BGB nicht fristlos, sondern nur sechs Monate vor Ende des Geschäftsjahres zu diesem Zeitpunkt gekündigt werden. Durch diese Einschränkungen soll die frühzeitige Zerschlagung von Handelsgesellschaften vermieden werden.

Dagegen stellt es keine Einschränkung dar, wenn § 135 HGB die Kündigungsmöglichkeit nicht an die Pfändung des Anteils am Gesellschaftsvermögen, sondern an die Pfändung des Auseinandersetzungsguthabens knüpft; denn die Pfändung des umfassenden Anteils am Gesellschaftsvermögen schließt den Anspruch auf das Auseinandersetzungsguthaben mit ein (Rdnr. 775).

780   b) Auf die *Kommanditgesellschaft* finden, soweit im HGB nichts anderes vorgeschrieben ist, die für eine OHG und damit auch die für eine Gesellschaft bürgerlichen Rechts geltenden Vorschriften Anwendung (§§ 161 II, 105 II HGB).

Deshalb können auch die Gesellschaftsanteile an einer KG nach §§ 859 I, 857 I, 829, 835 gepfändet und zur Einziehung überwiesen werden. Dabei macht es keinen Unterschied, ob in den Anteil eines Komplementärs oder den eines Kommanditisten vollstreckt werden soll. Für die Kündigung des Gesellschaftsvertrages gilt § 135 HGB.

781   c) Bei der *stillen Gesellschaft* ist der stille Gesellschafter nur mit einer Vermögenseinlage an dem Handelsgewerbe eines anderen beteiligt (§ 335 I HGB). Die Einlage geht in das Vermögen des Inhabers des Handelsgeschäfts über, so daß der stille Gesellschafter am Gesellschaftsvermögen auch keinen Anteil hat, der gepfändet werden könnte. Dem stillen Gesellschafter stehen lediglich ein Anspruch auf den Gewinnanteil (§ 336 HGB) und — nach Auflösung der Gesellschaft — auf Auszahlung des Auseinandersetzungsguthabens (§ 339 HGB) zu. Dabei handelt es sich um Geldforderungen, die nach §§ 829, 835 gepfändet und verwertet werden. Den Anspruch auf Auszahlung des Auseinandersetzungsguthabens kann der Vollstreckungsgläubiger nur dann geltend machen, wenn dazu auch der Schuldner in der Lage wäre. Deshalb muß der Gläubiger erst die Auflösung der Gesellschaft durch Kündigung herbeiführen (§§ 340, 339 HGB). Für die Kündigung gilt § 135 HGB entsprechend (§ 339 I 1 HGB).

Im Fall b ist D Eigentümer der von S eingebrachten 20 000,— DM (§ 335 I HGB). In diesen Vermögensteil des D kann G aber nicht vollstrecken, da D nicht Vollstreckungsschuldner ist. G muß den Anspruch des S auf Auszahlung des Auseinandersetzungsguthabens pfänden und sich überweisen lassen sowie die Gesellschaft unter Beachtung von § 135 HGB kündigen. In dem Auseinandersetzungsguthaben, aus dem sich G dann befriedigen kann, ist die Vermögenseinlage des S enthalten, die allerdings um nicht ausgezahlte Gewinne vermehrt oder um nicht ausgeglichene Verluste vermindert ist.

3. Eheliche und fortgesetzte Gütergemeinschaft

782

Für die Zwangsvollstreckung in den Anteil an einer ehelichen oder fortgesetzten Gütergemeinschaft ist zwischen bestehenden Gütergemeinschaften und beendeten Gütergemeinschaften zu unterscheiden.

Die *eheliche Gütergemeinschaft* entsteht durch Vereinbarung zwischen den Ehegatten (§ 1415 BGB). Durch die Gütergemeinschaft werden das Vermögen des Mannes und das Vermögen der Frau bis auf das sogenannte Sonder- und Vorbehaltsgut (§§ 1417 f. BGB) gemeinschaftliches Vermögen beider Ehegatten (Gesamtgut; § 1416 BGB; Rdnr. 35). Die eheliche Gütergemeinschaft endet durch Auflösung der Ehe, Ehevertrag oder gerichtliches Aufhebungsurteil.

Um eine *fortgesetzte Gütergemeinschaft* handelt es sich, wenn die Gütergemeinschaft nach dem Tod eines Ehegatten zwischen dem überlebenden Ehegatten und den gemeinsamen Abkömmlingen fortgesetzt wird und das auf einer Vereinbarung zwischen den Ehegatten beruht (§§ 1483 ff. BGB). Die fortgesetzte Gütergemeinschaft endet bei Aufhebung durch den überlebenden Ehegatten, Wiederverheiratung oder Tod des überlebenden Ehegatten oder durch gerichtliches Aufhebungsurteil (§§ 1492 ff. BGB).

a) Die Anteile an der *bestehenden* (ehelichen oder fortgesetzten) *Gütergemeinschaft* sind unpfändbar (§ 860 I). Das ergäbe sich auch ohne die Sondervorschrift des § 860 I bereits aus § 851 I, da weder bei der ehelichen noch bei der fortgesetzten Gütergemeinschaft die Mitglieder über ihre Anteile am Gesamtgut und an den einzelnen dazu gehörenden Gegenständen verfügen können (§§ 1419 I, 1487 I BGB).

783

Solange die Gütergemeinschaft besteht, ist jedoch eine Vollstreckung in das Gesamtgut selbst möglich. Dazu muß der Vollstreckungsgläubiger allerdings bei der ehelichen Gütergemeinschaft einen Titel gegen den alleinverwaltenden Ehegatten (§ 740 I; §§ 1422 ff. BGB; Ausnahme: § 741) oder gegen beide gemeinschaftlich verwaltenden Ehegatten haben (§ 740 II; §§ 1450 ff. BGB; Rdnr. 35). Bei der fortgesetzten Gütergemeinschaft ist zur Vollstreckung in das Gesamtgut ein Titel gegen den überlebenden Ehegatten erforderlich (§ 745 I; § 1487 I BGB; Rdnr. 36).

b) *Nach Beendigung der* (ehelichen oder fortgesetzten) *Gütergemeinschaft* hat jedes Mitglied ein Recht auf Auseinandersetzung (§§ 1471 I, 1497 I BGB). Zwischen Beendigung und tatsächlicher Auseinandersetzung bleiben die Anteile allerdings unübertragbar (§§ 1471 II, 1497 II BGB). Wenn die Anteile während dieser Zeit auch unpfändbar blieben, könnten insbesondere die Vollstreckungsgläubiger eines Ehegatten, deren Forderungen erst nach Beendigung der Gütergemeinschaft entstanden sind, durch eine Verzögerung der Auseinandersetzung Nachteile erleiden; denn eine Vollstreckung in das Gesamtgut selbst ist ihnen nach Beendigung der Gemeinschaft gem. § 743 nur möglich, wenn sie einen Titel gegen beide Ehegatten haben. Um die Benachteiligung vor allem der Gläubiger zu vermeiden, ermöglicht

784

§ 860 II entgegen § 851 I nach Beendigung der Gemeinschaft die Zwangsvollstreckung in den Anteil am Gesamtgut.

(1) Die *Pfändung* des Anteils am Gesamtgut erfolgt durch Zustellung des Pfändungsbeschlusses an die übrigen Mitglieder der beendeten Gemeinschaft. Aufgrund der Pfändung kann der Vollstreckungsgläubiger nach §§ 99 I, 86 FGG beim Nachlaßgericht (§ 99 II FGG) die Vermittlung der Auseinandersetzung beantragen.

(2) Die *Verwertung* ist nur durch Überweisung zur Einziehung möglich (*A. Blomeyer*, § 65 IV 2; StJ/*Münzberg*, § 860 Anm. II; *Stöber*, Rdnr. 1643). Der Vollstreckungsgläubiger kann aufgrund der Überweisung die Ansprüche geltend machen, die dem Schuldner bei der Auseinandersetzung zustehen.

785 4. Miterbengemeinschaft

Hinterläßt der Erblasser mehrere Erben, wird der Nachlaß gemeinschaftliches Vermögen der Erben (§ 2032 I BGB). Jeder Miterbe kann zwischen dem Erbfall und dem Abschluß der Auseinandersetzung (vgl. §§ 2042 ff. BGB) über seinen Anteil an dem Nachlaß, nicht dagegen über seinen Anteil an den einzelnen Nachlaßgegenständen verfügen (§ 2033 I, II BGB). Dementsprechend unterliegt auch nur der Anteil des Miterben am Nachlaß, nicht aber der Anteil an den einzelnen Nachlaßgegenständen der Zwangsvollstreckung (§ 859 II, I).

786 a) Die *Pfändung* des Anteils am Nachlaß erfolgt nach §§ 857 I, 829. Das gilt auch dann, wenn unbewegliches Vermögen zum Nachlaß gehört, weil nicht dieses, sondern der Anteil als sonstiges Vermögensrecht Gegenstand der Zwangsvollstreckung ist. Die Pfändung wird wirksam mit Zustellung des Pfändungsbeschlusses an die übrigen Erben als Drittschuldner. Sie hat folgende *Rechtswirkungen:*

(1) Durch die Pfändung wird die *Miterbenstellung* des Vollstreckungsschuldners nicht berührt. Dieser behält somit die Möglichkeit, die Erbschaft auszuschlagen und dadurch die Pfändung gegenstandslos zu machen, sofern er das Ausschlagungsrecht nicht schon verloren hat. Außerdem bleibt er verpflichtet, an der Verwaltung des Nachlasses (§ 2038 BGB) und an der rechtsgeschäftlichen Auseinandersetzung (§ 2042 BGB) mitzuwirken.

787 (2) Durch die Pfändung erlangt der Vollstreckungsgläubiger ein *Pfändungspfandrecht* an dem Nachlaßanteil des Vollstreckungsschuldners. Auf dieses Pfändungspfandrecht finden die Vorschriften des BGB über das rechtsgeschäftliche Pfandrecht entsprechende Anwendung, soweit die ZPO

und die Besonderheiten des Pfändungspfandrechts dem nicht entgegenstehen (BGH NJW 1968, 2059, 2060).

(a) Nach §§ 1273 II, 1258 I BGB ist der Vollstreckungsgläubiger befugt, neben dem Vollstreckungsschuldner die den Miterben zustehenden *Verwaltungs- und Verfügungsrechte auszuüben* (vgl. RGZ 83, 27, 30; 84, 395). Außerdem kann der Gläubiger von den übrigen Miterben nach § 2042 BGB *Auseinandersetzung verlangen*. Eine Auseinandersetzung unter den Miterben ohne Beteiligung des Vollstreckungsgläubigers ist diesem gegenüber unwirksam.

Die Auseinandersetzung kann der Gläubiger auf zwei Wegen durchsetzen: Entweder er klagt auf Zustimmung zu einem bestimmten Auseinandersetzungsplan, oder er beantragt nach § 86 II FGG beim Nachlaßgericht eine Vermittlung der Auseinandersetzung.

(b) Die Pfändung des Anteils führt zu einer *Verfügungsbeschränkung* des   **788** Schuldners. Entgegen § 829 I 2 ist dem Vollstreckungsschuldner zwar nicht jede Verfügung über seinen Anteil verboten; er kann aber entsprechend § 1276 BGB nur noch insoweit verfügen, als der Vollstreckungsgläubiger zustimmt oder das Pfandrecht des Gläubigers nicht beeinträchtigt wird (BGH a.a.O.).

Obwohl das Pfändungspfandrecht des Gläubigers nicht an den einzelnen zum Nachlaß gehörenden Gegenständen besteht, gilt die Verfügungsbeschränkung auch für sie. Die Miterben können nicht mehr ohne weiteres nach § 2040 I BGB gemeinschaftlich über die Nachlaßgegenstände verfügen. Andernfalls hätten sie die Möglichkeit, durch solche Verfügungen den Wert des gepfändeten Nachlaßanteils zu schmälern und damit mittelbar das Pfändungspfandrecht des Vollstreckungsgläubigers zu beeinträchtigen. Gerade das soll aber durch § 1276 BGB verhindert werden. Auch Verfügungen über Einzelgegenstände bleiben deshalb nur insoweit möglich, als dadurch das Pfandrecht des Vollstreckungsgläubigers am Anteil nicht beeinträchtigt wird.

So kann der Vollstreckungsschuldner aufgrund einer der Erbengemeinschaft zustehenden Geldforderung nach § 2039 BGB Hinterlegung zugunsten aller Erben fordern. Zwar verliert dadurch die Erbengemeinschaft ihre Forderung, aber an deren Stelle tritt das geschuldete Geld. Der zum Nachlaß gehörende Vermögensgegenstand bleibt daher mit seinem vollen Wert dem gemeinschaftlichen Vermögen der Erben erhalten (BGH a.a.O.).

Im Fall c ist zwar die gemeinsame Verfügung der Miterben über den zum Nachlaß gehörenden Flügel dem G gegenüber unwirksam. Da E jedoch von der Pfändung des Erbanteils keine Kenntnis hatte, hat er den Flügel nach §§ 135 II, 932, 936 BGB gutgläubig lastenfrei erworben, sofern seine Unkenntnis nicht auf grober Fahrlässigkeit beruhte. Dem G steht dann kein Anspruch auf Herausgabe an die Erbengemeinschaft zu.

789   Da die Pfändung auch hinsichtlich der einzelnen zum gemeinschaftlichen Vermögen gehörenden Gegenstände eine Verfügungsbeschränkung bewirkt, kann der Gläubiger sie im Grundbuch eintragen lassen, sofern Grundstücke oder Rechte an Grundstücken zum Nachlaß gehören. Dadurch kann er sich vor einem gutgläubigen Erwerb Dritter schützen. Bei der Eintragung der Pfändung handelt es sich um eine Grundbuchberichtigung, weil die Verfügungsbeschränkung schon durch die Pfändung selbst eintritt. Antragsberechtigt ist der Vollstreckungsgläubiger (§ 14 GBO). Nach § 22 GBO bedarf es für die Eintragung nicht der Bewilligung (§ 19 GBO) des Vollstreckungsschuldners oder der Miterben; der Vollstreckungsgläubiger braucht nur die Unrichtigkeit des Grundbuches nachzuweisen. Das ist durch Vorlage des Pfändungsbeschlusses und der Urkunden über die Zustellung an die Miterben möglich. Erforderlich ist allerdings, daß die Miterben in ungeteilter Erbengemeinschaft als Grundstückseigentümer voreingetragen sind (§ 39 GBO).

Falls noch der Erblasser als Eigentümer eingetragen ist, kann der Vollstreckungsgläubiger nach §§ 13 II, 22 GBO die Eintragung der Miterben beantragen. Der dafür erforderliche Nachweis der Unrichtigkeit des Grundbuches ist durch Vorlage des Erbscheins oder der Verfügung von Todes wegen mit der Niederschrift über die Eröffnung der Verfügung zu führen (§ 35 GBO). Die Erteilung des Erbscheins kann der Vollstreckungsgläubiger notfalls selbst beim Nachlaßgericht beantragen (§ 792; § 85 FGG). Besteht diese Möglichkeit nicht, muß der Gläubiger den Anspruch des Vollstreckungsschuldners gegen seine Miterben auf Mitwirkung bei der Grundbuchberichtigung (§ 2038 I 2 BGB) pfänden und anschließend die Miterben darauf verklagen, ihre Eintragung als Miterben zu betreiben und die dafür erforderlichen Erklärungen abzugeben (OLG Köln MDR 1962, 574 f.).

790   b) Die *Verwertung* des Anteils am Nachlaß erfolgt in der Regel gem. §§ 857 I, 835 durch Überweisung zur Einziehung; sie ist aber auch nach §§ 857 V, 844 durch Anordnung der öffentlichen Versteigerung oder des freihändigen Verkaufs möglich. Während der Gläubiger bereits aufgrund der Pfändung die Möglichkeit hat, die Auseinandersetzung zwischen den Miterben herbeizuführen (Rdnr. 787), kann er aufgrund der Überweisung die dem Schuldner bei der Auseinandersetzung zustehenden Ansprüche geltend machen (ähnlich wie bei der Zwangsvollstreckung in den Anteil am Gesellschaftsvermögen; vgl. Rdnr. 776).

(1) Nach §§ 2042 II, 752 BGB erfolgt die *Auseinandersetzung in Natur*, wenn die gemeinschaftlichen Gegenstände sich ohne Verminderung des Wertes in gleichwertige, den Anteilen der Miterben entsprechende Teile zerlegen lassen. Dann hat der Vollstreckungsschuldner gegen die übrigen Miterben einen Anspruch auf Herausgabe der ihm zustehenden Gegenstände.

Welche Gegenstände der Vollstreckungsschuldner beanspruchen kann, ergibt sich bei der freiwilligen Auseinandersetzung aus der (unter Mitwirkung des Vollstrekkungsgläubigers getroffenen) Auseinandersetzungsvereinbarung unter den Miterben (ErbR Rdnr. 494). Bei der vom Vollstreckungsgläubiger erzwungenen Auseinandersetzung durch Vermittlung des Nachlaßgerichts (§ 86 FGG; ErbR Rdnr. 497) richten sich die Ansprüche des Vollstreckungsschuldners nach dem gerichtlich bestätigten Auseinandersetzungsplan (vgl. § 93 I 2 FGG). Hat der Vollstreckungsgläubiger gegen die übrigen Miterben mit Erfolg auf Zustimmung zu einem bestimmten Auseinandersetzungsplan geklagt (vgl. §§ 2042 ff.; ErbR Rdnr. 496), sind seine Ansprüche diesem Auseinandersetzungsplan zu entnehmen.

An den Herausgabeansprüchen des Schuldners setzt sich das Pfändungspfandrecht des Vollstreckungsgläubigers im Wege der dinglichen Surrogation fort. Aufgrund der Überweisung zur Einziehung kann der Gläubiger die Ansprüche des Schuldners gegen die übrigen Miterben geltend machen und nach §§ 846 f. (Rdnr. 701 ff.) durchsetzen.

(2) Scheidet eine Teilung in Natur aus, erfolgt sie durch *Verkauf des Nachlasses;* zum gemeinschaftlichen Vermögen gehörende Grundstücke werden zwangsversteigert (§§ 2042 II, 753 BGB). Die *Teilungsversteigerung* des Grundstücks richtet sich nach §§ 180 ff. ZVG (Rdnr. 984 ff.). Sie kann vom Vollstreckungsgläubiger beantragt werden (§ 181 II 1 ZVG). Sein Pfändungspfandrecht setzt sich an dem Anspruch fort, den der Schuldner — entsprechend seinem Erbanteil — auf den Erlös hat. Aufgrund des Überweisungsbeschlusses kann er in dieser Höhe Zahlung an sich verlangen.   **791**

II. Juristische Personen   **792**

Schrifttum: *Bauer,* Die Zwangsvollstreckung in Aktien und andere Rechte des Aktiengesetzes, JurBüro 1976, 869; *Bischoff,* Zur pfändungs- und konkursbedingten Einziehung von Geschäftsanteilen, GmbH-Rdsch. 1984, 61; *Buchwald,* Verpfändung und Pfändung von GmbH-Anteilen, GmbH-Rdsch. 1959, 254; 1960, 5; *R. Fischer,* Die Pfändung und Verwertung eines GmbH-Geschäftsanteils, GmbH-Rdsch. 1961, 21; *Heckelmann,* Vollstreckungszugriff und GmbH-Statut, ZZP 92, 28; *Noack,* Pfändung und Verwertung eines GmbH-Anteils, JurBüro 1976, 1603; *Petermann,* Die Verwertung des gepfändeten GmbH-Anteils, Rpfleger 1973, 387; *Pfaff,* Zur Pfändung eines GmbH-Anteils, GmbH-Rdsch. 1964, 92; *Sachs,* Zur Einziehung von Geschäftsanteilen wegen Pfändung, GmbH-Rdsch. 1974, 84; *Schuler,* Die Pfändung von GmbH-Anteilen und die miterfaßten Ersatzansprüche, NJW 1960, 1423; *ders.,* Einziehung gepfändeter GmbH-Anteile, NJW 1961, 2281; *Seydel,* Zwangsvollstreckung in den Geschäftsanteil der GmbH, GmbH-Rdsch. 1950, 135.

Fälle:
a) S ist Inhaber von Namensaktien der A-AG. Die Übertragung der Aktien ist durch Satzung an die Zustimmung der Gesellschaft gebunden. Als G diese Aktien pfänden läßt, legt S Erinnerung ein.

b) S hat einen Geschäftsanteil an einer GmbH. In deren Satzung ist für den Fall der Pfändung eines Geschäftsanteils vorgesehen, daß dieser ohne Ersatzleistung eingezogen werden kann. Nachdem G den Anteil des S hat pfänden lassen, wird der Anteil durch Gesellschafterbeschluß eingezogen. G klagt auf Feststellung, daß die Einziehung unwirksam sei.

Juristische Personen sind Personenvereinigungen und Vermögensmassen mit eigener Rechtsfähigkeit (AT Rdnr. 680 ff.). Anders als bei Gesamthandsgemeinschaften steht das Vermögen nicht im gemeinschaftlichen Eigentum der Mitglieder; Eigentümerin ist vielmehr die juristische Person selbst. Die Anteile der Mitglieder sind deshalb auch keine dinglichen Anteile am Vermögen der juristischen Person oder den dazu gehörenden Gegenständen; aus den Anteilen ergeben sich lediglich Rechte gegenüber der Gesellschaft. Für die Zwangsvollstreckung in diese Anteile ist nach den einzelnen Arten der juristischen Personen zu unterscheiden.

793   1. Aktiengesellschaft

Die Zwangsvollstreckung in Anteilsrechte, die sich aus der Mitgliedschaft des Aktionärs in einer AG ergeben, ist gem. § 851 I erst nach Eintragung der Gesellschaft im Handelsregister möglich; denn vor der Eintragung sind die Anteilsrechte nicht übertragbar (§ 41 IV 1 AktG). Nach welchen Vorschriften die Zwangsvollstreckung erfolgt, hängt davon ab, ob die Anteilsrechte schon in Aktien verbrieft sind.

a) Solange keine Aktien an die Aktionäre ausgegeben sind, werden die *unverbrieften Anteilsrechte* an einer AG als sonstige Vermögensrechte nach §§ 857, 829, 835, 844 gepfändet und verwertet. Der Vollstreckungsgläubiger kann sich aufgrund der Überweisung der Anteilsrechte aus den Gewinnanteilen, die dem Vollstreckungsschuldner zustehen (§§ 58 IV, 60 I AktG), befriedigen.

794   b) Nach der Ausgabe von Inhaber- oder Namensaktien (§ 10 I AktG) an die Aktionäre sind deren *Anteilsrechte in den Aktien verbrieft*. Es gelten dann die Regeln über die Zwangsvollstreckung in verbriefte Forderungen (Rdnr. 691 ff.).

(1) Die *Pfändung* erfolgt dadurch, daß der Gerichtsvollzieher die Aktien in Besitz nimmt (§ 808; § 154 GVGA; Rdnr. 233, 692, 694).

Das gilt auch für solche Namensaktien, deren Übertragung gem. § 68 II AktG durch Satzung an die Zustimmung der Gesellschaft gebunden ist; denn durch Satzung kann zwar die rechtsgeschäftliche Übertragbarkeit, nicht aber die Zwangsvollstreckung eingeschränkt werden. Das Interesse der Gesellschaft, gegen die Aufdrängung unerwünschter Aktionäre geschützt zu sein, tritt hinter dem Vollstreckungsinteresse des Gläubigers zurück (vgl. RGZ 142, 373, 376 unter Berufung auf § 851 II; *A. Blomeyer*, § 65 II 4 a).

Im Fall a ist die Erinnerung des S deshalb unbegründet, sofern sie allein auf die eingeschränkte Übertragbarkeit der Aktien gestützt ist.

(2) Die *Verwertung* der Anteilsrechte erfolgt durch Verwertung der Aktien und wird vom Gerichtsvollzieher durchgeführt. Als Verwertungsarten kommen der freihändige Verkauf und die öffentliche Versteigerung in Betracht (§ 821; § 155 GVGA; Rdnr. 423, 692, 694). Der Vollstreckungsgläubiger wird aus dem Erlös befriedigt.

2. Kommanditgesellschaft auf Aktien   795

Bei der KGaA haftet mindestens ein Gesellschafter den Gesellschaftsgläubigern unbeschränkt; die übrigen sind an dem in Aktien zerlegten Grundkapital beteiligt (§ 278 I AktG). Für das Rechtsverhältnis der persönlich haftenden Gesellschafter gegenüber der Gesellschaft und Dritten gelten die Vorschriften über die KG (§ 278 II AktG). Die rechtliche Stellung der Kommanditaktionäre richtet sich nach dem AktG (§ 278 III AktG). Dementsprechend ist auch für die Zwangsvollstreckung zu unterscheiden:

a) *Gläubiger des persönlich haftenden Gesellschafters* können dessen Anteil an der KGaA nach §§ 859 I, 857 I, 829, 835 pfänden und sich zur Einziehung überweisen lassen. Die Zwangsvollstreckung entspricht insoweit der Vollstreckung in den Anteil an einer KG (Rdnr. 780). Aufgrund der Überweisung des Anteils hat der Vollstreckungsgläubiger die Möglichkeit, die Gesellschaft sechs Monate vor Ende des Geschäftsjahres zu diesem Zeitpunkt zu kündigen, sofern innerhalb der letzten sechs Monate die Zwangsvollstreckung in das bewegliche Vermögen des Gesellschafters vergeblich versucht wurde (§ 289 I AktG; §§ 161 II, 135 HGB; Rdnr. 779).

b) *Gläubiger der Kommanditaktionäre* vollstrecken in deren Anteile dagegen durch Pfändung und Verwertung der Aktien. Sie haben keine Möglichkeit zur Kündigung der Gesellschaft (§ 289 III 2 AktG).

3. Gesellschaft mit beschränkter Haftung   796

An einer GmbH sind die Gesellschafter mit Geschäftsanteilen beteiligt (§ 14 GmbHG). Diese sind wie die Anteilsrechte an einer AG veräußerlich und vererblich (§ 15 I GmbHG) und unterliegen daher der Zwangsvollstreckung. Das gilt — anders als bei der AG — mangels entgegenstehender Vorschrift auch schon vor Eintragung der Gesellschaft im Handelsregister.

Zwar kann durch Gesellschaftsvertrag die Abtretung der Geschäftsanteile von der Genehmigung der Gesellschaft abhängig gemacht werden (§ 15 V GmbHG). Das bedeutet jedoch nicht, daß auch die Pfändung nur mit Zustimmung der übrigen Gesellschafter möglich ist. Nach der abschließenden Regelung des § 15 V GmbHG ist nur die Erschwerung der rechtsgeschäftlichen Übertragbarkeit möglich (RGZ 70, 64, 66); die Einschränkung der Pfändbarkeit wird von dieser Vorschrift nicht gedeckt. Eine entsprechende Satzungsbestimmung ist deshalb gem. § 137 BGB, §§ 851 II, 857 unwirksam (BGHZ 32, 151, 155 f.).

Aus den gleichen Gründen ist auch eine Satzungsbestimmung unwirksam, nach der bei Pfändung eines Geschäftsanteils dessen Einziehung ohne Zahlung eines gleichwertigen Entgelts erfolgen kann. Zwar haben die Gesellschafter ein schutzwürdiges Interesse daran, daß keiner ihrer Gläubiger durch zwangsweisen Zugriff auf einen Geschäftsanteil zum Gesellschafter wird; das berechtigt sie jedoch nicht, den Gläubigern bei der Zwangsvollstreckung den Geschäftsanteil auch wertmäßig zu entziehen. Deshalb kann durch Satzung für den Fall der Pfändung eines Geschäftsanteils lediglich dessen Einziehung gegen Zahlung eines vollwertigen Entgelts bestimmt werden (BGHZ 65, 22).

Im Fall b ist die Satzungsbestimmung über die Einziehung des Geschäftsanteils nichtig. Deshalb ist nach § 34 I, II GmbHG der Einziehungsbeschluß seinerseits ebenfalls nichtig. Die Feststellungsklage des G hat Erfolg.

Die Geschäftsanteile an einer GmbH sind — im Gegensatz zu den Anteilsrechten an einer Aktiengesellschaft — nicht in Wertpapieren verbrieft. Möglicherweise ausgegebene Anteilsscheine sind lediglich Beweisurkunden. Deshalb richtet sich die Zwangsvollstreckung auch nicht nach §§ 808, 821 (Vollstreckung in verbriefte Rechte), sondern nach § 857 (Vollstreckung in sonstige Vermögensrechte).

797   a) Die *Pfändung* wird mit Zustellung des Pfändungsbeschlusses an die GmbH wirksam (h.M.; StJ/*Münzberg*, § 859 Anm. II 4). Aus dem Pfändungsbeschluß muß zu ersehen sein, ob er sich nur auf einen oder auf mehrere Geschäftsanteile des Vollstreckungsschuldners bezieht, die auch bei Vereinigung in einer Person ihre Selbständigkeit behalten (§ 15 II GmbHG).

Wenn der Wert eines Geschäftsanteils die Vollstreckungsforderung übersteigt, kann die Pfändung auch auf einen bestimmten Teil des Anteils beschränkt werden; denn nach § 17 GmbHG ist ein Geschäftsanteil grundsätzlich teilbar. Daß die Veräußerung solcher Teile nur mit Genehmigung der Gesellschaft möglich ist (§ 17 I, II GmbHG), steht der Teilpfändung ebensowenig entgegen wie die satzungsmäßig bestimmte Genehmigungsbedürftigkeit der Abtretung nach § 15 V GmbHG (Rdnr. 796).

Durch die Pfändung rückt der Vollstreckungsgläubiger nicht in die Gesellschafterstellung des Vollstreckungsschuldners ein, so daß dieser weiterhin das Stimmrecht (§ 47 GmbHG) behält. Ob die Pfändung den

Anspruch auf Auszahlung des Reingewinns (vgl. § 29 GmbHG) erfaßt, ist umstritten. Für die Erstreckung der Pfändung auf diesen Anspruch spricht, daß der Gewinnanspruch zu den Rechten gehört, die aus dem Geschäftsanteil fließen. Die Gegenmeinung beruft sich auf die §§ 1273 II, 1213 II BGB (z.B. *Schuler*, NJW 1960, 1423, 1424); danach besteht die Vermutung, daß der Pfandgläubiger zur Fruchtziehung berechtigt ist, nicht für das Pfandrecht an Rechten. Wegen dieses Meinungsstreits ist es ratsam, den Anspruch auf Gewinnauszahlung bei der Pfändung des Geschäftsanteils ausdrücklich mitpfänden zu lassen (*Baur/Stürner*, Rdnr. 545; StJ/*Münzberg*, § 859 Anm. II 4; *Stöber*, Rdnr. 1621).

b) Die *Verwertung* des gepfändeten Geschäftsanteils erfolgt nach §§ 857, 844 in der Regel durch öffentliche Versteigerung oder freihändigen Verkauf. Bei der öffentlichen Versteigerung durch den Gerichtsvollzieher ist die nach § 15 III GmbHG für die rechtsgeschäftliche Übertragung von Geschäftsanteilen vorausgesetzte notarielle Beurkundung nicht erforderlich; der Ersteher muß allerdings den Erwerb des Anteils der Gesellschaft anmelden (§ 16 I GmbHG). Bei der Veräußerung aufgrund freihändigen Verkaufs ist dagegen auch die Formvorschrift des § 15 III GmbHG einzuhalten (RGZ 164, 162, 170 f.). Der Erwerber des Anteils wird Gesellschafter mit allen Rechten und Pflichten. Der Vollstreckungsgläubiger wird aus dem Versteigerungserlös befriedigt. **798**

Eine Überweisung zur Einziehung nach § 835 kommt in der Regel nicht in Betracht; denn der Pfändungsgläubiger rückt weder in die Gesellschafterstellung des Vollstreckungsschuldners ein noch kann er — wie etwa nach § 135 HGB — die Gesellschaft kündigen, um die Auseinandersetzung herbeizuführen. Eine Ausnahme gilt lediglich dann, wenn im Gesellschaftsvertrag die Kündigung durch einen Gesellschafter als Auflösungsgrund festgesetzt ist (§ 60 II GmbHG). Bei Fehlen einer solchen Bestimmung kann nur der Anspruch auf Gewinnauszahlung zur Einziehung überwiesen werden.

4. Eingetragene Genossenschaft **799**

Die Mitglieder einer eingetragenen Genossenschaft haben zwar einen sogenannten Geschäftsanteil. Dieser unterliegt jedoch nicht der Zwangsvollstreckung; denn er ist weder ein dinglicher Anteil noch umschreibt er verschiedene Rechte der Mitglieder. Er gibt vielmehr nur den Betrag wieder, bis zu welchem sich die einzelnen Genossen mit Einlagen an der Genossenschaft beteiligen können (§ 7 Nr. 1 GenG).

Der Vollstreckungsgläubiger kann lediglich das dem Genossen bei der Auseinandersetzung zukommende Guthaben pfänden und sich überweisen lassen (vgl. § 66 I GenG). Dieses Guthaben besteht aus den tatsächlich geleisteten Einlagen zuzüglich zugeschriebener Gewinne und abzüglich abgeschriebener Verluste (vgl. § 19 I GenG). Bei der Zwangsvollstreckung handelt es sich nicht um die Vollstreckung in ein sonstiges Vermögensrecht, sondern um diejenige in eine Geldforderung. Sie erfolgt gem. §§ 829, 835. Nach Pfändung und Überweisung des Auseinandersetzungsguthabens hat der Gläubiger die Möglichkeit, das Kündigungsrecht des Schuldners auszuüben, um die Auseinandersetzung herbeizuführen (§§ 66 I, 73 GenG).

Voraussetzung ist, daß der Schuldtitel nicht bloß vorläufig vollstreckbar ist und innerhalb der letzten sechs Monate eine Vollstreckung in das übrige Vermögen des Genossen erfolglos versucht wurde. Insoweit ist die Zwangsvollstreckung mit der Vollstreckung in die Anteile an einer OHG vergleichbar (Rdnr. 779, 775). Allerdings erfolgt die Kündigung — anders als nach § 135 HGB — grundsätzlich mit dreimonatiger Frist zum Schluß eines Geschäftsjahres (§ 65 II GenG).

800   **5. Eingetragener Verein**

Die Mitgliedschaft in einem eingetragenen Verein (§§ 21 ff. BGB) ist nicht übertragbar, und die Ausübung der Mitgliedschaftsrechte kann nicht einem anderen überlassen werden (§ 38 BGB). Deshalb unterliegen sie nach §§ 857 I, III, 851 I auch nicht der Zwangsvollstreckung.

Gepfändet werden können lediglich einzelne vermögensrechtliche Ansprüche, die sich aus der Mitgliedschaft ergeben. Dazu gehört etwa der künftige Anspruch auf einen Teil der Vereinsvermögens nach § 45 I, III BGB.

801   **III. Bruchteilsgemeinschaft**

Schrifttum: *Furtner,* Zwangsvollstreckung in Grundstücksmiteigentum, NJW 1957, 1620; *ders.,* Zwangsvollstreckung in Bruchteilsmiteigentum, NJW 1969, 871; *Hoffmann,* Zwangsvollstreckung in Miteigentumsanteile an Grundstücken — OLG Köln, OLGZ 1969, 338, JuS 1971, 20; *K. Schmidt,* Prozeß- und Vollstreckungsprobleme der Gemeinschaftsteilung, JR 1979, 317.

Fälle:
a) S und D sind Miteigentümer eines Gemäldes. G, der einen Zahlungstitel gegen S hat, beantragt beim Vollstreckungsgericht, den Miteigentumsanteil des S zu pfänden und im Wege der öffentlichen Versteigerung zu verwerten. Mit Erfolg?

b) S ist Miteigentümer eines Grundstücks. G beantragt die Pfändung und Überweisung des Miteigentumsanteils, hilfsweise der Ansprüche auf Aufhebung der Gemeinschaft sowie auf Teilung und Auszahlung des Erlöses. Was wird das Vollstreckungsgericht tun?

Bei der Bruchteilsgemeinschaft (§§ 741 ff. BGB) hat jeder Teilhaber einen Anteil (Bruchteil) an dem einzelnen Vermögensgegenstand. Über seinen Anteil kann jeder Teilhaber verfügen (§ 747, 1 BGB). Über den gemeinschaftlichen Gegenstand im ganzen können die Teilhaber nur gemeinschaftlich verfügen (§ 747, 2 BGB). Für die Zwangsvollstreckung in Anteile an Bruchteilsgemeinschaften ist danach zu unterscheiden, ob diese an beweglichen oder unbeweglichen Sachen, an Forderungen oder an Rechten bestehen.

1. Miteigentum an beweglichen Sachen

802

Sind an einer beweglichen Sache mehrere Teilhaber nach Bruchteilen berechtigt, haben sie Miteigentum an der Sache (§§ 1008 ff. BGB). Der Miteigentumsanteil an einer beweglichen Sache ist ein Vermögensrecht i.S.v. § 857. Da er übertragen werden kann (§ 747, 1 BGB), unterliegt er auch der Zwangsvollstreckung (vgl. § 851 I).

a) Die *Pfändung* des Miteigentumsanteils an einer beweglichen Sache erfolgt durch Zustellung des Pfändungsbeschlusses an die übrigen Miteigentümer als Drittschuldner. Sie erfaßt alle Ansprüche, die dem Vollstreckungsschuldner als Miteigentümer zustehen. Da die Zwangsvollstreckung in den Miteigentumsanteil an der Sache wirtschaftlich auch einen Eingriff in die Sache bedeutet, ist die Pfändung des Anteils unzulässig, wenn die Sache selbst nach § 811 unpfändbar ist (dazu Rdnr. 276 ff.).

b) Die *Verwertung* geschieht gem. §§ 857 I, 835 durch Überweisung zur Einziehung. Der Vollstreckungsgläubiger kann nach § 751, 2 BGB die Aufhebung der Gemeinschaft verlangen, sofern der Schuldtitel nicht bloß vorläufig vollstreckbar ist; das gilt selbst dann, wenn die Miteigentümer unter sich das Recht, Aufhebung zu verlangen, ausgeschlossen oder eingeschränkt haben. Die Aufhebung erfolgt durch anteilsmäßige Aufteilung der gemeinschaftlichen Sache auf die Teilhaber, sofern die Sache sich ohne Wertminderung aufteilen läßt (§ 752 BGB). Der Gläubiger kann in diesem Fall also von den übrigen Miteigentümern Mitwirkung bei der Teilung und Herausgabe des dem Schuldner gebührenden Teils der Sache verlangen. Läßt sich die Sache nicht ohne Wertverlust zerlegen, wird die Gemeinschaft durch Verkauf der Sache nach den Vorschriften über den Pfandverkauf sowie durch Teilung und anteilsmäßige Auszahlung des Erlöses aufgehoben (§ 753 I BGB). Der Gläubiger kann dann von den Miteigentümern die Duldung des Verkaufs, die Mitwirkung bei der Erlösteilung und die Auszahlung des dem Schuldner zustehenden Erlösanteils an sich verlangen.

Eine Verwertung des Anteils an einer beweglichen Sache nach §§ 857 V, 844 durch freihändigen Verkauf oder öffentliche Versteigerung scheidet aus;

803

denn die für die Übertragung des Miteigentumsanteils auf den Ersteher erforderliche Übergabe der Sache (§§ 929 ff. BGB) ist nicht möglich. Wenn der Vollstreckungsschuldner nur mittelbarer Mitbesitzer ist, könnte die Übergabe zwar durch Abtretung des Herausgabeanspruchs gegen den unmittelbaren Besitzer erfolgen (§ 931 BGB). Ablieferung i.S.v. § 817 II bedeutet aber allein Übertragung des unmittelbaren Besitzes (Rdnr. 411). Ist der Vollstreckungsschuldner unmittelbarer Mit- oder Alleinbesitzer, kommt eine Besitzübertragung nach § 929 BGB ebenfalls nicht in Betracht; denn nicht die Sache selbst, sondern lediglich der Miteigentumsanteil an der Sache wurde gepfändet (zum Ganzen vgl. *A. Blomeyer,* § 65 I 1 b).

Im Fall a kann G zwar in den Miteigentumsanteil des S an dem Gemälde vollstrek-ken. Jedoch wird das Vollstreckungsgericht seinem Antrag auf Verwertung durch öffentliche Versteigerung des Anteils nicht stattgeben, sondern dem G lediglich den Anteil zur Einziehung überweisen.

804   **2. Miteigentum an unbeweglichen Sachen**

Auch Grundstücke können im Miteigentum mehrerer Teilhaber einer Bruchteilsgemeinschaft stehen. Die Zwangsvollstreckung in den Miteigentumsanteil an einem Grundstück erfolgt nach § 864 II im Wege der Immobiliarvollstreckung. Sie wird durch Zwangsversteigerung (Rdnr. 852 ff.) oder Zwangsverwaltung des Anteils (Rdnr. 1000 ff.) oder durch Eintragung einer Zwangshypothek (Rdnr. 1036 ff.) durchgeführt (dazu *A. Blomeyer,* § 86 I).

Allerdings kann der Miteigentümer eines Grundstücks auch jederzeit die Aufhebung der Gemeinschaft verlangen (§ 749 I BGB). Die Aufhebung erfolgt nach § 753 I durch Zwangsversteigerung des Anteils (§§ 180 ff. ZVG) und Teilung des Erlöses (BGH NJW 1983, 2449, 2451). Diese Ansprüche auf Aufhebung der Gemeinschaft, auf Mitwirkung bei der Teilung und auf anteilsmäßige Auszahlung des Versteigerungserlöses kann der Gläubiger des Miteigentümers nach §§ 857, 829, 835 pfänden und sich zur Einziehung überweisen lassen (BGH ZIP 1984, 489, 492 m.w.N.).

Zwar ist der Aufhebungsanspruch nicht selbst (ohne den Miteigentumsanteil) abtretbar und damit nach §§ 857 I, 851 I auch nicht pfändbar; er kann aber demjenigen, dem auch das übertragbare künftige Recht auf den dem Miteigentumsanteil entsprechenden Teil des Versteigerungserlöses abgetreten wird, zur Ausübung überlassen werden. Er unterliegt deshalb zusammen mit dem künftigen Anspruch auf anteilsmäßige Auskehrung des Versteigerungserlöses der Zwangsvollstreckung (BGH ZIP 1984, 489, 492 m.w.N.). Der Vollstreckungsgläubiger hat die Möglichkeit, nach Pfändung und Überweisung dieser Ansprüche die Zwangsversteigerung des Grundstücks (nicht nur die Zwangsversteigerung des Miteigentumsanteils) zu betreiben

(§§ 181 II, 180 ZVG) und anteilsmäßige Auskehrung des Versteigerungserlöses an sich selbst zu verlangen.

Im Fall b kommt eine Pfändung und Überweisung des Miteigentumsanteils selbst wegen der Sondervorschrift des § 864 II nicht in Betracht. Dagegen kann durch Pfändungs- und Überweisungsbeschluß in den Anspruch auf Aufhebung der Gemeinschaft zusammen mit dem künftigen Anspruch auf anteilsmäßige Auszahlung des Versteigerungserlöses vollstreckt werden.

3. Mitberechtigung an Forderungen und Rechten   805

Eine Bruchteilsgemeinschaft kann auch an Forderungen und Rechten bestehen (vgl. § 754 BGB).

Ein solcher Fall liegt etwa vor, wenn die Miteigentümer einer Sache diese vermieten, so daß ihnen als Bruchteilsgemeinschaft die Mietzinsforderung zusteht. Gleiches gilt etwa dann, wenn die Miteigentümer eine Schadensersatzforderung gegen einen Dritten wegen Beschädigung oder Zerstörung der gemeinschaftlichen Sache haben.

Auch die Anteile an Forderungen und Rechten sind übertragbar (§ 747, 1 BGB) und damit pfändbar (§§ 857 I, 851 I). Die Zwangsvollstreckung erfolgt — wie beim Miteigentum an beweglichen Sachen — nach §§ 857, 829, 835 durch Pfändungs- und Überweisungsbeschluß. Als Drittschuldner sind neben dem Forderungsschuldner auch die übrigen Teilhaber anzusehen; denn gegen sie richtet sich der Anspruch auf Aufhebung der Gemeinschaft, auf Teilung und anteilsmäßige Zahlung des Erlöses. Der Vollstreckungsgläubiger ist aufgrund der Pfändung und Überweisung nach § 751, 2 BGB berechtigt, Aufhebung der Gemeinschaft zu verlangen. Die Aufhebung erfolgt nach § 754 BGB durch gemeinschaftliche Einziehung der Forderung sowie durch Teilung und anteilsmäßige Auszahlung des Erlöses, sofern die Einziehung der Forderung möglich ist; solange die Forderung (mangels Fälligkeit) noch nicht eingezogen werden kann, kommt ein Verkauf der Forderung mit anschließender Teilung und Auszahlung des Erlöses in Betracht.

§ 25   Die Zwangsvollstreckung in Anwartschaftsrechte   806

Schrifttum: *Ascher,* Die Pfändung des Anwartschaftsrechts aus bedingter Übereignung — und kein Ende, NJW 1955, 46; *Bauknecht,* Die Pfändung des Anwartschaftsrechts aus bedingter Übereignung, NJW 1954, 1749; 1955, 451; *A. Blomeyer,* Neue Vorschläge zur Vollstreckung in die unter Eigentumsvorbehalt gelieferte Sache, ein Beispiel sinnvoller Rechtsrückbildung, JR 1978, 271; *Brox,* Das Anwartschaftsrecht des Vorbehaltskäufers, JuS 1984, 657; *Flume,* Die Rechtsstellung des Vorbehaltskäufers, AcP 161, 385; *Frank,* Schutz von Pfandrechten an Eigentumsanwartschaften bei Sachpfändung durch Dritte, NJW 1974, 2211; *Hoche,* Die Pfändung des Anwartschaftsrechts aus der Auflassung, NJW 1955, 931; *U. Hübner,* Zur dogmatischen Einordnung der Rechtsposition des Vorbehaltskäufers, NJW 1980, 729; *Kupisch,* Durchgangserwerb oder Direkterwerb?, JZ 1976, 417; *Liermann,* Anwartschaft auf Eigentumserwerb und Zwangsvollstreckung, JZ 1962, 658; *Löwisch/ Friedrich,* Das Anwartschaftsrecht des Auflassungsempfängers und die Sicherung des Eigentümers bei rechtsgrundloser Auflassung, JZ 1972, 302; *Meister,* Die Pfändung aufschiebend bedingten und künftigen Eigentums, NJW 1959, 608; *Mümmler,* Pfändung des Anwartschaftsrechts bei Eigentumsvorbehalt, JurBüro 1979, 1775; *Münzberg,* Abschied von der Pfändung der Auflassungsanwartschaft?, Festschrift f. Schiedermair, 1976, 439; *Raacke,* Zur »Pfandverstrickung« von Vorbehaltsware, NJW 1975, 248; *L. Raiser,* Dingliche Anwartschaften, 1961; *G. Reinicke,* Zur Lehre vom Anwartschaftsrecht aus bedingter Übereignung, MDR 1959, 613; *D. Reinicke/ Tiedtke,* Das Anwartschaftsrecht des Auflassungsempfängers und die Formbedürftigkeit der Aufhebung eines Grundstückskaufvertrages, NJW 1982, 2281; *Ronke,* Zur Pfändung und Verpfändung des mit der Auflassung entstehenden sogenannten dinglichen Anwartschaftsrechts, Festschrift f. Nottarp, 1961, 91; *Rothoeft,* Die Bedeutung und Tragweite des Prinzips der Publizität im Vollstreckungsrecht, 1966; *Schumann,* Die Zivilprozeßrechtsklausur, JuS 1975, 165; *Sebode,* Die Pfändung des Anwartschaftsrechts, DGVZ 1960, 145; *Sponer,* Das Anwartschaftsrecht und seine Pfändung, 1965; *Strutz,* Pfändung der Eigentumsanwartschaft bei einer beweglichen Sache und Zustellung an den Drittschuldner, NJW 1969, 831; *Tiedtke,* Die verdeckte Pfändung des Anwartschaftsrechts, NJW 1972, 1404.

Fälle:

a) G_1 läßt durch Pfändungsbeschluß das Anwartschaftsrecht des S an einem Pkw pfänden, den S unter Eigentumsvorbehalt von D gekauft hat. Anschließend pfändet Gv den Pkw für G_2. Danach wird der restliche Kaufpreis an D gezahlt. G_1 und G_2 streiten um den bei der Versteigerung des Pkw erzielten Erlös.

b) Im Fall a läßt G_1 das Anwartschaftsrecht des S dadurch pfänden, daß Gv den Pkw in Besitz nimmt und im Pfändungsprotokoll vermerkt, daß die Inbesitznahme nur zwecks Pfändung des Anwartschaftsrechts erfolgt sei. Kann D sich gegen die Pfändung wehren?

c) Im Fall a wird das Anwartschaftsrecht des S am 1.10. durch Beschluß des Vollstreckungsgerichts für G_1 gepfändet. Am 3.10. pfändet Gv den Pkw für G_2, am 5.10. für G_1. Danach erfolgt die Zahlung an D. In welcher Reihenfolge sind G_1 und G_2 aus dem Versteigerungserlös zu befriedigen?

d) S hat der D-Bank zur Sicherung eines verzinslichen Darlehens einen Lkw übereignet und mit D vereinbart, daß nach Rückzahlung des Darlehens das Eigentum am Lkw automatisch an ihn (S) zurückfallen soll. Nachdem S das Darlehen zu 3/4 getilgt hat, möchte G aus einem Zahlungstitel gegen S in dessen Rechtsstellung aus der

Sicherungsübereignung vollstrecken. Kann er die sofortige Versteigerung des Lkw erreichen, um aus dem Erlös befriedigt zu werden?

e) S hat von D ein Grundstück gekauft und nach der Auflassung seine Eintragung als Eigentümer sowie die Eintragung einer Eigentümergrundschuld beantragt. Kann G, der einen Zahlungstitel gegen S hat, die Eintragung einer Sicherungshypothek am Grundstück zu seinen Gunsten im Rang vor der von S beantragten Eigentümergrundschuld erreichen?

Wenn bei dem Erwerb einer Sache oder eines Rechts von dem mehraktigen Erwerbstatbestand noch nicht alle, aber so viele Tatbestandsmerkmale erfüllt sind, daß der Veräußerer den Erwerb nicht mehr einseitig verhindern kann, hat der Erwerber bereits eine rechtlich geschützte Position. Sie wird als Anwartschaftsrecht bezeichnet (vgl. nur BGHZ 45, 186, 188 f.; 49, 197, 200 f.; 83, 395, 399; *Baur*, Sachenrecht, § 3 II 3; *H. Westermann*, Sachenrecht, § 5 III 3 a). Das Anwartschaftsrecht ist eine Vorstufe zum Vollrecht und verkörpert wie dieses einen wirtschaftlichen Wert. Er ist um so größer, je mehr Voraussetzungen für den Erwerb des Vollrechts erfüllt sind. Die Gläubiger eines Anwartschaftsberechtigten können ein Interesse daran haben, auf den durch das Anwartschaftsrecht verkörperten Vermögenswert zwangsweise zuzugreifen. Die Zwangsvollstreckung in das Anwartschaftsrecht richtet sich danach, welche Rechtsposition des Vollstreckungsschuldners sich im einzelnen hinter dem Begriff »Anwartschaftsrecht« verbirgt. Dabei ist zwischen den Anwartschaftsrechten an beweglichen Sachen, an unbeweglichen Sachen und an Rechten zu unterscheiden.

I. Anwartschaftsrecht an beweglichen Sachen 807

1. Anwartschaftsrecht des Vorbehaltskäufers

Als Anwartschaftsrecht des Vorbehaltskäufers bezeichnet man die Rechtsposition des Käufers, dem die verkaufte Sache vom Verkäufer übergeben worden ist und der sich mit dem Verkäufer darüber geeinigt hat, daß das Eigentum an der Sache unter der aufschiebenden Bedingung (§ 158 I BGB) der vollständigen Kaufpreiszahlung übergehen soll (vgl. § 455 BGB). Der Vorbehaltskäufer hat vor Eintritt der Bedingung zwar noch nicht das Vollrecht (Eigentum) an der Sache, andererseits aber bereits mehr als eine bloße Erwerbsaussicht, da der Eigentumserwerb nur noch von der Zahlung des (Rest-)Kaufpreises abhängt. Dieses Anwartschaftsrecht kann der Vorbehaltskäufer wie das Vollrecht selbst nach §§ 929 ff. BGB durch Einigung (über die Übertragung des Anwartschaftsrechts) und Übergabe der Sache übertragen. Weil das Anwartschaftsrecht übertragbar ist, unterliegt es auch der Zwangsvollstreckung (vgl. § 851 I). Umstritten ist jedoch, auf welche Weise die Zwangsvollstreckung erfolgt.

808   a) Nach der *Theorie der Rechtspfändung* (*Baur,* Sachenrecht, § 59 V 4 a; *Baur/Stürner,* Rdnr. 550; *Medicus,* Bürgerliches Recht, Rdnr. 486) sind die §§ 857, 828 ff. anwendbar, weil es um die Zwangsvollstreckung in ein (Anwartschafts-)Recht geht.

(1) Die Pfändung wird nach §§ 828 f. vom Vollstreckungsgericht durch Pfändungsbeschluß vorgenommen. Die Pfändung erfolgt also *in Form der Rechtspfändung.* Der Pfändungsbeschluß wird mit Zustellung an den Vorbehaltsverkäufer als Drittschuldner wirksam. Dadurch verliert der Vollstreckungsschuldner die Möglichkeit, über sein Anwartschaftsrecht anderweitig zu verfügen. Er behält allerdings das Recht, den restlichen Kaufpreis an den Vorbehaltsverkäufer zu zahlen. Auf diese Weise kann er die Bedingung für den Vollrechtserwerb herbeiführen; er erwirbt dann Eigentum an der Sache, und das Anwartschaftsrecht erlischt.

Falls der Vollstreckungsschuldner den restlichen Kaufpreis nicht zahlt, ist der Vollstreckungsgläubiger unter den gleichen Voraussetzungen wie der Schuldner berechtigt, durch Zahlung an den Vorbehaltsverkäufer den Bedingungseintritt herbeizuführen. Das kann der Schuldner auch nicht durch einen Widerspruch verhindern, der den Vorbehaltsverkäufer nach § 267 II BGB zur Ablehnung der Zahlung berechtigen würde; denn wegen der Pfändung ist ihm die Ausübung des Widerspruchsrechts verwehrt. Zur Begleichung der restlichen Kaufpreisforderung wird der Vollstreckungsgläubiger insbesondere dann bereit sein, wenn nur noch ein geringer Betrag aussteht.

Da das Anwartschaftsrecht bei Bedingungseintritt untergeht, ist es als Recht praktisch nicht verwertbar. Als verwertbarer Vermögensgegenstand kommt nur die Sache selbst in Betracht. Mit der Pfändung des Anwartschaftsrechts nach §§ 857, 829 ist dem Vollstreckungsgläubiger deshalb nur dann gedient, wenn sich das Pfandrecht am Anwartschaftsrecht nach Bedingungseintritt in ein Pfandrecht an der Sache umwandelt, so daß der Gläubiger zur Verwertung der Sache berechtigt ist. Das wird von den Vertretern der Theorie der Rechtspfändung unter Berufung auf eine analoge Anwendung des § 1287 BGB bejaht. Danach setzt sich das an einem Recht bestehende Pfandrecht an der Sache fort, die an die Stelle des Rechts tritt (dingliche Surrogation). Gleiches gilt nach § 847, wenn bei der Pfändung eines Anspruchs auf Herausgabe einer beweglichen Sache diese vom Drittschuldner an einen vom Gläubiger zu beauftragenden Gerichtsvollzieher herausgegeben wird (Rdnr. 704).

809   (2) Zur *Kritik* an der Theorie der Rechtspfändung wird mit Recht darauf hingewiesen, daß nach § 1287 BGB i.V.m. §§ 1281 f. BGB und nach § 847 der Pfandgläubiger oder der von ihm beauftragte Gerichtsvollzieher Besitz an der Sache haben muß. Die Umwandlung des Pfandrechts am Recht in ein Pfandrecht an der Sache setzt also — wie auch die Begründung des Pfändungspfandrechts an einer beweglichen Sache durch Inbesitznahme und Kenntlichmachung (Rdnr. 332 ff.) — einen Publizitätsakt voraus.

Gegen dieses Publizitätserfordernis wird zwar vorgebracht, daß sich nach allgemeiner Meinung auch das gesetzliche Pfandrecht des Vermieters am Anwartschaftsrecht des Mieters auf Erwerb der eingebrachten Sache an der Sache selbst fortsetzt, wenn der Mieter Eigentümer der Sache wird, obwohl der Vermieter nicht Besitzer der Sache ist. Jedoch ist trotz fehlenden Besitzes auch in diesem Fall das Publizitätserfordernis gewahrt; denn die Sache muß jedenfalls in die vermieteten Räume eingebracht sein, um mit dem Vermieterpfandrecht belastet zu werden (vgl. §§ 559 f. BGB; *Brox*, JuS 1984, 657, 665).

Dagegen fehlt die nötige Publizität, wenn das Anwartschaftsrecht wie ein Recht nur durch Beschluß des Vollstreckungsgerichts gepfändet wird. Deshalb setzt sich das Pfandrecht am Anwartschaftsrecht nicht an der Sache fort, wenn der Vollstreckungsschuldner bei Zahlung des restlichen Kaufpreises das Vollrecht (Eigentum) an der Sache erwirbt. Es geht vielmehr mit dem Anwartschaftsrecht unter. Will der Vollstreckungsgläubiger die Sache verwerten, muß er sie nach Bedingungseintritt trotz vorheriger Pfändung des Anwartschaftsrechts selbständig pfänden. Dabei besteht für ihn die Gefahr, daß ihm andere Gläubiger, die in der Zwischenzeit die Sache gepfändet haben, im Rang vorgehen. Dann war die Pfändung des Anwartschaftsrechts im Wege der Rechtspfändung für den Vollstreckungsgläubiger wertlos. Aus diesem Grund ist die Theorie der Rechtspfändung abzulehnen.

Im Fall a ist S mit Zahlung des restlichen Kaufpreises Eigentümer des Pkw geworden. Dadurch ist das Anwartschaftsrecht des S mit dem daran bestehenden Pfändungspfandrecht des G_1 erloschen. G_2 hatte zwar zunächst auch kein Pfandrecht am Pkw, weil dieser z.Z. der Pfändung noch nicht dem S gehörte (vgl. Rdnr. 383). Da aber bei der Pfändung schuldnerfremder Sachen § 185 II BGB entsprechend anwendbar ist (Rdnr. 383), hat G_2 trotzdem ein Pfandrecht erworben, weil S später Eigentümer des gepfändeten Pkw geworden ist (§ 185 II 1, 2. Fall BGB). Deshalb steht der Versteigerungserlös allein dem G_2 zu.

b) Nach der *Theorie der reinen Sachpfändung* ist das Anwartschaftsrecht auf den Erwerb einer beweglichen Sache so zu pfänden, wie es übertragen wird (vgl. *Bauknecht*, NJW 1954, 1749 ff.; *U. Hübner*, NJW 1980, 733 f.; *Kupisch*, JZ 1976, 426 f.; *Liermann*, JZ 1962, 659; *L. Raiser*, 91).   **810**

(1) Danach erfolgt die *Pfändung des Rechts durch Pfändung der Sache*. Sie wird nach § 808 vom Gerichtsvollzieher durch Inbesitznahme und Kenntlichmachung der Sache durchgeführt (Rdnr. 332 ff.). Dadurch werden die Sache selbst und das Anwartschaftsrecht verstrickt. Ein Pfändungspfandrecht entsteht nach h.M. (Rdnr. 382 f.) vor Bedingungseintritt nur am Anwartschaftsrecht, da die Sache bis zu diesem Zeitpunkt noch im Eigentum des Vorbehaltsverkäufers steht.

(2) Die *Kritik* an der genannten Ansicht besteht darin, daß diese den Vollstreckungsgläubiger zwingt, in eine schuldnerfremde Sache zu vollstrecken (*Baur*, § 59 V 4 a). Eine solche Art der Vollstreckung nützt dem Gläubi-   **811**

ger auch wenig. Der Vorbehaltsverkäufer kann unter Berufung auf sein Eigentum gegen die Pfändung Drittwiderspruchsklage erheben (*A. Blomeyer*, § 63 II 2, § 36 IV 1; *Stöber*, Rdnr. 1486; *Wieczorek*, § 771 Anm. B IV a 1).

Dem wird zwar entgegengehalten, der Vorbehaltsverkäufer habe lediglich die Stellung des Inhabers eines besitzlosen Pfandrechts. Deshalb könne er keine Drittwiderspruchsklage erheben, sondern nur nach § 805 (Rdnr. 1451 ff.) vorzugsweise Befriedigung aus dem Versteigerungserlös verlangen (*Raiser*, 91 f.). Diese Lösung entspricht jedoch nicht den berechtigten Interessen des Vorbehaltsverkäufers. Dieser erhält nämlich dann keinen angemessenen Gegenwert für den durch Versteigerung der Sache eintretenden Verlust seines Eigentums, wenn der Versteigerungserlös geringer als der noch nicht bezahlte Restkaufpreis ist.

Im übrigen ist es nicht zwingend, daß die Pfändung eines Rechts immer nach den gleichen Regeln wie die Übertragung des Rechts erfolgen muß. So wird etwa auch das Miteigentum an einer beweglichen Sache nach §§ 929 ff. BGB übertragen, jedoch nicht nach § 808, sondern nach §§ 857, 829 gepfändet (Rdnr. 802).

812   c) Die Kritik, der die beiden genannten Theorien ausgesetzt sind, vermeidet die *Theorie der Rechtspfändung in Form der Sachpfändung* (StJ/*Münzberg*, § 857 Anm. II 9 m.N. in FN 191).

(1) Danach wird die Pfändung des Anwartschaftsrechts zwar auch nach § 808 vom Gerichtsvollzieher durch Inbesitznahme der Sache und Kenntlichmachung der Pfändung durchgeführt. Dadurch wird aber — anders als nach der Theorie der reinen Sachpfändung — nicht in die Sache selbst, sondern nur in das Anwartschaftsrecht vollstreckt; der Gerichtsvollzieher muß einen entsprechenden Vermerk in das Pfändungsprotokoll aufnehmen (Fall b). Die Vollstreckung in das Anwartschaftsrecht erfolgt also lediglich *in Form der Sachpfändung*. Durch die Pfändung verliert der Vollstreckungsschuldner das Recht, über sein Anwartschaftsrecht zu verfügen, und der Vollstreckungsgläubiger erhält die Möglichkeit, durch Zahlung des Restkaufpreises den Bedingungseintritt herbeizuführen, ohne daß der Verkäufer die Leistung ablehnen kann.

(a) Der *Vorteil gegenüber der Theorie der Rechtspfändung* besteht darin, daß sich bei Bedingungseintritt das Pfandrecht am Anwartschaftsrecht in ein Pfandrecht an der Sache umwandelt; denn der dafür erforderliche Publizitätsakt ist aufgrund der Inbesitznahme durch den Gerichtsvollzieher gegeben.

813   (b) Der *Vorteil gegenüber der Theorie der reinen Sachpfändung* kommt darin zum Ausdruck, daß der Vorbehaltsverkäufer sich nicht mit der Drittwiderspruchsklage gegen die Pfändung wehren kann; denn allein die Form

der Sachpfändung bedeutet keinen Eingriff in die Eigentümerstellung des Vorbehaltsverkäufers.

(aa) So entsteht *kein Pfändungspfandrecht an der schuldnerfremden Sache* selbst; mit einem Pfändungspfandrecht wird nur das Anwartschaftsrecht des Vorbehaltskäufers belastet.

(bb) Die Sache wird zwar durch Inbesitznahme und Kenntlichmachung verstrickt; für den Vorbehaltsverkäufer ist jedoch die *Verstrickung unschädlich.* Durch sie würde nur dann in seine Rechtstellung eingegriffen, wenn die Sache aufgrund der Verstrickung verwertet werden könnte, ohne daß zuvor durch Zahlung des restlichen Kaufpreises der Bedingungseintritt herbeigeführt wurde. Diese Gefahr besteht jedoch nicht. Zwar ist grundsätzlich allein die Verstrickung der Sache die Grundlage für die Verwertung (Rdnr. 361, 381); hier ist die Möglichkeit der Verwertung jedoch durch den Vermerk des Gerichtsvollziehers in dem Pfändungsprotokoll, daß die Sache nur zwecks Pfändung des Anwartschaftsrechts in Besitz genommen wurde, ausgeschlossen. Durch das Pfändungsprotokoll wird somit sichergestellt, daß eine Verwertung der Sache erst nach Bedingungseintritt, also nach Zahlung des Restkaufpreises an den Vorbehaltsverkäufer, erfolgt.

(cc) Für den Fall, daß die Kaufpreiszahlung ausbleibt, behält der Vorbehaltsverkäufer das *Recht zum Rücktritt vom Kaufvertrag.* Im Fall des Rücktritts geht das Anwartschaftsrecht des Vorbehaltskäufers unter, so daß die Pfändung des Anwartschaftsrechts gegenstandslos wird. Der Gerichtsvollzieher muß die Sache freigeben und an den Vorbehaltsverkäufer herausgeben.

(2) Zur *Kritik* an der Theorie von der Rechtspfändung in Form der Sachpfändung wird vorgebracht, daß sie die Regeln der Sach- und Rechtspfändung vermische (*Jauernig,* § 20 III 2; *Lüke,* PdW, Nr. 216 c). Die Vollstreckung in Rechte habe nach dem Gesetz durch andere Vollstreckungsorgane und in einer anderen Form zu erfolgen als die Vollstreckung in bewegliche Sachen.

814

(3) Dieser *Kritik ist nicht zuzustimmen.* Das Gesetz selbst hält eine strenge Trennung zwischen der Sach- und Rechtspfändung nicht durch. So wird auch in Rechte, die in Wertpapieren verbrieft sind, durch den Gerichtsvollzieher und in Form der Sachpfändung vollstreckt (vgl. §§ 831, 821, 808; Rdnr. 233, 691 ff.).

Aus den genannten Gründen ergibt sich, daß die Zwangsvollstreckung in Form der Sachpfändung einen geeigneten Weg bietet, in das Anwartschaftsrecht des Vorbehaltskäufers zu vollstrecken.

Nach der hier vertretenen Ansicht kann sich D im Fall b nicht mit Erfolg gegen die Pfändung wehren. Zwar hat er als Eigentümer ein die Veräußerung hinderndes Recht im Sinne von § 771 am Pkw; jedoch wird sein Eigentum durch die Pfändung des Anwartschaftsrechts in Form der Sachpfändung nicht berührt. Der Pkw kann erst verwertet werden, wenn D den restlichen Kaufpreis erhalten hat. Bleibt die Kaufpreiszahlung aus, kann D vom Vertrag zurücktreten und Herausgabe des Pkw verlangen.

815   d) Nach der *Theorie der Doppelpfändung* (h.M.; BGH NJW 1954, 1325; *Baumann/Brehm*, § 21 III 2 a; BL/*Hartmann*, Grdz. § 704 Anm. 9 »Anwartschaft« A a; *Bruns/Peters*, § 25 VI 3; *Gerhardt*, § 10 II 3 d; *Jauernig*, § 20 III 2; *Lüke*, PdW, Nr. 216 d; *G. Reinicke*, MDR 1959, 613; *D. Reinicke/Tiedtke*, Kaufrecht, S. 267 f.; *Stöber*, Rdnr. 1487, 1489 ff.) erfolgt die Vollstreckung in das Anwartschaftsrecht durch Rechts- und Sachpfändung.

(1) Nach dieser Ansicht setzt der zwangsweise Zugriff auf den in dem Anwartschaftsrecht verkörperten Vermögenswert *eine Pfändung des Rechts und eine Pfändung der Sache* voraus. Durch die Pfändung des Anwartschaftsrechts entsteht an diesem ein Pfändungspfandrecht. Durch die Pfändung der Sache soll ausschließlich die erforderliche Publizität geschaffen werden, damit sich bei Bedingungseintritt das Pfandrecht am Anwartschaftsrecht in ein solches an der Sache umwandeln kann. Die Pfändung der Sache ist vor, gleichzeitig mit oder nach der Pfändung des Anwartschaftsrechts möglich. Zwar gehört die Sache vor Bedingungseintritt noch nicht dem Vollstreckungsschuldner, sondern dem Vorbehaltsverkäufer. Dieser kann jedoch trotzdem der Sachpfändung nicht mit der Drittwiderspruchsklage nach § 771 widersprechen; denn die Sachpfändung greift nicht in das Eigentum des Vorbehaltsverkäufers ein, wenn sichergestellt ist, daß sie nur die Verwandlung des Pfandrechts am Anwartschaftsrecht in ein solches an der Sache ermöglichen soll (*Reinicke/Tiedtke*, Kaufrecht, S. 267). Ein Pfandrecht kann zwar erst nach Bedingungseintritt an der (vorher noch schuldnerfremden) Sache entstehen; für den Rang dieses Pfandrechts ist aber der Zeitpunkt maßgebend, in dem das Anwartschaftsrecht im Wege der Rechtspfändung gepfändet worden ist (a.A. *Stöber*, Rdnr. 1496). Denn das Anwartschaftsrecht gehörte zur Zeit der Pfändung zum Schuldnervermögen, und bei Bedingungseintritt entsteht kein neues Pfandrecht, sondern es ändert sich lediglich der mit dem früher begründeten Pfandrecht belastete Gegenstand.

Im Fall c geht das durch die frühere Pfändung des Anwartschaftsrechts begründete Pfändungspfandrecht des G_1 dem durch die spätere Sachpfändung des G_2 begründeten Pfandrecht im Rang vor (§ 804 III). Das gilt, obwohl die Sachpfändung für G_2 vor derjenigen für G_1 erfolgte; denn die Sachpfändung des G_1 war für die Rangsicherung nicht mehr erforderlich, sondern diente nur noch dazu, die Umwandlung des Pfandrechts am Anwartschaftsrecht unter Wahrung seines Ranges in ein Pfandrecht an der Sache zu ermöglichen. Aus dem erzielten Versteigerungserlös ist also vorrangig G_1 zu befriedigen.

(2) Bei der *Bewertung der Theorie der Doppelpfändung* ist zunächst darauf   **816**
hinzuweisen, daß in der Praxis durchweg nach dieser Theorie verfahren
wird. Deshalb ist es einem Vollstreckungsgläubiger, der auf den in einem
Anwartschaftsrecht verkörperten Vermögenswert zugreifen will, zu raten,
sowohl das Recht durch das Vollstreckungsgericht als auch die Sache durch
den Gerichtsvollzieher pfänden zu lassen. Die Theorie führt auch zu interes-
sengerechten Ergebnissen, weil sie denjenigen, der frühzeitig in das Anwartschaftsrecht vollstreckt, gegenüber späteren Pfändungen der Sache schützt.

Kritik ist jedoch insofern angebracht, als die Doppelpfändung unnötig
umständlich und kostspielig ist. Das mit der Doppelpfändung angestrebte
Ergebnis, frühzeitig ein rangwahrendes Pfandrecht zu erwerben, welches
sich bei Bedingungseintritt an der Sache fortsetzt, läßt sich nach der Theorie
der Rechtspfändung in Form der Sachpfändung auch ohne eine zusätzliche
Rechtspfändung erreichen. Sie führt somit auf einfachere Weise zum gleichen Ziel wie die Doppelpfändung.

2. Anwartschaftsrecht des Sicherungsgebers   **817**

Als Anwartschaftsrecht des Sicherungsgebers bezeichnet man die Rechtsposition dessen, der zur Sicherung einer Forderung eine bewegliche Sache
unter der Bedingung auf den Forderungsgläubiger übertragen hat, daß bei
vollständiger Erfüllung der gesicherten Forderung das Sicherungseigentum
»automatisch« an ihn zurückfällt (vgl. *Baur,* Sachenrecht, § 57 I, III 1 b).

Die Rechtsstellung des Sicherungsgebers bis zum Bedingungseintritt ist mit derjenigen des Vorbehaltskäufers vergleichbar; er ist zwar nicht Eigentümer der Sache,
aber der Eigentumserwerb hängt nur noch von der Erfüllung der gesicherten Forderung ab.

a) In dieses Anwartschaftsrecht des Sicherungsgebers kann in gleicher
Weise vollstreckt werden wie in das Anwartschaftsrecht des Vorbehaltskäu-
fers. Nach h.M. erfolgt deshalb die *Vollstreckung durch Doppelpfändung:*
Der Vollstreckungsgläubiger muß das Anwartschaftsrecht des Sicherungsge-
bers im Wege der Rechtspfändung (§§ 857, 829) und die Sache selbst im
Wege der Sachpfändung (§ 808) pfänden lassen.

Nach der hier vertretenen Ansicht kann das gleiche Ergebnis wie bei der Doppelpfändung auf einfachere Weise dadurch erreicht werden, daß das Anwartschaftsrecht
in Form der Sachpfändung gepfändet wird (Rdnr. 812 ff.).

b) Die *Wirkungen der Pfändung* bestehen darin, daß zunächst ein Pfand-   **818**
recht am Anwartschaftsrecht entsteht, das sich bei Bedingungseintritt in ein
Pfandrecht an der Sache selbst umwandelt. Aufgrund der Pfändung des
Anwartschaftsrechts ist der Vollstreckungsgläubiger berechtigt, anstelle des

Vollstreckungsschuldners (Sicherungsgebers) den restlichen Teil der gesicherten Forderung zu erfüllen und dadurch den Bedingungseintritt herbeizuführen.

Das ist im Zweifel schon vor Fälligkeit der gesicherten Forderung möglich (§ 271 II BGB). Würde allerdings der Sicherungsnehmer bei einer vorzeitigen Rückzahlung nicht nur das Sicherungseigentum, sondern auch ein vertraglich eingeräumtes Recht verlieren, ist eine Voraustilgung ausgeschlossen.

Im Fall d kann G in das Anwartschaftsrecht des S, das diesem aufgrund der auflösend bedingten Sicherungsübereignung an D zusteht, vollstrecken. Es ist ihm jedoch nicht möglich, durch sofortige Rückzahlung des Restdarlehens den Bedingungseintritt herbeizuführen, wenn dadurch der D-Bank ein Zinsverlust entstehen würde (vgl. § 609 III BGB). In diesem Fall kann G die Darlehensraten lediglich zu den vereinbarten Fälligkeitsterminen zurückzahlen.

819   II. Anwartschaftsrecht an Grundstücken

Der Käufer eines Grundstücks hat aufgrund des Kaufvertrages noch kein dingliches Recht am Grundstück, auf das sein Gläubiger zugreifen könnte; ihm steht lediglich ein schuldrechtlicher Anspruch auf Eigentumsübertragung zu. Nur diesen Anspruch kann ein Gläubiger des Käufers pfänden lassen, um anschließend die Zwangsvollstreckung nach § 848 zu betreiben (Rdnr. 709 ff.). Aber auch dann, wenn der Verkäufer des Grundstücks seine Pflichten aus dem Kaufvertrag durch Auflassung (§ 925 BGB) erfüllt hat, vermag ein Gläubiger des Käufers noch nicht auf das Grundstück selbst zuzugreifen; denn Eigentum erwirbt der Käufer gem. § 873 BGB erst mit der Eintragung im Grundbuch. In der Zeit zwischen Auflassung und Eintragung, die unter Umständen lange dauert, kann dem Käufer jedoch ein dingliches Anwartschaftsrecht am Grundstück zustehen. Bei diesem Anwartschaftsrecht des Auflassungsempfängers handelt es sich um ein selbständiges Vermögensrecht, das übertragen, verpfändet oder gepfändet werden kann (BGHZ 49, 197, 200 f. m.N.).

Es ist umstritten, unter welchen Voraussetzungen die Rechtsstellung des Auflassungsempfängers bereits hinreichend gesichert ist, um sie als Anwartschaftsrecht bezeichnen zu können.

Nach h.M. ist ein Anwartschaftsrecht des Auflassungsempfängers dann zu bejahen, wenn dieser selbst beim Grundbuchamt den Antrag auf Eintragung als Eigentümer gestellt hat; denn nach § 17 GBO muß das Grundbuchamt diesen Antrag vor den zeitlich nachfolgenden Eintragungsanträgen erledigen, so daß der Erwerber vor anderweitigen Verfügungen des Veräußerers geschützt ist (BGHZ 49, 197, 201 f.; 83, 395, 399). Es reiche nicht aus, wenn der Veräußerer die Eigentumsumschreibung beim

Grundbuchamt beantragt hat, weil er seinen Antrag noch zurücknehmen und so den Eigentumserwerb des Käufers verhindern könne.

Zum Teil wird angenommen, der Auflassungsempfänger habe auch schon vor dem Antrag auf Eigentumsumschreibung beim Grundbuchamt ein Anwartschaftsrecht, wenn zu seinen Gunsten eine Auflassungsvormerkung im Grundbuch eingetragen sei; denn die Vormerkung gewähre ihm nach §§ 883 II, 888 BGB Schutz vor anderweitigen Verfügungen des Veräußerers, so daß dieser die Rechtsposition des Auflassungsempfängers nicht mehr einseitig zerstören könne (BGHZ 45, 186, 190; 83, 395, 399).

Nach der weitestgehenden Ansicht ist jeder Auflassungsempfänger Inhaber eines Anwartschaftsrechts, auch wenn weder die Eigentumsumschreibung beantragt noch eine Vormerkung zu seinen Gunsten im Grundbuch eingetragen ist; denn der Verkäufer habe mit der Auflassung seine Pflichten erfüllt, und der Käufer habe jederzeit die Möglichkeit, seine Eintragung als Eigentümer zu beantragen (*Hoche*, NJW 1955, 652; *Erman/Ronke*, § 925 Rdnr. 39; *Reinicke/Tiedtke*, NJW 1982, 2281, 2282 ff.).

1. Pfändung

820

a) Die Pfändung des Anwartschaftsrechts des Auflassungsempfängers erfolgt nach §§ 857, 829 durch *Pfändungsbeschluß*.

Zwar müßte nach der sog. Gleichbehandlungsregel die Zwangsvollstreckung in das Anwartschaftsrecht als Vorstufe oder wesensgleiches Minus zum Vollrecht auf die gleiche Weise wie in das Vollrecht, also im Wege der Immobiliarvollstreckung, erfolgen. Jedoch ist diese Regel nur insoweit anzuwenden, als die für das Vollrecht maßgebenden Gesichtspunkte auch schon für das Anwartschaftsrecht zutreffen. Für die Vollstreckung in das Vollrecht (Eigentum am Grundstück) ist die Eintragung einer Zwangshypothek erforderlich (§§ 866 f.; Rdnr. 1036 ff.); die Eintragung des Zwangsversteigerungs- oder Zwangsverwaltungsvermerks ist als Verfahrensgrundlage vorgesehen (§§ 19 I, 146 ZVG; Rdnr. 857, 1002). Eine solche Eintragung ist jedoch bei der Vollstreckung in das Anwartschaftsrecht des Auflassungsempfängers nicht möglich, da dieser nicht im Grundbuch eingetragen ist. Der Erwerb des Anwartschaftsrechts vollzieht sich vielmehr außerhalb des Grundbuchs; deshalb kann auch die Zwangsvollstreckung in das Anwartschaftsrecht nur außerhalb des Grundbuchs erfolgen, so daß die Immobiliarvollstreckung ausscheidet. Somit greift als subsidiäre Generalvorschrift für nicht besonders geregelte Vermögensrechte § 857 ein (BGHZ 49, 197, 203).

b) Zur Wirksamkeit der Pfändung ist die *Zustellung des Pfändungsbeschlusses* an den Auflassungsempfänger als Vollstreckungsschuldner erforderlich, aber auch ausreichend (vgl. § 857 II). Eine Zustellung an den Grundstücksveräußerer muß nicht erfolgen, weil dieser nicht Drittschuldner ist (h.M.; BGHZ 49, 197, 204 m.w.N.), selbst wenn man den Begriff des Drittschuldners weit auslegt (vgl. Rdnr. 727). Der Grundstücksveräußerer ist nämlich an dem Anwartschaftsrecht in keiner Weise beteiligt. Er hat durch die Auflassung seine Pflichten aus dem Kaufvertrag erfüllt; zur Entstehung

821

des Vollrechts durch Eintragung des Erwerbers ist seine Mitwirkung nicht erforderlich.

Insofern unterscheidet sich die Pfändung des Anwartschaftsrechts des Auflassungsempfängers von der Pfändung des Übereignungsanspruchs nach § 848 (Rdnr. 709 ff.). Denn der Veräußerer ist Drittschuldner des Übereignungsanspruchs, den er noch durch Auflassung erfüllen muß. Deshalb ist zur Wirksamkeit der Pfändung nach § 848 die Zustellung an den Veräußerer erforderlich (vgl. § 829 III).

822   c) Die *Wirkungen der Pfändung* bestehen darin, daß das Anwartschaftsrecht verstrickt und mit einem Pfändungspfandrecht belastet wird.

(1) Der Vollstreckungsgläubiger kann sich einem bereits vom Auflassungsempfänger gestellten *Antrag auf Eigentumsumschreibung* anschließen. Das hat zur Folge, daß der Auflassungsempfänger nicht mehr die Möglichkeit hat, seine Eintragung durch Rücknahme des Antrags zu verhindern (*Stöber*, Rdnr. 2061; *Münzberg*, Anm. zu LG Düsseldorf Rpfleger 1985, 306).

Nach der Ansicht, die ein Anwartschaftsrecht des Auflassungsempfängers schon anerkennt, bevor dieser seine Eintragung als Eigentümer beantragt hat, muß der Vollstreckungsgläubiger aufgrund der Pfändung in der Lage sein, anstelle des Schuldners dessen Eintragung als Eigentümer zu beantragen; denn der Auflassungsempfänger selbst wird wegen der Pfändung möglicherweise kein Interesse daran haben, die Eigentumsumschreibung zu beantragen (*Reinicke/Tiedtke*, NJW 1982, 2281, 2284).

823   (2) Bei der Pfändung des Anwartschaftsrechts ist *keine Mitwirkung eines Sequesters* erforderlich; denn Voraussetzung für das Bestehen eines Anwartschaftsrechts ist es, daß bereits die Auflassung an den Schuldner erfolgt ist. Darin liegt der zweite Unterschied gegenüber der Vollstreckung in den Übereignungsanspruch nach § 848 (Rdnr. 711).

824   (3) Mit der Erstarkung des gepfändeten Anwartschaftsrechts zum Vollrecht entsteht entsprechend § 848 II i.V.m. § 857 I kraft Gesetzes eine *Sicherungshypothek* für den Vollstreckungsgläubiger (BGHZ 49, 197, 206). Diese wird auf Antrag des Gläubigers in das Grundbuch eingetragen. Dabei handelt es sich aber nur um eine Grundbuchberichtigung; denn der Erwerb der Sicherungshypothek vollzieht sich außerhalb des Grundbuchs im Zeitpunkt des Eigentumsübergangs auf den Schuldner. Das ist von Bedeutung für den Rang der Sicherungshypothek gegenüber Grundpfandrechten, die der Auflassungsempfänger schon vor seiner Eintragung als Eigentümer bewilligt hat; denn diese Grundpfandrechte entstehen nach § 873 BGB erst mit Eintragung im Grundbuch. Die Eintragung der Grundpfandrechte kann aber wegen § 39 GBO erst erfolgen, nachdem der Auflassungsempfänger zuvor als Eigentümer eingetragen wurde. Die gleichzeitig mit der Eintragung des Auflassungsempfängers entstehende Sicherungshypothek des Vollstreckungsgläubigers geht deshalb den vom Auflassungsempfänger bewilligten

Grundpfandrechten immer im Rang vor, selbst wenn deren Eintragung früher bewilligt und beantragt wurde (BGHZ 49, 197, 207 f.).

Im Fall e ist dem G zu raten, das Anwartschaftsrecht des S auf Erwerb des Eigentums am Grundstück nach §§ 857, 829 pfänden zu lassen. Dann erwirbt er mit Eigentumsumschreibung auf S kraft Gesetzes eine Sicherungshypothek, die er eintragen lassen kann. Diese geht der Eigentümergrundschuld, deren Eintragung S schon vorher beantragt hat, die aber erst mit ihrer späteren Eintragung wirksam wird, im Rang vor.

d) Bei *mehrfacher Pfändung* des Anwartschaftsrechts des Auflassungs-   **825**
empfängers erwirbt jeder der pfändenden Gläubiger entsprechend § 848 II
eine Sicherungshypothek. Alle Sicherungshypotheken entstehen gleichzeitig
und gehen den vom Auflassungsempfänger bewilligten Grundpfandrechten
im Rang vor. Das Rangverhältnis der Sicherungshypotheken untereinander
richtet sich danach, in welcher zeitlichen Reihenfolge die Pfändungsbeschlüsse wirksam wurden (*Stöber*, Rdnr. 2063).

2. Verwertung   **826**

Da der Vollstreckungsgläubiger durch die Pfändung des Anwartschaftsrechts wie durch die Pfändung des Übereignungsanspruchs nach § 848 II
eine Sicherungshypothek erlangt, erfolgt auch die Verwertung auf die gleiche Weise, die § 848 III für die Zwangsvollstreckung in ein herauszugeben-
des Grundstück vorsieht (vgl. Rdnr. 715). Der Vollstreckungsgläubiger kann
also die Zwangsversteigerung (Rdnr. 852 ff.) oder die Zwangsverwaltung des
Grundstücks (Rdnr. 1000 ff.) betreiben.

III. Anwartschaftsrecht an Rechten   **827**

1. Anwartschaftsrecht des künftigen Hypothekars

Die Entstehung einer Hypothek setzt neben Einigung und Eintragung
(§ 873 BGB) den Bestand der zu sichernden Forderung (§§ 1113 I, 1163 I
BGB) und — bei der Briefhypothek — die Übergabe des Hypothekenbriefes
voraus (§ 1117 BGB).

a) Fehlt eine dieser Entstehungsvoraussetzungen, kann dem (künftigen)   **828**
Hypothekar ein *Anwartschaftsrecht in folgenden Fällen* zustehen:

(1) Ein Anwartschaftsrecht wird dann bejaht, wenn mangels Valutierung
die *gesicherte Forderung noch nicht entstanden ist;* denn dann hängt es allein
vom künftigen Hypothekengläubiger ab, ob er etwa durch Auszahlung des

Darlehens seinen zu sichernden Rückzahlungsanspruch zur Entstehung bringt.

(2) Das ist ferner der Fall, wenn *nur noch die Eintragung der Hypothek aussteht* und der Gläubiger selbst den Eintragungsantrag gestellt hat; hier gilt das beim Anwartschaftsrecht des Auflassungsempfängers Gesagte entsprechend (Rdnr. 819)

(3) Dagegen ist noch *kein* Anwartschaftsrecht entstanden, *solange die erforderliche Briefübergabe nicht erfolgt ist* (OLG Hamm Rpfleger 1980, 483); denn dann kann der Grundstückseigentümer die Entstehung der Hypothek noch verhindern. In diesem Fall ist die zu sichernde Forderung nach § 829 zu pfänden. Wird nach dieser Pfändung der Brief an den Vollstreckungsgläubiger herausgegeben, entstehen in diesem Augenblick die Hypothek in der Person des eingetragenen Gläubigers und zugleich das Pfandrecht des Vollstreckungsgläubigers an der Hypothek (OLG Hamm a.a.O.).

829   b) Das Anwartschaftsrecht des künftigen Hypothekengläubigers ist *für die Zwangsvollstreckung ohne Bedeutung.*

(1) Da die Hypothek wegen ihrer Akzessorietät nicht selbständig, sondern nur zusammen mit der Forderung gepfändet werden kann (Rdnr. 721, 673 ff.), gilt gleiches auch für das Anwartschaftsrecht des künftigen Hypothekars. *Vor Valutierung* ist deshalb die Vollstreckung in das Anwartschaftsrecht nur durch Zugriff auf die künftige zu sichernde Forderung mit der künftigen Hypothek möglich (vgl. Rdnr. 509). Die Pfändung erfolgt nach § 829 durch Zustellung des Pfändungsbeschlusses an den (künftigen) Drittschuldner. Im Augenblick der Valutierung wird die Forderung einschließlich der Hypothek von der Pfändung ergriffen. Der Gläubiger kann die Eintragung der Pfändung im Grundbuch (Rdnr. 676) oder die Herausgabe des Hypothekenbriefes (Rdnr. 677 ff.) verlangen.

Im übrigen hat der Vollstreckungsgläubiger vor der Valutierung der Hypothek meistens kein Interesse an der Pfändung des Anwartschaftsrechts. Denn er kann auf das Geld zugreifen, das der Vollstreckungsschuldner noch nicht ausgezahlt hat und dessen Rückzahlung durch die Hypothek gesichert werden soll.

830   (2) In das Anwartschaftsrecht, das dem künftigen Grundpfandgläubiger *vor Eintragung des Grundpfandrechts* zusteht, wird der Vollstreckungsgläubiger ebenfalls nicht vollstrecken. Er kann in diesem Fall die bereits entstandene zu sichernde Forderung des Vollstreckungsschuldners nach §§ 829, 835 pfänden und sich überweisen lassen. Wird danach die Hypothek im Grundbuch eingetragen, erstreckt sich das Pfandrecht an der Forderung auch auf die Hypothek, ohne daß die Pfändung im Grundbuch eingetragen werden müßte (*Stöber*, Rdnr. 1845). Die Voraussetzungen des § 830 gelten nur für die Pfändung einer Forderung, für die bereits eine Hypothek besteht (OLG Hamm a.a.O.). Der Vollstreckungsgläubiger kann aber die Eintragung der Pfändung im Grundbuch verlangen, weil die Eintragung der Hypothek

ohne die Pfändung das Grundbuch unrichtig macht (KG JFG 4, 413, 415 ff.). Dieses Pfandrecht geht den erst nach Eintragung der Hypothek entstandenen Pfandrechten im Rang vor. Das Rangverhältnis zwischen mehreren Pfandrechten, die alle durch Forderungspfändung vor Eintragung der Hypothek entstanden sind, richtet sich danach, in welcher zeitlichen Reihenfolge die Pfändungsbeschlüsse wirksam wurden.

2. Anwartschaftsrecht des Sicherungsgebers — 831

a) Ein *Anwartschaftsrecht an einer Forderung* hat derjenige, der sicherungshalber eine Forderung unter der Bedingung abgetreten hat, daß bei vollständiger Erfüllung der gesicherten Forderung die abgetretene Forderung »automatisch« an ihn zurückfällt. Seine Rechtsstellung entspricht der des Sicherungsgebers bei der Sicherungsübereignung beweglicher Sachen (vgl. Rdnr. 817).

b) *Gepfändet* wird dieses Anwartschaftsrecht nach §§ 857, 829. Zur — 832 Wirksamkeit der Pfändung ist die Zustellung des Pfändungsbeschlusses an den Sicherungsgeber ausreichend (vgl. § 857 II; StJ/*Münzberg*, § 857 Anm. II 11). Entsprechend § 848 II i.V.m. § 857 I erwirbt der Vollstreckungsgläubiger mit Bedingungseintritt kraft Gesetzes ein Pfändungspfandrecht an der Forderung selbst. Für dessen Rang ist der Zeitpunkt maßgebend, in dem der Pfändungsbeschluß wirksam wurde (*Börker*, NJW 1970, 1104, 1106).

Die *Verwertung* der Forderung erfolgt nach §§ 835 f. (Rdnr. 633 ff.).

§ 26 Die Zwangsvollstreckung in Immaterialgüterrechte — 833

Schrifttum: *Göttlich*, Die Zwangsvollstreckung in Schutzrechte, MDR 1957, 11; *Hubmann*, Die Zwangsvollstreckung in Persönlichkeits- und Immaterialgüterrechte, Festschrift f. H. Lehmann II, 1956, 812; *B. Pfister*, Das technische Geheimnis »know how« als Vermögensrecht, 1974; *Pinzger*, Zwangsvollstreckung in das Erfinderrecht, ZZP 60, 415; *Schramm*, Pfändung und Sequestration ausländischer Patente, GRUR 1958, 480; *Smoschewer*, Zur Zwangsvollstreckung in die Rechte am Film, ZZP 52, 25; *Tetzner*, Gläubigerzugriff in Erfindungen und Patentanmeldungen, JR 1951, 166.

Fälle:
a) S ist Erbe des verstorbenen Autors A, der Verfasser eines bereits veröffentlichten Buches war. G meint, das Urheberrecht des A sei auf S übergegangen, und er will es pfänden lassen. S hält die Pfändung ohne seine Einwilligung für unzulässig.

b) Dem S ist von dem Patentinhaber P gegen Zahlung eines Entgelts das Recht eingeräumt worden, die von P erfundene Maschine herzustellen und zu verkaufen. Kann G, der einen Zahlungstitel gegen S hat, in dessen Nutzungsrecht vollstrecken?

Immaterialgüterrechte sind Nutzungs- und Verwertungsrechte an geistigen Schöpfungen. Sie haben Vermögenswert und kommen deshalb als Gegenstände der Zwangsvollstreckung in Betracht.

I. Urheber- und Verlagsrecht

1. Urheberrecht

Das Urheberrecht steht dem Schöpfer von Werken der Literatur, Wissenschaft und Kunst zu (§ 1 UrhG). Es schützt den Urheber in seinen geistigen und persönlichen Beziehungen zum Werk (Urheberpersönlichkeitsrecht; §§ 11, 12 ff. UrhG) und in der Nutzung des Werkes (Verwertungsrechte; §§ 11, 15 ff. UrhG). Das Urheberrecht als Ganzes ist nicht übertragbar (§ 29, 2 UrhG) und deshalb auch nicht pfändbar. Das Urheberpersönlichkeitsrecht kann ebenfalls nicht Gegenstand der Zwangsvollstreckung sein. Daher besteht nur die Möglichkeit, in die Verwertungsrechte des Urhebers zu vollstrecken. Dabei ist zwischen der Zwangsvollstreckung gegen den Urheber selbst, gegen seine Rechtsnachfolger und gegen Dritte zu unterscheiden.

834   a) Die *Zwangsvollstreckung gegen den Urheber* ist in den §§ 113 f. UrhG geregelt.

(1) Die *Pfändbarkeit* der Urheberverwertungsrechte besteht wegen der besonderen Verknüpfung von Persönlichkeits- und Vermögensrecht des Urhebers nur in engen Grenzen. Nach § 113, 1 UrhG ist die Zwangsvollstreckung in das Urheberrecht nur mit Einwilligung des Urhebers und nur insoweit zulässig, als dieser Nutzungsrechte einräumen kann; die möglichen Nutzungsrechte ergeben sich aus §§ 31, 15 ff. UrhG. Der Gesetzgeber hat durch das Einwilligungserfordernis der persönlichen Bindung des Urhebers an sein Werk Vorrang vor dem Vermögensinteresse der Gläubiger eingeräumt (*Hubmann*, Urheber- und Verlagsrecht, § 61 I 1).

Der Schutz des Urhebers wird dadurch vervollständigt, daß nach § 114 UrhG auch die nach § 808 vom Gerichtsvollzieher durchzuführende Zwangsvollstreckung in die dem Urheber gehörenden, noch nicht veröffentlichten Originale seiner Werke nur mit seiner Einwilligung möglich ist. Dadurch wird verhindert, daß noch nicht vollendete Werke oder solche, die der Urheber nicht veröffentlichen will, im Wege der Zwangsvollstreckung der Öffentlichkeit preisgegeben werden (BT-Drucks. IV/270, S. 110). Ausnahmen: § 114 II UrhG.

(2) Die *Pfändung* erfolgt nach §§ 857, 829. Da ein Drittschuldner nicht vorhanden ist, wird die Pfändung mit Zustellung des Pfändungsbeschlusses an den Urheber als Vollstreckungsschuldner wirksam (§ 857 II).

(3) Zur *Verwertung* kann die öffentliche Versteigerung, der freihändige Verkauf oder die Verwaltung des gepfändeten Rechts angeordnet werden (§§ 857 V, IV, 844).

Eine Überweisung an Zahlungs Statt scheidet mangels Nennwertes aus. Eine Überweisung zur Einziehung kommt ebenfalls nicht in Betracht, da aufgrund des Urheberrechts keine Leistungen von Dritten eingezogen werden können; das Urheberrecht gibt nur die Möglichkeit zum Abschluß von Verträgen, die Zahlungspflichten begründen (*Ulmer*, Urheber- und Verlagsrecht, § 135 II 4; a.A. *Hubmann*, § 61 I 3).

b) Die *Zwangsvollstreckung gegen den Rechtsnachfolger des Urhebers* ist in   **835** §§ 115 f. UrhG geregelt. Diese Vorschriften enthalten Sonderregeln gegenüber dem Grundsatz, daß bestimmte Rechtsnachfolger (vgl. §§ 28 I, 29, 1 UrhG) alle dem Urheber selbst zustehenden Rechte haben (§ 30 UrhG).

(1) Die *Pfändbarkeit* der Urheberverwertungsrechte ist unter erleichterten Voraussetzungen gegeben. Der Rechtsnachfolger des Urhebers ist mit dem Werk nicht in gleicher Weise wie dieser verbunden. Er ist daher in der Zwangsvollstreckung weniger schutzwürdig.

(a) Die Pfändung in seine Verwertungsrechte an einem *bereits erschienenen Werk* ist ohne seine Einwilligung zulässig (§ 115, 2 UrhG).

Im Fall a ist das Urheberrecht des A nach § 1922 BGB auf S übergegangen (§ 28 I UrhG). Da das Buch des A schon veröffentlicht ist, bedarf es zur Pfändung nicht der Einwilligung des S.

(b) Solange das *Werk noch nicht erschienen* ist, nimmt allerdings der Rechtsnachfolger des Urhebers dessen Interesse wahr, noch nicht vollendete oder nicht zur Veröffentlichung bestimmte Werke vor der Öffentlichkeit zurückzuhalten (BT-Drucks. IV/270, S. 110). Deshalb ist zu diesem Zeitpunkt eine Zwangsvollstreckung in die Urheberverwertungsrechte nur mit Einwilligung des Rechtsnachfolgers zulässig (§ 115, 1 UrhG). Hat der Urheber die Ausübung des Urheberrechts durch letztwillige Verfügung einem Testamentsvollstrecker übertragen (§ 28 II 1 UrhG), ist die nach § 115 UrhG erforderliche Einwilligung nicht vom Rechtsnachfolger, sondern vom Testamentsvollstrecker zu erteilen (§ 117 UrhG).

Vor Erscheinen ist auch zur Zwangsvollstreckung in die Originale von Werken des Urhebers, die dessen Rechtsnachfolger gehören, die Einwilligung des Rechtsnachfolgers erforderlich (§§ 116 I, 117 UrhG; Ausnahmen: § 116 II UrhG).

(2) Die Durchführung der *Pfändung und Verwertung* erfolgt auf die glei-   **836** che Weise wie bei der Vollstreckung gegen den Urheber selbst.

Im Fall a kann G den Erlaß eines Pfändungsbeschlusses beantragen. Dieser wird nach § 857 II mit Zustellung an den S als Vollstreckungsschuldner wirksam. Zur Verwertung wird das Vollstreckungsgericht eine Anordnung nach § 844 treffen.

837   c) Der Urheber kann einem anderen das Recht einräumen, das Werk auf einzelne oder alle Nutzungsarten zu nutzen (§ 31 I 1 UrhG). Die *Zwangsvollstreckung gegen den Nutzungsberechtigten* ist gesetzlich nicht besonders geregelt. Die Nutzungsrechte sind grundsätzlich nur mit Zustimmung des Urhebers pfändbar, weil dessen Zustimmung auch zur Übertragung erforderlich ist (§§ 34, 35 UrhG; Ausnahme bei Filmwerken, § 90 UrhG). Sofern der Urheber aber vertraglich die Übertragung der Nutzungsrechte gestattet hat, ist die Vollstreckung gegen den Inhaber des Nutzungsrechts ohne Einschränkungen zulässig. Die Durchführung der Zwangsvollstreckung erfolgt nach §§ 857, 829, 844.

838   **2. Verlagsrecht**

Das Verlagsrecht ist das ausschließliche Recht, ein Werk der Literatur oder Tonkunst zu vervielfältigen und zu verbreiten (vgl. § 8, § 1 VerlG). Es wird durch den Verlagsvertrag zwischen dem Verfasser und dem Verleger begründet. Nach § 28 I 1 VerlG kann es übertragen werden, soweit die Übertragbarkeit nicht vom Verfasser ausgeschlossen ist. Bezieht sich das Verlagsrecht nur auf einzelne Werke, kann es nicht ohne Zustimmung des Verfassers übertragen werden (§ 28 I 3 VerlG). Dieser darf seine Zustimmung allerdings nur aus wichtigem Grund verweigern (§ 28 I 3 VerlG). Die Voraussetzungen der Übertragbarkeit gelten auch für die Pfändbarkeit.

839   a) Die *Pfändung* eines Verlagsrechts richtet sich nach §§ 857, 829. Sofern die Pfändung eine Zustimmung des Verfassers erfordert, ist dieser als Drittschuldner anzusehen, so daß der Pfändungsbeschluß erst bei Zustellung an den Verfasser wirksam wird (StJ/*Münzberg*, § 857 Anm. III 1 a). Hängt die Zulässigkeit der Pfändung nicht von der Zustimmung des Verfassers ab, ist das Verlagsrecht als drittschuldnerloses Recht anzusehen, so daß die Zustellung an den Verleger als Vollstreckungsschuldner ausreicht (StJ/*Münzberg*, § 857 Anm. III 1 b).

b) Die *Verwertung* erfolgt nach §§ 857 V, 844.

840   **II. Gewerbliche Schutzrechte**

Zu den gewerblichen Schutzrechten gehören das Patent-, Gebrauchsmuster-, Geschmacksmuster- und Warenzeichenrecht sowie die Lizenz.

1. Patentrecht

Das Patentrecht ist ein Urheberrecht an Erfindungen, die neu sind, auf einer erfinderischen Tätigkeit beruhen und gewerblich anwendbar sind (§ 1 I PatG). Bei der Zwangsvollstreckung in das Patentrecht ist zwischen drei Entwicklungsstufen des Rechts zu unterscheiden:

a) Das *Recht aus dem Patent* ist das ausschließliche Recht, den Gegen-   **841** stand des Patents herzustellen, anzubieten, in Verkehr zu bringen, zu gebrauchen oder zu den genannten Zwecken entweder einzuführen oder zu besitzen (vgl. § 9 Nr. 1 PatG). Es steht demjenigen zu, dem das Patent bereits erteilt ist.

(1) Die *Pfändbarkeit* des Rechts aus dem Patent ist zu bejahen, weil dieses Recht nach § 15 I PatG übertragen werden kann.

(2) Die *Pfändung* erfolgt nach §§ 857, 829 durch Pfändungsbeschluß. Dieser wird mit Zustellung an den Vollstreckungsschuldner wirksam (§ 857 II), da es sich bei dem Recht aus dem Patent um ein drittschuldnerloses Vermögensrecht handelt (vgl. Rdnr. 728). Aufgrund der Pfändung verliert der Inhaber des Patents die Möglichkeit, über dieses zu verfügen.

Er kann es also weder nach § 15 I PatG übertragen noch durch Vergabe von Lizenzen nach § 15 II PatG Dritten zur Benutzung überlassen. Außerdem ist er nicht mehr befugt, den Gegenstand des Patents ohne Zustimmung des Vollstreckungsgläubigers herzustellen, in Verkehr zu bringen oder zu gebrauchen.

(3) Zur *Verwertung* ordnet das Vollstreckungsgericht nach §§ 857 V, IV, 844 eine besondere Verwertungsart an. In Betracht kommen die öffentliche Versteigerung, der privatrechtliche Verkauf, die Verwaltung durch einen Sequester und die Vergabe von Lizenzen (*Bernhardt,* Lehrbuch des Patentrechts, § 31 VI; *Göttlich,* MDR 1957, 11,12). Der Erwerber des Patents kann beim Patentamt beantragen, die Änderung in der Person des Patentinhabers in der Patentrolle zu vermerken (§ 30 III 1 PatG).

b) Das *Recht auf das Patent* entsteht bereits mit der Erfindung. Es ist die   **842** materielle Berechtigung des Erfinders an seiner Erfindung (Erfinderrecht; vgl. § 6, § 1 PatG).

(1) Die *Pfändbarkeit* ist grundsätzlich gegeben, da schon das Recht auf das Patent nach § 15 I PatG übertragen werden kann. Allerdings steht allein dem Erfinder das Recht zu, darüber zu entscheiden, ob er von seiner Erfindung Gebrauch machen will. Deshalb hat das Recht auf das Patent erst dann einen Vermögenswert, wenn der Erfinder seine Absicht, die Erfindung wirtschaftlich zu verwerten, zum Ausdruck gebracht und damit zu erkennen gegeben hat, daß er selbst seine Erfindung als Vermögenswert ansehe und ausbeute. Erst von diesem Zeitpunkt an handelt es sich um ein übertragbares

Vermögensrecht, das der Pfändung unterliegt (BGHZ 16, 172, 175; *Hubmann,* 812, 823; a.M. *Bernhardt,* § 31 VI).

(2) Die *Pfändung* des Rechts auf das Patent wird ebenfalls durch Zustellung des Pfändungsbeschlusses an den Vollstreckungsschuldner durchgeführt. Aufgrund der Pfändung ist der Vollstreckungsgläubiger berechtigt, das Patent anzumelden. Sein Pfändungspfandrecht setzt sich an dem durch Anmeldung entstehenden Recht auf Erteilung des Patents und nach Erteilung an dem Recht aus dem Patent fort.

(3) Die *Verwertung* erfolgt nach Erteilung des Patents gem. §§ 857 V, IV, 844.

843   c) Der *Anspruch auf Erteilung des Patents* steht demjenigen zu, der das Patent als erster beim Patentamt angemeldet hat (vgl. § 7 I PatG). Er beruht allein auf dem formalen Vorgang der Anmeldung und hängt nicht davon ab, daß der Anmelder auch ein materielles Recht auf das Patent hat. Durch die Anmeldung erlangt der Anmelder ein Anwartschaftsrecht auf das Patent.

(1) Die *Pfändbarkeit* dieses Anwartschaftsrechts ergibt sich daraus, daß es zusammen mit dem Anspruch auf Erteilung des Patents nach § 15 I PatG übertragen werden kann.

(2) Zur *Pfändung* des durch die Anmeldung begründeten Anwartschaftsrechts des Vollstreckungsschuldners braucht der Pfändungsbeschluß nur dem Schuldner selbst zugestellt zu werden; denn das Patentamt ist nicht Drittschuldner des zu pfändenden Anwartschaftsrechts, sondern allenfalls des öffentlich-rechtlichen Anspruches auf Erteilung des Patents. Das Pfändungspfandrecht am Anwartschaftsrecht setzt sich später am Recht aus dem Patent fort.

(3) Für die *Verwertung* gilt das oben Gesagte entsprechend.

844   **2. Gebrauchsmusterrecht**

Das Gebrauchsmusterrecht ist ein Urheberrecht an Arbeitsgerätschaften und Gebrauchsgegenständen, die dem Arbeits- oder Gebrauchszweck durch eine neue Gestaltung, Anordnung oder Vorrichtung dienen sollen (§ 1 I GebrMG).

Auch beim Gebrauchsmusterrecht sind drei Entwicklungsstufen zu unterscheiden: das Recht auf das Gebrauchsmuster (vgl. § 1 GebrMG), der Anspruch auf Eintragung des Gebrauchsmusters in die Gebrauchsmusterrolle und das dadurch begründete Anwartschaftsrecht des Anmelders (vgl. § 3 I GebrMG) sowie das durch die Eintragung begründete Recht an dem Gebrauchsmuster (§ 5 I GebrMG).

Das Recht ist in allen Entwicklungsstufen übertragbar (§ 13 GebrMG) und unterliegt somit der Zwangsvollstreckung. Solange der Erfinder allerdings noch nicht entschieden hat, ob er das Gebrauchsmuster überhaupt wirtschaftlich verwerten will, fehlt es noch an einem pfändbaren Vermögensrecht (*Hubmann,* 812, 823; StJ/*Münzberg,* § 857 Anm. II 3).

Die Zwangsvollstreckung in das Gebrauchsmusterrecht erfolgt auf die gleiche Weise wie in das Patentrecht.

3. Geschmacksmusterrecht

845

Das Geschmacksmusterrecht ist ein Urheberrecht an neuen gewerblichen Mustern oder Modellen (§ 1 GeschmMG) von ästhetischem Wert. Der Urheber hat das ausschließliche Recht, das gewerbliche Muster oder Modell ganz oder teilweise nachzubilden. Dieses Recht entsteht nach Anmeldung zur Eintragung in das Musterregister und Niederlegung eines Musterexemplars bei der mit der Registerführung beauftragten Behörde (§ 7 I GeschmMG); es ist nach § 3 GeschmMG übertragbar und nach § 857 pfändbar.

Vor der Anmeldung hat der Urheber allerdings auch schon ein (beschränktes) Recht an dem von ihm geschaffenen Muster oder Modell (*Hubmann,* 812, 823). Dieses Recht kann er durch Übertragung auf Dritte zu einem vermögenswerten Gegenstand des Rechtsverkehrs machen. Nach Übertragung auf einen Dritten ist es von dessen Gläubiger daher auch schon vor der Anmeldung pfändbar.

4. Lizenzen

846

Die Lizenz ist das Recht zur gewerblichen Nutzung eines Patents oder Gebrauchsmusters (vgl. § 15 II PatG; § 13 GebrMG). Sie wird vom Lizenzgeber (Rechtsinhaber) an den Lizenznehmer vergeben. Man unterscheidet zwischen der ausschließlichen und der einfachen Lizenz.

Bei der ausschließlichen Lizenz erhält allein der Lizenznehmer das Recht, die Nutzungen selbst vorzunehmen und Dritten die Nutzung zu verbieten. Die ausschließliche Lizenz wirkt also gegen jedermann und hat deshalb dinglichen Charakter (RGZ 83, 93, 94 f.; 57, 38, 40).

Die einfache Lizenz räumt dem Lizenznehmer lediglich ein Nutzungsrecht im Verhältnis zum Lizenzgeber ein, während dieser alle Rechte aus dem Patent oder Gebrauchsmuster behält, insbesondere weitere Lizenzen vergeben und Dritten die Nutzung verbieten kann.

Beide Arten von Lizenzen können örtlich, zeitlich, persönlich, sachlich und auf eine bestimmte Nutzungsart beschränkt vergeben werden.

847   a) Für die *Pfändbarkeit* kommt es darauf an, ob die Lizenz übertragbar ist. Das hängt mangels gesetzlicher Regelung vom Parteiwillen ab.

(1) Die *einfache Lizenz* ist als lediglich schuldrechtliches Nutzungsrecht dem Recht des Pächters vergleichbar und wie dieses regelmäßig nur dem Lizenznehmer persönlich eingeräumt. Folglich kann sie ohne ausdrückliche Gestattung durch den Lizenzgeber nicht übertragen werden. Das entspricht auch den berechtigten Interessen des Lizenzgebers; denn die ihm verbliebene Nutzungsmöglichkeit könnte durch die Weitergabe der Lizenz beeinträchtigt werden (*Stumpf*, Der Lizenzvertrag, Rdnr. 389; vgl. BGHZ 62, 272, 277). Die einfache Lizenz ist damit unpfändbar.

Im Fall b handelt es sich bei dem Nutzungsrecht des S um eine einfache Herstellungs- und Verkaufslizenz. G kann nicht in diese Lizenz vollstrecken, es sei denn, daß P mit der Pfändung einverstanden ist. G kann nur auf den Erlös zugreifen, den S durch die Nutzung des Patents erzielt.

848   (2) Die *ausschließliche Lizenz* wird z.T. grundsätzlich für veräußerlich und damit für pfändbar gehalten (*Göttlich*, MDR 1957, 11,12). Jedoch ist zu berücksichtigen, daß es für den Lizenzgeber entscheidend auf die Leistungsfähigkeit und Zuverlässigkeit des Lizenznehmers ankommt. Deshalb hat er ein berechtigtes Interesse daran, sich die Person des Lizenznehmers selbst auszusuchen. Vor allem aber hat der Lizenznehmer nicht nur Rechte, sondern auch Pflichten gegenüber dem Lizenzgeber; insbesondere muß er an diesen die vereinbarte Lizenzgebühr zahlen. Diese Schuldnerstellung des Lizenznehmers kann aber nicht ohne Genehmigung des Lizenzgebers auf einen Dritten übertragen werden (vgl. § 415 BGB). Deshalb sprechen die besseren Gründe dafür, daß auch die ausschließliche Lizenz im Zweifel nur dann übertragbar und damit pfändbar ist, wenn das im Lizenzvertrag vereinbart wurde (*Stumpf*, Rdnr. 369f.).

Fehlt es an einer solchen Vereinbarung, ist § 851 II nicht anwendbar, weil es sich nicht um den vertraglichen Ausschluß der Übertragbarkeit eines an sich übertragbaren Rechts handelt (vgl. RGZ 134, 91, 96).

849   b) Die *Pfändung und Verwertung* einer übertragbaren Lizenz erfolgt nach §§ 857, 829, 844 durch Pfändungsbeschluß und öffentliche Versteigerung, freihändigen Verkauf oder Zuweisung an den Vollstreckungsgläubiger.

850   ### 5. Warenzeichenrecht

Das Warenzeichenrecht ist das Recht, im Geschäftsbetrieb zur Unterscheidung der eigenen Waren von den Waren anderer ein bestimmtes Kennzeichen zu benutzen (§ 1 I WZG). Es ist nur zusammen mit dem Geschäftsbetrieb oder dem Teil des Geschäftsbetriebs, zu dem es gehört, übertragbar

(§ 812 WZG). Da der Geschäftsbetrieb als solcher nicht gepfändet werden kann (RGZ 134, 91, 98; 95, 235, 237), unterliegt das Warenzeichenrecht nicht der Zwangsvollstreckung.

851   Dritter Abschnitt   Die Zwangsvollstreckung wegen Geldforderungen in das unbewegliche Vermögen

Die Zwangsvollstreckung wegen Geldforderungen kann auch in das unbewegliche Vermögen des Schuldners betrieben werden. Dazu gehören die Grundstücke, die grundstücksgleichen Rechte (z.B. Erbbaurecht, Wohnungseigentum, Bergwerkseigentum, Jagd- und Fischereigerechtigkeit) sowie die im Schiffsregister eingetragenen Schiffe und die im Schiffsbauregister eintragbaren Schiffsbauwerke (§§ 864 I, 870, 870a), zum anderen aber auch die Gegenstände, auf die sich die Hypothek erstreckt (§ 865; Rdnr. 215—229, 859, 1004).

Die Bruchteilsberechtigungen an den genannten Gegenständen unterliegen ebenfalls der Immobiliarvollstreckung, wenn sie in dem Anteil eines Miteigentümers (nach Bruchteilen; vgl. § 1008 BGB; nicht Gesamthandsanteil) bestehen (§ 864 II, 1. Fall). Das gilt auch dann, wenn ein Anteil belastet und der Schuldner später Alleineigentümer geworden ist (§ 864 II, 2. Fall).

§ 871 läßt landesrechtliche Vorschriften (vgl. Art. 112 EGBGB) zu, wonach das von einem anderen als dem Eigentümer einer Eisenbahn an ihr ausgeübte Nutzungsrecht in Ansehung der Zwangsvollstreckung als zum unbeweglichen Vermögen gehörig bezeichnet und die Vollstreckung besonders geregelt werden kann. Für die Deutsche Bundesbahn vgl. § 39 BundesbahnG.

Für die Zwangsvollstreckung ins unbewegliche Vermögen eröffnet das Gesetz dem Schuldner drei Wege: die Eintragung einer Sicherungshypothek, die Zwangsversteigerung und die Zwangsverwaltung (§ 866 I). Die Sicherungshypothek ist in der ZPO, die Zwangsversteigerung und die Zwangsverwaltung sind in einem besonderen Gesetz (ZVG) geregelt, das als Teil der ZPO gilt (vgl. § 869). Der Gläubiger kann verlangen, daß eine dieser Maßnahmen allein oder neben den übrigen ausgeführt werde (§ 866 II).

Alle drei Maßnahmen zusammen kommen etwa dann in Betracht, wenn der Gläubiger das Grundstück »versilbert« wissen möchte (Zwangsversteigerung), aber auch auf die bis zur Versteigerung zu zahlenden Mieten zurückgreifen will (Zwangsverwaltung); um bei der Zwangsverwaltung und -versteigerung einen besseren Rang zu haben, könnte der Gläubiger an der Eintragung einer Sicherungshypothek interessiert sein.

Erstes Kapitel   Die Zwangsversteigerung 852

Schrifttum: *Drischler,* Neuere Rechtsprechung zum Zwangsversteigerungs- und Zwangsverwaltungsrecht, KTS 1975, 283; 1976, 42; 1978, 147; 1981, 389; 1982, 377; 1983, 535; 1984, 579; *Gerhardt,* Grundzüge und Probleme der Zwangsversteigerung, JA 1981, 12; *Hagemann,* Immobiliarzwangsvollstreckung, 4. Aufl., 1982; *Mohrbutter/ Drischler,* Die Zwangsversteigerungs- und Zwangsverwaltungspraxis, 6. Aufl. (Bd.1) 1977, (Bd.2) 1978; *Nußbaum,* Die Zwangsversteigerung und Zwangsverwaltung, 1916; *Räfle,* Aus der neueren Rechtsprechung des Bundesgerichtshofes zur Immobiliarvollstreckung, ZIP 1981, 821; *Schiffhauer,* Soziale Aspekte im Zwangsversteigerungsverfahren, Rpfleger 1978, 397; *ders.,* Zwangsvollstreckung in das unbewegliche Vermögen, 4. Aufl., 1976; *Stöber/Zeller,* Zwangsvollstreckung in das unbewegliche Vermögen, 4. Aufl., 1979; *Storz,* Praxis des Zwangsversteigerungsverfahrens, 3. Aufl., 1984; *Teufel,* Zwangsversteigerung und Zwangsverwaltung, 2. Aufl., 1984; *Vogel/ Korn,* Immobiliarzwangsvollstreckung, 2. Aufl., 1959.
Kommentare zum ZVG von: *Dassler/Schiffhauer/Gerhardt* (11. Aufl., 1978); *Jaeckel/Güthe* (7. Aufl., 1937); *Korintenberg/Wenz* (6. Aufl., 1935); *Steiner/ Eickmann/Hagemann/Storz/Teufel* (9. Aufl., 1984); *Zeller/Stöber* (11. Aufl., 1983).

Die Zwangsversteigerung bezweckt die Befriedigung des Gläubigers durch Veräußerung von Gegenständen des Schuldners, die der Immobiliarvollstreckung unterliegen; das sind vornehmlich Grundstücke, aber auch Schiffe, Schiffsbauwerke und Luftfahrzeuge (vgl. §§ 1, 162—171n ZVG).

Auf Antrag eines Gläubigers ordnet das Gericht die Versteigerung an und bestimmt einen Versteigerungstermin. In diesem Termin wird das Grundstück versteigert und dem Meistbietenden durch den Zuschlagsbeschluß des Gerichts übereignet. Der erzielte Versteigerungserlös wird dann in einem besonderen Verteilungstermin an die Berechtigten ausgezahlt.

§ 27   Die Anordnung, Aufhebung und einstweilige 853
Einstellung der Zwangsversteigerung

Schrifttum: *Arnold,* Die Vollstreckungsnovelle vom 1. Februar 1979, MDR 1979, 358; *Büchmann,* Schuldnerschutz bei der Vorbereitung des Zwangsversteigerungstermins, ZIP 1985, 138; *Drischler,* Aufhebung und Einstellung im Verfahren der Immobiliarvollstreckung, JurBüro 1964, 1, 241, 319, 471; *ders.,* Förmliche Zustellungen im Immobiliarvollstreckungsverfahren, JVBl. 1965, 225; *Engel,* Zwangsversteigerung gegen Querulanten — ein Verfahren ohne Ende?, Rpfleger 1981, 81; *Frank,* Zustellung und Zwangsvollstreckung gegen minderjährige Schuldner, JurBüro 1983, 482; *Graba/Teufel,* Anwartschaftsrecht am Zubehör in der Grundstücksversteigerung,

Rpfleger 1979, 401; *Hagemann,* Die Aufgaben des Grundbuchamts nach Anordnung der Zwangsversteigerung, Rpfleger 1984, 397; *Möschel,* Die Eigentumsanwartschaft an Zubehörstücken in der Grundstückszwangsversteigerung, BB 1970, 237; *Mohrbutter,* Berufung auf § 765a ZPO nach dem Schluß der Versteigerung (§ 73 Abs. 2 ZVG), Rpfleger 1967, 102; *Mümmler,* Ansprüche im Zwangsversteigerungsverfahren, wenn unzulässigerweise Zubehör gepfändet und verwertet wird, JurBüro 1977, 779; *ders.,* Maßnahmen zur Verhütung der Verschleuderung eines Grundstücks im Zwangsversteigerungsverfahren, JurBüro 1973, 689; *Ordemann,* Die Einreichung und Rücknahme der Einstellungsbewilligung und des Fortsetzungsantrages in der Zwangsversteigerung, AcP 157, 470; *Paschold,* Die Grundstücksbeschlagnahme nach § 20 ZVG und ihre Auswirkung auf die Fahrnisvollstreckung des Gerichtsvollziehers, DGVZ 1974, 53; *Riedel,* Die Anmeldungen im Laufe des Zwangsversteigerungsverfahrens, JurBüro 1974, 689; *Riggers,* Grundstücksversteigerung wegen Bagatellforderung, JurBüro 1971, 490; *Schiffhauer,* Die offensichtlich aussichtslose Zwangsversteigerung, Rpfleger 1983, 236; *ders.,* Die Geltendmachung von Bagatellforderungen in der Zwangsversteigerung, ZIP 1981, 832; *Storz,* Die Gläubigerablösung in der Zwangsversteigerung, ZIP 1980, 159; *Teufel,* Der Beitritt zur Zwangsversteigerung und das Zubehör, Rpfleger 1979, 186; *Tröster,* Die grundbuchrechtliche Behandlung des Ersuchens nach § 19 ZVG bei Vorliegen unerledigter Eintragungsanträge, Rpfleger 1985, 337; *Wieser,* Die zwecklose Zwangsversteigerung, Rpfleger 1985, 96.

Fälle:

a) G beantragt beim Vollstreckungsgericht die Zwangsversteigerung eines Hausgrundstücks des S wegen einer Forderung von 10,— DM. S hält die Zwangsversteigerung wegen des geringen Betrages für unzulässig.

b) Der Hypothekengläubiger G betreibt aus einem dinglichen Titel gegen S die Zwangsversteigerung des dem S gehörenden Grundstücks. Nachdem der Anordnungsbeschluß dem S zugestellt worden ist, veräußert dieser das Grundstück an D. Was macht das Vollstreckungsgericht? Kann D sich mit Erfolg gegen die Zwangsversteigerung wehren, wenn die Hypothek nicht wirksam bestellt worden war?

c) S hat dem D in einer notariellen Urkunde die Auflassung erklärt. Nachdem der Antrag auf Eintragung beim Grundbuchamt gestellt worden ist, wird dem S der die Zwangsversteigerung anordnende Beschluß zugestellt. Das Grundbuchamt trägt zunächst den Versteigerungsvermerk und dann den D als neuen Eigentümer des Grundstücks ein. Was ist dem D zu raten?

d) G beantragt die Zwangsversteigerung eines dem S gehörenden Grundstücks wegen einer persönlichen Forderung. Der Versteigerungsvermerk wird nach einer bereits im Grundbuch zugunsten des D stehenden Vormerkung eingetragen. Vor Erteilung des Zuschlags wird D als Eigentümer eingetragen. Was wird das Vollstreckungsgericht machen?

e) Die Bank G betreibt gegen S wegen einer Forderung in Höhe von 7 000,— DM die Zwangsversteigerung eines Hausgrundstücks. Der bislang arbeitslose S tritt in zwei Monaten eine neue Arbeitsstelle an und hat inzwischen eine Etage des Hauses vermieten können. Kann S die Zwangsversteigerung verhindern?

I. Voraussetzungen der Anordnung

1. Antrag an das zuständige Vollstreckungsorgan

a) *Zuständiges Vollstreckungsorgan* ist das Amtsgericht (Vollstreckungsgericht), in dessen Bezirk das Grundstück belegen ist (§ 1 I ZVG). Dort wird der Rechtspfleger tätig (§ 3 Nr.1 i RPflG).

Bei der Zwangsversteigerung von Schiffen und Schiffsbauwerken bestimmt sich die örtliche Zuständigkeit danach, in welchem Bezirk sie sich befinden (§§ 163 I, 170a II 1, 171 II 1 ZVG).

b) Wie jede andere Zwangsvollstreckungsmaßnahme setzt die Einleitung der Zwangsversteigerung einen *Antrag des Gläubigers* voraus. Der Antrag ist mündlich zu Protokoll des Urkundsbeamten der Geschäftsstelle oder schriftlich zu stellen. Er soll das Grundstück, den Eigentümer, den Anspruch und den vollstreckbaren Titel bezeichnen (§ 16 I ZVG).

Beizufügen sind die für den Beginn der Zwangsvollstreckung erforderlichen Urkunden (§ 16 II ZVG). Dazu gehören etwa der Vollstreckungstitel und der Nachweis über die Zustellung des Titels.

2. Prozeßvoraussetzungen und allgemeine Vollstreckungsvoraussetzungen

854

Das Vollstreckungsgericht prüft, ob die Prozeßvoraussetzungen (Rdnr. 18 ff.) und die allgemeinen Voraussetzungen der Zwangsvollstreckung (Rdnr. 29 ff.) gegeben sind.

Bei den Prozeßvoraussetzungen ist besonders das *Rechtsschutzbedürfnis* von Bedeutung. Dieses kann fehlen, wenn die Zwangsversteigerung wegen einer geringfügigen Forderung (sog. Bagatellforderung) betrieben wird (vgl. *Schiffhauer*, ZIP 1981, 832 ff., sowie das Sondervotum *Böhmers*, BVerfGE 49, 220, 228 ff.). Grundsätzlich darf der Gläubiger jedoch selbst wegen einer geringfügigen Forderung die Anordnung der Zwangsversteigerung beantragen, da das durch keine gesetzliche Bestimmung ausgeschlossen wird und das Erkenntnisverfahren bei Bagatellforderungen ansonsten ins Leere laufen könnte (BGH NJW 1973, 894; *Steiner/Hagemann*, §§ 15, 16 Rdnr. 128). In Ausnahmefällen überwiegt aber das Schutzinteresse des Schuldners, wenn der Gläubiger etwa wegen eines geringfügigen Restbetrages in Höhe von 10,— DM ein wertvolles Grundstück des Schuldners versteigern lassen will (*Zeller/Stöber*, § 1 Rdnr. 61, 3 e; Fall a).

Im übrigen ist das Gericht immer dann, wenn es sich um eine gegenüber dem Verkehrswert des Grundstücks geringe Forderung des Gläubigers handelt, verpflichtet, den Schuldner nach § 139 darüber aufzuklären, daß er einen Vollstreckungsschutzantrag nach § 765a I stellen kann (vgl. *Schiffhauer*, ZIP 1981, 836 f.). Zudem muß das Gericht den Schuldner gem. § 30b I 2 ZVG über dessen Recht zur Stellung eines Einstellungsantrages nach § 30a I ZVG belehren.

855   3. Eintragung des Schuldners im Grundbuch

Die Anordnung der Zwangsversteigerung setzt weiter voraus, daß der Schuldner als Eigentümer eingetragen oder Erbe des eingetragenen Eigentümers ist (§ 17 I ZVG). Die Eintragung des Schuldners ist durch ein Zeugnis des Grundbuchamtes oder, falls Vollstreckungsgericht und Grundbuchamt demselben Amtsgericht angehören, durch Bezugnahme auf das Grundbuch nachzuweisen (§ 17 II ZVG). Die Erbfolge ist durch Urkunden glaubhaft zu machen, sofern sie nicht bei dem Gericht offenkundig ist (§ 17 III ZVG).

Ist der Schuldner Eigentümer des Grundstücks, aber nicht im Grundbuch eingetragen, kommt es darauf an, ob der Gläubiger wegen eines persönlichen oder wegen eines dinglichen Anspruchs die Zwangsversteigerung beantragt.

Der *persönliche* Gläubiger muß zunächst die Berichtigung des Grundbuchs erwirken. Er kann gem. §§ 14, 22 II GBO einen Berichtigungsantrag stellen und sich die dazu erforderlichen Urkunden aufgrund von § 792 erteilen lassen. Wenn der persönliche Gläubiger die Unrichtigkeit des Grundbuchs nicht durch öffentliche oder öffentlich beglaubigte Urkunden nachweisen kann (vgl. § 29 I GBO), hat er noch die Möglichkeit, den Berichtigungsanspruch des Schuldners (§ 894 BGB) nach § 857 (Rdnr. 716, 722) pfänden und sich zur Einziehung überweisen zu lassen (*Steiner/Hagemann*, § 17 Rdnr. 11). Macht er diesen Anspruch durch Klage geltend, ersetzt ein obsiegendes Urteil die Berichtigungsbewilligung des Eingetragenen (§ 894; Rdnr. 1115).

Der *dingliche* Gläubiger kann gegen den im Grundbuch Eingetragenen vorgehen, da dieser ihm gegenüber als Eigentümer gilt (§ 1148, 1 BGB). Voraussetzung ist allerdings, daß ein gegen den Eingetragenen lautender Vollstreckungstitel vorliegt. Will der Gläubiger gegen den wahren Eigentümer klagen und vollstrecken, ist dagegen eine vorherige Grundbuchberichtigung erforderlich (*Steiner/Hagemann*, § 17 Rdnr. 12).

856   II. Anordnungsbeschluß und Versteigerungsvermerk

1. Anordnungsbeschluß

Liegen die genannten Voraussetzungen vor, ordnet das Gericht die Zwangsversteigerung des Grundstücks durch Beschluß an. Dieser muß das Grundstück, den Eigentümer, den Anspruch und den vollstreckbaren Titel bezeichnen (vgl. § 16 I ZVG). Der Beschluß wird von Amts wegen dem

Schuldner zugestellt (vgl. §§ 3, 8, 22 I 1 ZVG). Eine Zustellung an den Gläubiger ist nur erforderlich, wenn seinem Antrag nicht (voll) entsprochen worden ist; sonst reicht eine formlose Mitteilung aus (*Steiner/Hagemann*, §§ 15, 16 Rdnr. 237).

Nach § 30b I 3 ZVG ist dem Schuldner möglichst zugleich mit dem Anordnungsbeschluß ein Hinweis über sein Recht zur Stellung eines Einstellungsantrages (Rdnr. 879) zuzustellen.

2. Versteigerungsvermerk   857

Das Vollstreckungsgericht hat, ohne die Zustellung des Anordnungsbeschlusses abzuwarten, das Grundbuchamt zu ersuchen, die Anordnung der Zwangsversteigerung im Grundbuch einzutragen (§ 19 I ZVG). Das Grundbuchamt muß den Versteigerungsvermerk im Grundbuch eintragen, ohne die Vollstreckungsvoraussetzungen zu prüfen (*Dassler/Schiffhauer/Gerhardt*, § 19 Anm. 2).

Außerdem hat das Grundbuchamt dem Vollstreckungsgericht eine beglaubigte Abschrift des Grundbuchblatts und bestimmte, für das weitere Verfahren wichtige Auskünfte zu erteilen (vgl. § 19 II, III ZVG).

III. Rechtswirkungen der Anordnung   858

Der Anordnungsbeschluß gilt zugunsten des Gläubigers als Beschlagnahme des Grundstücks (§ 20 I ZVG).

1. Zeitpunkt des Wirksamwerdens der Beschlagnahme

Das Wirksamwerden der Beschlagnahme richtet sich nach dem Zeitpunkt, in dem der Anordnungsbeschluß dem Schuldner zugestellt wird (§ 22 I 1 ZVG).

Wenn das Ersuchen um Eintragung des Versteigerungsvermerks dem Grundbuchamt früher zugeht, als die Zustellung des Beschlusses an den Schuldner erfolgt, wird die Beschlagnahme allerdings schon mit dem früheren Zeitpunkt wirksam, sofern die Eintragung des Versteigerungsvermerks demnächst vorgenommen wird (§ 22 I 2 ZVG).

2. Umfang der Beschlagnahme   859

a) *Von der Beschlagnahme erfaßt* werden das Grundstück sowie die Gegenstände, auf die sich bei einem Grundstück die Hypothek erstreckt

(§ 20 II ZVG). Der Haftungsverband der Hypothek richtet sich nach den §§ 1120 ff. BGB. Beschlagnahmt werden also:

— die von dem Grundstück getrennten Erzeugnisse und sonstigen Bestandteile, soweit sie nicht mit der Trennung nach §§ 954—957 BGB in das Eigentum eines anderen als des Eigentümers oder Eigenbesitzers des Grundstücks gelangt sind (Rdnr. 222 f.),
— das dem Eigentümer gehörende Zubehör des Grundstücks (Rdnr. 216) sowie das vor der Beschlagnahme veräußerte, aber nicht aus dem Haftungsverband ausgeschiedene Zubehör (Rdnr. 220; vgl. BGH NJW 1986, 59),
— bestimmte Versicherungsforderungen (vgl. §§ 1127 ff. BGB), die an die Stelle der haftenden Gegenstände getreten sind, soweit sie nicht nach § 21 I ZVG beschlagnahmefrei geblieben sind (vgl. Rdnr. 519).

b) *Nicht erfaßt* werden von der Beschlagnahme bei der Zwangsversteigerung die Erträge des Grundstücks; denn die Verwaltung und Nutzung des Grundstücks soll dem Schuldner verbleiben. Deshalb schränkt § 21 ZVG den Umfang der Beschlagnahme ein. Danach umfaßt die Beschlagnahme land- und forstwirtschaftliche Erzeugnisse sowie die Forderung aus einer Versicherung solcher Erzeugnisse nur, soweit die Erzeugnisse noch mit dem Boden verbunden oder soweit sie Zubehör des Grundstücks sind (§ 21 I ZVG). Nicht erfaßt werden nach § 21 ZVG die Miet- und Pachtzinsforderungen sowie die Ansprüche aus einem mit dem Eigentum an dem Grundstück verbundenen Rechte auf wiederkehrende Leistungen. Auf die genannten Vermögensstücke kann durch Zwangsverwaltung zugegriffen werden (§§ 148 I 1, 21 II, III ZVG).

Außerdem sind die Enthaftungstatbestände der §§ 1121 f. BGB zu beachten. Danach kommt sowohl beim Grundstückszubehör als auch bei den Erzeugnissen und sonstigen Bestandteilen des Grundstücks eine Enthaftung etwa durch Entfernung und Veräußerung in Betracht (Einzelheiten: Rdnr. 217 ff., 224 ff.).

860   **3. Wirkungen der Beschlagnahme**

Durch die Beschlagnahme erhält der Gläubiger ein Recht auf Befriedigung aus dem Grundstück; außerdem entsteht für den Schuldner ein relatives Veräußerungsverbot.

a) Das *Recht auf Befriedigung* aus dem Grundstück steht dem Gläubiger gegenüber dem Schuldner und den rangschlechteren Gläubigern zu (§§ 10 I Nr. 5, 11 II ZVG). Zwar bewirkt die Beschlagnahme — wie die Pfändung beweglicher Sachen (Rdnr. 361 ff.) — eine Verstrickung des Grundstücks, aber kein Pfändungspfandrecht des Gläubigers (*A. Blomeyer*, § 75 III 2 m.N. in FN 19). Das Befriedigungsrecht wirkt also nicht gegen Dritte.

Wird das beschlagnahmte Hausgrundstück durch einen Dritten schuldhaft beschädigt und fällt dadurch der Gläubiger bei der Verteilung des Versteigerungserlöses ganz oder teilweise aus, hat er demnach gegen den Dritten keinen Schadensersatzanspruch wegen Verletzung seines Befriedigungsrechts (*A. Blomeyer*, § 75 III 2 b).

Im Konkurs des Schuldners steht jedoch das Befriedigungsrecht einem Pfändungspfandrecht gleich und gibt dem Gläubiger ein Recht auf abgesonderte Befriedigung (§§ 13,47 KO).

b) Das *relative Veräußerungsverbot* ergibt sich aus § 23 I 1 ZVG.   **861**

(1) Der Vollstreckungsschuldner ist nur zum Schutz des betreibenden Gläubigers in seiner Verfügungsbefugnis beschränkt. Trifft der Schuldner über das Grundstück oder über einen zum Haftungsverband gehörenden Gegenstand eine Verfügung, ist diese nur gegenüber dem Gläubiger unwirksam, *zu dessen Gunsten die Beschlagnahme erfolgt* ist (vgl. §§ 136, 135 BGB; AT Rdnr. 300 ff.).

Tritt ein Gläubiger dem Zwangsversteigerungsfahren bei (vgl. § 27 ZVG; Rdnr. 867 ff.), kommt es für die Wirksamkeit der Verfügung des Schuldners darauf an, ob der Beitritt vor oder nach der Verfügung erfolgt.

(2) Vom relativen Veräußerungsverbot gibt es folgende *Ausnahmen:*   **862**

(a) Erstreckt sich die Beschlagnahme auf bewegliche Sachen, kann der Schuldner über einzelne Stücke wirksam verfügen, wenn die *Verfügung sich innerhalb der Grenzen einer ordnungsmäßigen Wirtschaft* hält (§ 23 I 2 ZVG).

(b) Trotz des relativen Veräußerungsverbots ist gem. § 135 II BGB ein   **863** *gutgläubiger Erwerb eines Dritten* möglich. Nach dieser Vorschrift bleibt der verbotswidrige Erwerb einer Sache grundsätzlich auch gegenüber dem durch das Verbot Geschützten wirksam. Jedoch verdient der bösgläubige Erwerber keinen Schutz. Hier ist zu unterscheiden:

(aa) Beim Erwerb des *Grundstücks* oder eines *Grundstücksrechts* schadet positive Kenntnis des Veräußerungsverbots oder Eintragung des Zwangsversteigerungsvermerks im Grundbuch (vgl. §§ 892 f. BGB). Allerdings wird dieser Gutglaubensschutz durch § 23 II 1 ZVG eingeschränkt; danach schadet schon die Kenntnis des Erwerbers vom Versteigerungsantrag.

(bb) Beim Erwerb von *beweglichen Sachen*, die von der Beschlagnahme erfaßt sind, schadet dem Erwerber positive Kenntnis und grobfahrlässige Unkenntnis (§ 932 II BGB). Sobald aber der Versteigerungsvermerk im Grundbuch eingetragen ist, gilt die Beschlagnahme der mithaftenden beweglichen Sachen als bekannt (§ 23 II 2 ZVG; vgl. auch Rdnr. 219 ff., 225 ff.).

(cc) Beim Erwerb von *Forderungen,* die — wie etwa eine Versicherungsforderung — der Beschlagnahme unterliegen, scheidet ein gutgläubiger Erwerb aus.

Allerdings wird ein gutgläubiger Drittschuldner geschützt, der an den Vollstreckungsschuldner oder den Erwerber leistet. Er wird nur dann von seiner Schuld nicht frei, wenn ihm die Beschlagnahme bekannt geworden oder ihm ein Verbot, an den Schuldner zu zahlen, zugestellt worden ist (§ 22 II 2 ZVG).

864   **4. Verfahren bei Grundstücksveräußerung nach der Beschlagnahme**

Wird nach dem Wirksamwerden der Beschlagnahme (Rdnr. 858) das Grundstück veräußert, richtet sich das weitere Verfahren des Vollstreckungsgerichts danach, ob die Zwangsversteigerung wegen eines eingetragenen Rechts oder wegen einer persönlichen Forderung betrieben wird.

a) Bei der Zwangsversteigerung wegen des *Anspruchs aus einem eingetragenen Recht* (z.B. Hypothek, Grundschuld) hat eine nach der Beschlagnahme bewirkte Veräußerung des Grundstücks auf den Fortgang des Verfahrens gegen den Schuldner keinen Einfluß (§ 26 ZVG; Fall b). Eine Umschreibung des dinglichen Titels (vgl. §§ 727, 325; Rdnr. 115, 118) ist nicht erforderlich. Diese Bevorzugung des dinglichen Gläubigers ist deshalb gerechtfertigt, weil der Erwerber des Grundstücks eingetragene Rechte aus dem Grundbuch ersehen kann und damit rechnen muß, daß die Zwangsversteigerung bereits eingeleitet ist.

Im Fall b hat der Erwerber D die Möglichkeit, mit der Drittwiderspruchsklage (§ 771) gegen die Vollstreckung vorzugehen, wenn die Hypothek des betreibenden Gläubigers nicht wirksam bestellt worden ist. Diese Klage hat jedoch nur dann Aussicht auf Erfolg, wenn der dingliche Titel nicht gegen den Erwerber wirkt. Hier ist § 325 zu beachten. Nach § 325 I wirkt die Rechtskraft des Urteils auch gegen den Rechtsnachfolger des Beklagten. Zwar sieht § 325 II einen Schutz des guten Glaubens an das Recht des Rechtsvorgängers und das Nichtbestehen der Rechtshängigkeit vor. Aber der Erwerber wird nicht geschützt, wenn das Urteil einen Anspruch aus einer eingetragenen Hypothek betrifft (§ 325 III 1), weil der Erwerber des Grundstücks mit der Rechtshängigkeit immer rechnen muß. Demnach ist die Klage ohne Erfolg, wenn der Titel in einem rechtskräftigen Urteil besteht. Handelt es sich bei dem Titel dagegen um eine vollstreckbare Urkunde (§ 794 I Nr. 5, II, § 800; Rdnr. 87 ff.), wird D obsiegen.

865   b) Bei der Zwangsversteigerung wegen einer *persönlichen Forderung* kommt es für das Verfahren des Vollstreckungsgerichts darauf an, ob der

Eigentumswechsel oder der Versteigerungsvermerk eher im Grundbuch eingetragen worden ist; denn das Vollstreckungsgericht richtet sich nach der Reihenfolge der Eintragungen (vgl. *Zeller/Stöber,* § 23 Rdnr. 2 [4]).

(1) Erfolgt die Eintragung des Erwerbs *vor* der Eintragung des Versteigerungsvermerks, geht das Gericht von der Wirksamkeit der Eigentumsübertragung aus; das Versteigerungsverfahren wird gem. § 28 ZVG von Amts wegen entweder sofort aufgehoben oder unter Bestimmung einer Frist, innerhalb welcher der Gläubiger die Behebung des Hindernisses nachzuweisen hat, einstweilen eingestellt (vgl. Rdnr. 872, 877).

Hat der Erwerber relativ unwirksames Eigentum erlangt, weil ihm z.B. die Beschlagnahme des Grundstücks bekannt war, steht es dem Gläubiger frei, ihn auf Duldung der Zwangsvollstreckung zu verklagen.

(2) Erfolgt die Eintragung des Erwerbs *nach* der Eintragung des Versteigerungsvermerks, geht das Gericht von der (relativen) Unwirksamkeit des Erwerbs aus. Das Versteigerungsverfahren geht also weiter.   866

Im Fall c greift wegen der bindenden Einigungserklärung und des Eintragungsantrags § 878 BGB ein. Danach wird die von S abgegebene Erklärung nicht dadurch unwirksam, daß S (durch den Anordnungsbeschluß) in der Verfügung beschränkt wird. Deshalb ist die (später erfolgende) Beschlagnahme dem D gegenüber nicht wirksam. Diesem ist zu raten, Drittwiderspruchsklage (§ 771) gegen den die Zwangsversteigerung betreibenden Gläubiger zu erheben, um die Aufhebung der Beschlagnahme zu erreichen.

5. Beitritt nach der Anordnung   867

Die Anordnung der Zwangsversteigerung eines Grundstücks des Schuldners hindert einen oder mehrere Gläubiger des Schuldners nicht daran, ebenfalls die Zwangsversteigerung desselben Grundstücks zu betreiben. Der Antrag eines weiteren Gläubigers auf Zwangsversteigerung führt nicht zu einem (gegenüber dem bereits laufenden Verfahren) zweiten Zwangsversteigerungsverfahren. Vielmehr handelt es sich selbst bei mehreren betreibenden Gläubigern um ein einziges, einheitlich gestaltetes Verfahren zur Versteigerung desselben Grundstücks. Der Gläubiger tritt dem bereits anhängigen Zwangsversteigerungsverfahren bei (vgl. § 27 ZVG).

a) Die *Zulassung des Beitritts setzt voraus,* daß ein weiterer Antrag auf Zwangsversteigerung nach deren Anordnung gestellt wird. Dieser Antrag hat sich auf denselben Vollstreckungsgegenstand zu beziehen und muß auf dieselbe Verfahrensart gerichtet sein.

Wird beispielsweise ein Zwangsverwaltungsverfahren durchgeführt, hat ein Antrag auf Zwangsversteigerung desselben Grundstücks nicht die Zulassung des Beitritts zur

Folge. Vielmehr wird neben der Zwangsverwaltung ein selbständiges Zwangsversteigerungsverfahren betrieben.

Außerdem müssen die Prozeß- und Vollstreckungsvoraussetzungen wie bei der Anordnung (Rdnr. 854) gegeben sein.

868   b) Die *Zulassung erfolgt durch Beschluß* (§ 27 I 1 ZVG). Durch Zustellung des Beitrittsbeschlusses an den Schuldner tritt die Beschlagnahmewirkung zugunsten des beitretenden Gläubigers ein (*Jaeckel/Güthe,* § 27 Rdnr. 5). Ein Wirksamwerden im Zeitpunkt des Zugangs des Eintragungsersuchens beim Grundbuchamt (vgl. § 22 I 2 ZVG; Rdnr. 858 a.E.) scheidet hier aus; denn eine Eintragung der Beitrittsanordnung in das Grundbuch findet nicht statt (§ 27 I 2 ZVG), weil der bereits eingetragene Versteigerungsvermerk auch zugunsten des Beitretenden wirkt.

869   c) Der *Zulassungsbeschluß bewirkt,* daß der Gläubiger, dessen Beitritt zugelassen ist, dieselben Rechte hat, wie wenn auf seinen Antrag die Versteigerung angeordnet wäre (§ 27 II ZVG). Die Rechtsstellung des beitretenden Gläubigers ist von der des ersten Antragstellers unabhängig. Nimmt dieser etwa seinen Versteigerungsantrag zurück, wird das Verfahren für den beitretenden Gläubiger fortgesetzt.

870   IV. Aufhebung der Versteigerung

1. Abgrenzung von der Einstellung

Die Aufhebung beendet das Zwangsversteigerungsverfahren und entzieht den Beteiligten alle bisher im Verfahren entstandenen Rechtspositionen; eine Fortsetzung des Verfahrens ist nicht möglich.

Die einstweilige Einstellung beendet das Verfahren nicht; die Rechte der Beteiligten bleiben gewahrt. Das Verfahren wird fortgesetzt, wenn etwa der Einstellungsgrund nicht mehr besteht.

Nach § 28, 1 ZVG hat das Gericht beim Bekanntwerden eines der Zwangsversteigerung entgegenstehenden Rechtes »das Verfahren entweder sofort aufheben oder ... einstweilen einzustellen«. Daraus ist nicht zu entnehmen, daß es im freien Ermessen des Gerichts liegt, ob es das Verfahren aufhebt oder einstellt. Vielmehr kommt eine Aufhebung etwa nur dann in Betracht, wenn der die Zwangsversteigerung hindernde Grund nicht zu beseitigen ist. Sofern dagegen das Hindernis ausgeräumt werden kann, hat eine einstweilige Einstellung zu erfolgen.

871   2. Aufhebungsgründe

a) Bei *Zurücknahme des Versteigerungsantrags* durch den Gläubiger ist das Verfahren von Amts wegen aufzuheben (§ 29 ZVG). Sie ist bis zur Verkündung des Zuschlags möglich (vgl. RGZ 89, 426; *Dassler/Schiffhauer/ Gerhardt,* § 29 Anm. I 1).

Betreiben mehrere Gläubiger die Zwangsversteigerung und nimmt nur einer von ihnen seinen Antrag zurück, wird das Verfahren zugunsten der anderen Gläubiger fortgesetzt.

Eine (auf einen Teil des Zwangsversteigerungsgegenstandes) beschränkte Zurücknahme ist zulässig. Sie liegt z.B. dann vor, wenn der Gläubiger das Eigentum eines Dritten an einem Zubehörstück anerkennt und dieses freigibt. Dann ist das Verfahren in bezug auf dieses Stück aufzuheben (*Dassler/ Schiffhauer/Gerhardt,* § 29 Anm. I 3).

Als Rücknahme des Versteigerungsantrags gilt nach § 30 I 3 ZVG auch eine Einstellungsbewilligung des Gläubigers, wenn das Verfahren vorher bereits zweimal aufgrund einer Bewilligung des Gläubigers eingestellt worden ist.

b) Wird dem Vollstreckungsgericht, dem nach § 19 II ZVG vom Grund-   **872** buchamt eine beglaubigte Abschrift des Grundbuchblatts zu übersenden ist, ein aus dem Grundbuch ersichtliches *der Zwangsversteigerung entgegenstehendes Recht* bekannt, muß das Verfahren von Amts wegen aufgehoben werden, sofern diesem das Recht dauernd entgegensteht (§ 28, 1 ZVG).

Beispiel: Ein Dritter ist Eigentümer des beschlagnahmten Grundstücks geworden und vor dem Versteigerungsvermerk im Grundbuch eingetragen worden.

Im Fall d steht die Auflassungsvormerkung allein der Versteigerung nicht entgegen; denn sie stellt nur die dingliche Sicherung des schuldrechtlichen Auflassungsanspruchs dar. Jedoch wirkt die Eintragung des D als Eigentümer gem. § 883 III BGB auf den Zeitpunkt der Eintragung der Vormerkung zurück. Das Versteigerungsverfahren ist also aufzuheben, weil ihm das Eigentum des D entgegensteht (vgl. *Dassler/ Schiffhauer/Gerhardt,* § 28 Anm. 3c; BGHZ 46, 124, 127).

c) Mit der *Konkurseröffnung* ist ein Vollstreckungshindernis entstanden,   **873** das eine Einzelvollstreckung wegen einer Konkursforderung ausschließt (§ 14 I KO; Rdnr. 188; wegen anderer Forderungen: Rdnr. 190). Deshalb ist das Zwangsversteigerungsverfahren aufzuheben, wenn die Beschlagnahme erst nach der Konkurseröffnung wirksam wird.

Jedoch bleibt eine vor Eröffnung des Konkurses erfolgte Beschlagnahme wirksam (§ 13, 2. Halbs. KO). Dabei kann die Beschlagnahme nach § 22 I ZVG auch mit dem Zeitpunkt wirksam werden, in dem das Ersuchen um Eintragung des Versteigerungsvermerks dem Grundbuchamt zugeht (*Steiner/Teufel,* § 23 Rdnr. 48; *Zeller/Stöber,* § 22 Rdnr. 2 [5]; anders die h.M.: *Dassler/Schiffhauer/Gerhardt,* § 20 Anm. 2; *Jaeckel/ Güthe,* § 23 Rdnr. 12; *Korintenberg/Wenz,* § 23 Anm. 6). Ist also der Konkurs nach dem Eingang des Eintragungsersuchens eröffnet worden, steht er der Zwangsversteigerung nicht entgegen.

d) Hat das *Prozeßgericht die Zwangsvollstreckung für unzulässig erklärt*   **874** (vgl. z.B. § 775 Nr. 1; Rdnr. 175), ist die Zwangsversteigerung ebenfalls aufzuheben. Die Wirksamkeit der Aufhebung kann von der Rechtskraft des Aufhebungsbeschlusses abhängig gemacht werden (Einzelh.: *Steiner/Eickmann*, § 28 Rdnr. 80, 143).

875   **3. Verfahren**

a) Die Aufhebung erfolgt durch *Beschluß des Vollstreckungsgerichts.* Dieser ist dem Schuldner, dem Gläubiger und, wenn die Anordnung von einem Dritten beantragt war, auch diesem zuzustellen (§ 32 ZVG). Das Grundbuchamt wird um Löschung des Versteigerungsvermerks ersucht (§ 34 ZVG).

Wenn ein Grund zur Aufhebung des Verfahrens vorliegt, darf nach dem Schluß der Versteigerung (vgl. § 73 II 1 ZVG) die Entscheidung nur auf Versagung des Zuschlags lauten (§ 33 ZVG). Dadurch sollen die Bieter geschützt werden; denn bei einer Aufhebung nach dem Schluß der Versteigerung würden alle Gebote sofort erlöschen (§ 72 III ZVG), während sie bei einer Versagung des Zuschlags erst mit deren Rechtskraft erlöschen (§ 86 ZVG).

b) Gegen den Beschluß ist die *sofortige Rechtspflegererinnerung* gegeben (§ 95 ZVG, § 11 I RPflG), sofern eine Anhörung erfolgt oder die Aufhebung abgelehnt worden ist; andernfalls kommt die *Vollstreckungserinnerung* (§ 766) in Betracht.

876   **V. Einstweilige Einstellung der Versteigerung**

1. Einstellungsgründe

a) Die *Einstellungsbewilligung des Gläubigers* führt zur einstweiligen Einstellung des Verfahrens (Einzelh.: § 30 ZVG).

877   b) Bei einem *der Zwangsvollstreckung entgegenstehenden Recht,* das aus dem Grundbuch ersichtlich ist, kommt nur eine einstweilige Einstellung des Verfahrens in Betracht, wenn eine Beseitigung des Hindernisses möglich erscheint. Dann ist dem Gläubiger eine Frist zu bestimmen, binnen der er die Behebung des Hindernisses nachzuweisen hat. Nach fruchtlosem Ablauf der Frist ist das Verfahren aufzuheben (§ 28 ZVG).

Beispielsweise kann das Nacherbenrecht der Zwangsversteigerung durch einen Gläubiger des Vorerben entgegenstehen. Nach § 2115, 1 BGB ist eine Verfügung über einen Erbschaftsgegenstand, die im Wege der Zwangsvollstreckung erfolgt, bei Eintritt der Nacherbfolge insoweit unwirksam, als sie das Recht des Nacherben vereiteln oder beeinträchtigen würde (ErbR Rdnr. 353). Ist ein Nacherbenvermerk im Grundbuch eingetragen (vgl. § 51 GBO), stellt das Vollstreckungsgericht das Verfahren ein und setzt dem Gläubiger eine Frist, innerhalb der er die Zustimmung des Nacherben oder einen gegen diesen gerichteten Titel nachzuweisen hat.

c) Wird eine *Urkunde* vorgelegt, aus der sich ergibt, daß der *Gläubiger*   **878**
befriedigt ist oder *Stundung bewilligt* hat (vgl. § 775 Nr. 4 u. 5; Rdnr. 182 f.),
ist das Verfahren von Amts wegen einzustellen; das gilt auch, wenn eine
gerichtliche Entscheidung etwa eine *einstweilige Einstellung* anordnet (§ 775
Nr. 2; Rdnr. 180) und nicht ausdrücklich eine Aufhebung angeordnet worden ist (§ 776, 2).

Beispiel: Im Rahmen einer Vollstreckungsgegenklage (§ 767; Rdnr. 1312 ff.) hat das
Prozeßgericht auf Antrag des klagenden Schuldners eine einstweilige Einstellung der
Zwangsvollstreckung angeordnet (§ 769).

d) Auf Antrag des Schuldners kommt *aus Gründen des Schuldnerschutzes*   **879**
eine Einstellung auf die Dauer von höchstens sechs Monaten in Betracht
(Einzelh.: §§ 30a ff. ZVG). Neben § 30a ZVG ist auch § 765a anwendbar
(vgl. BGHZ 44, 138, 141); in einem Antrag nach § 30a ZVG kann zugleich
ein Antrag auf Vollstreckungsschutz nach § 765a gesehen werden (vgl.
BVerfGE 49, 220, 225). Unter den Voraussetzungen des § 30c ZVG vermag
auch der Konkursverwalter eine Einstellung zu erreichen.

Im Fall e kann S einen Antrag auf einstweilige Einstellung gem. § 30a ZVG innerhalb einer Notfrist von zwei Wochen stellen (§ 30b I ZVG). Der Antrag wäre begründet, da Aussicht besteht, daß S während der Einstellung seine Schuld begleicht und
damit eine Versteigerung vermieden wird; die Einstellung entspricht auch der Billigkeit, weil S seine Arbeitslosigkeit nicht zu verantworten hat (vgl. § 30a I ZVG). Andererseits sind keine Gesichtspunkte erkennbar, welche die Einstellung für G unzumutbar erscheinen lassen (vgl. § 30a II ZVG).

e) *Zahlt* der Schuldner oder ein berechtigter Dritter den zur Befriedigung   **880**
des Gläubigers und zur Deckung der Kosten erforderlichen Geldbetrag an
das Gericht, wird von Amts wegen das Verfahren eingestellt (§ 75 ZVG).

Weitere Einstellungsfälle: §§ 76, 77 I ZVG sowie §§ 83, 85, 85a i.V.m. § 86 ZVG.

2. Verfahren   **881**

a) Die Einstellung des Verfahrens erfolgt ebenso wie die Aufhebung
durch *Beschluß des Vollstreckungsgerichts;* dieser ist dem Schuldner und dem
Gläubiger zuzustellen (§ 32 ZVG; vgl. auch § 33 ZVG; Rdnr. 875).

b) Die *Fortsetzung* eines eingestellten Verfahrens geschieht grundsätzlich   **882**
nur auf Antrag, den der Gläubiger innerhalb von sechs Monaten stellen muß

(§ 31 I ZVG; zum Fristbeginn vgl. § 31 II, III, 2. Halbs. ZVG). Wird der Antrag nicht fristgerecht eingereicht, ist das Verfahren aufzuheben (§ 31 I 2 ZVG). Um den Gläubiger vor dieser nachteiligen Rechtsfolge zu schützen, soll das Vollstreckungsgericht ihn auf den Fristbeginn und die Folgen eines fruchtlosen Fristablaufs hinweisen; die Frist beginnt erst nach ordnungsgemäßer Belehrung zu laufen (§ 31 III ZVG).

In Ausnahmefällen (z.B. § 769 II 2; Rdnr. 1362) wird das eingestellte Verfahren von Amts wegen fortgesetzt. Ein entsprechender Antrag des Gläubigers ist dann nicht erforderlich.

Die Entscheidung über die Fortsetzung eines eingestellten Verfahrens ergeht durch Beschluß des Vollstreckungsgerichts. Das ist zwar nicht ausdrücklich im Gesetz geregelt, empfiehlt sich aber zur Klarstellung (vgl. *Zeller/Stöber,* § 31 Rdnr. 3 [15]).

883   c) Gegen einen Einstellungs- und Fortsetzungsbeschluß kann mit der *befristeten Rechtspflegererinnerung* (§ 11 I 2 RPflG) vorgegangen werden (§ 95 ZVG), wenn der Antragsgegner gehört oder ein Gesuch abgelehnt worden ist. In anderen Fällen ist die *Erinnerung* (§ 766) gegeben.

884   ## § 28   Der Versteigerungstermin

Schrifttum: *Büchmann,* Schuldnerschutz bei der Vorbereitung des Zwangsversteigerungstermins, ZIP 1985, 138; *Drischler,* Der ergebnislose Versteigerungstermin, JurBüro 1967, 966; *ders.,* Das Altenteil in der Zwangsversteigerung, Rpfleger 1983, 229; *ders.,* Zur Festsetzung des Verkehrswertes in der Zwangsversteigerung, Rpfleger 1983, 99; *Eickmann,* Vormundschaftsgerichtliche Genehmigungen im Zwangsversteigerungsverfahren, Rpfleger 1983, 199; *Graba/Teufel,* Anwartschaftsrecht am Zubehör in der Grundstücksversteigerung, Rpfleger 1979, 401; *Hagemann,* Gleichzeitige Abhaltung mehrerer Versteigerungstermine durch denselben Rechtspfleger, Rpfleger 1984, 256; *Holthöfer,* Zur Frage der sofortigen Sicherheitsleistung in der Zwangsversteigerung, JR 1958, 337; *Jansen,* Rangvorbehalt und Zwangsvollstreckung, AcP 152, 508; *Leßmann,* Schadensersatzpflicht nach Irrtumsanfechtung des Meistbietenden – BGH, NJW 1984, 1950, JuS 1986, 112; *Mayer,* Die Behandlung einer Vereinbarung über das Bestehenbleiben von Rechten (§ 91 ZVG) im Verteilungstermin, Rpfleger 1969, 3; *Möschel,* Die Eigentumsanwartschaft an Zubehörstücken in der Grundstückszwangsversteigerung, BB 1970, 237; *Mümmler,* Bestandteil und Zubehör im Zwangsversteigerungsverfahren, JurBüro 1971, 805; *ders.,* Ansprüche im Zwangsversteigerungsverfahren, wenn unzulässigerweise Zubehör gepfändet und verwertet wird, JurBüro 1977, 779; *Muth,* Zur Zuschlagserteilung nach § 85a Abs. 3 ZVG, Rpfleger 1985, 45; *Plander,* Die Erstreckung der Hypothekenhaftung auf bewegliche Sachen und deren Enthaftung nach §§ 1121 f., 135 II, 136, 932 f., 936 BGB, JuS 1975, 345; *Pöschl,* Sicherheitsleistung in der Zwangsversteigerung, BB 1963, 957; *Riedel,*

Die Anmeldungen im Laufe des Zwangsversteigerungsverfahrens, JurBüro 1974, 689; *Riggers,* Zur Anfechtung von Geboten in der Zwangsversteigerung, JurBüro 1970, 359; *Ripfel,* Zur Löschungsvormerkung im Zwangsversteigerungsverfahren, JurBüro 1970, 121; *Ruland,* Wegfall des Erbbauzinses in der Zwangsversteigerung, NJW 1983, 96; *Schalhorn,* Der Rang der Grundpfandrechtszinsen im geringsten Gebot der Zwangsversteigerung, JurBüro 1971, 121; *Scherer,* Die Anrechnung der Sicherungsgrundschuld bei § 85a ZVG, Rpfleger 1984, 259; *Schiffhauer,* Zur Anfechtung eines Gebotes wegen Irrtums, Rpfleger 1972, 341; *ders.,* Muß in jedem Fall der Verkehrswert gem. § 74a Abs. 5 ZVG festgesetzt werden?, MDR 1963, 901; *H.-J. Schmidt,* Grundpfandrechte und geringstes Gebot in der Zwangsversteigerung von Grundstükken, 1953; *ders.,* Das geringste Gebot bei Fortsetzung eingestellter Zwangsversteigerung, DRiZ 1959, 119; *Schneider,* Die Bietstunde, JurBüro 1974, 1094; *Sichtermann,* Die Ausbietungsgarantie als Sicherungsmittel in der Grundstückszwangsversteigerung, 4. Aufl., 1978; *Stöber,* Änderung der Versteigerungsbedingungen während der Bietstunde, ZIP 1981, 944; *Stoll,* Das Vorkaufsrecht in der Zwangsversteigerung, BB 1953, 49; *Storz,* Besondere Gefahrenquellen in der Zwangsversteigerung für den Rechtsanwalt als Berater eines Gläubigers, ZIP 1980, 1049; 1981, 16; *ders.,* Die nicht voll valutierte Sicherungsgrundschuld in der Zwangsversteigerung, ZIP 1980, 506; *ders.,* Nochmals: Änderung der Versteigerungsbedingungen während der Bietstunde, ZIP 1982, 416; *ders.,* Gläubigerablösung in der Zwangsversteigerung, ZIP 1980, 159; *Teufel,* Der Beitritt zur Zwangsversteigerung und das Zubehör, Rpfleger 1979, 186; *Winkler,* Der Erbbauzins in der Zwangsversteigerung des Erbbaurechts, NJW 1985, 940.

Fälle:

a) Auf dem Grundstück des S lasten eine Briefhypothek in Höhe von 40 000,— DM für G_1 (laufende Zinsen: 3 000,— DM) und letztrangig eine Buchgrundschuld in Höhe von 35 000,— DM für G_2. Die Ansprüche gem. § 10 I Nr. 1—3 ZVG belaufen sich insgesamt auf 2 000,— DM. Die Verfahrenskosten werden auf 3 000,— DM geschätzt. Welche Rechte fallen ins geringste Gebot, und wie hoch ist es, wenn G_2 die Zwangsversteigerung betreibt?

b) Im Fall a wird von G_3 aus einem Urteil auf Kaufpreiszahlung die Versteigerung betrieben.

c) Wie hoch muß im Fall a das Bargebot mindestens sein?

d) Im Fall a ist der Verkehrswert des Grundstücks auf 100 000,— DM festgesetzt worden. Bei der von G_1 betriebenen Versteigerung werden im Versteigerungstermin 60 000,— DM geboten. Was ist dem G_2 zu raten?

I. Bestimmung des Versteigerungstermins

1. Zeit und Ort

§ 36 ZVG enthält Ordnungsvorschriften über den Zeitpunkt der Terminsbestimmung (erst nach der Beschlagnahme des Grundstücks und nach dem

Eingang der Mitteilungen des Grundbuchamts; § 36 I ZVG), über den Zeitraum zwischen Anberaumung des Termins und dem Termin (grundsätzlich nicht mehr als sechs Monate; vgl. § 36 II ZVG) und über den Ort der Versteigerung (Gerichtsstelle oder anderer Ort im Gerichtsbezirk; § 36 III ZVG).

Verstöße gegen eine dieser Ordnungsvorschriften können mit der Erinnerung (§ 766) geltend gemacht werden.

Selbst wenn alle Voraussetzungen zur Terminsanberaumung vorliegen, erfolgt diese in der Praxis noch nicht, wenn mit einem Einstellungsantrag des Schuldners zu rechnen ist; regelmäßig wird bis zur Rechtskraft der Entscheidung über einen solchen Antrag abgewartet.

885   **2. Inhalt, Bekanntmachung und Zustellung der Terminsbestimmung**

a) Die Terminsbestimmung, die nach § 38 ZVG die Bezeichnung des Grundstückseigentümers sowie die Angabe des Grundbuchblatts und der Grundstücksgröße enthalten soll, muß den in § 37 ZVG aufgeführten *notwendigen Inhalt* haben:

(1) die Bezeichung des Grundstücks;

(2) Zeit und Ort des Versteigerungstermins;

(3) die Angabe, daß die Versteigerung im Wege der Zwangsvollstreckung erfolgt;

886   (4) die Aufforderung, aus dem Grundbuch nicht ersichtliche Rechte spätestens im Versteigerungstermin vor der Aufforderung zur Abgabe von Geboten anzumelden und beim Widerspruch eines betreibenden Gläubigers glaubhaft zu machen. Außerdem sind in der Terminsbestimmung die Nachteile für den Fall anzudrohen, daß die Anmeldung oder Glaubhaftmachung unterbleibt (vgl. § 37 Nr. 4 ZVG).

(a) *Anzumelden* sind die Rechte, die entweder überhaupt nicht ins Grundbuch eingetragen werden (z.B. die in § 10 I Nr. 1–3 ZVG genannten Ansprüche) oder zu Unrecht gelöscht worden und nicht vor der Eintragung des Zwangsversteigerungsvermerks durch einen Widerspruch (vgl. § 48 ZVG) gesichert sind.

Durch die Anmeldung soll erreicht werden, daß die nachstehenden Realgläubiger errechnen können, wie hoch das Gebot sein muß, damit ihre Ansprüche gedeckt sind.

(b) Die *Glaubhaftmachung,* die durch alle in der ZPO zugelassenen Beweismittel und auch durch eidesstattliche Versicherung erfolgen kann (§ 294 I), ist nur beim Widerspruch eines betreibenden Gläubigers erforderlich.

Der Gläubiger hat jedoch kein Widerspruchsrecht, wenn für das angemeldete Recht ein Rang nach dem des widersprechenden Gläubigers begehrt wird; denn dadurch werden seine Interessen nicht berührt.

(c) Die in der Terminsbestimmung *anzudrohenden Rechtsnachteile* sind: **887**

(aa) Die Rechte werden bei der Feststellung des geringsten Gebots (vgl. §§ 44 f. ZVG; Rdnr. 892 ff.) nicht berücksichtigt; sie erlöschen daher mit dem Zuschlag (vgl. §§ 52, 91 ZVG).

(bb) Die Rechte werden bei der Verteilung des Versteigerungserlöses dem Anspruch des Gläubigers und den übrigen Rechten nachgesetzt (§ 110 ZVG), so daß sie in der Praxis regelmäßig ausfallen. Dieser Rechtsverlust gilt nicht nur für das Zwangsversteigerungsverfahren, sondern ist endgültig, so daß ein Bereicherungsanspruch gegen den durch den Rechtsverlust Begünstigten ausgeschlossen ist (BGHZ 21, 30, 34).

(5) Enthalten muß die Terminsbestimmung schließlich die *Aufforderung*   **888** an alle, die ein der Versteigerung entgegenstehendes Recht haben, vor der Erteilung des Zuschlags *die Aufhebung oder einstweilige Einstellung des Verfahrens herbeizuführen* (vgl. § 37 Nr. 5 ZVG). Diese Aufforderung soll den Rechtsinhaber veranlassen, sich vor einem Rechtsverlust zu schützen. Dieser besteht darin, daß der Ersteher das Eigentum an dem Grundstück und den zum Haftungsverband gehörenden Gegenständen frei von Rechten Dritter erwirbt, soweit die Rechte nicht nach den Zwangsversteigerungsbedingungen bestehen bleiben (vgl. §§ 90, 91, 55 ZVG).

Erkennt der die Versteigerung betreibende Gläubiger das geltend gemachte Recht nicht an, muß der Rechtsinhaber Drittwiderspruchsklage (§ 771) erheben, die Einstellung der Zwangsversteigerung begehren (§§ 771 III, 769) und den Einstellungsbeschluß dem Vollstreckungsgericht vorlegen; dieses hebt dann das Versteigerungsverfahren (ganz oder hinsichtlich einzelner Gegenstände) auf. Damit erstreckt sich das Versteigerungsverfahren nicht auf diese Gegenstände, so daß sie vom Ersteher nicht erworben werden.

Unterläßt es der Inhaber eines die Veräußerung hindernden Rechts, die Aufhebung oder einstweilige Einstellung des Verfahrens herbeizuführen, erlischt sein Recht an dem Gegenstand mit dem Zuschlag; aber an die Stelle des Gegenstandes tritt im Wege der Surrogation der Versteigerungserlös. Das kann im Verteilungsverfahren geltend gemacht werden, wenn der Berechtigte Beteiligter gem. § 9 ZVG (Rdnr. 890) geworden ist.

Nach Abschluß des Versteigerungsverfahrens steht dem Berechtigten ein Bereicherungsanspruch gem. § 812 I 1, 2. Fall BGB gegen diejenigen zu, die durch die Verwertung seines Rechts und die anschließende Auskehrung des Erlöses begünstigt worden sind (RGZ 76, 212, 213; 88, 351, 355 f.; vgl. auch Rdnr. 470 ff.).

889   b) Die *Bekanntmachung* der Terminsbestimmung muß mindestens einmal in dem für die Bekanntmachungen des Vollstreckungsgerichts bestimmten Blatt erfolgen (§ 39 I ZVG); ausnahmsweise (bei geringem Wert des Grundstücks) genügt eine Anheftung an die Gemeindetafel (§ 39 II ZVG). Die Terminsbestimmung muß sechs Wochen vor dem Versteigerungstermin bekannt gemacht worden sein; andernfalls ist der Termin aufzuheben und von neuem zu bestimmen (vgl. § 43 I ZVG).

Die Terminsbestimmung soll an die Gerichtstafel angeheftet werden (vgl. § 40 ZVG).

890   c) Die Terminsbestimmung ist den *Beteiligten zuzustellen* (§ 41 I ZVG).

(1) *Beteiligte* sind die in § 9 ZVG genannten Personen sowie die sog. fiktiv Beteiligten gem. § 41 III ZVG.

(a) Zu den *Beteiligten nach § 9 ZVG* gehören außer dem (betreibenden oder beigetretenen) Gläubiger und dem Schuldner

(aa) die *Beteiligten kraft Eintragung.* Das sind die Personen, für die zur Zeit der Eintragung des Vollstreckungsvermerks ein Recht im Grundbuch eingetragen oder durch Eintragung gesichert ist (§ 9 Nr. 1 ZVG).

Beispiele: Das Recht des (wenn auch zu Unrecht) eingetragenen Hypothekengläubigers, Erbbauberechtigten, Vorkaufsberechtigten (§§ 1094 ff. BGB). — Als durch Eintragung gesicherte Rente kommen etwa Vormerkung, Widerspruch, Verfügungsbeschränkung in Betracht.

(bb) die *Beteiligten kraft Anmeldung.* Das sind die Inhaber bestimmter, aus dem Grundbuch nicht ersichtlicher Rechte, die beim Vollstreckungsgericht angemeldet und auf Verlangen glaubhaft gemacht worden sind (vgl. § 9 Nr. 2 ZVG).

Beispiele: Der Eigentümer von Grundstückszubehör, der Inhaber eines zu Unrecht gelöschten Grundpfandrechts, der erst nach dem Versteigerungsvermerk eingetragene Erwerber des Grundstücks, der Mieter oder Pächter, dem das Grundstück aufgrund des Miet- oder Pachtrechts überlassen worden ist.

(b) Den in § 9 ZVG aufgeführten Beteiligten werden nach § 41 III ZVG die *fiktiv Beteiligten* gleichgestellt. Das sind die Personen, die das angemeldete Recht noch glaubhaft zu machen haben (vgl. § 9 Nr. 2 a.E. ZVG).

891   (2) Die *Zustellung* der Terminsbestimmung an die Beteiligten geschieht von Amts wegen (vgl. §§ 3 ff. ZVG sowie Rdnr. 147 ff.). Sie muß spätestens vier Wochen vor dem Versteigerungstermin an alle Beteiligten erfolgt sein; andernfalls ist der Termin aufzuheben und ein neuer zu bestimmen (§ 43 ZVG). Das gilt nur dann nicht, wenn derjenige, gegenüber dem die Frist nicht eingehalten ist, das Verfahren genehmigt (§ 43 II a.E. ZVG).

Um den Beteiligten Kenntnis davon zu verschaffen, in welchem Maße jeder von ihnen durch die Versteigerung berührt wird, soll ihnen im Laufe der vierten Woche vor dem Termin mitgeteilt werden, auf wessen Antrag und wegen welcher Ansprüche die Versteigerung erfolgt (§ 41 II ZVG; Ordnungsvorschrift).

II. Berechnung der Gebote

892

Vor Abhaltung des Versteigerungstermins müssen vom Vollstreckungsgericht die verschiedenen Gebote berechnet werden.

1. Geringstes Gebot

a) *Zweck:* Durch die Zwangsversteigerung dürfen die Rechte nicht beeinträchtigt werden, die dem betreibenden Gläubiger im Range vorgehen. Deshalb muß das Gebot des Bieters mindestens diese vorgehenden Rechte und die Kosten der Zwangsversteigerung decken (vgl. § 44 I ZVG; sog. Deckungsprinzip).

Aus dem Deckungsprinzip folgt allerdings nicht, daß der Ersteher alle dem betreibenden Gläubiger vorgehenden Rechte in bar zu begleichen hätte. Vielmehr werden die vorgehenden Grundstücksrechte vom Ersteher »übernommen« (vgl. § 52 I 1 ZVG; sog. Übernahmeprinzip).

Beispiel: Wird aus der 3. Hypothek die Zwangsversteigerung betrieben, erlöschen die 1. und 2. Hypothek beim Zuschlag nicht; sie bleiben zu Lasten des Erstehers bestehen. Dieser braucht deshalb nur einen entsprechend geringeren Betrag in bar zu zahlen. Das ZVG hat dieses Übernahmeprinzip dem im gemeinen Recht geltenden Löschungsprinzip vorgezogen. Nach diesem Prinzip erloschen durch den Zuschlag alle Grundstückslasten, so daß der Ersteher lastenfrei erwarb; er mußte allerdings mehr Bargeld aufwenden. Dadurch blieb die Zahl der Bieter gering. Außerdem wurde der Realkredit gefährdet, da auch bei der Versteigerung durch einen nachrangigen Grundpfandgläubiger alle vorrangigen Grundpfandrechte (hier: 1. und 2. Hypothek) fällig wurden, so daß der betreibende Gläubiger eher Gefahr lief, bei der Versteigerung auszufallen oder notfalls selbst das Grundstück ersteigern zu müssen.

b) Die *Höhe des geringsten Gebots* ergibt sich aus § 44 I ZVG.

893

(1) Danach gehören die *dem Anspruch des Gläubigers vorgehenden Rechte* zum geringsten Gebot. Welche Rechte das sind, richtet sich nach dem Rang des betreibenden Gläubigers. Sofern mehrere Gläubiger die Versteigerung betreiben, bestimmt sich das geringste Gebot nach dem Gläubiger, dessen Anspruch den besten Rang hat.

Beispiel: Aus der 3. Hypothek wird die Zwangsversteigerung betrieben. Der Gläubiger der 2. Hypothek tritt dem Verfahren bei (vgl. § 27 ZVG; Rdnr. 867 ff.). Dann richtet sich das geringste Gebot nach der 2. Hypothek. Jedoch gilt das nicht, wenn der wegen dieses Anspruchs ergangene Beschluß dem Vollstreckungsschuldner nicht vier Wochen vor dem Versteigerungstermin zugestellt worden ist (vgl. § 44 II ZVG). Durch diese Regelung sollen der Schuldner und die anderen Beteiligten davor geschützt werden, daß noch kurz vor dem Versteigerungstermin das geringste Gebot geändert wird.

894   Die *Rangordnung der Rechte* ist aus § 10 ZVG zu entnehmen. Besonders hervorzuheben sind:

— Ansprüche auf Ersatz von Zwangsverwaltungsvorschüssen (§ 10 I Nr. 1 ZVG; vgl. auch § 155 III, IV ZVG),
— Lohnansprüche des Personals bei land- und forstwirtschaftlichen Betrieben, soweit es sich um die laufenden und die aus dem letzten Jahr rückständigen Beträge handelt (§ 10 I Nr. 2 ZVG; vgl. auch § 13 ZVG),
— Ansprüche auf Entrichtung öffentlicher Grundstückslasten (vgl. § 10 I Nr. 3 ZVG),
— Ansprüche aus allen dinglichen Rechten, jedoch von den Ansprüchen auf wiederkehrende Leistungen (z.B. Zinsen) nur die laufenden und die aus den letzten beiden Jahren rückständigen Beträge (vgl. § 10 I Nr. 4 ZVG). Bei mehreren Ansprüchen aus dieser Rangklasse ist das Rangverhältnis maßgebend, das unter den Rechten nach allgemeinen Vorschriften besteht (vgl. § 11 I ZVG; §§ 879 ff. BGB),
— der Anspruch des die Zwangsversteigerung betreibenden Gläubigers, soweit er nicht in einer der vorhergehenden Klassen (z.B. bei einer Hypothek) zu befriedigen ist (§ 10 I Nr. 5 ZVG). Bei mehreren zu dieser Rangklasse gehörenden (betreibenden) Gläubigern ist der frühere Zeitpunkt der Beschlagnahme entscheidend.

895   (2) Die *Verfahrenskosten* fallen ebenfalls ins geringste Gebot (§ 44 I ZVG; vgl. § 109 ZVG). In Betracht kommen die Gerichtsgebühren und die baren Auslagen.

Berechnung des geringsten Gebots im Fall a:

Verfahrenskosten	3 000,— DM
Ansprüche der Rangklassen § 10 I Nr. 1—3 ZVG	2 000,— DM
Hypothek und lfd. Zinsen	43 000,— DM
	48 000,— DM

Im Fall b geht auch die letztrangige Grundschuld dem dinglich nicht gesicherten Recht des G_3 vor, so daß sie ebenfalls ins geringste Gebot fällt; dieses beläuft sich also auf 83 000,— DM.

896   c) Bei den *Voraussetzungen für die Aufnahme ins geringste Gebot* sind vornehmlich zwei Fallgruppen zu unterscheiden:

(1) *Von Amts wegen* werden folgende Ansprüche bei der Berechnung des geringsten Gebots berücksichtigt:

(a) die Verfahrenskosten (§ 109 ZVG),

(b) die aus dem Grundbuch ersichtlichen dinglichen Rechte sowie die laufenden wiederkehrenden Leistungen (vgl. § 45 ZVG).

Die durch Widerspruch oder Vormerkung gesicherten Rechte sind wie eingetragene Rechte zu berücksichtigen (§ 48 ZVG). Für wiederkehrende Sachleistungen, die aus dem Grundbuch ersichtlich sind und nicht in Geld bestehen (z.B. Altenteil, Reallast), hat das Gericht einen Geldbetrag festzusetzen (§ 46 ZVG).

(2) *Auf Anmeldung* sind folgende Ansprüche ins geringste Gebot aufzunehmen (vgl. § 45 ZVG):

(a) Ansprüche der Rangklassen nach § 10 I Nr. 1—3 ZVG,

(b) Kosten der Rechtsverfolgung (vgl. § 10 II ZVG),

(c) rückständige wiederkehrende Leistungen (vgl. § 45 II ZVG),

(d) nach dem Versteigerungsvermerk ins Grundbuch eingetragene Rechte.

2. Bargebot   897

a) Unter dem Bargebot versteht man den vom Ersteher im Verteilungstermin *bar zu berichtigenden Betrag;* es umfaßt den bar zu zahlenden Teil des geringsten Gebots und das Mehrgebot (vgl. § 49 I ZVG).

(1) Das geringste Gebot braucht nicht in vollem Umfang bar entrichtet zu werden. Da die im Grundbuch eingetragenen Rechte, die ins geringste Gebot aufgenommen worden sind, zu Lasten des Erstehers bestehenbleiben, sind nur die übrigen (d.h. die nicht zu übernehmenden) Rechte, soweit sie ins geringste Gebot fallen, bar zu zahlen.
Der *bar zu zahlende Teil des geringsten Gebots* besteht aus den Verfahrenskosten, den Ansprüchen der Rangklassen § 10 I Nr. 1—3 ZVG und den in § 12 Nr. 1 und Nr. 2 ZVG bezeichneten Ansprüchen (§ 49 I ZVG). Das Bargebot muß mindestens diesen Teil des geringsten Gebots umfassen; man spricht deshalb auch vom *geringsten Bargebot.* Unter diesem Gebot liegende Gebote sind zurückzuweisen.

Im Fall a bleibt die Briefhypothek bestehen. Das geringste Bargebot beträgt: 3 000,— DM (Verfahrenskosten) plus 2 000,— DM (Ansprüche gem. § 10 I Nr. 1—3 ZVG), insgesamt also 5 000,— DM (Fall c).
Im Fall b bleiben die Briefhypothek und die Buchgrundschuld bestehen. Das geringste Bargebot beträgt auch hier 5 000,— DM.

(2) Als *Mehrgebot* (oder *Übergebot*) bezeichnet man den das geringste   898
Gebot übersteigenden Betrag des Meistgebots (vgl. § 49 I ZVG). Dieser

Betrag dient zur Befriedigung der nicht ins geringste Gebot aufgenommenen Rechte; das sind der Anspruch des betreibenden Gläubigers und die
Ansprüche aus Grundstücksrechten, die dem Recht des betreibenden Gläubigers im Range gleich- oder nachstehen.

899   b) Das im Versteigerungstermin genannte Bargebot *umfaßt nicht die
bestehenbleibenden Rechte.* Deren Werte muß der Bieter jedoch seinem
Gebot hinzurechnen, um seine für den Erwerb des Grundstücks zu erbringende Gesamtleistung zu ermitteln.

Beispiel: Ist dem Bieter B im Fall a das Grundstück 80 000,— DM wert, hat er zu
berücksichtigen, daß er die Hypothek (43 000,— DM) zu übernehmen hat. Deshalb
wird er nur 37 000,— DM bieten.

Glaubte B irrtümlich, sein (Bar-) Gebot schließe den Betrag der bestehenbleibenden Hypothek mit ein, und bot er deshalb 80 000,— DM, befand er sich bei Abgabe
seines Gebots in einem Irrtum über den Inhalt seiner Erklärung, so daß er nach
§ 119 I BGB anfechten kann (vgl. Rdnr. 910 a.E.). Die Anfechtung gegenüber dem
Vollstreckungsgericht ist jedoch nach Rechtskraft des Zuschlagsbeschlusses wegen
der Bestandskraft des Hoheitsaktes nicht mehr möglich.

900   **3. Meistgebot**

Das Meistgebot ist das höchste der abgegebenen Gebote; darunter versteht man das Entgelt, zu dem der Bieter das Grundstück zu erwerben
bereit ist. Das Meistgebot umfaßt das geringste Gebot und den das geringste
Gebot übersteigenden Betrag (Mehrgebot).

Beträgt im Fall a das Meistgebot 80 000,— DM, dann enthält es die zu übernch-
mende Hypothek (43 000,— DM) und die bar zu zahlenden Beträge des geringsten
Gebots (5 000,— DM) sowie des Mehrgebots (32 000,— DM), das an den betreibenden Gläubiger G_2 fällt.

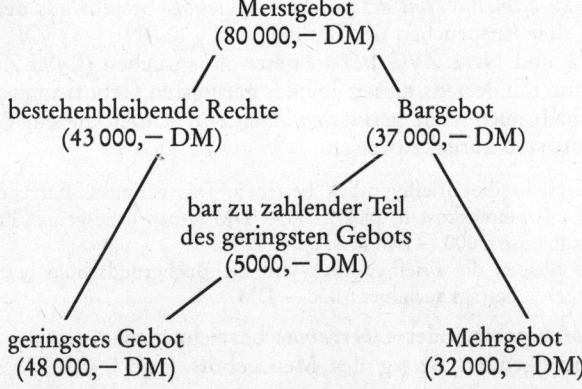

4. Mindestgebot
901

Durch die Vorschriften über das Mindestgebot (vgl. §§ 74a, 74b, 85a ZVG) soll eine Verschleuderung des Grundstücks in der Zwangsversteigerung vermieden werden. Das Vollstreckungsgericht setzt, notfalls nach Anhörung von Sachverständigen, den Grundstückswert (Verkehrswert) fest (vgl. § 74a V ZVG). Sofern das Meistgebot nicht einen bestimmten Teil des Grundstückswertes erreicht, ist der Zuschlag zu versagen.

a) Das Gesetz unterscheidet *zwei Arten* von Mindestgeboten:

(1) Das *absolute Mindestgebot* bedeutet, daß das abgegebene Meistgebot (= Meistbargebot) einschließlich des Kapitalwertes der nach den Versteigerungsbedingungen bestehenbleibenden Rechte die Hälfte des Grundstückswertes erreichen muß. Ist das nicht der Fall, muß der Zuschlag von Amts wegen versagt werden (§ 85a I ZVG).

(2) Das *relative Mindestgebot* geht von einem abgegebenen Meistgebot in
902
Höhe von 7/10 des Grundstückswertes aus. Bleibt das Meistgebot unter dieser Grenze, kann ein Berechtigter, dessen Anspruch ganz oder teilweise durch das Meistgebot nicht gedeckt ist, die Versagung des Zuschlags beantragen, sofern sein Anspruch bei einem Gebot in der genannten Höhe (7/10 des Grundstückswertes) voraussichtlich gedeckt sein würde (§ 74a I 1 ZVG).

Im Fall d überschreitet das abgegebene Meistgebot (60 000,— DM) das absolute Mindestgebot (50 000,— DM), so daß eine Versagung des Zuschlags von Amts wegen gem. § 85a ZVG nicht in Betracht kommt.
Jedoch kann G$_2$ die Versagung des Zuschlags gem. § 74a ZVG beantragen, da sein Anspruch teilweise nicht gedeckt ist. Denn ihm gehen die Verfahrenskosten, die Ansprüche gem. § 10 I Nr. 1—3 ZVG und die Hypothek des G$_1$, also 48 000,— DM, vor, so daß er nur in Höhe von 12 000,— DM (60 000,— DM minus 48 000,— DM) befriedigt wird; bei Einhaltung des relativen Mindestgebots (70 000,— DM) erhielte G$_2$ dagegen 22 000,— DM (Einzelh.: § 74a ZVG).

b) Die Vorschriften über das (absolute und relative) Mindestgebot gelten
903
nur für den ersten Versteigerungstermin. Hat das Vollstreckungsgericht einen neuen Versteigerungstermin bestimmt, weil das Mindestgebot im ersten Termin nicht erreicht worden ist (vgl. §§ 74a III, 85a II 1 ZVG), darf in dem neuen Termin der Zuschlag nicht versagt werden, wenn das Meistgebot unter dem (absoluten oder relativen) Mindestgebot bleibt (vgl. §§ 74a IV, 85a II 2 ZVG).

c) Die Regeln über die Mindestgebote finden unter den in §§ 74b, 85a III
904
ZVG genannten näheren Voraussetzungen ebenfalls keine Anwendung, wenn das *Meistgebot von einem zur Befriedigung aus dem Grundstück Berechtigten* abgegeben worden ist.

905   III. Durchführung des Versteigerungstermins

Der Versteigerungstermin hat drei Abschnitte, den Bekanntmachungsteil, das Bietverfahren und die Anhörung über den Zuschlag.

1. Bekanntmachungsteil

a) Nach Aufruf der Sache werden den Anwesenden alle tatsächlichen und rechtlichen *Verhältnisse des Grundstücks bekanntgemacht,* die für die Versteigerung und die Gebote von Bedeutung sind (vgl. § 66 I ZVG).

§ 66 I ZVG nennt die das Grundstück betreffenden Nachweisungen (z.B. Beschreibung des Grundstücks, wesentlicher Grundbuchinhalt, Einheitswert, steuerliche Unbedenklichkeitsbescheinigung, baurechtliche Besonderheiten), die das Verfahren betreibenden Gläubiger und deren Ansprüche, die Zeit der Beschlagnahme, den vom Gericht festgesetzten Grundstückswert sowie die erfolgten Anmeldungen.

906   b) Das geringste Gebot (§§ 44—48 ZVG) und die Versteigerungsbedingungen (vgl. §§ 49—58 ZVG) werden nach Anhörung der Beteiligten unter Bezeichnung der einzelnen Rechte *festgestellt,* und die erfolgte *Feststellung wird verlesen* (vgl. § 66 I ZVG).

Allerdings kann jeder Beteiligte eine von den gesetzlichen Vorschriften abweichende Feststellung des geringsten Gebots und der Versteigerungsbedingungen verlangen, soweit nicht zwingendes Recht abgeändert werden soll (vgl. § 59 ZVG).

Beispiele: Ein Recht, das nicht ins geringste Gebot fällt, soll bestehen bleiben. Das Bargebot soll zu einem höheren Zinssatz als zu 4% (vgl. § 49 II ZVG i.V.m. § 246 BGB) verzinst werden.

907   *Nicht zu den Versteigerungsbedingungen* gehören vertragliche Vereinbarungen wie die Ausbietungsgarantie, die Ausfallgarantie und die Verpflichtung, nicht mitzubieten. Solche Absprachen sind für das Zwangsversteigerungsverfahren ohne Bedeutung; sie können, sofern sie überhaupt gültig sind, eine Schadensersatzpflicht begründen.

Ausbietungs- oder Ausgebotsgarantie: Die Vertragspartei ist verpflichtet, ein Gebot in bestimmter Höhe abzugeben. (Wegen der Verpflichtung zum Erwerb eines Grundstücks ist § 313 BGB zu beachten; vgl. OLG Celle NJW 1977, 52.)
Ausfallgarantie: Die Vertragspartei ist verpflichtet, einen Ausfall ganz oder teilweise zu ersetzen; sie braucht nicht mitzusteigern.
Die Verpflichtung, nicht mitzubieten, kann gegen den Zweck des ZVG verstoßen oder sittenwidrig sein (§§ 134, 138 BGB). Entscheidend sind die Umstände des Einzelfalles; Sittenwidrigkeit kann gegeben sein, wenn ein Bieter ausgeschaltet werden soll, der bereit und in der Lage wäre, mehr als die anderen zu bieten (BGH NJW 1961, 1012).

c) Das Gericht hat schließlich darauf *hinzuweisen,* daß nach Beginn der   908
eigentlichen Versteigerung die Anmeldung weiterer Rechte ausgeschlossen
ist, und sodann zur Abgabe von Geboten aufzufordern (§ 66 II ZVG).

2. Bietverfahren   909

a) *Dauer:* Das Bietverfahren beginnt mit der Aufforderung zur Abgabe
von Geboten und endet mit der Verkündung des Schlusses der Versteigerung. Zwischen der Aufforderung zur Abgabe von Geboten und der Verkündung des Schlusses der Versteigerung muß mindestens eine volle Stunde
liegen (vgl. § 73 ZVG). Diese sog. *Bietstunde* ist zwingend vorgeschrieben,
um einer übereilten Erledigung des Versteigerungsgeschäfts vorzubeugen.
Auch nach Ablauf der Stunde muß die Versteigerung so lange fortgesetzt
werden, bis kein Gebot mehr abgegeben wird (§ 73 I 2 ZVG).

b) *Gebote:* Berechtigt zur Abgabe von Geboten ist — mit Ausnahme des   910
Rechtspflegers und des Protokollführers (vgl. § 456 BGB) — jedermann,
also auch der Schuldner (vgl. § 68 III ZVG). Die Erklärung erfolgt gegenüber
dem Vollstreckungsgericht und hat zum Inhalt, das Grundstück zu den festgelegten Versteigerungsbedingungen und zu dem gebotenen Betrag zu
erwerben. Das Gebot ist für den Bieter bindend und kann nicht zurückgenommen werden. Allerdings ist ein unwirksames Gebot zurückzuweisen
(§ 71 I ZVG), und ein wirksames Gebot erlischt unter bestimmten Voraussetzungen (§ 72 ZVG).

(1) Ein von vornherein *unwirksames Gebot* ist sofort zurückzuweisen,
weil es nicht zuschlagsfähig ist und verhindert werden soll, daß andere
Gebote unterbleiben, weil die Beteiligten auf die Wirksamkeit des Gebots
vertrauen. Zu den Unwirksamkeitsgründen zählen beispielsweise mangelnde
Geschäftsfähigkeit des Bieters, mangelnde Form (etwa Einreichung einer
Schrift statt mündlicher Erklärung im Versteigerungstermin), mangelnder
Nachweis der Vertretungsmacht oder einer etwa erforderlichen Zustimmung
eines Dritten oder einer Behörde (§ 71 II ZVG; Übersicht über die Zustim-
mungsfälle bei *Steiner/Storz,* § 71 Rdnr. 35—75).

Die Anfechtbarkeit eines Gebots nach §§ 119, 123 BGB ist zu bejahen, wenn man
das Gebot als privatrechtliche Willenserklärung ansieht (so h.M.; z.B. OLG Hamm
Rpfleger 1972, 378; OLG Frankfurt Rpfleger 1980, 441, 442; *A. Blomeyer,* § 79 II 2 a;
Rosenberg, § 202 III 3; *Steiner/Storz,* § 71 Rdnr. 3 m.N.). Aber selbst wenn man das
Gebot als prozessuale Erklärung ansieht, so sind doch die §§ 119, 123 BGB analog
anzuwenden (so z.B. *Baur/Stürner,* Rdnr. 616; *Bruns/Peters,* § 33 II 2 a; *Gerhardt,*
§ 11 III 5 FN 26; *Lippross,* S. 154). In jedem Fall ist nach einhelliger Meinung eine
Anfechtung ausgeschlossen, wenn der Zuschlagsbeschluß rechtskräftig geworden ist.

Bei wirksamer Anfechtung wegen Irrtums kommt eine Schadensersatzpflicht nach
§ 122 BGB in Betracht (BGH WM 1984, 846).

911   (2) *Das Gebot erlischt,*

(a) wenn ein höheres Gebot (= Übergebot) zugelassen wird und ein Beteiligter der Zulassung nicht sofort widerspricht (§ 72 I 1 ZVG). Dabei gilt das Übergebot als zugelassen, wenn es nicht sofort zurückgewiesen wird (§ 72 I 2 ZVG),

(b) wenn das Gebot zurückgewiesen wird und der Bieter oder ein Beteiligter der Zurückweisung nicht sofort widerspricht (§ 72 II ZVG),

(c) wenn das Verfahren einstweilen eingestellt oder der Termin aufgehoben wird (§ 72 III ZVG).

912   c) *Bieterkaution:* Ein Beteiligter, dessen Recht durch Nichterfüllung des Gebots beeinträchtigt werden würde, kann Sicherheitsleistung (sog. Bieterkaution) verlangen (Einzelh.: §§ 67 ff. ZVG). Darüber hat das Gericht sofort zu entscheiden (§ 70 I ZVG). Erklärt es die Sicherheitsleistung für erforderlich, ist sie sofort zu leisten, andernfalls das Gebot zurückzuweisen ist (§ 70 II ZVG).

913   **3. Anhörung über den Zuschlag**

Nach dem Schluß der Versteigerung sind die anwesenden Beteiligten über den Zuschlag zu hören (§ 74 ZVG). Dadurch sollen alle Gründe aufgedeckt werden, die gegen einen Zuschlag sprechen, und es soll einer späteren Anfechtung des Zuschlags vorgebeugt werden.

914   **§ 29   Der Zuschlag**

Schrifttum: *Braun,* Zuschlagsbeschluß und Wiederaufnahme, NJW 1976, 1923; *Drischler,* Zuschlagserteilung u. Zuschlagsversagung unter Berücksichtigung der §§ 74a u. 85a ZVG, JurBüro 1982, 1121; *ders.,* Zur Zuschlagsbeschwerde im Zwangsversteigerungsverfahren, KTS 1971, 258; *Ebeling,* Befriedigungsfiktion des § 114a ZVG in der Vollstreckungspraxis, Rpfleger 1985, 279; *Eickmann,* Probleme der Vollstreckung von Zuschlagsbeschlüssen über Miteigentumsanteile, DGVZ 1979, 177; *Kahler,* Die fiktive Befriedigungswirkung gemäß § 114a ZVG, MDR 1983, 903; *Kirberger,* Die Zulässigkeit der Nichtigkeitsbeschwerde nach der Erlösverteilung im Zwangsversteigerungsverfahren, Rpfleger 1975, 43; *Mohrbutter/Leyerseder,* Zuschlagsbeschwerde und neue Tatsachen, NJW 1958, 370; *Noack,* Zur Räumung auf Grund des Zuschlagbeschlusses, ZMR 1970, 97; *Schiffhauer,* Was ist Grundstückswert im Sinne des § 114a ZVG?, KTS 1968, 218; 1969, 165; *Schmahl/Braun,* Nochmals: Zuschlagsbeschluß und Wiederaufnahme, NJW 1977, 27; *Schmidt-Futterer,* Die Räumungsfrist bei der Zwangsvollstreckung aus Zuschlags- und Konkurseröffnungsbeschlüssen, NJW 1968, 143; *Stöber,* Festsetzung des Grundstückswertes (§ 74a Abs. 5 ZVG) und Entscheidung über den Zuschlag, Rpfleger 1969, 221.

Fälle:

a) Der Schuldner S will sich gegen die Versagung des Zuschlags wehren, weil er mit den Kosten der erfolglosen Zwangsversteigerung belastet wird.

b) Nachdem die Zwangsversteigerung eines Waldgrundstücks des S angeordnet und der Versteigerungsvermerk im Grundbuch eingetragen ist, läßt S den Wald abholzen und veräußert die Baumstämme an den Möbelfabrikanten D, der sie bei sich einlagert. Der Ersteher E, dem im Versteigerungstermin das Grundstück zugeschlagen wird, verlangt von D Herausgabe der Stämme.

c) Das Grundstück des S, auf dem dieser eine Steuerberaterpraxis betreibt, wird zwangsversteigert. Zur Praxis gehört ein Schreibautomat, den D unter Eigentumsvorbehalt an S geliefert und den dieser dem X zur Reparatur gegeben hat. Nach Erteilung des Zuschlags an den Ersteher E holt D den Schreibautomaten bei X ab, weil der Automat ihm gehöre.

d) E hat für ein Bargebot von 100 000,— DM ein Grundstück ersteigert, das mit einer Grunddienstbarkeit zugunsten des Nachbarn G belastet ist; danach darf dieser eine Wasserleitung durch das Grundstück führen. Im Grundbuch ist ein Höchstbetrag des Wertersatzes für dieses Recht in Höhe von 10 000,— DM eingetragen (vgl. § 882 BGB). Da die Grunddienstbarkeit mit dem Zuschlag erloschen ist, möchte G wissen, ob sie trotzdem erhalten bleiben kann.

e) Was ist im Fall b dem E zu raten, wenn D die Stämme nicht freiwillig herausgibt?

I. Gerichtliche Entscheidung und Rechtsbehelfe

1. Gerichtliche Entscheidung

Nach Anhörung der Beteiligten muß das Vollstreckungsgericht über den Zuschlag entscheiden.

a) Das Gericht hat zu prüfen, ob die Voraussetzungen für einen Zuschlag gegeben sind, und dabei *folgende Regeln zu beachten:*

(1) Das Gericht ist grundsätzlich *nicht an eine Entscheidung gebunden,* die es selbst vorher getroffen hat (§ 79 ZVG). Es soll in die Lage versetzt werden, alle Voraussetzungen, Anträge und Einwendungen erneut zu prüfen. Wäre das Gericht an seine Vorentscheidungen (z.B. über die Festsetzung von Versteigerungsbedingungen) gebunden, müßten sie selbständig anfechtbar sein, und das Vollstreckungsgericht hätte jeweils eine rechtskräftige Entscheidung abwarten müssen. Damit wäre einer ungebührlichen Verzögerung des Verfahrens Tür und Tor geöffnet (Mot. z. ZVG, 237).

Soweit aber — ausnahmsweise — Vorentscheidungen des Vollstreckungsgerichts selbständig anfechtbar sind, binden sie das Gericht.

Beispiele: Entscheidung über eine einstweilige Einstellung oder eine Aufhebung
des Zwangsversteigerungsverfahrens (vgl. etwa § 30b III ZVG, § 765a), Festsetzung
des Verkehrswerts des Grundstücks (§ 74a V 3 ZVG).

915   (2) Das Gericht darf *nichtprotokollierte Vorgänge nicht berücksichtigen*
(§ 80 ZVG).

Aus dem Versteigerungsprotokoll (vgl. § 78 ZVG) sind beispielsweise zu entnehmen die Förmlichkeiten des Verfahrens, Anmeldungen und Glaubhaftmachungen,
Abgabe und Zulassung von Geboten, Anträge und Widersprüche.

916   (3) Das Gericht hat zu prüfen, ob einer der in § 83 ZVG genannten *Versagungsgründe* vorliegt. Diese Vorschrift nennt verschiedene Verfahrensmängel. Dabei sind zwei Gruppen von Mängeln zu unterscheiden:

(a) Die *heilbaren Verfahrensmängel* (§ 83 Nr. 1—5 ZVG) stehen der
Zuschlagserteilung nicht entgegen, wenn das Recht des Beteiligten durch
den Zuschlag nicht beeinträchtigt wird oder wenn der Beteiligte das Verfahren genehmigt (§ 84 ZVG).

Beispiel: Der Zwangsversteigerung steht das Recht eines Gläubigers entgegen (§ 83
Nr. 5 ZVG; vgl. §§ 28, 37 Nr. 5 ZVG). Er ist nicht schutzbedürftig, wenn sein
Anspruch zwar nicht durch das geringste Gebot, wohl aber durch das Meistgebot
gedeckt ist (*Steiner/Storz*, § 84 Rdnr. 11). Selbst wenn sein Recht durch den Zuschlag
beeinträchtigt wird, bedarf der Gläubiger keines Schutzes, wenn er das Verfahren
genehmigt, weil er damit darauf verzichtet, den Mangel geltend zu machen.

917   (b) Die *unheilbaren Verfahrensmängel* (§ 83 Nr. 6 u. 7 ZVG) führen in
jedem Falle zur Versagung des Zuschlags.

Zu diesen Mängeln zählen alle grundlegenden Rechtsverstöße (z.B. Fehlen eines
Vollstreckungstitels, Unzuständigkeit des Gerichts, Prozeßunfähigkeit des Schuld-
ners); besonders genannt werden in § 83 Nr. 7 ZVG Verstöße gegen § 43 I ZVG
(Bekanntmachung der Bestimmung des Versteigerungstermins mindestens sechs
Wochen vor dem Termin) und gegen § 73 I ZVG (Bieterstunde). Zur Zuschlagsversa-
gung zwecks Erzielung eines sinnvollen Ergebnisses vgl. §§ 85, 85a ZVG.

918   b) Die Entscheidung erfolgt durch *Beschluß*, der im Versteigerungstermin
oder in einem sofort zu bestimmenden Termin zu verkünden ist (vgl. § 87
ZVG).

(1) Der *Zuschlag* ist dem Meistbietenden zu erteilen (vgl. § 81 ZVG); er
wird im Interesse der Rechtssicherheit nicht erst in dem ungewissen Zeitpunkt der Rechtskraft, sondern bereits mit der Verkündung wirksam (§ 89
ZVG). In dem Zuschlagsbeschluß sind das Grundstück, der Ersteher, das
Gebot und die Versteigerungsbedingungen zu bezeichnen (§ 82 ZVG); er ist

den Beteiligten, soweit sie weder im Versteigerungstermin noch im Verkündungstermin zugegen waren, sowie den außerdem in § 88 ZVG genannten Personen zuzustellen.

(2) Die *Zuschlagsversagung* wird erst mit der Rechtskraft der Entscheidung wirksam. Im Tenor oder in der Begründung des Beschlusses ist zum Ausdruck zu bringen, ob das Verfahren einstweilen eingestellt oder aufgehoben wird (vgl. § 86 ZVG).   **919**

Eine einstweilige Einstellung kommt etwa dann in Betracht, wenn ein Versagungsgrund noch nach § 84 ZVG durch Genehmigung geheilt werden kann, eine Aufhebung dagegen dann, wenn der Verfahrensmangel unheilbar ist.

2. Rechtsbehelfe   **920**

a) Gegen den Beschluß über den Zuschlag oder die Versagung des Zuschlags räumt § 96 ZVG die *sofortige Beschwerde* (§ 793) ein. Da das Vollstreckungsgericht regelmäßig durch den Rechtspfleger tätig wird, ist statt der sofortigen Beschwerde zunächst die befristete *Rechtspflegererinnerung* (§ 11 I 2 RPflG) gegeben.

Gegen eine vor der Beschlußfassung über den Zuschlag ergangene Entscheidung kann dagegen nur dann Beschwerde eingelegt werden, wenn die Entscheidung die Anordnung, Aufhebung, einstweilige Einstellung, Fortsetzung des Verfahrens (§ 95 ZVG) oder die Festsetzung des Grundstückswertes (§ 74a V 3 ZVG) betrifft.

Auf die Beschwerde (Erinnerung) finden nach § 96 ZVG die Vorschriften der ZPO über die sofortige Beschwerde Anwendung; allerdings sind folgende *Besonderheiten* zu beachten:

(1) Die *Beschwerdeberechtigung* hängt davon ab, ob sich die Beschwerde (Erinnerung) gegen einen den Zuschlag erteilenden oder ihn versagenden Beschluß richtet (vgl. § 97 ZVG).   **921**

(a) Bei *Erteilung des Zuschlags* sind beschwerdeberechtigt: jeder Beteiligte (also auch der betreibende Gläubiger und der Vollstreckungsschuldner), der Ersteher und der für mithaftend erklärte Bürge (vgl. §§ 69 IV, 82 ZVG) sowie jeder Bieter, dessen Gebot nicht nach §§ 71 f. ZVG erloschen ist, und sein Zessionar oder verdeckter Vollmachtgeber (vgl. § 81 II, III ZVG).

(b) Bei *Versagung des Zuschlags* sind beschwerdebefugt: die betreibenden Gläubiger sowie jeder Bieter, dessen Gebot nicht erloschen ist, und derjenige, der nach § 81 II, III ZVG an seine Stelle treten soll.

Kein Beschwerderecht haben bei der Zuschlagsversagung die Beteiligten, soweit sie die Zwangsversteigerung nicht selbst betreiben. Auch der Vollstreckungsschuldner wird durch die Versagung des Zuschlags in seinen Rechten nicht verletzt; das gilt selbst dann, wenn er wegen der Kosten ein Interesse daran hat, daß die sonst ergebnislos verlaufende oder nur mit weiteren Kosten fortzusetzende Versteigerung durch den Zuschlag beendet wird (vgl. Mot. z. ZVG, 248; OLG Breslau OLG Rspr. 16, 336, 337; zu Fall a).

922   (2) Die zweiwöchige (§ 577 II) *Beschwerdefrist* beginnt teilweise mit der Verkündung, teilweise mit der Zustellung des Beschlusses.

(a) Mit der *Verkündung* des Beschlusses läuft die Frist bei der Zuschlagsversagung für alle Beschwerdeberechtigten (§ 98, 1 ZVG), bei der Zuschlagserteilung nur für die Beteiligten, die im Versteigerungstermin oder im Verkündungstermin erschienen waren (§ 98, 2 ZVG).

(b) Mit der *Zustellung* des Beschlusses beginnt die Frist bei der Zuschlagserteilung für die anderen Beschwerdeberechtigten.

923   (3) Die *Beschwerdegründe* werden im Interesse einer schnellen Klärung durch eine erschöpfende Aufzählung in § 100 ZVG eingeschränkt. Danach kann die Beschwerde nur auf eine Verletzung der §§ 81, 83 bis 85a ZVG und darauf gestützt werden, daß der Zuschlag unter anderen als den der Versteigerung zugrundegelegten Bedingungen erteilt ist (§ 100 I ZVG). Zudem erfordert die Beschwerde ein eigenes rechtliches Interesse des Beschwerdeführers (vgl. § 100 II ZVG). Eine Begründung der Beschwerde (Erinnerung) ist erforderlich; lediglich die in § 83 Nr. 6 u. 7 ZVG genannten Versagungsgründe sind von Amts wegen zu berücksichtigen (§ 100 III ZVG).

Aus der Einschränkung der Beschwerdegründe in § 100 I ZVG schließt die h.M., daß die Beschwerde (Erinnerung) — in Abweichung von § 570 — nicht auf solche Tatsachen gestützt werden kann, die erst nach der angefochtenen Entscheidung eingetreten oder dem Gericht bekannt geworden sind (BGHZ 44, 138, 144; OLG Hamm NJW 1976, 1754; *Steiner/Storz,* § 100 Rdnr. 14 f. m.N.).

924   (4) Das *Verfahren* nach Einlegung der Beschwerde (Erinnerung) weist noch folgende Besonderheiten auf:

(a) Wenn eine *Gegenerklärung* für erforderlich gehalten wird, soll das Gericht nach § 99 I ZVG bestimmen, wer als Gegner des Beschwerdeführers zuzuziehen ist. Gem. Art. 103 I GG ist jedoch ohnehin jedem, der von der Entscheidung betroffen sein kann, rechtliches Gehör zu gewähren.

(b) *Mehrere Beschwerden* sind zu verbinden (§ 99 II ZVG), damit widersprechende Entscheidungen vermieden werden.

925   (5) Der Inhalt der *Beschwerdeentscheidung* richtet sich danach, ob die Beschwerde (Erinnerung) Erfolg hat oder nicht.

(a) Ist die *Beschwerde begründet,* wird nicht nur der angefochtene Beschluß aufgehoben, sondern es muß — anders als gem. § 575 — zwecks Beschleunigung des Verfahrens in der Sache selbst entschieden werden

(§ 101 I ZVG). Es wird also der Zuschlag erteilt oder versagt. Die Zustellung der Beschwerdeentscheidung regelt § 103, 1 ZVG. Der den Zuschlag erteilende Beschluß wird erst mit seiner Zustellung an den Ersteher wirksam (§ 104 ZVG).

(b) Ist die *Beschwerde unbegründet,* wird sie zurückgewiesen. Der Beschluß ist nur an den Beschwerdeführer und den zugezogenen Gegner zuzustellen (§ 103, 2 ZVG).

b) Gegen die Entscheidung des Beschwerdegerichts ist die *weitere Beschwerde* zulässig, wenn die Beschwerdeentscheidung einen neuen selbständigen Beschwerdegrund enthält (vgl. § 568 II). Es gelten zwei Spezialregelungen: **926**

(1) § 102 ZVG erweitert den Kreis der *Beschwerdeberechtigen.* Hat die Beschwerdeentscheidung den Beschluß, durch den der Zuschlag erteilt worden war, nach der Verteilung des Versteigerungserlöses aufgehoben, steht die weitere Beschwerde auch denen zu, welchen der Erlös zugeteilt ist. Sie müssen die Möglichkeit haben darzutun, daß der Zuschlag doch zu erteilen ist.

(2) Ist der Zuschlag zunächst erteilt, auf eine Beschwerde hin aber versagt worden und wird die weitere Beschwerde für begründet erachtet, ist die Beschwerdeentscheidung aufzuheben und die Beschwerde gegen die Zuschlagserteilung zurückzuweisen (§ 102 II ZVG). Es kommt also *keine Zurückverweisung* an die Vorinstanz in Betracht.

II. Wirkungen des Zuschlags **927**

1. Eigentumserwerb des Erstehers

Durch den Zuschlag wird der Ersteher Eigentümer des Grundstücks und der Gegenstände, auf die sich die Versteigerung erstreckt hat (§ 90 ZVG).

a) Das *Eigentum am Grundstück* erwirbt der Ersteher nach § 90 I ZVG durch den Zuschlag als staatlichen Hoheitsakt. Eine Eintragung im Grundbuch ist für den originären Eigentumserwerb nicht erforderlich. Dieser tritt auch dann ein, wenn der Vollstreckungsschuldner nicht Grundstückseigentümer und der Ersteher nicht in gutem Glauben war (RGZ 72, 269, 271; 72, 354, 358).

Der Zuschlag hat die Bedeutung eines rechtsändernden Richterspruchs (RGZ 138, 125, 127; BGHZ 53, 47, 50). Der bisherige Eigentümer, der nicht Vollstreckungsschuldner war, hat keinen Bereicherungsanspruch gegen den Ersteher (RGZ 69, 277, 279). Dieser kann sich nur dann nicht auf den Zuschlag berufen, wenn er — bei Vorliegen besonderer Umstände (vgl. § 826 BGB) — rechtsmißbräuchlich handelte (vgl. RGZ 69, 277, 280 f.).

928   b) Zusammen mit dem Grundstück erwirbt der Ersteher nach § 90 II ZVG die *Gegenstände, auf die sich die Versteigerung erstreckt.* Welche Gegenstände damit gemeint sind, ergibt sich aus § 55 ZVG, der zwei Fallgruppen unterscheidet:

(1) Nach § 55 I ZVG erstreckt sich die Versteigerung auf *alle Gegenstände, deren Beschlagnahme noch wirksam* ist. Der Umfang der Beschlagnahme richtet sich nach §§ 20 II, 21 ZVG i.V.m. §§ 1120 ff. BGB (Rdnr. 859).

Im Fall b wurden die Baumstämme von der Beschlagnahme erfaßt (§ 21 I ZVG). Eine Enthaftung durch Veräußerung und Entfernung scheidet aus, da D bei der Veräußerung nicht gutgläubig war (vgl. §§ 135 II, 1121 II BGB; § 23 II ZVG). Eine Enthaftung nach § 23 I 2 ZVG kommt nicht in Betracht, da S nicht über einzelne Stücke, sondern über den gesamten Baumbestand verfügt hat. Demnach ist die Beschlagnahme der Stämme wirksam geblieben. E hat mit dem Zuschlag Eigentum an ihnen erworben (§§ 90 II, 55 I, 20, 21 ZVG). Deshalb steht ihm nach § 985 BGB ein Herausgabeanspruch gegen D zu.

929   (2) Nach § 55 II ZVG erstreckt sich die Versteigerung auch auf die im Besitz des Schuldners oder eines neu eingetretenen Eigentümers befindlichen *Zubehörstücke, selbst wenn sie im Eigentum eines Dritten stehen.* Dadurch soll der Ersteher geschützt werden; er darf bei seinem Gebot davon ausgehen, daß er beim Zuschlag das Grundstück mit allen Zubehörstücken erwirbt (vgl. BGH NJW 1969, 2135, 2136). Andererseits sind die Interessen des Eigentümers eines Zubehörstücks dadurch hinreichend gewahrt, daß er die Möglichkeit hat, sein Recht nach § 37 Nr. 5 ZVG geltend zu machen und sich somit vor einem Rechtsverlust zu schützen (Rdnr. 888).

Im Fall c ist E gem. §§ 90, 55 II ZVG mit dem Zuschlag Eigentümer des Schreibautomaten geworden, da D sein Recht nicht nach § 37 Nr. 5 ZVG geltend gemacht hat. Dem Eigentumserwerb stand nicht entgegen, daß der Automat sich zur Zeit des Zuschlags nicht auf dem Grundstück des S befand, weil eine vorübergehende Trennung eines Zubehörstücks von der Hauptsache die Zubehöreigenschaft nicht aufhebt (§ 97 II 2 BGB).

Falls S dagegen das Hausgrundstück an den Steuerberater M vermietet hätte, wäre davon auszugehen, daß der Schreibautomat nur während der Dauer des Vertrages (also vorübergehend; vgl. § 97 II 1 BGB) für den wirtschaftlichen Zweck des Grundstücks benutzt wird. Dann fehlte es an der Zubehöreigenschaft, und E erwürbe kein Eigentum an dem Automaten.

2. Erlöschen und Bestehenbleiben von Rechten   930

a) Entsprechend dem Grundsatz des lastenfreien Erwerbs *erlöschen die Rechte am Grundstück* (§ 91 I ZVG).

(1) *Voraussetzung* dafür ist, daß das einzelne Recht am Grundstück nicht nach den gesetzlichen oder besonderen Versteigerungsbedingungen (§§ 52, 59 ZVG; Rdnr. 892, 906 a.E.) bestehen bleiben soll (§ 91 II ZVG; Rdnr. 935 ff.).

(2) *Folge* des Erlöschens ist es nicht, daß die Rechte ersatzlos wegfallen.   931
Vielmehr setzen sich die erloschenen Rechte mit ihrem bisherigen Rang an dem Versteigerungserlös fort, der an die Stelle des Grundstücks tritt. Das ergibt sich aus dem Surrogationsgrundsatz. Dieser ist zwar in § 92 ZVG nur für die Rechte bestimmt, die nicht auf Zahlung eines Kapitals gerichtet sind. Er wird aber von anderen Vorschriften (z.B. § 37 Nr. 5 ZVG) als allgemeiner Grundsatz des Zwangsversteigerungsverfahrens vorausgesetzt.

(a) Mit dem Erlöschen des dinglichen Rechts (z.B. der Hypothek) *erlischt die persönliche Forderung nicht* ohne weiteres. Sie bleibt vielmehr gegen den persönlichen Schuldner bestehen; das ist meistens der Vollstreckungsschuldner. Getilgt wird die persönliche Forderung nur insoweit, als ihr Gläubiger aus dem Erlös befriedigt wird.
Allerdings kann die Forderung auch nach § 114a ZVG erlöschen.

Diese Vorschrift geht davon aus, daß einem aus dem Grundstück (dinglich oder persönlich) Befriedigungsberechtigten das Grundstück zu einem solchen Meistgebot zugeschlagen wird, daß er (ganz oder teilweise) ausfällt. Dann würde er nach dem bisher Gesagten seine persönliche Forderung geltend machen können. Dieses Ergebnis wäre unbillig, wenn der Ersteher das Grundstück besonders günstig ersteigert hat. Deshalb bestimmt § 114a ZVG: Bei einem Meistgebot, das hinter 7/10 des Grundstückswerts zurückbleibt, gilt der Erwerber auch insoweit als aus dem Grundstück befriedigt, als sein Anspruch durch das Meistgebot nicht gedeckt ist, aber bei einem Gebot zum Betrag der 7/10 Grenze gedeckt sein würde.
Beispiel: Grundstückswert 100 000,— DM; Meistgebot 60 000,— DM. Der Ersteher ist Gläubiger der 3. Hypothek in Höhe von 10 000,— DM; er fällt aus, während der Gläubiger der 2. Hypothek noch befriedigt wird. Hätte das Meistgebot 7/10 des Grundstückswertes (also 70 000,— DM) betragen, wäre der Ersteher befriedigt worden. Deshalb erlischt die persönliche Forderung. — Hätte die 3. Hypothek 15 000,— DM betragen, bliebe die persönliche Forderung in Höhe von 5 000,— DM bestehen.

(b) Mit dem Erlöschen eines Rechts, das durch eine Löschungsvormer-   932
kung (§ 1179 BGB) oder durch einen gesetzlichen Löschungsanspruch (§ 1179a BGB) begünstigt ist, werden *Löschungsvormerkung oder Löschungsanspruch nicht ohne weiteres gegenstandslos.*

Da nach- oder gleichrangige Berechtigte daran interessiert sind, daß sich ihr Recht verbessert, wenn das vor- oder gleichrangige Recht auf den Eigentümer übergeht, haben sie in der Vergangenheit häufig bereits bei der Bestellung ihres Rechts mit dem Eigentümer vereinbart, daß dieser verpflichtet sein soll, das (etwa bei der Tilgung der Forderung) auf ihn übergegangene Recht löschen zu lassen. Dieser Anspruch wurde durch Eintragung einer *Löschungsvormerkung* im Grundbuch gesichert.

Da solche Löschungsvormerkungen in großer Zahl eingetragen wurden und dadurch das Grundbuch unübersichtlich wurde, entsteht seit dem 1.1.1978 gem. § 1179a BGB kraft Gesetzes ein *Löschungsanspruch* des nach- oder gleichrangigen Grundpfandgläubigers gegen den Eigentümer. Dieser Anspruch hat Vormerkungswirkung; es bedarf also keiner Eintragung einer Vormerkung im Grundbuch mehr.

Die Wirkungen von Löschungsvormerkung und gesetzlichem Löschungsanspruch sind gleich; das gilt auch für die Zwangsversteigerung. Wenn im folgenden vom Löschungsanspruch gesprochen wird, ist damit auch die Löschungsvormerkung gemeint.

933   (aa) Wenn das durch den Löschungsanspruch *begünstigte Recht erlischt,* aber das *betroffene Recht bestehen bleibt,* kommt es darauf an, ob der Gläubiger des begünstigten Rechts befriedigt wird.

Bei einer Befriedigung des Gläubigers erlischt auch der Löschungsanspruch (§ 91 IV 2 ZVG).

Sofern eine Befriedigung nicht erfolgt, bleibt der Löschungsanspruch nach § 91 IV 1 ZVG bestehen, obwohl das begünstigte Recht selbst mit dem Zuschlag erlischt. Erst wenn das Ersuchen des Vollstreckungsgerichts um Löschung des begünstigten Rechts ausgeführt wird, fallen die Vormerkungswirkungen des Löschungsanspruchs weg (vgl. §§ 130, 130a I ZVG); jedoch kann der Gläubiger (spätestens im Verteilungstermin) die Eintragung einer Vormerkung bei dem betroffenen Recht zur Sicherung des Löschungsanspruchs beantragen (§ 130a II 1 ZVG).

Wird auf Antrag des Gläubigers das betroffene Recht gelöscht, weil es sich mit dem Eigentum vereinigt hat (z.B. Eigentümergrundschuld), löst das nach § 50 I ZVG eine Zuzahlungspflicht des Erstehers aus (Rdnr. 953 a.E.). Der zuzuzahlende Betrag wird durch den Teilungsplan dem früheren Gläubiger des weggefallenen begünstigten Rechts zugeteilt (§ 125 I 1 ZVG; Einzelh.: *Stöber/Zeller*, Rdnr. 522 ff.).

934   (bb) Wenn *außer dem begünstigten auch das betroffene Recht erlischt,* dann erlischt bei Befriedigung des Gläubigers auch hier der Löschungsanspruch. Dieser bleibt bei Nichtbefriedigung bestehen; er ist jedoch darauf gerichtet, daß der bisherige Grundstückseigentümer dem Anspruchsberechtigten den auf das Eigentümerrecht entfallenden Erlösanteil insoweit überläßt, als er dem Berechtigten zustünde, wenn das Eigentümerrecht schon vor dem Zuschlag aufgehoben worden wäre (BGHZ 25, 382; *Steiner/Eickmann*, § 91 Rdnr. 25).

935   b) Mit dem Zuschlag erlöschen nicht alle Rechte am Grundstück; *bestimmte Rechte bleiben bestehen.* Drei Fälle sind zu nennen:

(1) Die ins geringste Gebot fallenden Rechte, die nicht durch Zahlung zu decken sind, bleiben bestehen (§ 52 I 1 ZVG; Rdnr. 892). Damit sind *die dem betreibenden Gläubiger vorgehenden Rechte* gemeint.

Beispiel: Die 1. und 2. Hypothek gehen der 3. Hypothek des betreibenden Gläubigers vor.

Bleibt eine Hypothek bestehen und haftet der Vollstreckungsschuldner für die zugrundeliegende Forderung persönlich, so übernimmt der Ersteher mit dem Zuschlag die persönliche Schuld in Höhe der Hypothek (§ 53 I, 1. Halbs. ZVG); der Ersteher ist also dem Schuldner gegenüber verpflichtet, den Gläubiger zu befriedigen (§ 415 III BGB). Er tritt damit aber noch nicht als neuer Schuldner an die Stelle des bisherigen. Ein solcher Schuldnerwechsel bedarf des Einverständnisses des Gläubigers. Wie bei der Hypothekenübernahme durch Rechtsgeschäft (vgl. § 416 BGB; AS Rdnr. 415) ist allerdings der Gläubiger weniger schutzwürdig als in den sonstigen Fällen der privativen Schuldübernahme (AS Rdnr. 405 ff.), da er durch die Hypothek am Grundstück gesichert ist und bleibt. Deshalb reicht es auch hier für den Schuldnerwechsel aus, daß der Hypothekengläubiger auf die Mitteilung des Schuldners von der Schuldübernahme innerhalb von sechs Monaten schweigt (§ 53 I, 2. Halbs. ZVG i.V.m. § 416 BGB); bloßes Schweigen des Gläubigers gilt also als Genehmigung der Schuldübernahme.

Eine Schuldübernahme gem. § 53 I ZVG kommt auch im Fall der persönlichen Haftung des Schuldners bei einer Grund- oder Rentenschuld in Betracht (§ 53 II ZVG). Da diese Grundpfandrechte jedoch eine persönliche Forderung nicht zwingend voraussetzen, verlangt § 53 II ZVG, daß der Schuldner spätestens im Versteigerungstermin vor der Abgabe der Gebote die gegen ihn bestehende Forderung unter Angabe ihres Betrages und Grundes anmeldet und auf Verlangen glaubhaft macht. Das soll im Interesse des Erstehers geschehen, damit dieser nicht später vom Bestehen einer persönlichen Forderung überrascht wird, die er dann übernehmen müßte.

(2) Das Bestehenbleiben von Rechten kann auch auf dem *Verlangen eines Beteiligten* beruhen. Denn nach § 59 I 1 ZVG hat jeder Beteiligte das Recht, eine von den gesetzlichen Vorschriften abweichende Feststellung des geringsten Gebots und der Versteigerungsbedingungen zu begehren.   **936**

Beispiel: Wenn der Gläubiger der 3. Hypothek die Versteigerung betreibt, würde mit dem Zuschlag die 4. Hypothek erlöschen. Ein Beteiligter verlangt das Fortbestehen dieser Hypothek, weil er mit höheren Geboten rechnet, wenn der Gläubiger der 4. Hypothek nicht in bar auszuzahlen ist.

Die Änderung erfolgt nicht von Amts wegen, sondern setzt den Antrag eines der Beteiligten (vgl. § 9 ZVG) und die Zustimmung aller durch die Änderung beeinträchtigten Beteiligten voraus (§ 59 I ZVG). Wenn jedoch das Fortbestehen eines Rechts bestimmt werden soll, das nach § 52 ZVG erlöschen würde, bedarf es der Zustimmung eines nachstehenden Beteiligten nicht (§ 59 III ZVG).

Im Beispielsfall wäre die Zustimmung des Gläubigers der 4. Hypothek erforderlich; denn er ist beeinträchtigt, weil seine Hypothek — statt zu erlöschen — bestehen bleiben soll, so daß er vom Erlös nichts bekommt. Dagegen bedarf es nicht der Zustimmung des Gläubigers der 5. Hypothek.

Bleibt ein Grundpfandrecht durch Feststellung gem. § 59 ZVG bestehen, so erfolgt die Übernahme der zugrunde liegenden Forderung durch den Ersteher nach § 53 ZVG (Rdnr. 935).

937   (3) Auch der Ersteher kann ein Interesse daran haben, daß ein an sich erlöschendes Grundstücksrecht bestehen bleibt; denn insoweit braucht er weniger bares Geld zu entrichten. Dem trägt § 91 II ZVG Rechnung. Diese Vorschrift sieht ein zwischen Ersteher und Berechtigtem *vereinbartes Bestehenbleiben* des Rechtes vor.

(a) *Voraussetzung* ist nach § 91 II ZVG, daß der Ersteher und der Berechtigte eine Vereinbarung treffen, wonach das Recht am Grundstück bestehen bleiben soll. Die Erklärungen müssen entweder mündlich im Versteigerungstermin abgegeben oder durch eine öffentlich beglaubigte Urkunde nachgewiesen werden, bevor das Grundbuchamt um Berichtigung des Grundbuchs ersucht worden ist.

Wenn ein Recht des Erstehers bestehen bleiben soll (z.B. der Hypothekengläubiger ersteigert das Grundstück), reicht eine Erklärung allein des Erstehers aus (vgl. BGH NJW 1976, 805 f.; 1981, 1601, 1602).

938   (b) Die *Wirkung* der Vereinbarung betrifft das Recht, das Bargebot und die etwa zugrunde liegende persönliche Forderung.

(aa) Das von der Vereinbarung erfaßte *Recht am Grundstück bleibt bestehen* (§ 91 II ZVG).

Wird die Vereinbarung erst nach dem Zuschlag getroffen, wirkt sie auf den Zeitpunkt vor der Zuschlagserteilung zurück (BGHZ 53, 327, 330 f.).

(bb) Das *Bargebot vermindert sich* um den Betrag, der sonst dem Berechtigten gebühren würde (§ 91 III 1 ZVG). Es handelt sich um den Betrag, den der Berechtigte bei Verteilung des Erlöses zu erhalten hätte, wenn das Recht gem. § 91 I ZVG unterginge (Mot. z. ZVG, 262 f.). Im einzelnen herrscht Streit darüber, in welcher Höhe eine Anrechnung auf Kapital und Zinsen erfolgen soll (zum Meinungsstand: *Steiner/Eickmann*, § 91 Rdnr. 48 ff.; *Zeller/Stöber*, § 91 Anm. 3 [14]).

Im Fall d hat G wegen des Erlöschens des Rechts einen Anspruch auf Ersatz des Wertes aus dem Versteigerungserlös (vgl. § 92 I ZVG). Er kann mit E eine Vereinbarung über das Bestehenbleiben der Grunddienstbarkeit treffen. Dadurch ist ein wirtschaftlich sinnvolles Ergebnis zu erzielen, da dem G etwa eine kostspielige »Umleitung« des Wassers erspart bleibt und E bis zu 10 000,— DM weniger aufzubringen braucht, während es ihn nicht stört, daß die Leitung weiterhin durch das Grundstück geht.

(cc) Die Vereinbarung wirkt wie die Befriedigung des Berechtigten aus   **939**
dem Grundstück (§ 91 III 2 ZVG). Die *persönliche Forderung erlischt,* wenn der bisherige Grundstückseigentümer (= Vollstreckungsschuldner) auch Schuldner der persönlichen Forderung war.

Sofern aber ein Dritter Schuldner der persönlichen Forderung ist und das Recht am Grundstück (z.B. die Hypothek) für diese Schuld des Dritten bestellt worden war, geht die Forderung gegen den Dritten auf den bisherigen Grundstückseigentümer gem. § 1143 BGB über.

Die Vereinbarung über das Bestehenbleiben des Rechts kann auch die Übernahme der persönlichen Haftung gegenüber dem Gläubiger durch den Ersteher umfassen. Ob das im Einzelfall gewollt ist, muß durch Auslegung der Vereinbarung ermittelt werden (*Zeller/Stöber,* § 91 Anm. 3 [11]). Auch bei der Übernahme der persönlichen Forderung durch den Ersteher erlischt diese (§ 91 III 2 ZVG). Demnach handelt es sich nicht um die Übernahme der ursprünglichen Schuld; vielmehr wird eine neue (abstrakte) Verbindlichkeit begründet, gegen die der Ersteher Einreden, die gegen die ursprüngliche Forderung bestanden, nicht geltend machen kann (vgl. MünchKomm/ *Eickmann,* § 1181 Rdnr. 15; *Steiner/Eickmann,* § 991 Rdnr. 59 m.N.). — Ist ein Dritter persönlicher Schuldner, greift § 1143 BGB ein.

3. Zuschlagsbeschluß als Vollstreckungstitel   **940**

Aus dem Zuschlagsbeschluß kann gem. § 93 I ZVG die Zwangsvollstreckung betrieben werden.

a) *Gegenstand der Zwangsvollstreckung* ist die Räumung und Herausgabe des Grundstücks sowie die Herausgabe der mitversteigerten Sachen (§ 93 I 1 ZVG). Die Räumungsvollstreckung erfolgt nach § 885 (Rdnr. 1057), die Vollstreckung des Anspruchs auf Herausgabe mitversteigerter Sachen nach § 883 (Rdnr. 1048 ff.).

b) Als *Vollstreckungsschuldner* kommen der bisherige Eigentümer und   **941**
auch ein Dritter in Betracht.

(1) Der *bisherige Eigentümer* kann sich gegenüber dem Herausgabeanspruch des Erstehers nach § 985 BGB nicht auf ein Recht zum Besitz gem. § 986 BGB berufen.

Auch eine Räumungsfrist nach § 721 ist dem bisherigen Eigentümer nicht zu gewähren (h.M.; OLG München OLGZ 1969, 43; StJ/*Münzberg,* § 721 Rdnr. 1; *Tho-*

mas/Putzo, § 721 Anm. 1; *Zeller/Stöber*, § 93 Anm. 3 [2]); denn diese Vorschrift gilt nur für Räumungsurteile. In Betracht kommt allenfalls der Vollstreckungsschutz gem. § 765a.

(2) Ist ein *Dritter* im Besitz des versteigerten Grundstücks oder einer mitversteigerten Sache, kann auch gegen ihn die Zwangsvollstreckung betrieben werden, wenn das Recht (z.B. Wohnrecht), aufgrund dessen er besitzt, durch den Zuschlag erloschen ist.

Sofern der Dritte dagegen aufgrund eines Rechts besitzt, das durch den Zuschlag nicht erloschen ist (z.B. bestehengebliebener Nießbrauch; noch nicht beendeter Mietvertrag; Rdnr. 947), soll die Zwangsvollstreckung nicht erfolgen (§ 93 I 2 ZVG). Wird dennoch vollstreckt, kann der Dritte sich dagegen mit der Drittwiderspruchsklage (§ 771) wehren (§ 93 I 2 ZVG).

942   c) *Voraussetzungen der Vollstreckung* sind außer dem Zuschlagsbeschluß als Vollstreckungstitel die Vollstreckungsklausel und die Zustellung des Titels (bei Vollstreckung gegen einen Dritten auch Zustellung der Klausel, § 750 II; Rdnr. 151). In der Vollstreckungsklausel muß insbesondere der Dritte als Besitzer namentlich benannt sein.

Im Fall e kann E gegen D die Herausgabevollstreckung nach § 883 betreiben. Dazu muß er die Erteilung einer vollstreckbaren Ausfertigung des Zuschlagsbeschlusses beantragen. Er müßte durch öffentliche oder öffentlich beglaubigte Urkunden nachweisen (vgl. § 727; Rdnr. 115 f.), daß D im Besitz der Baumstämme ist. Falls E dazu nicht in der Lage ist und D bei seiner Anhörung im Klauselerteilungsverfahren den Besitz der Stämme nicht zugesteht, kommt die Klage nach § 731 (Rdnr. 131 ff.) in Betracht.

943   **4. Schuldrechtliche Wirkungen des Zuschlags**

a) Der *Übergang der Gefahr* des zufälligen Untergangs richtet sich gem. § 56 ZVG danach, ob es sich um das versteigerte Grundstück oder um einen mitversteigerten Gegenstand handelt.

(1) Beim *Grundstück* geht die Gefahr mit dem Zuschlag (also mit dem Eigentumserwerb) auf den Ersteher über (§ 56, 1 ZVG). Demnach trägt der Ersteher mit der Verkündung des Zuschlagsbeschlusses (§ 89 ZVG) oder mit der Zustellung des Beschlusses, durch den das Beschwerdegericht den Zuschlag erteilt (§ 104 ZVG), die Gefahr des zufälligen Untergangs des Grundstücks.

Beispiele: Erdbeben, Erdrutsch, Enteignung, aber auch Zerstörung des Teils eines Grundstücks, der seinen Wert ausmacht, wie Vernichtung des Fabrikgebäudes durch Brand oder Hochwasser.

(2) Bei den *mitversteigerten Gegenständen* ist der Zeitpunkt des Gefahrübergangs auf den Schluß der Versteigerung vorverlegt (§ 56, 1 ZVG); diesen hat das Gericht nach dreimaligem Aufruf des letzten Gebots zu verkünden (§ 73 II ZVG).

Das Gesetz hält hier diesen frühen Zeitpunkt für entscheidend; denn »es wäre unbillig, über diesen Zeitpunkt hinaus dem Schuldner oder einem anderen Beteiligten die Haftung aufzuerlegen« (Denkschrift z. ZVG, 48).

b) Der *Übergang der Nutzungen und der Lasten* erfolgt mit dem Zuschlag   944
(§ 56, 2 ZVG).

Nutzungen sind nach §§ 99 f. BGB die Früchte sowie die anderen Gebrauchsvorteile einer Sache oder eines Rechts (Beispiele: Kies, Sand, Mietzinsen). Sie gebühren vom Zuschlag an dem Ersteher.
Lasten sind die Verpflichtungen des Eigentümers, die diesen als Eigentümer treffen. Hierzu gehören regelmäßig wiederkehrende Lasten (z.B. Grundsteuern, Hypothekenzinsen) und auch Lasten anderer Art (z.B. Erschließungskosten). Für die Verteilung auf den bisherigen Grundstückseigentümer und den Ersteher gilt § 103 BGB.

c) *Gewährleistungsansprüche* des Erstehers werden durch § 56, 3 ZVG   945
ausgeschlossen. Das gilt sowohl für Rechts- als auch für Sachmängel des Grundstücks und der mitversteigerten Gegenstände.

Unberührt davon bleiben etwa Schadensersatzansprüche eines Bieters gegen einen Beteiligten, der ihn betrogen hat.

d) Die *Zahlungspflicht des Erstehers* entsteht ebenfalls mit dem Zuschlag.   946
Zwar ist das Bargebot erst im Verteilungstermin zu zahlen (§ 107 ZVG); aber es ist vom Zuschlag an zu verzinsen (§ 49 II ZVG).

e) Ein *Miet- oder Pachtverhältnis* über das versteigerte Grundstück endet   947
mit dem Zuschlag nicht. Wie für die Veräußerung des vermieteten Grundstücks gilt auch für die Versteigerung der Satz »Kauf bricht nicht Miete« (§ 57 ZVG, § 571 BGB; BS Rdnr. 195 ff.). Der Ersteher tritt also anstelle des bisherigen Grundstückseigentümers in den Mietvertrag ein.

(1) Der Ersteher hat aber — abgesehen von der Möglichkeit, wie der bisherige Vermieter oder Verpächter den Vertrag nach der Vereinbarung oder aufgrund Gesetzes zu kündigen — ein *Sonderkündigungsrecht gem. § 57a ZVG*. Danach kann er unter Einhaltung der gesetzlichen Kündigungsfrist kündigen (§ 57a, 1 ZVG); jedoch ist diese Kündigung ausgeschlossen, wenn sie nicht für den erstzulässigen Termin erfolgt (§ 57a, 2 ZVG).
Dieses Sonderkündigungsrecht ist bei Mietzinsvorauszahlungen und verlorenen Baukostenzuschüssen gem. § 57c ZVG beschränkt.

Wegen dieser Einschränkung des Kündigungsrechts hat jeder Bieter ein Interesse daran, von den nach § 57c ZVG zu beachtenden Beiträgen des Mieters oder Pächters

Kenntnis zu erlangen. Deshalb hat das Vollstreckungsgericht gem. § 57d ZVG zur Abgabe einer Erklärung über diese Beiträge aufzufordern. Einem Mieter oder Pächter gegenüber, der keine oder eine unvollständige Erklärung abgegeben hat, ist § 57c ZVG nicht anzuwenden (§ 57d III ZVG).

Bei der Wohnraummiete sind außerdem noch die Mieterschutzbestimmungen (z.B. §§ 556a, 564b BGB; BS Rdnr. 203) zu beachten.

948   (2) Für *Vorausverfügungen über Miet- oder Pachtzinsforderungen* enthalten §§ 573 ff. BGB Regelungen zum Schutz des Mieters und des Erwerbers (BS Rdnr. 198 ff.). Diese Vorschriften sind grundsätzlich auch auf den Erwerb des Grundstücks durch Zwangsversteigerung anzuwenden (§ 57b ZVG). Jedoch kommt es für den Beginn des in den Bestimmungen genannten Berechnungszeitraums bei der Zwangsversteigerung nicht auf den Eigentumsübergang (Zuschlag) oder auf die Kenntnis des Mieters von dem Eigentumswechsel an, sondern auf die Beschlagnahme des Grundstücks oder die Kenntnis des Mieters von der Beschlagnahme. Der maßgebliche Zeitpunkt ist also bei der Zwangsversteigerung vorverlegt.

949   § 30   Das Verteilungsverfahren

Schrifttum: *Fischer,* Forderungsübertragung und Sicherungshypothek im Zwangsversteigerungsverfahren, NJW 1956, 1095; *Fritz,* Die außergerichtliche Verteilung des Versteigerungserlöses, SchlHA 1972, 130; *Meyer-Stolte,* Eintragungen zwischen Zuschlag und Eigentumsberichtigung, Rpfleger 1983, 240; *Schiffhauer,* Wiederversteigerung ohne vorherige Berichtigung des Grundbuches?, Rpfleger 1975, 12; *Stöber,* Zuteilung des Versteigerungserlöses an den Gläubiger einer Grundschuld, ZIP 1980, 833; *Storz,* Die nicht voll valutierte Sicherungsgrundschuld in der Zwangsversteigerung, ZIP 1980, 506.

Fälle:
   a) Ein befriedigungsberechtigter Gläubiger meint, daß der Rechtspfleger im Teilungsplan die Teilungsmasse falsch festgestellt habe. Außerdem sei die Zuteilung zu Unrecht an einen anderen statt an seinen Vormann und an ihn selbst erfolgt. Wie kann er die Mängel geltend machen?

   b) S ist Gläubiger einer Hypothek an dem zur Versteigerung gelangten Grundstück des D. Nachdem G einen Zahlungstitel gegen S erstritten hat, erfährt er, daß S in dem nach dem Zuschlag anberaumten Verteilungstermin einen Teil des vom Ersteher zu zahlenden Geldbetrages erhalten wird. Kann G erreichen, daß der Geldbetrag vom Vollstreckungsgericht an ihn statt an S ausgezahlt wird?

c) Da der Ersteher im Verteilungstermin das Bargebot nicht gezahlt hat, ist dem Berechtigten B der auf ihn entfallende Teil der Forderung vom Vollstreckungsgericht nach § 118 I ZVG übertragen worden. Dem B wäre es lieber, wenn er statt dieser Forderung seine ursprüngliche Forderung gegen den bisherigen Grundstückseigentümer behielte, zumal diese durch eine Bürgschaft und ein Pfandrecht gesichert war. Was ist ihm zu raten?

d) Der Berechtigte B, dem die Forderung gem. § 118 I ZVG übertragen worden ist, klagt sie gegen den Ersteher E ein. Dieser meint, es fehle das Rechtsschutzbedürfnis.

e) Das Vollstreckungsgericht ersucht das Grundbuchamt, nach § 130 I 1 ZVG eine bestimmte Hypothek zu löschen. Kann sich der Hypothekengläubiger dagegen mit der Begründung wehren, die Hypothek sei nicht erloschen?

f) Im Fall e lehnt das Grundbuchamt die Eintragung der Löschung ab. Kann das Vollstreckungsgericht das Grundbuchamt zur Löschung zwingen?

Das Verteilungsverfahren bei der Zwangsversteigerung entspricht grundsätzlich dem Verteilungsverfahren bei der Zwangsvollstreckung in das bewegliche Vermögen (§§ 872 ff.; Rdnr. 476 ff.). Es weist aber auch einige Besonderheiten auf, die sich daraus ergeben, daß es bei der Versteigerung eines Grundstücks um die Befriedigung von Inhabern verschiedener Grundstücksrechte geht. Bei der Versteigerung eines Grundstücks kommt es regelmäßig zu einem Verteilungsverfahren, bei einer Vollstreckung ins bewegliche Vermögen nur dann, wenn ein Geldbetrag hinterlegt worden ist, der zur Befriedigung der Pfändungspfandgläubiger nicht ausreicht (vgl. Rdnr. 479 ff.).

Ein Verteilungsverfahren findet im Zwangsversteigerungsverfahren ausnahmsweise nicht statt, wenn dem Gericht durch öffentliche oder öffentlich beglaubigte Urkunden nachgewiesen wird, daß sich die Beteiligten über die Verteilung des Erlöses geeinigt haben, der Ersteher die Berechtigten befriedigt hat oder er von ihnen als alleiniger Schuldner angenommen worden ist (vgl. §§ 143—145 ZVG).

I. Vorbereitung des Verteilungstermins

950

1. Bestimmung des Verteilungstermins

Nach der Erteilung des Zuschlags hat das Gericht einen Termin zur Verteilung des Versteigerungserlöses zu bestimmen (§ 105 I ZVG). Die Terminsbestimmung ist den Beteiligten sowie den Zahlungspflichtigen zuzustellen (vgl. § 105 II ZVG) und soll an die Gerichtstafel angeheftet werden (§ 105 III ZVG). Erfolgt die Zustellung an die Zahlungspflichtigen nicht zwei Wochen vor dem Termin, ist dieser aufzuheben und von neuem zu bestimmen, sofern nicht das Verfahren genehmigt wird (§ 105 IV ZVG).

951   **2. Anfertigung eines vorläufigen Teilungsplanes**

Zur Entlastung des Verteilungstermins kann das Gericht in der Termins-
bestimmung die Beteiligten auffordern, binnen zwei Wochen eine Berech-
nung ihrer Ansprüche einzureichen (§ 106, 1 ZVG). Hat das Gericht zum
Einreichen der Berechnung aufgefordert, muß es nach Ablauf der genannten
Frist einen vorläufigen Teilungsplan anfertigen und diesen spätestens drei
Tage vor dem Verteilungstermin auf der Geschäftsstelle zur Einsicht der
Beteiligten niederlegen (§ 106, 2 ZVG).

952   **II. Durchführung des Verteilungstermins**

Im (nicht öffentlichen) Verteilungstermin erfolgen außer der Zahlung
durch den Ersteher die Aufstellung und die Ausführung des endgültigen Teilungsplanes.

1. Aufstellung des endgültigen Teilungsplanes

Der endgültige Teilungsplan wird im Verteilungstermin nach Anhörung
der anwesenden Beteiligten vom Gericht aufgestellt (§ 113 I ZVG). Über ihn
wird sofort verhandelt (§ 115 I 1 ZVG). Auf die Verhandlung finden die Vorschriften über das Verteilungsverfahren bei der Zwangsvollstreckung in das
bewegliche Vermögen (§§ 876 ff.; Rdnr. 486 ff.) entsprechende Anwendung
(§ 115 I 2 ZVG).

953   a) Zum *Inhalt des Teilungsplanes* gehört die Feststellung der Teilungs-
und der Schuldenmasse. In den Plan sind ferner die bestehenbleibenden
Rechte aufzunehmen. Schließlich ist in ihm anzugeben, wie sich die Teilungsmasse auf die Schuldenmasse verteilt.

(1) Zur *Teilungsmasse* (= Aktivmasse; vgl. § 107 I ZVG) zählen vor allem
das Bargebot (§ 49 I ZVG; Rdnr. 897 ff.) nebst 4% Zinsen seit dem Zuschlag
(§ 49 II ZVG, § 246 BGB) und der Erlös aus besonders versteigerten oder
anderweit verwerteten Gegenständen (§§ 107 I 2, 65 ZVG). Der Ersteher hat
die Zahlung im Verteilungstermin an das Gericht zu leisten (§ 107 II ZVG);
ein Geldbetrag, der zur Sicherheit für das Gebot des Erstehers hinterlegt
worden ist, gilt als gezahlt (§ 107 III ZVG).

Fällt eine Belastung des Grundstücks, die nach den Versteigerungsbedingungen
bestehen bleiben sollte, nachträglich weg, ist der Ersteher um den entsprechenden
Betrag bereichert; diesen muß der Ersteher zusätzlich zahlen (§§ 50 f. ZVG). Die Forderung auf diese Zuzahlung ist ebenfalls in den Teilungsplan aufzunehmen (vgl.
§ 125 I 1 ZVG). Die Zahlung erfolgt aber nicht an das Gericht; vielmehr wird die For-

derung gegen den Ersteher vom Gericht auf den Berechtigten (= den nach Verteilung des Bargebots nächst ausfallenden Gläubiger) übertragen (§ 125 I 2 ZVG).

(2) Zu den *bestehenbleibenden Rechten* gehören alle nach § 91 ZVG nicht **954** erlöschenden Rechte. Das sind die Rechte, die dem betreibenden Gläubiger mit dem bestrangigen Recht vorgehen (§ 52 ZVG) oder aufgrund abweichender Versteigerungsbedingungen (§ 59 ZVG) oder kraft Vereinbarung (§ 91 II ZVG) bestehen bleiben. Sie werden gem. § 113 II ZVG in den Teilungsplan aufgenommen, weil sie bestritten werden können; dann besteht nämlich die Möglichkeit, daß sie wegfallen, so daß eine Zuzahlungspflicht (§§ 50 f., 125 ZVG) ausgelöst wird. Die Angabe im Teilungsplan erleichtert die Prüfung, ob eine Zuzahlungspflicht besteht.

(3) Die *Schuldenmasse* (= Passivmasse; vgl. § 114 ZVG) umfaßt alle **955** Ansprüche, die auf Befriedigung aus dem Grundstück gerichtet sind.

(a) *Von Amts wegen* werden die im Grundbuch zur Zeit der Eintragung des Versteigerungsvermerks eingetragenen Rechte in den Teilungsplan aufgenommen, wenn ein bestimmter Betrag (z.B. bei Hypothek, Grund- oder Rentenschuld) oder Höchstbetrag (bei der Höchstbetragshypothek) aus dem Grundbuch ersichtlich ist.

(b) Nur *auf Antrag* werden alle übrigen Rechte in den Teilungsplan aufgenommen. Der Antrag muß spätestens im Termin gestellt werden (§ 114 I 1 ZVG). Auch der betreibende Gläubiger muß seine Ansprüche anmelden, wenn diese nicht aus dem Grundbuch ersichtlich sind. Jedoch gelten sie als angemeldet, soweit sie sich aus dem Versteigerungsantrag ergeben (§ 114 I 2 ZVG).

Der Anmeldung bedürfen die nicht eingetragenen, insbesondere die in § 10 Nr. 1—3 ZVG genannten Rechte, die Rückstände wiederkehrender Leistungen sowie die erst nach Eintragung des Zwangsversteigerungsvermerks eingetragenen Rechte (Rdnr. 896).

(4) Bei der *Verteilung der Teilungsmasse auf die Schuldenmasse* geht es **956** darum, die Reihenfolge zu bestimmen, in der die Ansprüche befriedigt werden. Vorweg sind die Verfahrenskosten anzusetzen (vgl. § 109 I ZVG). Der Überschuß wird auf die Rechte verteilt, die durch die Zahlung zu decken sind (§ 109 II ZVG). Dabei ist von der Rangfolge auszugehen, die sich aus §§ 10 ff. ZVG (Rdnr. 894) ergibt. Jedoch stehen allen übrigen Rechten die Rechte nach, die trotz der in § 37 Nr. 4 ZVG bestimmten Aufforderung nicht rechtzeitig angemeldet worden sind (§ 110 ZVG).

b) Gegen den Teilungsplan gibt es folgende *Rechtsbehelfe:* **957**

(1) Verfahrensrechtliche Rügen können mit der *sofortigen Beschwerde* (§ 793) bzw. mit der *befristeten Rechtspflegererinnerung* (§ 11 I 2 RPflG) gel-

tend gemacht werden. Die Frist beginnt nicht mit der Verkündung, sondern mit der Zustellung des Teilungsplanes (OLG Hamm Rpfleger 1985, 453).

(2) Bei materiellrechtlichen Fehlern kommen der *Widerspruch* und die *Widerspruchsklage* in Betracht. Dafür gelten nach § 115 I 2 ZVG die §§ 876— 882 entsprechend, die den Widerspruch und die Widerspruchsklage bei der Zwangsvollstreckung in das bewegliche Vermögen regeln (Rdnr. 486 ff.).

Im Fall a handelt es sich bei der Rüge, die Teilungsmasse sei falsch festgestellt worden, um eine formelle Beanstandung, so daß die befristete Rechtspflegererinnerung in Betracht kommt. — Die Rüge der falschen Zuteilung ist eine materiellrechtliche Beanstandung, so daß an einen Widerspruch zu denken ist. Allerdings wäre dieser insoweit unzulässig, als G das Recht seines Vormannes geltend macht, weil dadurch die Rechtslage des G nicht verbessert wird. Soweit er selbst durch die Zuteilung beschwert ist, muß die Zulässigkeit des Widerspruchs bejaht werden. Führt dieser nicht zum Erfolg, hat G die Möglichkeit, Widerspruchsklage gegen den Gläubiger zu erheben, dessen Befriedigung vereitelt wird, wenn der Widerspruch begründet sein sollte (RGZ 26, 420, 424).

958   2. Ausführung des endgültigen Teilungsplanes

Die Ausführung des endgültigen Teilungsplanes, die auf Antrag eines Zahlungspflichtigen bis zur Rechtskraft des Zuschlags ausgesetzt werden soll (§ 116 ZVG), richtet sich danach, ob der Versteigerungserlös gezahlt wird oder nicht.

959   a) *Bei Zahlung des Bargebots* wird der Teilungsplan durch Zahlung an die Berechtigten ausgeführt oder der Betrag hinterlegt.

(1) Vor *Auszahlung* an jeden einzelnen Berechtigten (§ 117 I ZVG) hat das Vollstreckungsgericht anhand des Teilungsplanes die sachliche Berechtigung festzustellen. Der Gläubiger einer Briefhypothek (Briefgrundschuld, Briefrentenschuld) hat den Brief vorzulegen (vgl. § 126 ZVG; § 1160 I BGB). Der Rechtsnachfolger eines Gläubigers hat die Rechtsnachfolge nachzuweisen. Die persönliche Berechtigung des Empfängers prüft das Gericht dadurch, daß es sich den Personalausweis oder eine (keiner besonderen Form bedürftigen) Vollmacht zum Geldempfang vorlegen läßt.

Berechtigter kann auch ein Pfändungspfandgläubiger sein. Im Fall b ist dem G zu raten, den Erlösanspruch des S pfänden und sich überweisen zu lassen. Das geschieht nicht durch Vollstreckung in die Hypothek, da diese mit dem Zuschlag (vgl. §§ 89, 104 ZVG; Rdnr. 930 f.) erloschen und an ihre Stelle der Erlösanspruch getreten ist. Dieser Anspruch wird wie eine gewöhnliche Forderung gepfändet. Drittschuldner ist weder der Ersteher noch das Vollstreckungsgericht, da beide nicht Schuldner des Schuldners sind. Drittschuldner ist vielmehr der bisherige Grundstückseigentümer (vgl. aber auch *Stöber*, Rpfleger 1958, 251, 253). Weist G dem Vollstreckungsgericht die Pfändung des Erlösanspruchs nach, ist er zusammen mit S empfangsberechtigt. Dagegen ist G allein zum Empfang des Geldes berechtigt, wenn er zudem auch noch die Überweisung (zur Einziehung oder an Zahlungs Statt) nachweist.

Sofern der Berechtigte nicht erschienen ist, muß die Auszahlung an ihn von Amts wegen angeordnet werden (§ 117 II 1 ZVG). Die Zahlung erfolgt nach dem Gesetz über Zahlungen aus öffentlichen Kassen v. 21.12.1938 (abgedruckt bei *Zeller/Stöber*, Anhang T 45), das an die Stelle der Landesgesetze getreten ist, auf die in § 117 II 2 ZVG noch verwiesen wird.

(2) Anstelle der Auszahlung kommt eine *Hinterlegung* des Betrages in Betracht. Diese richtet sich nach der Hinterlegungsordnung (*Schönfelder*, Deutsche Gesetze, Nr. 121).   **960**

Soll im Fall b nach Hinterlegung des Betrages der Anspruch des S gepfändet werden, ist die Hinterlegungsstelle (das Amtsgericht) Drittschuldnerin (*Stöber*, Rdnr. 1991).

Vornehmlich in folgenden Fällen ist die *Hinterlegung geboten:*

— Die Übermittlung oder Überweisung des Geldes ist unmöglich (vgl. § 117 II 3 ZVG).
— Der Anspruch ist aufschiebend bedingt (vgl. 120 I ZVG); der unverzinsliche Anspruch ist auf unbestimmte Zeit betagt (vgl. § 111, 2, 2. Halbs. ZVG).
— Es ist Widerspruch gegen den Teilungsplan eingelegt (vgl. §§ 124 II, 120 I ZVG).

Die Erledigung erhobener Widersprüche und die Ausführung des Plans richten sich gem. § 115 I 2 ZVG nach §§ 876—882 (Rdnr. 487 ff.).

— Ein Berechtigter ist unbekannt (vgl. § 126 II ZVG).

Zur Ermittlung des unbekannten Berechtigten ist ein Vertreter zu bestellen (vgl. § 135 ZVG); notfalls ist ein Beteiligter zu ermächtigen, das Aufgebotsverfahren zu beantragen (Einzelh.: §§ 135, 138, 140 f. ZVG).

b) *Bei Nichtzahlung des Bargebots* wird der Teilungsplan dadurch ausgeführt, daß die Forderung gegen den Ersteher vom Vollstreckungsgericht auf die Berechtigten übertragen wird (§ 118 I 1 ZVG). Die *Übertragung der Forderung* tritt also an die Stelle der Auszahlung des Geldes. Das gilt auch für den Fall, daß Zahlungsfristen festgesetzt worden sind (§ 118 I 2 ZVG).   **961**

Im Falle eines Widerspruchs gegen den Teilungsplan überträgt das Gericht die Forderung auf den Erstberechtigten unter der Bedingung, daß der Widerspruch unbegründet ist, und auf den Widersprechenden unter der Bedingung, daß der Widerspruch begründet ist (vgl. §§ 124 II, 120 I 2 ZVG).

Die Übertragung der Forderung hat folgende *Wirkungen:*

962 (1) Die Übertragung wirkt wie die *Befriedigung aus dem Grundstück* (§ 118 II 1 ZVG). Der Vollstreckungsschuldner wird also von seiner persönlichen Verpflichtung frei.

Von dieser Befriedigungswirkung gibt es *zwei Ausnahmen* (§ 118 II 2 ZVG).

(a) Der Berechtigte erklärt vor dem Ablauf von drei Monaten seit der Übertragung der Forderung dem Vollstreckungsgericht gegenüber den *Verzicht auf die Rechte aus der Übertragung.* Diese Befugnis wird dem Berechtigten deshalb eingeräumt, weil für ihn seine ursprüngliche Forderung einschließlich ihrer Sicherungen möglicherweise vorteilhafter als die übertragene Forderung ist (Fall c). Daher kann er auf diese wirksam verzichten, so daß die ursprüngliche Forderung mit ihren Sicherungsrechten bestehen bleibt.

(b) Innerhalb der genannten Frist wird vom Berechtigten aufgrund der ihm übertragenen Forderung *die Zwangsversteigerung beantragt,* die sich nicht gegen den Vollstreckungsschuldner, sondern gegen den Ersteher richtet (vgl. § 133 ZVG). Infolge des Antrags tritt die Befriedigungswirkung nicht ein, und die ursprüngliche Forderung des Berechtigten bleibt bestehen. Daneben behält der Berechtigte — anders als beim Verzicht — die ihm übertragene Forderung gegen den Ersteher.

963 (2) Die Übertragung der Forderung gegen den Ersteher auf den Berechtigten führt dazu, daß dieser die Forderung auf einem vereinfachten Weg durchsetzen kann. Der Berechtigte braucht nicht im Klagewege einen Vollstreckungstitel zu erstreiten; denn schon der *Zuschlagsbeschluß ist Vollstreckungstitel* (§ 132 ZVG). In der Vollstreckungsklausel sind der Berechtigte und der Betrag der Forderung anzugeben; der Zustellung einer Urkunde über die Übertragung der Forderung bedarf es nicht (§ 132 II 2 ZVG).

Im Fall d kann der einfachere Weg, gem. § 132 ZVG die Zwangsvollstreckung zu betreiben, dafür sprechen, daß für eine Klage auf Zahlung das Rechtsschutzinteresse fehlt. Wenn jedoch etwa zu erwarten ist, daß der Ersteher sich einer Vollstreckung aus dem Zuschlagsbeschluß durch eine Vollstreckungsgegenklage (§ 767) widersetzen wird, dann kann der Berechtigte ein schutzwürdiges Interesse daran haben, die Forderung gegen den Ersteher im Wege der Leistungsklage geltend zu machen (BGH NJW 1961, 1116).

964 **III. Verfahren nach Ausführung des Teilungsplanes**

1. Grundbuchberichtigung

a) Mit dem Zuschlag ist der *Inhalt des Grundbuchs unrichtig* geworden:

(1) Der Ersteher ist durch den Zuschlag Eigentümer des Grundstücks

geworden (§ 90 I ZVG); das Grundbuch weist dagegen noch den Vollstrekkungsschuldner als Eigentümer aus.

(2) Die Rechte am Grundstück erlöschen mit dem Zuschlag, soweit sie nicht bestehen bleiben (§§ 91 I, 52 I 2 ZVG); tatsächlich sind sie noch im Grundbuch eingetragen.

b) Die Grundbuchberichtigung erfolgt auf *Ersuchen des Vollstreckungsgerichts* (§ 130 I 1 ZVG). **965**

(1) *Voraussetzungen:* Das Ersuchen erfordert neben der Rechtskraft des Zuschlagsbeschlusses, daß der Teilungsplan ausgeführt ist; die Teilungsmasse muß also ausgezahlt oder hinterlegt sein (§ 117 ZVG), oder der Anspruch gegen den Ersteher muß auf die Berechtigten übertragen sein (§ 118 ZVG).

(2) *Inhalt:* Das Ersuchen ist auf die Eintragung des Erstehers als Grundstückseigentümer, die Löschung der (im einzelnen anzugebenden) Rechte sowie auf die Löschung des Versteigerungsvermerks gerichtet.

(3) *Wirkung:* Das Ersuchen ersetzt die Voraussetzungen, die sonst für eine Grundbucheintragung erfüllt sein müssen (Antrag, Eintragungsbewilligung, Zustimmung Dritter usw.).

Zur Löschung einer Hypothek, Grund- oder Rentenschuld ist die Vorlegung des über das Recht erteilten Briefes nicht erforderlich (§ 131, 1 ZVG). Wäre eine Vorlegung notwendig, könnte ein Beteiligter die Grundbuchberichtigung verzögern.
Der Brief über ein erloschenes Grundpfandrecht ist vom Versteigerungsgericht unbrauchbar zu machen; ein nur teilweises Erlöschen ist auf dem Brief zu vermerken (§ 127 I ZVG).

(4) *Rechtsbehelfe:* Das Ersuchen des Vollstreckungsgerichts ist eine Verwaltungsmaßnahme (*Dassler/Schiffhauer/Gerhardt*, § 130 Anm. II 6 m.N.) und keine Entscheidung. Deshalb ist es mit der Erinnerung (§ 766) anfechtbar (*Zeller/Stöber*, § 130 Anm. 2 [20] m.N.; Fall e). **966**
Das Grundbuchamt hat die materielle Richtigkeit des Ersuchens nicht zu überprüfen. Lehnt es die Eintragung ab, steht dem Vollstreckungsgericht die Rechtspflegererinnerung (§ 11 I RPflG) bzw. die Beschwerde (§ 71 GBO) zu (*A. Blomeyer*, § 83 III 3; Fall f).

2. Sicherung der übertragenen Forderung **967**

a) Hat das Vollstreckungsgericht wegen Nichtzahlung des Bargebots die Forderung gegen den Ersteher auf die Berechtigten übertragen (vgl. § 118 I 1 ZVG; Rdnr. 961 ff.), sind am Grundstück zur Sicherung dieser Forderungen

Sicherungshypotheken einzutragen; sie erhalten den Rang des jeweiligen Anspruchs (§ 128 I 1 ZVG). Die Eintragung erfolgt aufgrund eines Ersuchens des Vollstreckungsgerichts an das Grundbuchamt (§ 130 I 1 ZVG). Die Hypotheken entstehen mit der Eintragung (§ 128 III 1 ZVG).

968   b) Bei der Eintragung der Sicherungshypotheken soll im Grundbuch ersichtlich gemacht werden, daß sie aufgrund eines Zwangsversteigerungsverfahrens erfolgt ist (§ 130 I 2 ZVG). Ein solcher Vermerk ist wegen folgender *Besonderheiten dieser Sicherungshypotheken* geboten:

(1) Wenn sich die Hypothek mit dem Eigentum in einer Person vereinigt, kann sie nicht zum Nachteil bestehengebliebener Rechte oder anderer nach § 128 I, II ZVG eingetragener Sicherungshypotheken geltend gemacht werden (§ 128 III 2 ZVG).

Befriedigt der Ersteher nachträglich den Gläubiger einer Sicherungshypothek, erwirbt er zwar die Hypothek. Aber der Ersteher soll sie nicht vor den nachrangigen Gläubigern geltend machen dürfen, die von ihm schon im Verteilungstermin Barzahlung verlangen konnten. Deshalb geht sein Recht den genannten Rechten im Rang nach (*Dassler/Schiffhauer/Gerhardt,* § 128 Anm. 8 b; RGZ 162, 24, 26 f.).

969   (2) Ebenfalls nicht zum Nachteil der bestehengebliebenen Rechte oder der übrigen nach § 128 I, II ZVG eingetragenen Rechte kann die Sicherungshypothek geltend gemacht werden, die für bestimmte Ansprüche (aus § 10 I Nr. 1–3 ZVG; wiederkehrende Leistungen gem. § 10 I Nr. 4 ZVG; Kostenerstattungsansprüche gem. § 10 II ZVG) eingetragen worden ist (vgl. § 129 ZVG).

Der Grund für die Schlechterstellung dieser Gläubiger liegt darin, daß man von ihnen eine baldige Beitreibung der Forderung erwarten kann. Geschieht das nicht innerhalb von sechs Monaten nach der Eintragung der Sicherungshypothek (etwa durch Antrag auf Zwangsversteigerung des Grundstücks; vgl. § 129, 1 a.E. ZVG), soll der säumige Gläubiger den Nachteil tragen, indem er so behandelt wird, als ob sein Recht den anderen Rechten im Rang nachstünde.

970   (3) Wenn das Grundstück von neuem versteigert wird, ist der zur Deckung der Hypothek erforderliche Betrag bar zu berichtigen (§ 128 IV ZVG).

Wenn schon das Bargebot nicht entrichtet ist, die Forderung gegen den Ersteher deshalb auf den Berechtigten übertragen und durch eine Sicherungshypothek gesichert worden ist, dann soll diese nicht wie eine dauernde Belastung des Grundstücks behandelt werden. Daher ist sie bei einer neuen Versteigerung des Grundstücks selbst dann in bar zu entrichten, wenn sie ins geringste Gebot fällt.

§ 31 Die Zwangsversteigerung in besonderen Fällen 971

Schrifttum: *Drischler,* Die Aufhebung der ungeteilten Erbengemeinschaft durch Zwangsversteigerung des Nachlaßgrundstücks, JurBüro 1963, 241, 501; *ders.,* Die Zwangsversteigerung zum Zwecke der Aufhebung der Gemeinschaft, JurBüro 1981, 1441, 1601, 1765; *ders.,* Der Ausgleichsbetrag nach § 182 Abs. 2 ZVG in der Teilungsversteigerung, ZIP 1982, 921; *Hill,* Kann ein Miterbe, dessen Miterbenanteil gepfändet ist, im Zwangsversteigerungsverfahren zum Zwecke der Aufhebung der Gemeinschaft einen Einstellungsantrag gemäß § 180 Abs. 2 ZVG stellen?, MDR 1959, 92; *Jansen,* Zwei Fragen zur Teilungsversteigerung, Rpfleger 1954, 435; *Lorenz,* Voreintragung des Antragstellers bei der Teilungsversteigerung?, NJW 1952, 962; *ders.,* Weitere Fragen zur konkursrechtlichen Problematik der Eigentümergrundschuld, KTS 1962, 28; *Metzger,* Rechtliches Gehör bei der Teilungsversteigerung?, NJW 1966, 2000; *Mohrbutter,* Konkurs und Zwangsversteigerung, KTS 1958, 81; *Otto/Seyffert,* Blockade der Teilungsversteigerung durch Beitritt eines bestimmten Miteigentümers, Rpfleger 1979, 1; *Quardt,* Kann der Schuldner, dessen Miterbenanteil an einem Grundstück gepfändet worden ist, die Teilungsversteigerung gemäß § 180 ZVG betreiben?, JurBüro 1963, 262; *Riedel,* § 765a ZPO und das Zwangsversteigerungsverfahren, NJW 1955, 1705; *Schiffhauer,* Ist § 1365 Abs. 1 BGB n.F. auf den Teilungsversteigerungsantrag anwendbar?, FamRZ 1960, 185; *ders.,* Soziale Aspekte im Zwangsversteigerungsverfahren, Rpfleger 1978, 397; *ders.,* Besonderheiten der Teilungsversteigerung, ZIP 1982, 526, 660; *ders.,* Der Ausgleichsbetrag des § 182 Abs. 2 ZVG, Rpfleger 1984, 81; *M.J. Schmid,* Das Vorkaufsrecht des Miteigentümers bei Teilungsversteigerung, MDR 1975, 191; *E. Schneider,* Zur Kostenerstattung bei der Teilungsversteigerung nach §§ 180 ff. ZVG, JurBüro 1966, 730; *ders.,* Zwangsversteigerung auf Antrag eines Miterben ohne Beteiligung des Testamentsvollstreckers, Rpfleger 1976, 384; *ders.,* Die Belehrungspflicht in der Teilungsversteigerung, MDR 1977, 353; *ders.,* Der Antrag aus § 765a ZPO im fortgeschrittenen Stadium des Zwangsversteigerungsverfahrens, MDR 1980, 617; *Stöber,* Das Verteilungsverfahren bei der Teilungsversteigerung und die Auseinandersetzung unter den Grundstückseigentümern, Rpfleger 1958, 73; *ders.,* Ist § 765a ZPO bei der Zwangsversteigerung zur Aufhebung einer Gemeinschaft anwendbar?, Rpfleger 1960, 237; *ders.,* Antrag auf Teilungsversteigerung nach Pfändung eines Miterbenanteils und Einstellungsantrag nach § 180 Abs. 2 ZVG des Pfändungsschuldners, Rpfleger 1963, 337; *Teufel,* § 765a ZPO in der Teilungsversteigerung, Rpfleger 1976, 86; *Worm,* Die Rechtsstellung des Konkursverwalters und seine Aufgaben im Versteigerungsverfahren nach § 172 ZVG, KTS 1961, 119.

Fälle:

a) Auf Antrag des Konkursverwalters K ist die Zwangsversteigerung eines zur Konkursmasse gehörenden Grundstücks angeordnet worden. Als sich ihm dann die Möglichkeit bietet, das Grundstück sehr günstig zu verkaufen, möchte K wissen, ob der Anordnungsbeschluß einer Veräußerung entgegensteht.

b) Während des Zwangsversteigerungsverfahrens auf Antrag des Erben E wird das Nachlaßkonkursverfahren eröffnet und K zum Konkursverwalter bestellt. E und K streiten darüber, ob nun das Versteigerungsverfahren beendet ist; jedenfalls möchte E die Aufhebung dieses Verfahrens beantragen.

c) Die Eheleute M und F sind Miteigentümer eines Hausgrundstücks zu je 1/2. M stirbt und wird von seinen Kindern A, B und C beerbt. Da A Geld braucht, möchte er das Grundstück versteigern lassen.

d) Die im gesetzlichen Güterstand lebenden M und F sind Miteigentümer eines Einfamilienhauses, das nahezu ihr ganzes Vermögen darstellt. M möchte die Auseinandersetzungsversteigerung betreiben; F ist dagegen.

e) A und B, Miteigentümer eines Grundstücks, haben vereinbart, daß innerhalb der nächsten zehn Jahre eine Auseinandersetzung ausgeschlossen sein soll. Da A dennoch die Versteigerung zur Aufhebung der Gemeinschaft beantragt, möchte B wissen, in welchem Verfahren er die getroffene Vereinbarung geltend machen kann.

Die §§ 172—185 ZVG enthalten Vorschriften über die Zwangsversteigerung in besonderen Fällen. Dabei geht es um die Zwangsversteigerung (oder -verwaltung) auf Antrag des Konkursverwalters (Rdnr. 972 ff.), die Zwangsversteigerung auf Antrag eines Erben (Rdnr. 979 ff.) und die Zwangsversteigerung zur Aufhebung einer Gemeinschaft (Rdnr. 984 ff.). In allen drei Fällen handelt es sich nicht um eine Zwangsvollstreckung (vgl. BGHZ 13, 133); deshalb brauchen auch die Voraussetzungen der Zwangsvollstreckung nicht vorzuliegen. Vielmehr geht es um die zwangsweise Verwertung des Gegenstandes, die in der Art einer Zwangsvollstreckung durchgeführt wird. Auf diese Verwertung sind die Vorschriften über die Zwangsvollstreckung in Grundstücke anwendbar, soweit nicht Spezialvorschriften Abweichungen vorsehen (vgl. §§ 172, 176, 180 I ZVG).

Gegenstand der besonderen Verfahren können Grundstücke, grundstücksgleiche Rechte, aber auch Schiffe, Schiffsbauwerke und Luftfahrzeuge sein.

972   # I. Zwangsversteigerung und -verwaltung auf Antrag des Konkursverwalters

1. Zweck des Verfahrens

Der Konkursverwalter hat das gesamte zur Konkursmasse gehörige Vermögen des Gemeinschuldners zu verwerten (§ 117 I KO). Bei der Verwertung von Grundstücken kann er zwischen verschiedenen Möglichkeiten nach pflichtgemäßem Ermessen wählen:
Zu einem freihändigen Verkauf ist die Genehmigung des Gläubigerausschusses oder, wenn ein solcher nicht besteht, die der Gläubigerversammlung erforderlich (§ 134 Nr. 1 KO).

Der Konkursverwalter kann sich auch für eine Zwangsversteigerung entscheiden (vgl. § 126 KO). Sie hat gegenüber dem freihändigen Verkauf den Vorteil, daß Gewährleistungsansprüche ausgeschlossen sind (vgl. § 56, 3 ZVG) und rechtsgeschäftliche Vorkaufsrechte nicht ausgeübt werden können (vgl. *Zeller/Stöber*, § 81 Rdnr. 6 [7]); ferner vermeidet der Konkursverwalter durch die Zwangsversteigerung, daß gegen ihn Schadensersatzansprüche wegen eines zu niedrigen Erlöses mit Erfolg geltend gemacht werden (*Zeller/Stöber*, § 172 Rdnr. 2 [1]). Trotz dieser Vorzüge der Versteigerung wird vielfach ein freihändiger Verkauf gewählt, weil er zu einer schnelleren und besseren Versilberung des Grundstücks führt.

An der Zwangsverwaltung wird der Konkursverwalter kaum ein Interesse haben.

2. Stellung des Konkursverwalters und des Gemeinschuldners 973

a) Der *Konkursverwalter* nimmt eine Doppelstellung ein.

(1) Er ist einerseits Antragsteller und wird verfahrensrechtlich *wie der betreibende Gläubiger* bei der Zwangsvollstreckung behandelt.

Deshalb gehört er zur Rangklasse des § 10 Nr. 5 ZVG; das geringste Gebot wird so aufgestellt, als ob das Verfahren von einem persönlichen Gläubiger betrieben würde, so daß alle vor Konkurseröffnung entstandenen Grundstücksrechte als bestehenbleibende Rechte ins geringste Gebot aufgenommen werden (vgl. Rdnr. 892 ff.).

(2) Der Konkursverwalter »vertritt« andererseits die Konkursmasse; als deren Amtsverwalter wird er *wie der Vollstreckungsschuldner* bei der Zwangsvollstreckung behandelt.

Deshalb ist der Anordnungsbeschluß ihm zuzustellen (vgl. Rdnr. 856); die Befugnis, Rechtsbehelfe einzulegen, steht ihm und nicht dem Gemeinschuldner zu.

b) Der *Gemeinschuldner* ist nicht Beteiligter i.S.d. § 9 ZVG, da nicht er, 974 sondern der Konkursverwalter die Verfügungsmacht über das Grundstück des Gemeinschuldners hat.

3. Besonderheiten des Verfahrens 975

a) Der *Anordnungsbeschluß* ergeht auf Antrag des Konkursverwalters (vgl. § 172 ZVG); er hat folgende Wirkungen:

(1) Der Beschluß hat grundsätzlich *keine Beschlagnahmewirkung* (§ 173, 1 ZVG). Ein Verfügungsverbot gegenüber dem Gemeinschuldner ist nicht erforderlich, da dieser bereits durch die Konkurseröffnung die Verfügungsbefugnis verloren hat (§ 6 I KO). Gegenüber dem Konkursverwalter scheidet

ein Verfügungsverbot aus; er ist nach wie vor zur Verfügung über das Grundstück oder über Zubehörstücke befugt (Fall a).

976   (2) Die Zustellung des Anordnungsbeschlusses an den Konkursverwalter ist *nur in zwei Ausnahmefällen als Beschlagnahme anzusehen* (§ 173, 2 ZVG).

(a) Für die Abgrenzung von laufenden und rückständigen Beträgen wiederkehrender Leistungen ist die Beschlagnahme der maßgebende Zeitpunkt (§ 13 ZVG). Als Beschlagnahme in diesem Sinne gilt die Zustellung an den Konkursverwalter (§ 173, 2 ZVG).

(b) Für die Frage, welche Zubehörstücke und sonstige mithaftenden Gegenstände der Ersteher erwirbt, kommt es darauf an, was er bei einer gewöhnlichen Zwangsvollstreckung erworben hätte, wenn der Anordnungsbeschluß dem Schuldner in dem Zeitpunkt zugestellt worden wäre, in dem die Zustellung hier an den Konkursverwalter erfolgt ist (§ 173, 2 i.V.m. § 55 ZVG; vgl. *Jaeckel/Güthe,* § 173 Rdnr. 4).

977   b) Der *Zwangsversteigerungsvermerk* ist trotz des Konkursvermerks (§ 113 KO) *im Grundbuch einzutragen.* Er ist bedeutsam für den Kreis der Beteiligten (§ 9 ZVG), für den Inhalt der Terminsbestimmung (§ 37 Nr. 4 ZVG) und für die Feststellung anmeldebedürftiger Rechte (§§ 45, 110, 114 ZVG; vgl. *Dassler/Schiffhauer/Gerhardt,* § 173 Anm. 3).

978   c) Der *dingliche Gläubiger wird besonders geschützt* (§ 174 ZVG), wenn er zugleich eine vom Konkursverwalter anerkannte persönliche Forderung gegen den Gemeinschuldner hat (z.B. der Hypothekengläubiger; § 47 KO). Ein solcher absonderungsberechtigter Konkursgläubiger hat zwar ohnehin die Möglichkeit, seine persönliche Forderung in voller Höhe anzumelden; er kann aber nach § 64 KO verhältnismäßige Befriedigung nur für den Betrag verlangen, mit dem er bei der abgesonderten Befriedigung ausgefallen ist. Den Nachweis seines Ausfalls hat er gegenüber dem Konkursverwalter zu führen (vgl. § 153 KO). Das gelingt dem Gläubiger nicht, weil bei der Zwangsversteigerung auf Antrag des Konkursverwalters alle (dem Rang des § 10 Nr. 5 ZVG vorgehenden) Grundstücksbelastungen als bestehenbleibende Rechte ins geringste Gebot fallen.

Wenn der Konkursgläubiger das Ziel, seinen Ausfall nach § 64 KO nachzuweisen, erreichen will, kann er selbst die Zwangsversteigerung betreiben, so daß nur die ihm vorgehenden Rechte bestehen bleiben. Jedoch müßte er sich zuvor einen Vollstreckungstitel beschaffen. Dieser umständliche und kostspielige Weg soll dem Gläubiger erspart werden.

Nach § 174 ZVG kann der Gläubiger bis zum Schluß der Verhandlung im Versteigerungstermin verlangen, daß bei der Feststellung des geringsten Gebots nur die seinem Anspruch vorgehenden Rechte berücksichtigt werden. Der Gläubiger wird also so behandelt, als ob er der bestrangig betreibende Gläubiger in der Zwangsvollstreckungsversteigerung wäre und aus dem Versteigerungserlös befriedigt werden müßte. Auf diese Weise wird erreicht, daß der Gläubiger einen Ausfall bei der Versteigerung dem Konkursverwalter nachweisen kann.

Stellt der Gläubiger einen Antrag nach § 174 ZVG, erfolgt eine doppelte Feststellung des geringsten Gebots. Einmal muß dieses vom Standpunkt des Konkursverwalters aus aufgestellt werden, so daß es alle ihm vorgehenden eingetragenen Rechte deckt; zum anderen muß ein geringstes Gebot aufgestellt werden, das vom Standpunkt des Antragstellers aus nur die diesem vorgehenden Rechte berücksichtigt (sog. Doppelausgebot). Wird nur auf eines der Ausgebote ein Gebot abgegeben, ist auf dieses der Zuschlag zu erteilen. Wenn Gebote dagegen auf beide Ausgebote abgegeben werden, ist für den Zuschlag das Ausgebot maßgebend, das auf Antrag des Gläubigers festgestellt wurde (h.M.; *Dassler/Schiffhauer/Gerhardt,* § 174 Anm. 4 c). Nur diese Lösung entspricht dem Schutzzweck des § 174 ZVG.

II. Zwangsversteigerung auf Antrag des Erben   979

1. Zweck des Verfahrens

Der Erbe haftet für die Nachlaßverbindlichkeiten unbeschränkt (also außer mit dem Nachlaß auch mit seinem Eigenvermögen), aber beschränkbar (nur mit dem Nachlaß). Eine Haftungsbeschränkung kann er dadurch erreichen, daß er Nachlaßverwaltung oder Nachlaßkonkurs beantragt (§§ 1975 ff. BGB; ErbR Rdnr. 617 ff.; 647 ff.); in beiden Fällen werden das Eigenvermögen des Erben und der Nachlaß rechtlich voneinander getrennt, und der Erbe verliert die Befugnis, den Nachlaß zu verwalten und über ihn zu verfügen (§ 1984 I 1 BGB; § 6 I KO). Deshalb wird er sich zu einem solchen Schritt erst dann entschließen, wenn er die Passiva des Nachlasses kennt. Diese kann er dadurch erfahren, daß er in einem gerichtlichen Verfahren die Nachlaßgläubiger auffordern läßt, ihre Forderungen anzumelden (§§ 1970 ff. BGB; §§ 946 ff., 989 ff.; ErbR Rdnr. 632 ff.). Aber auch ein solches Gläubigeraufgebot reicht nicht in allen Fällen aus, um dem Erben Sicherheit über die Höhe der von ihm zu berichtigenden Nachlaßschulden zu verschaffen. Denn meldet ein Nachlaßgläubiger im Aufgebotsverfahren seine Nachlaßforderung an und hat er für diese ein Recht auf Befriedigung aus einem Nachlaßgrundstück, dann kennt der Erbe immer noch nicht den Umfang seiner persönlichen Haftung. Solange nämlich nicht feststeht, ob und in welcher Höhe der Nachlaßgläubiger aus dem Grundstück befriedigt wird, ist der Erbe nicht in der Lage vorherzusehen, in welcher Höhe er persönlich von dem Nachlaßgläubiger in Anspruch genommen werden kann. Um diese Unsicherheit zu beseitigen, räumt § 175 ZVG dem Erben das Recht ein, die Zwangsversteigerung des Grundstücks zu beantragen.

Eine Zwangsverwaltung dient dem genannten Zweck nicht; sie ist ausgeschlossen.

980 **2. Übereinstimmungen mit der Zwangsversteigerung auf Antrag des Konkursverwalters**

a) Die *Doppelstellung des Erben* ähnelt der des Konkursverwalters (Rdnr. 973); der Erbe wird als Antragsteller wie ein betreibender Gläubiger und als dinglicher Schuldner wie ein Vollstreckungsschuldner bei der Zwangsvollstreckung behandelt.

b) Der *Anordnungsbeschluß* wirkt auch hier nicht als Beschlagnahme; seine Zustellung an den Antragsteller ist jedoch im Sinne der §§ 13, 55 ZVG als Beschlagnahme anzusehen (§ 176 i.V.m. § 173 ZVG; Rdnr. 975 f.).

c) Der *Zwangsversteigerungsvermerk* ist im Grundbuch einzutragen (Rdnr. 977).

981 d) Da das geringste Gebot so berechnet wird, als ob die Zwangsversteigerung von einem persönlichen Gläubiger betrieben würde, fallen die am Grundstück bestehenden Rechte ins geringste Gebot. Jedoch wird der *Nachlaßgläubiger,* dem das Grundstück dinglich und der Erbe persönlich haften, *ebenso geschützt wie der absonderungsberechtigte Konkursgläubiger* nach § 174 ZVG (§ 176 ZVG). Er kann verlangen, daß beim geringsten Gebot nur die ihm vorgehenden Rechte berücksichtigt werden. Stellt er den Antrag nach § 174 ZVG, führt das zu einem Doppelausgebot (Rdnr. 978).

Stellt ein Nachlaßgläubiger dagegen einen solchen Antrag nicht, obwohl er dazu in der Lage ist, kann ihm der Erbe die Befriedigung aus dem übrigen Nachlaß verweigern (§ 179 ZVG). Diese Einrede steht dem Erben zu, weil ihm mit der Zwangsversteigerung die Möglichkeit gegeben werden soll festzustellen, in welcher Höhe der Anspruch des Nachlaßgläubigers durch das Grundstück gedeckt ist. Dieses Ziel ist dann zu erreichen, wenn der Anspruch beim geringsten Gebot nicht berücksichtigt wird; denn dann steht fest, ob der Gläubiger aus dem Erlös befriedigt wird oder in welcher Höhe er mit seiner Forderung ausfällt. Die Nichtberücksichtigung beim geringsten Gebot kann aber nur der Gläubiger durch einen Antrag nach § 174 ZVG bewirken. Macht der Gläubiger von seinem Antragsrecht keinen Gebrauch, soll der Erbe ihn von der Befriedigung aus dem sonstigen Nachlaß ausschließen können.

982 **3. Voraussetzungen des Verfahrens**

a) Das Verfahren setzt einen Antrag voraus. *Antragsberechtigt* ist nach § 175 I ZVG nicht nur der (Allein-, Mit-, Vor-, Nach-) Erbe, sondern auch jede Person, die das Aufgebot der Nachlaßgläubiger beantragen kann (also insbesondere der Nachlaßpfleger, Testamentsvollstrecker; ErbR Rdnr. 633).

Der Erbe und der Testamentsvollstrecker sind erst nach Annahme der Erbschaft (ErbR Rdnr. 301) antragsbefugt (vgl. § 175 I ZVG, § 991 III). — Die Tatsachen, die das

Antragsrecht begründen, müssen durch Urkunden glaubhaft gemacht werden, soweit sie dem Gericht nicht offenkundig sind (§ 177 ZVG).

b) Ein *Nachlaßgläubiger* muß ein *Recht auf Befriedigung aus einem Nachlaßgrundstück* haben (175 I 1 ZVG).

4. Ausschluß des Verfahrens   983

Wenn der Erbe kein berechtigtes Interesse mehr an der Entscheidung hat, ob er beschränkt haften will, ist das Zwangsversteigerungsverfahren ausgeschlossen. Das trifft in folgenden Fällen zu:

a) Der Erbe *haftet unbeschränkt* für die Nachlaßverbindlichkeiten (§ 175 II, 1. Halbs. ZVG). Eine Haftungsbeschränkung ist also nicht mehr möglich.

b) Der Erbe *haftet gegenüber dem Nachlaßgläubiger,* der ein Recht auf Befriedigung aus einem Nachlaßgrundstück hat, ohnehin *nur beschränkt.* Das ist der Fall, wenn ihm eine Einrede zusteht, weil der Gläubiger im Aufgebotsverfahren ausgeschlossen worden ist (§ 175 II ZVG; § 1973 BGB), er sich verschwiegen hat (§ 175 II ZVG; § 1974 BGB) oder der Nachlaß erschöpft ist (§ 175 II ZVG; § 1989 BGB).

c) Die *Eröffnung des Nachlaßkonkurses* ist beantragt worden (§ 179 I ZVG). Damit tritt ohnehin eine Haftungsbeschränkung ein, sofern der Erbe nicht schon vorher unbeschränkbar gehaftet hat; außerdem werden die Nachlaßverbindlichkeiten im Konkursverfahren festgestellt.

Schwebt das Zwangsversteigerungsverfahren auf Antrag des Erben und wird dann der Nachlaßkonkurs eröffnet (Fall b), läuft das Versteigerungsverfahren weiter; jedoch gilt für das weitere Verfahren der Konkursverwalter als Antragsteller (§ 178 II ZVG). Das Verfahren wird so fortgeführt, als ob der Konkursverwalter den Antrag gestellt hätte (vgl. §§ 172—174 ZVG). Im Fall b kann also E nicht die Aufhebung des Verfahrens begehren.

III. Zwangsversteigerung zur Aufhebung einer Gemeinschaft   984

1. Zweck des Verfahrens

An einem Grundstück kann eine Gemeinschaft nach Bruchteilen (§§ 741 ff., 1008 ff. BGB; vgl. Rdnr. 801), aber auch eine Gesamthandsgemeinschaft (Gesellschaft, Gütergemeinschaft, Erbengemeinschaft; vgl. Rdnr. 773) bestehen. Soll eine solche Gemeinschaft aufgehoben werden, kommt es für die Art und Weise der Aufhebung zunächst auf eine Vereinbarung der Beteiligten (bei der Erbengemeinschaft auf eine Anordnung des Erblassers) an. Diese kann etwa eine Übernahme des Grundstücks durch einen Beteiligten gegen Abfindung der übrigen, eine Teilung des Grundstücks in Natur oder einen freihändigen Verkauf mit Aufteilung des Erlöses vorsehen. Als letzte Möglichkeit kommt gem. §§ 180 ff. ZVG eine Zwangsversteigerung des Grundstücks und eine Teilung des Erlöses in Betracht.

985   2. Voraussetzungen des Verfahrens

a) Nach §§ 180 I, 15, 181 II 1 ZVG setzt das Verfahren einen *Antrag* an das Amtsgericht voraus, in dessen Bezirk das Grundstück belegen ist (§ 1 ZVG).

(1) *Antragsberechtigt* ist jeder an der Gemeinschaft Beteiligte sowie derjenige, der das Recht des Eigentümers (oder des Erben) auf Aufhebung der Gemeinschaft ausübt (§ 181 II 1 ZVG).

Beispiele: Konkursverwalter, Testamentsvollstrecker, Pfandgläubiger. — Der Vormund eines Miteigentümers bedarf zur Antragstellung der vormundschaftsgerichtlichen Genehmigung (§ 181 II 2 ZVG).

Besteht an dem Anteil einer Gemeinschaft wiederum eine Gemeinschaft (Fall c), kann ein Beteiligter an der »Untergemeinschaft« sofort die Aufhebung der »Hauptgemeinschaft« beantragen (h.M.; vgl. OLG Hamm Rpfleger 1958, 269; 1964, 341; OLG Schleswig MDR 1959, 46; *Steiner/Riedel*, § 181 Rdnr. 5 [3] m.N.; a.A. LG Darmstadt NJW 1955, 1558).

Dieses »große Antragsrecht« (auf Aufhebung der »Hauptgemeinschaft«) führt allein zu einem praktikablen Ergebnis und beeinträchtigt die Interessen der anderen Beteiligten nicht, da der Versteigerungserlös an die Stelle des Grundstücks tritt. Gesetzliche Bestimmungen stehen dem nicht entgegen; vielmehr ist für die Erbengemeinschaft aus § 2039 BGB zu entnehmen, daß jeder Miterbe allein antragsberechtigt ist (zu Fall c).

(2) Aus dem *Inhalt* des Antrages müssen sich die Bezeichnung des Grundstücks, Name und Anschrift des Antragstellers sowie Name und Anschrift der übrigen an der Gemeinschaft beteiligten Personen (= Antragsgegner) ergeben. Vor allem ist in dem Antrag die Art des Gemeinschaftsverhältnisses darzulegen (vgl. *Steiner/Riedel*, § 181 Rdnr. 5 [2]).

986   b) Der Antragsteller, der wie der betreibende Gläubiger im normalen Versteigerungsverfahren behandelt wird, und die Antragsgegner, welche die Rolle des Schuldners bekleiden, müssen *im Grundbuch eingetragen* sein (§ 181 II 1, 2. Halbs. ZVG; §§ 180 I, 17 ZVG).

Ist der Antragsteller oder der Antragsgegner Erbe des im Grundbuch Eingetragenen, muß die Erbfolge durch Urkunden (Erbschein) glaubhaft gemacht werden. Gleiches gilt, wenn jemand das Recht des Eigentümers ausübt.

c) Da es sich bei der Zwangsversteigerung zur Aufhebung einer Gemein- **987** schaft nicht um eine Zwangsvollstreckungsmaßnahme handelt, ist ein Voll- streckungstitel nicht erforderlich (§ 181 I ZVG). Stattdessen muß der Nach- weis erbracht werden, daß die *materiellrechtlichen Voraussetzungen* zur Auf- hebung der Gemeinschaft gegeben sind. Im einzelnen ist zu unterscheiden:

(1) Bei der *Bruchteilsgemeinschaft* kann jeder Teilhaber jederzeit die Auf- hebung der Gemeinschaft verlangen (§ 749 I BGB) und dementsprechend die Teilungsversteigerung betreiben (vgl. *Zeller/Stöber,* § 180 Rdnr. 4 [2] c, d).

(2) Die *Erbengemeinschaft* ist auf Auflösung gerichtet; deshalb ist jeder **988** Miterbe grundsätzlich befugt, die Auseinandersetzung zu begehren (§ 2042 I BGB) und auch die Versteigerung eines Nachlaßgrundstücks zu beantragen (vgl. RGZ 108, 422, 424).

(3) Bei der *Gesellschaft des bürgerlichen Rechts* ist eine Auseinanderset- **989** zung erst zulässig, wenn die Gesellschaft aufgelöst ist (vgl. §§ 719 I, 730 I BGB). Der einzelne Gesellschafter kann aber die nicht für eine bestimmte Zeit eingegangene Gesellschaft jederzeit kündigen (§ 723 I 1 BGB). Für die Teilung gelten die Regeln über die Bruchteilsgemeinschaft (§ 731, 2 BGB).

(4) Bei einer *offenen Handelsgesellschaft* und einer *Kommanditgesell-* **990** *schaft* erfolgt eine Auseinandersetzung ebenfalls erst nach Auflösung der Gesellschaft. Der einzelne Gesellschafter ist in der Lage, eine Auflösung durch Kündigung oder Auflösungsklage herbeizuführen (vgl. §§ 131 Nr. 6, 132 ff., 161 II HGB). Allerdings wird die Auseinandersetzung regelmäßig durch die Liquidatoren betrieben (vgl. §§ 145 ff. HGB), so daß die Teilungs- versteigerung hier nicht bedeutsam ist; diese kann jedoch nach § 158 HGB vereinbart werden (*Dassler/Schiffhauer/Gerhardt,* § 180 Anm. V 3 b).

(5) Die *eheliche Gütergemeinschaft* kann erst nach ihrer Beendigung aus- **991** einandergesetzt werden (vgl. § 1472 I BGB). Während ihres Bestehens ist ein Ehegatte nicht berechtigt, Teilung zu verlangen (§ 1419 I BGB). Die Güter- gemeinschaft endet durch Auflösung der Ehe (Tod eines Gatten, Nichtiger- klärung, Aufhebung oder Scheidung der Ehe), durch rechtskräftiges Aufhe- bungsurteil (vgl. §§ 1447 ff., 1469 f. BGB) oder durch einen den Güterstand aufhebenden Ehevertrag (vgl. § 1408 I BGB). Die Teilung richtet sich nach den Regeln über die Gemeinschaft (vgl. § 1477 I BGB).

Auch die Auseinandersetzung einer *fortgesetzten Gütergemeinschaft* (§§ 1483 ff. BGB) ist erst nach deren Beendigung möglich. Die besonderen Aufhebungsgründe ergeben sich aus §§ 1492 ff. BGB.

(6) Leben Eheleute im gesetzlichen Güterstand der *Zugewinngemein-* **992** *schaft* und bildet der an einem Grundstück bestehende Miteigentumsanteil

eines Ehegatten (nahezu) dessen ganzes Vermögen, so stellt sich die Frage, ob der Versteigerungsantrag dieses Gatten nach § 1365 BGB der Zustimmung des anderen bedarf (bejahend z.B. OLG Celle FamRZ 1961, 30; OLG Hamm FamRZ 1979, 128; OLG Bremen FamRZ 1984, 272; *Erman/ Heckelmann,* § 1365 Rdnr. 14; verneinend z.B.: KG NJW 1971, 711; Münch-Komm/*Gernhuber,* § 1365 Rdnr. 55). § 1365 BGB verlangt eine solche Zustimmung, wenn ein Ehegatte über sein Vermögen im ganzen verfügt oder sich zu einer solchen Verfügung verpflichtet. Zwar ist der Antrag auf Teilungsversteigerung weder eine Verfügung noch eine Verpflichtung; er zielt aber auf eine Gefährdung des Familienvermögens, die § 1365 BGB gerade verhindern will. Deshalb ist die Vorschrift mit der h.M. bei der Teilungsversteigerung zu berücksichtigen. Jedoch dürfte es — anders als nach h.M. — genügen, wenn die Zustimmung des anderen Ehegatten nicht schon beim Versteigerungsantrag, sondern erst beim Zuschlag vorliegen muß, da erst durch diesen eine Rechtsänderung herbeigeführt wird. Nach der hier vertretenen Ansicht kann der eine Ehegatte den Versteigerungsantrag wirksam stellen und sich inzwischen um die Zustimmung des Ehepartners oder um eine Ersetzung der Zustimmung durch das Vormundschaftsgericht (§ 1365 II BGB; dazu BayObLG FamRZ 1985, 1040) bemühen. Der nicht zustimmende Ehegatte kann sich gegen die Versteigerung schon von der Antragstellung an mit der Drittwiderspruchsklage (§ 771; Rdnr. 1409) wehren und notfalls eine einstweilige Einstellung (§§ 771 III, 769) erwirken (zu Fall d).

993   d) Der Auseinandersetzung darf *kein Ausschlußgrund* entgegenstehen. Ein solcher Grund kann sich aus dem materiellen Recht ergeben.

Beispiele: Miteigentümer haben vereinbart, daß die Aufhebung der Gemeinschaft für immer oder auf Zeit ausgeschlossen ist (vgl. §§ 751, 1010 BGB). Der Erblasser hat im Testament die Auseinandersetzung ausgeschlossen (vgl. § 2044 BGB).

(1) Ist der *Ausschluß aus dem Grundbuch ersichtlich,* muß das Vollstreckungsgericht ihn berücksichtigen (vgl. § 28 ZVG) und das Verfahren ablehnen oder wieder aufheben.

Beachtet das Gericht den ersichtlichen Ausschlußgrund nicht, liegt ein Verfahrensverstoß vor, der mit der Erinnerung (§ 766) gerügt werden kann.

(2) Ist der *Ausschluß aus dem Grundbuch nicht ersichtlich,* besteht kein Verfahrenshindernis, so daß das Vollstreckungsgericht das Verfahren durchführt.

Der Ausschlußgrund kann durch Drittwiderspruchsklage (§ 771) geltend gemacht werden. Im Fall e kommt es also darauf an, ob die getroffene Vereinbarung im Grundbuch eingetragen ist (dann § 766) oder nicht (dann § 771).

3. Besonderheiten des Verfahrens 994

Die meisten Besonderheiten ergeben sich daraus, daß es sich bei der Versteigerung zur Aufhebung einer Gemeinschaft nicht um eine Zwangsvollstreckungsmaßnahme und bei den Beteiligten nicht um Gläubiger und Schuldner wie bei der Zwangsvollstreckung handelt.

a) Die *einstweilige Einstellung des Verfahrens* auf längstens sechs Monate ist auf Antrag eines Miteigentümers anzuordnen, wenn das bei Abwägung der widerstreitenden Interessen der mehreren Miteigentümer angemessen erscheint (§ 180 II ZVG). Dagegen scheidet eine Einstellung nach § 765a (Rdnr. 1470 ff.) aus, da es sich bei dieser Bestimmung um eine Schutzvorschrift des Zwangsvollstreckungsrechts handelt (h.M.; OLG Hamm OLGZ 1972, 316, 318; LG Frankenthal Rpfleger 1985, 315; *E. Schneider,* MDR 1980, 617; *Thomas/Putzo,* § 765a Anm. 2 a; a.A. *Stöber,* Rpfleger 1960, 237 ff.; *Teufel,* Rpfleger 1976, 86 ff.).

b) Der *Anordnungsbeschluß* hat — anders als bei der Versteigerung auf Antrag des Konkursverwalters (§ 173, 1 ZVG; Rdnr. 975) oder des Erben (§ 176 ZVG; Rdnr. 980) — eine Beschlagnahmewirkung, da hier eine Verweisung auf § 173 ZVG fehlt. Jedoch ist die Bedeutung der Beschlagnahme gering, weil das Verfügungsrecht der Mitberechtigten nicht erst durch die Beschlagnahme (vgl. Rdnr. 861), sondern schon vorher nach materiellem Recht eingeschränkt ist; denn zur Verfügung über das Grundstück sind nur alle Teilhaber zusammen berechtigt. 995

c) Das *geringste Gebot* muß auch bei der Versteigerung zur Aufhebung einer Gemeinschaft festgestellt werden (vgl. § 182 ZVG); hier gilt ebenfalls das Deckungsprinzip (vgl. § 44 I ZVG; Rdnr. 892 ff.), wonach die dem Antragsteller vorgehenden Rechte durch das geringste Gebot gedeckt sein müssen. Besonderheiten ergeben sich, wenn die Anteile verschieden belastet sind. Im einzelnen ist zu unterscheiden: 996

(1) Bei der Aufhebung einer *Gesamthandsgemeinschaft* kommen verschieden belastete Anteile nicht vor, da ein Gesamthänder keinen Anteil an dem zum Gesamthandsvermögen gehörenden Grundstück hat, über den er verfügen könnte. Demgemäß fallen alle auf dem Grundstück lastenden Rechte ins geringste Gebot.

(2) Bei der Aufhebung einer *Bruchteilsgemeinschaft* gibt es ebenfalls keine Besonderheiten, wenn die Anteile in gleicher Höhe belastet sind.
Sind dagegen die Anteile verschieden belastet, muß das nach § 182 II ZVG bei der Feststellung des geringsten Gebots beachtet werden. Diese Vorschrift führt zu einem Ausgleich der Interessen des Antragstellers und der

anderen Miteigentümer: Auf der einen Seite müssen die Rechte berücksichtigt werden, die den Anteil des antragstellenden Miteigentümers belasten oder mitbelasten. Andererseits darf das Recht des Antragstellers nicht dadurch beeinträchtigt werden, daß ein anderer Miteigentümer seinen Anteil mit Rechten belastet.

997   (a) *Zum geringsten Gebot* gehören demnach:

(aa) die allein den Anteil des Antragstellers belastenden Rechte,

Beispiel: Hypothek in Höhe von 30 000,— DM am Anteil des Antragstellers (A).

(bb) die den Anteil des Antragstellers belastenden Rechte, die auch den Anteil eines oder mehrerer anderer Miteigentümer belasten,

Beispiel: Grundschuld in Höhe von 40 000,— DM am Anteil sowohl des A als auch des Miteigentümers (M).

(cc) die Rechte, die einem unter (aa) und (bb) genannten Recht im Rang vorgehen oder gleichstehen.

Beispiel: Der Grundschuld an den Anteilen von A und M geht eine Hypothek in Höhe von 20 000,— DM am Anteil des M vor. Diese Hypothek belastet zwar nur den Anteil des M. Da sie aber der Grundschuld vorgeht, mit der auch der Anteil des A belastet ist, muß sie nach § 182 I ZVG beim geringsten Gebot mitberücksichtigt werden. Das wäre dagegen nicht der Fall, wenn die Hypothek von 20 000,— DM gegenüber der Grundschuld nachrangig wäre.

998   (b) Der Erlösanteil, der auf den einzelnen Miteigentumsanteil entfällt, richtet sich nach dessen Größe. Sind nun die Anteile mit verschieden hohen Rechten belastet, die ins geringste Gebot fallen, und wird das Grundstück auf das geringste Gebot zugeschlagen, dann muß dem Miteigentümer mit der geringeren Belastung ein *Ausgleichsbetrag* zugestanden werden. Um diesen Betrag erhöht sich nach § 182 II ZVG das geringste Gebot. Er ist so zu berechnen, daß er ausreicht, um den Erlös unter Hinzuziehung aller bei der Feststellung des geringsten Gebots berücksichtigten Ansprüche in gleicher Höhe auf Anteile der Miteigentümer zu verteilen (vgl. *Jaeckel/Güthe*, § 182 Rdnr. 3).

Beispiel: A und B sind Eigentümer des Grundstücks zu je 1/2. Der Anteil des A ist mit einer Hypothek von 30 000,— DM, beide Anteile sind mit einer Grundschuld von 20 000,— DM belastet. Betreibt A die Teilungsversteigerung, fallen die Hypothek und die Grundschuld ins geringste Gebot. Das geringste Gebot erhöht sich um den Ausgleichsbetrag von 30 000,— DM.

999   d) Die Vorschriften über eine *Sicherheitsleistung* des Bieters (sog. Bieterkaution; §§ 67 ff. ZVG, Rdnr. 912) gelten hier ebenfalls. Jedoch braucht nach § 184 ZVG ein Miteigentümer für sein Gebot keine Sicherheit zu leisten, wenn ihm ein durch das Gebot ganz oder teilweise gedecktes Grundpfandrecht zusteht.

e) Ein Miet- oder Pachtverhältnis endet mit dem Zuschlag auch im Fall der Teilungsversteigerung nicht; dem Ersteher steht aber *kein Sonderkündigungsrecht* nach §§ 57a ff. ZVG (Rdnr. 947) zu (§ 183 ZVG).

f) Die Gemeinschaft setzt sich am Versteigerungserlös fort. Es besteht aber *keine Pflicht des Vollstreckungsgerichts zur Erlösverteilung.* Diese obliegt vielmehr den an der Gemeinschaft Beteiligten (vgl. BGHZ 4, 84, 86). Das Vollstreckungsgericht zahlt den Erlösüberschuß an alle Teilhaber gemeinsam aus. Legen diese eine Einigung über die Verteilung vor, darf das Gericht dementsprechend zahlen; sonst wird der Betrag für alle hinterlegt (vgl. *Steiner/Riedel,* § 180 Rdnr. 16, [5c]).

Zweites Kapitel

1000

§ 32 Die Zwangsverwaltung

Schrifttum: *Berges,* Geschäftsfortführung in der Vollstreckung, KTS 1956, 113; *Burchard,* Die Rechtsstellung des Mieters und Pächters im Zwangsversteigerungs- und Zwangsverwaltungsverfahren, ZZP 32, 89; *Drischler,* Zweifelsfragen zur Rangordnung in der Zwangsverwaltung, Rpfleger 1957, 212; *Herold,* Kann ein Gewerbebetrieb unter Zwangsverwaltung gestellt werden?, DB 1958, 1063; *Hoppe,* Ersatztitel bei gerichtlicher Zwangsverwaltung landschaftlicher (ritterschaftlicher) Kreditanstalten, NJW 1958, 293; *Mohrbutter,* Konkurs und Zwangsverwaltung, KTS 1956, 107; ders., Zur Haftung des Zwangsverwalters, ZIP 1980, 169; ders., Die Haftung des Zwangsverwalters, Festschrift hunderfünfzig Jahre Carl Heymanns Verlag KG, 1966, 159; *Papke,* »Fristlose Kündigung« von Arbeitsverhältnissen durch den Zwangsverwalter, BB 1968, 797; *Pöschl,* § 765a ZPO und das Zwangsverwaltungsverfahren, NJW 1956, 372; *E. Schmidt,* Geschäftsführung des Zwangsverwalters, 3. Aufl., 1953; *Sonnenschein,* Schadensersatz bei Kündigung, Beschlagnahme durch Zwangsverwaltung und Haftung des ausgeschiedenen Gesellschafters — LG Frankfurt, NJW 1979, 934, JuS 1980, 559; vgl. auch das Schrifttum Rdnr. 852.

Fälle:

a) G erfährt, daß sein Schuldner S ein Grundstück gekauft und dieses bereits in Besitz hat. G möchte die Zwangsverwaltung beantragen, sieht sich daran aber gehindert, weil S noch nicht im Grundbuch eingetragen ist. Was ist ihm zu raten?

b) Nachdem in einem Zwangsversteigerungsverfahren E ein zwangsverwaltetes Miethaus ersteigert hat, bestellt der Zwangsverwalter V noch Heizöl. Drei Monate später ergeht der Aufhebungsbeschluß. E weigert sich, dem Lieferanten die Heizölrechnung zu bezahlen.

c) Der Zwangsverwalter V möchte das Hotel, das S bis zur Anordnung der Zwangsverwaltung betrieben hat, selbst fortführen. Möglich?

d) Kann V im Fall c die Zahl der bisher von S beschäftigten Arbeitnehmer verringern, um einen größeren Gewinn zu erzielen?

e) Bei der Aufstellung des Teilungsplanes macht G_2, der Inhaber einer zweitrangigen Hypothek ist, geltend, seine Ansprüche auf laufende Zinsen seien vor dem Kapitalanspruch des G_1 zu berücksichtigen, der aus einer erstrangigen Hypothek die Zwangsverwaltung betreibt. Zu Recht? Was kann G_2 unternehmen, wenn seiner Ansicht bei der Aufstellung des Planes nicht gefolgt wird?

Die Zwangsverwaltung bezweckt die Befriedigung des Gläubigers aus den Nutzungen eines Grundstücks, eines Grundstücksbruchteils (z.B. Wohnungseigentums) oder eines grundstücksgleichen Rechts (z.B. Erbbaurechts). Dagegen ist die Zwangsverwaltung bei Schiffen und Luftfahrzeugen sowie bei der Aufhebung einer Gemeinschaft (Rdnr. 984 ff.) nicht vorgesehen.

Die Vorschriften über die Zwangsverwaltung sind auch dann anwendbar, wenn das Prozeßgericht eine einstweilige Verfügung erläßt, in der gem. § 938 II (Rdnr. 1583) die Sequestration eines Grundstücks und dessen Zwangsverwaltung angeordnet wird (vgl. RGZ 92, 18, 19; BL/*Hartmann*, § 938 Anm. 2 A).

Auf Antrag eines Gläubigers ordnet das Gericht die Zwangsverwaltung an und bestellt einen Zwangsverwalter. Dieser hat das Grundstück zu verwalten und die für die Verwaltung entbehrlichen Nutzungen in Geld umzusetzen. Das Geld wird vom Zwangsverwalter nach einem vom Gericht festgestellten Teilungsplan an die Berechtigten ausgezahlt.

1001 **I. Anordnung, Aufhebung und einstweilige Einstellung der Zwangsverwaltung**

1. Voraussetzungen der Anordnung

a) Die *gleichen Voraussetzungen wie bei der Zwangsversteigerung* (Rdnr. 853 ff.) sind auch für die Anordnung der Zwangsverwaltung vorgesehen (vgl. § 146 I ZVG). Es müssen also neben einem Antrag des Gläubigers die Prozeßvoraussetzungen und die allgemeinen Vollstreckungsvoraussetzungen vorliegen (vgl. Rdnr. 854).

b) Es ist nicht erforderlich, daß der Schuldner im Grundbuch eingetragen oder Erbe des eingetragenen Eigentümers ist (vgl. § 17 I ZVG; Rdnr. 855). Vielmehr genügt *Eigenbesitz des Vollstreckungsschuldners* (§ 147 I ZVG). Eigenbesitzer ist, wer das Grundstück als ihm gehörend besitzt (vgl. § 872 BGB). Der Eigenbesitz ist durch Urkunden glaubhaft zu machen, sofern er nicht bei Gericht offenkundig ist (§ 147 II ZVG). Eine Glaubhaftmachung durch eidesstattliche Versicherung (vgl. § 294) reicht nach dem Wortlaut des § 147 II ZVG nicht aus.

Hat etwa der Vollstreckungsschuldner ein Grundstück gekauft und ist ihm der Besitz übertragen worden, kann die Zwangsverwaltung betrieben werden, bevor der Schuldner im Grundbuch als Eigentümer eingetragen worden ist. Den Nachweis des Eigenbesitzes des Schuldners kann der Gläubiger durch Vorlage des notariellen Kaufvertrages erbringen, aus dem sich ergibt, daß der Besitzübergang auf den Schuldner bereits erfolgt ist. Diese Urkunde kann der Gläubiger gem. § 792 erlangen (zu Fall a).

Ist der Schuldner zwar Eigentümer, aber weder unmittelbarer noch mittelbarer Besitzer des Grundstücks, ist die Anordnung der Zwangsverwaltung unzulässig, wenn und soweit dadurch in den Besitz eines nicht zur Herausgabe bereiten Dritten eingegriffen wird. Der Gläubiger muß dann zunächst den Herausgabeanspruch des Schuldners gegen den Dritten pfänden und sich überweisen lassen und einen Herausgabetitel gegen den besitzenden Dritten erwirken; nach erfolgter Herausgabe ist dann die Zwangsverwaltung gegen den Schuldner zulässig. Vollstreckt der Gläubiger wegen eines Anspruchs aus einem eingetragenen Recht, kann er nach § 147 I ZVG auch gegen den besitzenden Dritten die Zwangsverwaltung betreiben, wenn er zuvor den Titel gegen ihn umschreiben läßt (§ 727; Rdnr. 118) oder sich einen Duldungstitel gegen den Dritten verschafft (zum Ganzen BGH WM 1985, 1433, 1435; vgl. auch OLG Koblenz Rpfleger 1985, 411).

2. Anordnungsbeschluß und Zwangsverwaltungsvermerk 1002

Nach § 146 I ZVG finden die Vorschriften über die Zwangsversteigerung entsprechende Anwendung. Demnach wird auch die Zwangsverwaltung durch einen entsprechenden Beschluß des Vollstreckungsgerichts angeordnet (vgl. Rdnr. 856). Das Grundbuchamt ist zu ersuchen, die Anordnung der Zwangsverwaltung im Grundbuch einzutragen (vgl. Rdnr. 857).

Bei der Zwangsverwaltung besteht die Besonderheit, daß die Beteiligten (vgl. § 9 Nr. 1 ZVG) von der Anordnung zu benachrichtigen sind, sobald die in § 19 II ZVG bezeichneten Mitteilungen des Grundbuchamts beim Vollstreckungsgericht eingegangen sind (§ 146 II ZVG).

3. Rechtswirkungen der Anordnung 1003

Der Anordnungsbeschluß gilt zugunsten des Gläubigers als Beschlagnahme des Grundstücks (§§ 146 I, 20 I ZVG).

a) Der *Zeitpunkt des Wirksamwerdens der Beschlagnahme* richtet sich einmal — wie bei der Zwangsversteigerung (Rdnr. 858) — nach dem Zugang des Anordnungsbeschlusses oder nach dem Eingang des Eintragungsersuchens beim Grundbuchamt (§ 22 ZVG).

Bei der Zwangsverwaltung kommt aber für das Wirksamwerden ein noch früherer Zeitpunkt in Betracht. Wenn der Zwangsverwalter nach § 150 II ZVG den Besitz des Grundstücks erlangt, soll darin die »schärfste Betätigung« (Mot. z. ZVG, 328) des Anordnungsbeschlusses zu erblicken sein; deshalb wird die Beschlagnahme bereits mit der Inbesitznahme des Grundstücks durch den Verwalter wirksam (§ 151 I ZVG).

Tritt ein Gläubiger der Zwangsverwaltung bei, wird die Beschlagnahme zu seinen Gunsten auch mit der Zustellung des Beitrittsbeschlusses an den Zwangsverwalter wirksam, wenn dieser sich bereits im Besitz des Grundstücks befindet (§ 151 II, 2. Halbs. ZVG).

1004   b) Der *Umfang der Beschlagnahme* ist bei der Zwangsverwaltung weiter als bei der Zwangsversteigerung. Über die bei der Zwangsversteigerung erfaßten Gegenstände (Rdnr. 859) hinaus werden bei der Zwangsverwaltung beschlagnahmt:

— land- und forstwirtschaftliche Erzeugnisse des Grundstücks, auch wenn sie nicht mit dem Boden verbunden und nicht Zubehör sind, sowie die Forderung aus einer Versicherung solcher Erzeugnisse (§§ 148 I 1, 21 I ZVG),

— Miet- und Pachtzinsforderungen sowie Ansprüche aus einem mit dem Eigentum am Grundstück verbundenen Recht auf wiederkehrende Leistungen (§§ 148 I 1, 21 II ZVG).

1005   c) Die *Wirkung der Beschlagnahme* besteht — anders als bei der Zwangsversteigerung (Rdnr. 860 f.) — darin, daß dem Schuldner die Verwaltung und Benutzung des Grundstücks entzogen wird (§ 148 II ZVG). Der Schuldner kann auch nicht über einzelne beschlagnahmte Gegenstände innerhalb der Grenzen einer ordnungsmäßigen Wirtschaft dem Gläubiger gegenüber wirksam verfügen (§§ 148 I 2, 23 I ZVG).

Wohnt der Schuldner zur Zeit der Beschlagnahme auf dem Grundstück, sind ihm die für seinen Hausstand unentbehrlichen Räume zu belassen (§ 149 I ZVG). Allerdings hat das Gericht auf Antrag (des Verwalters oder eines Beteiligten) dem Schuldner die Räumung des Grundstücks aufzugeben, wenn dieser oder ein Mitglied seines Hausstandes das Grundstück oder die Verwaltung gefährdet (§ 149 II ZVG).

1006   **4. Aufhebung der Zwangsverwaltung**

a) Aus folgenden *Gründen* ist die Zwangsverwaltung aufzuheben (vgl. auch Rdnr. 871 ff.):

(1) Der betreibende Gläubiger *nimmt seinen Verfahrensantrag zurück* (§§ 161 IV, 29 ZVG).

(2) Dem Vollstreckungsgericht wird ein aus dem Grundbuch ersichtliches, *der Zwangsverwaltung entgegenstehendes Recht* bekannt (§§ 161 IV, 28 ZVG).

(3) Die *Konkurseröffnung* erfolgt vor der Beschlagnahme im Zwangsverwaltungsverfahren, das wegen einer persönlichen Forderung angeordnet wird (vgl. § 14 I KO; Rdnr. 873).

(4) Der *Gläubiger ist befriedigt* (§ 161 II ZVG).

(5) In einem (gleichzeitig laufenden) Zwangsversteigerungsverfahren wird der *Zuschlag erteilt.* Damit wird der Ersteher Eigentümer (§ 90 I ZVG; Rdnr. 927), so daß ihm die Nutzungen gebühren (§ 56 ZVG; Rdnr. 944). Jedoch erledigt sich damit das Zwangsverwaltungsverfahren nicht ohne weiteres; vielmehr ist es nach Rechtskraft des Zuschlags aufzuheben (vgl. BGHZ 39, 235, 236).

Im Fall b müßte V seine Verwaltertätigkeit bis zur Aufhebung des Verfahrens fortführen. Er war berechtigt, innerhalb seines Wirkungskreises den E zu verpflichten. Da die Bestellung von Heizöl erforderlich war, um eine Benutzung des Mietshauses zu ermöglichen, ist E zur Bezahlung des Heizöls verpflichtet (vgl. BGHZ 39, 235, 239 f.).

(6) Der *Gläubiger leistet einen Vorschuß nicht,* der zur Fortsetzung des Verfahrens erforderlich ist und zu dessen Zahlung er aufgefordert wurde. Dann kann das Gericht nach pflichtgemäßem Ermessen die Aufhebung anordnen (vgl. § 161 III ZVG).

b) Die Aufhebung des Verfahrens erfolgt durch *Beschluß des Vollstreckungsgerichts* (vgl. dazu und zu den Rechtsbehelfen: Rdnr. 875). **1007**

c) Der Aufhebungsbeschluß hat zur *Folge,* daß die Wirkungen der Beschlagnahme entfallen und der Schuldner damit die Befugnis zurückerhält, das Grundstück zu verwalten und zu benutzen.

Der Zwangsverwalter hat trotz der Beendigung der Verwaltung nicht aufschiebbare Geschäfte analog § 672, 2 BGB durchzuführen.

5. Einstweilige Einstellung der Zwangsverwaltung 1008

a) *Gründe* für eine einstweilige Einstellung des Zwangsverwaltungsverfahrens enthält das Gesetz nicht. Die Vorschriften über die einstweilige Einstellung im Zwangsversteigerungsverfahren (vgl. §§ 30 ff. ZVG; Rdnr. 876 ff.) sind nicht anwendbar (h.M.; *Dassler/Schiffhauer/Gerhardt,* § 161 Anm. I 1; a.A. *Mohrbutter/Drischler,* Muster 162 Anm. 1); denn § 161 IV ZVG verweist nur für die Aufhebung auf die entsprechenden Vorschriften der Zwangsversteigerung.

Dennoch ist in Ausnahmefällen eine einstweilige Einstellung der Zwangsverwaltung insbesondere nach den allgemeinen Vorschriften der ZPO zulässig (vgl. *Steiner/Riedel,* § 161 Rdnr. 11 [3]; *Stöber/Zeller,* Rdnr. 670). In Betracht kommt eine Einstellung nach §§ 765a, 769, 771, 775, 776.

b) Die einstweilige Einstellung des Verfahrens hat zur *Folge,* daß der Zwangsverwalter, der weiter im Amt bleibt, bei seiner Tätigkeit an die Bestimmungen des Einstellungsbeschlusses gebunden ist; von dessen Inhalt hängt es insbesondere ab, ob und in welcher Höhe er weitere Zahlungen an den Gläubiger zu leisten hat.

1009   **II. Durchführung der Zwangsverwaltung**

Zur Durchführung der Zwangsverwaltung bestellt das Gericht einen Zwangsverwalter, der die Befugnis erhält, anstelle des Schuldners das Grundstück zu verwalten und zu nutzen. Aufgabe des Zwangsverwalters ist es, alle Handlungen vorzunehmen, die erforderlich sind, um das Grundstück in seinem wirtschaftlichen Bestand zu erhalten und ordnungsmäßig zu benutzen.

1010   **1. Bestellung des Zwangsverwalters und seine Rechtsstellung**

a) Die *Bestellung* des Zwangsverwalters erfolgt durch das Vollstreckungsgericht (§ 150 I ZVG).

(1) Das Gericht ist bei der *Auswahl grundsätzlich frei.* Regelmäßig wird es weder den betreibenden Gläubiger noch den Schuldner, sondern eine von den Beteiligten unabhängige Person zum Verwalter bestellen.

(2) In zwei Ausnahmefällen bestimmt das Gesetz *Beschränkungen für die Auswahl:*

(a) Das Gericht ist *an den Vorschlag bestimmter Beteiligter gebunden* (vgl. § 150a ZVG). Wenn bei der Zwangsverwaltung eines Grundstücks eine öffentliche Körperschaft, ein unter staatlicher Aufsicht stehendes Institut (z.B. Bank, Sparkasse, Versicherungsunternehmen), eine Hypothekenbank oder ein Siedlungsunternehmen (nach dem Siedlungsgesetz) zu den Beteiligten gehört, kann dieser Beteiligte innerhalb einer vom Gericht bestimmten Frist eine in seinen Diensten stehende (fest angestellte) Person als Verwalter vorschlagen (§ 150a I ZVG; sog. *Institutsverwalter).* Das Gericht hat den Vorgeschlagenen zum Verwalter zu bestellen, wenn der Beteiligte die dem Verwalter obliegende Haftung (§ 154, 1 ZVG; Rdnr. 1012) übernimmt und gegen den Vorgeschlagenen keine Bedenken bestehen (§ 150a II 1 ZVG). Die

Vorschrift bezweckt, die Kosten der Zwangsverwaltung gering zu halten; denn der Verwalter erhält für seine Tätigkeit keine Vergütung. Außerdem soll das Interesse des Beteiligten an einer vorteilhaften Verwaltung nutzbar gemacht werden.

(b) Das Gericht hat den *Schuldner zum Verwalter zu bestellen,* sofern die Zwangsverwaltung ein landwirtschaftliches, forstwirtschaftliches oder gärtnerisches Grundstück betrifft (vgl. § 150b ZVG; sog. *Schuldnerverwalter).* Allerdings wird dem Schuldner eine Aufsichtsperson zur Seite gestellt (vgl. § 150c ZVG); er ist auch in seinen Befugnissen beschränkt (vgl. § 150d ZVG). Von einer Bestellung des Schuldners ist nur dann abzusehen, wenn er zur Führung der Verwaltung nicht bereit ist oder nicht geeignet erscheint (§ 150b I 2 ZVG). Die Vorschrift bezweckt ebenfalls, Kosten zu sparen, da der Schuldner keine Vergütung erhält (vgl. § 150e ZVG). Ferner sollen Arbeitskraft und Erfahrungen des Schuldners der Verwaltung zugute kommen.

b) Die *Rechtsstellung* des Zwangsverwalters gleicht der des Konkursverwalters (vgl. BGHZ 30, 173). Er ist nicht Vertreter des Schuldners; vielmehr übt er ein ihm übertragenes Amt in eigener Verantwortung aus. Im Rechtsstreit ist er Partei kraft Amtes (zum Theorienstreit vgl. *Zeller/Stöber,* § 152 Rdnr. 2). **1011**

(1) Der Zwangsverwalter steht *unter der Aufsicht des Gerichts,* das ihn mit den erforderlichen Anweisungen für die Verwaltung zu versehen hat (§ 153 I ZVG). Das Gericht kann ihm die Leistung einer Sicherheit auferlegen, gegen ihn ein Zwangsgeld festsetzen und ihn — aus wichtigem Grund — entlassen (§ 153 II ZVG). Schließlich hat es die dem Verwalter zu gewährende Vergütung festzusetzen. Einzelheiten dazu und zu der Stellung des Zwangsverwalters ergeben sich aus der Verordnung über die Geschäftsführung und die Vergütung des Zwangsverwalters vom 16. 2. 1970 (BGBl. I, 185; ZwVerwVO), die aufgrund des § 14 EGZVG erlassen worden ist.

(2) Der Verwalter ist kein Beamter im haftungsrechtlichen Sinne; deshalb **1012** scheidet eine Haftung des Staates an seiner Stelle aus. Der Verwalter *haftet* vielmehr selbst mit seinem Vermögen für die Erfüllung der ihm obliegenden Verpflichtungen allen Beteiligten gegenüber (§ 154, 1 ZVG). Beteiligt sind nicht alle, zu denen der Verwalter bei seiner Tätigkeit in eine rechtliche Beziehung getreten ist (so aber z.B. *Mohrbutter,* ZIP 1980, 169, in Anlehnung an die Auslegung des § 82 KO für die Haftung des Konkursverwalters), sondern nur die unter § 9 ZVG fallenden Personen (h.M.; RGZ 74, 258; OLG Köln ZIP 1980, 102 m.N.); denn es ist kein Grund ersichtlich, für das Zwangsverwaltungsrecht von der eindeutigen Bestimmung des § 9 ZVG abzuweichen (*Dassler/Schiffhauer/Gerhardt,* § 154 Anm. 1 a).

Meldet demnach ein Mieter oder Pächter sein Recht nicht an, ist er kein Beteiligter i.S.v. § 9 Nr. 2 ZVG, so daß ihm der Zwangsverwalter bei einer Pflichtverletzung nicht nach § 154, 1 ZVG haftet. In Betracht kommt eine Haftung aus culpa in contrahendo oder unerlaubter Handlung, wenn die Voraussetzungen dafür vorliegen.

1013   ## 2. Tätigkeiten des Zwangsverwalters

a) Um das Grundstück verwalten zu können, muß der Zwangsverwalter den *Besitz am Grundstück ergreifen.* Notfalls erfolgt die Besitzverschaffung durch Vermittlung des Vollstreckungsgerichts mit Hilfe eines Gerichtsvollziehers oder eines anderen Beamten; das Gericht kann den Verwalter auch ermächtigen, sich selbst den Besitz zu verschaffen (§ 150 II ZVG).

Hat der Zwangsverwalter den Besitz erlangt, genießt er Besitzschutz gem. §§ 858 ff. BGB.

1014   b) Der Zwangsverwalter muß alle *zur Bestandserhaltung und ordnungs-mäßigen Benutzung erforderlichen Handlungen vornehmen* (§ 152 I, 1. Halbs. ZVG). Dabei hat er sich wie ein sparsamer, ordentlich wirtschaftender Eigentümer zu verhalten (OLG Nürnberg OLGZ 1966, 317, 319); allerdings wird sein Handlungsspielraum durch den Zweck der Gläubigerbefriedigung und den begrenzten Umfang der vorhandenen Mittel eingeschränkt (*Dassler/Schiffhauer/Gerhardt,* § 152 Anm. II).

Beispiele: Bestellung und Aberntung der Felder; Vornahme erforderlicher Reparaturarbeiten am Haus; Vollendung eines im Bau befindlichen Hauses, um daraus alsbald Mieteinnahmen erzielen zu können (vgl. RGZ 73, 397; OLG Schleswig ZIP 1983, 1133); Zurückschaffung der vom Grundstück entfernten Zubehörstücke; Erhöhung der Mieteinnahmen; Herabsetzung der Grundstückslasten.

Zur ordnungsmäßigen Verwaltung kann auch die *Fortführung eines Gewerbebetriebes* auf dem beschlagnahmten Grundstück gehören (h.M.; *Dassler/Schiffhauer/Gerhardt,* § 152 Anm. VI 2; *Steiner/Riedel,* § 152 Rdnr. 5 [2h]; vgl. auch LG Oldenburg ZIP 1984, 888, 889). Das setzt voraus, daß dieser Betrieb im wesentlichen aus dem Grundstück und solchen Gegenständen besteht, auf die sich die Zwangsverwaltung erstreckt.

Zur Fortführung kann der Verwalter den Betrieb vermieten oder verpachten. Auf diese Möglichkeiten ist er aber nicht beschränkt (h.M.; a.A. *Zeller/Stöber,* § 152 Rdnr. 4 [5]). Vielmehr ist er auch befugt, selbst den Betrieb fortzuführen. Dann muß er allerdings die dazu erforderlichen Kenntnisse und Fähigkeiten besitzen oder sich jedenfalls durch sachkundige Angestellte unterstützen lassen (zu Fall c). Im Zweifel wird der Verwalter eine Anweisung des Gerichts erbitten. Für die Möglichkeit einer Fortführung durch den Verwalter selbst spricht auch, daß dieser für eine kurze Vertragsdauer (höchstens ein Jahr; § 6 II ZwVerwVO) kaum einen geeigneten Mieter oder

Pächter finden wird und eine kurzfristige Stillegung des Betriebes zu (erheblichen) Verlusten führen kann.

Dagegen ist der Verwalter zur Neueröffnung eines Gewerbebetriebes auf dem Grundstück nicht befugt, da das nicht mehr zur Erhaltung des wirtschaftlichen Bestandes des Grundstücks gehört (*Steiner/Riedel*, a.a.O.).

c) Der Zwangsverwalter ist nicht Rechtsnachfolger des Schuldners und *tritt nicht in die bestehenden Verträge ein*. Allerdings hat er pflichtgemäß zu prüfen, ob es einer ordnungsmäßigen Verwaltung entspricht, in einen Vertrag des Schuldners einzutreten.   **1015**

Zwei *Besonderheiten* sind hervorzuheben: **1016**

(1) Gegenüber dem Zwangsverwalter ist ein *Miet- oder Pachtvertrag wirksam*, wenn das Grundstück vor der Beschlagnahme dem Mieter oder Pächter überlassen worden ist (§ 152 II ZVG). Der Zwangsverwalter hat also die vertraglichen Rechte und Pflichten.

Liegen die Voraussetzungen des § 152 II ZVG nicht vor (z.B. weil das Grundstück vor der Beschlagnahme noch nicht überlassen worden ist), tritt der Verwalter nicht kraft Gesetzes in den Vertrag ein. Aber er hat zu prüfen, ob er selbst mit dem Mieter oder Pächter einen Vertrag schließen soll.

(2) Der Zwangsverwalter ist zwar nicht verpflichtet, den Gewerbebetrieb   **1017** des Schuldners fortzuführen und infolgedessen die Arbeitnehmer weiterzubeschäftigen. Wenn er selbst aber den Betrieb weiterführt, greift § 613a BGB ein; danach *tritt er in die Rechte und Pflichten aus den bestehenden Arbeitsverhältnissen ein* (BAG ZIP 1984, 623).

Im Fall d kann V also die Zahl der beschäftigten Arbeitnehmer nur dann verringern, wenn er die Möglichkeit hat, einigen von ihnen etwa aus dringenden betrieblichen Gründen zu kündigen (vgl. § 1 II 1 KSchG; ArbR Rdnr. 201 ff.; § 613a IV BGB).

d) Der Verwalter hat die von der Beschlagnahme erfaßten *Ansprüche geltend zu machen* und die für die Verwaltung entbehrlichen *Nutzungen in Geld umzusetzen* (§ 152 I, 2. Halbs. ZVG).   **1018**

Beispiele: Einziehen von Miet- und Pachtzinsforderungen; Geltendmachen wiederkehrender Leistungen (etwa Erbbauzins, Notwegrente); Verkauf von gezogenen Früchten, von entbehrlich gewordenen Zubehörstücken.

e) Gegenüber dem Schuldner und dem Gläubiger ist der Verwalter zur   **1019** *Rechnungslegung* verpflichtet. Zu diesem Zweck hat er jährlich und nach Beendigung der Verwaltung die Rechnung dem Gericht einzureichen, das diese dem Schuldner und dem Gläubiger vorlegt (§ 154, 2 u. 3 ZVG). Inhalt und Umfang der Rechnungslegung bestimmen sich nach § 259 I BGB und §§ 18—20 ZwVerwVO, sofern das Gericht nicht nach § 21 ZwVerwVO etwas anderes bestimmt.

Besteht Grund zu der Annahme, daß die in der Rechnung enthaltenen Angaben nicht mit der erforderlichen Sorgfalt gemacht worden sind, hat der Verwalter auf Verlangen eine eidesstattliche Versicherung abzugeben (vgl. § 259 II, III BGB). Ist er dazu nicht bereit, kann das Prozeßgericht angerufen werden; verurteilt dieses den Verwalter zur Abgabe der Versicherung, erfolgt die Vollstreckung nach §§ 889, 888 (Rdnr. 1076 ff.).

f) Der Zwangsverwalter hat schließlich *die erwirtschafteten Überschüsse an die Gläubiger auszuzahlen* (Rdnr. 1032 ff.).

1020   g) Als *Rechtsbehelf* gegen eine Maßnahme des Verwalters kommt die Erinnerung gem. § 766 in Betracht. Zudem kann jeder Beteiligte beim Vollstreckungsgericht anregen, dem Verwalter eine Anweisung zu erteilen (vgl. § 153 I, 1. Halbs. ZVG), die den Interessen des Beteiligten gerecht wird (vgl. *Dassler/Schiffhauer/Gerhardt,* § 152 Anm. XI).

1021   III. Verteilung der Einnahmen

Zwecks Verteilung der Einnahmen ist ein Verteilungstermin zu bestimmen, in dem ein Teilungsplan durch das Vollstreckungsgericht aufgestellt wird. Nach diesem Plan erfolgt die Zahlung durch den Zwangsverwalter.

Der Verteilungstermin wird bestimmt, wenn die Mitteilungen des Grundbuchamtes nach Eintragung des Zwangsverwaltungsvermerks im Grundbuch (§ 19 II ZVG) beim Vollstreckungsgericht eingegangen sind und zu erwarten ist, daß nicht nur die laufenden Beträge der öffentlichen Lasten berichtigt werden, sondern auch Zahlungen auf andere Ansprüche geleistet werden können (§ 156 II 1 ZVG). Die Terminsbestimmung ist dem Verwalter und den Beteiligten zuzustellen (§ 156 II 3, 4 i.V.m. § 105 II 2 ZVG).

Ein Verteilungsverfahren findet nicht statt, wenn die Beteiligten sich außergerichtlich geeinigt haben (§ 160 i.V.m. §§ 143—145 ZVG; Rdnr. 949 a.E.).

1022   1. Teilungsplan des Vollstreckungsgerichts

a) Die *Aufstellung des Teilungsplanes* erfolgt durch den Rechtspfleger im Verteilungstermin für die ganze Dauer des Verfahrens (§ 156 II 2 ZVG). Die für die Zwangsversteigerung geltenden Bestimmungen über die Anhörung der Beteiligten (§ 113 I ZVG) und über den Widerspruch (§§ 115, 124 ZVG) finden entsprechende Anwendung (§ 156 II 4 ZVG).

1023   b) Der *Inhalt des Teilungsplanes* unterscheidet sich von dem bei der Zwangsversteigerung dadurch, daß bei der Zwangsverwaltung keine Teilungsmasse festgestellt wird. Das folgt aus § 156 II 4 ZVG, der nicht auf

§ 107 ZVG verweist; diese Vorschrift regelt die Feststellung der Teilungs-masse bei der Versteigerung (vgl. Rdnr. 953). Der Grund für die abwei-chende Regelung liegt darin, daß bei der Zwangsverwaltung nicht nur die vorhandenen, sondern auch die zukünftigen (noch ungewissen) Erträgnisse verteilt werden sollen.

(1) Die *in den Teilungsplan aufzunehmenden Ansprüche* werden entweder von Amts wegen oder nur auf Antrag berücksichtigt.   1024

(a) *Von Amts wegen* werden die Ansprüche in den Plan aufgenommen, wenn ihr Betrag oder Höchstbetrag zur Zeit der Eintragung des Verwal-tungsvermerks aus dem Grundbuch ersichtlich ist; dazu gehören auch lau-fende Beträge wiederkehrender Leistungen (vgl. § 13 ZVG), die nach dem Inhalt des Grundbuchs zu entrichten sind (§§ 156 II, 114 ZVG).

(b) *Auf Antrag* werden alle anderen Ansprüche in den Teilungsplan aufge-nommen. Sie müssen spätestens im Verteilungstermin angemeldet werden; die Ansprüche des Gläubigers gelten als angemeldet, soweit sie sich aus sei-nem Antrag auf Zwangsverwaltung ergeben (§§ 156 II 4, 114 I 2 ZVG).

(2) Bei der *Verteilung der Überschüsse* ist grundsätzlich von der Rangord-   1025
nung des § 10 ZVG (vgl. Rdnr. 894) auszugehen; jedoch ergeben sich für die Zwangsverwaltung eine Reihe von Besonderheiten (vgl. § 155 II ZVG).

(a) *Nicht berücksichtigt* werden die Ansprüche der Rangklassen Nr. 6 bis Nr. 8 sowie die Kapitalforderungen der Klassen Nr. 2 bis 4 des § 10 ZVG (§ 155 II ZVG). Diese Beschränkung auf laufende wiederkehrende Leistun-gen beruht darauf, daß die Verwaltung des Grundstücks regelmäßig ohnehin nicht mehr Überschüsse abwirft, als zur Begleichung der laufenden Forde-rungen benötigt werden.

(b) Von den *zu berücksichtigenden Ansprüchen* sind zu nennen: 1026

1. Rangklasse: Ansprüche auf Ersatz von Vorschüssen des betreibenden Gläubigers für Instandsetzungs-, Ergänzungs- oder Umbauarbeiten an Gebäuden nebst Zinsanspruch (§ 155 II ZVG); Ansprüche, die wegen der Lieferung von Düngemitteln, Saatgut, Futtermitteln oder wegen einer Kre-ditaufnahme zur Bezahlung solcher Lieferungen entstanden sind (§ 155 IV ZVG).

2. Rangklasse: Laufende Beträge von Lohnansprüchen des Personals bei land- und forstwirtschaftlichen Betrieben (§§ 155 II 2, 13 ZVG).

3. Rangklasse: Laufende Beträge von Ansprüchen auf Entrichtung öffentlicher Grundstückslasten (§§ 155 II 2, 13 ZVG).

4. Rangklasse: Von den Rechten am Grundstück die laufenden Beträge wiederkehrender Leistungen, einschließlich der Rentenleistungen, sowie die

Beträge, die zur allmählichen Tilgung einer Schuld als Zuschlag zu den Zinsen zu entrichten sind (§§ 155 II 2, 13 ZVG).

1027   5. *Rangklasse:* Ansprüche des betreibenden Gläubigers. Dabei kann es sich um Hauptansprüche und auch um ältere Zinsrückstände handeln. In Betracht kommen dingliche und persönliche Ansprüche.

Hier ist die Besonderheit zu beachten, daß dem Kapitalanspruch des betreibenden Gläubigers die laufenden Zins- und Tilgungsansprüche selbst derjenigen Gläubiger vorgehen, die ihm mit ihrem Recht im Range nachstehen (vgl. § 155 II 1, 2 ZVG). Diese Bevorzugung der laufenden Beträge, die den nachfolgenden Gläubigern zustehen, wird damit gerechtfertigt, daß die Zwangsverwaltung im wesentlichen den Zweck verfolgt, dem Schuldner den Grundbesitz zu erhalten; würden die Zins- und Tilgungsansprüche der nachstehenden Gläubiger nicht befriedigt, würden diese ihrerseits die Zwangsversteigerung des Grundstücks betreiben (vgl. Mot. z. ZVG, 332).

Im Fall e sind also die Ansprüche des G_2 auf laufende Zinsen vor dem Kapitalanspruch des G_1 zu berücksichtigen.

Bei mehreren betreibenden Gläubigern bestimmt sich der Rang der Hauptansprüche aus Grundstücksrechten nach dem Rang, der sich aus dem Grundbuch ergibt. Dabei stehen die dinglichen vor den persönlichen Ansprüchen, deren Rang untereinander sich nach dem Zeitpunkt der Beschlagnahme richtet (h.M.; RGZ 89, 147; *Dassler/Schiffhauer/Gerhardt,* § 157 Anm. 3 b; *Steiner/Riedel,* § 155 Rdnr. 4 [8b]; a.A. *Zeller/Stöber,* § 155 Rdnr. 5 [8], die immer auf den Zeitpunkt der Beschlagnahme abstellen, so daß ein persönlicher Gläubiger einem dinglichen vorgehen kann).

1028   (3) Zum Inhalt des Teilungsplans gehört ferner eine *Auszahlungsanordnung.* In ihr bestimmt das Gericht die planmäßige Zahlung der Beträge an die Berechtigten; die Anordnung ist zu ergänzen, wenn nachträglich der Beitritt eines Gläubigers zugelassen wird (§ 157 I 1 ZVG).

In der Anordnung sind alle Besonderheiten der Auszahlung aufzuführen (z.B. Fälligkeitszeitpunkte; Hinterlegung, vgl. § 157 II ZVG).

1029   c) Folgende *Rechtsbehelfe gegen den Teilungsplan* kommen in Betracht:

(1) Verfahrensrechtliche Mängel können mit der *sofortigen Beschwerde* (§ 793) bzw. mit der *befristeten Rechtspflegererinnerung* (§ 11 I 2 RPflG) gerügt werden.

Im Fall e ist der Plan nicht entsprechend den gesetzlichen Bestimmungen über die Rangordnung aufgestellt worden, so daß G_2 die befristete Rechtspflegererinnerung einlegen kann.

1030   (2) Materiellrechtliche Fehler sind mit dem *Widerspruch* und der *Widerspruchsklage* (§§ 156 II 4, 115 ZVG) geltend zu machen; die §§ 876—882 (vgl. Rdnr. 486 ff.) sind entsprechend anzuwenden (§ 115 I 2 ZVG).

(3) Mit der *Klage auf Abänderung des Teilungsplanes* kann jeder Beteiligte **1031**
eine Änderung des Plans erwirken, auch wenn er Widerspruch gegen ihn
nicht erhoben hat (§ 159 I ZVG). Diese zusätzliche Klagemöglichkeit gibt es,
weil ein Teilungsplan hier — anders als bei der Zwangsversteigerung — Wirkungen für die Zukunft entfaltet.

Auf die Klage finden die §§ 878 ff. (Rdnr. 489 ff.) keine Anwendung. Insbesondere
besteht keine Klagefrist (vgl. § 878) und keine ausschließliche Zuständigkeit (vgl.
§ 879).

Klagebefugt ist jeder Beteiligte i.S.v. § 9 ZVG. Zu richten ist die Klage auf
Planänderung gegen alle Beteiligten, die durch ein der Klage (ganz oder teilweise) stattgebendes Urteil im Plan schlechter gestellt würden. Nach Vorlage eines solchen rechtskräftigen Urteils hat das Vollstreckungsgericht die
Auszahlungsanordnung entsprechend zu ändern. Das Urteil wirkt jedoch
nur für die Zukunft, so daß eine planmäßig geleistete Zahlung aufgrund
einer späteren Änderung des Planes nicht zurückgefordert werden kann
(vgl. § 159 II ZVG).

§ 159 II ZVG schließt aber eine Rückforderung nicht aus, die sich auf ein besseres
Recht gegen den Gläubiger (z.B. Bereicherungsanspruch) gründet (vgl. § 878 II).

2. Auszahlung durch den Zwangsverwalter   **1032**

Der Zwangsverwalter hat das erwirtschaftete Geld an die Gläubiger auszuzahlen. Dabei ist zwischen der Tilgung der vorweg zu deckenden
Ansprüche, der Verteilung der Überschüsse aufgrund gerichtlicher Anordnung und den Zahlungen auf das Kapital von Grundpfandrechten zu unterscheiden.

a) Die vom Zwangsverwalter *vorweg zu deckenden Ansprüche* ergeben **1033**
sich aus § 155 I ZVG. Danach sind zunächst die Ausgaben der Verwaltung
sowie die Kosten des Verfahrens — mit Ausnahme der durch die Verfahrensanordnung oder den Gläubigerbeitritt entstandenen Kosten — zu bestreiten.

Zu den Ausgaben der Verwaltung gehören etwa Aufwendungen für Gebäuderepa-
raturen, Zahlungen von Versicherungsbeiträgen für Gegenstände der Verwaltung,
aber auch die Vergütung für den Verwalter (vgl. § 9 ZwVerwVO) und sogar die
Unterhaltsleistungen an den Schuldner bei der Zwangsverwaltung eines landwirtschaftlichen, forstwirtschaftlichen oder gärtnerischen Grundstücks (vgl. §§ 149 III,
150e ZVG).
Verfahrenskosten sind die Gerichtsgebühren und Auslagen. Dagegen fallen die Kosten der Anordnung und des Beitritts den Vollstreckungsgläubigern zur Last.

Außerdem hat der Verwalter ohne weiteres Verfahren die laufenden Beträge der öffentlichen Lasten zu berichten (§ 156 I ZVG). Jedoch dürfen Auszahlungen erst dann vorgenommen werden, wenn ausreichende Mittel für die Verwaltungs- und Verfahrenskosten sowie für die Tilgung der in den Rangklassen Nr. 1 und Nr. 2 genannten Ansprüche vorhanden sind (vgl. § 11 I ZwVerwVO); denn durch § 156 I ZVG wird die Rangordnung des § 10 ZVG nicht geändert.

Beispiele für öffentliche Grundstückslasten: Grundsteuern, Anliegerbeiträge, Straßenreinigungsgebühren, Abgaben für Müllabfuhr, Schornsteinfegergebühren.

1034   b) Die *Verteilung der Überschüsse,* also des Restes, der nach Abzug der vorweg zu deckenden Ansprüche verbleibt, darf vom Verwalter nur gemäß der Anordnung des Gerichts erfolgen, die nach der Feststellung des Teilungsplanes getroffen wird (vgl. § 11 II 1 ZwVerwVO). Die Auszahlungen sind erst bei Fälligkeit der Forderungen und nur insoweit vorzunehmen, als die Bestände hinreichen (§ 157 I 2 ZVG). An einen im Range nachstehenden Berechtigten darf der Verwalter nur zahlen, wenn als sicher vorauszusehen ist, daß die Zahlungen an die vorgehenden Berechtigten aus Einnahmen geleistet werden können, die bis zur Fälligkeit dieser Zahlungen eingehen (§ 11 II 3 ZwVerwVO).

1035   c) Sollen *Zahlungen auf das Kapital eines Grundpfandrechts* (Hypothek, Grundschuld, Ablösungssumme einer Rentenschuld) geleistet werden (vgl. § 155 II ZVG; Rdnr. 1027), hat das Vollstreckungsgericht auf Antrag des Verwalters einen besonderen Termin zu bestimmen (§ 158 I ZVG). Dieser Termin ist vorgeschrieben, um sicherer feststellen zu können, ob eine Zahlung auf das Kapital erfolgt und damit das Grundbuch unrichtig geworden ist (vgl. *Jaeckel/Güthe,* § 158 Rdnr. 2).

Im Termin zahlt der Zwangsverwalter an das Gericht oder auf dessen Weisung an den erschienenen Berechtigten. Soweit der betreibende Gläubiger befriedigt worden ist, hat das Gericht das Grundbuchamt um Löschung des Rechts zu ersuchen (Einzelh.: § 158 II, III ZVG).

1036 # Drittes Kapitel

§ 33   Die Zwangshypothek

Schrifttum: *Finger,* Ist für die Zwangsvollstreckung aus einer Zwangshypothek ein besonderer Duldungstitel notwendig?, MDR 1969, 617; *Furtner,* Rechtliche Bedeutung von Zwangseintragungen, die unter Verletzung vollstreckungsrechtlicher

Vorschriften im Grundbuch vorgenommen werden, DNotZ 1959, 304; *Hagemann,* Die Zwangssicherungshypothek im Zwangsversteigerungsverfahren, Rpfleger 1982, 165; *Hoche,* Zwischenverfügung und Rangschutzvermerk bei Anträgen auf Eintragung einer Zwangshypothek, DNotZ 1957, 3; *Honisch,* Probleme der Zwangshypothek, NJW 1958, 1526; *Jansen,* Rangvorbehalt und Zwangsvollstreckung, AcP 152, 508; *Löscher,* Die Eintragung von Zwangshypotheken in das Grundbuch, JurBüro 1982, 1617, 1791; 1983, 41; *Lüke,* Die Auswirkung der öffentlich-rechtlichen Theorie der Zwangsvollstreckung auf die Zwangshypothek, NJW 1954, 1669; *Wacke,* Die Nachteile des Grundbuchzwangs in der Liegenschaftsvollstreckung und bei der Gläubigeranfechtung, ZZP 82, 377; *Werneburg,* Die Zwangshypothek unter Berücksichtigung der Zwangsversteigerung, ZZP 53, 178.

Fälle:

a) G möchte aufgrund eines Zahlungstitels eine Sicherungshypothek auf dem Grundstück des S eintragen lassen. Deshalb bittet er S um eine entsprechende Bewilligung (vgl. § 19 GBO), die dieser jedoch verweigert. Was soll G tun?

b) Nach Eintragung einer Sicherungshypothek stellt sich heraus, daß der Vollstreckungsschuldner S zwar im Grundbuch als Eigentümer steht, in Wirklichkeit aber E Eigentümer ist. G meint, dennoch sei die Hypothek entstanden, weil er den S gutgläubig für den Eigentümer gehalten habe.

c) Das vorläufig vollstreckbare Urteil, aufgrund dessen eine Sicherungshypothek eingetragen worden war, wird in zweiter Instanz aufgehoben. Rechte des S?

d) Das Grundbuchamt lehnt die Eintragung einer Sicherungshypothek ab, weil eine solche bereits auf einem anderen Grundstück des S eingetragen worden ist. G will gegen die Ablehnung vorgehen. Wie?

I. Bedeutung der Zwangshypothek

Aus einem Vollstreckungstitel wegen einer Geldforderung kann der Gläubiger in ein dem Schuldner gehörendes Grundstück (eingetragenes Schiff, Schiffsbauwerk; § 870a) derart vollstrecken, daß an diesem eine Hypothek zugunsten des Gläubigers entsteht (§ 867 I). Diese im Wege der Zwangsvollstreckung einzutragende Hypothek (= Zwangs- oder Judikatshypothek) ist eine Sicherungshypothek (vgl. § 866 I, III).

Die Sicherungshypothek, die nur als Buchhypothek (also nicht als Briefhypothek) bestellt werden kann (§ 1185 I BGB), ist (im Gegensatz zur Verkehrshypothek) streng akzessorisch. Sie richtet sich in ihrer Entstehung und in ihrem Bestand allein nach der zugrunde liegenden Forderung; ein Mangel der Forderung ist immer auch ein Mangel des Rechts (vgl. §§ 1184 I, 1185 II BGB).

Durch die Eintragung einer Zwangshypothek erreicht der Gläubiger keine Befriedigung, sondern nur eine Sicherung seiner Geldforderung. Insbesondere der Gläubiger, der bisher keine dingliche Sicherheit hat, wird eine

Zwangshypothek erstreben, wenn es ihm nur auf eine Absicherung ankommt. Sobald seine Hypothek im Grundbuch steht, kann er in Ruhe bessere Zeiten beim Schuldner abwarten; jedenfalls beeinträchtigen ihn später eingetragene (nachrangige) Rechte nicht (vgl. § 879 BGB).

Als Hypothekengläubiger ist er befugt, vom Grundstückseigentümer die Aufhebung eines gleich- oder vorrangigen Grundpfandrechts zu verlangen, wenn deren Vereinigung mit dem Eigentum eingetreten ist (vgl. § 1179a BGB). Vor allem bei einer künftigen Zwangsversteigerung und -verwaltung genießt er den Vorrang des Realgläubigers nach § 10 I Nr. 4 ZVG (Rdnr. 894).

Zwar führt die Eintragung der Zwangshypothek nicht unmittelbar dazu, daß der Schuldner nun auch zahlt. Aber die Hypothek ist vielfach ein Druckmittel zur Zahlung. Bleibt diese aus, kann der Gläubiger einen Anspruch aus der Hypothek (§ 1147 BGB) verfolgen. Dazu genügen der Zahlungstitel und die eingetragene Hypothek nach h.M. nicht; vielmehr muß der Gläubiger — wie bei einer rechtsgeschäftlich bestellten Hypothek — auf Duldung der Zwangsvollstreckung klagen (BGH NJW 1966, 2009; BL/*Hartmann*, § 866 Anm. 1; *Baur/Stürner*, Rdnr. 597; *Jauernig*, § 23 IV; *Zöller/Stöber*, § 866 Rdnr. 6; a.A. *Bruns/Peters*, § 40 II; *Finger*, MDR 1969, 617). Wenn der Gläubiger einer Zwangshypothek ohne Duldungstitel den Antrag auf Zwangsversteigerung oder -verwaltung aufgrund eines Zahlungstitels stellt, kann er in diesem Verfahren nicht den Rang der Zwangshypothek beanspruchen. Das Erfordernis des Duldungstitels zur zwangsweisen Zahlung aus dem Grundstück mindert also die Bedeutung der Zwangshypothek.

Weil die Zwangshypothek nur zur Sicherung des Gläubigers führt, ist sie die allein zulässige Maßnahme der Immobiliarvollstreckung bei der Sicherungsvollstreckung (§ 720a; Rdnr. 69) und bei der Arrestvollziehung in ein Grundstück oder ein grundstücksgleiches Recht (§ 932; Rdnr. 1549 ff.); denn in beiden Fällen darf die Vollstreckung nicht über eine Sicherung hinausgehen.

1037 ## II. Voraussetzungen und Folgen der Eintragung

1. Voraussetzungen der Eintragung

Da für die Eintragung einer Zwangshypothek das Grundbuchamt das funktionell zuständige Vollstreckungsorgan ist (Rdnr. 16), müssen vor der Grundbucheintragung außer den vollstreckungsrechtlichen auch die grundbuchrechtlichen Voraussetzungen gegeben sein. Diese sind normalerweise der Antrag (§ 13 GBO), die Bewilligung des Betroffenen (§§ 19, 29 GBO) und dessen Voreintragung (§ 39 GBO). Von diesen Voraussetzungen ist bei der Eintragung einer Zwangshypothek die Bewilligung des Betroffenen entbehrlich, weil hier — notfalls gegen dessen Willen — zwangsweise die Hypothek eingetragen werden soll; an die Stelle der Bewilligung treten die zwangsvollstreckungsrechtlichen Voraussetzungen (zu Fall a).

a) Erforderlich ist nach § 867 I 1 ein *Antrag des Gläubigers beim Grundbuchamt*, in dessen Bezirk das zu belastende Grundstück liegt (vgl. §§ 1, 2 I GBO). Der Antrag ist schriftlich oder zu Protokoll der Geschäftsstelle zu stellen (vgl. § 13 I GBO). Er muß die Bezeichnung des Grundstücks und die zu vollstreckenden Geldbeträge enthalten (§ 28 GBO).

Wenn mehrere Grundstücke des Schuldners mit der Hypothek belastet werden sollen, muß der Gläubiger im Antrag den Betrag der Forderung auf die einzelnen Grundstücke verteilen (vgl. § 867 II).

b) Wie bei jeder Zwangsvollstreckungsmaßnahme müssen auch hier die   **1038** *Prozeßvoraussetzungen* (Rdnr. 18 ff.) sowie die allgemeinen (Rdnr. 30 ff.) und besonderen (Rdnr. 157 ff.) *Vollstreckungsvoraussetzungen* vorliegen, und es darf *kein Vollstreckungshindernis* (Rdnr. 174 ff.) entgegenstehen.

(1) Ein *Rechtsschutzbedürfnis* (Rdnr. 28) ist zu verneinen, wenn die Eintragung einer Zwangshypothek an einem Grundstück begehrt wird, an dem für dieselbe Forderung bereits ein rechtsgeschäftlich bestelltes Grundpfandrecht besteht (*Baur/Stürner*, Rdnr. 644; *Thomas/Putzo*, § 867 Anm. 2 c).

Streitig ist, ob ein Rechtsschutzbedürfnis auch dann fehlt, wenn die Forderung bereits an einem anderen Grundstück des Schuldners gesichert ist (so *Baur/Stürner*, a.a.O.; anders die h.M.; z.B. RGZ 98, 106, 109; BL/*Hartmann*, § 867 Anm. 2 B; *Zöller/Stöber*, § 867 Rdnr. 17). Richtigerweise ist hier das Rechtsschutzbedürfnis zu bejahen; jedoch ist zu prüfen, ob nicht eine unzulässige Überpfändung vorliegt.

(2) Der *Vollstreckungstitel* muß auf eine Geldzahlung lauten und den   **1039** Betrag von 500,— DM übersteigen; dabei bleiben Zinsen, die nur als Nebenforderung geltend gemacht werden, unberücksichtigt (§ 866 III 1). Durch diese Regelung sollen die Eintragung von »Mini«-Hypotheken und damit eine Unübersichtlichkeit des Grundbuchs vermieden werden. Dieser Grund trifft nicht zu, wenn dem Gläubiger gegen den Schuldner mehrere Schuldtitel zustehen, die zusammen mehr als 500,— DM betragen; denn nach § 866 III 2 kann aufgrund mehrerer Schuldtitel eine einheitliche Sicherungshypothek eingetragen werden.

Eine solche Zusammenrechnung zum Zweck der Eintragung einer Sicherungshypothek scheidet jedoch dann aus, wenn die einzelnen Ansprüche verschiedenen Gläubigern zustehen; das gilt auch dann, wenn die Ansprüche in einem einzigen Titel enthalten sind (*Baur/Stürner*, Rdnr. 646).
Die genannte Wertgrenze gilt nicht bei einer bewilligten Bauhandwerkersicherungshypothek (§ 648 BGB; BS Rdnr. 276) und bei einer kraft Gesetzes entstehenden Sicherungshypothek nach § 848 II 2 (Rdnr. 713).

1040   Der Vollstreckungsschuldner muß im Grundbuch als Eigentümer des Grundstücks eingetragen sein (§ 39 GBO). Diese *Voreintragung des Schuldners* ist nicht erforderlich, wenn dem Grundbuchamt nachgewiesen wird, daß der Schuldner Erbe des im Grundbuch eingetragenen Eigentümers ist (vgl. § 40 GBO).

1041   **2. Grundbucheintragung und ihre Folgen**

a) Liegen alle Voraussetzungen vor, wird die Hypothek ins Grundbuch eingetragen, und die *Eintragung* wird auf dem Vollstreckungstitel vermerkt (§ 867 I 1). Einzutragen sind der Gläubiger, der Geldbetrag, der Zinssatz sowie andere Nebenleistungen (vgl. § 1115 I BGB). Die Hypothek ist als Sicherungshypothek zu bezeichnen (§ 1184 II BGB); außerdem wird angegeben, daß die Eintragung im Wege der Zwangsvollstreckung erfolgt.

Wenn mehrere Grundstücke mit der Hypothek belastet werden sollen, darf das Grundbuchamt eine Gesamthypothek nicht eintragen (BGHZ 27, 310); vielmehr ist der Betrag der Forderung auf die einzelnen Grundstücke zu verteilen (§ 867 II).

1042   b) Mit der Grundbucheintragung *entsteht die Hypothek* (§ 867 I 2). Das gilt allerdings dann nicht, wenn der Vollstreckungsschuldner zwar im Grundbuch als Eigentümer eingetragen ist, in Wirklichkeit aber ein anderer Eigentümer ist. Ein gutgläubiger Erwerb der Hypothek vom Nichtberechtigten (vgl. § 892 BGB) scheidet aus, weil es sich bei der Zwangshypothek nicht um einen rechtsgeschäftlichen Erwerb handelt.

Im Fall b hat G trotz der Eintragung keine Hypothek erworben. E kann von ihm Berichtigung des Grundbuchs (§ 894 BGB), also Löschung der Hypothek, verlangen.

Dagegen steht eine durch Vollstreckungsakt entstandene Zwangshypothek im wesentlichen einer rechtsgeschäftlich bestellten Sicherungshypothek gleich (§§ 1184 ff. BGB). Wie eine solche Sicherungshypothek verwandelt sich auch die Zwangshypothek in eine Eigentümergrundschuld, wenn die Forderung erlischt oder überhaupt nicht bestanden hat (§§ 1163, 1177 BGB).

Beispiel: Der Gläubiger wird außerhalb der Zwangsvollstreckung befriedigt.

Nach § 868 wandelt sich die Zwangshypothek auch dann in eine Eigentümergrundschuld um, wenn der Vollstreckungstitel oder seine vorläufige Vollstreckbarkeit aufgehoben wird (Fall c). Das gilt ebenfalls, wenn die Zwangsvollstreckung für unzulässig erklärt wird (z.B. in den Fällen der §§ 732, 767 f., 772 ff.) oder (einstweilen) eingestellt wird (z.B. in den Fällen der §§ 707, 719, 769, 771). Schließlich entsteht eine Eigentümergrundschuld auch dann, wenn die zur Abwendung der Vollstreckung nachgelassene Sicherheitsleistung oder Hinterlegung (z.B. nach § 711) nachträglich erfolgt.

Im Fall c ist wegen der Aufhebung des erstinstanzlichen Urteils für S eine Eigentümergrundschuld (vgl. § 868 I) entstanden. S kann Grundbuchberichtigung von G verlangen. An der Eigentümergrundschuld des S ändert sich auch dann nichts, wenn in der dritten Instanz das erstinstanzliche Urteil wieder hergestellt wird; denn die Eigentümergrundschuld verwandelt sich nicht wieder in eine Zwangshypothek zurück.

III. Folgen des Fehlens einer Voraussetzung und Rechtsbehelfe   1043

1. Folgen des Fehlens einer Voraussetzung

a) Wird das Fehlen einer vollstreckungsrechtlichen Voraussetzung festgestellt, *darf die Grundbucheintragung nicht vorgenommen werden.* Für eine rangwahrende Zwischenverfügung nach § 18 GBO ist kein Raum; andernfalls würde dem Gläubiger ein Rang gesichert, auf den er keinen Anspruch hat, solange nicht alle Vollstreckungsvoraussetzungen vorliegen. Der Antrag ist also zurückzuweisen (vgl. BGHZ 27, 310, 313 f.).

b) Ist die Zwangshypothek *trotz Fehlens einer vollstreckungsrechtlichen Voraussetzung eingetragen,* kommt es darauf an, ob der Mangel unheilbar oder aber heilbar ist.

(1) Bei einem *unheilbaren Mangel* ist die Eintragung der Zwangshypothek nichtig; diese ist also nicht entstanden und deshalb von Amts wegen zu löschen (§ 53 I GBO).

Das ist z.B. der Fall, wenn es an einem Vollstreckungstitel fehlt (vgl. RG Warn 13, 390), eine Zwangshypothek als Gesamthypothek auf mehreren Grundstücken eingetragen ist (vgl. RGZ 163, 121, 125; OLG Köln NJW 1961, 368) oder die Zwangshypothek den Betrag von 500,— DM nicht übersteigt (vgl. RGZ 60, 279, 284; OLG Frankfurt OLGZ 1981, 261).

(2) Ein *heilbarer Mangel* kann nach der Eintragung noch behoben werden. Geschieht das, entsteht die Zwangshypothek rückwirkend zum Zeitpunkt der Eintragung, so daß diese den Rang wahrt (h.M.; vgl. etwa *Rosenberg,* § 206 II 3; *Thomas/Putzo,* § 867 Anm. 4; *Zöller/Stöber,* § 867 Rdnr. 21; BayObLG Rpfleger 1976, 66; a.A. *Wieczorek,* § 867 Anm. B II b 1; OLG Frankfurt MDR 1956, 111).

Beispiel: Die Zwangshypothek wird ohne Erbringung der im Urteil vorgesehenen Sicherheitsleistung eingetragen, die später nachgeholt wird.

2. Rechtsbehelfe   1044

a) Hat das Grundbuchamt die Zwangshypothek nach der Auffassung des *Schuldners* zu Unrecht eingetragen, muß diesem ein Rechtsbehelf zustehen.

Ist im umgekehrten Fall der Eintragungsantrag des *Gläubigers* zurückgewiesen worden, hat dieser ein berechtigtes Interesse daran, sich dagegen wehren zu können. Nach dem Zwangsvollstreckungsrecht kommen die Erinnerung (§ 766) und die sofortige Beschwerde (§ 793) in Betracht. Das Grundbuchrecht gewährt demgegenüber die einfache (= nicht fristgebundene) Beschwerde (§ 71 GBO), worauf auch die h.M. abstellt (vgl. RGZ 106, 74; BayObLG Rpfleger 1976, 66; OLG Stuttgart WM 1985, 1371; *Baur/ Stürner*, Rdnr. 649; *A. Blomeyer*, § 73 II 2; *Bruns/Peters*, § 40 IV; *Zöller/ Stöber*, § 867 Rdnr. 20; anders: BL/*Hartmann*, § 867 Anm. 4). Wegen der einfachen Beschwerde ist auch die Rechtspflegererinnerung (§ 11 RPflG) unbefristet.

Im Fall d kann G gegen die Entscheidung des Rechtspflegers Erinnerung einlegen. Gegen die Entscheidung des Landgerichts als Beschwerdegericht ist bei Gesetzesverletzung die weitere Beschwerde zulässig (§ 78 GBO).

Gegen eine nach Ansicht des Schuldners zu Unrecht vorgenommene Eintragung sind Erinnerung und Beschwerde nur in eingeschränktem Maße zulässig (vgl. § 11 V 1 RPflG; § 71 II GBO; Rdnr. 1298 f.). Der Schuldner kann nur einen Amtswiderspruch und — sofern ein gutgläubiger Erwerb rechtlich ausgeschlossen ist — eine Löschung verlangen (BGHZ 64, 194).

1045   b) Ob ein *Dritter* (z.B. E im Fall b) nach Eintragung der Zwangshypothek die Drittwiderspruchsklage nach § 771 erheben kann, hängt davon ab, ob mit der Eintragung die Zwangsvollstreckung nicht schon beendet worden ist. Heute wird immer mehr darauf abgestellt, daß die Zwangshypothek dem Gläubiger nur eine Sicherung gewährt und die Vollstreckung damit noch nicht abgeschlossen ist (BL/*Hartmann*, § 867 Anm. 2 B; *A. Blomeyer*, § 73 III 3; *Thomas/Putzo*, § 867 Anm. 5 b; a.A. *Rosenberg*, § 206 II 2). Daraus wird der Schluß gezogen, daß eine Drittwiderspruchsklage zulässig ist. Diesem Ergebnis ist zuzustimmen. Das muß dann auch für die Zulässigkeit der Vollstreckungsgegenklage (§ 767) gelten.

Vierter Abschnitt   Die Zwangsvollstreckung
wegen anderer Ansprüche als
Geldforderungen

Bei einer Zwangsvollstreckung wegen anderer Ansprüche als Geldforderungen kann es darum gehen, daß durch die Vollstreckung die Herausgabe von Sachen (§§ 883—886; Rdnr. 1047 ff.), die Vornahme einer Handlung (§§ 887 ff.; Rdnr. 1065 ff.) oder die Unterlassung oder Duldung einer Handlung (§ 890; Rdnr. 1092 ff.) erwirkt werden soll.

Erstes Kapitel

§ 34   Die Zwangsvollstreckung zur Erwirkung der Herausgabe von Sachen

Schrifttum: *Alisch,* Die Erstattung von Lagerkosten bei Pfand- und Räumungsgut, DGVZ 1979, 5; *Dreyer,* Die Räumungsvollstreckung gegen Eheleute, 1965; *Jahnke,* Die Durchsetzung von Gattungsschulden, ZZP 93, 43; *Klußmann,* Das Kind im Rechtsstreit der Erwachsenen, 1981; *Mümmler,* Nochmals: Behandlung von Räumungsgut durch den Gerichtsvollzieher, DGVZ 1973, 49; *Noack,* Die Anordnung der Versteigerung von Räumungsgut durch den Rechtspfleger, Rpfleger 1968, 42; *ders.,* Die Herausgabevollstreckung gemäß § 883 ZPO und ihre aktuellen Probleme in der Praxis, JR 1966, 215; *ders.,* Aktuelle Fragen zur Pfändung von Ansprüchen auf Herausgabe beweglicher Sachen gegen Dritte (§§ 847, 886 ZPO), DGVZ 1978, 97; *ders.,* Zur Durchführung der Räumungsvollstreckung mit Nebenfolgen in der Praxis, ZMR 1981, 33; *E. Schneider,* Das Zurückbehaltungsrecht am Räumungsgut wegen der Transport- und Lagerkosten nach § 885 Abs. 3 ZPO, DGVZ 1982, 1; *ders.,* Vermieterpfandrecht und Pfändungsschutz bei der Räumungsvollstreckung, MDR 1982, 984; *ders.,* Vollstreckung des Anspruchs auf Herausgabe am Gläubigerwohnsitz, MDR 1983, 287; *Schüler,* Behandlung von Räumungsgut durch den Gerichtsvollzieher, DGVZ 1972, 129; *ders.,* Bestehen Bedenken gegen die Verbringung des Räumungsguts (statt in die Pfandkammer) in die neue Wohnung des Schuldners?, DGVZ 1973, 85; *ders.,* Die Kindesherausgabevollstreckung seit dem 1.1.1980, ZBlJugR 1981, 173.

Fälle:

a) Der Gv soll ein Räumungsurteil gegen den Mieter M vollstrecken. Die Ehefrau M macht geltend, sie lebe auch in der Wohnung und gegen sie liege kein Räumungstitel vor.

b) Das Familiengericht hat auf Antrag der Frau F durch einstweilige Anordnung ihrem Ehemann M aufgegeben, das gemeinsame Kind an F herauszugeben. Kann die Herausgabe mit Hilfe des Gv gegen den Willen des M durchgesetzt werden?

c) S ist verurteilt worden, an G 50 Sack Zement zu liefern. Er teilt dem Gv mit, er habe keinen Zement mehr, da sein Lager ausverkauft sei. G fragt, ob er von S eine eidesstattliche Versicherung über diese Behauptung oder sofort Ersatz seines Schadens verlangen soll.

d) S ist verurteilt worden, G Einsicht in bestimmte Geschäftsunterlagen zu gewähren. Wie kann G vollstrecken, wenn S behauptet, er habe die Bücher überhaupt nicht geführt?

e) Vermieter V hat ein Räumungsurteil gegen den Mieter M erstritten. Als Gv das Mobiliar des M wegschaffen will, macht V wegen rückständigen Mietzinses ein Vermieterpfandrecht an einem Teppich geltend.

1047   I. Voraussetzungen der Vollstreckung

Funktionell zuständiges Vollstreckungsorgan ist der Gerichtsvollzieher (§§ 883 I, 885 I). Örtlich zuständig ist der Gerichtsvollzieher des Bezirks, in dem die Herausgabevollstreckung betrieben werden soll (Rdnr. 208). Der Gerichtsvollzieher wird nur auf Antrag des Gläubigers tätig (Rdnr. 29 ff.).

Auch bei der Herausgabevollstreckung müssen die allgemeinen Vollstreckungsvoraussetzungen vorliegen (Rdnr. 29 ff.). Der Vollstreckungstitel muß auf die Herausgabe einer Sache lauten. Wie ein Herausgabetitel werden aber auch solche Titel vollstreckt, durch die der Schuldner zur Hinterlegung, Versendung oder Vorlegung bestimmter Sachen verpflichtet ist (BL/*Hartmann* § 883 Anm. 1 B; OLG Hamm NJW 1974, 653; a.A. etwa MünchKomm/ *Vallenthin*, § 809 Rdnr. 9: Vollstreckung nach § 888; vgl. Rdnr. 1076 ff.).

Der Vollstreckungstitel muß gegen den Schuldner gerichtet sein.

Zweifelhaft ist, ob in dem auf Räumung einer Wohnung lautenden Titel alle die Personen aufgeführt sein müssen, die Mitgewahrsam an der Wohnung haben (z.B. Familienangehörige). Bei Ehegatten ist § 739 (Rdnr. 238 ff.) nicht anwendbar, da diese Vorschrift nur bei beweglichen Sachen eingreift. Sind beide Eheleute Mieter, ist ein Vollstreckungstitel gegen beide erforderlich. Ist dagegen etwa nur der Ehemann Partei des Mietvertrages, genügt ein Räumungstitel gegen ihn (Fall a). Zur Begründung dieser h.M. (vgl. *Baumann/Brehm*, § 26 II 2 a m.N. in FN 22; anders: A. *Blomeyer*, § 89 I) sollte § 885 II herangezogen werden, der die Familienangehörigen in die Räumungsvollstreckung einbezieht (*Baur/Stürner*, Rdnr. 659). Entsprechendes gilt für Haushaltsangehörige des Schuldners und für den Partner einer eheähnlichen Lebensgemeinschaft. Zur Zwangsvollstreckung gegen den Untermieter ist dagegen immer ein gegen diesen lautender Titel erforderlich.

II. Durchführung der Vollstreckung

1. Bewegliche Sachen

Bei der Durchführung der Zwangsvollstreckung aus einem Herausgabetitel kommt es zunächst auf dessen genauen Inhalt an. Wenn die herauszugebende Sache nicht vorgefunden wird, kann der Schuldner verpflichtet sein, eine Offenbarungsversicherung abzugeben. Bei der Vollstreckung müssen die Schutzvorschriften zugunsten des Schuldners beachtet werden. Besonderheiten ergeben sich, wenn die Sache sich im Gewahrsam eines Dritten befindet.

a) Der *Inhalt des Vollstreckungstitels* kann auf Herausgabe, aber auch auf Übereignung einer beweglichen Sache lauten.

(1) Geht der Titel auf *Herausgabe* von beweglichen Sachen, richtet sich   1049
die Durchführung der Vollstreckung nach § 883. Dabei kann es sich um eine Stück-, Vorrats- oder Gattungsschuld handeln.

(a) Muß der Schuldner eine bestimmte bewegliche Sache (*Stückschuld;* AS Rdnr. 91) herausgeben, dann besteht die Vollstreckungshandlung darin, daß der Gerichtsvollzieher dem Schuldner die Sache wegnimmt und sie dem Gläubiger übergibt (§ 883 I). Eine Stückschuld liegt dann vor, wenn der geschuldete Gegenstand nach individuellen Merkmalen konkret bestimmt ist (z.B. ein bestimmter Gebrauchtwagen, ein bestimmtes Gemälde).

Nicht nach § 883 wird der Anspruch auf *Herausgabe eines Kindes* vollstreckt (Fall b). Der Gerichtsvollzieher wäre bei einer solchen Vollstreckung überfordert; er müßte entscheiden, in welcher Weise gegen den Schuldner Gewalt ausgeübt werden soll (§§ 758 f.), wenn dieser sich der Herausgabe widersetzt. Deshalb ist nach zutreffender Auffassung in allen Fällen der Kindesherausgabe § 33 FGG anzuwenden (vgl. OLG Frankfurt FamRZ 1980, 1038; BGH FamRZ 1983, 1008, 1010 zur Vollstreckung einer einstweiligen Anordnung des Familiengerichts). Danach kann das Gericht zur Durchsetzung des Herausgabeanspruchs verschiedene Anordnungen treffen, wobei stets diejenige Maßnahme auszuwählen ist, die das Wohl des Kindes am wenigsten beeinträchtigt (z.B. Androhung, Festsetzung von Zwangsgeld; Androhung von Gewalt; Gewaltanwendung). Allerdings darf keine Gewalt unmittelbar gegenüber dem Kind angewandt werden, wenn dieses sich weigert, seine ihm vertraute Umgebung zu verlassen; die Herausgabe ist dann vielmehr mit Hilfe des Jugendamtes und der persönlichen Unterstützung des sorgeberechtigten Elternteils durchzusetzen.

(b) Die Vollstreckung erfolgt auch dann nach § 883, wenn der Schuldner   1050
verpflichtet ist, bewegliche Sachen aus einer bestimmten Gesamtheit (*Vorratsschuld,* beschränkte Gattungsschuld; AS Rdnr. 90, 92) herauszugeben.

Beispiel: S ist verurteilt worden, an G 30 Flaschen »Heppenheimer Affenberg Riesling Spätlese 1979« aus seinem eigenen Weinberg zu liefern.

1051   (c) Ist der Schuldner verpflichtet, nur der Gattung nach bestimmte Sachen oder Wertpapiere zu leisten (*Gattungsschuld;* AS Rdnr. 90), so ist § 883 ebenfalls anwendbar (§ 884). Wenn mehr Sachen vorhanden als geschuldet sind, nimmt der Gerichtsvollzieher anstelle des Schuldners die Auswahl vor. Die Beschränkung der Leistungspflicht (Konkretisierung) auf die weggenommenen Sachen erfolgt analog § 243 II BGB mit der Wegnahme.

Eine nähere Bestimmung des geschuldeten Leistungsgegenstandes ist auch bei der *Wahlschuld* (§§ 262 ff. BGB; AS Rdnr. 94 f.) vorzunehmen.— Steht dem Gläubiger das Wahlrecht zu, kann er die Herausgabe der von ihm gewählten Gegenstände verlangen. — Wenn der Schuldner wahlberechtigt ist und die Wahl nicht vor dem Beginn der Zwangsvollstreckung ausübt, steht es dem Gläubiger frei, hinsichtlich welcher Stücke er die Herausgabevollstreckung betreibt. Solange jedoch der Gläubiger die gewählte Leistung nicht ganz oder zum Teil erhalten hat, kann sich der Schuldner durch eine der übrigen Leistungen von seiner Verbindlichkeit befreien (§ 264 I BGB).

1052   (2) Geht der Titel auf *Übereignung* einer beweglichen Sache, dann wird vom Schuldner außer der Übergabe der Sache auch die Einigungserklärung (§ 929, 1 BGB) verlangt. Diese ist eine Willenserklärung und gilt mit der Rechtskraft des Urteils als abgegeben (§ 894 I 1; Rdnr. 1111 ff.). Die Übergabe wird nach § 883 vollstreckt; der Gerichtsvollzieher nimmt also die Sache dem Schuldner weg und händigt sie dem Gläubiger aus. Einzelheiten zur Vollstreckung von Übereignungsansprüchen: Rdnr. 1120 f.

1053   b) Wird die herauszugebende Sache vom Gerichtsvollzieher nicht vorgefunden, ist der Schuldner verpflichtet, auf Antrag des Gläubigers eine *Offenbarungsversicherung* abzugeben. Er muß an Eides Statt versichern, daß er die Sache nicht besitze und auch nicht wisse, wo sie sich befinde (§ 883 II). Diese Formel kann aber vom Gericht nach seinem Ermessen der Sachlage im konkreten Einzelfall angepaßt werden (§ 883 III).

Der Schuldner muß persönlich die eidesstattliche Versicherung zu Protokoll des Rechtspflegers des Vollstreckungsgerichts abgeben (Einzelheiten des Verfahrens: § 883 IV i.V.m. §§ 478—480, 483).

Die Verpflichtung zur Abgabe einer eidesstattlichen Versicherung besteht auch, wenn bei einer Vorratsschuld die Zwangsvollstreckung nicht zum Erfolg führt. Dagegen scheidet eine solche Versicherung im Falle einer Gattungsschuld aus; da der Schuldner verpflichtet ist, sich notfalls entsprechende Stücke zu verschaffen, ist es unerheblich, ob er Gegenstände der geschuldeten Art besitzt. Deshalb verweist § 884 nur auf § 883 I.

Im Fall c kann G von S also nicht die Abgabe einer eidesstattlichen Versicherung verlangen; es bleibt ihm nur die Möglichkeit, einen Schadensersatzanspruch geltend zu machen (vgl. § 893 I; Rdnr. 1063).

Gerade die Möglichkeit des Gläubigers, vom Schuldner eine Offenbarungsversicherung zu verlangen, zeigt, daß es den Bedürfnissen des Gläubigers eher gerecht wird, wenn Titel auf Hinterlegung, Versendung oder Vorlegung (Rdnr. 1047) nach § 883 und nicht nach § 888 durchgesetzt werden. Behauptet der Schuldner, die Vorlage der Bücher sei ihm unmöglich (Fall d), kann von ihm sogleich die Abgabe der genannten Versicherung über den Verbleib der Geschäftsunterlagen verlangt werden. Würden diese Verpflichtungen wie ein Anspruch auf Vornahme einer unvertretbaren Handlung nach § 888 (Rdnr. 1076 ff.) vollstreckt, so könnten Beugemittel nur verhängt werden, wenn die geforderte Handlung dem Schuldner überhaupt möglich wäre. Das hätte der Gläubiger darzulegen und zu beweisen. Gegebenenfalls müßte er einen neuen Prozeß führen und sich gem. §§ 259 II, 260 BGB Gewißheit darüber verschaffen, ob der Schuldner die Bücher geführt hat.

c) Fraglich ist, in welchem Umfang zugunsten des Schuldners auch bei der Herausgabevollstreckung *Schutzvorschriften* eingreifen.   **1054**

(1) Weigert sich der Schuldner, die im Vollstreckungstitel genannte Sache herauszugeben, und gestattet er dem Gerichtsvollzieher nicht, die Wohnung zu durchsuchen, so ist umstritten, ob der Gerichtsvollzieher von sich aus auch dann Gewalt anwenden darf (vgl. §§ 758 f.), wenn keine Gefahr im Verzuge ist. Überwiegend wird in Anlehnung an die Rechtsprechung des Bundesverfassungsgerichts zu Art. 13 II GG (BVerfGE 51, 97; Rdnr. 322 ff.) vertreten, daß auch bei der Herausgabevollstreckung die Wohnung gegen den Willen des Schuldners nur aufgrund einer *besonderen richterlichen Anordnung* durchsucht werden dürfe (*Baur/Stürner,* Rdnr. 92, 653; *Jauernig,* § 8 II 3; *Zöller/Stöber,* § 758 Rdnr. 10, § 883 Rdnr. 10; vgl. § 107 Nr. 8 GVGA; a.A. *Bischof,* ZIP 1983, 525; *Schneider,* NJW 1980, 2377, 2379; *Thomas/Putzo,* § 758 Anm. 2 d). Nach richtiger Ansicht ist eine besondere Anordnung durch den Richter dann nicht erforderlich, wenn die Herausgabeverpflichtung in einem richterlichen Vollstreckungstitel enthalten ist. Dem Richtervorbehalt des Art. 13 II GG ist damit bereits Rechnung getragen. Eine erneute richterliche Überprüfung ist überflüssig, zumal bei der Herausgabevollstreckung — anders als bei der Vollstreckung wegen Geldforderungen — von vornherein neben der freiwilligen Herausgabe nur die zwangsweise Wegnahme in Betracht kommt. Wenn im Einzelfall die Vollstreckung für den Schuldner eine besondere Härte darstellen sollte, bleibt ihm immer noch die Möglichkeit, Vollstreckungsschutz nach § 765a (Rdnr. 1470 ff.) zu beantragen. Danach kann der Schuldner bei dem Vollstreckungsgericht die Aufhebung, Untersagung oder teilweise Einstellung einer Maßnahme der Zwangsvollstreckung erreichen. Der Gerichtsvollzieher ist verpflichtet, eine Maßnahme zur Erwirkung der Herausgabe von Sachen bis zur Entscheidung des Vollstreckungsgerichts aufzuschieben, wenn ihm der Schuldner die Gründe für die besondere Härte glaubhaft macht (vgl. § 765a I, II).

1055   (2) Bei der Herausgabevollstreckung sind die Pfändungsschutzvorschriften der *§§ 811, 812 nicht anwendbar.* Das ergibt sich aus der Stellung dieser Regelungen im zweiten Abschnitt, der die Zwangsvollstreckung wegen Geldforderungen behandelt. Eine analoge Anwendung dieser Vorschriften kommt ebenfalls nicht in Betracht. Der Grund für die verschiedene Behandlung liegt darin, daß bei der Vollstreckung wegen Geldforderungen das Vermögen als Haftungsobjekt dient; lediglich der Pfändung und Verwertung bestimmter Gegenstände müssen aus sozialen Gründen Grenzen gesetzt werden. Bei der Herausgabevollstreckung geht es dagegen nicht um den Zugriff auf das Vermögen des Schuldners schlechthin, sondern von vornherein um die Durchsetzung eines Rechtsanspruchs hinsichtlich eines bereits im Titel genannten bestimmten Gegenstandes. Mit der Bejahung dieses Anspruchs in einem Vollstreckungstitel steht zugleich fest, daß dem Zugriff auf den genannten Gegenstand soziale Gesichtspunkte nicht entgegenstehen.

Vollstreckt z.B. der Vorbehaltsverkäufer aus einem Herausgabetitel gegen den Vorbehaltskäufer, greift § 811 nicht ein. Wenn er allerdings wegen der Restkaufpreisforderung die Zwangsvollstreckung in die Kaufsache betreibt, muß der Gerichtsvollzieher die Pfändungsverbote des § 811 beachten.

1056   d) Befindet sich die herauszugebende Sache *im Gewahrsam eines Dritten* (Rdnr. 248 ff.), ist zu unterscheiden:

(1) Wenn der *Dritte zur Herausgabe bereit* ist, vollstreckt der Gerichtsvollzieher nach § 883, indem er die Sache von dem Dritten übernimmt und sie dem Gläubiger übergibt (§ 809 analog).

(2) *Verweigert der Dritte die Herausgabe,* so darf aus dem Titel, der gegen den Schuldner gerichtet ist, nicht gegen den Dritten vollstreckt werden. Der Gläubiger kann aber den Herausgabeanspruch, den der Schuldner gegen den Dritten hat, pfänden und sich überweisen lassen (§ 886). Der Herausgabeanspruch wird nach § 829 gepfändet und dem Gläubiger nach § 835 zur Einziehung (nicht jedoch an Zahlungs Statt) überwiesen. Die Sache ist dann an den Gläubiger selbst herauszugeben und nicht an den Sequester oder den Gerichtsvollzieher, wie es die §§ 847 ff. für die Vollstreckung wegen Geldforderungen vorschreiben. Verweigert der Dritte weiterhin die Herausgabe, kann der Vollstreckungsgläubiger den gepfändeten und überwiesenen Anspruch gegen ihn einklagen (§ 836) und aus einem obsiegenden Urteil nach den §§ 883 ff. vollstrecken.

Wenn der Dritte nach Rechtshängigkeit Rechtsnachfolger des Schuldners geworden und das Urteil gegen ihn wirksam ist, kann sich der Gläubiger eine vollstreckbare Ausfertigung gegen den Dritten erteilen lassen (§ 727; Rdnr. 115, 118). Aufgrund dieser Ausfertigung ist dem Gläubiger die Vollstreckung gegen den Dritten möglich.

Vollstreckt der Gerichtsvollzieher, obwohl der Dritte nicht herausgabebereit ist und auch keine vollstreckbare Ausfertigung gegen ihn vorliegt, so
kann dieser Erinnerung (§ 766) einlegen oder unter den Voraussetzungen
des § 771 die Drittwiderspruchsklage erheben.

2. Unbewegliche Sachen

1057

a) Der Vollstreckungstitel kann *auf Herausgabe* (eines Grundstücks, eingetragenen Schiffes oder Schiffsbauwerks), aber auch *auf Übereignung* lauten.

(1) Ist der Schuldner verpflichtet, eine unbewegliche Sache *herauszugeben, zu überlassen oder zu räumen,* erfolgt die Vollstreckung in der Weise,
daß der Gerichtsvollzieher den Schuldner aus dem Besitz setzt und den
Gläubiger in den Besitz einweist (§ 885 I).

Werden *bewegliche Sachen bei der Räumungsvollstreckung* vorgefunden,
die nicht Gegenstand der Zwangsvollstreckung sind (z.B. Mobiliar des
Schuldners), hat der Gerichtsvollzieher sie wegzuschaffen und dem Schuldner, einem Bevollmächtigten des Schuldners oder seinen Familienangehörigen zu übergeben. Ist keine der genannten Personen anwesend, muß der
Gerichtsvollzieher die betreffenden Sachen in Verwahrung nehmen (§ 885 II,
III).

Im Fall e braucht Gv nicht zu prüfen, ob V ein Vermieterpfandrecht (§ 559 BGB)
an den eingebrachten Sachen des M hat. Er ist auch nicht verpflichtet, den Teppich in
der geräumten Wohnung zu lassen (vgl. aber *Mohrbutter*, § 19 IV 2; *Thomas/Putzo*,
§ 885 Anm. 3 b). Zutreffend erscheint eine analoge Anwendung des § 815 II (str.; so
Noack, JR 1966, 215; *Lippross*, § 16 Fall 50). Kann V dem Gv sein Vermieterpfandrecht glaubhaft machen, so hat dieser die Sachen in Verwahrung zu nehmen. Die
Zwangsvollstreckung ist fortzusetzen, wenn V nicht binnen einer Frist von zwei
Wochen eine Entscheidung über die Einstellung der Zwangsvollstreckung beigebracht
hat.

Die verwahrten Sachen sind dem Schuldner jederzeit auf sein Verlangen
gegen Erstattung der Kosten für die Wegschaffung und Verwahrung zurückzugeben (§ 180 Nr. 5 GVGA). Dieser Anspruch auf Herausgabe ergibt sich
aus dem öffentlich-rechtlichen Verwahrungsverhältnis, das mit der Wegschaffung durch den Gerichtsvollzieher begründet wird. Von diesem
Anspruch geht auch § 885 IV aus, der von einer Abforderung durch den
Schuldner spricht.

Verlangt ein Dritter die Herausgabe der verwahrten Sachen mit der Behauptung,
er sei deren Eigentümer, so fragt sich, ob der Gerichtsvollzieher diesem Verlangen
nachkommen muß. Das ist zu bejahen, wenn der Dritte dem Gerichtsvollzieher sein
Eigentum überzeugend dartut und der Schuldner nicht widerspricht. Andernfalls hat

der Gerichtsvollzieher die Herausgabe an den Dritten zu verweigern und die Sachen dem Vollstreckungsschuldner zu übergeben. Dem Dritten bleibt dann nur die Möglichkeit, vom Schuldner Herausgabe — notfalls durch Klage — zu verlangen (vgl. *Lippross*, S. 94). Mit der Erinnerung kann der Dritte sein Eigentum nicht geltend machen (anders BL/*Hartmann*, § 885 Anm. 2 C c). Denn in diesem Verfahren geht es lediglich darum, ob der Gerichtsvollzieher rechtmäßig gehandelt hat; materiellrechtliche Fragen braucht dieser aber (mit Ausnahme von evidentem Dritteigentum) nicht zu prüfen. Die Drittwiderspruchsklage (§ 771) kommt ebenfalls nicht in Betracht, da die in Verwahrung genommenen Sachen nicht Gegenstand der Zwangsvollstreckung sind, sondern nur anläßlich der Räumungsvollstreckung weggeschafft wurden.

Wenn der Schuldner die Abforderung seiner Sache verzögert, kann das Vollstreckungsgericht, das durch den Rechtspfleger tätig wird (§ 20 Nr. 17 RPflG), den Verkauf und die Hinterlegung des Erlöses anordnen (§ 885 IV).

1058   (2) Lautet der Titel auf *Übereignung* eines Grundstücks, sind die Auflassung und die Eintragung des Gläubigers im Grundbuch erforderlich (§§ 925, 873 BGB). Der Schuldner muß also die Auflassung erklären. Sie gilt mit der Rechtskraft des Urteils als abgegeben (§ 894; Rdnr. 1111 ff.). Für die Tätigkeit des Gerichtsvollziehers ist insoweit kein Raum. Ist der Schuldner auch zur Übergabe des Grundstücks verurteilt, erfolgt insoweit die Zwangsvollstreckung nach § 885. Einzelheiten zur Vollstreckung von Übereignungsansprüchen: Rdnr. 1120 f.

1059   b) Bei der Räumungsvollstreckung sind *Schutzvorschriften zugunsten des Schuldners* zu beachten.

Allerdings ist eine besondere richterliche Anordnung für die Herausgabevollstreckung unbeweglicher Sachen nicht erforderlich, wenn die Vollstreckung aufgrund eines richterlichen Titels erfolgt (vgl. OLG Düsseldorf NJW 1980, 458). In diesem Fall liegt die nach Art. 13 II GG erforderliche Anordnung durch den Richter bereits in dessen Urteilsspruch (vgl. auch Rdnr. 1054).

(1) Bei Urteilen oder gerichtlichen Vergleichen, die auf die Räumung von Wohnraum gerichtet sind, ist der besondere Vollstreckungsschutz der §§ 721, 794a zu beachten, wonach dem Schuldner eine *Räumungsfrist* gewährt oder verlängert werden kann.

1060   (2) Ohne Beschränkung auf die genannten Titel kann der Schuldner daneben gem. § 765a (Rdnr. 1470 ff.) eine *Aufhebung, Untersagung oder einstweilige Einstellung* der Zwangsvollstreckung beantragen, wenn diese für ihn eine unzumutbare Härte darstellen würde.

1061   (3) *Bei drohender Obdachlosigkeit* kann die Ordnungsbehörde u.U. den vollstreckenden Gläubiger (Vermieter) als »Nichtstörer« (vgl. z.B. § 19 OBG NW) in Anspruch nehmen und den Schuldner (Mieter) *wieder in die Wohnung einweisen.* Dadurch geht der Besitz an der zu räumenden Wohnung auf die Ordnungsbehörde über. Damit kann nicht mehr vollstreckt werden. Eine Vollstreckung gegen die Ordnungsbehörde scheidet aus, weil ein gegen diese gerichteter Vollstreckungstitel nicht vorliegt; auch gegen den Räumungsschuldner kann nicht vollstreckt werden, weil er nicht mehr Besitzer der Wohnung ist. Die Einweisung bewirkt eine einstweilige Einstellung der Zwangsvollstreckung, beseitigt jedoch nicht die Vollstreckungsfähigkeit des Titels. Das gilt auch, wenn der Gerichtsvollzieher vor der Einweisung durch die Ordnungsbehörde eine »symbolische Räumung« durch Herausstellen eines Möbelstücks vorgenommen hat. Wenn die Einweisungszeit abgelaufen ist, kann der Gläubiger aus seinem ursprünglichen Titel die Räumungsvollstreckung betreiben. Daneben steht dem Gläubiger ein Anspruch gegen die Behörde auf Beseitigung der tatsächlichen Folgen der Inanspruchnahme (Folgenbeseitigungsanspruch) zu (*Götz*, Allgemeines Polizei- oder Ordnungsrecht, 7. Aufl., 1982, 118; anders: *Drews/Wacke/Vogel/Martens*, Gefahrenabwehr, 8. Aufl., 1975, 219). Die Behörde ist danach verpflichtet, nach Ablauf der Einweisungszeit den Räumungsschuldner zwangsweise aus der Wohnung zu entfernen.

c) Befindet sich die herauszugebende unbewegliche Sache im *Gewahrsam eines Dritten,* richtet sich die Vollstreckung wie bei einer beweglichen Sache nach § 886 (Rdnr. 1056).   **1062**

III. Schadensersatz   **1063**

Durch die Vorschriften über die Herausgabevollstreckung wird das Recht des Gläubigers nicht berührt, die Leistung des Interesses zu verlangen (§ 893 I). Damit ist gemeint, daß der Gläubiger auch Schadensersatz verlangen kann, anstatt seinen titulierten Herausgabeanspruch durchzusetzen. Unter welchen Voraussetzungen dem Gläubiger ein solcher Schadensersatzanspruch zusteht, bestimmt sich allein nach materiellem Recht (§§ 280, 283, 325, 326 BGB).

Insbesondere besteht für den Gläubiger die Möglichkeit, nach § 283 BGB vorzugehen. Danach kann er dem Schuldner nach dessen Verurteilung zur Leistung eine angemessene Frist mit der Erklärung bestimmen, daß er die Annahme der Leistung nach Fristablauf ablehne. Diese Frist ist auf Antrag des Gläubigers bereits im Herausgabeurteil zu bestimmen (§ 255 I). Wenn der Schuldner nicht innerhalb der Frist die geschuldete Sache herausgibt, geht das Gesetz von der Unmöglichkeit der Leistung aus. Der Gläubiger kann jetzt Schadensersatz wegen Nichterfüllung verlangen, während der Erfüllungsanspruch ausgeschlossen ist (§ 283 I 2 BGB). Leistet der Schuldner nicht freiwillig, so braucht der Gläubiger in einem nachfolgenden Schadensersatzprozeß nur das rechtskräftige Leistungsurteil, den Fristablauf und die Höhe seines Schadens darzutun. Der Schuldner wird von der Schadensersatzpflicht frei, wenn die Herausgabe nach dem Schluß der letzten mündlichen Verhandlung (vgl. BGHZ 53, 29, 33), auf der das Herausgabeurteil beruht, unmöglich geworden ist und er die Unmöglichkeit nicht zu vertreten hat (§ 283 I 3 BGB). Das wird jedoch selten der Fall sein, da der Schuldner sich seit Rechtshängigkeit regelmäßig im Verzug befindet (vgl. § 284 I 2

BGB) und ihn deshalb gem. § 287 BGB eine erweiterte Haftung trifft (vgl. AS Rdnr. 249).

Klagt der Gläubiger diesen Schadensersatzanspruch ein, ist dafür das Gericht erster Instanz ausschließlich zuständig, das bereits über den Herausgabeanspruch entschieden hat (§§ 893 II, 802).

Macht der Gläubiger dagegen einen Schadensersatzanspruch nicht anstelle, sondern neben der Vollstreckung des titulierten Anspruchs geltend (etwa Ersatz des Verzugsschadens), greift § 893 nicht ein; der Gläubiger ist deshalb nicht an die Gerichtsstandsregelung des § 893 II gebunden (BL/*Hartmann*, § 893 Anm. 2).

1064 **Zweites Kapitel   Die Zwangsvollstreckung zur Erwirkung von Handlungen und Unterlassungen**

Die Zwangsvollstreckung aus einem Vollstreckungstitel, durch den der Schuldner zu einer Handlung verpflichtet ist, richtet sich danach, ob der Schuldner eine vertretbare (§ 887; Rdnr. 1065 ff.) oder eine unvertretbare (§ 888; Rdnr. 1076 ff.) Handlung vornehmen muß. Hat der Schuldner eine Handlung zu dulden oder zu unterlassen, wird die Zwangsvollstreckung nach § 890 betrieben (Rdnr. 1092 ff.). Wenn die geschuldete Handlung in der Abgabe einer Willenserklärung besteht, gelten für die Vollstreckung die Sonderregeln der §§ 894 ff. (Rdnr. 1111 ff.).

1065 **§ 35   Die Erzwingung vertretbarer und unvertretbarer Handlungen**

Schrifttum: *Brehm*, Die Zwangsvollstreckung nach §§ 888, 890 n.F. ZPO, NJW 1975, 249; *Dietrich*, Die Individualvollstreckung, 1976; *Grunsky*, Zur Durchsetzung einer Geldforderung durch Kreditaufnahme des Schuldners in der Zwangsvollstreckung, ZZP 95, 264; *ders.*, Die Notwendigkeit der Hinzuziehung Dritter durch den Schuldner bei Vollstreckung eines Anspruchs auf Vornahme unvertretbarer Handlungen — OLG Hamm, OLGZ 1966, 443 und NJW 1973, 1135, JuS 1973, 553; *Guntau*, Fälle zum Vollstreckungsrecht nach §§ 887—890 ZPO, JuS 1983, 687 ff., 782 ff., 939 ff.; *Lüke*, Die Vollstreckung des Anspruchs auf Arbeitsleistung, Festschrift f. Ernst Wolf, 1985, 459; *W.G. Müller*, Das Verhältnis der Herausgabe- zur Handlungsvollstreckung, 1977; *Mümmler*, Kosten der Ersatzvornahme nach § 887 ZPO, JurBüro 1978, 1132; *Neumann-Duesberg*, Zwangsvollstreckung zur Erzwingung positiver Handlungen analog § 890 ZPO, NJW 1964, 748; *E. Peters,* Restriktive Auslegung des § 888 I ZPO?, Gedächtnisschrift f. R. Bruns, 1980, 285; *Rimmelspacher,* Die Durchsetzung von Befreiungsansprüchen, JR 1976, 89 ff., 183 ff.; *F. Ritter,* Zum Widerruf einer Tatsachenbehauptung, ZZP 84, 163; *Schilken,* Zur Zwangsvollstreckung nach § 888 Abs. 1 ZPO bei notwendiger Mitwirkung Dritter, JR 1976, 320; *E. Schneider,* Probleme der Handlungsvollstreckung nach § 887 ZPO, MDR 1975, 279; *M. Wolf,* Die Vollstreckung des Anspruchs auf Arbeitsleistung, JZ 1963, 434.

Fälle:

Wie wird aus dem Urteil in den Fällen a—d vollstreckt, wenn der Beklagte verurteilt ist,

a) von Montag bis Freitag der kommenden Woche jeweils in der Zeit von ... bis ... Uhr seine Arbeitsleistung als Maurer bei dem Kläger zu erbringen,

b) dem Kläger über den Bestand des Nachlasses des Malermeisters Max Meier Auskunft zu erteilen,

c) an den Kläger 50 (näher bezeichnete, vom Beklagten serienmäßig herzustellende) Schreibtischstühle zu liefern,

d) den Kläger von seiner Pflicht zur Unterhaltszahlung an das Kind Karl Kramer zu befreien.

e) S ist nach einem rechtskräftigen Urteil verpflichtet, die Fenster im Hause des G abzudichten. Als G beantragt, ihn zur Ersatzvornahme zu ermächtigen, macht S geltend, er habe seine Verpflichtung bereits erfüllt, was G bestreitet.

f) Welche Ansprüche stehen dem Beklagten im Fall b zu, wenn das Urteil aufgehoben wird, nachdem ein Zwangsgeld beigetrieben worden ist?

I. Die Erzwingung einer vertretbaren Handlung

Eine vertretbare Handlung wird dadurch erzwungen, daß der Gläubiger vom Gericht ermächtigt wird, die Handlung auf Kosten des Schuldners vornehmen zu lassen (§ 887 I).

1. Begriff der vertretbaren Handlung und Zweck des § 887

Eine »vertretbare« Handlung liegt vor, wenn irgendein Dritter (nicht notwendig jeder Dritte) den Schuldner bei ihrer Vornahme »vertreten« kann. Hat die Handlung des Dritten rechtlich und wirtschaftlich den Erfolg, den sie hätte, wenn der Schuldner selbst sie vornähme, dann besteht für den Gläubiger kein schutzwürdiges Interesse daran, daß sie vom Schuldner persönlich erbracht wird. Deshalb ist es nicht erforderlich, den Schuldner durch gerichtliche Maßnahmen zu zwingen, daß er persönlich die geschuldete Leistung erbringt.

Die Vollstreckung eines Titels über eine vertretbare Handlung erfolgt nach § 887 auf eine einfache und wirksame Weise: Der Gläubiger muß sich damit begnügen, daß sein titulierter Anspruch von einem Dritten erfüllt wird und der Schuldner die dadurch entstehenden Kosten trägt. § 887 regelt also einen Fall der Ersatzvornahme.

1066   ## 2. Abgrenzungen

a) Die Erzwingung einer *unvertretbaren Handlung* muß anders geregelt sein als die einer vertretbaren Handlung. Wenn ein Dritter nicht in der Lage ist, den gleichen rechtlichen und wirtschaftlichen Erfolg wie der Schuldner herbeizuführen, ist die Zwangsvollstreckung zur Erzwingung dieser Handlung nicht durch Ersatzvornahme möglich; vielmehr muß der Wille des Schuldners (durch Zwangsgeld, Zwangshaft) gebeugt werden, damit dieser selbst die geschuldete Handlung erbringt (vgl. § 888).

Bei der Abgrenzung der vertretbaren von der unvertretbaren Handlung ist in erster Linie auf das Interesse des Gläubigers abzustellen. Für eine unvertretbare Handlung spricht es, wenn der Gläubiger darauf Wert legen darf, daß der Schuldner in Person leistet. Ob der Gläubiger vom Schuldner Leistung in Person verlangen kann, läßt sich oft aus dem Rechtsverhältnis entnehmen, das dem titulierten Anspruch zugrunde liegt. Mechanische Tätigkeiten, die keine besonderen geistigen oder körperlichen Fähigkeiten voraussetzen, sind regelmäßig vertretbare Handlungen; dagegen stellen künstlerische und wissenschaftliche Leistungen unvertretbare Handlungen dar.

Beispiele: Das Anstreichen eines Zimmers ist eine vertretbare, das Porträtieren des Gläubigers eine unvertretbare Handlung.

Ist jemand zu einer Arbeitsleistung verurteilt worden, dann kann es sich dabei je nach der geschuldeten Leistung um eine vertretbare oder unvertretbare Handlung handeln. Demgegenüber nimmt die h.M. in der arbeitsrechtlichen Literatur stets eine unvertretbare Handlung an, so daß wegen § 888 II aus einem solchen Titel nicht vollstreckt werden darf (vgl. etwa *Zöllner*, Arbeitsrecht, 3. Aufl., 1983, § 12 V). § 888 II bezweckt aber nur, die Freiheit und die Menschenwürde des Arbeitnehmers dadurch zu schützen, daß er nicht durch Zwangsmittel zur Arbeitsleistung gezwungen werden darf. Dagegen soll nicht verhindert werden, daß der Arbeitnehmer finanziell zu den Kosten der Ersatzvornahme nach § 887 herangezogen wird (vgl. ArbR Rdnr. 94; *Brox* in *Brox/Rüthers*, Arbeitskampfrecht, 2. Aufl., 1982, Rdnr. 756 m.N.; *Jauernig*, § 27 II 1 m.N.). — Im Fall a ist nach § 887 zu vollstrecken (vgl. ArbG Gelsenkirchen BB 1958, 159).

Um eine vertretbare Handlung i.S.d. § 887 handelt es sich, wenn es um einen einfachen Rechnungsvorgang (Provisionsabrechnung) geht, der von jedem Buchsachverständigen anhand der Geschäftsbücher vorgenommen werden kann (OLG Hamm OLGZ 1967, 410, 412; LAG Hamm DB 1983, 2257). Ein Titel auf Rechnungslegung oder Auskunftserteilung ist im Regelfall jedoch nach § 888 zu vollstrecken, weil nur der Schuldner selbst die dazu erforderlichen Kenntnisse haben wird. Unvertretbar ist die Handlung immer, wenn allein der Schuldner die Richtigkeit und Vollständigkeit der Angaben — evtl. durch eidesstattliche Versicherung — erklären kann (Fall b; vgl. OLG Frankfurt Rpfleger 1977, 184).

Übersicht über Fälle der Vertretbarkeit und Unvertretbarkeit: BL/*Hartmann*, § 887 Anm. 6.

Im Einzelfall kann es für das Gericht schwer zu entscheiden sein, ob eine vertretbare oder eine unvertretbare Handlung erzwungen werden soll. Dann wird es zunächst gem. § 887 den Gläubiger ermächtigen, die Handlung auf Kosten des Schuldners vornehmen zu lassen; denn diese Vollstreckung greift im Verhältnis zum unmittelbaren Zwang (§ 888) weniger stark in die Sphäre des Schuldners ein. Sofern sich bei der Vollstreckung nach § 887 ergibt, daß sich das im Vollstreckungstitel ausgesprochene Ziel nicht ohne persönliche Tätigkeit des Schuldners erreichen läßt, muß nach § 888 der Wille des Schuldners gebeugt werden.

b) Die Zwangsvollstreckung eines Titels auf *Duldung oder Unterlassung* erfolgt nach § 890. Diese Vorschrift ist zwar gelegentlich von der Rechtsprechung auch bei der Zwangsvollstreckung einer Dauerverpflichtung (z.B. regelmäßige Treppenreinigung, Betrieb einer Sammelheizung) angewandt worden (z.B. OLG Hamm JMBl. NW 1962, 196; LG Wuppertal WuM 1982, 134). Nach richtiger Ansicht greift aber § 887 ein (OLG Hamm NJW 1973, 1135; BL/*Hartmann*, § 887 Anm. 6 »Vermieter«; *Thomas/Putzo*, § 890 Anm. 1 b).   **1067**

Der Weg über § 890 ist nicht praktikabel, weil bei jeder Nichtvornahme der Handlung ein Ordnungsmittel verhängt werden müßte. Mit der Vollstreckung nach § 887 kommt der Gläubiger schneller zum Ziel. Vor allem regelt § 890 nur die Vollstreckung von Titeln auf Duldung oder Unterlassung.

c) Auch die *Herausgabe oder Leistung von Sachen* stellt eine Handlung dar. Dennoch wird ein Titel, der über die Herausgabe oder Leistung von Sachen lautet, nicht nach § 887 vollstreckt (§ 887 III). Die Zwangsvollstreckung aus einem solchen Titel richtet sich nach §§ 883 ff. (Rdnr. 1047 ff.).   **1068**

Ist der Schuldner nicht nur zur Herausgabe der Sache, sondern auch zu deren Beschaffung (§ 279 BGB; Gattungsschuld; AS Rdnr. 90 ff.) oder Herstellung (Fall c; vgl. § 651 BGB; BS Rdnr. 287) verpflichtet, stellt sich die Frage, ob § 887 auch hinsichtlich der Beschaffung oder Herstellung ausgeschlossen ist.

Eine Ansicht unterscheidet danach, ob der Schuldner eine vertretbare oder unvertretbare Sache (vgl. § 91 BGB; AT Rdnr. 754) zu liefern hat. Bei einer vertretbaren Sache soll die Vollstreckung allein nach §§ 883 f. erfolgen; besteht dagegen die Verpflichtung des Schuldners in der Leistung einer unvertretbaren Sache (z.B. Maßanzug), müsse die Beschaffungs- oder Herstellungshandlung nach § 887 vollstreckt werden (BL/*Hartmann,* § 883 Anm. 1 A; *Lippross,* § 16 Fall 49; *Palandt/Thomas,* § 651 Anm. 3; *Zöller/ Stöber,* § 883 Rdnr. 9). Nach dem Wortlaut des § 887 III und der Systematik des Gesetzes erscheint es jedoch zutreffend, die Handlungsvollstreckung generell auszuschließen, ohne zwischen vertretbaren und unvertretbaren Sachen zu unterscheiden (RGZ 58, 160; OLG Köln JZ 1959, 63 m. zust. Anm. *Lent; Gerhardt,* § 13 III 2 a; *Mohrbutter,* § 19 I 3; *Rosenberg,* § 207 I 2). Zwar würde es dem Vollstreckungsinteresse des Gläubigers eher entsprechen, wenn er im Wege der Ersatzvornahme seine Kosten erstattet bekäme und damit eine schnellere Befriedigung erlangen würde, als wenn er zunächst einen Schadensersatzprozeß führen müßte (vgl. § 893). Dadurch würde jedoch der Grundsatz verletzt, daß über den Bestand und die Höhe sachlicher Ansprüche in einem Erkenntnisverfahren und nicht im Vollstreckungsverfahren zu entscheiden ist (vgl. §§ 893, 717 II, 945); die gesetzliche Ausnahmeregelung bei der Ersatzvornahme ist eng auszulegen. Muß daher der Schuldner die herauszugebende Sache beschaffen oder herstellen und nimmt er schon die Beschaffungs- oder Herstellungshandlung nicht vor, ist eine Vollstreckung nach § 887 ausgeschlossen (Fall c). Der Gläubiger hat dann nur die Möglichkeit, einen Schadensersatzanspruch — notfalls im Wege der Klage — geltend zu machen (§ 893).

1069   d) Die *Geldzahlung* vom Schuldner an den Gläubiger ist ebenfalls eine Handlung. Jedoch wird die Erzwingung einer Geldzahlung in §§ 803 ff. (Rdnr. 206 ff.) besonders geregelt, so daß § 887 nicht anzuwenden ist. Dagegen erfolgt die Vollstreckung nach § 887, wenn wegen eines Anspruchs auf Befreiung von einer Schuld vollstreckt werden soll (Rdnr. 206 a.E.; RGZ 150, 77, 80: Befreiungsanspruch des Bürgen gegen den Hauptschuldner; BGH NJW 1958, 497: Befreiungsanspruch des Gesamtschuldners gegen einen Mitschuldner).

Wenn der Schuldner nach dem Vollstreckungstitel den Gläubiger von einer Geldschuld befreien soll, wird von einer Mindermeinung (*Rosenberg,* § 188 III 4; *Baur/ Stürner,* Rdnr. 422, 671) eine Vollstreckung nach §§ 803 ff. befürwortet. Dabei wird nicht berücksichtigt, daß der Schuldner die Befreiung auch auf andere Weise als durch Geldzahlung (z.B. durch befreiende Schuldübernahme) herbeiführen kann. Vielfach wird die Geldforderung noch nicht (in voller Höhe) fällig sein; oft wird die Höhe der Geldschuld noch nicht feststehen, weil sie etwa von der künftigen Entwicklung abhängt (z.B. bei Befreiung von künftigen Unterhaltsansprüchen eines Dritten). Deshalb ist auch der Anspruch auf Befreiung von einer Geldschuld nach § 887 durchzusetzen (h.M.; vgl. etwa BGHZ 25, 1, 7; BGH NJW 1983, 2438, 2439; OLG Hamburg FamRZ 1983, 212; OLG Hamm WM 1984, 336; BL/*Hartmann,* § 887 Anm. 1 A; StJ/ *Münzberg,* vor § 803 Rdnr. 6 m.N; Fall d).

1070   e) Schließlich stellt auch die *Abgabe einer Willenserklärung* eine Handlung dar. Ist der Schuldner dazu verurteilt, erübrigt sich eine Zwangsvollstreckung, weil das Gesetz mit der Rechtskraft des Urteils die Abgabe der Willenserklärung fingiert (§ 894 I 1). Dieser einfache Weg scheidet jedoch aus, wenn der Vollstreckungstitel nicht der Rechtskraft fähig ist. Eine Rechtskraftwirkung fehlt bei einem Prozeßvergleich (Rdnr. 84 ff., insbesondere Rdnr. 86 a.E.), einer vollstreckbaren Urkunde (Rdnr. 87 ff.) sowie einem Schiedsspruch (Rdnr. 98). In diesen Fällen kommt nach richtiger Ansicht für die Zwangsvollstreckung nur § 888 in Betracht (so z.B. OLG Hamm NJW 1956, 918; *Rosenberg*, § 208 III 2 b ß; StJ/ *Münzberg*, § 887 Anm. II 2 c α).

§ 887 ist nicht anwendbar, weil keine vertretbare Handlung erzwungen werden soll. Zwar ist ein Dritter in der Lage, die Willenserklärung abzugeben. Diese hat aber nicht den rechtlichen Erfolg, den die vom Schuldner selbst abgegebene Willenserklärung hätte. Diese Wirkung könnte durch die Willenserklärung eines Dritten nur erreicht werden, wenn der Dritte als Vertreter des Schuldners handelte. Allerdings wird die Ansicht vertreten, die fehlende Vollmacht könne analog § 848 II durch Ermächtigung des Gerichts ersetzt werden (vgl. z.B. RGZ 53, 80; 55, 57, 60; *A. Blomeyer*, § 91 I 2; *Bruns/Peters*, § 43 I 2; *Gerhardt*, § 13 IV 1). Dem kann jedoch schon deshalb nicht gefolgt werden, weil § 848 II die Auflassung an den Sequester als den Vertreter des Schuldners vorsieht, also bei einem Eigentumserwerb eingreift; eine analoge Anwendung verbietet sich jedoch beim Eigentumsverlust (ausführlich: OLG Hamm NJW 1956, 918).

3. Voraussetzungen und Durchführung

1071

a) Funktionell zuständiges *Vollstreckungsorgan* für die Durchsetzung vertretbarer Handlungen ist ausschließlich das Prozeßgericht des ersten Rechtszuges (§§ 887 I, 802). Dort wird nicht der Rechtspfleger (arg. e § 20 Nr. 17 RPflG), sondern der Richter tätig.

Prozeßgericht kann auch der Einzelrichter sein, wenn ihm die Sache übertragen war (vgl. § 348), ferner die Kammer für Handelssachen, aber auch das Arbeitsgericht sowie das Familiengericht (OLG Düsseldorf FamRZ 1981, 577 m.N.). Handelt es sich bei dem Vollstreckungstitel um einen Schiedsspruch (§ 1042), einen Schiedsvergleich (§ 1044) oder ein ausländisches Urteil (§ 722), ist das Gericht zuständig, das die Vollstreckbarkeit erklärt hat.

b) Das Gericht wird nur auf *Antrag* des Gläubigers tätig.

1072

(1) Für die Stellung des Antrag besteht *Anwaltszwang* (§ 78), wenn das Landgericht oder das Familiengericht als Prozeßgericht des ersten Rechtszuges für die Vollstreckung nach § 887 zuständig ist (h.M.; BL/ *Hartmann*, § 887 Anm. 4 B; *Baur/Stürner*, Rdnr. 673; a.A. StJ/ *Münzberg*, § 891 Anm. I 1 m.N.). Denn das Gesetz hat für das Zwangsvollstreckungsverfahren weder in § 78 II noch in § 891 eine Befreiung vom Anwaltszwang vorgesehen.

(2) Der Antrag muß *hinreichend bestimmt* sein. Der Gläubiger hat die Maßnahme, die vorgenommen werden soll, so genau wie möglich zu bezeichnen. Wenn es ihm allerdings nicht möglich ist, eine bestimmte Einzelmaßnahme anzugeben, braucht der Antrag nach § 887 nicht genauer gefaßt zu werden als der Klageantrag selbst (str.; wie hier OLG Hamm MDR 1984, 591 m.N.: Trockenlegung eines feuchten Kellers). Dem Gläubiger ist nicht zuzumuten, sich auf eine bestimmte Maßnahme festzulegen, die sich später möglicherweise als ungeeignet erweist. Durch diese Lösung entstehen dem Schuldner keine Nachteile, da der Gläubiger ohnehin nur die notwendigen Kosten erstattet erhält.

Der Gläubiger braucht auch nicht einen bestimmten Dritten zu nennen, der zur Vornahme der Handlung ermächtigt werden soll. Er darf sich den Dritten auswählen oder auch die Handlung selbst aufgrund der Ermächtigung vornehmen (StJ/*Münzberg*, § 887 Anm. III 2).

1073   c) Das Gericht *prüft,* ob die allgemeinen Vollstreckungsvoraussetzungen (Titel, Klausel, Zustellung) gegeben sind (Rdnr. 29 ff.), insbesondere, ob der vollstreckbare Titel auf Vornahme einer vertretbaren Handlung gerichtet ist.

Macht der Schuldner, der vom Gericht anzuhören ist (§ 891), geltend, er habe die Handlung bereits vorgenommen, ist streitig, ob das Gericht diesen Einwand beachten muß (BL/*Hartmann*, § 887 Anm. 2 A; *Zöller/Stöber*, § 887 Rdnr. 7; jeweils m.N.) oder ob der Schuldner den Erfüllungseinwand nur im Wege der Vollstreckungsgegenklage (§ 767; Rdnr. 1312 ff.) geltend machen kann (OLG Hamm MDR 1984, 591; *Bruns/Peters*, § 43 II 2; *Thomas/Putzo*, § 887 Anm. 2 c, 4 c).

Gegen die Prüfung des Erfüllungseinwandes im Verfahren nach § 887 spricht, daß der Schuldner es dann in der Hand hätte, das Vollstreckungsverfahren in die Länge zu ziehen; so könnte er durch sein Vorbringen eine umfangreiche Beweisaufnahme erforderlich machen (Fall e). Ausnahmsweise fehlt dem Antrag des Gläubigers jedoch bereits das Rechtsschutzbedürfnis, wenn der Schuldner offenkundig erfüllt hat oder der Gläubiger nach Anhörung des Schuldners die Erfüllung nicht mehr bestreitet (*Guntau*, JuS 1983, 687, 689). In diesen Fällen ist daher der Erfüllungseinwand des Schuldners zu berücksichtigen.

1074   d) Die *Entscheidung* des Gerichts erfolgt durch Beschluß.

(1) Der Beschluß enthält die *Ermächtigung des Gläubigers,* die Handlung auf Kosten des Schuldners vornehmen zu lassen (§ 887 I). In dem Beschluß ist die vorzunehmende Maßnahme möglichst genau zu bezeichnen (vgl. aber Rdnr. 1072).

Das Gericht braucht jedoch nicht anzuordnen, ob der Gläubiger die Handlung durch einen bestimmten oder frei auszuwählenden Dritten oder selbst vornehmen darf.

(2) In dem Beschluß werden die *Kosten der Ersatzvornahme* dem Schuldner auferlegt. Hat der Gläubiger dadurch Auslagen, daß er mit Dritten (z.B. Handwerkern) Verträge zur Durchführung der Maßnahme schließt, sind diese Auslagen als Kosten der Zwangsvollstreckung nach § 788 beizutreiben (BL/*Hartmann*, § 887 Anm. 3 A).

Die Verfahrenskosten gehören ebenfalls zu den Kosten der Zwangsvollstreckung. Sie werden ohne besonderen Kostentitel beigetrieben (vgl. 788 I 1). Wird jedoch der Antrag auf Ersatzvornahme zurückgewiesen oder zurückgenommen, hat eine Kostenentscheidung zu Lasten des Gläubigers zu ergehen (*Zöller/Stöber*, § 887 Rdnr. 9; vgl. auch *Guntau*, JuS 1983, 687, 690, m.N. in FN 30).

Auf Antrag des Gläubigers wird der Schuldner dazu verurteilt, eine Vorauszahlung der Kosten zu leisten, die durch die Vornahme der geschuldeten Handlung entstehen werden (§ 887 II). Dieser Antrag wird in der Regel gleichzeitig mit dem Antrag auf Ermächtigung gestellt; er ist aber auch noch bis zum Abschluß der Ersatzvornahme zulässig (vgl. OLG Hamm OLGZ 1972, 311). Das Gericht setzt die Höhe der Vorauszahlung nach billigem Ermessen durch Beschluß fest (StJ/*Münzberg*, § 887 Anm. III 3).

(3) Die Entscheidung kann ohne mündliche Verhandlung ergehen (§ 891, 1). Gegen den Beschluß ist die *sofortige Beschwerde* im Zwangsvollstreckungsverfahren gegeben (§ 793).

e) *Folge des Beschlusses* ist, daß der Gläubiger oder die von ihm Beauftragten befugt sind, die Handlung vorzunehmen. Leistet der Schuldner Widerstand, wird dieser mit Hilfe des Gerichtsvollziehers gebrochen (§ 892). Müssen bei der Vornahme der geschuldeten Handlung Räume des Schuldners betreten werden, ist — wie bei der Herausgabevollstreckung (Rdnr. 1054) — davon auszugehen, daß in dem Ermächtigungsbeschluß des Richters bereits über die Zulässigkeit einer gegebenenfalls erforderlichen Durchsuchung von Räumen mitentschieden ist.

Bezahlt der Schuldner den angeordneten Kostenvorschuß nicht freiwillig, kann der Gläubiger aus diesem Beschluß die Zwangsvollstreckung betreiben (§ 794 I Nr. 3). Dabei handelt es sich um die Vollstreckung wegen einer Geldforderung (§§ 803 ff.; Rdnr. 206 ff.).

Auch nach Erlaß des Beschlusses hat der Schuldner noch die Möglichkeit, selbst die geschuldete Handlung vorzunehmen (vgl. OLG Hamm MDR 1951, 47).

II. Die Erzwingung einer unvertretbaren Handlung

Zur Vornahme einer unvertretbaren Handlung wird der Schuldner angehalten, indem sein Wille durch Zwangsgeld oder Zwangshaft gebeugt wird (§ 888 I 1).

Ebenfalls nach § 888 wird vollstreckt, wenn der Schuldner aufgrund der Vorschriften des bürgerlichen Rechts (z.B. §§ 259 f., 2028 BGB) zur Abgabe einer eidesstattlichen Versicherung verurteilt worden ist und in dem zur Abgabe der Versicherung bestimmten Termin nicht erscheint oder die Abgabe der eidesstattlichen Versicherung verweigert (§ 889).

1077   **1. Begriff der unvertretbaren Handlung**

Eine unvertretbare Handlung ist dann gegeben, wenn diese nur vom Schuldner vorgenommen werden kann und ausschließlich von seinem Willen abhängt (vgl. Rdnr. 1066).

Beispiele: Auskunftserteilung (Fall b); Zeugniserteilung; Widerruf einer nachteiligen Erklärung (BGHZ 37, 187; für Anwendung des § 894: OLG Frankfurt NJW 1982, 113; vgl. BL/*Hartmann*, § 888 Anm. 1 B m.N.). Allerdings ist bei der Erzwingung der Widerrufserklärung die Menschenwürde des Schuldners zu beachten. Von diesem darf nicht verlangt werden, seine Überzeugung zu ändern oder einen nicht vorhandenen Überzeugungswandel nach außen zu bekennen. Deshalb kann er in seiner Widerrufserklärung zum Ausdruck bringen, daß er sie in Erfüllung eines gegen ihn ergangenen Urteils abgebe (BVerfGE 28, 1, 10).

1078   **2. Ausschluß der Vollstreckung nach § 888**

a) Die Vollstreckung nach § 888 ist ausgeschlossen, wenn die *Handlung nicht allein vom Willen des Schuldners abhängt.*

(1) Ist die Handlung dauernd (objektiv oder subjektiv) unmöglich, kann ihre Vornahme vom Schuldner nicht verlangt werden. Das gilt auch für die Dauer einer vorübergehenden Unmöglichkeit (z.B. Krankheit des Schuldners).

(2) Wenn die Vornahme der geschuldeten Handlung besondere künstlerische oder wissenschaftliche Fähigkeiten voraussetzt (z.B. Verpflichtung, eine Oper oder ein Lehrbuch zu schreiben), scheidet eine Vollstreckung aus, weil kaum festgestellt werden kann, ob die genannten Fähigkeiten beim Schuldner gerade jetzt vorhanden sind (BL/*Hartmann*, § 888 Anm. 1 C).

(3) Wenn der Schuldner zur Vornahme der Handlung Geldmittel aufwenden muß, die er nicht besitzt und auch nicht vom Gläubiger vorgeschossen bekommt, kann zwar nach § 888 vollstreckt werden. Man wird dem Schuldner zumuten können, sich das erforderliche Kapital durch Inanspruchnahme einer Kreditmöglichkeit zu beschaffen. Jedoch kann die Kreditaufnahme selbst nicht erzwungen werden (StJ/*Münzberg*, § 888 Anm. I 2 a).

(4) Erfordert die Vornahme der Handlung die Mitwirkung eines Dritten (z.B. eines Architekten bei der Errichtung einer Garage; OLG Hamm OLGZ 1966, 443), kommt eine Vollstreckung nach § 888 nicht in Betracht, wenn feststeht, daß der Dritte nicht mitwirken wird. Der Schuldner muß jedoch seine tatsächlichen und rechtlichen Möglichkeiten ausnutzen, um den Dritten zur Mitwirkung zu bewegen (*Baur/Stürner,* Rdnr. 680; *Bruns/ Peters,* § 43 III 2 a).

b) *Ausdrücklich ausgeschlossen nach § 888 II* ist die Vollstreckung in fol-   1079
genden Fällen:

(1) Aus einer Verurteilung zur *Eingehung einer Ehe* kann nicht vollstreckt werden. Da nach § 1297 I BGB auf Eingehung einer Ehe nicht einmal geklagt werden kann, hat § 888 II insoweit allenfalls für ausländische Urteile Bedeutung. Aus diesen ist eine Vollstreckung aber schon deshalb nicht möglich, weil für ein ausländisches Urteil wegen Verstoßes gegen den ordre public kein Vollstreckungsurteil erlassen würde (vgl. §§ 328 I Nr. 4, 722 I, 723 II).

(2) Eine Verurteilung auf *Herstellung des ehelichen Lebens* (vgl. § 1353   1080
BGB, § 606 I 1) kann nicht mit Zwangsmitteln durchgesetzt werden. Darunter fällt auch jede Vollstreckung, die lediglich mittelbar auf die Wiederherstellung des ehelichen Lebens abzielt (BL/*Hartmann,* § 888 Anm. 4 A b).

(3) Ein Urteil, das auf *Leistung von Diensten* aus einem Dienstvertrag   1081
gerichtet ist, kann ebenfalls nicht vollstreckt werden. § 888 II betrifft jedoch nur unvertretbare Dienste; ein Anspruch auf Leistung vertretbarer Dienste wird dagegen nach § 887 durchgesetzt (Rdnr. 1066).

c) Ein Ausschluß der Vollstreckung kommt nicht nur in den Fällen des   1082
§ 888 II in Betracht, sondern auch dann, wenn die zwangsweise Durchsetzung eines Anspruchs einen *Verstoß gegen Grundrechte* darstellen würde.

Ist der Schuldner in einem Prozeßvergleich die Verpflichtung eingegangen, an einer religiösen Scheidungszeremonie teilzunehmen, verbietet der Schutz des Art. 4 II GG die Vollstreckung (OLG Köln MDR 1973, 768).

Hat der Schuldner sich in einem Prozeßvergleich verpflichtet, einen Erbvertrag zu schließen, kann der Gläubiger nicht vollstrecken (OLG Frankfurt Rpfleger 1980, 117); die Testierfreiheit (§ 2302 BGB), die durch Art. 14 I GG geschützt wird, darf durch Vollstreckungsmaßnahmen nicht beeinträchtigt werden.

3. Voraussetzungen und Durchführung   1083

a) Funktionell zuständiges *Vollstreckungsorgan* für die Vollstreckung nach § 888 ist — wie bei der Durchsetzung vertretbarer Handlungen — ausschließlich das Prozeßgericht des ersten Rechtszuges (§§ 888 I 1, 802; vgl. Rdnr. 1071).

1084   b) Das Gericht wird nur auf *Antrag* des Gläubigers tätig.

(1) Für die Stellung des Antrags besteht *Anwaltszwang,* wenn die Voraussetzungen des § 78 eingreifen (Rdnr. 1072).

(2) Der Gläubiger muß die vorzunehmende *Handlung so genau wie möglich bezeichnen.* Dagegen braucht er in dem Antrag weder die Art noch das Maß des Zwangsmittels zu nennen (OLG Köln MDR 1982, 589). Eine entsprechende Angabe ist lediglich als unverbindliche Anregung zu verstehen.

1085   c) Das Gericht *prüft,* ob die allgemeinen Vollstreckungsvoraussetzungen (Titel, Klausel, Zustellung) vorliegen (Rdnr. 29 ff.) und ob der Vollstreckungstitel die Verpflichtung zur Vornahme einer unvertretbaren Handlung enthält.

Trägt der Schuldner bei der Anhörung durch das Gericht (§ 891, 2) vor, er sei seiner Handlungspflicht bereits nachgekommen, ist das nur beachtlich, wenn die Erfüllung offenkundig oder unstreitig ist (Rdnr. 1073).

1086   d) Die *Entscheidung* des Gerichts erfolgt durch Beschluß.

(1) Das Gericht hält den Schuldner durch *Zwangsmittel* zur Vornahme der Handlung an. Es setzt Zwangsgeld oder Zwangshaft fest.

Das Gericht kann dem Schuldner auch für den Fall des fruchtlosen Ablaufs einer Frist ein Zwangsmittel androhen. Das ist jedoch nicht zu empfehlen, da auch die Festsetzung eine Androhung enthält und der Schuldner die Vollstreckung durch Vornahme der Handlung abwenden kann. Eine gesonderte Androhung würde das Vollstreckungsverfahren nur unnötig verlängern (BL/*Hartmann,* § 888 Anm. 2 C; *Zöller/ Stöber,* § 888 Rdnr. 12).

(a) Das Gericht setzt ein *Zwangsgeld* in bestimmter Höhe fest. Das Mindestmaß des einzelne Zwangsgeldes beträgt 5,— DM (Art. 6 I 1 EGStGB), das Höchstmaß 50 000,— DM (§ 888 I 2). Für den Fall, daß das Zwangsgeld nicht beigetrieben werden kann, hat das Gericht zugleich eine Ersatzhaft entsprechend der Höhe des Zwangsgeldes anzuordnen.

(b) Wird *Zwangshaft* verhängt, braucht das Gericht eine bestimmte Dauer nicht festzusetzen (BL/*Hartmann,* § 888 Anm. 3 A). Das Mindestmaß der Zwangshaft beträgt einen Tag (Art. 6 II 1 EGStGB), das Höchstmaß sechs Monate (§§ 888 I 3, 913).

1087   (c) Das Gericht hat grundsätzlich die *Wahl zwischen den beiden Zwangsmitteln.* Jedoch ist mit Rücksicht auf den Grundsatz der Verhältnismäßigkeit die Haft als primäres Zwangsmittel nur zulässig, wenn die Verhängung eines Zwangsgeldes als nicht geeignet erscheint, den Willen des Schuldners zu beugen (*Jauernig,* § 27 III 1; *Baur/Stürner,* Rdnr. 684; a.A. BL/*Hartmann,* § 888 Anm. 3 A; *Zöller/Stöber,* § 888 Rdnr. 8). Das Gericht darf Zwangsgeld oder Zwangshaft nicht nebeneinander verhängen. Nimmt der Schuldner die Handlung trotz Vollstreckung eines vorher verhängten Zwangsmittels nicht vor, so kann das Gericht dasselbe Zwangsmittel oder ein anderes wiederholt festsetzen (*Zöller/Stöber,* § 888 Rdnr. 8). Werden Zwangsmittel mehrmals verhängt, liegt darin kein Verstoß gegen das Verbot der Mehrfachbestrafung (Art. 103 III GG), da es sich hierbei um reine Zwangs- oder Beugemaßnahmen und nicht um Kriminalstrafen handelt.

(2) *Adressat* der gerichtlichen Festsetzung des Zwangsmittels ist der   **1088**
Schuldner. Bei dessen Prozeßunfähigkeit stellt sich die Frage, ob das Zwangsmittel gegen ihn oder gegen seinen gesetzlichen Vertreter zu verhängen ist. In der Literatur wird die Ansicht vertreten, das Zwangsgeld sei gegen die vertretene Person und die Zwangshaft gegen den gesetzlichen Vertreter festzusetzen (*Baur/Stürner,* Rdnr. 684 a.E.; *Jauernig,* § 27 III 1 a.E.; *Zöller/Stöber,* § 888 Rdnr. 8). Dem kann jedoch nicht gefolgt werden. Auszugehen ist von der Überlegung, daß durch die Verhängung des Zwangsmittels der Wille gebeugt und die Vornahme der Handlung erreicht werden soll.

Da eine juristische Person nur durch ihre Organe tätig werden kann, muß der Wille der verfassungsmäßig berufenen Vertreter gebeugt werden. Infolgedessen sind gegen diese die Zwangsmittel zu richten. Dabei ist zwischen Zwangsgeld und Zwangshaft kein Unterschied zu machen; denn beide sind nur verschiedene Mittel zur Erreichung des erstrebten Zieles.

Ist der prozeßunfähige Schuldner eine natürliche Person, muß das Zwangsmittel gegen denjenigen festgesetzt werden, der in der Lage ist, die geschuldete Handlung vorzunehmen. Das ist bei einer unvertretbaren Handlung oft allein der Schuldner und nicht der gesetzliche Vertreter. Selbst wenn aber der prozeßunfähige Schuldner die Handlung vornehmen kann, bleibt vor der Festsetzung eines Zwangsgeldes zu prüfen, ob der Schuldner die erforderliche Einsicht hat, die Verhängung des Zwangsmittels als Nachteil zu begreifen. Jedenfalls kommt gegen Minderjährige, Entmündigte und Geisteskranke wegen ihrer besonderen Schutzbedürftigkeit eine Zwangshaft nicht in Betracht (vgl. auch *Wieczorek,* § 888 Anm. C I ff.). Es ist also möglich, daß weder gegen den gesetzlichen Vertreter noch gegen den Schuldner selbst ein Zwangsmittel festgesetzt werden darf. Dann bleibt dem Gläubiger nur die Möglichkeit, einen Schadensersatzanspruch geltend zu machen (§ 893).

(3) Gegen den Beschluß des Gerichts, der ohne mündliche Verhandlung   **1089**
ergehen kann (§ 891, 1), ist die *sofortige Beschwerde* im Zwangsvollstreckungsverfahren gegeben (§ 793).

e) *Folge des Beschlusses* ist, daß die Zwangsmittel angewendet werden,   **1090**
wenn der Schuldner die Handlung nicht vornimmt. Allerdings ist dafür ein Antrag des Gläubigers erforderlich; dieser bleibt Herr des Vollstreckungsverfahrens.

(1) Das *Zwangsgeld* wird aufgrund der vollstreckbaren Ausfertigung des Beschlusses (vgl. § 794 I Nr. 3) auf Antrag des Gläubigers zugunsten der Staatskasse beigetrieben. Es gelten die allgemeinen Bestimmungen über die Zwangsvollstreckung wegen Geldforderungen (BGH NJW 1983, 1859 f. m.N.). Eine Vollstreckung von Amts wegen nach der Justizbeitreibungsordnung findet nicht statt (so aber BL/*Hartmann*, § 888 Anm. 3 B c). Die Vollstreckung ist einzustellen, wenn der Schuldner die Handlung vorgenommen hat (OLG Frankfurt Rpfleger 1981, 152).

Wird ein Zwangsgeld eingezogen, obwohl der Schuldner die Handlung bereits vorgenommen hat, so steht diesem gegen das Land ein Rückzahlungsanspruch nach Bereicherungsgrundsätzen zu (OLG Köln JZ 1967, 762 m. zust. Anm. *Baur*). Wenn aufgrund eines vorläufig vollstreckbaren Urteils die Vollstreckung betrieben und das Urteil nach Beitreibung des Zwangsgeldes aufgehoben worden ist, hat der Schuldner gegen den Gläubiger einen Anspruch aus § 717 II. Daneben steht ihm ein Bereicherungsanspruch gegen das Land zu (Fall f; *Zöller/Stöber*, § 888 Rdnr. 14).

(2) Die *Zwangshaft* wird nach §§ 904—913 vollstreckt (§ 888 I 3; Rdnr. 1156 ff.). Erforderlich ist ein Haftbefehl des Prozeßgerichts, in dem der Gläubiger, der Schuldner und der Grund der Verhaftung zu bezeichnen sind (§ 908).

1091   III. Schadensersatz

Durch die Vorschriften über die Handlungsvollstreckung wird das Recht des Gläubigers nicht berührt, Schadensersatz zu verlangen (§ 893 I; Rdnr. 1063).

Eine Vollstreckung nach §§ 887, 888 ist ausgeschlossen, wenn der Schuldner vom Amtsgericht nach § 510b zur Vornahme einer Handlung und für den Fall, daß die Handlung nicht binnen einer bestimmten Frist vorgenommen wird, zur Zahlung einer Entschädigung verurteilt worden ist (§ 888a). Das gilt auch für ein entsprechendes Urteil des Arbeitsgerichts (§ 61 II ArbGG).

1092   § 36   Die Erzwingung von Duldungen und Unterlassungen

Schrifttum: *Adomeit*, Unlautere Werbung durch Beauftragte und das Verschuldenserfordernis in § 890 ZPO, NJW 1967, 1994; *W. Böhm*, Die Zwangsvollstreckung nach § 890 ZPO, 1971; *ders.*, Die Bestrafung nach § 890 ZPO, MDR 1974, 441;

Borck, Analogieverbot und Schuldprinzip bei der Unterlassungsvollstreckung, WRP 1979, 28; *ders.*, Ordnungsgeld auch nach »Titelfortfall« und trotz Sicherheitsleistung, WRP 1980, 670; *Brehm,* Die Vollstreckung der Beseitigungspflicht nach § 890 ZPO, ZZP 89, 178; *ders.,* Die Zwangsvollstreckung nach §§ 888, 890 n.F. ZPO, NJW 1975, 249; *Göppinger,* Erledigung des Eilverfahrens infolge Entscheidung des Hauptprozesses und Probleme des § 890 ZPO, NJW 1967, 177; *Hansens,* Die Zwangsvollstreckung nach § 890 ZPO und das Problem der einmaligen Zuwiderhandlung, JurBüro 1985, 653; *Jelinek,* Zwangsvollstreckung zur Erwirkung von Unterlassungen, 1974; *Jestaedt,* Die Vollstreckung von Unterlassungstiteln nach § 890 ZPO bei Titelfortfall, WRP 1981, 433; *W. Kramer,* Der richterliche Unterlassungstitel im Wettbewerbsrecht, 1982; *Lindacher,* Zur »Natur« der Strafe nach § 890 ZPO, ZZP 85, 239; *K. E. Meyer,* Die Zuwiderhandlungsstrafe aus § 890 ZPO und der Wegfall des Rechtsschutzinteresses, MDR 1956, 577; *Pastor,* Die Unterlassungsvollstreckung nach § 890, 3. Aufl., 1982; *Theuerkauf,* Die Rechtsstellung des Minderjährigen im Verfahren nach § 890 ZPO, FamRZ 1964, 487; *ders.,* Der Einfluß des Strafverfahrens auf das Verfahren nach § 890 ZPO, ZZP 77, 298; *ders.,* Schuldner und Dritte im Verfahren nach § 890 ZPO, ZZP 78, 215; *Zieres,* Die Straffestsetzung zur Erzwingung von Unterlassungen und Duldungen, NJW 1972, 751.

Fälle:

a) G hat gegen S ein Urteil erstritten, wonach dieser es zu unterlassen hat, seine Apotheke unter der Bezeichnung »Marktapotheke« zu betreiben. Kann G die Entfernung eines entsprechenden, im Schaufenster hängenden Schildes erzwingen?

b) Dem Verlag S ist durch Urteil untersagt worden, eine Romanserie über das Privatleben des G in einer Illustrierten erscheinen zu lassen. Nach Zustellung des für vorläufig vollstreckbar erklärten Urteils hat S die beiden letzten Folgen der Serie veröffentlicht. In der Berufungsverhandlung haben beide Parteien den Rechtsstreit für erledigt erklärt. Nun beantragt G, gegen S ein Ordnungsmittel zu verhängen.

c) In einem Urteil ist dem S die Etablissementbezeichnung »Monte Carlo« untersagt worden. Jetzt betreibt S sein Lokal unter dem Namen »Monte Carl«.

d) Der Verpächter G hat gegen den Pächter S ein Urteil erstritten, das diesem untersagt, einen zum Pachtgrundstück gehörenden Weg mit Kraftfahrzeugen zu befahren. D, ein Angestellter des S, handelt diesem Verbot zuwider. Kann gegen S ein Ordnungsmittel verhängt werden?

Handelt der Schuldner der Verpflichtung zuwider, eine Handlung zu unterlassen oder die Vornahme einer Handlung zu dulden, so ist er wegen einer jeden Zuwiderhandlung zu einem Ordnungsgeld oder zur Ordnungshaft zu verurteilen (§ 890). Wenn der Schuldner gegen die Vornahme einer Handlung, die er zu dulden hat, Widerstand leistet, kann der Gläubiger zur Beseitigung des Widerstandes einen Gerichtsvollzieher hinzuziehen (§ 892).

1093   **I. Begriff und Bedeutung der Unterlassungsvollstreckung**

1. Begriff

a) *Unterlassen* i.S.d. § 890 I ist einmal ein Verhalten (Untätigbleiben), das einen bestimmten Geschehensablauf nicht beeinflußt. Der Schuldner kann allerdings aus dem Unterlassungstitel auch zu einem aktiven Tun verpflichtet sein, wenn er bestehende Beeinträchtigungen aufrechterhält und nach wie vor ausnützt (Fall a; *Baur/Stürner*, Rdnr. 687; *Jauernig*, § 27 IV).
Die Unterlassungsvollstreckung ist abzugrenzen von der Handlungsvollstreckung (§§ 887 f.). Muß der Schuldner zur Erfüllung des Unterlassungsgebots eine Handlung vornehmen, kann aufgrund eines Unterlassungstitels die Handlung nicht gem. § 887 erzwungen werden (OLG Stuttgart BB 1973, 14; OLG Düsseldorf WRP 1969, 384; *Jauernig*, NJW 1973, 1672 f.; *Pastor*, 32 ff.; a.A. OLG Hamm OLGZ 74, 62, 63; *Thomas/Putzo*, § 890 Anm. 1 b; *Brehm*, ZZP 89, 188 ff.). Nur eine Trennung von Handlungs- und Unterlassungsvollstreckung entspricht dem Gesetz.

Im Fall a kann G daher nicht im Wege der Ersatzvornahme (§ 887 I) das Namensschild entfernen lassen. Anders wäre es, wenn er einen Titel erstritten hätte, der die Verpflichtung zur Beseitigung ausdrücklich ausspricht.

b) *Dulden* i.S.v. § 890 I bedeutet die Verpflichtung des Schuldners, die Vornahme einer Handlung nicht zu behindern (*Thomas/Putzo*, § 890 Anm. 1 a).

Beispiel: Ein Mieter ist gem. § 541a BGB verurteilt worden, bestimmte bauliche Maßnahmen zu dulden.

1094   **2. Bedeutung**

Die Vollstreckung von Duldungen und Unterlassungen kommt vor allem im Nachbarschaftsrecht (z.B. §§ 906, 912 BGB), im Namens- und Firmenrecht (§ 12 BGB, § 37 II HGB) sowie im Urheber- und Wettbewerbsrecht (§ 97 UrhG, §§ 1 ff. UWG) vor. Daneben spielt die Unterlassungsvollstreckung beim Schutz der absoluten Rechtsgüter (§§ 823 I, 1004 BGB), insbesondere der Ehre, eine große Rolle. Zum einstweiligen Rechtsschutz Rdnr. 1598, 1625.

II. Voraussetzungen und Durchführung   1095

1. Voraussetzungen

a) Funktionell zuständiges *Vollstreckungsorgan* für die Erzwingung von Duldungen und Unterlassungen ist ausschließlich das Prozeßgericht des ersten Rechtszuges (§§ 890 I 1, 802; vgl. Rdnr. 1071).

b) Bei diesem Gericht muß der Gläubiger einen *Antrag* stellen. Vor dem   1096
Landgericht und dem Familiengericht besteht Anwaltszwang (§ 78). In seinem Antrag braucht der Gläubiger weder ein Ordnungsmittel noch dessen Höhe zu bezeichnen.

c) Es müssen die *allgemeinen Vollstreckungsvoraussetzungen* (Titel, Klau-   1097
sel, Zustellung) vorliegen (Rdnr. 29 ff.). Der Vollstreckungstitel muß nach seinem Wortlaut auf eine Duldung oder Unterlassung gerichtet sein. Sein Inhalt hat so klar und verständlich zu sein, daß von jedermann und nicht nur von den Parteien des Rechtsstreits verstanden werden kann, welche Handlung zu dulden oder zu unterlassen ist (OLG Saarbrücken OLGZ 1967, 34).

Umstritten ist die Frage, ob ein Ordnungsmittel auch dann verhängt werden darf, wenn der Titel nach der Zuwiderhandlung weggefallen ist. Nach einer Auffassung (z.B. *Pastor,* 72 m.w.N. in FN 10) hat § 890 ausschließlich Beugecharakter, so daß bei Titelfortfall kein Ordnungsmittel mehr verhängt werden kann. Eine andere Ansicht (vgl. z.B. OLG München WRP 1975, 458; *Borck,* WRP 1980, 676) hebt das strafrechtliche Element des § 890 besonders hervor und will eine Zuwiderhandlung auch nach Wegfall des Vollstreckungstitels in jedem Fall ahnden. Nach h.M. (z.B. OLG Köln JMBl. NW 1983, 118; *Baur/Stürner,* Rdnr. 694; *Jestaedt,* WRP 1981, 434 ff. m.w.N. in FN 10) ist bei der Verhängung von Ordnungsmitteln zwischen dem rückwirkenden Titelfortfall (ex tunc) und dem Wegfall für die Zukunft (ex nunc) zu unterscheiden.

Der h.M. ist zu folgen. Wenn der Titel ex tunc entfallen ist, weil etwa das entsprechende Urteil im Rechtsmittelverfahren aufgehoben oder die Klage zurückgenommen wurde, darf kein Ordnungsmittel mehr verhängt werden. Bei einem rückwirkenden Titelfortfall wird nämlich fingiert, daß ein Titel und damit eine allgemeine Voraussetzung der Zwangsvollstreckung von Anfang an nicht vorgelegen hat. Entfällt der Vollstreckungstitel dagegen ex nunc, weil z.B. eine einstweilige Verfügung wegen veränderter Umstände aufgehoben wird (§§ 927 I, 936) oder die Parteien den Rechtsstreit in der Hauptsache für erledigt erklären (§ 91 a I), kann dennoch ein Ordnungsmittel festgesetzt werden (Fall b). Dieses wird dann nicht allein deshalb verhängt, um den Schuldner zu »bestrafen«; es geht vielmehr um die Gewährleistung einer wirksamen Unterlassungsvollstreckung. Der Schuldner soll durch die Androhung eines Ordnungsmittels zur Befolgung eines Unterlassungsgebots angehalten werden. Würden bereits begangene Zuwiderhandlungen nach Titelfortfall ex nunc nicht mehr geahndet, wäre die Unterlassungsvollstreckung empfindlich geschwächt (vgl. OLG Köln JMBl. NW 1983, 119). Das zeigt sich im Fall b, in dem S durch Veröffentlichung der letzten Romanfolgen die Erledigung der Hauptsache herbeigeführt hat; denn danach mußte G die Erledigung erklären, um nicht mit seinem Klageantrag kostenpflichtig abgewiesen zu werden.

1098   d) Bevor ein Ordnungsmittel verhängt werden kann, muß eine entsprechende *Androhung* vorausgehen (§ 890 II). Zumeist ist diese Androhung schon im Urteil enthalten. Andernfalls hat das Prozeßgericht auf Antrag des Gläubigers einen besonderen Beschluß zu erlassen, der eine Androhung enthält. Vor der Entscheidung ist der Schuldner gem. § 891, 2 zu hören. In dem Beschluß müssen für den Fall der Zuwiderhandlung die Ordnungsmittel des § 890 I konkret angegeben werden, um dem Schuldner die Folgen einer Zuwiderhandlung noch einmal vor Augen zu führen. Der Beschluß ist von Amts wegen zuzustellen (§ 329 III).

1099   e) Der Schuldner muß eine *Zuwiderhandlung* gegen das Verbot begangen haben. Ein Verstoß liegt einmal vor, wenn der Schuldner genau die Handlung vornimmt, die nach dem Wortlaut des Tenors untersagt ist. Zum anderen darf es dem Schuldner nicht gestattet sein, daß er durch ähnliche Handlungen, die zum gleichen Ergebnis führen, das Verbot unterläuft. Untersagt sind dem Schuldner daher auch alle Handlungen, die nach der Verkehrsauffassung der verbotenen gleichwertig sind; das sind solche, die im Kern mit der Verletzungshandlung übereinstimmen (sog. Kerntheorie; vgl. BGHZ 5, 189, 193 f., *Pastor,* 169 ff.). Ein Anwendungsfall der Kerntheorie ist § 17 Nr. 3 AGBG für Unterlassungstitel nach § 13 AGBG.

Im Fall c hat die Rechtsprechung einen Verstoß gegen das Unterlassungsgebot angenommen (OLG Hamburg MDR 1973, 415; vgl. auch OLG Karlsruhe OLG Rspr. 27, 179).

1100   f) Die Verhängung einer Ordnungsmaßnahme setzt ferner ein *Verschulden* (Vorsatz oder Fahrlässigkeit) des Vollstreckungsschuldners voraus (h.M.; vgl. *Zöller/Stöber,* § 890 Rdnr. 5 m.N.; a.A. BL/*Hartmann,* § 890 Anm. 3 E b), da § 890 I strafrechtliche Elemente enthält. Das ergab sich bereits aus der älteren Fassung des § 890 I, in dem noch von »Strafe« die Rede war (vgl. BVerfGE 20, 323, 332 ff.). Die Neufassung dieser Vorschrift, in der es nunmehr »Ordnungsgeld« und »Ordnungshaft« heißt, hat daran nichts geändert; denn der Gesetzgeber hat diese Begriffe nur mit dem Ziel einer einheitlichen und übersichtlichen Sprachregelung gewählt (vgl. BVerfGE 58, 159, 162 f.).

Wenn ein Erfüllungsgehilfe des Schuldners gegen das Unterlassungsgebot verstößt, kann dem Schuldner ein Verschulden nicht nach § 278 BGB zugerechnet werden (OLG Hamm MDR 1978, 585). Voraussetzung für die Verhängung eines Ordnungsmittels ist vielmehr ein persönliches Verschulden des Schuldners; das liegt etwa dann vor, wenn er seine Angestellten nicht ausreichend auf das Verbot hingewiesen hat. Dabei sind an die Beaufsichtigung der Beauftragten strenge Anforderungen zu stellen (OLG Bremen OLGZ 1979, 368), damit der Schuldner nicht das Gebot unterlaufen kann, indem er Dritte vorschiebt (Fall d).

2. Durchführung   1101

In dem *Verfahren*, für das keine mündliche Verhandlung vorgeschrieben ist, muß der Schuldner angehört werden (§ 891). Bestreitet der Schuldner dabei etwa die Zuwiderhandlung oder ein Verschulden, ist eine Beweiserhebung erforderlich. Obwohl die Ordnungsmittel des § 890 ein strafrechtliches Element enthalten, findet eine Amtsermittlung nach strafprozessualen Grundsätzen nicht statt. Es gelten vielmehr die allgemeinen Darlegungs- und Beweisregeln des Erkenntnisverfahrens.

b) Die *Festsetzung des Ordnungsmittels* erfolgt durch Beschluß des   1102
Gerichts. Als Ordnungsmittel kommen Ordnungsgeld und Ordnungshaft in Betracht.

Der Schuldner kann auf Antrag des Gläubigers auch zur Bestellung einer Sicherheit für den durch fernere Zuwiderhandlungen entstehenden Schaden »verurteilt« werden (§ 890 III). Die Anordnung einer Sicherheit sowie deren Art und Höhe stehen im Ermessen des Gerichts. Voraussetzung für eine Kautionsanordnung ist inbesondere, daß mindestens eine rechtswidrige und schuldhafte Zuwiderhandlung gegen den Unterlassungstitel vorliegt. Das ergibt sich aus der Formulierung »fernere Zuwiderhandlung«. Ein Ordnungsmittel muß bereits angedroht worden sein. Die Festsetzung eines Ordnungsmittels vor oder neben der Kautionsanordnung ist nicht erforderlich (h.M.; vgl. OLG Frankfurt Rpfleger 1978, 267 m.N.; a.A. *Pastor,* 325). Das Gericht hat die Erbringung der Sicherheit auf bestimmte Zeit anzuordnen. Der Zeitraum ist so zu bemessen, daß nach seinem Ablauf davon ausgegangen werden kann, der Schuldner werde dem Unterlassungsgebot in Zukunft Folge leisten (Einzelh.: *Zöller/Stöber,* § 890 Rdnr. 25).

(1) Das *Ordnungsgeld* beträgt mindestens 5,— DM (Art. 6 I 1 EGStGB),   1103
höchstens 500 000,— DM je Zuwiderhandlung (§ 890 I 2). Für den Fall, daß es nicht beigetrieben werden kann, hat das Vollstreckungsgericht zugleich mit der Festsetzung des Ordnungsgeldes Ordnungshaft anzuordnen.

Streitig ist, wie der gesetzliche Rahmen der Ersatzordnungshaft zu bestimmen ist. Einer Ansicht nach (BL/*Hartmann,* § 890 Anm. 3 C a) regelt § 890 I weder das Mindest- noch das Höchstmaß der Ersatzordnungshaft, so daß der gesetzliche Rahmen einen Tag bis sechs Wochen beträgt (Art. 6 II 1 EGStGB). Nach einer anderen Meinung (*Pastor,* 276 f.; *Thomas/Putzo,* § 890 Anm. 3 b bb a.E.; *Zöller/Stöber,* § 890 Rdnr. 18) ergibt sich nur das Mindestmaß aus Art. 6 II 1 EGStGB, während das Höchstmaß dem § 890 I 1 zu entnehmen ist und — wie bei der primären Ordnungshaft — sechs Monate beträgt. Dieser Ansicht ist zuzustimmen, da sich der Wortlaut des § 890 I 1 (»bis zu sechs Monaten«) auch auf die Ersatzordnungshaft beziehen läßt. Zudem würde nach der abgelehnten Ansicht einem Ordnungsgeld in Höhe von 500 000,— DM eine Ersatzhaft von sechs Wochen entsprechen, was einen Tagessatz von rd. 11 904,— DM ausmachen würde (so *Pastor,* 277 FN 14).

(2) Die *Ordnungshaft* beträgt mindestens einen Tag (Art. 6 II 1 EGStGB),   1104
höchstens sechs Monate je Zuwiderhandlung (§ 890 I 1).

1105   (3) Dem Gericht steht grundsätzlich die *Wahl zwischen beiden Ordnungs-mitteln* zu. Hat es allerdings ein bestimmtes Ordnungsmittel nach Art und Höhe angedroht, ist es bei der Festsetzung daran gebunden (KG OLG Rspr. 16, 318). Zudem darf unter Berücksichtigung des Verhältnismäßigkeits-grundsatzes die Haft als primäres Ordnungsmittel nur verhängt werden, wenn ein Ordnungsgeld als nicht ausreichend erscheint (*Jauernig*, § 27 IV; *Baur/Stürner*, Rdnr. 691; a.A. *Zöller/Stöber*, Rdnr. 17).
Verstößt der Schuldner wiederholt gegen das Unterlassungsgebot, kann das Ordnungsgeld mehrfach jeweils bis zum Höchstbetrag festgesetzt wer-den; Ordnungshaft darf mehrfach jeweils bis zu sechs Monaten verhängt werden, insgesamt aber nicht über zwei Jahre hinausgehen (§ 890 I 2). Allerdings können mehrere Verstöße auch eine natürliche Einheit bilden oder in Fortsetzungszusammenhang stehen; dann darf nur ein Ordnungsmittel fest-gesetzt werden (Einzelh.: *Pastor*, 211 ff. m.N.).

1106   c) *Adressat* des Ordnungsmittels ist regelmäßig der Schuldner. Wenn die-ser prozeßunfähig ist, soll nach einer Meinung das Ordnungsgeld gegen den Schuldner selbst und die Ordnungshaft gegen den gesetzlichen Vertreter verhängt werden (*Baur/Stürner*, Rdnr. 692; *Thomas/Putzo*, § 890 Anm. 4 e; *Zöller/Stöber*, § 890 Rdnr. 6). Diese Ansicht vermag jedoch nicht zu über-zeugen. Wer bei Prozeßunfähigkeit des Schuldners Adressat des Ordnungs-mittels ist, richtet sich — wie bei der Vollstreckung einer unvertretbaren Handlung gegen Prozeßunfähige (Rdnr. 1088) — nach dem Zweck der gesetzlichen Regelung. § 890 bezweckt, den Schuldner durch Androhung und Festsetzung von Ordnungsmitteln zur Einhaltung des Unterlassungsge-bots anzuhalten. Da eine juristische Person nur durch ihre Organe handeln kann, sind deshalb die Ordnungsmittel (Ordnungsgeld und Ordnungshaft) nur gegen die Organe zu verhängen. Ist der prozeßunfähige Schuldner eine natürliche Person, sind die Ordnungsmittel gegen denjenigen festzusetzen, der die Zuwiderhandlung begangen hat. Gegen den Prozeßunfähigen darf ein Ordnungsmittel jedoch nur verhängt werden, wenn er überhaupt einse-hen kann, daß er gegen ein Gebot verstoßen hat (vgl. StJ/*Münzberg*, § 890 Anm. V).

1107   d) Als *Rechtsmittel* gegen den Beschluß, in dem über die Androhung oder Verhängung eines Ordnungsmittels oder die Anordnung einer Kaution entschieden wird, ist die sofortige Beschwerde im Zwangsvollstreckungsver-fahren gegeben (§ 793). Sofern die Androhung bereits in einem Urteil ent-halten ist, kann sie nur zusammen mit diesem angefochten werden.

1108   e) Die *Folge des Beschlusses* besteht darin, daß die Ordnungsmittel ange-wendet werden. Für die Durchführung der Vollstreckung von Ordnungsmit-teln ist der Rechtspfleger zuständig, soweit sich nicht der Richter im Einzelfall die Vollstreckung ganz oder teilweise vorbehält (§§ 31 III, 4 II Nr. 2 a RPflG). Vollstreckungstitel ist der Beschluß (§ 794 I Nr. 3).

(1) Das *Ordnungsgeld* wird von Amts wegen nach der Justizbeitreibungsordnung (§ 1 I Nr. 3 JBeitrO) zugunsten der Staatskasse vollstreckt (vgl. § 6 JBeitrO). Ob ein bereits gezahltes Ordnungsgeld nach Fortfall des Vollstreckungstitels zurückzuzahlen ist, hängt davon ab, wie die Ordnungsmittel des § 890 einzuordnen sind. Geht man mit der hier vertretenen Auffassung davon aus, daß der § 890 sowohl eine Beugemaßnahme als auch eine repressive Rechtsfolge enthält, kommt eine Erstattung des Ordnungsgeldes nur dann in Betracht, wenn der Vollstreckungstitel mit rückwirkender Kraft aufgehoben worden ist (str.; vgl. Rdnr. 1097; *Zöller/Stöber,* § 890 Rdnr. 23 m.N.).

Hat das Gericht den Schuldner zur *Bestellung einer Sicherheit* verurteilt (§ 890 III), liegt darin die Verurteilung zur Vornahme einer vertretbaren Handlung, die nach § 887 zu vollstrecken ist (Einzelh.: *Pastor,* 328).

(2) Die *Ordnungshaft* wird nach h.M. nicht gem. §§ 904 ff., sondern wie **1109** eine Kriminal- oder Ordnungsstrafe vollstreckt (*Gerhardt,* § 13 III 4 b; StJ/ *Münzberg,* § 890 Anm. III 3 a.E.; a.A. *Böhm,* Die Zwangsvollstreckung nach § 890 ZPO, 87 f.); danach fallen die Kosten der Vollstreckung nicht dem Gläubiger, sondern dem Staat zur Last. Für diese Ansicht spricht zwar, daß eine nach § 890 verhängte Ordnungshaft auch Strafcharakter hat. Entscheidend ist aber trotzdem der Vollstreckungszweck der Ordnungshaft; durch sie soll — nicht anders als durch die Zwangshaft nach § 888 — zugleich die geschuldete Unterlassung erzwungen werden. Deshalb ist es sachgerecht, wenn die Kosten der letztlich vom Gläubiger in seinem Vollstreckungsinteresse veranlaßten Ordnungshaft — ebenso wie die Kosten aller anderen Vollstreckungsmaßnahmen — auch vom Gläubiger zu tragen sind. Der Gesetzgeber selbst ging davon aus, die Haftkosten seien im Falle des § 890 vom Gläubiger vorzuschießen (Mot. z. ZPO, 444).

Dem Gläubiger steht ein Anspruch gegen den Schuldner auf Erstattung der Vollstreckungskosten zu (§ 788).

III. Schadensersatz   **1110**

Durch die Möglichkeit der Duldungs- und Unterlassungsvollstreckung wird der Gläubiger nicht gehindert, Schadensersatz geltend zu machen (§ 893 I; Rdnr. 1063).

1111   § 37   Die Verurteilung zur Abgabe einer
Willenserklärung

Schrifttum: *Dietrich,* Die Individualvollstreckung, 1976; *Dilcher,* Die Vollstrekkung der Abgabe einer Willenserklärung, ZZP 67, 210; *Furtner,* Vorläufige Vollstreckbarkeit von Urteilen, auf Grund deren eine Eintragung im Grundbuch vorgenommen werden soll, JZ 1964, 19; *E. Peters,* Die Erzwingbarkeit vertraglicher
Stimmrechtsbindungen, AcP 156, 311; *D. Reinicke,* Der Schutz des guten Glaubens
beim Erwerb einer Vormerkung, NJW 1964, 2373; *Wurzer,* Die Zwangsvollstrek-
kungsnatur des die Willenserklärung ersetzenden Urteils und die Ebenbürtigkeit des
Prozeßvergleichs mit diesem Urteil, AcP 118, 248; *Zawar,* Vorläufige Vollstreckbarkeit von Urteilen, denen eine auf Auflassung gerichtete Klage zugrunde liegt, JZ
1975, 168.

Fälle:

a) Vermieter G hat gegen den Mieter S auf Zustimmung zu einer Erhöhung des
Mietzinses geklagt und ein obsiegendes Urteil erhalten. Wie kann G vollstrecken?

b) Dem S ist in einem für vorläufig vollstreckbar erklärten Urteil aufgegeben worden, zugunsten des G die Eintragung einer Hypothek Zug um Zug gegen Zahlung
von 10 000,— DM zu bewilligen. Was soll G tun?

c) Der minderjährige S ist verurteilt worden, an G ein bestimmtes Grundstück aufzulassen. Das Grundbuchamt lehnt mit der Begründung, es liege keine vormundschaftsgerichtliche Genehmigung vor, die Eintragung des G ab. Zu Recht?

d) S ist verurteilt worden, dem G ein Grundstück aufzulassen. Wie wird G Eigentümer?

e) G hat ein Urteil erstritten, wonach S ihm einen Pkw zu übereignen hat. Wie
wird die Übereignung durchgesetzt?

I. Voraussetzungen und Rechtswirkung des § 894

Wenn der Schuldner zur Abgabe einer Willenserklärung verurteilt worden ist, wird sein Wille nicht — wie bei der Erzwingung einer unvertretbaren Handlung (§ 888) — durch Zwangsmittel gebeugt. Die Befriedigung des
Gläubigers wird vielmehr auf einfache Weise durch eine Fiktion erreicht:
Die Willenserklärung gilt als abgegeben, sobald das Urteil die Rechtskraft
erlangt hat (§ 894 I 1).

1112   1. Voraussetzungen

a) § 894 I 1 setzt einen *rechtskräftigen Titel* voraus. Daraus ergibt sich,
daß nur solche Vollstreckungstitel in Betracht kommen, die der Rechtskraft

fähig sind, also gerichtliche Urteile und Beschlüsse. Bei einem Schiedsspruch ist die Rechtskraft des Vollstreckungsbeschlusses oder -urteils (§ 1042a I), bei einem ausländischen Urteil die des Vollstreckungsurteils (§ 722 I) erforderlich.

Hat sich der Schuldner in einem Prozeßvergleich zur Abgabe einer Willenserklärung verpflichtet, tritt die Vollstreckungswirkung des § 894 nicht ein, da der Vergleich nicht der Rechtskraft fähig ist; er wird vielmehr nach § 888 vollstreckt (Rdnr. 1070). Es ist daher zweckmäßiger, wenn die abzugebende Willenserklärung selbst schon in den Vergleich mitaufgenommen wird (Rdnr. 86).

b) Die Entscheidung muß die *Verurteilung zur Abgabe einer Willenserklärung* zum Inhalt haben.   **1113**

Beispiele: Dingliche Einigungserklärung zur Übertragung des Eigentums an einer beweglichen Sache; Annahmeerklärung zum Abschluß eines (Haupt-)Vertrages; Zustimmungserklärung des Mieters nach § 2 MHG (Fall a); Erklärungen im Grundbuchverkehr (Auflassung; Eintragungsbewilligung).

Nicht anwendbar ist § 894 im Falle der Verurteilung zur Eingehung einer Ehe (§ 894 II).

c) Eine weitere Voraussetzung muß erfüllt sein, wenn die Willenserklärung *von einer Gegenleistung abhängig* gemacht worden ist. Dann tritt die Fiktionswirkung erst ein, wenn eine vollstreckbare Ausfertigung ausgestellt worden ist (§ 894 I 2). Diese wird dem Gläubiger erteilt, sobald er die Erfüllung der von ihm zu erbringenden Gegenleistung oder den Annahmeverzug des Schuldners durch öffentliche oder durch öffentlich beglaubigte Urkunden nachgewiesen hat (§ 726; dazu Rdnr. 112; Fall b). Durch diese Regelung soll vermieden werden, daß der Schuldner zu einer Vorleistung gezwungen wird.   **1114**

2. Rechtswirkung des § 894   **1115**

a) Das rechtskräftige Urteil *ersetzt die Willenserklärung* des Schuldners. Ist diese formbedürftig (z.B. Auflassungserklärung, löschungsfähige Quittung), wird der jeweils erforderlichen Form durch das Urteil genügt.

Im Fall a gilt mit Rechtskraft des Urteils die Zustimmungserklärung des S zu dem Erhöhungsverlangen als abgegeben. Weitere Vollstreckungsmaßnahmen sind nicht erforderlich.

Nach Rechtskraft des Urteils kann nicht mehr mit Erfolg geltend gemacht werden, der Schuldner sei nicht geschäftsfähig gewesen; denn das mußte bereits vom Prozeßgericht vor Erlaß des Urteils geprüft werden.

Das gilt auch für das Fehlen einer erforderlichen vormundschaftsgerichtlichen Genehmigung, weil sie ebenfalls die Wirksamkeit der Willenserklärung betrifft (Fall c; *Baur/Stürner*, Rdnr. 705; *Bruns/Peters*, § 45 I 1 a; a.A. StJ/*Münzberg*, § 894 Anm. II).

1116   b) *Nicht ersetzt* wird dagegen eine Genehmigung, die nicht nur den Schutz des Schuldners bezweckt und nicht für die Wirksamkeit der Willenserklärung des Schuldners, sondern für die des Rechtsgeschäfts insgesamt erforderlich ist (*Baur/Stürner*, Rdnr. 705). Das Gericht brauchte im Rechtsstreit auf Abgabe der Willenserklärung eine solche Genehmigung nicht zu prüfen. Das Rechtsgeschäft bleibt nach Rechtskraft des Urteils schwebend unwirksam, bis die Genehmigung erteilt wird.

Beispiel: Eine Genehmigung, die für den Verkauf oder die Veräußerung eines Grundstücks nach § 2 des Grundstückverkehrsgesetzes (*Schönfelder*, Deutsche Gesetze, Nr. 40) erforderlich ist, wird nicht durch ein Urteil auf Abgabe einer Willenserklärung ersetzt; denn sie betrifft nicht die Wirksamkeit der Willenserklärung.

Die weiteren Wirksamkeitserfordernisse des Rechtsgeschäfts werden ebenfalls durch das Urteil nicht ersetzt. So richtet sich der Zugang der Willenserklärung nach den allgemeinen Bestimmungen (§§ 130 ff. BGB; RGZ 160, 321, 324 f.). Danach reicht es aus, daß der Empfänger in der Lage ist, von dem Inhalt der Erklärung Kenntnis zu nehmen, und daß unter normalen Umständen mit der Kenntnisnahme zu rechnen ist (AT Rdnr. 152 ff.). Deshalb ist dem Gläubiger die Willenserklärung bereits mit der Verkündung des Urteils zugegangen, weil er die Möglichkeit hat, schon in diesem Zeitpunkt von dem Urteilstenor Kenntnis zu nehmen (ebenso *Jauernig*, § 28 II; StJ/*Münzberg*, § 894 Anm. II; a.A. *Zöller/Stöber*, § 894 Rdnr. 6).

Ist die Willenserklärung gegenüber einem Dritten (z.B. einer Behörde) abzugeben, hat der Gläubiger diesem eine Ausfertigung des rechtskräftigen Urteils vorzulegen. Eine förmliche Zustellung an den Dritten ist dagegen nicht erforderlich (*A. Blomeyer*, § 90 IV 2).

1117   **II. Vormerkung und Widerspruch (§ 895)**

1. Zweck der Regelung

Zwischen dem Erlaß und der Rechtskraft eines Urteils vergeht regelmäßig einige Zeit. Lautet das Urteil auf Abgabe einer Willenserklärung, aufgrund deren eine Eintragung in das Grundbuch (Schiffs- oder Schiffsbauregister) erfolgen soll, besteht die Gefahr, daß der Schuldner bis zur Rechtskraft des Urteils Verfügungen vornimmt, die den Anspruch des Gläubigers vereiteln. Davor soll dieser geschützt werden, indem ihm die Möglichkeit eingeräumt wird, eine Vormerkung bzw. einen Widerspruch eintragen zu lassen. Die dazu nach § 19 GBO erforderliche Bewilligung des betroffenen Schuldners wird durch § 895 fingiert. Mit dem Erlaß eines entsprechenden vorläufig vollstreckbaren Urteils gilt die Bewilligung als abgegeben.

Eine Vormerkung wird auf Antrag des Gläubigers eingetragen, wenn es um die Sicherung eines schuldrechtlichen Anspruchs auf dingliche Rechtsänderung geht (§ 883 BGB), ein Widerspruch (§ 899 BGB), wenn das Urteil einen Berichtigungsanspruch (§ 894 BGB) zuerkennt. In beiden Fällen tritt zwar keine Grundbuchsperre ein. Jedoch ist eine vormerkungswidrige Verfügung dem Gläubiger gegenüber relativ unwirksam; ein Widerspruch verhindert den gutgläubigen Erwerb eines Dritten.

2. Eintragung und Löschung
1118

a) Zur *Eintragung* der genannten Sicherungsmittel muß der Gläubiger beim Grundbuchamt eine Ausfertigung des Urteils vorlegen. Eine vollstreckbare Ausfertigung des Urteils (vgl. § 726) ist dazu nicht erforderlich (BGH Rpfleger 1969, 425).

Auch bei einem nur gegen Sicherheitsleistung vorläufig vollstreckbaren Urteil braucht der Gläubiger für die Eintragung einer Vormerkung oder eines Widerspruchs keine Sicherheit zu leisten (a.A. die h.M.; vgl. etwa BL/*Hartmann*, § 895 Anm. 2; *Thomas/Putzo*, § 895 Anm. 1; *Zawar*, JZ 1975, 168 f.). Denn der Gläubiger könnte sogar im Wege einer einstweiligen Verfügung die Eintragung einer Vormerkung oder eines Widerspruchs ohne vorherige Sicherheitsleistung erreichen (vgl. §§ 885 I 2, 899 II 2 BGB; vgl. *Furtner*, JZ 1964, 19). Das muß ihm erst recht aufgrund eines für vorläufig vollstreckbar erklärten Urteils möglich sein, da der Anspruch des Gläubigers hier bereits in einem ordentlichen Verfahren vom Gericht geprüft worden ist.

Das gilt auch, wenn die im Urteil genannte Leistung von einer Gegenleistung abhängig gemacht worden ist (str.; vgl. *Wieczorek*, § 895 Anm. B III a). § 894 I 2 steht dem nicht entgegen. Die Vorschrift will nur verhindern, daß der Schuldner eine Vorleistung erbringen muß. Diese Gefahr besteht aber nicht, weil durch § 895 die Leistung des Schuldners nicht erzwungen wird, sondern die Rechte des Gläubigers nur gesichert werden.

Im Fall b kann G die Eintragung einer Vormerkung allein durch Vorlage einer Ausfertigung des Urteils erreichen. Nicht erforderlich ist eine vollstreckbare Ausfertigung des Urteils, die G erst erhalten würde, wenn er durch öffentliche oder öffentlich beglaubigte Urkunden nachweisen könnte, daß S befriedigt oder im Verzug der Annahme ist (vgl. § 726).

b) Die *Löschung* der Vormerkung oder des Widerspruchs muß erfolgen, wenn das Urteil oder dessen Vollstreckbarkeit durch eine vollstreckbare Entscheidung aufgehoben wird (vgl. § 895, 2). Voraussetzung ist, daß der Schuldner beim Grundbuchamt die Löschung der Eintragung beantragt; eine Zustimmung des Gläubigers ist nicht erforderlich (§ 25 GBO).
1119

1120   III. Die Vollstreckung von Übereignungsansprüchen

1. Grundstücke

Das Eigentum an einem Grundstück wird durch Einigung (Auflassung) und Eintragung des Erwerbers im Grundbuch übertragen (§§ 873, 925 BGB). Dabei muß die Einigung des Veräußerers und des Erwerbers bei gleichzeitiger Anwesenheit beider Teile vor einer zuständigen Stelle erklärt werden (§ 925 I 1 BGB). Ist der Schuldner rechtskräftig verurteilt worden, dem Gläubiger ein Grundstück aufzulassen, wird nur die Willenserklärung des Schuldners und die für sie erforderliche Form durch das Urteil ersetzt. Der Gläubiger hat die Möglichkeit, nach der Rechtskraft des Urteils (nicht vorher; BayObLG Rpfleger 1983, 390) die Einigungserklärung vor dem Notar abzugeben und alsdann unter Vorlage des mit dem Rechtskraftvermerk versehenen Urteils und einer Ausfertigung der notariellen Urkunde über seine Auflassungserklärung beim Grundbuchamt die Eigentumsumschreibung zu beantragen (Fall d).

Benötigt der Gläubiger für seine Eintragung weitere Urkunden, so kann er sie an Stelle des Schuldners beantragen (vgl. § 896). Diese Vorschrift ist neben § 792 erforderlich, da eine Eintragung nicht als Maßnahme der Zwangsvollstreckung anzusehen ist (BL/*Hartmann*, § 896 Anm. 1).

Beispiel: Der Schuldner ist als Erbe des noch im Grundbuch eingetragenen Berechtigten verurteilt worden, das Grundstück an den Gläubiger aufzulassen. Hier kann auf eine Zwischeneintragung des Schuldners verzichtet werden (§ 40 I GBO); allerdings muß die Erbfolge etwa durch einen Erbschein nachgewiesen werden (§ 35 I 1 GBO). Diesen Erbschein kann der Gläubiger an Stelle des Schuldners beantragen.

1121   2. Bewegliche Sachen

Ist der Schuldner verurteilt worden, das Eigentum an einer beweglichen Sache zu übertragen (vgl. § 929 BGB), wird die Einigungserklärung nach § 894 fingiert und die Übergabe nach § 883 vollstreckt (Fall e). Dabei gilt die Übergabe der Sache als erfolgt, wenn der Gerichtsvollzieher die Sache zum Zwecke der Ablieferung an den Gläubiger wegnimmt (§ 897 I). Zu diesem Zeitpunkt geht daher auch die Gefahr auf den Gläubiger über. Der Schuldner braucht somit nicht noch einmal zu leisten, wenn der Gerichtsvollzieher die zu übereignende Sache etwa verliert oder unterschlägt.

Der Gerichtsvollzieher ist befugt, die zu übereignende Sache schon vor der Rechtskraft des Urteils — aufgrund eines vorläufig vollstreckbaren Urteils — wegzunehmen; jedoch erwirbt der Gläubiger das Eigentum erst mit Eintritt der Rechtskraft (vgl. § 929, 2 BGB).

536

§ 897 I ist gem. § 897 II auch für die Übergabe eines Hypotheken-, Grundschuld- oder Rentenschuldbriefs anwendbar, wenn der Schuldner zur Bestellung, Abtretung oder Belastung eines entsprechenden Grundpfandrechtes verurteilt worden ist und eine Briefübergabe erforderlich ist (vgl. z.B. §§ 1117 I, 1154 I 1 BGB).

IV. Gutgläubiger Erwerb

1122

Die nach § 894 fingierte Willenserklärung steht einer rechtsgeschäftlichen gleich. Demnach ist der Erwerb gem. §§ 894, 897 wie ein rechtsgeschäftlicher zu behandeln. Das gilt auch für den gutgläubigen Erwerb vom Nichtberechtigten (§ 898). Entscheidend ist der gute Glaube des Gläubigers, nicht der des Gerichtsvollziehers, da dieser nicht als Vertreter des Gläubigers, sondern als Amtsperson handelt (Rdnr. 12, 313 f.). Der gute Glaube muß beim Erwerb einer beweglichen Sache dann vorhanden sein, wenn das Urteil rechtskräftig wird und die Übergabe erfolgt (vgl. § 932 BGB); beim Erwerb eines Grundstücks kommt es auf den Zeitpunkt des Antrags auf Umschreibung des Eigentums an (vgl. § 892 II BGB).

Ein gutgläubiger Erwerb der Vormerkung im Wege der Zwangsvollstreckung ist ebenfalls möglich. Für den Fall, daß der nichtberechtigte Schuldner dem Gläubiger eine Vormerkung bewilligt hat, ergibt sich das ohne weiteres aus § 898 i.V.m. § 894.

Das gilt entsprechend für eine durch § 895 fingierte Vormerkung. Diese Vorschrift ist in § 898 zwar nicht ausdrücklich genannt; es kommt jedoch eine analoge Anwendung in Betracht, da das Gesetz insoweit lückenhaft ist (*Reinicke*, NJW 1964, 2379 ff.; StJ/*Münzberg*, § 898 Anm. I; a.A. BL/*Hartmann*, § 898 Anm. 1; *Thomas/ Putzo*, Anm. zu § 898).

V. Rechtsbehelfe

1123

Nach der Rechtskraft des Urteils scheiden Rechtsmittel aus. Aber auch die Vollstreckungsgegenklage (§ 767) und die Drittwiderspruchsklage (§ 771) sind nicht mehr zulässig, da mit der Rechtskraft die Vollstreckung bereits beendet ist.

Dagegen ist bei einer Verurteilung zur Übereignung einer Sache außer der Rechtskraft des Urteils die Eintragung im Grundbuch oder die Übergabe an den Gläubiger erforderlich. Deshalb sind die Klagen aus § 767 oder § 771 auch noch nach der Rechtskraft des Urteils zulässig, weil allein dadurch die Zwangsvollstreckung noch nicht beendet ist.

VI. Schadensersatz

1124

Für den Regelfall des § 894, in dem es allein um die Abgabe einer Willenserklärung geht, ist § 893 ohne Bedeutung (vgl. RGZ 76, 409, 412). Diese

Vorschrift bestimmt nur, daß der Gläubiger anstelle der zwangsweisen Durchsetzung des titulierten Anspruchs auch Schadensersatz verlangen kann, falls ihm ein solcher Anspruch nach materiellem Recht (Rdnr. 1063) zusteht. Da nach § 894 aber durch das rechtskräftige Urteil die Abgabe der Willenserklärung fingiert und damit der Anspruch des Gläubigers erfüllt ist, kann anstelle dieses Anspruchs kein Schadensersatz mehr verlangt werden.

Wenn der Schuldner dagegen nicht nur zur Abgabe einer Willenserklärung, sondern zur Übereignung einer (beweglichen oder unbeweglichen) Sache verurteilt ist, führt allein die Fiktion der Übereignungserklärung nach § 894 noch nicht zur Befriedigung des Gläubigers. Deshalb hat er in diesem Fall auch nach Rechtskraft des Urteils bis zum Abschluß der Übereignung die Möglichkeit, anstelle der Übereignungsvollstreckung Schadensersatz zu verlangen. Für die gerichtliche Geltendmachung dieses Anspruchs gilt § 893 II.

§ 38   Eidesstattliche Versicherung und Haft

§ 38   Eidesstattliche Versicherung und Haft

Fünfter Abschnitt

§ 38   Eidesstattliche Versicherung und Haft

Fünfter Abschnitt

§ 38   Eidesstattliche Versicherung und Haft

Schrifttum: *Behr,* Abgabe der Offenbarungsversicherung bei einer Mehrheit von gesetzlichen Vertretern, Rpfleger 1978, 41; *Birmanns,* Der Haftbefehl in Zwangsvollstreckungsverfahren und das Grundgesetz, DGVZ 1980, 118; *Bittmann,* Erzwingungshaft und Grundgesetz, Rpfleger 1983, 261; *Finkelnburg,* Die Vorführung des offenbarungswilligen Schuldners, DGVZ 1977, 1; *H. Göppinger,* Fragen des Offenbarungseidverfahrens, AcP 158, 336; *Grein,* Zeitliche Grenzen eines Haftbefehls im Zwangsvollstreckungsverfahren, DGVZ 1982, 49; *Haase,* Zur Frage der Vorlegung einer neuen Unpfändbarkeitsbescheinigung für die Abnahme der Offenbarungsversicherung nach § 903 ZPO, Rpfleger 1970, 383; *Herpers,* Der Ablauf der Rechtsmittelfrist nach dem Erlaß eines Haftbefehls im Offenbarungseidesverfahren, Rpfleger 1969, 372; *Koch,* Offenbarungseid und Haft, 1965; *Lent,* Die Löschung des Schuldners im Schuldnerverzeichnis (§ 915 ZPO), NJW 1959, 178; *Lorenz,* Voraussetzungen der Löschung im Schuldnerverzeichnis, NJW 1962, 144; *Midderhoff,* Die Feststellung der Haftunfähigkeit gem. § 906 ZPO und ihre Überprüfung durch das Vollstreckungsgericht, DGVZ 1982, 81; *Morgenstern,* Verhältnismäßigkeitsgrundsatz und Erzwingungshaft zur Abgabe einer eidesstattlichen Versicherung, NJW 1979, 2277; *Noack,* Aktuelle Fragen des Verfahrens auf Abnahme der eidesstattlichen Versicherung, JurBüro 1981, 481; *E. Schneider,* Die Ungesetzlichkeit der Vorführung haftunfähiger Schuldner, DGVZ 1979, 49; *ders.,* Haftaufschub wegen Gesundheitsgefährdung, JR 1978, 182; *Schumacher,* Die Wartezeit des § 903 ZPO, ZZP 75, 244; *Schwalm,* Der Vollstreckungseid, 1930; *Vollkommer,* Zur Form des Offenbarungsantrags gemäß § 900 ZPO, Rpfleger 1975, 419; *F. Weber,* Sachaufklärung und Offenbarungseid in der Zwangsvollstreckung, 1939.

Fälle:

a) Nachdem Gv ohne Erfolg bei S zu pfänden versucht hat, will G ein Verfahren zur Abgabe der eidesstattlichen Versicherung beantragen. S hält dieses Verfahren so lange für unzulässig, bis eine Lohnpfändung bei ihm erfolglos verlaufen sei.

b) Der Handelsvertreter S, der in einer ständigen Geschäftsbeziehung zu dem Unternehmer D steht, macht in seinem Vermögensverzeichnis die Angabe »derzeit keine Forderungen an Dritte«. G beantragt eine Ergänzung des Vermögensverzeichnisses und möchte nähere Auskünfte über den Namen des D sowie den Kundenstamm des S.

c) Nach erfolgloser Zwangsvollstreckung in das bewegliche Vermögen der S-GmbH hat das Amtsgericht einen Termin zur Abgabe einer Offenbarungsversicherung anberaumt. Einen Tag vor diesem Termin wird M, der Geschäftsführer der

S-GmbH, auf einer Gesellschafterversammlung abberufen und F, die Ehefrau des M, zur Geschäftsführerin bestellt. Wer muß die Versicherung abgeben?

d) G hat beantragt, dem S die eidesstattliche Versicherung abzunehmen und einen Haftbefehl zu erlassen, falls S im Termin nicht erscheint. Eine Woche vor dem Termin bezahlt S die Forderung und bittet G, das Vollstreckungsgericht von der Zahlung zu benachrichtigen, da eine Eintragung im Schuldnerverzeichnis für ihn finanzielle Nachteile hätte. G sagt das zu, unterläßt jedoch eine Mitteilung. Das Gericht erläßt gegen den im Termin nicht erschienenen S Haftbefehl und trägt ihn in das Schuldnerverzeichnis ein. Da dem S durch diese Eintragung ein Geschäft entgangen ist, verlangt er von G Schadensersatz.

Die eidesstattliche Versicherung ist 1970 an die Stelle des früheren Offenbarungseides getreten. Die Verpflichtung zur Abgabe einer solchen Versicherung kann sich aus materiellrechtlichen und prozeßrechtlichen Vorschriften ergeben.

Die hier nicht näher interessierende materiellrechtliche Pflicht zur Abgabe einer eidesstattlichen Versicherung (z.B. §§ 259 f., 2006, 2028, 2057 BGB) setzt in der Regel eine Pflicht zur Auskunftserteilung und Rechenschaftslegung voraus. Sie wird dadurch erfüllt, daß die eidesstattliche Versicherung vor dem Amtsgericht (Rechtspfleger) abgegeben wird (§§ 163, 79 FGG, § 261 II BGB, § 3 Nr. 1 b RPflG). Weigert sich der Schuldner, die eidesstattliche Versicherung abzugeben, kann der Gläubiger ihn auf Abgabe verklagen; das Urteil wird nach § 888 vollstreckt (§ 889; Rdnr. 1076).

1126   I. Bedeutung der prozessualen Offenbarungsversicherung

Die ZPO regelt die eidesstattliche Versicherung für die Fälle, in denen dem Vollstreckungsschuldner eine prozessuale Offenbarungspflicht obliegt. Deshalb wird diese eidesstattliche Versicherung — zur Unterscheidung von dem Beweismittel der Versicherung an Eides Statt (vgl. § 294 I) — auch als eidesstattliche Offenbarungsversicherung bezeichnet. Diese dient dem Vollstreckungsgläubiger als Hilfsmittel zur Durchführung der Zwangsvollstreckung wegen einer Geldforderung (§ 807) und wegen der Herausgabe einer beweglichen Sache (§ 883), wenn die Vollstreckung bisher nicht zum Erfolg geführt hat. In beiden Fällen soll es dem Schuldner im Interesse des Gläubigers erschwert werden, die Zwangsvollstreckung zu behindern oder gar unmöglich zu machen.

In der Praxis hat die Offenbarungsversicherung nach § 883 keine große Bedeutung; wenn die herauszugebende Sache nicht vorgefunden wird, hält der Gläubiger sich in der Regel nicht lange mit Nachforschungen auf, sondern verlangt Schadensersatz (Rdnr. 1063). Dagegen ist der Antrag auf Abgabe der Offenbarungsversicherung nach § 807 vielfach der einzige Weg für den Gläubiger, zu seinem Geld zu kommen. Bereits ein solcher Antrag bewirkt oft schon, daß der Schuldner doch noch für eine Befriedigung des Gläubigers sorgt, da der Schuldner sich vor einer mit dem Verfahren verbundenen Eintragung in das Schuldnerverzeichnis (vgl. § 915; Rdnr. 1144 ff.) fürchtet; denn die Aufnahme in die »Schwarze Liste« mindert das Ansehen und insbesondere die Kreditwürdigkeit des Schuldners, zumal jedermann die Liste einsehen kann.

II. Voraussetzungen der Offenbarungspflicht   1127

Die prozessuale Offenbarungspflicht besteht in zwei Fällen:

1. Offenbarungspflicht nach § 807

Die Pfändung darf zu einer vollständigen Befriedigung des Gläubigers nicht geführt haben, oder der Gläubiger muß glaubhaft machen, daß er durch eine Pfändung seine Befriedigung nicht vollständig erlangen könne (§ 807 I 1).

a) Eine *Erfolglosigkeit der Pfändung* liegt vor, wenn die Zwangsvollstrekkung in das bewegliche Vermögen des Schuldners nicht zur (vollständigen) Befriedigung des Gläubigers geführt hat.

(1) Eine *vergebliche Sachpfändung* genügt. Ein Versuch, in ein Grund-   1128
stück des Schuldners zu vollstrecken, ist nicht erforderlich. Auch eine Forderungspfändung braucht im Regelfall nicht versucht worden zu sein (*Baur/Stürner*, Rdnr. 808; *Jauernig*, § 29 I; *Rosenberg*, § 197 I 3 a), zumal stets nur die »angebliche« Forderung gepfändet wird.

Allerdings wird man mit der h.M. (BL/*Hartmann*, § 807 Anm. 2 B c m.N.) vom Vollstreckungsgläubiger, dem die Forderung des Vollstreckungsschuldners bekannt ist (z.B. Lohnforderung; Fall a), erwarten können, daß er diese Forderung pfänden läßt, ehe er vom Schuldner die Vorlage eines Vermögensverzeichnisses verlangt. Jedoch ist es dem Vollstreckungsgläubiger nicht zuzumuten, die gepfändete Forderung auch noch gegen den Drittschuldner einzuklagen, so daß er mit dem Prozeßrisiko belastet wird; vielmehr kann ein Mißerfolg der Pfändung schon dann angenommen werden, wenn der Drittschuldner die Zahlung oder die Auskunft nach § 840 (Rdnr. 621 ff.) ablehnt (StJ/*Münzberg*, § 807 Rdnr. 19).

Verweigert der Schuldner dem Gerichtsvollzieher die Durchsuchung, liegt noch kein fruchtloser Pfändungsversuch vor (*Baur/Stürner*, Rdnr. 808; OLG Stuttgart Rpfleger 1981, 152; LG Itzehoe SchlHA 1984, 75; a.A. *Thomas/Putzo*, § 807 Anm. 3 c). Dem Gläubiger ist zuzumuten, zunächst eine richterliche Durchsuchungsanordnung zu beantragen. Erst wenn auch das nicht zum Erfolg geführt hat, ist der Pfändungsversuch als erfolglos anzusehen.

(2) Der *Nachweis der Erfolglosigkeit* wird durch eine Fruchtlosigkeitsbe-   1129
scheinigung des Gerichtsvollziehers erbracht. Diese darf nicht zu alt sein; je

älter sie ist, desto weniger ist sie zum Beweis der Erfolglosigkeit der Pfändung geeignet.

Die Rechtsprechung weist hinsichtlich der Frage, wie alt die Bescheinigung sein darf, Unterschiede auf (LG Hagen MDR 1975, 497: sechs Monate; LG Kiel MDR 1977, 586: ein Jahr). Maßgebend müssen die Umstände des Einzelfalls sein. Sind etwa Anhaltspunkte dafür vorhanden, daß der Schuldner inzwischen Einkünfte erzielt hat, kann das für die zeitliche Grenze bedeutsam sein.

1130   b) Bei *Aussichtslosigkeit der Pfändung* ist vom Gläubiger nicht zu verlangen, daß er noch einen untauglichen Versuch der Vollstreckung unternimmt.

(1) Erforderlich ist, daß durch die Pfändung *keine (vollständige) Befriedigung des Schuldners zu erlangen sein wird.* Diese Voraussetzung ist etwa dann erfüllt, wenn der Schuldner im Inland keine Wohnung oder die schuldende Handelsgesellschaft kein Geschäftslokal hat (StJ/*Münzberg*, § 807 Rdnr. 20 m.N.).

Hat der Gläubiger Sachen des Schuldners sicherungshalber in seinem Gewahrsam, muß er zunächst in sie die Vollstreckung betreiben (vgl. § 809; Rdnr. 247). Dagegen ist ihm beim Abzahlungskauf eine Zwangsvollstreckung in die Sachen, die er dem Schuldner unter Eigentumsvorbehalt geliefert hat, nicht zuzumuten, weil darin nach § 5 AbzG ein Rücktritt vom Vertrag läge (vgl. OLG Saarbrücken MDR 1966, 768; *A. Blomeyer*, § 67 II 2 b).

1131   (2) Für den *Nachweis der Aussichtslosigkeit* reicht eine Glaubhaftmachung (§ 294) des Tatbestandes aus.

Dazu genügt z.B. eine Bescheinigung des Gerichtsvollziehers, daß er schon für andere Gläubiger beim Schuldner vergeblich zu pfänden versucht habe oder daß der Schuldner nach der Erfahrung des Gerichtsvollziehers unpfändbar sei.

1132   2. Offenbarungspflicht nach § 883 II

a) *Voraussetzung* dieser Offenbarungspflicht ist, daß bei der Zwangsvollstreckung wegen der Herausgabe einer oder mehrerer bestimmter beweglicher Sachen diese nicht vorgefunden werden.

b) Der *Nachweis*, daß die Sache nicht vorgefunden wurde, kann durch eine entsprechende Bescheinigung des Gerichtsvollziehers erbracht werden.

1133   III. Verfahren zur Abgabe der Offenbarungsversicherung

1. Gerichtliche Prüfung vor Terminsanberaumung

Bevor das Gericht einen Termin zur Abgabe der Offenbarungsversicherung anberaumt, hat es zu prüfen, ob die Prozeßvoraussetzungen

(Rdnr. 18 ff.), insbesondere seine Zuständigkeit, ein entsprechender Antrag des Gläubigers und ein Rechtsschutzbedürfnis, gegeben sind. Ferner müssen die allgemeinen Voraussetzungen der Zwangsvollstreckung (Rdnr. 29 ff.) und die besonderen Voraussetzungen für die Pflicht zur Abgabe der Offenbarungsversicherung vorliegen.

a) *Zuständigkeit:* Für die Abnahme der Versicherung ist das Amtsgericht ausschließlich zuständig, in dessen Bezirk der Schuldner im Inland seinen Wohnsitz oder in Ermangelung eines solchen seinen Aufenthaltsort hat (§§ 899, 802). Bei einer juristischen Person ist deren Sitz maßgebend (vgl. § 17).

Funktionell zuständig ist der Rechtspfleger (§ 20 Nr. 17 RPflG); das gilt allerdings für eine Haftanordnung (Rdnr. 1154) nicht (vgl. § 4 II Nr. 2 RPflG).

b) *Antrag:* Nach § 900 I 1 beginnt das Verfahren mit dem Antrag des Gläubigers auf Bestimmung eines Termins zur Abgabe der Offenbarungsversicherung. Dieser Antrag ist schriftlich oder zu Protokoll der Geschäftsstelle zu stellen. **1134**

Dem Antrag sind der Vollstreckungstitel und die sonstigen Urkunden beizufügen, aus denen sich die Verpflichtung des Schuldners zur Abgabe der Versicherung ergibt (§ 900 I 2). Dazu gehören alle die Urkunden, deren Vorliegen das Gericht überprüfen muß, z.B. die Urkunde über die Zustellung des Titels und der Nachweis, daß die Zwangsvollstreckung nicht zum Erfolg geführt hat.

c) *Rechtsschutzbedürfnis:* Wenn der Gläubiger schon sichere Kenntnis von dem Vermögen des Schuldners hat oder genau weiß, daß pfändbare Vermögensgegenstände nicht vorhanden sind, fehlt das Rechtsschutzbedürfnis für eine Offenbarungsversicherung (vgl. BVerfGE 48, 396, 401; 61, 126, 135; kritisch: *Baur/Stürner*, Rdnr. 810, 822). **1135**

d) *Keine Eintragung im Schuldnerverzeichnis:* Das Vollstreckungsgericht hat von Amts wegen zu prüfen, ob der Schuldner innerhalb der letzten drei Jahre eine Offenbarungsversicherung abgegeben hat oder gegen ihn die Haft (zur Erzwingung der Versicherung) angeordnet ist (§ 900 II 1); das kann das Gericht aus dem bei ihm geführten Schuldnerverzeichnis (Rdnr. 1144 f.) entnehmen. **1136**

(1) Sofern eine solche *Eintragung nicht vorliegt* und die übrigen Voraussetzungen gegeben sind, wird der Termin zur Abgabe der Offenbarungsversicherung anberaumt (Rdnr. 1140).

(2) *Von einer Eintragung im Schuldnerverzeichnis,* die noch nicht gelöscht ist, soll der Gläubiger benachrichtigt werden. Das Verfahren ist nur auf Antrag fortzusetzen (§ 900 II 2). Der Gläubiger muß die besonderen Voraus- **1137**

Datum **3. Nov. 1985**

Bei allen Zuschriften und Zahlungen bitte angeben:

Glaub ./. Schuld

An das
Amtsgericht

4400 Münster

Antrag

auf Bestimmung eines Termins

zur Abgabe der eidesstattlichen

Versicherung gem. §§ 807, 900 ZPO

de **s** Kaufmanns Georg Glaub, Hauptstr. 1, 4400 Münster

(Gläubiger)

vertreten durch: **Rechtsanwalt Reimann, Mohnhofsfeld 76, 4400 Münster**

gegen **den Schlosser Simon Schuld, Mittelweg 19, 4400 Münster**

(Schuldner)

Der aus dem anliegenden **Urteil** des **Amts**-gerichts
Münster vom **1. Okt. 1985** (Gesch.-Nr. **7 C 925/85**)
gegen den Schuldner durchgeführte Pfändungsversuch war gem. beigefügter Mitteilung des Gerichtsvollziehers
vom **25. Okt. 1985** ganz oder teilweise erfolglos.
Namens des Gläubigers wird daher **beantragt**, wegen folgender Ansprüche und Kosten dieses Verfahrens

1.315,83	DM	Hauptforderung
46,43	DM	4 % Zinsen seit dem 15.12.1984 für die Hauptforderung
10,00	DM	vorgerichtliche Mahnkosten – Wechselkosten *) – des Gläubigers
	DM	festgesetzte Kosten – Kosten des Mahnverfahrens *)
	DM	4% Zinsen seit dem aus den Kosten gem. § 104, 1 ZPO
81,05	DM	bisherige Vollstreckungskosten gem. Anlage
	DM	
1.453,31	DM	Zwischensumme = Wert (Höchstwert 2 400 DM nach § 58 III '' BRAGO)
	30,90	DM Gebühr für diesen Antrag (§§ 11, 57, 58 III '' BRAGO)
	5,00	DM weitere Porto- und Telefonauslagen – Pauschale *) –
40,93	DM	5,03 DM Mehrwertsteuer
1.494,24	DM	Zwischensumme
20,00	DM	Gerichtsgebühr für dieses Verfahren (Nr. 1152 Kost.-Verz. GKG)
5,00	DM	Postgebühr für Zustellung (Nr. 1902 Kost.-Verz. GKG)
1.519,24	DM	Gesamtsumme **zuzüglich weiterer entstehender Zinsen**

einen **Termin gem. §§ 807, 900 ZPO** zur Vorlage eines Vermögensverzeichnisses und Abgabe
der eidesstattlichen Versicherung durch den Schuldner zu bestimmen – dies auch dann, wenn gegen
ihn bereits Haftbefehl zur Erzwingung der Abgabe der eidesstattlichen Versicherung vorliegt.
Sollte der Schuldner im Termin nicht erscheinen oder die Abgabe der eidesstattlichen Versicherung ohne Grund verweigern, wird weiter **beantragt**,
Haftbefehl gegen ihn zu erlassen und eine Ausfertigung des Haftbefehls zu erteilen.
Von dem Terminprotokoll und dem Vermögensverzeichnis werden Abschriften erbeten.
Falls **innerhalb der letzten drei Jahre** durch den Schuldner eine eidesstattliche Versicherung gem. §§ 807, 900, 903
ZPO abgegeben wurde, wird der Antrag auf Terminbestimmung zurückgenommen und um Erteilung von Abschriften
des Terminprotokolls und des Vermögensverzeichnisses unter Rückgabe der Unterlagen gebeten.
Die nicht verbrauchten Gerichtskosten bitte ich mir zu erstatten. Ich versichere, daß diese aus eigenen Mitteln verauslagt sind.
Vollmacht – ergibt sich aus dem Schuldtitel – wird beigefügt.*) Abschrift dieses Antrages anbei.

*) Nichtzutreffendes streichen.

Reimann
Rechtsanwalt

W [...] Form. Nr. **Z 513** m Antrag zur Abgabe der eidesstattlichen Versicherung (9491 IV/83)

544

setzungen des § 903 glaubhaft machen. Diese Vorschrift, welche nur für die Versicherung gem. § 807 gilt, sieht eine wiederholte Offenbarungsversicherung in zwei Fällen vor:

(a) Hat der *Schuldner später Vermögen erworben,* soll dem Gläubiger die Möglichkeit eingeräumt werden, sich Kenntnis von den nun bestehenden Zugriffsmöglichkeiten zu verschaffen. Es genügt, wenn der Gläubiger Umstände glaubhaft macht, die nach der Lebenserfahrung darauf schließen lassen, daß der Schuldner in den Besitz pfändbarer Vermögensstücke gelangt ist (KG JW 1935, 140).

(b) Ist ein bisher mit dem Schuldner bestehendes *Arbeitsverhältnis aufgelöst,* geht das Gesetz davon aus, daß der Schuldner nunmehr einen anderen Arbeitsplatz hat, was einen neuen Vermögenswert darstellt.   1138

Die in § 903 behandelte wiederholte Offenbarungsversicherung ist nicht identisch mit der ergänzenden Versicherung. Diese kommt in Betracht, wenn die bisherige Versicherung ungenau oder unvollständig ist; zwecks Ergänzung wird das alte Verfahren fortgesetzt (vgl. BL/ *Hartmann,* § 903 Anm. 1 B).

2. Terminsanberaumung   1139

a) *Liegen* die vom Gericht zu prüfenden *Voraussetzungen nicht vor,* wird die Terminsanberaumung abgelehnt. Gegen die *Zurückweisung* seines Antrages steht dem Gläubiger die befristete Rechtspflegererinnerung (§ 11 I 2 RPflG) zu.

Bei einem behebbaren Mangel hat das Gericht dem Gläubiger allerdings Gelegenheit zu geben, den Mangel zu beseitigen. Erst wenn das unterbleibt, ist der Antrag zurückzuweisen.

b) Sind *alle Voraussetzungen gegeben,* hat das Gericht einen *Termin zur Abgabe der Offenbarungsversicherung anzuberaumen.* Gegen die Terminsanberaumung steht dem Schuldner kein Rechtsbehelf zu (h.M.; BL/ *Hartmann,* § 900 Anm. 3 D a; Zöller/Stöber, § 900 Rdnr. 28; a.A. *Thomas/ Putzo,* § 900 Anm. 8 c: unbefristete Rechtspflegererinnerung). Eine Rechtspflegererinnerung ist durch die Spezialregelung des § 900 V ausgeschlossen, der einen Widerspruch des Schuldners im Termin vorsieht.   1140

Die *Ladung zum Termin* zur Abgabe der Offenbarungsversicherung ist dem Schuldner auch dann selbst zuzustellen, wenn er einen Prozeßbevollmächtigten bestellt hat; einer Mitteilung an diesen bedarf es nicht (§ 900 III 1). Dem Gläubiger ist die Terminsbestimmung formlos mitzuteilen (§ 900 III 2 i.V.m. § 357 II).

Das Gericht kann den Termin unter bestimmten Voraussetzungen aufheben (= Absetzung ohne Bestimmung eines neuen Termins), verlegen

(= Absetzung und Bestimmung eines neuen Termins) oder die Verhandlung vertagen (= Bestimmung eines neuen Termins nach Beginn der Verhandlung).

Das ist immer möglich, wenn der Gläubiger zustimmt (§ 900 III 3). Eine Vertagung bis zu drei Monaten ist zulässig, wenn der Schuldner glaubhaft macht, daß er in dieser Frist die Forderung tilgen werde (§ 900 IV 1). Weist der Schuldner in dem neuen Termin nach, daß er mindestens zwei Drittel der Forderung getilgt hat, kommt eine weitere Vertagung bis zu sechs Wochen in Betracht (§ 900 IV 2). Das Gericht entscheidet über einen Vertagungsantrag nach pflichtgemäßem Ermessen. Gegen den Vertagungsbeschluß hat der Gläubiger nach § 900 IV 3 die sofortige Beschwerde, wenn der Richter entschieden hat; gegen den Beschluß des Rechtspflegers ist die befristete Rechtspflegererinnerung gegeben (§ 11 I 2, 1. Fall RPflG). Der eine Vertagung ablehnende Beschluß des Richters ist nach § 900 IV 4 unanfechtbar; hat jedoch der Rechtspfleger entschieden, findet die befristete Rechtspflegererinnerung statt (§ 11 I 2, 2. Fall RPflG).

1141   **3. Abgabe der Offenbarungsversicherung**

Im Regelfall erscheint der Schuldner in dem anberaumten Termin und gibt die Offenbarungsversicherung ab. Zu den Fällen, in denen der Schuldner die Versicherung nicht abgibt, vgl. Rdnr. 1149 ff.

a) Bei der *Offenbarungsversicherung nach § 807* (Rdnr. 1127 ff.) legt der Schuldner ein Verzeichnis seines Vermögens vor und gibt dann die Versicherung ab.

(1) Der erforderliche *Inhalt des Vermögensverzeichnisses* ergibt sich im einzelnen aus § 807 I. Danach hat der Schuldner sein ganzes Vermögen anzugeben. Der Gläubiger muß aus den Angaben erkennen können, ob eine weitere Zwangsvollstreckung Aussicht auf Erfolg bietet und welche Maßnahmen dazu erforderlich sind. Bei Forderungen muß der Schuldner den Grund und die Beweismittel bezeichnen (§ 807 I 1). Sachen, die nach § 811 Nr. 1, 2 (Rdnr. 279 f.) offensichtlich unpfändbar sind, brauchen nur dann angegeben zu werden, wenn eine Austauschpfändung (Rdnr. 288 ff.) in Betracht kommt.

Anzugeben sind insbesondere Wertsachen, selbst wenn sie unter Eigentumsvorbehalt erworben wurden (BGH NJW 1960, 2200), auch die Orte, an denen sich die Sachen befinden (BGHZ 7, 287, 293 f.), Forderungen (auch unsichere; vgl. BGH NJW 1953, 390), Arbeitseinkommen, Renten und soziale Geldleistungen, soweit sie der Pfändung unterliegen (Einzelh.: *Zöller/Stöber*, § 807 Rdnr. 19 ff.).

Im Fall b ist S verpflichtet, den D näher zu bezeichnen, da aus dieser Geschäftsverbindung jederzeit Provisionsansprüche (§§ 87 ff. HGB) entstehen können. Dagegen braucht S keine näheren Angaben über seinen Kundenstamm zu machen, da insoweit lediglich eine unsichere Erwerbsmöglichkeit besteht (vgl. OLG Hamm MDR 1980, 149). Die unvollständigen Angaben hat S zu ergänzen.

Aus dem Vermögensverzeichnis müssen auch bestimmte Veräußerungen an nahe Angehörige des Schuldners sowie unentgeltliche Verfügungen ersichtlich sein, die der Schuldner innerhalb einer bestimmten Zeit vor dem Termin zur Abgabe einer Offenbarungsversicherung vorgenommen hat (§ 807 I 2 Nr. 1—3); dabei handelt es sich um Geschäfte, die nach dem Anfechtungsgesetz anfechtbar sind (vgl. Rdnr. 261 ff.). Diese Angaben sollen dem Gläubiger Kenntnis von einem etwaigen Anfechtungsgrund verschaffen und ihm damit die Entscheidung ermöglichen, ob er von seinem Anfechtungsrecht Gebrauch macht.

(2) Der Schuldner hat zu Protokoll *an Eides Statt zu versichern*, daß er die von ihm verlangten Angaben nach bestem Wissen und Gewissen richtig und vollständig gemacht habe (§ 807 II 1). Vorher ist der Schuldner in angemessener Form über die Bedeutung der Offenbarungsversicherung zu belehren (Einzelh.: § 872 II 2). **1142**

Regelmäßig hat der Schuldner persönlich die Versicherung abzugeben. Anstelle des prozeßunfähigen Schuldners handelt dessen gesetzlicher Vertreter. Hat etwa eine GmbH mehrere Geschäftsführer, bestimmt das Gericht entsprechend § 455 I 2, welcher von ihnen an Eides Statt versichern soll (StJ/ *Münzberg*, § 807 Rdnr. 44 m.N.). Verpflichtet ist jeweils diejenige Person, die im Zeitpunkt des Termins zur Abgabe der Versicherung Geschäftsführer der GmbH ist (StJ/*Münzberg*, § 807 Rdnr. 44; *Thomas/Putzo*, § 807 Anm. 4 a; a.A. BL/*Hartmann*, § 807 Anm. 4 D: Zeitpunkt der Terminsladung). Entscheidend ist, daß nur der gegenwärtige Geschäftsführer in der Lage ist, verbindliche Erklärungen über das Vermögen der Schuldnerin abzugeben. Wenn aber der Geschäftsführer nur deshalb abberufen wird, um ihn der Verpflichtung zur Abgabe der Offenbarungsversicherung zu entziehen, bleibt der bisherige Geschäftsführer verpflichtet (OLG Hamm ZIP 1984, 1483).

Im Fall c spricht viel für diese Absicht, weil M kurzfristig vor dem Termin abberufen und dann noch seine Frau F zur Geschäftsführerin bestellt worden ist.

b) Bei der *Offenbarungsversicherung nach § 883 II* (Rdnr. 1132) hat der Schuldner an Eides Statt zu versichern, daß er die Sache nicht besitze und auch nicht wisse, wo die Sache sich befinde. Allerdings kann das Gericht eine der Sachlage entsprechende Änderung der eidesstattlichen Versicherung beschließen (§ 883 III). **1143**

Beispiel: Der Schuldner soll nur seine persönliche Überzeugung versichern, weil ihm die Versicherung, daß seine Angaben auch objektiv wahr seien, nicht zugemutet werden kann (BL/*Hartmann*, § 883 Anm. 3 B).

Lehnt das Gericht eine Änderung der Offenbarungsversicherung ab, kann der Schuldner dagegen Widerspruch nach § 900 V (Rdnr. 1150 f.) erheben. Entspricht es dem Antrag des Schuldners, steht dem Gläubiger, sofern er dazu nicht gehört worden ist, die Erinnerung (§ 766), andernfalls die befristete Rechtspflegererinnerung (§ 11 I 2 RPflG) zu. Gegen eine Entscheidung des Richters gibt es die sofortige Beschwerde (§ 793).

1144   4. Schuldnerverzeichnis

Durch das Schuldnerverzeichnis kann sich die Öffentlichkeit von der Kreditwürdigkeit des Schuldners Kenntnis verschaffen; denn über den Inhalt des Verzeichnisses ist jedermann Auskunft zu erteilen (§ 915 III). Auf diese Weise wird der Geschäftsverkehr vor unzuverlässigen Schuldnern geschützt. Außerdem wird der Schuldner selbst vor mehrfachen Offenbarungsverfahren bewahrt (vgl. §§ 900 II, 903; Rdnr. 1136 ff.).

1145   a) Die *Eintragung* des Schuldners in das Schuldnerverzeichnis hat das Gericht nach Abgabe der Offenbarungsversicherungen gem. § 807 vorzunehmen (§ 915 I 1).

Ferner erfolgt die Eintragung des Schuldners nach Anordnung der Haft (§ 915 I 1). Dieser soll nicht besserstehen, wenn er keine Versicherung abgibt und deshalb vom Gericht die Haft angeordnet worden ist.

Schließlich ist in dem Verzeichnis die Vollstreckung einer Haft zu vermerken, wenn sie sechs Monate gedauert hat (§ 915 I 2). Dadurch soll der Schuldner vor einer erneuten Verhaftung geschützt werden. (vgl. § 914).

Dagegen erfolgt keine Eintragung ins Schuldnerverzeichnis, wenn der Schuldner die Offenbarungsversicherung nach § 883 II abgegeben hat oder gegen ihn die Haft angeordnet worden ist, weil er die Abgabe dieser Versicherung grundlos verweigert hat. Die Nichteintragung ist in einem solchen Fall deshalb gerechtfertigt, weil hier der Geschäftsverkehr nicht vor einer mangelnden Kreditwürdigkeit des Schuldners gewarnt zu werden braucht.

1146   b) Die *Löschung* im Schuldnerverzeichnis erfolgt auf Antrag des Schuldners, wenn nachgewiesen wird, daß der Gläubiger, der die Offenbarungsversicherung beantragt hatte, inzwischen befriedigt worden ist (§ 915 III 1). Abgesehen davon ist nach dem Ablauf von drei Jahren seit der Eintragung die Löschung anzuordnen. In diesem Fall ist ein Antrag des Schuldners nicht erforderlich; der entgegenstehende Gesetzeswortlaut beruht auf einem Redaktionsversehen bei der Novellierung 1953 (so mit Recht *Zöller/Stöber*, § 915 Rdnr. 7).

Die Eintragung wird dadurch gelöscht, daß der Name des Schuldners unkenntlich gemacht oder das Verzeichnis vernichtet wird (§ 915 II 2).

c) *Auskunft* über das Bestehen oder Nichtbestehen einer bestimmten 1147
Eintragung ist jedermann auf Antrag und ohne Nachweis eines Interesses zu
erteilen; es kann auch Einsicht ins Verzeichnis gewährt werden (§ 915 III).
Abschriften oder Auszüge dürfen nur dann gestattet werden, wenn eine
rechtzeitige Löschung (§ 915 II) sichergestellt ist; die Veröffentlichung in
jedermann zugänglichen Druckerzeugnissen ist nicht gestattet (§ 915 IV; vgl.
auch die AV des Bundesjustizministers v. 1. 8. 1955, BAnz. 1955 Nr. 156).
Private dürfen grundsätzlich Eintragungen des Schuldnerverzeichnisses
sammeln und weitergeben (vgl. BGH NJW 1978, 2151, 2152; OLG München NJW 1982, 244, 245).

Davon machen vor allem Kreditschutzvereine Gebrauch, die Auskünfte über die
Kreditwürdigkeit von Personen erteilen (z.B. SCHUFA = Schutzgemeinschaft für allgemeine Kreditsicherung).

d) Als *Rechtsbehelfe* gegen die (Nicht-)Eintragung oder (Nicht-) 1148
Löschung kommen die in Betracht, die in der Zwangsvollstreckung gelten,
da die Führung des Verzeichnisses im Verhältnis zu Gläubiger und Schuldner eine Vollstreckungsmaßnahme ist (so mit Recht *Baur/Stürner*,
Rdnr. 827; StJ/*Münzberg*, § 915 Anm. IV; OLG Oldenburg Rpfleger 1978,
267; a.A. BL/*Hartmann*, § 915 Anm. 4 A; *Bruns/Peters*, § 46 IV; *Thomas/
Putzo*, § 915 Anm. 3). Demnach ist gegen eine *Maßnahme* des Rechtspflegers die Erinnerung (§ 766), gegen dessen *Entscheidung* die befristete
Rechtspflegererinnerung (§ 11 I 2 RPflG) gegeben.

IV. Haft   1149

Wenn der Schuldner — abweichend vom Regelfall — die Offenbarungsversicherung nicht abgibt, kommt eine Anordnung der Haft in Betracht.
Durch die Haft soll der Schuldner zur Abgabe der Versicherung gezwungen
werden.

1. Voraussetzungen der Haftanordnung

a) Eine Anordnung der Haft setzt zunächst voraus, daß der Schuldner
entweder im Termin *nicht erscheint* oder aber erscheint und die Abgabe der
Offenbarungsversicherung grundlos verweigert (§ 901).

(1) Bei *Nichterscheinen* des Schuldners im anberaumten Termin ist — wie
bei der Säumnis einer Prozeßpartei als Voraussetzung eines Versäumnisurteils — zu prüfen, ob der Schuldner ordnungsgemäß geladen worden ist.
Abgesehen von einer nicht ordnungsgemäßen Ladung scheidet eine Haft-
ordnung auch dann aus, wenn der Schuldner ohne sein Verschulden (z.B.

Erkrankung, unabwendbares Ereignis) am Erscheinen verhindert ist. In beiden Fällen wird vom Gericht ein neuer Termin anberaumt (vgl. § 337).

1150   (2) Die *Verweigerung der Offenbarungsversicherung* muß grundlos sein. Das ist der Fall, wenn der Schuldner trotz Belehrung durch das Gericht (§ 139) keinen Grund für seine Weigerung angibt oder der vom Schuldner erhobene Widerspruch (§ 900 V) verworfen worden ist.

Mit einem *Widerspruch* bestreitet der Schuldner seine Verpflichtung zur Abgabe der Offenbarungsversicherung.

(a) Der *Widerspruch ist mündlich im Termin* zu erheben und zu begründen; ein schriftlicher Widerspruch ist unzulässig (KG OLGZ 1967, 431, 432; OLG Hamm Rpfleger 1983, 362; *Baur/Stürner,* Rdnr. 819; StJ/*Münzberg,* § 900 Anm. IV 2 FN 66; a.A. *Göppinger,* AcP 158, 336 ff.).

Beispiele für die Begründung: Vorliegen eines Verfahrensmangels, Vollstreckungsvereinbarung mit dem Gläubiger, unberechtigte Erteilung der Fruchtlosigkeitsbescheinigung, Abgabe der Versicherung innerhalb der letzten drei Jahre, Vollstreckungsschutzantrag nach § 765a (Rdnr. 1470 ff.).

1151   (b) Die *Entscheidung über den Widerspruch* erfolgt durch Beschluß (§ 900 V 1); gegen ihn gibt es die befristete Rechtspflegererinnerung (§ 11 I 2 RPflG, § 793).

Wird der Widerspruch verworfen, erfolgt die Abgabe der Offenbarungsversicherung erst nach Rechtskraft des Beschlusses; nur unter besonderen, im Gesetz genannten Voraussetzungen kann das Vollstreckungsgericht anordnen, daß die Versicherung schon vor Eintritt der Rechtskraft abgegeben wird (§ 900 V 2). Einen erneuten Widerspruch kann der Schuldner nur auf solche Tatsachen stützten, die erst nach dem Beschluß entstanden sind.

Wird dem Widerspruch stattgegeben, kann der Gläubiger einen erneuten Antrag auf Abgabe der Versicherung stellen, diesen aber nur mit neuen Tatsachen begründen.

1152   b) Es muß ein *Antrag des Gläubigers* auf Anordnung der Haft vorliegen (§ 901). Dieser Antrag ist in dem Antrag des Gläubigers, einen Termin zur Abgabe der Offenbarungsversicherung zu bestimmen (§ 900 I), nicht enthalten. Er kann aber mit dem Antrag nach § 900 I verbunden werden; es ist auch möglich, ihn erst im Termin oder später zu stellen.

1153   c) Das Gericht muß von Amts wegen prüfen, ob die *Voraussetzungen der Zwangsvollstreckung* (noch) gegeben sind. Dazu gehört etwa das Rechtsschutzbedürfnis (vgl. BVerfGE 48, 396, 401). Ferner muß der Schuldner im Zeitpunkt der Haftanordnung noch verpflichtet sein, die Offenbarungsversicherung abzugeben (vgl. *Zöller/Stöber,* § 901 Rdnr. 3).

Im Fall d bestand diese Verpflichtung wegen Tilgung der titulierten Forderung nicht mehr. Das Gericht hätte die Haft also nicht anordnen dürfen, wenn ihm das Erlöschen der Forderung bekannt gewesen wäre. G war dem S aufgrund der Zusage und der Sonderbeziehung zwischen Vollstreckungsgläubiger und -schuldner zur Mitteilung an das Gericht verpflichtet. Er ist nach den Grundsätzen der positiven Forderungsverletzung dem S schadensersatzpflichtig; diesen trifft aber ein Mitverschulden, da er nicht selbst die Einstellung der Zwangsvollstreckung nach § 775 Nr. 4 herbeigeführt hat (vgl. BGH ZIP 1985, 121).

Unzulässig ist im Fall des § 807 eine Haftanordnung (wie auch eine Haftvollstreckung) nach einer bereits vollstreckten sechsmonatigen Haft, selbst wenn nunmehr ein anderer Gläubiger den Antrag stellt (vgl. § 914).

Die in § 914 genannten Ausnahmen entsprechen denen des § 903 (Rdnr. 1137 f.). Die Schonfrist endet nach drei Jahren seit Beendigung der Haft (§ 914 II).

2. Anordnung der Haft   1154

a) Für die Haftanordnung ist der *Richter zuständig,* nicht der Rechtspfleger (§ 4 II Nr. 2 RPflG). Mit der Anordnung wird zugleich ein Haftbefehl erlassen, in dem der Gläubiger, der Schuldner und der Grund der Verhaftung zu bezeichnen sind (§ 908).

b) Gegen die Anordnung, aber auch gegen ihre Ablehnung und Aufhebung kann *sofortige Beschwerde* (§ 793) eingelegt werden (h.M.; BL/*Hartmann,* § 901 Anm. 3 A a; *Baur/Stürner,* Rdnr. 823; *Thomas/Putzo,* § 901 Anm. 4 a; a.A. *Zöller/Stöber,* § 901 Rdnr. 11: Erinnerung nach § 766).   1155

Die *Beschwerdefrist* von zwei Wochen (§ 577 II) beginnt für den Schuldner bei dessen Anwesenheit im Termin mit der Verkündung, andernfalls mit der Zustellung oder mit dem Vorzeigen des Haftbefehls (vgl. § 909, 2). Ansonsten fängt die Frist in entsprechender Anwendung der §§ 516, 552 spätestens fünf Monate nach der Verkündung an zu laufen. Auf die Kenntnis des Schuldners von der Haftanordnung kommt es nicht an, da er nach der Terminsversäumung genügend Zeit für Erkundigungen hat (OLG Hamm NJW 1969, 1721, 1722; a.A. BL/*Hartmann,* § 901 Anm. 3 A b m.N.).

Mit der sofortigen Beschwerde kann der Schuldner keine Einwendungen geltend machen, die bereits mit einem Widerspruch hätten vorgebracht werden können. Allerdings können nachträglich entstandene Tatsachen geltend gemacht werden, die jetzt einen Widerspruch rechtfertigen würden (*Baur/Stürner,* Rdnr. 823).

3. Vollstreckung der Haft   1156

a) *Zuständig* für die Verhaftung des Schuldners ist der *Gerichtsvollzieher* (§ 909, 1). Dieser wird auf Antrag des Gläubigers tätig (§ 753). Er hat den Haftbefehl (§ 908) dem Schuldner vorzuzeigen und ihm auf Verlangen eine Abschrift auszuhändigen (§ 909, 2).

Zweiter Teil   Die einzelnen Arten der Zwangsvollstreckung

Datum: **3. Nov. 1985**

Bei allen Zuschriften und Zahlungen bitte angeben:

Glaub ./. Schuld

Herrn **Obergerichtsvollzieher**

An die **Verteilungsstelle für Gerichtsvollzieher-Aufträge beim Amtsgericht**

4400 Münster

Pfändungs- und Verhaftungsauftrag

In der Zwangsvollstreckungssache des Kaufmanns Georg Glaub, Hauptstr. 1,
4400 Münster

Gläubiger,

vertreten durch: **Rechtsanwalt Reimann, Mohnhofsfeld 76, 4400 Münster**

gegen **den Schlosser Simon Schuld, Mittelweg 19, 4400 Münster**

Schuldner,

wird anliegend vollstreckbare Ausfertigung des **Urteils**   vom **1. Okt. 1985**
des   **Amts-** gerichts in **Münster**
Aktz.: **7 C 925/85**   – überreicht.

[x] Wegen der nachstehend aufgeführten Gläubigerforderung werden Sie beauftragt, **Pfändung oder Taschenpfändung** beim Schuldner vorzunehmen. Falls dieser Pfändungsversuch fruchtlos verlaufen sollte, wird gebeten, aufgrund des vorsorglich beigefügten Haftbefehls des Amtsgerichts
vom **25.10.1985**   Aktz.:   **den Schuldner zu verhaften** und dem zuständigen Rechtspfleger zur Abgabe der eidesstattlichen Versicherung vorzuführen.

[ ] Gleichzeitig wird der Haftbefehl des Amtsgerichts
vom   Aktz.:   überreicht und gebeten, wegen der nachstehend aufgeführten Gläubigerforderung **den Schuldner zu verhaften** und dem zuständigen Rechtspfleger zur Abgabe der eidesstattlichen Versicherung vorzuführen.

1.315,83 DM	Hauptforderung – Teilbetrag	
46,43 DM	4 % Zinsen seit dem **15.12.1984** für die Hauptforderung	
10,00 DM	vorgerichtliche Mahnkosten – Verzugskosten *) – des Gläubigers	
DM	festgesetzte Kosten	
DM	Kosten des Mahnbescheids	
DM	Kosten des Vollstreckungsbescheids	
DM	4% Zinsen seit dem aus den Kosten gem. § 104, 1 ZPO	
81,05 DM	Kosten früherer Vollstreckungsmaßnahmen	
DM		
DM		
1.453,31 DM	Zwischensumme	
	30,90 DM	Zwangsvollstreckungsgebühr (§ 57 BRAGO)
	5,00 DM	weitere Porto- und Telefonauslagen – Pauschale *) –
	DM	
40,93 DM	5,03 DM	Mehrwertsteuer
1.494,24 DM	Gesamtsumme	**Hinzu kommen die weiter entstehenden Zinsen.**

Teilzahlungen werden bewilligt; eingezogene Beträge erbitte ich auf eines meiner Konten. Meine Vollmacht –
ergibt sich aus dem Schuldtitel – liegt an. Ich verzichte auf Anwesenheit im Termin.

Reimann

Rechtsanwalt

*) Nichtzutreffendes streichen

Form.-Nr. **Z 515** Pfändungs- und Verhaftungsauftrag (9483 – IV/83)

552

b) In Sonderfällen ist eine *Haftvollstreckung unzulässig* oder nur unter   **1157** besonderen Voraussetzungen zulässig.

(1) Haftaufschub ist einem Schuldner zu gewähren, dessen Gesundheit durch die Haftvollstreckung einer nahen und erheblichen Gefahr ausgesetzt wird (§ 906).

(2) Ist ein Schuldner ohne sein Zutun auf Antrag des Gläubigers aus der Haft entlassen worden, kann er auf Antrag dieses Gläubigers aufgrund derselben Haftanordnung nicht erneut verhaftet werden (§ 911).

(3) Unstatthaft ist die Haft gegen Mitglieder des Bundestages, eines Landtages oder einer zweiten Kammer während der Tagung, sofern nicht die Versammlung die Vollstreckung genehmigt (§ 904 Nr. 1; für Bundestagsabgeordnete: Art. 46 III, IV GG). Die Haft wird unterbrochen für die Dauer der Tagung, wenn die Versammlung die Freilassung verlangt (§ 905 Nr. 1).

(4) Unzulässig ist der Haftvollzug auch gegen die auf einem Seeschiff angestellten Personen, wenn das Schiff sich auf der Reise befindet (§ 904 Nr. 3).

(5) Die Verhaftung eines Beamten, Geistlichen oder Lehrers an einer öffentlichen Unterrichtsanstalt ist erst dann zulässig, wenn die Behörde nach Anzeige durch den Gerichtsvollzieher für die dienstliche Vertretung gesorgt hat (vgl. § 910).

c) Die *Dauer der Haft* darf sechs Monate nicht übersteigen (vgl. § 913).   **1158** Da die Haft den Schuldner dazu anhalten soll, die Offenbarungsversicherung abzugeben, kann er jederzeit beim Amtsgericht des Haftorts beantragen, ihm die Versicherung abzunehmen (vgl. § 902 I). Nach Ablauf der Frist sowie nach Abgabe der Versicherung ist der Schuldner aus der Haft zu entlassen (vgl. § 913, 2; § 902 II).

Schrifttum: *Arens/Lüke,* Die Rechtsbehelfe im Zwangsvollstreckungsverfahren, Jura 1982, 455; *H.F. Gaul,* Das Rechtsbehelfssystem der Zwangsvollstreckung — Möglichkeiten und Grenzen einer Vereinfachung, ZZP 85, 251; *Lippross,* Das Rechtsbehelfssystem der Zwangsvollstreckung, JA 1979, 9; *Renkl,* Rechtsbehelfe und Klagen in der Zwangsvollstreckung, JuS 1981, 514, 588, 666.

Die Zwangsvollstreckung führt regelmäßig zu einem Eingriff in die Rechtsstellung des Schuldners; durch sie können aber auch Rechte des Gläubigers und dritter Personen berührt werden.

Besonders schwerwiegend sind die Eingriffe, die der Staat bei der Durchführung von Zwangsvollstreckungsmaßnahmen in die verfassungsrechtlich geschützte Rechtsstellung des Schuldners vornimmt (vgl. BVerfGE 46, 325, 335; *Vollkommer,* Rpfleger 1982, 1). So wird bei der Zwangsvollstreckung wegen Geldforderungen in das Grundrecht des *Schuldners* auf Eigentum (Art. 14 I 1 GG) und bei der Handlungs- und Unterlassungsvollstreckung in das Grundrecht auf freie Entfaltung der Persönlichkeit (Art. 2 I GG) eingegriffen. Diese Eingriffe sind rechtswidrig, wenn die Voraussetzungen für die Vollstreckung nicht vorliegen oder wenn bei der Zwangsvollstreckung die gesetzlichen Verfahrensvorschriften nicht eingehalten werden.

Das Grundrecht des *Gläubigers* auf Schutz seines Eigentums wird verletzt, wenn das Vollstreckungsorgan dem Gläubiger die Durchsetzung seiner Forderung zu Unrecht verweigert; denn auch die Vollstreckungsforderung liegt im Schutzbereich des Art. 14 I 1 GG, und der Gläubiger ist zu ihrer Durchsetzung wegen des staatlichen Vollstreckungsmonopols auf die öffentliche Zwangsvollstreckung angewiesen.

Schließlich besteht wegen der starken Formalisierung des Zwangsvollstreckungsverfahrens die Gefahr, daß die Vollstreckung unter Verletzung materiellen Rechts durchgeführt und dadurch in das Eigentumsrecht des *Schuldners* oder eines *Dritten* rechtswidrig eingegriffen wird. So erfolgt die Vollstreckung allein aufgrund des Titels, selbst wenn die im Titel genannte Vollstreckungsforderung des Gläubigers nicht mehr besteht und damit die materielle Grundlage der Zwangsvollstreckung entfallen ist. Ferner ist für die Pfändung beweglicher Sachen allein der Gewahrsam des Vollstreckungsschuldners maßgebend, selbst wenn die Sache im Eigentum eines Dritten steht, auf dessen Vermögen der Gläubiger nach materiellem Recht nicht zugreifen darf.

Deshalb besteht sowohl für den Vollstreckungsschuldner als auch für den Vollstreckungsgläubiger und für Dritte das dringende Bedürfnis nach einem effektiven Rechtsschutz gegen sie beeinträchtigende, rechtswidrige Zwangsvollstreckungsmaßnahmen. Das Gesetz stellt eine Reihe von Rechtsbehelfen zur Verfügung, deren Abgrenzung voneinander im Einzelfall schwierig sein kann. Sie lassen sich in folgende Gruppen einteilen:

Gegen die Verletzung von Vorschriften über die *formellen Voraussetzungen* und über die eigentliche Durchführung der Zwangsvollstreckung gibt es die Rechtsbehelfe der Vollstreckungserinnerung nach § 766 (Rdnr. 1160 ff.), der Rechtspflegererinnerung nach § 11 I RPflG (Rdnr. 1273 ff.), der sofortigen Beschwerde nach § 793 (Rdnr. 1250 ff.) und der Beschwerde nach § 71 GBO (Rdnr. 1294 ff.).

Für die Geltendmachung von *materiellrechtlichen Einwendungen* ist zu unterscheiden: Der Schuldner kann sich gegen die Vollstreckbarkeit des Titels mit der Vollstreckungsgegenklage nach § 767 (= Vollstreckungsabwehrklage; Rdnr. 1312 ff.) wehren. Dritte können ihre materielle Berechtigung an dem Gegenstand der Zwangsvollstreckung durch Erhebung der Drittwiderspruchsklage nach § 771 (Rdnr. 1396 ff.) oder der Vorzugsklage nach § 805 (Rdnr. 1451 ff.) geltend machen.

Gegen Vollstreckungsmaßnahmen, die für den Schuldner eine *sittenwidrige Härte* bedeuten, steht diesem der generalklauselartige Rechtsbehelf des § 765a (Rdnr. 1470 ff.) zur Verfügung.

Von den genannten Rechtsbehelfen in der Zwangsvollstreckung sind die Rechtsbehelfe zu unterscheiden, die dem Vollstreckungsschuldner und dem Vollstreckungsgläubiger in dem der eigentlichen Zwangsvollstreckung vorgeschalteten Verfahren der Klauselerteilung zustehen. Dabei handelt es sich um die besonderen Klauselrechtsbehelfe der §§ 576, 731, 732, 768 (Rdnr. 128 ff.).

Erster Abschnitt Formelle Einwendungen gegen die Durchführung der Zwangsvollstrekkung

§ 39 Die Vollstreckungserinnerung

§ 766 ≠ sonstige Erinnerung 576, 732, 11 Rpfleg [handwritten]

Schrifttum: *J. Blomeyer,* Die Erinnerungsbefugnis Dritter in der Mobiliarzwangsvollstreckung, 1966; *ders.,* Der Anwendungsbereich der Vollstreckungserinnerung, Rpfleger 1969, 279; *Brox/Walker,* Die Vollstreckungserinnrung, JA 1986, 57; *Bürck,* Erinnerung oder Klage bei Nichtbeachtung von Vollstreckungsvereinbarungen durch die Vollstreckungsorgane?, ZZP 85, 391; *Geißler,* Zum Beschwerderecht des Gerichtsvollziehers in der Zwangsvollstreckung, DGVZ 1985, 129; *Hein,* Ist die Arglisteinrede in den Verfahren nach §§ 766 und 765a ZPO in der Mobiliarzwangsvollstreckung in die eigene Abzahlungssache zulässig?, ZZP 69, 231; *Koch,* Erhebung formeller Einwendungen als besondere Zulässigkeitsvoraussetzung der Erinnerung des § 766 ZPO?, JR 1966, 416; *Kümmerlein,* Zum Verhältnis von § 11 RpflG zu § 766 ZPO, Rpfleger 1971, 11; *Kunz,* Erinnerung und Beschwerde, 1980; *Lappe,* Die Anfechtung von Rechtspfleger-Entscheidungen, JR 1972, 103; *Meyer-Stolte,* Einzelfragen zur Rechtspflegererinnerung, Rpfleger 1972, 193; *Münzberg,* Materielle Einwendungen im Erinnerungsverfahren?, DGVZ 1971, 167; *Neumüller,* Vollstreckungserinnerung, Vollstreckungsbeschwerde und Rechtspflegererinnerung, 1981; *Noack,* Mängel der Zwangsvollstreckung und Erinnerung, DGVZ 1971, 49; *E. Peters,* Materielle Rechtskraft der Entscheidungen im Vollstreckungsverfahren?, ZZP 90, 145; *Säkker,* Zum Streitgegenstand der Vollstreckungserinnerung, NJW 1966, 2345; *Stöber,* Vollstreckungserinnerung (§ 766 ZPO) oder Rechtspflegererinnerung (§ 11 RpflG) in Fällen der Forderungspfändung, Rpfleger 1974, 52.

Fälle:
a) Gv hat einen Vollstreckungsauftrag des G erst nach mehreren Monaten durchgeführt. Darüber möchte G sich beschweren, insbesondere, um für zukünftige Fälle ein zügigeres Vollstreckungsverfahren zu erreichen. Was kann G unternehmen?

b) Als Gv für G einen Schrank des S pfänden will, behauptet dieser, er habe mit G vereinbart, daß die Vollstreckung erst in zwei Monaten durchgeführt werden dürfe. G bestreitet den Abschluß einer solchen Vereinbarung. Wie kann S sich gegen die Pfändung wehren?

c) G hat gegen S einen Anspruch auf Zahlung des Kaufpreises für einen Pkw. Wegen dieser Forderung wird der Anspruch des S gegen die D-Bank auf Auszahlung eines Baudarlehens gepfändet, nachdem S auf Antrag des G zuvor vom Vollstrekkungsgericht gehört wurde. Wie können S und der für ihn arbeitende Bauhandwerker X, der von dem Baudarlehen entlohnt werden sollte, sich gegen die Pfändung wehren?

d) Weil S die Abgabe der eidesstattlichen Versicherung ohne Grund verweigert hat, ist vom Gericht zur Erzwingung der Abgabe auf Antrag des G nach § 901 die Haft angeordnet worden. Noch bevor der Gv den S verhaftet, legt dieser gegen die Verhaftung Vollstreckungserinnerung mit der Begründung ein, er sei aus gesundheitlichen Gründen haftunfähig. G hält die Erinnerung zu diesem Zeitpunkt für unzulässig, da noch gar nicht feststehe, ob die angeordnete Haft tatsächlich vollstreckt werde.

e) G hat einen Titel gegen den Erblasser E. Nach dessen Tod läßt G den Titel gegen den (Mit-)Erben S_1 umschreiben. Als Gv einen zum Nachlaß gehörenden Teppich pfändet, legen S_1 und der Miterbe S_2 Erinnerung mit der Begründung ein, gegen S_2 liege kein Titel vor.

f) Gv pfändet bei S denselben Teppich am 1. 4. für G_1, am 5. 4. für G_2. Dieser legt gegen die Pfändung des G_1 Erinnerung mit der Begründung ein, G_1 habe dem S die nach dem Vollstreckungstitel erforderliche Sicherheit nicht geleistet. Sodann holt G_1 die Sicherheitsleistung nach und läßt dem S einen durch öffentlich beglaubigte Urkunde geführten Nachweis der Sicherheitsleistung zustellen. Hat die Erinnerung des G_2 Erfolg?

g) Gv weigert sich, die von G beantragte Pfändung eines Klaviers in der Wohnung des S durchzuführen, weil dieses auch im Gewahrsam der nicht herausgabebereiten F stehe. G legt Erinnerung mit der Begründung ein, F sei die Ehefrau von S. Wie lautet der Tenor der Erinnerungsentscheidung?

h) Gv pfändet auf Antrag des G bei S einen Pkw. Die auf § 811 Nr. 5 gestützte Erinnerung des S wird rechtskräftig abgewiesen. Ist eine danach von der Ehefrau des S aus demselben Grund eingelegte Erinnerung zulässig?

I. Zweck, rechtliche Einordnung und Abgrenzung

1. Zweck

Mit der Erinnerung nach § 766 können die an der Zwangsvollstreckung Beteiligten die Verletzung von Vorschriften über die formellen Voraussetzungen und über die eigentliche Durchführung der Zwangsvollstreckung geltend machen. Nach § 766 I entscheidet das Vollstreckungsgericht über Anträge, welche die Art und Weise der Zwangsvollstreckung oder das vom Gerichtsvollzieher bei ihr zu beobachtende Verfahren betreffen. Gleiches gilt nach § 766 II, wenn der Gerichtsvollzieher sich weigert, den Vollstreckungsauftrag zu übernehmen oder auftragsgemäß durchzuführen, oder wenn Einwendungen gegen die vom Gerichtsvollzieher in Ansatz gebrachten Kosten erhoben werden.

1161 ## 2. Rechtliche Einordnung

Die Vollstreckungserinnerung ist ein gesetzlicher Rechtsbehelf, der zu einer Überprüfung der Sache in derselben Instanz führt. Die Vollstreckungserinnerung hat also keinen Devolutiveffekt, sondern setzt ein gerichtliches Verfahren erst in Gang. Sie gehört deshalb nicht zu den Rechtsmitteln, die ein durch gerichtliche Entscheidung abgeschlossenes Verfahren in eine höhere Instanz bringen.

Als »Erinnerung« werden auch verschiedene andere Rechtsbehelfe bezeichnet. Das gilt etwa für die Erinnerung des Gläubigers gegen die Versagung der Klauselerteilung durch den Urkundsbeamten der Geschäftsstelle (§ 576 I; Rdnr. 128) oder durch den Rechtspfleger (§ 11 RPflG; Rdnr. 129) und für die Erinnerung des Schuldners gegen die Erteilung der Vollstreckungsklausel (§ 732; Rdnr. 136 ff.). Von einer Erinnerung spricht man auch in anderen Fällen als der Klauselerteilung, wenn beim Prozeßgericht die Änderung von Entscheidungen des beauftragten oder ersuchten Richters oder des Urkundsbeamten der Geschäftsstelle verlangt wird (§ 576) oder wenn Einwände gegen Entscheidungen des Rechtspflegers erhoben werden (§ 11 I RPflG). Um eine Verwechslung mit diesen Rechtsbehelfen auszuschließen, wird die Erinnerung nach § 766 regelmäßig als Vollstreckungserinnerung bezeichnet.

3. Abgrenzung

1162

Ob mit einem Begehren an das Gericht der Rechtsbehelf der Vollstreckungserinnerung erhoben werden soll, läßt sich nicht immer ohne weiteres feststellen. So kann mit einer Eingabe, die mit (Vollstreckungs-) Erinnerung überschrieben ist, der Sache nach ein anderer Rechtsbehelf gemeint sein. Umgekehrt besteht auch die Möglichkeit, daß mit einer als »Beschwerde«, »Klage« oder nicht näher bezeichneten Eingabe Erinnerung nach § 766 eingelegt werden soll. Maßgeblich ist im Zweifel, welches Ziel der Rechtsuchende erreichen will. Zur Ermittlung des tatsächlich gewünschten Rechtsbehelfs muß der Richter den Antrag nach allgemeinen Regeln auslegen.

Allerdings ist die Auslegung des Begehrens von der Frage zu trennen, ob der Rechtsuchende zur Erreichung seines Zieles den richtigen Rechtsbehelf gewählt hat; das gehört zur Statthaftigkeit des Rechtsbehelfs (vgl. Rdnr. 1172 ff.). Kommt der Richter zu dem Auslegungsergebnis, daß der gewählte Rechtsbehelf unstatthaft ist, wird er dem Rechtsuchenden in der Regel nach § 139 einen entsprechenden Hinweis geben.

Neben oder anstelle der Vollstreckungserinnerung kommen vor allem folgende andere Rechtsbehelfe in Betracht:

a) Gegen Entscheidungen, die im Zwangsvollstreckungsverfahren ohne mündliche Verhandlung ergehen können, findet die *sofortige Beschwerde* statt (§ 793; Rdnr. 1250 ff.). Diese und die Vollstreckungserinnerung schließen sich gegenseitig aus. Während sich die sofortige Beschwerde gegen richterliche »Entscheidungen« richtet, ist die Vollstreckungserinnerung gegen »Vollstreckungsmaßnahmen« (»Art und Weise der Zwangsvollstreckung«) gegeben. Für die Statthaftigkeit des jeweiligen Rechtsbehelfs ist also die

1163

Abgrenzung von Entscheidung und Vollstreckungsmaßnahme von Bedeutung (Rdnr. 1177 ff.).

1164   b) Gegen die Entscheidungen des Rechtspflegers ist die *Rechtspflegererinnerung* nach § 11 I RPflG zulässig. Der Rechtspfleger nimmt (z.B. bei der Forderungspfändung) die Aufgaben des Vollstreckungsgerichts wahr (§ 20 Nr. 16, 17 RPflG). Vollstreckungs- und Rechtspflegererinnerung sind ebenfalls nicht nebeneinander anwendbar; auch hier kommt es für die Statthaftigkeit auf die Abgrenzung zwischen Entscheidung (§ 11 RPflG) und Vollstreckungsmaßnahme (§ 766) an (Rdnr. 1177 ff.). Zum Verhältnis von Rechtspflegererinnerung und sofortiger Beschwerde vgl. Rdnr. 1250, 1273.

1165   c) Gegen die Erteilung der Vollstreckungsklausel steht dem Schuldner die *Klauselerinnerung* nach § 732 zu (Rdnr. 136). Mit der Vollstreckungserinnerung kommt es nicht zu Überschneidungen, da das Klauselverfahren dem Zwangsvollstreckungsverfahren vorgeschaltet ist und die Klauselerteilung daher nicht die Art und Weise der Zwangsvollstreckung betrifft. Zum Verhältnis von Klausel- und Rechtspflegererinnerung vgl. Rdnr. 136, 1275.

1166   d) Gegen die Entscheidungen des Grundbuchamts findet das Rechtsmittel der *Beschwerde* statt (§ 71 GBO; Rdnr. 1294 ff.), sofern nicht der Rechtspfleger entschieden hat (dann Rechtspflegererinnerung; Rdnr. 1273, 1296). Das Grundbuchamt wird bei der Eintragung der Zwangshypothek als Vollstreckungsorgan tätig (§ 867; Rdnr. 16, 1037). Neben der Grundbuchbeschwerde kommt die Vollstreckungserinnerung nicht in Betracht, auch wenn eine Vollstreckungsmaßnahme des Grundbuchamtes angegriffen werden soll; denn eine solche Maßnahme ergeht immer im Verfahren nach der GBO (BayOblGZ 1973, 398, 401 f.; OLG Frankfurt OLGZ 1981, 261; OLG Stuttgart WM 1985, 1371).

1167   e) Gegen das dienstliche Verhalten des Gerichtsvollziehers kann eine *Dienstaufsichtsbeschwerde* beim Dienstvorgesetzten, dem aufsichtsführenden Richter des Amtsgerichts (§ 2 Nr. 2 GVO), eingelegt werden. Die Dienstaufsichtsbeschwerde ist ein formloser Rechtsbehelf außerhalb der ZPO. Mit ihr wird angeregt, das dienstliche Verhalten des Beamten zu überprüfen. Allerdings kann über die Dienstaufsicht nicht erreicht werden, daß dem Gerichtsvollzieher sachliche Weisungen für die Durchführung bestimmter Zwangsvollstreckungsmaßnahmen erteilt werden (StJ/*Münzberg,* § 766 Rdnr. 52), sondern nur, daß Maßnahmen hinsichtlich der Geschäftsführung des Gerichtsvollziehers getroffen werden (vgl. § 101, 1 GVO).

Deshalb ist der Dienstvorgesetzte nicht befugt, etwa eine Vollstreckungsmaßnahme des Gerichtsvollziehers nach §§ 766, 775 Nr. 1 für unzulässig zu erklären; das kann vielmehr nur im Wege der Vollstreckungserinnerung durch eine Entscheidung des Vollstreckungsgerichts erreicht werden (*Gaul*, ZZP 87, 241, 275). Dagegen kommt im Fall a eine Dienstaufsichtsbeschwerde in Betracht; denn G will nur allgemein das Verhalten des Gv rügen, ohne daß dadurch in das konkrete Vollstreckungsverfahren eingegriffen werden soll. Für eine Vollstreckungserinnerung würde dem G das Rechtsschutzinteresse fehlen (Rdnr. 1189 ff.).

f) Einwendungen, die den durch das Urteil festgestellten Anspruch selbst betreffen, kann der Schuldner im Wege der *Vollstreckungsgegenklage* (§ 767; Rdnr. 1312 ff.) geltend machen. Während der Schuldner sich mit der Vollstreckungserinnerung unter Berufung auf formelle Mängel gegen einzelne Zwangsvollstreckungsmaßnahmen wehren kann, dient ihm die Vollstreckungsgegenklage also dazu, mit materiellrechtlichen Einwendungen die Vollstreckbarkeit des Titels insgesamt anzugreifen. Beide Rechtsbehelfe sind unabhängig voneinander anwendbar, wenn neben formellen Einwendungen auch solche gegen den titulierten Anspruch erhoben werden. **1168**

Zu Überschneidungen zwischen beiden Rechtsbehelfen kann es nur kommen, wenn ausnahmsweise materiellrechtliche Gesichtspunkte auch für die Rechtmäßigkeit des Verfahrens von Bedeutung sind und vom Vollstreckungsorgan beachtet werden müssen. Das ist etwa bei den sog. Vollstreckungsverträgen der Fall, die sich einerseits auf die Vollstreckbarkeit des Titels beziehen, andererseits ein bei der Zwangsvollstreckung zu beachtendes Vollstreckungshindernis (Rdnr. 174 ff.) darstellen können.

In Vollstreckungsverträgen kann der Gläubiger mit dem Schuldner Vereinbarungen treffen, welche die Vollstreckung beschränken, ausschließen oder erweitern (Rdnr. 200). Die Zulässigkeit hängt vom Inhalt der Vereinbarung ab: Vollstreckungsbeschränkende sowie vollstreckungsausschließende Absprachen sind grundsätzlich zulässig, vollstreckungserweiternde dagegen nur, wenn dadurch nicht gegen zwingende Schuldnerschutzvorschriften wie etwa die §§ 811, 850 ff. verstoßen wird (Rdnr. 201 ff.).

Für die Frage, mit welchem Rechtsbehelf der Schuldner Vollstreckungsvereinbarungen geltend machen kann, ist zu unterscheiden: Sofern der Schuldner sich auf eine vollstreckungsbeschränkende oder -ausschließende Vereinbarung beruft und das Vollstreckungsorgan den gültigen Abschluß und Inhalt der Vereinbarung ohne umfangreiche Prüfung feststellen kann, handelt es sich bei dieser Vereinbarung um ein vom Vollstreckungsorgan zu beachtendes Vollstreckungshindernis, das der Zwangsvollstreckung entgegensteht. Wird diese trotzdem durchgeführt, liegt darin ein Verfahrensfehler, der mit der Erinnerung nach § 766 geltend gemacht werden kann. Ist dagegen (wie im Fall b) der Abschluß, der Inhalt oder die rechtliche Wirksamkeit der behaupteten Vereinbarung nur durch eine schwierige Prüfung (Beweisaufnahme) festzustellen, obliegt diese Prüfung nicht dem Vollstreckungsorgan. Dieses kann vielmehr die Zwangsvollstreckung durchführen, ohne einen Verfahrensfehler zu begehen.

Im Fall b hätte deshalb eine Erinnerung des S keinen Erfolg. Dem S bleibt die Möglichkeit, das Vorliegen des behaupteten Vollstreckungsvertrages entsprechend § 767 klageweise geltend zu machen (vgl. Rdnr. 204).

1169 g) Behauptet ein Dritter, daß ihm an dem Gegenstand der Zwangsvollstreckung ein die Veräußerung hinderndes Recht (z.B. Eigentum) zusteht, kann er sich gegen die Zwangsvollstreckung mit der *Drittwiderspruchsklage* (§ 771; Rdnr. 1396 ff.) wehren. Im Gegensatz zur Vollstreckungserinnerung wird also mit der Drittwiderspruchsklage kein Verfahrensfehler, sondern nur der Einwand geltend gemacht, daß der Gegenstand aus materiellen Gründen der Zwangsvollstreckung gegen den Schuldner nicht unterliegt.

Wenn allerdings der Dritte nicht nur ein die Veräußerung hinderndes Recht an dem Vollstreckungsgegenstand hat, sondern auch ein Verfahrensverstoß bei der Zwangsvollstreckung begangen wurde, wird keiner der beiden Rechtsbehelfe dadurch ausgeschlossen, daß aus anderen Gründen auch der jeweils andere Rechtsbehelf einschlägig ist (*A. Blomeyer*, § 31 IX 2).

Beispiele: Der Gerichtsvollzieher pfändet bei der Zwangsvollstreckung gegen den Schuldner eine im Gewahrsam und Eigentum eines nicht zur Herausgabe bereiten Dritten stehende Vase. Will der Dritte sich unter Berufung auf § 809 gegen die Zwangsvollstreckung wehren, kann er Erinnerung einlegen. Sein Eigentum an der Vase muß er dagegen mit der Drittwiderspruchsklage geltend machen. Im Zweifel ist durch Auslegung der Eingabe des Dritten zu ermitteln, von welchem Rechtsbehelf er Gebrauch machen will.
Der Gerichtsvollzieher pfändet bei dem Schuldner ein Buch, das offensichtlich (Stempel einer Leihbücherei) einem Dritten gehört. Da der Gerichtsvollzieher evidentes Dritteigentum zu beachten hat, kann der Dritte auch Vollstreckungserinnerung einlegen (Rdnr. 259).

Fraglich ist allenfalls, ob der Dritte beide Rechtsbehelfe nebeneinander einlegen kann oder ob ihm für einen solchen kumulativen Rechtsschutz das Rechtsschutzinteresse fehlt (dazu Rdnr. 1193).

1170 h) Ein Dritter kann aufgrund eines Pfand- oder Vorzugsrechts im Wege der *Vorzugsklage* (§ 805; Rdnr. 1451 ff.) vorzugsweise Befriedigung aus dem Vollstreckungserlös verlangen. Vorzugsklage und Vollstreckungserinnerung schließen sich schon nach ihren verschiedenen Rechtsschutzzielen aus: Von dem Rechtsbehelf des § 766 macht der Dritte dann Gebrauch, wenn er der Pfändung widersprechen will; dagegen ermöglicht § 805 nur eine vorrangige Befriedigung und schließt einen Widerspruch gegen die Pfändung ausdrücklich aus.

1171 i) Hat ein Gläubiger im Verteilungsverfahren nach §§ 872 ff. (Rdnr. 476 ff.) gegen den gerichtlichen Teilungsplan Widerspruch eingelegt und einigen sich die beteiligten Gläubiger nicht über eine Verteilung des Vollstreckungserlöses, kann der widersprechende Gläubiger *Wider-*

spruchsklage (§ 878; Rdnr. 489 ff.) erheben. Die Klage ist begründet, wenn der Kläger aus materiellen Gründen (z.B. vorrangiges Pfandrecht) ein besseres Recht auf den zu verteilenden Erlös hat als der im Teilungsplan nach Ansicht des Klägers zu Unrecht bevorzugte Beklagte (Rdnr. 493 ff.). Überschneidungen mit der Vollstreckungserinnerung und der Rechtspflegererinnerung, mit denen nur Verfahrensverstöße im Verteilungsverfahren gerügt werden können (Rdnr. 499), bestehen nicht.

II. Zulässigkeit der Erinnerung   1172

1. Statthaftigkeit

Statthaftigkeit bedeutet, daß der gewählte Rechtsbehelf zur Erreichung des angestrebten Zieles vom Gesetz zur Verfügung gestellt wird. Nachdem zunächst durch Auslegung der Eingabe festzustellen ist, welches Ziel der Rechtsuchende erreichen will und wie er sein Begehren begründet, wird also im Rahmen der Statthaftigkeit geprüft, ob er dafür den richtigen (vom Gesetz vorgesehenen) Rechtsbehelf gewählt hat. Die Vollstreckungserinnerung ist in folgenden Fällen statthaft:

a) Das *Vollstreckungsverhalten des Gerichtsvollziehers* wird gerügt.   1173

(1) Nach § 766 I kann die *Verletzung von Verfahrensvorschriften* geltend gemacht werden, die der Gerichtsvollzieher bei der Zwangsvollstreckung zu beachten hat. Ein solcher Verfahrensfehler liegt vor, wenn der Gerichtsvollzieher vollstreckt, obwohl eine der allgemeinen oder besonderen Vollstreckungsvoraussetzungen nicht gegeben ist oder ein Vollstreckungshindernis der Zwangsvollstreckung entgegensteht; das gilt auch dann, wenn der Gerichtsvollzieher bei der Pfändung, Verwertung oder Erlösauskehr eine Verfahrensvorschrift verletzt.

Beispiele: Der Schuldner wehrt sich gegen eine Pfändung mit der Begründung, es liege keine Vollstreckungsklausel vor, der Gerichtsvollzieher wolle auf eine unpfändbare Sache zugreifen oder habe eine Überpfändung vorgenommen. Der Gläubiger rügt, daß der Gerichtsvollzieher sich weigere, Zeit und Ort der öffentlichen Versteigerung einer Pfandsache ordnungsgemäß bekannt zu machen.

(2) Nach § 766 II kann die *Weigerung des Gerichtsvollziehers* gerügt werden, einen Vollstreckungsauftrag zu übernehmen oder auftragsgemäß durchzuführen.   1174

Beispiel: Der Gerichtsvollzieher vollstreckt in eine Sache, die der Gläubiger durch eine bindende Weisung an den Gerichtsvollzieher von der Zwangsvollstreckung ausgenommen hat (Rdnr. 213).

1175   (3) Auch gegen den *Kostenansatz des Gerichtsvollziehers* ist die Erinnerung nach § 766 II statthaft.

Beispiel: Der Gläubiger hat ein Auskunftsbüro beauftragt, die Anschrift des flüchtigen Schuldners herauszufinden. Er will dagegen vorgehen, daß der Gerichtsvollzieher die dadurch entstandenen Kosten nicht als notwendig i.S.v. § 788 I 1 angesehen und deshalb auch nicht zusammen mit dem Vollstreckungsanspruch beigetrieben hat (vgl. AG Neuss DGVZ 1976, 190).

1176   b) Gegen *Beschlüsse des Vollstreckungsgerichts* können im Wege der Erinnerung nach § 766 Einwendungen geltend gemacht werden, sofern sie die Art und Weise der Zwangsvollstreckung betreffen. Das gilt allerdings nicht uneingeschränkt; denn nach § 793 findet gegen Entscheidungen, die im Zwangsvollstreckungsverfahren ohne mündliche Verhandlung ergehen können, die sofortige Beschwerde statt, und nach § 11 RPflG ist gegen Entscheidungen des Rechtspflegers die Rechtspflegererinnerung zulässig. Die Vollstreckungserinnerung nach § 766 ist also nur insoweit statthaft, als nicht § 793 oder § 11 RPflG eingreift. Da die in diesen beiden Vorschriften genannten Rechtsbehelfe jeweils gegen »Entscheidungen« gegeben sind, kommt die Vollstreckungserinnerung gegen die Tätigkeit des Vollstreckungsgerichts nur in Betracht, sofern keine Entscheidung, sondern eine Vollstreckungsmaßnahme (= Vollstreckungsakt) angegriffen werden soll (h.M.; OLG Hamm MDR 1974, 239; Rpfleger 1973, 222; KG Rpfleger 1978, 334; *A. Blomeyer,* § 31 II 2; *Lippross,* S. 104 f., 143; *Stehle/Bork,* Rdnr. 213; *Thomas/Putzo,* § 766 Anm. 1 b, c; § 793 Anm. 2; *Zöller/Stöber,* § 766 Rdnr. 2 f.).
Deshalb ist für die Statthaftigkeit der Vollstreckungserinnerung gegen Beschlüsse des Vollstreckungsgerichts die *Abgrenzung zwischen Entscheidung und Vollstreckungsmaßnahme* von ausschlaggebender Bedeutung.

1177   (1) Nach h.M. ist für diese Abgrenzung die *Art des Zustandekommens des Beschlusses maßgebend.*

(a) Danach handelt es sich immer um eine *Entscheidung* i.S.v. § 793 oder von § 11 RPflG, wenn der Beschluß unter tatsächlicher und rechtlicher Würdigung des beiderseitigen Vorbringens, also unter Abwägung der für und gegen den Antrag sprechenden Gründe, zustande kommt. Nach dieser Ansicht ist das in folgenden Fällen anzunehmen:

(aa) Vor Erlaß oder Ablehnung des beantragten Beschlusses hat das Vollstreckungsgericht dem Schuldner *rechtliches Gehör* gewährt (*A. Blomeyer,* § 31 II 2; *Lippross,* S. 104 f.; StJ/*Münzberg,* § 766 Rdnr. 7 FN 24). Denn dann hat das Gericht sowohl die Argumente des Antragstellers als auch die des Antragsgegners berücksichtigt. In diesem Fall ist es für die Annahme einer Entscheidung unerheblich, ob das Vollstreckungsgericht dem Antrag stattgegeben oder ihn abgewiesen hat.

Beispiel: Das Vollstreckungsgericht erläßt nach der vom Gläubiger beantragten (Rdnr. 604) Anhörung des Schuldners einen Pfändungs- und Überweisungsbeschluß. Der Schuldner kann gegen diese »Entscheidung« nicht Vollstreckungserinnerung einlegen; vielmehr ist die Rechtspflegererinnerung der statthafte Rechtsbehelf, da das Vollstreckungsgericht eine Entscheidung durch den Rechtspfleger getroffen hat (vgl. § 20 Nr. 16 RPflG).

(bb) Das Vollstreckungsgericht *weist den Antrag des Gläubigers ab,* einen Pfändungs- und Überweisungsbeschluß zu erlassen (*A. Blomeyer,* § 31 II 2; *Lippross,* S. 104 f.; StJ/*Münzberg,* § 766 Rdnr. 10). Erfolgt diese Abweisung ohne vorherige Anhörung des Schuldners, handelt es sich zwar nur um ein einseitiges Verfahren, in dem die Argumente der Gegenseite nicht berücksichtigt werden; maßgeblich für die Annahme einer Entscheidung soll jedoch sein, daß der Gläubiger als der einzige von der Ablehnung Betroffene gehört worden ist.   **1178**

Beispiel: Der Rechtspfleger weist einen Antrag des Gläubigers auf Erlaß eines Pfändungs- und Überweisungsbeschlusses mit der Begründung ab, der Gläubiger habe eine zur Vollstreckung erforderliche Sicherheitsleistung nicht formgerecht nachgewiesen (§ 751 II; Rdnr. 164 ff.), so daß eine besondere Vollstreckungsvoraussetzung fehle. Auch hier ist nicht die Vollstreckungserinnerung, sondern die Rechtspflegererinnerung der statthafte Rechtsbehelf.

(b) Demgegenüber soll eine *Vollstreckungsmaßnahme* vorliegen, wenn dem Antrag des Gläubigers auf Erlaß eines Pfändungs- und Überweisungsbeschlusses ohne vorherige Anhörung des Schuldners oder Drittschuldners stattgegeben wurde (*A. Blomeyer,* § 31 II 2; StJ/*Münzberg,* § 766 Rdnr. 3; *Zöller/Stöber,* § 766 Rdnr. 2). Sofern ein Pfändungs- und Überweisungsbeschluß erlassen worden sei, nachdem das Vollstreckungsgericht zuvor den Schuldner, nicht aber den Drittschuldner gehört habe, liege in dem Beschluß gegenüber dem Schuldner eine mit der Rechtspflegererinnerung oder der sofortigen Beschwerde anfechtbare Entscheidung, gegenüber dem Drittschuldner jedoch eine im Wege der Vollstreckungserinnerung angreifbare Vollstreckungsmaßnahme (StJ/*Münzberg,* § 766 Rdnr. 7 m.N.; *Zöller/Stöber,* § 766 Rdnr. 2; a.A. LG Bochum Rpfleger 1984, 278).   **1179**

(2) An dieser Abgrenzung zwischen Entscheidungen und Vollstreckungsmaßnahmen durch die h.M. wird mit verschiedenen Begründungen *Kritik* geübt (*Baur/Stürner,* Rdnr. 717; *Kunz,* S. 45, 61 ff., 110 ff.). Insbesondere wird beanstandet, die Lösung der h.M. sei so kompliziert, daß sie dem Grundsatz der Rechtsklarheit und Rechtssicherheit widerspreche (*Baur/Stürner,* Rdnr. 717). Aus zahlreichen anderen Vorschriften der ZPO ergebe sich, daß das Gesetz für die Einordnung eines gerichtlichen Beschlusses als »Entscheidung« weder an das rechtliche Gehör des Antragsgegners noch daran anknüpfe, ob dem Antrag stattgegeben oder dieser abgelehnt werde;   **1180**

deshalb sei die von der h.M. vorgenommene Abgrenzung zwischen Entscheidung und Vollstreckungsmaßnahme unzutreffend (*Kunz*, S. 110 ff.). Die h.M. führe auch zu wenig praktischen Ergebnissen, da der Schuldner und Dritte gegen denselben Pfändungs- und Überweisungsbeschluß verschiedene Rechtsbehelfe einlegen müßten, falls nur einem von ihnen rechtliches Gehör gewährt worden sei; das könne dazu führen, daß in derselben Sache entgegengesetzte Entscheidungen ergingen. Schließlich wird kritisiert, daß nach der h.M. bei der Vollstreckung in bewegliche Sachen andere Rechtsbehelfe zulässig seien als bei der Vollstreckung in Forderungen und Rechte; so sei bei der Weigerung des Gerichtsvollziehers, eine Pfändung durchzuführen, die Vollstreckungserinnerung gegeben, während die Ablehnung eines Pfändungsgesuchs durch das Vollstreckungsgericht mit der Rechtspflegererinnerung oder der sofortigen Beschwerde angegriffen werden müsse (*Neumüller*, S. 94).

1181   (3) Trotz dieser Kritik ist *im Ergebnis der h.M. zuzustimmen.* Der ausschlaggebende Grund liegt darin, daß für die Entscheidung über die Vollstreckungserinnerung nach § 766 das Vollstreckungsgericht zuständig ist, das somit über die Rechtmäßigkeit seines eigenen Beschlusses zu befinden hat. Diese Selbstüberprüfung ist nur dann sinnvoll, wenn derjenige, der den Rechtsbehelf einlegt, in diesem Verfahren erstmals rechtliches Gehör erhält und daher Gesichtspunkte zur Sprache bringen kann, die das Vollstreckungsgericht bei Erlaß des angegriffenen Beschlusses noch nicht berücksichtigen konnte (vgl. auch *A. Blomeyer*, § 31 II 2; *Lipross*, S. 105). Dagegen wäre es wenig prozeßwirtschaftlich, wenn der Richter lediglich dieselben rechtlichen und tatsächlichen Gesichtspunkte, die er bereits bei Erlaß seiner Entscheidung berücksichtigen mußte, erneut überprüfen sollte; hier ist es vielmehr interessengerecht, eine Überprüfung durch die nächsthöhere Instanz vornehmen zu lassen. Das ist nicht im Wege der Vollstreckungserinnerung, sondern nur durch die sofortige Beschwerde nach § 793 möglich.

Der Gesichtspunkt, daß bei der Vollstreckungserinnerung der Richter beim Vollstreckungsgericht (§ 20 Nr. 17a RPflG) über seine eigene Tätigkeit als Vollstreckungsorgan befinden muß, trifft allerdings unmittelbar nur dann zu, wenn das Vollstreckungsgericht bei seiner Vollstreckungstätigkeit durch den Richter gehandelt hat. War dagegen der Rechtspfleger zuständig (§ 20 Nr. 16, 17 RPflG), entscheidet bei der Vollstreckungserinnerung der Richter über die Tätigkeit des Rechtspflegers; darin liegt keine Selbstüberprüfung. Auch in diesem Fall sollte es jedoch bei der oben getroffenen Abgrenzung bleiben. Denn die Rechtspflegererinnerung nach § 11 RPflG kommt nur dann in Betracht, wenn die sofortige Beschwerde nach § 793 gegeben wäre, falls anstelle des Rechtspflegers der Richter entschieden hätte. Greift bei einer Vollstreckungstätigkeit des Richters jedoch nicht § 793, sondern § 766 ein, muß bei derselben Vollstreckungstätigkeit durch den Rechtspfleger auch § 11 RPflG hinter der spezielleren Vorschrift des § 766 zurückstehen (h.M.; vgl. auch Rdnr. 1274, 1176).

Die hier vertretene Meinung führt — wie die h.M. — zu nachstehenden   **1182**
Folgerungen:

(a) Wurde dem Schuldner vor Erlaß des Beschlusses *rechtliches Gehör gewährt,* hat das Vollstreckungsgericht bereits die Argumente des Gläubigers und des Schuldners berücksichtigt. Eine erneute Überprüfung erfolgt deshalb nicht nach § 766 in derselben Instanz, sondern nach § 793 (oder nach § 11 RPflG).

(b) Hat das Vollstreckungsgericht den *Antrag des Gläubigers abgewiesen,* ist nur der Gläubiger beschwert, so daß auch nur er einen Rechtsbehelf einlegen kann. Da die Argumente des Gläubigers aber bereits der ablehnenden Entscheidung durch das Vollstreckungsgericht zugrunde liegen, ist es gerechtfertigt, daß auch in diesem Fall nicht die Vollstreckungserinnerung, sondern nur die sofortige Beschwerde oder die Rechtspflegererinnerung statthaft ist.

(c) Hat das Vollstreckungsgericht den beantragten Pfändungs- und Überweisungsbeschluß *erlassen, ohne zuvor den Schuldner zu hören,* und will dieser dagegen vorgehen, bringt er seine Argumente gegen die Zulässigkeit des Pfändungs- und Überweisungsbeschlusses erstmals zur Sprache. In diesem Fall ist eine Überprüfung in derselben Instanz sinnvoll; daher ist die Vollstreckungserinnerung der richtige Rechtsbehelf.

Auch einem Dritten steht die Erinnerung nach § 766 zu, sofern er vor dem Erlaß des Beschlusses nicht gehört worden ist. Das gilt selbst dann, wenn dem Schuldner Gehör gewährt worden ist, so daß für ihn nur die sofortige Beschwerde (Rechtspflegererinnerung) in Betracht kommt.

Im Fall c stellt der Pfändungsbeschluß gegenüber S eine Entscheidung dar, weil dieser vom Vollstreckungsgericht gehört wurde. S kann sich mit der befristeten Rechtspflegererinnerung (Rdnr. 1277) gegen die Pfändung wehren. Gegenüber X liegt in dem Pfändungsbeschluß dagegen eine mit der Vollstreckungserinnerung anfechtbare Vollstreckungsmaßnahme, da X nicht angehört wurde. Die Rechtspflegererinnerung des S und die Vollstreckungserinnerung des X sind auch begründet; denn der Anspruch auf Auszahlung des Baudarlehens war wegen der Zweckbindung (Verwendung zur Errichtung eines Bauwerkes) nach § 851 I für G nicht pfändbar, weil durch die Pfändung der Zweck vereitelt wurde (Rdnr. 522).

c) Gegen *Beschlüsse des Prozeßgerichts als Vollstreckungsorgan* (§§ 887 ff.)   **1183**
können Einwendungen nicht im Wege der Vollstreckungserinnerung geltend gemacht werden. Denn nach § 891, 2 hat das Prozeßgericht vor seinen Entscheidungen den Schuldner zu hören; deshalb werden Einwendungen aufgrund der sofortigen Beschwerde nach § 793 in der höheren Instanz überprüft.

d) Gegen *Beschlüsse des Richters beim Amtsgericht* ist die Vollstreckungs-   **1184**
erinnerung nach § 766 ebenfalls nicht statthaft. Bei diesen Beschlüssen geht

es um die Erlaubnis des Amtsrichters zur Vollstreckung zur Nachtzeit sowie an Sonn- und Feiertagen (§ 761; Rdnr. 308) und zur Durchsuchung der Wohnung (§ 758; Rdnr. 322 ff.). Diese Beschlüsse ergehen zwar im Zusammenhang mit der Zwangsvollstreckung; der Richter beim Amtsgericht handelt jedoch nicht als Vollstreckungsorgan, und er trifft deshalb auch keine Vollstreckungsmaßnahmen. Gegen seine Entscheidungen ist deshalb die sofortige Beschwerde nach § 793 statthaft (Rdnr. 309, 331, 1252).

1185   2. Form und Frist

a) Eine bestimmte *Form* ist zwar in § 766 für die Vollstreckungserinnerung nicht vorgesehen. Dennoch ist die Erinnerung nicht formfrei. Sie muß nach allgemeiner Ansicht entsprechend § 569 II schriftlich oder zu Protokoll der Geschäftsstelle eingelegt werden. Eine ausdrückliche Bezeichnung als »Erinnerung« ist nicht erforderlich (Rdnr. 1162).

b) An eine *Frist* ist die Einlegung der Vollstreckungserinnerung grundsätzlich nicht gebunden. Nach Beendigung der Zwangsvollstreckung kann die Erinnerung allerdings mangels Rechtsschutzinteresses unzulässig sein (Rdnr. 1191 f.).

1186   3. Allgemeine Verfahrensvoraussetzungen

Neben den besonderen Zulässigkeitsvoraussetzungen für die Vollstreckungserinnerung müssen auch die allgemeinen Verfahrensvoraussetzungen vorliegen, von denen die Zulässigkeit aller Klagen und Rechtsbehelfe abhängt.

a) Ein bestimmter *Antrag* ist nicht erforderlich. Insoweit ist die Vollstreckungserinnerung nicht an die strengen Voraussetzungen des § 253 II Nr. 2 gebunden. Es reicht aus, wenn erkennbar ist, welche konkrete Vollstreckungsmaßnahme gerügt werden soll. Ein korrekt gestellter Antrag sollte wie ein möglicher Beschlußtenor (Rdnr. 1235) lauten.

1187   b) Die Zulässigkeit der Erinnerung setzt ferner voraus, daß die Prozeßhandlungsvoraussetzungen wie *Parteifähigkeit* (§ 50 I; Rdnr. 22) und *Prozeßfähigkeit* (§§ 51 ff.; Rdnr. 25) vorliegen. Läßt der Erinnerungsführer die Erinnerung durch einen Vertreter einlegen, hat dieser seine *Prozeßvollmacht* nachzuweisen, sofern er kein Rechtsanwalt ist oder der Mangel der Vollmacht vom Gegner gerügt wird (vgl. §§ 80 I, 88 I, II).

1188   c) Ausschließlich *zuständig* für die Entscheidung über die Erinnerung ist das Vollstreckungsgericht (sachliche Zuständigkeit; §§ 766 I, 802). Das ist das Amtsgericht, in dessen Bezirk das Vollstreckungsverfahren stattfinden soll oder stattgefunden hat (örtliche Zuständigkeit; § 764 II). Beim Vollstreckungsgericht entscheidet nicht der Rechtspfleger, sondern der Richter (funktionelle Zuständigkeit; § 20 Nr. 17 a RPflG).

Richtet sich die Vollstreckungserinnerung gegen eine Vollstreckungsmaßnahme des Rechtspflegers, kann dieser nach allgemeiner Ansicht noch vor einer Entscheidung des Vollstreckungsgerichts der Erinnerung abhelfen, wenn er diese für begründet hält (OLG Koblenz Rpfleger 1978, 226 u. OLG Frankfurt Rpfleger 1979, 111, jeweils m.N.). Voraussetzung ist allerdings, daß er der Gegenseite rechtliches Gehör gewährt hat. Deshalb ist die Abhilfe durch den Rechtspfleger eine Entscheidung, gegen die die befristete Rechtspflegererinnerung nach § 11 I 2 RPflG (Rdnr. 1277) gegeben ist.

Einer Vollstreckungserinnerung des Gläubigers nach § 766 II kann auch der Gerichtsvollzieher abhelfen, indem er den Vollstreckungsauftrag des Gläubigers übernimmt oder auftragsgemäß ausführt oder indem er den beanstandeten Kostenansatz berichtigt. Gegen die Abhilfe durch den Gerichtsvollzieher kann der Schuldner oder ein beschwerter Dritter seinerseits Vollstreckungserinnerung nach § 766 einlegen.

Dagegen ist der Gerichtsvollzieher nicht befugt, einer Vollstreckungserinnerung des Schuldners oder eines Dritten nach § 766 I dadurch abzuhelfen, daß er die gerügte Vollstreckungsmaßnahme aufhebt; denn dazu ist er nur unter den Voraussetzungen der §§ 776, 775 berechtigt.

d) Es muß ein *Rechtsschutzinteresse* dessen vorliegen, der die Erinnerung einlegt.

(1) Das Rechtsschutzinteresse besteht grundsätzlich nur in der *Zeit zwischen dem Beginn und der Beendigung der Zwangsvollstreckung.*

(a) Der *Beginn* der Zwangsvollstreckung liegt in der ersten gegen den Schuldner gerichteten Vollstreckungshandlung des Vollstreckungsorgans. Das ist bei der Vollstreckung wegen einer Geldforderung in bewegliche Sachen grundsätzlich die Pfändung durch den Gerichtsvollzieher, aber auch schon eine etwaige Durchsuchung der Wohnung oder sogar die richterliche Anordnung der Durchsuchung; denn auch diese Anordnung richtet sich im Zusammenhang mit der Durchführung der Zwangsvollstreckung gegen den Vollstreckungsschuldner (vgl. Rdnr. 331, 309). Die Herausgabevollstreckung beginnt mit der Wegnahme der Sache durch den Gerichtsvollzieher. Bei der Vollstreckung in Forderungen und Rechte liegt bereits in dem Erlaß, nicht erst in der Zustellung des Pfändungsbeschlusses der Vollstreckungsbeginn (vgl. BGHZ 25, 60, 63 ff.).

Dagegen gehören etwa der Erlaß des Vollstreckungstitels und die Erteilung der Vollstreckungsklausel noch nicht zur Zwangsvollstreckung. Auch in der Erteilung des Vollstreckungsauftrags an den Gerichtsvollzieher oder in dem Antrag auf Erlaß eines Pfändungs- und Überweisungsbeschlusses liegt noch keine Vollstreckungshandlung. Selbst die Aufforderung des Gerichtsvollziehers an den Schuldner zur freiwilligen

1189

Leistung ist noch keine Ausübung staatlichen Zwanges; denn durch die freiwillige Leistung soll die Zwangsvollstreckung gerade abgewendet werden.

1190   Ein Rechtsschutzinteresse des Erinnerungsführers besteht *ausnahmsweise schon vor Beginn* der Zwangsvollstreckung. Das ist nach § 766 II zum einen der Fall, wenn der Gläubiger Erinnerung einlegt, weil der Gerichtsvollzieher sich weigert, einen Vollstreckungsauftrag zu übernehmen. Das ist zum anderen anzunehmen, wenn eine Zwangsvollstreckungsmaßnahme unmittelbar bevorsteht und die später eingelegte Erinnerung dem von der Vollstreckung betroffenen Schuldner oder Dritten nur unzureichend nützen würde (KG ZIP 1983, 497 f.).

Wenn S im Fall d tatsächlich aus gesundheitlichen Gründen haftunfähig ist (vgl. § 906), entstünden bei einer Verhaftung erhebliche Gefahren für seine Gesundheit. Deshalb hat er ein berechtigtes Interesse daran, schon vorbeugend im Wege der Vollstreckungserinnerung Einwendungen gegen seine bevorstehende Verhaftung durch den Gerichtsvollzieher geltend zu machen (OLG Hamm DGVZ 1983, 137).

1191   (b) Die *Beendigung* der Zwangsvollstreckung ist erst gegeben, wenn der Gläubiger aus dem Vollstreckungserlös wegen seiner Vollstreckungsforderung in voller Höhe befriedigt ist. Für die Zulässigkeit der Vollstreckungserinnerung kommt es allerdings nur darauf an, ob die jeweils angegriffene Vollstreckungsmaßnahme schon beendet ist und deshalb nicht mehr rückgängig gemacht werden kann. Dazu reicht es aus, daß die Maßnahme vollständig durchgeführt ist, selbst wenn dadurch der Gläubiger noch nicht in voller Höhe befriedigt wurde.

Beispiele: Die Zwangsvollstreckung in eine bewegliche Sache ist beendet, wenn nach Versteigerung der Sache der Erlös an den Gläubiger ausgekehrt wurde, auch wenn dadurch die Vollstreckungsforderung nur teilweise erfüllt wurde. Nach diesem Zeitpunkt fehlt dem Schuldner für eine Vollstreckungserinnerung (etwa wegen Unpfändbarkeit nach § 811) das Rechtsschutzinteresse. — Gleiches gilt, wenn die Pfändung einer Sache (etwa auf Anweisung des Vollstreckungsgläubigers) vom Gerichtsvollzieher durch Ablösung des Pfandsiegels oder Rückgabe der Sache an den Schuldner aufgehoben wurde. Dieselbe Sache kann zwar später erneut gepfändet werden; das wäre jedoch der Beginn einer neuen Vollstreckungsmaßnahme, gegen die der Schuldner wiederum Erinnerung einlegen könnte.

1192   Für eine Vollstreckungserinnerung besteht *ausnahmsweise auch nach Beendigung* einer Zwangsvollstreckungsmaßnahme noch das Rechtsschutzinteresse, wenn Einwendungen gegen die vom Gerichtsvollzieher in Ansatz gebrachten Kosten geltend gemacht werden (§ 766 II).

Beispiel: Wenn der Gerichtsvollzieher von dem Vollstreckungserlös zwar einen zutreffenden Betrag an den Gläubiger abgeführt hat, für sich selbst jedoch aufgrund einer unzutreffenden Kostenberechnung zuviel von dem Erlös einbehalten hat, kann der Schuldner das im Wege der Vollstreckungserinnerung rügen.

(2) Das Rechtsschutzinteresse des Erinnerungsführers setzt voraus, daß das mit der Erinnerung angestrebte *Ziel nicht auf einfachere und billigere Weise erreichbar* ist. Unter diesem Gesichtspunkt sind Zweifel an dem Rechtsschutzinteresse jedoch kaum anzunehmen; selbst wenn sich der Erinnerungsführer gegen die Vollstreckung auch mit der Drittwiderspruchsklage wehren kann, wird dadurch die Zulässigkeit der Vollstreckungserinnerung nicht ausgeschlossen (Rdnr. 1169).

1193

Hat der Gerichtsvollzieher eine im Gewahrsam und Eigentum eines nicht zur Herausgabe bereiten Dritten stehende Sache gepfändet und hat der Dritte bereits unter Berufung auf sein Eigentum Drittwiderspruchsklage erhoben, kann er sogar ein berechtigtes Interesse daran haben, zusätzlich wegen des Verstoßes gegen § 809 auch Vollstreckungserinnerung einzulegen. Dieser kumulative Rechtsschutz ist jedenfalls dann zulässig, wenn der Dritte befürchten muß, mit der Drittwiderspruchsklage keinen Erfolg zu haben, etwa weil er sein Eigentum nicht beweisen kann.

(3) Das Rechtsschutzinteresse ist auch dann zu bejahen, wenn der Vollstreckungsschuldner *Einwendungen gegen eine nichtige Vollstreckungsmaßnahme* erhebt. Zwar entfaltet eine solche Maßnahme keine rechtlichen Wirkungen; insbesondere wird die gepfändete Sache nicht verstrickt (Rdnr. 364) und nicht mit einem Pfändungspfandrecht belastet (Rdnr. 383). Der Schuldner hat jedoch ein berechtigtes Interesse daran, auch den Anschein einer wirksamen Pfändung zu beseitigen.

1194

Hat etwa der Gerichtsvollzieher eine Sache des Schuldners gepfändet, obwohl gegen diesen kein Titel vorliegt, ist die Pfändung nichtig. Das ist jedoch nach außen nicht erkennbar; das angelegte Pfandsiegel vermittelt vielmehr den Anschein einer wirksamen Pfändung. Deshalb wird der Schuldner, wenn er die Sache verkaufen will, kaum einen kaufbereiten Interessenten finden. Aus diesem Grund ist sein Rechtsschutzinteresse an der Vollstreckungserinnerung gegeben.

4. Erinnerungsbefugnis

1195

Ungeschriebene Voraussetzung für die Zulässigkeit eines jeden Rechtsmittels ist die Beschwer des Rechtsmittelführers (BGH FamRZ 1982, 1198 m.N.; *Brox*, ZZP 81, 379, 406 ff.); für diesen muß die angefochtene Entscheidung ungünstig sein. Bei dem Rechtsbehelf der Vollstreckungserinnerung nennt man diese Zulässigkeitsvoraussetzung nicht Beschwer, sondern Erinnerungsbefugnis. Diese ist mit der Klagebefugnis nach § 42 II VwGO zu vergleichen. Erinnerungsbefugt ist nur, wer nach seinem eigenen Vortrag durch die angefochtene Vollstreckungsmaßnahme oder durch die Weigerung, eine beantragte Vollstreckungsmaßnahme auftragsgemäß durchzuführen, in seinen Rechten beeinträchtigt worden ist.

1196 (+)   a) Der *Schuldner* wird durch jede gegen ihn gerichtete Zwangsvollstreckungsmaßnahme in seiner Rechtsstellung betroffen. Deshalb ist er grundsätzlich zur Geltendmachung aller Verfahrensmängel befugt. Eine Ausnahme gilt dann, wenn die Verfahrensvorschrift, deren Verletzung der (−) Schuldner rügt, ausschließlich dem Schutz eines Dritten dient.

So fehlt dem Schuldner die Erinnerungsbefugnis, wenn er lediglich vorbringt, der Gerichtsvollzieher habe eine Sache im Gewahrsam eines Dritten gepfändet, obwohl dieser nicht zur Herausgabe der Sache bereit gewesen sei. Denn § 809 soll nur den Gewahrsamsinhaber, nicht auch den Schuldner schützen. — Gleiches gilt, wenn der Gerichtsvollzieher eine Sache im Gewahrsam des Schuldners pfändet, die offensichtlich im Eigentum eines Dritten steht. Zwar begeht der Gerichtsvollzieher einen Verfahrensfehler, wenn er die Sache trotz evidenten Dritteigentums pfändet (Rdnr. 259); jedoch kann der Schuldner diesen Verfahrensmangel nicht geltend machen, weil seine Rechte durch die Verletzung des Dritteigentums nicht betroffen sind.

1197   b) Der *Gläubiger* wird in seinen Rechten beeinträchtigt, wenn das Vollstreckungsorgan seinen Vollstreckungsauftrag ablehnt oder nicht auftragsgemäß durchführt (vgl. § 766 II).

Gegen die Ablehnung eines Auftrags ist die Vollstreckungserinnerung allerdings ohnehin nur zulässig, wenn die Ablehnung durch den Gerichtsvollzieher erfolgt. Falls Vollstreckungsorgan dagegen der Richter oder der Rechtspfleger ist, handelt es sich bei der Antragsablehnung nämlich um eine »Entscheidung«, gegen die entweder die sofortige Beschwerde (§ 793) oder die Rechtspflegererinnerung (§ 11 RPflG) stattfindet (vgl. Rdnr. 1178, 1181).

Eine nicht auftragsgemäße Vornahme einer Vollstreckungshandlung liegt vor, wenn das Vollstreckungsorgan eine bindende Weisung des Gläubigers mißachtet (Rdnr. 213). Pfändet etwa der Gerichtsvollzieher eine Sache, obwohl der Gläubiger ihn aufgrund einer Vollstreckungsvereinbarung mit dem Schuldner angewiesen hat, die Pfändung nicht vor dem Ablauf von zwei Monaten durchzuführen, kann der Gläubiger sich dagegen mit der Vollstreckungserinnerung wehren.

Erst recht ist auch der Schuldner erinnerungsbefugt, da die Vollstreckungsvereinbarung mit dem Gläubiger ein Vollstreckungshindernis darstellt, das im Interesse des Schuldners besteht (Rdnr. 204, 1168).

1198   c) Auch *Dritte*, die weder Schuldner noch Gläubiger sind, können durch die Zwangsvollstreckung in ihren Rechten verletzt werden. Voraussetzung dafür ist, daß die Verfahrensvorschrift, deren Verletzung der Dritte rügt, zumindest auch seinen Interessen zu dienen bestimmt ist.

In folgenden Fällen kann ein Dritter erinnerungsbefugt sein:

1199   (1) Wird bei der Durchführung der Zwangsvollstreckung der *Dritte als Schuldner* behandelt, obwohl er im Titel nicht als Schuldner genannt ist und der Titel auch nicht gegen ihn umgeschrieben wurde (Rdnr. 115, 118 ff.), wird er durch jede gegen ihn gerichtete Vollstreckungsmaßnahme in seinen Rechten verletzt. Denn es fehlt an einer allgemeinen Vollstreckungsvoraussetzung (§ 750 I; Rdnr. 31), so daß die Zwangsvollstreckung gegen ihn nicht durchgeführt werden darf. Er ist deshalb befugt, gegen jede Vollstreckungsmaßnahme Erinnerung einzulegen. Seine Erinnerungsbefugnis besteht im gleichen Umfang wie die des Vollstreckungsschuldners, wenn er sich wegen Fehlens einer allgemeinen Vollstreckungsvoraussetzung gegen die Zwangsvollstreckung wehrt.

Im Fall e ist zur Vollstreckung in den ungeteilten Nachlaß ein Titel gegen alle Miterben erforderlich (§ 747). Da sich die Pfändung des Teppichs auch gegen S$_2$ richtet, obwohl dieser in der titelübertragenden Klausel nicht als Schuldner genannt wird, ist er befugt, Erinnerung einzulegen. Daneben ist auch S$_1$ erinnerungsbefugt; gegen ihn liegt zwar ein Titel vor, doch ist dieser für die Vollstreckung in den Nachlaß nicht ausreichend (vgl. Rdnr. 37).

(2) Der *Drittschuldner* wird von einer Forderungspfändung schon deshalb betroffen, weil er mit zusätzlichen Pflichten belastet wird (§ 840 I; Rdnr. 621), bei deren Verletzung er zum Schadensersatz herangezogen werden kann (§ 840 II 2; Rdnr. 625). Diese durch jede Forderungspfändung verursachte Belastung des Drittschuldners, gegen den sich die Zwangsvollstreckung gar nicht richtet, ist zwar im Interesse einer effektiven Vollstreckung gegen den Schuldner geboten, aber nur dann, wenn die Vollstreckung rechtmäßig ist. Insofern dienen alle Vorschriften über die Voraussetzungen und die Durchführung der Zwangsvollstreckung auch den Interessen des Drittschuldners. Dieser ist daher ebenso erinnerungsbefugt wie der Schuldner, so daß er jeden Verfahrensmangel mit der Vollstreckungserinnerung geltend machen kann (BGHZ 69, 144, 148 m.N.; BL/*Hartmann*, § 766 Anm. 3 C »Drittschuldner«; *J. Blomeyer*, S. 69 ff.; StJ/*Münzberg*, § 766 Rdnr. 32; einschränkend *A. Blomeyer*, § 31 IV 3 a).

(3) Ein *nachpfändender Gläubiger* wird durch eine vorher erfolgte Pfändung beeinträchtigt; denn ihm geht der zuerst pfändende Gläubiger im Rang vor (§ 804 III; Rdnr. 377). Ein Wegfall der Erstpfändung käme ihm zugute, weil er dann im Rang aufrücken würde. Deshalb ist er befugt, jeden Verfahrensmangel bei der ersten Pfändung im Wege der Vollstreckungserinnerung zu rügen, obwohl er bei dieser Pfändung nur unbeteiligter Dritter war.

Sobald aber die Voraussetzungen für ein Verteilungsverfahren nach §§ 872 ff. (Rdnr. 476 ff.) vorliegen, ist die Vollstreckungserinnerung unzulässig (OLG Koblenz ZIP 1983, 745).

(4) Gegen bestimmte *an dem Vollstreckungsgegenstand mitberechtigte Dritte* braucht kraft ausdrücklicher gesetzlicher Vorschrift kein Vollstreckungstitel vorzuliegen.

1200

1201

1202

So kann nach § 735 (Rdnr. 33) in das Vermögen eines nichtrechtsfähigen Vereins, das nach materiellem Recht den einzelnen Mitgliedern zusteht, auch dann vollstreckt werden, wenn nur ein Titel gegen den Verein und nicht gegen die einzelnen Mitglieder vorliegt. — Nach §§ 740 I, 741 reicht zur Vollstreckung in das Gesamtgut der Gütergemeinschaft, an dem beide Ehegatten gesamthänderisch berechtigt sind (§§ 1416, 1419 BGB), ein Titel gegen den allein verwaltenden Ehegatten oder sogar gegen den nicht verwaltenden Ehegatten, der selbst ein Erwerbsgeschäft führt, aus (Rdnr. 35). — Zur Vollstreckung in das Gesamtgut der fortgesetzten Gütergemeinschaft (§§ 1484 ff. BGB) genügt ein Titel gegen den überlebenden Ehegatten, obwohl auch die gemeinsamen Abkömmlinge am Gesamtgut mitberechtigt sind (§ 745 I; Rdnr. 36). — Unterliegt ein Nachlaß der Verwaltung eines Testamentsvollstreckers, reicht zur Zwangsvollstreckung in den Nachlaß ein Titel gegen den Testamentsvollstrecker, obwohl der Erbe als Inhaber des Nachlasses Adressat der Vollstreckung ist (§ 748 I; Rdnr. 40).

Die im Titel nicht genannten Personen können sich — sofern der Vollstreckungsgegenstand für die Vollstreckungsforderung haftet — gegen die Vollstreckung nicht unter Berufung auf ihre materielle Berechtigung an dem Vollstreckungsgegenstand mit der Drittwiderspruchsklage wehren; das folgt daraus, daß nach dem Gesetz gegen die genannten Personen eine Vollstreckung auch ohne Titel zulässig ist. Diese Regelung darf jedoch nicht dazu führen, daß die materiell berechtigten Dritten einer rechtswidrigen Vollstreckung wehrlos gegenüberstehen. Sie sind vielmehr im gleichen Umfang erinnerungsbefugt wie der im Titel genannte Vollstreckungsschuldner, da sie nach materiellem Recht Adressat der Vollstreckung sind und nur formell nicht die Stellung des Schuldners haben (vgl. StJ/*Münzberg*, § 766 Rdnr. 32; *A. Blomeyer*, § 31 IV 3 a).

1203   (5) Im übrigen ist der Dritte nur *eingeschränkt erinnerungsbefugt.* Er kann nicht — wie der Schuldner — jeden Verfahrensmangel angreifen, sondern lediglich die Verletzung solcher Vorschriften rügen, die (auch) seinem Schutz dienen.

(a) Einen *Verstoß gegen § 809* (Rdnr. 248 ff.) kann der nicht zur Herausgabe bereite Dritte mit der Erinnerung nach § 766 geltend machen (Rdnr. 257); denn § 809 dient dem Schutz seines Gewahrsams.

1204   (b) Gegen eine *Pfändung trotz evidenten Dritteigentums* kann der Dritte (Eigentümer) sich nicht nur mit der Drittwiderspruchsklage nach § 771, sondern auch mit der Erinnerung nach § 766 wehren (Rdnr. 259). Zwar braucht der Gerichtsvollzieher grundsätzlich die Eigentumsverhältnisse nicht zu prüfen; gehört jedoch eine Sache offensichtlich nicht zu dem Vermögen, das dem Gläubiger für seine Forderung gegen den Schuldner haftet, muß der Gerichtsvollzieher eine Pfändung im Interesse des Eigentümers unterlassen (vgl. § 119 Nr. 2, 3 GVGA).

(c) Zur Geltendmachung von *Verstößen gegen Pfändungsverbote und Pfän-* 1205
dungsbeschränkungen aus sozialpolitischen Gründen (§ 811, Rdnr. 278 ff.;
§§ 850 ff., Rdnr. 539 ff.) sind solche Dritte befugt, die nach dem Gesetzeswortlaut oder nach dem Gesetzeszweck unter den persönlichen Schutzbereich dieser Vorschriften fallen.

So sind in § 811 Nr. 1, 2, 3, 4, 4a, 10, 12 die Familienmitglieder des Schuldners, zum
Teil auch dessen sonstigen Hausangehörigen und Arbeitnehmer, als (Mit-)Begün-
stigte des Pfändungsverbots genannt. Gleiches gilt nach §§ 850c, d, f, i (Rdnr. 565,
574, 581, 583) für die Unterhaltsgläubiger des Schuldners. Die Regelungen des § 811
Nr. 5, 6, 7 dienen jedenfalls nach ihrem Zweck auch dem Ehegatten und den Familienangehörigen des Schuldners, da sie die Sicherung des Familienunterhalts bezwek-
ken (Rdnr. 283, 286 f.).

(d) Bei einer Pfändung von Zubehör unter *Verstoß gegen § 865 II 1* 1206
(Rdnr. 216 ff.) oder von Früchten auf dem Halm vor der Pfandreife unter
Verstoß gegen § 810 I (Rdnr. 231 f.) können neben dem Schuldner auch des-
sen Grundpfandgläubiger Vollstreckungserinnerung einlegen; denn beide
Vorschriften wollen eine unwirtschaftliche Zerschlagung von Vermögens-
werten verhindern und schützen somit auch die Haftungsgrundlage der
Grundpfandgläubiger (Rdnr. 229, 232).

(e) Vollstreckt ein Nachlaßgläubiger vor Annahme der Erbschaft in das 1207
Eigenvermögen des Erben, liegt darin ein *Verstoß gegen § 778 I.* Zur Geltendmachung dieses Vollstreckungsmangels sind neben dem Erben auch
dessen persönlichen Gläubiger erinnerungsbefugt (Rdnr. 196); denn ihre
Haftungsmasse wird durch die unzulässige Vollstreckung geschmälert.
Gleiches gilt für den umgekehrten Fall, daß ein Eigengläubiger des Erben
vor Erbschaftsannahme in den Nachlaß vollstreckt; durch den darin liegenden *Verstoß gegen § 778 II* werden auch die Nachlaßgläubiger beschwert, so
daß sie neben dem Erben erinnerungsbefugt sind (Rdnr. 196).

(f) Auf das *Vollstreckungsverbot des § 47 VerglO* (Rdnr. 194) können sich 1208
die Vergleichsgläubiger im Wege der Vollstreckungserinnerung berufen;
denn in ihrem Interesse soll die Vergleichsmasse erhalten bleiben.

(g) Wird unter *Verletzung des § 14 KO* in die Konkursmasse vollstreckt, 1209
kann sich der Konkursverwalter dagegen mit der Erinnerung wehren
(Rdnr. 193). Nach zutreffender Ansicht steht die Erinnerungsbefugnis aber
auch den Konkursgläubigern zu (*J. Blomeyer,* S. 62; dagegen *A. Blomeyer,*
§ 31 IV 3 b); denn die ihnen haftende Vermögensmasse wird durch eine Einzelzwangsvollstreckung geschmälert.

d) Umstritten ist die Erinnerungsbefugnis des *Gerichtsvollziehers.* Sie 1210
wird z.T. in den Fällen bejaht, in denen er befürchten muß, rechtswidrig zu
handeln und Regreßansprüchen ausgesetzt zu sein, oder in denen er mit

Notwehrmaßnahmen des Schuldners rechnen muß (BL/*Hartmann*, §766 Anm. 3 C »Gerichtsvollzieher«). Nach zutreffender Ansicht ist jedoch die Erinnerungsbefugnis des Gerichtsvollziehers zu verneinen (vgl. OLG Stuttgart DGVZ 1979, 58; OLG Düsseldorf NJW 1980, 1111; anders noch OLG Düsseldorf NJW 1980, 458).

Falls er eine geplante Vollstreckungsmaßnahme für rechtswidrig hält, darf er sie nicht durchführen; eine rechtswidrige Anweisung des Gläubigers braucht er nicht zu beachten. Selbst wenn der Gerichtsvollzieher eine gerichtliche Anordnung für rechtswidrig hält, ist er nicht erinnerungsbefugt. Solange nämlich die gerichtliche Anordnung (etwa zur Pfändung bei Nacht gem. §761) besteht, liegt in ihrer Ausführung durch den Gerichtsvollzieher keine rechtswidrige, Regreßansprüche auslösende Vollstreckungshandlung.

Falls der Gerichtsvollzieher bei einer Vollstreckung, die einer gerichtlichen Anordnung entspricht, mit dem Widerstand des Schuldners rechnen muß, begründet das seine Erinnerungsbefugnis ebenfalls nicht. Er ist vielmehr an eine gerichtliche Entscheidung gebunden, selbst wenn sie nach materiellem Recht nicht hätte ergehen dürfen; die Vorschriften über die Rechtmäßigkeit der Zwangsvollstreckung sind keine Schutzvorschriften zugunsten des Gerichtsvollziehers.

1211   III. Begründetheit der Erinnerung

Die Erinnerung gegen die Vornahme einer Vollstreckungsmaßnahme ist begründet, wenn die angefochtene Maßnahme nicht oder nicht so wie geschehen hätte durchgeführt werden dürfen. Im Rahmen der Begründetheit der Erinnerung ist deshalb regelmäßig zu prüfen, ob die Voraussetzungen der Zwangsvollstreckung vorlagen und ob die Vollstreckung ordnungsgemäß vorgenommen worden ist.

Entsprechendes gilt, wenn sich die Erinnerung nicht gegen eine Zwangsvollstreckungsmaßnahme richtet, sondern gegen die Weigerung des Gerichtsvollziehers, einen Vollstreckungsauftrag zu übernehmen. In diesem Fall ist die Erinnerung allerdings nur begründet, wenn der Gerichtsvollzieher die Durchführung der Vollstreckung trotz Vorliegens aller Vollstreckungsvoraussetzungen verweigert hat.

Wendet der Gläubiger sich lediglich dagegen, daß der Gerichtsvollzieher eine Weisung mißachtet hat, ist für die Begründetheit der Erinnerung erforderlich, daß die Weisung für den Gerichtsvollzieher bindend war (Rdnr. 213); allerdings setzt auch das voraus, daß die Vollstreckungsvoraussetzungen vorlagen.

In dem Sonderfall, daß sich die Erinnerung gegen den Kostenansatz des Gerichtsvollziehers richtet (vgl. §766 II), kommt es nur darauf an, ob der Kostenansatz zutreffend ist; das kann jedoch ebenfalls davon abhängen, ob die Voraussetzungen der Zwangsvollstreckung vorlagen.

1. Voraussetzungen der Zwangsvollstreckung

Die Erinnerung ist begründet, wenn die angefochtene Vollstreckungs-maßnahme durchgeführt wurde, obwohl eine oder mehrere Voraussetzungen der Zwangsvollstreckung fehlten.

a) Die Zwangsvollstreckung wurde durchgeführt, obwohl eine der allgemeinen *Prozeßvoraussetzungen* (Rdnr. 18 ff.) nicht gegeben war.

(1) Der Gläubiger muß einen *wirksamen Antrag* auf Durchführung der Zwangsvollstreckung gestellt haben (Rdnr. 18 f.).

Kein wirksamer Antrag liegt vor, wenn der Gläubiger in seinem Gesuch auf Erlaß eines Pfändungs- und Überweisungsbeschlusses die zu pfändende Forderung nicht hinreichend bestimmt hat (Rdnr. 502).

(2) Die Vollstreckung muß vom *zuständigen Vollstreckungsorgan* durchgeführt worden sein (Rdnr. 208; vgl. auch Rdnr. 504).

(3) Der Vollstreckungsschuldner muß der *deutschen Gerichtsbarkeit* unterliegen (Rdnr. 20).

(4) Der Titel, aus dem die Vollstreckung nach den Regeln der ZPO betrieben wurde, muß einen Anspruch betreffen, für dessen Durchsetzung der *Rechtsweg* zu den ordentlichen Gerichten gegeben ist (Rdnr. 21).

(5) Gläubiger und Schuldner müssen *parteifähig* (Rdnr. 22 ff.) und nach zutreffender Ansicht auch *prozeßfähig* (Rdnr. 25) sein. Beim Gläubiger muß darüber hinaus festgestellt werden, ob er *prozeßführungsbefugt* ist (Rdnr. 27).

(6) Schließlich gehört zu den allgemeinen Prozeßvoraussetzungen, daß der Gläubiger ein *Rechtsschutzbedürfnis* für die Durchführung der Zwangsvollstreckung hat (Rdnr. 28). Es sind allerdings kaum Fälle denkbar, in denen das Rechtsschutzbedürfnis fehlt.

b) Die angefochtene Zwangsvollstreckungsmaßnahme wurde durchgeführt, obwohl eine *allgemeine Voraussetzung der Zwangsvollstreckung* (Rdnr. 29 ff.) fehlte.

(1) Der Gläubiger muß einen *Vollstreckungstitel* gehabt haben, aus dem sich Gläubiger und Schuldner ergeben (Rdnr. 31).

Daran fehlt es etwa, wenn in das Vermögen einer bürgerlich-rechtlichen Gesellschaft vollstreckt wurde und kein Titel gegen alle Gesellschafter vorlag (vgl. § 736; Rdnr. 33). Gleiches gilt, wenn in den ungeteilten Nachlaß vollstreckt worden ist, obwohl ein Titel nur gegen einen von mehreren Miterben vorhanden war (vgl. § 747; Rdnr. 37). Die angefochtene Vollstreckungsmaßnahme durfte auch dann nicht durchgeführt werden, wenn zwar ein Titel gegen den Schuldner gegeben, sein Inhalt aber nicht hinreichend bestimmt war (Rdnr. 42). Schließlich fehlt es an einem vollstreckungsfähigen Titel, wenn dieser weder rechtskräftig noch vorläufig vollstreckbar war (Rdnr. 55).

(2) Der Vollstreckungstitel muß mit einer *Vollstreckungsklausel* (Rdnr. 101 ff.) versehen gewesen sein. Wurde die Vollstreckung trotz Fehlens einer Klausel durchgeführt, ist die dagegen eingelegte Erinnerung begründet.

Allerdings kann im Wege der Vollstreckungserinnerung nicht geltend gemacht werden, daß die vorhandene Vollstreckungsklausel zu Unrecht erteilt wurde; hierfür stehen dem Schuldner als spezielle Rechtsbehelfe die Klauselerinnerung nach § 732 (Rdnr. 136 ff.) und die Vollstreckungsklauselgegenklage nach § 768 (Rdnr. 141 ff.) zu.

Ausnahmsweise darf die Vollstreckung auch ohne Vollstreckungsklausel durchgeführt werden.

So ist keine Klausel erforderlich, wenn aus einem Kostenfestsetzungsbeschluß, der nach § 105 auf die Ausfertigung des Titels gesetzt ist, aus einem Vollstreckungsbescheid, aus einem Arrestbefehl oder einer einstweiligen Verfügung, aus einem Haftbefehl oder aus einem Pfändungsbeschluß vollstreckt wird (Rdnr. 105).

(3) Der Vollstreckungstitel (und in den Fällen der titelergänzenden und der titelübertragenden Vollstreckungsklausel auch diese) muß dem Schuldner spätestens mit Beginn der Zwangsvollstreckung *zugestellt* worden sein (Rdnr. 151 ff., 154).

Eine wirksame Zustellung liegt nicht vor, wenn trotz Bestellung eines Prozeßbevollmächtigten auf Schuldnerseite der Titel nicht diesem, sondern dem Schuldner persönlich zugestellt wurde (Rdnr. 149).

Ausnahmsweise kann eine Zustellung des Vollstreckungstitels vor Beginn der Vollstreckung entbehrlich sein.

Das ist etwa wegen der Eilbedürftigkeit der Fall, wenn ein Arrest oder eine einstweilige Verfügung vollzogen werden soll. Auch ein Verzicht des Schuldners auf die Zustellung führt dazu, daß die Vollstreckung ohne Zustellung des Titels rechtmäßig ist (Rdnr. 155).

1214   c) Die Erinnerung gegen eine Vollstreckungsmaßnahme ist auch dann begründet, wenn die Vollstreckung durchgeführt wurde, obwohl eine der sog. *besonderen Voraussetzungen der Zwangsvollstreckung* (Rdnr. 157 ff.) nicht vorlag.

(1) Wenn sich aus dem Titel ergibt, daß die Geltendmachung des Vollstreckungsanspruchs vom *Eintritt eines Kalendertages* abhängig ist, durfte die Vollstreckung erst beginnen, nachdem der Kalendertag abgelaufen war (§ 751 I; Rdnr. 158).

Eine *Ausnahme* besteht nur bei der Vorratspfändung nach § 850d III; danach darf etwa wegen künftig fällig werdender Unterhaltsansprüche im Interesse des Unterhaltsgläubigers schon vor Fälligkeit das künftige Arbeitseinkommen des Schuldners gepfändet und überwiesen werden (Rdnr. 159 ff.).

(2) Wenn das Urteil, aus dem die Vollstreckung betrieben wurde, nur gegen *Sicherheitsleistung* des Gläubigers vorläufig vollstreckbar war, durfte mit der Zwangsvollstreckung nur begonnen werden, wenn die Sicherheitsleistung durch eine öffentliche oder öffentlich beglaubigte Urkunde nachgewiesen wurde und eine Abschrift dieser Urkunde spätestens gleichzeitig mit der Vollstreckung zugestellt war (§ 751 II; Rdnr. 164 ff.).

Diese Voraussetzung ist etwa dann nicht erfüllt, wenn der Gläubiger die Sicherheit durch den Nachweis einer selbstschuldnerischen Bürgschaft erbracht hat, der Bürgschaftsvertrag jedoch unwirksam war.

(3) Hängt die Vollstreckung aus dem Titel von einer *Zug um Zug zu bewirkenden Leistung des Gläubigers* an den Schuldner ab, durfte die Vollstreckung erst beginnen, nachdem die Befriedigung oder der Annahmeverzug des Schuldners durch öffentliche oder öffentlich beglaubigte Urkunden nachgewiesen war oder nachdem der Gerichtsvollzieher den Schuldner durch das Angebot der Gegenleistung in Annahmeverzug gesetzt hat (§§ 756, 765; Rdnr. 171 ff.).

Diese Voraussetzung liegt nicht vor, wenn die vom Gerichtsvollzieher dem Schuldner angebotene Leistung nicht der geschuldeten entsprach, weil sie z.B. nicht vollständig oder mangelhaft war (Rdnr. 172).

d) Der Durchführung der Zwangsvollstreckung stand ein *Vollstreckungshindernis* (Rdnr. 174 ff.) entgegen.   **1215**

Hat der Gerichtsvollzieher etwa eine gepfändete Sache zwecks Verwertung abgeholt, obwohl der Schuldner ihm ein Berufungsurteil vorgelegt hat, aus dem sich ergibt, daß das zu vollstreckende Urteil aufgehoben ist (§ 775 Nr. 1; Rdnr. 175), kann der Schuldner gegen die weitere Vollstreckung mit Erfolg Erinnerung einlegen.
Wird nach Eröffnung des Konkursverfahrens entgegen § 14 KO in die Konkursmasse vollstreckt, ist eine Erinnerung des Konkursverwalters erfolgreich (Rdnr. 193); entsprechendes gilt, wenn gegen das Vollstreckungsverbot des § 47 VerglO verstoßen wurde (Rdnr. 194).
Hat ein Nachlaßgläubiger vor Annahme der Erbschaft in das persönliche Vermögen des Erben vollstreckt, liegt darin ein Verstoß gegen das Vollstreckungshindernis des § 778 I; die Erinnerung des Erben ist begründet (Rdnr. 196).
Gegen eine Pfändung, die der Gerichtsvollzieher trotz einer vollstreckungsbeschränkenden oder -ausschließenden Vollstreckungsvereinbarung zwischen dem Gläubiger und dem Schuldner durchgeführt hat, kann sich der Schuldner erfolgreich mit der Erinnerung wehren (Rdnr. 199 ff., 204).

1216   **2. Durchführung der Zwangsvollstreckung**

Selbst wenn alle Vollstreckungsvoraussetzungen vorlagen, ist die Erinnerung gegen eine Zwangsvollstreckungsmaßnahme begründet, falls bei der Durchführung der Vollstreckung ein Verfahrensfehler unterlaufen ist.

a) Ein solcher Verfahrensfehler liegt bei *nicht ordnungsgemäßer Pfändung* vor.

(1) Der *Gegenstand der Pfändung* muß überhaupt der Zwangsvollstrekkung durch das jeweils tätig gewordene Vollstreckungsorgan unterliegen.

So darf der Gerichtsvollzieher auch körperliche Sachen (§ 808 I; Rdnr. 214) nicht pfänden, wenn diese Grundstückszubehör sind (§ 865 II 1; Rdnr. 216 ff.) oder als Erzeugnisse oder sonstige Bestandteile eines Grundstücks zum Haftungsverband einer Hypothek gehören und durch die Zwangsvollstreckung in das unbewegliche Vermögen beschlagnahmt sind (§ 865 II 2; Rdnr. 222 ff.). Früchte auf dem Halm unterliegen erst einen Monat vor der gewöhnlichen Zeit der Reife der Vollstreckung in das bewegliche Vermögen (§ 810; Rdnr. 231). Hat der Gerichtsvollzieher unter Verstoß gegen § 865 II oder gegen § 810 gepfändet, können sowohl der Schuldner als auch der Grundpfandgläubiger mit Erfolg Erinnerung dagegen einlegen (Rdnr. 229, 207; 232).

Gegenstand der Vollstreckung durch Pfändungs- und Überweisungsbeschluß des Vollstreckungsgerichts sind nur solche Geldforderungen, die übertragen werden können (§ 851 I; Rdnr. 521 ff.). Bezieht sich der Pfändungsbeschluß auf eine Forderung, die etwa kraft ausdrücklicher Gesetzesbestimmung (z.B. § 847 I 2 BGB) oder aufgrund einer Zweckbindung nicht übertragbar ist (Rdnr. 522), hat eine dagegen eingelegte Vollstreckungserinnerung Erfolg (Rdnr. 531). Gleiches gilt, wenn die gepfändete Forderung nach § 865 II 2 (Rdnr. 515 ff.) oder nach § 852 (Rdnr. 530) der Pfändung entzogen ist.

1217   (2) Der Gerichtsvollzieher darf nur solche beweglichen Sachen pfänden, die sich im *Gewahrsam* des Schuldners (§ 808 I; Rdnr. 237 ff.) oder eines zur Herausgabe bereiten Dritten (§ 809; Rdnr. 248 ff.) befinden.

Hat der Gerichtsvollzieher aufgrund eines Titels gegen den Schuldner eine Sache gepfändet, die im Mitgewahrsam des Schuldners und der übrigen — nicht herausgabebereiten — Personen seiner Wohngemeinschaft stand, ist die Erinnerung dieser Personen gegen die Vollstreckung begründet (Rdnr. 249, 257).

1218   (3) Eine bewegliche Sache darf vom Gerichtsvollzieher nur gepfändet werden, wenn sie *nicht offensichtlich im Eigentum eines Dritten* steht. Die Erinnerung gegen eine Pfändung wegen evidenten Dritteigentums ist erfolgreich (Rdnr. 259).

1219   (4) Die Durchführung der Pfändung ist nur dann ordnungsgemäß, wenn *keine Pfändungsverbote* (§ 811, Rdnr. 278 ff.; §§ 850 ff., Rdnr. 539 ff.) entgegenstehen.

Hat der Gerichtsvollzieher etwa eine bewegliche Sache gepfändet, die dem persönlichen Gebrauch des Schuldners dient und von diesem zu einer bescheidenen Lebensführung benötigt wird (§ 811 Nr. 1; Rdnr. 278), können der Schuldner und bestimmte, nach dem Gesetzeszweck geschützte Dritte sich dagegen erfolgreich mit der Erinnerung wehren (Rdnr. 305).

Gleiches gilt, wenn das Vollstreckungsgericht durch Pfändungs- und Überweisungsbeschluß auch auf den nach §§ 850 I, 850a ff. unpfändbaren Teil des Arbeitseinkommens oder anderer geschützter Forderungen zugegriffen hat.

(5) Eine ordnungsgemäße Pfändung darf *nicht zur Unzeit* (zur Nachtzeit, an Sonntagen und allgemeinen Feiertagen) erfolgen. Das ist nur zulässig, wenn eine entsprechende richterliche Erlaubnis vorliegt (§ 761; Rdnr. 306 ff.). Wird eine solche Vollstreckungsmaßnahme ohne richterliche Erlaubnis durchgeführt, ist sie mit der Erinnerung anfechtbar (Rdnr. 309). **1220**

(6) Der Gerichtsvollzieher muß den Schuldner vor Beginn des eigentlichen Pfändungsaktes *zur freiwilligen Leistung aufgefordert* haben (vgl. § 754, § 105 Nr. 2 GVGA; Rdnr. 310 ff.). Gegen eine Vollstreckung ohne vorherige Leistungsaufforderung kann der Schuldner sich mit der Erinnerung wehren (Rdnr. 316). **1221**

(7) Will der Gerichtsvollzieher gegen den Willen des Schuldners dessen Wohnung nach pfändbaren Gegenständen durchsuchen und zu diesem Zwecke Türen und Behältnisse öffnen oder andere *Zwangsmaßnahmen* ergreifen (vgl. § 758; Rdnr. 319 ff.), bedarf er dazu einer richterlichen Erlaubnis (Rdnr. 322 ff.). Die Vollstreckung nach einer ohne richterliche Anordnung erfolgten Durchsuchung ist zwar wirksam, aber mit der Erinnerung anfechtbar (Rdnr. 331). **1222**

(8) Die Pfändung einer beweglichen Sache erfolgt durch *Inbesitznahme und Kenntlichmachung* (§ 808, Rdnr. 332 ff.; zu den Besonderheiten bei der Anschlußpfändung Rdnr. 344 f.). Eine Geldforderung wird durch *Zustellung des Pfändungsbeschlusses an den Drittschuldner* gepfändet (§ 829 III; Rdnr. 602 ff., 608). Fehlt es etwa an der Inbesitznahme durch den Gerichtsvollzieher oder der wirksamen Zustellung des Pfändungsbeschlusses an den Drittschuldner, ist die Pfändung nicht nur fehlerhaft, sondern unwirksam (Rdnr. 332, 609). Der Gläubiger kann im Wege der Erinnerung den Gerichtsvollzieher anhalten lassen oder das Vollstreckungsgericht veranlassen, eine wirksame Pfändung nachzuholen. **1223**

Obwohl eine unwirksame Pfändung keine rechtlichen Wirkungen entfaltet, ist auch eine vom Schuldner dagegen eingelegte Erinnerung begründet; denn der Schuldner kann ein berechtigtes Interesse daran haben, den Anschein einer wirksamen Pfändung zu beseitigen (Rdnr. 1194).

(9) Die Pfändung darf in ihrem *Umfang* nicht über die gesetzlich bestimmten Grenzen hinausgehen. **1224**

(a) Das Vollstreckungsorgan muß bei der Durchführung der Pfändung das *Verbot der Überpfändung* beachten (§ 803 I 2; Rdnr. 346 ff.). Wird mehr gepfändet, als zur Befriedigung des Gläubigers und zur Deckung der Vollstreckungskosten erforderlich ist, kann der Schuldner dagegen mit Erfolg Erinnerung einlegen (Rdnr. 351).

(b) Entsprechendes gilt für den Fall, daß eine Pfändung durchgeführt wird, obwohl sie wegen *anderweitiger Sicherung* des Gläubigers nicht erforderlich ist (Rdnr. 352 ff.). Einer solchen Vollstreckung kann der Schuldner nach § 777 mit der Vollstreckungserinnerung widersprechen.

(c) Das Vollstreckungsorgan darf nicht gegen das *Verbot der zwecklosen Pfändung* (§ 803 II; Rdnr. 355 ff.) verstoßen.

Hat der Gerichtsvollzieher etwa eine bewegliche Sache gepfändet, obwohl sich voraussehen ließ, daß der Erlös die Vollstreckungskosten nicht überschreiten würde, ist eine dagegen vom Schuldner eingelegte Erinnerung begründet (Rdnr. 357).

1225 (b) Ein Verfahrensfehler liegt ferner *bei nicht ordnungsgemäßger Verwertung* vor.

(1) Das Vollstreckungsorgan muß die *richtige Verwertungsart* gewählt haben.

Gepfändete bewegliche Sachen sind in der Regel öffentlich zu versteigern (§ 814; Rdnr. 395 ff.). Gepfändetes Geld ist dem Gläubiger abzuliefern (§ 815 I; Rdnr. 418 ff.). Für die Verwertung von Wertpapieren, Gold- und Silbersachen ist unter bestimmten Voraussetzungen ein freihändiger Verkauf vorgesehen (§§ 821, 817a III; Rdnr. 422 ff.). Gepfändete Forderungen werden regelmäßig dem Gläubiger zur Einziehung (§ 836 I; Rdnr. 634 ff.), auf dessen Antrag auch an Zahlungs Statt (§ 835 I; Rdnr. 663 ff.) überwiesen. Auf Antrag des Gläubigers oder des Schuldners kann das Vollstreckungsgericht sowohl bei der Vollstreckung in bewegliche Sachen als auch bei der in Forderungen und Rechte eine von den genannten Verwertungsarten abweichende Verwertung anordnen (§ 825, Rdnr. 425 ff.; § 844, Rdnr. 666 ff.); gibt das Gericht einem solchen Antrag ohne Anhörung des Gegners statt, obwohl der Antrag unzulässig oder unbegründet war (Rdnr. 430 ff.; 667), ist eine Vollstreckungserinnerung des Gegners erfolgreich (Rdnr. 445 f.; 668).

1226 (2) Eine ordnungsgemäße Verwertung liegt nur vor, wenn die *Vorschriften über die Vorbereitung und den Ablauf der öffentlichen Versteigerung* (Rdnr. 396 ff.) eingehalten werden.

So darf der Versteigerungstermin regelmäßig nicht vor dem Ablauf von einer Woche seit der Pfändung anberaumt werden (§ 816 I; Rdnr. 396). Die gepfändete Sache muß grundsätzlich an dem Ort der Pfändung oder an einem anderen Ort im Bezirk des Vollstreckungsgerichts versteigert werden (§ 816 II; Rdnr. 397). Zeit und Ort der Versteigerung sind öffentlich bekannt zu machen (§ 816 III; Rdnr. 398). Nach der Eröffnung des Versteigerungstermins muß der Gerichtsvollzieher das Mindestgebot bekanntgeben, das die Hälfte des gewöhnlichen Verkaufswertes beträgt (§ 817a I; Rdnr. 399). Der Zuschlag ist dem Meistbietenden zu erteilen, nachdem ein dreimaliger Aufruf erfolgt ist (§ 817 I; Rdnr. 402). Der Verstoß gegen eine der genannten Vorschriften führt dazu, daß die vom Gläubiger oder Schuldner eingelegte Erinnerung begründet ist (Rdnr. 413). In solchen Fällen ist die Erinnerung allerdings schon mangels Rechtsschutzinteresses unzulässig, wenn sie erst nach Beendigung der Zwangsvollstreckungsmaßnahme (Rdnr. 1191) eingelegt wird.

Sofern bei der Versteigerung das Gebot der Öffentlichkeit (§ 814) nicht gewahrt ist oder das Barzahlungsgebot (§ 817 II) verletzt wird, erwirbt der Ersteher gar nicht erst das Eigentum an der ihm zugeschlagenen und übergebenen Sache (Rdnr. 414 f.). Trotzdem können Gläubiger und Schuldner einen solchen schweren Verfahrensverstoß des Gerichtsvollziehers erfolgreich mit der Erinnerung rügen, solange die Zwangsvollstreckung noch nicht beendet ist.

(3) Aufgrund des Zuschlags ist der Gerichtsvollzieher zur *Ablieferung der Sache an den Meistbietenden* verpflichtet, sofern dieser bare Zahlung leistet (§ 817 II; Rdnr. 403). Der Meistbietende kann seinen Anspruch gegen den Gerichtsvollzieher zwar nicht im Wege der Leistungsklage, aber mit dem speziellen Rechtsbehelf der Erinnerung erfolgreich geltend machen (Rdnr. 407).   **1227**

c) Schließlich gehört zur Durchführung der Zwangsvollstreckung die *ordnungsgemäße Auskehr des Erlöses* (Rdnr. 447 ff.), sofern diese nicht — wie bei der Überweisung einer Forderung zur Einziehung oder an Zahlungs Statt — entbehrlich ist.   **1228**

Weigert sich etwa der Gerichtsvollzieher, an den Gläubiger (nach Abzug der Vollstreckungskosten) den zu seiner Befriedigung erforderlichen Teil des Erlöses oder an den Schuldner den restlichen Teil des Erlöses auszukehren, kann der dadurch Benachteiligte zur Durchsetzung seines Anspruchs mit Erfolg Erinnerung einlegen; das Rechtsschutzinteresse besteht so lange, bis der Gerichtsvollzieher die Verteilung des Erlöses abgeschlossen hat und nicht mehr rückgängig machen kann (Rdnr. 1191). — Streiten sich dagegen mehrere konkurrierende Gläubiger um die Aufteilung des Erlöses, findet nicht die Erinnerung, sondern das Verteilungsverfahren nach §§ 872 ff. statt (Rdnr. 449, 476 ff.).

IV. Verfahren und einstweilige Anordnung   **1229**

1. Verfahren

a) Obwohl sich die Erinnerung gegen ein Verhalten des Vollstreckungsorgans richtet, sind *Parteien* des Erinnerungsverfahrens stets der Vollstreckungsgläubiger auf der einen und der Schuldner oder ein Dritter auf der anderen Seite. Der Gerichtsvollzieher und das Vollstreckungsgericht sind als Vollstreckungsorgane nicht Partei.

b) Das Erinnerungsverfahren kann, muß aber nicht ohne mündliche Verhandlung stattfinden (§ 764 III; *fakultative mündliche Verhandlung*).

1230   c) Dem Erinnerungsgegner ist dann, wenn eine ihm nachteilige Entscheidung ergehen soll, *rechtliches Gehör* zu gewähren (vgl. Art. 103 I GG).

Eine Entscheidung des Vollstreckungsgerichts, welche die Erinnerung schon nach dem Vortrag des Erinnerungsführers als unzulässig oder unbegründet abweist, beschwert den Erinnerungsgegner nicht; dieser hat deshalb in solchen Fällen kein berechtigtes Interesse, vor Erlaß der Entscheidung angehört zu werden.

(1) Der *Schuldner* muß also Gelegenheit zur Äußerung erhalten, wenn das Gericht einer Erinnerung des Gläubigers stattgeben will.

Eine Ausnahme gilt nur bei einer Rechtspflegererinnerung des Gläubigers, die sich dagegen richtet, daß das Vollstreckungsgericht einen beantragten Pfändungs- und Überweisungsbeschluß nicht erlassen hat; denn nach § 834 ist der Schuldner vor der Pfändung über das Pfändungsgesuch nicht zu hören. Hat sich dagegen der Gerichtsvollzieher geweigert, einen Vollstreckungsauftrag des Gläubigers anzunehmen oder durchzuführen, ist dem Schuldner vor einer für den Gläubiger günstigen Erinnerungsentscheidung Gelegenheit zur Äußerung zu geben, weil es für bewegliche Sachen eine dem § 834 entsprechende Vorschrift nicht gibt (anders *A. Blomeyer,* § 31 V 3).

(2) Der *Gläubiger* muß angehört werden, wenn das Gericht die Erinnerung des Schuldners für begründet hält.

(3) Ein *Dritter* kann niemals Erinnerungsgegner, sondern nur Erinnerungsführer sein; bei ihm stellt sich die Frage des rechtlichen Gehörs daher nicht.

1231   d) Über entscheidungserhebliche, bestrittene Tatsachen ist *Beweis* zu erheben. Glaubhaftmachung reicht nicht aus; denn die Erinnerung führt nicht zu einer vorläufigen, sondern zu einer endgültigen Entscheidung. Die Beweislast richtet sich nach allgemeinen Regeln. Wichtiges Beweismittel ist die amtliche Auskunft (vgl. §§ 273 II Nr. 2, 358a Nr. 2, 437 II) des Gerichtsvollziehers.

Falls die Auskunft anstelle einer eigenen Augenscheinseinnahme durch das Gericht erfolgt, ist der Gerichtsvollzieher Augenscheinsmittler des Gerichts (dazu *Peters,* Der sogenannte Freibeweis, S. 123, 127). Das Gericht kann eine solche Auskunft nach § 144 auch von Amts wegen einholen (*Bruns/Peters,* § 13 III).

1232   2. Einstweilige Anordnung

Die Einlegung der Erinnerung hat keine aufschiebende Wirkung und hindert deshalb nicht den Fortgang der Vollstreckung. Um zu vermeiden, daß während des Erinnerungsverfahrens nicht mehr rückgängig zu machende Nachteile für den Erinnerungsführer geschaffen werden, kann das Vollstreckungsgericht schon vor Erlaß einer Erinnerungsentscheidung nach §§ 766 I 2, 732 II auf Antrag oder von Amts wegen einstweilige Anordnungen erlassen.

Insbesondere kann es anordnen, daß die Zwangsvollstreckung gegen oder ohne Sicherheitsleistung einstweilen einzustellen oder nur gegen Sicherheitsleistung fortzusetzen sei (§ 732 II, 2. Halbs.). Dagegen ist eine Aufhebung von bereits durchgeführten Zwangsvollstreckungsmaßnahmen nicht im Wege einer einstweiligen Anordnung möglich (*Zöller/Stöber*, § 766 Rdnr. 35).

Die einstweilige Anordnung ergeht durch Beschluß. Er ist entsprechend § 707 II 2 grundsätzlich unanfechtbar; nur ausnahmsweise ist die sofortige Beschwerde zulässig, wenn das Gericht die Grenzen seines Ermessens überschritten oder aber verkannt hat, daß ihm überhaupt ein Ermessensspielraum zusteht (vgl. Rdnr. 177; StJ/*Münzberg*, § 707 Rdnr. 23; *Baur/Stürner*, Rdnr. 729). Das Vollstreckungsgericht hat allerdings die Möglichkeit, die von ihm erlassene einstweilige Anordnung bei Veränderung der Sachlage auf Antrag abzuändern oder aufzuheben (BL/*Hartmann*, § 707 Anm. 4 C; StJ/*Münzberg*, § 707 Rdnr. 22; *Thomas/Putzo*, § 707 Anm. 7 a). Mit der Entscheidung über die Erinnerung wird die einstweilige Anordnung gegenstandslos.

V. Entscheidung über die Erinnerung

1233

Die Entscheidung über die Erinnerung ergeht durch Beschluß.

1. Maßgeblicher Zeitpunkt

Für die Beurteilung der Zulässigkeit und der Begründetheit der Erinnerung ist grundsätzlich der Zeitpunkt der Beschlußfassung maßgeblich (*Baur/Stürner*, Rdnr. 726; StJ/*Münzberg*, § 766 Rdnr. 42; *Thomas/Putzo*, § 766 Anm. 6; *Zöller/Stöber*, § 766 Rdnr. 27); denn Verfahrensfehler, die keine Nichtigkeit, sondern nur eine Anfechtbarkeit der Vollstreckungsmaßnahme zur Folge haben, können geheilt werden (*Baur/Stürner*, Rdnr. 144; *A. Blomeyer*, § 30 III 2; StJ/*Münzberg*, vor § 704 Rdnr. 137; Rdnr. 390, 383, 294; a.A. *Bruns/Peters*, § 13 VI). Für die Erinnerungsentscheidung kommt es nicht darauf an, ob die Heilung des Mangels ex tunc oder ex nunc wirkt (Rdnr. 390; StJ/*Münzberg*, vor § 704 Rdnr. 138). Wenn also ein Verfahrensfehler, der zur Zeit der Pfändung vorlag, während des Erinnerungsverfahrens behoben wurde, ist die ursprünglich begründete Erinnerung unbegründet geworden.

Wurde etwa unter Verstoß gegen § 751 I (Rdnr. 158) vor Ablauf des im Titel genannten Kalendertages vollstreckt, kann dieser Mangel durch Zeitablauf geheilt werden; eine gegen die Pfändung eingelegte Erinnerung wird dann unbegründet. Dadurch wird der voreilig vollstreckende Gläubiger gegenüber anderen Gläubigern nicht unbillig bevorzugt; denn nach der hier vertretenen gemischten Theorie (Rdnr. 382 ff.) entsteht das für den Rang nach § 804 III maßgebliche Pfändungspfandrecht erst im Zeitpunkt der Heilung (Rdnr. 390, 383, 497).

Wird ein zunächst nach § 811 Nr. 5 unpfändbarer Pkw während des Erinnerungsverfahrens pfändbar, etwa weil der Schuldner seine Erwerbstätigkeit aufgibt, ist die Erinnerung unbegründet (Rdnr. 294). Entsprechendes gilt auch für den umgekehrten Fall: Eine ursprünglich unbegründete Erinnerung wird nachträglich nach § 811 Nr. 5 begründet, wenn etwa ein zunächst vorhandener Zweitwagen bei einem Unfall zerstört wird (Rdnr. 295).

Im Fall f ist G_2 als nachpfändender Gläubiger erinnerungsbefugt (Rdnr. 1201). Seine Erinnerung wurde aber dadurch unbegründet, daß G_1 die Voraussetzungen des § 751 II (Rdnr. 164 ff.) nachträglich erfüllt hat. Reicht der Versteigerungserlös zur Befriedigung von G_1 und G_2 nicht aus und kommt es zum Verteilungsverfahren (§§ 872 ff.; Rdnr. 476 ff.), kann G_2 im Wege der Widerspruchsklage nach § 878 (Rdnr. 489 ff.) geltend machen, daß ihm wegen der ursprünglichen Anfechtbarkeit der Pfändung des G_1 ein besseres Recht am Erlös zusteht. Die Widerspruchsklage des G_2 wäre begründet, da der Vollstreckungsmangel bei der Pfändung durch G_1 nur mit Wirkung ex nunc geheilt wurde, so daß das Pfändungspfandrecht des G_1 dem des G_2 im Rang nachgeht (Rdnr. 497).

1234 Eine von Anfang an nichtige Vollstreckungsmaßnahme (Rdnr. 364) kann dagegen nicht geheilt werden (*Baur/Stürner*, Rdnr. 144; StJ/*Münzberg*, vor § 704 Rdnr. 129 ff., 134; einschränkend *A. Blomeyer*, § 30 III 1).

Ist etwa eine Pfändung durch den Gerichtsvollzieher deshalb unwirksam, weil dieser die Pfändung nicht ordnungsgemäß kenntlich gemacht hat (§ 808 II; Rdnr. 333, 337 f., 364), und holt der Gerichtsvollzieher die Kenntlichmachung später nach, handelt es sich dabei um eine neue Pfändung, die nicht auf den Zeitpunkt des ersten Pfändungsversuchs zurückwirkt. Die erste Pfändung bleibt unwirksam, und eine dagegen eingelegte Erinnerung bleibt begründet.

1235 **2. Inhalt der Entscheidung**

 a) Im *Rubrum* des Beschlusses sind stets der Gläubiger und der Schuldner aufzuführen. Falls ein Dritter Erinnerungsführer ist, wird er zusätzlich im Rubrum genannt.

Beispiel:

Beschluß

In der Zwangsvollstreckungssache

des Kaufmanns Georg Glaub, Hauptstr. 1, 4400 Münster,

Gläubigers,

— Verfahrensbevollmächtigter: Rechtsanwalt Reimann in Münster —

gegen

den Schlosser Simon Schuld, Mittelweg 19, 4400 Münster,

Schuldner,

Erinnerungsführer: Diplom-Ingenieur Dieter Dreier, Teichstr. 34, 4400 Münster
— Verfahrensbevollmächtigter: Rechtsanwalt Hansen in Münster —

b) Die *Entscheidung in der Hauptsache* richtet sich danach, ob die Erinnerung erfolglos oder erfolgreich ist.   **1236**

(1) Bei *Unzulässigkeit oder Unbegründetheit der Erinnerung* lautet der Tenor in der Hauptsache z.B.:

Die Erinnerung des Diplom-Ingenieurs Dieter Dreier gegen die vom Gerichtsvollzieher ... am ... in ... vorgenommene Pfändung des ... wird zurückgewiesen.
Oder:
Die Erinnerung des ... gegen den Pfändungsbeschluß des Amtsgerichts ... vom ...
AZ: ... wird zurückgewiesen.

(2) Bei *Zulässigkeit und Begründetheit der Erinnerung* ist für den Tenor zu unterscheiden: **1237**

(a) Hat die *Erinnerung des Schuldners oder eines Dritten gegen eine Pfändung durch den Gerichtsvollzieher* Erfolg, ist die Pfändung für unzulässig zu erklären. Das Vollstreckungsgericht kann die Pfändung allerdings nicht selbst aufheben; das ist nur dem Gerichtsvollzieher als Vollstreckungsorgan möglich (Rdnr. 366). Das Gericht kann den Gerichtsvollzieher jedoch im Beschluß anweisen, die Vollstreckung aufzuheben. Der Tenor lautet dann:

Die vom Gerichtsvollzieher ... am ... in ... vorgenommene Pfändung des ... wird für unzulässig erklärt.
Der Gerichtsvollzieher ... wird angewiesen, die Pfändung des ... aufzuheben, die Pfandsiegel zu entfernen und den ... an den Erinnerungsführer herauszugeben.

(b) Soll der *Erinnerung des Schuldners oder eines Dritten gegen eine Pfändung durch das Vollstreckungsgericht* stattgegeben werden, wird die Pfändung nicht nur für unzulässig erklärt, sondern auch aufgehoben; denn in diesem Fall ist das über die Erinnerung entscheidende Vollstreckungsgericht auch Vollstreckungsorgan und als solches selbst für die Aufhebung zuständig.   **1238**

Der Pfändungsbeschluß des Amtsgerichts … AZ: … wird (insoweit) für unzulässig erklärt und aufgehoben (, als …).

1239 (c) Die einer *Erinnerung des Gläubigers* stattgebende Entscheidung lautet grundsätzlich:

Der Gerichtsvollzieher wird angewiesen, die vom Gläubiger am … beantragte Pfändung des … auszuführen.

Hat das Vollstreckungsgericht allerdings entsprechend dem Antrag des Gläubigers die Weigerung des Gerichtsvollziehers zur Durchführung eines Vollstreckungsauftrags nur unter einem bestimmten rechtlichen Gesichtspunkt geprüft, darf es den Gerichtsvollzieher nicht anweisen, den Vollstreckungsauftrag durchzuführen. Andernfalls würde es in die Prüfungskompetenz des Gerichtsvollziehers eingreifen (*Lippross*, §S.103; StJ/*Münzberg*, § 766 Rdnr. 50 FN 147).

Im Fall g hat Gv die Durchführung des Vollstreckungsauftrags zu Unrecht verweigert, weil nach § 739 (Rdnr. 238) der S als Besitzer gilt, so daß es auf die Herausgabebereitschaft der F nicht ankommt. Trotzdem darf das Vollstreckungsgericht nicht die Pfändung anordnen, weil Gv noch prüfen muß, ob die Pfändung möglicherweise aus anderen Gründen (etwa nach § 811 Nr. 5; Rdnr. 285) unzulässig ist. Der Tenor muß deshalb wie folgt lauten:

Der Gerichtsvollzieher wird angewiesen, die vom Gläubiger am … beantragte Pfändung des Klaviers … nicht wegen fehlender Herausgabebereitschaft der F zu verweigern.

1240 c) Der Beschluß enthält eine *Kostenentscheidung.*

(1) *Gerichtliche Kosten* fallen nicht an; das Erinnerungsverfahren ist gerichtsgebührenfrei (vgl. § 1 I GKG, »nur nach diesem Gesetz«; für die Rechtspflegererinnerung § 11 VI 1 RPflG). Das muß nicht, kann aber im Tenor ausgesprochen werden:

Die Entscheidung ergeht gerichtsgebührenfrei.

1241 (2) Die Entscheidung über die *außergerichtlichen Kosten* richtet sich nach §§ 91 ff., 97 I. Bei einer erfolgreichen Erinnerung sind diese Kosten also grundsätzlich nach § 91 dem unterliegenden Teil aufzuerlegen (BL/*Hartmann*, § 766 Anm. 3 E; StJ/*Münzberg*, § 766 Rdnr. 41; *Zöller/Stöber*, § 766 Rdnr. 34; a.M. *Thomas/Putzo*, § 766 Anm. 9: § 788). Bei einer erfolglosen Erinnerung muß nach § 97 I der Erinnerungsführer die außergerichtlichen Kosten tragen. Der Tenor lautet also:

Die (außergerichtlichen) Kosten des Verfahrens hat der Gläubiger (Schuldner, Erinnerungsführer) zu tragen.

Bei den außergerichtlichen Kosten geht es im wesentlichen um die Anwaltsgebühren. Die Rechtsanwälte erhalten eine Gebühr nach § 57 BRAGO (3/10); die Tätigkeit des Rechtsanwalts des Gläubigers im Erinnerungsverfahren ist allerdings durch die Gebühr für die Erteilung des Vollstreckungsauftrages mitabgegolten (vgl. die nicht abschließende Aufzählung des § 58 II BRAGO; *Zöller/Stöber*, § 766 Rdnr. 40).

d) Es erfolgt *kein Ausspruch der vorläufigen Vollstreckbarkeit.* Nur Urteile können nach §§ 708 ff. für vorläufig vollstreckbar erklärt werden. Da die Erinnerungsentscheidung durch Beschluß ergeht, gegen den das Rechtsmittel der sofortigen Beschwerde (§ 793; Rdnr. 1246, 1250 ff.) stattfindet, ist sie nach § 794 I Nr. 3 vollstreckbar.

1242

e) Falls das Vollstreckungsgericht der Erinnerung des Schuldners oder eines Dritten gegen eine Vollstreckungsmaßnahme stattgibt und die angefochtene Vollstreckungsmaßnahme aufhebt oder den Gerichtsvollzieher zur Aufhebung anweist, kann es analog § 572 II die *Aussetzung der Vollziehung der Erinnerungsentscheidung* anordnen (vgl. BGHZ 66, 394, 395). Das ist sogar erforderlich, weil andernfalls bei einer Aufhebung der Erinnerungsentscheidung auf eine Beschwerde des Gläubigers dieser erneut pfänden und einen Rangverlust aufgrund zwischenzeitlicher Pfändungen befürchten müßte.

1243

f) Die Erinnerungsentscheidung ist zu *begründen.* Tatbestand und Entscheidungsgründe werden nach dem Tenor unter der gemeinsamen Überschrift »Gründe« abgehandelt.

1244

3. Verkündung und Zustellung der Entscheidung

1245

Die aufgrund einer mündlichen Verhandlung ergehende Erinnerungsentscheidung muß verkündet werden (§ 329 I 1). Wenn sie einen Vollstreckungstitel bildet oder der sofortigen Beschwerde nach § 793 (Rdnr. 1246, 1250 ff.) unterliegt, ist sie außerdem zuzustellen; der Zeitpunkt der Zustellung ist für den Beginn der Beschwerdefrist (Rdnr. 1255) von Bedeutung. Eine Zustellung erfolgt immer, wenn der Beschluß ohne mündliche Verhandlung ergangen ist (vgl. § 329 II 2). Zustellungsadressat ist — wenn die Erinnerung zurückgewiesen wird — nur der Erinnerungsführer, da allein er beschwert ist und ein Rechtsmittel einlegen kann. Eine stattgebende Erinnerungsentscheidung wird den Parteien des Erinnerungsverfahrens zugestellt.

Die Frage, ob eine Zustellung an den Schuldner wegen § 834 unterbleibt, wenn auf die Erinnerung des Gläubigers ein Pfändungs- und Überweisungsbeschluß erlassen wird (vgl. StJ/*Münzberg,* § 766 Rdnr. 41), stellt sich bei der hier behandelten Vollstreckungserinnerung nicht; denn die Erinnerung des Gläubigers gegen die Weigerung des Rechtspflegers, einen Pfändungs- und Überweisungsbeschluß zu erlassen, ist eine Rechtspflegererinnerung (Rdnr. 1178).

VI. Rechtsbehelf gegen die Erinnerungsentscheidung

1246

Da der Erinnerungsbeschluß eine Entscheidung im Zwangsvollstreckungsverfahren ist, die ohne mündliche Verhandlung ergehen kann, findet gegen ihn die sofortige Beschwerde nach § 793 (Rdnr. 1250 ff.) statt. § 793 regelt nur die Statthaftigkeit der sofortigen Beschwerde; die übrigen Zulässigkeitsvoraussetzungen und Verfahrensregelungen ergeben sich insbesondere aus §§ 574 ff. (Rdnr. 1251 ff.). Gegen die Entscheidung des Beschwerdegerichts ist die weitere sofortige Beschwerde zulässig, sofern in der Beschwerdeentscheidung ein neuer selbständiger Beschwerdegrund enthalten ist (§§ 577, 568 II; Rdnr. 1268 f.).

1247   VII. Rechtskraft der Erinnerungsentscheidung

1. Formelle Rechtskraft

Mit Ablauf der Frist für die Einlegung der sofortigen Beschwerde (§ 577 II) wird die Erinnerungsentscheidung formell rechtskräftig. Sie kann dann nicht mehr mit einem Rechtsmittel angegriffen werden.

1248   2. Materielle Rechtskraft

Fraglich ist, ob und in welchem Umfang die Erinnerungsentscheidung auch materiell rechtskräftig wird, ihr Inhalt also auch verbindlich ist, wenn wegen desselben Streitgegenstandes ein anderes Verfahren angestrengt werden soll.

a) Im *Verhältnis zwischen dem Erinnerungsführer und dem Erinnerungsgegner,* dem rechtliches Gehör gewährt worden ist, entfaltet die Erinnerungsentscheidung nach h.M. entsprechend § 322 I materielle Rechtskraft (*Baur/Stürner,* Rdnr. 731; *A. Blomeyer,* § 31 VII 1 m.N.; StJ/*Münzberg,* § 766 Rdnr. 50; a.M. *Bruns/Peters,* § 13 VII 1; *Peters,* ZZP 90, 145, 148 ff.).

Danach kann der Erinnerungsführer nach einer abweisenden Erinnerungsentscheidung nicht aus denselben Gründen und mit denselben Beweismitteln sein Erinnerungsgesuch wiederholen. Dagegen ist eine auf neue Gründe gestützte Erinnerung zulässig. Das gilt selbst dann, wenn diese Gründe zur Zeit des ersten Erinnerungsverfahrens bereits vorlagen, aber vom Erinnerungsführer noch nicht vorgetragen wurden. § 767 II (Rdnr. 1339 ff.) greift insoweit nicht ein; denn der Erinnerungsführer ist nicht verpflichtet, seine Erinnerung auf alle ihm bekannten Verfahrensmängel zu stützen, sondern er hat die Möglichkeit, nach § 766 einzelne Vollstreckungsmängel zu rügen (StJ/*Münzberg,* § 766 Rdnr. 50). Deshalb kommt es auch nicht darauf an, ob der Erinnerungsführer Vollstreckungsmängel, die zur Zeit des ersten Erinnerungsverfahrens bereits vorlagen, schuldhaft oder schuldlos nicht vorgetragen hat.

Entsprechendes gilt, wenn einer Erinnerung des Gläubigers nach § 766 II stattgegeben und der Gerichtsvollzieher angewiesen wurde, die beantragte Vollstreckungsmaßnahme durchzuführen. Gegen die Durchführung dieser Vollstreckungsmaßnahme ist eine Erinnerung des Schuldners nur dann zulässig, wenn sie auf neue Gründe gestützt wird die in dem vom Gläubiger eingeleiteten Erinnerungsverfahren noch nicht geprüft wurden.

Die materielle Rechtskraft einer Erinnerungsentscheidung, die ohne Anhörung des Gegners erging, wirkt nur gegenüber dem Erinnerungsführer. Das kann der Fall sein, wenn eine Erinnerung des Gläubigers abgewiesen wurde (Rdnr. 1230). Eine erneute Erinnerung des Gläubigers ist wegen entgegenstehender Rechtskraft unzulässig, wenn sie auf dieselben Gründe gestützt wird wie die ursprüngliche Erinnerung.

b) Umstritten ist, ob die materielle Rechtskraft der Entscheidung auch **1249** *gegenüber Dritten* wirkt, die nicht Partei des Erinnerungsverfahrens waren (bejahend: *J. Blomeyer*, S. 149 ff., 173; verneinend: StJ/*Münzberg*, § 766 Rdnr. 50 FN 143).

Die Frage nach einer nicht von §§ 325 ff. erfaßten Rechtskrafterstreckung auf Dritte ist dafür von Bedeutung, ob erinnerungsbefugte Dritte nach einer die Erinnerung des Schuldners abweisenden Entscheidung aus denselben Gründen wie der Schuldner nochmals Erinnerung einlegen können (Fall h); umgekehrt stellt sich die Frage, ob eine die Erinnerung eines Dritten abweisende Entscheidung einer Erinnerung des Schuldners entgegensteht.

In vielen Fällen ist der Meinungsstreit nicht von Bedeutung. Wenn der Dritte seine Erinnerung etwa auf Gründe gestützt hat, zu deren Geltendmachung nur er erinnerungsbefugt ist (§ 809; evidentes Dritteigentum), wird der Schuldner seine nachfolgende Erinnerung auf andere Gründe stützen, die ohnehin von der Rechtskraft der gegen den Dritten ergangenen Erinnerungsentscheidung nicht erfaßt sind.

In den Fällen, in denen der Schuldner und der Dritte dieselben Einwendungen gegen eine Zwangsvollstreckungsmaßnahme erheben, scheidet nach zutreffender Ansicht eine Rechtskrafterstreckung der ersten Erinnerungsentscheidung auf den jeweils nicht am Verfahren Beteiligten aus. Denn er hatte keine Gelegenheit, sich zur Sache zu äußern. Selbst wenn ein von der Zwangsvollstreckung betroffener Dritter dieselbe Rüge erheben will, die der Schuldner in dem rechtskräftig abgeschlossenen Verfahren vorgetragen hat, ist nicht auszuschließen, daß er neue rechtliche Gesichtspunkte anführen kann, die eine abweichende Erinnerungsentscheidung rechtfertigen.

Im Fall h ist die Ehefrau des S erinnerungsbefugt, da § 811 Nr. 5 zugleich den Schutz der Familienangehörigen des Schuldners bezweckt (Rdnr. 1205, 283, 286 f.). Auch die Rechtskraft der Entscheidung, durch welche die Erinnerung des S zurückgewiesen wurde, steht der Zulässigkeit der Erinnerung der Ehefrau nicht entgegen, weil diese nicht Partei des ursprünglichen Erinnerungsverfahrens war.

1250 § 40 Die sofortige Beschwerde

Schrifttum: Siehe die Nachweise in Rdnr. 1159 und Rdnr. 1160.

Fälle:

a) Die von S gegen die Erteilung der Vollstreckungsklausel eingelegte Klauselerinnerung wird zurückgewiesen. Kann S sich gegen diese Entscheidung wehren und muß er dabei eine Frist beachten?

b) Aufgrund einer der Erinnerung des S stattgebenden Entscheidung des Vollstreckungsgerichts hebt Gv die für unzulässig erklärte Pfändung eines Pkw des S auf. Als G gegen die Erinnerungsentscheidung sofortige Beschwerde einlegt, meint S, dem G fehle das Rechtsschutzinteresse.

c) Auf eine Erinnerung des S gegen den Kostenansatz des Gv entscheidet das Vollstreckungsgericht, daß Gv einen Betrag von 40,— DM, den er zur Begleichung seiner Auslagen vom Vollstreckungserlös einbehalten hat, an S auszahlen muß. Kann Gv sich gegen diese Entscheidung wehren?

d) Nach seiner erfolglosen Erinnerung gegen eine Pfändung hat S sofortige Beschwerde eingelegt und beantragt, ihm eine Abschrift vom Pfändungsprotokoll zu übersenden, nach deren Eingang er seine Beschwerde begründen werde. Die Beschwerde wird aus denselben Gründen wie die Erinnerung zurückgewiesen. Hat eine weitere sofortige Beschwerde Erfolg, wenn S vorträgt, das Beschwerdegericht habe ihm das rechtliche Gehör versagt, weil es die erbetene Abschrift nicht erteilt habe?

I. Zweck, rechtliche Einordnung und Abgrenzung

Die sofortige Beschwerde nach § 793 ermöglicht es, Entscheidungen, die im Zwangsvollstreckungsverfahren ohne mündliche Verhandlung ergehen können, vor Eintritt der formellen Rechtskraft durch eine höhere Instanz überprüfen zu lassen. Sie kommt etwa gegen Entscheidungen des Vollstreckungsgerichts im Erinnerungsverfahren (Rdnr. 1246) und gegen Entscheidungen des Prozeßgerichts nach §§ 887 ff. (Rdnr. 1074, 1089, 1107) in Betracht.

Bei der sofortigen Beschwerde handelt es sich wegen ihres Suspensiv- und Devolutiveffekts um ein Rechtsmittel i.S. des Dritten Buchs der ZPO.

Die sofortige Beschwerde ist vor allem von der Rechtspflegererinnerung (Rdnr. 1273 ff.) abzugrenzen. Beide richten sich zwar gegen Entscheidungen im Zwangsvollstreckungsverfahren, schließen sich aber trotzdem gegenseitig aus: Hat nicht der Richter, sondern der Rechtspfleger die Entscheidung getroffen, ist allein der speziellere Rechtsbehelf der befristeten Rechtspflegererinnerung nach § 11 I 2 RPflG gegeben; die sofortige Beschwerde nach

§ 793 greift deshalb nur gegen Entscheidungen des Richters ein. Zur Abgrenzung der sofortigen Beschwerde von der Vollstreckungserinnerung vgl. Rdnr. 1163.

II. Zulässigkeit der sofortigen Beschwerde   1251

1. Statthaftigkeit

Die Voraussetzungen, unter denen die sofortige Beschwerde statthaft ist, ergeben sich im wesentlichen aus § 793.

a) Die sofortige Beschwerde ist nur g gen *Entscheidungen* des Richters statthaft. Dagegen können Einwendungen gegen Vollstreckungsmaßnahmen des Richters nur mit der Vollstreckungserinnerung geltend gemacht werden.

Vollstreckungsmaßnahmen des Richters werden zwar selten vorkommen, weil nach § 20 Nr. 17 RPflG die dem Vollstreckungsgericht obliegenden Geschäfte der Zwangsvollstreckung vom Rechtspfleger durchgeführt werden. Immerhin besteht jedoch nach §§ 5, 6, 8 RPflG die Möglichkeit, daß der Richter ein an sich dem Rechtspfleger übertragenes Geschäft wirksam vornimmt. Auch in diesem Fall gelten für die Abgrenzung zwischen Entscheidung und Vollstreckungsmaßnahme die bei der Vollstreckungserinnerung genannten Regeln (Rdnr. 1177 ff., 1181 ff.):

Gibt der Richter einem Antrag des Gläubigers nach Anhörung des Schuldners statt oder weist er einen Antrag des Gläubigers ab, handelt es sich gegenüber dem jeweils Beschwerten um eine Entscheidung, gegen welche die sofortige Beschwerde nach § 793 stattfindet.

Gibt der Richter einem Antrag des Gläubigers ohne Anhörung des Schuldners statt, liegt eine Vollstreckungsmaßnahme vor, deren Überprüfung der beschwerte Schuldner im Wege der Vollstreckungserinnerung in derselben Instanz vornehmen lassen kann.

b) Die angegriffene Entscheidung muß *im Zwangsvollstreckungsverfahren* ergangen sein. Diese Voraussetzung liegt etwa bei einer Entscheidung über die Vollstreckungserinnerung vor. Aber auch die Erlaubnis des Richters zur Durchsuchung (§ 758) oder zur Nachtpfändung (§ 761) gehört wegen des untrennbaren Zusammenhangs mit der Durchführung eines Vollstreckungsauftrags zum Zwangsvollstreckungsverfahren, obwohl sie den eigentlichen Vollstreckungsakt erst ermöglicht (Rdnr. 309, 331).   1252

Im Fall a ist dagegen nicht die sofortige Beschwerde nach § 793, sondern die einfache Beschwerde nach § 567 statthaft (Rdnr. 140). Zwar wendet sich S gegen eine richterliche Entscheidung, die ohne mündliche Verhandlung ergehen kann (§ 732 I 2); jedoch gehört die angegriffene Entscheidung nicht zum Zwangsvollstreckungsverfahren, sondern sie erging in dem der Zwangsvollstreckung vorgeschalteten Klauselerteilungsverfahren.

1253   c) Für die Entscheidung darf eine *mündliche Verhandlung nicht notwendig* gewesen sein (fakultative mündliche Verhandlung). Deshalb findet die sofortige Beschwerde nur gegen Beschlüsse, <u>nicht</u> aber <u>gegen Urteile</u> statt. Unerheblich ist, ob im Einzelfall die freigestellte mündliche Verhandlung tatsächlich stattgefunden hat oder nicht.

Danach sind etwa die Entscheidung des Vollstreckungsgerichts über die Vollstreckungserinnerung (§§ 766, 764 III; § 20 Nr. 17 a RPflG) und die Entscheidungen des Prozeßgerichts zur Erzwingung von Handlungen, Duldungen und Unterlassungen (§§ 887—890, 891) immer mit der sofortigen Beschwerde anfechtbar. Die sonstigen Entscheidungen des Vollstreckungsgerichts — etwa der Erlaß eines Pfändungs- und Überweisungsbeschlusses (§§ 829, 835) und die Anordnung einer besonderen Verwertungsart (§§ 825, 844), jeweils nach Anhörung des Gegners, sowie die Ablehnung eines Vollstreckungsauftrags — können zwar ebenfalls alle ohne mündliche Verhandlung ergehen (§ 764 III); gegen sie findet die sofortige Beschwerde aber nur statt, wenn die jeweilige Entscheidung nicht vom Rechtspfleger, sondern vom Richter getroffen wurde.

1254   d) Schließlich darf die *Zulässigkeit der sofortigen Beschwerde nicht ausdrücklich ausgeschlossen* sein. Grundsätzlich unanfechtbar sind <u>z.B.</u> Beschlüsse, die eine einstweilige <u>Einstellung der Zwangsvollstreckung</u> (§§ 707 II 2, 719 I) oder einen Aufschub der Verwertung (§ 813a V 4) anordnen (Anfechtbarkeit nur bei Nicht- oder Fehlgebrauch des Ermessens; vgl. Rdnr. 177). Der Ausschluß der Anfechtbarkeit nach § 707 II 2 gilt entsprechend bei einstweiligen Anordnungen des Vollstreckungsgerichts im Erinnerungsverfahren (§ 766 I 2; Rdnr. 1232) und des Prozeßgerichts im Verfahren über eine Vollstreckungsgegenklage (§ 769; Rdnr. 1363) oder eine Drittwiderspruchsklage (§ 771 III). Unzulässig ist die sofortige Beschwerde ferner dann, wenn eine Entscheidung nur wegen des Ausspruchs über die Kostenlast angefochten werden soll (§ 99 I).

Im Zwangsversteigerungsverfahren ist die sofortige Beschwerde gegen Entscheidungen, die vor der Beschlußfassung über den Zuschlag erfolgen, nach § 95 ZVG nur unter Einschränkungen zulässig (Rdnr. 920).

1255   2. Form und Frist

a) Für die *Form* gilt § 569. Danach ist die sofortige Beschwerde schriftlich oder zu Protokoll der Geschäftsstelle des Gerichts, von dem die angefochtene Entscheidung erlassen worden ist (iudex a quo), einzulegen. Für die Einlegung beim Amtsgericht besteht kein Anwaltszwang.

b) Die Einlegung der sofortigen Beschwerde ist an eine *Notfrist* von <u>zwei Wochen</u> gebunden; die Frist beginnt mit Zustellung des angefochtenen Beschlusses (§ 577 II 1).

3. Allgemeine Verfahrensvoraussetzungen

1256

Die Zulässigkeit der sofortigen Beschwerde hängt — ebenso wie die der Vollstreckungserinnerung — davon ab, daß die allgemeinen Verfahrensvoraussetzungen vorliegen (vgl. Rdnr. 1186 ff.). Bei der sofortigen Beschwerde gelten folgende Besonderheiten:

a) Sachlich *zuständig* zur Entscheidung über die sofortige Beschwerde ist *Devolutivfekt* nicht der iudex a quo, bei dem das Rechtsmittel eingelegt wird, sondern das im Rechtszuge nächsthöhere Gericht (§ 568 I). Über die sofortige Beschwerde gegen eine Entscheidung des Vollstreckungsgerichts (Amtsgericht; § 764 I) entscheidet also das Landgericht. Soll dagegen eine Entscheidung des Prozeßgerichts des ersten Rechtszuges (§§ 887, 888, 890) angefochten werden und war dieses ein Landgericht, Familiengericht oder Arbeitsgericht (vgl. Rdnr. 1071), ist für die Entscheidung über die sofortige Beschwerde das Oberlandesgericht, der Familiensenat beim Oberlandesgericht oder das Landesarbeitsgericht zuständig.

b) Das *Rechtsschutzinteresse* besteht grundsätzlich in der Zeit zwischen dem Beginn und der Beendigung der Zwangsvollstreckung. Anders als bei der Vollstreckungserinnerung ist es aber für die Beendigung nicht entscheidend, ob eine einzelne Vollstreckungsmaßnahme beendet ist (Rdnr. 1191); das Rechtsschutzinteresse für die sofortige Beschwerde besteht vielmehr so lange, bis die Zwangsvollstreckung insgesamt beendet, der Gläubiger wegen seiner Vollstreckungsforderung also in voller Höhe befriedigt worden ist (BL/*Hartmann*, § 766 Anm. 4 A c; StJ/*Münzberg*, § 766 Rdnr. 47 f.). Das ist etwa dann von Bedeutung, wenn nach einer Erinnerungsentscheidung des Vollstreckungsgerichts der Gerichtsvollzieher die Pfändung einer Sache aufgehoben, die einzelne Vollstreckungsmaßnahme also beendet hat. In diesem Fall wäre der im Erinnerungsverfahren unterlegene Gläubiger schutzlos, wenn er nicht die sofortige Beschwerde einlegen könnte; denn einem erneuten Vollstreckungsgesuch oder einer Erinnerung nach § 766 II stünde die Rechtskraft der für den Schuldner günstigen Erinnerungsentscheidung entgegen (vgl. Rdnr. 1248).

1257

Im Fall b ist die angefochtene Vollstreckungsmaßnahme (Pfändung des Pkw) zwar beendet. Trotzdem hat G ein Rechtsschutzinteresse an der Einlegung einer sofortigen Beschwerde gegen die Erinnerungsentscheidung, weil diese sonst rechtskräftig würde und damit eine Pfändung des Pkw endgültig ausgeschlossen wäre. Wenn die sofortige Beschwerde des G begründet ist, kann das Beschwerdegericht den Gv anweisen, die aufgehobene Pfändung erneut vorzunehmen. Diese Neupfändung wirkt allerdings nicht auf den Zeitpunkt der Erstpfändung zurück, so daß andere Gläubiger, die denselben Pkw in der Zwischenzeit gepfändet haben, dem G im Rang vorgehen. Dieses mißliche Ergebnis hätte vermieden werden können, wenn das Vollstreckungsgericht analog § 572 II die Aussetzung der Vollziehung seiner für den Schuldner günstigen

Erinnerungsentscheidung bis zum Eintritt der Rechtskraft angeordnet hätte (vgl. Rdnr. 1243).

1258   ## 4. Beschwer

Die sofortige Beschwerde ist nur dann zulässig, wenn der Beschwerdeführer nach seinem Vortrag durch die angegriffene Entscheidung beschwert, also in seinen eigenen Rechten beeinträchtigt ist (vgl. Rdnr. 1195). Richtet sich die sofortige Beschwerde gegen eine Entscheidung über Kosten, Gebühren oder Auslagen (vgl. § 766 II, 3. Fall), muß zudem der Beschwerdewert 100,— DM übersteigen (§ 567 II).

Beispiele: Der Schuldner ist durch eine Entscheidung des Vollstreckungsgerichts beschwert, die seine Erinnerung zurückweist oder einer Erinnerung des Gläubigers stattgibt. Entsprechendes gilt umgekehrt für den Gläubiger. Auch ein Dritter kann beschwert sein, wenn eine von ihm oder vom Schuldner eingelegte Erinnerung zurückgewiesen oder einer Erinnerung des Gläubigers stattgegeben wird.

Umstritten ist, ob auch der Gerichtsvollzieher beschwert und damit beschwerdeberechtigt sein kann. Das wird z.T. in den Fällen bejaht, in denen der Gerichtsvollzieher die Entscheidung (Anweisung zur Vornahme oder Aufhebung einer Vollstreckungsmaßnahme) für rechtswidrig hält und befürchtet, sich beim Vollzug der Entscheidung regreßpflichtig zu machen oder Notwehrhandlungen des Schuldners auszusetzen (Rdnr. 1210 m.N.; vgl. ferner *Baur/Stürner*, Rdnr. 735; StJ/*Münzberg*, § 793 Rdnr. 4); er soll aber jedenfalls dann beschwert sein, wenn eine Erinnerung gegen die von ihm in Ansatz gebrachten Kosten Erfolg hat (*A. Blomeyer*, § 32 I 2).

Nach zutreffender Ansicht ist der Gerichtsvollzieher jedoch von einer Entscheidung im Zwangsvollstreckungsverfahren niemals in seinen eigenen Rechten betroffen und deshalb auch nicht beschwerdeberechtigt (Einzelheiten: Rdnr. 1210; *Zöller/Stöber*, § 793 Rdnr. 5; § 766 Rdnr. 38). Selbst von einer unzutreffenden Erinnerungsentscheidung über seinen Kostenansatz ist der Gerichtsvollzieher nicht in eigenen Rechten betroffen; denn er erhebt Kosten (Gebühren und Auslagen) nicht aufgrund eines Auftragsverhältnisses zum Gläubiger oder Schuldner, sondern als Beamter für die Landeskasse. (§ 1 GVKostG, GVKostGr Nr. 1 I). Beschwert und deshalb beschwerdeberechtigt kann daher auch nur die Landeskasse sein, die durch den zuständigen Bezirksrevisor vertreten wird (LG Koblenz MDR 1978, 584; *Hartmann*, Kostengesetze, § 9 GVKostG Anm. 2; vgl. auch BVerwG NJW 1983, 896, 898).

Im Fall c wäre deshalb eine allein in Betracht kommende sofortige Beschwerde des Gv unzulässig, weil Gv durch die Erinnerungsentscheidung nicht in eigenen Rechten betroffen und somit nicht beschwert ist.

III. Begründetheit der sofortigen Beschwerde 1259

Die sofortige Beschwerde ist begründet, wenn die angefochtene Entscheidung auf einem Verfahrensfehler beruht oder sachlich unzutreffend ist. Für die Begründetheit der sofortigen Beschwerde gegen eine Erinnerungsentscheidung ist deshalb maßgebend, ob die Erinnerung zulässig (Rdnr. 1172 ff.) und begründet (Rdnr. 1211 ff.) war.

Wird mit der sofortigen Beschwerde eine Entscheidung des Prozeßgerichts (etwa die Ermächtigung zur Ersatzvornahme nach § 887 I) angefochten, ist das Rechtsmittel begründet, wenn bei Erlaß der angefochtenen Entscheidung eine der Vollstreckungsvoraussetzungen fehlte oder ein Verfahrensfehler begangen wurde.

IV. Verfahren und einstweilige Anordnung 1260

1. Verfahren

a) *Parteien* des Verfahrens sind wie beim Erinnerungsverfahren stets der Vollstreckungsgläubiger auf der einen und der Schuldner oder ein Dritter auf der anderen Seite. Die Parteien des Beschwerdeverfahrens müssen aber nicht mit denen eines vorangegangenen Erinnerungsverfahrens identisch sein.

Hatte etwa zunächst der Gläubiger mit seiner Erinnerung nach § 766 II Erfolg und wurde der Gerichtsvollzieher vom Vollstreckungsgericht angewiesen, einen bestimmten Gegenstand zu pfänden, kann durch diese Entscheidung auch ein Dritter (im Fall des § 811 Nr. 5 z.B. die Ehefrau des Schuldners) beschwert sein und als Beschwerdeführer Partei des Verfahrens über die sofortige Beschwerde werden.

b) Wie das Erinnerungsverfahren kann auch das Verfahren über die sofortige Beschwerde ohne mündliche Verhandlung stattfinden (§ 573 I; *fakultative mündliche Verhandlung*).

c) Dem Beschwerdegegner ist dann, wenn eine ihm nachteilige Entscheidung ergehen soll, *rechtliches Gehör* zu gewähren (vgl. Art. 103 I GG; BVerfGE 34, 344, 346; BL/*Hartmann*, § 793 Anm. 2 C; Rdnr. 1230).

2. Einstweilige Anordnung *möglich* 1261

Um zu verhindern, daß durch den Vollzug der angefochtenen Entscheidung für den Beschwerdeführer nicht mehr rückgängig zu machende Nachteile entstehen, kann das Beschwerdegericht vor seiner Entscheidung eine einstweilige Anordnung erlassen (§ 572 III; vgl. Rdnr. 1232). Das kommt allerdings nur dann in Betracht, wenn nicht schon das Vollstreckungsgericht eine entsprechende Anordnung getroffen hat (vgl. Rdnr. 1243).

1262   V. Entscheidung über die sofortige Beschwerde

Die Entscheidung über die sofortige Beschwerde ergeht durch Beschluß.

1. Maßgeblicher Zeitpunkt

Für die Beurteilung der Zulässigkeit und der Begründetheit der sofortigen Beschwerde ist grundsätzlich der Zeitpunkt der Beschlußfassung maßgeblich. Das Gericht muß sogar neue Tatsachen und Beweise berücksichtigen (§ 570), wobei unerheblich ist, ob diese Tatsachen vor oder nach Erlaß des angefochtenen Beschlusses entstanden sind (BVerfG NJW 1982, 1635). Die sofortige Beschwerde führt also nicht zu der Prüfung, ob die angefochtene Entscheidung z.Z. ihres Erlasses zutreffend war, sondern ob sie im Zeitpunkt der Entscheidung über die sofortige Beschwerde noch ergehen dürfte. Die Präklusionsvorschrift des § 767 II (Rdnr. 1339 ff.) ist nicht entsprechend anwendbar.

Insoweit unterscheidet sich das Beschwerdeverfahren auch wesentlich vom Berufungsverfahren, in dem neue Angriffs- und Verteidigungsmittel nur unter den engen Voraussetzungen des § 528 zulässig sind.

1263   2. Inhalt der Entscheidung

a) Das *Rubrum* des Beschlusses entspricht dem bei der Erinnerung (Rdnr. 1235). Neben dem Gläubiger und dem Schuldner ist ggf. ein Dritter als Beschwerdeführer zu nennen.

b) Die *Entscheidung in der Hauptsache* richtet sich danach, ob die sofortige Beschwerde erfolglos oder erfolgreich ist:

Die sofortige Beschwerde des ... gegen den Beschluß des Amtsgerichts ... vom ... AZ: ... wird zurückgewiesen (bei Unzulässigkeit: verworfen).

Oder:

Der Beschluß des Amtsgerichts ... vom ... AZ: ... wird aufgehoben, und die vom Gerichtsvollzieher ... am ... in ... vorgenommene Pfändung des ... wird für unzulässig erklärt.
Der Gerichtsvollzieher wird angewiesen, die Pfändung des ... aufzuheben, die Pfandsiegel zu entfernen und den ... an den Erinnerungsführer herauszugeben.

Oder:

> Der Beschluß des Amtsgerichts ... vom ... AZ: ... wird aufgehoben. Der
> Gerichtsvollzieher ... wird angewiesen, die vom Gläubiger am ... beantragte Pfän-
> dung des ... auszuführen. (Vgl. auch Rdnr. 1239.)

c) Der Beschluß enthält eine *Kostenentscheidung*.   1264

(1) An *gerichtlichen Kosten* fällt nur dann eine Gebühr an, wenn die
sofortige Beschwerde als unzulässig verworfen oder als unbegründet
zurückgewiesen wird (§§ 1, 11 GKG i.V.m. KV Nr. 1181). Fällt keine
Gerichtsgebühr an, weil die sofortige Beschwerde Erfolg hat, wird das
jedoch im Beschlußtenor grundsätzlich nicht besonders zum Ausdruck
gebracht.

(2) Die *außergerichtlichen Kosten* sind bei einer erfolgreichen sofortigen
Beschwerde grundsätzlich nach § 91 dem unterliegenden Teil, bei einer
erfolglosen dagegen nach § 97 I dem Beschwerdeführer aufzuerlegen. Der
Tenor lautet insoweit:

> Die Kosten des Verfahrens hat der Gläubiger (Schuldner, Beschwerdeführer) zu
> tragen.

> Die Rechtsanwälte erhalten nach § 61 I Nr. 1 BRAGO 5/10 der Gebühren nach
> § 31 BRAGO.

d) Aus den gleichen Gründen wie bei der Vollstreckungserinnerung
(Rdnr. 1242) erfolgt *kein Ausspruch der vorläufigen Vollstreckbarkeit*.

e) Gegen die Entscheidung über die sofortige Beschwerde ist zwar ein   1265
weiteres Rechtsmittel möglich (Rdnr. 1267 ff.); dessen Einlegung hat aber
keine aufschiebende Wirkung (§ 572 I). Um zu verhindern, daß durch den
Vollzug der Entscheidung über die sofortige Beschwerde vollendete Tatsachen geschaffen werden, kann das Gericht nach § 572 II die *Aussetzung der
Vollziehung der Beschwerdeentscheidung* bis zur Rechtskraft anordnen (vgl.
schon Rdnr. 1243).

f) Die Entscheidung über die sofortige Beschwerde ist wie die Erinnerungsentscheidung grundsätzlich zu *begründen* (Rdnr. 1244). Das ist zwar
nicht ausdrücklich vorgeschrieben, aber im Interesse der beschwerten Partei
geboten (BL/*Albers*, § 573 Anm. 3 C). Besteht allerdings volle Übereinstim-
mung zwischen der Beschwerdeentscheidung und der Entscheidung der
Vorinstanz, so daß nach § 568 II ein weiteres Rechtsmittel nicht in Betracht
kommt (Rdnr. 1267 ff.), ist eine Begründung entbehrlich (OLG Köln JMBl.
NRW 1983, 64; »aus den zutreffenden Gründen des angefochtenen
Beschlusses«).

1266   3. Verkündung und Zustellung

Die aufgrund einer mündlichen Verhandlung ergehende Beschwerdeentscheidung wird verkündet (§ 329 I) und — falls sie einen Vollstreckungstitel
bildet oder der weiteren sofortigen Beschwerde (Rdnr. 1267 ff.) unterliegt —
zugestellt (§ 329 III). Nicht verkündete Beschlüsse werden den Parteien mitgeteilt (§ 329 II 1); eine Zustellung ist erforderlich, sofern sie die Frist für
eine weitere sofortige Beschwerde in Gang setzt (§ 329 II 2) oder einen Vollstreckungstitel bildet (§ 329 III).

1267   VI. Rechtsbehelf gegen die Beschwerdeentscheidung

Gegen die Entscheidung des Beschwerdegerichts ist, soweit in ihr ein
neuer selbständiger Beschwerdegrund enthalten ist, eine weitere Beschwerde
zulässig (§ 568 II). Für sie gelten dieselben Voraussetzungen wie für die erste
Beschwerde (Rdnr. 1251 ff.); deshalb handelt es sich auch bei der weiteren
um eine sofortige Beschwerde, bei der die Frist des § 577 II 1 einzuhalten ist
(Rdnr. 1255).

1268   1. Neuer selbständiger Beschwerdegrund

Bei dem Erfordernis des neuen selbständigen Beschwerdegrundes (Dif-
formitätsprinzip) handelt es sich um eine besondere Zulässigkeitsvoraussetzung.

a) Ein neuer selbständiger Beschwerdegrund setzt voraus, daß die erste
Entscheidung von derjenigen über die sofortige Beschwerde abweicht *(duae
difformes).*
Im einzelnen ist zu unterscheiden:

(1) Eine *stattgebende Entscheidung über die sofortige Beschwerde* enthält
für den Beschwerdegegner gegenüber der aufgehobenen Entscheidung, die
für ihn günstiger war, immer einen neuen Beschwerdegrund.

(2) Wird die *sofortige Beschwerde als unzulässig verworfen,* enthält sie
gegenüber der vorangegangenen Entscheidung regelmäßig ebenfalls einen
neuen Beschwerdegrund. Eine Ausnahme besteht nur dann, wenn die mit
der sofortigen Beschwerde angefochtene Entscheidung auf demselben
Zulässigkeitsmangel beruhte; dann ist eine weitere sofortige Beschwerde
unzulässig (BL/*Albers,* § 568 Anm. 2 B a).

(3) Wird die *sofortige Beschwerde als unbegründet zurückgewiesen,* ist eine
weitere sofortige Beschwerde mangels neuen Beschwerdegrundes meistens

unzulässig. Wenn jedoch etwa eine Erinnerung des Gläubigers als unzulässig, seine dagegen eingelegte sofortige Beschwerde aber durch eine Entscheidung in der Sache zurückgewiesen wurde, liegt ein neuer selbständiger Beschwerdegrund vor. Denn die materielle Rechtskraft der Beschwerdeentscheidung steht einem neuen Pfändungsantrag entgegen, während dieser nach der — nur in formelle Rechtskraft erwachsenen — Erinnerungsentscheidung noch möglich gewesen wäre (vgl. StJ/*Grunsky*, § 568 Rdnr. 6). Dagegen reicht allein eine andere rechtliche Begründung der Beschwerdeentscheidung nicht aus, um den Beschwerdeführer gegenüber der ersten Entscheidung zusätzlich zu beschweren.

b) Selbst bei übereinstimmenden Entscheidungen *(duae conformes)* ist 1269 nach h.M. die weitere sofortige Beschwerde zulässig, wenn die Entscheidung des Beschwerdegerichts auf einem *schweren Verfahrensfehler* beruht (BVerfG NJW 1979, 538; OLG Celle ZIP 1982, 1007; OLG Hamm NJW 1979, 170; OLG Köln NJW 1979, 1834; *Baur/Stürner*, Rdnr. 736; BL/ *Albers*, § 568 Anm. 2 B c; *Thomas/Putzo*, § 568 Anm. 3 a; a.M. StJ/ *Grunsky*, § 568 Rdnr. 8). Der h.M. ist jedenfalls dann zuzustimmen, wenn in dem Verfahrensfehler gleichzeitig eine Grundrechtsverletzung liegt.

Im Fall d hatte S einen Anspruch auf eine Abschrift des Pfändungsprotokolls (vgl. § 299 I); wenn er bei der Pfändung anwesend war, hätte ihm die Abschrift schon zu diesem Zeitpunkt ausgehändigt werden müssen (Rdnr. 342). Da er möglicherweise nur anhand des Pfändungsprotokolls prüfen konnte, ob eine Weiterverfolgung der sofortigen Beschwerde — auch unter Berücksichtigung der Beweislage — sinnvoll war, wurde er in seinem Recht, sich gegen die Zwangsvollstreckung zu verteidigen, unzulässig beschränkt. Der Beschluß des Beschwerdegerichts beruht somit auf einer Verletzung des Anspruchs auf rechtliches Gehör (Art. 103 I GG). Deshalb ist die weitere sofortige Beschwerde des S zulässig (OLG Celle ZIP 1982, 1007).

2. Ausschluß eines Rechtsbehelfs   1270

a) Eine weitere Beschwerde ist *gegen Entscheidungen der Landgerichte über Prozeßkosten* ausgeschlossen (§ 568 III). Diese Vorschrift greift etwa dann ein, wenn mit der sofortigen Beschwerde die über eine Erinnerung nach § 766 II, 3. Fall ergangene Entscheidung angefochten wird.

b) Wurde mit der sofortigen Beschwerde nur eine Nebenentscheidung 1271 angefochten, ist eine weitere Beschwerde ausgeschlossen, wenn dadurch *der in der Hauptsache mögliche Instanzenzug erweitert* würde (*Baur/Stürner*, Rdnr. 736; OLG München MDR 1977, 762).

Beispiel: Hat das Amtsgericht als Prozeßgericht auf eine Vollstreckungsgegenklage (Hauptsache) eine einstweilige Anordnung nach § 769 I (Nebenentscheidung) getroffen und das Landgericht die hiergegen gerichtete sofortige Beschwerde zurückgewiesen, ist eine weitere sofortige Beschwerde ausgeschlossen, wenn die darüber ergehende Entscheidung des Oberlandesgerichts der Entscheidung des Landgerichts als Berufungsinstanz in der Hauptsache vorgreifen würde. Denn in der Hauptsache entscheidet das Landgericht letztinstanzlich (arg. e § 545 I), und diese Entscheidung darf nicht durch eine Entscheidung des für die Hauptsache unzuständigen Oberlandesgerichts vorbestimmt werden (OLG München MDR 1977, 762).

1272   c) Ist die Entscheidung über die sofortige Beschwerde nach § 793 im *arbeitsgerichtlichen Verfahren* von einem Landesarbeitsgericht getroffen worden, sind gegen sie weitere Rechtsmittel ausgeschlossen. Nach § 78 II ArbGG findet — außer gegen Beschlüsse des Landesarbeitsgerichts im Falle der Verwerfung eines Einspruchs — eine weitere Beschwerde nicht statt. Das gilt auch, wenn die erste Beschwerde eine solche nach § 793 war (BAG NJW 1965, 1735).

1273 ## § 41   Die Rechtspflegererinnerung

Schrifttum: *Arnold/Meyer-Stolte,* Rechtspflegergesetz, 3. Aufl., 1978; *Bassenge/ Herbst,* Gesetz über die Angelegenheiten der freiwilligen Gerichtsbarkeit/Rechtspflegergesetz, 3. Aufl., 1981; *Lappe,* Die Anfechtung von Rechtspfleger-Entscheidungen, JR 1972, 103; *Meyer-Stolte,* Einzelfragen zur Rechtspfleger-Erinnerung, Rpfleger 1972, 193; *H. Riedel,* Rechtspflegergesetz, 5. Aufl., Stand 1985; siehe ferner die Nachweise in Rdnr. 1159 u. 1160.

Fälle:

a) G legt persönlich gegen die Ablehnung eines von ihm beantragten Pfändungs- und Überweisungsbeschlusses Erinnerung bei dem Gericht ein, dessen Rechtspfleger die angefochtene Entscheidung erlassen hat. Der Rechtspfleger legt die Erinnerung dem Richter, dieser sie dem Rechtsmittelgericht vor. Schadet es, daß die Erinnerung nicht von einem zugelassenen Anwalt eingelegt wurde?

b) G will dagegen vorgehen, daß der Rechtspfleger ihm die Erteilung einer Vollstreckungsklausel gegen den Erben des Schuldners verweigert hat. Muß er dabei eine Frist beachten?

I. Zweck, rechtliche Einordnung und Abgrenzung

Die Rechtspflegererinnerung nach § 11 I RPflG ermöglicht es, die Entscheidungen des Rechtspflegers durch den Richter überprüfen zu lassen. Sie ist von großer praktischer Bedeutung; denn nach § 20 Nr. 16, 17 RPflG sind vor allem Forderungspfändungen sowie die sonstigen dem Vollstreckungsgericht obliegenden Geschäfte dem Rechtspfleger übertragen. Die meisten

Entscheidungen in der Zwangsvollstreckung werden also nicht vom Richter, sondern vom Rechtspfleger getroffen.

Bei der Rechtspflegererinnerung handelt es sich insofern um einen Rechtsbehelf eigener Art, als in bestimmten Fällen der Rechtspfleger selbst (§ 11 II 1 RPflG; Rdnr. 1279), in anderen der Richter (§§ 11 II 3, 28 RPflG; Rdnr. 1280) oder das Rechtsmittelgericht (§ 11 II 4 RPflG; Rdnr. 1281) entscheidet.

Von ihrem Ziel her ist die Rechtspflegererinnerung mit der sofortigen Beschwerde nach § 793 (Rdnr. 1250 ff.) vergleichbar, mit der ebenfalls Entscheidungen im Zwangsvollstreckungsverfahren angegriffen werden können; wenn allerdings die angefochtene Entscheidung nicht vom Richter, sondern vom Rechtspfleger getroffen wurde, geht § 11 RPflG als der speziellere Rechtsbehelf vor (Rdnr. 1250). — Von der Vollstreckungserinnerung nach § 766 unterscheidet sich die Rechtspflegererinnerung dadurch, daß mit dem Rechtsbehelf nach § 766 nur Einwendungen gegen Vollstreckungsmaßnahmen, nicht aber gegen Entscheidungen des Rechtspflegers erhoben werden können (Rdnr. 1164, 1176 ff.).

II. Zulässigkeit der Rechtspflegererinnerung

1274

1. Statthaftigkeit

a) Nach § 11 I 1 RPflG findet die Rechtspflegererinnerung nur gegen *Entscheidungen* des Rechtspflegers statt. Dagegen ist für Einwendungen gegen Vollstreckungsmaßnahmen des Rechtspflegers die Vollstreckungserinnerung nach § 766 der speziellere Rechtsbehelf (Rdnr. 1176).

Für die Abgrenzung zwischen Entscheidung und Vollstreckungsmaßnahme des Rechtspflegers gelten die bei der Vollstreckungserinnerung genannten Regeln (Rdnr. 1177 ff., 1181 ff.):

Gibt der Rechtspfleger einem Antrag des Gläubigers nach Anhörung des Schuldners statt oder weist er einen Antrag des Gläubigers ab, handelt es sich gegenüber dem jeweils Beschwerten um eine Entscheidung, gegen welche die Rechtspflegererinnerung nach § 11 RPflG stattfindet.

Gibt der Rechtspfleger einem Antrag des Gläubigers ohne Anhörung des Schuldners statt, liegt eine Vollstreckungsmaßnahme vor, deren Überprüfung der beschwerte Schuldner im Wege der Vollstreckungserinnerung vornehmen lassen kann.

b) Ferner darf die *Zulässigkeit der Rechtspflegererinnerung nicht ausdrücklich ausgeschlossen* sein.

1275

(1) Nach § 11 I 1 RPflG ist die Rechtspflegererinnerung nur *vorbehaltlich des § 11 V RPflG* zulässig; dort sind jedoch von den Entscheidungen des Rechtspflegers im Zwangsvollstreckungsverfahren nur die genannt, die er

für das <u>Grundbuchamt</u> als Vollstreckungsorgan getroffen hat und die nicht mehr geändert werden können (Rdnr. 1299).

(2) Wenn die Entscheidung des Rechtspflegers aufgrund eines *spezielleren Rechtsbehelfs* vom Richter überprüft werden kann, ist die Rechtspflegererinnerung ebenfalls ausgeschlossen. Das ist der Fall, wenn der Schuldner Einwendungen gegen die Zulässigkeit der vom Rechtspfleger (nach §§ 726 ff.; § 20 Nr. 12 RPflG) erteilten Vollstreckungsklausel erheben will. Dann kann der Schuldner <u>Klauselerinnerung nach § 732</u> einlegen; diese Spezialregelung <u>schließt die Rechtspflegererinnerung aus</u> (Rdnr. 136 m.N.).

Eine Vollstreckungserinnerung nach § 766 oder eine sofortige Beschwerde nach § 793 kommt hier schon deshalb nicht in Betracht, weil die Klauselerteilung nicht zum Zwangsvollstreckungsverfahren gehört, sondern diesem vorgeschaltet ist (Rdnr. 1165, 1252). Dagegen würde § 11 RPflG zwar nach seinem Wortlaut eingreifen; er setzt nämlich im Gegensatz zu § 793 nicht voraus, daß die angefochtene Entscheidung im Zwangsvollstreckungsverfahren erging. Weil aber der Gesetzgeber in § 732 dem Schuldner einen besonderen Rechtsbehelf zur Verfügung gestellt hat, ist in diesem Fall die Rechtspflegererinnerung unzulässig.

1276   2. Form und Frist

a) Nach § 11 IV RPflG sind auf die Rechtspflegererinnerung die Vorschriften über die Beschwerde sinngemäß anzuwenden. Für die *Form* gilt deshalb § 569. Danach ist die Rechtspflegererinnerung schriftlich oder durch Erklärung zu Protokoll der Geschäftsstelle des Gerichts einzulegen, dessen Rechtspfleger die Entscheidung erlassen hat (<u>iudex a quo</u>). Dabei handelt es sich immer um ein Amtsgericht, wenn der Rechtspfleger die angefochtene Entscheidung als Vollstreckungsgericht getroffen hat (§ 764 I), so daß kein Anwaltszwang besteht.

Wenn der Rechtspfleger die Erinnerung dem Richter (§ 11 II 2 RPflG) und dieser sie dem Rechtsmittelgericht (§ 11 II 4 RPflG) vorlegt, besteht vor diesem an sich Anwaltszwang (§ 78 I); denn das Rechtsmittelgericht ist dann ein Landgericht. Trotzdem bleibt auch die nicht durch einen Anwalt erfolgte Einlegung der Erinnerung wirksam; denn unabhängig davon, welches Gericht schließlich entscheidet, erfolgt die Einlegung beim Rechtspfleger (vgl. § 11 II 1, 2 RPflG), und für das Verfahren vor dem Rechtspfleger besteht kein Anwaltszwang (§ 13 RPflG i.V.m. § 78 I). Im Fall a ist daher die Rechtspflegererinnerung dem Rechtsmittelgericht wirksam zur Entscheidung gestellt. Für das weitere Verfahren vor dem Rechtsmittelgericht gilt § 13 RPflG allerdings nicht mehr, so daß die nunmehr erfolgenden Prozeßhandlungen nur noch von einem zugelassenen Rechtsanwalt wirksam vorgenommen werden können.

1277   b) Ob die Rechtspflegererinnerung an eine *Frist* gebunden ist, hängt davon ab, welches Rechtsmittel gegen die angefochtene Entscheidung gege-

ben wäre, wenn nicht der Rechtspfleger, sondern der Richter sie erlassen hätte.

(1) Wäre gegen die Entscheidung des Richters die sofortige Beschwerde oder kein Rechtsmittel gegeben, muß eine Notfrist von zwei Wochen beachtet werden (§ 11 I 2 RPflG; §§ 793, 577 II 1; *befristete Rechtspflegererinnerung).* Diese Regelung hängt einerseits damit zusammen, daß der Rechtspfleger lediglich zur Entlastung des Richters tätig wird und deshalb seine Entscheidungen nicht anders behandelt werden sollen als die des Richters. Andererseits soll zwar die Möglichkeit geschaffen werden, jede Entscheidung des Rechtspflegers überhaupt vom Richter überprüfen zu lassen, selbst wenn eine Entscheidung des Richters nicht mehr angefochten werden könnte; aber auch dieser Rechtsbehelf muß befristet sein, weil ein entsprechender Rechtsbehelf gegen eine richterliche Entscheidung ebenfalls befristet wäre.

Aufgrund dieser Regelung ist die Rechtspflegererinnerung <u>im Zwangsvollstreckungsrecht regelmäßig befristet</u>. Denn gegen Entscheidungen des Richters, die im Zwangsvollstreckungsverfahren ohne mündliche Verhandlung ergehen können, findet nach § 793 die sofortige Beschwerde statt. — Kein Rechtsmittel wäre etwa gegen die richterliche Anordnung des Verwertungsaufschubes nach § 813a gegeben (§ 813a V 4; Rdnr. 1254); auch in diesem Fall ist also die Erinnerung gegen eine entsprechende Entscheidung des Rechtspflegers befristet (StJ/*Münzberg,* § 813a Rdnr. 18; *Thomas/Putzo,* § 813a Anm. 5 a).

(2) Eine *unbefristete Rechtspflegererinnerung* findet nur dann statt, wenn gegen eine entsprechende Entscheidung des Richters ein anderer Rechtsbehelf als die sofortige Beschwerde gegeben wäre.

1278

Das ist etwa der Fall, wenn der Gläubiger sich dagegen wendet, daß ihm die nach §§ 726 ff. beantragte Vollstreckungsklausel vom Rechtspfleger nicht erteilt wurde (Fall b; Rdnr. 129). Wenn nämlich anstelle des Rechtspflegers der Richter entschieden hätte, wäre nicht die sofortige (§ 793), sondern die einfache Beschwerde (§§ 576 II, 567 ff.) gegeben, weil die <u>Klauselerteilung nicht im Vollstreckungsverfahren</u> erfolgt (Rdnr. 130). Im Fall b kann G also die Rechtspflegererinnerung einlegen, ohne an eine Frist gebunden zu sein. Er muß lediglich darauf achten, daß er sein Beschwerderecht nicht verwirkt *(Arnold/Meyer-Stolte,* § 11 RPflG Anm. 11.3).

3. Zuständigkeit zur Entscheidung

1279

Bei den für die Zulässigkeit der Rechtspflegererinnerung bestehenden allgemeinen Verfahrensvoraussetzungen (Rdnr. 1186 ff.) gilt eine Besonderheit, soweit es um die Zuständigkeit zur Entscheidung über die Erinnerung geht:

Sachlich zuständig zur Entscheidung kann der Rechtspfleger, der Richter oder das Rechtsmittelgericht sein.

a) Der *Rechtspfleger* ist nur ausnahmsweise zuständig, wenn er einer unbefristeten Erinnerung abhelfen will (§ 11 II 1 RPflG).

Hält der Rechtspfleger im Fall b die Erinnerung des G für begründet, kann er selbst abhelfen, indem er dem G die beantragte titelumschreibende Vollstreckungsklausel nach § 727 I (Rdnr. 118) erteilt. Einer besonderen Entscheidung bedarf es neben der Abhilfe nicht.

Erinnerungen, denen der Rechtspfleger nicht abhelfen will, weil er sie für unzulässig oder unbegründet hält, oder denen er nicht abhelfen kann, weil es sich um befristete Erinnerungen nach § 11 I 2 RPflG handelt, legt er dem Richter vor (§ 11 II 2 RPflG). Im ersten Fall versieht er sie mit dem Vermerk »Ich helfe nicht ab« und begründet seine Entscheidung kurz, so daß der Richter die Gründe für die Nichtabhilfe erkennen kann.

1280   b) Hat der Rechtspfleger die Erinnerung dem *Richter* vorgelegt, stellt sich die Frage, in welchen Fällen dieser eine eigene Entscheidung trifft und welcher Richter dafür zuständig ist.

(1) Der Richter ist *in zwei Fällen zur Entscheidung zuständig:*

(a) Er entscheidet selbst, *wenn er der Erinnerung abhelfen will,* weil er sie für zulässig und begründet erachtet (§ 11 II 3 RPflG). Er kann ihr durch eigene Sachentscheidung stattgeben oder die Sache an den Rechtspfleger zurückverweisen, der an eine Anweisung und an die Rechtsauffassung des Richters gebunden ist.

(b) Der Richter entscheidet unabhängig davon, ob er der Erinnerung stattgeben oder sie zurückweisen will, auch dann selbst und endgültig, wenn gegen die angefochtene Entscheidung, falls er sie erlassen hätte, ein *Rechtsmittel nicht gegeben wäre* (§ 11 II 3 RPflG; Beispiel: § 813a V 4; Rdnr. 1254, 1277). Der Instanzenzug wird also dadurch, daß eine gerichtliche Entscheidung nicht vom Richter, sondern vom Rechtspfleger getroffen wird, nicht erweitert.

(2) *Welcher Richter* über die Erinnerung entscheidet, richtet sich nach § 28 RPflG. Danach ist das nach den allgemeinen Verfahrensvorschriften zu bestimmende Gericht in der für die jeweilige Amtshandlung vorgeschriebenen Besetzung zuständig. Maßgeblich ist also, welcher Richter nach Gesetz und Geschäftsverteilung entschieden hätte, wenn es die Übertragung auf den Rechtspfleger nicht gäbe. Das kann im Einzelfall der Amtsrichter, aber auch die Kammer beim Landgericht oder der Senat beim Oberlandesgericht sein.

c) Wenn der Richter nicht selbst entscheidet, legt er die Erinnerung dem **1281** Rechtsmittelgericht vor und unterrichtet die Beteiligten davon (§ 11 II 4 RPflG). Mit dem *Rechtsmittelgericht* ist nunmehr das Gericht zuständig, das auch über eine Beschwerde gegen eine Entscheidung des Richters zu entscheiden hätte (Rdnr. 1256). Deshalb gilt in diesem Fall die Erinnerung als Beschwerde gegen die Entscheidung des Rechtspflegers (§ 11 II 5 RPflG; sog. *Durchgriffserinnerung).*

Im Fall a handelt es sich um eine befristete Durchgriffserinnerung, da gegen die Ablehnung des Pfändungs- und Überweisungsbeschlusses durch den Richter die sofortige Beschwerde nach § 793 gegeben wäre (vgl. Rdnr. 1277). Gelangt dagegen im Fall b die unbefristete Rechtspflegererinnerung (Rdnr. 1278) vor das Rechtsmittelgericht, handelt es sich auch um eine unbefristete Durchgriffserinnerung.

4. Erinnerungsbefugnis oder Beschwer   1282

a) Die Rechtspflegererinnerung ist wie die Vollstreckungserinnerung nur dann zulässig, wenn derjenige, der die Erinnerung eingelegt hat, *erinnerungsbefugt* ist; er muß also nach seinem eigenen Vortrag durch die angefochtene Entscheidung des Rechtspflegers in seinen Rechten beeinträchtigt sein (Rdnr. 1195 ff.).

b) Handelt es sich bei der Rechtspflegererinnerung um eine Durchgriffserinnerung an das Rechtsmittelgericht, spricht man nicht von Erinnerungsbefugnis, sondern von *Beschwer.* Richtet sich die Durchgriffserinnerung gegen eine Entscheidung über Kosten, Gebühren oder Auslagen, muß der Beschwerdewert 100,— DM übersteigen (§ 567 II; Rdnr. 1258).

III. Begründetheit der Rechtspflegererinnerung   1283

Die Rechtspflegererinnerung ist begründet, wenn die angefochtene Entscheidung auf einem Verfahrensfehler beruht oder insoweit, als sie den Erinnerungsführer beschwert, unzutreffend ist. Die Entscheidung ist unzutreffend, wenn der Rechtspfleger den vom Gläubiger beantragten, aber abgelehnten Beschluß hätte erlassen müssen oder wenn er den auf Antrag des Gläubigers ergangenen Beschluß nicht hätte erlassen dürfen. Die Begründetheit der Rechtspflegererinnerung hängt deshalb wie die der Vollstreckungserinnerung regelmäßig davon ab, ob die Voraussetzungen der Zwangsvollstreckung vorlagen und ggf. ob die Vollstreckung ordnungsgemäß durchgeführt worden ist (Rdnr. 1211 ff.).

1284   **IV. Verfahren und einstweilige Anordnung**

1. Verfahren

Auf das Erinnerungsverfahren sind die Vorschriften über die Beschwerde sinngemäß anzuwenden (§ 11 IV RPflG; §§ 567 ff.; Rdnr. 1260). Parteien sind auch hier der Vollstreckungsgläubiger auf der einen und der Schuldner oder ein Dritter auf der anderen Seite. Für das Verfahren gilt der Grundsatz der fakultativen mündlichen Verhandlung. Dem Erinnerungsgegner ist vor einer ihm nachteiligen Entscheidung grundsätzlich rechtliches Gehör zu gewähren. Eine Ausnahme gilt nur dann, wenn die Rechtspflegererinnerung des Gläubigers sich dagegen richtet, daß der Rechtspfleger einen beantragten Pfändungs- und Überweisungsbeschluß nicht erlassen hat; denn nach § 834 ist der Schuldner vor der Pfändung über das Pfändungsgesuch nicht zu hören (Rdnr. 1230).

1285   **2. Einstweilige Anordnung**

Um zu verhindern, daß während des Erinnerungsverfahrens durch den Vollzug der angefochtenen Entscheidung des Rechtspflegers für den Erinnerungsführer nicht mehr rückgängig zu machende Nachteile entstehen, kann das Rechtsmittelgericht vor seiner Entscheidung eine einstweilige Anordnung erlassen (§ 572 III; Rdnr. 1261, 1232).

1286   **V. Entscheidung über die Rechtspflegererinnerung**

Die Entscheidung über die Rechtspflegererinnerung ergeht durch Beschluß.

1. Maßgeblicher Zeitpunkt

Für die Beurteilung der Zulässigkeit und der Begründetheit der Rechtspflegererinnerung ist grundsätzlich der Zeitpunkt der Beschlußfassung maßgeblich. Neue Tatsachen und Beweise müssen berücksichtigt werden (§ 11 IV RPflG; § 570; Rdnr. 1262), unabhängig davon, ob sie vor oder nach der angefochtenen Entscheidung des Rechtspflegers entstanden sind.

1287   **2. Inhalt der Entscheidung**

a) Das *Rubrum* des Beschlusses entspricht dem bei der sofortigen Beschwerde und bei der Vollstreckungserinnerung (Rdnr. 1263, 1235). Auch hier wird neben dem Gläubiger und dem Schuldner der Erinnerungs- oder Beschwerdeführer genannt, falls dieser ein Dritter ist.

b) Gegenstand der *Entscheidung in der Hauptsache* ist — unabhängig davon, ob der Richter (§ 11 II 3 RPflG; Rdnr. 1280) oder das Rechtsmittelgericht (§ 11 II 4 RPflG; Rdnr. 1281) entscheidet — die angefochtene Entscheidung des Rechtspflegers (OLG München Rpfleger 1983, 324). Deshalb lautet der Tenor in beiden Fällen gleich. Er richtet sich danach, ob die Rechtspflegererinnerung erfolglos oder erfolgreich ist. Gibt der Richter (das Rechtsmittelgericht) der Erinnerung (der Beschwerde) des Gläubigers gegen die Weigerung des Rechtspflegers, etwa einen beantragten Pfändungs- und Überweisungsbeschluß zu erlassen, statt, kann er den Pfändungs- und Überweisungsbeschluß entweder selbst erlassen oder den Rechtspfleger zum Erlaß anweisen (*Arnold/Meyer-Stolte,* § 11 RPflG Anm. 11. 4. 2).

Beispiele für die Entscheidung in der Hauptsache:

Die Erinnerung (Beschwerde) des ... gegen den Beschluß des Rechtspflegers des ...-gerichts ... vom ... AZ: ... wird zurückgewiesen (bei Unzulässigkeit: verworfen).

Oder:

Auf die Erinnerung (Beschwerde) des Gläubigers vom ... wird der Beschluß des Rechtspflegers des ...-gerichts vom ... AZ: ... aufgehoben. Der Rechtspfleger wird angewiesen, den vom Gläubiger am ... beantragten Pfändungs- und Überweisungsbeschluß zu erlassen (vgl. auch Rdnr. 1239).

Oder:

Auf die Erinnerung (Beschwerde) des Schuldners vom ... wird der Pfändungs- und Überweisungsbeschluß des Amtsgerichts ... vom ... AZ: ... (insoweit) für unzulässig erklärt und aufgehoben (, als ...).

c) Der Beschluß enthält eine *Kostenentscheidung.*   **1288**

(1) Das *Erinnerungsverfahren* ist gerichtsgebührenfrei (§ 11 VI 1 RPflG). Entscheidet also der Richter über die Erinnerung (§ 11 II 3 RPflG; Rdnr. 1280), bezieht sich die Kostenentscheidung nur auf die Auslagen des Gerichts und auf außergerichtliche Kosten. Die Entscheidung über diese Kosten richtet sich nach §§ 91 ff., 97 I (Rdnr. 1241).

(2) Für das *Beschwerdeverfahren* gelten die §§ 1, 11 GKG i.V.m. KV Nr. 1181. Entscheidet also das Rechtsmittelgericht, fällt eine Gebühr nur dann an, wenn die als Beschwerde geltende Erinnerung als unzulässig verworfen oder als unbegründet zurückgewiesen wird (Rdnr. 1264). Selbst in diesem Fall wird eine Beschwerdegebühr nach § 11 VI 2 RPflG nicht erhoben, wenn die Beschwerde vor einer gerichtlichen Verfügung zurückgenommen wird. Diese Vorschrift greift etwa dann ein, wenn der Erinnerungsfüh-

rer sich mit der Nichtabhilfe durch den Richter, von der er nach § 11 II 4 RPflG unterrichtet wird, zufrieden gibt und die Erinnerung zurücknimmt. Für die außergerichtlichen Kosten gelten auch hier die §§ 91 ff., 97 I.

1289 d) Aus den gleichen Gründen wie bei der Vollstreckungserinnerung (Rdnr. 1242) erfolgt *kein Ausspruch der vorläufigen Vollstreckbarkeit.*

e) Um zu verhindern, daß durch den Vollzug der Entscheidung über die Rechtspflegererinnerung vollendete Tatsachen geschaffen werden, können sowohl der Richter — falls er entschieden hat — als auch das Rechtsmittelgericht die *Vollziehung der Erinnerungs-(Beschwerde-) entscheidung aussetzen (Bassenge/Herbst,* § 11 RPflG Anm. 6 a; vgl. schon Rdnr. 1265, 1243).

f) Die Entscheidung des Richters oder des Rechtsmittelgerichts ist zu *begründen* (Rdnr. 1265, 1244).

1290 3. Verkündung und Zustellung

Die Entscheidung über die Rechtspflegererinnerung ist unter den Voraussetzungen des § 329 zu verkünden und zuzustellen (Rdnr. 1266, 1245). Eine Besonderheit gilt nur dann, wenn der Gläubiger sich mit der Erinnerung gegen die Weigerung des Rechtspflegers wendet, einen beantragten Pfändungsbeschluß zu erlassen. In diesem Verfahren wird dem Schuldner nach § 834 kein rechtliches Gehör gewährt, um zu verhindern, daß er noch vor der Pfändung über die Forderung verfügt und damit den Vollstreckungserfolg vereitelt (Rdnr. 1284, 604). Aus dem gleichen Grund wird dem Schuldner auch die der Erinnerung des Gläubigers stattgebende Entscheidung weder mitgeteilt noch zugestellt (StJ/*Münzberg,* § 766 Rdnr. 41); etwas anderes gilt nur dann, wenn gleichzeitig mit der Entscheidung über die Erinnerung der beantragte Pfändungsbeschluß erlassen wurde, weil dann die Gefahr der Vorwarnung des Schuldners nicht besteht.

1291 VI. Rechtsbehelfe gegen die Erinnerungs- oder Beschwerdeentscheidung

1. Rechtsbehelf gegen die Abhilfe durch den Rechtspfleger

Wenn der Rechtspfleger der Erinnerung abhilft (§ 11 II 1 RPflG), indem er etwa den vom Gläubiger beantragten Pfändungsbeschluß erläßt, trifft er damit gegenüber dem Schuldner eine Entscheidung (falls rechtliches Gehör) oder eine Vollstreckungsmaßnahme (falls kein rechtliches Gehör). Der Schuldner kann dann seinerseits gegen die Abhilfe durch den Rechtspfleger die Rechtspflegererinnerung oder die Vollstreckungserinnerung einlegen.

Übersicht über das Verfahren bei der
Rechtspflegererinnerung (§ 11 RPflG)

Einlegung beim
iudex a quo
(§ 11 IV RPflG, § 569).
Dort geht sie zum

I. Rechtspfleger

1. Der Rechtspfleger
entscheidet selbst
und hilft ab
(§ 11 II 1 RPflG).
Rechtsmittel für
den Gegner:
§ 766 bzw. § 11 RPflG.

2. Der Rechtspfleger entscheidet
nicht, sondern legt nach
§ 11 II 2 RPflG vor dem

II. Richter

1. Der Richter entscheidet
selbst.
   a) Die Erinnerung ist
   zulässig und begründet
   (§ 11 II 3, 1. Fall RPflG):
   Der Richter hilft ab.
   Rechtsmittel für den
   Gegner:
   § 567 bzw. § 793.
   b) Gegen richterliche Entscheidung wäre kein
   Rechtsmittel gegeben
   (§ 11 II 3, 2. Fall RPflG):
   Der Richter verwirft, weist
   zurück oder hilft ab.
   Kein Rechtsmittel.

2. Der Richter entscheidet nicht,
sondern legt nach § 11 II 4
RPflG vor dem

III. Rechtsmittelgericht

(Durchgrifsserinnerung =
Beschwerde, § 11 II 5 RPflG).

Das Rechtsmittelgericht entscheidet immer.

Rechtsmittel für den
Beschwerten. § 568 II.

1292 2. Rechtsbehelf gegen die Entscheidung des Richters

Hat der Richter über die Rechtspflegererinnerung entschieden, weil gegen die angefochtene Entscheidung, falls er sie erlassen hätte, ein Rechtsmittel nicht gegeben wäre (§ 11 II 3, 2. Fall RPflG), ist seine Entscheidung unanfechtbar.

Hat er dagegen der Erinnerung stattgegeben, weil er sie für zulässig und begründet erachtete (§ 11 II 3, 1. Fall RPflG), ist gegen seine Entscheidung die einfache (§ 567) oder die sofortige (§ 793) Beschwerde gegeben. Gegen die Entscheidung über das Rechtsmittel ist unter den Voraussetzungen des § 568 II (Rdnr. 1268 ff.) eine weitere (sofortige) Beschwerde möglich.

1293 3. Rechtsbehelf gegen die Entscheidung des Rechtsmittelgerichts

Das Rechtsmittelgericht entscheidet über eine Beschwerde (vgl. § 11 II 5 RPflG). Soweit in dieser Entscheidung ein neuer selbständiger Beschwerdegrund enthalten ist, findet gegen sie eine weitere Beschwerde statt (§ 568 II; Rdnr. 1267 ff.).

1294 § 42   Die Beschwerde nach § 71 GBO

Schrifttum: *Eickmann*, Grundbuchverfahrensrecht, 1978; *Haegele/Schöner/ Stöber*, Grundbuchrecht, 7. Aufl., 1983; *Kollhosser*, Grundprobleme des Grundbuchverfahrens, JA 1984, 714; *Weiß*, Beschränkte Erinnerung gegen Eintragungen im Grundbuch, DNotZ 1985, 524; siehe ferner die Kommentare zur GBO von *Horber* (16. Aufl., 1983) und *Kuntze/Ertl/Herrmann/Eickmann* (3. Aufl., 1985).

Fälle:

a) Als G aufgrund eines Zahlungstitels die Eintragung einer Sicherungshypothek am Grundstück des S beantragt, weist das Grundbuchamt diesen Antrag zurück. Was kann G tun?

b) Im Fall a trägt das Grundbuchamt die beantragte Sicherungshypothek ein, obwohl G dem S die nach dem Vollstreckungstitel Zug um Zug zu erbringende Gegenleistung nicht angeboten hat. Wie kann S sich gegen die Eintragung wehren?

c) Nachdem im Fall b das Grundbuchamt einen Amtswiderspruch gegen die Hypothek eingetragen hat, wird der nunmehr von S gestellte Antrag, die Zwangshypothek zu löschen, zurückgewiesen. Hat die dagegen eingelegte Beschwerde Erfolg?

I. Arten

1. Beschwerde gegen Entscheidungen des Grundbuchamtes

Gegen Entscheidungen des Grundbuchamtes findet das Rechtsmittel der Beschwerde statt (§ 71 I GBO). Das gilt auch für Entscheidungen, die das Grundbuchamt im Zwangsvollstreckungsverfahren trifft. § 71 GBO greift also ein, wenn das Grundbuchamt als Vollstreckungsorgan tätig wird. Das ist der Fall, wenn bei der Zwangsvollstreckung wegen einer Geldforderung in das unbewegliche Vermögen des Schuldners eine Zwangshypothek (oder Arresthypothek gem. § 932; Rdnr. 1549 ff.) zugunsten des Gläubigers eingetragen wird (§§ 866, 867; Rdnr. 16, 1037).

Sollen Einwendungen gegen die Vollstreckungstätigkeit des Grundbuchamtes, die im Verfahren nach der Grundbuchordnung erfolgt, erhoben werden, geht die Beschwerde nach § 71 I GBO der sofortigen Beschwerde nach § 793 und der Vollstreckungserinnerung nach § 766 als der speziellere Rechtsbehelf vor (vgl. Rdnr. 1166).

Allerdings ist der Anwendungsbereich des § 71 GBO — ebenso wie derjenige des § 793 — durch § 11 RPflG eingeschränkt: Ist die Entscheidung des Grundbuchamtes vom Rechtspfleger getroffen worden, findet nach § 11 RPflG zunächst der besondere Rechtsbehelf der Rechtspflegererinnerung statt. Da nach § 3 Nr. 1 h RPflG die Grundbuchsachen dem Rechtspfleger übertragen sind und die Entscheidungen des Grundbuchamtes nur in wenigen Ausnahmefällen vom Richter getroffen werden (Rdnr. 1296), ist der unmittelbare Anwendungsbereich des § 71 GBO sehr gering.

2. Beschränkte Beschwerde gegen Eintragungen im Grundbuch   1295

Die Beschwerde gegen eine Eintragung im Grundbuch ist insoweit unzulässig, als deren Löschung begehrt wird (§ 71 II GBO). Diese Regelung beruht darauf, daß die Eintragung im Grundbuch nach § 892 I BGB Grundlage für einen gutgläubigen Erwerb sein kann; ein nach materiellem Recht möglicher gutgläubiger Erwerb darf aber nicht durch eine Löschung der Eintragung mit rückwirkender Kraft beseitigt werden. Das gilt aus Gründen der Rechtssicherheit nicht nur dann, wenn tatsächlich ein gutgläubiger Erwerb stattgefunden hat, sondern immer, wenn die Möglichkeit dazu besteht (*Kollhosser*, JA 1984, 714, 721 f.).

Dagegen besteht kein Hindernis, für die Zukunft die Möglichkeit des gutgläubigen Erwerbs aufgrund einer unrichtigen Eintragung im Grundbuch auszuschließen. Deshalb kann nach § 71 II 2 GBO im Wege der sog. beschränkten Beschwerde verlangt werden, daß das Grundbuchamt angewiesen wird, nach § 53 GBO einen Amtswiderspruch einzutragen oder

— bei einer inhaltlich unzulässigen Eintragung — eine Löschung vorzunehmen.

Wie bei der Beschwerde nach § 71 I GBO stellt sich auch bei der beschränkten Beschwerde die Frage nach der Abgrenzung von der Rechtspflegererinnerung, wenn — was regelmäßig der Fall ist — die Eintragung vom Rechtspfleger beim Grundbuchamt vorgenommen wurde. Ob in diesem Fall § 71 II 2 RPflG unmittelbar eingreift oder ob zunächst eine beschränkte Rechtspflegererinnerung nach § 11 RPflG stattfindet, ist umstritten (dazu *Weiß*, DNotZ 1985, 524; Rdnr. 1299).

1296   II. Zulässigkeit der Beschwerde

1. Statthaftigkeit

a) Die *Beschwerde nach § 71 I GBO* ist statthaft gegen richterliche Entscheidungen des Grundbuchamtes.

Gegen Entscheidungen des Rechtspflegers findet die Rechtspflegererinnerung statt.

(1) Da die Grundbuchsachen nach § 3 Nr. 1 h RPfLG dem Rechtspfleger übertragen sind, werden die Entscheidungen des Grundbuchamtes nur dann vom *Richter* getroffen, wenn ihm der Rechtspfleger die Sache (etwa wegen besonderer rechtlicher Schwierigkeiten, wegen der Anwendung ausländischen Rechts, wegen des Sachzusammhangs mit einem vom Richter vorzunehmenden Geschäft) nach §§ 5, 6 RPflG vorgelegt oder der Richter selbst das Geschäft an sich gezogen hat (vgl. § 8 RPflG).

1297   (2) Mit *Entscheidungen* i.S.v. § 71 I GBO sind alle endgültigen Verfügungen und Zwischenverfügungen des Grundbuchamtes gemeint, sofern sie Außenwirkung haben (*Horber*, § 71 Anm. 3 A; *Kuntze/Ertl/Herrmann/ Eickmann*, § 71 Rdnr. 13). Eine solche Entscheidung ist etwa die Zurückweisung eines Antrags auf Eintragung einer Zwangshypothek (Fall a).

Nicht zu den Entscheidungen gehören dagegen lediglich grundbuchinterne Entschließungen, wie etwa die Verfügung, eine Eintragung vorzunehmen (*Horber*, § 71 Anm. 3 B b; *Weiß*, DNotZ 1985, 524, 536). Die Eintragung selbst ist nur dann eine nach § 71 I GBO unbeschränkt beschwerdefähige Entscheidung, wenn sie nicht von der Sonderregelung des § 71 II GBO erfaßt wird (dazu Rdnr. 1298).

1298   b) Die *beschränkte Beschwerde nach § 71 II 2 GBO* ist nach dem Wortlaut dieser Vorschrift gegen alle Eintragungen im Grundbuch statthaft, wobei zu den Eintragungen auch Löschungen gehören.

Im Fall b kann S nach § 71 II GBO grundsätzlich nicht die Löschung der Hypothek, sondern nur die Eintragung eines Amtswiderspruchs verlangen. Eine Beschwerde (Erinnerung) mit einem weitergehenden Antrag ist allerdings regelmäßig nicht als unzulässig zu verwerfen, sondern als beschränkte Beschwerde nach § 71 II 2 GBO zu behandeln (vgl. OLG Stuttgart WM 1985, 1371; *Kuntze/Ertl/Herrmann/ Eickmann*, § 71 Rdnr. 9).

Nach seinem Zweck betrifft § 71 II GBO jedoch nur solche Eintragungen, die Grundlage für einen gutgläubigen Erwerb sein können; denn die Einschränkung gegenüber der Beschwerde nach § 71 I GBO ist nur geboten, um einem möglichen gutgläubigen Erwerb nicht rückwirkend die Grundlage zu entziehen. Gegen Eintragungen, an die sich ein gutgläubiger Erwerb nicht anschließen kann, ist dagegen die unbeschränkte Beschwerde nach § 71 I GBO statthaft (BGHZ 25, 16, 22; 64, 194, 196; *Kuntze/Ertl/ Herrmann/Eickmann*, § 71 Rdnr. 24 f. m.N.). Das gilt nicht nur für solche Eintragungen, die generell vom Schutz des guten Glaubens ausgeschlossen sind (z.B. Widersprüche, Verfügungsbeschränkungen); eine unbeschränkte Beschwerde ist vielmehr auch gegen die Eintragungen zulässig, bei denen ein gutgläubiger Erwerb zwar grundsätzlich möglich, nach dem <u>konkreten</u> Inhalt des Grundbuchs jedoch sowohl für die Vergangenheit als auch für die Zukunft rechtlich ausgeschlossen ist (BGHZ 64, 194, 198 f.).

Eine eingetragene Zwangshypothek kann von einem Dritten rechtsgeschäftlich gutgläubig erworben werden (BGH, a.a.O.). Das ist jedoch nur mittels einer Eintragung des Erwerbers im Grundbuch möglich, da die Sicherungshypothek immer als Buchhypothek bestellt wird (§ 867 I; §§ 1184 f., 1154 III, 873 BGB). Im Fall c läßt sich deshalb durch einen Blick in das Grundbuch ermitteln, ob die zugunsten des G eingetragene Zwangshypothek vor Eintragung des Amtswiderspruchs von einem Dritten gutgläubig erworben wurde. Ist das nicht der Fall, so daß ein gutgläubiger Erwerb in der Vergangenheit nicht stattgefunden haben kann, ist er auch insgesamt ausgeschlossen, weil nach Eintragung des Amtswiderspruchs durch diesen ein gutgläubiger Erwerb verhindert wird. Unter diesen Umständen ist die auf Löschung gerichtete Beschwerde des S zulässig (BGH, a.a.O.; *Kuntze/Ertl/Herrmann/Eickmann*, § 71 Rdnr. 31a).

c) Umstritten ist, ob gegen die vom Rechtspfleger vorgenommene Eintragung anstelle der beschränkten Beschwerde zunächst nur eine *beschränkte Rechtspflegererinnerung* nach § 11 RPflG statthaft ist, die erst dann als beschränkte Beschwerde gilt, wenn der Richter ihr nicht abhilft und sie dem Rechtsmittelgericht vorlegt (§ 11 II 5 RPflG).

1299

Bei der Eintragung kann es sich zwar auch um eine Vollstreckungsmaßnahme handeln, wenn der Schuldner nicht angehört wurde (vgl. Rdnr. 1179, 1181). Selbst dann findet jedoch anstelle der beschränkten Beschwerde nicht die Vollstreckungserinnerung, sondern allenfalls die beschränkte Rechtspflegererinnerung statt; denn während § 71 II 2 GBO gegenüber § 766 als spez_ellerer Rechtsbehelf vorgeht, besteht zwischen § 71 II 2 GBO und § 11 RPflG kein Spezialitätsverhältnis. Die vorgeschaltete Rechtspflegererinnerung führt lediglich dazu, daß der Rechtspfleger vor einer Entscheidung des Rechtsmittelgerichts selbst abhelfen kann.

Gegen die Statthaftigkeit der Rechtspflegererinnerung bestehen jedoch deshalb Bedenken, weil nach § 11 V 1 RPflG die Erinnerung gegen gerichtliche Verfügungen, die nach den Vorschriften der Grundbuchordnung wirksam geworden sind und nicht mehr geändert werden können, unzulässig ist. Daraus wird teilweise geschlossen, gegen eine Eintragung i.S.v. § 71 II GBO, die nicht durch Löschung beseitigt werden kann, sei nicht die Rechtspflegererinnerung, sondern sogleich die beschränkte Beschwerde nach § 71 II 2 GBO statthaft (*Horber*, § 71 Anm. 2 b β; *Kuntze/Ertl/ Herrmann/Eickmann*, § 71 Rdnr. 8; *Kollhosser*, JA 1984, 714, 721 f.). Danach kann jedenfalls der Rechtspfleger nicht durch Eintragung eines Amtswiderspruchs abhelfen. Jedoch schließt weder der Wortlaut noch der Zweck des § 11 V 1 RPflG die beschränkte Erinnerung mit dem Ziel der Eintragung eines Amtswiderspruchs aus. Denn eine Eintragung, die als richterliche Eintragung mit der beschränkten Beschwerde angegriffen werden kann, ist nicht unabänderbar i.S.v. § 11 V 1 RPflG, sondern durch Eintragung eines Amtswiderspruchs beschränkt abänderbar; deshalb ist durch § 11 V 1 RPflG auch nur die unbeschränkte, nicht dagegen die beschränkte Rechtspflegererinnerung ausgeschlossen (*Arnold/Meyer-Stolte*, § 11 RPflG Anm. 11.5.1; *Bassenge/Herbst*, § 11 RPflG Anm. 2 c aa; *Weiß*, DNotZ 1985, 524, 537 m.N.). Es besteht kein Anlaß, dem Rechtspfleger, falls er die angefochtene Eintragung vorgenommen hat, die Abhilfemöglichkeit (Eintragung eines Amtswiderspruchs) zu versagen. Denn selbst über eine beschränkte Beschwerde nach § 71 II 2 GBO entscheidet nicht notwendig das Rechtsmittelgericht; vielmehr kann auch der Grundbuchrichter der Beschwerde abhelfen (§ 75 GBO).

1300   2. Form und Frist

a) Für die *Form* gilt § 73 II GBO. Danach ist die Beschwerde schriftlich oder zu Protokoll des Grundbuchamts oder der Geschäftsstelle des Beschwerdegerichts einzulegen.

b) Bei der Beschwerde nach § 71 GBO handelt es sich um eine einfache Beschwerde, die *nicht fristgebunden* ist. Dementsprechend ist auch eine der Beschwerde vorgeschaltete Rechtspflegererinnerung unbefristet.

1301   3. Zuständigkeit zur Entscheidung

Sachlich zuständig zur Entscheidung über die Beschwerde kann der Richter beim Grundbuchamt oder das Rechtsmittelgericht sein.

a) Der *Richter* hat der Beschwerde abzuhelfen, wenn er sie für begründet erachtet (§ 75 GBO). Bei einer unbeschränkten Beschwerde nach § 71 I

GBO kann die Abhilfe darin bestehen, daß der Richter beim Grundbuchamt die Zurückweisung eines Eintragungsantrags aufhebt und die Eintragung veranlaßt oder vornimmt. Einer beschränkten Beschwerde nach § 71 II 2 GBO wird durch Eintragung eines Amtswiderspruchs oder (bei einer unzulässigen Eintragung) einer Amtslöschung abgeholfen.

In § 75 GBO ist zwar die Abhilfe durch das Grundbuchamt vorgesehen. Unter Grundbuchamt ist hier jedoch nur der Richter beim Grundbuchamt zu verstehen; denn die Abhilfebefugnis des Rechtspflegers gegen eine von ihm erlassene Entscheidung ergibt sich aus § 11 II 1 RPflG.

b) Wenn der Richter nicht abhilft, entscheidet über die Beschwerde das *Landgericht*, in dessen Bezirk das Grundbuchamt seinen Sitz hat (§ 72 GBO). Die Zuständigkeit innerhalb des Landgerichts liegt bei einer Zivilkammer (§ 81 I GBO).

4. Beschwerdeberechtigung   1302

Beschwerdeberechtigt ist nur, wer nach seinem eigenen Vortrag durch die Entscheidung oder Eintragung des Grundbuchamts in seiner Rechtsstellung beeinträchtigt ist und ein rechtlich geschütztes Interesse an der Beseitigung der Entscheidung oder Eintragung hat (BGH NJW 1981, 1563 m.N.). Das sind bei der Beschwerde gegen die Zurückweisung eines Eintragungsantrags der Antragsteller und diejenigen, die außer ihm nach § 13 II GBO antragsberechtigt sind. Bei der beschränkten Beschwerde gegen eine Eintragung ist derjenige beschwerdeberechtigt, der Berichtigung des Grundbuchs nach § 894 BGB verlangen kann (*Kuntze/Ertl/Herrmann/Eickmann*, § 71 Rdnr. 71).

III. Begründetheit der Beschwerde   1303

Die *unbeschränkte* Beschwerde nach § 71 I GBO ist begründet, wenn die angefochtene Entscheidung des Grundbuchamtes unzutreffend ist.
Die *beschränkte* Beschwerde nach § 71 II 2 GBO ist begründet, wenn das Grundbuch durch die angefochtene Eintragung unrichtig geworden ist.

Richtet sich die Beschwerde etwa dagegen, daß das Grundbuchamt den Antrag auf Eintragung einer Sicherungshypothek (§ 867) zurückgewiesen hat (§ 71 I GBO), oder dagegen, daß es auf Antrag des Gläubigers eine Sicherungshypothek eingetragen hat (§ 71 II 2 GBO), hängt die Begründetheit der jeweiligen Beschwerde davon ab, ob die Voraussetzungen für die Zwangsvollstreckung wegen einer Geldforderung in das unbewegliche Vermögen vorlagen.

1304   **IV. Verfahren und einstweilige Anordnung**

1. Verfahren

Über das Verfahren vor dem Beschwerdegericht enthält die Grundbuchordnung keine Vorschriften. Eine mündliche Verhandlung findet nicht statt. Allerdings gilt das Gebot des rechtlichen Gehörs (Art. 103 I GG) auch für das Beschwerdeverfahren in Grundbuchsachen (BayObLG Rpfleger 1967, 12; 1973, 97; *Kuntze/Ertl/Herrmann/Eickmann*, § 77 Rdnr. 3); deshalb ist der Beschwerdegegner vor einer ihm nachteiligen Entscheidung im Beschwerdeverfahren anzuhören.

1305   **2. Einstweilige Anordnung**

Um zu verhindern, daß dem Beschwerdeführer durch den Vollzug der angefochtenen Entscheidung des Grundbuchamtes während des Beschwerdeverfahrens nicht mehr rückgängig zu machende Nachteile entstehen, kann das Beschwerdegericht vor seiner Entscheidung eine einstweilige Anordnung erlassen (§ 76 I GBO).

Hat das Grundbuchamt etwa einen Antrag des Gläubigers auf Eintragung einer Zwangshypothek zurückgewiesen, verliert der Gläubiger den Rang, den er sich durch den Eingang seines Antrags beim Grundbuchamt gesichert hatte (vgl. § 17 GBO). Ein Gläubiger, der später seine Eintragung beantragt, kann vor dem Beschwerdeführer eingetragen werden, so daß dessen Vollstreckungserfolg vereitelt wird. In diesem Fall kann das Beschwerdegericht zur Sicherung des Gläubigers dem Grundbuchamt aufgeben, eine Vormerkung einzutragen; das Grundbuchamt ist an diese Anordnung gebunden. Wird die Beschwerde des Gläubigers später zurückgenommen oder zurückgewiesen, erfolgt von Amts wegen eine Löschung der Vormerkung (§ 76 II GBO).

1306   **V. Entscheidung über die Beschwerde**

Die Entscheidung über die Beschwerde ergeht durch Beschluß.

1. Maßgeblicher Zeitpunkt

Für die Beurteilung von Zulässigkeit und Begründetheit der Beschwerde ist nicht der Zeitpunkt der angefochtenen Entscheidung oder Eintragung, sondern derjenige der Beschlußfassung maßgebend; denn nach § 74 GBO kann die Beschwerde auf neue Tatsachen und Beweise gestützt werden.

2. Inhalt der Entscheidung   1307

a) Die *Entscheidung in der Hauptsache* hängt davon ab, ob die
Beschwerde Erfolg hat oder nicht:
Ist die Beschwerde unzulässig, wird sie »als unzulässig verworfen«. —
Eine unbegründete Beschwerde wird »als unbegründet zurückgewiesen«. —
Soll der Beschwerde stattgegeben werden, weil sie zulässig und begründet
ist, bestehen folgende Möglichkeiten: Bei einer Beschwerde nach § 71 I
GBO gegen die Zurückweisung eines Eintragungsantrags hebt das
Beschwerdegericht die Entscheidung des Grundbuchamtes auf und weist
dieses an, die beantragte Eintragung vorzunehmen. Bei einer Beschwerde
nach § 71 II 2 GBO gegen eine Eintragung wird das Grundbuchamt angewiesen, einen (genau zu bezeichnenden) Amtswiderspruch einzutragen.

b) Der Beschluß enthält eine *Kostenentscheidung.*   1308

(1) Für die *gerichtlichen Kosten* gilt § 131 KostO.

Nach § 131 I 1 Nr. 1 KostO wird im Beschwerdeverfahren die Hälfte einer vollen
Gebühr erhoben, sofern die Beschwerde verworfen oder zurückgewiesen wird. Im
übrigen (also bei einer erfolgreichen Beschwerde) ist nach § 131 I 2 KostO das
Beschwerdeverfahren gebührenfrei.

(2) Für die *außergerichtlichen Kosten* gilt § 13a FGG.

Danach sind die durch eine erfolglose Beschwerde dem anderen Beteiligten entstandenen Kosten dem Beschwerdeführer aufzuerlegen (§ 13a I 2 FGG). Bei einer
erfolgreichen Beschwerde kann das Gericht anordnen, daß die notwendigen Kosten
von einem Beteiligten ganz oder teilweise zu erstatten sind, wenn dies der Billigkeit
entspricht (§ 13a I 1 FGG).

c) Die Entscheidung des Beschwerdegerichts ist mit *Gründen* zu verse-   1309
hen und dem Beschwerdeführer *mitzuteilen* (§ 77 GBO). Sie wird nach
§ 16 I FGG mit der Bekanntmachung wirksam.

VI. Rechtsbehelf gegen die Beschwerdeentscheidung   1310

Gegen die Entscheidung des Beschwerdegerichts ist das Rechtsmittel der
weiteren Beschwerde zulässig, wenn die Entscheidung auf einer Verletzung
des Gesetzes beruht (§ 78, 1 GBO); die weitere Beschwerde ist also eine
reine Rechtsbeschwerde. Die Voraussetzung der Gesetzesverletzung ist entgegen dem mißverständlichen Wortlaut nicht für die Zulässigkeit, sondern
für die Begründetheit der weiteren Beschwerde von Bedeutung. Sie liegt vor,
wenn eine Rechtsnorm nicht oder nicht richtig angewendet worden ist
(§ 78, 2 GBO; § 550).

Die weitere Beschwerde kann bei dem Grundbuchamt, dem Landgericht oder dem Oberlandesgericht eingelegt werden (§ 80 I GBO). Allerdings sind das Grundbuchamt und das Landgericht nicht befugt, der weiteren Beschwerde abzuhelfen (§ 80 II GBO); über diese entscheidet vielmehr immer das Oberlandesgericht (§ 79 I GBO).

Will das Oberlandesgericht von der Entscheidung eines anderen Oberlandesgerichts oder des Bundesgerichtshofs abweichen, hat es die weitere Beschwerde dem Bundesgerichtshof zur Entscheidung vorzulegen (§ 79 II 1, III GBO); dadurch soll die Einheitlichkeit der Rechtsprechung auf dem Gebiet des bundesrechtlichen Grundbuchrechts gesichert werden.

Zweiter Abschnitt **Materielle Einwendungen gegen die** 1311
Durchführung der
Zwangsvollstreckung

Bei der Zwangsvollstreckung hat das Vollstreckungsorgan nicht zu prüfen, ob materielle Einwendungen gegen die Durchführung der Vollstreckung bestehen. Vielmehr sind solche Einwendungen durch Klage vor dem Prozeßgericht geltend zu machen.

Dabei kann es sich einmal um eine materielle Einwendung gegen den im Vollstreckungstitel ausgesprochenen materiellen Anspruch handeln (z.B.: Der titulierte Zahlungsanspruch ist inzwischen durch Erfüllung erloschen). In einem solchen Fall räumt § 767 dem Vollstreckungsschuldner die Möglichkeit ein, durch *Vollstreckungsgegenklage* (= Vollstreckungsabwehrklage) gegen den Vollstreckungsgläubiger ein Urteil zu erreichen, das die Zwangsvollstreckung aus dem Vollstreckungstitel für unzulässig erklärt (Rdnr. 1312 ff.).

Zum anderen kann die materielle Einwendung dahin gehen, daß der Vermögensgegenstand, in den vollstreckt wird, einem Dritten zusteht (z.B.: Ein Dritter ist Eigentümer der beim Schuldner gepfändeten Sache). Dann gibt § 771 dem Dritten das Recht, durch *Drittwiderspruchsklage* (= Interventionsklage) gegen den Vollstreckungsgläubiger ein Urteil zu begehren, das die Vollstreckung in den betreffenden Gegenstand für unzulässig erklärt (Rdnr. 1396 ff.).

Sofern einem Dritten an der gepfändeten beweglichen Sache allerdings nur ein besitzloses Pfandrecht (z.B. Vermieterpfandrecht) zusteht, kann er nicht erreichen, daß die Vollstreckung in diesen Gegenstand für unzulässig erklärt wird. Seinen Interessen ist hinreichend Rechnung getragen, wenn er aus dem Verwertungserlös vor dem Vollstreckungsgläubiger befriedigt wird. Deshalb räumt § 805 dem Dritten — anstelle der Drittwiderspruchsklage — die *Klage auf vorzugsweise Befriedigung* gegen den Vollstreckungsgläubiger ein (Rdnr. 1451 ff.).

§ 43 Die Vollstreckungsgegenklage 1312

Schrifttum: *Baumgärtel/Scherf,* Zur Problematik des § 767 Abs. 3 ZPO, JR 1968, 368; *A. Blomeyer,* Rechtskraft- und Gestaltungswirkung der Urteile im Prozeß auf Vollstreckungsgegenklage und Drittwiderspruchsklage, AcP 165, 481; *Brehm,* Vollstreckungsgegenklage nach Beendigung der Zwangsvollstreckung, ZIP 1983, 1420; *Ernst,* Gestaltungsrechte im Vollstreckungsverfahren, NJW 1986, 401; *Furtner,* Vorläufige Vollstreckbarkeit von Urteilen in Vollstreckungsabwehr- und Widerspruchsklagen, DRiZ 1955, 190; *Gaul,* Materielle Rechtskraft, Vollstreckungsabwehr und zivilrechtliche Ausgleichsansprüche, JuS 1962, 1; *Geißler,* Die Vollstreckungsklagen im Rechtsbehelfssystem der Zwangsvollstreckung, NJW 1985, 1865; *Gilles,* Vollstreckungsgegenklage, sog. vollstreckbarer Anspruch und Einwendungen gegen die Zwangsvollstreckung im Zwielicht prozessualer und zivilistischer Prozeßbetrachtung, ZZP 83, 61; *Haase,* Besondere Klagearten im Zivilprozeß, JuS 1967, 561; *Kainz,* Funktion und dogmatische Einordnung der Vollstreckungsabwehrklage in das System der Zivilprozeßordnung, 1984; *Kohler,* Ungehorsam und Vollstreckung im Zivilprozeß, AcP 80, 141; *Kohte,* Rechtsschutz gegen die Vollstreckung des wucherähnlichen Rechtsgeschäfts nach § 826 BGB, NJW 1985, 2217; *Kühne,* Materiellrechtliche Einwendungen gegen Prozeßvergleiche und Vollstreckungsgegenklage, NJW 1967, 1115; *Lent,* Ausübung von Gestaltungsrechten nach einem Prozeß, DR 1942, 868; *Lüke,* Zur Klage auf Herausgabe des Vollstreckungstitels, JZ 1956, 475; *Lukes,* Die Vollstreckungsabwehrklage bei sittenwidrig erschlichenen und ausgenutzten Urteilen, ZZP 72, 99; *Münzberg,* Der Anspruch des Schuldners auf Herausgabe der vollstreckbaren Urteilsausfertigung nach Leistung, KTS 1984, 193; *ders.,* Rechtsschutz gegen die Vollstreckung des wucherähnlichen Rechtsgeschäfts nach § 826 BGB, NJW 1986, 361; *Otto,* Grundprobleme der Vollstreckungsgegenklage, JA 1981, 606, 649; *Reichel,* Widerklage gegen Vollstreckungsgegenklage, AcP 133, 20; *Saum,* Zur Aushändigung der vollstreckbaren Ausfertigung des Titels an den Schuldner, JZ 1981, 695; *E. Schneider,* Zulässigkeit und Begründetheit bei der Einstellungsbeschwerde, MDR 1985, 547; *Teubner,* Die Anfechtbarkeit von Entscheidungen nach § 769 Abs. 1 ZPO, NJW 1974, 301; *Thümmel,* Zum Gerichtsstand bei der Vollstreckungsabwehrklage durch Streitgenossen, NJW 1986, 556; siehe ferner die Nachweise in Rdnr. 1159.

Fälle:

a) Der Schuldner S erhebt gegen den Gläubiger G die Vollstreckungsgegenklage und trägt zur Begründung vor:

1. Die Vollstreckungsklausel habe nicht erteilt werden dürfen, weil der Vollstreckungstitel weder rechtskräftig noch vorläufig vollstreckbar sei.

2. Die Vollstreckungsklausel habe nicht für G erteilt werden dürfen, da die Abtretung der titulierten Forderung an G wegen Geisteskrankheit des früheren Anspruchsinhabers nichtig sei.

3. Das von G gepfändete Bett sei seine — des S — einzige Schlafstätte.

4. Das gepfändete Bett gehöre seiner Oma.

5. Er habe die titulierte Geldforderung inzwischen bezahlt und begehre infolgedessen die Feststellung, daß der im Vollstreckungstitel genannte Anspruch nicht mehr bestehe.

6. Er könne dem Urteil auf Zahlung von monatlich 500,— DM Unterhalt nicht mehr Folge leisten, weil er nunmehr arbeitslos sei.

b) S hat gegen G Vollstreckungsgegenklage mit der Begründung erhoben, die titulierte Forderung sei beglichen worden. Bevor ein Urteil ergeht, hat Gv ein bei S gepfändetes Bild versteigert und den Erlös an G ausgekehrt, der damit befriedigt ist. Welchen Antrag soll S nun im Prozeß stellen?

c) S begründet seine Vollstreckungsgegenklage damit, der Geldbetrag, zu dessen Zahlung er verurteilt worden war, sei gezahlt worden. G meint, die Klage sei unzulässig, da die Zahlung bereits während des Vorprozesses erfolgt sei. S trägt vor, sein Vater habe die Forderung beglichen, wovon er (S) erst jetzt erfahren habe. Wie entscheidet das Gericht?

d) Nachdem S zur Zahlung einer Kaufpreisforderung an G verurteilt worden ist, erfährt er, daß G schon vor Klageerhebung die Forderung an X abgetreten hat. Ist dem S zur Klage gem. § 767 zu raten?

e) S erhebt Vollstreckungsgegenklage und rechnet in der Klageschrift mit einer ihm seit zwei Jahren zustehenden Schadensersatzforderung gegen die Kaufpreisforderung auf. G meint, der Klage stünde § 767 II entgegen.

f) In einer notariellen Urkunde verpflichtet sich S, dem G innerhalb von drei Monaten 30 000,— DM zu zahlen. Außerdem erklärt S, daß die Urkunde Rechtskraftwirkung haben soll. Wirksam?

g) S, der sich in einer vollstreckbaren Urkunde verpflichtet hat, an G 10 000,— DM zu zahlen, rechnet in dem Rechtsstreit gem. § 767 mit einer Schadensersatzforderung auf. Nachdem diese Vollstreckungsgegenklage wegen Nichtbestehens der Gegenforderung rechtskräftig abgewiesen worden ist, macht S mit einer zweiten Vollstreckungsgegenklage geltend, während des Vorprozesses sei die titulierte Forderung von seinem Vater bezahlt worden. G meint, mit diesem Vorbringen könne S nicht mehr gehört werden. S beruft sich auf § 797 IV und hilfsweise darauf, daß er von der Zahlung durch seinen Vater erst in der Berufungsinstanz des ersten Rechtsstreits erfahren habe.

h) G, der dem X ein Darlehen von 10 000,— DM gegeben hat, klagt gegen S als den Alleinerben des X auf Rückzahlung dieses Betrages. S erhebt die Einrede der beschränkten Erbenhaftung gem. § 1990 BGB. Wie entscheidet das Gericht? Welche Rechte hat S, wenn er die Einrede nicht erhoben hat und G aus einem stattgebenden Urteil den zum Eigenvermögen des S gehörenden Pkw pfänden läßt?

I. Zweck, rechtliche Einordnung und Abgrenzung

1. Zweck

Mit der Vollstreckungsgegenklage (= Vollstreckungsabwehrklage) nach § 767 kann der Vollstreckungsschuldner Einwendungen gegen den titulierten Anspruch geltend machen. Durch die Klage gegen den Vollstreckungsgläubiger soll nicht eine einzelne Vollstreckungsmaßnahme abgewehrt, sondern die Vollstreckbarkeit des Vollstreckungstitels beseitigt werden. Diese Klagemöglichkeit muß dem Schuldner für den Fall eingeräumt werden, daß dem titulierten materiellen Anspruch eine rechtsvernichtende oder rechtshemmende Einwendung (z.B. Erlaß, Stundung) entgegensteht, die erst nach dem Schluß der mündlichen Verhandlung entstanden ist (vgl. § 767 II).

1313 2. Rechtliche Einordnung

Die Vollstreckungsgegenklage ist eine prozessuale Gestaltungsklage (BL/ *Hartmann*, § 767 Anm. 1 A a; *Baur/Stürner*, Rdnr. 739; StJ/*Münzberg*, § 767 Rdnr. 6; *Thomas/Putzo*, § 767 Anm. 1) und keine Unterlassungs- oder Beseitigungsklage. Sie ist auch keine Feststellungsklage, die darauf gerichtet wäre, feststellen zu lassen, daß der Titel nicht (mehr) vollstreckbar sei; denn erst durch das Urteil wird die Vollstreckbarkeit des Titels beseitigt. Mit dem Urteil wird nicht der Titel aufgehoben, sondern diesem nur seine Vollstreckbarkeit genommen. Streitgegenstand ist die Vernichtung der Vollstreckbarkeit des Titels und nicht etwa das Bestehen des titulierten Anspruchs (vgl. StJ/*Münzberg*, § 767 Rdnr. 3 ff.; *Thomas/Putzo*, § 767 Anm. 2 a; *Zöller/ Schneider*, § 767 Rdnr. 1).

1314 3. Abgrenzung

Die Vollstreckungsgegenklage ist von folgenden Rechtsbehelfen abzugrenzen:

a) Die *Klauselerinnerung* gem. § 732 (Rdnr. 136 ff.) ist der ausschließliche Rechtsbehelf für Einwendungen des Schuldners gegen die Zulässigkeit der Vollstreckungsklausel (Beispiele: Rdnr. 138 f.; Fall a, 1). Bei der Klage aus § 767 geht es jedoch um materiellrechtliche Einwendungen gegen den titulierten Anspruch.

1315 b) Die *Klage gegen die Vollstreckungsklausel* gem. § 768 (Rdnr. 141 ff.) ist zwar ein Spezialfall der Vollstreckungsgegenklage; sie richtet sich aber nicht gegen den titulierten Anspruch, sondern gegen die erteilte Vollstreckungsklausel. Der Schuldner bestreitet, daß die materiellen Voraussetzungen für die Erteilung einer titelergänzenden (Rdnr. 110 ff.) oder titelumschreibenden (Rdnr. 115 ff.) Vollstreckungsklausel vorgelegen haben (Beispiele: Rdnr. 139; Fall a, 2).

1316 c) Die *Vollstreckungserinnerung* gem. § 766 (Rdnr. 1168) ist der Rechtsbehelf, mit dem formelle Mängel einzelner Vollstreckungsmaßnahmen gerügt werden (Beispiele: Rdnr. 1212 ff.; Fall a, 3), während mit der Klage aus § 767 die Vollstreckbarkeit des Titels durch materielle Einwendungen angegriffen werden kann.

1317 d) Die *Drittwiderspruchsklage* gem. § 771 (Rdnr. 1396 ff.) ist die Klage eines Dritten gegen den Vollstreckungsgläubiger mit dem Antrag, die Zwangsvollstreckung in einen bestimmten Gegenstand für unzulässig zu erklären (Beispiel: Fall a, 4: Klage der Oma). Die Vollstreckungsgegenklage erhebt der Vollstreckungsschuldner gegen den Vollstreckungsgläubiger, um die Zwangsvollstreckung aus dem Vollstreckungstitel für unzulässig erklären zu lassen.

e) Die *Feststellungsklage* gem. § 256, daß der titulierte Anspruch nicht mehr bestehe, weil dieser etwa erfüllt worden sei (Fall a, 5), ist zulässig, wenn ein Feststellungsinteresse gegeben ist; ein solches Interesse liegt z.B. dann vor, wenn der Gläubiger bestreitet, daß der Schuldner inzwischen gezahlt hat. Jedoch kann mit einem entsprechenden Feststellungsurteil dem Vollstreckungstitel nicht die Vollstreckbarkeit genommen werden. Das ist vielmehr das Ziel der Vollstreckungsgegenklage.

Der Feststellungsklage fehlt nicht das Rechtsschutzinteresse, wenn der Schuldner die Vollstreckungsgegenklage erheben kann (RGZ 100, 123, 126). Denn das Gestaltungsurteil gem. § 767 nimmt dem titulierten Anspruch nur die Vollstreckbarkeit; seine Rechtskraft erstreckt sich dagegen nicht auf das Bestehen oder Nichtbestehen des materiellrechtlichen Anspruchs. Das kann auf eine entsprechende negative Feststellungsklage des Schuldners rechtskräftig festgestellt werden (vgl. BGH FamRZ 1984, 878, 879 m.N.).

Vollstreckungsgegenklage und Feststellungsklage können miteinander verbunden werden (vgl. § 260). Es ist auch möglich, im Rechtsstreit gem. § 767 eine Zwischenfeststellungsklage (gem. § 256 II) mit dem Antrag zu erheben festzustellen, daß der titulierte Anspruch nicht mehr besteht.

f) Mit der *Abänderungsklage* gem. § 323 kann bei einer Verurteilung zu künftig fällig werdenden wiederkehrenden Leistungen (z.B. Unterhaltszahlungen) eine Abänderung des Urteils erreicht werden, wenn sich die der Verurteilung zugrunde liegenden Verhältnisse (z.B. die Höhe des Einkommens des Unterhaltspflichtigen; Fall a, 6) wesentlich geändert haben. Die Klage gem. § 323 soll zu einer Durchbrechung der Rechtskraft des früheren Urteils, die Klage gem. § 767 zur Beseitigung der Vollstreckbarkeit des Titels führen. Beide Klagearten schließen sich gegenseitig aus (h.M.; BGH NJW 1984, 2826 m.N.; *Baur/Stürner*, Rdnr. 768; *Jauernig*, § 12 VI; *Rosenberg/Schwab*, § 159 V; *Thomas/Putzo*, § 323 Anm. 1; *Zöller/Vollkommer*, § 323 Rdnr. 15; a.A. BL/*Hartmann*, § 323 Anm. 1 A m.N.; *Meister*, FamRZ 1980, 864).

(1) Die *praktische Bedeutung der Abgrenzung* beider Klagen liegt in folgendem: Für die Klage gem. § 767 ist das Prozeßgericht erster Instanz ausschließlich zuständig (§ 767 I; Rdnr. 1331), während sich der Gerichtsstand für die Klage gem. § 323 nach den §§ 12 ff. richtet. Als Kläger bei der Abänderungsklage kommt nicht nur der Schuldner (etwa zur Herabsetzung seiner Unterhaltsverpflichtung), sondern auch der Gläubiger (etwa zwecks Erhöhung des zu zahlenden Unterhalts) in Betracht, während die Vollstreckungsgegenklage nur vom Schuldner gegen den Gläubiger erhoben werden kann. Die Beschränkung des § 323 III, wonach das Urteil nur für die Zeit

1318

1319

nach Klageerhebung abgeändert werden darf, gilt für die Klage aus § 767 nicht. Andererseits besteht der in § 767 III bestimmte Häufungsgrundsatz, der zum Verlust der Einwendungen führt, sofern der Schuldner diese nicht bis zum Schluß der letzten Tatsachenverhandlung geltend macht (Rdnr. 1352), nicht für die Klage aus § 323.

1320   (2) Folgende *Abgrenzungskriterien* kommen in Betracht:

Die Klage gem. § 323 wird darauf gestützt, daß der rechtsbegründende Tatbestand, von dem das frühere Urteil ausgegangen ist, weggefallen ist oder sich anders als erwartet entwickelt hat; dagegen können mit der Klage aus § 767 rechtsvernichtende und rechtshemmende Einwendungen (Rdnr. 1336) geltend gemacht werden (so z.B. *Baur/Stürner,* Rdnr. 768; *Rosenberg/ Schwab,* § 159 V; *Thomas/Putzo,* § 323 Anm. 1; *Zöller/Vollkommer,* § 323 Rdnr. 15).

Neuerdings wird die Abgrenzung aus den verschiedenen Zwecken der Klagearten hergeleitet. Danach erfaßt § 323 solche Verhältnisse, die sich von vornherein als wandelbar darstellen und ein quantitatives Element enthalten; das gilt etwa für eine Änderung in den wirtschaftlichen Verhältnissen (z.B. Leistungsfähigkeit, Bedürftigkeit beim Unterhaltsanspruch). Dagegen geht es bei § 767 um scharf umrissene, punktuelle Ereignisse (vgl. StJ/*Schumann/ Leipold,* § 323 Anm. III 2; *Jauernig,* § 12 VI; OLG Düsseldorf FamRZ 1981, 306; zuletzt BGH NJW 1984, 2826).

Beispiele für § 767: Gegenüber dem titulierten Unterhaltsanspruch wird vorgebracht, der Unterhaltsberechtigte sei gestorben, die Ehe der Parteien sei rechtskräftig geschieden, der unterhaltsberechtigte Ehegatte habe eine andere Ehe geschlossen; denn danach besteht der Anspruch nicht mehr.

Beispiele für § 323: Der titulierte Unterhaltsanspruch besteht nur noch in geringerer Höhe oder überhaupt nicht mehr, weil der Gläubiger nur in geringerem Maße oder gar nicht mehr bedürftig ist bzw. die Leistungsfähigkeit des Schuldners gesunken oder nicht mehr gegeben ist (Fall a, 6). Entsprechendes gilt für den umgekehrten Fall, wenn sich der Unterhaltsanspruch wegen größerer Bedürftigkeit des Berechtigten oder Leistungsfähigkeit des Verpflichteten erhöht hat.

1321   (3) Wegen der Ähnlichkeit der mit beiden Klagen verfolgten Ziele und der geschilderten Abgrenzungsschwierigkeiten ist eine *Verbindung der Klagen* in einem Rechtsstreit möglich, indem mit dem Hauptantrag die Vollstreckungsgegenklage und mit dem Hilfsantrag die Abänderungsklage erhoben wird (BGH FamRZ 1979, 573, 575). Auch die umgekehrte Reihenfolge ist zulässig (*Baur/Stürner,* Rdnr. 768). Wechselt der Kläger während des Rechtsstreits von einem Antrag zum anderen, kann das als sachdienliche Klageänderung angesehen werden (*Baumgärtel,* FamRZ 1979, 791 f.; *Jauernig,* § 12 VI; a.A. BGH FamRZ 1979, 573, 575).

g) Der *Einspruch* gem. § 338 steht einer Partei zu, gegen die ein Versäum- **1322**
nisurteil erlassen worden ist. Die Vollstreckungsgegenklage verhilft nur bei
solchen Einwendungen zum Erfolg, die durch Einspruch nicht mehr geltend
gemacht werden können (§ 767 II a.E.). Demnach geht der Einspruch gegen
ein Versäumnisurteil der Vollstreckungsgegenklage gegen ein solches Urteil
vor.

Im einzelnen ist das Verhältnis zwischen Einspruch und Vollstreckungsgegenklage umstritten. Nach h. M. kann die Klage gem. § 767 nur auf solche
Einwendungen gestützt werden die erst nach dem Ablauf der Einspruchsfrist entstanden sind (vgl. BGH NJW 1982, 1812; BL/*Hartmann*,
§ 767 Anm. 4 C; *Baur/Stürner*, Rdnr. 751; *A. Blomeyer*, § 33 VIII 6 a; *Gerhardt*, § 15 II 2; *Rosenberg*, § 183 III 2 a β; *Thomas/Putzo*, § 767 Anm. 6 a).
Danach kommt eine Vollstreckungsgegenklage nicht in Betracht, wenn die
Geltendmachung der Einwendung schon durch Einspruch möglich gewesen
wäre. — Nach anderer Ansicht kann die Vollstreckungsgegenklage auf alle
Einwendungen gestützt werden, deren einspruchsweise Geltendmachung
am Schluß der letzten mündlichen Verhandlung über die Klage nach § 767
nicht mehr möglich ist (*Baumann/Brehm*, § 13 III 2 a β; *Bruns/Peters*, § 14 I
2; *Jauernig*, § 12 II; *Otto*, JA 1981, 649, 650; StJ/*Münzberg*, § 767
Rdnr. 40). Danach führt eine Klage gem. § 767 nur so lange nicht zum
Erfolg, wie ein Einspruch noch zulässig ist; diese Ansicht führt also nur zu
einem Aufschub der Vollstreckungsgegenklage.

Der h.M. ist zuzustimmen. Der Gesetzgeber hat in § 767 II eine Präklusion bestimmt, die von der hier abgelehnten Meinung unterlaufen wird;
denn danach ist § 767 für Versäumnisurteile praktisch bedeutungslos. Was
im Vorprozeß vorgebracht werden kann, ist schon dort vorzubringen. Das
soll auch für den Fall gelten, daß dieselbe Instanz, die das Versäumnisurteil
erlassen hat, sich noch mit den Einwendungen des Beklagten befassen muß,
wenn dieser Einspruch einlegt.

Die gegenteilige Ansicht beruft sich auf die Prozeßökonomie. Sie weist darauf hin,
daß ein Schuldner, der aus Kostenersparnisgründen ein Versäumnisurteil gegen sich
hat ergehen lassen und dann gezahlt hat, keinen Einspruch einzulegen braucht, wenn
er befürchtet, daß der Gläubiger trotz der Leistung aus dem Urteil vollstrecken wird.
Der h.M. hält ihm entgegen, daß man nach ihr dem Schuldner zum Einspruch gegen
das Versäumnisurteil raten müßte; denn nur dadurch könnte er vermeiden, daß er bei
einer dennoch gegen ihn durchgeführten Vollstreckung mit seinem Erfüllungseinwand
ausgeschlossen würde. Demgegenüber ist jedoch zu berücksichtigen, daß ein Einspruch und eine spätere Vollstreckungsgegenklage verhindert werden können, wenn
der Schuldner sich bei seiner Zahlung vom Gläubiger den Vollstreckungstitel aushändigen läßt. Unterläßt er das, wird der Gläubiger nur in ganz seltenen Fällen trotz
Zahlung noch einmal vollstrecken. Sollte er es dennoch tun, bleibt dem Schuldner
jedenfalls noch die Möglichkeit, vom Gläubiger gem. § 826 BGB Unterlassung der
Zwangsvollstreckung oder Ersatz des durch die Vollstreckung erlittenen Schadens zu
verlangen (Rdnr. 1328).

1323   h) Mit der *Berufung* gem. §§ 511 ff. kann der Schuldner seine Einwendung geltend machen, sofern die Berufung (noch) zulässig ist.

(1) Hat der Schuldner *noch keinen Rechtsbehelf eingelegt,* kann er nach allgemeiner Ansicht zwischen Berufung und Vollstreckungsgegenklage wählen (BL/*Hartmann,* § 767 Anm. 4 A; *Baur/Stürner,* Rdnr. 747; *A. Blomeyer,* § 33 VIII 6 b; *Jauernig,* § 12 VI; StJ/*Münzberg,* § 767 Rdnr. 41; *Thomas/Putzo,* § 767 Anm. 5 b bb; *Zöller/Schneider,* § 767 Rdnr. 4; BAG NZA 1985, 709, 710). Das ergibt sich zum einen aus dem Wortlaut des § 767 II, der nur den Einspruch, nicht aber die Berufung nennt, und vor allem aus der Entstehungsgeschichte. Danach sollten zunächst solche Einwendungen, die durch Berufung geltend gemacht werden können, bei einer Klage gem. § 767 ausgeschlossen sein. Ein solcher Ausschluß wurde im Laufe der Beratungen fallen gelassen, um dem Schuldner den umständlicheren und kostspieligeren Weg der Berufung zu ersparen (vgl. RGZ 40, 352, 354 f. unter Hinweis auf die Gesetzesmaterialien).

1324   (2) Hat der Schuldner *einen der beiden Rechtsbehelfe eingelegt,* ist fraglich, ob er sich außerdem auch noch für den anderen entscheiden kann.

(a) Hat der Schuldner *bereits Vollstreckungsgegenklage erhoben, kann er auch noch Berufung einlegen* (vgl. etwa *Baur/Stürner* und StJ/*Münzberg,* beide a.a.O.). Denn diese hat eine weitergehende Wirkung. Mit ihr wird das Ziel verfolgt, daß das erstinstanzliche Urteil einschließlich seiner Kostenentscheidung aufgehoben wird, während mit der Klage gem. § 767 lediglich die Vollstreckbarkeit des ergangenen Urteils beseitigt werden soll (vgl. BGH NJW 1975, 539, 540). Außerdem besteht bei der Berufung für das Vorbringen von Einwendungen nicht die Zulässigkeitsschranke, die § 767 II für die Vollstreckungsgegenklage errichtet.

Wenn nach Erhebung der Vollstreckungsgegenklage Berufung eingelegt wird und diese zulässig ist, wird die Klage gem. § 767 nachträglich mangels Rechtsschutzbedürfnisses unzulässig.

(b) Hat der Schuldner *bereits Berufung eingelegt und erhebt er dann Vollstreckungsgegenklage,* fehlt für diese (also für das »Weniger« gegenüber dem »Mehr«) das Rechtsschutzbedürfnis (vgl. BAG NJW 1980, 141; NZA 1985, 709 f.; *Baur/Stürner,* Rdnr. 747; *Henckel,* Anm. zu BAG AP Nr. 1 zu § 60 KO; StJ/*Münzberg,* § 767 Rdnr. 41; *Zöller/Schneider,* § 767 Rdnr. 4). Allerdings gilt das nicht, sofern mit der Vollstreckungsgegenklage eine Einwendung vorgebracht wird, die aus Rechtsgründen im Berufungsverfahren nicht geltend gemacht werden kann (BAG NZA 1985, 709 f.).

1325   i) Die *Revision* gem. §§ 545 ff. ist ein Rechtsmittel, mit der nur eine Rechtsverletzung gerügt werden kann (§ 549 I). Da vom Revisionsgericht neue Tatsachen grundsätzlich nicht berücksichtigt werden (vgl. § 561), besteht keine Konkurrenz mit der Vollstreckungsgegenklage.

j) Die *Wiederaufnahmeklage* ist ein außerordentlicher Rechtsbehelf zur **1326** Beseitigung eines rechtskräftigen Urteils, das auf einem schweren Verfahrensfehler (§ 579) oder auf einem schweren Mangel in den Urteilsgrundlagen (§ 580) beruht. Während also mit der Wiederaufnahmeklage Mängel des vorangegangenen Verfahrens und Urteils gerügt werden, wird die Vollstreckungsgegenklage auf eine nachträglich entstandene Einwendung gestützt (*Thomas/Putzo*, § 767 Anm. 2 b).

k) Eine *Klage auf Herausgabe des Vollstreckungstitels* analog § 371 BGB **1327** kann dann in Betracht kommen, wenn die titulierte Forderung etwa durch Zahlung erloschen ist und der Gläubiger dem Schuldner den Vollstreckungstitel nicht ausgehändigt hat. Ob überhaupt und unter welchen Voraussetzungen der Schuldner eine solche Klage mit Erfolg erheben kann, ist streitig. Während teilweise diese Klagemöglichkeit ohne weiteres bejaht wird (BL/ *Hartmann*, § 767 Anm. 1 B c; OLG Düsseldorf MDR 1953, 557; OLG Nürnberg NJW 1965, 1867), wird sie von einer anderen Ansicht abgelehnt, weil § 767 die speziellere Norm sei (*Jauernig/Stürner*, BGB, § 371 Anm. 1; *Schellhammer*, Zivilprozeß, Rdnr. 286). Nach einer dritten Ansicht kann der Schuldner auf Herausgabe klagen, wenn zuvor das Verfahren über die Vollstreckungsgegenklage durchgeführt worden ist (so *Lüke*, JZ 1956, 475, 477; vgl. *Jauernig*, § 4 VII m.N.) oder wenn beide Klagen miteinander verbunden werden (*Bruns/Peters*, § 14 IV 4; MünchKomm/*Heinrichs*, § 371 Rdnr. 8). Praktisch spielt eine Klage aus § 371 BGB neben einer Klage aus § 767 keine Rolle, da ein Urteil nach § 767 den Schuldner hinreichend schützt (so mit Recht *Bruns/Peters*, a.a.O.).

l) Eine *Klage auf Herausgabe der Bereicherung oder auf Schadensersatz* **1328** kann der Schuldner gegen den Gläubiger erheben, wenn dieser vollstreckt hat, obwohl ihm die titulierte Forderung nicht zustand (vgl. BGHZ 74, 9 ff.; 83, 278, 280; BAG NJW 1980, 141 f.; *Gaul*, JuS 1962, 1 ff.). Der Schadensersatzanspruch ist aus positiver Forderungsverletzung oder aus §§ 823 ff. BGB herzuleiten. Die Handlung des Gläubigers kann auch dann widerrechtlich gewesen sein, wenn die Handlung des Vollstreckungsorgans rechtmäßig gewesen ist. Allerdings sind bei einer Bereicherungs- oder Schadensersatzklage die Präklusionswirkung des § 767 II (Rdnr. 1339 ff.) und die Rechtskraftwirkung des auf eine Vollstreckungsgegenklage ergangenen Urteils (Rdnr. 1373 ff.) zu beachten (vgl. *Baur/Stürner*, Rdnr. 766; StJ/*Münzberg*, § 767 Rdnr. 56 f.).

Im Einzelfall kann ein Schadensersatzanspruch wegen Urteilsmißbrauchs gem. § 826 BGB gegeben sein (vgl. etwa *Palandt/Thomas*, § 826 Anm. 8 o m.N.; *Kohte*, NJW 1985, 2217 ff.). Ein solcher Anspruch setzt voraus, daß das Urteil materiellrechtlich unrichtig und das Verhalten des Vollstreckungsgläubigers entweder bei der Erwirkung des Titels oder bei der Vollstreckung als sittenwidrig anzusehen ist (dazu OLG Frankfurt MDR 1986, 146). Der

Klageantrag ist auf Unterlassung der Vollstreckung oder auf Herausgabe des Titels zu richten (BGHZ 26, 391, 394). Eine Konkurrenz mit der Vollstreckungsgegenklage scheidet aus, weil eine Klage aus § 826 BGB ein von Anfang an unrichtiges Urteil voraussetzt, während die Vollstreckungsgegenklage auf nachträglich entstandene Einwendungen gestützt wird.

1329   **II. Zulässigkeit der Vollstreckungsgegenklage**

1. Statthaftigkeit

Die Vollstreckungsgegenklage ist statthaft, wenn der Kläger eine materiellrechtliche Einwendung gegenüber dem titulierten materiellen Anspruch erhebt. Der Vollstreckungstitel muß nach Inhalt und Form eine geeignete Grundlage für eine Zwangsvollstreckung darstellen (OLG Düsseldorf WM 1984, 335, 336). Deshalb kommt eine Klage gem. § 767 gegen Feststellungs- und Gestaltungsurteile nicht in Betracht (vgl. Rdnr. 2, 47).

Die Vollstreckungsgegenklage kann sich nicht nur gegen die Vollstreckbarkeit von Urteilen, sondern auch gegen die von anderen gerichtlichen Entscheidungen (Rdnr. 92 ff.) sowie von Prozeßvergleichen (Rdnr. 84 ff.) und von vollstreckbaren Urkunden (Rdnr. 87 ff.) richten.

1330   **2. Allgemeine Verfahrensvoraussetzungen**

Wie bei jeder anderen Klage müssen auch bei der Vollstreckungsgegenklage die allgemeinen Verfahrensvoraussetzungen (Rdnr. 18 ff.), also etwa die Partei- und Prozeßfähigkeit sowie die Prozeßführungsbefugnis, gegeben sein. Dabei sind vor allem der Klageantrag, die Zuständigkeit des Gerichts und das Rechtsschutzinteresse zu prüfen.

a) Der *Klageantrag* ist darauf gerichtet, die Zwangsvollstreckung aus dem (genau zu bezeichnenden)Vollstreckungstitel für unzulässig zu erklären (vgl. den Wortlaut in § 775 Nr. 1). Wenn die Einwendung sich allerdings nur gegen einen Teil des titulierten Anspruchs richtet, ist zu beantragen, daß die Zwangsvollstreckung aus dem Titel nur zu diesem Teil für unzulässig erklärt wird.

1331   b) Bei der *Zuständigkeit* für die Vollstreckungsgegenklage ist zu unterscheiden:

(1) Richtet sich die Klage *gegen eine gerichtliche Entscheidung,* ist das Prozeßgericht des ersten Rechtszuges sachlich und örtlich ausschließlich zuständig (§§ 767 I, 802). Das gilt auch, wenn nach der Höhe des Streitwer-

tes ein anderes Gericht zuständig wäre, und sogar dann, wenn das Gericht des Vorprozesses seine Zuständigkeit zu Unrecht bejaht hatte. Mit dieser Zuständigkeitsregelung soll erreicht werden, daß über die Einwendung des Schuldners das Gericht entscheidet, das bereits mit der Sache befaßt war (BGH KTS 1975, 298 f.; BGH NJW 1980, 1393).

Allerdings heißt das nicht, daß derselbe Richter des Amtsgerichts oder dieselbe Zivilkammer des Landgerichts über die Klage aus § 767 zu entscheiden hat; diese Zuständigkeit richtet sich vielmehr nach dem Geschäftsverteilungsplan. Jedoch wird in manchen Geschäftsverteilungsplänen, die für die Zuständigkeit auf den Anfangsbuchstaben des Beklagten abstellen, bestimmt, daß bei einer Vollstreckungsgegenklage der Anfangsbuchstabe des Klägers (= des Beklagten des Vorprozesses) maßgebend sein soll. — Sofern aber die Zuständigkeit eines bestimmten Spruchkörpers innerhalb eines Gerichts kraft Gesetzes bestimmt wird (z.B. Kammer für Handelssachen, Kammer für Baulandsachen, Familiengericht), ist sie auch für die Vollstreckungsgegenklage maßgebend.

(2) Betrifft die Klage keine gerichtliche Entscheidung, sondern richtet sie sich *gegen einen Prozeßvergleich oder eine vollstreckbare Urkunde,* so ist ein Gericht nur im Falle eines Prozeßvergleichs mit der Sache befaßt gewesen. Deshalb ist bei einer Klage gegen einen Prozeßvergleich das Gericht zuständig, bei dem der durch den Vergleich beendete Prozeß in erster Instanz anhängig war. Bei einer vollstreckbaren Urkunde bestimmt sich mangels eines Prozeßgerichts die örtliche Zuständigkeit nach dem allgemeinen Gerichtsstand des Schuldners (§ 797 V); die sachliche Zuständigkeit richtet sich nach §§ 23, 71 GVG.

Richtet sich die Klage gegen die Vollstreckung aus einer notariellen Urkunde über einen arbeitsrechtlichen Anspruch, ist das Arbeitsgericht sachlich ausschließlich zuständig (OLG Frankfurt ZIP 1985, 316).

c) Bei der Prüfung des *Rechtsschutzinteresses* für die Vollstreckungsgegenklage ist zunächst bedeutsam, innerhalb welchen Zeitraums diese zulässig ist. Außerdem kommt es darauf an, ob es für den Schuldner einen einfacheren Weg gibt, um sein Ziel zu erreichen, dem Vollstreckungstitel seine Vollstreckbarkeit zu nehmen.   **1332**

(1) Das Rechtsschutzinteresse besteht in dem *Zeitraum,* in welchem die Zwangsvollstreckung droht.

(a) *Sobald ein Vollstreckungstitel vorliegt,* muß dem Schuldner die Möglichkeit eröffnet werden, gegen die Vollstreckbarkeit des Titels vorzugehen. Im Gegensatz zur Vollstreckungserinnerung (Rdnr. 1189) und zur Drittwiderspruchsklage (Rdnr. 1405) besteht das Rechtsschutzinteresse also nicht erst vom Beginn der Zwangsvollstreckung an; denn durch die Vollstreckungsgegenklage soll nicht eine einzelne Maßnahme angegriffen, sondern die Vollstreckbarkeit des Titels schlechthin beseitigt werden. Deshalb braucht der Schuldner auch nicht zu warten, bis eine Vollstreckungsklausel beantragt oder erteilt worden ist (RGZ 134, 156, 162).

Selbst wenn Gläubiger und Schuldner sich einig sind, daß eine Zwangsvollstreckung nicht in Betracht kommt, besteht ein Rechtsschutzbedürfnis für eine Klage aus § 767 (BGH WM 1975, 1213; OLG Celle FamRZ 1984, 55, 56); denn der Schuldner braucht nicht darauf zu vertrauen, daß eine Vollstreckung unterbleibt.

(b) *Wenn keine Vollstreckung mehr droht,* entfällt das Rechtsschutzbedürfnis für eine Vollstreckungsgegenklage (vgl. BGH FamRZ 1984, 470, 471). Das ist der Fall, wenn der Titel an den Schuldner ausgehändigt worden ist oder dem Gläubiger jedenfalls keine Vollstreckungsmöglichkeit mehr bietet (vgl. StJ/*Münzberg,* § 767 Rdnr. 42 m.N.; siehe auch *Brehm,* ZIP 1983, 1420, 1422; Fall b).

Nach Beendigung der Zwangsvollstreckung kommen für den Schuldner nur noch Bereicherungs- oder Schadensersatzansprüche in Betracht (Rdnr. 1328). Der Schuldner hat die Möglichkeit, den Klageantrag gem. § 264 Nr. 3 auf Leistung umzustellen (BGH NJW 1980, 141, 143; Fall b).

1333   (2) Das Rechtsschutzinteresse für eine Vollstreckungsgegenklage fehlt, wenn der Schuldner auf einem *einfacheren und kostengünstigeren Weg* erreichen kann, daß aus dem Vollstreckungstitel nicht mehr vollstreckt wird.

(a) Bei *Unwirksamkeit des Vollstreckungstitels* ist die Vollstreckungsgegenklage grundsätzlich unzulässig, wenn der Schuldner den Mangel mit der Klauselerinnerung gem. § 732 (Rdnr. 136 ff.) oder der Vollstreckungserinnerung gem. § 766 (Rdnr. 1160 ff.) geltend machen kann (vgl. BGHZ 15, 190, 191; 22, 54; 55, 255, 256; *Jauernig,* § 12 I; anders *Hager,* ZZP 97, 174, 192 f.). Dieser Weg ist aber dann nicht einfacher, wenn es dem Schuldner ausnahmsweise leichter möglich ist, einen materiellrechtlichen Einwand gegen den titulierten Anspruch zu behaupten und zu beweisen, als etwa einen Mangel bei der Klauselerteilung darzutun. In einem solchen Fall darf dem Schuldner eine Klage gem. § 767 nicht verwehrt werden (vgl. *Baur/Stürner,* Rdnr. 740).

1334   (b) Bei einem Streit über die *Unwirksamkeit eines Prozeßvergleichs* werden zwei Fallgruppen unterschieden:

— Sofern es sich um eine Einwendung handelt, deretwegen der Vergleich von Anfang an nichtig ist (z.B. Prozeßunfähigkeit einer Partei, Unwirksamkeit gem. § 779 BGB, Anfechtung gem. §§ 119, 123 BGB), wird das frühere Verfahren fortgeführt. Das ist der einfachere Weg als eine neue Klage gem. § 767 (h.M.; vgl. BGHZ 28, 171; BGH NJW 1977, 583; 1983, 996, 997; *Jauernig,* § 12 I; *Lippross,* S. 175; a.A. *Baur/Stürner,* Rdnr. 228: Wahlrecht).

— Sofern die Einwendung einen erst nach Abschluß des Vergleichs eingetretenen Umstand betrifft und nicht zu einer rückwirkenden Vernichtung des Vergleichs führt (z.B. Rücktritt gem. § 326 BGB; Wegfall der Geschäfts-grundlage), ist nach h.M. die Vollstreckungsgegenklage zulässig (BGH NJW 1977, 583, 584; BL/*Hartmann*, § 767 Anm. 1 C c; *Thomas/Putzo*, § 794 Anm. 7 c; a.A. BAG NJW 1983, 2212).

Diese Lösung entspricht nicht der Prozeßökonomie. Es ist auch schwer einzuse-hen, warum beide Fallgruppen verschieden behandelt werden sollen, zumal sie im Ziel (Beseitigung des Vergleichs) übereinstimmen und in der Begründung (z.B. §§ 779, 119, 123 BGB einerseits und Wegfall der Geschäftsgrundlage andererseits) oft nahe beieinander liegen (vgl. *Rosenberg/Schwab*, § 132 IV).

III. Begründetheit der Vollstreckungsgegenklage

1335

Die Klage aus § 767 ist begründet, wenn dem Kläger eine materiellrechtli-che Einwendung gegen den titulierten Anspruch zusteht und diese nicht nach § 767 II, III ausgeschlossen ist.

1. Materiellrechtliche Einwendung

Der Schuldner kann nach § 767 I »Einwendungen, die den durch Urteil festgestellten Anspruch selbst betreffen«, mit der Klage geltend machen. Da das Urteil den Schuldner zur Erfüllung eines materiellrechtlichen Anspruchs anhält, handelt es sich bei der vom Kläger im neuen Rechtsstreit erhobenen Einwendung gegen diesen Anspruch um eine solche des materiellen Rechts. Weil ferner nach § 767 II (Rdnr. 1339 ff.) nur solche Einwendungen geltend gemacht werden können, die erst nach einem bestimmten Zeitpunkt ent-standen sind, scheiden rechtshindernde Einwendungen von vornherein aus, so daß nur rechtsvernichtende und rechtshemmende Einwendungen im Rahmen des § 767 bedeutsam sind (zu vollstreckbaren Urkunden vgl. aber Rdnr. 1351).

Da in dem neuen Rechtsstreit eine inzwischen entstandene Einwendung gegen den im Vorprozeß geltend gemachten Anspruch (des Gläubigers gegen den Schuldner) vorgebracht wird, ist bei der Klage gem. § 767 der Schuldner (also der Beklagte des Vorprozesses) klagebefugt (= aktivlegiti-miert), während der Gläubiger (also der Kläger des Vorprozesses) der rich-tige Beklagte (= passivlegitimiert) ist. Was sonst in einem einzigen Prozeß auf Verurteilung zu einer Leistung als Einwendung des Beklagten geltend gemacht wird, ist selbständiger Gegenstand des neuen Rechtsstreits, weil die Einwendung im alten Prozeß noch nicht vorgebracht werden konnte.

Ist der Vollstreckungstitel gegen einen anderen umgeschrieben worden (vgl. Rdnr. 118 ff.), ist dieser für die Klage aus § 767 aktivlegitimiert. Richtiger Beklagter ist derjenige, für den die Vollstreckungsklausel erteilt worden ist (Rdnr. 117).

1336   a) *Beachtlich* sind die rechtsvernichtenden und die rechtshemmenden Einwendungen.

(1) Als *rechtsvernichtende* Einwendungen kommen beispielsweise in Betracht: Erfüllung (einschließlich Leistung an Erfüllungs Statt), Hinterlegung unter Verzicht auf das Recht zur Rücknahme, Aufrechnung, Erlaß, Anfechtung, Eintritt einer auflösenden Bedingung oder eines Endtermins, Wegfall der Geschäftsgrundlage, Unmöglichkeit der Leistung, Rücktritt, Wandelung.

(2) Als *rechtshemmende* Einwendungen können mit der Vollstreckungsgegenklage etwa geltend gemacht werden: Verjährung, Stundung, Zurückbehaltungsrecht, Notbedarf (§ 519 BGB), beschränkte Erbenhaftung (Rdnr. 1378 ff.).

1337   b) *Unbeachtlich* ist grundsätzlich eine inzwischen eingetretene Änderung der Rechtsauffassung oder der Rechtsprechung (vgl. etwa BGH NJW 1953, 745; OLG Frankfurt FamRZ 1979, 139; OLG Düsseldorf ZIP 1985, 274 ff.; *Baur/Stürner*, Rdnr. 749; StJ/*Münzberg*, § 767 Rdnr. 24); denn anderenfalls würden die Rechtsbeständigkeit ordnungsgemäß erstrittener Vollstreckungstitel und damit die Rechtssicherheit sowie der Rechtsfrieden gefährdet.

Allerdings kann eine Klage gem. *§ 767 ausnahmsweise auf eine Änderung der Rechtsprechung gestützt* werden, wenn das vom Gesetz vorgesehen ist:

(1) Beruht ein Vollstreckungstitel auf einer Norm, die später vom Bundesverfassungsgericht für nichtig erklärt wird, kann der Schuldner die *Nichtigkeitserklärung durch das Bundesverfassungsgericht* im Wege der Vollstreckungsgegenklage geltend machen (vgl. §§ 79 II 3, 95 III 3 BVerfGG) und dadurch erreichen, daß die Zwangsvollstreckung aus dem Titel für unzulässig erklärt wird. Durch diese Regelung soll dem Gedanken der materiellen Gerechtigkeit der Vorrang vor Rechtssicherheitsbestrebungen eingeräumt werden.

Hat der Schuldner bereits vor der Wirksamkeit der verfassungsgerichtlichen Entscheidung aufgrund eines unanfechtbaren Titels geleistet, steht ihm insoweit kein Bereicherungsanspruch gegen den Gläubiger zu (§§ 79 I 4, 95 III 3 BVerfGG). Sofern seine Leistung — freiwillig oder im Wege der Zwangsvollstreckung — dagegen erst nach Wirksamkeit erfolgt, weil dem Schuldner die Entscheidung etwa nicht bekannt ist, kann sie nach Bereicherungsregeln zurückverlangt werden (vgl. *Ulsamer* in *Maunz/Schmidt-Bleibtreu/Klein/Ulsamer*, BVerfGG, § 79 Rdnr. 30).

1338   (2) Ist dem Verwender Allgemeiner Geschäftsbedingungen die Verwendung einer bestimmten Klausel durch Urteil untersagt worden und hat der Bundesgerichtshof oder der Gemeinsame Senat der Obersten Gerichtshöfe nachträglich diese Klausel für dieselbe Art von Rechtsgeschäften nicht untersagt, kann der Verwender die *Entscheidung des Bundesgerichtshofs* durch Vollstreckungsgegenklage gegenüber dem im Vollstreckungstitel enthaltenen Unterlassungsanspruch (vgl. § 17 AGBG) geltend machen (§ 19 AGBG). Diese Klage ist begründet, wenn die Zwangsvollstreckung aus dem Unterlassungstitel den Geschäftsbetrieb des Schuldners in unzumutbarer Weise beeinträchtigen würde (§ 19 a.E. AGBG); das ist etwa der Fall, wenn Mitbewerber des Schuldners die diesem verbotene Klausel benutzen und ihm dadurch Wettbewerbsnachteile entstehen.

2. Keine Präklusion gem. § 767 II   1339

Der Schuldner kann bei der Klage aus § 767 nicht alle materiellrechtlichen Einwendungen mit Erfolg vorbringen. Zur Begründetheit der Klage führt vielmehr nur eine solche Einwendung, die in einem früheren Verfahren noch nicht geltend gemacht werden konnte (vgl. § 767 II). Sofern es nämlich dem Schuldner möglich war, schon in einem solchen Verfahren sich auf die Einwendung zu berufen, verdient er keinen Schutz, wenn er sie trotzdem nicht erhob, so daß er mit ihr bei der Vollstreckungsgegenklage ausgeschlossen (»präkludiert«) wird.

Die Präklusion der Einwendung hängt davon ab, ob es sich bei dem Vollstreckungstitel, gegen den sich die Klage gem. § 767 richtet, um ein Urteil, eine andere gerichtliche Entscheidung oder um einen sonstigen Titel (vollstreckbare Urkunde, Prozeßvergleich) handelt.

a) Ein *Urteil,* in dem über eine Rechtslage endgültig entschieden worden   1340
ist, soll hinsichtlich seiner Rechtskraft nicht dadurch unterlaufen werden, daß in einem neuen Verfahren gegen das im Urteil festgestellte Recht Gründe vorgebracht werden, die schon bei der Entscheidung im Vorprozeß hätten mitberücksichtigt werden können. Deshalb beschränkt § 767 II für die Vollstreckungsgegenklage die Klagegründe auf solche Einwendungen, die »erst nach dem Schluß der mündlichen Verhandlung, in der Einwendungen nach den Vorschriften dieses Gesetzes spätestens hätten geltend gemacht werden müssen, entstanden sind ...«.

Bei der Anwendung dieser Vorschrift stellen sich drei Fragen. Zum einen kommt es darauf an, welches der maßgebliche Zeitpunkt für die Trennung der beachtlichen von den präkludierten Einwendungen ist (Rdnr. 1341). Zum anderen geht es darum, ob die Einwendung schon dann ausgeschlossen ist, wenn sie vor diesem Zeitpunkt objektiv gegeben war, oder nur dann, wenn die Partei damals auch schon in der Lage war, sie vorzubringen (Rdnr. 1342). Insbesondere ist problematisch, ob die Ausübung eines Gestaltungsrechts (z.B. Rücktritt) mit der Klage nach § 767 erfolgreich geltend gemacht werden kann, wenn das Gestaltungsrecht (die Rückstrittslage) bereits vor dem maßgeblichen Zeitpunkt bestand, seine Ausübung (durch Rücktrittserklärung) jedoch erst später erfolgte (Rdnr. 1343 ff.).

1341   (1) Bei dem *maßgeblichen Zeitpunkt* für die Trennung der beachtlichen von den präkludierten Einwendungen ist zwischen einer Entscheidung mit und einer solchen ohne mündliche Verhandlung zu unterscheiden. Besonderheiten ergeben sich beim Versäumnis-, Grund- und Vorbehaltsurteil.

Bei einem aufgrund *mündlicher Verhandlung* ergehenden Urteil ist der Schluß der letzten mündlichen Verhandlung in der letzten Tatsacheninstanz maßgebend. Es ist nicht auf den Erlaß des Urteils abzustellen, weil das nach der mündlichen Verhandlung und vor Urteilserlaß — etwa schriftsätzlich — Vorgebrachte bei der Entscheidung nicht berücksichtigt wird. Da die Berufungsinstanz ebenfalls eine Tatsacheninstanz ist, kommt auch die letzte mündliche Verhandlung in der Berufungsinstanz als maßgeblicher Zeitpunkt in Betracht, sofern die Berufung zulässig ist. Dagegen scheidet die Revisionsinstanz aus, da in ihr keine neuen Tatsachen von materiellrechtlicher Bedeutung mit Erfolg vorgetragen werden können.

Erfolgt eine Entscheidung *ohne mündliche Verhandlung,* bestimmt das Gericht den Zeitpunkt, bis zu dem Schriftsätze eingereicht werden können und der damit dem Schluß der mündlichen Verhandlung entspricht (§ 128 II 2, III 2, 3). — Bei einer *Entscheidung nach Lage der Akten* ist der Säumnistermin (= Termin, in dem die Parteien nicht erschienen oder nicht verhandelten) maßgebend (§ 251a).

Beim (echten) *Versäumnisurteil* ist weder der Zeitpunkt der mündlichen Verhandlung noch der des Urteilserlasses, sondern der Ablauf der Einspruchsfrist maßgebend (§ 767 II a.E.). Was noch in derselben Instanz (durch Einspruch) vorgebracht werden kann, soll dort vorgetragen werden (Rdnr. 1322). Deshalb ist im Rechtsstreit gem. § 767 eine Einwendung ausgeschlossen, die vor Ablauf der Einspruchsfrist entstanden ist.

Ist (etwa in einem Schadensersatzprozeß) zunächst ein *Grundurteil* (§ 304) erlassen worden, so muß eine nachher entstandene Einwendung, welche die Höhe des Schadens betrifft, im Betragsverfahren geltend gemacht werden; anderenfalls greift die Präklusion gem. § 767 II ein. Sofern sich diese Einwendung jedoch gegen den Grund des Anspruchs richtet, kann darauf die Klage nach § 767 gestützt werden. — Entsprechendes gilt auch für eine Einwendung, die nach Erlaß eines *Vorbehaltsurteils* (§ 302; § 599) entstanden ist. Kann sie im Nachverfahren vorgebracht werden, ist der Schluß der letzten mündlichen Verhandlung in diesem Verfahren maßgebend (*Baur/Stürner,* Rdnr. 746; StJ/*Münzberg,* § 767 Rdnr. 27).

1342   (2) Die Einwendung muß *nach dem genannten Zeitpunkt »entstanden«* sein (vgl. § 767 II). Die Präklusionswirkung greift also ein, wenn die objektive Möglichkeit bestand, die Einwendung im Vorprozeß geltend zu machen; auf die Kenntnis oder schuldhafte Unkenntnis des Schuldners von der Einwendung oder auf deren Beweisbarkeit kommt es nicht an (so etwa

BGHZ 34, 274, 279; 61, 25, 26; BAG NJW 1980, 141, 143; *Baumann/ Brehm*, § 13 III 2 c α; BL/*Hartmann*, § 767 Anm. 4 B; *Baur/Stürner*, Rdnr. 748; *A. Blomeyer*, § 33 IV 1; *Bruns/Peters*, § 14 I 3; *Gerhardt*, § 15 II 1; *Jauernig*, § 12 II; *Rosenberg*, § 183 III 2 a γ; StJ/*Münzberg*, § 767 Rdnr. 30).

Im Fall c war der Erfüllungseinwand bereits während des Vorprozesses entstanden. Obwohl S erst nach seiner Verurteilung davon erfuhr, ist er mit diesem Einwand präkludiert. Das Gericht wird die Vollstreckungsgegenklage als unbegründet (nicht als unzulässig) abweisen. — Falls G trotz Erfüllung aus dem Urteil vollstrecken will oder schon vollstreckt hat, kommt gegen ihn ein Anspruch aus § 826 BGB auf Unterlassung oder Schadensersatz in Betracht (Rdnr. 1328).

Die Entstehung der Einwendung richtet sich allein nach materiellem Recht. Demnach kommt es im Regelfall auf die Kenntnis des Schuldners nicht an. Diese ist aber ausnahmsweise dann beachtlich, wenn sie — wie etwa im Fall des § 407 BGB — zum Entstehungstatbestand der Einwendung gehört (BGH NJW 1980, 2527, 2528; BL/*Hartmann*, § 767 Anm. 4 B c; *A. Blomeyer*, § 33 IV 1; *Lüke*, PdW Nr. 111; StJ/*Münzberg*, § 767 Rdnr. 31).

Im Fall d ist dem S zur Klage gem. § 767 zu raten, da er mit dem Einwand der Abtretung nicht nach § 767 II ausgeschlossen ist. Denn bis zu seiner Kenntnis der Abtretung hätte er gem. § 407 I BGB mit befreiender Wirkung an G zahlen können. Diese Möglichkeit hat er jetzt nicht mehr, da er inzwischen Kenntnis erlangt hat. Die Einwendung gegen den titulierten Anspruch des G ist also erst nach dem Erlaß des Urteils entstanden.

(3) Wird ein selbständiges *Gestaltungsrecht nach dem maßgeblichen Zeitpunkt ausgeübt*, ist die Einwendung präkludiert, wenn es allein auf die Befugnis zur Ausübung des Gestaltungsrechts ankommt und diese Befugnis schon während des Vorprozesses bestanden hat. Sofern man jedoch darauf abstellt, daß die Existenz des Gestaltungsrechts allein die Einwendung noch nicht ergibt, sondern seine Ausübung hinzukommen muß, greift die Präklusion nicht ein, wenn das Gestaltungsrecht erst nach Abschluß des Vorprozesses ausgeübt wird. **1343**

Stellt man im Fall e allein auf die Aufrechnungslage ab, hat die Vollstreckungsgegenklage wegen § 767 II keinen Erfolg, da die beiden Forderungen sich schon während des Vorprozesses aufrechenbar gegenüberstanden. Geht man jedoch davon aus, daß es zur Aufrechnung außer der Aufrechnungslage noch einer Aufrechnungserklärung bedarf, ist der Aufrechnungseinwand nicht präkludiert, wenn die Aufrechnungserklärung erstmals in der Klageschrift abgegeben wird.

Das aufgezeigte Problem taucht bei allen selbständigen Gestaltungsrechten wie Anfechtung, Aufrechnung, Rücktritt, Wandelung, Kündigung und Widerruf auf. Zu einer Rechtsänderung ist außer einer entsprechenden objektiven Lage (Anfechtungs-, Aufrechnungs-...lage) eine Gestaltungserklärung (Anfechtungs-, Aufrechnungs-...erklärung) erforderlich.

1344   (a) Dennoch reicht nach der *ganz h.M. in der Rechtsprechung* und nach einer Mindermeinung im Schrifttum für die »Entstehung« der Einwendung i.S.d. § 767 II die objektive Lage, also die Existenz der Ausübungsbefugnis, aus (vgl. etwa BGHZ 34, 274, 279; 38, 122, 123; 42, 37, 39 ff.; 94, 29, 34 f.; BGH NJW 1965, 1763; BL/*Hartmann*, § 767 Anm. 4 B b; *Henckel*, ZZP 74, 165, 173; *Lippross*, S. 177; *Zöller/Vollkommer*, Vor § 322 Rdnr. 62 ff.). Diese Auffassung bezweckt im Interesse eines zügigen Fortgangs der Vollstreckung, eine Verzögerung zu vermeiden, die bei einer späteren Ausübung des Gestaltungsrechts eintreten würde. Der Schuldner soll durch § 767 II zu einem möglichst frühzeitigen Vorbringen gezwungen werden, damit auf diese Weise die Vollstreckbarkeit rechtskräftiger Urteile aufrechterhalten bleibt.

1345   (b) Demgegenüber stellt die *h.M. im Schrifttum* darauf ab, daß die Rechtsänderung, die im Prozeß eingewendet werden kann, erst mit der Ausübung des Rechts eintritt. Infolgedessen soll die Einwendung noch nicht gem. § 767 II präkludiert sein, wenn der Schuldner erst nach Beendigung des Vorprozesses die Gestaltungserklärung abgibt (so vor allem *Lent*, DR 1942, 868 ff.; *Arens*, Rdnr. 591; *Baumann/Brehm*, § 13 III 2 c α; *Baur/Stürner*, Rdnr. 750; *Gerhardt*, § 15 II 1; *Otto*, JA 1981, 649, 651 ff.; *Rosenberg*, § 183 III 2 a γ; StJ/*Münzberg*, § 767 Rdnr. 35; *Thomas/Putzo*, § 767 Anm. 6 c; ebenso BGHZ 94, 29, 33 f., soweit es um die Ausübung eines Optionsrechtes geht).

Von dieser Ansicht geht auch eine neuere Auffassung aus. Sie weist allerdings auf die aus dem Gesetz (§§ 277 I, 282 I, 340 III, 697 III, 296 II, 528 II) herzuleitende allgemeine Prozeßförderungspflicht hin. Daraus folgert sie, daß die spätere Geltendmachung eines Gestaltungsrechts bei Mißbrauch oder grober Nachlässigkeit des Schuldners nicht zuzulassen sei (so *Arens*, Rdnr. 591; *Jauernig*, § 12 II; StJ/*Münzberg*, § 767 Rdnr. 35).

1346   (c) *Der h.M. im Schrifttum ist zuzustimmen.* Nur sie trennt die Fragen des materiellen von denen des prozessualen Rechts. Ob und wann eine Einwendung entsteht, richtet sich allein nach materiellem Recht, und dieses setzt außer dem Bestehen einer bestimmten (z.B. Aufrechnungs-) Lage eine entsprechende (Aufrechnungs-) Erklärung voraus. Ob eine (z.B. Anfechtungs-) Erklärung rechtzeitig erfolgt, bestimmt sich allein nach materiellrechtlichen Vorschriften (z.B. §§ 121, 124 BGB). Die nach diesen Regeln dem Rechtsinhaber eingeräumte Frist zur Ausübung des Rechts darf nicht durch einen Ausübungszwang gem. § 767 II eingeschränkt werden. Das gilt nicht nur für vereinbarte, sondern — entgegen BGHZ 94, 29, 33 ff. — auch für gesetzliche Gestaltungsrechte. § 767 II soll den Schuldner nicht dazu nötigen, seine Einwendung schon im Vorprozeß selbst dann geltend zu machen, wenn ihm dazu noch die erforderlichen Beweise fehlen.

Die Ansicht der Rechtsprechung kann heute auch nicht mehr mit der Entstehungsgeschichte der CPO 1877 begründet werden. Danach sollte bei der Aufrechnung allein auf die Aufrechnungslage abgestellt werden (vgl. *Henckel*, ZZP 74, 165 ff., 170 ff.). Damals mußte dieser Zeitpunkt entscheidend sein, weil im Geltungsbereich der CPO für die Aufrechnung verschiedene Regelungen galten, von denen eine bestimmte, daß die Forderungen schon dann erloschen, wenn sie sich aufrechenbar gegenüberstanden. Außerdem ist zu berücksichtigen, daß die damalige CPO nur einen solchen Aufrechnungseinwand, der in erster Instanz schuldhaft nicht vorgebracht worden war, in der Berufungsinstanz ausschloß; dagegen ist nach heutigem Recht (vgl. § 530 II) der Aufrechnungseinwand im Berufungsverfahren ausgeschlossen, wenn seine Geltendmachung nicht sachdienlich ist (vgl. im einzelnen *Otto*, Die Präklusion, 1970, 45 ff.; ders., JA 1981, 649, 652).

Die Rechtsprechung, die den Prozeßverschleppungen und Schikanen des Schuldners entgegentreten will, führt insbesondere dann zu Härten, wenn der Schuldner am Ende der letzten mündlichen Verhandlung des Vorprozesses von dem Bestehen seines Gestaltungsrechts nichts weiß und es deshalb nicht ausübt. Das ist beim Ausschluß des Aufrechnungseinwandes noch hinnehmbar, wenn der Schuldner die ihm zustehende (Gegen-) Forderung in einem neuen Rechtsstreit einklagen kann. Dagegen verliert der Schuldner in allen anderen Fällen (etwa bei einem ihm zustehenden Anfechtungsrecht) nach der Auffassung der Rechtsprechung mit Ende der letzten mündlichen Verhandlung des Vorprozesses die Möglichkeit, von seinem Gestaltungsrecht überhaupt noch zu seinem Vorteil Gebrauch zu machen.

Gerade dieses unbefriedigende Ergebnis spricht auch gegen die neuere Auffassung im Schrifttum, die aufgrund der Prozeßförderungspflicht eine spätere Geltendmachung eines Gestaltungsrechts unter bestimmten Voraussetzungen ausschließt. Im übrigen ist es nicht einzusehen, weshalb man dem Schuldner grobe Nachlässigkeit oder gar Mißbrauch vorwerfen soll, wenn er eine ihm vom materiellen Recht eingeräumte Frist (z.B. die Jahresfrist gem. § 124 BGB) ausschöpft.

Schließlich ist die Gefahr, der Schuldner werde das Gestaltungsrecht zwecks Prozeßverschleppung erst nach Abschluß des Vorprozesses ausüben, nicht besonders groß. In aller Regel wird nämlich der Schuldner die Gestaltungserklärung schon im ersten Prozeß abgeben, um auf diese Weise seine Verurteilung, eine vorläufige Vollstreckbarkeit und eine ihm nachteilige Kostenentscheidung zu vermeiden. Abgesehen davon könnte der Anreiz für eine Vollstreckungsgegenklage dann verringert werden, wenn die Gerichte mit einer einstweiligen Einstellung der Zwangsvollstreckung (§ 769; Rdnr. 1359 ff.) zurückhaltender sind (*Baur/Stürner*, Rdnr. 750; *Bruns/Peters*, § 14 I 3 FN 14).

Im Fall e ist der Aufrechnungseinwand des S nach der hier vertretenen Ansicht nicht präkludiert.

1347   b) Für *andere gerichtliche Entscheidungen,* die zwar *keine Urteile* sind, aus denen aber eine Zwangsvollstreckung möglich ist, gilt die Präklusionswirkung des § 767 II entsprechend, sofern die Einwendung des Schuldners vor dem Erlaß der Entscheidung vorbringbar war. Maßgebend ist auch in diesen Fällen der Zeitpunkt der letzten mündlichen Verhandlung oder — wenn die Entscheidung ohne eine solche Verhandlung ergeht — der Zeitpunkt, zu dem der Schuldner die Einwendung spätestens vorbringen konnte.

In folgenden Fällen sind Besonderheiten zu beachten:

1348   (1) Bei einem *Schiedsspruch* (Rdnr. 98) kommt es zunächst darauf an, ob die Einwendung (z.B. der Aufrechnung) überhaupt zur Zuständigkeit des Schiedsgerichts gehörte und ob dieses sich damit befaßt hätte (vgl. BGH NJW 1965, 1138). Ist das zu bejahen, muß geprüft werden, ob die Einwendung auf Gründen beruht, die erst nach dem Zeitpunkt entstanden sind, in dem sie beim Schiedsgericht geltend gemacht werden konnten. Wenn danach die Einwendung nicht präkludiert ist, kann sie im gerichtlichen Verfahren auf Vollstreckbarerklärung des Schiedsspruchs (§§ 1042 ff.) vorgebracht werden (vgl. BGHZ 34, 275, 281; 38, 259, 263; StJ/*Schlosser,* § 1042 Rdnr. 23). Nach der Vollstreckbarerklärung kommt eine Vollstreckungsgegenklage nur für solche Einwendungen in Frage, die in dem Verfahren nach §§ 1042 ff. noch nicht geltend gemacht werden konnten (StJ/*Schlosser,* § 1042 Rdnr. 25; vgl. aber auch *Baur/Stürner,* Rdnr. 752).

Sofern ein Verfahren auf Vollstreckbarerklärung schwebt, fehlt für eine Vollstrekkungsgegenklage allerdings das Rechtsschutzbedürfnis, da der Schuldner die Möglichkeit hat, die Einwendung im anhängigen Verfahren vorzubringen (*Rosenberg/ Schwab,* § 179 II 2).

1349   (2) Für einen *Vollstreckungsbescheid* (Rdnr. 97) enthält § 796 II eine Sonderregelung. Danach sind Einwendungen nur insoweit zulässig, als die Gründe, auf denen sie beruhen, nach Zustellung des Vollstreckungsbescheids entstanden sind und durch Einspruch nicht mehr geltend gemacht werden können.

Dieser Gesetzestext, dessen letzter Satzteil auf der Vereinfachungsnovelle von 1976 beruht, gleicht die Regelung für den Vollstreckungsbescheid derjenigen für das Versäumnisurteil an (vgl. dazu Rdnr. 1341, 1322).

1350   (3) Gegen einen *Kostenfestsetzungsbeschluß* (Rdnr. 92) kann sich die Vollstreckungsgegenklage richten, ohne daß es auf eine Präklusion gem. § 767 II ankommt. Da der Rechtspfleger nicht befugt ist, die gegen den Kostenanspruch vorgebrachte Einwendung (Hauptbeispiel: Aufrechnung mit einer Gegenforderung) zu prüfen, muß dem Schuldner die Klage aus § 767 ohne die Einschränkung des § 767 II möglich sein. Denn auch der Richter im Vorprozeß ist nicht in der Lage, die Einwirkung des Gegenrechts auf den

Kostenerstattungsanspruch zu prüfen, da ihm dieser der Höhe nach nicht bekannt ist (vgl. BGHZ 3, 381, 382 ff.; *Baur/Stürner,* Rdnr. 752; *A. Blomeyer,* § 33 IV 3; StJ/*Leipold,* § 104 Rdnr. 14).

Jedoch ist § 767 II bei Einwendungen zu beachten, die sich gegen einen Beschluß über die Festsetzung der Vergütung eines Rechtsanwalts nach § 19 BRAGO richten; denn diese Einwendungen hätte der Schuldner im (Prozeß-) Verfahren geltend machen können (vgl. § 19 IV 1 BRAGO; BGH MDR 1976, 914; *Baur/Stürner,* Rdnr. 752 FN 51; *A. Blomeyer,* § 33 IV 3).

c) *Vollstreckbare Urkunden* (Rdnr. 87 ff.) und *Prozeßvergleiche*   **1351**
(Rdnr. 84 ff.) haben gemeinsam, daß für sie die Präklusionswirkung des § 767 II nicht gilt. Für Einwendungen gegen vollstreckbare Urkunden bestimmt § 797 IV ausdrücklich, daß die beschränkende Vorschrift des § 767 II nicht anzuwenden ist. Zwar fehlt eine entsprechende Bestimmung für Einwendungen gegen Prozeßvergleiche. Daraus darf aber nicht geschlossen werden, daß § 767 II hier eingreift. Denn diese Vorschrift soll die Rechtskraftwirkung unanfechtbarer Entscheidungen sichern (BGH NJW 1953, 345), und eine Rechtskraftsicherung kommt bei Vergleichen nicht in Betracht. Deshalb können sowohl gegen vollstreckbare Urkunden als auch gegen Prozeßvergleiche sogar solche Gründe vorgebracht werden, die zeitlich vor der Errichtung der Urkunde oder vor dem Vergleichsabschluß enstanden sind. Anders als gegen Urteile sind gegen Urkunden oder Vergleiche also außer den rechtsvernichtenden und rechtshemmenden auch rechtshindernde Einwendungen möglich (vgl. BGHZ 55, 255, 256).

Streitig ist allerdings, ob die Unwirksamkeit eines Prozeßvergleichs durch Vollstreckungsgegenklage oder durch einen Antrag auf Fortsetzung des früheren Rechtsstreits geltend zu machen ist (vgl. Rdnr. 1334).

Die Parteien sind zwar nicht in der Lage, einem Prozeßvergleich oder einer vollstreckbaren Urkunde eine Rechtskraftwirkung beizulegen. Sie können durch eine solche Abrede aber bestimmen, daß die Präklusion des § 767 II eingreifen soll. Dadurch werden die Einwendungen gegen den in dem Vergleich oder der Urkunde enthaltenen Anspruch beschränkt; der Schuldner darf nur diejenigen Einwendungen geltend machen, die er nach § 767 II vorbringen könnte, wenn es sich bei dem Vollstreckungstitel um ein Urteil handeln würde (vgl. BGH WM 1976, 907, 908; *Lippross,* S. 177 f.; StJ/*Münzberg,* § 794 Rdnr. 90; zu Fall f).

3. Keine Präklusion gem. § 767 III   **1352**

Der Schuldner muß in der von ihm zu erhebenden Vollstreckungsgegenklage alle Einwendungen geltend machen, die er zur Zeit der Erhebung der Klage geltend zu machen imstande war (§ 767 III).

a) *Sinn der Vorschrift* ist es nicht, daß der Schuldner alle zur Zeit der Klageerhebung bestehenden Einwendungen schon in der Klageschrift vorzubringen hat. Vielmehr will die Vorschrift wiederholte Vollstreckungsgegenklagen vermeiden. Der Schuldner soll in dem ersten Rechtsstreit nach § 767 alle Einwendungen erheben, die geltend gemacht werden können; er darf sich diese also nicht für eine spätere Vollstreckungsgegenklage aufsparen, um damit die Vollstreckung zu verschleppen. Bringt er eine Einwendung im ersten Rechtsstreit nicht vor, obwohl er dazu imstande ist, wird er mit dieser im zweiten Rechtsstreit präkludiert.

1353   b) Die Präklusionsvorschrift ist *auf alle Arten von Vollstreckungstiteln anwendbar,* also auch auf solche, die — wie vollstreckbare Urkunden und Prozeßvergleiche — nicht der Rechtskraft fähig sind (vgl. BGH NJW 1973, 1328; *Gerhardt,* § 15 III 2). Denn nach § 767 III kommt es für die Frage, ob eine Einwendung mit einer wiederholten Vollstreckungsgegenklage vorgebracht werden kann, allein darauf an, ob die Einwendung schon mit der früheren Vollstreckungsgegenklage erhoben werden konnte; diese frühere Klage kommt aber bei allen — auch der Rechtskraft nicht fähigen — Vollstreckungstiteln in Betracht.

Im Fall g beruft S sich zu Unrecht auf § 797 IV, da dieser für vollstreckbare Urkunden nur § 767 II, nicht aber § 767 III ausschließt.

1354   c) Folgende *Voraussetzungen des § 767 III* sind zu beachten:

(1) *Maßgeblicher Zeitpunkt* für die Trennung der beachtlichen von den präkludierten Einwendungen ist der Schluß der letzten mündlichen Verhandlung in der letzten Tatsacheninstanz des ersten Rechtsstreits gem. § 767 (vgl. auch Rdnr. 1341). Für die zweite Vollstreckungsgegenklage sind also alle Einwendungen ausgeschlossen, die bis zu dem genannten Zeitpunkt im ersten Rechtsstreit hätten geltend gemacht werden können.

1355   (2) Für die zweite Vollstreckungsgegenklage können allerdings nur solche Einwendungen ausgeschlossen sein, deren *Geltendmachung im ersten Prozeß rechtlich möglich* war; denn anderenfalls wäre der Schuldner ohne Rechtsschutz. Die Möglichkeit der Geltendmachung kann bei denjenigen Einwendungen fraglich sein, die der Schuldner erst im Laufe des ersten Rechtsstreits vorbringt. Ein solches Nachschieben einer Einwendung ist nur möglich, wenn darin keine oder aber eine zulässige Klageänderung liegt.

(a) Geht man von einem *globalen (= eingliedrigen) Streitgegenstandsbegriff* aus, dann ist Streitgegenstand der Vollstreckungsgegenklage die Unzulässigkeit der Zwangsvollstreckung schlechthin, ganz gleichgültig, auf welche Einwendung die Unzulässigkeit gestützt wird. Infolgedessen ist die Auswechslung der Einwendung im Prozeß (z.B. statt Aufrechnung nunmehr Zahlung) nur eine Änderung der Klagebegründung bei unverändertem

Streitgegenstand und daher keine Klageänderung (so z.B. *Bötticher,* JZ 1966, 615, 616; *Rosenberg/Schwab,* § 102 I 1 a; StJ/*Münzberg,* § 767 Rdnr. 54). Danach ist das Nachschieben oder Auswechseln von Einwendungen im ersten Rechtsstreit gem. § 767 ohne weiteres möglich.

(b) Nach dem *zweigliedrigen Streitgegenstandsbegriff* ist Streitgegenstand   **1356** bei der Vollstreckungsgegenklage die Unzulässigkeit der Zwangsvollstrekkung wegen einer bestimmten Einwendung (z.B. Aufrechnung mit einer Schadensersatzforderung aus einem bestimmten Verkehrsunfall). Wird während des Rechtsstreits statt der bisher erhobenen Einwendung eine andere (z.B. Zahlung) geltend gemacht, handelt es sich um eine Klageänderung (so z.B. BGHZ 45, 231, 232 ff.; BGH NJW 1967, 107; *Thomas/Putzo,* § 767 Anm. 6 e). Folgt man dieser Auffassung, ist das Auswechseln einer Einwendung als Klageänderung gem. § 263 zulässig, wenn der Beklagte einwilligt oder das Gericht sie für sachdienlich erachtet. Da der Schuldner aber zur Vermeidung der Präklusion gezwungen ist, die neue Einwendung im ersten Rechtsstreit geltend zu machen, wird das Gericht in diesem Rechtsstreit die Klageänderung in aller Regel für sachdienlich halten (vgl. BL/*Hartmann,* § 767 Anm. 5; *A. Blomeyer,* § 33 V 5 b; *Rosenberg,* § 183 III 2).

Dem Schuldner ist es mithin nach allen Ansichten möglich, im Laufe des ersten Rechtsstreits Einwendungen nachzuschieben, so daß er mit deren Geltendmachung in einem späteren Rechtsstreit gem. § 767 ausgeschlossen ist (§ 767 III).

Wenn trotzdem die Einwendung im ersten Prozeß mit der Begründung fehlender Sachdienlichkeit nicht berücksichtigt wurde, muß sie im zweiten Rechtsstreit vorgebracht werden können. Etwas anderes gilt, wenn die Einwendung im ersten Prozeß statt wegen mangelnder Sachdienlichkeit wegen Säumigkeit des Klägers zurückgewiesen wird (vgl. OLG Celle MDR 1963, 932 f.; BL/*Hartmann,* § 767 Anm. 5); hier trifft den Schuldner im zweiten Prozeß zu Recht die Präklusion des § 767 III.

(3) Streitig ist, ob die Präklusion des § 767 III schon dann eingreift, wenn   **1357** *nur die objektive Möglichkeit* bestand, die Einwendung im ersten Prozeß geltend zu machen, oder ob die Präklusion ein *schuldhaftes Nichtvorbringen der Einwendung* voraussetzt.

Die Rechtsprechung des BGH stellt allein auf das objektive Bestehen der Einwendung zur Zeit des ersten Rechtsstreits ab (BGHZ 61, 25, 26; BL/ *Hartmann,* § 767 Anm. 5; *Lippross,* § 179; *Thomas/Putzo,* § 767 Anm. 6 b). Zur Begründung wird insbesondere eine Parallele zu § 767 II (vgl. Rdnr. 1342) angeführt.

Nach wohl h.M. im Schrifttum soll die Präklusion des § 767 III dann nicht eingreifen, wenn der Schuldner ohne sein Verschulden außerstande war, die Einwendung schon im ersten Prozeß zu erheben (so z.B. *Arens,* Rdnr. 589; *Baumann/Brehm,* § 13 III 2 c; *A. Blomeyer,* § 33 V 5 a; *Ger-*

hardt, § 15 III 2; *Jauernig*, § 12 III; *Lüke*, PdW Nr. 115; *Münzberg*, ZZP 87, 449, 454 ff.; StJ/*Münzberg*, § 767 Rdnr. 52).

Der h.M. im Schrifttum ist zuzustimmen. Schon der Wortlaut des § 767 III (»geltend zu machen imstande war«) spricht im Gegensatz zu § 767 II (»Gründe ... entstanden sind«) dafür, daß es bei § 767 III auf das (subjektive) »Geltendmachenkönnen« ankommt. Allein diese Auslegung entspricht dem Zweck der Vorschrift, einer Verschleppung der Vollstreckung durch den Schuldner entgegenzuwirken (vgl. Rdnr. 1352); nur derjenige Schuldner will »verschleppen«, der die Einwendung nicht geltend macht, obwohl er sie kennt und vorbringen kann.

Im Fall g kommt es auf den Meinungsstreit nicht an. Nach Ansicht der Rechtsprechung war S mit dem Vorbringen, sein Vater habe die Schuld bezahlt, schon deshalb ausgeschlossen, weil die Einwendung bereits während des Vorprozesses objektiv bestand. Aber auch der h.M. im Schrifttum zufolge ist die Einwendung präkludiert, da S sie jedenfalls in der Berufungsinstanz des ersten Rechtsstreits hätte vorbringen können, weil er damals von der Zahlung erfahren hat.

1358   IV. Verfahren und einstweilige Anordnung

1. Verfahren

Die Entscheidung über die Vollstreckungsgegenklage ergeht in einem ordentlichen zivilprozessualen Erkenntnisverfahren.

Die *Klagezustellung* muß an den Prozeßbevollmächtigten erfolgen, der den Vollstreckungsgläubiger in der ersten Instanz des Vorprozesses vertreten hat; denn die im Vorprozeß erteilte Vollmacht gilt auch für die Vollstreckungsgegenklage (§§ 176, 178 i.V.m. § 81).

Für die *Behauptungs- und Beweislast* gelten die allgemeinen Regeln. Der klagende Schuldner hat die Tatsachen darzulegen und erforderlichenfalls zu beweisen, aus denen sich die Einwendung und deren Entstehungszeitpunkt ergibt (StJ/*Münzberg*, § 767 Rdnr. 44). Denn die Beweislastverteilung ist von der jeweiligen Parteirolle unabhängig.

Diese Regelung gilt auch, wenn der Schuldner sich gegen die Vollstreckung aus einer vollstreckbaren Urkunde wendet. Hat er sich etwa wegen einer Verpflichtung zur Rückzahlung eines Darlehens in einer notariellen Urkunde der sofortigen Zwangsvollstreckung unterworfen (§ 794 I Nr. 5), muß der Gläubiger bei Streit über die Darlehensauszahlung diese als anspruchsbegründende Voraussetzung beweisen (*Baur/Stürner*, Rdnr. 236; *Rosenberg*, Beweislast, S. 175; *Wolfsteiner*, NJW 1982, 2851; Sonderfall: BGH NJW 1981, 2756).

2. Einstweilige Anordnung

1359

Die Klageerhebung nach § 767 hemmt die Vollstreckung nicht. Der Schutz des Schuldners ist aber durch eine einstweilige Anordnung vor Erlaß des Urteils oder im Urteil möglich.

a) Eine vorläufige Maßnahme kann gem. § 769 *bis zum Erlaß eines Urteils* über die Vollstreckungsgegenklage getroffen werden.

(1) Die einstweilige Anordnung nach § 769 ergeht unter folgenden *Voraussetzungen:*

(a) Der Schuldner muß einen entsprechenden *Antrag* stellen. Dafür besteht Anwaltszwang, sofern das angerufene Gericht ein Landgericht, ein Gericht höheren Rechtszuges oder ein Familiengericht ist (§ 78).

(b) *Zuständig* ist im Regelfall das Prozeßgericht (§ 769 I 1). Das kann auch das Berufungs- oder Revisionsgericht sein, sofern der Rechtsstreit in dieser Instanz schwebt.

In dringenden Fällen ist für eine solche Anordnung gem. § 769 II 1 das Vollstreckungsgericht zuständig, das durch den Rechtspfleger tätig wird (§ 20 Nr. 17 RPflG). Voraussetzung dafür ist, daß das Prozeßgericht nicht rechtzeitig entscheiden kann.

(c) Der Antrag ist *frühestens zulässig*, sobald die Zwangsvollstreckung droht (vgl. Rdnr. 1332).

Das Prozeßgericht kann allerdings erst dann angerufen werden, wenn es sich ohnehin mit der Vollstreckungsgegenklage zu befassen hat; dazu genügt eine Einreichung der Klageschrift (OLG Celle NJW 1967, 1282; OLG Bamberg FamRZ 1979, 732; *Baur/Stürner*, Rdnr. 761). Das Gericht hat sich aber auch dann mit der Sache zu befassen, wenn nur ein Antrag auf Gewährung von Prozeßkostenhilfe für die Erhebung einer Vollstreckungsgegenklage gestellt ist; deshalb kann das Prozeßgericht schon nach Einreichung eines solchen Antrages eine einstweilige Anordnung erlassen (ebenso BL/*Hartmann*, § 769 Anm. 1 A; a.A. OLG Karlsruhe FamRZ 1984, 186; *Baur/Stürner*, Rdnr. 761).

(2) Das *Verfahren* kann ohne mündliche Verhandlung durchgeführt werden (§ 769 III). Dem Vollstreckungsgläubiger ist rechtliches Gehör (Art. 103 I GG) zu gewähren, sofern der Antrag nicht schon aufgrund des Schuldnervorbringens erfolglos ist. Der Schuldner muß die tatsächlichen Behauptungen, mit denen er seinen Antrag begründet, glaubhaft machen (§ 769 I 2).

1360

(3) Die *Entscheidung des Gerichts* ergeht durch Beschluß, der zu begründen ist.

1361

(a) Den *Inhalt des Beschlusses* bestimmt das Gericht nach seinem Ermessen. Es kann — ähnlich wie nach § 707 (Rdnr. 177) — die Zwangsvollstrekkung gegen oder ohne Sicherheitsleistung einstellen oder ihre Fortsetzung von einer Sicherheitsleistung abhängig machen; möglich ist auch eine Aufhebung von bereits getroffenen Vollstreckungsmaßregeln gegen Sicherheitsleistung. Bei der Entscheidung, welche dieser Anordnungen im Einzelfall getroffen werden soll, hat das Gericht vor allem die Erfolgsaussichten der Klage und die den Parteien drohenden Nachteile zu berücksichtigen (StJ/*Münzberg*, § 769 Rdnr. 11; vgl. auch LAG Frankfurt BB 1985, 871).

Eine Kostenentscheidung ist nicht erforderlich, da es sich bei der einstweiligen Anordnung um eine den Rechtsstreit nach § 767 vorbereitende und sichernde Maßnahme handelt, deren Kosten als solche der Hauptsache anzusehen sind (RGZ 50, 356, 357; LG Frankfurt Rpfleger 1985, 208; BL/*Hartmann*, § 769 Anm. 1 B).

1362   (b) Die *Wirkungen der Entscheidung* bestehen darin, daß die Zwangsvollstreckung bei Vorlage des Beschlusses an das Vollstreckungsorgan einstweilen eingestellt, nur gegen Sicherheitsleistung fortgesetzt oder eine Vollstreckungsmaßnahme aufgehoben wird, sofern das angeordnet worden ist (§ 775 Nr. 2; § 776, 2; Rdnr. 176, 184 ff.).
Die Entscheidung des Prozeßgerichts verliert ihre Wirkung, sobald ein Endurteil erlassen worden ist (StJ/*Münzberg*, § 769 Rdnr. 2); allerdings kann das Gericht gem. § 770 (Rdnr. 1366 ff.) in dem Urteil die bereits getroffenen Maßnahmen aufrecht erhalten oder neue anordnen.
Eine Anordnung des Vollstreckungsgerichts (§ 769 II) tritt von selbst außer Kraft, wenn der Schuldner nicht innerhalb der vom Vollstreckungsgericht gesetzten Frist eine Entscheidung des Prozeßgerichts beigebracht hat oder innerhalb der Frist eine ablehnende Entscheidung des Prozeßgerichts ergeht (*Wieczorek/Schütze*, § 769 Anm. D IV b, c).

1363   (4) Ob und inwieweit *Rechtsbehelfe* gegen Einstellungsbeschlüsse nach § 769 gegeben sind, ist im einzelnen umstritten.

(a) *Entscheidungen des Prozeßgerichts* sollen nach einer Ansicht entsprechend § 707 II 2 unanfechtbar sein (OLG Hamm NJW 1975, 1932; MDR 1979, 852).
Eine andere Meinung gewährt eine unbeschränkte Nachprüfung durch die sofortige Beschwerde gem. § 793, da § 707 II 2 eine Ausnahmeregelung darstelle, die nicht auf § 769 anwendbar sei (OLG Karlsruhe OLGZ 1976, 478; KG FamRZ 1978, 528; OLG Düsseldorf NJW 1969, 2150; *Teubner*, NJW 1974, 301, 302; *Thomas/Putzo*, § 769 Anm. 7 a).
Nach der wohl h.M. ist die sofortige Beschwerde nur statthaft, wenn die Vorinstanz einen groben Gesetzesverstoß begangen oder die Voraussetzungen einer Ermessensentscheidung verkannt hat (vgl. OLG München MDR 1986, 155; OLG Bamberg FamRZ 1984, 1119, 1120; OLG Düsseldorf

FamRZ 1984, 902; OLG Hamburg FamRZ 1984, 922 f.; BL/*Hartmann,*
§ 769 Anm. 3 B; *E. Schneider,* MDR 1985, 547 ff.; StJ/*Münzberg,* § 769
Rdnr. 15). Dem ist zu folgen (vgl. Rdnr. 1232), da einerseits die Entscheidung
des Prozeßgerichts in der Hauptsache nicht durch die Beschwerdeentscheidung der höheren Instanz beeinflußt werden darf, aber andererseits die
Möglichkeit bestehen muß, eine auf einem schweren Gesetzesverstoß beruhende Entscheidung aufheben zu lassen. Zur Zulässigkeit der weiteren
Beschwerde vgl. Rdnr. 1271.

(b) Bei *Entscheidungen des Vollstreckungsgerichts* ist zu unterscheiden, ob **1364**
der Richter oder der Rechtspfleger entschieden hat.

(aa) Eine Entscheidung des *Richters* ist nach einer Ansicht ohne Einschränkungen mit der sofortigen Beschwede (§ 793) angreifbar (StJ/*Münzberg,* § 769 Rdnr. 17; OLG Schleswig SchlHA 1978, 146); die wohl h.M. läßt
kein Rechtsmittel zu (OLG Hamm JMBl. NW 1956, 226; MDR 1977, 322;
LG Frankenthal Rpfleger 1981, 314; *Baur/Stürner,* Rdnr. 762 a.E.; *Thomas/
Putzo,* § 769 Anm. 7 a). Der letztgenannten Ansicht ist zu folgen. Wird ein
Antrag des Schuldners nach § 769 II vom Vollstreckungsgericht abgelehnt,
kann dieser noch einen Antrag beim Prozeßgericht stellen, das nicht weniger schnell als das Beschwerdegericht entscheiden wird.
Ist dem Antrag des Schuldners stattgegeben worden, hat dieser innerhalb
einer ihm zu setzenden Frist eine Entscheidung des Prozeßgerichts beizu-
bringen, die der Gläubiger anfechten kann. Auch wenn die Frist fruchtlos
abläuft, bleiben die Interessen des Gläubigers gewahrt, da dann die Vollstreckung fortzusetzen ist (§ 769 II 2).

(bb) Hat der *Rechtspfleger* entschieden, findet gegen seine Entscheidung
die befristete Erinnerung (§ 11 I 2 RPflG) statt, über die der Richter gem.
§ 11 II 3, 2. Fall RPflG endgültig entscheidet, also ohne die Möglichkeit der
Durchgriffserinnerung (vgl. *Baur/Stürner,* Rdnr. 762 a.E.; LG Frankenthal
Rpfleger 1981, 314; *Zöller/Schneider,* § 769 Rdnr. 13).

(5) Wird eine nach § 769 ergangene Anordnung aufgehoben, kommt ein **1365**
Anspruch auf *Schadensersatz* nur unter den Voraussetzungen der §§ 823,
826 BGB in Betracht; die verschuldensunabhängige Haftung nach § 717 II
greift nicht ein (StJ/*Münzberg,* § 769 Rdnr. 19; *Wieczorek/Schütze,* § 769
Anm. F; vgl. auch Rdnr. 1444).

b) Eine vorläufige Maßnahme mit dem in § 769 I genannten Inhalt kann **1366**
das Prozeßgericht gem. § 770 auch *im Urteil anordnen,* durch das über die
Vollstreckungsgegenklage entschieden wird.

(1) Ein *Antrag* des Schuldners ist nicht erforderlich, da die Entscheidung
auch von Amts wegen ergehen kann (BL/*Hartmann,* § 770 Anm. 1; StJ/
Münzberg, § 770 Rdnr. 1).

1367   (2) In der *Entscheidung des Gerichts* können die in § 769 I genannten Anordnungen erstmals erlassen oder — wenn solche bereits getroffen worden sind — aufrecht erhalten oder abgeändert werden. Die Entscheidung ist sofort vollstreckbar.

Die Maßnahmen nach § 770 erübrigen sich nicht, wenn das Urteil über die Vollstreckungsgegenklage gem. § 709 gegen Sicherheitsleistung für vorläufig vollstreckbar erklärt wird, so daß der Schuldner nach § 775 Nr. 1 die Einstellung der Zwangsvollstreckung erreichen kann. Es besteht nämlich die Möglichkeit, daß eine Anordnung nach § 770 für ihn günstiger ist, weil er auf diese Weise auch ohne Sicherheitsleistung vor der Vollstreckung geschützt werden kann (vgl. *Thomas/Putzo*, § 770 Anm. 2; *Furtner*, DRiZ 1955, 190 f.).

1368   (3) Da die Entscheidung nach § 770 einen Teil des Urteils bildet, ist sie mit den *Rechtsmitteln* angreifbar, die gegen das Urteil selbst gegeben sind (Rdnr. 1376). Hat daher etwa der erstinstanzliche Richter eine Entscheidung gem. § 770 getroffen oder verweigert, kann das mit der Berufung angefochten werden. Darüber hat das Berufungsgericht auf Antrag vorab zu entscheiden; die darauf ergehende Entscheidung ist unanfechtbar (§ 770, 2; § 718). Allerdings kann das Berufungsgericht seinerseits auch Anordnungen nach § 769 erlassen.

1369   ## V. Entscheidung über die Vollstreckungsgegenklage

1. Inhalt

Der Urteilstenor enthält — wie jedes andere Urteil auch — einen Ausspruch über den Klageantrag, die Kostentragungspflicht und die vorläufige Vollstreckbarkeit.

a) In der *Hauptsache* lautet der Tenor eines der Vollstreckungsgegenklage stattgebenden Urteils, daß die Zwangsvollstreckung aus dem (genau zu bezeichnenden) Titel für unzulässig erklärt wird. Richtete sich die Einwendung nur gegen einen Teil des titulierten Anspruchs, ist die Zwangsvollstreckung auch nur insoweit für unzulässig zu erklären.

Schließlich kann die Zwangsvollstreckung zeitlich beschränkt (»zur Zeit«) für unzulässig erklärt werden; um später wieder vollstrecken zu können, muß der Gläubiger den Wegfall der Einwendung durch öffentliche oder öffentlich beglaubigte Urkunden nachweisen (OLG Koblenz Rpfleger 1985, 200).

Beispiel für Rubrum und Tenor:

Im Namen des Volkes
In dem Rechtsstreit
des Schlossers Simon Schuld, Mittelweg 19, 4400 Münster,

Klägers,

— Prozeßbevollmächtigter: Rechtsanwalt Bauer in Münster —

gegen

den Kaufmann Georg Glaub, Hauptstr. 1, 4400 Münster,

Beklagten,

— Prozeßbevollmächtigter: Rechtsanwalt Reimann in Münster —

hat die 8. Zivilkammer des Landgerichts Münster auf die mündliche Verhandlung vom
... durch den Vorsitzenden Richter am Landgericht Ruge, den Richter am Landgericht Müller und den Richter Meier für Recht erkannt:

> Die Zwangsvollstreckung aus dem Urteil des Landgerichts Münster vom ...
> — 8 O.../... — wird für unzulässig erklärt.
> Der Beklagte trägt die Kosten des Rechtsstreits.
> Das Urteil ist gegen Sicherheitsleistung in Höhe von ... DM vorläufig vollstreckbar.

b) Die *Kostenentscheidung* bestimmt sich nach den §§ 91 ff. Im Einzelfall kann auch § 93 eingreifen. Nach dieser Vorschrift fallen dem Kläger trotz seines Obsiegens die Kosten zur Last, wenn der Beklagte durch sein Verhalten keine Veranlassung zur Klage gegeben hat und sofort anerkennt. § 93 kommt etwa in Betracht, wenn der Schuldner Vollstreckungsgegenklage erhebt, obwohl der Gläubiger noch keine Vollstreckungsmaßnahme veranlaßt hat. Um Kostennachteile zu vermeiden, muß der Schuldner vor Klageerhebung den Gläubiger auffordern, den Titel herauszugeben oder auf die Vollstreckung zu verzichten (vgl. BL/*Hartmann*, § 767 Anm. 3 G; StJ/*Münzberg*, § 767 Rdnr. 61).   **1370**

c) Die Entscheidung über die *vorläufige Vollstreckbarkeit* richtet sich nach den §§ 708 ff. (Rdnr. 53 ff.). Das Gestaltungsurteil, das auf die Vollstreckungsabwehrklage hin ergeht, ist nicht nur hinsichtlich der Kosten, sondern auch hinsichtlich des Ausspruchs in der Hauptsache für vorläufig vollstreckbar zu erklären. Der Schuldner kann nämlich eine Einstellung der Zwangsvollstreckung nur dadurch erreichen, daß er dem jeweiligen Vollstreckungsorgan eine vollstreckbare Ausfertigung des Urteils vorlegt (§ 775 Nr. 1; § 776, 1; Rdnr. 175, 184 f.).   **1371**

Ob das Urteil ohne oder gegen Sicherheitsleistung für vorläufig vollstreckbar zu erklären ist, ergibt sich aus § 708 Nr. 11 und § 709 (Rdnr. 61, 63). Sofern eine vorläufige Vollstreckbarkeit ohne Sicherheitsleistung auszusprechen ist, muß außerdem bestimmt werden, daß der Beklagte die Vollstreckung durch Sicherheitsleistung abwenden darf, wenn nicht der Kläger vor der Vollstreckung Sicherheit leistet (§ 711, 1; Rdnr. 62); diese Abwendungsbefugnis soll jedoch nicht eingeräumt werden, wenn ein Rechtsmittel unzulässig ist (§ 713). — Ein Anerkenntnisurteil ist in jedem Fall für ohne Sicherheitsleistung vorläufig vollstreckbar zu erklären (§ 708 Nr. 1).

1372   **2. Wirkungen**

Das Urteil entfaltet eine Gestaltungswirkung, wenn es der Klage stattgibt, sowie eine Rechtskraftwirkung.

a) Die *Gestaltungswirkung* eines der Klage stattgebenden Urteils besteht darin, daß mit dessen (vorläufiger) Vollstreckbarkeit das angegriffene Urteil seine Vollstreckbarkeit verliert (vgl. StJ/*Münzberg*, § 767 Rdnr. 51 m.N.). Das ist vom jeweiligen Vollstreckungsorgan zu beachten, sobald ihm der Schuldner eine vollstreckbare Urteilsausfertigung vorlegt (§ 775 Nr. 1). Wurden bereits Vollstreckungsmaßregeln getroffen, sind sie aufzuheben (§ 776, 1; Rdnr. 185).

1373   b) Die *Rechtskraftwirkung* des Urteils ist insbesondere für nachfolgende Schadensersatz- und Bereicherungsklagen bedeutsam. In einem solchen nachfolgenden Rechtsstreit darf über den Streitgegenstand des auf die Vollstreckungsgegenklage ergangenen Urteils nicht anders als in diesem Urteil entschieden werden. Es besteht Streit darüber, welches der Streitgegenstand der Vollstreckungsgegenklage ist. Nach einer Mindermeinung soll der Bestand des titulierten Anspruchs Gegenstand der Vollstreckungsgegenklage sein (*Bettermann*, Rechtshängigkeit und Rechtsschutzform, 1949, 45, 52; *A. Blomeyer*, AcP 165, 481, 498; *ders.*, § 33 I 2, VII 2 b; *Bruns/Peters*, § 14 II). Mit der h.M. ist jedoch davon auszugehen, daß durch das Urteil nach § 767 nur über die Vollstreckbarkeit des Titels entschieden wird (BGHZ 85, 367, 371; BGH FamRZ 1984, 878, 879; *Gerhardt*, § 15 I a.E.; *Jauernig*, § 12 V; *Rosenberg*, § 183 III 8; StJ/*Münzberg*, § 767 Rdnr. 3–6; *Thomas/Putzo*, § 767 Anm. 2 a; *Zöller/Schneider*, § 767 Rdnr. 1; vgl. Rdnr. 1313). Das entspricht dem Willen des klagenden Schuldners; er strebt lediglich an, daß dem Vollstreckungstitel die Vollstreckbarkeit genommen wird. Demnach ist allein die h.M. mit dem im Zivilprozeßrecht geltenden Dispositionsgrundsatz vereinbar. Sofern eine Prozeßpartei auch das Bestehen oder Nichtbestehen des titulierten Anspruchs rechtskräftig festgestellt haben will, hat sie die Möglichkeit, eine entsprechende Zwischenfeststellungsklage gem. § 256 II zu erheben (BGHZ 43, 144, 145 ff.; BGH NJW 1969, 880).

1374   (1) Wird die *Vollstreckungsgegenklage rechtskräftig abgewiesen,* ist es damit abgelehnt, dem titulierten Anspruch durch Rechtsgestaltung die Vollstreckbarkeit zu nehmen (BGH NJW 1960, 1460). Damit wird zwar nicht bindend entschieden, daß der titulierte Anspruch materiellrechtlich besteht. Ein solches Urteil bescheinigt dem Gläubiger aber, daß seine Vollstreckung nicht pflichtwidrig war; jedenfalls schließt es für eine nachfolgende Schadensersatzklage gem. §§ 823 ff. BGB ein Verschulden des Gläubigers und für eine Bereicherungsklage dessen Bösgläubigkeit nach § 819 I BGB aus (StJ/*Münzberg*, § 767 Rdnr. 57 u. FN 220).

(2) Wird der *Vollstreckungsgegenklage rechtskräftig stattgegeben,* ist damit   **1375**
dem Vollstreckungstitel die Vollstreckbarkeit genommen, nicht aber das
Nichtbestehen des titulierten Anspruchs festgestellt. Ob der Schuldner nunmehr mit einer Schadensersatz- oder Bereicherungsklage Erfolg haben wird,
hängt davon ab, ob die Voraussetzungen der §§ 823 ff., 812 ff. BGB vorliegen und notfalls auch bewiesen werden können.

VI. Rechtsmittel   **1376**

Das Urteil ist — wie jedes andere streitige Urteil auch — mit der Berufung (§ 511) und der Revision (§ 545) anfechtbar, wenn deren Voraussetzungen gegeben sind.

VII. Sonderfälle der Vollstreckungsgegenklage   **1377**

Ist der Vollstreckungsschuldner Träger mehrerer Vermögensmassen
(Hauptbeispiel: Der Erbe ist Träger seines Eigenvermögens und des Nachlasses), muß erreicht werden, daß die Vollstreckbarkeit des Vollstreckungstitels auf die Vermögensmasse beschränkt wird, welche für die titulierte Forderung haftet. Diese Haftungsbeschränkung auf eine bestimmte Vermögensmasse kann der Schuldner von vornherein im Wege der Vollstreckungsgegenklage geltend machen (§§ 785 f.). Das gilt erst recht, wenn der Vollstrek-
kungsgläubiger bereits einen bestimmten Gegenstand hat pfänden lassen,
der nicht zur haftenden Vermögensmasse gehört. In diesem Fall hat die
Vollstreckungsgegenklage nicht das Ziel, die Zwangsvollstreckung aus dem
Titel schlechthin für unzulässig erklären zu lassen; vielmehr geht es darum,
daß die Zwangsvollstreckung in den bestimmten Gegenstand für unzulässig
erklärt wird. Insofern ähnelt die Klage nach §§ 785 f. eher der Drittwiderspruchsklage; allerdings klagt nicht ein Dritter, sondern der Vollstreckungsschuldner, der mit der Klage geltend macht, der Gläubiger habe in einen
nicht zur haftenden Masse gehörenden Gegenstand vollstreckt.

Beispiel: Der Nachlaßgläubiger vollstreckt wegen einer Nachlaßforderung in einen
Pkw des Schuldners, den dieser mit seinen Ersparnissen gekauft und nicht durch den
Erbfall erworben hat.

Haftungsbeschränkungen, die mit der Vollstreckungsgegenklage geltend
gemacht werden können, kommen bei der beschränkten Erbenhaftung, aber
auch bei den aufschiebenden Einreden des Erben, bei der Gütergemeinschaft, der Haftung des Vermächtnisnehmers und bei der Vermögensübernahme in Betracht.

1378   1. Beschränkte Erbenhaftung

Das BGB geht im Interesse der Nachlaßgläubiger vom Grundsatz der unbeschränkten Erbenhaftung aus. Aber das Gesetz räumt dem Erben die Möglichkeit ein, die Haftung für Nachlaßschulden auf den Nachlaß zu beschränken (ErbR Rdnr. 618 ff.). Diese Haftungsbeschränkung muß der Erbe nach Annahme der Erbschaft im Wege der Vollstreckungsgegenklage geltend machen, anderenfalls die Beschränkung unberücksichtigt bleibt (§§ 781, 785).

Davon zu unterscheiden sind folgende Fälle, in denen der Erbe die Erbschaft noch nicht angenommen hat:
Hatte beim Tod des Vollstreckungsschuldners die Zwangsvollstreckung gegen ihn bereits begonnen, wird sie in den Nachlaß fortgesetzt (§ 779 I; vgl. Rdnr. 37, 118, 121, 196). Wird in das persönliche Vermögen des Erben vollstreckt, kann dieser sich dagegen mit der Erinnerung (§ 766) oder mit der Drittwiderspruchsklage (§ 771) wehren; persönlichen Gläubigern des Erben steht die Erinnerung zu (vgl. ErbR Rdnr. 306).
Hatte die Zwangsvollstreckung beim Erbfall noch nicht begonnen und hat der Erbe die Erbschaft noch nicht angenommen, darf ein Nachlaßgläubiger nicht in das persönliche Vermögen des (vorläufigen) Erben, ein persönlicher Gläubiger des Erben nicht in den Nachlaß vollstrecken (§ 778; Rdnr. 196). Wird dagegen verstoßen, kann der Erbe sich mit der Erinnerung oder mit der Klage nach § 771 wehren. Nachlaßgläubiger haben bei Vollstreckung eines persönlichen Gläubigers in den Nachlaß die Möglichkeit, Erinnerung einzulegen. Dieser Rechtsbehelf steht auch hier einem persönlichen Gläubiger zu, wenn ein Nachlaßgläubiger ins persönliche Vermögen des Erben vollstreckt (vgl. ErbR Rdnr. 306).

Nach Annahme der Erbschaft kann ein Nachlaßgläubiger die Zwangsvollstreckung gegen den Erben betreiben, wenn er zuvor die Klausel eines gegen den Erblasser lautenden Vollstreckungstitels gegen den Erben umschreiben läßt (§ 727 I; Rdnr. 118). Besteht ein solcher Vollstreckungstitel nicht, muß der Nachlaßgläubiger einen Titel gegen den Erben erwirken. In beiden Fällen kann dieser sich unter Berufung auf seine beschränkte Erbenhaftung mit der Vollstreckungsgegenklage gegen eine Zwangsvollstreckung wehren, die sich gegen sein Eigenvermögen richtet.

1379   a) Bei der *Zulässigkeit* der Vollstreckungsgegenklage des Erben sind besonders zu erwähnen:

(1) Der *Klageantrag* ist darauf zu richten, die Zwangsvollstreckung in das nicht zum Nachlaß gehörende Vermögen für unzulässig zu erklären; sofern bereits in solche Gegenstände vollstreckt worden ist, sind diese im einzelnen zu bezeichnen (BGH WM 1972, 363 f.; StJ/*Münzberg*, § 781 Rdnr. 5).

(2) Das *Rechtsschutzbedürfnis* für eine Vollstreckungsgegenklage ist gegeben, sobald ein Vollstreckungstitel vorliegt (StJ/*Münzberg*, § 785 Rdnr. 4; vgl. auch Rdnr. 1332). Der Erbe braucht nicht den Beginn der Vollstreckung

abzuwarten (so aber z.B. BL/*Hartmann*, § 781 Anm. 2), da seine Klage sonst zu spät kommen könnte. Sollte der Vollstreckungsgläubiger dem Erben keinen Anlaß zur Klage gegeben haben, können dem Kläger unter den Voraussetzungen des § 93 die Kosten des Rechtsstreits auferlegt werden.

b) Die *Begründetheit* der Vollstreckungsgegenklage ist zu bejahen, wenn   1380
der Erbe nach materiellem Recht nur (mit dem Nachlaß) beschränkt haftet.
Das muß er im Rechtsstreit gem. § 767 behaupten und notfalls beweisen.
Gelingt ihm das, wird er obsiegen, sofern die Klage einen gegen den Erblasser gerichteten Vollstreckungstitel betrifft. Falls jedoch der Vollstreckungstitel gegen den Erben erstritten wurde, hat die Vollstreckungsgegenklage nur Erfolg, wenn der Erbe sich im Titel die beschränkte Erbenhaftung hat vorbehalten lassen (§ 780 I).

(1) Nach *materiellem Recht* haftet der Erbe nur dann beschränkt, wenn   1381
er seine Haftung gegenüber allen Nachlaßgläubigern oder wenigstens
gegenüber dem Vollstreckungsgläubiger auf den Nachlaß beschränkt und
sein Recht auf Haftungsbeschränkung nicht verloren hat.

(a) Eine *Haftungsbeschränkung gegenüber allen Nachlaßgläubigern* wird
durch Nachlaßverwaltung oder Nachlaßkonkurs (§§ 1975 ff. BGB; ErbR
Rdnr. 647 ff.) sowie durch ein Nachlaßvergleichsverfahren (§ 113 VerglO;
ErbR Rdnr. 669 ff.) erreicht. Außerdem hat der Erbe bei einem dürftigen
Nachlaß die Möglichkeit, die beschränkte Erbenhaftung herbeizuführen
(§§ 1990 f. BGB; ErbR Rdnr. 678 ff.).

(b) Eine *Haftungsbeschränkung gegenüber dem einzelnen Nachlaßgläubi-*   1382
ger besteht, wenn dieser sich im Aufgebotsverfahren nicht gemeldet hat
(§ 1973 BGB; ErbR Rdnr. 632 ff.) oder seine Forderung später als fünf Jahre
nach dem Erbfall dem Erben gegenüber geltend macht (§ 1974 BGB; ErbR
Rdnr. 637). Auch bei Beendigung des Nachlaßkonkurses durch Verteilung
der Masse oder durch Zwangsvergleich tritt eine Haftungsbeschränkung des
Erben gegenüber den nicht befriedigten Nachlaßgläubigern ein (§ 1989
BGB; ErbR Rdnr. 668). Schließlich kann der Erbe gegenüber einem Vermächtnisnehmer oder Auflageberechtigten eine auf Vermächtnissen und
Auflagen beruhende Überschuldung des Nachlasses geltend machen, auch
wenn der Nachlaß nicht dürftig i.S.d. § 1990 BGB ist (§ 1992 BGB; ErbR
Rdnr. 680).

(c) Der Erbe darf sein *Recht auf Haftungsbeschränkung nicht verloren*   1383
haben.

(aa) So führt eine nicht rechtzeitige Inventarerrichtung zu einer *allen Nach-*
laßgläubigern gegenüber unbeschränkbaren Haftung des Erben (§ 1994 I
BGB; ErbR Rdnr. 644). Diese Folge tritt auch ein, wenn der Erbe absichtlich eine erhebliche Unvollständigkeit der im Inventar enthaltenen Angabe

der Nachlaßgegenstände herbeiführt oder in der Absicht, die Nachlaßgläubiger zu benachteiligen, die Aufnahme einer nicht bestehenden Nachlaßverbindlichkeit bewirkt (§ 2005 BGB; ErbR Rdnr. 646).

Gehört ein Handelsgeschäft zum Nachlaß, haftet der Erbe für Geschäftsschulden des Erblassers allen Geschäftsgläubigern unbeschränkt, wenn er das Geschäft unter der bisherigen Firma länger als drei Monate fortführt; das gilt auch, wenn die Übernahme der Verbindlichkeiten in handelsüblicher Weise bekannt gemacht worden ist oder ein sonstiger besonderer Verpflichtungsgrund vorliegt (§§ 27, 25 HGB; ErbR Rdnr. 629; HR Rdnr. 184 ff.).

(bb) *Dem einzelnen Nachlaßgläubiger gegenüber* verliert der Erbe das Recht der Haftungsbeschränkung, sofern er die von diesem Gläubiger verlangte eidesstattliche Versicherung verweigert, daß er die Nachlaßgegenstände im Inventar nach bestem Wissen so vollständig angegeben habe, wie er dazu imstande sei (§ 2006 III BGB; ErbR Rdnr. 645).

1384 (2) *Prozessuale Voraussetzung* dafür, daß der Erbe die beschränkte Erbenhaftung mit der Vollstreckungsgegenklage geltend machen kann, ist grundsätzlich der in den Vollstreckungstitel aufgenommene *Vorbehalt der beschränkten Erbenhaftung* (§ 780 I).

(a) *Ausnahmsweise* ist der *Vorbehalt nicht erforderlich.* Das gilt einmal dann, wenn der Vollstreckungstitel gegen den Erblasser gerichtet ist; in diesem Fall hatte der Erbe keine Möglichkeit, seine beschränkte Haftung geltend zu machen. Auch der Fiskus als gesetzlicher Erbe braucht sich die Beschränkung der Haftung nicht vorbehalten zu lassen (§ 780 II), da er immer nur beschränkt haftet. Ferner ist nach § 780 II ein Vorbehalt nicht erforderlich, wenn der Vollstreckungstitel gegen den Nachlaßverwalter, Nachlaßpfleger oder den verwaltenden Testamentsvollstrecker gerichtet ist, da sie auf die Beschränkung der Haftung des Erben nicht verzichten können.

1385 (b) *Regelmäßig* ist der *Vorbehalt erforderlich.* Das gilt nicht nur für den Fall, daß es sich bei dem Vollstreckungstitel um ein Urteil handelt (vgl. § 780 I), sondern gem. § 795, 1 auch für andere gerichtliche Entscheidungen (Rdnr. 92 ff.) sowie für Prozeßvergleiche und vollstreckbare Urkunden (Rdnr. 84 ff.).

Hat der Nachlaßgläubiger einen Mahn- und dann einen Vollstreckungsbescheid gegen den Erben beantragt, muß dieser einen Widerspruch oder Einspruch einlegen, wenn er einen entsprechenden Vorbehalt erreichen will. Klagt der Nachlaßgläubiger, der gegen den Erblasser ein Urteil erstritten hat, gegen den Erben gem. § 731 (Rdnr. 131 ff.) auf Erteilung der Vollstreckungsklausel, hat der Erbe sich in diesem Verfahren die Haftungsbeschränkung vorbehalten zu lassen (BL/*Hartmann,* § 780 Anm. 1).

(aa) Die Einrede der beschränkten Erbenhaftung muß grundsätzlich *bis zur letzten mündlichen Verhandlung* der letzten Tatsacheninstanz erhoben werden (vgl. aber § 528 für die Berufungsinstanz). In der Revisionsinstanz kann die Einrede nur noch dann geltend gemacht werden, wenn deren Anlaß erst jetzt entstanden ist (BGHZ 17, 69, 73).

(bb) Wird die Einrede der beschränkten Erbenhaftung im Prozeß gegen- **1386** über dem Anspruch des Nachlaßgläubigers erhoben, *hat das Gericht zwei Möglichkeiten* (vgl. BGH NJW 1983, 2378, 2379; ErbR Rdnr. 682; Fall h):
— Es prüft nach, ob die Einrede begründet ist. Kommt es dabei zu dem Ergebnis, daß der Nachlaß völlig erschöpft ist, weist es die Klage ab. Sind noch einzelne Nachlaßgegenstände vorhanden, verurteilt es bei einem entsprechenden Klageantrag den Erben zur Duldung der Zwangsvollstreckung in diese (im Tenor zu nennenden) Gegenstände (vgl. § 1990 I 2 BGB).
— Das Gericht kann sich — ohne Prüfung der Berechtigung der erhobenen Einrede — mit dem Ausspruch des Vorbehalts der Haftungsbeschränkung im Urteilstenor begnügen (»Dem Beklagten wird die Beschränkung seiner Haftung auf den Nachlaß vorbehalten«) und damit die Prüfung der Frage der Haftungsbeschränkung einem späteren Verfahren nach §§ 785, 767 überlassen. In der Regel beschreiten die Gerichte diesen letztgenannten Weg; das dient einer schnellen Beendigung des Rechtsstreits.

Hat der Erbe die Einrede nicht erhoben und das Gericht ihn ohne Vorbehalt verurteilt, kann er die Haftungsbeschränkung nicht mehr mit Erfolg geltend machen (zu Fall h, zweite Frage).

c) Die *Wirkung* eines der Vollstreckungsgegenklage stattgebenden Urteils **1387** besteht darin, daß die Zwangsvollstreckung in Gegenstände, die zum Eigenvermögen des Erben gehören, unzulässig ist. Wenn der Nachlaßgläubiger bereits in das Eigenvermögen des Erben vollstreckt hat, bevor die Nachlaßverwaltung angeordnet oder der Nachlaßkonkurs eröffnet worden ist, kann der Erbe im Wege der Klage die Aufhebung dieser Zwangsvollstreckungsmaßnahmen verlangen, sofern er nicht für die Nachlaßverbindlichkeiten unbeschränkt haftet (§§ 784 I, 785). Dieses Recht steht dem Erben auch gegenüber einem ausgeschlossenen oder säumigen Nachlaßgläubiger (§§ 1973 f. BGB) und bei einem dürftigen Nachlaß (§ 1990 BGB) zu; § 784 I ist entsprechend anzuwenden (BL/*Hartmann*, § 784 Anm. 1 B; StJ/*Münzberg*, § 784 Rdnr. 2; ErbR Rdnr. 683).

Hat ein Gläubiger, der nicht Nachlaßgläubiger ist, in den Nachlaß vollstreckt, kann nach Anordnung der Zwangsverwaltung der Zwangsverwalter ihn verklagen und beantragen, die Zwangsvollstreckung für unzulässig zu erklären (§§ 784 II, 785). — Bei Eröffnung des Nachlaßkonkurses gilt § 221 KO.

1388 **2. Aufschiebende Einreden des Erben**

a) Steht dem Erben *gegenüber einem Nachlaßgläubiger* eine aufschiebende Einrede gem. §§ 2014 f. BGB (ErbR Rdnr. 673 ff.) zu und hat er sich die Haftungsbeschränkung vorbehalten lassen, kann er durch eine Klage gem. §§ 782, 785, 767 einen Vollstreckungsaufschub erreichen.

1389 (1) *Voraussetzungen* für die Begründetheit dieser Vollstreckungsgegenklage sind insbesondere:

(a) Dem Erben muß eine aufschiebende *Einrede gem. § 2014 BGB oder § 2015 BGB zustehen* (ErbR Rdnr. 674).

(aa) Mit der *Dreimonatseinrede* (§ 2014 BGB) kann der Erbe bis zum Ablauf von drei Monaten nach Annahme der Erbschaft regelmäßig die Berichtigung einer Nachlaßverbindlichkeit verweigern. Da er Zeit zur Unterrichtung über den Umfang des Nachlasses haben soll, endet die Frist, wenn der Erbe vor Ablauf der Dreimonatsfrist das Inventar errichtet hat.

(bb) Mit der *Aufgebotseinrede* (§ 2015 BGB) kann der Erbe die Leistung verweigern, solange ein Aufgebotsverfahren schwebt. Damit die Gläubiger nicht zu lange auf eine Befriedigung warten müssen, setzt § 2015 I BGB voraus, daß der Antrag auf Erlaß eines Aufgebots binnen Jahresfrist nach Annahme der Erbschaft gestellt ist; ferner verliert der Erbe die Einrede, wenn er den Abschluß des Aufgebotsverfahrens verzögert (vgl. § 2015 II BGB).

(b) Die Einrede darf *nicht gegenüber dem Vollstreckungsgläubiger ausgeschlossen* sein (vgl. § 2016 BGB). Das ist der Fall, wenn der Erbe dem Gläubiger bereits unbeschränkbar haftet, der Gläubiger wegen der Forderung dinglich gesichert ist oder der Anspruch keinen Aufschub verträgt (ErbR Rdnr. 675).

(c) Die Beschränkung muß *im Urteil vorbehalten* sein (§§ 305 I, 780 I).

In den Fällen des § 780 II (Rdnr. 1384) ist ein solcher Vorbehalt nicht erforderlich.

1390 (2) Die *Wirkung* eines der Vollstreckungsgegenklage stattgebenden Urteils besteht darin, daß die Zwangsvollstreckung auf solche (Sicherungs-) Maßregeln beschränkt wird, die zur Vollziehung eines Arrestes (vgl. §§ 930 ff.; Rdnr. 1541 ff.) zulässig sind (§ 782, 1 a.E.).

Beispiele: Eintragung einer Sicherungshypothek; Pfändung, aber keine Versteigerung einer Sache; Hinterlegung gepfändeten Geldes.

Der Urteilstenor lautet beispielsweise: »Die Verwertung der beim Kläger gepfändeten Sachen ... wird bis zum ... für unzulässig erklärt.«

Nach Ablauf der im Urteil genannten Frist endet die angeordnete Beschränkung; die Zwangsvollstreckung ist also fortzusetzen, sofern ihr nicht ein anderes Hindernis (z.B. Nachlaßverwaltung) entgegensteht. Wenn vor Ablauf der Frist die Eröffnung des Nachlaßkonkurses beantragt wird, ist gem. § 782, 2 auf Antrag die Beschränkung der Zwangsvollstreckung auch noch nach dem Ablauf der Frist aufrechtzuerhalten, bis über die Konkurseröffnung rechtskräftig entschieden ist.

b) Um zu verhindern, daß während der in §§ 2014 f. BGB genannten Fristen persönliche Gläubiger des Erben in den Nachlaß vollstrecken, kann sich der Erbe auch *gegenüber einem persönlichen Gläubiger* hinsichtlich der Nachlaßgegenstände auf eine Beschränkung der Zwangsvollstreckung nach § 782 berufen (§ 783). Dazu ist selbstverständlich ein Vorbehalt im Urteil, das der Eigengläubiger gegen den Erben erstritten hat, nicht erforderlich; denn einen solchen Vorbehalt gibt es hier nicht.   **1391**

3. Gütergemeinschaft   **1392**

a) Bei der *fortgesetzten Gütergemeinschaft* (§§ 1483 ff. BGB; Rdnr. 36, 782) haftet der überlebende Ehegatte für die Gesamtgutsverbindlichkeiten persönlich (§ 1489 I BGB). Sofern ihn die persönliche Haftung nur infolge des Eintritts der fortgesetzten Gütergemeinschaft trifft, sind die Vorschriften entsprechend anwendbar, welche die Haftung des Erben für Nachlaßverbindlichkeiten regeln; an die Stelle des Nachlasses tritt das Gesamtgut (vgl. § 1489 II BGB). Der überlebende Gatte kann also seine Haftung durch Gesamtgutsverwaltung, Gesamtgutskonkurs (§ 236 KO), Unzulänglichkeitseinreden (§§ 1989 f. BGB) und die aufschiebenden Einreden (§§ 2014 f. BGB) im Wege der Vollstreckungsgegenklage auf das Gesamtgut beschränken, wenn er sich die Beschränkung im Urteil hat vorbehalten lassen (vgl. §§ 305 II, 786).

b) Wird das Gesamtgut *nach Beendigung der (ehelichen oder fortgesetzten) Gütergemeinschaft* (vgl. Rdnr. 36, 784) geteilt, bevor eine Gesamtgutsverbindlichkeit berichtigt worden ist, haftet dem Gläubiger der Ehegatte oder der Abkömmling persönlich; jedoch kann er die Haftung auf die ihm zugeteilten Gegenstände beschränken (vgl. §§ 1480, 1504 BGB). Er muß sich die Haftungsbeschränkung im Urteil vorbehalten lassen (§§ 786, 780 I).   **1393**

4. Beschwertes Vermächtnis   **1394**

Ein Vermächtnisnehmer, der mit einem (Unter-) Vermächtnis oder einer Auflage beschwert ist, kann die Erfüllung auch nach Annahme des Vermächtnisses insoweit verweigern, als das, was er aus dem Vermächtnis erhält, zur Erfüllung nicht ausreicht (§ 2187 I BGB; ErbR Rdnr. 436). Auch hier ist die Vollstreckungsgegenklage möglich, und die Haftungsbeschränkung wird nur berücksichtigt, wenn sie dem Vermächtnisnehmer vorbehalten worden ist (§§ 786, 780 I).

1395 5. Vermögensübernahme

Bei einer Vermögensübernahme (§ 419 BGB; AS Rdnr. 420 ff.) kann der Erwerber seine Haftung für Schulden des Veräußerers gegenständlich auf das übernommene Vermögen und die Ansprüche beschränken, die dem Erwerber aus dem Vertrag zustehen (§ 419 II BGB). §§ 786, 780 I sind hier ebenfalls anwendbar.

1396 § 44   Die Drittwiderspruchsklage

Schrifttum: *Arens/Lüke,* Einwand der Vermögensübernahme gegen Drittwiderspruchsklage — BGHZ 80, 296, JuS 1984, 263; *Bettermann,* Die Interventionsklage als zivile Negatoria, Festschrift f. Friedrich Weber, 1975, 87; *A. Blomeyer,* Rechtskraft- und Gestaltungswirkung der Urteile im Prozeß auf Vollstreckungsgegenklage und Drittwiderspruchsklage, AcP 165, 481; *ders.,* Neue Vorschläge zur Vollstreckung in die unter Eigentumsvorbehalt gelieferte Sache, ein Beispiel sinnvoller Rechtsrückbildung?, JR 1978, 271; *Böhm,* Ungerechtfertigte Zwangsvollstreckung und materiellrechtliche Ausgleichsansprüche, 1971; *Bötticher,* Die Intervention des Sicherungseigentümers: § 771 oder § 805 ZPO?, MDR 1950, 705; *Brox/Walker,* Die Drittwiderspruchsklage, JA 1986, 113; *Cohn,* Reform des Interventionsprozesses, 1931; *W. Frank,* Schutz von Pfandrechten an Eigentumsanwartschaften bei Sachpfändung durch Dritte, NJW 1974, 2211; *Geißler,* Die Vollstreckungsklagen im Rechtsbehelfssystem der Zwangsvollstreckung, NJW 1985, 1865; *Haase,* Besondere Klagearten im Zivilprozeß, JuS 1967, 561, 563; *Janke,* Über den Gegenstand der Vollstreckungsgegenklage (§ 767 ZPO), 1978; *Münzberg/Brehm,* Altes und Neues zur Widerspruchsklage nach § 771 ZPO, Festschrift f. Baur, 1981, 517; *Paulus,* Die Behelfe des Sicherungseigentümers gegen den Vollstreckungszugriff, ZZP 64, 169; *Picker,* Die Drittwiderspruchsklage in ihrer geschichtlichen Entwicklung als Beispiel für das Zusammenwirken von materiellem Recht und Prozeßrecht, 1981; *Sohm,* Wesen und Voraussetzungen der Widerspruchsklage, 1908; *M. Wolff,* Die Zwangsvollstreckung in eine dem Schuldner nicht gehörige bewegliche Sache, Festgabe f. Hübler, 1905, 63.

Fälle:

a) V hat dem K einen Videorecorder unter Eigentumsvorbehalt geliefert. Ein Gläubiger des K läßt das Gerät pfänden. Kann V sich gegen die Vollstreckung mit der Drittwiderspruchsklage wehren?

Steht dem K die Klage aus § 771 zu, wenn ein Gläubiger des V in das Gerät vollstreckt?

b) Zur Sicherung eines Kredits übereignet der Schuldner S seiner Bank B seinen Pkw, welcher der B auch ausgehändigt wird. Als ein Gläubiger der B den Pkw pfändet, möchte S die Drittwiderspruchsklage erheben. Mit Erfolg?

c) Im Fall b übereignet S an die B den Pkw gem. §§ 929, 930 BGB, so daß der Wagen weiterhin im Besitz des S bleibt. Als ein Gläubiger des S den Pkw pfändet, möchte die B wissen, ob und gegebenenfalls wi. sie dˑgegen vorgehen kann.

d) G läßt bei S ein Klavier pfänden, das D vˑn V gemietet und an S untervermietet hat. D will intervenieren. Mit Erfolg?

e) Das gepfändete Klavier gehört dem S, ist aber von diesem an D verkauft worden. Deshalb möchte D der Pfändung widersprechen.

f) V hat seinem Sohn S vor vier Monaten ein wertvolles Gemälde geschenkt. D, der aus einem Zahlungstitel vergeblich die Zwangsvollstreckung gegen V betrieben hat, möchte in das Gemälde vollstrecken. Bevor er die Anfechtungsklage gegen S erhoben hat, läßt dessen Gläubiger G das Gemälde pfänden. Steht dem D gegen G die Klage aus § 771 zu?

g) G hat ein Sportcabriolet bei S pfänden lassen. Dessen Vater D erhebt Drittwiderspruchsklage mit der Begründung, S habe ihm den Wagen übereignet. G bestreitet das. Jedenfalls sei die Übertragung zum Schein oder zum Zweck der Gläubigerbenachteiligung erfolgt. Selbst wenn D Eigentümer des Wagens geworden sei, müsse er die Vollstreckung dulden, da er sich für die titulierte Forderung des S verbürgt habe. Erheblich? Da D alles bestreitet, fragt sich der Richter, wer was beweisen muß.

h) D verlangt unter Berufung auf sein Eigentum von G die Freigabe einer Schreibmaschine, die dieser bei S hat pfänden lassen. Als G von D den Nachweis des Eigentums fordert, erhebt D gegen G die Drittwiderspruchsklage und benennt V als Zeugen dafür, daß dieser dem D die Maschine verkauft und übereignet habe. Nachdem V als Zeuge im Verhandlungstermin die Behauptung des D — auch zur Überzeugung des G — glaubhaft bestätigt hat, möchte G wissen, wie er sich nun im Prozeß verhalten soll.

i) Im Fall h ist die Klage des D rechtskräftig abgewiesen und die Schreibmaschine inzwischen versteigert worden. D möchte wissen, ob er den G nunmehr mit Erfolg auf Schadensersatz verklagen kann.

1397   I. Zweck, rechtliche Einordnung und Abgrenzung

1. Zweck

Mit der Drittwiderspruchsklage (= Widerspruchs- oder Interventionsklage) nach § 771 kann sich ein Dritter gegen eine Vollstreckung in sein Vermögen wehren. Diese Klagemöglichkeit muß dem Dritten deshalb eingeräumt werden, weil das Vollstreckungsorgan bei der Vollstreckung regelmäßig nicht prüft, ob das Vollstreckungsobjekt zum Vermögen des Schuldners
gehört. Hat etwa der Gerichtsvollzieher eine im Gewahrsam des Schuldners
befindliche Sache eines Dritten gepfändet und gibt der Gläubiger die Sache
nicht frei, bleibt es dem Dritten überlassen, durch Klage gegen den Gläubiger ein Urteil zu erstreiten, durch das die Zwangsvollstreckung in den gepfändeten Gegenstand für unzulässig erklärt wird.

1398   2. Rechtliche Einordnung

Die Drittwiderspruchsklage ist nach h.M. eine prozessuale Gestaltungsklage (BGHZ 58, 207, 214; BL/*Hartmann*, Einf §§ 771—774 Anm. 1 A; *Rosenberg*, § 185 III 8; StJ/*Münzberg*, § 771 Rdnr. 4; *Thomas/Putzo*, § 771
Anm. 1). Sie stellt keine abgewandelte Beseitigungs- oder Unterlassungs-
klage dar (so aber *Bettermann*, Festschrift f. Weber, 87 ff.; *A. Blomeyer*,
AcP 165, 481 ff.). Diese Streitfrage spielt für die Rechtsanwendung aber
keine Rolle, da aus der Einordnung keine rechtlichen Folgerungen hergeleitet werden dürfen.

1399   3. Abgrenzung

Die Drittwiderspruchsklage ist abzugrenzen:

a) von der *Vollstreckungserinnerung* gem. § 766 (Rdnr. 1169);

b) von der *Vollstreckungsgegenklage* gem. § 767 (Rdnr. 1317);

c) von der *Klage auf vorzugsweise Befriedigung* gem. § 805
(Rdnr. 1451 ff.). Diese Klage ist eine »mindere Widerspruchsklage« (so BL/
Hartmann, § 805 Anm. 2 A). Mit ihr verlangt ein Dritter — anders als bei
der Klage aus § 771 — nicht, daß die Zwangsvollstreckung in einen bestimmten Gegenstand für unzulässig erklärt wird; vielmehr klagt der Gläubiger
eines besitzlosen Pfandrechts (z.B. eines Vermieterpfandrechts gem. § 559
BGB) gegen den Pfändungspfandgläubiger darauf, daß er aus dem Reinerlös
der gepfändeten Sache bis zur Höhe seiner durch das Pfandrecht gesicherten

Forderung im Rang vor dem beklagten Gläubiger zu befriedigen ist. Die Zwangsvollstreckung soll also weiterhin zulässig bleiben; nur will der Kläger an dem Erlös (vor dem Beklagten) beteiligt werden.

d) von *materiellrechtlichen Klagen*. In Betracht kommen einerseits Herausgabe- und Unterlassungsklagen, andererseits Klagen auf Schadensersatz oder auf Herausgabe der Bereicherung. **1400**

(1) Mit einer *Klage auf Herausgabe* des gepfändeten Gegenstandes *oder auf Unterlassung* der Zwangsvollstreckung will der Dritte letztlich das erzielen, was auf dem Weg über eine Widerspruchsklage erreichbar ist. Deshalb schließt der speziellere Rechtsbehelf des § 771 die Klagen aus §§ 985, 1004 BGB aus (vgl. BGHZ 58, 207, 214 f.; BL/*Hartmann*, Einf §§ 771—774 Anm. 3). Zudem könnte mit einem Herausgabe- oder Unterlassungsurteil eine Einstellung der Zwangsvollstreckung nicht erreicht werden, da § 775 Nr. 1 eine Entscheidung voraussetzt, welche die Zwangsvollstreckung für unzulässig erklärt.

Allerdings besteht die Möglichkeit, zusammen mit der Widerspruchsklage gegen den Gläubiger eine gegen den Schuldner gerichtete Klage auf Herausgabe der Sache zu erheben; Gläubiger und Schuldner sind dann als Streitgenossen anzusehen (§ 771 II).

(2) Ist die Vollstreckung in den Gegenstand beendet, scheidet eine Drittwiderspruchsklage aus (Rdnr. 1405). Jedoch kommen jetzt *Schadensersatz- oder Bereicherungsansprüche* in Betracht (Rdnr. 464 ff.). **1401**

Wenn aber die Drittwiderspruchsklage rechtskräftig abgewiesen worden ist, steht einer Schadensersatz- oder Bereicherungsklage die Rechtskraft des Urteils entgegen (Rdnr. 1449).

II. Zulässigkeit der Drittwiderspruchsklage **1402**

1. Statthaftigkeit

Die Klage ist statthaft bei jeder Vollstreckung, die in die materielle Berechtigung eines Dritten am Vollstreckungsgegenstand eingreift.

2. Allgemeine Verfahrensvoraussetzungen **1403**

Auch bei der Widerspruchsklage müssen die allgemeinen Verfahrensvoraussetzungen (Rdnr. 18 ff.) wie Partei- und Prozeßfähigkeit sowie die Prozeßführungsbefugnis vorliegen. Dabei sind der Klageantrag, die Zuständigkeit des Gerichts und das Rechtsschutzinteresse besonders zu erwähnen.

a) Der *Klageantrag* ist darauf gerichtet, die Zwangsvollstreckung in einen (genau zu bezeichnenden) Gegenstand für unzulässig zu erklären. Ein unklar gefaßter Antrag wie etwa der, den Beklagten »zur Freigabe« zu verurteilen, ist entsprechend auszulegen, wenn ihm das Begehren des Klägers entnommen werden kann, daß der betreffende Gegenstand der Vollstreckung entzogen werden soll (StJ/*Münzberg*, § 771 Rdnr. 42).

1404   b) *Zuständig* ist das Gericht, in dessen Bezirk die Zwangsvollstreckung erfolgt (§§ 771 I, 802; ausschließliche örtliche Zuständigkeit). Das ist — je nach dem Wert des Streitgegenstandes — das Amts- oder Landgericht (§§ 23 Nr. 1, 71 I GVG; nicht ausschließliche sachliche Zuständigkeit). Maßgeblich ist der Wert der Vollstreckungsforderung des Beklagten; allerdings ist der Wert des gepfändeten Gegenstandes maßgebend, falls er unter dem der Vollstreckungsforderung liegt (vgl. § 6).

Das Familiengericht ist zuständig, wenn das vom Dritten geltend gemachte Recht eine Familiensache i.S.v. § 23b GVG betrifft (vgl. BGH FamRZ 1985, 903, 904; BL/ *Hartmann*, § 771 Anm. 3 m.N.).

1405   c) Bei der Prüfung des *Rechtsschutzinteresses* ist von besonderer Bedeutung, innerhalb welchen Zeitraumes die Widerspruchsklage erhoben werden kann und ob das Rechtsschutzinteresse zu verneinen ist, wenn andere Rechtsbehelfe eingelegt werden können oder eine unwirksame Vollstreckungsmaßnahme vorliegt.

(1) Die Widerspruchsklage darf grundsätzlich nur in der *Zeit zwischen Beginn und Beendigung* der Zwangsvollstreckung erhoben werden.

(a) Der *Beginn* der Vollstreckung liegt in der ersten Vollstreckungsmaßnahme. Erst von diesem Zeitpunkt an wird der Dritte durch die Vollstreckung gefährdet. Deshalb reicht bei einer Vollstreckung wegen einer Geldforderung allein das Vorliegen eines Zahlungstitels nicht aus; denn zu diesem Zeitpunkt steht noch gar nicht fest, auf welche Vermögensgegenstände zugegriffen wird.

Allerdings besteht bei der Herausgabevollstreckung (§§ 883 ff.; Rdnr. 1046 ff.) ein Rechtsschutzinteresse für die Drittwiderspruchsklage schon vor Beginn der Vollstreckung; denn dann wird das Recht des Dritten bereits durch den Vollstreckungstitel gefährdet, weil sich schon aus diesem der Vollstreckungsgegenstand ergibt.

(b) Nach *Beendigung* der konkreten Vollstreckungsmaßnahme ist die Drittwiderspruchsklage unzulässig. Das ist etwa der Fall, wenn der Gerichtsvollzieher den Versteigerungserlös an den Gläubiger ausgekehrt hat. Bis zu diesem Zeitpunkt kann der Dritte Widerspruchsklage erheben. Wenn die Sache schon versteigert ist, steht dem Dritten aufgrund eines stattgebenden Urteils ein Recht an dem Erlös zu, der kraft Surrogation an die Stelle des versteigerten Gegenstandes getreten ist.

Ist die Zwangsvollstreckung beendet worden, kann der Dritte nur noch Schadensersatz- und Bereicherungsansprüche geltend machen (Rdnr. 464 ff.). Dann ist gem. § 264 Nr. 3 auch eine Umstellung der Widerspruchsklage auf eine Leistungsklage möglich.

(2) Das Rechtsschutzinteresse für eine Widerspruchsklage fehlt, wenn der **1406** Dritte sein Ziel auf einem *einfacheren und kostengünstigeren Weg* erreichen kann. Diese Möglichkeit besteht, wenn auch die Vollstreckungserinnerung zulässig ist. Zwar sind grundsätzlich beide Rechtsbehelfe nebeneinander anwendbar (Rdnr. 1169, 1193). Wenn aber ausnahmsweise die Erinnerung erkennbar ohne Risiko zum Ziel führt, fehlt für eine Widerspruchsklage das Rechtsschutzinteresse (vgl. OLG Bamberg JR 1955, 25; LG Kleve MDR 1955, 621; *Lippross*, S. 181); denn die Erinnerung ist einfacher und kostengünstiger (keine Gerichtsgebühren, kein Anwaltszwang).

(3) Auch bei *unwirksamen Vollstreckungsmaßnahmen* ist die Wider **1407** spruchsklage zulässig. Pfändet der Vollstreckungsgläubiger etwa eine Forderung des Vollstreckungsschuldners, welche dieser bereits vorher an den Dritten abgetreten hat, geht die Pfändung zwar ins Leere (Rdnr. 510). Dennoch wird das Recht des Dritten durch den Schein der Pfändung gefährdet. Er hat ein schützenswertes Interesse daran, daß der Vollstreckungsgläubiger nicht als Einziehungsberechtigter der Forderung auftritt, weil sich sonst der Drittschuldner veranlaßt sehen könnte, an den Vollstreckungsgläubiger zu leisten. Ließe man die Widerspruchsklage nicht zu, könnte zudem der unbeteiligte Drittschuldner, wenn er nicht hinterlegen würde, Zahlungsklagen sowohl des Vollstreckungsgläubigers als auch des Dritten ausgesetzt sein (vgl. BGH WM 1981, 648, 649; 1977, 76, 77 m.N.). Nur dann, wenn die Nichtigkeit der Vollstreckungsmaßnahme eindeutig ist und von keinem Beteiligten bestritten wird, kann für eine Widerspruchsklage das Rechtsschutzinteresse fehlen (OLG Hamburg MDR 1959, 933; RGZ 81, 190, 191).

III. Begründetheit der Drittwiderspruchsklage   1408

Die Klage aus § 771 ist begründet, wenn der Kläger ein die Veräußerung hinderndes Recht hat und diesem kein Recht des Beklagten (Rdnr. 1462 ff.) entgegensteht.

1. Aktiv- und Passivlegitimation   1409

a) *Aktivlegitimiert* ist nach § 771 ein Dritter, in bestimmten Fällen aber auch der Vollstreckungsschuldner.

(1) Grundsätzlich muß der Kläger *Dritter* sein. Das ist jeder, der weder Vollstreckungsschuldner noch Vollstreckungsgläubiger ist.

Beispiele: Miteigentümer (vgl. Rdnr. 1411) des Vollstreckungsgegenstandes, sofern er im Titel nicht genannt ist; Gesellschafter einer OHG, wenn der Titel nur gegen die Gesellschaft lautet; Nacherbe, wenn die Zwangsvollstreckung gegen den Vorerben in einen zur Vorerbschaft gehörenden Gegenstand betrieben wird (vgl. § 773; Rdnr. 1428); Ehegatte des Schuldners, wenn die Zwangsvollstreckung nach § 741 in das Gesamtgut stattfindet (vgl. § 774; Rdnr. 1429).

(2) Ausnahmsweise ist der *Vollstreckungsschuldner* aktivlegitimiert, wenn er nur mit einer bestimmten Vermögensmasse haftet und sich gegen die Vollstreckung in eine andere Vermögensmasse wendet.

Beispiele: Der Erbe haftet vor Annahme der Erbschaft den Nachlaßgläubigern nur mit dem Nachlaß, den Eigengläubigern nur mit seinem Eigenvermögen (vgl. § 778; Rdnr. 196). Der Konkursverwalter, der Nachlaßverwalter und der Testamentsvollstrecker verwalten neben ihrem eigenen auch fremdes Vermögen. Wird aus einem Titel gegen den Verwalter (Rdnr. 39 f.) in dessen Privatvermögen vollstreckt, steht ihm die Drittwiderspruchsklage zu. Das gilt für den Konkursverwalter auch dann, wenn er die Vollstreckung in einen zur Konkursmasse gehörenden Gegenstand wegen Verstoßes gegen § 14 KO für unzulässig erklären lassen will (Rdnr. 193).

(3) Bei der *Teilungsversteigerung* nach §§ 180 ff. ZVG (Rdnr. 984 ff.) ist ein *Gemeinschaftsmitglied,* das die Teilungsversteigerung aus materiellen Gründen verhindern will, Dritter im Sinne des § 771.

Beispiel: Die Ehefrau hält die von ihrem Mann betriebene Teilungsversteigerung zum Zwecke der Aufhebung der Miteigentümergemeinschaft am gemeinsamen Grundstück wegen Verstoßes gegen § 1365 I BGB für unzulässig (dazu Rdnr. 992).

Gegen die Anwendung des § 771 spricht nicht, daß die Teilungsversteigerung keine Zwangsvollstreckung ist (BGHZ 13, 133) und daß die nicht betreibenden Gemeinschaftsmitglieder als Antragsgegner an der Teilungsversteigerung beteiligt sind, also die Rolle des Schuldners einnehmen (BGH WM 1981, 457, 458). Denn diese Versteigerung wird wie eine Zwangsversteigerung durchgeführt, und die Rolle des widersprechenden Teilhabers entspricht derjenigen des einer Zwangsversteigerung widersprechenden Dritten, der sein aus dem Grundbuch nicht ersichtliches Recht gem. § 37 Nr. 5 ZVG ebenfalls mit der Drittwiderspruchsklage geltend machen muß (OLG Hamm Rpfleger 1979, 20, 22; vgl. Rdnr. 888). Deshalb hat auch ein Gemeinschaftsmitglied seine nicht aus dem Grundbuch ersichtlichen materiellen Einwendungen gegen die Teilungsversteigerung im Wege der Drittwiderspruchsklage nach § 771 geltend zu machen (BGH FamRZ 1985, 903, 904; 1984, 563, 564; 1972, 363). Zur Erreichung des Rechtsschutzzieles, die Zwangsvollstreckung in einen bestimmten Gegenstand aus materiellen Gründen für unzulässig erklären zu lassen, kommt nur der Rechtsbehelf des § 771 in Betracht.

Ist allerdings die der Versteigerung entgegenstehende materielle Einwendung aus dem Grundbuch ersichtlich, muß das Vollstreckungsgericht sie beachten und das Verfahren aufheben oder einstweilen einstellen (§ 28 ZVG; Rdnr. 872, 877). Verstößt das Vollstreckungsgericht dagegen, liegt ein Verfahrensfehler vor, der auch mit der Erinnerung nach § 766 gerügt werden kann.

b) *Passivlegitimiert* ist der die Zwangsvollstreckung betreibende Vollstreckungsgläubiger. Vollstrecken mehrere Gläubiger aus verschiedenen Titeln in den Gegenstand, müssen alle verklagt werden, da die Rechtskraft des Urteils nur gegenüber dem (den) Beklagten wirkt.

2. Veräußerungshinderndes Recht des Klägers

1410

Dem Kläger muß ein die Veräußerung hinderndes Recht (z.B. Eigentum) zustehen.

Zwar kennt unsere Rechtsordnung ein »die Veräußerung hinderndes Recht« im Wortsinne nicht; denn selbst das Eigentum als stärkstes dingliches Recht hindert nicht immer die wirksame Veräußerung durch einen Nichtberechtigten (vgl. §§ 892, 932 ff. BGB). Jedoch ist ein Recht i.S.d. § 771 anzunehmen, »wenn der Schuldner selbst, veräußerte er den Vollstreckungsgegenstand, widerrechtlich in den Rechtskreis des Dritten eingreifen würde und ... deshalb der Dritte den Schulder an der Veräußerung hindern könnte« (BGHZ 55, 20, 26).

Wenn also maßgebend ist, ob eine Veräußerung des Vollstreckungsgegenstandes durch den Schuldner rechtswidrig sein würde, dann kommt ein die Veräußerung hinderndes Recht des Dritten in folgenden Fällen in Betracht:

a) Eigentum

1411

Das Eigentum als das umfassendste dingliche Recht berechtigt zur Drittwiderspruchsklage und ist deren Hauptanwendungsfall.

Beispiele: D hat eine ihm gehörende Sache an S verliehen oder vermietet; G pfändet die im Besitz des S befindliche Sache. — F ist Eigentümerin einer Sache, in die vom Gläubiger ihres Mannes vollstreckt wird.

(1) Auch das *Mit- oder Gesamthandseigentum* reicht zur Klage, wenn in die betreffende Sache vollstreckt wird, ohne daß gegen den Kläger als Miteigentümer oder Gesamthänder ein Vollstreckungstitel vorliegt (vgl. RGZ 144, 236, 241; *Zöller/Schneider,* § 771 Rdnr. 14 »Eigentum« m.N.).

Der Gläubiger eines Miteigentümers oder Gesamthandseigentümers hat allerdings die Möglichkeit, den Miteigentumsanteil oder den Anteil am Gesamthandsvermögen zu pfänden (Rdnr. 802 ff.; 773 ff.).

1412   (2) Beim *Vorbehaltseigentum* kommt es darauf an, ob ein Gläubiger des Vorbehaltskäufers oder ein Gläubiger des Vorbehaltsverkäufers in die unter Eigentumsvorbehalt veräußerte Sache vollstreckt (Fall a).

(a) Bei einer *Vollstreckung durch den Gläubiger des Vorbehaltskäufers* kann der Vorbehaltsverkäufer als Eigentümer der Vorbehaltssache die Drittwiderspruchsklage erheben (h.M.; vgl. BGHZ 54, 214, 218; *Brox*, JuS 1984, 657, 666; *Grunsky*, JuS 1984, 497, 503; anders: *L. Raiser*, Dingliche Anwartschaften, 1961, 91 f.; *Schwerdtner*, Jura 1980, 661, 668, die dem Vorbehaltsverkäufer nur das Recht aus § 805 zubilligen). Gewährt man ihm nur das Recht auf vorzugsweise Befriedigung nach § 805, ist sein Eigentum nicht hinreichend geschützt, da der Versteigerungserlös unter dem Restkaufpreis, der dem Gläubiger gebührt, liegen kann (*Medicus*, Bürgerliches Recht, Rdnr. 486).

Der Gläubiger des Vorbehaltskäufers darf nur auf das zugreifen, was bereits zum Vermögen seines Schuldners gehört; das ist nicht die unter Eigentumsvorbehalt erworbene Sache selbst, sondern nur das Anwartschaftsrecht des Vorbehaltskäufers auf den Erwerb der Sache (zur Vollstreckung in das Anwartschaftsrecht Rdnr. 806 ff.).

(b) Bei einer *Vollstreckung durch den Gläubiger des Vorbehaltsverkäufers* in die Vorbehaltssache hat der Vorbehaltskäufer die Möglichkeit, wegen seines Anwartschaftsrechtes die Drittwiderspruchsklage anzustrengen (h.M.; vgl. BGHZ 55, 20, 26 f.; *Brox*, JuS 1984, 657, 666; *W. Frank*, NJW 1974, 2211, 2213). Der Vorbehaltskäufer bedarf dieses Schutzes, weil eine Versteigerung der Sache verhindert werden muß; denn der Ersteher würde aufgrund des staatlichen Hoheitsaktes (Rdnr. 411) lastenfreies Eigentum erwerben, ohne daß es dem Vorbehaltskäufer noch möglich wäre, durch vollständige Kaufpreiszahlung die Bedingung für den Eigentumsübergang auf sich herbeizuführen (*Baur/Stürner*, Rdnr. 774; anders: *Säcker*, JZ 1971, 156, 159). § 161 I 2 BGB findet auf die Eigentumsübertragung kraft Hoheitsaktes keine Anwendung.

Allerdings kann der Vorbehaltskäufer im Wege des § 771 nicht schon der Pfändung, sondern nur der Verwertung widersprechen; denn zum einen wird erst durch die Verwertung die Herbeiführung des Bedingungseintritts vereitelt, und zum anderen würde eine Aufhebung der Pfändung (§ 776) den Gläubiger unnötig benachteiligen, weil er nach einem Ausfall der Bedingung die Sache unter Verlust seines Ranges erneut pfänden müßte (StJ/*Münzberg*, § 771 Rdnr. 17; *Baumann/Brehm*, § 13 III 5b γ FN 73).

Eine Pfändung der Vorbehaltssache durch den Gläubiger des Vorbehaltsverkäufers wird im übrigen regelmäßig schon daran scheitern, daß sich die Sache im Gewahrsam des Vorbehaltskäufers befindet; dann kommt eine Pfändung durch den Gerichtsvollzieher nur in Betracht, wenn der Vorbehaltskäufer zur Herausgabe der Sache bereit ist (§ 809; Rdnr. 248 ff.), und das wird selten der Fall sein.

b) Inhaberschaft an einer Forderung oder an einem anderen   1413
Vermögensrecht

Wie das Eigentum an einer Sache berechtigt auch die Inhaberschaft an einer Forderung oder an einem anderen Vermögensrecht zur Drittwiderspruchsklage; denn jede Vollstreckung in ein schuldnerfremdes Recht ist mit der Klage nach § 771 angreifbar (so *A. Blomeyer,* vor § 35; vgl. auch *Baur/Stürner,* Rdnr. 773; StJ/*Münzberg,* § 771 Rdnr. 20; *Thomas/Putzo,* § 771 Anm. 6 b). Wenn also eine Forderung gepfändet wird, die nicht dem Vollstreckungsschuldner, sondern einem Dritten zusteht, kann dieser gegen den Vollstreckungsgläubiger die Klage aus § 771 erheben.

Obwohl durch die Pfändung der »angeblichen« Forderung des Vollstreckungsschuldners gegen den Drittschuldner die Forderung des Dritten gegen den Drittschuldner nicht beschlagnahmt wird, ist das Recht des Dritten durch den Schein einer wirksamen Pfändung doch gefährdet, so daß dem Dritten das Recht eingeräumt werden muß, die Zwangsvollstreckung in seine Forderung für unzulässig erklären zu lassen (*A. Blomeyer,* StJ/*Münzberg,* a.a.O.; vgl. BGH NJW 1977, 384, 385; Rdnr. 1407).

c) Treuhandverhältnisse   1414

Ein Treuhandverhältnis liegt vor, wenn der Treugeber dem Treuhänder mehr Rechtsmacht verschafft, als der Treuzweck es erfordert. Übertragen wird das Vollrecht (z.B. das Eigentum, die Forderung); aber im Innenverhältnis zwischen Treugeber und Treuhänder ist diese Rechtsmacht entsprechend dem Treuzweck (z.B. zum Inkasso im Interesse des Treugebers, zur Sicherung im Interesse des Treuhänders) eingeschränkt (vgl. etwa *Erman/Brox,* Vor § 164 Rdnr. 15 ff.; StJ/*Münzberg,* § 771 Rdnr. 21 ff.).

Für die Frage, ob bei der Zwangsvollstreckung in das Recht mit Erfolg die Drittwiderspruchsklage erhoben werden kann, ist zwischen der uneigennützigen und der eigennützigen Treuhand und in jedem der beiden Fälle danach zu unterscheiden, ob ein Gläubiger des Treuhänders oder ein Gläubiger des Treugebers die Zwangsvollstreckung betreibt:

(1) Die *uneigennützige Treuhand* (Verwaltungstreuhand) dient in der   1415
Regel den Zwecken des Treugebers; dabei spielt es keine Rolle, ob der Treuhänder für seine Tätigkeit eine Vergütung erhält.

Beispiele: Der Treugeber tritt seine Forderung an den Treuhänder ab, damit dieser sie für ihn einzieht (Inkassozession; AS Rdnr. 393). Der Treugeber überträgt sein Vermögen dem Treuhänder, damit dieser die Gläubiger des Treugebers befriedigt.

Obwohl nach h.M. für ein Treuhandverhältnis regelmäßig erforderlich ist, daß der Treuhänder das Treugut unmittelbar aus dem Vermögen des Treugebers erhalten hat (sog. Unmittelbarkeitsprinzip; vgl. *Erman/Brox,* Vor § 164 Rdnr. 15), reicht es etwa bei der Einzahlung eines Dritten auf das bei einer Bank geführte Anderkonto des Treuhänders (z.B. Notars, Anwalts) aus, daß das Konto erkennbar nur der Verwaltung fremder Gelder dient (BGH NJW 1959, 1223, 1225; vgl. auch BGH NJW 1971, 559, 560; BL/*Hartmann*, § 771 Anm. 6 »Treuhand«).

(a) Vollstreckt ein *Gläubiger des Treuhänders* in das Treugut, kann der Treugeber sich dagegen mit der Widerspruchsklage wehren, da das Treugut wirtschaftlich und auch haftungsrechtlich zum Vermögen des Treugebers gehört (BGHZ 11, 37, 41; vgl. Rdnr. 511). Das gilt nur dann nicht, wenn die Zwangsvollstreckung sich im Rahmen des Treuzwecks hält (vgl. BGH NJW 1959, 1223, 1225).

(b) Vollstreckt ein *Gläubiger des Treugebers* in das Treugut, scheidet für den Treuhänder die Widerspruchsklage aus (BGHZ 11, 37, 42), da nicht diesem, sondern dem Treugeber das Treugut wirtschaftlich gehört.

Ist bei der Pfändung etwa der Gewahrsam des Treuhänders nicht beachtet worden, kommt für den Treuhänder allerdings § 766 in Betracht.

1416   (2) Die *eigennützige Treuhand* (Sicherungstreuhand) dient dem Interesse des Treuhänders.

Beispiele: Zur Sicherung eines Anspruchs des Gläubigers gegen seinen Schuldner tritt dieser an den Gläubiger eine Forderung ab oder übereignet ihm eine bewegliche Sache.

(a) Betreibt ein *Gläubiger des Treuhänders* (= Sicherungsnehmers, Sicherungsgläubigers) die Zwangsvollstreckung in das Sicherungsgut (Fall b), steht dem Treugeber (= Sicherungsgeber, Sicherungsschuldner) nach ganz h.M. die Drittwiderspruchsklage zu (BGHZ 72, 141, 143 ff.; BL/*Hartmann*, § 771 Anm. 6 »Treuhand« b; *Baur/Stürner*, Rdnr. 776; *A. Blomeyer*, § 36 III 2 b; *Gerhardt*, § 16 III 1 c FN 23; *Jauernig*, § 13 IV 1 a; StJ/*Münzberg*, § 771 Rdnr. 26). Dagegen will eine Mindermeinung dem Sicherungsgeber erst dann die Klage aus § 771 zugestehen, wenn die gesicherte Forderung beglichen worden ist (*Rosenberg*, § 185 III 2 b; *Weber*, NJW 1976, 1601, 1605).
Der h.M. ist zu folgen. Denn im Verhältnis zum Sicherungsnehmer steht dem Sicherungsgeber weiterhin das Sicherungsgut (die übereignete Sache, die übertragene Forderung) zu, das nur zur Sicherung der Forderung des Sicherungsnehmers gegen den Sicherungsgeber und nicht zur Befriedigung der Gläubiger des Sicherungsnehmers dient. Würde man mit der Mindermeinung dem Sicherungsgeber die Klage aus § 771 erst nach Tilgung der gesicherten Forderung zubilligen, zwänge man den Sicherungsgeber, das Sicherungsgut früher als vereinbart auszulösen (*Gerhardt*, a.a.O.).
Darf allerdings der Sicherungsnehmer aufgrund der getroffenen Abrede bei Verfall der Sicherheit das Sicherungsgut verwerten, steht ihm dieses vom Zeitpunkt des Verfalls an auch wirtschaftlich zu, so daß nun eine Drittwiderspruchsklage des Sicherungsgebers erfolglos ist (BGHZ 72, 141, 146).

Die Pfändung beim Sicherungsnehmer wird nicht häufig sein, weil dieser als Kreditgeber in der Regel solvent ist. Abgesehen davon bleibt im Normalfall die sicherungsübereignete Sache im Gewahrsam des Sicherungsgebers, so daß eine Pfändung durch einen Gläubiger des Sicherungsnehmers nur zulässig ist, wenn der Sicherungsgeber zur Herausgabe bereit ist (§ 809).

Dem Gläubiger des Sicherungsnehmers ist zu raten, anstatt der sicherungsübereigneten Sache die Forderung zu pfänden, die durch die Sache gesichert ist.

(b) Vollstreckt ein *Gläubiger des Treugebers* (= Sicherungsgebers, Sicherungsschuldners) in das Sicherungsgut (Fall c), muß der Treuhänder (Sicherungsnehmer, Sicherungsgläubiger) geschützt werden. Fraglich ist nur, ob er als Eigentümer mit Erfolg die Drittwiderspruchsklage erheben kann oder ob ihm — wenn er keinen Besitz hat — nur die Klage auf vorzugsweise Befriedigung nach § 805 (Rdnr. 1451 ff.) zusteht, weil er wirtschaftlich wie der Gläubiger eines besitzlosen Pfandrechts zu behandeln ist. Für die letztgenannte (Minder-) Meinung (*Westermann,* Sachenrecht, § 43 IV 1; BL/*Hartmann,* § 771 Anm. 6 »Treuhand« b) spricht, daß nach h.M. das Sicherungseigentum auch im Konkurs wie ein Pfandrecht zu behandeln ist, das nur zur Absonderung und nicht zur Aussonderung berechtigt.

1417

Die h.M. billigt dem Sicherungsnehmer trotzdem die Widerspruchsklage zu, solange der zu sichernde Anspruch besteht (BGHZ 80, 296, 299; *Baur/ Stürner,* Rdnr. 776; *Gerhardt,* JuS 1972, 696, 697; *Henckel,* ZZP 84, 447, 456; *Jauernig,* § 13 IV 1 a; StJ/*Münzberg,* § 771 Rdnr. 26). Dieser Ansicht ist zu folgen. Man darf dem Sicherungsnehmer nicht das Recht beschränken, das Sicherungsgut selbst zu verwerten (vgl. *Bötticher,* MDR 1950, 705, 706 f.). Regelmäßig ist er aufgrund der Sicherungsabrede berechtigt, sich durch einen für ihn günstigeren freihändigen Verkauf des Gutes zu befriedigen. Diese Möglichkeit würde ihm genommen, wenn er die Verwertung im Wege der Zwangsvollstreckung hinnehmen müßte und nur seine vorzugsweise Befriedigung aus dem Erlös erreichen könnte.

Auch die Behandlung des Sicherungseigentums im Konkurs widerlegt die h.M. nicht; denn das Sicherungseigentum fällt unter § 127 II KO (*Böhle-Stamschräder/Kilger,* KO, § 127 Anm. 5 b m.N.), so daß der Sicherungsnehmer sein Selbstverwertungsrecht erst verliert, wenn er den Gegenstand nicht innerhalb einer vom Konkursgericht auf Antrag des Konkursverwalters gesetzten Frist verwertet hat.

Schließlich wird der Vollstreckungsgläubiger durch das Widerspruchsrecht des Sicherungsnehmers nicht übermäßig benachteiligt. Denn er kann den künftigen Anspruch des Sicherungsgebers auf Rückübertragung des Eigentums pfänden lassen (vgl. Rdnr. 700 ff.) und die gesicherte Forderung gem. § 267 I BGB tilgen, ohne daß sich der Sicherungsnehmer dagegen wehren könnte. — Sofern das Eigentum auf den Sicherungsnehmer unter der (auflösenden) Bedingung übertragen worden ist, daß bei vollständiger Erfüllung der gesicherten Forderung das Eigentum automatisch an den

Sicherungsgeber zurückfällt, hat dieser ein Anwartschaftsrecht, das der Vollstreckungsgläubiger zu pfänden in der Lage ist (vgl. Rdnr. 817 f.).

Die Streitfrage hat beim Sicherungseigentum an einer beweglichen Sache keine Bedeutung, da dem Sicherungseigentümer jedenfalls dann die Klage aus § 771 zugebilligt wird, wenn er — wie im Fall c — als mittelbarer Besitzer einen Anspruch auf Herausgabe der Sache hat (vgl. Rdnr. 1420 f.).

Der Kläger hat bei der Drittwiderspruchsklage zu behaupten und bei Bestreiten zu beweisen, daß ihm die vom Beklagten gepfändete Sache oder Forderung zur Sicherheit übereignet oder abgetreten worden ist und daß die dadurch gesicherte Forderung entstanden ist und auch noch besteht (LG Köln MDR 1981, 592).

1418   d) Sonstige dingliche Rechte

Der Inhaber eines dinglichen Rechts (z.B. Erbbaurechts, Nießbrauchs, dinglichen Wohnrechts, einer Hypothek) kann dann mit Erfolg die Drittwiderspruchsklage erheben, wenn sein Recht durch die Vollstreckung beeinträchtigt wird. Eine solche Beeinträchtigung ist zu bejahen, wenn z.B. dem Rechtsinhaber (Nießbraucher) der Besitz (des Grundstücks durch Zwangsverwaltung) entzogen wird oder die Sache (etwa Grundstückszubehör) frei vom dinglichen Recht (der Hypothek) veräußert werden soll.

Dagegen wird das Recht etwa eines Hypothekars nicht beeinträchtigt, wenn der Gläubiger eines persönlichen Anspruchs oder ein nachrangiger dinglicher Gläubiger die Zwangsversteigerung des Grundstücks betreibt; denn dadurch wird nicht in das Recht des Hypothekars eingegriffen, da dieses im Rang vorgeht und vom Ersteher übernommen werden muß (vgl. Rdnr. 892 ff.). — Wenn ein im Rang vorgehender Hypothekar die Zwangsvollstreckung betreibt, wird etwa der Nießbraucher zwar in seinem Recht beeinträchtigt; diese Beeinträchtigung muß er aber als nachrangiger Gläubiger hinnehmen.

Auch der Inhaber eines Pfandrechts, der unmittelbaren oder mittelbaren Besitz an der Sache hat, kann sich gegen die Pfändung mit der Drittwiderspruchsklage wehren (BL/*Hartmann*, § 805 Anm. 1 A; StJ/*Münzberg*, § 805 Rdnr. 1; *Zöller/Schneider*, § 771 Rdnr. 14 »Pfandrecht«). Der Ansicht, die dem besitzenden Pfandgläubiger nur die Klage nach § 805 zubilligen will, weil sein Recht durch die Pfändung nicht beeinträchtigt werde (*Rosenberg*, § 185 III 2 b γ; *Thomas/Putzo*, § 771 Anm. 6 c), ist nicht zu folgen. Sie beachtet weder den Wortlaut des § 805 noch den gesetzgeberischen Zweck des § 1232, 1 BGB, wonach der vorrangige Besitzer den günstigsten Verwertungszeitpunkt selbst soll bestimmen können (vgl. StJ/*Münzberg*, § 805 FN 4 unter Hinweis auf Mot. z. BGB III, S. 819 u. Mot. z. ZPO, S. 425). Der besitzende Pfandgläubiger kann sich allerdings auch mit der Klage nach

§ 805 begnügen. Hat der Pfandgläubiger jedoch keinen Besitz, bleibt ihm nur die Möglichkeit, nach § 805 vorzugehen.

e) Besitz

1419

Bei der Frage, ob der Besitz zur Erhebung der Widerspruchsklage berechtigt, ist zu unterscheiden:

(1) Bei der Zwangsvollstreckung in das *unbewegliche* Vermögen stellt der Besitz kein die Veräußerung hinderndes Recht dar, weil er für die dingliche Rechtslage keine Bedeutung hat, wie aus § 891 BGB zu entnehmen ist (h.M.; RGZ 127, 8, 9 f.; BL/*Hartmann*, § 771 Anm. 6 »Besitz«; *Baur/ Stürner*, Rdnr. 778; *Gerhardt*, § 16 III 1 h; *Jauernig*, § 13 IV 1 c; StJ/*Münzberg*, § 771 Rdnr. 29; *Zöller/Schneider*, § 771 Rdnr. 14 »Besitz«; a.A. RGZ 116, 363, 367).

(2) Bei der Vollstreckung in das *bewegliche* Vermögen soll dem berechtigten unmittelbaren oder mittelbaren Besitzer nach wohl h.M. die Widerspruchsklage zustehen (BL/*Hartmann*, § 771 Anm. 6 »Besitz«; *Baumann/ Brehm*, § 13 III 5b β FN 70; StJ/*Münzberg*, § 771 Rdnr. 30; *Zöller/ Schneider*, § 771 Rdnr. 14 »Besitz«).

1420

Gegen die Anerkennung des Besitzes als ein die Veräußerung hinderndes Recht spricht jedoch, daß der Besitz über die Vermögenszugehörigkeit einer Sache nichts aussagt; im übrigen besteht für die Anwendung des § 771 kein Bedürfnis (vgl. auch *Arens*, Rdnr. 599; *Arens/Lüke*, Jura 1982, 455, 464; *Thomas/Putzo*, § 771 Anm. 6 g; *Westermann*, Sachenrecht, § 8, 4). Der unmittelbare Besitz eines Dritten muß nach § 809 ohnehin vom Vollstreckungsorgan beachtet werden, und ein Verstoß gegen diese Vorschrift kann vom Besitzer mit der Erinnerung nach § 766 gerügt werden. Für den mittelbaren Besitzer besteht diese Möglichkeit zwar nicht; er hat jedoch aufgrund des Besitzmittlungsverhältnisses einen schuldrechtlichen Herausgabeanspruch, mit dem er die Nichtzugehörigkeit der Sache zum Vermögen des Schuldners im Wege der Drittwiderspruchsklage geltend machen kann (Rdnr. 1421). Lediglich für die Frage, ob ein Pfandrechtsinhaber sich gegen die Pfändung der Sache mit der Klage nach § 771 wehren oder ob er nur vorzugsweise Befriedigung nach § 805 verlangen kann, kommt es auf die Besitzverhältnisse an (Rdnr. 1418).

f) Schuldrechtliche Ansprüche

1421

Ob dem Inhaber eines schuldrechtlichen Anspruchs die Klage aus § 771 zusteht, hängt davon ab, ob der Anspruch auf Herausgabe oder auf Verschaffung des gepfändeten Gegenstandes gerichtet ist.

(1) Auf einen *Herausgabeanspruch* kann die Widerspruchsklage gestützt werden, weil der herauszugebende Vollstreckungsgegenstand nicht zum Vermögen des Vollstreckungsschuldners gehört. Ebenso wie dieser den ihm von einem Dritten anvertrauten Gegenstand nicht veräußern darf, ist auch der Staat nicht befugt, die Sache für den Vollstreckungsgläubiger zu versilbern. Deshalb können etwa der Vermieter, Verpächter, Verleiher, Hinterleger, Auftraggeber die Drittwiderspruchsklage mit Erfolg erheben, auch wenn sie nicht Eigentümer der Sache sind (zu Fall d).

Steht die gepfändete Sache allerdings im Eigentum des Vollstreckungsschuldners und leitet von diesem der Dritte seinen mittelbaren Besitz ab, ist ein Widerspruchsrecht nicht gegeben. Jedoch hat der Dritte gem. § 268 I 2 BGB (vgl. AS Rdnr. 135) ein Ablösungsrecht (StJ/*Münzberg*, § 771 Rdnr. 32).

1422   (2) Ein bloßer *Verschaffungsanspruch* berechtigt dagegen nicht zur Widerspruchsklage. Wenn nämlich dem Dritten (nur) ein Anspruch auf Übereignung (oder Überlassung) der gepfändeten Sache oder auf Abtretung der gepfändeten Forderung zusteht, gehört die Sache oder die Forderung noch zum Vermögen des Vollstreckungsschuldners.

Beispiele: Der Dritte hat einen Anspruch auf Übereignung der gepfändeten Kaufsache gem. § 433 I 1 BGB (Fall e), des ihm vom Erblasser vermachten und nun gepfändeten Schmuckstücks (vgl. § 2174 BGB), des Teppichs, um dessen Eigentum der Vollstreckungsschuldner ungerechtfertigt bereichert ist (vgl. § 812 I 1 BGB).

Ausnahmsweise steht dem Dritten auch bei einem Verschaffungsanspruch ein Widerspruchsrecht zu. Hat ein Kommissionär (vgl. § 383 HGB; HR Rdnr. 402 ff.) im eigenen Namen, aber für Rechnung des Kommittenten Waren gekauft oder verkauft, ist er — und nicht der Kommittent — Vertragspartei des Ausführungsgeschäfts. Die Forderungen aus diesem Geschäft stehen also dem Kommissionär zu (vgl. § 392 I HGB). Solange sie nicht vom Kommissionär an den Kommittenten abgetreten worden sind, läuft der Kommittent Gefahr, daß ein Gläubiger des Kommissionärs in eine solche Forderung vollstreckt. Da diese rechtlich zwar dem Kommissionär, wirtschaftlich aber dem Kommittenten zusteht, gilt die Forderung aus dem Ausführungsgeschäft, auch wenn sie noch nicht abgetreten ist, zwischen dem Kommittenten und dem Kommissionär oder dessen Gläubigern nach § 392 II HGB als Forderung des Kommittenten. Dieser hat also die Drittwiderspruchsklage, wenn die Forderung vom Gläubiger des Kommissionärs gepfändet wird (HR Rdnr. 421). Entsprechendes gilt für den Versender beim Speditionsgeschäft (§ 407 II HGB; HR Rdnr. 424 ff.).

1423   ## g) Rechte am Leasinggut

Beim Leasing (BS Rdnr. 214 ff.) sind folgende Arten rechtlich zu unterscheiden:

(1) Das *Operating-Leasing* ist ein Vertrag, der entweder von vornherein nur eine kurzfristige Gebrauchsüberlassung vorsieht oder dem Leasingnehmer jedenfalls das Recht zu kurzfristiger Kündigung einräumt. Für die zeitweilige Gebrauchsüberlassung hat der Leasingnehmer an den Leasinggeber ein entsprechendes Entgelt zu zahlen. Auf einen solchen Vertrag sind, soweit nichts anderes vereinbart ist, die Mietvertragsregeln anzuwenden (BS Rdnr. 214a).

(a) Vollstreckt ein *Gläubiger des Leasingnehmers* in das Leasinggut, kann der Leasinggeber aufgrund seines Eigentums oder seines schuldrechtlichen Herausgabeanspruchs aus dem Leasingvertrag mit Erfolg die Drittwiderspruchsklage erheben.

(b) Vollstreckt ein *Gläubiger des Leasinggebers* in das Leasinggut, das sich im Gewahrsam des Leasingnehmers befindet, ist dieser hinreichend geschützt, da er der Vollstreckung widersprechen und notfalls Erinnerung gegen die Pfändung einlegen kann (§§ 809, 766). Beim Immobilienleasing sind §§ 57—57d ZVG anwendbar (*Dassler/Schiffhauer/Gerhardt,* § 57 Anm. 1 a).

Einzelheiten: *Borggräfe,* Die Zwangsvollstreckung in bewegliches Leasinggut, 1976, S. 87, 153; vgl. auch *Gerhardt,* § 16 III 1 g 1.); *Lippross,* S. 187.

(2) Beim *Finanzierungs-Leasing* spielt der Leasinggeber die Rolle eines   **1424**
Kreditgebers. Der Vertrag ist für eine bestimmte Zeit unkündbar. Das vom Leasingnehmer in Raten zu zahlende Entgelt entspricht den Anschaffungs- und Finanzierungskosten sowie dem Gewinn für den Leasinggeber (BS Rdnr. 214b). Entsprechendes gilt, wenn der Hersteller des Leasinggutes selber der Kreditgeber ist (Herstellerleasing; BS Rdnr. 214c). Weil der Leasingnehmer den Substanzwert des Leasingobjektes in Raten zahlt, kommt das Finanzierungs-Leasing einem Abzahlungskauf nahe.

(a) Vollstreckt ein *Gläubiger des Leasingnehmers* in das Leasinggut, kann der Leasinggeber wie der Vorbehaltsverkäufer (Rdnr. 1412) oder der Sicherungsnehmer (Rdnr. 1417) nach § 771 widersprechen (vgl. *Baur/Stürner,* Rdnr. 779; *Borggräfe,* S. 75 ff.; *Gerhardt,* § 16 III 1 g 2.); *Lippross,* S. 187).

(b) Vollstreckt ein *Gläubiger des Leasinggebers* in das Leasinggut, kann der Leasingnehmer — wie beim Operating-Leasing — nur Erinnerung wegen Verstoßes gegen § 809 einlegen. Zwar ähnelt seine Rechtsstellung derjenigen des Vorbehaltskäufers; das gilt vor allem, wenn er berechtigt ist, nach Ablauf der Leasingzeit gegen Zahlung eines geringen Entgelts Eigentum an der Sache zu erwerben. Er hat jedoch kein Anwartschaftsrecht, das zu einer Drittwiderspruchsklage berechtigen würde.

1425   h) Anfechtungsrechte nach AnfG und KO

Die Anfechtungsrechte nach dem Anfechtungsgesetz (Rdnr. 261 ff.; Fall f) und gem. §§ 29 ff. KO geben dem Anfechtungsberechtigten nach h.M. ebenfalls die Drittwiderspruchsklage (RGZ 40, 371, 372; 67, 310, 312; KG NJW 1958, 914; BL/*Hartmann,* § 771 Anm. 6 »Anfechtung«; *Baur/Stürner,* Rdnr. 780). Zwar handele es sich bei den Anfechtungsrechten nur um Verschaffungsansprüche; sie seien aber wirtschaftlich eher einem Herausgabeanspruch vergleichbar (BL/*Hartmann,* a.a.O.).

Weil jedoch der Rückgewähranspruch gem. § 7 AnfG regelmäßig nur darauf gerichtet ist, daß der Anfechtungsgegner die Zwangsvollstreckung in den betreffenden Gegenstand dulden muß, reicht es richtigerweise aus, dem Dritten statt der Drittwiderspruchsklage die Klage auf vorzugsweise Befriedigung aus dem Erlös gem. § 805 zuzubilligen (so im Ergebnis A. *Blomeyer,* § 29 VI 4 b; *Gerhardt,* § 16 III 1 f FN 32; StJ/*Münzberg,* § 771 Rdnr. 34 FN 126 m.N.).

Im Fall f ist die Schenkung gem. § 3 I Nr. 3 AnfG anfechtbar. Dem D steht ein Anfechtungsrecht gem. § 7 I AnfG und damit die Klage aus § 805 zu.

1426   i) Relative Veräußerungsverbote

Relative Veräußerungsverbote dienen dem Schutz bestimmter (einzelner) Personen. Sie können auf Gesetz (§ 135 BGB), aber auch auf behördlicher oder gerichtlicher Anordnung (§ 136 BGB) beruhen (z.B. § 106 KO; § 23 ZVG, Rdnr. 861; § 938 II, Rdnr. 1586). Eine Verfügung, die gegen ein solches Verbot verstößt, ist nur gegenüber den geschützten Personen (= relativ) unwirksam, gegenüber anderen aber wirksam.

Beispiel: Hat der Käufer K dem Verkäufer V durch einstweilige Verfügung verbieten lassen, das gekaufte Bild an einen anderen zu übereignen, darf der Rechtsinhaber (V) über den Gegenstand nicht zum Nachteil des durch das Verbot Geschützten (K) verfügen. Verstößt er dagegen, ist die Übereignung gegenüber jedermann wirksam, gegenüber dem Geschützten (K) jedoch unwirksam (vgl. AT Rdnr. 300 ff.).

Den Verfügungsgeschäften stehen Verfügungen im Wege der Zwangsvollstreckung gleich (§§ 135 I 2, 136 BGB). Die Zwangsvollstreckungsmaßnahme, die einem Verfügungsverbot widerspricht, ist also relativ (der geschützten Person gegenüber) unwirksam (vgl. § 772). Eine Pfändung ist zwar rechtmäßig; aber eine Veräußerung oder Überweisung soll abgelehnt werden (§ 772, 1). Der durch das Verbot geschützte Dritte kann Widerspruchsklage gem. § 771 erheben (§ 772, 2). Diese ist nicht darauf gerichtet, die Zwangsvollstreckung für unzulässig erklären zu lassen; sie hat vielmehr nur das Ziel, daß die Veräußerung oder die Überweisung verhindert wird.

Läßt im Beispielsfall der Gläubiger (G) des V dessen Bild pfänden, kann K die Pfändung nicht verhindern. Er ist aber in der Lage, durch eine Klage gegen G zu erreichen, daß die Versteigerung des Bildes für unzulässig erklärt wird.

Ein gutgläubiger Erwerb unter Verletzung eines relativen Veräußerungsverbots ist im Wege der Zwangsvollstreckung nicht möglich, da § 135 II BGB einen rechtsgeschäftlichen Erwerb voraussetzt (h.M.; *Erman/Brox,* §§ 135, 136 Rdnr. 13; *Palandt/Heinrichs,* § 136 Anm. 4; StJ/*Münzberg,* § 772 Rdnr. 7; a.A. MünchKomm/*Mayer-Maly,* § 135 Rdnr. 43; alle m.N.). Deshalb muß selbst ein gutgläubiger Pfandgläubiger dem geschützten Dritten weichen, wenn er während der Geltung des Verbots gepfändet hatte (StJ/ *Münzberg,* a.a.O.). Auf den guten oder bösen Glauben des Erstehers kommt es dagegen überhaupt nicht an. Da dieser das Eigentum an der versteigerten Sache kraft Hoheitsaktes auch erwirbt, wenn der Vollstreckungsschuldner nicht Eigentümer war (Rdnr. 411 ff.), muß er erst recht das Eigentum frei von dem relativen Veräußerungsverbot erwerben; der Eigentumserwerb ist also auch gegenüber dem durch das Veräußerungsverbot Geschützten wirksam.

Wird die Ordnungsvorschrift des § 772, 1 verletzt, steht dem Dritten auch die Vollstreckungserinnerung (§ 766) zu. Dagegen kann der Schuldner nicht mit Erfolg Erinnerung einlegen, da keine ihn schützende Vorschrift verletzt wird (StJ/*Münzberg,* § 772 Rdnr. 10; *Thomas/Putzo,* § 772 Anm. 4 b; OLG Hamburg MDR 1966, 515, 516 m.N.; a.A. BL/*Hartmann,* § 772 Anm. 3; vgl. auch Rdnr. 1196).

j) Sondervermögen

1427

Die Vollstreckung in ein Sondervermögen kann ebenfalls ein veräußerungshinderndes Recht eines Dritten verletzen. Das Gesetz behandelt in § 773 die Klage des Nacherben bei der Vollstreckung in einen Gegenstand, der zur Vorerbschaft gehört, und in § 774 die Klage des Ehegatten bei der Vollstreckung ins Gesamtgut.

(1) Wenn eine Verfügung im Wege der Zwangsvollstreckung das Recht des *Nacherben* beeinträchtigen würde, ist sie bei Eintritt des Nacherbfalls unwirksam (§ 2115, 1 BGB; ErbR Rdnr. 353).

1428

§ 2115, 1 BGB erfaßt auch solche Gegenstände, über die der Vorerbe frei verfügen kann (z.B. bewegliche Sachen). Das gilt ebenso bei einer Befreiung des Vorerben durch den Erblasser (vgl. § 2136 BGB).
Vollstreckt etwa ein persönlicher Gläubiger des Vorerben wegen einer Geldforderung in ein zum Nachlaß gehörendes Klavier, kann dadurch das Recht des Nacherben beeinträchtigt werden. Denn durch eine Versteigerung des Klaviers wird der Nachlaß geschmälert.

(a) Ein Gegenstand, der zu einer Vorerbschaft gehört, soll daher gem. § 773, 1 nicht im Wege der Zwangsvollstreckung veräußert oder überwiesen werden. Nach § 773, 2 i.V.m. § 771 *kann der Nacherbe der Verwertung eines solchen Gegenstandes widersprechen.* Die Pfändung allein beeinträchtigt den Nacherben nicht, da sie beim Eintritt des Nacherbfalls noch rückgängig gemacht werden kann. Erst mit dem Nacherbfall ist der Nacherbe in der Lage, die Beseitigung der Vollstreckungsmaßnahmen zu verlangen, da diese jetzt sein Recht beeinträchtigen.

Die Klage des Nacherben richtet sich gegen den Vollstreckungsgläubiger des Vorerben. Der Klageantrag und dementsprechend der Tenor eines stattgebenden Urteils lauten: »Es wird für unzulässig erklärt, daß der (genau zu bezeichnende) Gegenstand im Wege der Zwangsvollstreckung veräußert (überwiesen) wird.«

(b) In *Ausnahmefällen* verdient der Nacherbe keinen Schutz; dann ist die Zwangsverfügung unbeschränkt wirksam (vgl. § 2115, 2 BGB). Das ist der Fall, wenn wegen einer Nachlaßschuld vollstreckt wird; denn dafür haftet auch der Nacherbe. Ein Schutz entfällt ferner dann, wenn ein an einem Nachlaßgegenstand bestehendes Recht (z.B. Pfandrecht) geltend gemacht wird oder wenn der Nacherbe in die Vollstreckung eingewilligt hat.

(c) *Tritt nach Klageerhebung der Nacherbfall ein,* so daß der klagende Nacherbe Vollerbe wird, besteht die durch § 773 geschützte Nacherbenposition nicht mehr. Der Vollerbe wendet sich von diesem Zeitpunkt an vielmehr gegen die Vollstreckung in sein Eigentum, so daß nunmehr § 771 unmittelbar eingreift. Der Widerspruch richtet sich dann nicht nur gegen die Verwertung, sondern gegen die gesamte Zwangsvollstreckung in den Gegenstand, also auch schon gegen die Pfändung.

Erfolgt die Zwangsvollstreckung allerdings wegen einer Grundschuld aus einer vollstreckbaren Urkunde gegen den jeweiligen Grundstückseigentümer (Rdnr. 90) in das nunmehr ins Eigentum des Nacherben gefallene Nachlaßgrundstück und macht der Nacherbe geltend, die Bestellung der Grundschuld durch den Vorerben sei nach § 2113 I BGB mit Eintritt des Nacherbfalles unwirksam geworden, wird seine vor Eintritt des Nacherbfalles zulässige Klage nachträglich unzulässig; denn als Eigentümer des Grundstücks ist der Kläger Schuldner der Zwangsvollstreckung und nicht Dritter im Sinne von § 771 (Rdnr. 1409). Er muß seine Klage nach § 771 dann auf eine Vollstreckungsgegenklage nach § 767 umstellen; denn er macht materielle Einwendungen gegen den titulierten Anspruch geltend, indem er sich auf die Unwirksamkeit der Grundschuldbestellung beruft.

1429   (2) Leben *Ehegatten in Gütergemeinschaft* und betreibt einer von ihnen selbständig ein Erwerbsgeschäft, genügt ein Vollstreckungstitel gegen ihn zur Vollstreckung in das Gesamtgut, selbst wenn dieser Ehegatte das Gesamtgut nicht allein verwaltet (§ 741; Rdnr. 35). Jedoch wird der andere Ehegatte, der das Gesamtgut allein oder mitverwaltet, durch § 774 geschützt. Danach hat er die Möglichkeit, gem. § 771 Widerspruchsklage gegen den Vollstreckungsgläubiger zu erheben, wenn das Gesamtgut materiellrechtlich nicht haftet. Ziel der Klage ist es, nicht nur die Veräußerung oder Überweisung (wie bei §§ 772, 773), sondern die gesamte Zwangsvollstreckung in den Gegenstand für unzulässig erklären zu lassen.

Da die Klage Erfolg hat, wenn das Gesamtgut für die titulierte Forderung nicht haftet, kann sie etwa wie folgt begründet werden:

— bei der Vollstreckungsforderung handele es sich nicht um eine Geschäftsschuld (BGHZ 83, 76, 79 ff.),

— der Kläger habe mangels Kenntnis von dem Geschäftsbetrieb keine Einwilligung erteilt (vgl. §§ 1431, 1456 BGB),

— zur Zeit des Eintritts der Rechtshängigkeit der titulierten Forderung (oder zur Zeit der Errichtung der vollstreckbaren Urkunde) sei bereits der Einspruch oder der Widerruf der Einwilligung im Güterrechtsregister eingetragen gewesen (vgl. § 741; dann kann auch eine Vollstreckungserinnerung in Betracht kommen). — Sofern der Einspruch oder der Widerspruch des Klägers noch nicht (rechtzeitig) im Güterrechtsregister eingetragen war, kann die Klage darauf gestützt werden, daß Einspruch oder Widerspruch dem Vollstreckungsgläubiger bei Rechtshängigkeit bekannt gewesen sei (§§ 1431 III, 1456 III i.V.m. § 1412 I 2. Halbs. BGB).

Wenn im Rechtsstreit der beklagte Gläubiger behauptet und notfalls beweist, daß der Kläger trotz des allgemeinen Widerspruchs dem einzelnen Geschäft zugestimmt hat, ist die Klage abzuweisen (BL/*Hartmann,* § 774 Anm. 1; StJ/*Münzberg,* § 774 Rdnr. 1; *Zöller/Schneider,* § 774 Rdnr. 1).

3. Einwendungen des Beklagten   1430

Der beklagte Vollstreckungsgläubiger kann sich gegenüber dem Klagebegehren des Dritten auf verschiedene Weise verteidigen. Hervorzuheben sind vor allem folgende Einwendungen:

a) Bestreiten des veräußerungshindernden Rechts

Abgesehen davon, daß der Beklagte das Vorbringen des Klägers, ihm sei der gepfändete Gegenstand übertragen worden (Fall g), bestreiten kann, so daß der Kläger die bestrittenen Tatsachen zu beweisen hat, ist dem Beklagten der Einwand möglich, das Übertragungsgeschäft sei nichtig.

Insbesondere zwei *Nichtigkeitsgründe* werden häufig vorgebracht:

(1) Bei der Übertragung handele es sich um ein *Scheingeschäft.* Dann ist   1431
das Übertragungsgeschäft nichtig (§ 117 I BGB). Der Beklagte hat die Beweislast (vgl. *Erman/Brox,* § 117 Rdnr. 19). Gelingt ihm der Beweis, ist die Klage unbegründet (zu Fall g).

Oftmals ist aber die Übertragung von beiden Vertragsparteien ernstlich gewollt, weil ein Gläubiger des Übertragenden bei der Vollstreckung leer ausgehen soll.

1432   (2) Das Übertragungsgeschäft sei wegen *Verstoßes gegen die guten Sitten* gem. § 138 I BGB nichtig.

Beispiele: Durch eine Sicherungsübereignung an eine Bank wird der Sicherungsgeber in seiner wirtschaftlichen Bewegungsfreiheit wesentlich beengt, werden dessen Gläubiger über seine Kreditwürdigkeit getäuscht. Die Sicherungsübereignung erfolgt unter dem Druck einer drohenden Zwangsvollstreckung.

1433 b) Anfechtung nach dem AnfG

Ist der Erwerb des die Veräußerung hindernden Rechts durch den Dritten nach dem Anfechtungsgesetz anfechtbar (Rdnr. 261—275), kann der Vollstreckungsgläubiger vom Dritten die Duldung der Zwangsvollstreckung in den Gegenstand verlangen (Rdnr. 263). Erhebt der Dritte gegen den Gläubiger die Klage gem. § 771, um die Zwangsvollstreckung in den anfechtbar erlangten Gegenstand für unzulässig erklären zu lassen, hat der Gläubiger die Möglichkeit, sich einredeweise (§ 5 AnfG) auf das Anfechtungsrecht zu berufen, damit die Klage abgewiesen wird.

1434   (1) In Betracht kommt einmal eine *Absichtsanfechtung* (§ 3 I Nr. 1 und Nr. 2 AnfG; Rdnr. 270). Der Gläubiger hat das Vorliegen des unter Nr. 1 aufgeführten Tatbestandes zu behaupten und bei Bestreiten zu beweisen. Zum Tatbestand gehören insbesondere die Benachteiligungsabsicht des Schuldners und die Kenntnis des Dritten von dieser Benachteiligungsabsicht (Rdnr. 270); diese subjektiven Voraussetzungen sind oft nur schwer beweisbar. — Bei entgeltlichen Verträgen des Schuldners mit nahen Angehörigen im letzten Jahr vor der Anfechtung (§ 3 I Nr. 2 AnfG) werden Benachteiligungsabsicht und Kenntnis der Absicht vermutet, so daß den Dritten die Beweislast für das Nichtvorliegen der Absicht und der Kenntnis trifft (Rdnr. 270).

1435   (2) Zum anderen kann eine *Schenkungsanfechtung* einredeweise geltend gemacht werden (§ 3 I Nr. 3 und Nr. 4 AnfG; Rdnr. 271). Hier trifft den Gläubiger die Behauptungs- und Beweislast insbesondere für die Unentgeltlichkeit der Zuwendung und die Vornahme der Zuwendung innerhalb der im Gesetz genannten Fristen.

Im Fall g macht G nur geltend, die Übereignung sei zum Zweck der Gläubigerbenachteiligung erfolgt. Das Gericht wird ihn gem. § 139 auffordern, den Sachverhalt darzulegen, auf den er seine Anfechtungseinrede stützt.

c) Besseres Recht des Gläubigers   1436

Wenn der beklagte Vollstreckungsgläubiger an dem Vollstreckungsgegenstand ein besseres Recht als der klagende Dritte hat, handelt dieser arglistig, wenn er sich auf sein die Veräußerung hinderndes Recht gegenüber dem Beklagten beruft; denn er ist zur Duldung einer vom Beklagten betriebenen Zwangsvollstreckung in den Gegenstand verpflichtet.

Beispiele: Der beklagte Hypothekengläubiger, der aufgrund eines dinglichen Titels gegen den Grundstückseigentümer Mietzinsen gepfändet hat, wendet gegenüber der Drittwiderspruchsklage des Nießbrauchers ein, daß seine Hypothek dem Nießbrauch im Rang vorgehe (RGZ 81, 146, 150). — Der Beklagte macht geltend, daß sein Pfandrecht an der Sache vor dem Sicherungseigentum des Klägers entstanden sei (RGZ 143, 275, 277).

d) Haftung des Dritten für die titulierte Forderung   1437

Der Dritte handelt ebenfalls arglistig, wenn er die Drittwiderspruchsklage erhebt, obwohl er nach materiellem Recht selbst für die titulierte Forderung haftet. Das ist etwa der Fall, wenn der Dritte als persönlich haftender Gesellschafter für die titulierte Forderung gegen die Handelsgesellschaft, als Bürge für die Verbindlichkeit des Schuldners, als Vermögensübernehmer für die Schuld des Veräußerers oder sonst als Gesamtschuldner für die Vollstrekkungsforderung einzustehen hat.

(1) Ist der Dritte *Gesellschafter* einer OHG und wird aus einem Vollstreckungstitel gegen sie die Zwangsvollstreckung betrieben, steht dem Dritten ein die Veräußerung hinderndes Recht zu, wenn etwa die gepfändete Sache ihm persönlich gehört (vgl. Rdnr. 34). Dennoch muß man dem Vollstreckungsgläubiger zugestehen, daß er gegenüber der Drittwiderspruchsklage mit Erfolg vorbringen kann, der Kläger hafte für die Gesellschaftsschuld gem. § 128 HGB auch persönlich als Gesamtschuldner. Zwar findet aus einem gegen die OHG gerichteten Vollstreckungstitel eine Vollstreckung gegen den Gesellschafter nicht statt (§ 129 IV HGB). Jedoch wäre es dem beklagten Gläubiger möglich, in dem Rechtsstreit über die Unzulässigkeit der Zwangsvollstreckung in die gepfändete Sache eine Widerklage auf Zahlung der Gesellschaftsschuld zu erheben, um sich auf diese Weise einen Vollstreckungstitel auch gegen den klagenden Gesellschafter zu verschaffen und somit die Abweisung der Klage zu erreichen. Dieses Ziel muß dann für den Beklagten aber ebenso ohne Widerklage und nur auf seinen Einwand hin, der Kläger hafte als Gesellschafter auch persönlich, erreichbar sein. Das Gericht hat nicht mehr zu prüfen als bei einer Widerklage. Der klagende Dritte wird hinreichend geschützt. Er selbst hat ohnehin durch   1438

seine Klage die materielle Überprüfung der Rechtmäßigkeit der Vollstreckung in die konkrete Sache eröffnet. Seine persönliche Haftung wird in einem Zivilprozeß mit allen für die Prozeßparteien bestehenden Garantien festgestellt, und an der Beweislast des Gläubigers ändert sich nichts. Zu Recht läßt daher die heute h.M. den Einwand der persönlichen Haftung des Klägers mit dem Ziel der Klageabweisung zu (vgl. etwa BL/*Hartmann,* § 771 Anm. 3 F; *Bettermann,* Festschrift, 87, 96 ff.; *Brox,* JZ 1960, 751, 752 f.; StJ/*Münzberg,* § 771 Rdnr. 48 ff.; kritisch: *Baur/Stürner,* Rdnr. 786).

Dem Gläubiger der Gesellschaft ist zu raten, außer ihr auch die Gesellschafter zu verklagen. Dann kann er aus einem stattgebenden Urteil sowohl gegen die Gesellschaft als auch gegen die Gesellschafter vollstrecken. Wenn der Titel nur gegen die Gesellschaft lautet, vollstreckt der Gerichtsvollzieher auch nur in Sachen, die sich im Gewahrsam der Gesellschaft befinden. Pfändet er dabei eine Sache des Gesellschafters, steht diesem nach dem Gesagten zwar die Klage aus § 771 zu; diese wird jedoch abgewiesen, wenn der Beklagte mit Erfolg vorbringt, daß der Gesellschafter für die Gesellschaftsschuld auch persönlich hafte. — Verletzt der Gerichtsvollzieher bei der Vollstreckung gegen die Gesellschaft den Gewahrsam des Gesellschafters (Rdnr. 242 ff.), kann dieser sich dagegen mit der Erinnerung wehren, ohne daß der Gläubiger in dem (formellen) Erinnerungsverfahren sich erfolgreich auf die (materielle) Haftung des Gesellschafters berufen könnte.

Der Einwand der materiellrechtlichen Mithaftung kann nicht nur dem Gesellschafter einer OHG, sondern auch dem persönlich haftenden Gesellschafter einer KG und dem Kommanditisten, soweit dieser seine Einlage noch zu leisten hat, entgegengehalten werden.

1439   (2) Ist der Dritte *Bürge* für die titulierte Verbindlichkeit des Schuldners, steht ihm als Eigentümer der gepfändeten Sache zwar ein die Veräußerung hinderndes Recht zu. Aber seine Drittwiderspruchsklage ist aus den zuvor genannten Gründen abzuweisen, wenn der beklagte Vollstreckungsgläubiger behauptet und notfalls beweist, daß der Kläger für die Erfüllung der Schuld einzustehen hat (vgl. § 765 I BGB).

Im Fall g wird G mit seinem Vorbringen gehört, D habe sich für die Schuld verbürgt. G muß — wie auch sonst, wenn ein Gläubiger den Bürgen aus der Bürgschaft in Anspruch nimmt — die Voraussetzungen der Bürgschaft behaupten und bei Bestreiten beweisen. Dem Kläger D steht es frei, seine Gegenrechte als Bürge geltend zu machen (vgl. BS Rdnr. 328 ff.).

1440   (3) Der Dritte kann als *Vermögensübernehmer* für die titulierte Schuld des Veräußerers haften (§ 419 BGB; AS Rdnr. 420 ff.). Dann ist die Drittwiderspruchsklage ebenfalls unbegründet (vgl. RGZ 134, 121, 124; BGHZ 80, 296, 302; BL/*Hartmann,* § 771 Anm. 3 F; *Baur/Stürner,* Rdnr. 784; *Bruns/Peters,* § 15 II 3; StJ/*Münzberg,* § 771 Rdnr. 50).

Streitig ist, ob die Sicherungsübertragung eines Vermögens (z.B. Sicherungsübereignung eines Warenlagers) eine Vermögensübernahme nach § 419 BGB sein kann. Das ist mit der h.M. zu bejahen (vgl. RGZ 139, 199, 200; BGHZ 80, 296, 299; *Baur*, Sachenrecht, § 57 V 4; *Jauernig/Stürner*, § 419 Anm. 3 a; *Westermann*, Sachenrecht, § 43 VI 2 a; verneinend: Münch-Komm/*Möschel*, § 419 Rdnr. 28; *Paulus*, ZZP 64, 169, 187 ff.; *Serick*, Eigentumsvorbehalt und Sicherungsübertragung, Bd. III, § 33 I). Zwar ist zuzugeben, daß der Sicherungsnehmer dem Schuldner und dessen Gläubigern das Vermögen nicht auf Dauer entzieht. Aber trotzdem wird der Tatbestand des § 419 BGB erfüllt, der im Gläubigerinteresse eine Haftung des Erwerbers deshalb bestimmt, weil dem Veräußerer die Haftungsmasse durch die Sicherungsübertragung — wenn auch nur auf Zeit — entzogen wird. Da der Sicherungseigentümer nach § 771 intervenieren kann und nicht auf die Klage nach § 805 beschränkt ist (Rdnr. 1417), muß auch dem Vollstreckungsgläubiger die Möglichkeit eingeräumt werden, sich gegenüber der Widerspruchsklage des Sicherungsnehmers auf eine Vermögensübernahme durch den Kläger zu berufen.

Allerdings kann dem Kläger die Vermögensübernahme nicht mit Erfolg entgegengehalten werden, wenn der Gläubiger in einen Gegenstand vollstreckt hat, der nicht zu dem übernommenen Vermögen gehört (vgl. § 419 II BGB und auch § 786; Rdnr. 1395).

(4) Der Dritte kann schließlich aus anderen Gründen als *Gesamtschuldner* 1441 für die Vollstreckungsforderung mithaften, so daß seine Widerspruchsklage unbegründet ist.

Beispiele: Der Dritte haftet als Halter eines Kraftfahrzeugs neben dem zur Zahlung verurteilten Fahrer (vgl. §§ 7 I, 18 I StVG). Die Ehefrau, die den Mietvertrag mitunterschrieben hat, haftet für die gegen den Ehemann titulierte Mietzinsforderung.

e) Rechtsmißbrauch des Dritten 1442

Abgesehen von den bisher aufgeführten Spezialfällen der Arglist des Dritten kann der beklagte Gläubiger darüber hinaus auch die allgemeine Arglisteinrede (§ 242 BGB) erheben oder geltend machen, der Dritte habe sein die Veräußerung hinderndes Recht durch eine unerlaubte Handlung erlangt.

Beispiele: Der Dritte nimmt als Sicherungseigentümer die ihm zur Erfüllung der gesicherten Forderung angebotene Restzahlung ohne ausreichenden Grund nicht an (vgl. OLG Celle NJW 1960, 2196). — Die Forderung des Dritten ist durch andere Sicherungen hinreichend gedeckt. — Der Dritte hat dem Schuldner das Eigentum an der Sache vor deren Pfändung abgeschwindelt (§§ 823 II, 826 BGB).

1443   IV. Verfahren und einstweilige Anordnung

1. Verfahren

Über die Widerspruchsklage wird in einem ordentlichen zivilprozessualen Erkenntnisverfahren entschieden.

Die *Klagezustellung* kann an den erstinstanzlichen Prozeßbevollmächtigten des Vollstreckungsgläubigers erfolgen, da sich die im Vorprozeß erteilte Prozeßvollmacht auf eine Drittwiderspruchsklage erstreckt (vgl. § 81). Zulässig ist aber auch eine Zustellung an den Gläubiger persönlich. Denn § 176 i.V.m. § 178, wonach eine Zustellung an den Prozeßbevollmächtigten vorgeschrieben ist, greift nicht ein, weil bei der Klage aus § 771 der Dritte als eine neue Prozeßpartei beteiligt ist.

Die Verteilung der *Behauptungs- und Beweislast* richtet sich nach den allgemeinen Regeln. Der Kläger muß behaupten und notfalls beweisen, daß ihm ein die Veräußerung hinderndes Recht zusteht. Der Beklagte hat die Behauptungs- und Beweislast dafür, daß das Recht erloschen ist oder diesem eine Einrede entgegensteht.

1444   2. Einstweilige Anordnung

Die Klageerhebung hemmt die Vollstreckung nicht. Jedoch kann das Prozeßgericht auf Antrag des Klägers oder von Amts wegen eine einstweilige Anordnung erlassen; in dringenden Fällen ist dafür auch das Vollstreckungsgericht zuständig. Die gesetzliche Regelung entspricht der bei der Vollstreckungsgegenklage (§§ 771 III 1, 769, 770; Rdnr. 1359 ff.); jedoch ist — anders als bei der Vollstreckungsgegenklage — die Aufhebung einer Vollstreckungsmaßregel auch ohne Sicherheitsleistung zulässig (§ 771 III 2).

Die einstweilige Anordnung lautet regelmäßig auf Einstellung, ausnahmsweise aber auch auf Aufhebung der Zwangsvollstreckung. Sie schließt eine Vollstreckung in andere Vermögensgegenstände nicht aus.

Erweist sich eine einstweilige Einstellung der Zwangsvollstreckung später als ungerechtfertigt und ist dem Vollstreckungsgläubiger infolge der Einstellung ein Schaden entstanden, trifft den Dritten keine verschuldensunabhängige Risikohaftung, wie sie etwa von § 717 II (Rdnr. 75 ff.) vorgesehen wird. Denn durch eine solche strenge Haftung wäre der durch § 771 III bezweckte Ausgleich zwischen dem Interesse des Gläubigers an einem raschen Vollstreckungszugriff und dem Interesse des Dritten an einem wirksamen Rechtsschutz gegen Eingriffe in seine Rechte gestört. Vielmehr besteht eine Schadensersatzpflicht des Dritten nur nach § 823 I BGB. Dabei reicht eine leicht fahrlässige Verkennung der Rechtslage durch den Dritten für eine Ersatzpflicht nicht aus; denn es muß dem Dritten, der sich gegen eine aus seiner Sicht unberechtigte Pfändung wehrt, grundsätzlich erlaubt sein, seinen Standpunkt durch einen Antrag nach § 771 III zur gerichtlichen Nachprüfung zu stellen (so BGH ZIP 1985, 1414, 1416, 1417 f.).

V. Entscheidung über die Widerspruchsklage   1445

1. Inhalt

Der Urteilstenor enthält — wie auch in anderen Fällen — eine Entscheidung über den Klageantrag, die Kostentragungspflicht und die vorläufige Vollstreckbarkeit.

a) In der *Hauptsache* lautet der Tenor eines der Klage stattgebenden Urteils, daß die Zwangsvollstreckung in den (genau zu bezeichnenden) Gegenstand für unzulässig erklärt wird. Manchmal wird zur Klarstellung auch noch der Vollstreckungstitel genannt.

Beispiel für Rubrum und Tenor:

Im Namen des Volkes
In dem Rechtsstreit
des Diplom-Ingenieurs Dieter Dreier, Teichstr. 34, 4400 Münster,

Klägers,

— Prozeßbevollmächtigter: Rechtsanwalt Hansen in Münster —
gegen
den Kaufmann Georg Glaub, Hauptstr. 1, 4400 Münster,

Beklagten,

— Prozeßbevollmächtigter: Rechtsanwalt Reimann in Münster —

hat das Amtsgericht in Münster auf die mündliche Verhandlung vom ... durch den Richter am Amtsgericht Richmann für Recht erkannt:
Die von dem Beklagten am ... durch den Gerichtsvollzieher ... aus dem Urteil des Landgerichts Münster vom ... — 3 O .../... — betriebene Zwangsvollstreckung in die Schreibmaschine Marke ... Nr. ... wird für unzulässig erklärt.
Der Beklagte trägt die Kosten des Rechtsstreits.
Das Urteil ist vorläufig vollstreckbar. Dem Beklagten wird gestattet, die Vollstreckung durch Sicherheitsleistung in Höhe von ... DM abzuwenden, wenn nicht der Kläger Sicherheit in gleicher Höhe leistet.

b) Die *Kostenentscheidung* richtet sich nach §§ 91 ff. Danach hat grundsätzlich die unterliegende Prozeßpartei die Kosten des Rechtsstreits zu tragen.   1446

Jedoch greift gerade bei einem Urteil, das einer Widerspruchsklage stattgibt, häufig § 93 ein. Danach fallen dem Kläger trotz seines Obsiegens die

Kosten zur Last, wenn der Beklagte durch sein Verhalten keine Veranlassung zur Klageerhebung gegeben hat und den Anspruch sofort anerkennt. Dabei kann es im Einzelfall zweifelhaft sein, ob der beklagte Gläubiger zur Klageerhebung Anlaß gegeben hat. Von ihm ist jedenfalls nicht zu verlangen, daß er den gepfändeten Gegenstand allein aufgrund einer Behauptung des (ihm meist nicht bekannten) Dritten freigibt. Er kann vielmehr vom Dritten Nachweise fordern, aus denen sich dessen Recht für den Gläubiger erkennbar ergibt; mit eidesstattlichen Versicherungen des Dritten, des Schuldners oder von deren Angehörigen braucht er sich nicht zufrieden zu geben. Schließlich ist dem Gläubiger auch eine gewisse Frist für eigene Erkundigungen und Überlegungen einzuräumen, bevor er zu dem Freigabeverlangen des Dritten Stellung nimmt. Auf der anderen Seite ist dem Dritten nicht zuzumuten, mit der Klageerhebung längere Zeit zuzuwarten, zumal er Gefahr läuft, wegen des fortschreitenden Zwangsvollstreckungsverfahrens sein Recht zu verlieren. Wenn der Dritte schon zur Darlegung seines Rechts gegenüber dem Gläubiger verpflichtet ist, dann muß er von diesem auch Mitteilung darüber verlangen können, in welcher Richtung der Gläubiger weitere Aufklärung begehrt, sofern er vom Recht des Dritten noch nicht überzeugt ist. Insgesamt wird man also sagen können, daß derjenige Anlaß zur Klage gegeben hat, der das Bemühen der anderen Seite nach außergerichtlicher Klärung des Streits durchkreuzt hat (vgl. BL/*Hartmann*, § 93 Anm. 5 »Widerspruchsklage«; *Baur/Stürner*, Rdnr. 790; *Jauernig*, § 13 V; *Lippross*, S. 189; StJ/*Münzberg*, § 771 Rdnr. 54 ff. m.N.; OLG München WM 1979, 292 f.).

Im Fall h ist dem G nach der Beweisaufnahme zu raten, die Maschine freizugeben, damit die Hauptsache von beiden Parteien für erledigt erklärt wird und dem Kläger die Kosten gem. § 91a auferlegt werden. G kann auch den geltend gemachten Klageanspruch anerkennen und einen Kostenantrag gem. § 93 stellen.

1447   c) Die Entscheidung über die *vorläufige Vollstreckbarkeit* richtet sich nach §§ 708 ff. (Rdnr. 54 ff.). Auch das der Klage stattgebende (Gestaltungs-) Urteil ist für vorläufig vollstreckbar zu erklären; das gilt nicht nur für die Kostenentscheidung, sondern ebenso für den Ausspruch in der Hauptsache. Denn der Dritte kann die Einstellung oder Aufhebung von Vollstreckungsmaßnahmen nur erreichen, wenn er dem Vollstreckungsorgan eine vollstreckbare Ausfertigung des Urteils vorlegt (§§ 775 Nr. 1, 776; Rdnr. 175, 184 f.).

2. Wirkungen   1448

Das Urteil hat außer der Rechtskraftwirkung auch noch eine Gestaltungswirkung, sofern es der Klage stattgibt.

a) Die *Gestaltungswirkung* eines stattgebenden Urteils besteht darin, daß mit dessen formeller Rechtskraft (= Unanfechtbarkeit; § 705) die materielle Rechtslage ex nunc (für die Zukunft) verändert wird; die bisher zulässige Zwangsvollstreckung in den bestimmten Gegenstand ist nun unzulässig. Das haben die Vollstreckungsorgane zu beachten, wenn ihnen eine vollstreckbare Urteilsausfertigung vorgelegt wird (§ 775 Nr. 1); die getroffenen Vollstreckungsmaßregeln sind aufzuheben (§ 776, 1; Rdnr. 185).

Das stattgebende Urteil hat nicht zur Folge, daß der Gerichtsvollzieher, der Schuldner oder der Gläubiger verpflichtet ist, den Zustand wiederherzustellen, der vor Beginn der Vollstreckung bestand. Die gepfändete Sache braucht also nicht etwa zum Schuldner zurückgeliefert zu werden. Eine Pflicht zur Tragung der Kosten für die Rückschaffung kann sich allenfalls aus materiellem Recht ergeben (StJ/*Münzberg*, § 771 Rdnr. 65; vgl. auch § 171 GVGA).

b) Die *Rechtskraftwirkung* des Urteils kann für spätere Rechtsstreitigkei-   1449
ten von Bedeutung sein. Denn das Urteil entscheidet für die Prozeßparteien verbindlich, ob der Vollstreckungsakt gerechtfertigt oder der Widerspruch des Klägers begründet ist. Daraus folgt:

(1) Bei rechtskräftiger *Klageabweisung* steht für eine spätere Schadensersatz- oder Bereicherungsklage des Dritten gegen den Gläubiger fest, daß die Vollstreckung rechtmäßig war (A. *Blomeyer*, § 37 IV; StJ/*Münzberg*, § 771 Rdnr. 6; BGH LM Nr. 27 zu § 322 ZPO).

Im Fall i ist dem D von der Erhebung einer Schadensersatzklage abzuraten.

(2) Bei rechtskräftigem *Klagestattgeben* steht für einen späteren Rechtsstreit nur fest, daß die damalige Zwangsvollstreckung unzulässig war. Alle anderen Voraussetzungen eines Schadensersatzanspruchs müssen vom Kläger behauptet und notfalls bewiesen werden.

VI. Rechtsmittel   1450

Gegen das Urteil sind — wie bei jedem streitigen Urteil — Berufung (§ 511) und Revision (§ 545) unter den allgemeinen Voraussetzungen gegeben.

1451 § 45   Die Klage auf vorzugsweise Befriedigung

Schrifttum: *H. Emmerich,* Pfandrechtskonkurrenzen, 1909; siehe ferner die Nachweise in Rdnr. 1396.

Fälle:

a) S hat dem D ein Pfandrecht an seinem Fernsehgerät bestellt. Nachdem er das Gerät dem D heimlich wieder weggeholt hat, wird es bei S von dessen Gläubiger G wegen einer Geldforderung gepfändet. Was ist dem D zu raten?

b) S hat das ihm von G unter Eigentumsvorbehalt gelieferte Fernsehgerät dem gutgläubigen D verpfändet. Nachdem er es dem D heimlich wieder weggeholt hat, wird es vom Gerichtsvollzieher im Auftrag des G aufgrund eines Herausgabetitels herausgeholt. Was soll D machen?

c) Gv hat im Auftrag des G beim Mieter S ein Gemälde gepfändet und mitgenommen. Gegenüber der Vorzugsklage des Vermieters D macht G geltend, das Vermieterpfandrecht des D sei erloschen, weil dieser der Wegschaffung des Bildes durch Gv tatenlos zugesehen habe; abgesehen davon reichen die in der Wohnung des S verbliebenen Gemälde zur Sicherung des D aus.

d) Vermieter D hat gegen G Klage auf vorzugsweise Befriedigung erhoben, weil G das Klavier des Mieters S hat pfänden lassen. Da bereits ein Versteigerungstermin anberaumt ist, fürchtet D, daß der Erlös an G ausgekehrt wird. Was soll er tun?

I. Zweck, rechtliche Einordnung und Abgrenzung

1. Zweck

Mit der Klage auf vorzugsweise Befriedigung (= Vorzugsklage) nach § 805 kann der Inhaber eines besitzlosen Pfand- oder Vorzugsrechts an einer beweglichen Sache (= der Dritte) erreichen, daß er aus dem Verwertungserlös dieser Sache vor dem Vollstreckungsgläubiger befriedigt wird, für den diese gepfändet worden ist. Der Gläubiger eines besitzlosen Pfandrechts (z.B. eines Vermieterpfandrechts; § 559 BGB) oder eines besitzlosen Vorzugsrechts soll nicht in der Lage sein, vom Vollstreckungsgläubiger die Freigabe der gepfändeten Sache zu verlangen oder vom Gericht die Zwangsvollstreckung in die Sache für unzulässig erklären zu lassen; er soll auch eine Verwertung der Pfandsache nicht verhindern können. Der Dritte ist als Inhaber des Pfand- oder Vorzugsrechts vielmehr hinreichend geschützt, wenn er aus dem Versteigerungserlös der gepfändeten Sache bis zur Höhe seiner durch das Pfandrecht gesicherten Forderung im Rang vor dem vollstreckenden Gläubiger befriedigt wird.

Ist er sich mit dem Vollstreckungsgläubiger und dem Vollstreckungsschuldner darüber einig, daß er vor dem Gläubiger aus dem Erlös befriedigt
wird, und liegt eine entsprechende Einwilligungserklärung der Beteiligten
dem Gerichtsvollzieher vor, darf dieser dem Dritten den beanspruchten
Betrag auszahlen (vgl. § 170 Nr. 4 GVGA). Bestreitet dagegen der Vollstrek-
kungsgläubiger das Recht des Dritten auf Vorwegbefriedigung, kann dieser
gegen den Gläubiger gem. § 805 ein Urteil erreichen, wonach er vor dem
Gläubiger aus dem Reinerlös zu befriedigen sei (vgl. Rdnr. 1465).

Widerspricht der Schuldner, dessen Recht an der Sache sich am Erlös fortsetzt, der
Befriedigung des Dritten, hat dieser die Möglichkeit, den Schuldner auf Duldung der
Befriedigung aus dem Erlös zu verklagen.

Widersprechen Gläubiger und Schuldner, können beide zusammen verklagt werden; sie sind dann als (einfache) Streitgenossen anzusehen (§ 805 III).

2. Rechtliche Einordnung

1452

Die Klage auf vorzugsweise Befriedigung ist — wie die Drittwiderspruchsklage (Rdnr. 1398) — eine prozessuale Gestaltungsklage. Der Dritte
klagt nicht auf Leistung (etwa auf Zahlung eines bestimmten Geldbetrages);
vielmehr begehrt er ein Urteil, durch das er das Recht auf vorrangige Befriedigung aus dem Erlös erst erhält.

3. Abgrenzung

1453

Die Vorzugsklage ist abzugrenzen:

a) von der *Vollstreckungserinnerung* gem. § 766 (Rdnr. 1170);

b) von der *Vollstreckungsgegenklage* gem. § 767 (Rdnr. 1312 ff.);

c) von der *Drittwiderspruchsklage* gem. § 771 (Rdnr. 1399). Da die Drittwiderspruchsklage zur Unzulässigkeit der Zwangsvollstreckung führt, die
Vorzugsklage jedoch die Vollstreckung unberührt läßt und nur eine bevorzugte Befriedigung des Dritten aus dem Verwertungserlös bewirkt, kann ein
Dritter, dem die Drittwiderspruchsklage zusteht, sich auch mit dem »Weniger« der Vorzugsklage begnügen.

d) von der *Widerspruchsklage* gem. §§ 878 ff. (Rdnr. 489 ff., 480). Bei dieser Klage streiten sich Pfändungspfandgläubiger um die Verteilung des hin-
terlegten Erlöses nach einem Teilungsplan. Mit der Vorzugsklage dagegen
macht der Gläubiger eines (besitzlosen) Pfandrechts geltend, er müsse vor
dem Pfändungspfandgläubiger befriedigt werden.

1454

1455   e) von *materiellrechtlichen Klagen*. Wie bei der Drittwiderspruchsklage (Rdnr. 1400) werden Klagen auf Herausgabe der gepfändeten Sache oder auf Unterlassung der Zwangsvollstreckung (vgl. § 1227 BGB) durch die Vorzugsklage als spezielleren Rechtsbehelf ausgeschlossen.

Erst wenn der Versteigerungserlös an den Vollstreckungsgläubiger ausgekehrt worden ist, kommen Schadensersatz- oder Bereicherungsansprüche in Betracht (vgl. auch Rdnr. 464 ff.).

Ist allerdings die Vorzugsklage gegen den Vollstreckungsgläubiger rechtskräftig abgewiesen worden, steht die Rechtskraft dieses Urteils dem Erfolg einer gegen den Gläubiger gerichteten Schadensersatz- oder Bereicherungsklage entgegen (vgl. Rdnr. 1468).

1456   ## II. Zulässigkeit der Vorzugsklage

1. Statthaftigkeit

Die Klage gem. § 805 ist nur bei einer Vollstreckung wegen einer Geldforderung in eine bewegliche Sache statthaft. Daß es sich um eine Geldvollstreckung handeln muß, ergibt sich aus der Stellung des § 805; demnach kommt bei einer Herausgabevollstreckung nach §§ 883 ff. (Rdnr. 1046 ff.) nicht eine Vorzugs-, sondern eine Drittwiderspruchsklage in Betracht. Das gilt auch, wenn die Vollstreckung zwar wegen einer Geldforderung, aber nicht in eine bewegliche Sache, sondern in ein Recht betrieben wird (vgl. RGZ 87, 321, 322; *Baur/Stürner*, Rdnr. 796; *Gerhardt*, § 16 II; *Jauernig*, § 13 VIII; anders *A. Blomeyer*, § 69 I).

Im Fall a ist D weiterhin Pfandgläubiger; denn das Pfandrecht ist nicht nach § 1253 I BGB erloschen, da S das Gerät gegen den Willen des D diesem weggenommen hat. Will D wegen seiner Forderung aus dem Versteigerungserlös vor dem G befriedigt werden, kommt für ihn die Klage aus § 805 in Frage.

Im Fall b dagegen handelt es sich um eine Herausgabevollstreckung, so daß § 805 ausscheidet. Es bleibt dem D die Klage aus § 771.

1457   ## 2. Allgemeine Verfahrensvoraussetzungen

Wie bei der Drittwiderspruchsklage (Rdnr. 1403 ff.) sind von den allgemeinen Prozeßvoraussetzungen (Rdnr. 18 ff.) der Klageantrag, die Zuständigkeit des Gerichts und das Rechtsschutzinteresse besonders zu erwähnen.

a) Der *Klageantrag* lautet darauf, daß der Kläger aus dem Reinerlös der (genau zu bezeichnenden) Sache bis zur Höhe seiner (genau zu beziffernden) Forderung vor dem Beklagten zu befriedigen ist.

b) Für die *Zuständigkeit* des Gerichts gilt das zur Drittwiderspruchsklage Gesagte (Rdnr. 1404) entsprechend. Ausschließlich zuständig ist das Vollstreckungsgericht und, wenn der Streitgegenstand zur Zuständigkeit der Amtsgerichte nicht gehört, das Landgericht, in dessen Bezirk das Vollstreckungsgericht seinen Sitz hat (§§ 802, 805 II).

c) Ein *Rechtsschutzinteresse* für die Vorzugsklage besteht nur in der Zeit zwischen dem Beginn (= Pfändung der mit einem Pfand- oder Vorzugsrecht belasteten Sache) und der Beendigung der Zwangsvollstreckung (= Auskehr des Erlöses).

Endet die Zwangsvollstreckung zu einem Zeitpunkt, in dem die Vorzugsklage anhängig ist, kann der Kläger seinen Klageantrag auf eine Leistungsklage (Schadensersatz- oder Bereicherungsanspruch) umstellen (§ 264 Nr. 3).

III. Begründetheit der Vorzugsklage 1458

Die Vorzugsklage ist begründet, wenn der Kläger ein dem Pfändungspfandrecht des Vollstreckungsgläubigers im Range vorgehendes Pfand- oder Vorzugsrecht hat und diesem keine Einwendung des Beklagten entgegensteht.

Dem Pfand- oder Vorzugsrecht ist das Anfechtungsrecht nach § 7 AnfG gleichzustellen (Rdnr. 1425, 261 ff.).

1. Vorrangiges Pfand- oder Vorzugsrecht des Klägers

Dem Kläger muß ein Pfandrecht (Hauptbeispiel: Vermieterpfandrecht) oder ein Vorzugsrecht zustehen; dabei ist es nicht erforderlich, daß die gesicherte Forderung schon fällig ist (§ 805 I a.E.). Dieses Recht des Klägers muß dem Pfändungspfandrecht des Vollstreckungsgläubigers im Rang vorgehen (vgl. § 804 II, III; Rdnr. 375 ff.). Aktiv legitimiert ist der Dritte, nicht der Vollstreckungsgläubiger oder -schuldner oder deren Rechtsnachfolger. Passiv legitimiert ist der die Zwangsvollstreckung betreibende Gläubiger (vgl. Rdnr. 1409).

Folgende Rechte des Klägers kommen in Betracht:

a) Zu den *Pfandrechten* gehören die gesetzlichen besitzlosen Pfandrechte, 1459 aber auch alle anderen Pfandrechte, wenn der Gläubiger keinen Besitz an der Pfandsache hat.

(1) *Gesetzliche besitzlose Pfandrechte (= Einbringungspfandrechte)* sind vor allem das Pfandrecht des Vermieters (§§ 559 f. BGB; BS Rdnr. 184 ff.), des Verpächters (§ 585 BGB) und des Gastwirts (§ 704 BGB).

Wird eine dem *Vermieterpfandrecht* unterliegende Sache auf Betreiben eines Gläubigers des Mieters gepfändet und vom Gerichtsvollzieher aus der Mietwohnung weggeschafft, erlischt damit das Pfandrecht nicht nach § 560 BGB, da der Vermieter eine Entfernung ohnehin nicht verhindern kann (zu Fall c; vgl. StJ/*Münzberg*, § 805 Rdnr. 5; *Zöller/Stöber*, § 805 Rdnr. 5; anders *Staudinger/Emmerich*, § 560 Rdnr. 11, § 563 Rdnr. 2). Allerdings besteht das Pfandrecht des Vermieters nur hinsichtlich der Mietzinsforderungen für das laufende und folgende Mietjahr, ferner für das letzte Jahr vor der Pfändung sowie hinsichtlich bestehender Entschädigungsansprüche (vgl. §§ 559, 2, 563 BGB; anders beim Verpächterpfandrecht, für das nach § 585, 1 BGB die Beschränkung des § 563 BGB nicht gilt).

Reichen die nach der Pfändung zurückbleibenden Sachen des Schuldners zur Sicherung des Vermieters offenbar aus (vgl. § 560, 2 a.E. BGB), ist die Vorzugsklage unbegründet (zu Fall c; vgl. BGHZ 27, 227, 230 ff.).

1460   (2) Die *übrigen Pfandrechte,* also die vertraglichen und die durch Pfändung entstandenen Pfandrechte sowie die gesetzlichen Besitzpfandrechte, geben das Recht zur Klage gem. § 805, wenn die Pfandsachen dem Pfandgläubiger oder dessen Besitzmittler bzw. dem Gerichtsvollzieher abhanden gekommen sind (vgl. BL/*Hartmann*, § 805 Anm. 1 B b; *Baur/Stürner*, Rdnr. 799; StJ/*Münzberg*, § 805 Rdnr. 6).

Beispiele für gesetzliche Besitzpfandrechte: Pfandrecht des Werkunternehmers (§ 647 BGB), Kommissionärs (§ 397 HGB), Spediteurs (§ 410 HGB), Lagerhalters (§ 421 HGB) und Frachtführers (§ 440 HGB).

1461   b) Zu den *Vorzugsrechten* gem. § 805 zählen vornehmlich die in § 49 I KO genannten Rechte, deren Inhaber im Konkurs des Schuldners zur Absonderung befugt sind.

(1) Das *Vorzugsrecht der öffentlichen Hand* (§ 49 I Nr. 1 KO) steht der Bundesrepublik, den Ländern und den Kommunalverbänden wegen der auf den Sachen ruhenden Zölle und Verbrauchssteuern (nicht wegen der Umsatzsteuer) zu (vgl. § 76 AO).

(2) Das *Zurückbehaltungsrecht wegen Verwendungen zum Nutzen einer Sache* (§ 49 I Nr. 3 KO) kann ebenfalls zur Klage aus § 805 berechtigen. Das gilt etwa für das Zurückbehaltungsrecht wegen Verwendungen des Verkäufers (§ 450 BGB), des Mieters (§ 547 BGB), des Entleihers (§ 601 BGB) und des Besitzers (§ 994 BGB) gem. §§ 273 I, 1000, 1 BGB. Allerdings ist der

Anwendungsbereich gering. Hat der Berechtigte die Sache, auf die er die Verwendung gemacht hat, in seinem Besitz, kann er sich bereits gegen die Pfändung wehren (§§ 766, 809). Verliert er aber den Besitz, hat er auch kein Zurückbehaltungsrecht mehr.

(3) Auch beim *kaufmännischen Zurückbehaltungsrecht* gem. §§ 369 ff. HGB (HR Rdnr. 313 ff.) kommt § 805 in Betracht (vgl. § 49 I Nr. 4 KO). Aber hier hat die Vorzugsklage ebenfalls kaum Bedeutung. Ist der Dritte unmittelbarer Besitzer der zurückbehaltenen Sache, steht ihm nach §§ 766, 809 die Erinnerung zu. Hat er nur mittelbaren Besitz, kann er also etwa nur mittels Konnossements, Ladescheins oder Lagerscheins darüber verfügen (vgl. § 369 I 1 a.E. HGB), berechtigt ihn der Herausgabeanspruch zur Widerspruchsklage (Rdnr. 1421). Verliert der Dritte den Besitz, endet das Zurückbehaltungsrecht und damit die Möglichkeit, mit Erfolg die Vorzugsklage zu erheben.

2. Einwendungen des Beklagten   1462

Der beklagte Vollstreckungsgläubiger kann sich gegenüber der Vorzugsklage des Dritten ähnlich wie gegenüber einer Drittwiderspruchsklage verteidigen (vgl. Rdnr. 1430 ff.). Er hat die Möglichkeit, etwa zu bestreiten, daß der Kläger ein Pfand- oder Vorzugsrecht erworben hat und daß es dem Pfändungspfandrecht vorgeht. Ferner kann er vortragen, daß der Kläger für die titulierte Forderung nach materiellem Recht haftet oder daß der Klage die allgemeine Arglisteinrede entgegensteht.

IV. Verfahren und einstweilige Anordnung   1463

1. Verfahren

Über die Vorzugsklage wird — ebenso wie über die Drittwiderspruchsklage (Rdnr. 1443) — in einem ordentlichen zivilprozessualen Erkenntnisverfahren entschieden.

Die *Klagezustellung* erfolgt an den erstinstanzlichen Prozeßbevollmächtigten des Vollstreckungsgläubigers oder an diesen persönlich (Rdnr. 1443).

Die *Behauptungs- und Beweislast* richtet sich nach den allgemeinen Vorschriften. Der klagende Dritte muß die gesicherte Forderung, sein Pfand- oder Vorzugsrecht sowie dessen Vorrang vor dem Pfändungspfandrecht behaupten und bei Bestreiten beweisen. Hängt — wie beim Vermieterpfandrecht (§ 559) — die Entstehung des Pfandrechts davon ab, daß der Schuldner (Mieter) Eigentümer der Sache ist, hat der Kläger auch das Eigentum des

Schuldners zu behaupten und notfalls zu beweisen. Der beklagte Gläubiger hat die Behauptungs- und Beweislast dafür, daß das Recht des Dritten erloschen oder einredebehaftet ist.

1464 **2. Einstweilige Anordnung**

Das Gericht hat die Hinterlegung des Erlöses anzuordnen, wenn der Dritte seinen Anspruch glaubhaft macht (§ 805 IV 1). Eine Einstellung oder gar eine Aufhebung der Zwangsvollstreckung — wie in § 771 III (Rdnr. 1444) vorgesehen — scheidet bei der Vorzugsklage aus, da diese Klage sich nicht gegen die Zulässigkeit der Zwangsvollstreckung wendet, sondern nur auf eine bestimmte Verteilung des Erlöses abzielt. Das Verfahren der einstweiligen Anordnung richtet sich gem. § 805 IV 2 nach §§ 769, 770 (Rdnr. 1359 ff.). Wenn ein entsprechender schriftlicher Beschluß dem Gerichtsvollzieher vorgelegt wird, hat dieser den Versteigerungserlös zugunsten aller im Beschluß genannten Personen zu hinterlegen.

Im Fall d ist dem D zu raten, eine einstweilige Anordnung zu beantragen und sein Vermieterpfandrecht sowie dessen Vorrang durch eidesstattliche Versicherung oder durch Beibringung von Zeugen glaubhaft zu machen. Das Gericht wird dann die Hinterlegung des Versteigerungserlöses zugunsten von D und G anordnen.

1465 **V. Entscheidung über die Vorzugsklage**

1. Inhalt

a) In der *Hauptsache* lautet der Tenor eines klagestattgebenden Urteils, daß der Kläger aus dem Reinerlös (also nach Abzug der Vollstreckungskosten) der gepfändeten (genau zu bezeichnenden) Sache(n) bis zur Höhe seiner (genau zu beziffernden) Forderung vor dem Beklagten zu befriedigen ist.

Beispiel für den Tenor:
Der Kläger ist aus dem Reinerlös des am … gepfändeten Personenkraftwagens Marke …, Fahrgestellnummer …, Amtl. Kennzeichen …, bis zur Höhe von 2543,— DM vor dem Beklagten zu befriedigen.

1466 b) Die *Kostenentscheidung* richtet sich nach §§ 91 ff. Ebenso wie bei der Drittwiderspruchsklage (Rdnr. 1446) stellt sich beim Obsiegen des Klägers oftmals die Frage, ob der Beklagte Veranlassung zur Klage gegeben hat (vgl. § 93). Dabei ist zu beachten, daß der Vollstreckungsgläubiger hier nicht die

gepfändete Sache freizugeben braucht, um einen Prozeß zu vermeiden; vielmehr genügt es, wenn er in eine vorrangige Befriedigung des Dritten aus
dem Versteigerungserlös einwilligt.

c) Die Entscheidung über die *vorläufige Vollstreckbarkeit* richtet sich   **1467**
nach §§ 708 ff. (Rdnr. 53 ff.). Ein stattgebendes Urteil ist auch in der Hauptsache für vorläufig vollstreckbar zu erklären; mit dem vorläufig vollstreckbaren Urteil kann der Kläger erreichen, daß der Erlös nicht ohne Berücksichtigung seines Rechts ausgezahlt wird.

Ist die unverzinsliche Forderung des Dritten noch nicht fällig, müssen entsprechend § 1133, 3, § 1217 II 2 BGB die bis zum Fälligkeitstermin entstehenden Zwi-
schenzinsen abgezogen werden (BL/*Hartmann,* § 805 Anm. 2 B c; StJ/*Münzberg,*
§ 805 Rdnr. 23). Die »vorzeitige« Befriedigung entspricht dem Willen des Gesetzgebers (Mot. z. ZPO, S. 423; vgl. *A. Blomeyer,* § 68 VII), so daß eine Hinterlegung bis
zum Fälligkeitstermin (so *Thomas/Putzo,* § 805 Anm. 5 a) ausscheidet.

2. Wirkungen   **1468**

a) Die *Gestaltungswirkung* eines der Klage stattgebenden Urteils besteht
darin, daß mit der formellen Rechtskraft der Dritte das Recht auf vorzugsweise Auszahlung aus dem Erlös dieses Vollstreckungsverfahrens erhält.

b) Die *Rechtskraftwirkung* des Urteils entspricht der bei der Drittwiderspruchsklage (Rdnr. 1449). Bei Klageabweisung steht fest, daß dem Kläger
im Verhältnis zum Beklagten kein Recht auf vorzugsweise Befriedigung
zusteht. Eine nachfolgende Klage auf Schadensersatz oder Herausgabe der
Bereicherung hat dann keinen Erfolg.

Nach Vorlage einer vollstreckbaren Ausfertigung des rechtskräftigen Urteils beim
Gerichtsvollzieher (vgl. § 170 Nr. 4 GVGA) oder bei der Hinterlegungsstelle (vgl.
§ 13 II 1 Nr. 2 HO) wird dem Kläger der Erlös bis zu der im Urteil genannten Höhe
ausgezahlt.

VI. Rechtsmittel   **1469**

Gegen das Urteil sind — wie bei jedem streitigen Urteil — Berufung
(§ 511) und Revision (§ 545) nach den allgemeinen Bestimmungen gegeben.

§ 46   Der Vollstreckungsschutz nach § 765a

Schrifttum: *Bloedhorn,* Die neuere Rechtsprechung zu §§ 765a, 811 und 813a ZPO, DGVZ 1976, 104; *Buche,* Die Rechtsprechung zur Räumungsfrist nach § 721 ZPO und zum Räumungsvollstreckungsschutz nach § 765a ZPO, MDR 1972, 189; *Fuchs-Wissemann,* Zur eigenartigen Entstehungsgeschichte des § 765a ZPO, DRiZ 1978, 110; *Grund,* § 765a ZPO in der Mobiliarzwangsvollstreckung, NJW 1956, 126; *Jessen,* Nochmals: § 765a ZPO in der Mobiliarzwangsvollstreckung, NJW 1956, 1059; *Noack,* Räumungsvollstreckung und Räumungsschutz mit Nebenwirkungen, ZMR 1978, 65; *Schiffhauer,* Die Geltendmachung von Bagatellforderungen in der Zwangsversteigerung, ZIP 1981, 832; *ders.,* Die offensichtlich aussichtslose Zwangsversteigerung, Rpfleger 1983, 236; *E. Schneider,* Der Antrag aus § 765a ZPO im fortgeschrittenen Stadium des Zwangsversteigerungsverfahrens, MDR 1980, 617; *ders.,* Vollstreckungsmißbrauch bei Minimalforderungen, DGVZ 1978, 166; *ders.,* Bemerkungen zur kostenträchtigen Beitreibung von Minimalforderungen, DGVZ 1983, 132; *Teufel,* § 765a ZPO in der Teilungsversteigerung, Rpfleger 1976, 86.

Fälle:

a) G will wegen einer titulierten Forderung von 30 000,— DM einen Hund des 76jährigen S im Wert von ca. 1 000,— DM pfänden lassen. S hält die Pfändung für sittenwidrig, weil er den Hund als Trost für sein tödlich verunglücktes Enkelkind bekommen habe und das Tier nunmehr sein einziger Freund sei.

b) S ist rechtskräftig zur Räumung seiner Mietwohnung verurteilt worden. Auf seinen Antrag hat ihm das Gericht eine Räumungsfrist von einem Jahr gewährt. Als G nach Ablauf der Frist vollstrecken will, beantragt S beim Vollstreckungsgericht, die Frist für zwei weitere Monate zu verlängern, weil er erst dann eine neue Wohnung beziehen könne und sein Gesundheitszustand einen zweifachen Umzug nicht zulasse.

c) G hat gegen S aus abgetretenem Recht einen Titel auf Zahlung von 2 000,— DM Schadensersatz erstritten. Als G vollstrecken will, beantragt S Vollstreckungsschutz; die Vollstreckung sei sittenwidrig, weil G sein Arbeitgeber sei und ihn nach materiellem Recht von der Schadensersatzpflicht freistellen müsse.

d) S ist Inhaber eines Nießbrauchsrechts, das nach einer Vereinbarung mit dem Besteller bei einer Pfändung erlöschen soll. Als G das Nießbrauchsrecht pfänden lassen will, beantragt S Vollstreckungsschutz.

Nach § 765a kann das Vollstreckungsgericht eine Vollstreckungsmaßnahme aufheben, untersagen oder einstweilen einstellen, wenn diese unter voller Würdigung des Schutzbedürfnisses des Gläubigers für den Schuldner eine mit den guten Sitten nicht zu vereinbarende Härte bedeutet.

I. Zweck und Abgrenzung

1. Zweck

§ 765a ist die vollstreckungsrechtliche Generalklausel des Schuldnerschutzes. Sie ermöglicht es vor allem, den Grundrechten im Zwangsvollstreckungsverfahren auch dann noch Geltung zu verschaffen, wenn die speziellen Vorschriften zum Schuldnerschutz wie z.B. die §§ 803 I 2, II, 811, 850 ff., 758 nicht eingreifen. Im Rahmen des § 765a sind die der Zwangsvollstreckung entgegenstehenden Interessen des Schuldners, die unmittelbar der Erhaltung von Leben und Gesundheit dienen, gegen das berechtigte Vollstreckungsinteresse des Gläubigers abzuwägen; überwiegen ersichtlich die Interessen des Schuldners, kann eine dennoch erfolgende Vollstreckungsmaßnahme das Prinzip der Verhältnismäßigkeit und das Grundrecht des Schuldners aus Art. 2 I 1 GG verletzen (BVerfGE 52, 214, 220). Die Maßnahme ist dann nach § 765a aufzuheben, zu untersagen oder einstweilen einzustellen.

Die Berechtigung einer solchen Generalklausel neben den zahlreichen speziellen Bestimmungen zum Schuldnerschutz wird zum Teil in Frage gestellt, weil zumindest bei einer großzügigen Anwendung dieser Bestimmung die Gefahr bestehe, daß dem Gläubiger sein Recht verweigert und das Erkenntnisverfahren entwertet werde (*Baur/ Stürner*, Rdnr. 803). Einigkeit besteht jedenfalls darüber, daß § 765a als Ausnahmevorschrift zu verstehen und eng auszulegen ist (BGHZ 44, 138, 143; BL/*Hartmann*, § 765a Anm. 1 A; *Bruns/Peters*, § 47 I; StJ/*Münzberg*, § 765a Rdnr. 1; *Thomas/Putzo*, § 765a Anm. 1).

2. Abgrenzung

§ 765a unterscheidet sich von den anderen Rechtsbehelfen des Schuldners dadurch, daß der Vollstreckungsschutz nicht von der Verletzung bestimmter Vorschriften des formellen oder materiellen Rechts abhängt. Die Erinnerung gibt dem Schuldner die Möglichkeit, sich gegen eine Zwangsvollstreckungsmaßnahme zu wehren, die formell fehlerhaft ist; mit der Vollstreckungsgegenklage kann der Schuldner geltend machen, daß die Vollstreckung nicht mit dem materiellen Recht in Einklang steht. Unter den Voraussetzungen des § 765a erhält der Schuldner demgegenüber sogar dann Vollstreckungsschutz, wenn er mit einem speziellen Rechtsbehelf keinen Erfolg hätte, weil alle Vollstreckungsvoraussetzungen vorliegen, die Durchführung der Vollstreckung keine formellen Fehler aufweist und dem Vollstreckungsanspruch auch keine materiellen Einwendungen entgegenstehen. Daraus folgt aber auch, daß § 765a gegenüber den anderen Rechtsbehelfen des Schuldners insoweit subsidiär ist, als der Vollstreckungsschutzantrag nicht mit Erfolg auf die Einwände gestützt werden kann, für deren Geltendmachung spezielle Rechtsbehelfe zur Verfügung stehen.

Das schließt nicht aus, daß etwa die Vollstreckungserinnerung und der Vollstreckungsschutz nach § 765a nebeneinander zur Anwendung kommen; Voraussetzung ist jedoch, daß beide Rechtsbehelfe verschieden begründet werden.

1473 II. Zulässigkeit des Antrags auf Vollstreckungsschutz

1. Statthaftigkeit

Nach § 765a I ist der Antrag des Schuldners auf Vollstreckungsschutz gegen eine »Maßnahme der Zwangsvollstreckung« statthaft. Damit ist jeder Vollstreckungsakt gemeint, unabhängig davon, ob er in Form einer Entscheidung (etwa Pfändungsbeschluß nach Anhörung des Schuldners; Rdnr. 1177, 1182) oder einer Vollstreckungsmaßnahme (etwa Pfändungsbeschluß ohne vorherige Anhörung des Schuldners; Rdnr. 1179, 1182) erfolgt ist.

Der Antrag auf Vollstreckungsschutz nach § 765a ist bei allen Vollstreckungsarten statthaft, also sowohl bei der Vollstreckung wegen Geldforderungen in bewegliche Sachen, in Forderungen und Rechte und in das unbewegliche Vermögen als auch bei der Vollstreckung zur Erwirkung der Herausgabe von Sachen (insbesondere bei der Räumungsvollstreckung) sowie bei der Vollstreckung zur Erwirkung von Handlungen, Duldungen und Unterlassungen.

Umstritten ist nur, ob § 765a auch bei der Teilungsversteigerung nach §§ 180 ff. ZVG (Rdnr. 984 ff.) anwendbar ist (bejahend *Baur/Stürner*, Rdnr. 802; *Zöller/Stöber*, § 765a Rdnr. 2; *Teufel*, Rpfleger 1976, 86 ff.). Das ist zu verneinen; denn die Teilungsversteigerung erfolgt zur Aufhebung einer Gemeinschaft und ist keine Zwangsvollstreckung (Rdnr. 971, 994 m.N.; BL/*Hartmann*, § 765a Anm. 1 B b; StJ/*Münzberg*, § 765a Rdnr. 3). Außerdem ist in diesen Fällen die Anwendung des § 765a selbst zur Vermeidung unbilliger Härten nicht erforderlich (OLG Hamm OLGZ 1972, 316, 318); denn bereits nach der Generalklausel des § 180 II ZVG kann das Verfahren zweimal jeweils für bis zu sechs Monaten eingestellt werden, wenn das bei Abwägung der widerstreitenden Interessen der Miteigentümer angemessen erscheint.

2. Antrag   1474

Der Vollstreckungsschutz nach § 765a wird dem Schuldner nur auf
Antrag gewährt. Dadurch bleibt es dem Schuldner überlassen, ob er von der
Schutzvorschrift Gebrauch macht. Das Antragserfordernis ist mit dem
Grundgesetz vereinbar (BVerfG NJW 1983, 559, 560). — An die Bestimmtheit des Antrages sind — wie bei der Vollstreckungserinnerung
(Rdnr. 1186) — keine strengen Anforderungen zu stellen. Es reicht aus, wenn
der Schuldner etwa zum Ausdruck bringt, daß er die angegriffene Vollstrek-
kungsmaßnahme wegen »grober Ungerechtigkeit«, »unzumutbarer Härte«
oder »Sittenwidrigkeit« für unzulässig hält. Der Antrag auf Vollstreckungsschutz braucht auch nicht ausdrücklich gestellt zu werden. Er kann vielmehr
in einem Erinnerungsantrag mitenthalten sein (*Zöller/Stöber*, § 765a
Rdnr. 19); das muß notfalls durch Auslegung der Erinnerungsbegründung
ermittelt werden.

3. Form und Frist   1475

Für den Antrag ist weder eine Form noch eine Frist vorgesehen. Wie bei
der Erinnerung (Rdnr. 1185) gilt aber § 569 II entsprechend; danach muß der
Antrag schriftlich oder zu Protokoll der Geschäftsstelle eingelegt werden.
Eine zeitliche Begrenzung für die Zulässigkeit des Antrages besteht nur
dann, wenn das Rechtsschutzinteresse fehlt (Rdnr. 1478).

4. Zuständigkeit   1476

Ausschließlich zuständig für die Entscheidung über den Vollstreckungsschutzantrag ist das Vollstreckungsgericht (§§ 765a I, 802). Das gilt auch,
wenn die angegriffene Maßnahme vom Prozeßgericht (§§ 887 ff.) oder vom
Grundbuchamt (§ 867) getroffen wurde. Beim Vollstreckungsgericht entscheidet grundsätzlich der Rechtspfleger (§ 20 Nr. 17 RPflG). Ist der Vollstreckungsschutzantrag allerdings im Rahmen einer Vollstreckungserinnerung gestellt, über die der Richter zu befinden hat (§ 20 Nr. 17 a RPflG),
dann bearbeitet der Richter wegen des Sachzusammenhangs auch den
Antrag nach § 765a (§ 6 RPflG).

An der Zuständigkeit des Vollstreckungsgerichts ändert sich selbst dann nichts,
wenn der Schuldner den Vollstreckungsschutzantrag erstmals in dem Verfahren über
eine Beschwerde gegen eine andere Entscheidung des Vollstreckungsgerichts (z.B.
gegen eine Erinnerungsentscheidung) stellt. Denn bei der Berufung auf den Vollstrek-
kungsschutz handelt es sich nicht lediglich um ein neues Vorbringen, das nach § 570

vom Beschwerdegericht zu berücksichtigen wäre (Rdnr. 1262), sondern um ein Vorbringen, das gar nicht Gegenstand eines Erinnerungsverfahrens ist (*Zöller/Stöber*, § 765a Rdnr. 24; a.M. StJ/*Münzberg*, § 765a Rdnr. 27). Das Beschwerdegericht hat den Antrag auf Vollstreckungsschutz deshalb an das zuständige Vollstreckungsgericht zu verweisen.

1477   5. Rechtsschutzinteresse

a) Das Rechtsschutzinteresse des Schuldners für den Antrag auf Vollstreckungsschutz *beginnt*, sobald die Zwangsvollstreckung droht. Anders als bei der Erinnerung (Rdnr. 1189) braucht der Beginn der Zwangsvollstreckung nicht abgewartet zu werden; denn der Schuldner ist möglicherweise nicht erst an einer Aufhebung oder Einstellung, sondern schon an einer Untersagung der Zwangsvollstreckung interessiert (vgl. § 765a I). Die Zwangsvollstreckung droht grundsätzlich schon dann, wenn ein Vollstreckungstitel vorliegt (Rdnr. 1332). Bei der Zwangsvollstreckung zur Erwirkung einer vertretbaren Handlung (§ 887; Rdnr. 1065 ff.) droht die Vollstreckung allerdings erst, wenn das Prozeßgericht den Gläubiger zur Ersatzvornahme ermächtigt hat (*Zöller/Stöber*, § 765a Rdnr. 19).

1478   b) Das Rechtsschutzinteresse *endet*, wenn die den Schuldner beeinträchtigende Zwangsvollstreckungsmaßnahme beendet ist; denn dann ist das vom Schuldner angestrebte Ziel nicht mehr erreichbar.

In der Zwangsversteigerung ist ein Vollstreckungsschutzantrag nach § 765a sogar nur bis zur Verkündung des Zuschlagsbeschlusses zulässig (BGHZ 44, 138, 144; OLG Frankfurt Rpfleger 1979, 391; *Thomas/Putzo*, § 765a Anm. 3 a). Denn nach der abschließenden Aufzählung des § 100 ZVG kann eine Beschwerde gegen den Zuschlag nur auf eine Verletzung bestimmter Vorschriften gestützt werden (Rdnr. 923). Nach §§ 100, 83 Nr. 6 ZVG ist der Einwand der sittenwidrigen Härte (§ 765a) nur dann beachtlich, wenn er bereits dem Zuschlag entgegenstand; das setzt aber voraus, daß bereits vor dem Zuschlagsbeschluß ein Antrag auf Vollstreckungsschutz gestellt war, da die sittenwidrige Härte einem Vollstreckungsakt nur dann entgegensteht, wenn der Schuldner aus diesem Grund Vollstreckungsschutz beantragt hat.

1479   III. Begründetheit des Antrags auf Vollstreckungsschutz

Der Antrag auf Vollstreckungsschutz ist begründet, wenn die Vollstreckung für den Schuldner wegen ganz besonderer Umstände unter Würdigung des Schutzbedürfnisses des Gläubigers eine sittenwidrige Härte bedeutet.

1. Ganz besondere Umstände

Durch das Tatbestandsmerkmal »ganz besondere Umstände« wird der Ausnahmecharakter des § 765a unterstrichen. Es können nur solche Umstände berücksichtigt werden, die weder regelmäßig vorkommen noch mit speziellen Rechtsbehelfen geltend zu machen sind.

Demnach können *folgende Umstände nicht berücksichtigt* werden:

a) *Umstände, die regelmäßig bei einer Zwangsvollstreckung vorliegen.* Auf sie kann der Schuldner sich selbst dann nicht berufen, wenn sie für ihn eine Härte bedeuten. Deshalb reicht allein der Hinweis auf eine wirtschaftliche Notlage nicht aus.

b) *Umstände, die mit speziellen Rechtsbehelfen geltend zu machen sind.* So **1480** handelt es sich etwa bei dem Verstoß gegen ein Pfändungsverbot (§§ 811, 850 ff.) nicht um einen ganz besonderen Umstand i.S.d. § 765a, sondern um einen typischen Vollstreckungsmangel, für dessen Geltendmachung der Gesetzgeber die Vollstreckungs- und die Rechtspflegererinnerung vorgesehen hat. Auch etwa der Umstand, daß nach den persönlichen und wirtschaftlichen Verhältnissen des Schuldners sowie nach der Art der Schuld eine zeitweilige Aussetzung der Verwertung angemessen erscheint, reicht für § 765a I nicht aus, sondern kann nur unter den Voraussetzungen des § 813a I, II (Rdnr. 394) mit Erfolg vorgebracht werden.

Im Fall a kann der von S vorgetragene Umstand allerdings seinen Vollstreckungsschutzantrag rechtfertigen. S hat nämlich keine Möglichkeit, wegen der Pfändung des Hundes mit Erfolg Erinnerung einzulegen; denn unzulässig wäre die Pfändung nach § 811 Nr. 14 nur dann, wenn der Wert des Hundes 500,— DM nicht übersteigen würde.

Auch im Fall b ist der Antrag auf Vollstreckungsschutz nicht etwa deshalb unbegründet, weil bei einer Räumung von Wohnraum nach § 721 das Prozeßgericht eine Räumungsfrist gewähren kann. Denn die nach § 721 gewährte Räumungsfrist, die insgesamt nicht mehr als ein Jahr betragen darf (§ 721 V 1), ist im Fall b bereits erschöpft (vgl. OLG Frankfurt Rpfleger 1981, 24).

c) *Umstände, die eine materielle Einwendung gegen den Vollstreckungsanspruch begründen.* Lagen diese Umstände nämlich bereits vor Erlaß des **1481** Vollstreckungstitels vor, hätte der Schuldner sie bereits im Erkenntnisverfahren vorbringen können. Sind sie dagegen erst nach Schluß der letzten mündlichen Verhandlung des Erkenntnisverfahrens entstanden, können sie im Wege der Vollstreckungsgegenklage geltend gemacht werden.

Im Fall c hätte S schon im Erkenntnisverfahren unter Berufung auf unzulässige Rechtsausübung des G Klageabweisung beantragen können (vgl. OLG Hamburg MDR 1953, 301; *Palandt/Heinrichs*, § 242 Anm. 4 C c). Würde nunmehr das Vollstreckungsgericht im Rahmen eines Antrags nach § 765a über diesen Einwand entscheiden, läge darin eine Durchbrechung der Rechtskraft des Urteils des Erkenntnisverfahrens (*Baur/Stürner,* Rdnr. 803; *Zöller/Stöber,* § 765a Rdnr. 14). — Da sich bei einer Zwangsvollstreckung gegen den S dessen Freistellungsanspruch gegen G in einen Zahlungsanspruch umwandelt, kann S diesen Zahlungsanspruch in einem neuen Rechtsstreit gegen G geltend machen.

1482   2. Sittenwidrige Härte für den Schuldner

Aufgrund der besonderen Umstände muß die angegriffene Vollstreckungsmaßnahme für den Schuldner eine sittenwidrige Härte bedeuten. Auch diese Voraussetzung macht den engen Anwendungsbereich des § 765a deutlich. Eine bloße Unbilligkeit der Vollstreckung reicht nicht aus; sittenwidrige Härte liegt vielmehr nur dann vor, wenn die Gesetzesanwendung zu einem ganz untragbaren Ergebnis führen würde (BGHZ 44, 138, 143). Unerheblich ist, ob der Schuldner die eigene Notlage (mit-) verschuldet hat und ob den Gläubiger ein moralischer Vorwurf trifft; entscheidend ist allein, daß die Vollstreckung objektiv zu einem sittenwidrigen Ergebnis führt. Ob diese Voraussetzung vorliegt, läßt sich nur im Einzelfall feststellen; zu berücksichtigen ist insbesondere eine konkrete Gefahr für Leben oder Gesundheit des Schuldners (vgl. BVerfGE 52, 214, 220).

Im Fall a würde der Verlust des Hundes für S zu einer mit den guten Sitten nicht mehr zu vereinbarenden Härte führen. Gerade zwischen einem betagten Menschen und einem Hund sind enge gefühlsmäßige Bindungen möglich, deren Zerstörung zu seelischen und gesundheitlichen Schäden führen kann. Das liegt im Fall a wegen des Alters des S und wegen des Schmerzes über den Verlust seines Enkelkindes besonders nahe (LG Heilbronn DGVZ 1980, 111).

Auch im Fall b wäre eine sofortige Zwangsräumung mit den guten Sitten unvereinbar, da S nur eine geringfügige Verlängerung der Räumungsfrist benötigt und er aufgrund sofortiger Räumung zweimal umziehen und dadurch das Risiko schwerer Gesundheitsschäden eingehen müßte (vgl. LG Stuttgart Rpfleger 1985, 71).

Im Fall d wäre eine Pfändung des Nießbrauchsrechts ebenfalls sittenwidrig. Die Bestellung des Nießbrauchsrechts unter der auflösenden Bedingung der Pfändung ist zulässig (MünchKomm/*Petzold,* § 1030 Rdnr. 31). Die Vollstreckung in den Nießbrauch könnte daher unter keinen Umständen zu einer Befriedigung des G führen. Vollstreckt aber ein Gläubiger ohne eigenen Nutzen nur mit dem Ziel, dem Schuldner einen Schaden zuzufügen, bedeutet das eine sittenwidrige Härte im Sinne des § 765a (OLG Frankfurt OLGZ 1980, 482).

1483   3. Würdigung des Schutzbedürfnisses des Gläubigers

Bei der Untersuchung, ob eine Vollstreckungsmaßnahme wegen ganz besonderer Umstände für den Schuldner eine sittenwidrige Härte bedeutet, ist das Schutzbedürfnis des Gläubigers voll zu würdigen; denn dieser hat grundsätzlich ein berechtigtes Interesse daran, seinen (möglicherweise unter großem Aufwand erstrittenen) Vollstreckungstitel durchzusetzen, und es ist ihm nicht zuzumuten, die Aufgaben der Sozialbehörden zu übernehmen (OLG Frankfurt Rpfleger 1981, 24; BL/*Hartmann*, § 765a Anm. 2 B a; StJ/*Münzberg*, § 765a Rdnr. 7). Selbst wenn die Zwangsvollstreckung für den Schuldner eine untragbare Härte bedeutet, kommt ein Vollstreckungsschutz nicht in Betracht, falls ein Aufschub der Vollstreckung den Gläubiger vergleichbar hart treffen würde.

So kommt etwa bei der Räumungsvollstreckung eine Verlängerung der Räumungsfrist selbst bei schwerer Krankheit des Schuldners nicht in Betracht, wenn der Gläubiger ebenfalls aus gesundheitlichen Gründen auf die Benutzung der Wohnung angewiesen ist. Im Fall b wird dagegen das Vollstreckungsinteresse des Gläubigers nur unwesentlich beeinträchtigt, so daß dem Antrag des S stattzugeben ist.

Im Fall a überwiegt der dem S bei einer Pfändung des Hundes drohende immaterielle Schaden bei weitem das Vollstreckungsinteresse des G, zumal dieser durch den bei einer Verwertung zu erwartenden Erlös allenfalls wegen eines kleinen Bruchteils der Vollstreckungsforderung befriedigt wird (so LG Heilbronn DGVZ 1980, 111).

Im Fall d ändert das Interesse des G nichts daran, daß die Pfändung des Nießbrauchs für S eine sittenwidrige Härte bedeuten würde; denn dem G bringt diese Pfändung keinen Vorteil, und an einer bloßen Schädigung des S hat er kein berechtigtes Interesse. In einem solchen Fall kann sogar schon das Rechtsschutzinteresse des G an der Pfändung fehlen (dazu Rdnr. 28).

IV. Verfahren, einstweilige Anordnung und Vollstreckungsaufschub 1484

1. Verfahren

Das Verfahren bei einem Antrag nach § 765a entspricht dem bei der Vollstreckungserinnerung (Rdnr. 1229 ff.). Eine mündliche Verhandlung braucht nicht stattzufinden (§ 764 III). Dem Antragsgegner ist rechtliches Gehör zu gewähren, bevor eine ihm nachteilige Entscheidung ergeht. Über entscheidungserhebliche, bestrittene Tatsachen ist Beweis zu erheben.

2. Einstweilige Anordnung 1485

Die Möglichkeit, schon vor der Entscheidung über den Antrag nach § 765a einstweilige Anordnungen zu erlassen, ist im Gesetz nicht vorgesehen. Da jedoch gerade § 765a bezweckt, schwere Nachteile für den Schuldner zu vermeiden, und da das Verfahren demjenigen bei der Vollstreckungserinnerung entspricht, kann das Vollstreckungsgericht schon vor seiner Entscheidung analog §§ 766 I 2, 732 II einstweilige Anordnungen erlassen.

Dafür reicht es aus, wenn die bestrittenen Tatsachen glaubhaft gemacht sind (StJ/*Münzberg*, § 765a Rdnr. 20). Der Erlaß einer einstweiligen Anordnung ist mit der befristeten Rechtspflegererinnerung nach § 11 I 2 RPflG anfechtbar; die Erinnerung kann aber wegen der Unanfechtbarkeitsregelung des § 707 II 2 (Rdnr. 1232) grundsätzlich nicht zur Durchgriffserinnerung (Rdnr. 1281) werden.

1486   ## 3. Vollstreckungsaufschub

Wenn bei der Vollstreckung zur Erwirkung der Herausgabe von Sachen (Rdnr. 1046 ff.) der Gerichtsvollzieher dem Schuldner eine bewegliche Sache wegnimmt (§ 883 I) oder (bei der Räumungsvollstreckung) den Schuldner aus dem Besitz setzt (§ 885 I), wird es für einen Antrag des Schuldners auf Vollstreckungsschutz häufig schon zu spät sein. Damit auch in solchen Fällen schwerwiegende Nachteile für den Schuldner vermieden werden können, räumt § 765a II dem Gerichtsvollzieher die Möglichkeit ein, bis zur Entscheidung des Vollstreckungsgerichts über einen Vollstreckungsschutzantrag nach § 765a I die Vollstreckungsmaßnahme aufzuschieben. Der Aufschub ist nur zulässig, wenn dem Gerichtsvollzieher die Voraussetzungen des § 765a I glaubhaft gemacht werden und dem Schuldner die rechtzeitige Anrufung des Vollstreckungsgerichts nicht möglich war. Der Aufschub darf nicht länger als eine Woche dauern.

Schiebt der Gerichtsvollzieher die Zwangsvollstreckung auf, weist er den Schuldner darauf hin, daß die Vollstreckung nach Ablauf einer Woche durchgeführt wird, falls der Schuldner bis dahin keine Einstellung durch das Vollstreckungsgericht erwirkt hat; außerdem belehrt er den Schuldner über die strafrechtlichen Folgen einer Vollstreckungsvereitelung (§ 113 Nr. 3 GVGA).

1487   ## V. Entscheidung über den Antrag

Die Entscheidung über den Antrag auf Vollstreckungsschutz ergeht durch Beschluß.

1. Entscheidung in der Hauptsache

Will das Gericht dem Antrag auf Vollstreckungsschutz stattgeben, kann es eine genau bestimmte Vollstreckungsmaßnahme (nicht dagegen die Zwangsvollstreckung insgesamt) ganz oder teilweise aufheben, untersagen oder einstweilen einstellen.

a) Eine *Aufhebung* kommt in Betracht, wenn der Fortbestand einer bereits erfolgten Vollstreckungsmaßnahme für den Schuldner eine sittenwidrige Härte bedeutet. Durch die Aufhebung verliert der Gläubiger seinen Rang. Deshalb darf sie nach § 765a IV erst nach Rechtskraft des Beschlusses erfolgen; das ist im Beschluß zum Ausdruck zu bringen. Selbst dann ist die Aufhebung nur zulässig, wenn dem Schuldner durch eine andere Anordnung nicht geholfen werden kann.

Eine Aufhebung durch das Vollstreckungsgericht selbst kommt entgegen der weiten Fassung des § 765a I nur dann in Betracht, wenn das Vollstreckungsgericht die Maßnahmen als Vollstreckungsorgan auch getroffen hat. Soll dagegen eine durch den Gerichtsvollzieher erfolgte Pfändung aufgehoben werden, kann das Gericht lediglich den Gerichtsvollzieher zur Entstrickung anweisen.

b) Eine *Untersagung* wird angeordnet, wenn eine noch nicht erfolgte Vollstreckungsmaßnahme von vornherein verboten werden soll.

c) Regelmäßig wird eine *einstweilige Einstellung* angeordnet. Sie hat zur Folge, daß bereits durchgeführte Vollstreckungsmaßnahmen aufrecht erhalten bleiben und nur die Fortsetzung der Vollstreckung verhindert wird. Die einstweilige Einstellung kann befristet und von einer Sicherheitsleistung des Schuldners abhängig gemacht werden, falls das mit dem angestrebten Vollstreckungsschutz vereinbar ist.

2. Kostenentscheidung

1488

Die Kosten, die durch einen Antrag nach § 765a entstehen, trägt grundsätzlich der Schuldner (§ 788 I; Rdnr. 1673 ff.). Das wird in dem Beschluß nicht besonders ausgesprochen. Eine Kostenentscheidung erfolgt nur dann, wenn die Kosten des Verfahrens nach § 765a ausnahmsweise dem Gläubiger auferlegt werden sollen; diese Möglichkeit hat das Gericht, wenn das aus besonderen, in dem Verhalten des Gläubigers liegenden Gründen der Billigkeit entspricht (§ 788 III; Rdnr. 1684 f.).

An gerichtlichen Kosten fällt — unabhängig vom Streitwert — eine Gebühr von 12,— DM an (§§ 1, 11 I GKG i.V.m. KV Nr. 1150). Der Rechtsanwalt erhält nach § 57 I BRAGO eine Gebühr in Höhe von ³/₁₀ der in § 31 BRAGO bestimmten Gebühren. Diese Gebühr ist durch die sonstigen im Vollstreckungsverfahren angefallenen Gebühren noch nicht mit abgegolten, da das Verfahren über einen Antrag nach § 765a als besondere Angelegenheit gilt (§ 58 III Nr. 3 BRAGO).

3. Verkündung und Zustellung der Entscheidung

1489

Der Beschluß des Vollstreckungsgerichts ist — wie die Entscheidung über eine Vollstreckungserinnerung — unter den Voraussetzungen des § 329 zu verkünden und zuzustellen (Rdnr. 1245).

1490 **VI. Aufhebung oder Abänderung der Entscheidung**

Das Vollstreckungsgericht hebt seinen Beschluß auf Antrag auf oder ändert ihn, wenn dies mit Rücksicht auf eine Änderung der Sachlage geboten ist (§ 765a III). Der Antrag kann sowohl vom Gläubiger als auch vom Schuldner gestellt werden. Eine Änderung der Sachlage setzt voraus, daß sich die der Entscheidung zugrunde liegenden Tatsachen geändert haben oder der Schuldner nicht in der Lage war, die bereits früher vorhandenen Tatsachen bis zum Erlaß der Entscheidung vorzutragen (*Zöller/Stöber*, § 765a Rdnr. 29). Für die Möglichkeit der Aufhebung oder Änderung kommt es nicht darauf an, ob der Beschluß bereits rechtskräftig geworden ist oder ob eine Partei ein Rechtsmittel gegen die Entscheidung eingelegt hat.

1491 **VII. Rechtsbehelfe gegen die Entscheidung**

Die Entscheidung über den Antrag nach § 765a trifft grundsätzlich der Rechtspfleger (§ 20 Nr. 17 RPflG). Dagegen kann jede Partei die befristete Rechtspflegererinnerung nach § 11 I 2 RPflG einlegen. Der Rechtspfleger ist zur Abhilfe nicht befugt (§ 11 II 1 RPflG). Hilft auch der Richter nicht ab und legt er die Erinnerung dem Rechtsmittelgericht vor, handelt es sich um eine befristete Durchgriffsbeschwerde. Gegen die Entscheidung des Beschwerdegerichts ist unter den Voraussetzungen des § 568 II eine weitere sofortige Beschwerde zulässig.

Hat über den Antrag gem. § 765a nach § 6 RPflG ausnahmsweise der Richter entschieden (Rdnr. 1476), findet gegen seine Entscheidung sogleich die sofortige Beschwerde nach § 793 statt.

Schrifttum: *Altendorf,* Das vorläufige Verfahren, 2. Aufl., 1979; *Baur,* Studien zum einstweiligen Rechtsschutz, 1967; *K. Blomeyer,* Arrest und einstweilige Verfügung, ZZP 65, 52; *Brinkmann,* Schiedsgerichtsbarkeit und Maßnahmen des einstweiligen Rechtsschutzes, 1977; *Grunsky,* Grundlagen des einstweiligen Rechtsschutzes, JuS 1976, 277; *Henckel,* Vorbeugender Rechtsschutz im Zivilrecht, AcP 174, 97; *Leipold,* Grundlagen des einstweiligen Rechtsschutzes im zivil-, verfassungs- und verwaltungsgerichtlichen Verfahren, 1971; *ders.,* Strukturfragen des einstweiligen Rechtsschutzes, ZZP 90, 258; *Lübbert,* Vorläufiger Rechtsschutz und einheitliche Auslegung des Gemeinschaftsrechts, Festschrift f. v. Caemmerer, 1978, 933; *Minnerop,* Materielles Recht und einstweiliger Rechtsschutz, 1973; *Ostler,* Wichtige prozessuale Fragen des Eilverfahrens der ZPO, MDR 1968, 713; *K. H. Schwab,* Einstweiliger Rechtsschutz und Schiedsgerichtsbarkeit, Festschrift f. Baur, 1981, 627; *Teplitzky,* Arrest und einstweilige Verfügung, JuS 1980, 882; 1981, 122, 352, 435; *Wenzel,* Grundlinien des Arrestprozesses, MDR 1967, 889.

Verfolgt ein Gläubiger seine Ansprüche mit Hilfe der Gerichte, läuft er Gefahr, daß diese Hilfe wegen der Dauer des Rechtsstreits zu spät kommt. Selbst wenn schließlich ein der Klage stattgebendes, vorläufig vollstreckbares Urteil ergeht, ist der Gläubiger an einer sofortigen Vollstreckung gehindert, wenn er die Mittel für eine etwa erforderliche Sicherheitsleistung (Rdnr. 63 ff.) nicht aufbringen kann. Vor allem besteht die Gefahr, daß der Schuldner sein Vermögen oder einzelne Gegenstände der Zwangsvollstreckung entzieht. Hier bedarf der Gläubiger einer Sicherung; ihr dient der sog. vorläufige Rechtsschutz. Dafür sieht das Gesetz zwei Arten vor: Der *Arrest* bezweckt die Sicherung der Zwangsvollstreckung wegen einer Geldforderung. Die *einstweilige Verfügung* kommt für den vorläufigen Schutz aller anderen Ansprüche in Betracht.

Von der einstweiligen Verfügung sind die einstweiligen Anordnungen zu unterscheiden. Diese sind bei Ehe- und Kindschaftssachen (vgl. §§ 127a, 620 ff., 641d) sowie in der Verwaltungs- und Verfassungsgerichtsbarkeit (vgl. § 123 VwGO und § 32 BVerfGG) vorgesehen. Der Sache nach handelt es sich allerdings auch bei diesen Anordnungen um einstweilige Verfügungen.

1493 ## Erster Abschnitt   Der Arrest

§ 47   Die Voraussetzungen des Arrestes

Schrifttum: *Dittmar,* Der Arrestgrund der Auslandsvollstreckung, NJW 1978, 1720; *Ritter,* Zum persönlichen Sicherheitsarrest nach §§ 918, 933 S. 1, 1. Alt. ZPO, ZZP 88, 126; *Schwerdtner,* Zur Dogmatik des Arrestprozesses, NJW 1970, 222.

Fälle:

a) G hat S auf Zahlung von 15 000,— DM verklagt. Vor Erlaß eines Urteils erfährt G, daß der in bescheidenen Vermögensverhältnissen lebende S sein Sparguthaben abgehoben hat und für wohltätige Zwecke 9 000,— DM spenden will. Wozu ist dem G zu raten?

b) Bevor G$_1$ einen Zahlungstitel gegen S erstritten hat, erfährt er, daß G$_2$ aus einer vollstreckbaren Urkunde gegen S vollstrecken will. Was kann G$_1$ unternehmen, wenn er befürchten muß, daß bei S nach der Vollstreckung durch G$_2$ nichts mehr zu holen ist?

c) S will im Fall a sein Vermögen in die Schweiz schaffen.

d) Was ist im Fall a dem G zu raten, wenn dessen Anspruch durch eine Hypothek am Grundstück der Eltern des S oder durch deren Bürgschaft in Höhe von 10 000,— DM gesichert ist?

e) G hat aus einem Zahlungsurteil gegen S vergeblich die Vollstreckung betrieben. Der Abgabe einer Offenbarungsversicherung will S sich entziehen, indem er seinen Wohnsitz in die Schweiz verlegt. G möchte den S vorher verhaften lassen.

Voraussetzungen für die Anordnung des Arrestes sind ein Arrestanspruch und ein Arrestgrund.

1494 ## I. Arrestanspruch

Der Arrest findet zur Sicherung der Zwangsvollstreckung nur wegen einer Geldforderung (vgl. § 916 I) sowie wegen Haftungs- und Duldungsansprüchen statt.

1. Geldforderungen

Eine Geldforderung ist ein Anspruch, der sich auf die Zahlung eines bestimmten Geldbetrages richtet. Dieser Anspruch braucht nicht fällig zu sein (betagter Anspruch). Es schadet auch nicht, wenn er aufschiebend bedingt ist, es sei denn, daß er wegen der entfernten Möglichkeit des Bedingungseintritts keinen gegenwärtigen Vermögenswert hat (§ 916 II). Mit dieser Einschränkung lassen sich u.a. auch künftige Ansprüche sichern, wenn ihretwegen zur Zeit der Arrestentscheidung die Hauptsache anhängig gemacht werden könnte (arg. e § 926).

Die Klage zur Hauptsache kann auf künftige Leistung gerichtet sein (§§ 257—259); ausreichend ist aber auch die Möglichkeit, eine Feststellungsklage zu erheben (so *Furtner*, NJW 1964, 745, 746; StJ/*Grunsky*, § 916 Rdnr. 10; *Zöller/Vollkommer*, § 916 Rdnr. 8; a.A. *Ullmann*, NJW 1971, 1294, 1296).

Nach § 916 I sind einer Geldforderung solche Ansprüche gleichgestellt, die in eine Geldforderung übergehen können. Dazu gehören vor allem Ansprüche auf Schadensersatz, Rückgewähr (§§ 346 f. BGB) oder Herausgabe einer Bereicherung (§§ 812, 818 II BGB).

2. Haftungs- und Duldungsansprüche 1495

Einer Geldforderung stehen Haftungs- und Duldungsansprüche gleich. Dies gilt z.B. für den Anspruch gegen den Testamentsvollstrecker auf Duldung der Zwangsvollstreckung gegen den Erben (§ 2213 III BGB) und für den Anspruch nach § 7 AnfG auf Rückgewähr der durch die angefochtene Rechtshandlung erworbenen Sache. Selbst ein Anspruch auf Duldung der Zwangsvollstreckung in ein Grundstück (§ 1147 BGB) kann gesichert werden.

In diesem Fall soll durch den Arrest verhindert werden, daß die Haftungsmasse durch Verfügungen des Schuldners über mithaftende Gegenstände (z.B. Miet- und Pachtzinsforderungen) geschmälert wird (vgl. §§ 1121 ff. BGB).

II. Arrestgrund 1496

Der Arrestgrund richtet sich danach, ob es sich um einen dinglichen oder um einen persönlichen Arrest handelt.

1. Dinglicher Arrest

Der dingliche Arrest erfaßt das Vermögen des Schuldners; er kann umfassend sein oder auf einzelne — etwa besonders wertvolle — Gegenstände beschränkt werden. § 917 nennt nur die positiven Voraussetzungen des Arrestes; aber selbst wenn diese vorliegen, kann der Arrestgrund im Einzelfall fehlen.

1497   a) Der Arrest findet statt, wenn zu besorgen ist, daß ohne seine Verhängung die *Vollstreckung eines Urteils vereitelt oder wesentlich erschwert* werden würde (§ 917 I).

(1) Im Regelfall müssen die hierfür maßgebenden *Umstände konkret festzustellen* sein. Typischerweise tritt die Gefährdung der Zwangsvollstreckung dadurch ein, daß die Vermögensmasse des Schuldners gemindert wird.

Fraglich ist, ob es zusätzlich darauf ankommt, wie es zu dieser Vollstreckungsgefährdung gekommen ist. Folgende *Fälle* lassen sich unterscheiden:

(a) Der Schuldner erschwert die Zwangsvollstreckung *vorsätzlich* oder *fahrlässig*. Ein solcher Verdacht drängt sich auf, wenn der Schuldner sein Vermögen grundlos verschleudert, in ungewöhnlichem Umfang veräußert (Fall a) oder belastet, aber auch dann, wenn sein Geschäftsgebaren auf eine Selbstschädigung hinausläuft. Hier ist nach allgemeiner Auffassung ein Arrestgrund gegeben.

Beispiele: Der Schuldner verkauft einen wertvollen Orientteppich an seinen Freund, und es ist zu befürchten, daß der Verkaufserlös der Zwangsvollstreckung entzogen werden soll. Der Schuldner hat in letzter Zeit infolge riskanter unternehmerischer Entscheidungen ungewöhnliche Verluste erlitten.

1498   (b) Der Schuldner hat die Gefährdung der Zwangsvollstreckung *nicht zu vertreten.* Auch in diesem Fall liegt nach ganz h.M. ein Arrestgrund vor, da ein Verschulden des Schuldners — ein »Verwirkungstatbestand« — nicht Voraussetzung des Arrestes ist (*Jauernig*, § 35 I 2 a; BL/*Hartmann*, § 917 Anm. 1 A; *Thomas/Putzo*, § 917 Anm. 1 a; vgl. auch *Schwerdtner*, NJW 1970, 224).

Ein dinglicher Arrest ist also auch dann möglich, wenn der Schuldner erkrankt ist und die dadurch bedingten Einkommensausfälle erwarten lassen, daß sein Vermögen in Kürze aufgebraucht sein wird.

1499   (c) Wenn der Schuldner die Verschlechterung der Vollstreckungsaussichten *nicht einmal verursacht* hat, ist die Anwendbarkeit des § 917 I umstritten. Einerseits wird betont, selbst Naturereignisse ergäben einen Arrestgrund, wenn durch sie ein Vermögensverfall des Schuldners drohe (*Zöller/ Vollkommer*, § 917 Rdnr. 7). Andererseits sieht die h.M. in der Gefahr, daß ein anderer Gläubiger mit Vollstreckungsmaßnahmen zuvorkommt, keinen Arrestgrund (RGZ 3, 416, 417; *Zöller/Vollkommer*, § 917 Rdnr. 9). Das wird einmal damit begründet, der Arrest solle die Lage des Gläubigers nicht verbessern, sondern eine Verschlechterung verhindern. Dem ist jedoch entgegenzuhalten, daß jeder Arrest durch die Abwehr der jeweiligen Gefahr eine Verbesserung bewirkt und bewirken soll (vgl. *Grunsky*, NJW 1976, 553). Zudem stellt aus der Sicht des Gläubigers jede Vollstreckung durch Konkurrenten eine »Verschlechterung« dar. Die h.M. beruft sich weiter darauf, einem Arrest stehe der Grundsatz der Gläubigergleichbehandlung entgegen, wie er auch in der Konkursordnung Ausdruck finde (RGZ 3, 416 f.; LG Augsburg NJW 1975, 2350, 2351; LAG Hamm MDR 1977, 611; *Zöller/ Vollkommer,* § 917 Rdnr. 9). Jedoch geht das Prinzip des ersten Zugriffs dem der Gläubigergleichbehandlung vor, bis über das Schuldnervermögen der Konkurs eröffnet wird (arg. e § 14 I KO). Nach alledem kommt es nicht darauf an, wodurch die Verschlechterung der Vollstreckungsaussichten verursacht worden ist.

Im Fall b kann G_1 daher nach der hier vertretenen Ansicht einen Arrest erreichen.

(2) Ausnahmsweise wird eine Gefährdung der Zwangsvollstreckung *un-*   **1500**
widerleglich vermutet, wenn der Gläubiger *im Ausland vollstrecken* müßte (§ 917 II). Diese Notwendigkeit für eine Auslandsvollstreckung besteht nicht, wenn im Inland eine Forderung gepfändet wird, deren (Dritt-) Schuldner einen ausländischen Wohnsitz hat. Umgekehrt steht es einem Arrest nicht entgegen, wenn die Zwangsvollstreckung im Ausland gewährleistet ist (a.A. *Dittmar,* NJW 1978, 1720, 1722).

Im Fall c hätte ein Arrestantrag also Erfolg, obwohl eine Vollstreckung des deutschen Urteils in der Schweiz möglich wäre (vgl. Deutsch/Schweizerisches Anerkennungs- und Vollstreckungsabkommen v. 2. 11. 1929, abgedr. bei BL/*Albers,* Schlußanh. V B 1).

b) *Ausgeschlossen* ist ein Arrest nach seinem Zweck in folgenden Fällen: **1501**

(1) Der Gläubiger ist *anderweitig gesichert.* Ob ihm Vorbehalts- bzw. Sicherungseigentum oder ein Grundpfandrecht eine Befriedigung ermöglichen, hängt vom Einzelfall ab, z.B. vom Rang einer Hypothek und vom Wert des belasteten Grundstücks. Dagegen bietet eine bloß schuldrechtliche Mithaftung Dritter dem Gläubiger regelmäßig keine ausreichende Sicherheit, die einen Arrest gegen den Hauptschuldner ausschließen würde; das kann ausnahmsweise bei einer Bankbürgschaft anders zu beurteilen sein.

Im Fall d ist also bei hypothekarischer Sicherung ein Arrest in Höhe von 5 000,— DM, bei einer Sicherung durch Bürgschaft ein Arrest über 15 000,— DM anzuordnen.

(2) Der Gläubiger kann aus einem *vorläufig vollstreckbaren Titel* vorge-   **1502**
hen. Die Vollstreckung aus einem solchen Titel ist zwar dadurch erschwert, daß dieser — anders als ein Arrest — häufig nur gegen Sicherheitsleistung vollstreckbar ist; deshalb wird teilweise ein Arrestgrund angenommen, wenn der Gläubiger die erforderliche Sicherheit nicht leisten kann (BL/ *Hartmann,* § 917 Anm. 1 A; *Göppinger,* NJW 1967, 177). Jedoch ist der Gläubiger auch ohne Sicherheitsleistung in der Lage, bewegliches Vermögen jedenfalls zu pfänden und bei unbeweglichem Vermögen eine Sicherungshypothek eintragen zu lassen (§ 720a; vgl. Rdnr. 69); durch eine solche Sicherungsvollstreckung ist er hinreichend geschützt.

1503   2. Persönlicher Arrest

Beim persönlichen Arrest kann die Haft des Schuldners oder eine Beschränkung seiner persönlichen Freiheit (Meldepflicht, Beschlagnahme von Ausweispapieren usw.) angeordnet werden (§§ 918, 933). Der Zweck dieses Arrestes besteht — nicht anders als beim dinglichen Arrest — ausschließlich darin, die Zwangsvollstreckung in das Vermögen des Schuldners zu sichern. Der persönliche Arrest darf also nicht selbst als Vollstreckungsmittel eingesetzt werden.

Der Gläubiger kann einen persönlichen Arrest mithin nicht erwirken, um den Schuldner durch eine Freiheitsbeschränkung dazu anzuhalten, eine geschuldete unvertretbare Leistung zu erbringen.

Da der persönliche Arrest in Freiheitsrechte des Schuldners eingreift, ist er an erschwerte Voraussetzungen geknüpft:

a) Gegenüber dem Arrest in das Vermögen ist der persönliche Arrest *subsidiär*. Er kommt also erst in Betracht, wenn ein dinglicher Arrest nur unzureichend sichern würde.

b) *Erforderlich* i.S.v. § 918 ist auch nur die jeweils mildeste Arrestmaßnahme. So reicht statt einer Verhaftung des Schuldners häufig schon die Beschlagnahme seiner Ausweispapiere aus, um ihn an einer Ausreise zu hindern.

Im Fall e wäre die Zwangsvollstreckung zwar erschwert, wenn S sich seiner Verpflichtung nach § 807 entziehen würde. Ein Haftarrest ist aber nicht erforderlich, weil die Wegnahme der Papiere genügt.

c) Der Grundsatz der *Verhältnismäßigkeit* verbietet Eingriffe in das Grundrecht des Schuldners aus Art. 2 II 2 GG insbesondere dann, wenn der Gläubiger nur Bagatellansprüche verfolgt (vgl. *Ritter*, ZZP 88, 126, 155 ff.).

1504   § 48   Das Arrestverfahren

Schrifttum: *Baur*, Arrest und einstweilige Verfügung in ihrem heutigen Anwendungsbereich, BB 1964, 607; *ders.*, Studien zum einstweiligen Rechtsschutz, 1967; *ders.*, Rechtsnachfolge in Verfahren und Maßnahmen des einstweiligen Rechtsschutzes?, Festschrift f. Schiedermair, 1976, 19; *J. Blomeyer*, Die Unterscheidung von Zulässigkeit und Begründetheit bei der Klage und beim Antrag auf Anordnung eines Arrestes oder einer einstweiligen Verfügung, ZZP 81, 20; *K. Blomeyer*, Arrest und einstweilige Verfügung, ZZP 65, 52; *Donau*, Die Bedeutung von Fiktionen, Vermutungen und Auslegungsregeln im summarischen Prozeß, ZZP 67, 451; *Fürst*, Einseitige Antragsrücknahme nach Erlaß einer einstweiligen Verfügung ohne mündliche Verhandlung, BB 1974, 890; *Göppinger*, Die Erledigungserklärung im Verfahren wegen Arrestes und einstweiliger Verfügung, ZZP 70, 423; *Hirtz*, Darlegungs- und Glaubhaftmachungslast im einstweiligen Rechtsschutz, NJW 1986, 110; *Mädrich*, Das Verhältnis der Rechtsbehelfe des Antragsgegners im einstweiligen Verfügungsverfahren, 1980; *Ostler*, Wichtige prozessuale Fragen des Eilverfahrens der ZPO, MDR 1968, 713; *Schlüter*, Die Erfüllung der Forderung als Erledigungsgrund im Arrestverfahren, ZZP 80, 447; *Teplitzky*, Arrest und einstweilige Verfügung, JuS 1981, 122, 352, 435; *ders.*, Streitfragen beim Arrest und bei der einstweiligen Verfügung, DRiZ 1982, 41; *Ulrich*, Die Beweislast in Verfahren des Arrestes und der einstweiligen Verfügung, GRUR 1985, 201; *Wenzel*, Grundlinien des Arrestprozesses, MDR 1967, 889; *B. Werner*, Rechtskraft und Innenbindung zivilprozessualer Beschlüsse im Erkenntnis- und summarischen Verfahren, 1982.

Fälle:

a) Nachdem S vom Landgericht zur Zahlung verurteilt worden ist, beantragt G bei demselben Gericht einen Arrest gegen S. Danach legt S Berufung gegen das Urteil ein. Ist das Landgericht für das Arrestverfahren zuständig?

b) G will wegen einer Forderung von 8 000,— DM einen Arrest in das in Köln befindliche Vermögen des S erwirken. Da S in Bonn wohnt, hat G ihn vor dem LG Bonn auf Zahlung verklagt, obwohl München nach einer wirksamen Vereinbarung mit S Gerichtsstand der Hauptsache sein sollte. Wo kann G den Arrestantrag stellen?

c) Nachdem das Arrestgesuch des G vom Amtsgericht durch Urteil rechtskräftig abgelehnt worden ist, erfährt G von einem Richterwechsel beim Amtsgericht. Deshalb will er ein neues Arrestgesuch stellen. Mit Erfolg?

d) Im Fall c begründet G das neue Arrestgesuch damit, er habe jetzt den Z ausfindig machen können, den er im Termin stellen werde. Dieser Zeuge werde bekunden, daß G an S ein Darlehen von 10 000,— DM gezahlt habe.

e) Nachdem gegen S ein Arrest angeordnet worden ist, erstreitet G in der Hauptsache ein rechtskräftiges Zahlungsurteil gegen S. Dieser meint, einer Sicherung durch Arrestbefehl bedürfe G nun nicht länger. Hat ein Aufhebungsantrag des S Erfolg?

f) Auf Antrag des S ist dem G vom Arrestgericht aufgegeben worden, binnen eines Monats Klage zur Hauptsache zu erheben. Nunmehr begleicht S die Forderung, so daß G von einer Zahlungsklage absieht. Nach Fristablauf beantragt S, den Arrestbefehl mangels Klage zur Hauptsache aufzuheben und dem G die Kosten auch des Arrestverfahrens aufzuerlegen. Mit Erfolg?

I. Zuständigkeit

1505

1. Gerichtsstände

Für die Anordnung des Arrestes sind ausschließlich (§ 802) die in § 919 genannten Gerichte zuständig.

a) Zuständig ist einmal das *Gericht der Hauptsache* (§ 919), also das Gericht erster Instanz, bei dem das Hauptverfahren anhängig gemacht werden kann (vgl. § 943). Selbst wenn das in der Hauptsache angerufene Gericht unzuständig ist, bleibt es für das Arrestverfahren zuständig, solange es die Hauptsache nicht gem. § 281 an ein anderes Gericht verwiesen hat; allerdings muß wenigstens der Rechtsweg zu den Zivilgerichten gegeben sein. In der Berufungsinstanz ist nach § 943 I das Berufungsgericht als Gericht der Hauptsache anzusehen; schwebt die Hauptsache in der Revisionsinstanz, ist dagegen für das Arrestverfahren wieder das erstinstanzliche Gericht zuständig, weil das Revisionsgericht keine Tatsacheninstanz ist. Im übrigen wird eine einmal begründete Zuständigkeit aber nicht dadurch beseitigt, daß ihre Voraussetzungen später wegfallen (§ 261 III Nr. 2); so bleibt das erstinstanzliche Gericht zuständig, wenn nach Einreichung des Arrestgesuchs Berufung eingelegt worden ist (Fall a).

Ist das Gericht der Hauptsache ein Landgericht, so kann in dringenden Fällen der Vorsitzende über das Arrestgesuch entscheiden (§ 944). Das setzt voraus, daß schon bis zum Zusammentreten der Kammer eine nachteilige Verzögerung entstehen würde.

b) Zuständig ist ferner das *Amtsgericht,* in dessen Bezirk der mit Arrest zu belegende Gegenstand oder die in ihrer persönlichen Freiheit zu beschränkende Person sich befindet (§ 919).

1506   2. Wahl zwischen den Gerichtsständen

Zwischen beiden in § 919 genannten Gerichtsständen hat der Gläubiger die Wahl (vgl. § 35). Deshalb kann er das Arrestverfahren bei dem für die belegene Sache zuständigen Amtsgericht auch dann einleiten, wenn der Hauptprozeß bei einem anderen Gericht anhängig ist.

Im Fall b kann G den Arrest entweder bei dem AG Köln oder beim LG Bonn beantragen. Obwohl die Zuständigkeit des LG Bonn für das Hauptsacheverfahren wirksam abbedungen wurde, ist dieses dort anhängig. Das LG München wäre zwar (zuständiges) Gericht der Hauptsache, wenn G seine Klage dort erhoben hätte oder dorthin verweisen lassen würde (§ 281). Eine Zuständigkeit des LG München für den Arrest folgt daraus jedoch nicht, da die Arrestzuständigkeit des Gerichtes der Hauptsache sich durch dessen Sachkenntnis rechtfertigt; ob aber das LG München noch mit der Hauptsache befaßt wird, ist ungewiß, da das LG Bonn zuständig würde, wenn S sich dort rügelos einließe.

1507   II. Arrestgesuch

Das Arrestverfahren wird durch das Gesuch auf die Anordnung des Arrestes eingeleitet.

1. Form und Inhalt

a) Der *Form* nach kann das Arrestgesuch entweder schriftlich oder zu Protokoll der Geschäftsstelle des Arrestgerichtes erklärt werden (§ 920 III). Es besteht kein Anwaltszwang, selbst wenn das Gesuch beim Landgericht eingereicht wird (§ 78 II).

b) Der *Inhalt* des Gesuchs soll aus der Bezeichnung des Arrestanspruchs unter Angabe des Geldbetrages oder -wertes sowie aus der Bezeichnung des Arrestgrundes bestehen (§ 920 I); die hierfür maßgebenden Tatsachen sind glaubhaft zu machen (§ 920 II; vgl. Rdnr. 1511 ff.).

2. Wirkung 1508

Schon mit der Einreichung des Arrestgesuchs wird das Arrestverfahren nicht nur anhängig, sondern auch *rechtshängig*. Das ergibt sich daraus, daß eine Entscheidung im Arrestverfahren bereits vor der Zustellung des Arrestgesuchs an den Gegner ergehen und sogar vor ihrer Zustellung vollzogen werden kann (vgl. *Ostler*, MDR 1968, 713, 715). Die Rechtshängigkeit hat zur Folge, daß weitere Arrestgesuche während der Dauer des ersten Verfahrens als unzulässig abzuweisen sind (§ 261 III Nr. 1).

Durch die Einreichung des Gesuchs wird dagegen die *Verjährung nicht unterbrochen*. Eine Unterbrechung der Verjährung kann der Gläubiger nur erreichen, indem er Klage zur Hauptsache erhebt oder den späteren Arrestbefehl vollzieht (vgl. § 209 I, II Nr. 5 BGB).

3. Rücknahme 1509

Eine Rücknahme des Gesuchs ist — wie im gewöhnlichen Zivilprozeß nach § 269 — jedenfalls vor Beginn einer mündlichen Verhandlung über den Arrest möglich.

Entsprechendes gilt für eine Rücknahme in einem Beschlußverfahren (Rdnr. 1514), weil dieses ohne mündliche Verhandlung stattfindet.

In einem Urteilsverfahren (Rdnr. 1515) soll nach Beginn der mündlichen Verhandlung eine Rücknahme entsprechend § 269 nur zulässig sein, wenn der Antragsgegner zustimmt; dieser müsse — wie der Beklagte gegenüber einer Klage — Gelegenheit erhalten, eine antragsabweisende Entscheidung zu erzwingen, deren Rechtskraft den Gläubiger an einer Wiederholung des Arrestgesuchs hindere (vgl. *Fürst*, BB 1974, 890 f.; differenzierend *Pastor*, Der Wettbewerbsprozeß, 3. Aufl., 1980, 291 f.). Dem hält die h.M. jedoch zu Recht entgegen, daß der Antragsgegner eines Arrestverfahrens weniger schutzbedürftig ist als der Beklagte eines Hauptverfahrens (BL/*Hartmann,* § 920 Anm. 4; StJ/*Grunsky,* § 920 Rdnr. 4; *Ullmann,* BB 1975, 236; OLG Düsseldorf NJW 1982, 2452 f.). Der Antragsgegner könnte nämlich auch durch eine Verhinderung der Rücknahme nur selten eine das Streitverhältnis endgültig abschließende rechtskräftige Entscheidung erwirken; denn der Antragsteller hat oft noch nach einer Abweisung seines Antrags die Möglichkeit, dessen Voraussetzungen in einem neuen Gesuch zu ergänzen oder glaubhaft zu machen (vgl. Rdnr. 1520).

1510 III. Prüfung durch das Gericht

1. Schlüssigkeit

Wie beim Verfahren in der Hauptsache muß das Gericht, nachdem es das Vorliegen der Prozeßvoraussetzungen bejaht hat, prüfen, ob der Vortrag des Antragstellers schlüssig ist. Dabei ist allein von dessen tatsächlichem Vorbringen auszugehen und zu fragen, ob die vorgetragenen Tatsachen den Erlaß eines Arrestbefehls rechtfertigen.

Im Einzelfall mag es wegen der besonderen Eilbedürftigkeit der Entscheidung ausnahmsweise berechtigt sein, bei der Schlüssigkeitsprüfung auftauchende schwierige Rechtsfragen nicht mit der zeitraubenden Gründlichkeit zu lösen, die im Prozeß der Hauptsache geboten ist (*Baur,* S. 24). Jedoch stellt eine bloße Abwägung der Interessen der Parteien (sog. offene Eilentscheidung; vgl. *Leipold,* Grundlagen, S. 62 ff.) keine Schlüssigkeitsprüfung dar, wie sie von § 920 I vorausgesetzt wird (StJ/*Grunsky,* § 916 Rdnr. 5 m.N. in FN 12).

Welche Tatsachen der Antragsteller für die Schlüssigkeit zu behaupten hat, richtet sich nach der Beweislast; denn die Behauptungs- und Beweislast sind die beiden Seiten ein und desselben Problems (vgl. *Rosenberg,* Die Beweislast, 5. Aufl., 1965, 49). Deshalb braucht der Kläger im Verfahren zur Hauptsache nur die Tatsachen zu behaupten, für die er im Fall des Bestreitens die Beweislast hat (vgl. *Brox,* JA 1979, 590). Für den Arrestprozeß gilt nach richtiger Ansicht nichts anderes. Was der Kläger im Zivilprozeß nicht zu behaupten braucht, das braucht auch der Antragsteller im Arrestverfahren nicht zu behaupten. Denn dieses Verfahren soll dem Antragsteller den Weg zum Ziel erleichtern und nicht noch erschweren.

1511 2. Glaubhaftmachung

a) *Bedeutung:* Nach § 920 II sind die Tatsachen, die den Arrestanspruch und den Arrestgrund begründen, glaubhaft zu machen. Während der Beweis den Richter von der Wahrheit oder Unwahrheit einer Tatsachenbehauptung voll überzeugen soll, dient die Glaubhaftmachung nur dazu, dem Richter einen geringeren Grad von Wahrscheinlichkeit zu vermitteln; es genügt die gute Möglichkeit, daß die Behauptung wahr oder unwahr ist. Zur Glaubhaftmachung kann eine Partei sich aller Beweismittel bedienen; der Beweis muß aber vom Gericht sofort erhoben werden können (§ 294). Es genügt auch die Abgabe einer eidesstattlichen Versicherung (§ 294 I).

Beispiele: Der Antragsteller benennt eine zur mündlichen Verhandlung mitgebrachte Person als Zeugen. Er legt dem Gericht eine Urkunde oder eine eidesstattliche Versicherung eines Dritten vor. Er bezieht sich auf vorliegende Gerichtsakten. Der Antragsteller gibt eine eigene eidesstattliche Versicherung über die von ihm behaupteten Tatsachen ab.

b) *Erforderlichkeit:* Was eine Prozeßpartei im Hauptsacheverfahren nicht   **1512**
zu beweisen hat, braucht sie im Arrestverfahren auch nicht glaubhaft zu machen (str.). Denn im Arrestverfahren sind gegenüber dem Hauptverfahren die Anforderungen an den Antragsteller herabgesetzt. Durch § 920 II soll nicht erreicht werden, daß der Antragsteller auch das glaubhaft machen muß, wofür der Antragsgegner die Beweislast hat; die Vorschrift bewirkt also keine Beweislastumkehr (vgl. *Baur,* S. 39 ff.; StJ/*Grunsky,* § 920 Rdnr. 10; *Ostler,* MDR 1968, 713, 715).

Abzulehnen ist also die Ansicht, daß der Antragsteller auch das glaubhaft machen muß, wofür der Antragsgegner die Beweislast trägt (so aber OLG Celle WRP 1974, 277; OLG Düsseldorf FamRZ 1980, 157 f.; *Fenge,* JurA 1970, 547, 561; *Hirtz,* NJW 1986, 110, 112).

Nach der hier vertretenen Ansicht ist eine Glaubhaftmachung nur dann erforderlich, wenn eine vom Antragsteller behauptete Tatsache nicht unstreitig ist; insofern besteht kein Unterschied zur Beweisbedürftigkeit im gewöhnlichen Zivilprozeß. Ob aber eine Tatsache unstreitig ist, steht für den Richter nur dann fest, wenn der Antragsgegner sie in der mündlichen Verhandlung nicht bestritten hat oder wenn er der Behauptung des Antragstellers nicht entgegengetreten ist, obwohl ihm vom Richter Gelegenheit zu einer schriftlichen Stellungnahme eingeräumt worden ist. Solange dagegen der Antragsgegner weder in der mündlichen Verhandlung noch im schriftlichen Verfahren eine Tatsache bestreiten konnte, muß der Antragsteller alle für den Erlaß des Arrestes erheblichen Tatsachen auch glaubhaft machen (vgl. StJ/*Grunsky,* § 920 Rdnr. 12).

Da der Antragsteller bei Einreichung des Arrestantrages nicht weiß, ob der Richter mündliche Verhandlung anberaumt, dem Antragsgegner Gelegenheit zur Stellungnahme gibt oder ohne dessen Äußerung entscheidet, ist ihm zu raten, alle Tatsachen — etwa durch eidesstattliche Versicherung — glaubhaft zu machen.

c) *Entbehrlichkeit:* Sofern der Antragsteller dem Gegner wegen der die-   **1513**
sem durch einen Arrest drohenden Nachteile Sicherheit leistet, kann der

Richter auch ohne Glaubhaftmachung den Arrest anordnen (§ 921 II 1); dann ist der Antragsgegner durch die Sicherheitsleistung hinreichend geschützt.

1514   IV. Verfahrensarten

Die Verfahrensart im Arrestprozeß richtet sich danach, ob das Gericht ohne mündliche Verhandlung entscheidet oder eine mündliche Verhandlung anordnet.

1. Verfahren ohne mündliche Verhandlung

Gem. § 921 I kann über das Arrestgesuch ohne mündliche Verhandlung entschieden werden (Beschlußverfahren); das setzt eine entsprechende Anordnung des Gerichts voraus. Diese steht im pflichtgemäßen Ermessen des Gerichts und ist mit der Beschwerde nach § 567 nur insofern anfechtbar, als ein Ermessensfehler gerügt wird (StJ/*Grunsky*, § 921 Rdnr. 3). Um dem durch Art. 103 I GG gewährten Anspruch auf rechtliches Gehör des Antragsgegners weitgehend Geltung zu verschaffen, wird mündlich zu verhandeln sein, sofern nicht die Gefahr besteht, daß eine Verzögerung der Entscheidung oder eine Warnung des Schuldners den Arresterfolg vereiteln würde (vgl. BVerfGE 9, 89, 98).

Ob eine Entscheidung ohne mündliche Verhandlung zur Bedingung des Arrestgesuchs gemacht werden kann, ist umstritten. Die h.M. sieht in einem derart bedingten Gesuch zwei Anträge: Neben dem Antrag auf Arrest werde ein (unzulässiger) Antrag auf bestimmte Ermessensausübung gestellt und die Erklärung abgegeben, daß bei Anordnung der mündlichen Verhandlung der Arrestantrag zurückgenommen werde; diese Erklärung verstoße gegen den Grundsatz der Bedingungsfeindlichkeit von Prozeßhandlungen und sei daher wirkungslos (*Thomas/Putzo*, § 921 Anm. 1; *Zöller/ Vollkommer*, § 921 Rdnr. 1; gegen diese Differenzierung BL/*Hartmann*, § 921 Anm. 1 A). Die Gegenansicht betont, daß der Antragsteller ein berechtigtes Interesse daran haben könnte, unter allen Umständen eine mündliche Verhandlung zu vermeiden, die den Antragsgegner warne (vgl. StJ/*Grunsky*, § 921 Rdnr. 2). Diese Auffassung wird dem Zweck des Arrestverfahrens am ehesten gerecht; Arrestgesuche, die auf ein Beschlußverfahren beschränkt werden, sind daher zulässig. Häufig wird die Auslegung des Gesuchs allerdings ergeben, daß der Antragsteller keine Bedingung, sondern dem Gericht lediglich die Anregung geben wollte, ohne mündliche Verhandlung zu entscheiden.

Im Beschlußverfahren entscheidet das Gericht auf der Grundlage des Gesuchs und der beigefügten Anlagen. Es kann den Beteiligten auch Gelegenheit zu schriftlicher Äußerung geben. Findet eine Anhörung des Antragsgegners statt, gelten auch die Vorschriften über ein Anerkenntnis

(§ 307), ein Geständnis (§ 288) und ein Nichtbestreiten (§ 138 III, IV) entsprechend. Das Gericht kann ferner dem Antragsgegner eine Schriftsatzfrist setzen, nach deren Versäumung dieser mit verspätetem Vorbringen gem. §§ 296, 296a ausgeschlossen ist.

2. Verfahren mit mündlicher Verhandlung

1515

Eine Entscheidung im Urteilsverfahren setzt eine entsprechende Anordnung des Gerichts voraus.

Für die mündliche Verhandlung gelten die allgemeinen Vorschriften der §§ 128 ff. Das Gericht hat von Amts wegen den Verhandlungstermin zu bestimmen und beide Parteien zu laden; allerdings braucht die übliche Einlassungsfrist (§ 274 III 1) nicht eingehalten zu werden, weil die damit verbundene Verzögerung von mindestens zwei Wochen dem Zweck des Eilverfahrens zuwiderliefe. Findet die mündliche Verhandlung vor dem Landgericht statt, besteht Anwaltszwang auch dann, wenn das Arrestgesuch selbst nicht von einem Rechtsanwalt abgefaßt worden ist (vgl. Rdnr. 1507). Der Entscheidung des Gerichts ist der Tatsachenstand zugrunde zu legen, der sich bei Beendigung der mündlichen Verhandlung ergibt. Die Säumnisvorschriften (§§ 330 ff.) gelten unmittelbar; ein Versäumnisurteil gegen den Antragsgegner setzt allerdings voraus, daß die von dem Antragsteller vorgetragenen Tatsachen nicht nur den Arrestanspruch, sondern auch den Arrestgrund schlüssig ergeben.

V. Arrestentscheidung

1516

1. Formen

a) Durch *Beschluß* wird über das Arrestgesuch entschieden, wenn eine mündliche Verhandlung nicht stattgefunden hat (§ 922 I). Er ist jedenfalls dann zu begründen, wenn der Antrag abgelehnt wird (BL/*Hartmann*, § 922 Anm. 4 A). Bei Anordnung des Arrestes stellt das Gericht den Beschluß von Amts wegen nur dem Antragsteller zu. Die Zustellung an den Antragsgegner erfolgt — abweichend von der Regel des § 317 — durch den Antragsteller im Parteibetrieb (vgl. § 922 II); der Antragsteller soll bis zuletzt entscheiden können, ob er von dem Arrestbefehl Gebrauch macht oder davon absieht, etwa weil der Antragsgegner sein Verhalten geändert hat. Wird dagegen das Arrestgesuch abgelehnt oder vom Antragsteller eine Sicherheitsleistung verlangt, ist der Beschluß dem Antragsgegner weder zuzustellen noch mitzuteilen (vgl. § 922 II, III); dadurch soll verhindert werden, daß der Antragsgegner von dem Arrestverfahren Kenntnis erhält und gewarnt wird.

b) Durch *Endurteil* entscheidet das Gericht nach mündlicher Verhandlung (§ 922 I). Dann finden die §§ 310 ff. Anwendung. Das Urteil wird also auch dem Antragsgegner von Amts wegen zugestellt, da er durch die mündliche Verhandlung ohnehin von dem Arrestverfahren weiß.

1517   2. Inhalt des Arrestbefehls

a) Der Arrestbefehl enthält *immer* die Anordnung des dinglichen oder persönlichen Arrestes, den gesicherten Anspruch nach Grund und Betrag sowie die Lösungssumme, nämlich den Geldbetrag, durch dessen Hinterlegung die Vollziehung des Arrestes gehemmt und der Antragsgegner berechtigt wird, einen Antrag auf Aufhebung des vollzogenen Arrestes zu stellen (§ 923; Rdnr. 1558). Schließlich wird eine Kostenentscheidung getroffen; diese darf nicht der Entscheidung in der Hauptsache vorbehalten bleiben.

Beispiel: »Wegen und in Höhe des bezeichneten Anspruchs sowie der auf ... DM veranschlagten Kosten wird der dingliche Arrest in das Vermögen des Antragsgegners angeordnet. Durch Hinterlegung von ... DM wird die Vollziehung des Arrestes gehemmt. Der Antragsgegner trägt die Kosten des Verfahrens.«

1518   b) Der Arrestbefehl enthält *im Einzelfall* weitere Anordnungen:

(1) Die Vollziehung des Arrestes kann wegen der dem Antragsgegner drohenden Nachteile von einer *Sicherheitsleistung* des Antragstellers abhängig gemacht werden (vgl. § 921 II).

Das Gericht kann dem Antragsteller die Sicherheitsleistung aber zunächst auch in einem gesonderten Beschluß aufgeben und die Arrestanordnung erst nach Leistung der Sicherheit aussprechen (vgl. §§ 921 II 2, 922 III).

Die Rückgabe der Sicherheit (§ 109) erfolgt, wenn der Arrestbefehl nicht vollzogen wird, der Antragsteller auch in der Hauptsache obsiegt oder vom Antragsgegner befriedigt wird.

(2) Ist die Hauptsache nicht anhängig, setzt das Gericht auf Antrag — ohne mündliche Verhandlung — dem Antragsteller eine *Frist zur Klageerhebung* in der Hauptsache (§ 926 I; Rdnr. 1531).

1519   3. Rechtskraft der Arrestentscheidung

a) In *formelle Rechtskraft* erwachsen auch im Arrestprozeß Entscheidungen nur, wenn gegen sie kein Rechtsmittel (mehr) zulässig ist. Das sind nur Arresturteile nach Ablauf der Berufungsfrist oder — im Fall des Versäumnisurteils — der Einspruchsfrist; denn gegen Arrestbeschlüsse sind Rechtsbehelfe unbefristet zulässig (Rdnr. 1524 f.).

b) *Materielle Rechtskraft* bedeutet allgemein die Maßgeblichkeit des **1520** Inhalts der Entscheidung; über diesen Inhalt darf nicht noch einmal unter den Parteien gestritten werden. Nach einhelliger Ansicht bindet eine Arrestentscheidung nicht den Richter, der über die Hauptsache zu entscheiden hat; denn Streitgegenstand des Arrestverfahrens ist nur der prozessuale Sicherungsanspruch des Antragstellers (vgl. *Baur*, S. 95 f.; StJ/*Grunsky*, vor § 916 Rdnr. 12; BGH JZ 1966, 528, 530).

Umstritten ist allerdings, ob eine Arrestentscheidung in materielle Rechtskraft erwächst, die einer neuen Entscheidung in einem weiteren Arrestverfahren entgegensteht.

Abzulehnen ist die Meinung, im Arrestverfahren gebe es keine materielle Rechtskraft (so aber KG JW 1929, 2616 f.; OLG Frankfurt FamRZ 1982, 1223). Diese Ansicht führt zu dem Ergebnis, daß etwa ein Antragsteller, dessen Arrestgesuch abgelehnt worden ist, denselben Antrag mit derselben Begründung erneut stellen kann. Das widerspricht den Interessen des Antragsgegners und der Prozeßökonomie.

Die Frage nach der materiellen Rechtskraft spielt in folgenden Fällen eine Rolle:

(1) Bei *Ablehnung des Arrestgesuchs* steht einem neuen Antrag die Rechtskraft der früheren Entscheidung schon nach den allgemeinen Grundsätzen des Prozeßrechts nicht entgegen, sofern er auf wesentliche Veränderungen der tatsächlichen Verhältnisse gestützt wird; der Antrag ist also jedenfalls dann zulässig, wenn inzwischen neue Tatsachen für den Arrestanspruch oder den Arrestgrund eingetreten sind. Darüber hinaus muß es dem Antragsteller aber auch zugestanden werden, ein neues Gesuch anzubringen, wenn die Tatsachen bereits zur Zeit des abgeschlossenen Verfahrens vorlagen, der Antragsteller jedoch wegen der Eilbedürftigkeit des Verfahrens außerstande war, sie mit der gebotenen Sorgfalt zu ermitteln. Das muß ebenso für neue Mittel der Glaubhaftmachung gelten, die der Antragsteller früher nicht beibringen konnte (h.M.; *Baur*, S. 89 f.; *Gerhardt*, § 18 II 2 c; *Jauernig*, § 35 III 3; StJ/*Grunsky*, vor § 916 Rdnr. 13 ff.; *Thomas/Putzo*, § 922 Anm. 5 b; *Zöller/Vollkommer*, Vor § 916 Rdnr. 13).

Im Fall c ist der neue Antrag unzulässig, weil die Rechtskraft der Vorentscheidung entgegensteht; denn G kann keine neuen Tatsachen oder Mittel der Glaubhaftmachung vorbringen. Im Fall d ist der Antrag zulässig, weil G nun auf den neuen präsenten Zeugen Z verweisen kann. Hat sein Antrag jetzt Erfolg, bleibt allerdings die dem G nachteilige Kostenentscheidung des früheren Urteils davon unberücksichtigt.

(2) Bei *Stattgeben des Arrestgesuchs* ist einmal der Antragsgegner daran **1521** interessiert, die ihn belastende Entscheidung aus der Welt zu schaffen. Zum anderen kann es dem Antragsteller darum gehen, einen neuen Arrestbefehl zu erwirken, wenn eine Vollstreckung aus dem bereits erlangten nicht mehr möglich ist.

(a) Der *Antragsgegner* kann — abgesehen von der Möglichkeit, einen Rechtsbehelf einzulegen — den Arrestbefehl wegen veränderter Umstände aufheben lassen (§ 927; Rdnr. 1527 ff.). Damit hat das Problem der Rechtskraftwirkung der früheren Entscheidung allenfalls theoretische Bedeutung (*Gerhardt*, § 18 II 2 c).

(b) Der *Antragsteller* hat ein Interesse daran, eine dem bisherigen Arrestbefehl entsprechende Entscheidung zu erlangen, wenn die Vollziehungsfrist des bisherigen Titels abgelaufen (§ 929 II; Rdnr. 1540) oder der Titel etwa unbrauchbar geworden ist. In diesen Fällen ist eine Wiederholung des Gesuchs zulässig. Das Gericht ist an die materielle Rechtskraft der früheren Entscheidung gebunden, da der Streitgegenstand im neuen Verfahren mit dem des alten Titels identisch ist. Das gilt nur dann nicht, wenn sich die Umstände inzwischen geändert haben (OLG Frankfurt NJW 1968, 2112).

1522   *Zusammenfassend* kann nach den gefundenen Ergebnissen mit der heute h.M. von einer *beschränkten materiellen Rechtskraft* der Entscheidungen im Arrestverfahren gesprochen werden (OLG Frankfurt NJW 1968, 2112; *Baumann/Brehm*, § 15 II 4; *Baur*, S. 86 ff.; StJ/*Grunsky*, vor § 916 Rdnr. 13 m.N. in FN 22).

1523 VI. Rechtsbehelfe

Die Rechtsbehelfe gegen eine Arrestentscheidung richten sich danach, in welcher Form diese ergangen ist.

1. Rechtsmittel gegen ein Arresturteil

Ist über das Arrestgesuch nach mündlicher Verhandlung durch Urteil entschieden worden, kann dieses — wie jedes andere Urteil auch — durch Berufung angefochten werden (§ 511). Gegen das Berufungsurteil ist allerdings eine Revision ausgeschlossen (§ 545 II 1); das zeitraubende Revisionsverfahren ist mit der Eilbedürftigkeit und Vorläufigkeit des einstweiligen Rechtsschutzes nicht vereinbar.

1524 2. Rechtsbehelfe gegen einen Arrestbeschluß

Gegen einen Arrestbeschluß kann sich der dadurch belastete Antragsteller mit der einfachen Beschwerde, der belastete Antragsgegner mit dem Widerspruch wehren.

a) Wird durch Beschluß das *Arrestgesuch zurückgewiesen* oder eine vorherige Sicherheitsleistung angeordnet, steht dem Antragsteller hiergegen die einfache *Beschwerde* gem. § 567 zu.

Ist der Arrestbeschluß von einem Landgericht erlassen worden, kann die Beschwerde nur von einem Rechtsanwalt eingelegt werden, da auch für das Arrestverfahren Anwaltszwang bestanden hätte (vgl. § 569 II 2 und Rdnr. 1515; OLG Frankfurt NJW 1981, 2203 m.N.; str.).

b) Gegen den Beschluß, durch den ein *Arrest angeordnet* wird, findet *Widerspruch* statt (§ 924 I). Dieser ist kein Rechtsmittel. Denn er hat weder Suspensiv- noch Devolutiveffekt. Durch ihn wird die Vollziehung des Arrestes nicht gehemmt (§ 924 III 1). Außerdem wird das Verfahren nicht in die nächsthöhere Instanz übergewälzt; diese Regelung beruht darauf, daß das erstinstanzliche Gericht bei seiner Entscheidung das Vorbringen des Antragsgegners regelmäßig noch nicht berücksichtigt hat. **1525**

(1) *Zuständig* für das Widerspruchsverfahren ist das Gericht, das den Arrest angeordnet hat. Wurde der Arrestbefehl — auf eine Beschwerde des Gläubigers hin — erst von dem Beschwerdegericht erlassen, ist der Widerspruch dennoch bei dem erstinstanzlichen Gericht einzulegen; das ist inzwischen Gewohnheitsrecht (vgl. StJ/*Grunsky*, § 924 Rdnr. 17 m.N. in FN 40 f.; *Mädrich*, S. 22 ff.).

(2) Der *Form* nach ist der Widerspruch, falls das Arrestgericht ein Amtsgericht ist, schriftlich oder zu Protokoll der Geschäftsstelle zu erheben (§ 924 II 3); bei einem Landgericht muß er durch einen Rechtsanwalt eingelegt werden.

(3) Der Widerspruch ist *unbefristet* zulässig und kann grundsätzlich auch noch nach längerer Zeit erhoben werden.

Treten im Einzelfall weitere Umstände hinzu, kommt jedoch eine Verwirkung des Widerspruchsrechts in Betracht. Ein Verwirkungstatbestand liegt vor, wenn der Antragsgegner unter Verhältnissen, die üblicherweise zur Rechtswahrung Anlaß geben, untätig blieb oder wenn er zu erkennen gab, sich mit dem Arrest abfinden zu wollen (OLG Celle GRUR 1980, 945 f.).

(4) Über den Widerspruch ist *mündlich zu verhandeln* (vgl. § 924 II 1). Verhandlungsgegenstand ist nicht die Frage, ob der angefochtene Arrestbefehl zu Recht erlassen wurde; vielmehr geht es darum, ob der Arrest jetzt anzuordnen ist. Deshalb hat das Gericht auch das Vorbringen neuer Tatsachen bei seiner Entscheidung zu berücksichtigen. Die von den Parteien angebotenen Beweise müssen — wie in den übrigen summarischen Rechtsbehelfsverfahren — sofort erhoben werden können.

(5) Das Gericht entscheidet über den Widerspruch durch *Endurteil* (§ 925 I); es kann den Arrest gem. § 925 II ganz oder teilweise bestätigen, abändern oder aufheben, auch die Bestätigung, Abänderung oder Aufhebung von einer Sicherheitsleistung abhängig machen. **1526**

(a) Wird der Arrestbefehl *bestätigt,* ist dieses Urteil ohne weiteres sofort vollstreckbar (vgl. § 929 I; OLG Hamm OLGE 37, 189); allerdings sollte es zur Vermeidung von Unklarheiten wegen der Kostenentscheidung für vorläufig vollstreckbar erklärt werden (*Wieczorek/Schütze,* § 925 Anm. B III a; a.A. BL/*Hartmann,* § 925 Anm. 2 B).

(b) Wird der Arrestbefehl *aufgehoben oder abgeändert,* hat der Tenor außerdem eine Entscheidung über die Kosten des gesamten Verfahrens und über die vorläufige Vollstreckbarkeit (§ 708 Nr. 6) zu enthalten.

Mit der Verkündung des Urteils tritt die vorläufige Vollziehbarkeit des Arrestbefehls außer Kraft (§ 717 I). Auf Betreiben des Antragsgegners wird der Arrestvollzug eingestellt (§ 775 Nr. 1; Rdnr. 175); bereits vollzogene Maßnahmen werden aufgehoben (§ 776; Rdnr. 185).

Ist die Bestätigung des Arrestes von einer Sicherheitsleistung des Antragstellers abhängig gemacht, kann der Antragsgegner gem. § 766 die Aufhebung des Arrestvollzuges verlangen, solange die Sicherheit nicht geleistet wird (StJ/*Grunsky,* § 925 Rdnr. 20).

Der Arrestbefehl selbst entfällt im Umfang seiner Abänderung erst mit Rechtskraft des Endurteils (so OLG Düsseldorf NJW 1971, 812, 814; OLG Hamburg MDR 1977, 148; OLG Frankfurt NJW 1982, 1056; a.A. unter Berufung auf Art. 103 I GG: StJ/*Grunsky,* § 925 Rdnr. 19 m.N.; vgl. auch OLG München OLGZ 1969, 196). Bis zu diesem Zeitpunkt ist der Antragsgegner durch die Regelung der §§ 717 I, 775 f. hinreichend geschützt.

1527   VII. Aufhebungsverfahren

Will der Antragsgegner (= Schuldner) sich gegen die Fortdauer eines rechtskräftigen Arrestbefehls wenden, kann er ein Aufhebungsverfahren einleiten. Voraussetzung dafür ist, daß sich inzwischen die bei der Anordnung bestehenden Umstände geändert haben oder der Antragsteller (= Gläubiger) keine Klage zur Hauptsache erhoben hat.

1. Aufhebung wegen veränderter Umstände

a) Aufhebungs*grund* des Verfahrens nach § 927 ist eine Änderung der für die Arrestanordnung maßgebenden Umstände.

(1) Eine Voraussetzung des Arrestes muß *nach seiner Anordnung weggefallen* sein.

Das ist einmal der Fall, wenn der *Arrestanspruch erloschen* ist. Ein veränderter Umstand liegt aber auch dann vor, wenn dem gesicherten Anspruch mittlerweile eine Einrede (z.B. Stundung, Verjährung) entgegensteht. Unter diesen Voraussetzungen ist durch die Spezialregelung des § 927 die Vollstreckungsgegenklage ausgeschlossen (StJ/*Grunsky*, § 928 Rdnr. 3 m.N. in FN 1).

§ 927 greift ebenfalls ein, wenn inzwischen in der Hauptsache ein rechtskräftiges Urteil ergangen ist, nach dem der Anspruch nicht besteht. Vor der Rechtskraft eines solchen Urteils bleibt es der Einschätzung des Arrestgerichts überlassen, ob ein Rechtsmittel in der Hauptsache Erfolg haben würde (BGH WM 1976, 134).

Es genügt ferner, daß der *Arrestgrund nachträglich entfallen* ist, etwa weil im Fall des § 917 II der Antragsgegner inzwischen vollstreckbares Vermögen im Inland erworben hat.

Im Fall e ist es zwar zutreffend, daß G die Vollstreckung aus der Entscheidung in der Hauptsache betreiben kann, so daß der Arrestgrund weggefallen ist. Dennoch hat der Aufhebungsantrag des S keinen Erfolg, da dem S wegen der ohnehin zu erwartenden Zwangsvollstreckungsmaßnahmen das Rechtsschutzbedürfnis fehlt.

(2) Umstritten ist, ob im Aufhebungsverfahren auch eine *ursprüngliche Unbegründetheit* des Arrestes geltend gemacht werden kann. Der Wortlaut des § 927 I (»wegen veränderter Umstände«) spricht dafür, daß der Schuldner in diesem Verfahren nicht mit dem Vortrag gehört wird, der Arrest sei von vornherein unberechtigt gewesen (so BL/*Hartmann*, § 927 Anm. 1; *Schlüter*, ZZP 80, 447, 455 f.). Jedoch ist der Schuldner auch dann schutzwürdig, wenn er von einem Umstand, der schon zur Zeit des Erlasses des Arrestbefehls vorlag, schuldlos erst später erfährt und diesen Umstand auf andere Weise (etwa durch Widerspruch, Einspruch oder Berufung) nicht mehr geltend machen kann. Dieses Ergebnis ist auch mit der bloß beschränkten materiellen Rechtskraft des Arrestbeschlusses (Rdnr. 1520 ff.) vereinbar (vgl. die h.M.; *Baur/Stürner*, Rdnr. 867; *A. Blomeyer*, Erkenntnisverfahren, § 119 II 6 a; StJ/*Grunsky*, § 927 Rdnr. 3; *Thomas/Putzo*, § 927 Anm. 2; *Zöller/Vollkommer*, § 927 Rdnr. 4). **1528**

(3) Das *Erbieten zur Sicherheitsleistung* durch den Schuldner stellt ebenfalls einen Aufhebungsgrund dar (§ 927 I). Erforderlich ist, daß der Schuldner die Sicherheit tatsächlich leistet (vgl. § 108). Der Gläubiger ist nicht verpflichtet, die angebotene Sicherheit anzunehmen; lehnt er sie aber ab, ist der Arrest auf Antrag des Schuldners aufzuheben. **1529**

b) Für das Aufhebungs*verfahren* ist das Gericht zuständig, das den Arrest angeordnet hat; nach Anhängigkeit der Hauptsache ist jedoch das Gericht der Hauptsache zuständig (§ 927 II, 2. Halbs.). Über den Aufhebungsantrag wird durch Endurteil entschieden (§ 927 II, 1. Halbs.); dieses ist für vorläufig vollstreckbar ohne Sicherheitsleistung zu erklären (§ 708 Nr. 6). Gegen das Urteil ist die Berufung statthaft; eine Revision ist ausgeschlossen (§ 545 II 1). **1530**

Während des Aufhebungsverfahrens kann das Gericht die Zwangsvollstreckung einstweilen einstellen (§ 924 III 2 analog).

1531   2. Aufhebung mangels Klage zur Hauptsache

a) Aufhebungs*grund* ist, daß der Gläubiger keine Klage zur Hauptsache erhoben hat, obwohl ihm hierzu auf Antrag des Schuldners vom Arrestgericht eine Frist gesetzt worden ist (§ 926).

Diese Frist setzt der Rechtspfleger (§ 20 Nr. 14 RPflG) ohne mündliche Verhandlung (§ 926 I). Wird der Antrag durch den Rechtspfleger abgelehnt, steht dem Schuldner die Rechtspflegererinnerung nach § 11 RPflG zu; diese kann auch der Gläubiger einlegen, wenn er sich gegen eine (etwa zu kurz bemessene) Frist wenden will.

(1) Die *Klageerhebung* steht nur dann einer Aufhebung entgegen, wenn die Klage den Anspruch betrifft, den der Arrest sichern soll. Sie muß zu einer Sachentscheidung führen können, so daß die Prozeßvoraussetzungen vorliegen müssen. Eine Feststellungsklage gem. § 256 genügt. Auch ein Mahnbescheid und selbst ein Antrag auf Bewilligung von Prozeßkostenhilfe (jetzt h.M.; BL/*Hartmann*, § 926 Anm. 3 A) reichen aus.

Im Fall f ist dem G nicht zuzumuten, eine Klage zu erheben, da S die Klagesumme gezahlt hat und die Klage deshalb keinen Erfolg haben kann. Daher ist auch ein auf § 926 II gestützter Aufhebungsantrag des Schuldners unzulässig (vgl. *Schlüter*, ZZP 80, 447, 464 f.); in Betracht kommt aber ein Aufhebungsantrag nach § 927 (Rdnr. 1527).

(2) Die *Frist* zur Klageerhebung ist gewahrt, wenn die Klage rechtzeitig zugestellt wird; es genügt fristgemäßer Eingang bei Gericht, wenn die Zustellung demnächst erfolgt (§ 270 III).

Trotz Fristversäumung bleibt der Aufhebungsantrag auch dann ohne Erfolg, wenn die Klageerhebung bis zur mündlichen Verhandlung über den Aufhebungsantrag nachgeholt wird (vgl. § 231 II; vgl. OLG Köln OLGZ 1979, 119 f.).

1532   b) Für das Aufhebungs*verfahren* ist das Gericht zuständig, das den Arrest angeordnet und damit auch die Frist zur Klageerhebung gesetzt hat. Die Entscheidung erfolgt nach mündlicher Verhandlung durch Urteil (Einzelh.: Rdnr. 1530).

1533   § 49   Die Vollziehung des Arrestes

Schrifttum: *Baur*, Studien zum einstweiligen Rechtsschutz, 1967; *Brachvogel*, Mehrheit von Gläubigern im Arrestvollziehungsverfahren, ZZP 55, 452; *Bruns*, Schadensersatz und Rechtskraftfragen des § 945 ZPO, ZZP 65, 67; *Finger*, Die Arrestpfändung trotz Fristablaufs nach § 929 Abs. 2 ZPO, NJW 1971, 1242; *Hegmanns*, Die funktionelle Zuständigkeit der Berufungsgerichte zum Erlaß von Arrest und einstweiliger Verfügung bei versäumter Vollziehungsfrist, WRP 1984, 120; *Kol-*

benschlag, Zur Arrestvollziehung in ein Sparguthaben, MDR 1959, 18; *Löwer,* Der Anspruch des im Hauptprozeß obsiegenden Arrestbeklagten auf Erstattung der Kosten des Widerspruchsverfahrens, ZZP 75, 232; *Münzel,* Vollstreckung im Arrestverfahren und im Urkunden- und Wechselprozeß, NJW 1958, 1615; *Nicklisch,* Wesen und Wirkung der Arresthypothek, AcP 169, 124; *Noack,* Arrestierung eingetragener deutscher und in Deutschland eintragungspflichtiger ausländischer Seeschiffe, Jur-Büro 1982, 165; *Schaffer,* Die Gefahren des § 929 Abs. 2 ZPO, NJW 1972, 1176; *E. Schneider,* Die »Vollziehung« von Arrest und einstweiliger Verfügung, JurBüro 1966, 732; *ders.,* Die Wahrung der Arrestvollziehungsfrist, MDR 1985, 112; *Schwerdtner,* Bindungswirkungen im Arrestprozeß, NJW 1970, 597; *Teplitzky,* Zur Bindungswirkung gerichtlicher Vorentscheidungen im Schadensersatzprozeß nach § 945 ZPO, NJW 1984, 850; *Wittmann,* Löschung und Neueintragung der Arresthypothek bei Versäumung der Zustellungsfrist nach § 929 III ZPO, MDR 1979, 549; *Wurzer,* Zum Schadensersatzanspruch des § 945 ZPO, Gruchot 63, 577.

Fälle:

a) Am 2.1. ist dem G ein von ihm beantragter Arrestbefehl zugestellt worden. Dieser wird durch Urteil vom 6.2. bestätigt. Am 10.2. beauftragt G den Gv mit der Pfändung. Ist diese zulässig?

b) Im Fall a pfändet Gv erst am 8.3. bei S eine Perlenkette. Dieser meint, die Pfändung sei unzulässig, und er will sich dagegen wehren.

c) Als im Fall b ein Juwelier sein Eigentum an der Kette dem G nachweist, bittet dieser den Gv, den Pkw des S zu pfänden. S erklärt dem Gv, G habe von vornherein gewußt, daß die Kette dem Juwelier gehörte. Wird Gv den Pkw dennoch pfänden? Was kann S dagegen unternehmen?

d) Aufgrund eines von G_1 erwirkten Arrestbefehls pfändet Gv am 15.2. den Pkw des S. Am 20.2. schließt sich G_2, der ein Zahlungsurteil gegen S erstritten hat, dieser Pfändung gem. § 826 an. G_1, der inzwischen in der Hauptsache obsiegt hat, kann das auf ihn lautende Urteil dem S erst am 21.2. zustellen lassen. Welches Pfandrecht hat den besseren Rang?

e) Auf Antrag des G wird für diesen eine Arresthypothek am Grundstück des S eingetragen. Bevor G in dem Verfahren zur Hauptsache obsiegt, veräußert S sein Grundstück an E. Als G von E unter Vorlegung eines gegen S erstrittenen Urteils Zahlung aus dem Grundstück verlangt, lehnt E das ab, weil er nicht auf eine Arresthypothek, sondern nur auf eine Zwangshypothek zu zahlen brauche. Was kann G tun?

f) Aufgrund eines Arrestbefehls wird für G eine Arresthypothek am Grundstück des S eingetragen, das dieser ohne die Hypothek mit Gewinn an K hätte verkaufen können. Später wird durch rechtskräftiges Urteil im Hauptsacheverfahren die Klage des G mit der Begründung abgewiesen, der geltend gemachte Anspruch des G bestehe nicht. Nunmehr erhebt S gegen G Klage auf Ersatz des Schadens, der ihm durch den Vollzug des Arrestes entstanden sei. G trägt vor und stellt unter Beweis, daß ihm der (Arrest-)Anspruch zugestanden habe. Wird er damit gehört?

g) Im Fall f liegt anstelle des im Hauptsacheverfahren ergangenen klageabweisenden Urteils ein im Arrestverfahren ergangenes Urteil vor, das den Arrestbefehl aufhebt.

Die in §§ 928 ff. geregelte Vollziehung des Arrestes betrifft die Zwangsvollstreckung aus einem Arrestbefehl. Auf die Vollziehung sind die Vorschriften über die Zwangsvollstreckung entsprechend anzuwenden, soweit
die §§ 929 ff. keine Abweichungen enthalten (§ 928). Besonderheiten ergeben sich vornehmlich aus dem Zweck des Arrestes, mit dem eine schnelle
Sicherung des Gläubigers erreicht werden soll; weil es nicht um eine Befriedigung des Gläubigers geht, sind also die Regeln über eine Verwertung des
Pfandes nicht anwendbar.

Auch bei der Vollziehung ist zwischen dem dinglichen (Rdnr. 1534 ff.)
und dem persönlichen (Rdnr. 1559 ff.) Arrest zu unterscheiden.

1534   I. Vollziehung des dinglichen Arrestes

1. Voraussetzungen

Gegenüber der allgemeinen Zwangsvollstreckung, die einen Vollstrek-
kungstitel, eine Vollstreckungsklausel und eine Zustellung des Titels voraussetzt (Rdnr. 29), sieht das Gesetz vor allem im Interesse einer schnellen Vollziehung des Arrestes folgende Besonderheiten vor:

a) Der Arrestbefehl ist als *Vollstreckungstitel sofort vollstreckbar;* er
braucht nicht für vorläufig vollstreckbar erklärt zu werden. Das gilt auch
dann, wenn der Arrestbefehl durch Urteil angeordnet oder im Widerspruchsverfahren bestätigt worden ist (*Baur/Stürner*, Rdnr. 870).

1535   b) Zur Vollziehung ist im Regelfall eine *Vollstreckungsklausel nicht erforderlich.* Nur dann bedarf der Arrestbefehl ausnahmsweise einer Klausel,
wenn die Vollziehung für einen anderen als den in dem Befehl bezeichneten
Gläubiger oder gegen einen anderen als den dort genannten Schuldner erfolgen soll (§ 929 I; vgl. Rdnr. 115 ff.).

1536   c) Die Vollziehung ist *schon vor Zustellung des Arrestbefehls* an den
Schuldner zulässig (§ 929 III 1). Diese Durchbrechung des § 750 I 1
(Rdnr. 147 ff.), wonach die Zustellung spätestens bei Beginn der Vollstrekkung erfolgt sein muß, dient der Schlagkraft des Arrestes, da der Schuldner
nicht vorher gewarnt wird.

Die Zustellung des Arrestbefehls muß aber innerhalb einer Woche nach
der Vollziehung und innerhalb der Monatsfrist für die Vollziehung (§ 929 II;
Rdnr. 1537 ff.) erfolgen (§ 929 III 2).

Die Wochenfrist beginnt mit dem Eingang des Antrags beim zuständigen Vollstreckungsorgan (vgl. Rdnr. 1537 ff.; OLG Frankfurt OLGZ 1982, 103; *Zöller/Vollkommer*, § 929 Rdnr. 24). Sie wird nur durch eine im Parteibetrieb vorgenommene Zustellung gewahrt, selbst wenn der Arrestbefehl durch Urteil erlassen und von Amts wegen zugestellt worden ist (StJ/*Grunsky*, § 929 Rdnr. 21 m.N.; OLG Hamm FamRZ 1981, 583, 584).

Wird die Wochenfrist versäumt, ist die vorherige Vollziehung des Arrestbefehls wirkungslos (§ 929 III 2). Das kann sowohl vom Schuldner als auch von anderen Gläubigern mit der Vollstreckungserinnerung geltend gemacht werden.

Solange nicht auch die Vollziehungsfrist des § 929 II abgelaufen ist, steht es dem Gläubiger frei, die Vollziehung zu wiederholen; dann beginnt die Wochenfrist erneut.

d) Gem. § 929 II ist eine *Vollziehungsfrist von einem Monat* einzuhalten. **1537**
Nach Ablauf dieser Frist ist eine Vollziehung des Arrestbefehls unzulässig. Diese Regelung berücksichtigt im Interesse des Schuldners, daß die Eilentscheidung auf Umständen beruht, die sich inzwischen geändert haben können; das gilt insbesondere für die Voraussetzungen des Arrestgrundes.

(1) Für den *Fristbeginn* stellt § 929 II auf den Tag ab, an dem das Arrest- **1538**
urteil nach mündlicher Verhandlung verkündet oder der Arrestbeschluß dem Gläubiger zugestellt worden ist. Zweifelhaft ist der Zeitpunkt des Fristbeginns, wenn der Arrestbefehl vom Schuldner angefochten und später doch bestätigt wird. Drei Fallgruppen sind zu unterscheiden:

(a) Ein *den Arrestbefehl im Widerspruchsverfahren bestätigendes Urteil* (Rdnr. 1526) setzt nach h.M. keine neue Monatsfrist in Gang (BL/*Hartmann*, § 929 Anm. 2 B b; *Baur/Stürner*, Rdnr. 872; *A. Blomeyer*, § 96 I 1; *Wedemeyer*, NJW 1979, 293, 294; *Thomas/Putzo*, § 929 Anm. 2 b). Für die Gegenansicht, daß die Frist nach dem bestätigenden Urteil neu zu laufen beginnt, spricht jedoch der Schutzzweck des § 929 II. Danach soll der Schuldner davor bewahrt werden, daß der Arrest unter inzwischen wesentlich veränderten Umständen vollzogen wird, als unter denen, die der Anordnung zugrunde lagen; diese Gefahr besteht aber nicht, weil während des Widerspruchsverfahrens die neu auftretenden Umstände berücksichtigt werden (OLG Frankfurt DB 1985, 1991; StJ/*Grunsky*, § 929 Rdnr. 4; *Zöller/Vollkommer*, § 929 Rdnr. 7).

Im Fall a ist nach der hier vertretenen Ansicht die Pfändung zulässig, weil am 6.2. eine neue Frist begann. Nach h.M. setzt dagegen das Urteil nur dann eine neue Frist in Lauf, wenn es den Arrestbefehl lediglich unter wesentlichen Änderungen bestätigt, weil es sich dann um eine neue Anordnung handele; das sei z.B. bei Anordnung einer Sicherheitsleistung der Fall (vgl. OLG Koblenz WRP 1980, 576; OLG Frankfurt OLGZ 1980, 258; MDR 1985, 681).

(b) Auch ein *Urteil, das einen auf veränderte Umstände gestützten Aufhebungsantrag abweist* (vgl. § 927; Rdnr. 1527 ff.), setzt eine neue Frist in Lauf, was sich wiederum aus dem Schutzzweck des § 929 II ergibt (StJ/ *Grunsky* u. *Zöller/Vollkommer,* beide a.a.O.).

(c) Mit einem *vom Berufungsgericht erlassenen Arrestbefehl,* der zuvor in der ersten Instanz zwar angeordnet, aber auf einen Widerspruch des Schuldners hin wieder aufgehoben worden war, beginnt ebenfalls eine neue Vollziehungsfrist (ganz h.M.; vgl. etwa OLG München NJW 1958, 752; KG Rpfleger 1981, 119; *Baur/Stürner,* Rdnr. 872; StJ/ *Grunsky,* § 929 Rdnr. 6 m.N.; *Thomas/Putzo,* § 929 Anm. 2 b; einschränkend *Finger,* NJW 1971, 1242, 1245). Denn in diesem Fall bestätigt das Berufungsgericht keinen bestehenden Arrestbefehl, sondern es ordnet ihn neu an.

1539   (2) Zur *Fristwahrung* ist die Vollziehung des Arrestes innerhalb der Monatsfrist des § 929 II erforderlich. Dazu ist es nicht nötig, daß die Arrestvollziehung abgeschlossen ist, da der Gläubiger die fristgemäße Beendigung der Vollstreckung nicht in der Hand hat. Die h.M. läßt es ausreichen, daß mit der Vollziehung vor dem Fristende begonnen wird (vgl. OLG Hamm FamRZ 1980, 1144, 1146; *Lang,* AnwBl. 1981, 236; *Schaffer,* NJW 1972, 1176, 1177; *Wieczorek/Schütze,* § 929 Anm. C). Nach vordringender und zutreffender Ansicht genügt es sogar, daß der Gläubiger eine Vollziehungsmaßnahme fristgemäß beantragt (vgl. *Baur/Stürner,* Rdnr. 873; *Bruns/ Peters,* § 48 V 2; *Jauernig,* § 36 III; StJ/ *Grunsky,* § 929 Rdnr. 15; *E. Schneider,* MDR 1985, 112, 113; *Zöller/Vollkommer,* § 929 Rdnr. 10). Für diese Auffassung spricht vor allem, daß nach § 932 II bei der Arresthypothek schon die Stellung des Eintragungsantrags als Vollziehung i.S.d. § 929 II gilt. Der Grundgedanke dieser Vorschrift, daß die Zeitspanne bis zur Erledigung des Antrags vom Gläubiger nicht beeinflußt werden kann und deshalb für die Frage der Fristwahrung außer Betracht bleiben muß, trifft auch bei anderen Vollstreckungsmaßnahmen zu, weil der Gläubiger die Tätigkeit anderer Vollstreckungsorgane ebenfalls nicht beschleunigen kann.

Im Fall b durfte die Kette gepfändet werden, weil der Pfändungsantrag innerhalb der Monatsfrist bei Gv gestellt wurde.

Ist die Vollstreckungsmaßnahme rechtzeitig beantragt worden, schlägt sie aber erst nach Fristablauf fehl oder erweist sie sich als unzureichend, stellt sich die Frage, ob nunmehr trotz § 929 II weitere Vollziehungsmaßnahmen zulässig sind. Die überwiegende Meinung nimmt das nur für solche Maßnahmen an, die mit dem fristgerecht eingeleiteten Vollstreckungsakt oder -versuch in einem rechtlichen oder zeitlichen Zusammenhang stehen (StJ/ *Grunsky,* § 929 Rdnr. 11 m.N. in FN 20). Gegen diese Einschränkung ist mit Recht vorgebracht worden, sie verletze das Übermaßverbot, da sie den Gläubiger zwinge, über sein eigentliches Sicherungsbedürfnis hinaus möglichst umfassend zu pfänden, um nicht auszufallen (*Finger*, NJW 1971, 1242, 1244 f.; s. auch OLG Celle NJW 1968, 1682 f.; *Noack*, JurBüro 1973, 730; *E. Schneider*, MDR 1985, 112, 113). Allerdings darf nach dem Zweck des § 929 II zwischen Arrestanordnung und Vollstreckung kein zu langer Zeitraum liegen. Nach Fristablauf beantragte Vollziehungsmaßnahmen sind daher nur zulässig, wenn die Verzögerung nicht auf einer Nachlässigkeit des Gläubigers beruht. Zu dieser Feststellung ist das Vollstreckungsorgan jedoch kaum in der Lage; es hat hier daher auch nach Fristablauf zu vollstrecken, und es ist Sache des Schuldners, eine Fristversäumung durch Rechtsbehelf geltend zu machen.

Im Fall c durfte Gv also vorsorglich auch den Pkw pfänden. S kann gegen die Pfändung aber mit der Vollstreckungserinnerung vorgehen (vgl. Rdnr. 1160 ff.).

(3) Als *Folge der Versäumung der Monatsfrist* bestimmt § 929 II, daß jede **1540** Vollstreckung aus dem Arrestbefehl unzulässig ist. Der Fristablauf ist vom Vollstreckungsorgan von Amts wegen zu beachten (für den Gerichtsvollzieher: § 192 Nr. 3 GVGA).

(a) Kann der Arrestbefehl nicht mehr vollzogen werden, hat der Schuldner die Möglichkeit, durch Widerspruch (§ 924) oder Aufhebungsantrag nach § 927 *den Befehl aufheben zu lassen* (vgl. BL/*Hartmann*, § 929 Anm. 2 C a, b). Allerdings steht es dem Gläubiger frei, einen neuen Arrest zu erwirken.

(b) Ist trotz Fristablaufs noch vollstreckt worden, entsteht zwar kein (Arrest-) Pfandrecht, wohl aber eine öffentlich-rechtliche Verstrickung (h.M.; vgl. *Bruns/Peters*, § 48 V 2; *Rosenberg*, § 213 I; Rdnr. 361 ff.). Der Schuldner kann Erinnerung nach § 766 einlegen und die *Vollstreckungsmaßnahme aufheben lassen* (StJ/*Grunsky*, § 929 Rdnr. 17 m.N. in FN 34).

2. Durchführung und Wirkungen des dinglichen Arrestes   **1541**

Die Durchführung und die Wirkungen richten sich danach, ob der Arrest in bewegliche Sachen, Forderungen oder Grundstücke vollzogen wird.

a) Der *Arrest in bewegliche Sachen* erfolgt durch Pfändung (§ 930 I 1). Die Durchführung der Arrestpfändung richtet sich nach denselben Grundsätzen wie jede andere Mobiliarpfändung (§ 930 I 2). Die Arrestpfändung hat auch die gleichen Wirkungen wie jede andere Pändung; sie führt zu einer Verstrickung der gepfändeten Sache (Rdnr. 361 ff.) und läßt an dieser ein Pfandrecht des Gläubigers (Rdnr. 374 ff.) entstehen.

(1) Da der Arrest nur der Sicherung und nicht der Befriedigung des Gläubigers dient, erfolgt regelmäßig *keine Verwertung des Pfandes*.

Nur wenn die gepfändete Sache der Gefahr einer beträchtlichen Wertverringerung ausgesetzt ist oder ihre Aufbewahrung unverhältnismäßige Kosten verursachen würde, kann das Vollstreckungsgericht auf Antrag eine Versteigerung und eine Hinterlegung des Erlöses anordnen (§ 930 III). Auch gepfändetes Geld sowie ein im Verteilungsverfahren auf den Gläubiger entfallender Betrag des Erlöses werden dem Gläubiger nicht ausgehändigt, sondern hinterlegt (§ 930 II).

1542   (2) *Obsiegt der Gläubiger in der Hauptsache,* ergeben sich für das Pfandrecht folgende Wirkungen:

(a) Aus dem bisherigen *Arrestpfandrecht wird ein Vollstreckungspfandrecht,* das zur Verwertung berechtigt (vgl. BGHZ 66, 394, 395); zur Sicherungsfunktion der Arrestpfändung kommt nun also die Verwertungsfunktion hinzu. Eine nochmalige Pfändung der bereits mit einem Arrestpfandrecht belasteten Sache wäre eine überflüssige Förmelei.

Allerdings ist eine Verwertung nur zulässig, wenn die allgemeinen Vollstreckungsvoraussetzungen vorliegen. Insbesondere müssen der Vollstreckungstitel (etwa das Urteil, der Vollstreckungsbescheid) und gegebenenfalls die Hinterlegungsbescheinigung (bei angeordneter Sicherheitsleistung) zugestellt worden sein.

Gegen die h.M., die eine Zustellung des Titels verlangt (vgl. RGZ 121, 349, 351 f.; BL/*Hartmann,* § 930 Anm. 1 B; *A. Blomeyer,* § 96 II 3; *Jauernig,* § 36 II 1; StJ/*Grunsky,* § 930 Rdnr. 11; *Wieczorek/Schütze,* § 930 Anm. A III b 1), wird vorgebracht, eine solche Zustellung sei nicht erforderlich, da sie nur Voraussetzung einer Pfändung sei, die mit der Arrestpfändung bereits abgeschlossen sei (*Brachvogel,* ZZP 55, 452, 453 f.; *Rosenberg,* § 213 II 2; vgl. auch *Baur/Stürner,* Rdnr. 880 f.). Mit dieser Begründung könnte jedoch auch auf das Vorliegen aller übrigen Pfändungsvoraussetzungen (z.B. Sicherheitsleistung) verzichtet werden; entscheidend muß es vielmehr sein, ob ohne den Arrest eine Verwertung möglich wäre.

1543   (b) Fraglich ist der *Rang des Vollstreckungspfandrechts.* Er ist für das Verhältnis des Arrestgläubigers zu anderen Vollstreckungsgläubigern von Bedeutung.

(aa) Grundsätzlich bestimmt sich der Rang des Vollstreckungspfandrechts *nach dem Rang des Arrestpfandrechts;* das Vollstreckungspfandrecht wird nicht neu begründet, sondern entsteht aus dem Arrestpfandrecht. Demnach gehen die Vollstreckungspfandrechte anderer Gläubiger dem des Arrestgläubigers, der sein Pfandrecht vorher erworben hat, im Range nach, wenn das Arrestpfandrecht später zum Vollstreckungspfandrecht erstarkt (BGHZ 66, 394, 397; StJ/*Grunsky,* § 930 Rdnr. 12 m.N. in FN 24; zu Fall d).

Die Ausgestaltung des Arrestpfandrechts und seines Ranges ist nicht verfassungswidrig. Der Auffassung, das Prioritätsprinzip des § 930 verstoße gegen den Gleichheitssatz gem. Art. 3 I GG (so *Schlosser,* ZZP 97, 121, 130 ff.), kann nicht gefolgt werden. Denn es wird nicht zu Unrecht Ungleiches (Vollstreckungs- und Arrestpfandrecht hinsichtlich des Ranges) gleich behandelt. Es ist gerade der Sinn des Arrestes, den Gläubiger nicht auf einen langwierigen Prozeß zu verweisen, bis er schließlich pfänden lassen kann. Vielmehr soll der Gläubiger schon nach einem summarischen Verfahren in der Lage sein, seinen Anspruch möglichst schnell und vor anderen Gläubigern sichern zu lassen; ohne diesen Vorteil würde der dingliche Arrest weitgehend an Bedeutung verlieren. Die Priorität des Gläubigerzugriffs ist ein sachlicher Gesichtspunkt für die Zuteilung des Schuldnervermögens; die Entscheidung, dieses Prioritätsprinzip erst im Konkurs und durch das Anfechtungsrecht einzuschränken, wird von dem weiten Gestaltungsspielraum des Gesetzgebers durchaus gedeckt (vgl. auch *Jauernig*, § 36 II 1).

(bb) *Ausnahmen vom Grundsatz der Rangerhaltung* gelten in folgenden Fällen: **1544**

— Wird der *Arrestbefehl vor einem Urteil in der Hauptsache aufgehoben,* ist der Rang des Arrestpfandrechts für ein später entstehendes Vollstreckungspfandrecht nicht maßgebend, da die Grundlage des Arrestpfandrechts bei Erlaß des Urteils in der Hauptsache schon beseitigt war.

— Wird der *Arrestbefehl nach einem Urteil in der Hauptsache aufgehoben,* weil von vornherein kein Arrestgrund gegeben war oder der Gläubiger die Monatsfrist des § 929 II hat verstreichen lassen, ist es nicht interessengerecht, zugunsten des Vollstreckungsgläubigers und zum Nachteil konkurrierender Gläubiger für den Rang des Vollstreckungspfandrechts auf den Zeitpunkt der Arrestpfändung abzustellen (vgl. *Bruns/Peters*, § 48 V 4; anders *Baur/Stürner*, Rdnr. 881). Hier ist der Zeitpunkt der Zustellung des neuen Titels maßgebend (vgl. RGZ 121, 349, 352).

— Wird der *Arrestbefehl wegen des Vortrags eines neuen Arrestanspruchs oder -grundes bestätigt,* ist es gegenüber den anderen Gläubigern ebenfalls nicht gerechtfertigt, daß der Zeitpunkt der Arrestpfändung für den Rang des Vollstreckungspfandrechts entscheidend ist; vielmehr kommt es auf den Zeitpunkt der Bestätigung an (*Brachvogel*, ZZP 55, 452, 457 ff.; *Rosenberg*, § 213 II 2 a; a.A. *Münzel*, NJW 1958, 1615, 1616).

— War die *Arrestpfändung mangelhaft* und ist eine Heilung des Mangels möglich, richtet sich der Rang nach dem Zeitpunkt der Heilung (vgl. Rdnr. 390). War dagegen der Pfändungsakt nichtig, muß aufgrund des Urteils in der Hauptsache neu gepfändet werden; der Zeitpunkt dieser Pfändung ist für den Rang maßgebend (vgl. *Baur/Stürner*, Rdnr. 882).

(3) *Obsiegt der Schuldner in der Hauptsache,* bleibt das Arrestpfandrecht **1545** zwar bestehen, aber der Schuldner kann die Aufhebung des Arrestbefehls (§ 927) und der Vollziehung (§ 776) verlangen.

b) Der *Arrest in Forderungen* erfolgt ebenfalls durch Pfändung. Es finden **1546** die allgemeinen Vorschriften über die Forderungspfändung (§§ 829 ff.; Rdnr. 505 ff.) Anwendung. Folgende Besonderheiten sind hervorzuheben:

(1) *Zuständig* für die Pfändung ist ausschließlich das Arrestgericht als Vollstreckungsgericht (§ 930 I 3). Auch wenn der Arrestbefehl von der zweiten Instanz ausgesprochen wurde, ist für die Pfändung das erstinstanzliche Gericht zuständig. Die Pfändung ist dem Rechtspfleger übertragen (§ 20 Nr. 16 RPflG; Rdnr. 503), falls der Pfändungsbeschluß nicht zusammen mit dem Arrestbefehl ergeht.

1547   (2) Es ist anerkannt, daß *Arrestbefehl und Pfändung in einem einzigen Beschluß* ausgesprochen werden können (vgl. BL/*Hartmann*, § 930 Anm. 2 B; *Baur/Stürner*, Rdnr. 884), sofern der Arrest nicht von einer Sicherheitsleistung abhängig gemacht worden ist (OLG Düsseldorf Rpfleger 1984, 161). Dadurch verlieren beide nicht ihre rechtliche Selbständigkeit, die sich etwa bei der Zustellung und der Anfechtung zeigt. Deshalb ist — entgegen der h.M. (vgl. etwa BL/*Hartmann*, a.a.O.; *Wieczorek/Schütze*, § 930 Anm. C III) — auch eine Verbindung von Arresturteil und Pfändungsbeschluß zuzulassen (StJ/*Grunsky*, § 930 Rdnr. 5).

1548   (3) Durch die Pfändung erwirbt der Gläubiger ein *Pfandrecht an der Forderung* (Rdnr. 616). Der Drittschuldner kann mit befreiender Wirkung nur noch an Schuldner und Gläubiger gemeinsam leisten (Rdnr. 620). Dadurch ist der Arrestgläubiger vor einem Verlust der Forderung geschützt. Durch die Rangsicherung (Rdnr. 1543) wird verhindert, daß ihm später pfändende Gläubiger im Rang vorgehen.

An einer Verwertung des Pfandes ist der Gläubiger aber auch hier gehindert. Der (bloße Sicherungs-)Zweck des Arrestpfandrechts schließt sowohl eine Überweisung der Forderung (§§ 835 ff.; Rdnr. 633 ff.) als auch deren gerichtliche Geltendmachung durch den Gläubiger (§ 856; Rdnr. 640 ff.) aus.

1549   c) Der *Arrest in Grundstücke und grundstücksgleiche Rechte* wird durch die Eintragung einer Sicherungshypothek für die Forderung vollzogen (§ 932 I 1, 1. Halbs.). Zugleich wird die im Arrestbefehl festgesetzte Lösungssumme (Rdnr. 1517) im Grundbuch als Höchstbetrag der Hypothek bezeichnet (§ 932 I 1, 2. Halbs.; § 1190 BGB).

(1) Die *Eintragung der Sicherungshypothek* erfolgt — wie bei der Zwangshypothek gem. §§ 866 ff. (Rdnr. 1036 ff.) — durch das Grundbuchamt als zuständiges Vollstreckungsorgan und Behörde der freiwilligen Gerichtsbarkeit.

Bevor das Grundbuchamt einträgt, muß es prüfen, ob die vollstreckungsrechtlichen und grundbuchrechtlichen Voraussetzungen vorliegen. Dazu gehören vor allem:
— Antrag des Gläubigers auf Eintragung der Hypothek (§§ 932 II, 867 I 1, 1. Halbs.; vgl. Rdnr. 1037);
— Arrestbefehl über eine Forderung, die den Mindestbetrag von 500,— DM übersteigt (§§ 932 II, 866 III 1, 1. Halbs.); dabei werden Zinsen und Vollziehungskosten

mit eingerechnet (vgl. §§ 932 I 1, 2. Halbs., 923; anders bei der Zwangshypothek, Rdnr. 1039);

— Voreintragung des Schuldners als Eigentümer im Grundbuch (§ 39 GBO; vgl. Rdnr. 1040);

— Einhaltung der Vollziehungsfrist des § 929 II. Dabei gilt der Eintragungsantrag als Vollziehung (§ 932 III). Er muß jedoch zur Eintragung führen; Eintragungshindernisse müssen bis zum Ablauf der Monatsfrist beseitigt sein (StJ/*Grunsky*, § 932 Rdnr. 7);

— Nicht zu prüfen hat das Grundbuchamt nach allgemeiner Ansicht, ob die Zustellungsfrist des § 929 III (Rdnr. 1536) eingehalten ist (BL/*Hartmann*, § 932 Anm. 2 A; *Baur/Stürner*, Rdnr. 887; StJ/*Grunsky*, § 932 Rdnr. 10; *Thomas/Putzo*, § 932 Anm. 2).

(2) Die Eintragung im Grundbuch hat folgende *Wirkungen:* 1550

(a) Als Arresthypothek *entsteht eine Sicherungshypothek* im Zeitpunkt der Eintragung (§§ 932 II, 867 I 2; vgl. Rdnr. 1042), nicht schon zur Zeit des Eingangs des Antrages. Die Hypothek sichert den Anspruch des Gläubigers und wahrt den Rang.

Da der endgültige Betrag des Anspruchs, der Zinsen und Kosten noch nicht feststeht, handelt es sich um eine Höchstbetragshypothek (§ 1190 BGB); Höchstbetrag ist die Lösungssumme (vgl. §§ 932 I 1, 923). Die gesicherte Forderung kann bei der Höchstbetragshypothek — anders als bei anderen Hypotheken — auch ohne die Hypothek übertragen werden; die Übertragung erfolgt also formlos durch Abtretung gem. § 398 BGB (vgl. § 1190 IV 1 BGB).

(b) Der Gläubiger hat gem. § 932 I 2 *keinen Anspruch auf Löschung vor-* 1551
oder gleichrangiger Grundpfandrechte, die sich mit dem Eigentum in einer Person vereinigt haben (vgl. §§ 1179a, 1179b BGB). Die Regelung des § 932 I 2 hielt der Gesetzgeber für angemessen, da der Arrest nur eine vorläufige, auf summarischer Prüfung beruhende Sicherungsmaßnahme sei (vgl. BT-Drucks. 8/89 S. 17).

Diese Begründung überzeugt nicht; es hätte nahegelegen, den Schutz des Gläubigers durch eine Arresthypothek nicht schwächer als den Schutz anderer Hypothekengläubiger auszugestalten. Jedoch ist § 932 I 2 nicht wegen Verstoßes gegen Art. 3 I GG verfassungswidrig (so aber StJ/*Grunsky*, § 932 Rdnr. 4; *Stöber*, Rpfleger 1977, 425, 426; *Zöller/Vollkommer*, § 932 Rdnr. 1). Denn die Ungleichbehandlung ist nicht willkürlich; es liegt durchaus im gesetzgeberischen Gestaltungsspielraum, wenn die vorläufige Sicherung im Arrest gegenüber einer endgültigen Sicherung schlechter gestellt ist.

(c) Der Gläubiger kann eine *Umschreibung der Arresthypothek in eine* 1552
Zwangshypothek beantragen, wenn er über seine gesicherte Forderung einen vollstreckbaren Titel erlangt hat. Dazu reicht ein vorläufig vollstreckbares Urteil aus, da mit diesem auch eine Zwangshypothek erwirkt werden

könnte (anders *Zöller/Vollkommer,* § 932 Rdnr. 5: nur Eintragung einer Vormerkung). Der Titel ersetzt die Einigung und die Eintragungsbewilligung.

Nach der Umschreibung ist die (Zwangs-) Hypothek nicht mehr eine Höchstbetragshypothek; über die gesicherte Forderung kann daher nur zusammen mit der Hypothek verfügt werden (vgl. §§ 1153 f. BGB).

1553   (d) Aus der Arresthypothek kann der Gläubiger mit Erfolg *auf Duldung der Zwangsvollstreckung klagen;* § 1147 BGB ist auch auf die Arresthypothek anzuwenden (so BL/*Hartmann,* § 932 Anm. 3; *Nicklisch,* AcP 169, 124, 126 ff.; StJ/*Grunsky,* § 932 Rdnr. 3; *Thomas/Putzo,* § 932 Anm. 1; OLG Celle WM 1985, 547 f.). Diese Ansicht wird teilweise abgelehnt (vgl. *Rosenberg,* § 213 II 2 c; *Wieczorek/Schütze,* § 932 Anm. B III a; *Zöller/ Vollkommer,* § 932 Rdnr. 1), weil der Duldungsanspruch über den Sicherungszweck der Arresthypothek hinausgehe. Jedoch besteht keine Gefahr, daß der Gläubiger sich schon vorzeitig aus der Arresthypothek befriedigt. Denn dazu bedarf er eines Duldungstitels, und diesen erlangt er nur, wenn er im Rechtsstreit das Vorliegen der gesicherten Forderung notfalls beweist und nicht nur glaubhaft macht. Außerdem ist die Arresthypothek als Sicherungshypothek streng akzessorisch, so daß der Gläubiger über sie nicht wirksam verfügen kann, soweit eine gesicherte Forderung fehlt (vgl. Rdnr. 1036). Gegen die hier abgelehnte Meinung spricht auch, daß nach ihr eine Umschreibung der Arresthypothek und damit eine Verwertung ausgeschlossen ist, wenn der Schuldner sein Grundstück in der Zwischenzeit veräußert hat (Fall e); denn die für die Umschreibung erforderliche Einigungserklärung und Bewilligung des neuen Eigentümers könnte nicht durch einen Titel gegen den Schuldner ersetzt werden (vgl. StJ/*Grunsky,* § 932 Rdnr. 3).

Im Fall e hat G die Möglichkeit, den E schon aus der Arresthypothek auf Duldung der Zwangsvollstreckung zu verklagen. Allerdings kann er sich dabei nicht mit Erfolg auf die Rechtskraft des gegen S erstrittenen Urteils berufen, da sie nur zwischen den Parteien des Vorprozesses wirkt.

1554   (3) Als *Folge einer Aufhebung oder des Fehlens eines Arrestbefehls sowie anderer Vollziehungsvoraussetzungen* kommt die Umwandlung in eine Eigentümergrundschuld oder eine Unwirksamkeit der Hypothek in Betracht.

(a) Die Hypothek wandelt sich in eine *Eigentümergrundschuld* um, wenn etwa der Arrestbefehl aufgehoben, die Zwangsvollstreckung für unzulässig erklärt oder ihre Einstellung angeordnet wird; Gleiches gilt, wenn die zur Abwendung der Vollstreckung nachgelassene Sicherheitsleistung erfolgt (vgl. §§ 932 II, 868; § 1177 I BGB).

(b) Die eingetragene *Arresthypothek ist unwirksam,* wenn etwa ein Arrestbefehl von vornherein fehlte, die festgesetzte Lösungssumme den

Mindestbetrag von 500,— DM nicht überschritt oder die Hypothek trotz Ablaufs der Vollziehungsfrist eingetragen wurde. Da in diesen Fällen keine Arresthypothek entsteht, scheidet auch eine Umwandlung in eine Zwangshypothek oder in eine Eigentümergrundschuld aus.

d) Der *Arrest in Schiffe und Flugzeuge* richtet sich nach Sondervorschriften. **1555**

(1) *Schiffe,* die nicht im Register eingetragen sind, werden als bewegliche Sachen behandelt; das gilt auch für ausländische Schiffe. Bei eingetragenen Schiffen wird die Pfändung vom Arrestgericht angeordnet und vom Gerichtsvollzieher vollzogen, indem dieser sie in Bewachung und Verwahrung (»in die Kette«) nimmt (§ 931 I—IV). Eine Eintragung des Höchstbetragspfandrechts (§ 931 VI 1) hat nur den Sinn, einen lastenfreien Erwerb durch einen Gutgläubigen zu verhindern.

(2) Bei inländischen *Luftfahrzeugen* erfolgt die Arrestpfändung durch Eintragung eines Registerpfandrechts (§ 99 II LuftRG v. 26.2.1959). Eine Arrestvollziehung durch den Gerichtsvollzieher ist nur statthaft, soweit das Gesetz über die Unzulässigkeit der Sicherungsbeschlagnahme von Luftfahrzeugen v. 17.3.1935 nicht entgegensteht. Einzelh.: StJ/*Grunsky,* § 928 Rdnr. 7 ff.

3. Rechtsbehelfe und Aufhebung des Vollzuges

1556

a) *Rechtsbehelfe im Vollzugsverfahren* kommen für den Schuldner und auch für den Gläubiger in Betracht.

(1) Dem *Schuldner* stehen Rechtsbehelfe gegen Vollzugsmaßnahmen unabhängig davon zu, ob er auch eine Aufhebung des Arrestbefehls erreichen könnte.

Wendet er sich allerdings mit materiellen Einwendungen gegen die Vollstreckbarkeit des Arrestbefehls, kann er nicht mit Erfolg die Vollstreckungsgegenklage erheben, sondern nur das speziellere Aufhebungsverfahren nach § 927 (Rdnr. 1527) betreiben.

(a) Gegen die *Mobiliarpfändung* durch den Gerichtsvollzieher kann der Schuldner sich mit der Vollstreckungserinnerung (§ 766; Rdnr. 1173) wehren.

(b) Verfahrensfehler bei der *Forderungspfändung* (z.B. Überweisung der Forderung an den Gläubiger) kann der Schuldner mit der Vollstreckungserinnerung oder der sofortigen Beschwerde rügen, falls der Richter tätig geworden ist; hat der Rechtspfleger den Beschluß erlassen, kommt eine Vollstreckungserinnerung oder eine befristete Rechtspflegererinnerung in Betracht (Rdnr. 1163 f., 1176 ff., 1250).

(c) Die Eintragung einer *Arresthypothek* ist nach h.M. mit der Beschwerde nach § 71 GBO (Rdnr. 1294 ff.) anfechtbar (Rdnr. 1044).

1557 (2) Der *Gläubiger* kann eine Ablehnung oder eine auftragswidrige Durchführung von Vollstreckungsmaßnahmen mit der sofortigen Beschwerde bzw. mit der Vollstreckungserinnerung rügen (zur Abgrenzung vgl. Rdnr. 1163).

Bei Ablehnung seines Antrages auf Eintragung einer Arresthypothek steht ihm die Beschwerde gem. § 71 GBO bzw. die Rechtspflegererinnerung zu.

1558 b) Eine *Aufhebung des Arrestvollzuges* — und nicht des Arrestbefehls — regelt § 934.

(1) *Voraussetzung* der Aufhebung ist, daß entweder die im Arrestbefehl genannte Lösungsumme hinterlegt wird (§ 934 I) oder die Fortdauer des Arrestes besondere Aufwendungen erfordert und der Gläubiger die dazu notwendigen Kosten (z.B. für Lagerung, Fütterung) nicht vorschießt (§ 934 II).

(2) Das *Verfahren* setzt einen Aufhebungsantrag des Schuldners voraus (vgl. BGH DGVZ 1984, 38, 39). Zuständig ist das Vollstreckungsgericht (§ 934 I, II); das ist bei der Aufhebung der Forderungspfändung das Arrestgericht (vgl. § 930 I 3; *Baur/Stürner*, Rdnr. 890; a.A. *Wieczorek/Schütze*, § 934 Anm. B II). Dem Rechtspfleger ist die Entscheidung nur dann übertragen, wenn sie eine Aufhebung wegen Hinterlegung der Lösungssumme betrifft (§ 20 Nr. 15 RPflG). Die Entscheidung ergeht immer durch Beschluß, selbst wenn eine mündliche Verhandlung stattgefunden hat (vgl. § 934 III, IV).

(3) Die *Rechtsbehelfe* des Schuldners gegen einen die Aufhebung ablehnenden Beschluß richten sich danach, wer diesen erlassen hat. Gegen einen Beschluß des Richters steht dem Schuldner die einfache Beschwerde nach § 567, gegen einen Beschluß des Rechtspflegers die unbefristete Rechtspflegererinnerung zu. Der Gläubiger kann sich gegen einen den Arrestvollzug aufhebenden Beschluß des Richters mit der sofortigen Beschwerde (§ 934 IV) und gegen einen solchen des Rechtspflegers mit der befristeten Rechtspflegererinnerung wehren.

1559 **II. Vollziehung des persönlichen Arrestes**

Der persönliche Arrest (§ 918) kann in der Anordnung der Haft oder anderer Beschränkungen der persönlichen Freiheit bestehen (Rdnr. 1503, 1561).

1. Haft

a) Die *Voraussetzungen* der Haft ergeben sich aus den Verweisungen des § 933, 1.

(1) Es ist ein entsprechender *Auftrag* des Gläubigers an den Gerichtsvollzieher erforderlich (§§ 753 I, 909, 928).

(2) Ein *Haftbefehl* muß vorliegen (§§ 908, 909, 2), in den die Lösungssumme aufzunehmen ist (§ 933, 2).

b) Die *Durchführung* der Haft geschieht durch Verhaftung des Schuldners und durch Haftvollzug.
1560

(1) Die *Verhaftung* des Schuldners erfolgt durch den Gerichtsvollzieher; dieser hat dem Schuldner hierbei den Haftbefehl vorzuzeigen und auf Begehren eine Abschrift auszuhändigen (§ 909). Der Schuldner kann die Verhaftung abwenden, indem er die Lösungssumme hinterlegt (StJ/ *Grunsky*, § 934 Rdnr. 6); hierzu muß er auf Verlangen Gelegenheit erhalten. Von der Verhaftung hat das Arrestgericht einen Angehörigen des Schuldners oder eine Person seines Vertrauens zu benachrichtigen (Art. 104 IV GG).

(2) Der *Haftvollzug* als Unterbringung des Schuldners richtet sich nach §§ 171—175 des Strafvollzugsgesetzes v. 16. 3. 1976 (BGBl. 581). Die Haftdauer darf sechs Monate nicht überschreiten; nach Ablauf dieser Zeit wird der Schuldner von Amts wegen aus der Haft entlassen (§§ 933, 1, 913). Der Haftvollzug wird vom Vollstreckungsgericht aufgehoben, falls der Gläubiger die dazu erforderlichen Kosten nicht vorschießt (§ 934 II).

Wenn der Haftarrest nur deshalb angeordnet wurde, weil der Schuldner sich der Offenbarungsversicherung entzogen hatte oder entziehen wollte, kann der Schuldner die Haft durch eine solche Versicherung beenden (StJ/ *Grunsky*, § 933 Rdnr. 1). Das ergibt sich schon aus dem rechtsstaatlichen Übermaßverbot; denn eine Fortdauer der Freiheitsentziehung wäre ohne Sinn, nachdem der Arrest seinen Zweck erfüllt hat.

2. Sonstige Freiheitsbeschränkungen
1561

Das Arrestgericht kann auch geringere Freiheitsbeschränkungen als die Haft im Arrestbefehl oder in einem (späteren) Ergänzungsbeschluß anordnen. Die Vollziehung dieser Anordnungen wird ebenfalls durch die für die Haft maßgebenden Bestimmungen begrenzt (§ 933, 1 a.E.); das gilt insbesondere für die Befristung auf sechs Monate (§ 913).

Die Durchführung der gerichtlichen Anordnung erfolgt durch den Gerichtsvollzieher, der sich genau an diese Anordnung zu halten hat.

Beispiele: Der Gerichtsvollzieher nimmt den Personalausweis oder den Paß des Schuldners in Gewahrsam. Er hindert bei einer Aufenthaltsbeschränkung des Schuldners diesen am Verlassen des Hauses (der Stadt).

Gegen das Verfahren des Gerichtsvollziehers ist die Erinnerung an das Vollstreckungsgericht (§ 764) zulässig (BL/*Hartmann,* § 933 Anm. 3; StJ/ *Grunsky,* § 933 Rdnr. 2; *Zöller/Vollkommer,* § 933 Rdnr. 1).

1562   III. Schadensersatz wegen unberechtigten Vollzuges

Da es sich beim Arrestverfahren um ein nur summarisches Verfahren handelt, muß der Gläubiger damit rechnen, daß der Arrestbefehl letztlich keinen Bestand hat. Betreibt er dennoch die Vollziehung des Arrestes, handelt er auf eigene Gefahr. Deshalb hat er nach § 945 dem Schuldner, der die Vollziehung dulden muß, den dadurch entstandenen Schaden zu ersetzen, wenn sich später herausstellt, daß der Vollzug unberechtigt war. § 945 bestimmt eine (verschuldensunabhängige) Risikohaftung und ähnelt dem § 717 II (Rdnr. 75 ff.), der eine solche Haftung des Gläubigers anordnet, sofern dieser aus einem vorläufig vollstreckbaren Urteil vollstreckt, das später aufgehoben wird.

1563   1. Voraussetzungen des Schadensersatzanspruchs

a) Die Anordnung des Arrestes muß sich *als von Anfang an ungerechtfertigt* erweisen, oder der Arrestbefehl muß *aufgrund des § 926 II aufgehoben* worden sein.

(1) Der Arrest *erweist sich als von Anfang ungerechtfertigt,* wenn zur Zeit seines Erlasses eine Arrestvoraussetzung fehlte.

(a) Hatte der Gläubiger zur Zeit der Arrestanordnung *keinen Arrestanspruch* (bzw. stand diesem eine dauernde Einrede entgegen) oder *keinen Arrestgrund,* war der Arrest ungerechtfertigt.
Sofern aber ein Arrestanspruch und ein Arrestgrund gegeben waren, scheidet ein Schadensersatzanspruch gem. § 945 selbst dann aus, wenn der Arrest nicht hätte erlassen werden dürfen, weil es an einer Prozeßvoraussetzung (z.B. örtliche Zuständigkeit des Gerichts) oder an der erforderlichen Glaubhaftmachung des Anspruchs oder Grundes fehlte (h.M.; *Baur/ Stürner,* Rdnr. 892; *Bruns/Peters,* § 48 VII 1 a, b; *Gerhardt,* § 18 IV 1 a FN 55; StJ/*Grunsky,* § 945 Rdnr. 21 f. m.N. in FN 52 f.; *Zöller/Vollkommer,* § 945 Rdnr. 8; a.A. BL/*Hartmann,* § 945 Anm. 2 A). Denn § 945 soll den Schuldner nicht vor jeder fehlerhaften Prüfung durch das Arrestgericht

schützen, sondern nur davor, daß der Gläubiger den Arrest trotz objektiv fehlenden Arrestanspruchs oder -grundes vollzieht (vgl. *Baur*, S. 104 f.).

(b) Fraglich ist, ob der Richter im Schadensersatzprozeß gem. § 945 bei der Feststellung, daß kein Arrestanspruch oder -grund gegeben war, den Ausgang des Arrest- oder Hauptsacheprozesses zu berücksichtigen hat. Für die *Bindung des Richters an das Vorverfahren* ist generell zu beachten, daß der Richter eines nachfolgenden Verfahrens immer nur im Rahmen der materiellen Rechtskraft an eine rechtskräftige gerichtliche Entscheidung gebunden ist. Daraus folgt: **1564**

(aa) Liegt *keine rechtskräftige gerichtliche Entscheidung* vor, weil etwa der Arrestantrag (z.B. im Widerspruchsverfahren, in zweiter Instanz) zurückgenommen worden ist, die Parteien die Hauptsache für erledigt erklärt oder einen Vergleich geschlossen haben, scheidet eine Bindung des Richters im Schadensersatzprozeß aus.

(bb) Ein *rechtskräftiges Urteil im Hauptsacheverfahren* bindet im Rahmen seiner Rechtskraft den späteren Richter. Wenn also in dem Urteil über den (Arrest-)Anspruch entschieden worden ist, darf der Richter im Schadensersatzrechtsstreit insoweit keine widersprechende Entscheidung treffen. **1565**

Im Fall f hat der Richter vom Nichtbestehen des (Arrest-)Anspruchs auszugehen. Er muß das gegenteilige Vorbringen des G unberücksichtigt lassen. Ist dagegen die Klage in der Hauptsache mit der Begründung abgewiesen worden, es könne dahingestellt bleiben, ob der Anspruch bestehe, jedenfalls sei er inzwischen verjährt, so ist der Richter im Schadensersatzprozeß nicht gebunden.

(cc) Ob eine *rechtskräftige Entscheidung im Arrestverfahren* den Schadensersatzrichter bindet, ist umstritten. **1566**

Nach der (noch) h.M. ist wie folgt zu unterscheiden:
Wenn auf einen Rechtsbehelf hin der *Arrestbefehl wegen ursprünglicher Fehlerhaftigkeit aufgehoben* worden ist, werde insoweit der Richter im Schadensersatzprozeß gebunden, weil damit rechtskräftig festgestellt sei, daß die Arrestanordnung von Anfang an ungerechtfertigt gewesen sei (zu Fall g; BGHZ 62, 7, 10 f.; 75, 1, 5; BGH VersR 1985, 335; BL/*Hartmann*, § 945 Anm. 3 C a; *Schwerdtner*, NJW 1970, 597, 599; *Thomas/Putzo*, § 945 Anm. 2 b; differenzierend: *A. Blomeyer*, Erkenntnisverfahren, § 118 V 2 b).

Wenn auf einen Rechtsbehelf hin der *Arrestbefehl bestätigt* worden ist, soll der Arrest*grund* für den Richter im Schadensersatzprozeß bindend feststehen, da der Arrestrichter insoweit eine Ermessensentscheidung treffe, die in einem Hauptsacheverfahren nicht mehr überprüft werde. Demgegenüber wird hinsichtlich des Arrest*anspruchs* eine Bindungswirkung verneint, weil er im Schadensersatzprozeß sicherer als im Eilverfahren festzustellen sei (RGZ 58, 236, 241 f.; 72, 27, 29; OLG Hamburg MDR 1956, 304, 305; BL/*Hartmann*, § 945 Anm. 3 C b; *Schwerdtner*, NJW 1970, 599; *Thomas/Putzo*, § 945 Anm. 2 c).

1567   *Nach richtiger Meinung,* die sich immer mehr durchsetzt, ist dagegen jede *Bindung an Entscheidungen im Arrestverfahren abzulehnen* (OLG) Karlsruhe BB 1984, 1389, 1390; OLG Koblenz WRP 1984, 102, 104; *Baur,* S. 105 ff.; *Baur/Stürner,* Rdnr. 894; *Bruns/Peters,* § 48 VII 1 a; *Gerhardt,* § 18 IV 1; *Jauernig,* § 36 V; StJ/*Grunsky,* § 945 Rdnr. 29 ff. m.N. in FN 63 f.; *Zöller/Vollkommer,* § 945 Rdnr. 9). Dafür ist entscheidend, daß der Streitgegenstand der Arrestentscheidung nicht identisch ist mit dem des Schadensersatzprozesses (Rdnr. 1520). Deshalb wirkt die Rechtskraft der Arrestentscheidung nicht (auch nicht im Sinne einer Präjudizialität) auf den ordentlichen Rechtsstreit ein. Wie der Richter, der über die Klage zur Hauptsache zu entscheiden hat, nicht an die Entscheidung im Arrestverfahren gebunden ist, so ist auch der Richter im Schadensersatzprozeß nicht gebunden. Zudem bietet allein der ordentliche Prozeß mit seinem Strengbeweis Gewähr dafür, daß die Voraussetzungen des Schadensersatzanspruchs sorgfältig festgestellt werden; dieses Ziel könnte nicht erreicht werden, wenn eine Arrestentscheidung, die in einem nur summarischen Verfahren nach bloßer Glaubhaftmachung ergeht, den Richter im ordentlichen Zivilprozeß binden würde. (Zur Kritik an der h.M. im einzelnen vgl. StJ/ *Grunsky,* § 945 Rdnr. 28 ff.)

1568   (2) Ein Schadensersatzanspruch kann nicht nur begründet sein, wenn der Arrest sich als von Anfang an ungerechtfertigt erweist. Es reicht nach § 945 aus, daß das Arrestgericht *gem. § 926 II den Arrest durch Endurteil aufgehoben* hat, weil der Gläubiger der gerichtlichen Anordnung, binnen einer bestimmten Frist Klage zur Hauptsache zu erheben, keine Folge geleistet hat (Rdnr. 1531).

1569   b) Die *Vollziehung des Arrestes* hat einen *Schaden* des Schuldners verursacht. Dieser Schaden kann auch durch eine *Sicherheitsleistung des Schuldners* entstanden sein, der damit die Vollziehung abwenden oder die Aufhebung der Maßregel erwirken wollte (§ 945 a.E.).

Beispiele: Durch Eintragung einer Arresthypothek entgeht dem Schuldner der Gewinn aus einem sonst möglichen Verkauf des Grundstücks (Fall f). Die Sicherheitsleistung führt zu einer Zinszahlung für einen deswegen aufgenommen Bankkredit.

Dagegen sind die Kosten für ein Widerspruchsverfahren dem Schuldner nicht nach § 945 zu ersetzen, da sie nicht durch die Vollziehung, sondern durch die Anordnung des Arrestes entstanden sind (vgl. BGHZ 45, 251, 252); ein Anspruch auf Ersatz dieses Schadens kann jedoch gem. §§ 823 ff. BGB begründet sein.

1570   ## 2. Umfang und Verjährung des Schadensersatzanspruchs

a) Der *Umfang* des Schadensersatzanspruchs, der vom Verschulden des Gläubigers unabhängig ist, richtet sich — wie beim Anspruch gem. § 717 II

(Rdnr. 78) — nach §§ 249 ff. BGB. Zu ersetzen ist der unmittelbare und der mittelbare Schaden. Selbst Gesundheitsschäden des Schuldners können durch die Vollziehung des Arrestes verursacht sein (RGZ 143, 118, 120). In einem solchen Fall kommt auch ein mittelbar Geschädigter als Anspruchsberechtigter gem. §§ 844 II, 845 BGB in Betracht (StJ/*Grunsky*, § 945 Rdnr. 14). Dagegen scheidet ein Schmerzensgeldanspruch gem. § 847 BGB aus; diese Vorschrift ist bei einer Gefährdungshaftung nicht anwendbar.

Hat die Vollziehung des Arrestes dem Schuldner außer einem Schaden auch einen Vorteil (z.B. Wertsteigerung der gepfändeten Sache, die wegen Arrestvollzugs nicht verkauft werden konnte) gebracht, ist dieser Vorteil bei der Schadensberechnung zu berücksichtigen (zur Vorteilsausgleichung vgl. BGHZ 77, 151). Anspruchsmindernd wirkt sich auch ein mitwirkendes Verschulden des Schuldners i.S.d. § 254 BGB aus (BGH MDR 1974, 130; NJW 1978, 2024); das liegt etwa dann vor, wenn der Schuldner durch sein Verhalten Anlaß zum Arrestvollzug gegeben hat.

b) Die *Verjährung* des Anspruchs richtet sich nach § 852 BGB, der ana-   **1571**
log anzuwenden ist, weil man von einer unerlaubten Handlung im weiteren Sinne sprechen kann (vgl. Rdnr. 79; BGHZ 57, 170, 176; StJ/*Grunsky*, § 945 Rdnr. 10 m.N. in FN 23). Die Dreijahresfrist beginnt mit Kenntnis des Schuldners vom Schaden und von der Person des Ersatzpflichtigen (§ 852 BGB). Diese Kenntnis wird regelmäßig erst mit dem Abschluß des Arrestverfahrens zu bejahen sein (vgl. BGHZ 75, 1, 6); jedoch kann im Einzelfall die Verjährungsfrist auch schon früher zu laufen beginnen, wenn etwa im Hauptprozeß eine Beweisaufnahme bereits zu klaren Verhältnissen geführt hat (so StJ/*Grunsky*, § 945 Rdnr. 10; BL/*Hartmann*, § 945 Anm. 4 A; anders *Baur/Stürner*, Rdnr. 897: nicht vor Ende des Verfahrens).

3. Prozessuale Geltendmachung des Anspruchs   **1572**

a) Der Schadensersatzanspruch nach § 945 ist *im ordentlichen Zivilprozeß* einzuklagen. Da eine dem § 717 II 2 entsprechende Vorschrift, wonach der Schadensersatzanspruch »in dem anhängigen Rechtsstreit geltend« gemacht werden kann (Rdnr. 80), in § 945 fehlt, scheidet die Möglichkeit aus, den Schadensersatzanspruch bereits im Arrestverfahren durchzusetzen. In diesem summarischen Verfahren mit bloßer Glaubhaftmachung kann über das Bestehen oder Nichtbestehen eines Schadensersatzanspruchs mit Hilfe des Strengbeweises entschieden werden (vgl. etwa BL/*Hartmann*, § 945 Anm. 3 E; *Baur/Stürner*, Rdnr. 897; *Jauernig*, § 36 V).

b) Für die *Zuständigkeit* gelten die allgemeinen Vorschriften. Die sachli-   **1573**
che Zuständigkeit richtet sich nach der Höhe des Streitgegenstandes (§ 23

Nr. 1 GVG). Örtlich zuständig ist das Gericht am Wohnsitz des Beklagten (§ 13) sowie das Gericht, in dessen Bezirk die (»unerlaubte«) Handlung begangen worden ist (§ 32).

1574   **4. Entsprechende Anwendung des § 945**

Eine entsprechende Anwendung des § 945 ist in folgenden Fällen zu erwägen:

a) Wird ein für die Arrestanordnung maßgebliches *Gesetz vom Bundesverfassungsgericht für nichtig erklärt*, kann der Schuldner analog § 945 Ersatz des Schadens verlangen, der ihm durch die Arrestvollziehung entstanden ist (BGHZ 54, 76, 79 ff.; *Baur/Stürner,* Rdnr. 898).

1575   b) Ist eine *einstweilige Anordnung in einer Familiensache nach § 620* getroffen worden, obwohl es an einem Anordnungsanspruch oder -grund von Anfang an fehlte, kommt nach h.M. eine Haftung gem. § 945 nicht in Betracht (BGH NJW 1984, 2095, 2097; BL/*Hartmann,* § 945 Anm. 1 C; *Thomas/Putzo,* § 945 Anm. 1 g); denn die §§ 620 ff. seien später als § 945 in die ZPO eingefügt worden, ohne daß der Gesetzgeber eine dieser Vorschrift entsprechende Regelung aufgenommen habe. Nach zutreffender Ansicht ist § 945 jedoch insoweit entsprechend anwendbar; denn die sprachliche Unterscheidung zwischen einstweiliger »Verfügung« und »Anordnung« war nach der Entstehungsgeschichte nicht sachlich begründet und sollte insbesondere keine Sonderregelung für den Ausgleich von Nachteilen zum Ausdruck bringen (*Grunsky,* JuS 1976, 277, 287; *Wieczorek,* § 620f Anm. D II b).

1576   c) Bei einer *einstweiligen Anordnung im Verwaltungsrechtsstreit* ist § 945 nach der Verweisung in § 123 III VwGO entsprechend anwendbar. Da der Schadensersatzanspruch nach § 945 zum Privatrecht gehört, muß er immer beim ordentlichen Gericht geltend gemacht werden, selbst wenn die einstweilige Anordnung ihre Grundlage im öffentlichen Recht hatte (BGHZ 78, 127, 128 f.; a.A. *Grunsky,* JuS 1982, 177, 178).

1577   d) Auf einen *Steuerarrest,* den die Finanzbehörde gem. § 324 AO gegen den Steuerschuldner verhängt hat, obwohl der Arrestanspruch oder -grund fehlte, ist § 945 nach h.M. entsprechend anwendbar (BGHZ 30, 123, 128 ff.; BL/*Hartmann,* § 945 Anm. 1 B; *Baur/Stürner,* Rdnr. 898; a.A. RGZ 108, 253, 254 ff.; *Schwarz,* NJW 1976, 215, 216).

1578   e) Werden aufgrund eines *Steuerbescheides* zu Unrecht Vollstreckungsmaßnahmen gegen den Steuerschuldner eingeleitet, führt das nicht zu einer Gefährdungshaftung der Finanzbehörde. Denn dem Interesse der Allgemeinheit an alsbaldiger Erfüllung der Steuerschuld ist grundsätzlich der

Vorrang gegenüber dem Einzelinteresse des Steuerschuldners eingeräumt (BGHZ 39, 77, 79 f.; StJ/*Grunsky,* § 945 Rdnr. 15; *Baur/Stürner,* Rdnr. 898). Der Steuerschuldner ist auf Ansprüche wegen Amtspflichtverletzung beschränkt.

Zweiter Abschnitt   Die einstweilige Verfügung

§ 50   Die Voraussetzungen und der Inhalt der einstweiligen Verfügung

Schrifttum: *Baur,* Studien zum einstweiligen Rechtsschutz, 1967; *Brill,* Die Durchsetzung des allgemeinen Weiterbeschäftigungsanspruchs, BB 1982, 621; *Brox,* Aussperrung oder einstweilige Verfügung bei rechtswidrigem Streik?, JA 1982, 221; *Dorndorf/Weiss,* Warnstreiks und vorbeugender Rechtsschutz gegen Streiks, 1983; *Drettmann,* Zur Frage der Zulässigkeit einstweiliger Verfügungen im Rahmen der Geltendmachung von Unterlassungsansprüchen nach § 13 AGBG durch Verbraucherverbände, WRP 1979, 846; *Dütz,* Effektiver Bestandsschutz im Arbeitsverhältnis, DB 1978 Beil. 13; *ders.,* Vorläufiger Rechtsschutz im Arbeitskampf, BB 1980, 533; *ders.,* Erzwingbare Verpflichtungen des Arbeitgebers gegenüber dem Betriebsrat, DB 1984, 115; *Duffek,* Einstweilige Verfügung gegen verbotene Eigenmacht, NJW 1966, 1345; *Eich,* Die einstweilige Verfügung auf Lohn- und Gehaltszahlung während des Rechtsstreits über den Bestand des Arbeitsverhältnisses, DB 1976 Beil. 10; *Faecks,* Die einstweilige Verfügung im Arbeitsrecht, NZA 1985 Beil. 3, 6; *Faupel,* Streikverbot durch einstweilige Verfügung, DB 1971, 816, 868; *Fritze,* Bemerkungen zur einstweiligen Verfügung im Bereich der gewerblichen Schutzrechte und im Wettbewerbsrecht, GRUR 1979, 290; *Furtner,* Sicherung eines künftigen Rechtserwerbs durch eine einstweilige Verfügung, NJW 1964, 745; *Grunsky,* Die auf Leistungserbringung gerichtete einstweilige Verfügung, JurA 1970, 724; *Hadding,* Zur einstweiligen Verfügung im Recht der Wettbewerbsbeschränkungen, ZHR 130, 1; *Heckelmann,* Die einstweilige Verfügung im Arbeitskampf, AuR 1970, 166; *Heinze,* Der einstweilige Rechtsschutz im Arbeits- und Wirtschaftsrecht, 1981; *ders.,* Einstweiliger Rechtsschutz im Zahlungsverkehr der Banken, 1984; *Held,* Der Erlaß einstweiliger Verfügungen gegen den Wahlvorstand nach Einleitung einer Betriebsratswahl, DB 1985, 1691; *Hensen,* Keine einstweiligen Verfügungen in AGB-Sachen?, DB 1978, 2207; *Hoffmann,* Einstweilige Verfügungen gegen Streiks?, AuR 1968, 33; *Hösl,* Die Anordnung einer einstweiligen Verfügung in Pressesachen, 1974; *Jauernig,* Der zulässige Inhalt einstweiliger Verfügungen, ZZP 79, 321; *E. Koch,* Einstweilige Verfügung im Unterlassungsverfahren nach §§ 13 ff. AGB-Gesetz?, BB 1978, 1638; *Kohler,* Das Verfügungsverbot gem. § 938 Abs. 2 ZPO im Liegenschaftsrecht, 1984; *Leipold,* Grundlagen des einstweiligen Rechtsschutzes im zivil-, verfassungs- und verwaltungsgerichtlichen Verfahren, 1971; *Lipps,* Gestaltungsmöglichkeiten bei einstweiligen Unterlassungsverfügungen im Wettbewerbsprozeß, NJW 1970, 226; *Mülbert,* Mißbrauch von Bankgarantien und einstweiliger Rechtsschutz, 1985; *Nicklisch,* Verbandsmacht und einstweiliger Rechtsschutz, 1974; *Pastor,* Der Wettbewerbsprozeß, 3. Aufl., 1980; *Schaub,* Vorläufiger Rechtsschutz bei der Kündigung von Arbeitsverhältnissen, NJW 1981, 1807; *Schilken,* Die Befriedigungsverfügung, 1976;

Semler, Einstweilige Verfügungen bei Gesellschafterauseinandersetzungen, BB 1979, 1533; *Vinck,* § 25 UWG — gesetzliche oder tatsächliche Vermutung für das Bestehen des Verfügungsgrundes?, WRP 1972, 292; *Wedemeyer,* Vermeidbare Klippen des Wettbewerbsrechts, NJW 1979, 293; *Wenzel,* Risiken des schnellen Rechtsschutzes, NZA 1984, 112; *Wieling,* Jus ad rem durch einstweilige Verfügung?, JZ 1982, 839; *Zeuner,* Arbeitskampf und einstweilige Verfügung, RdA 1971, 1; vgl. auch das Schrifttum Rdnr. 1493.

Fälle:

a) G hat von S einen Pkw gekauft. Vor der Übereignung erfährt G, daß S seiner Bank die Verpfändung des Wagens angeboten hat. Was kann G tun?

b) Um Notargebühren zu sparen, lassen G und S bei einem Grundstücksverkauf nur einen Kaufpreis von 80 000,— DM beurkunden, obwohl sie mündlich 130 000,— DM vereinbart haben. Nachdem das Grundstück an S aufgelassen ist und dieser die Umschreibung des Eigentums beantragt hat, möchte G verhindern, daß S im Grundbuch als Eigentümer eingetragen wird.

c) S, der von einem angeblichen Warenhausdiebstahl der G erfahren hat, verbreitet dieses Gerücht weiter. Kann G dagegen etwas unternehmen?

d) Die Gesellschafter G_1 und G_2 einer OHG wollen den Mitgesellschafter S vom Gericht aus der OHG ausschließen lassen, weil S seine Gesellschafterpflichten vorsätzlich verletzt habe. Da sie möglichst umgehend anstelle des S einen neuen Gesellschafter aufnehmen wollen, überlegen sie, ob ein Antrag auf Ausschluß des S durch einstweilige Verfügung Erfolg hätte.

e) G verdient seinen Lebensunterhalt durch Fahrten mit dem eigenen Taxi. Nachdem er dieses dem S zur Reparatur gegeben hat und beide sich über die Höhe der Reparaturkosten streiten, verweigert S die Herausgabe. Kann G die Herausgabe des Taxis durch einstweilige Verfügung erzwingen?

f) Der Bauunternehmer G hat sich zur Zahlung einer Vertragsstrafe von 50 000,— DM verpflichtet, falls ein von ihm zu errichtendes Haus nicht zum vereinbarten Termin fertig wird. S weigert sich, dem G einen von diesem benötigten Spezialkran wie vereinbart gegen Zahlung von 2 000,— DM für einen Tag zur Verfügung zu stellen, weil er mit dem Kran erst einen anderen Auftrag durchführen will. Kann S durch einstweilige Verfügung zur Herausgabe des Krans gezwungen werden, wenn die rechtzeitige Fertigstellung des Hauses durch G gefährdet ist?

g) Die S-Gewerkschaft plant, den G-Konzern zu bestreiken. Damit will sie Druck auf den Bundestag ausüben, damit dieser die für einen Tag später beabsichtigte Änderung eines Gesetzes unterläßt. Ist ein Verbot des Streiks durch einstweilige Verfügung zulässig?

Während der Arrest dazu dient, die Zwangsvollstreckung wegen einer Geldforderung zu sichern (Rdnr. 1494), können durch eine einstweilige Verfügung andere Ansprüche gesichert (sog. Sicherungsverfügung), aber auch streitige Rechtsverhältnisse einstweilen geregelt (sog. Regelungsverfügung) und in Ausnahmefällen sogar die vorläufige Erbringung von Leistungen (sog. Leistungsverfügung) angeordnet werden.

1580 I. Sicherungsverfügung

1. Zweck der Sicherungsverfügung

Die Sicherungsverfügung bezweckt die Sicherung eines nicht auf Geld gerichteten Anspruchs. Besteht etwa die Gefahr, daß der Verkäufer einer Sache diese nicht dem Käufer, sondern einem Dritten übereignet, kann der Käufer seinen Übereignungsanspruch durch einstweilige Verfügung sichern lassen.

1581 2. Voraussetzungen der Sicherungsverfügung

Die Sicherungsverfügung gem. § 935 setzt — wie der Arrest (Rdnr. 1494 ff.) — einen Verfügungsanspruch und einen Verfügungsgrund voraus.

a) Verfügungsanspruch

Gegenstand der Sicherung kann jedes Recht sein, kraft dessen der Gläubiger eine nicht in Geld bestehende Leistung zu fordern berechtigt ist. Hierher gehören Ansprüche auf Herausgabe, Leistung oder Vorlegung von Sachen, auf (Nicht-)Abtretung von Forderungen sowie auf Vornahme sonstiger Handlungen oder auf Unterlassungen. Wie beim Arrest (Rdnr. 1494) schadet es nicht, wenn der Anspruch betagt oder bedingt ist, es sei denn, daß er keinen gegenwärtigen Vermögenswert hat.

b) Verfügungsgrund

Ein Verfügungsgrund ist gegeben, wenn zu besorgen ist, daß durch eine Veränderung des bestehenden Zustandes die Verwirklichung des Rechtes einer Partei vereitelt oder wesentlich erschwert werden könnte (§ 935).

Eine Veränderung des bestehenden Zustandes ist — anders als beim Arrest — nicht schon dann gegeben, wenn sich die Vermögensverhältnisse des Schuldners verschlechtern; denn es geht nicht um die Gefährdung der Zwangsvollstreckung wegen einer Geldforderung, sondern um die Gefährdung eines sonstigen Anspruchs.

Ein Verfügungsgrund wird unwiderleglich vermutet, wenn ein Anspruch auf dingliche Rechtsänderung durch die Eintragung einer Vormerkung (§ 885 BGB) oder ein Anspruch auf Grundbuchberichtigung durch die Eintragung eines Widerspruchs (§ 899 BGB) gesichert werden soll; denn in diesen Fällen besteht immer die Gefahr, daß ein Dritter (gutgläubig) erwirbt.

3. Inhalt der Sicherungsverfügung 1582

Das Gericht bestimmt nach freiem Ermessen, welche Anordnungen zur Erreichung des Zwecks der einstweiligen Verfügung erforderlich sind (§ 938 I).

a) Grenzen des Entscheidungsspielraums

Dem Entscheidungsspielraum sind Grenzen gesetzt, die sich aus den allgemeinen Grundsätzen des Prozeßrechts und daraus ergeben, daß nur eine vorläufige Eilentscheidung getroffen wird.

(1) Die Anordnung muß sich *im Rahmen des gestellten Antrages* halten (§ 308). Jedoch ist der Richter bei Erlaß einer einstweiligen Verfügung freier gestellt als im Zivilprozeß (vgl. § 938 I). Es genügt deshalb, daß die erlassene Maßnahme in die gleiche Richtung geht wie die beantragte (so *Baur*, S. 71 ff.; *Thomas/Putzo*, § 938 Anm. 1 a; a.A. StJ/*Grunsky*, vor § 935 Rdnr. 10 f.).

Will der Gläubiger sichergehen, daß sein Antrag nicht abgelehnt wird, sollte er keine genau umschriebene Maßnahme beantragen, sondern nur sein Rechtsschutzziel angeben; das reicht — wie § 938 I ergibt — aus (*Baur*, S. 71 f.; *Zöller/Vollkommer*, § 938 Rdnr. 1). Im übrigen muß der Richter im Zweifel auf einen sachdienlichen Antrag hinwirken (§ 139 I 1).

(2) Die Maßnahme muß sich in den »*äußersten Grenzen der Zwangsvollstreckung*« halten (Mot. z. ZPO, 457). Wenn etwa zu befürchten ist, daß der Schuldner eine bestimmte Sache an einen Dritten veräußert, kommt nicht eine Haft des Schuldners, sondern nur die Herausgabe der Sache an den Gerichtsvollzieher in Betracht.

(3) Die Anordnung darf die *Entscheidung im Verfahren zur Hauptsache nicht vorwegnehmen.* Die angeordnete Maßnahme muß also wieder beseitigt werden können, wenn sich im Verfahren zur Hauptsache etwa herausstellt, daß ein Anspruch in Wirklichkeit nicht besteht. Außerdem darf die Maßnahme keine Erfüllung des zu sichernden Anspruchs bewirken (vgl. OLG Düsseldorf MDR 1984, 411).

b) Fallgruppen zulässiger Anordnungen 1583

Nach § 938 II kann das Gericht eine Sequestration anordnen sowie dem Schuldner eine Handlung gebieten oder verbieten, insbesondere die Veräußerung, Belastung oder Verpfändung eines Grundstücks oder eines eingetragenen Schiffes oder Schiffsbauwerkes untersagen.

(1) Unter *Sequestration* versteht man die Verwahrung und Verwaltung von Sachen durch eine hierfür vom Gericht bestimmte Person. Bei beweglichen Sachen empfiehlt sich eine Sequestration nur dann, wenn eine Hinterlegung oder eine Herausgabe an den Gerichtsvollzieher unzweckmäßig ist. Die Sequestration eines Grundstücks führt zu dessen Zwangsverwaltung.

Jedoch darf der Erlös der Zwangsverwaltung weder zur Befriedigung noch zur Sicherung des Gläubigers verwendet werden, da die Befriedigung mit dem Zweck der Sicherungsverfügung und die Sicherung mit dem Vorrang des Arrestes nicht vereinbar sind.

1584 (2) Das Gericht kann dem Schuldner die *Vornahme einer Handlung gebieten,* die den zu sichernden Anspruch (in der Regel den Gegenstand dieses Anspruchs) vor Verschlechterung oder Untergang bewahren soll.

Beispiel: Dem zur Herausgabe einer Maschine verpflichteten Schuldner wird aufgegeben, diese durch Unterbringung in einer Garage vor Witterungseinflüssen zu schützen.

1585 (3) Dem Schuldner kann die *Vornahme von tatsächlichen oder rechtsgeschäftlichen Handlungen untersagt* werden.

(a) Das Gericht hat die Möglichkeit, gegenüber dem Schuldner ein *Verbot der tatsächlichen Verwertung* einer Sache auszusprechen.

Beispiele: Verbot einer Verbindung, Vermischung mit anderen Sachen oder einer Verarbeitung, wenn dem Gläubiger dadurch ein Eigentumsverlust nach §§ 946 ff. BGB droht; Verbot der Bebauung des dem Gläubiger zu übereignenden Grundstücks, weil der Übereignungsanspruch durch die infolge der Bebauung drohenden Bereicherungsansprüche beeinträchtigt würde (StJ/*Grunsky,* § 938 FN 48).

1586 (b) Dem Schuldner kann durch ein *Verfügungsverbot* untersagt werden, eine Sache zu veräußern, ein Recht zu übertragen oder sonst darüber zu Lasten des Gläubigers zu verfügen. Verstößt der Schuldner gegen ein solches Verfügungsverbot, ist seine Verfügung zwar Dritten gegenüber wirksam, dem Gläubiger gegenüber aber (relativ) unwirksam (§§ 135 I 1, 136 BGB; AT Rdnr. 301 f.). Allerdings wird der Erwerber geschützt, wenn er hinsichtlich des Verfügungsverbots gutgläubig war (§ 135 II BGB i.V. m. §§ 932, 892 BGB).

Im Fall a sollte G also ein Verfügungsverbot gegen S erwirken und der Bank eine Abschrift der Gerichtsentscheidung übersenden.

Da ein Gutglaubensschutz im Liegenschaftsrecht ausgeschlossen ist, wenn das Verfügungsverbot aus dem Grundbuch hervorgeht (§ 892 I 2 BGB), kann das Gericht das Grundbuchamt um eine Eintragung des Verbots ersuchen (§ 941; § 39 GBO). Weil das Grundbuchamt stets das Reihenfolgeprinzip (§ 17 GBO) zu beachten hat, muß das Ersuchen des Gerichts aber vor dem Erwerberantrag beim Grundbuchamt eingegangen sein.

Andernfalls bleibt das Verfügungsverbot ohne Wirkung; denn es löst keine Grundbuchsperre aus (so Mot. z. BGB III, 219 f.; OLG Stuttgart WM 1985, 1371 m.N.).

(c) Der Schuldner kann durch ein *Erwerbsverbot* daran gehindert werden, **1587** einen Gegenstand zu erwerben.

Im Fall b ist der beurkundete Vertrag als Scheingeschäft nichtig (§ 117 I BGB), und der gewollte Vertrag ist formnichtig (§ 313, 1 BGB; § 125, 1 BGB); jedoch wird der Formmangel durch Auflassung und Eintragung des S im Grundbuch geheilt (§ 313, 2 BGB; AT Rdnr. 357). G kann sein Ziel, daß S nicht im Grundbuch eingetragen wird, dadurch erreichen, daß er den Erlaß eines Erwerbsverbots beantragt. Dieses Verbot ist ein Eintragungshindernis (vgl. *Baur*, Sachenrecht, § 15 IV 2 c).

Die Unwirksamkeit eines verbotswidrigen Erwerbs ist mit einer Analogie zu §§ 135 I 1, 136 BGB zu begründen (OLG Hamm OLGZ 1970, 438, 440; OLG München OLGZ 1969, 196, 198; RGZ 117, 287, 291; 120, 118, 120; *Soergel/Baur*, § 873 Rdnr. 30). Eine Folge der relativen Unwirksamkeit ist die Grundbuchsperre. Teilweise wird ein Erwerbsverbot allerdings abgelehnt, da es mit dem Rechtsgedanken der §§ 878, 892 II BGB nicht zu vereinbaren sei, den Erwerb eines Buchrechts noch zu hindern, nachdem der Eintragungsantrag gestellt worden sei (*Flume*, Das Rechtsgeschäft, § 17, 6 e; *Larenz*, AT, § 23 IV; MünchKomm/ *Wacke*, § 888 Rdnr. 24). Jedoch dienen diese Vorschriften nur dem Schutz vor solchen Erwerbshindernissen, die bei Beantragung der Eintragung entweder noch nicht vorhanden waren oder dem Erwerber nicht bekannt sein mußten, weil sie sich aus dem Grundbuch nicht ergaben. Keiner der beiden Fälle ist beim Erwerbsverbot gegeben; dieses setzt vielmehr einen Formfehler voraus, vor dem sich auch der Erwerber durch Umsicht hätte schützen können.

(4) Zugunsten des Gläubigers kommt auch die Anordnung, daß eine *Vormerkung* oder ein *Widerspruch einzutragen* sei, in Betracht. Eine Vormerkung setzt voraus, daß der Gläubiger die Einräumung oder Aufhebung eines Rechts am Grundstück beanspruchen kann. Für einen Widerspruch ist erforderlich, daß ein auf den Schuldner lautendes Grundstücksrecht in Wahrheit dem Gläubiger zusteht oder dessen Recht an einem Grundstücksrecht nicht eingetragen ist. Sowohl für eine Vormerkung als auch für einen Widerspruch ist ein Verfügungsgrund (Gefährdung des Anspruchs oder des Rechts des Gläubigers) nicht glaubhaft zu machen (§ 885 I 2 BGB; § 899 II 2 BGB; Rdnr. 1118).

1589   **II. Regelungsverfügung**

1. Zweck und Abgrenzung

a) *Zweck* der Regelungsverfügung ist es, einen einstweiligen Zustand in bezug auf ein streitiges Rechtsverhältnis zu regeln (vgl. § 940). Sie soll der Erhaltung oder Wiederherstellung des Rechtsfriedens dienen. Besteht etwa unter Mietern oder Gesellschaftern Streit über die Benutzung gemeinsamer Einrichtungen, kann vom Gericht durch einstweilige Verfügung eine vorläufige Regelung getroffen werden.

1590   b) Die *Abgrenzung* der Regelungsverfügung von der Sicherungsverfügung einerseits und der Leistungsverfügung andererseits dient im wesentlichen dazu, die gewählte Terminologie verständlich zu machen. Dagegen dürfen allein aus der begrifflichen Zuordnung einer Verfügung zu einer der Verfügungsarten keine entscheidenden Rechtsfolgen hergeleitet werden. Deshalb werden einstweilige Verfügungen häufig ohne nähere Unterscheidung auf §§ 935, 940 gestützt.

(1) Die Abgrenzung der Regelungsverfügung *von der Sicherungsverfügung* fällt nicht leicht (vgl. *Baur,* BB 1964, 607 f.; *Jauernig,* ZZP 79, 321, 331 f.; StJ/*Grunsky,* vor § 935 Rdnr. 30). Denn die Sicherungsverfügung regelt ebenfalls ein Rechtsverhältnis, wenn der Schuldner seine Verpflichtung gegenüber dem Gläubiger leugnet; auch eine Regelungsverfügung sichert dem Gläubiger die (vollständige oder teilweise) Ausübung seines Rechts, wenn sie ihm diese für eine bestimmte Zeit gestattet. Da die Unterscheidung praktisch ohne Bedeutung ist, braucht sie nicht vertieft zu werden.

(2) Kaum möglich ist eine exakte Abgrenzung der Regelungsverfügung *von der Leistungsverfügung* (vgl. *Baur,* BB 1964, 607, 608; *Jauernig,* § 37 II, III; *Leipold,* S. 101, 105 ff.; *Schilken,* S. 68 ff., 123). Denn auch die Regelungsverfügung führt in dem Zeitraum, in dem sie ein Rechtsverhältnis entsprechend dem Antrag des Gläubigers regelt, zu dessen (zeitweiliger) Befriedigung. Im folgenden wird für die begriffliche Unterscheidung darauf abgestellt, daß eine Regelungsverfügung nur zu einer vorübergehenden, nicht aber zu einer vollständigen Befriedigung des Gläubigers führen darf (Rdnr. 1596). Auch diese Abgrenzung ist jedoch rechtlich nicht von Bedeutung, zumal sich beide Verfügungsarten überschneiden. Entscheidend ist allein, daß die Voraussetzungen für den Erlaß einer Verfügung um so strenger sind, je mehr durch diese die Entscheidung in der Hauptsache vorweggenommen wird.

2. Voraussetzungen der Regelungsverfügung   1591

Auch die Regelungsverfügung setzt grundsätzlich einen Verfügungsanspruch und einen Verfügungsgrund voraus.

a) Verfügungsanspruch

Obwohl § 940 nach seinem Wortlaut nur ein streitiges Rechtsverhältnis verlangt, muß der Antragsteller (= Gläubiger) geltend machen, daß ihm das bessere Recht zusteht; anderenfalls bestünde die Gefahr, daß durch die einstweilige Verfügung die möglicherweise bessere Rechtsposition des Antragsgegners (= Schuldners) dauernd geschädigt würde (vgl. *Baur*, S. 29 f.; *Baur/Stürner*, Rdnr. 914; *Baumgärtel*, AcP 168, 401, 402 f.).
Die Berechtigung des Antragstellers muß sich aus einem streitigen Rechtsverhältnis ergeben.

(1) Als *Rechtsverhältnis* kommen vor allem Dauerschuldverhältnisse wie Gesellschafts-, Dienst-, Arbeits-, Miet- und Pachtverhältnisse in Betracht. Grundlage für ein Rechtsverhältnis können aber auch Eigentum, Besitz, Namens-, Urheber- und Patentrechte sein. Das betroffene Recht braucht kein Vermögensrecht zu sein.

So kann z.B. auf Antrag eines Ehegatten auch der »räumlich-gegenständliche Bereich« der Ehe vor Eingriffen Dritter geschützt werden (§ 1004 BGB; vgl. BGHZ 6, 360, 366 ff.).

(2) *Streitig* ist ein Rechtsverhältnis, wenn es von dem Gegner entweder bestritten oder schon verletzt worden ist.

Erklärt etwa ein Handelsvertreter, er halte eine Wettbewerbsvereinbarung nicht für verbindlich, und ist daraus zu entnehmen, daß er in Kürze für die Konkurrenz arbeiten wird, kommt eine einstweilige Verfügung in Betracht (vgl. OLG Stuttgart VersR 1961, 892).

b) Verfügungsgrund   1592

Die Regelung eines einstweiligen Zustandes darf nur erfolgen, wenn sie zur Abwendung wesentlicher Nachteile, zur Verhütung drohender Gewalt oder aus anderen Gründen nötig erscheint (§ 940, 2. Halbs.). Vorausgesetzt wird also vor allem die *Dringlichkeit* einer einstweiligen Regelung zur Beseitigung einer andauernden Beeinträchtigung. Daran fehlt es, sofern der Antragsteller die von ihm behauptete Störung längere Zeit wissentlich hingenommen hat (sog. Selbstwiderlegung; OLG Frankfurt DB 1985, 1738; vgl. § 25 UWG, Rdnr. 1610). Wenn die behauptete Störung bereits beendet ist, liegt ein Verfügungsgrund nur bei Wiederholungsgefahr vor (vgl. StJ/ *Grunsky*, § 940 Rdnr. 8).

1593   3. Inhalt der Regelungsverfügung

a) Grenzen des Entscheidungsspielraums

(1) Die Anordnung muß sich *im Rahmen des gestellten Antrages* halten; es reicht aber aus, daß sie mit dem vom Antragsteller verfolgten Rechtsschutzziel übereinstimmt (Rdnr. 1582).

(2) Die Maßnahme muß sich in den *äußersten Grenzen der Zwangsvollstreckung* halten (Rdnr. 1582).

(a) Das *Verbot der Erzwingung von Dienstleistungen* (§ 888 II) darf durch eine Anordnung, die Arbeit wieder aufzunehmen, nicht verletzt werden.

§ 888 II gilt aber nicht für solche Arbeitsleistungen, die in *vertretbaren* Handlungen bestehen (vgl. Rdnr. 1066).

Jedoch käme bei der Vollziehung nur eine Ersatzvornahme (§ 887) in Betracht; das liefe auf eine Geldleistung des Antragsgegners hinaus. Dieser Zahlungsanspruch könnte im ordentlichen Verfahren geltend gemacht, notfalls durch einen Arrest gesichert werden.

Zu *unvertretbaren* Diensten kann wie im ordentlichen Verfahren auch durch einstweilige Verfügung verurteilt werden. Allerdings ist die Vollziehung einer solchen Verfügung gem. § 888 II unzulässig.

1594   (b) Die *Abgabe einer Willenserklärung* darf im Regelfall nicht durch einstweilige Verfügung angeordnet werden; das ergibt sich aus § 894 (Rdnr. 1112 f.), wonach die Erklärung erst bei Rechtskraft der Entscheidung im Hauptprozeß als abgegeben gilt (vgl. RGZ 156, 164, 169 f.; OLG Hamm MDR 1971, 401; BL/*Hartmann*, § 938 Anm. 1 D; StJ/*Grunsky*, vor § 935 Rdnr. 51). Das schließt aber nicht aus, im Einzelfall eine einstweilige Verfügung auch dann zuzulassen, wenn dadurch die Interessen des Schuldners nicht unzumutbar beeinträchtigt werden (vgl. Wertung des § 895; Rdnr. 1112) oder diese hinter überragenden Interessen des Gläubigers zurückstehen müssen (vgl. bei der Leistungsverfügung; Rdnr. 1620, 1626). Ein solcher Ausnahmefall kann etwa vorliegen, wenn die abzugebende Willenserklärung lediglich eine Nebenpflicht betrifft, die nur die Erfüllbarkeit der Hauptpflicht sichern soll; dann tritt die Fiktionswirkung des § 894 bereits bei Erlaß der Verfügung ein (vgl. StJ/*Grunsky*, vor § 935 Rdnr. 50 m.N. in FN 120; *Baur*, S. 56; *Jauernig*, NJW 1973, 1671, 1672).

1595   (c) Eine nur *feststellende Verfügung* ist weder vollstreckbar noch geeignet, das Rechtsverhältnis auf andere Weise verläßlich zu regeln; denn es stünde im Belieben des Antragsgegners, ob er den gerichtlichen Ausspruch beachtet. Deshalb kann nach h.M. eine bloße Feststellung nicht Inhalt einer einstweiligen Verfügung sein (*Dütz*, BB 1980, 533, 534; *Jauernig*, ZZP 79, 321, 325; *Leipold*, S. 150; *ders.*, ZZP 90, 258 ff.; a.A. *Semler*, BB 1979, 1533, 1535).

(3) In welchem Umfang eine Regelungsverfügung die *Entscheidung in der Hauptsache vorwegnehmen* darf, ist streitig. Teilweise wird darauf abgestellt, daß keine Maßnahmen angeordnet werden dürfen, die den Antragsteller — ganz oder teilweise — befriedi₉en; das sei nur durch eine Leistungsverfügung zu erreichen (vgl. *Baur/Stürner*, Rdnr. 920; *A. Blomeyer*, Erkenntnisverfahren, § 118 III 3; StJ/*Grunsky*, vor § 935 Rdnr. 31). Jedoch führt auch die nach allgemeiner Ansicht unter § 940 ∢aller ∙e vorübergehende Regelung der Nutzungsberechtigung an einer gemeinschaftlichen Einrichtung zu einer teilweisen Befriedigung des Gläubigers wenn die Regelung entsprechend seinem Antrag angeordnet wird. Deshalb ist einer anderen Ansicht zuzustimmen, nach der eine Regelungsverfügung auch dann zulässig sein kann, wenn sie zu einer lediglich vorübergehenden (zeitweiligen) Erfüllung führt; nur darf damit keine endgültige Befriedigung erreicht werden. Danach kommt eine Regelungsverfügung in Betracht, wenn mit der Aufhebung der Verfügung ohne weiteres der alte Rechtszustand wieder eintritt (vgl. *Jauernig*, § 37 II und ZZP 79, 321, 332 f.; OLG Frankfurt BB 1982, 274). Das wird häufig bei Duldungs- und Unterlassungsverfügungen der Fall sein, sofern die Verfügung nicht ausnahmsweise endgültige Verhältnisse schafft, weil die vorübergehende Befriedigung wegen Zeitablaufs eine Vorwegnahme der Hauptsache bedeutet.

Beispiele: Dem Schuldner dürfen durch einstweilige Verfügung bestimmte Äußerungen oder Werbemethoden untersagt werden, weil er bei Aufhebung der Verfügung ohne weiteres wieder die Äußerungen tun oder die Werbung betreiben kann. Dagegen scheidet eine Regelungsverfügung aus, wenn die geplante Werbung nach Verstreichen eines bestimmten Zeitpunktes (Sommerschlußverkauf) jede Bedeutung verliert.

Entsprechendes gilt auch für *rechtsgestaltende Verfügungen*. Sie dürfen zwar keinen endgültigen Rechtszustand schaffen. Jedoch ist eine solche Verfügung zulässig, in der lediglich eine einstweilige Regelung getroffen wird. Mit der Aufhebung dieser Verfügung wird nicht nur der durch diese herbeigeführte Zustand wieder beseitigt; vielmehr wird durch die Aufhebung auch automatisch — ohne weiteres Zutun der Parteien — der alte Rechtszustand wiederhergestellt.

Beispiele: Die Entziehung der Geschäftsführungsbefugnis (§ 117 HGB) oder (und) der Vertretungsmacht (§ 127 HGB) ist durch Regelungsverfügung zulässig (BGHZ 33, 104, 111); denn mit einer späteren Aufhebung der Verfügung erhält der Gesellschafter die ihm entzogene Befugnis ohne weiteres zurück. Demgegenüber kann die Ausschließung eines Gesellschafters aus der OHG (§ 140 HGB) nicht durch

1596

1597

Regelungsverfügung erfolgen, da sie endgültige Verhältnisse schaffen würde (Rdnr. 1602; *Baur*, S. 54; *Jauernig*, § 37 II, mit jeweils verschiedener Begründung).

1598 b) Fallgruppen zulässiger Anordnungen

Abgesehen von den Beispielen, die in dem — auch für Regelungsverfügungen geltenden — § 938 II (Rdnr. 1583 ff.) genannt sind, kommen etwa folgende Fallgruppen in Betracht:

(1) Bei einer *Verletzung des Persönlichkeitsrechts* ist an Ansprüche auf Unterlassung, Widerruf und Gegendarstellung zu denken.

(a) Einen *Anspruch auf Unterlassung* hat der Betroffene, wenn ein rechtswidriger Eingriff in die Ehre oder in andere Persönlichkeitsrechte droht oder wenn ein solcher Eingriff fortgesetzt wird (sog. quasinegatorischer Unterlassungsanspruch; § 1004 BGB; vgl. etwa auch § 22 KunstUrhG). Das gilt insbesondere bei fortgesetzter Beleidigung, übler Nachrede (Fall c) und Verleumdung (§§ 185 ff. StGB), aber auch bei sonstigen Verletzungen des allgemeinen Persönlichkeitsrechts (z.B. Eingriff in die Privat- und Intimsphäre; Verstoß gegen den Datenschutz). Zum Schutz eines solchen Unterlassungsanspruchs kann durch einstweilige Verfügung das beanstandete Verhalten oder seine Wiederholung für einen bestimmten Zeitraum (längstens bis zur rechtskräftigen Entscheidung im ordentlichen Verfahren) verboten werden.

1599   (b) Bei einem *Anspruch auf Widerruf* der betreffenden Behauptung scheidet eine Regelungsverfügung aus, weil damit einer Entscheidung im ordentlichen Verfahren vorgegriffen würde.

Auch ein *einstweiliger Widerruf* soll nach h.M. nicht angeordnet werden dürfen (OLG Celle BB 1964, 910; BL/*Hartmann*, § 935 Anm. 1 D; *Jauernig*, ZZP 79, 321, 343 f.; *Pastor*, S. 420 f.; StJ/*Grunsky*, vor § 935 Rdnr. 52; *Thomas/Putzo*, § 940 Anm. 4 f). Jedoch bestehen keine durchgreifenden Bedenken gegen eine Regelungsverfügung, mit der dem Schuldner die Erklärung aufgegeben wird, daß er »die beanstandete Behauptung im gegenwärtigen Zeitpunkt nicht aufrechterhalte« (OLG Köln JMBl. NW 1973, 29 f.; OLG Stuttgart NJW 1962, 2066 f.; *Schilken*, S. 150 f. m.N. in FN 56). Denn der Schuldner wird durch eine solche befristete Distanzierung nicht endgültig benachteiligt; außerdem ergibt sich aus einer solchen Äußerung, daß der Schuldner sich nicht aus Überzeugung, sondern wegen des gerichtlichen Zwanges von seiner Behauptung distanziert.

1600   (c) Ein *Anspruch auf Gegendarstellung* bei einer Verletzung des Persönlichkeitsrechts durch Presse, Rundfunk oder Fernsehen kann auf § 1004 BGB gestützt werden. Eine Regelungsverfügung würde die Entscheidung in der Hauptsache vorwegnehmen und ist deshalb nicht zulässig.

Allerdings geben die Pressegesetze der Bundesländer schon dann einen Anspruch auf Gegendarstellung, wenn eine Person von einer veröffentlichten Darstellung betroffen wird. Sie sehen regelmäßig auch vor, daß die Gegendarstellung durch einstweilige Verfügung erzwungen werden kann, ohne daß ein Verfügungsgrund geltend gemacht wird (vgl. § 10 bzw. § 11 der Pressegesetze).

Dagegen ist ein vorläufiges Verbot der Auslieferung einer ganzen Zeitungsauflage durch einstweilige Verfügung nur ausnahmsweise in besonders schwerwiegenden Fällen zulässig; hier sind bei der Entscheidung die Schwere der Persönlichkeitsverletzung und das Grundrecht der Pressefreiheit (Art. 5 GG) gegeneinander abzuwägen (vgl. *Koebel,* NJW 1967, 321, 324 ff.; *Zöller/Vollkommer,* § 940 Rdnr. 3 »Presserecht«).

(2) Bei *gesellschaftsrechtlichen Streitigkeiten* spielen die Entziehung der Geschäftsführungs- oder Vertretungsbefugnis und der Ausschluß eines Gesellschafters eine Rolle. **1601**

(a) Die *Entziehung der Geschäftsführungs- oder Vertretungsbefugnis* eines Gesellschafters erfolgt gem. §§ 117, 127 HGB durch Richterspruch. Das ist auch *durch einstweilige Verfügung möglich* (Rdnr. 1597).

Wenn die Entziehung dagegen durch Gesellschafterbeschluß erfolgt, weil es sich etwa um eine BGB-Gesellschaft handelt (vgl. §§ 712, 715 BGB) oder §§ 117, 127 HGB durch Gesellschaftsvertrag insoweit abbedungen worden sind, kommt eine Regelungsverfügung im Interesse des Gesellschafters in Betracht, dem die Geschäftsführungsbefugnis oder (und) die Vertretungsmacht entzogen worden ist. Durch die Verfügung wird angeordnet, daß zunächst nach dem alten, angeblich aufgehobenen Rechtszustand zu verfahren ist (StJ/*Grunsky,* § 938 Rdnr. 11).

Unzulässig ist dagegen eine Regelungsverfügung, wonach der Gesellschaft verboten wird, einen Beschluß über die Entziehung der Geschäftsführungsbefugnis zu fassen, weil der auf diese Weise verhinderte Beschluß bei Aufhebung der Regelungsverfügung nicht zur Entstehung gelangen würde (OLG Celle GmbH-Rdsch. 1981, 264 ff.; OLG Frankfurt Rpfleger 1982, 154 f.; *Baur/Stürner,* Rdnr. 918; *Semler,* BB 1979, 1533, 1536; *Zöller/Vollkommer,* § 940 Rdnr. 8 »Gesellschaftsrecht«).

(b) Die *Ausschließung eines Gesellschafters* aus der Gesellschaft gem. § 140 HGB ist nach einhelliger Auffassung *im Wege der Regelungsverfügung unzulässig* (Fall d; *Baur,* S. 53 f.; *Baur/Stürner,* Rdnr. 918; *Jauernig,* ZZP 79, 321, 335; *Leipold,* S. 112 FN 54; StJ/*Grunsky,* § 938 Rdnr. 7); denn die tatsächliche Fortführung der Gesellschaft ohne den ausgeschlossenen Gesellschafter führte zu Veränderungen, die bei einer Aufhebung der Verfügung nicht von selbst entfallen würden. **1602**

Beispiel: Die übrigen Gesellschafter haben in der Zwischenzeit einen neuen Gesellschafter aufgenommen (vgl. Fall d), eine sonstige Änderung des Gesellschaftsvertrages vereinbart und zahlreiche Vermögensverschiebungen vorgenommen. Der ausgeschlossene Gesellschafter erhielte nach Aufhebung der Verfügung nicht ohne weiteres die Rechtsstellung, die er vorher in der Gesellschaft hatte; denn die zwischenzeitlichen Veränderungen sind (jedenfalls nach den Regeln der fehlerhaften Gesellschaft; dazu MünchKomm/ *Ulmer,* § 705 Rdnr. 243 ff., 277 ff.) wirksam.

Entsprechendes gilt auch, wenn die Ausschließung des Gesellschafters durch Gesellschafterbeschluß (§ 737 BGB) oder die Abberufung des Geschäftsführers einer GmbH durch die Gesellschafter (§ 38 GmbHG) erfolgt. Es kann nicht durch Regelungsverfügung angeordnet werden, daß der Ausgeschlossene oder Abberufene wieder als Gesellschafter oder Geschäftsführer zu behandeln ist.

1603   (3) Folgende *arbeitsrechtliche Streitigkeiten* kommen für eine Regelungsverfügung in Frage:

(a) *Gegen den Arbeitnehmer* kann ein Anspruch des Arbeitgebers auf (Wieder-)Aufnahme der Arbeit und auf Unterlassung anderweitiger Arbeit bestehen.

(aa) Ein *Anspruch auf (Wieder-)Aufnahme der Arbeit* ergibt sich aus dem Arbeitsvertrag und kann mit Hilfe einer Regelungsverfügung durchgesetzt werden; allerdings ist bei unvertretbaren Diensten eine Vollziehung der Verfügung gem. § 888 II ausgeschlossen (Rdnr. 1593).

1604   (bb) Ein *Anspruch auf Unterlassung anderweitiger Arbeit* ist nur dann durch einstweilige Verfügung durchsetzbar, wenn der Anspruch auch durch eine Klage in der Hauptsache geltend gemacht werden kann. Voraussetzung dafür ist, daß es dem Arbeitnehmer kraft Gesetzes (z.B. gem. § 60 HGB) oder kraft ausdrücklicher Vereinbarung mit dem Arbeitgeber untersagt ist, während der Dauer seines Arbeitsverhältnisses einer anderen abhängigen Tätigkeit (etwa bei einem Konkurrenzbetrieb) nachzugehen; denn nur in solchen Fällen ist die Unterlassungspflicht des Arbeitnehmers selbständig einklagbar. Handelt es sich dagegen lediglich um die Kehrseite der Pflicht des Arbeitnehmers, für seinen Arbeitgeber zu arbeiten, also um eine unselbständige Nebenpflicht, ist diese weder selbständig einklagbar noch im Wege einer einstweiligen Verfügung durchzusetzen (*Baur,* BB 1964, 607, 613; StJ/ *Grunsky,* vor § 935 Rdnr. 68 f.; *Zöller/Vollkommer,* § 940 Rdnr. 8 »Arbeitsrecht« a). Bei der Unterlassungsverfügung handelt es sich grundsätzlich um eine Regelungsverfügung. Sofern sie sich aber auf den gesamten Zeitraum erstreckt, für den der Unterlassungsanspruch besteht, liegt eine Leistungsverfügung vor, weil dann der Gläubiger endgültig befriedigt wird.

1605   Dem anderen Arbeitgeber kann nicht im Wege der einstweiligen Verfügung verboten werden, den Arbeitnehmer zu beschäftigen; denn dafür fehlt es an dem erforderlichen materiellrechtlichen Unterlassungsanspruch. Selbst wenn der andere Arbeitgeber den Arbeitnehmer rechtswidrig von dem bisherigen Arbeitgeber abgeworben hat, steht diesem allenfalls ein Schadensersatzanspruch zu, der für den Erlaß einer einstweiligen Verfügung nicht ausreicht (vgl. OLG Düsseldorf GRUR 1961, 92; OLG

Celle BB 1960, 290 f.; *Zöller/Vollkommer,* § 940 Rdnr. 8 »Arbeitsrecht« a; StJ/ *Grunsky,* vor § 935 Rdnr. 68; *Baur,* BB 1964, 613).

(b) *Gegen den Arbeitgeber* können sowohl Ansprüche des Arbeitnehmers   **1606** aus dem Arbeitsverhältnis als auch Ansprüche des Betriebsrats nach dem BetrVG bestehen; auch in diesen Fällen ist möglicherweise ein Bedürfnis nach einstweiliger Regelung vorhanden.

(aa) Der *Arbeitnehmer* hat neben seinem notfalls durch Arrest zu sichernden Lohnanspruch auch einen *Anspruch auf Beschäftigung,* der im Klagewege geltend gemacht werden kann (BAG NJW 1985, 2968, 2969, 2974). Ist einem Arbeitnehmer gekündigt worden, kann dieser sogar während des Kündigungsschutzprozesses einen Anspruch auf Weiterbeschäftigung haben.

Das ist nach § 102 V 1 BetrVG der Fall, wenn der Betriebsrat einer ordentlichen Kündigung frist- und ordnungsgemäß widersprochen hat. Liegen die Voraussetzungen des § 102 V 1 BetrVG nicht vor oder ist diese Vorschrift nicht anwendbar, hat der Arbeitnehmer einen sogenannten allgemeinen Weiterbeschäftigungsanspruch, falls der Beschäftigung keine überwiegenden schutzwürdigen Interessen des Arbeitgebers entgegenstehen; die Voraussetzungen für einen solchen Anspruch liegen vor, wenn entweder die Kündigung offensichtlich unwirksam ist oder ein Urteil die Unwirksamkeit der Kündigung festgestellt hat (BAG NJW 1985, 2968).

Der Anspruch des Arbeitnehmers auf (Weiter-)Beschäftigung kann vorläufig im Wege einer einstweiligen Verfügung durchgesetzt werden, falls ein Verfügungsgrund besteht (zum Verfügungsgrund vgl. LAG Köln NZA 1984, 57 und 300; LAG Hamburg DB 1984, 196; LAG Düsseldorf DB 1976, 587; LAG Schleswig-Holstein DB 1976, 826; *Dütz,* DB 1978 Beil. 13, 9, 13; *Faecks,* NZA 1985 Beil. 3, 9 f.; *Feichtinger,* DB 1983, 939, 942; *Schäfer,* NZA 1985, 694 f.). Dabei handelt es sich grundsätzlich um eine Regelungsverfügung. Sofern sich die vorläufige Regelung allerdings auf den gesamten Zeitraum erstreckt, für den der Arbeitnehmer seine Beschäftigung verlangt, ist nur eine Leistungsverfügung möglich, weil sie zu einer vollständigen Befriedigung des Arbeitnehmers führt. Das ist bei dem Weiterbeschäftigungsanspruch, der ohnehin nur bis zu einer abweisenden Entscheidung in der Hauptsache besteht, immer der Fall.

Umgekehrt kann sich der Arbeitgeber von seiner nach § 102 V 1 BetrVG bestehen   **1607** den Weiterbeschäftigungspflicht auch durch einstweilige Verfügung entbinden lassen (§ 102 V 2 BetrVG). Das ist etwa möglich, wenn die Kündigungsschutzklage des Arbeitnehmers keine hinreichende Aussicht auf Erfolg bietet oder seine Weiterbeschäftigung den Arbeitgeber wirtschaftlich unzumutbar belasten würde. Ein Verfügungsgrund ist in den Fällen des § 102 V 2 Nr. 1—3 BetrVG vorausgesetzt und daher nicht gesondert zu prüfen (vgl. *Faecks,* NZA 1985 Beil. 3, 10).

(bb) Der *Betriebsrat* hat nach dem Betriebsverfassungsgesetz verschieden   **1608** stark ausgestaltete *Beteiligungsrechte* (Unterrichtung, z.B. § 85 III BetrVG;

Anhörung, z.B. § 102 I BetrVG; Beratung, z.B. § 90 BetrVG; Mitbestimmung, z.B. § 87 BetrVG) sowie *sonstige Ansprüche* (auf Leistung von Geld oder Sachen, z.B. § 40 BetrVG; auf Vorlage von Unterlagen, z.B. § 80 II BetrVG). Diese Ansprüche sind grundsätzlich im Wege einer Regelungsverfügung vorläufig durchsetzbar. Im Einzelfall kann es sich dabei allerdings auch um eine Leistungsverfügung (Rdnr. 1612 ff.) handeln, wenn die vom Betriebsrat beantragte Handlung, Duldung oder Unterlassung zu einer nicht nur vorübergehenden Erfüllung des Anspruchs führt.

Soweit es um die vorläufige Regelung der Beteiligungsrechte des Betriebsrats geht, ist allerdings umstritten, ob wegen der Sondervorschrift des § 23 III 1 BetrVG der Rechtsweg und damit auch der einstweilige Rechtsschutz nur bei groben Pflichtverletzungen des Arbeitgebers zur Verfügung steht (vgl. BAG DB 1983, 1926 und 1986; *Dütz*, DB 1984, 115; *Konzen/Rupp*, DB 1984, 2695; *Coen*, DB 1984, 2459; StJ/ *Grunsky*, vor § 935 Rdnr. 75; *Zöller/Vollkommer*, § 940 Rdnr. 8 »Arbeitsrecht« b). Zum Verhältnis zwischen §§ 111 f. BetrVG und dem einstweiligen Rechtsschutz vgl. etwa *Eich*, DB 1983, 657 ff.; *Dütz*, DB 1984, 115, 125 ff.; *Zöller/Vollkommer*, § 940 Rdnr. 8 »Arbeitsrecht« b; LAG Frankfurt DB 1983, 613; ZIP 1985, 367 ff.; LAG Hamburg DB 1982, 1522; NJW 1984, 324.

1609   (c) *Gegen die Gewerkschaft* kann der Arbeitgeber aufgrund eines Tarifvertrages (Friedenspflicht) oder aus §§ 1004, 823 I BGB einen Anspruch auf Unterlassung rechtswidriger Streikmaßnahmen haben. Ob und unter welchen Voraussetzungen dieser Unterlassungsanspruch im Wege einer einstweiligen Verfügung durchgesetzt werden kann, ist umstritten (vgl. *Brox*, JA 1982, 221, 224 ff.; *ders.* in *Brox/Rüthers*, Arbeitskampfrecht, Rdnr. 764 ff. m.N. in FN 4; *Dütz*, BB 1980, 534; StJ/*Grunsky*, vor § 935 Rdnr. 70 ff.; LAG Hamm DB 1984, 1525; NZA 1985, 743). Jedoch kommt in der Regel allenfalls eine Leistungsverfügung und keine Regelungsverfügung in Betracht, weil der Zeitpunkt für den geplanten Streik meistens von solcher Bedeutung ist, daß die beantragten Unterlassungen zu einer (jedenfalls teilweisen) Erfüllung des Anspruchs führen.

1610   (4) Im *Wettbewerbsrecht* begründet jeder rechtswidrige Verstoß gegen einen der Verbotstatbestände des UWG, der ZugabeVO und des RabattG einen Unterlassungsanspruch (§§ 1, 3, 6a, 6b; § 13 I i.V.m. §§ 6, 8, 10, 11, 12 UWG; § 2 I ZugabeVO; § 12 RabattG). Zur Sicherung dieser Unterlassungsansprüche nach dem UWG und seinen Nebengesetzen (*Baumbach/ Hefermehl*, UWG, § 25 Rdnr. 5) können gem. § 25 UWG einstweilige Verfügungen erlassen werden. Diese sind gegenüber den §§ 935, 940 unter erleichterten Voraussetzungen möglich (Rdnr. 1632).

Entgegen dem Wortlaut (»Zur Sicherung«) führt eine solche Unterlassungsverfügung zu einer vorläufigen Befriedigung, so daß es sich grundsätzlich nicht um eine Sicherungs-, sondern um eine Regelungsverfügung handelt (*Jauernig*, § 37 II; *Baumbach/Hefermehl*, UWG, § 25 Rdnr. 2). Nach

Aufhebung der Verfügung kann die untersagte Wettbewerbshandlung ohne weiteres wieder vorgenommen werden.

Sofern allerdings die einstweilige Regelung zu einer endgültigen Befriedigung führt, weil sich der Unterlassungsanspruch nur auf den Zeitraum der einstweiligen Regelung bezieht (Unterlassung der Werbung zu einem bestimmten Ereignis) und weil nach Aufhebung der Verfügung wegen Zeitablaufs kein Interesse mehr an der Vornahme der verbotenen Handlung besteht, liegt eine Leistungsverfügung vor (grundsätzlich für die Annahme einer Leistungsverfügung z.B. *Baur,* BB 1964, 607, 608; StJ/*Grunsky,* vor § 935 Rdnr. 46).

(5) Wer in *Allgemeinen Geschäftsbedingungen* Bestimmungen, die nach §§ 9—11 AGBG unwirksam sind, verwendet, kann von Verbraucherverbänden, von rechtsfähigen Vereinen zur Förderung gewerblicher Interessen und von Industrie- und Handelskammern oder Handwerkskammern auf Unterlassung in Anspruch genommen werden (§ 13 I, II AGBG). Auf das Verfahren bei der gerichtlichen Geltendmachung dieses Anspruchs sind die Vorschriften der ZPO anzuwenden (§ 15 AGBG). Zur Durchsetzung des Unterlassungsanspruchs ist deshalb auch eine einstweilige Verfügung zulässig (OLG Hamburg NJW 1981, 2420; *Palandt/Heinrichs,* AGBG, § 15 Anm. 4; *Zöller/Vollkommer,* § 940 Rdnr. 8 »Allgemeine Geschäftsbedingungen«). Eine solche Unterlassungsverfügung geht über eine bloße Sicherung des Unterlassungsanspruchs hinaus und führt dazu, daß der Anspruch vorübergehend erfüllt wird; nach ihrer Aufhebung ist allerdings eine Weiterverwendung der Bestimmungen ohne weiteres möglich. Deshalb handelt es sich um eine Regelungsverfügung (a.M. *Löwe/Graf von Westphalen/Trinkner,* AGBG, § 15 Rdnr. 21: Sicherungsverfügung). Da eine Sondervorschrift wie § 25 UWG fehlt, richten sich die Voraussetzungen für die einstweilige Verfügung nach § 940. **1611**

Dagegen ist der Widerrufsanspruch, der gem. § 13 I AGBG gegen denjenigen besteht, der eine nach §§ 9—11 AGBG unwirksame Bestimmung für den rechtsgeschäftlichen Verkehr empfiehlt, nicht im Wege einer Regelungsverfügung durchsetzbar; denn darin läge eine endgültige Befriedigung des Anspruchsberechtigten (*Löwe/ Graf von Westphalen/Trinkner,* AGBG, § 15 Rdnr. 19; MünchKomm/*Gerlach,* AGBG, § 15 Rdnr. 26).

III. Leistungsverfügung **1612**

1. Zweck, Abgrenzung und Rechtsgrundlage

a) Der *Zweck* der Leistungsverfügung besteht darin, den Gläubiger zu befriedigen. Durch diese Verfügung wird der Schuldner zur Erfüllung seiner angeblichen Pflicht, etwa zur Zahlung von Unterhalt, verurteilt. Die Leistungsverfügung (so *Jauernig*, ZZP 79, 321) wird auch als Befriedigungs- (so *Baur/Stürner*, Rdnr. 920) oder Angriffsverfügung (so *Leipold*, S. 105 ff., 114) bezeichnet.

1613   b) Die *Abgrenzung* von der Sicherungs- und der Regelungsverfügung wird nicht einheitlich getroffen. Für die hier gewählte Einteilung, aus der keine Rechtsfolgen hergeleitet werden dürfen, gilt folgende Abgrenzung:

(1) Von der *Sicherungsverfügung* (und vom Arrest) unterscheidet sich die Leistungsverfügung dadurch, daß sie die Durchsetzung des angeblichen Anspruchs nicht nur bis zur Entscheidung in der Hauptsache sichern, sondern schon vor dieser Entscheidung ermöglichen will.

(2) Mit der *Regelungsverfügung* hat die Leistungsverfügung gemeinsam, daß der Gläubiger in beiden Fällen (vorläufig) befriedigt wird. Während allerdings bei der Regelungsverfügung die vorläufige Befriedigung des Gläubigers lediglich in Kauf genommen wird, weil sie zur Sicherung des Gläubigers notwendig ist, wird sie bei der Leistungsverfügung gerade beabsichtigt, weil dem Gläubiger mit einer bloßen Sicherung nicht gedient ist (*Gerhardt*, § 18 III 2 a). Im einzelnen ist die Grenze zwischen beiden Verfügungsarten jedoch fließend und kaum genau zu bestimmen (Rdnr. 1590). Eine Leistungsverfügung liegt nach der hier getroffenen Abgrenzung nur dann vor, wenn sie endgültige Verhältnisse schafft und der ursprüngliche Rechtszustand nach einer Aufhebung der Verfügung nicht von selbst wieder eintritt, sondern entweder gar nicht oder allenfalls durch Gegen- oder Rückabwicklungsmaßnahmen herbeigeführt werden kann (*Jauernig*, § 37 II und ZZP 79, 321, 332 f.; Rdnr. 1596).

Beispiele: Bei der Untersagung eines beabsichtigten Streiks handelt es sich um eine Leistungsverfügung, wenn der für die Arbeitsniederlegung geplante Zeitpunkt so wesentlich ist, daß nach seinem Ablauf entweder kein Interesse mehr an der Durchführung des Streiks besteht oder jedenfalls alle Vorbereitungen von neuem getroffen werden müssen. — Die Erfüllung der Verpflichtung des Schuldners zur Zahlung von Geld führt zu einer endgültigen Befriedigung des Gläubigers, die nur durch eine (meist nicht realisierbare) Rückzahlung wieder beseitigt werden kann.

1614   c) Die *Rechtsgrundlage* der Leistungsverfügung ist umstritten. Eine allgemeine gesetzliche Regelung fehlt.

Zum Teil wird die Leistungsverfügung als Sonderfall der Regelungsverfügung nach § 940 angesehen, weil auch diese schon zu einer vorübergehenden Befriedigung des Gläubigers führt (KG OLGZ 1970, 53, 55; *Baur*, BB 1964, 607, 608; *K. Blomeyer*, ZZP 65, 52, 65; *Jauernig*, § 37 III; *Leipold*, S. 119 ff.; *Schilken*, S. 68 ff.; *Schuler*, NJW 1959, 1801, 1802). Nach anderer Ansicht wird die Leistungsverfügung wegen ihres Befriedigungszwecks von dem Anwendungsbereich des § 940 nicht mehr gedeckt; sie beruht danach auf einer richterlichen Rechtsfortbildung (*Baur/Stürner*, Rdnr. 920;

Gerhardt, § 18 III 2 a; StJ/ *Grunsky,* vor § 935 Rdnr. 31). Eine dritte Ansicht sieht die gesetzliche Grundlage für die Leistungsverfügung in den verschiedenen Spezialvorschriften (vgl. § 1615o BGB; §§ 620 ff., 641d; § 11a GebrMG; § 61 VI 2 UrhG; § 25 UWG), die eine Leistungsverfügung regeln (*Bruns/Peters,* § 49 II 3).

Der Meinungsstreit um die Rechtsgrundlage der Leistungsverfügung ist praktisch ohne Bedeutung. Entscheidend ist allein, daß nach inzwischen allgemeiner Ansicht eine Leistungsverfügung auch außerhalb der Anwendungsbereiche der gesetzlichen Spezialregelungen zulässig ist. Wenn einer der gesetzlich geregelten Sonderfälle vorliegt, ergeben sich die Voraussetzungen für den Erlaß einer Leistungsverfügung aus der entsprechenden Vorschrift; bei der allgemeinen Leistungsverfügung sind die Voraussetzungen für ihren Erlaß um so strenger, je größer die Gefahr ist, daß der durch die Verfügung herbeigeführte Zustand nach Aufhebung der Verfügung selbst durch Gegenmaßnahmen nicht mehr rückgängig gemacht werden kann.

2. Voraussetzungen der Leistungsverfügung

1615

a) Verfügungsanspruch

Als Verfügungsanspruch kommt grundsätzlich jeder materiellrechtliche Anspruch in Betracht. Das gilt nicht nur für Ansprüche auf Unterlassung, Herausgabe, Vornahme einer Handlung und auf Abgabe einer Willenserklärung, sondern auch für einen Anspruch auf Geldzahlung. Bei Geldforderungen ist die einstweilige Verfügung durch den Arrest nämlich nur insoweit ausgeschlossen, als es um die Sicherung der Forderung geht (§ 916 I); eine Erfüllung ist dagegen nur durch Leistungsverfügung möglich. Für den Verfügungsanspruch ist es bei Geldforderungen unerheblich, auf welchem Rechtsgrund diese beruhen; deshalb kommen neben Ansprüchen auf Unterhalt auch z.B. solche auf Schadensersatz und Arbeitsentgelt in Betracht. Allerdings scheidet etwa bei Mietzins- und Schmerzensgeldforderungen eine Leistungsverfügung regelmäßig aus, weil insoweit die strengen Voraussetzungen für einen Verfügungsgrund (Rdnr. 1616) selten gegeben sind (vgl. OLG Celle NJW 1952, 1221; StJ/ *Grunsky,* vor § 935 Rdnr. 41; *Thomas/ Putzo,* § 940 Anm. 4 f).

Bei Leistungsverfügungen ist die Gefahr der endgültigen Schädigung des Antragsgegners besonders groß, weil die Vollziehung der Verfügung nach deren Aufhebung häufig nicht mehr rückgängig gemacht oder ausgeglichen werden kann; deshalb muß der Verfügungsanspruch trotz des summarischen Verfahrens mit besonderer Sorgfalt geprüft werden (Rdnr. 1631; vgl. OLG Bamberg OLGZ 1971, 439; *Baur/Stürner,* Rdnr. 921; *Jauernig,* § 37 III; StJ/ *Grunsky,* vor § 935 Rdnr. 36).

Ein Verfügungsanspruch fehlt, wenn die Forderung des Antragstellers bereits von einem Dritten gepfändet oder an diesen verpfändet worden ist, da der Antragsteller dann nicht mehr Leistung an sich allein verlangen kann.

1616   b) Verfügungsgrund

Da durch die Leistungsverfügung endgültige Verhältnisse geschaffen werden, sind an den Verfügungsgrund besonders strenge Anforderungen zu stellen. Es reicht nicht aus, daß durch die Verfügung wesentliche Nachteile des Antragstellers abgewendet werden sollen. Ein Grund für eine Leistungsverfügung wird nach allgemeiner Ansicht vielmehr nur in folgenden Fallgruppen anerkannt:

(1) Eine schnelle Regelung ist zur Abwendung einer *Existenzgefährdung oder Notlage des Antragstellers* erforderlich. Das ist anzunehmen, wenn der Schuldner seinen Anspruch zügig durchsetzen muß, um seinen Lebensunterhalt bestreiten, seine Gesundheit erhalten oder seine Existenzvernichtung abwenden zu können (StJ/ *Grunsky,* vor § 935 Rdnr. 39; *Baur/Stürner,* Rdnr. 922).

Unter diesem Gesichtspunkt wird ein Verfügungsgrund häufig bei Ansprüchen auf Unterhalt, den der Antragsteller zur Bestreitung seines Lebensunterhalts braucht, gegeben sein. Aber auch wenn der Antragsteller etwa die Herausgabe von Arbeitspapieren oder Arbeitsgeräten verlangt, auf die er zur Ausübung seines Berufs und damit zur Sicherung seiner Existenz angewiesen ist, kann ein Grund für eine Leistungsverfügung vorliegen.

Im Fall e ist G, falls er seinen Lebensunterhalt auch nicht vorübergehend von seinem Vermögen bestreiten kann, auf die Herausgabe des Taxis angewiesen. Da ihm eine Sicherungsverfügung (Herausgabe an einen Sequester) nichts nützen würde, kann er mit Erfolg die Herausgabe im Wege der einstweiligen Verfügung beantragen. Wenn er dagegen die Zeit bis zu einer Entscheidung in der Hauptsache mit Unterstützung seiner Frau oder durch eigene Ersparnisse überbrücken kann, fehlt es für eine Herausgabeverfügung am Verfügungsgrund (vgl. OLG Bamberg OLGZ 1971, 438 ff.).

Eine Notlage liegt nicht vor, wenn der Antragsteller andere Ansprüche hat, die er schnell durchsetzen kann (vgl. *Schilken,* S. 142 m.N. in FN 17). Auf Sozialhilfe braucht der Antragsteller sich jedoch nicht verweisen zu lassen (LG Hamburg MDR 1966, 147; LG Bochum MDR 1967, 921; *Gaul,* FamRZ 1958, 161; *Grunsky,* JurA 1970, 732).

1617   (2) Die Verfügung ist zwar nicht zur Abwendung der Existenzvernichtung des Antragstellers, wohl aber zur *Vermeidung eines unverhältnismäßigen Vermögensschadens* erforderlich (OLG Düsseldorf MDR 1960, 58; vgl. auch *Baur,* BB 1964, 607, 610).

Im Fall f droht dem G ein unverhältnismäßig hoher Schaden, falls S ihm den Kran nicht zum zugesagten Termin zur Verfügung stellt. Zwar kann G die zu zahlende Vertragsstrafe möglicherweise als Verzugsschaden von S ersetzt verlangen; dieser Anspruch nützt dem G jedoch nichts, wenn S zahlungsunfähig ist. Ein Antrag auf Erlaß einer einstweiligen Verfügung, durch die S zur termingerechten Herausgabe des Krans verpflichtet werden soll, hat also Aussicht auf Erfolg.

(3) Die Verfügung ist zur *Abwendung eines endgültigen Rechtsverlustes* **1618** erforderlich. Bei allen Unterlassungs- und Handlungsansprüchen, die nach einem bestimmten Zeitpunkt nicht mehr erfüllbar sind oder an deren Erfüllung der Berechtigte dann kein Interesse mehr hat, führt der Zeitablauf zu einem endgültigen Rechtsverlust. Könnte der Antragsteller solche Ansprüche nur im ordentlichen Verfahren verfolgen, wäre ein effektiver Rechtsschutz häufig ausgeschlossen. Deshalb kommt eine Leistungsverfügung zur Durchsetzung dieser Ansprüche in Betracht (vgl. OLG Düsseldorf OLGZ 1968, 172; LAG München NJW 1980, 957, 958; *Jauernig*, § 37 III; StJ/ *Grunsky*, vor § 935 Rdnr. 49, 55).

Im Fall g ist der geplante Streik rechtswidrig, weil es sich um einen politischen Arbeitskampf handelt, der nicht um ein tariflich regelbares Ziel geführt werden soll (*Rüthers* in *Brox/Rüthers*, Arbeitskampfrecht, Rdnr. 139). Der G-Konzern hat deshalb gegen die S-Gewerkschaft einen Unterlassungsanspruch, der nach Durchführung des Streiks endgültig vereitelt wäre. Zwar wird umgekehrt auch die S-Gewerkschaft geltend machen, daß sie bei einer Unterlassungsverfügung jede Möglichkeit verlieren würde, auf die geplante Gesetzesänderung Einfluß zu nehmen. In einem solchen Fall, in dem sowohl durch den Erlaß als auch durch die Ablehnung der Unterlassungsverfügung endgültige Verhältnisse geschaffen werden, ist ein Verfügungsgrund für das Unterlassungsgebot regelmäßig gegeben, wenn die rechtliche Prüfung ergibt, daß der Unterlassungsanspruch besteht (LAG München NJW 1980, 957 ff.).

3. Inhalt der Leistungsverfügung **1619**

Das Gericht entscheidet wie bei den anderen Verfügungsarten nach freiem Ermessen, welche Anordnungen es zur Erreichung des Zwecks (Befriedigung des Antragstellers) trifft.

a) Grenzen des Entscheidungsspielraums

Für den Inhalt der Leistungsverfügung gelten folgende Grenzen:

(1) Die Anordnung muß sich *im Rahmen des gestellten Antrags* halten (§ 308). Diese Einschränkung ist hier von größerer Bedeutung als etwa bei der Sicherungsverfügung (Rdnr. 1582), weil das Verfügungsgesuch bei der Leistungsverfügung nicht nur das Rechtsschutzziel enthält, sondern so

bestimmt sein muß wie der Antrag bei einer Leistungsklage (§ 253 II Nr. 2; Rdnr. 1629).

1620   (2) Die Anordnung darf nicht über die »*äußersten Grenzen der Zwangsvollstreckung*« hinausgehen (Rdnr. 1582, 1593 ff.).

Beispiel: Verurteilt das Gericht den Antragsgegner im Wege der einstweiligen Verfügung, Unterhaltszahlungen an den Antragsteller zu leisten, kann es nicht ergänzend anordnen, daß der Antragsgegner eine sofortige Wegnahme von Bargeld durch den Antragsteller in Höhe der jeweils fälligen Rate dulden muß; denn die Vollziehung der auf Geldzahlung gerichteten Leistungsverfügung erfolgt — wie bei anderen Zahlungstiteln — nur nach den §§ 808 ff.

Allerdings gelten für die Verurteilung zur Abgabe einer Willenserklärung nicht die engen Grenzen wie bei der Regelungsverfügung (Rdnr. 1594; zweifelnd *Baur/Stürner,* Rdnr. 925); denn der Grundsatz des § 894, wonach die geschuldete Erklärung im Interesse des Schuldners erst bei Rechtskraft der Entscheidung im Hauptprozeß als abgegeben gilt, muß hinter dem besonderen Interesse des Gläubigers, das für den Erlaß einer Leistungsverfügung erforderlich ist, zurückstehen. Es wäre ein Wertungswiderspruch, wenn etwa eine Notlage des Gläubigers zwar als Verfügungsgrund für eine Leistungsverfügung ausreichte, nicht aber für die Verurteilung zu der begehrten Leistung (Abgabe einer Willenserklärung).

Beispiel: G und S machen gegen D dieselbe Forderung auf Zahlung von 10 000,— DM geltend. D hinterlegt den Betrag beim Amtsgericht. Zwar obsiegt G im ersten Rechtszug mit seiner Klage gegen S auf Zustimmung zur Auszahlung an ihn (G), doch will die Hinterlegungsstelle nicht vor Rechtskraft der Entscheidung zahlen (vgl. § 13 II 1 Nr. 2 HO). Wenn G das Geld zur Abwendung seiner Existenzvernichtung benötigt, kann er S durch einstweilige Verfügung verurteilen lassen, bis zum rechtskräftigen Abschluß des Hauptsacheverfahrens der monatlichen Auszahlung eines bestimmten (zur Existenzsicherung notwendigen) Betrages zuzustimmen. Die Verurteilung zur Abgabe einer Willenserklärung hat hier die gleiche Bedeutung wie die Verurteilung zur Geldzahlung.

1621   (3) Eine *Vorwegnahme der Hauptsache* ist nicht nur *zulässig*, sondern gerade die Besonderheit der Leistungsverfügung gegenüber der Sicherungs- und der Regelungsverfügung. Allerdings muß im Einzelfall geprüft werden, in welchem Umfang der Hauptsacheentscheidung vorgegriffen werden darf; die Grenzen ergeben sich vor allem aus der Art des Verfügungsgrundes.

Beispiele: Liegt der Verfügungsgrund in einer Notlage des Antragstellers (Rdnr. 1616), darf der Antragsgegner zu einer Geldzahlung im Wege der einstweiligen Verfügung nur insoweit verurteilt werden, als der Antragsteller auf das Geld zur Behebung der Notlage tatsächlich angewiesen ist (vgl. OLG Köln FamRZ 1983, 410, 412 ff. m.N.). Dadurch ergibt sich eine Begrenzung in der Höhe. Macht der Antragsteller etwa eine Forderung von 10 000,— DM geltend, kann der Antragsgegner durch die Verfügung nur zur Zahlung des jeweiligen Bedarfs (z.B. monatlich 500,— DM) verurteilt werden.

Außerdem ist die Zahlung, zu welcher der Antragsgegner verurteilt wird, zeitlich zu begrenzen; denn selbst die Zuerkennung eines Notbedarfs darf nicht ohne Grund auf eine Dauerregelung hinauslaufen. Regelmäßig werden deshalb Unterhaltszahlungen im Wege der einstweiligen Verfügung nur für höchstens sechs Monate zuerkannt (OLG Köln FamRZ 1983, 410 m.N.; vgl. aber auch OLG Köln FamRZ 1980, 349, 351). Nach Ablauf dieser Zeit kann der Antragsteller eine neue einstweilige Verfügung erwirken, falls die Voraussetzungen dafür dann noch vorliegen (StJ/*Grunsky*, vor § 935 Rdnr. 43).

b) Fallgruppen zulässiger Anordnungen
1622

Durch Leistungsverfügung können etwa folgende Anordnungen getroffen werden:

(1) Der typische Anwendungsbereich der Leistungsverfügung ist die Anordnung der *Zahlung einer Geldsumme.*

(a) Dabei steht die Verpflichtung zu *Unterhaltszahlungen* im Vordergrund.

Nach § 1615 o I BGB kann auf Antrag des nichtehelichen Kindes durch einstweilige Verfügung angeordnet werden, daß der Vater, der die Vaterschaft anerkannt hat oder der nach § 1600 o BGB als Vater vermutet wird, den für die ersten drei Monate dem Kinde zu gewährenden Unterhalt zu zahlen hat. Während des Vaterschaftsfeststellungsverfahrens ist eine entsprechende einstweilige Anordnung allerdings nur nach § 641d zulässig, der eine allgemeine Leistungsverfügung ausschließt. Auf Antrag der Mutter des nichtehelichen Kindes kann gem. § 1615 o II BGB der Vater durch einstweilige Verfügung verurteilt werden, die voraussichtlich zu leistenden Entbindungskosten (§ 1615k BGB) und die Unterhaltszahlungen anläßlich der Geburt (§ 1615 l BGB) an die Mutter zu leisten.

(b) Aber auch die Verpflichtung zu *sonstigen Geldzahlungen* ist im Wege der Leistungsverfügung möglich.

In Betracht kommt etwa die Zahlung von Arbeitsentgelt und von Schadensersatz (StJ/*Grunsky*, vor § 935 Rdnr. 41 m.N.). Auf die Erfüllung solcher Ansprüche kann der Antragsteller nämlich zur Behebung einer Notlage ebenso angewiesen sein wie auf die Zahlung von Unterhalt.

(2) Ferner besteht die Möglichkeit, daß die *Herausgabe von Sachen* Gegenstand einer Leistungsverfügung ist.
1623

(a) Soweit es um die *Räumung von Wohnraum* geht, ergibt sich das aus § 940a; die Räumungsverfügung setzt verbotene Eigenmacht voraus. Daneben ist ein besonderer Verfügungsgrund nicht erforderlich.

(b) Für die *Herausgabe von beweglichen Sachen* fehlt es an einer dem § 940a vergleichbaren Vorschrift. Jedoch hat der Gesetzgeber in § 863 BGB zum Ausdruck gebracht, daß er die Durchsetzung von Besitzschutzansprüchen für besonders eilbedürftig hält; denn nach dieser Vorschrift können Besitzschutzansprüchen keine petitorischen (= schuldrechtlichen) Einwendungen entgegengehalten werden. Daraus wird allgemein geschlossen, daß (unabhängig von einer Notlage des Antragstellers) im Fall der verbotenen Eigenmacht durch einstweilige Verfügung die Herausgabe an den früheren Besitzer angeordnet werden darf (OLG Frankfurt BB 1981, 148; LG Bonn MDR 1959, 495; StJ/*Grunsky,* vor § 935 Rdnr. 44; *Thomas/Putzo,* § 940 Anm. 4 b). Aber auch andere Herausgabeansprüche (z.B. §§ 985, 812, 667 BGB), für die § 863 BGB nicht gilt, können durch Leistungsverfügung durchgesetzt werden, sofern einer der anerkannten Verfügungsgründe vorliegt (vgl. Fall e, f; Rdnr. 1616 f.; *Gerhardt,* § 18 III 2 b; StJ/*Grunsky,* vor § 935 Rdnr. 45).

1624   (3) Es besteht auch die Möglichkeit, daß durch Leistungsverfügung der Antragsgegner zur *Vornahme einer Handlung* angewiesen wird. Solche Fälle sind nicht häufig, weil es meistens an einem Verfügungsgrund fehlt. Wenn der Antragsteller aber auf die begehrte Handlung dringend angewiesen ist, um nicht in Not zu geraten, gilt nichts anderes als bei Ansprüchen auf Geldzahlung. Typische Beispiele sind Anordnungen zur Lieferung von Wasser oder Energie (StJ/*Grunsky,* vor § 935 Rdnr. 54). Aber auch etwa die Pflicht des Arbeitgebers, den Arbeitnehmer (weiter) zu beschäftigen (Rdnr. 1606 a.E.) oder den Betriebsrat an der Planung bestimmter Vorhaben zu beteiligen (Rdnr. 1608), ist bei Vorliegen eines Verfügungsgrundes im Wege der Leistungsverfügung durchsetzbar.

1625   (4) Ansprüche auf *Unterlassung* sind grundsätzlich zwar Gegenstand einer Regelungsverfügung (Rdnr. 1596, 1609 ff.). Sofern in der einstweiligen Regelung allerdings gleichzeitig eine endgültige Regelung liegt, weil die Vornahme der verbotenen Handlung nach Aufhebung der Verfügung wegen Zeitablaufs unmöglich oder jedenfalls ohne Interesse ist, kann die Unterlassung nur durch Leistungsverfügung angeordnet werden. Häufige Anwendungsfälle sind etwa die Unterlassungsansprüche nach dem UWG (Rdnr. 1610) und der Anspruch auf Unterlassung eines rechtswidrigen Streiks (Rdnr. 1609, 1618; Fall g).

1626   (5) Schließlich besteht die Möglichkeit, sogar einen Anspruch auf *Abgabe einer Willenserklärung* abweichend von § 894 durch einstweilige Verfügung durchzusetzen. Der dafür erforderliche Verfügungsgrund wird allerdings nur selten vorliegen. Das ist abgesehen von dem Fall, in dem durch die Willenserklärung eine vom Antragsteller benötigte Geldsumme freigegeben werden soll (Rdnr. 1620), etwa dann anzunehmen, wenn die Abgabe der Willenserklärung nur eine Nebenpflicht ist, die zur Sicherung oder Erfüllung der Hauptpflicht durchgesetzt werden muß (z.B. Auskunftserteilung; *Baur*, S. 59; vgl. OLG Karlsruhe NJW 1984, 1905, 1906; a.A. *Jauernig*, ZZP 79, 321, 344).

§ 51 Das Verfahren bei der einstweiligen Verfügung   1627

Schrifttum: *Friederichs*, Besondere Glaubhaftmachung bei einer einstweiligen Verfügung auf Zahlung einer vorläufigen Geldrente?, DAR 1952, 178; *Kempfler*, Aufhebung der einstweiligen Verfügung nach Wegfall der Wiederholungsgefahr, NJW 1961, 1054; *Klaka*, Die einstweilige Verfügung in der Praxis, GRUR 1979, 593; *Leipold*, Die Schutzschrift zur Abwehr einstweiliger Verfügungen gegen Streiks, RdA 1983, 164; *Lempp*, Zweifelsfragen zur Zuständigkeit des Amtsgerichts nach § 942 ZPO, NJW 1975, 1920; *Lindacher*, Praxis und Dogmatik der wettbewerbsrechtlichen Abschlußerklärung, BB 1984, 639; *Lipps*, Gestaltungsmöglichkeiten bei einstweiligen Unterlassungsverfügungen im Wettbewerbsprozeß, NJW 1970, 226; *May*, Die Schutzschrift im Arrest- und Einstweiligen-Verfügungs-Verfahren, 1983; *Raeschke-Kessler*, Einstweilige Verfügung gegen Unbekannt — ein Mittel gegen Hausbesetzer?, NJW 1981, 663; *Scherf*, Wettbewerbliche Unterlassungsverfügung als »Hauptsache«?, WRP 1969, 393; *Teplitzky*, Die »Schutzschrift« als vorbeugendes Verteidigungsmittel gegen einstweilige Verfügungen, NJW 1980, 1667; *ders.*, Erfaßt die Vermutung des § 25 UWG auch den »dringenden Fall« im Sinn des § 937 Abs. 2 ZPO?, GRUR 1978, 286; *Vinck*, Sachgerechtes Verhalten des Antragsgegners im wettbewerbsrechtlichen Verfügungsverfahren, WRP 1975, 80; *Wedemeyer*, Vermeidbare Klippen des Wettbewerbsrechts, NJW 1979, 293; *Wenzel*, Risiken des schnellen Rechtsschutzes, NZA 1984, 112.

Fälle:

a) Das Mietshaus des G ist von mehreren Personen besetzt worden, deren Identität der G nicht feststellen kann, weil sie häufig wechseln. Die Polizei weigert sich, Zwangsmaßnahmen gegen die Besetzer zu ergreifen, weil sie Ausschreitungen befürchtet. Kann G mit Erfolg eine einstweilige Verfügung beantragen, obwohl er die Namen der Besetzer nicht kennt?

b) S verkauft Kunststoffenster als »Kunstglas-Produkte«. Sein Konkurrent G mahnt diese Bezeichnung als irreführend (§ 3 UWG) ab und fordert S auf, eine Unterlassungserklärung abzugeben sowie sich für jeden Fall der Zuwiderhandlung zur Zahlung einer Vertragsstrafe zu verpflichten. Da S nur erklärt, seine Fenster »in Zukunft nicht mehr als Kunstglas-Produkte zu bezeichnen«, beantragt G den Erlaß einer einstweiligen Verfügung. S erkennt das Begehren des G sofort an und beantragt, dem G die Kosten des Verfahrens aufzuerlegen.

c) Auf Antrag des G erläßt das Amtsgericht eine einstweilige Verfügung gegen S und gibt diesem auf, die Verfügung binnen zwei Wochen beim Gericht der Hauptsache überprüfen zu lassen. Nach Fristablauf beantragt S die Aufhebung der Verfügung. Als das Amtsgericht dem stattgibt, ohne G anzuhören, fragt dieser nach seinen Rechten.

Nach § 936 sind auf das Verfahren bei der einstweiligen Verfügung die Vorschriften über das Arrestverfahren entsprechend anzuwenden, soweit nicht die §§ 937 ff. abweichende Vorschriften enthalten.

I. Zuständigkeit

Die in §§ 943, 942 genannten Gerichte sind für die Anordnung einer einstweiligen Verfügung ausschließlich zuständig (§ 802).

1. Gericht der Hauptsache

Für die Anordnung der einstweiligen Verfügung ist — anders als beim Arrest (Rdnr. 1505 f.) — in der Regel nur das Gericht der Hauptsache zuständig; das ist das Gericht erster Instanz, bei dem das Hauptsacheverfahren anhängig gemacht werden kann (vgl. § 943).

Wenn eine mündliche Verhandlung nicht erforderlich ist, kann in dringenden Fällen der Vorsitzende über das Verfügungsgesuch entscheiden (§ 944). Das setzt voraus, daß schon bis zum Zusammentreten des Spruchkörpers eine nachteilige Verzögerung entstünde.

1628   ### 2. Amtsgericht

Das Amtsgericht ist — anders als beim Arrest (Rdnr. 1506) — nur ausnahmsweise zuständig.

a) Das Amtsgericht, in dessen Bezirk sich der Streitgegenstand befindet, hat nach § 942 I *in dringenden Fällen* zu entscheiden. Streitgegenstand i.S.d. § 942 I ist der Gegenstand, auf den sich die einstweilige Verfügung beziehen soll. Ein dringender Fall liegt vor, wenn bis zu einer Entscheidung des Gerichts der Hauptsache eine nachteilige Verzögerung einträte. Eine solche Verzögerung ist in der Regel nicht zu besorgen, wenn beide Gerichte am selben Ort liegen.

Erläßt das Amtsgericht eine einstweilige Verfügung, entscheidet es damit nicht abschließend; es bestimmt vielmehr eine Frist, innerhalb welcher der Antragsteller beim Gericht der Hauptsache das sog. Rechtfertigungsverfahren (Rdnr. 1641) einzuleiten hat.

b) Auf eine Dringlichkeit kommt es nicht an, wenn aufgrund einer einstweiligen Verfügung eine *Vormerkung* oder ein *Widerspruch* ins Grundbuch, Schiffsregister oder Schiffsbauregister eingetragen werden soll; zuständig ist das Amtsgericht, in dessen Bezirk das Grundstück belegen ist oder der Heimathafen oder der Heimatort des Schiffes oder der Bauort des Schiffsbauwerks sich befindet (§ 942 II 1).

Das Gericht entscheidet in diesem Fall abschließend, falls nicht der Antragsgegner beantragt, eine Frist für die Einleitung des Rechtfertigungsverfahrens zu bestimmen (§ 942 II 2).

II. Verfügungsgesuch 1629

Das Verfügungsverfahren wird durch das Gesuch auf Erlaß (die Anordnung) der einstweiligen Verfügung eingeleitet.

1. Form und Inhalt

Für Form und Inhalt des Gesuchs gilt das zum Arrest Gesagte entsprechend (Rdnr. 1507).

Der Antragsteller braucht nicht anzugeben, welche Verfügungsart er anstrebt. Für eine Sicherungs- oder Regelungsverfügung genügt es, daß statt der erwünschten Maßnahme das Rechtsschutzziel genannt wird (Rdnr. 1582). Bei einer Leistungsverfügung muß das Gesuch dagegen so bestimmt sein wie der Antrag bei einer Leistungsklage (vgl. § 253 II Nr. 2).

Der Antragsgegner muß genau bezeichnet sein. Statt einer Namensangabe genügt es allerdings, daß er durch nähere Merkmale unverwechselbar beschrieben wird, sofern dem Antragsteller eine Ermittlung des Namens nicht möglich oder nicht zumutbar ist.

Ein Verfügungsgesuch, das sich gegen Hausbesetzer richtet, braucht daher nur das besetzte Haus (die Wohnung) als Aufenthaltsort zu bezeichnen, wenn sich dort stets dieselben Personen unbefugt aufhalten, gegen die Rechtsschutz begehrt wird (LG Krefeld NJW 1982, 289; *Zöller/Vollkommer*, § 935 Rdnr. 4). Oft wechseln Hausbesetzer aber nach Person oder Zahl; hier sollte ein Vorgehen gegen »Unbekannt im Hause ...« jedenfalls dann zugelassen werden, wenn andernfalls der Hauseigentümer rechtsschutzlos bliebe (Fall a; vgl. *Lisken*, NJW 1982, 1136, 1137).

2. Wirkung und Rücknahme 1630

Die Einreichung des Gesuchs bewirkt — wie beim Arrest (Rdnr. 1508) — die Rechtshängigkeit. Auch für die Rücknahme des Gesuchs gilt das gleiche wie beim Arrest (Rdnr. 1509).

Die Verjährung des Anspruchs wird weder durch Einlegung noch durch Zustellung des Gesuchs unterbrochen (vgl. § 209 I, II Nr. 5 BGB). Darauf ist besonders bei Unterlassungsansprüchen nach dem UWG zu achten, weil diese binnen sechs Monaten seit Kenntnis von Verletzungshandlung und Person des Handelnden verjähren (vgl. § 21 I UWG).

1631 III. Prüfung durch das Gericht

1. Schlüssigkeit

Das Gericht hat bei Vorliegen der Prozeßvoraussetzungen zu prüfen, ob das Vorbringen des Antragstellers schlüssig ist; die Darlegungslast entspricht derjenigen im Verfahren der Hauptsache (Rdnr. 1510). Die Schlüssigkeitsprüfung erstreckt sich grundsätzlich bei allen Verfügungsarten auf den Vortrag zum Verfügungsanspruch und zum Verfügungsgrund. Bei der Sicherungsverfügung kann es — wie beim Arrest (Rdnr. 1510) — im Einzelfall wegen besonderer Eilbedürftigkeit jedoch berechtigt sein, die Schlüssigkeit nicht mit der zeitraubenden Genauigkeit zu prüfen, die im Prozeß der Hauptsache geboten ist. Im übrigen kommt es für die Gründlichkeit der Schlüssigkeitsprüfung nicht auf die begriffliche Unterscheidung zwischen Regelungs- und Leistungsverfügung an. Vielmehr sind an die Prüfung durch das Gericht um so strengere Anforderungen zu stellen, je mehr die beantragte Verfügung in die Rechtsstellung des Antragsgegners eingreift und einer endgültigen Entscheidung nahekommt.

Sofern eine länger dauernde Schlüssigkeitsprüfung zu einer unzumutbaren Härte für den Antragsteller führen würde, kann das Gericht analog § 921 II 1 ohne eine solche Prüfung die beantragte Verfügung gegen Sicherheitsleistung erlassen (StJ/ *Grunsky*, § 921 Rdnr. 6).

1632 2. Glaubhaftmachung

a) Der *Antragsteller* muß die Tatsachen glaubhaft machen, die den Verfügungsanspruch und den Verfügungsgrund ergeben (§§ 936, 920 II); soweit er die Behauptungslast hat, trifft ihn auch die Last der Glaubhaftmachung (Einzelh.: Rdnr. 1511 ff.).

Allerdings kann eine einstweilige Verfügung auch ohne Glaubhaftmachung angeordnet werden, wenn der Antragsteller wegen der dem Antragsgegner drohenden Nachteile Sicherheit leistet (§§ 936, 921 II).

Zum Erlaß einer einstweiligen Verfügung über einen wettbewerbsrechtlichen Unterlassungsanspruch ist nach § 25 UWG eine Darlegung und Glaubhaftmachung des Verfügungsgrundes nicht erforderlich; damit soll die Verfolgung von Wettbewerbsverstößen erleichtert werden (vgl. *Baumbach/ Hefermehl*, UWG, § 25 Rdnr. 5, 6).

b) Sofern der *Antragsgegner* Tatsachen behauptet, die er im ordentlichen   **1633** Rechtsstreit zu beweisen hat, muß er sie glaubhaft machen. Dazu hat er aber keine Gelegenheit, wenn ohne seine Anhörung entschieden wird. Deshalb wird häufig eine — vorbeugende — Schutzschrift eingereicht, mit der für den Fall, daß ein Antrag auf Erlaß einer einstweiligen Verfügung gestellt wird, Einwendungen vorgebracht werden und jedenfalls eine mündliche Verhandlung erreicht werden soll. Dieser von der Praxis in Wettbewerbssachen entwickelte Weg, der aber auch in anderen Fällen (z.B. beim vorläufigen Rechtsschutz im Arbeitskampf) gangbar ist, kann dann eingeschlagen werden, wenn der Gegner mit einem Verfügungsantrag rechnet, etwa weil ihm eine Abmahnung (Rdnr. 1639; Fall b) zugegangen ist.

IV. Verfahrensarten   1634

1. Verfahren ohne mündliche Verhandlung

a) Ohne mündliche Verhandlung kann sowohl vom Amtsgericht als auch vom Gericht der Hauptsache entschieden werden. Allerdings sind die *Voraussetzungen*, unter denen eine mündliche Verhandlung entbehrlich ist, verschieden, je nachdem, ob das Amtsgericht oder das Gericht der Hauptsache angerufen worden ist.

(1) Es liegt im pflichtgemäßen Ermessen des *Amtsgerichts*, ob dieses ohne mündliche Verhandlung entscheidet (§ 942 IV). Vielfach kommt eine solche schon wegen der Dringlichkeit nicht in Betracht, ohne die das Amtsgericht gar nicht zuständig wäre (§ 942 I; Rdnr. 1628).

(2) Das *Gericht der Hauptsache* ist nur ausnahmsweise, nämlich in dringenden Fällen, zur Entscheidung ohne mündliche Verhandlung befugt (§ 937 II). Eine Dringlichkeit in diesem Sinne liegt nur dann vor, wenn eine mündliche Verhandlung den Zweck der einstweiligen Verfügung gefährden würde.

Da nur in einem solchen Ausnahmefall wegen des Interesses des Antragstellers an einem schnellen Erlaß der einstweiligen Verfügung eine mündliche Verhandlung entbehrlich sein soll, kann eine Ablehnung des Antrages nur aufgrund mündlicher Verhandlung erfolgen (h.M.; vgl. StJ/*Grunsky*, § 937 Rdnr. 8 m.N. in FN 21; LAG Hamm MDR 1984, 348; a.A. KG NJW 1979, 1211; OLG Hamburg MDR 1981, 152).

b) Die *Durchführung* des Verfahrens erfolgt unter Berücksichtigung des Antrages, der diesem beigefügten Anlagen, der Entgegnung oder einer Schutzschrift des Antragsgegners (Einzelh.: Rdnr. 1514 a.E.).

1635 2. Verfahren mit mündlicher Verhandlung

a) Die *Voraussetzungen* dafür, ob eine mündliche Verhandlung stattzufinden hat, richten sich danach, welches Gericht angerufen worden ist. Das Amtsgericht kann, das Gericht der Hauptsache muß mündlich verhandeln, sofern kein dringender Fall vorliegt (§ 942 IV; § 937 II). Im sog. Rechtfertigungsverfahren (vgl. § 942 I; Rdnr. 1641) hat das Gericht der Hauptsache immer mündlich zu verhandeln.

b) Die *Durchführung* der mündlichen Verhandlung erfolgt nach §§ 128 ff. (Rdnr. 1515).

1636 V. Verfügungsentscheidung

1. Formen

Die Entscheidung über das Verfügungsgesuch ergeht durch Beschluß oder durch Endurteil.

a) Durch *Beschluß* entscheidet das Amtsgericht stets, also auch nach einer mündlichen Verhandlung (h.M.; StJ/*Grunsky*, § 942 Rdnr. 6 m.N.). Das Gericht der Hauptsache dagegen entscheidet durch Beschluß nur dann, wenn keine mündliche Verhandlung stattgefunden hat. Einzelheiten über die Begründung und die Zustellung des Beschlusses: Rdnr. 1516.

b) Durch *Endurteil* entscheidet das Gericht der Hauptsache nach mündlicher Verhandlung. Die §§ 310 ff. sind anwendbar.

1637 2. Inhalt der einstweiligen Verfügung

a) Die einstweilige Verfügung enthält *immer* die zur Sicherung, Regelung oder Befriedigung angeordnete Maßnahme sowie eine Kostenentscheidung.

Beispiel für eine *Sicherungsverfügung* (vgl. Rdnr. 1582):
»Dem Antragsgegner wird aufgegeben, den Pkw VW-Golf, Amtliches Kennzeichen ..., Fahrgestellnummer ..., zur Sicherstellung an den vom Antragsteller beauftragten Gerichtsvollzieher herauszugeben.

Der Antragsgegner trägt die Kosten des Verfahrens.
Der Streitwert wird auf ... DM festgesetzt.«

Beispiel für eine *Regelungsverfügung* (vgl. Rdnr. 1593):
Dem Antragsgegner wird verboten, die von ihm vertriebenen Kunststoffenster als Kunstglas-Produkte zu bezeichnen.
»Dem Antragsgegner wird für jeden Fall der Zuwiderhandlung die Verhängung eines Ordnungsgeldes bis zu ... DM oder einer Ordnungshaft bis zu ... Monaten angedroht.

Der Antragsgegner trägt die Kosten des Verfahrens.
Der Streitwert wird auf ... DM festgesetzt.«

Beispiel für eine *Leistungsverfügung* (vgl. Rdnr. 1619):
»Dem Antragsgegner wird aufgegeben, an den Antragsteller für die Zeit vom ...
bis zum ... einen monatlichen Unterhaltsbetrag von ... DM, fällig am dritten
Werktag eines jeden Monats im voraus, zu zahlen.
Der Antragsgegner trägt die Kosten des Verfahrens.«

(1) In den Tenor der einstweiligen Verfügung ist *keine Lösungssumme*   **1638**
(= Anwendungsbefugnis gem. § 923) aufzunehmen. Die Hinterlegung eines
Geldbetrages durch den Antragsgegner, um die Vollziehung zu hemmen
oder die Verfügung aufheben zu lassen, scheidet hier aus, weil — im Gegensatz zum Arrest — keine Geldforderung, sondern ein anderer Anspruch
gesichert oder sogar erfüllt werden soll, dessen Durchsetzung nicht durch
Hinterlegung von Geld gesichert werden kann (vgl. § 939; StJ/*Grunsky*,
§ 936 Rdnr. 4).

(2) Die *Kostenentscheidung* kann auf § 91, aber auch auf § 93 beruhen.   **1639**

(a) *Regelmäßig* hat nach *§ 91* die unterliegende Partei die Kosten des Verfahrens zu tragen. Wird dem Verfügungsgesuch nur zum Teil stattgegeben,
sind die Kosten dementsprechend verhältnismäßig zu teilen (§ 92).

(b) *Ausnahmsweise* fallen selbst bei einer stattgebenden Entscheidung die
Kosten des Verfahrens nach *§ 93* dem Antragsteller zur Last, wenn der
Antragsgegner keine Veranlassung zum Antrag auf Erlaß einer einstweiligen
Verfügung gegeben hat und den Anspruch sofort anerkennt.
Diese Vorschrift ist insbesondere in Wettbewerbssachen bedeutsam. Der
Antragsgegner hat grundsätzlich dann keinen Anlaß zu gerichtlichen Schrit-
ten des Antragstellers gegeben, wenn er wegen seiner Handlungsweise vom
Antragsteller nicht erfolglos abgemahnt worden ist (vgl. OLG Hamm WRP
1977, 349; OLG Celle WRP 1975, 242; *Baumbach/Hefermehl*, UWG, Einl.
Rdnr. 454). Mit der Abmahnung fordert der Antragsteller den Antragsgeg-
ner auf, zur Vermeidung gerichtlicher Schritte binnen einer bestimmten
Frist uneingeschränkt zu erklären, daß er die beanstandete Handlung unterlassen werde und sich für jeden Fall der Zuwiderhandlung zur Zahlung einer
Vertragsstrafe verpflichte. Mit der strafbewehrten Unterlassungserklärung
(= Unterwerfungserklärung) geht der Antragsgegner auf die Abmahnung
ein und gibt das Unterlassungsversprechen unter Übernahme einer angemessenen Vertragsstrafe für jeden Fall der Zuwiderhandlung ab. In der Praxis ist diese strafbewehrte Unterlassungserklärung oft schon vom Abmah-
nenden vorformuliert.

Im Fall b hat S nur die Unterlassung, nicht aber eine Vertragsstrafe versprochen.
Deshalb hat er Anlaß für den Antrag auf Erlaß einer einstweiligen Verfügung gegeben, so daß § 93 nicht anwendbar ist. S muß nach § 91 die Verfahrenskosten tragen.

Auch ohne vorherige Abmahnung hat der Antragsgegner ausnahmsweise dann Anlaß zu dem Verfahren gegeben, wenn die Abmahnung für den Antragsteller unzumutbar war.

Beispiele: Die Abmahnung ist offensichtlich nutzlos, weil der Antragsgegner aufgrund früherer Vorkommnisse als unbelehrbar gilt oder weil ihm klar erkennbar war, daß sein Handeln einen Wettbewerbsverstoß darstellt. Der Antragsteller kann wegen der besonderen Eilbedürftigkeit mit der Anrufung des Gerichts nicht mehr bis zur Abgabe einer Unterwerfungserklärung warten.

1640   b) *Im Einzelfall* enthält die einstweilige Verfügung noch weitere Anordnungen:

(1) Es besteht die Möglichkeit, eine *Sicherheitsleistung* des Antragstellers wegen der dem Antragsgegner drohenden Nachteile zu bestimmen (§§ 936, 921 II; Rdnr. 1518).

(2) Auf Antrag setzt das Gericht dem Antragsteller eine *Frist zur Klage in der Hauptsache,* sofern diese nicht schon anhängig ist (§§ 936, 926 I; Rdnr. 1518, 1531).

1641   (3) Wenn das Amtsgericht die einstweilige Verfügung erläßt, setzt es dem Antragsteller von Amts wegen (§ 942 I) oder auf Antrag (§ 942 II 2) eine *Frist für die Einleitung des Rechtfertigungsverfahrens.*

Das Rechtfertigungsverfahren wird dadurch eingeleitet, daß der Gläubiger beim Gericht der Hauptsache beantragt, einen Termin zur mündlichen Verhandlung über die Rechtmäßigkeit der einstweiligen Verfügung anzuberaumen. Aber der Schuldner braucht einen Antrag des Gläubigers nicht abzuwarten; er kann seinerseits einen Antrag auf Terminsanberaumung stellen (ganz h.M.; vgl. *Baur/Stürner,* Rdnr. 937; StJ/*Grunsky,* § 942 Rdnr. 11 m.N.; a.A. *Lempp,* NJW 1975, 1920, 1921 f.). Der Gläubiger begehrt die Bestätigung (= Aufrechterhaltung) der einstweiligen Verfügung, der Schuldner deren Aufhebung. Das Verfahren richtet sich nach den Regeln für das Widerspruchsverfahren (§§ 924, 925; *Zöller/Stöber,* § 942 Rdnr. 7). Die Entscheidung ergeht nach mündlicher Verhandlung durch Endurteil, das mit der Berufung angefochten werden kann.

1642   **3. Rechtskraft der Verfügungsentscheidungen**

a) In *formelle Rechtskraft* erwachsen die Entscheidungen nur, wenn gegen sie kein Rechtsmittel (mehr) zulässig ist. Das sind nur Verfügungsurteile nach Ablauf der Berufungsfrist oder — im Fall des Versäumnisurteils — der Einspruchsfrist. Denn gegen Verfügungsbeschlüsse sind Rechtsbehelfe unbefristet zulässig.

b) Für die *materielle Rechtskraft* der Verfügungsentscheidung gilt das zum Arrestbefehl Gesagte entsprechend (Rdnr. 1520 ff.).

VI. Rechtsbehelfe

1643

Die Rechtsbehelfe gegen eine Verfügungsentscheidung richten sich danach, in welcher Form diese ergangen ist.

1. Rechtsmittel gegen ein Verfügungsurteil

Ein Verfügungsurteil kann durch Berufung angefochten werden (§ 511). Gegen das Berufungsurteil ist allerdings — wie beim Arrest — eine Revision ausgeschlossen (§ 545 II 1).

2. Rechtsbehelfe gegen einen Verfügungsbeschluß

1644

a) Wird durch Beschluß das Verfügungsgesuch zurückgewiesen, steht dem Antragsteller hiergegen die einfache *Beschwerde* gem. § 567 zu. Für ihre Einlegung besteht Anwaltszwang, wenn der Verfügungsbeschluß von einem Landgericht erlassen worden ist (§ 569 II 2; Rdnr. 1524).

b) Gegen den Beschluß, durch den eine einstweilige Verfügung angeord- 1645 net wird, findet *Widerspruch* statt (§§ 936, 924 I). Dieser ist kein Rechtsmittel; denn er hat weder Suspensiv- noch Devolutiveffekt (vgl. Rdnr. 1525).

(1) *Zuständig* für das Widerspruchsverfahren ist allein das Gericht der Hauptsache, auch wenn die einstweilige Verfügung von einem in der Hauptsache unzuständigen Amtsgericht erlassen wurde. Das ergibt sich daraus, daß die Zuständigkeit des Amtsgerichts in § 942 erschöpfend geregelt und für das Widerspruchsverfahren nicht angeordnet ist (StJ/*Grunsky*, § 942 Rdnr. 12). Der beim Arrest maßgebliche Grundsatz, wonach das die Anordnung treffende Gericht stets auch über einen gegen ihn gerichteten Widerspruch entscheidet (Rdnr. 1525), gilt also nicht.

(2) Für die *Einlegung des Widerspruchs* sowie für das *Widerspruchsverfahren* gilt das zum Arrest Gesagte entsprechend (Rdnr. 1525).

(3) Das Gericht entscheidet über den Widerspruch durch *Endurteil;* es kann die einstweilige Verfügung ganz oder teilweise bestätigen, abändern oder aufheben (§§ 936, 925).

Dagegen ist § 925 II insoweit unanwendbar, als eine solche Entscheidung auch von einer Sicherheitsleistung des Schuldners abhängig gemacht werden kann; denn dem § 939 (Rdnr. 1648) ist zu entnehmen, daß der Antragsgegner sich allein durch Sicherheitsleistung keine Erleichterungen verschaffen können soll. Daher kann lediglich die Aufrechterhaltung oder Abänderung einer einstweiligen Verfügung von einer Sicherheitsleistung des Antragstellers abhängig gemacht werden.

Für den Inhalt und die Wirkungen der Widerspruchsentscheidung gilt das gleiche wie beim Arrest (Rdnr. 1526).

1646   3. Verzicht auf Rechtsbehelfe

Der Verzicht auf Rechtsbehelfe spielt insbesondere bei einstweiligen Verfügungen in Wettbewerbssachen eine Rolle. Gegen eine solche Verfügung will der Antragsgegner oft nicht weiter vorgehen. Da der wettbewerbsrechtliche Unterlassungsanspruch rasch verjährt (Rdnr. 1630), hat der Antragsteller ein Interesse daran, endgültige Verhältnisse zu schaffen. Er fordert den Gegner daher in dem sog. *Abschlußschreiben* auf, die einstweilige Verfügung als endgültig anzuerkennen und auf seine Rechte auf Widerspruch und Aufhebung der einstweiligen Verfügung zu verzichten. Geht der Antragsgegner darauf nicht mit einer *Abschlußerklärung* ein, muß er mit einer Klage in der Hauptsache rechnen (*Pastor*, S. 450 ff.). Erhebt der Antragsteller trotz einer Abschlußerklärung des Antragsgegners Klage in der Hauptsache und erkennt dieser den Unterlassungsanspruch sofort an, werden dem Antragsteller (= Kläger) nach § 93 die Kosten auferlegt.

1647   VII. Aufhebungsverfahren

Will der Antragsgegner (= Schuldner) sich gegen die Fortdauer einer rechtskräftigen einstweiligen Verfügung wenden, kann er ein Aufhebungsverfahren einleiten. Voraussetzung dafür ist, daß sich inzwischen die bei der Anordnung bestehenden Umstände geändert haben, daß der Antragsteller (= Gläubiger) keine Klage zur Hauptsache erhoben hat oder daß der Antragsteller das Rechtfertigungsverfahren nicht fristgemäß eingeleitet hat.

1648   1. Aufhebung wegen veränderter Umstände

a) Aufhebungs*grund* des Verfahrens nach §§ 936, 927 ist eine Änderung der für die Verfahrensanordnung maßgebenden Umstände. Sie liegt vor, wenn eine Voraussetzung der einstweiligen Verfügung nachträglich weggefallen ist (Rdnr. 1527). Es ist aber auch möglich, die ursprüngliche Unbegründetheit der einstweiligen Verfügung im Aufhebungsverfahren geltend zu machen (Rdnr. 1528).

Dagegen ist das Erbieten zur Sicherheitsleistung — anders als gem. § 927 I beim Arrest (Rdnr. 1529) — regelmäßig kein Aufhebungsgrund. Eine Aufhebung der Verfügung gegen Sicherheitsleistung des Schuldners ist vielmehr im Interesse des Gläubigers nur unter besonderen Umständen möglich (§ 939). Solche Umstände liegen vor, wenn der Zweck der einstweiligen Verfügung ausnahmsweise auch durch eine Sicherheitsleistung des Schuldners erreicht werden kann.

Beispiel: Durch einstweilige Verfügung wird angeordnet, daß an dem Grundstück des Schuldners zur Sicherung des Anspruchs auf Bestellung einer Sicherungshypothek (§ 648 BGB) eine Vormerkung für den Gläubiger einzutragen ist. Da auch die Hypothekenbestellung nur die Sicherung des Geldanspruchs auf Werklohn bezweckt, ist dem Gläubiger in der Regel damit gedient, daß eine vergleichbare Sicherheit (z.B. Bürgschaft einer Großbank) geleistet wird (OLG Köln NJW 1975, 454).

Beim Schuldner müssen Umstände vorliegen, die über die üblicherweise mit einer Vollziehung verbundene Schädigung hinausgehen (*Thomas/Putzo*, § 939 Anm. 1; StJ/*Grunsky*, § 939 Rdnr. 1; BL/*Hartmann*, § 939 Anm. 1 B).

In dem genannten Beispiel ist etwa daran zu denken, daß der Bauherr (Schuldner) durch die Eintragung einer Vormerkung oder Hypothek gehindert würde, zugesagte Kreditsicherheiten zu gewähren, und er dadurch Finanzierungszusagen verlieren könnte.

b) Für das Aufhebungs*verfahren* ist stets das Gericht der Hauptsache zuständig, selbst wenn die einstweilige Verfügung von einem in der Hauptsache unzuständigen Amtsgericht erlassen wurde (BL/*Hartmann*, § 942 Anm. 6 B). Zu den übrigen Einzelheiten des Verfahrens vgl. Rdnr. 1530.

2. Aufhebung mangels Klage zur Hauptsache   1649

Das Aufhebungsverfahren nach § 926 kann der Schuldner bei dem Gericht der Hauptsache einleiten, wenn der Gläubiger keine Klage zur Hauptsache erhoben hat, obwohl ihm hierzu auf Antrag des Schuldners vom Verfügungsrichter eine Frist gesetzt worden war (§§ 936, 926; Einzelh.: Rdnr. 1531 f.).

Will der Schuldner in einer Wettbewerbssache die einstweilige Verfügung hinnehmen, verzichtet er nach Aufforderung durch den Gläubiger allerdings oft auf sein Recht, die Fristsetzung und die Aufhebung zu beantragen (Abschlußerklärung; Rdnr. 1646).

Eine solche Klage zur Hauptsache ist auch dann zulässig und daher — nach Fristsetzung — geboten, wenn gegen den Schuldner eine Leistungsverfügung ergangen ist. Denn das Rechtsschutzinteresse des Gläubigers für eine Klage ergibt sich daraus, daß er seinen Anspruch nur im Hauptsacheverfahren verbindlich feststellen lassen kann. Offensichtlich unbegründet ist eine Leistungsklage jedoch, wenn der Schuldner zwischenzeitlich — vielleicht unter dem Druck der einstweiligen Verfügung — erfüllt hat. In diesem Fall wäre daher auch ein auf § 926 II gestützter Aufhebungsantrag unzulässig (vgl. *Schlüter*, ZZP 80, 447, 464 f.); möglich ist dagegen ein Antrag nach § 927 (Rdnr. 1531).

Erhebt der Gläubiger die Klage zur Hauptsache, ohne daß ihm hierzu eine Frist gesetzt worden ist, muß er damit rechnen, daß ihm die Kosten des Hauptsacheverfahrens nach § 93 auferlegt werden, wenn der Schuldner den Anspruch sofort anerkennt. Diese Gefahr besteht besonders bei Wettbewerbsstreitigkeiten, da diese nach Erlaß der einstweiligen Verfügung oft nicht fortgesetzt werden. In diesen Fällen ist es für den Gläubiger daher ratsam, den Schuldner zu der Abschlußerklärung aufzufordern, daß er die einstweilige Verfügung als endgültig anerkennt (Rdnr. 1646).

1650   **3. Aufhebung mangels Rechtfertigungsverfahrens**

a) Aufhebungs*grund* des Verfahrens nach § 942 III ist die Versäumung der Frist, die ein in der Hauptsache nicht zuständiges Amtsgericht dem Gläubiger zur Einleitung des Rechtfertigungsverfahrens gesetzt hat (Rdnr. 1641). Allerdings kann der Gläubiger diese Prozeßhandlung gem. § 231 II noch im Aufhebungsverfahren nachholen, und zwar — bei mündlicher Verhandlung — bis zum Ende der letzten mündlichen Verhandlung bzw. — im nicht mündlichen Verfahren — bis zum Erlaß der Aufhebungsentscheidung (OLG Hamm MDR 1965, 305; StJ/*Grunsky*, § 942 Rdnr. 16; *Thomas/Putzo*, § 942 Anm. 3).

1651   b) Für das Aufhebungs*verfahren* ist allein das Amtsgericht zuständig, welches die einstweilige Verfügung erlassen hat. Das Gericht kann ohne mündliche Verhandlung entscheiden (§ 942 IV); es muß dann aber vorher dem Gläubiger Gelegenheit geben, zu der gegnerischen Behauptung, er habe das Rechtfertigungsverfahren nicht fristgemäß eingeleitet, Stellung zu nehmen (Art. 103 I GG; StJ/*Grunsky*, a.a.O.; *Mädrich*, S. 76 FN 450; *Thomas/Putzo*, a.a.O.). Die Entscheidung ergeht stets durch Beschluß. Gegen ihn hat der Schuldner (bei Ablehnung der Aufhebung) die Beschwerde (§ 567), der Gläubiger (bei Aufhebung) die sofortige Beschwerde (§§ 934 IV analog, 577; *Zöller/Vollkommer*, § 942 Rdnr. 6).

Im Fall c kann G sofortige Beschwerde gegen die Aufhebungsentscheidung mit der Begründung einlegen, ihm sei kein rechtliches Gehör gewährt worden. Er erhält damit zugleich die Gelegenheit, das Rechtfertigungsverfahren einzuleiten.

1652   **§ 52   Die Vollziehung der einstweiligen Verfügung**

Schrifttum: *Borck*, Über die Vollziehung von Unterlassungsverfügungen, WRP 1977, 556; *ders.*, »Vollziehung«: Zustellung oder Zwangsvollstreckung?, MDR 1983, 180; *Castendiek*, Die Amtszustellung als Vollziehung von Urteilsverfügungen mit

§ 52   *Die Vollziehung der einstweiligen Verfügung*

Unterlassungsgebot, WRP 1979, 527; *Furtner,* Darf ein Verfügungsverbot vor Zustellung der es anordnenden einstweiligen Verfügung im Grundbuch eingetragen werden?, MDR 1955, 136; *Schmidt-von Rhein,* Die Vollziehung der auf Unterlassung gerichteten einstweiligen Verfügungen, NJW 1976, 792; *Schütze,* Zur Zustellung nach § 176 ZPO im einstweiligen Verfügungsverfahren, BB 1978, 589; *Weber,* Die Vollziehung einstweiliger Verfügungen auf Unterlassung, DB 1981, 877; *Wedemeyer,* Vermeidbare Klippen des Wettbewerbsrechts, NJW 1979, 293; *Winkler,* Das Schicksal der einstweiligen Verfügung bis zur Rechtskraft des sie aufhebenden Urteils, MDR 1962, 88; vgl. auch das Schrifttum Rdnr. 1533.

Fälle:

a) Dem S ist durch einstweilige Verfügung untersagt worden, mit der Bezeichnung »Älteste Weinhandlung am Ort« zu werben. Das Verfügungsurteil ist ihm bereits zugestellt worden. G fragt, ob er das Urteil noch im Parteibetrieb zustellen lassen muß, um die Vollziehungsfrist (vgl. §§ 929 II, 936) zu wahren.

b) S ist durch eine am 3.1. verkündete einstweilige Verfügung verurteilt worden, an G für die Monate Januar bis Juni einen monatlichen Unterhalt von 500,— DM zu leisten, zahlbar jeweils am 3. eines Monats im voraus. Am 5.2. erteilt G dem Gv erstmals den Auftrag, aus dieser Verfügung zu vollstrecken. Als Gv den G auf den Ablauf der Vollziehungsfrist hinweist, meint dieser, Gv müsse zumindest wegen der ab Februar geschuldeten Unterhaltsraten vollstrecken.

c) Auf Antrag des Betriebsrates G ist dem Arbeitgeber S durch einstweilige Verfügung aufgegeben worden, dem Betriebsrat einen Raum zur Verfügung zu stellen (vgl. § 40 II BetrVG). Nachdem G die Räume einige Zeit genutzt hat, stellt sich im Hauptsacheverfahren heraus, daß ihm kein Anspruch zustand. S möchte von G Schadensersatz für die Zeit, in der er den Raum nicht nutzen konnte.

d) S hat aufgrund einer Leistungsverfügung an G Unterhalt gezahlt. Als sich im Hauptsacheverfahren herausstellt, daß dem G kein Anspruch zusteht, möchte S von G Schadensersatz gem. § 945. S meint, G könne gem. § 945 nichts verlangen, da die Verfügung weder vollzogen noch durch Sicherheitsleistung abgewendet worden sei.

Die Vollziehung der einstweiligen Verfügung richtet sich gem. § 936 nach den Vorschriften über die Vollziehung des Arrestes (§§ 928 f., Rdnr. 1533 ff.). Dabei ist zwischen der Sicherungsverfügung und Regelungsverfügung einerseits sowie der Leistungsverfügung andererseits zu unterscheiden.

I. Vollziehung der Sicherungs- und der Regelungsverfügung   1653

1. Voraussetzungen der Vollziehung

a) Wie der Arrestbefehl sind auch die Sicherungs- und die Regelungsverfügung *sofort vollstreckbar* (Rdnr. 1534).

b) Eine *Vollstreckungsklausel* ist grundsätzlich nicht erforderlich (§§ 936, 929 I; Rdnr. 1535).

c) Die Sicherungs- und die Regelungsverfügung können schon *vor ihrer Zustellung* vollzogen werden (§§ 936, 929 III 1; Rdnr. 1536). Allerdings muß die Zustellung der Verfügung innerhalb einer Woche nach der Vollziehung und vor Ablauf der Vollziehungsfrist des § 929 II erfolgen (§§ 936, 929 III 2). Auch hier wird die Frist nur durch eine Zustellung im Parteibetrieb gewahrt.

1654   d) Die *Vollziehungsfrist von einem Monat* ist einzuhalten (§§ 936, 929 II; Rdnr. 1537 ff.).

(1) Die *zur Fristwahrung erforderlichen* Maßnahmen richten sich nach dem Inhalt der einstweiligen Verfügung.

(a) Enthält die Verfügung ein *Gebot* oder *Verbot* (Fall a), so ist ein Vollzug erst mit der Zustellung im Parteibetrieb anzunehmen. Eine Zustellung von Amts wegen, wie sie bei Urteilen erfolgt (vgl. § 317 I), reicht nicht aus (BGH VersR 1985, 358, 359 m.N.; OLG Hamm FamRZ 1985, 411, 412; BL/ *Hartmann*, § 936 Anm. 2 A; a.A. OLG Hamburg BB 1973, 1189); denn erst durch die von ihm veranlaßte Zustellung gibt der Gläubiger zu erkennen, daß er von der Verfügung Gebrauch machen will. Weitere Vollstreckungsmaßnahmen sind zur Fristwahrung nicht erforderlich; so braucht etwa bei einem Verfügungsverbot (Rdnr. 1586), das sich auf ein Grundstück erstreckt, die Grundbucheintragung nicht innerhalb der Vollziehungsfrist zu erfolgen (BL/*Hartmann*, § 936 Anm. 2 A; StJ/*Grunsky*, § 938 Rdnr. 30; RGZ 51, 129, 132).

(b) Ist im Wege der einstweiligen Verfügung die Eintragung einer *Vormerkung* oder eines *Widerspruchs* (Rdnr. 1588) angeordnet worden, reicht es aus, wenn der Antrag des Gläubigers innerhalb der Frist beim Grundbuchamt eingeht, da der Gläubiger auf die Tätigkeit des Grundbuchamtes keinen Einfluß nehmen kann (RGZ 155, 156; BL/*Hartmann*, § 936 Anm. 2 A; *Bruns/Peters*, § 49 V 1; *Thomas/Putzo*, § 936 Anm. 3).

Wenn aufgrund der einstweiligen Verfügung eine Eintragung in das Grundbuch, das Schiffsregister oder Schiffsbauregister erforderlich ist, wird die Vollziehungsfrist auch durch das Eintragungsersuchen des Gerichts, das die Verfügung erlassen hat (vgl. § 941), gewahrt. Davon ist der Gläubiger, der ebenfalls noch einen Eintragungsantrag stellen kann, zu unterrichten, damit er die Möglichkeit hat, die Zustellungsfrist des § 929 III 2 zu wahren.

(c) Auch bei einstweiligen Verfügungen mit *sonstigem Inhalt* (z.B. Sequestration; Rdnr. 1583) reicht es nach der hier vertretenen Ansicht aus, wenn der Antrag innerhalb der Vollziehungsfrist beim Vollstreckungsorgan (z.B. Gerichtsvollzieher) eingegangen ist (vgl. Rdnr. 1539).

(2) Eine *Versäumung der Monatsfrist hat zur Folge,* daß jede Vollstrekkung der einstweiligen Verfügung unzulässig ist (§§ 929 II, 936; Rdnr. 1540).

2. Durchführung der Vollziehung   1655

Die Durchführung der Vollziehung einer Sicherungs- und einer Regelungsverfügung richtet sich nach deren Inhalt.

a) Bei der *Sicherstellung von Sachen* ist zu unterscheiden:

(1) *Bewegliche* Sachen werden vom Gerichtsvollzieher weggenommen (vgl. §§ 883 f., 886; Rdnr. 1047 ff.). Bei Anordnung einer Sequestration (Rdnr. 1583) hat der Gerichtsvollzieher außerdem die Sache dem Sequester zu übergeben.

(2) Bei *unbeweglichen* Sachen (z.B. Grundstücken) wird zumeist Sequestration angeordnet. Der Gerichtsvollzieher hat den Schuldner aus dem Besitz zu setzen und den Sequester in den Besitz einzuweisen (vgl. §§ 885 f.; Rdnr. 1057). Wenn die Zwangsverwaltung nach dem ZVG angeordnet worden ist, gelten die §§ 146 ff. ZVG (Rdnr. 1000 ff.).

b) Ist dem Schuldner die *Vornahme einer Handlung* oder eine *Unterlassung* aufgegeben worden, erfolgt die Vollstreckung nach §§ 887, 888, 890   1656
(Rdnr. 1064 ff.). Dafür ist allerdings regelmäßig das Gericht der Hauptsache zuständig (BL/*Hartmann,* § 936 Anm. 2; StJ/*Grunsky,* § 938 Rdnr. 33; *Thomas/Putzo,* § 936 Anm. 3).

c) Falls die *Abgabe einer Willenserklärung* angeordnet worden ist, erüb   1657
rigt sich eine weitere Vollstreckung, da die Fiktionswirkung des § 894 bereits bei Erlaß der Verfügung eintritt (Rdnr. 1594).

d) *Eintragungen in das Grundbuch* sind auf Antrag des Gläubigers oder   1658
auf Ersuchen des Gerichts (vgl. § 941) vom Grundbuchamt entsprechend den §§ 932, 866 f. vorzunehmen (vgl. StJ/*Grunsky,* § 938 Rdnr. 32 a.E.).

3. Rechtsbehelfe und Aufhebung des Vollzuges   1659

a) Für die *Rechtsbehelfe* des Schuldners und des Gläubigers im Vollzugsverfahren gilt das beim Vollzug des Arrestes Ausgeführte entsprechend (Rdnr. 1556 f.).

b) Die *Aufhebung des Vollzuges* einer einstweiligen Verfügung ist gem.   1660
§ 934 II (Rdnr. 1558) möglich (StJ/*Grunsky,* § 938 Rdnr. 34; *Rosenberg,* § 215 V 3; *Thomas/Putzo,* § 936 Anm. 3 a.E.; a.A. BL/*Hartmann,* § 936 Anm. 2 B; *Zöller/Vollkommer,* § 934 Rdnr. 4). Allerdings kommt eine Auf

hebung gem. § 934 I wegen Hinterlegung einer Sicherheit durch den Schuldner nicht in Betracht, weil eine Abwendungsbefugnis des Schuldners — anders als beim Arrest (§ 923; Rdnr. 1517) — bei der einstweiligen Verfügung nicht vorgesehen ist (Rdnr. 1638).

1661   **II. Vollziehung der Leistungsverfügung**

1. Voraussetzungen der Vollziehung

a) Auch eine Leistungsverfügung ist *sofort vollstreckbar;* sie bedarf grundsätzlich keiner Vollstreckungsklausel und kann schon vor ihrer Zustellung vollzogen werden (§§ 936, 929; Rdnr. 1534 ff.).

b) Ob § 929 II, wonach die *Vollziehung nur binnen eines Monats* nach Verkündung oder Zustellung an den Gläubiger erfolgen darf, entsprechend anzuwenden ist, hängt von der Art der angeordneten Leistung ab.

1662   (1) Ist dem Schuldner nur eine *einmalige Leistung* (z.B. Zahlung bestimmter Kosten) aufgegeben worden, muß der Gläubiger die Monatsfrist durch Vollziehung wahren (§§ 936, 929 II; Rdnr. 1537 ff.). Hierzu genügt es, daß er rechtzeitig den Antrag auf eine bestimmte Vollstreckungsmaßnahme stellt (Einzelh.: Rdnr. 1539).

1663   (2) Ordnet die Verfügung *wiederkehrende Leistungen* an, soll nach einer Ansicht § 929 II nicht anwendbar sein, so daß die Verfügung unbefristet vollzogen werden kann (BL/*Hartmann,* § 936 Anm. 3 A m.N.). Nach einer anderen Auffassung ist die Monatsfrist des § 929 II zwar einzuhalten; diese Frist soll aber schon dann gewahrt sein, wenn der Gläubiger die Vollstreckung wegen der jeweils fälligen Teilleistung binnen eines Monats seit der Fälligkeit einleitet (OLG Bamberg FamRZ 1985, 509, 510; OLG Hamm FamRZ 1983, 1255; OLG Koblenz FamRZ 1980, 909, 910; OLG Schleswig FamRZ 1981, 456; *Jauernig,* § 37 V 2; StJ/*Grunsky,* § 938 Rdnr. 38). Schließlich wird die Meinung vertreten, die Vollziehung sei hinsichtlich sämtlicher Teilleistungen ausgeschlossen, wenn der Gläubiger nicht schon binnen eines Monats nach Fälligkeit der ersten Teilleistung die Vollziehung eingeleitet habe (OLG Celle FamRZ 1984, 1248 f.; OLG Frankfurt FamRZ 1979, 537 f.; OLG Köln FamRZ 1985, 508 f.). Dieser (engsten) Ansicht ist im Ergebnis zuzustimmen. Versäumt der Gläubiger schon hinsichtlich der ersten Teilleistung die Vollziehungsfrist, spricht das gegen eine besondere Dringlichkeit und damit für das Fehlen oder den Wegfall des Verfügungsgrundes. Sofern die Vollziehung allerdings zunächst nur deshalb unterbleibt, weil der Schuldner freiwillig leistet, kann sie noch fristgerecht erfolgen, wenn sie nach Einstellung der freiwilligen Leistung innerhalb der Monatsfrist beginnt (OLG Köln a.a.O.).

Im Fall b hat G die Monatsfrist versäumt. Nach der hier vertretenen Auffassung kann G daher aus der einstweiligen Verfügung auch wegen der erst am 3. 2. und noch später fällig werdenden Ansprüche nicht mehr vollstrecken.

Nach verbreiteter Ansicht wird die Vollziehungsfrist auch gewahrt, wenn der Gläubiger die einstweilige Verfügung binnen eines Monats im Parteibetrieb zustellen läßt (OLG Hamm FamRZ 1983, 1254, 1255; OLG Schleswig FamRZ 1981, 456; *Thomas/Putzo*, § 936 Anm. 4). Dem ist nur für den Fall zuzustimmen, daß zur Vollziehung weitere Vollstreckungsmaßnahmen nicht erforderlich sind. Da es bei der Leistungsverfügung aber regelmäßig um die Vollstreckung einer Geldforderung geht, sind weitere Maßnahmen (z.B. Pfändung) geboten, so daß mit einer bloßen Zustellung der Verfügung eine Vollziehung nicht begonnen wird (OLG Oldenburg FamRZ 1983, 1256, 1257).

2. Durchführung der Vollziehung   1664

Da die Leistungsverfügung den Gläubiger befriedigen soll, richtet sich ihre Vollziehung nicht nach den §§ 930—932, weil diese Vorschriften sich auf eine Sicherung des Gläubigers beschränken (Rdnr. 1541 ff.). Vielmehr erfolgt die Vollstreckung gem. § 928 nach den allgemeinen Regeln. So richtet sich die Vollstreckung wegen einer Geldforderung nach den §§ 803 ff., 864 ff.; sie wird also bis zur Verwertung durch Versteigerung und Erlösverteilung oder durch Überweisung fortgesetzt.

Für die Pfändung einer Forderung ist allerdings nicht — entsprechend § 930 I 2 — das Gericht zuständig, das die einstweilige Verfügung erlassen hat, sondern das Vollstreckungsgericht i.S.d. § 828 (Rdnr. 503). Die Vollstreckung in Grundstücke erfolgt nicht durch Eintragung einer Höchstbetragshypothek (vgl. zum Arrest: Rdnr. 1549 ff.), sondern durch Zwangsversteigerung, Zwangsverwaltung oder durch Eintragung einer Zwangshypothek.

3. Rechtsbehelfe und Aufhebung des Vollzuges   1665

a) Bei den *Rechtsbehelfen* im Vollzugsverfahren ist zwischen denen des Schuldners und denen des Gläubigers zu unterscheiden.

(1) Dem *Schuldner* stehen grundsätzlich die Rechtsbehelfe zu, die er bei jeder anderen (Verwertungs-) Vollstreckung auch hätte. Nach h.M. ist — anders als beim Arrest und bei der Sicherungs- und Regelungsverfügung (Rdnr. 1527, 1556) — auch die Vollstreckungsgegenklage gem. § 767 statthaft, sofern der Schuldner geltend macht, er habe rückständige Forderungen

erfüllt; denn diese Einwendung kann er im Aufhebungsverfahren, in dem es nur um die Fortdauer des Arrestes geht, nicht geltend machen (*Baur/ Stürner*, Rdnr. 946; *A. Blomeyer*, § 97 II 3; BL/*Hartmann*, § 936 Anm. 4; StJ/*Grunsky*, § 938 Rdnr. 41; *Thomas/Putzo*, § 936 Anm. 4; *Zöller/ Vollkommer*, § 927 Rdnr. 15; a.A. *Bruns/Peters*, § 49 V 2).

(2) Zu den Rechtsbehelfen des *Gläubigers* vgl. Rdnr. 1557.

1666   b) Die *Aufhebung des Vollzuges* einer einstweiligen Verfügung kommt nur dann in Betracht, wenn die Fortdauer der angeordneten Maßnahme besondere Aufwendungen erfordert und der Gläubiger den nötigen Geldbetrag nicht vorschießt (§ 934 II; Rdnr. 1558). Zum Verfahren vgl. Rdnr. 1558.

1667   **III. Schadensersatz wegen unberechtigten Vollzuges**

Wenn eine einstweilige Verfügung zu Unrecht vollzogen worden ist, hat der Vollstreckungsgläubiger Schadensersatz zu leisten (vgl. § 945). Es gilt das zum Schadensersatz beim unberechtigten Vollzug eines Arrestes Gesagte entsprechend (Rdnr. 1562 ff.). Wegen der Besonderheiten ist zwischen der Sicherungs- und der Regelungsverfügung einerseits sowie der Leistungsverfügung andererseits zu unterscheiden.

1668   **1. Sicherungs- und Regelungsverfügung**

a) Bei der durch einstweilige Verfügung erwirkten *Gegendarstellung nach dem Pressegesetz* (Rdnr. 1600) kommt ein Schadensersatz nach § 945 in Betracht (BGHZ 62, 7; *Baur/Stürner*, Rdnr. 898; *Thomas/Putzo*, § 945 Anm. 1 f; StJ/*Grunsky*, § 945 Anm. 4; a.A. BL/*Hartmann*, § 945 Anm. 1 C), da auch hier dem Gläubiger die Befugnis eingeräumt wird, seinen Anspruch zu vollstrecken, bevor seine Berechtigung endgültig feststeht. Ein Schaden kann etwa darin bestehen, daß der Schuldner den für die Gegendarstellung verwendeten Raum zum Abdruck einer entgeltlichen Anzeige hätte nutzen können.

1669   b) Bei Verfügungen in *arbeitsrechtlichen Streitigkeiten* (Rdnr. 1603 ff.) ist folgendes zu beachten:

(1) Ergeht die Verfügung in einer *betriebsverfassungsrechtlichen Angelegenheit*, scheidet ein Schadensersatzanspruch nach § 945 kraft ausdrücklicher Bestimmung des § 85 II 2 ArbGG aus (zu Fall c).

(2) Ist der Arbeitgeber gem. § 102 V 2 BetrVG durch einstweilige Verfügung *von der Verpflichtung zur Weiterbeschäftigung entbunden* worden (Rdnr. 1607), kommt bei späterer Aufhebung der Verfügung eine Haftung

des Arbeitgebers nach § 945 in Betracht. Hat dagegen der Arbeitnehmer im Wege der einstweiligen Verfügung seine *Weiterbeschäftigung erwirkt* und stellt sich später im Hauptsacheverfahren heraus, daß die Kündigung wirksam war, scheidet eine Ersatzpflicht des Arbeitnehmers nach § 945 aus; denn bis zur Entscheidung in der Hauptsache bestand der Weiterbeschäftigungsanspruch nach materiellem Recht unabhängig vom Ausgang des Kündigungsschutzprozesses (vgl. Rdnr. 1606).

2. Leistungsverfügung

1670

§ 945 geht davon aus, daß der Schuldner die Vollziehung durch Sicherheitsleistung abwenden kann. Diese Möglichkeit besteht aber bei der Leistungsverfügung nicht (Rdnr. 1638). Deshalb ist dem vom Gesetz vorgesehenen Fall der Abwendung durch Sicherheitsleistung die Abwendung durch (freiwillige) Erfüllung des Anspruchs gleichzustellen (BGH NJW 1974, 642, 644; *Baur*, S. 107 f.; StJ/*Grunsky*, § 945 Rdnr. 4; Fall d).

Der Schadensersatzanspruch wird auch bei einer Leistungsverfügung im ordentlichen Zivilprozeß geltend gemacht (Rdnr. 1572 f.). Ist die Verfügung auf Zahlung gerichtet und die Höhe des Geleisteten unstreitig, bestehen aber keine entscheidenden Bedenken dagegen, daß über den Schadensersatzanspruch aus Gründen der Prozeßökonomie bereits im Widerspruchs- oder Rechtfertigungsverfahren mitentschieden wird (*Baur/Stürner*, Rdnr. 948; StJ/*Grunsky*, § 945 Rdnr. 36; *Thomas/Putzo*, § 945 Anm. 4; OLG Frankfurt JW 1931, 2378; a.A. *Wieczorek/Schütze*, § 945 Anm. C I).

Fünfter Teil 1671

§ 53 Die Kosten der Zwangsvollstreckung

Schrifttum: *Alisch,* Die Erstattung von Lagerkosten bei Pfand- und Räumungsgut, DGVZ 1979, 5; *ders.,* Gesamtschuldnerische Haftung für Vollstreckungskosten?, DGVZ 1984, 36; *Bauer,* Notwendige und nicht notwendige Kosten der Zwangsvollstreckung, JurBüro 1966, 989; *Bauknecht,* Die Kostenregelung beim Mobiliarvollstreckungsschutz, MDR 1954, 391; *Behr/Han ke,* P ozeßkostenhilfe für die Zwangsvollstreckung, Rpfleger 1981, 265; *Biede,* Die Beitreibung der Vollstreckungskosten, DGVZ 1975, 19; *Christmann,* Sinn und Zw ck des § 788 ZPO, DGVZ 1985, 147; *Eicken,* Erstattungsfähige Kosten, 4. Auf', 1985; *Fäustle,* Vollstreckungskosten gemäß § 788 ZPO, MDR 1970, 115; *Haug,* Die Beitreibung der mittelbaren Kosten der Zwangsvollstreckung, NJW 1963, 1909; *Krauthausen,* Die Gebühren des Rechtsanwalts in der Zwangsvollstreckung, DGVZ 1984, 180; *Lange,* Erstattungsfähigkeit der Kosten des Gläubigers für eine Sicherheitsleistung im Zwangsvollstreckungsverfahren, VersR 1972, 713; *Lappe,* Ist die Kosten-Vollstreckung gemäß § 788 I ZPO mit dem Grundgesetz vereinbar?, MDR 1979, 795; *ders.,* Die Kostenerstattung bei der Forderungspfändung, Rpfleger 1983, 248; *Mümmler,* Nochmals: Erstattungsfähigkeit von Vollstreckungskosten und ihre Beitreibung durch den Gerichtsvollzieher, DGVZ 1971, 177; *ders.,* Gesamtschuldnerhaftung für Vollstreckungskosten, JurBüro 1980, 1626; *Noack,* Wer trägt das Risiko für die entstehenden Vollstreckungskosten?, DGVZ 1976, 65; *ders.,* Aktuelle Fragen zur Erstattungsfähigkeit der Kosten der Zwangsvollstreckung nach § 788 ZPO und zu ihrer Beitreibung, DGVZ 1983, 17; *Schimpf,* Zur Haftung mehrerer Vollstreckungsschuldner für die Vollstreckungskosten, MDR 1985, 102; *E. Schneider,* Prüfungspflicht des Gerichtsvollziehers bei Vollstreckung von Restforderungen und Kosten, DGVZ 1982, 149; *ders.,* Zur Erstattungsfähigkeit der Kosten für die Beschaffung einer Sicherheitsleistung, MDR 1974, 885.

Fälle:

a) Um aus einem Zahlungstitel gegen S vollstrecken zu können, mußte G Kosten für die Tätigkeit eines Detektivbüros zur Ermittlung der Anschrift des S aufwenden und einen Kostenvorschuß an den Gerichtsvollzieher zahlen. Hat G gegen S einen Erstattungsanspruch, und wie kann er diesen durchsetzen?

b) G hat aus einem gegen Sicherheitsleistung für vorläufig vollstreckbar erklärten Urteil vollstreckt, nachdem er zuvor eine Bankbürgschaft beigebracht hat. Kann er die dafür gemachten Aufwendungen als Kosten der Zwangsvollstreckung bei S beitreiben lassen?

c) Nachdem das gegen Sicherheitsleistung vorläufig vollstreckbare Zahlungsurteil, das G gegen die Versicherungsgesellschaft S erstritten hatte, am 11. 10. rechtskräftig geworden war, beauftragte G am 12. 10. einen Rechtsanwalt, der durch ein Schreiben vom selben Tage die S zur Zahlung aufforderte und die Zwangsvollstreckung androhte. G möchte von S die Vollstreckungsgebühr (§ 57 BRAGO) ersetzt bekommen, die er für das anwaltliche Schreiben an den Anwalt gezahlt hat.

d) G läßt den wertvollen Hund des S pfänden, obwohl er weiß, daß der im Alter vereinsamte S sehr an dem Tier hängt. S beantragt, ihm Vollstreckungsschutz zu gewähren und die Kosten des Verfahrens dem G aufzuerlegen.

Unter den Kosten der Zwangsvollstreckung sind die Aufwendungen zu verstehen, welche die Parteien für die Durchführung der Zwangsvollstreckung machen. Dazu gehören nicht die Prozeßkosten, die durch das Erkenntnisverfahren entstanden sind und über die im Urteilstenor dem Grunde nach entschieden worden ist.

§ 788 regelt, wer im Verhältnis zwischen Vollstreckungsgläubiger und Vollstreckungsschuldner die Kosten der Zwangsvollstreckung zu tragen hat.

1672   I. Anwendungsbereich des § 788

§ 788 gilt für jede Art von Zwangsvollstreckung, die nach der ZPO erfolgt, unabhängig davon, aus welchem Titel vollstreckt wird. Die Vorschrift greift also etwa auch beim Vollzug eines Arrestes oder einer einstweiligen Verfügung ein.

Jedoch betrifft § 788 nur die Kostenerstattungspflicht zwischen Gläubiger und Schuldner, nicht die Kostenpflicht einer Partei gegenüber dem Staat und gegenüber dem eigenen Rechtsanwalt.

Im Verhältnis zur Staatskasse sind Kostenschuldner der (vorschußpflichtige) Antragsteller und der (erstattungspflichtige) Vollstreckungsschuldner als Gesamtschuldner; es fallen Gebühren und Auslagen an. Einzelheiten ergeben sich aus dem Gerichtskostengesetz, dem Gesetz über die Kosten der Gerichtsvollzieher und den (bundeseinheitlichen) Gerichtsvollzieherkostengrundsätzen der Länder. Wenn dem Gläubiger für die Zwangsvollstreckung Prozeßkostenhilfe gewährt worden ist, entfällt die Vorschußpflicht (vgl. § 65 VII Nr. 1 GKG; § 5, 2 GVKostG).

Im Verhältnis der Partei zu ihrem Anwalt gelten die getroffenen Vereinbarungen und die Vorschriften der BRAGO (vgl. insbesondere §§ 57 ff. BRAGO).

1673   II. Kostenpflicht des Schuldners

Nach § 788 I trägt grundsätzlich der Schuldner die Kosten der Zwangsvollstreckung. Das ist deshalb gerechtfertigt, weil der Schuldner durch seine Nichtleistung die Vollstreckung veranlaßt hat.

Bei einer Mehrheit von Vollstreckungsschuldnern trägt jeder von ihnen nur die Kosten, die durch eine Vollstreckung gegen ihn entstanden sind. Selbst wenn sie als

Gesamtschuldner verurteilt worden sind (vgl. § 100 IV), sind sie noch nicht Gesamtschuldner für die Vollstreckungskosten (vgl. § 425 BGB; BL/*Hartmann,* § 788
Anm. 1; *Thomas/Putzo,* § 788 Anm. 2 c; OLG München NJW 1974, 957 f. m.N.; LG
Kassel Rpfleger 1985, 153; a.A. *Schimpf,* MDR 1985, 103 ff.; *Alisch,* DGVZ 1984,
36 ff.). Wird gegen mehrere Schuldner gemeinsam vollstreckt, sind sie nach Köpfen
zur Kostentragung verpflichtet (OLG München a.a.O.). Allenfalls dann, wenn sich
die Vollstreckung notwendigerweise gegen mehrere Schuldner richtet (z.B. Räumungsvollstreckung gegen Ehegatten), kommt eine gesamtschuldnerische Ko-
stenhaftung in Betracht (BL/*Hartmann,* § 788 Anm. 1; StJ/*Münzberg,* § 788 Rdnr. 5;
Zöller/Stöber, § 788 Rdnr. 10, alle m.N.).

1. Arten und Umfang der zu ersetzenden Kosten

1674

a) Für die Frage, welche *Arten* von Kosten der Schuldner zu ersetzen hat,
ist zwischen unmittelbaren und mittelbaren Aufwendungen zu unterscheiden.

(1) Aufwendungen, die der Vollstreckungsgläubiger *unmittelbar* zur Vorbereitung oder Durchführung der Vollstreckung macht, gehören zu den
ersatzfähigen Kosten der Zwangsvollstreckung (*A. Blomeyer,* § 98 II 1; StJ/
Münzberg, § 788 Rdnr. 6).

(a) Zu den *Vorbereitungskosten* zählen etwa die Kosten der Ausfertigung
und der Zustellung des Urteils (§ 788 I 2), die Kosten für die Beschaffung
von Urkunden (vgl. §§ 726, 727, 792), die Detektivkosten für die Ermittlung
der Schuldnerwohnung (LG Aachen DGVZ 1985, 114; LG Berlin JurBüro
1985, 627 f.; Fall a) sowie nach h.M. die Kosten einer Bankbürgschaft, die
der Gläubiger zur Vollstreckung eines nur gegen Sicherheitsleistung vorläufig vollstreckbaren Urteils beibringt (Fall b; OLG Düsseldorf Rpfleger 1981,
121 f.; KG ZIP 1985, 706; *Baur/Stürner,* Rdnr. 830; a.A. StJ/*Münzberg,*
§ 788 Rdnr. 9).

(b) An *Durchführungskosten* kommen etwa in Betracht die Auslagen und
Gebühren des Gerichtsvollziehers (Fall a), dessen Lagerkosten (vgl. *Alisch,*
DGVZ 1979, 5), die Kosten eines Rechtsanwalts für dessen Tätigkeit in der
Zwangsvollstreckung (dazu AG Siegen DGVZ 1985, 47), die Aufwendungen
für eine Ersatzstückbeschaffung bei der Austauschpfändung (§ 811 a II 4;
Rdnr. 288 ff.) sowie bei der Forderungspfändung die Kosten eines mit dem
Drittschuldner geführten Rechtsstreits (LG Bochum   Rpfleger 1984, 286
m.N.).

(2) Aufwendungen, die der Gläubiger nur *mittelbar* für die Vollstreckung   **1675**
erbracht hat, sind keine Vollstreckungskosten i.S.d. § 788; sie können etwa
als Verzugsschaden eingeklagt werden (*A. Blomeyer,* § 98 II 1 c; StJ/*Münz-*

berg, § 788 Rdnr. 6, 14). So kann der Gläubiger den Restkaufpreis, den er an den Vorbehaltsverkäufer gezahlt hat, um dessen Drittwiderspruchsklage bei der Pfändung des dem Schuldner zustehende Anwartschaftsrechts zu verhindern, nicht nach § 788 erstattet verlangen (*Baur/Stürner,* Rdnr. 831; *A. Blomeyer,* § 98 II 1 c; StJ/*Münzberg,* § 788 Rdnr. 15; *Thomas/Putzo,* § 788 Anm. 5 b; a.A. BL/*Hartmann,* § 788 Anm. 5 »Gegenleistung«; vgl. auch Rdnr. 806 ff.).

Nimmt der Gläubiger zwecks Sicherheitsleistung einen Kredit auf oder hinterlegt er eigenes Geld, sollen die dadurch entstehenden Kosten oder Zinsverluste nach überwiegender Ansicht nicht gem. § 788 zu erstatten sein (OLG Düsseldorf Rpfleger 1981, 121 f.; *Baur/Stürner,* Rdnr. 831; StJ/*Münzberg,* § 788 Rdnr. 9). Allerdings gehören sie — ebenso wie die Kosten einer zur Sicherheit geleisteten Bankbürgschaft — zu den unmittelbaren Vorbereitungskosten. Eine verschiedene rechtliche Behandlung läßt sich allenfalls damit rechtfertigen, daß die Kreditkosten und Zinsverluste häufig nur schwer festzustellen sind und das summarische Kostenfestsetzungsverfahren zu einer aufwendigen Prüfung weder geeignet noch vorgesehen ist.

1676   b) Dem *Umfang* nach braucht der Schuldner nur diejenigen Kosten der Zwangsvollstreckung zu tragen, die *notwendig* waren (§ 788 I, 1. Halbs.; vgl. § 91). Der Gläubiger hat bei der Durchsetzung seines Rechts die Kosten möglichst gering zu halten. Die Notwendigkeit bestimmt sich im Einzelfall danach, ob der Gläubiger eine Vollstreckungsmaßnahme im Zeitpunkt ihrer Vornahme zur Durchsetzung seines Anspruchs objektiv für erforderlich halten durfte (StJ/*Münzberg,* § 788 Rdnr. 18; *Zöller/Stöber,* § 788 Rdnr. 9).

Notwendig sind danach etwa die Kosten für die Zustellung des Titels, die Gebühren für die Tätigkeit des Vollstreckungsorgans, die erforderlichen Transport- und Lagerkosten im Fall des § 885 III.

Nicht notwendig sind dagegen die Kosten für eine unzulässige oder offenbar aussichtslose Vollstreckung sowie die Kosten für eine Vorpfändung, wenn keine Besorgnis besteht, daß ansonsten die Pfändung erfolglos bleiben würde.

Anwaltliche Hilfe ist grundsätzlich notwendig. Bei einer Geldschuld muß der Gläubiger, wenn er die Anwaltskosten ersetzt haben will, allerdings eine angemessene Zeit verstreichen lassen, in welcher der Schuldner die Leistungshandlung vornehmen kann und insbesondere eine Überweisung des Geldbetrages durchzuführen ist (vgl. StJ/*Münzberg,* § 788 Rdnr. 20).

Im Fall c hätte G ohne Erbringung der Sicherheit erst am 12.10. vollstrecken können. Er durfte nicht damit rechnen, daß bereits an diesem Tag der eingeklagte Betrag bei ihm einginge, da er davon ausgehen mußte, daß die Versicherung bis zum letzten Tag prüfen würde, ob sie Berufung einlegen sollte. Deshalb hätte G mit der Beauftragung eines Rechtsanwalts einige Tage warten müssen (vgl. HansOLG Hamburg JurBüro 1985, 785); jedenfalls kann er nicht die an seinen Anwalt gezahlte Gebühr von S erstattet verlangen.

2. Festsetzung und Beitreibung 1677

Die Beitreibung der Zwangsvollstreckungskosten kann mit oder ohne besondere Kostenfestsetzung erfolgen (Fall a).

a) Grundsätzlich sind die Kosten *ohne besondere Kostenfestsetzung* mit dem zur Zwangsvollstreckung stehenden Anspruch beizutreiben (§ 788 I, 2. Halbs.).

(1) *Verfahren:* Das jeweils vollstreckende Organ (Gerichtsvollzieher, Rechtspfleger) prüft, ob es sich bei den Forderungen des Gläubigers um Kosten der Zwangsvollstreckung handelt und ob diese erforderlich waren. Dabei kann es sich auch um die Kosten früherer Vollstreckungsmaßnahmen oder anderer Vollstreckungsorgane handeln. Eine Glaubhaftmachung erfolgt analog § 104 II.

(2) *Rechtsbehelfe:* Gegen den Kostenansatz des Gerichtsvollziehers haben 1678 Schuldner und Gläubiger die Erinnerung (§ 766). Gegen einen Kostenansatz des Rechtspflegers beim Vollstreckungsgericht hat der Schuldner die Erinnerung (§ 766), sofern er nicht gehört worden ist (vgl. Rdnr. 1176 ff., 1182); der Gläubiger und der Schuldner, dem rechtliches Gehör gewährt worden ist, können sich mit der befristeten Rechtspflegererinnerung (§ 11 I 2 RPflG) wehren. Ist der Richter tätig geworden, kommt für beide die sofortige Beschwerde (§ 793) in Betracht (str.; vgl. StJ/*Münzberg*, § 788 Rdnr. 28 u. FN 167). Bei Beschwerden ist die Wertgrenze des § 567 II zu beachten. Eine weitere Beschwerde ist ausgeschlossen (§ 568 III).

b) Der Gläubiger kann auch eine besondere *Kostenfestsetzung* beantra- 1679 gen.

(1) *Verfahren:* Die §§ 103 ff., die das Verfahren zur Festsetzung der Prozeßkosten regeln, sind entsprechend anwendbar. Zuständig ist das Prozeßgericht, welches das vollstreckbare Urteil erlassen hat (BGHZ 90, 207, 210; BAG NJW 1983, 1448; BL/*Hartmann*, § 788 Anm. 3 A; *Thomas/Putzo*, § 103 Anm. 2 f; a.A. OLG München MDR 1983, 586 f. und OLG Hamm MDR 1983, 674; Zuständigkeit des Vollstreckungsgerichts). Das Prozeßgericht wird durch den Rechtspfleger tätig (§ 21 I Nr. 1 RPflG), der den Grund und die Höhe der Kosten prüft. Nach Festsetzung der Kosten bildet der Beschluß einen Vollstreckungstitel (§ 794 I Nr. 2).

(2) *Rechtsbehelfe:* Gegen den Kostenfestsetzungsbeschluß ist die Rechts- 1680 pflegererinnerung gegeben. Die Vollstreckungserinnerung (§ 766) wird durch die Spezialregelung des § 104 II ausgeschlossen (*Thomas/Putzo*, § 788 Anm. 7; OLG Koblenz Rpfleger 1975, 324; vgl. auch BL/*Hartmann*, § 788 Anm. 3 C b; StJ/*Leipold*, § 104 Rdnr. 29). Die Erinnerung ist befristet (§ 104 III, § 21 II 1 RPflG), muß also innerhalb einer Notfrist von zwei

Wochen eingelegt werden, wenn der Rechtspfleger nach sachlicher Prüfung entschieden hat; bei Zurückweisung aus formellen Gründen (z.B. Nichtvorliegen eines Titels) ist die unbefristete Erinnerung gem. § 11 I 1 RPflG gegeben (BL/*Hartmann*, § 104 Anm. 4 III A a; *Thomas/Putzo*, § 104 Anm. 3 f.).

1681   III. Erstattungsanspruch des Schuldners gegen den Gläubiger

Nach § 788 II sind dem Schuldner die Kosten der Zwangsvollstreckung zu erstatten, wenn das Urteil, aus dem die Zwangsvollstreckung erfolgt ist, aufgehoben wird.

1. Anwendbarkeit des § 788 II

§ 788 II ist anwendbar, wenn das Urteil oder ein sonstiger Vollstreckungstitel (vgl. § 795) aufgehoben worden ist. Die Aufhebung kann in einem Einspruchs-, einem Rechtsmittel- oder in einem Wiederaufnahmeverfahren erfolgen.

Allerdings reicht es nicht aus, wenn nur die vorläufige Vollstreckbarkeit aufgehoben wird oder aufgrund einer Vollstreckungsgegenklage die Vollstreckung nachträglich für unzulässig erklärt wird (StJ/*Münzberg*, § 788 Rdnr. 31; *A. Blomeyer*, § 98 IV 1; *Thomas/Putzo*, § 788 Anm. 6 a).

1682   2. Umfang des Erstattungsanspruchs

Aufgrund des Erstattungsanspruchs können nur die Vollstreckungskosten verlangt werden, die nach § 788 I beigetrieben worden sind oder die der Schuldner freiwillig gezahlt hat.

Nicht erstattungsfähig sind dagegen die Kosten, die dem Schuldner selbst erwachsen sind, wie etwa die Kosten einer zur Abwendung der Vollstreckung aufgenommenen Bankbürgschaft (StJ/*Münzberg*, § 788 Rdnr. 35; *Zöller/Stöber*, § 788 Rdnr. 24; vgl. aber auch *Thomas/Putzo*, § 788 Anm. 6 b). Soweit die Kosten nicht gem. § 788 II verlangt werden können, kann noch ein Anspruch aus § 717 II, III (Rdnr. 75 ff.) in Betracht kommen.

1683   3. Durchsetzung des Erstattungsanspruchs

Der Schuldner kann die zu erstattenden Kosten nicht einfach beim Gläubiger nach § 788 I beitreiben, da dessen Anwendbarkeit in § 788 II nicht angeordnet worden ist. Allerdings ist die aufhebende Entscheidung als Titel im Sinne des § 103 II anzusehen, so daß der Schuldner die zu erstattenden

Kosten nach §§ 103 ff. festsetzen lassen kann. Wenn ein Titel fehlt oder der Gläubiger den Kostenansatz bestreitet, ist der Erstattungsanspruch klageweise geltend zu machen (StJ/*Münzberg*, § 788 Rdnr. 36; *Thomas/Putzo*, § 788 Anm. 6 c; OLG Celle Rpfleger 1983, 498 m.N.).

IV. Kostenpflicht bei Vollstreckungsschutz und Austauschpfändung   1684

Auch bei einer gerichtlichen Entscheidung über Vollstreckungsschutz oder Austauschpfändung fallen grundsätzlich dem Schuldner die Kosten zur Last. Jedoch hat das Gericht unter bestimmten Voraussetzungen die Kosten ganz oder teilweise dem Gläubiger aufzuerlegen (§ 788 III). Diese können allerdings nicht nach § 788 I 1 beigetrieben werden.

1. Anwendungsbereich des § 788 III

Eine Kostenüberwälzung auf den Gläubiger ist nur bei den Verfahren vorgesehen, die in § 788 III ausdrücklich genannt sind:
Allgemeiner Vollstreckungsschutz (§ 765a; Rdnr. 1488); Aussetzung der Verwertung (§ 813a; Rdnr. 394); Pfändungsschutz bei Kontoguthaben aus Arbeitseinkommen (§ 850k; Rdnr. 585 ff.), bei Forderungen aus dem Verkauf landwirtschaftlicher Erzeugnisse (§ 851a; Rdnr. 598 f.) sowie bei Miet- und Pachtzinsen (§ 851b; Rdnr. 600); Austauschpfändung (§§ 811a, 811b; Rdnr. 288 ff.).

2. Billigkeitsgründe   1685

Eine (volle oder teilweise) Überbürdung der Kosten auf den Gläubiger setzt voraus, daß »dies aus besonderen, im Verhalten des Gläubigers liegenden Gründen der Billigkeit entspricht«. Dafür genügt es nicht, daß einem Vollstreckungsschutzantrag des Schuldners stattgegeben oder eine vom Gläubiger begehrte Austauschpfändung nicht zugelassen wird. Es darf dem Gläubiger auch nicht angelastet werden, daß er vor Beauftragung des Gerichtsvollziehers die Schutzbedürftigkeit des Schuldners nicht gekannt hat; er braucht keine Erkundigungen über die Verhältnisse des Schuldners einzuziehen. Dagegen ist zuungunsten des Gläubigers etwa zu berücksichtigen, wenn er uneinsichtig auf einer Zwangsvollstreckungsmaßnahme besteht, obwohl sie — für ihn erkennbar — eine Härte für den Schuldner bedeutet, die mit den guten Sitten nicht vereinbar ist (vgl. § 765a I; Fall d; Rdnr. 1480). Bei der Prüfung der Billigkeit sind insbesondere die wirtschaftlichen Verhältnisse der Parteien und das bisherige Verhalten des Schuldners zu berücksichtigen (vgl. StJ/*Münzberg*, § 788 Rdnr. 38 f.; *Zöller/Stöber*, § 788 Rdnr. 26).

§§	Rdnr.	§§	Rdnr.	§§	Rdnr.
410	1460	44	189	**Luftfahrzeuge, Gesetz über**	
421	1460	46	189	**Rechte an**	
440	1460	47	39; 127; 189;		
489	773		860; 978	99	709; 714; 1555
491	773	48	189		
		49	189; 375 ff.;	**Miethöhe, Gesetz über**	
Hausratsverordnung			389; 392 f.;	2	1113
			1461		
16	99	50	189	**NATO-Truppenstatut und**	
27	584	51	189	**Zusatzabkommen**	
		57	39		
Hinterlegungsordnung		58	189	Art. VIII	20
		59	127		
1	165	64	978	**Ordnungsbehördengesetz,**	
7	165	82	1012	**Nordrhein-Westfalen**	
9	165	102	6		
13	1468; 1620	106	191; 193; 1426	19	1061
		113	977		
Jugendwohlfahrtsgesetz		117	972	**Patentgesetz**	
		126	972		
49	99	127	378; 431; 1417	1	840; 842
50	99	134	972	6	842
		138	127	7	843
Justizbeitreibungsordnung		153	978	9	841
		164	99	15	841 ff.
1	1108	173 ff.	6	30	842
6	1108	194	99		
		207	6	**Postgesetz**	
Konkursordnung		209	6		
		213	6	23	233; 697
1	188	215	6		
3	6; 127; 188;	221	1387	**Pressegesetz**	
	190	236	1392		
6	975; 979			10	1600
13	860; 873	**Kostenordnung**		11	1600
14	127; 188; 193;	131	1308		
	389; 873; 1006;			**Rabattgesetz**	
	1209; 1215;	**Kündigungsschutzgesetz**			
	1499			12	1610
15	190; 193	1	1017		
29	261; 1425	9 ff.	583	**Rechtspflegergesetz**	
30	269				
31	269	**Kunsturhebergesetz**		2	13
32	269			3	13; 14; 16; 853;
37	267	22	1598		1125; **1294 ff.**
43	39; 127; 189			4	1108; 1133;
					1154

§§	Rdnr.	§§	Rdnr.	§§	Rdnr.
	1443	269	5; 1509	343	66
178	149; 611; 1358;	270	1531	348	1071
	1443;	273	1231	355 ff.	134
181	150	274	1515	357	1140
182	150	277	1345	358a	1231
183	150; 608	280	81	380	83; 95
184	150	281	504; 1505 f.	415 ff.	113
185	608	282	1345	426	117
187	609	288	1514	437	1231
188	307	291	113	455	1142
190	148; 153	294	70; 886; 1001;	478	1053
191	149 f.		1126; 1131;	479	1053
192	611		1511	480	1053
193 ff.	153; 608	296	1345; 1514	483	1053
196	608	296a	1514	496	177; 502
198	173	299	1269	510b	47; 1091
203 ff.	608; 611	300	47; 175	511	1323; 1376;
208	152	301	47		1450; 1469;
209	152	302	47; 81; 177;		1523; 1643
211	152		1341	516	147; 152; 1155
213	152	304	81; 1341	528	1262; 1345;
213a	153	305	1389; 1392		1385
217	485	307	47; 1514	530	1346
222	627	308	434; 1582;	534	54
231	1531; 1650		1619	544	109
233 ff.	177	310 ff.	48; 54; 1516;	545	1271; 1325;
239	267		1636		1376; 1450;
251a	1341	317	29; 103; 152;		1469; 1523;
253	1186; 1619;		1516; 1654		1530; 1643
	1629	321	54	549	1325
255	1063	322	1248	550	1310
256	2; 662; 1318;	323	175; 1319 ff.	552	1155
	1373; 1531	325	117 f.; 864;	559	1463
257	158; 1494		1249	560	54
258	1494	326	119 f.	561	1325
259	1494	327	122	567	130; 140; 309;
260	1318	328	50; 52; 1079		1250 ff.; 1278;
261	80; 117; 272;	329	152; 1098;		1282; 1284;
	1505; 1508		1245; 1266;		1292 f.; 1514;
263	1356		1290; 1489		1524; 1558;
264	1332; 1405;	330	498; 1515		1644; 1651;
	1457	337	1149		1678
265	118; 640	338	48; 66; 1322	568	926; 1246;
268	117	340	1345		1256; 1265;

§§	Rdnr.
	960; 1030
881	498; 957; 960; 1030
882	488; 498; 957; 960; 1030
882a	206
883	8; 11; 179; 213; 256; 298 f.; 647; 698 ff.; 940; 942; 1046 ff.; 1056; 1068; 1121; 1126; 1132; 1143; 1145; 1405; 1456; 1486; 1655
884	1; 1046; 1053
885	711; 940; 1046 f.; 1057 f.; 1486; 1655; 1676
886	647; 679; 681; 1046 ff.; 1062; 1655
887	8; 15; 19; 201; 206; 1046; 1064 ff.; 1081; 1091; 1093; 1108; 1183; 1250; 1253; 1256; 1259; 1476 f.; 1593; 1656
888	8; 11; 19; 47; 86; 201; 646; 1019; 1047; 1053; 1064; 1066; 1070; 1076 ff.; 1109; 1111 f.; 1125; 1253; 1256; 1593; 1603; 1656
888a	47; 1091; 1253

§§	Rdnr.
889	1019; 1076; 1125; 1253
890	1; 8; 11; 15; 19; 1046; 1064; 1067; 1092 ff.; 1253; 1256; 1656
891	1072 ff.; 1085; 1089; 1098; 1101; 1183; 1253
892	675; 1075; 1092
893	1053; 1063; 1068; 1088; 1091; 1110; 1124
894	8; 83; 86; 112; 171; 383; 706; 855; 1058; 1064; 1070; 1077; 1111 ff.; 1594; 1620; 1626; 1657
895	1117 ff.; 1594
896	1120
897	383; 1121 f.
898	383; 1122
899	11; 13; 1133
900	1134; 1136 f.; 1140 ff.
901	105; 1149 ff.; 1160
902	1158
903	1137 f.; 1144; 1153
904	1090; 1157
905	1090; 1157
906	1090; 1157; 1190
908	105; 1090; 1154 ff.; 1559
909	11; 1090; 1155 f.; 1559 f.
910	1090; 1157

§§	Rdnr.
911	1090; 1157
913	1086; 1090; 1158; 1560 f.
914	1145; 1153
915	81; 1126; 1144 ff.
916	4; 1493 ff.; 1615
917	1496 ff.; 1527
918	1503; 1559
919	1505 f.
920	1507; 1510 ff.; 1632
921	1513 f.; 1518; 1630; 1632; 1640
922	1516; 1518
923	1517; 1638; 1660
924	1525; 1530; 1641; 1645
925	1526; 1641; 1645
926	1494; 1518; 1531 f.; 1563; 1568; 1640; 1649
927	1097; 1521; 1527 ff.; 1538; 1540; 1545; 1648 f.
928	98; 1533 ff.; 1559; 1653; 1664
929	105; 155; 197; 1521; 1526; 1533 ff.; 1549; 1652 ff.; 1661 ff.
930	69; 394; 480; 614; 627; 706; 1390; 1541 ff.; 1664
931	1555; 1664
932	1036; 1294; 1539; 1549 ff.;

Sachregister

Die Zahlen verweisen auf die Randnummern des Buches

Sachregister

Gläubigeranfechtung 261 ff., 301, 532, 538, 617, 1141, 1425, 1433 ff., 1458
— Absichtsanfechtung 268, 269, 270, 272 f., 1434
— anfechtbare Rechtshandlung 268, 274
— und Drittwiderspruchsklage 1425, 1433 ff.
— Gläubigerbenachteiligung 268, 538
— Geltendmachung durch Einrede 262, 272
— Einwendungsausschluß 265
— Fristen 272 f.
— bei Pfändung von Geldforderungen 532, 538, 617
— Anfechtungsgegner 262
— Anfechtungsgründe 269 ff.
— Geltendmachung durch Klage 262 ff.
— und Klage auf vorzugsweise Befriedigung 1458
— Unzulässigkeit bei Konkurs 267
— Pfändungsschutz 301
— Rückgewähr 263
  — Sicherung des Anspruchs durch Arrest 1495
— Schenkungsanfechtung 269, 271, 273, 1435
— Unzulänglichkeit des Schuldnervermögens 266
— Angaben im Vermögensverzeichnis 1141
— Wirkung 261, 275
Gläubigeraufgebot, Nachlaßgläubiger 979, 982
Gläubigerbenachteiligungsabsicht
— Gläubigeranfechtung 270, 538, 1434
— Lohnverschiebung 533
— Lohnverschleierung 535
Gläubigereigene Sachen
— Pfändungspfandrecht 383
— Pfändungsverbot 296 ff.
— Verstrickung 363

Gläubigergefährdung bei Pfändung 335
Gläubigerschutz
— keine Anhörung des Schuldners über Pfändungsgesuch 604
— Pfändungsgrenzen beim Arbeitseinkommen 578 ff.
— bei Vollstreckungsschutz 1483
— bei der vorläufigen Vollstreckbarkeit 62, 68, 70, 73
Glaubhaftmachung
— im Arrest 1507, 1511 ff., 1520
— bei einstweiliger Verfügung 1632 f.
— Nachweis der Aussichtslosigkeit der Pfändung 1131
— bei Anträgen zur vorläufigen Vollstreckbarkeit 68, 70, 71 f.
— bei Zwangsversteigerung 886, 890, 982
— bei Zwangsverwaltung 1001
Gold- und Silbersachen
— freihändiger Verkauf 424
— Mindestgebot 399
Grundbetrag, Pfändungsgrenzen 565
Grundbuch, Eintragungen
— beschränkte Beschwerde gegen — 1295, 1298, 1305
— aufgrund einstweiliger Verfügung 1521, 1588, 1654, 1658
— Pfändung der Buchgrundschuld 736, 738 ff., 747, 750
— Pfändung der Buchhypothek 673 ff., 676
— Verfügungsverbot aufgrund einstweiliger Verfügung 1586
— Vormerkung bzw. Widerspruch 1117 ff.
— Zwangshypothek 1037 ff.
— Zwangsversteigerungsvermerk 219, 820, 857, 858, 863, 865 f., 868, 873, 886, 896, 977, 980
— Zwangsverwaltungsvermerk 219, 820, 1002, 1021, 1024
Grundbuch, Löschung des Zwangsversteigerungsvermerks 875

Öffentliche Versteigerung, s. Versteigerung

Öffentlichkeit bei der Versteigerung 414

Öffentlich-rechtliche Theorie zum Pfändungspfandrecht 381, 392, 411, 412, 413, 415

Öffnung verschlossener Türen und Behältnisse 320

Offenbarungspflicht
— Vollstreckung wegen Geldforderungen 1127 ff.
— Herausgabevollstreckung 1048, 1053, 1126, 1132

Offenbarungsversicherung, s. eidesstattliche Versicherung

Offene Eigentümergrundschuld 738

Offene Handelsgesellschaft 22, 24, 34, 244 f., 777 ff., 990, 1409, 1438
— kein Ausschluß eines Gesellschafters durch Regelungsverfügung 1597, 1602
— Drittwiderspruchsklage eines Gesellschafters 1409, 1438
— Gewahrsam 34, 244 f.
— Kündigungsrecht des Gläubigers 777, 779
— Parteifähigkeit 22, 24, 34
— Vollstreckung in Gesellschaftsanteil 777
— Vollstreckungstitel 34, 777
— Zustellung des Pfändungsbeschlusses 778
— Zwangsversteigerung zur Aufhebung 990

Operating-Leasing, Drittwiderspruchsklage 1423

Orderpapiere
— Pfändung 233, 520, 689, 694
— Verwertung 422 f., 689, 695

Ordnungsmittel 8, 1092, 1096, 1102 ff.
— Ersatzordnungshaft 1103
— Kautionsanordnung 1102, 1108
— Ordnungsgeld 8, 1092, 1102, 1103, 1105, 1108

— Ordnungshaft 8, 1092, 1102, 1103, 1104, 1105, 1109
— Prozeßunfähigkeit des Schuldners 1106

ordre public 50, 52

Organbesitz 242

Organe der Zwangsvollstreckung 11 ff.
— Amtsgericht 13
— Gerichtsvollzieher 11 f.
— Grundbuchamt 16
— Prozeßgericht erster Instanz 15
— Vollstreckungsgericht 13 f.

Pachtvertrag, s. Mietvertrag

Pachtzins, s. Mietzins

Parteien der Zwangsvollsteckung 9
— Bezeichnung im Vollstreckungstitel 30, 31 ff., 372
— bei Klage auf Klauselerteilung 131
— bei Klage gegen die Klausel 144
— bei Prozeßvergleich 85

Parteifähigkeit 22 ff., 89, 1212

Partei kraft Amtes 31, 39 ff., 127
— Konkursverwalter 31, 39, 45, 127
— Nachlaßpfleger 127
— Nachlaßverwalter 39, 127
— Zwangsverwalter 1011

Passivmasse 955

Patentrecht 716, 728, 840 ff.

Persönliche Erwerbstätigkeit, Pfändungsverbot 283 ff.

Persönliche Gegenstände, Unpfändbarkeit 278, 287

Persönlicher Arrest 1503, 1559 ff.

Persönliche Rechte, Pfändbarkeit 719 f.

Persönlichkeitsrecht, einstweilige Verfügung bei Verletzung 1598 ff.
— Gegendarstellungsanspruch 1600, 1668
— Unterlassungsanspruch 1598
— Widerrufsanspruch 1599

Personenhandelsgesellschaften 777 ff.
— Kommanditgesellschaft, s. dort

— bei Klage auf vorzugsweise Befriedigung 1467
— Risikohaftung des Gläubigers 75
— bei Vollstreckungsgegenklage 1371
Vorlegung, Vollstreckung aus Titel auf 1047, 1053
Vormerkung
— Eintragung aufgrund einstweiliger Verfügung 1581, 1588, 1628, 1654
— gutgläubiger Erwerb im Wege der Zwangsvollstreckung 1122
— Löschungsvormerkung und Zuschlag 932 ff.
— keine selbständige Pfändbarkeit 770
— Eintragung bei Zwangsvollstreckung zur Abgabe einer Willenserklärung 1117 ff.
Vormund, Antrag auf Teilungsversteigerung 985
Vorpfändung
— bei anderen Vermögensrechten 729
— Gläubiger einer — als Beteiligte des Verteilungsverfahrens 480
— bei Hypothekenforderungen 675
— Kostenpflicht des Schuldners 1676
— Mängel, Rechtsbehelfe 628
— Wirkung 627
— Zustellung an den Drittschuldner 610, 627
— Entbehrlichkeit vorheriger Zustellung 15
Vorrangiges Pfand- oder Vorzugsrecht 1458 ff.
Vorratspfändung 159 ff., 577, 593, 1214
Vorratsschuld, Herausgabevollstreckung 1049, 1050, 1053
Vorwegpfändung 288, 292, 294, 296
Vorzugsklage, s. Klage auf vorzugsweise Befriedigung
Vorzugsrechte 1461
— und Pfändung der Hauptforderung 629

— Verhältnis zum Pfändungspfandrecht 375 f.
Vorzugsweise Befriedigung, s. Klage auf —

Wahlschuld 206, 1051
Warenzeichenrecht 850
Wartefristen nach Zustellung 154
Wasserlieferung, Leistungsverfügung 1624
Wechsel 59, 177, 670, 694 ff.
Wegerecht 759
Wegnahme von Sachen
— bei Herausgabevollstreckung 1048 ff.
— bei Pfändung wegen Geldforderungen 333, 334, 335, 359, 364, 373
— bei Vollstreckung von Übereignungsansprüchen 1121
Wegschaffung von Sachen bei Räumungsvollstreckung 1057
Weihnachtsvergütung, Pfändungsschutz 553
Weiterbeschäftigungsanspruch und -pflicht, einstweilige Verfügung 1606 f., 1624, 1669
Weitere Beschwerde
— bei Grundbuchbeschwerde 1310
— bei Zuschlagsbeschwerde 926
— bei Zwangshypothek 1044
Weitere sofortige Beschwerde 1246, 1265, 1267 ff.
Werbung, Regelung durch einstweilige Verfügung 1596
Werkunternehmerpfandrecht
— einstweilige Verfügung 1648
— Klage auf vorzugsweise Befriedigung 1460
— Verhältnis zum Pfändungspfandrecht 376
Wertgrenze bei Zwangshypothek 1039, 1043
Wertpapiere
— Begriff 233
— Hinterlegung als Sicherheitsleistung 58, 164, 165 ff.

Wirtschaftsrecht

Wirtschaftsverfassung, Kartellrecht, Wettbewerbsrecht, Wirtschaftsverwaltung

6., (vollständig) neubearbeitete Auflage
des von Dr. Gerd Rinck, em. o. Professor der Rechte an der Universität Göttingen,
begründeten und in 1.–5. Auflage bearbeiteten Werkes

Von Dr. Eberhard Schwark,
o. Professor an der Ruhr-Universität Bochum

1986. XXVIII, 373 Seiten, kartoniert DM 32,–
ISBN 3-452-19534-1

(= Academia Iuris. Lehrbücher der Rechtswissenschaft)

Seit Erscheinen der 5. Auflage des von Gerd Rinck geschaffenen und bisher betreuten Lehrbuchs ist eine Reihe von Jahren vergangen. Deshalb war, auch im Hinblick auf die Entwicklungen in Gesetzgebung, Literatur und Rechtsprechung, eine vollständige Neubearbeitung erforderlich. Sie ist auf der Grundlage des bewährten Konzepts des Buches erfolgt. Das bedeutet vor allem:

Das Wirtschaftsrecht der Bundesrepublik kann nicht als auf die – noch stärker in den Vordergrund gerückten – Gebiete Kartellrecht und Wettbewerbsrecht beschränkt gesehen werden. Sowohl die verfassungsrechtlichen Grundlagen als auch das Recht der Wirtschaftslenkung, der Selbstverwaltung der Wirtschaft und der öffentlich gesteuerten Ordnung einzelner Wirtschaftszweige gehören dazu. Abweichend von der Vorauflage wird allerdings Wirtschaftsrecht nicht nur als Recht der Wirtschaftslenkung verstanden. Es ist in wichtigen Bereichen (Kartellrecht, UWG) ein Marktordnungsrecht, das die Selbststeuerung der Wirtschaft sichern soll. Daß dazu auch behördliche Eingriffe erforderlich sind, steht auf einem anderen Blatt.

Die Neubearbeitung behielt die klare Sprache und den durchsichtigen Aufbau, die das Buch bisher kennzeichneten, bei. Einzelne wichtige Beispielsfälle aus der Entscheidungspraxis sind eingefügt, Abweichungen von der Vorauflage in grundsätzlichen Fragen kenntlich gemacht worden.

474 3 86

Carl Heymanns Verlag
Köln Berlin Bonn München